Verknüpfte Welten

Ludger Kühnhardt

Verknüpfte Welten

Notizen aus 235 Ländern und
Territorien – Band 1 (1960–1999)

Ludger Kühnhardt
Zentrum für Europäische
Integrationsforschung (ZEI)
Universität Bonn
Bonn, Deutschland

ISBN 978-3-658-33804-6   ISBN 978-3-658-33805-3 (eBook)
https://doi.org/10.1007/978-3-658-33805-3

Die Deutsche Nationalbibliothek verzeichnet diese Publikation in der Deutschen Nationalbibliografie; detaillierte bibliografische Daten sind im Internet über http://dnb.d-nb.de abrufbar.

© Der/die Herausgeber bzw. der/die Autor(en), exklusiv lizenziert durch Springer Fachmedien Wiesbaden GmbH, ein Teil von Springer Nature 2021

Das Werk einschließlich aller seiner Teile ist urheberrechtlich geschützt. Jede Verwertung, die nicht ausdrücklich vom Urheberrechtsgesetz zugelassen ist, bedarf der vorherigen Zustimmung der Verlage. Das gilt insbesondere für Vervielfältigungen, Bearbeitungen, Übersetzungen, Mikroverfilmungen und die Einspeicherung und Verarbeitung in elektronischen Systemen.

Die Wiedergabe von allgemein beschreibenden Bezeichnungen, Marken, Unternehmensnamen etc. in diesem Werk bedeutet nicht, dass diese frei durch jedermann benutzt werden dürfen. Die Berechtigung zur Benutzung unterliegt, auch ohne gesonderten Hinweis hierzu, den Regeln des Markenrechts. Die Rechte des jeweiligen Zeicheninhabers sind zu beachten.

Der Verlag, die Autoren und die Herausgeber gehen davon aus, dass die Angaben und Informationen in diesem Werk zum Zeitpunkt der Veröffentlichung vollständig und korrekt sind. Weder der Verlag noch die Autoren oder die Herausgeber übernehmen, ausdrücklich oder implizit, Gewähr für den Inhalt des Werkes, etwaige Fehler oder Äußerungen. Der Verlag bleibt im Hinblick auf geografische Zuordnungen und Gebietsbezeichnungen in veröffentlichten Karten und Institutionsadressen neutral.

Planung/Lektorat: Jan Treibel

Springer ist ein Imprint der eingetragenen Gesellschaft Springer Fachmedien Wiesbaden GmbH und ist ein Teil von Springer Nature.

Die Anschrift der Gesellschaft ist: Abraham-Lincoln-Str. 46, 65189 Wiesbaden, Germany

„Though a foreigner in every land, in no place did I feel myself a stranger"

Marguerite Yourcenar, Memoirs of Hadrian

Vorwort

Die nachfolgenden Notizen in zwei Bänden sind Puzzle-Steine eines Rückblicks auf die sechs Jahrzehnte von 1960 bis 2020. Mit dem Auftreten einer globalen Pandemie, einem neuen Weltsouverän namens Corona, wurde mir urplötzlich bewusst, dass für alle Welt eine Zwischen-Zeit zu Ende gekommen war. Erst jetzt, 2020, hatte das globale Zeitalter tatsächlich und dem vollen Namen nach begonnen, das sich seit spätestens 1945 – vermutlich aber bereits seit 1914/1919 – zwar punktuell und schrittweise, aber alles in allem immer wieder doch nur partiell und unvollständig zu entpuppen begonnen hatte. Den längsten Teil dieser Zwischen-Zeit habe ich versucht, mir die Welt in ihren Verknüpfungen anzueignen. Vieles entschwand, kaum hatte ich es begriffen. Meine Notizen möchten bewahren, was soeben noch zu sehen war. Verknüpfte Welten zu lesen, um sie an anderer Stelle zu deuten: Dies waren Zweck und Folge meiner Notizen bei Aufenthalten in allen souveränen Staaten und in den meisten Territorien der Erde während der Zwischenepoche vom 20. in das 21. Jahrhundert. Mit kurzem Vorlauf seit den 1960er Jahren und einem tastenden Ausblick auf die 2020er Jahre ist eine wissenschaftliche Quelle entstanden, die für die Forschung weitersprudeln möge.

Einen Ort, der mir besonders am Herzen liegt, habe ich bisher nicht aufsuchen können. Timbuktu fasziniert mich, seitdem ich 1986 im Süden Marokkos das Hinweisschild las, es dauere bis dorthin noch 52 Tage auf dem Rücken eines Kamels. 2009 verhinderte die Gefahr einer Entführung durch jihadistische Islamisten meinen bereits durchorganisierten Aufenthalt auf dem Luftweg. Timbuktu lebt als Mythos und Wirklichkeit. Ungemein packend ist die Geschichte der Bücherschmuggler, die das Erbe der Stadt 2012 vor jihadistischen Fanatikern gerettet haben. Der Schatz von Timbuktu kann also weiterhin gelesen werden. Vielleicht ist dies überhaupt eine der wichtigsten Lehren für die Post Corona-Welt, in die die ganze Menschheit 2020 eingetreten ist: Wir Menschen sehen die Welt am sorgfältigsten, wenn wir ihre Bücher lesen. Erst in Büchern wird zur reflektierten Wirklichkeit, was wir erhoffen, schon im Mythos der flüchtigen Anschauung zu verstehen.

Kulturell aufgetankt habe ich mich, man wird es lesen, während der Wege durch die verknüpften Welten am liebsten in Rom und in Wien, in Mailand und in Malta. Am meisten zugemutet habe ich auf der hinter mir liegenden Strecke meiner Frau Enikö

Noemi. So wie sie, sind unsere Kinder Victoria Elisabeth und Stephan Maximilian ein gutes Stück des Weges mit mir gezogen. Nun reisen die beiden bereits auf ihren eigenen Wegen weiter ins 21. Jahrhundert hinein. Ich wünsche ihnen nichts mehr, als dass dies stets gute und glückliche Wege sein werden. Enikö und unseren Kindern sind diese Notizen in Liebe und mit Dankbarkeit gewidmet. Ohne ihre Liebe wäre meine Dankbarkeit für gelungene Wege immer leer und ziellos geblieben.

am 1. Januar 2022   Ludger Kühnhardt

Chronologie der Länder und Territorien

Europa
Königreich der Niederlande: 1960, 1965, 1973, 1980, 1984, 1988, 1990, 1992, 1995, 1998, 1999, 2001, 2002, 2007, 2010, 2011, 2012, 2016, 2017, 2018, 2019
Bundesrepublik Deutschland: 1969, 1972, 1976, 1989, 1990, 1992, 1996, 1998, 1999, 2000, 2001, 2002, 2003, 2005, 2009, 2012, 2013, 2014, 2015, 2018
Schweiz: 1965, 1972, 1975, 1976, 1977, 1978, 1980, 1981, 1982, 1983, 1985, 1986, 1987, 1989, 1991, 1992, 1993, 1994, 1995, 1996, 1997, 1999, 2003, 2005, 2007, 2009, 2011, 2017, 2018, 2019
Liechtenstein: 1972, 1993, 2009
Vereinigtes Königreich von Großbritannien und Nordirland: 1974, 1986, 1989, 1990, 1991, 1992, 1994, 1996, 1998, 1999, 2000, 2001, 2002, 2003, 2005, 2006, 2009, 2010, 2018, 2019
Irland: 1974, 1998, 2002
Frankreich: 1974, 1976, 1981, 1985, 1986, 1987, 1988, 1989, 1991, 1992, 1993, 1994, 1995, 1996, 1997, 1999, 2000, 2001, 2002, 2003, 2004, 2005, 2006, 2007, 2008, 2009, 2010, 2011, 2013, 2014, 2015, 2016, 2017, 2019
Monaco: 1974
Tschechische Republik: 1976, 1990 (Tschechoslowakei); 1991, 1992, 1993, 1996, 1998, 1999, 2001, 2012
Polen: 1976, 1990, 1991, 1992, 1995, 1997, 1999, 2004, 2007, 2012, 2013, 2014
Deutsche Demokratische Republik: 1976, 1978, 1980, 1990
Österreich: 1978, 1989, 1990, 1993, 1994, 1995, 1998, 2002, 2003, 2004, 2005, 2006, 2007, 2008, 2009, 2010, 2011, 2012, 2013, 2014, 2015, 2016, 2017, 2018, 2019, 2020
Ungarn: 1978, 1988, 1990, 1993, 1994, 1995, 1998, 2001, 2002, 2007, 2009, 2014, 2016, 2018
Italien: 1978, 1981, 1983, 1985, 1987, 1988, 1989, 1991, 1992, 1994, 1995, 1997, 1998, 1999, 2000, 2001, 2002, 2003, 2004, 2005, 2006, 2007, 2008, 2009, 2010, 2011, 2012, 2013, 2014, 2015, 2016, 2017, 2018, 2019, 2020

Vatikan-Staat: 1978, 1985, 1994, 2001, 2003, 2004, 2005, 2006, 2007, 2008, 2012, 2014, 2015, 2017
Luxemburg: 1980, 1988, 1995, 1999, 2000, 2003, 2018
Belgien: 1980, 1985, 1987, 1992, 1994, 1995, 1997, 1998, 1999, 2000, 2001, 2002, 2003, 2004, 2005, 2006, 2007, 2008, 2009, 2010, 2011, 2012, 2013, 2014, 2015, 2016, 2017, 2018, 2019
Griechenland: 1981, 1997, 1998, 2001, 2012, 2017, 2018
Serbien: 1981, 1990 (Jugoslawien); 2001, 2002, 2004, 2011
Dänemark: 1982, 1995, 2003, 2018
Schweden: 1982, 1996, 1997, 1998, 2003
Norwegen: 1982, 2002, 2019
Russland: 1984(Sowjetunion); 1992, 1998
Spanien: 1985, 1986, 1987, 1988, 1995, 1998, 2001,2003, 2004, 2006, 2007, 2008, 2009, 2011, 2013, 2014
Portugal: 1986, 1999, 2007, 2008, 2010, 2013, 2016, 2017
Türkei: 1988, 1995, 1997, 1999, 2000, 2003, 2005, 2006, 2011, 2012, 2016, 2017
Albanien: 1990, 2001, 2004
Estland: 1992, 1994, 1999, 2000, 2007, 2018
Litauen: 1992, 1994, 1999, 2003, 2004, 2015, 2016, 2017, 2018, 2019
Lettland: 1992, 1999, 2004, 2008, 2017
Ukraine: 1992, 1995, 1999, 2002
San Marino: 1992
Slowakei: 1993, 1995, 1998, 1999, 2002, 2017
Rumänien: 1993, 2000, 2002, 2004, 2014
Bulgarien: 1993, 1999, 2000, 2002, 2004
Mazedonien: 1993, 2002, 2004
Belarus: 1994
Finnland: 1994, 2001, 2018
Slowenien: 1994, 2002, 2003, 2004, 2007
Malta: 1994, 2003, 2005, 2007, 2008, 2009, 2010, 2011, 2012, 2013, 2014, 2015, 2016, 2017, 2018, 2019, 2020
Andorra: 1995
Republik Moldau: 1995, 2015
Georgien: 1996, 2005
Armenien: 1996
Aserbeidschan: 1996
Island: 1997
Zypern: 1997, 2009
Kroatien: 1998, 2000, 2002, 2003, 2004
Bosnien-Herzegowina: 2000, 2003
Montenegro: 2001, 2004, 2018

Gibraltar (britisches Überseegebiet): 2001, 2009, 2013
Kosovo: 2002, 2004, 2011

Afrika
Tansania: 1977, 1980, 2014
Ägypten: 1980, 2004, 2018
Seychellen: 1980
Dschibuti: 1980
Somalia: 1980
Kenia: 1980
Äthiopien: 1980, 2008, 2012
Malawi: 1980
Botswana: 1980, 2014
Sambia: 1980
Simbabwe: 1980
Marokko: 1986, 2000, 2008
Tunesien: 1990, 2001
Namibia: 1991, 2018
Südafrika: 1991, 2013, 2018
Algerien: 2000
Libyen: 2001
Nigeria: 2007
Mauretanien: 2008
Gambia: 2008
Guinea-Bissau: 2008
Sierra Leone: 2008
Guinea: 2008
Senegal: 2008, 2013
Kapverden (Cabo Verde): 2008, 2010, 2011, 2012, 2013, 2014, 2015, 2016, 2018
Benin: 2009, 2010
Togo: 2009
Ghana: 2009, 2013
Liberia: 2009
Elfenbeinküste: 2009
Niger: 2009
Burkina Faso: 2009
Mali: 2009
Sudan: 2010
Äquatorial-Guinea: 2010
Kamerun: 2010, 2012
Kongo-Brazzaville: 2010

Demokratische Republik Kongo: 2010
Gabun: 2010
São Tomé e Principe: 2010
Angola: 2010
Burundi: 2012
Ruanda: 2012
Uganda: 2012
Südsudan: 2012
Tschad: 2012
Zentralafrikanische Republik: 2012
Mosambik: 2013
Swaziland (Eswatini): 2013
Lesotho: 2013
Eritrea: 2013
Madagaskar: 2014
Komoren: 2014
Mayotte (französisches Überseedépartement): 2014
Réunion (französisches Überseedépartement): 2014
Mauritius: 2014
St.Helena (britisches Überseeterritorium): 2018

Asien
Pakistan: 1979
Indien: 1979, 1980, 1981, 1982, 1983, 1989, 1994, 2007
Nepal: 1979
Sri Lanka: 1979
Bangladesch: 1979, 1982, 1983
Burma: 1979, 2007
Israel: 1980, 1988, 2007, 2013
Thailand: 1981, 2000, 2007
Malaysia: 1981, 1998
Singapore: 1981, 1984, 1998, 2005
Indonesien: 1981, 2007, 2019
Philippinen: 1981, 1984, 2005
Hongkong: 1981, 1983 (britische Kronkolonie); 2001, 2005, 2017 (chinesische Sonderverwaltungszone)
Macao (portugiesische Kolonie): 1983
Volksrepublik China: 1983, 1984, 2001, 2004, 2005, 2016, 2017, 2018, 2019
Taiwan: 1983, 2002, 2005
Südkorea: 1982, 1983, 2003, 2004, 2005, 2010, 2019

Japan: 1983, 1984, 2005, 2015
Iran: 1991, 2005
Kasachstan: 1992, 1995, 1997
Usbekistan: 1992, 1997, 2013
Kirgisien: 1995, 1997
Turkmenistan: 1997
Tadschikistan: 1997
Brunei: 1998
Libanon: 1999
Syrien: 1999, 2003
Jordanien: 1999, 2004
Laos: 2000
Vietnam: 2000
Kambodscha: 2000
Mongolei: 2001
Saudi-Arabien: 2002
Vereinigte Arabische Emirate: 2002, 2009, 2015
Katar: 2002
Nordkorea: 2002
Malediven: 2003
Kuwait: 2003
Bahrain: 2003
Oman: 2003
Jemen: 2004
Bhutan: 2007
Palästinensische Autonomiegebiete: 2007, 2013
Irak: 2011
Afghanistan: 2013

Amerika
Jamaika: 1979
Haiti: 1979
USA: 1984, 1985, 1987, 1988, 1989, 1990, 1991, 1992, 1993, 1995, 1996, 1997, 1998, 1999, 2000, 2001, 2002, 2003, 2004, 2005, 2010, 2011, 2014, 2017, 2019, 2020
Kanada: 1984, 1995, 2002, 2010, 2017
Dominikanische Republik: 1995
Guatemala: 1995, 2005
Mexiko: 1995
Argentinien: 1999, 2011, 2020
Uruguay: 1999

Chile: 1999, 2018, 2019
Bermuda (britisches Überseeterritorium): 2000
Bahamas: 2000
Brasilien: 2003, 2008, 2020
Paraguay: 2003
Kuba: 2003
Venezuela: 2004
Kolumbien: 2004
Ecuador: 2004
Peru: 2004
Bolivien: 2004
Belize: 2005
Honduras: 2005
El Salvador: 2005
Costa Rica: 2005
Nicaragua: 2005
Panama: 2005
Guyana: 2006
Suriname: 2006
Französisch-Guyana (französisches Überseedépartement): 2006
Trinidad and Tobago: 2006
Grenada: 2006
St.Vincent and the Grenadines: 2006
St.Lucia: 2006
Barbados: 2006
Martinique (französisches Überseedépartement): 2016
Guadeloupe (französisches Überseedépartement): 2016
Dominica: 2016
Antigua and Barbuda: 2016
Montserrat (britisches Überseeterritorium): 2016
St.Kitts and Nevis: 2016
Sint Maarten (niederländisches Überseeterritorium – landen): 2016
Saint Martin (französisches Überseeterritorium – collectivité d'outre mer): 2016
Saba (niederländisches Überseeterritorium – bijzondere gemeente): 2016
Sint Eustatius (niederländisches Überseeterritorium – bijzondere gemeente): 2016
Anguilla (britisches Überseeterritorium): 2016
Saint-Barthélemy (französisches Überseeterritorium – collectivité d'outre mer): 2016
British Virgin Islands (britisches Überseeterritorium): 2016
US Virgin Islands (nichtinkorporiertes Territorium der USA): 2016
Puerto Rico (nichtinkorporiertes Territorium der USA): 2016

St. Pierre et Miquelon (französisches Überseeterritorium – collectivité d'outre-mer): 2017
Cayman Islands (britisches Überseeterritorium): 2017
Turks and Caicos Islands (britisches Überseeterritorium): 2017
Curaçao (niederländisches Überseeterritorium – landen): 2017
Bonaire (niederländisches Überseeterritorium – bijzondere gemeente): 2017
Aruba (niederländisches Überseeterritorium – landen): 2017
Falklandinseln (britisches Überseeterritorium): 2018

Ozeanien
Australien: 1984, 2007, 2015, 2019
Neuseeland: 1984, 1993, 2015
Tonga: 1993
Fidschi: 1993, 2015
Cook Inseln (selbstverwaltet in freier Assoziierung mit Neuseeland): 1993
Französisch-Polynesien (französisches Überseeterritorium – collectivité d'outre-mer): 1993, 2019
Palau: 2005
Föderierte Staaten von Mikronesien: 2005, 2015
Guam (nichtinkorporiertes Territorium der USA): 2005, 2015
Commonwealth of Northern Mariana Islands (nichtinkorporiertes Territorium der USA): 2005
Neu-Kaledonien (französisches Überseeterritorium – collectivité sui generis): 2007, 2019
Vanuatu: 2007
Solomon Islands: 2007
Papua Neuguinea: 2007
Timor-Leste: 2007
Marshall Inseln: 2015
Nauru: 2015
Kiribati: 2015
Samoa: 2015
Amerikanisch-Samoa (nichtinkorporiertes Territorium der USA): 2015
Tuvalu: 2015
Niue (selbstverwaltet in freier Assoziierung mit Neuseeland): 2015
Pitcairn (britisches Überseeterritorium): 2019
Wallis et Futuna (französisches Überseeterritorium -collectivité d'outre-mer): 2019

Antarktika
Argentinisches Antarktisterritorium/chilenisches Antarktisterritorium/britisches Antarktisterritorium: 2020

Inhaltsübersicht

Band 1
- Eine Zwischen-Zeit: Die Welt entdeckt sich selbst
- Souveränität: Europäische Transformation und außereuropäische Pyrrhussiege (1960–1979)
- Aufbrüche zu Freiheit und Globalisierung (1980–1989)
- Kein Ende der Weltgeschichte und Europas Europäisierung (1990–1999)

Band 2
- Europa und der global turn: Ohnmachtserfahrungen und Inspirationsquelle der Welt (2000–2009)
- Gefährdete Globalisierung und Europas Selbstbehauptung (2010–2019)
- Epochenwechsel: Erste Ausblicke auf die Post-Corona-Welt (2020)

Inhaltsverzeichnis

1 **Eine Zwischen-Zeit: Die Welt entdeckt sich selbst** 1
   1.1   Welt-Anschauung in einer Zwischen-Zeit 1
   1.2   Welt-Aneignung in Notizen 5
   1.3   Entdeckung und Weltfähigkeit 11
   1.4   Globalität: Europas Wende zur Welt inmitten unvollendeter
        Globalisierung 21
   Literatur 25

2 **Souveränität: Europäische Transformation
und außereuropäische Pyrrhussiege (1960–1979)** 27
   Literatur 88

3 **Aufbrüche zu Freiheit und Globalisierung (1980–1989)** 91
   Literatur 369

4 **Kein Ende der Weltgeschichte und Europas
Europäisierung (1990–1999)** 373
   Literatur 607

Verzeichnis der Ortsnamen 609

Verzeichnis der Personennamen 619

Abkürzungsverzeichnis

ABC	All Basotho Convention (Partei in Lesotho)
ABC	American Broadcasting Company
ABC-Inseln	Inselgruppe Aruba, Bonaire und Curaçao
ABM-Vertrag	Vertrag über die Begrenzung von antiballistischen Raketenabwehrsystemen
ACYF	All Chinese Youth Federation
AfD	Alternative für Deutschland (Partei in Deutschland)
AFRICOM	Africa Command der US-Streitkräfte
AGOA	African Growth and Opportunity Act
AICGS	American Institut for Contemporary German Studies
AIOC	Aserbeidschan International Oil Company
AK	Parti Partei für Gerechtigkeit und Aufschwung (Partei in der Türkei)
AKP	Gruppe der afrikanischen, karibischen und pazifischen Staaten
AKR	New Kosovo Alliance (Partei in Kosovo)
ALBA	Alianza Bolivariana para los Pueblos de Nuestra América
ALDE	Fraktion der Allianz der Liberalen und Demokraten im Europäischen Parlament
AMISOM	Mission der Afrikanischen Union in Somalia
ANA	Afghan National Army
ANC	African National Congress (Partei in Südafrika)
ANAP	Mutterlandspartei (Partei in der Türkei)
ANZAC	Australian and New Zealand Army Coprs
APEC	Asiatisch-Pazifische Wirtschaftsgemeinschaft
AQMI	Organisation al-Qaida des Islamischen Maghreb
ARENA	Aliança Renovadora Nacional (Partei in Brasilien)
ARF	ASEAN Regional Forum
ASEAN	Association of South East Asian Nations
ASERI	Alta Scuola di Economia e Relazioni Internazionali

ASP	Afro-Shirazi Party (Partei auf Sansibar)
AU	African Union
AWACS	Airborne Early Warning and Control System
AWB	Afrikaner Weerstandsbeweging (radikale Bewegung der Buren in Südafrika)
AZAPO	Azanian People's Organisation (politische Bewegung in Südafrika)
BAMF	Bundesamt für Migration und Flüchtlinge
BBC	British Broadcasting Corporation
BDP	Botswana Democratic Party (Partei in Botswana)
BEAC	Banque des États de l'Afrique Centrale (Bank der Zentralafrikanischen Staaten)
BICC	Bonn International Conversion Center
BKA	Bundeskriminalamt
BMZ	Bundesministerium für wirtschaftliche Zusammenarbeit
BNP	Bangladesch National Party (Partei in Bangladesch)
BOVESPA	führender Aktienindex in Brasilien
BRIE	Bulgarian-Romanian Inter-Regional Europe Center
BVI	British Virgin Islands (britisches Überseegebiet)
CAN	Comunidad Andina de Naciones
CARICOM	Caribbean Community
CCAMLR	Kommission zur Erhaltung der lebenden Meeresschätze der Antarktis
CCM	Chama Cha Mapinduzi (Partei in Tansania)
CCTV	chinesischer Fernsehkanal
CDU	Christlich Demokratische Union (Partei in Deutschland)
CEA	Commissariat à l'energie atomique (Büro des Atomenergiekommissars)
CEDEAO	Communauté économique des États de l'Afrique de l'Oues (westafrikanische Wirtschaftsgemeinschaft)
CEEAC	Communauté Économique des États d'Afrique Centrale (Zentralafrikanische Wirtschaftsgemeinschaft)
CEFIR	Centro de Formacion para la Integración Regional
CEMAC	Communauté Economique et Monétaire de l'Afrique Centrale (Zentralafrikanische Wirtschafts- und Währungsgemeinschaft)
CEN-SAD	Community of Sahel-Saharan States
CEP	Centre d'experimentation du Pacifique (Experimentelles Zentrum für pazifische Randgebiete)
CERES	Centre d'études et de recherches economiques et sociales (Zentrum für Schul-, Wirtschafts- und Sozialforschung)

CETA	Comprehensive Economic and Trade Agreement (umfassendes Wirtschafts- und Handelsabkommen EU-Kanada)
CEU	Central European University
CFA-Franc	Franc de la Communauté Financière d'Afrique (zentral- und westafrikanische Währung)
CHP	Cumhuriyet Halk Partisi (Partei in der Türkei)
CIA	Central Intelligence Agency
CIGEM	Centre d'Information et Gestion de Migration (Informationszentrum für Migrationsmanagement)
CIMIC	Zivil-Militärische Zusammenarbeit
CNN	Cable News Network
CNODC	China National Oil and Gas Exploration and Development Corporation
CNRT	Congresso Nacional de Reconstrução Timorense (Nationalkongress für den Wiederaufbau von Timor-Leste)
COERR	Catholic Office for Emergency Relief and Refugees (Katholisches Büro für Notfallhilfe und Flüchtlinge)
COM	Collectivité d'outre-Mer (Übersee-Gemeinschaft)
COMECE	Kommission der Bischofskonferenzen der Europäischen Gemeinschaft
COMESA	Common Market for Eastern and Southern Africa
COP21	UN-Klimakonferenz in Paris
CRPLC	Centre de Recherche sur les Pouvoirs Locaux dans la Caraïbe (Forschungszentrum für Kommunalverwaltung in der Karibik)
CSFR	Tschechoslowakische Föderative Republik
CSSR	Tschechoslowakische Sozialistische Republik
CSU	Christlich-Soziale Union (Partei in Deutschland)
CTM	Collectivité Territoriale de Martinique
CTV	Canterbury Television
DAAD	Deutscher Akademischer Austauschdienst
DDR	Deutsche Demokratische Republik
DED	Deutscher Entwicklungsdienst
DEMYC	Democrat Youth Community of Europe
DGAP	Deutsche Gesellschaft für Auswärtige Politik
DGB	Deutscher Gewerkschaftsbund
DISY	Dimokratikos Synagermos (Partei auf Zypern)
DOS	Demokratska opozicija Srbije (Partei in Serbien)
DPRK	Demokratische Volksrepublik Korea
DRC	Demokratische Republik Kongo
DTA	Demokratische Turnhallenallianz (Partei in Namibia)
DYL/DYP	Partei des Rechten Weges (Partei in der Türkei)
EAC	East African Community

ECCAS	Economic Community of Central African States
ECO	Westafrikanische Währung
ECOMOG	ECOWAS-Monitoring Group (Wirtschaftsgemeinschaft Westafrikanischer Staaten-Überwachungsgruppe)
ECOWAS	Economic Community of West African States
EDF	Europäischer Entwicklungsfonds
EG	Europäische Gemeinschaft
EHU	European Humanities University
EKD	Evangelische Kirche in Deutschland
ELN	Ejército de Liberación Nacional (Befreiungsbewegung in Kolumbien)
ENA	École nationale d'administration
ENOSIS	Vereinigung der mehrheitlich von Griechen bewohnten Territorien mit dem griechischen Staat
EPA	Economic Partnership Agreement
ESM	Europäischer Stabilitätsmechanismus
ETH	Eidgenössische Technische Hochschule
EU	Europäische Union
EUFOR	European Union Force
EUJUST-LEX-IRAQ	European Union Integrated Rule of Law Mission for Iraq
EULEX	Rechtsstaatlichkeitsmission der Europäischen Union im Kosovo
EuroMesCo	Euro-Mediterreanean Study Commission
EVP	Europäische Volkspartei
EWG	Europäische Wirtschaftsgemeinschaft
EXPO	Exposition Universelle Internationale
EZB	Europäische Zentralbank
FAO	Food and Agriculture Organization of the United Nations
FARC	Revolutionäre Streitkräfte Kolumbiens -Volksarmee
FAZ	Frankfurter Allgemeine Zeitung
FBI	Federal Bureau of Investigation
FDJ	Volksfront für Demokratie und Gerechtigkeit (Partei in Eritrea)
FDP	Freie Demokratische Partei (Partei in Deutschland)
FIDESZ	Fiatal Demokraták Szövetsége (Partei in Ungarn)
FIESP	Federation of Industries of the State of São Paulo
FIFA	Fédération Internationale de Football Association
FLN	Front de Libération Nationale (Befreiungsbewegung in Algerien)
FNLA	Frente Nacional de Libertação de Angola (Befreiungsbewegung in Angola)
FOCAC	Forum für China–Afrika Kooperation
FPÖ	Freiheitliche Partei Österreichs (Partei in Österreich)
FRELIMO	Frente de Libertação de Moçambique (Befreiungsbewegung in Mozambik)

FRETILIN	Frente Revolucionária de Timor-Leste Independente (Befreiungsbewegung in Osttimor)
FSM	Federated States of Mikronesia
GATT	General Agreement on Tariffs and Trade
GCC	Gulf Cooperation Council
GTZ	Deutsche Gesellschaft für Technische Zusammenarbeit GmbH
GUS	Gemeinschaft der Unabhängigen Staaten
HADEP	Partei der Demokratie des Volkes (Partei in der Türkei)
HDZ	Hrvatska demokratska zajednica (Partei in Kroatien)
IAE0	International Atomic Energy Agency
ICDDRB	International Cholera and Diorrheae Diseases Research Bangladesch
ICRI	Internationale Kommission zur Reform der Institutionen der Europäischen Union
ICU	International Christian University
IDD	Instituto para a Democracia e o Desenvolvimiento
IFOR	Implementation Force (Umsetzungstruppe der NATO)
IFRI	Institut français de relations internationales
IMF	International Monetary Fund
INCIPE	Institut für Internationale Fragen und Außenpolitik
INF	Abkommen über nukleare Mittelstreckensysteme
INTAL	Instituto Para la Integración de América Latina y el Caribe
IOC	International Olympic Committee
IRA	Irish Republican Army
ISAF	International Stabilization Force, Afghanistan
ISF	International Stabilization Force, Osttimor ISIS
ISIS	Islamischer Staat (terroristische sunnitische Miliz)
ISPI	Istituto per gli Studi di Politica Internazionale
ISS	Institut für Security Studies
JOSPOD	Joint Seminar on Development Harvard/Massachusetts Institute of Technology
KCMC	Kilimanjaro Christian Medical Centre
KDNP	Kereszténydemokrata Néppárt (Partei in Ungarn)
KEDO	Korea Energy Development Organization
KFOR	Kosovo Truppe
KGB	Komitet gossudarstwennoi besopasnosti (Komitee für Staatssicherheit der Sowjetunion)
KHIC	Korea Heavy Industry Corporation
KPdSU	Kommunistische Partei der Sowjetunion
KSK	Kommando Spezial-Kräfte der Bundeswehr
KSZE	Konferenz über Sicherheit und Zusammenarbeit in Europa

LDDP	Demokratische Arbeitspartei Litauens (Partei in Litauen)
LDK	Demokratische Liga des Kosovo (Partei in Kosovo)
LDP	Liberaldemokratische Partei (Partei in Japan)
LDR	Democratic League of Kosovo (Partei in Kosovo)
LGBT	Lesbian, Gay, Bisexuell, Transgender
MBC	Munhwa Broadcasting Corporation
MDF	Magyar Democrata Fórum (Partei in Ungarn)
MEDAC	Mediterranean Academy of Diplomatic Studies
MERCOSUR	Gemeinsamer Markt Südamerikas
MINUR-CAT	Mission des Nations Unies en République Centrafricaine et au Tchad
MLP	Mauritius Labour Party (Partei in Mauritius)
MLSTP	Movimento de Libertação de São Tomé e Príncipe (Befreiungsbewegung in São Tomé und Príncipe)
MMM	Mauritius Militant Movement (Partei in Mauritius)
MMP	Mixed-Member-Proportional-System
MNJ	Mouvement des Nigériens pour la Justice (Partei in Niger)
MNLA	Mouvement national de libération de l'Azawad
MOLINACO	Mouvement de la Libération Nationale des Comores (Befreiungsbewegung in den Komoren)
MPLA	Movimento Popular de Libertação de Angola (Befreiungsbewegung in Angola)
MSP	Mauritian Socialist Party (Partei in Mauretanien)
NAFTA	North American Free Trade Agreement
NASA	National Aeronautics and Space Administration
NATO	North Atlantic Treaty Organization
NBC	National Broadcasting Company
NCP	National Congress Party (Partei in Indien)
NCRE	National Centre for Research on Europe
NDC	National Democratic Congress (Partei in Ghana)
NEPAD	New Partnership for African Development
NGO	Non-Governmental Organization
NHK	Nippon Hōsō Kyōkai (Fernsehsender in Japan)
NPA	New People's Army (revolutionäre kommunistische Gruppierung auf den Philippinen)
NPT	Non-Proliferation Treaty
NSA	National Security Agency
NSC	National Security Council
NSDAP	Nationalsozialistische Deutsche Arbeiterpartei (verbotene Partei in Deutschland)
NSW	New South Wales

NTT	Nippon Telegraph and Telephone
NUPI	Norwegisches Institut für Internationale Politik
OAS	Organization of American States
OAU	Organization of African Unity
OCT	Overseas Countries and Territories
OCTA	Overseas Countries and Territories Association
ÖDP	Partei der Freiheit und Solidarität (Partei in der Türkei)
OECD	Organization for Economic Cooperation and Development
OECS	Organization of Eastern Caribbean States
OPEC	Organisation der erdölexportierenden Staaten
OSZE	Organisation für Sicherheit und Zusammenarbeit in Europa
ÖVP	Österreichische Volkspartei (Partei in Österreich)
PAC	Pan African Congress (Befreiungsbewegung in Südafrika)
PACER	Pacific Agreement on Closer Economic Relations
PAIGC	Partido Africano da Independência da Guiné e Cabo Verde (Partei in Guinea-Bissau und Cabo Verde)
PAP	Peoples Action Party (Partei in Singapur)
PARLACEN	Zentralamerikanisches Parlament
PDK	Demokratische Partei Kurdistan (Partei in der Türkei)
PDS	Partei des Demokratischen Sozialismus (aufgelöste Partei in Deutschland)
PEN	Poets, Essayists, Novelists (internationale Schriftstellervereinigung)
PESCO	Permanent Structured Cooperation
PFP	Partnership for Peace
PF-ZIPRA	Patriotic front – Zimbabwe People's Army (Befreiungsbewegung in Simbabwe)
PIDF	Pacific Islands Development Forum
PIF	Pacific Islands Forum
PKK	Partiya Karkerên Kurdistanê (Partei in der Türkei)
PLO	Palestinian Liberation Organization
PNG	Papua Neu-Guinea
POM	Pays d'outre-mer
PP	Partido Popular (Partei in Spanien)
PPP	Pakistan Peoples Party (Partei in Pakistan)
PPPS	Party People Progress Seychelles (Partei in den Seychellen)
PRI	Partido Revolucionario Institucional (Partei in Mexiko)
PROMESA	Puerto Rico Oversight, Management and Ecomoic Stability Act
PTOM	Pays et territoires d'outre-mer
REFAH	Refah Partisi (Partei in der Türkei)
ROC	Republic of China (Taiwan)

RPF	Ruandische Patriotische Front (Partei in Ruanda)
RUB	Royal University of Bhutan
SAARC	South Asian Association for Regional Cooperation
SACEUR	Oberster alliierter Befehlshaber der NATO in Europa
SACU	Zollunion des Südlichen Afrika
SADC	Southern African Development Community
SAERI	South Atlantic Environmental Research Institute
SAIS	School for Advanced International Studies
SAR	Special Administration Region
SDGs	Sustainable Development Goals
SDI	Strategic Defence Initiative
SEATO	Southeast Asia Treaty Organization
SED	Sozialistische Einheitspartei Deutschlands (Partei in der DDR)
SFOR	Stabilisierungsstreitkräfte
SICA	Sistema de la Integración Centroamericana
SIEPS	Schwedisches Institut für europäische Politikstudien
SISU	Shanghai International Studies University
SMOM	Sovereign Military Order of Malta
SNU	Staatliche Universität Seoul
SPD	Sozialdemokratische Partei Deutschlands (Partei in Deutschland)
SPLA	Sudan People's Liberation Army
SPLM	Sudanese People's Liberation Movement
SPÖ	Sozialdemokratische Partei Österreichs (Partei in Österreich)
SSSR	Sojus Sowjetskich Sozialistitscheskich Respublik (Union der Sozialistischen Sowjetrepubliken)
SWAPO	Südwestafrikanische Volksorganisation (Befreiungsbewegung in Namibia)
SWAT	Special Weapons And Tactics
SZDSZ	Szabad Demokraták Szövetsége (Partei in Ungarn)
TACIS	Technische Hilfe der EU für die Gemeinschaft Unabhängiger Staaten
TANU	Tanganiyka African National Union (Befreiungsbewegung in Tansania)
TNRC	Turkish Republic of Northern Cyprus
TOP 09	Tradice, Odpovědnost, Prosperita (Partei in Tschechien)
TPFL	Tigrayan People's Liberation Front (Befreiungsbewegung in der Provinz Tigray)
TPP	Trans-Pacific Partnership
TRT	Türkische Hörfunk- und Fernsehanstalt
TTIP	Transatlantic Trade and Investment Partnership
UAE	United Arab Emirates

UANC	United African National Council
UBS	Union Bank of Switzerland
UÇK	Ushtria Çlirimtare e Kosovës (Befreiungsarmee des Kosovo)
UCT	University of Cape Town
UDI	Unilateral Declaration of Independence
UdSSR	Union der Sozialistischen Sowjetrepubliken
UDT	União Democrática Timorense (Partei in Osttimor)
UEMOA	Union économique et monétaire ouest-africaine (westafrikanische Wirtschafts- und Währungsunion)
UMNO	United Malays National Organisation (Partei in Malaysia)
UN/UNO	United Nations/United Nations Organization
UNAMIR	United Nations Assistance Mission for Rwanda
UNDP	United Nations Development Program
UNESCO	United Nations Educational, Scientific and Cultural Organization
UNHCR	United Nations High Commissioner for Refugees
UNICEF	United Nations International Children's Emergency Fund
UNIDO	United Nations Industrial Development Organization
UNIP	United National Independence Party (Partei in Sambia)
UNIS	University Centre in Svalbard
UNITA	União Nacional para a Independência Total de Angola (Befreiungsbewegung in Angola)
UNLF	Uganda National Liberation Front (Guerillabewegung in Uganda)
UNMIK	Interimsverwaltungsmission der Vereinten Nationen im Kosovo
UNMIL	United Nations Mission in Liberia
UNMISS	United Nations Mission in the Republic of South Sudan
UNOMSIC	Beobachtermission der Vereinten Nationen in Sierra Leone
UNP	United National Party (Partei in Sri Lanka)
UNWRA	United Nations Relief and Works Agency for Palestine Refugees in the Near East
US/USA	United States/of America
VOC	Vereenigde Oostindische Compagnie
WAI	West Africa Institute
WDR	Westdeutscher Rundfunk
WESCOM	Western Commando
WEU	Westeuropäische Union
WHO	World Health Organization
WSLF	Westsomalische Befreiungsfront
WTO	World Trade Organization
YMCA	Young Men's Christian Association

ZANLA	Zimbabwe African National Liberation Army (Befreiungsbewegung in Simbabwe)
ZANU-PF	Zimbabwe African National Union – Patriotic Front (Partei in Simbabwe)
ZEF	Zentrum für Entwicklungsforschung
ZEI	Zentrum für Europäische Integrationsforschung

Abbildungsverzeichnis

Abb. 1.1 Länder und Territorien der Welt. (© Freytag & Berndt) 3
Abb. 2.1 Auf dem Weg in die Niederlande: Mit Stock und Hut meines Großvaters in Nordhorn (1960). (© Ludger Kühnhardt) 29
Abb. 2.2 An der Ruderstrecke München-Schleißheim bei den Olympischen Spielen (1972). (© Ludger Kühnhardt) 31
Abb. 2.3 Mit dem Photoapparat zwischen Bobbies und Passanten: Auf der Mall in London (1974). (© Ludger Kühnhardt) 33
Abb. 2.4 In Peschawar mit der kleinen gelben Reiseschreibmaschine unter einer wärmenden Decke (1979). (© Ludger Kühnhardt) 56
Abb 2.5 In Rawalpindi als Zuhörer bei einem Vortrag zur Zukunft des Islam. Rechts neben mir der Botschafter von Saudi-Arabien, links von mir Mohammad Saleem aus dem pakistanischen Informationsministerium und mein Journalisten-Freund Andreas Schüler (1979). (© Ludger Kühnhardt) 60
Abb. 2.6 Im Lungi, dem Wickelrock Südasiens, mit dem Tagelöhner Jagnath und seinem Sohn in Manikpur, Uttar Pradesh (1979). (© Ludger Kühnhardt) 79
Abb. 2.7 Zum Teegespräch bei Indira Gandhi, der Grande Dame der indischen Politik, in Neu Delhi (1979) (© Ludger Kühnhardt) 83
Abb. 3.1 Als Reporter im Flüchtlingslager Tog Wajaale, Somalia (1980) (© Ludger Kühnhardt) 109
Abb. 3.2 In Leh, Ladakh, einer der höchstgelegenen Städte der Welt (1980). (© Ludger Kühnhardt) 145
Abb. 3.3 Fahrt mit einer Rikscha durch die Reisfelder um Munshiganj (1982). (© Ludger Kühnhardt) 183
Abb. 3.4 Vor dem Mother's Club: Mit Abul Bashar unter den Müttern und Kindern von Muktapur (1982). (© Ludger Kühnhardt) 211
Abb. 3.5 Studium in Japan: Leben und schlafen auf einer Fläche von sechs Tatami in Tokio (1983). (© Ludger Kühnhardt) 233

Abb. 3.6	Meine erste Begegnung mit Bundeskanzler Helmut Kohl im Garten der Deutschen Botschaft Tokio (1983). (© Ludger Kühnhardt)	240
Abb. 3.7	Vor dem Kenotaph für die Opfer des Atombombenabwurfs in Hiroshima (1983). (© Ludger Kühnhardt)	243
Abb. 3.8	Im Shantivanam Ashram mit Jesuitenpater Bede Griffiths und meinem Kameramann Jürgen Grundmann (1983). (© Ludger Kühnhardt)	248
Abb. 3.9	Vortrag in japanischer Sprache vor dem Rotary Club Tokio-Ueno (1984). (© Ludger Kühnhardt)	272
Abb. 3.10	Zwischen Peking und Moskau: Während der Fahrt mit der Transsibirischen Eisenbahn (1984). (© Ludger Kühnhardt)	283
Abb. 3.11	Im Harvard Yard mit meinem neuseeländischen Freund Simon Upton vor Universitätsgründer John Harvard (1984). (© Ludger Kühnhardt)	293
Abb. 3.12	Thanksgiving in Wilton, Connecticut, bei Danielle, Richard und ihrem Sohn Tony Gardner (1984). (© Ludger Kühnhardt)	302
Abb. 3.13	Im US Capitol in Washington D.C. vor einem Standbild George Washingtons (1984). (© Ludger Kühnhardt)	313
Abb. 3.14	Im Haus von Ernest Hemingway in Key West (1984). (© Ludger Kühnhardt)	324
Abb. 3.15	Passierschein in den Vatikan-Staat (1985). (© Ludger Kühnhardt)	333
Abb. 3.16	Unter Beduinen in Ouarzazate im äußersten Süden Marokkos (1986). (© Ludger Kühnhardt)	339
Abb. 3.17	An der Klagemauer in Jerusalem (1988). (© Ludger Kühnhardt)	353
Abb. 3.18	Atlantik-Brücke: Mit Beate Lindemann und Cornelius Prittwitz vor Mastschweinen auf der Indianapolis Agricultural Show (1988). (© Ludger Kühnhardt)	363
Abb. 3.19	Mit Bundespräsident Richard von Weizsäcker und Altkanzler Willy Brandt in Bonn (1989). (© Ludger Kühnhardt)	364
Abb. 3.20	Mit meinen Freunden Neeru und Rajiv Vora sowie ihrem Sohn Aman in Delhi (1989). (© Ludger Kühnhardt)	366
Abb. 4.1	Mit Nelson Mandela, Südafrikas Anti-Apartheid-Ikone, in Kapstadt (1991). (© Ludger Kühnhardt)	405
Abb. 4.2	Unter dem Porträt des Ayatollah Khomeini: Streitbarer Vortrag zur Universalität der Menschenrechte in Teheran (1991). (© Ludger Kühnhardt)	410
Abb. 4.3	Vor den Betonblöcken am Parlament in Vilnius mit Ramūnas Bogdanas, Berater von Litauens Staatschef Vytautas Landsbergis (1992). (© Ludger Kühnhardt)	417

Abb. 4.4	Präsentation der „Hansestudie" in der Oblastverwaltung Kaliningrad durch Hubertus Hoffmann (rechts Mitte). Ich sitze am Ende des Tisches zwischen Friedbert Pflüger und Oskar Prinz von Preußen (1992). (© Ludger Kühnhardt).	423
Abb. 4.5	In einer Fabrik für Mikrochips in Taschkent (1992). (© Ludger Kühnhardt)	432
Abb. 4.6	Unter Schafhirten in der rumänischen Walachei (1993). (© Ludger Kühnhardt)	440
Abb. 4.7	Mit Estlands Ministerpräsident Mart Laar, Unabhängigkeitsführer Tunne Kelam und Verteidigungsminister Jüri Luik in Tallinn (1994). (© Ludger Kühnhardt).	455
Abb. 4.8	Mit meinem Freund Hüseyin Bağci in der Mevlana Tekke in Konya (1995). (© Ludger Kühnhardt)	463
Abb. 4.9	Mit meiner Frau Enikö vor indianischen Totem-Pfählen in Vancouver (1995). (© Ludger Kühnhardt).	476
Abb. 4.10	Mit Enikö in Sedona, in den Weiten von Arizona (1995). (© Ludger Kühnhardt)	485
Abb. 4.11	Mit Enikö bei Edward Teller, dem Erfinder der Wasserstoffbombe, an der Stanford University (1996). (© Ludger Kühnhardt)	487
Abb. 4.12	Mit einem Erben Moctezumas in Mexico-Stadt (1995). (© Ludger Kühnhardt)	490
Abb. 4.13	Spaß muss sein: In der Travestie-Show *Finocchio* in San Francisco (1995). (© Ludger Kühnhardt)	498
Abb. 4.14	Mit Hans-Gert Pöttering und Reinhard Stuth bei Katholikos Karekin I. in Etschmiadsin (1996). (© Ludger Kühnhardt).	505
Abb. 4.15	Vor einem Geysir nahe dem Gullfoss-Gletscher auf Island (1997). (© Ludger Kühnhardt).	518
Abb. 4.16	Ausritt am Songköl-See im kirgisischen Altai-Gebirge (1997). (© Ludger Kühnhardt)	531
Abb. 4.17	Mit meinem akademischen Lehrer Karl Dietrich Bracher in Sergijew Possad (1998). (© Ludger Kühnhardt)	546
Abb. 4.18	Auf der Grenze zwischen Asien und Europa im Ural bei Jekaterinburg (1998). (© Ludger Kühnhardt)	551
Abb. 4.19	Mit dem Großmufti von Tatarstan, Gousman Iskhakov, in Kasan (1998). (© Ludger Kühnhardt)	554
Abb. 4.20	Intensive Gespräche mit Kronprinz Felipe in Madrid (1998). (© Ludger Kühnhardt)	559

Abb. 4.21 Am Tisch der Jalta-Konferenz (1945) im Liwadija-Palast mit Oleg Kokoshinsky, Atlantic Council of Ukraine, und Jack Janes, American Institute for Contemporary German Studies (1999). (© Ludger Kühnhardt) 575

Abb. 4.22 Im Weingut Ksara am Rande der Bekaa-Ebene mit libanesischen Bodyguards, meinem Studienfreund Johannes Regenbrecht (Auswärtiges Amt), Reinhard Stuth und Hans-Gert Pöttering (1999). (© Ludger Kühnhardt) 590

Eine Zwischen-Zeit: Die Welt entdeckt sich selbst

1.1 Welt-Anschauung in einer Zwischen-Zeit

In seinem Roman *Die letzte Welt* erzählt Christoph Ransmayr von der mythologischen Umverwandlung der Zivilisation zurück in einen Zustand der Natur. Am Ende steht eine Welt ohne Menschen. Was schon Ovid, der Autor der *Metamorphosen,* verbannt ins Exil in Tomi am Schwarzen Meer, erlebt hat, gelte stets und für jeden: „Keinem bleibt seine Gestalt" (Ransmayr 2019, S. 40). Den Abstieg vom Goldenen Zeitalter in die graue, ja leblose Wirklichkeit erfindet Ransmayr nicht als narrative Dekonstruktion, sondern geradezu als ihr Gegenteil: In der Entleerung wird die Welt rekonstruiert (Wittstock 1997). Mein Zugang zur Welt war stets vom gegenteiligen Ansatz geleitet: Erst die Annäherung an die anderen, von denen doch ein Teil ich bin, erweitert die Welt. Die Welt wird nicht leer, je mehr wir sie suchen. Im Gegenteil: Die Welt wird, je mehr wir sie sehen, zu ganz verschiedenen Welten, die miteinander verknüpft sind. So jedenfalls habe ich es während der sechzig Jahre erlebt, von denen die nachfolgenden Seiten berichten.

Aus meinen persönlichen Notizen ist der Bericht über eine Zwischen-Zeit der Weltgeschichte geworden. Was 1945 begann, endete 2020: eine Zeit des Übergangs, eine Zwischenepoche. Mit dem Ende des Zweiten Weltkrieges begann die Welt damit, sich langsam als Ganzes selbst zu entdecken: Weltkrieg und Weltwirtschaft, Weltkonflikte und Weltfinanzen, Weltreisen und Weltgipfel, Weltentwicklung und Weltklima – und schließlich eine Weltpandemie, die die gesundheitliche Existenz jedes einzelnen Menschen auf der Welt betraf. Aus abstrakten Zuschreibungen, die nie alle Menschen und alle Orte der Erde zu jedem Zeitpunkt einbezogen hatten, ist erst mit der Coronapandemie endgültig eine globale und gesamtmenschheitliche Gewissheit geworden: Die Welt als Ganzes hatte sich der Welt als Ganzes aufgedrängt. Damit hat eine neue Ära begonnen, die Post-Corona-Welt. Von ihr her betrachtet, wurde auf einmal deutlich, was die Welt der Nachkriegszeit zwischen 1945 und 2020 bisher nur gewesen war: eine Epoche des Übergangs, eine Zwischen-Zeit, in der die Welt sich erst langsam, Schritt um Schritt selbst entdeckt hat. Erst in der Post-Corona-Ära wird die Welt als ganzes Referenzpunkt ihrer Deutung sein.

Die Puzzlesteine meiner Notizen aus 235 Ländern und Territorien sind eine Quelle für weitere Forschungen, die die weltgeschichtliche Zwischen-Zeit aus eigener Anschauung in Erinnerung ruft. In der Epoche des Übergangs, von der ich Momentaufnahmen festgehalten habe, hat sich vor allem eine Idee durchgesetzt: In dieser „Welt der Welten" (Gabriel 2017, S. 53–64) wollen die Menschen in all ihrer Vielfalt und Würde respektiert werden. Es gibt keine naive „eine Welt", in der sich alle Menschen intuitiv verstehen und tolerieren. Es gibt aber auch keine weißen Flecken mehr, so als lägen bestimmte Orte und die dort lebenden Menschen außerhalb des einen Globus. Wer verbannt wurde, wird der Welt entzogen. Wer sich auf die Suche nach der Welt der Welten macht, wird von ihren Gegensätzen aufgesogen. Wer die Welten sucht, wie sie sind, wird zum Nicht-Bleibenden, zum permanenten Flüchtling im Rilkeschen Sinne: „Denn Bleiben ist nirgends" (1959, S. 42).

In der Politischen Wissenschaft werden „Weltbilder und Weltordnung" gewöhnlich theoretisch reflektiert. Unter diesem Titel geht es, um ein Beispiel zu nennen, bei Gert Krell und Peter Schlotter (2018) um industrielle Revolution, Kapitalismus und Weltmarkt, um Staatensystem, Völkerrecht und Krieg und Frieden, um Globalisierung, Weltgesellschaft und sogar um Weltstaatlichkeit. Schnell werden bei diesen beiden Autoren aus Schlagworten Theorien: Realismus, Liberalismus, Institutionalismus, Marxismus (immer noch oder schon wieder), Feminismus (der Zeitgeist ist ja stets anwesend, wenn Theorien gebildet werden), Konstruktivismus, politisch-psychologische Zugänge, Kognitionen, Emotionen und Vorurteile (Krell und Schlotter 2018). Andere Einführungen in die Theorie der internationalen Beziehungen, so die exzellente kluge und auf Differenzierung bedachte Studie von Xuewu Gu, variieren die genannten Themen (2018). Historiker haben seit jeher Epochendeutungen angeboten – von Herodot und Thukydides über das Selbstbild des antiken Griechenlands bis zum Monumentalwerk von Jürgen Osterhammel über das 19. Jahrhundert (Osterhammel 2009). Der Blick auf die Welt offenbart immer auch die Dispositionen des Betrachters und spiegelt methodologische Auseinandersetzungen wider. Maßstabsetzend ist Alexander von Humboldt geblieben (Wulf 2015). Seine physikalische Weltbetrachtung unter dem Titel *Kosmos* wurde verlebendigt durch seine Reisetagebücher, die uns vor allem England, Südamerika und Russland erschlossen haben (Humboldt 2014). Mentale Landkarten lassen sich unterdessen für jede Weltregion fertigen (Scheffler 2003, S. 253–272). Wo eigentlich das Zentrum und wo die Peripherie der Welt verortet wird, ist dabei ein beständiges Thema der Forschung geblieben (Hauswedell et al. 2019). Der Versuch, „welthistorische Zäsuren" zu bestimmen, eröffnet inspirierende Schneisen transdisziplinärer Zusammenarbeit (Corsten et al. 2016).

Weltanschauung beginnt mit der Anschauung der Welt – dies ist die Ausgangsbedingung meiner nachfolgenden Notizen (Abb. 1.1). Während sechs Jahrzehnten habe ich Eindrücke, Gespräche und Reflexionen in 235 Ländern und Territorien der Welt aufgezeichnet. Zwischen 1960 und 2020 bin ich nicht mit einem theoretischen Konzept umhergezogen, sondern habe mich auf eigene Anschauungen eingelassen. Die

1.1 Welt-Anschauung in einer Zwischen-Zeit

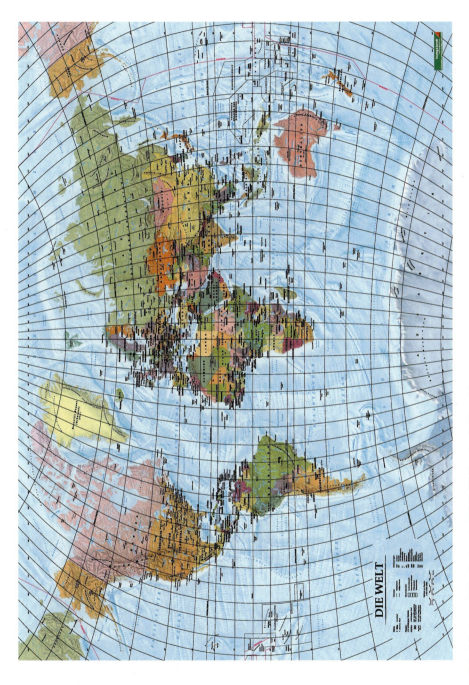

Abb. 1.1 Länder und Territorien der Welt. (© Freytag & Berndt)

Unterscheidung zwischen Zentrum und Peripherie ist mir stets fremd gewesen. Meine mentalen Landkarten entwickelten sich sukzessive. Sie wurden immer wieder geändert und an neue Erkenntnisse angepasst. Aber ein Grundgedanke zieht sich beim Rückblick als roter Faden durch meine Notizen: Die Welten in der Welt sind verknüpft. Selten ist dies so offenkundig geworden wie während der Coronapandemie, die die Welt ab 2020 zum zeitweiligen Stillstand brachte und darüberhinaus wie ein neuer absoluter Souverän in den Griff nahm. Defätisten sahen sich zu der vorschnellen, angstgetriebenen Meinung verleitet, die zeitweilige Disruption sei nicht Folge der Verletzbarkeit, die aller Welt so nachdrücklich wie noch nie sichtbar wurde. Sie sei vielmehr, sondern sie sei immanenter Ausdruck des Endes der Globalisierung. Inmitten der Corona-Weltangst blieb ich mehr denn je davon überzeugt, dass Globalität als Denkfigur und Referenzpunkt zur Deutung der Welt besteht und erst jetzt Zug um Zug zur Signatur einer neuen Epoche werden würde. Die verknüpften Welten in ihren widersprüchlichen und fragilen Wechselwirkungen werden weiterbestehen. Dennoch: Erst die Corona-bedingte Disruption markiert einen Epochenwechsel, auf den niemand so recht vorbereitet war. Die Zwischen-Zeit einer sich immer mehr verknüpfenden Welt ist zu Ende. Globale Interdependenzen sind existenziell geworden und die Transformationen Europas werden ein Teil von ihnen bleiben. Begonnen hat die Epoche, in der das gemeinsame Management der verknüpften Welten für alle Völker und Gesellschaften unausweichlich geworden ist. Die Spielregeln der Globalisierung werden sich in der Post-Corona-Welt beständig ändern und an neue Umstände anpassen. Machtfragen und moralische Dilemmata werden sich möglicherweise schärfer stellen als zuvor. Ich will nicht mit Spekulationen enden, sondern mit Fragen an die Post-Corona-Welt.

Zwischen dem Beginn der 1960er-Jahre und den zwanziger Jahren des 21. Jahrhunderts hat sich ein globales Zeitalter entwickelt, das in der Weltgeschichte seinesgleichen sucht. Zugleich sind die Widersprüche und die Anfälligkeiten dieses Zeitalters verknüpfter Welten von Jahrzehnt zu Jahrzehnt immer deutlicher geworden. Wie alle anderen Kontinente ist mein Heimatkontinent Europa in seinen Interdependenzen mit aller Welt zunächst auf sich selbst verwiesen, um Antworten zur eigenen Identität zu geben und Weltfähigkeit zu lernen (Kühnhardt 2020). Zugleich wirken alle anderen Teile und alle nichteuropäischen Themen der Welt wie nie zuvor auf Europa und auf alle anderen Kontinente ein: Direkt und indirekt, beabsichtigt und unbeabsichtigt, zeitgleich oder ungleichzeitig, im Widerspruch oder in der Ergänzung sind alle Anschauungen und Wahrnehmungen verbunden, die in der „Welt der Welten" (Gabriel 2017) bestehen. Anschauungen sind ebenso Realitäten wie Perzeptionen Realitäten sind. Über 50 Aufenthalte in Asien, über 30 Aufenthalte in den USA (in allen 50 Bundesstaaten und natürlich im District of Columbia) sowie ebenso viele Aufenthalte in Afrika, zehn Aufenthalte in Ozeanien und jeweils ebenso viele Aufenthalte in Südamerika und in der Karibik, ein Aufenthalt in Antarktika und endlos viele Aufenthalte in allen Ländern Europas: Seit meiner frühesten Kindheit wurde das Reisen mir zum Aufenthalt. Nicht alle Aufenthalte habe ich notiert, zumal diejenigen nicht, die einen rein privaten Charakter hatten. Fast ein Viertel meines bisherigen Lebens habe ich außerhalb des Landes meiner Geburt, Deutschland, verbracht. Aufenthalte drängten mich immer zum Weiterreisen. Nie ging es mir um Effekte und Sensationen. Ich reise in Schneisen, die Entdecker schon längst geschlagen hatten. Immer aber ging es mir um neue Erkenntnisse und verbesserte Einordnungen. Im Gepäck reiste stets der spanische Lyriker Antonio Machado mit: „Caminante no hay camino, se hace camino al andar" („Wanderer, es gibt keinen Weg, der Weg entsteht beim Gehen") (1992, S. 220).

1.2 Welt-Aneignung in Notizen

Der Rhythmus der Geschichte, dessen, was Fernand Braudel „la longue durée" genannt hat (1958, S. 725–753), geht über Ereignisse ebenso hinweg wie über Eindrücke eines zufälligen Tages. Aber Ereignisse und Eindrücke können doch einen längeren Rhythmus widerspiegeln, ihn voraussahen lassen oder ihn nachträglich beurkunden. Epochen sind wie Matroschka-Puppen: Immer wieder erschließen sich neue Schichten innerhalb der äußerlich gleichbleibenden Erscheinungsform. In den Welten dieser Welt ist es immer wieder von Neuem erforderlich, Ursachen und Wirkungen zu unterscheiden, ebenso Kausalitäten und Korrelationen. Wann aber beginnen Epochen, wie lassen sie sich erahnen, mit welcher Sicherheit prognostizieren? Wie weit reicht der Blick voraus, ohne sich zu verlieren? Wie weit geht er in die Breite, ohne sich zu verstreuen? Theoretische Methoden und Erklärungsmodelle werden in den historischen Sozialwissenschaften aufgefahren und immer wieder geschärft. Dabei geht es, erstens, um Voraussetzungen der Beurteilung, um den Standort im Leben, um die Verankerung in Disziplinen und ihren Theoriemustern. Es geht, zweitens, um Kriterienfragen. Welche Faktoren sind relevant, welche Akteure und Ereignisse sind es, welche Prozesse und Bruchstellen? Welche Rolle spielen Kriege und Krisen, Verträge und Neubeginne, Jahreszahlen und Wendezeiten? Drittens, schließlich, ist die Reichweite der Betrachtung entscheidend: lokal, regional, national, kontinental oder global.

Dieser Band enthält persönliche Notizen aus sechs Jahrzehnten, beginnend 1960 und endend 2020. Zwei Fakten ragen in dieser Epoche der Menschheitsentwicklung über alle anderen heraus: Der explosionsartige Anstieg der Weltbevölkerung und die fast erdumspannende Ausbreitung souveräner Staaten. Im Jahr 1958, in meinem Geburtsjahr, lebten 2,9 Mrd. Menschen auf der Welt; 1970 waren es 3,7 Mrd. Menschen; 2020 bewohnten 7,7 Mrd. Menschen den Planeten (Worldometer 2020). Für 2058 wird mit 9,8 und für 2100 mit 11,2 Mrd. Menschen gerechnet (United Nations 2020). Im Jahr 1945 wurden die Vereinten Nationen von 45 Staaten gegründet; 1958 existierten 68 anerkannte Staaten auf der Welt; 1972 nahmen Sportler aus 122 Ländern an den Olympischen Spielen in München teil; 2020 waren 193 Staaten Mitglied der Vereinten Nationen. Die Konsequenzen der beiden Entwicklungen im Bereich der Demografie und der Staatenbildung werden in ihren vielfältigen Wirkungen das ganze 21. Jahrhundert und die Zeit danach entscheidend beeinflussen. Zugang zu Nahrung und Wasser, zu Gesundheit und Bildung, Ressourcen-, Umwelt- und Klimafolgen, technische Entwicklungen und exponentielle Vermehrung von Kommunikationsmöglichkeiten, anthropologische und kulturelle Identitätsfragen, kulturelle und politische Konflikte: kein Bereich des Lebens auf dieser Welt, der nicht abhängig wäre von der vergleichslosen Zunahme der Weltbevölkerung in den letzten Jahrzehnten. Kein Aspekt mit globalen Auswirkungen, der nicht betroffen wäre von dem einzigartigen Entwicklungsfortschritt, den die Menschheit in diesen Jahrzehnten trotz ihres enormen Zuwachses erlebt hat. Kein Konflikt, der nicht im letzten seine Ursachen in den Widersprüchen hätte, die dieser Fortschritt befördert und zugleich schroffer denn je offengelegt hätte. Die unvollendete und in vielerlei Hinsicht widersprüchliche Globalisierung wird sich auf lange Zeit mit den Folgen der Zunahme der Weltbevölkerung sowie ihrer primären Organisation in 193 Staaten und mehreren Dutzend nichtsouveränen Territorien auseinandersetzen müssen. Mehr denn je werden die Widersprüche, die die unvollendete Globalisierung hat manifest werden lassen, die Weltordnung bestimmen.

Die großen Stichworte der Jahrzehnte sind rasch aufgezählt, in denen ich mithilfe meiner in 235 Ländern und Territorien angefertigten Notizen den Weg zum bisherigen Höhepunkt des Zeitalters unvollendeter Globalisierung – der Coronapandemie und ihren unabsehbaren Folgen für eine neue Epoche – begleitet und beobachtet habe: Kalter Krieg und Ost-West-Konfrontation, Atombedrohung und Systemwettbewerb, Dekolonialisierung und Entwicklungsparadigma, Armutsbekämpfung und Wohlstandsmaximierung, Gesundheitsverbesserung und Mobilitätszuwachs, technischer Fortschritt und Globalisierung, Rohstoffexploration und Umweltprobleme, Souveränität und Identität, die Suche nach Anerkennung und der Konflikt mit „dem anderen". Mit der europäischen Einigung und ähnlichen Integrationsbemühungen in unterschiedlichen Weltregionen ist seit Mitte des 20. Jahrhunderts eine neue Erfahrung in einer langen Liste von Innovationen des menschlichen Geistes genuine politische Wirklichkeit geworden. Staaten-integrierende Zusammenarbeit ist die einzig wirklich neue politische Idee der letzten Jahrzehnte. Sie treibt eine zweite Idee an, die im Politikjargon „regelbasierter Multilateralismus" genannt wird. Multilateralismus ist etwas gänzlich Anderes als Multipolarität, auch wenn beide Begriffe oft austauschbar verwendet werden. Multipolarität eröffnet Wege zu Machtauseinandersetzungen, die bestenfalls durch eine Balance der Macht aufgefangen werden können. Multilateralismus setzt auf die reziproke Anerkennung von Regeln, die die Interdependenzen zwischen Staaten und Regionen ordnen. Die Antriebskräfte menschlicher Veränderung – Jacob Burckhardt sprach von den „Potenzen" Staat, Religion und Kultur (2018 [1905]) – sind vielschichtiger geworden. Anders als zu Jakob Burckhardts Zeit werden Wirtschaft und Sozialleben gewiss hinzugerechnet werden müssen, ebenso Umwelt- und Klimafaktoren sowie technische Entwicklungen, allen voran ein fundamentaler Wandel der Kommunikationsmedien. In den sechs Jahrzehnten, in denen ich die Welt bereist hab, erholte die Menschheit sich vom ersten Abwurf der Atombombe, standen die ersten Menschen auf dem Mond und wurden die Gesellschaften der Welt verschiedentlich mit radikal-kritischen Jugendlichen konfrontiert, die unterschiedlichen Generationen angehörten und extrem gegenläufige Weltsichten hatten. Die westlichen Blumenkinder der 1968er-Revolution wollten tausend Blumen blühen lassen und ein gutes, freies, glückliches Leben führen. 50 Jahre später wähnten verbitterte neue Jugendprotestler im Westen (Fridays for Future, Extinction Rebellion) die Menschheit vor ihrer Selbstauslöschung durch Zerstörungen der Lebensbedingungen auf unserem Planeten. Dystopisches Denken hatte utopische Hoffnungen überlagert. Hinzu kam: Identitätsspannungen unter Muslimen entluden sich in jugendlichen Freiheitshoffnungen, aber auch in einem nihilistischen Terrorismus, zu dem junge Menschen durch Anhänger des radikalen politischen Islam ideologisch verführt wurden. Selbstermächtigungen des Menschen kennen viele Ausdrucksformen.

Die Welt als Ganzes erlitt in den Jahrzehnten vor und nach der Jahrtausendwende viel zu viele Kriege und Bürgerkriege. In manchen Regionen erfreute sich die Welt aber doch auch ungewöhnlich langer, privilegierter Phasen des Friedens, vorneweg im Europa der Europäischen Union. Von chinesischen Führern wurde das Bonmot kolportiert, es sei zu früh, die abschließenden Folgen der Französischen Revolution von 1789 zu bilanzieren. Für die Beurteilung des Zeitalters unvollendeter und widersprüchlicher Globalisierung gilt dies gewiss. Es kommt immer auf den eigenen Standpunkt und die Reichweite der Wahrnehmung an. Scharfsichtige Beobachter wie Peter Scholl-Latour identifizierten die iranische Revolution von 1979 frühzeitig als den gewichtigsten Epochenbruch der Neuzeit (1983). Im Jahr 1979 war, wie Frank Bösch im Rückblick überzeugend ausgeleuchtet und bestätigt hat, in mehrfacher Hinsicht eine „Zeitenwende" (2018). 1979 kehrte nicht nur Ayatollah Khomeini in den Iran zurück und entfachte die islamische Revolution, die den Schah von Persien stürzte und ein neues Zeitalter islamischer Expansion eröffnete, sondern hier fanden auch der erste Besuch des im Vorjahr gewählten Papstes Johannes Paul II. in seiner polnischen Heimat statt, die Wahl von Margaret Thatcher zur britischen Premierministerin und die Ankündigung Ronald Reagans Präsidentschaft in den USA, die Konsolidierung der chinesischen Reformen unter Deng Xiaoping, die vietnamesischen *boat-people,* die zweite Ölkrise, ein Unfall im Atomkraftwerk Harrisburg und der Einmarsch der Sowjetunion in Afghanistan. Die Themen für Jahrzehnte wurden gesetzt: Herausforderung des Westens wie des kommunistischen Ostens durch einen kulturellreligiösen Gegenuniversalismus. Mit der Perspektive einer Theokratie forderte und fordert der radikale politische Islam säkulare Republiken wie traditionelle Monarchien heraus. Herausforderung des Westens aber auch durch China als aufstrebende neue Weltwirtschaftsmacht, die sukzessive die von westlichen Vorstellungen geprägte Weltordnung mit strategisch durchdachter eigener Machtambition zu verändern suchen sollte. Wie in einem Brennglas bündelten sich 1979 alte Kriegsängste im Ost-West-Kontext und neuer westlicher Selbstbehauptungswille, die Rückkehr der Religion und neue, ins totalitäre übergehende Identitätskonflikte. Erst langsam wurde allgemein deutlich: Europa wurde künftig nicht mehr durch sein immanentes Potenzial zur Selbstzerstörung, sondern durch den Export von Instabilität in seiner Stabilität bedroht.

Im globalen Kontext war 1979, so kann man eine Hypothese wagen, folgenreicher als 1989, das Symboljahr des Falls der Berliner Mauer. Denn 1979 hat 1989 ermöglicht, ja auch erforderlich werden lassen. Aber die Folgen von 1989 – das Ende des Kalten Krieges und der Ost-West-Konfrontation – haben erst die Tragweite von 1979 verstehen gelernt: Nord-Süd-Fragen überdauern in ihrer existenziellen Bedeutung nicht nur den Ost-West-Konflikt. Nord-Süd-Fragen übertreffen den Ost-West-Konflikt in ihrer

Multidimensionalität. Der Paradigmenwechsel vom Ost-West-Konflikt zur Nord-Süd-Agenda ist epochal. Die inhärenten Chancen für die Globalität sind in diesem Paradigmenwechsel angelegt. Sie werden zugleich aber durch diesen überlagert mit einer breiten Palette von Gefährdungen für die globale Stabilität. Das digitale Zeitalter einerseits, globale Migrationsfragen und die Folgen des Klimawandels andererseits, vor allem aber die Coronapandemie sind die ersten Stichworte einer planetarischen Agenda, die sowohl Ost-West- als auch Nord-Süd-Systematiken durchkreuzt.

Europas Geschichte ist die Geschichte von Weltaneignung und Selbstzerstörung, von Expansion und Schrumpfung. Phasen der Ausdehnung stehen neben Phasen der Selbstentmachtung, Renaissancen neben Niedergangserfahrungen. Wer von Europa auf die Welt als Ganzes blickt, muss eine eigentümliche Tatsache konstatieren: Kein anderer Kontinent ist so sehr auf andere Kontinente bezogen. Aber wahr ist auch: Kein Kontinent wird so sehr von anderen Kontinenten geformt. Dabei sind die Erfahrungen der Menschen und Kulturen anderer Kontinente in der Begegnung mit Europa und europäischen Menschen durchaus vielschichtig, ja widersprüchlich. Europäer haben andere Kontinente geformt, geprägt und fremdbestimmt. Andere Kulturen und Gesellschaften haben ihre Selbstwerdung im Ringen, auch in der Ablehnung von Impulsen gesucht, die aus Europa kamen. Menschen in aller Welt haben Prägungen durch Menschen, Ideen und Güter aus Europa erfahren und darin zugleich diverse Formen der Fremdbestimmung erlitten. Aber auch die Selbstwerdung von Menschen und Gesellschaften in aller Welt war nie ohne Bezug zu Facetten des Lebens in Europa. In dieser außereuropäischen Selbstwerdung dominieren Differenz, das ganz andere, und Ausdifferenzierung, das jeweils ganz Eigene. Über allen Machtverschiebungen in den vorigen Jahrhunderten steht – wie eine gemeinsame Überschrift – ein Wille, der in aller Welt so extrem unterschiedlich wirksam ist: der Wille nach Anerkennung, nach Respekt inmitten aller Eigenheiten und angesichts des für jede Menschengruppe so genuin eigenen und häufig gegenüber aller Anderen gänzlich anderen Selbstverständnisses.

Die globale Expansion durch Europäer war in der Vergangenheit angetrieben von Spannungen und Wettbewerb unter Europäern in Europa. Der Historiker Wolfgang Reinhard sprach von der „Expansivität" Europas und differenzierte unterschiedliche Phasen und noch unterschiedlichere Folgen (2018). Die Zeit der Seefahrer und Entdecker, der Missionare und Kolonialverwalter folgte nicht einem gemeinsamen europäischen Drehbuch. Im Gegenteil: Jede gesellschaftlich oder politisch organisierte Ausdehnung wurde angetrieben vom beständigen Wettbewerb mit anderen Europäern. Der Weltbeherrschung durch Europäer folgte die Selbstentmachtung. Ihren stärksten Ausdruck erfuhr diese Zäsur in den Folgen des dreißigjährigen innereuropäischen Bürgerkrieges, der zwischen 1914 und 1945 tobte. Danach wurde Europa vom Subjekt zum Objekt der Welt. Mit der Idee der europäischen Einigung begann eine neue Renaissance Europas. Über Jahrzehnte begannen Europäer, sich selbst zu entdecken, indem sie Europa konstruierten. Zeitgleich begannen viele andere Völker, die sich von europäischer Vorherrschaft emanzipiert hatten, ihre eigene Nation zu konstruieren. Das *region-building* der einen korrespondierte mit dem *nation-building* der vielen anderen. Im Windschatten des Kalten Krieges vollzogen sich beide Vorgänge von globalhistorischer Wirkmächtigkeit. Die hegemoniale Kraft der USA und der Sowjetunion hatte der französische Historiker und Politiker Alexis de Tocqueville schon im 19. Jahrhundert vorausgeahnt. Im 20. Jahrhundert wurde die Welt danach geordnet, wer zum Westen und wer zum Osten zählte. Bei diesem Weltbild mit Europa-Zentralität konnte der Osten im Westen liegen, wie im Falle Kubas, oder der Westen konnte im Osten liegen, wie im Falle Australiens. Alle Weltbilder des Kalten Krieges waren eine Frage der mentalen Landkarte. Im Jahr 1990 erklärten die Präsidenten der USA, George H. W. Bush, und der Sowjetunion, Michail Gorbatschow, in Malta den Kalten Krieg für beendet, der in Jalta 1945 seinen Ausgang genommen hatte. Die bisherigen Weltmächte traten in eine Phase tief greifender interner Identitätskrisen ein. In nostalgischer Verklärung sprach Russlands Präsident Putin 2005 davon, das Ende der Sowjetunion sei die größte Katastrophe des 20. Jahrhunderts gewesen. Es fragte sich nur, für wen dies so war und wer das Scheitern eines gigantischen sozioanthropologischen Experiments ganz anders interpretierte. Das amerikanische Globalzeitalter erfuhr nicht weniger Höhepunkte und Tiefen: Mit der Suezkrise 1956 wurden die USA externe Führungsmacht im Nahen Osten. Mit der Ankündigung Präsident Trumps, sich aus dem Bürgerkrieg in Syrien im Oktober 2019 zurückzuziehen, wurde das Ende des Führungsanspruchs der USA in der Weltregion markiert, die Dreh- und Angelpunkt der Achsenverschiebungen zwischen Ost und West sowie Nord und Süd ist.

Im Jahr 2015 haben die Vereinten Nationen einen gewichtigen Beitrag geleistet, um der Zeit der Wirren, die dem Kalten Krieg gefolgt war, mit einem konzeptionellen Rahmen für künftige Orientierung zu antworten. *17 Sustainable Development Goals* (SDGs) finden sich seither auf einer Liste von Entwicklungszielen mit globaler Relevanz. Die inneren Widersprüche und Zielkonflikte zwischen einzelnen dieser Postulate sind groß. Anders kann es wohl gar nicht sein in einer Welt unvollständiger und mithin widersprüchlicher Globalisierung. Aber die SDGs stärken einen Grundgedanken: Alle Länder sind Entwicklungsländer. Das postkoloniale Zeitalter ist beendet, ebenso die ausgetretenen Pfade der Entwicklungstheorien und der Begrifflichkeiten von Erster, Zweiter und Dritter Welt. Es gehört zu den Paradoxien dieses Epochenwechsels, wenn sich erst jetzt Fragen historischer Schuld Bahnen ebnen, wie der Zeitgeist sie gerne schlägt, auch wenn seine Zeit eigentlich schon längst wieder vorüber ist. Der Streit um die Restitution von Kulturgütern, die im Zeitalter des Imperialismus nach Europa gelangten, gehört dazu. Noch verwirrender ist eine modische *cancel culture,* die das Denken verändern will, indem sie Denkmäler stürzt.

Lebenspraktisch wirkte die abstrakte Begrifflichkeit der SDGs 2020 mit der Coronapandemie in den Alltag der Menschen aller Länder ein wie noch niemals zuvor in der Menschheitsgeschichte. Corona bedeutet eine Epochenzäsur für die Menschheit einer Welt, in der alle Staaten fragile, verletzliche und doch miteinander verbundene Entwicklungsländer sind. Nur als weltweite Lerngemeinschaft wird die Menschheit in ihren so extrem unterschiedlichen Lebenswelten plausible Antworten auf die Verletzlichkeiten finden können, die gerade aus ihrer unausweichlichen und anhaltenden Verbundenheit erwachsen waren. Da alle Menschheitsgeschichte zur Zukunft hin offen ist, blieb einstweilen unklar, ob die Menschheit an dieser Prüfung scheitern würde oder genügend lernen könnte, um miteinander gefestigter zu sein für die nächsten Phasen der Entdeckung der Globalität. Es blieb einstweilen unklar, ob die Menschheit in der Post-Corona-Welt insgesamt widerstandsfähiger werden würde oder sich auf Dauer nur tiefere Gräben zwischen Verlierern und Gewinnern der Coronapandemie ziehen würden. Das Jahr 2020 jedenfalls wurde zu einer spektakulären Wasserscheide verschiedener Möglichkeiten, denen die verknüpften Welten in ihrer künftigen Entwicklung folgen dürften.

Verknüpfungen bzw. Interdependenzen sind nicht notwendigerweise symmetrisch. Asymmetrien erzeugen auch nicht zwingend Konflikte. Entscheidend ist, wie Menschen, Gesellschaften und Staaten, Zivilisationen und Kulturen mit Phänomenen des Wandels umgehen. Wandel findet immer und überall statt. Die Begriffe des Raumes und der Zeit bleiben stabile Referenzpunkte für den Umgang mit Wandel. Wandel ist relational, er bezieht sich jederzeit und allerorten auf die Beziehungen zwischen dem Bekannten und dem Unbekannten, dem Alten und dem Neuen. Dabei gibt es wohl verschiedene Formen des Bekannten und des Unbekannten zu berücksichtigen, um Wandel zu verstehen und einzuordnen. Es gibt das bekannte Bekannte, die Fortsetzung dessen, was Erfahrung und Einsicht uns lehren. Es gibt das bekannte Unbekannte, das Eindringen von erwartbar Neuem, auch wenn wir seine Form und seine Reichweite noch nicht berechnen konnten. Schließlich gibt es das unbekannte Unbekannte, das Neue, das wie ein plötzliches Naturereignis in die Wirklichkeit einbricht – unvorhersehbar, unerwartet, unplanbar. Wie wir mit den Folgen des Wandels umgehen, entscheidet über die Art und Weise, wie wir infolge von Veränderungen leben. Dies gilt für den einzelnen Menschen ebenso wie für Gesellschaften und Staaten, Zivilisationen und Kulturen.

So wie es Zyklen politischer Generationen gibt (Schlesinger 1986; Kühnhardt 1996), so gibt es Zyklen politischer Konjunkturen und Phasen politischer Transformationen. Inwieweit Akteure oder Analysten sich dessen und der Folgen dieser Zyklen bewusst sind, entscheidet über die Deutung einer Zeit und ihrer Wirkungen. Für die Wahrnehmung seiner selbst und der Rolle Europas in der Welt unter den Bedingungen des europäischen Einigungsprojektes hat der Historiker Wolfgang Schmale (2008) zwischen zwei Phasen unterschieden: Für die Zeit von den frühen 1950er- bis in die Mitte der 1980er-Jahre habe eine „vor-reflexive Identitätspolitik" geherrscht; sie wurde abgelöst von der „reflexiven Phase Europäischer Identitätspolitik" (Schmale 2008, S. 31–36, 76–90). In der ersten Phase sei die Identität Europas nach innen als selbstverständlich angenommen worden, während die Akteure der EWG und später der EG meinten, nach außen hin die globale Relevanz und Präsenz Europas als Ausdruck europäischer Identität akzentuieren zu müssen. Die Verkündigung einer „Erklärung über die Europäische Identität" auf einem Gipfeltreffen der EG-Staats- und Regierungschefs in Kopenhagen 1973 wurde zum sinnfälligsten Dokument dieser Periode. Schmale beschrieb das Dokument als einen „Präzedenzfall", denn nie zuvor sei „die Definition Europäischer Identität im Verhältnis zur Welt" so prinzipiengeleitet und politisch formuliert worden (2008, S. 34). Seit den 1980er-Jahren bemühten sich die Akteure des europäischen Einigungsprojektes, gegenüber den Bürgerinnen und Bürgern nach innen hin die Identität Europas zu stärken. Symbole wie Fahne, Hymne und Europatag, aber auch rechtlich relevante Ausdrucksformen wie „Staatsbürgerschaft" und „Währung" gehörten, so Schmale zu den „Gewinnungsstrategien" (2008, S. 76) gegenüber den eigenen Bürgerinnen und Bürgern. Die Wechselwirkungen zwischen europäischen Entwicklungen und globalen Entwicklungen ließen sich auch anhand von Phasen intensiverer oder schwächerer Integrationserfolge nachzeichnen. Gemeinsam ist ihnen, dass sie unter dem Dach des historisch einzigartigen Projektes stattgefunden haben, das sich Europäer mit der supranationalen Konstruktion gegeben haben, die als Europäische Wirtschaftsgemeinschaft startete und über die Europäische Gemeinschaft 1992 zur Europäischen Union wurde. Von Interdependenzen ist in der Wissenschaft die Rede, wenn von diesen Sachverhalten und Trends gesprochen wird.

1.3 Entdeckung und Weltfähigkeit

Der eigene Erfahrungshorizont ist nicht zu trennen von äußeren Ereignissen und ihrer Einordnung. Der Zeitbegriff ist in seiner Komplexität Gegenstand der unterschiedlichsten Auslegungen gewesen. Für Augustinus wurde die menschliche Erinnerung in der Gegenwart zur Vergangenheit, die menschlichen Erwartungen in der Gegenwart indessen zur Zukunft. Nur für Gott ist alle Zeit Gegenwart, schrieb er in den *Confessiones* (Flasch 2004). Die Sicht von Immanuel Kant, demzufolge Raum und Zeit die Formen menschlicher Anschauung sind, prägt die Deutungen des Zeitverständnisses in den modernen Wissenschaften – bis zu den wirkmächtigen Zeitdiagnosen des Soziologen Hartmut Rosa[1] (Rosa 2012; Tänzler 2017). Wissenschaftliche wie populäre Erinnerungen an Reisen durch große Teile der bewohnten Welt sind immer wieder publiziert worden: von Marco Polo über seine Beobachtungen und Schwärmereien im Orient (1983 [1298/99]), von Ibn Battuta über seine Reisen im 14. Jahrhundert an das damalige „Ende der Welt" (1974), die Aufzeichnungen von Antonio Pigafetta über Fernão de Magalhães' erste Weltumseglung zwischen 1519 und 1521 (Pigafetta 2020[1524]), von Georg Forster über seine Reisen im 18. Jahrhundert (1843), von Ida Pfeiffer über ihre Reisen im 19. Jahrhundert (1850), von Nina Serano über ihre Reisen im 20. und frühen 21. Jahrhundert (2014).

Meine Notizen spiegeln Welten in der einen Welt wider, dokumentieren Kontinuität und Wandel im Laufe der sechs Jahrzehnte zwischen 1960 und 2020. *Verknüpfte Welten* verschriftlicht meine Erinnerungen aus Aufenthalten in 235 Ländern und Territorien. Ich wollte entdecken, was schon da war, und lernte immer wieder neu, dass es darauf ankommt, weltfähig zu werden. Wie es mit Erinnerungen so üblich ist, sind

---

[1] Zu Beginn meiner Tätigkeit an der Universität Freiburg war Hartmut Rosa 1991/1992 studentische Hilfskraft an meinem Lehrstuhl. 2005 wurde Rosa zum Professor für Soziologie an der Universität Jena berufen.

Erinnerungen immer dann am verlässlichsten, wenn sie unmittelbar niedergeschrieben werden, nachdem man sie erlebt hat. Diesem Prinzip bin ich bei der Niederschrift meiner Notizen immer gefolgt und habe daran auch bei der Editionsarbeit für dieses Buch nicht gerührt. Lediglich die allerersten Einträge habe ich aus dem Rückblick formuliert. Sie gehören zu meiner frühesten Weltaneignung, als ich noch des Schreibens unkundig war. Seit 1969 formuliere ich kontinuierliche und unmittelbare Notizen über Eindrücke, Orte und Gespräche. Seither habe ich Ankündigungen und Übergänge notiert, Brüche und Fortsetzungen von Altbekanntem. Ich habe das Gespräch gesucht mit sehr unterschiedlichen Menschen, um sie und ihre Sicht auf die Welt zu Wort kommen zu lassen. Ich habe beschrieben, was überraschend war, manches davon trivial, anderes mit symbolhafter Aussagekraft. Schon Herodot hatte gelehrt, dass man die anderen einfach ernstnehmen solle, sie so nehmen solle, wie sie nun einmal sind. So simpel betrachte ich die Welt und doch ist gerade das scheinbar Einfache nicht immer einfach. Meine Weltaneignung folgte keinem Drehbuch und fügt sich zu keiner Theorie. So entstand ein Skizzenbuch, das zum Panorama von sechzig Jahren wurde. Wo immer ich unterwegs war, folgte die Niederschrift täglich und intuitiv. Ich versuchte immer wieder neu, durch das Auge von Orten und Gesprächspartnern Ereignisse, Trends und Zusammenhänge zu erkunden. Wiederkehr führte zumeist zu Neuentdeckungen. Mehrmalige Aufenthalte am gleichen Ort drängten Vergleiche auf, auch dort, wo ich mich vor ihnen schützen wollte, um nicht unfair zu werden oder nur oberflächlich zu sehen. Manche Themen sah ich vor bestimmten Eruptionen, die ihren Weg in die großen Geschichtsbücher fanden. Andere Themen holten mich ein, als ich ihnen erstmals begegnete.

Bei meinen Wegen traf ich immer wieder auf Kreuzungen, an denen sich die Übergänge zwischen Zyklen der Geschichte und Verschiebungen von Achsen der künftigen Weltordnung begegnen. Die Ausgangspunkte legen Eckpunkte der Orientierung fest. Neugier auf Unbekanntes verklärt Erwartungen. Zuordnungen und Einordnungen wich ich in den meisten meiner Aufzeichnungen aus – mit Absicht, um nicht vorschnell zu werten, wo ich zunächst einmal sehen und verstehen wollte. Referenzpunkte waren in meiner Kindheit und frühen Jugend gelegt. Frühe Ausblicke in die europäische Nachbarschaft, zu der wie selbstverständlich die Länder des Ostens gehörten, konstituierten mein Grundverständnis für die Einheit Europas. Ein Besuch in Auschwitz mit 18 Jahren verankerte in mir den unterhintergehbaren moralischen Referenzpunkt zur Beurteilung aller Abgründe, zu denen der Mensch fähig ist. Es ist ein Abgrund, den Deutsche in seiner ganzen Monumentalität als ewiges Mahnmal geschaffen haben. Der globale Süden, wie heute die Dritte Welt genannt wird, war in meinem Elternhaus präsent. Aus Indien, aus Tansania oder aus Brasilien kamen Besucher zu uns nach Hause. Ich brach sogleich nach dem Abitur nach Afrika auf. Dort verankerte sich in mir die Beurteilung dessen, was nur wichtig und was wirklich existenziell ist im Leben. Bald folgten Asien und Mittelamerika. Die Teilung Europas – und in sie eingewebt die geteilten beiden deutschen Staaten – war mir ebenso frühzeitig gegenwärtig wie die noch wirkmächtigere Problematik der Entwicklungsländer auf der südlichen Erdhalbkugel. Ein symbolisches Schlüsselerlebnis meiner Jugend war der Besuch der Olympischen Spiele in München

1.3 Entdeckung und Weltfähigkeit

1972. Das Fahnenmeer und die Sportler aus aller Welt: Zum ersten Mal erlebte ich die Welt. Ich schrieb direkt nieder, was ich gesehen hatte. Seither wollte ich die Welt kennenlernen. Ich wollte Grenzen überschreiten, im Osten wie im Westen, im Norden wie im Süden. Zugleich war mir spätestens seit 1972 die Fragilität der Zivilisation bewusst: Am Tag nach der Rückkehr von den heiteren Tagen in München fand der feige Terroranschlag auf die israelische Olympiamannschaft und den deutschen Rechtsstaat statt. Seither reise ich mit Politik im Gepäck. Die Coronapandemie holte mich fünf Jahrzehnte später gänzlich unvorbereitet ein. Sie traf mich wie eine Vertreibung aus dem Paradies bisheriger Lebensgewissheiten. Die Post-Corona-Welt, das spürte ich sofort, würde anders werden, auch wenn vieles entgegen vielen rituellen Erstkommentierungen gleichbleiben dürfte. Globalisierung, so meine unmittelbar verfasste Prognose für die Post-Corona-Welt, dürfte weiter widersprüchlich und verletzlich, aber auch ernsthafter und konkreter werden. Dass gerade darin die Gefahr neuer Ideologiebildungen und Konflikte schlummert, gehört zur Dialektik der Wirklichkeit.

Die Ereignisse und Prozesse der öffentlichen Entwicklung haben die verschiedenen Phasen meiner Suche nach der verknüpften Welt über sechs Jahrzehnte eingerahmt. Ich wollte die Welten in der Welt verstehen. Ich wollte Europa zuordnen zu den anderen Kontinenten, ihren Menschen, ihren Themen, ihren Wirklichkeiten. Ich wollte wissen, wie Europa von außen gesehen wird. Mehr und mehr begriff ich, dass die inneren Veränderungen und Unterschiede in Europa erfordern, immer wieder neu hinzusehen und hinzuhören, zu lernen und zu reflektieren. Entdeckung und Weltfähigkeit gehören zusammen, wenn Welt-Anschauung und Welt-Aneignung gelingen sollen. Geordnet nach den Kontinenten des Planeten lassen sich grobe Linien ziehen, in die sich die Kreise, deren Vernetzungen ich zu verstehen suchte, geografisch ordnen lassen:

1. Meine ersten Entdeckungen der verknüpften Welten fanden in den sechziger und siebziger Jahren des 20. Jahrhunderts in Europa statt. Sie verliefen zeitgleich zum Aufbau der Europäischen Wirtschaftsgemeinschaft. Sie wurden vertieft durch die Entdeckung aufwühlender Verbrechen und anhaltender Verantwortlichkeiten für die Lehren, die wir aus ihnen ziehen können. Meine zweite Phase der Entdeckung verknüpfter Welten in Europa vollzog sich in den achtziger und neunziger Jahren inmitten des Niedergangs einer widergeschichtlichen Teilung und des Aufbruchs in eine neue europäische Hoffnungsepoche. Im Ringen um die Osterweiterung, um die Einführung einer gemeinsamen Währung und um die Krönung der politischen Integration durch eine europäische Verfassung vollzogen sich meine Entdeckungen an den Grenzen Europas und seiner Einheitsideen. Dass die Verknüpfungen zu Zerreißproben werden konnten, erfuhr ich an nicht wenigen Orten, vor allem in Südosteuropa und in der Türkei. Gleichwohl waren die Ziehkräfte der Verknüpfung stärker. Die EU politisierte sich immer stärker in der vierten Phase meiner Entdeckungen in Europa während der beiden ersten Jahrzehnte des 21. Jahrhunderts. Diese Tendenz wirkte umso stärker, je mehr Europa herausgefordert wurde, sein geostrategisches Profil zu schärfen. In der Breite wurden das politische Europa und die

Gesellschaft der Völker Europas nun herausgefordert, sich der Welt zu stellen, um die eigene Identität zu behaupten.
2. Vieles hätte man in Europa früher wissen können, wenn man die Zeichen an der Wand ehrlicher gelesen und besser dem zugehört hätte, wie Europa in der Welt wahrgenommen wurde und was sich alles in der Welt zu ändern begonnen hatte. Der *global turn* fand nicht über Nacht statt. Immer wieder wurde ich später an meine ersten außereuropäischen Entdeckungen der verknüpften Welten während der siebziger und achtziger Jahre des 20. Jahrhunderts erinnert. Die Leitmotive in Afrika, Asien und in der Karibik waren Armut und Unterentwicklung, Folgen der Kolonialzeit und die Suche nach eigener Identität. Spürbar waren aber auch kontinentübergreifende Vernetzungen wie Migration, Flucht und Epidemien. Dazu kamen Aufbruchserfahrungen, Investitionen und Machtverschiebungen, die die herkömmlichen Grenzen zwischen Ost und West sowie Nord und Süd durchschneiden. In den achtziger und neunziger Jahren begann ich damit, verknüpfte Welten in China und Lateinamerika zu entdecken. Einher gingen damit Neubewertungen des postkolonialen Denkens in den Nullerjahren und der zweiten Dekade des 21. Jahrhunderts.
3. Parallel zu den Entdeckungen der Verknüpfung weit entfernt liegender Welten durchstreifte ich seit den achtziger Jahren des 20. Jahrhunderts die unmittelbaren Nachbarschaften Europas. Im Süden erschlossen sich mir als erstes die widerstreitenden Wahrheitsbegriffe, die den Nahen Osten wie ein böser Fluch in ihrem Bann halten. Seit den neunziger Jahren folgten Expeditionen in die Grenzgebiete, in die hinein das organisierte Europa mit einer eigentümlichen Nachbarschaftspolitik Stabilitäts- und Normprojektionen zu betreiben hoffte. Meine Erfahrung mit dem iranischen Gegenuniversalismus in den frühen neunziger Jahren war Vorbote einer europäischen Desillusionierung in den Nullerjahren und in der zweiten Dekade des 21. Jahrhunderts. Auch Russland setzte wieder neu zu einem postsowjetischen Destabilisierungskurs an, während an den südlichen Flanken Europas der Arabische Frühling nach 2011 rasch einem Arabischen Winter wich.
4. In den achtziger Jahren des 20. Jahrhunderts hatte meine Entdeckung verknüpfter Welten über den Atlantischen Ozean hinweg begonnen, ohne dass ich die USA und Kanada je anders denn als Teil einer gemeinsamen *Atlantischen Zivilisation* empfunden hätte. Die wunderbare Basis, die mir einige der besten Universitäten und Forschungseinrichtungen der Welt immer wieder boten, blieb konstanter Leitfaden, um mich nicht durch politische Wirrnisse hinsichtlich der Größe und Strahlkraft der USA beirren zu lassen. Noch in den neunziger Jahren hätte man es kaum für möglich gehalten, wie sehr die Vereinigten Staaten von Amerika in eine tief greifende Identitätskrise hineinrutschen konnten, in die sie sich in den Nullerjahren und in der zweiten Dekade des 21. Jahrhunderts gesellschaftlich und politisch immer weiter verstrickten. Ich empfand immer eher Mitleid als Schadenfreude mit den Amerikanern, die sich vor der Erfahrung aller Bergsteiger wiederfanden: Der Berg ist erst dann erfolgreich bestanden, wenn man wieder im Tal angekommen ist. Für die USA ging

1.3 Entdeckung und Weltfähigkeit

es darum, sich auf einer Zwischenstation unterhalb des Gipfels mit gleichberechtigten Partnern im Management des globalen Regierens zu arrangieren. Dieser unausweichliche Prozess würde eine Entdeckung verknüpfter Welten, aber auch ihrer enormen Anfälligkeit gegenüber mehr oder weniger tief greifenden Disruptionen für weitere Jahre und Jahrzehnte des 21. Jahrhunderts bleiben.

5. Zu meinen Entdeckungen verknüpfter Welten nach dem Jahr 2000 gehören Sachverhalte, die durch die beiden Denkpole der Resilienz und Fragilität markiert werden. Dazu gehören neue maritime Fragen, die mir seit meinen ersten Entdeckungen in den achtziger Jahren in der Karibik und im Pazifischen Ozean immer vertrauter wurden. Erweiterte Blicke richtete ich über den territorialen globalen Süden zunehmend auf maritime Fragen, die die Kontinente jenseits herkömmlicher Trennungsvorstellungen eher verbinden als trennen – sowohl im Guten als auch mit bedrohlichen Dimensionen. Meine Aufenthalte in den weiten Meeresräumen des Nord- und des Südatlantiks sowie im Indischen Ozean und im Pazifik wurden 2020 mit einer Anlandung in Antarktika gekrönt, dem drittgrößten, bisher unbewohnten Kontinent der Erde. Antarktika ist und bleibt Quelle völlig neuer, noch weithin unbekannter und doch schon jetzt verknüpfter Welten, aber auch Treiber möglicher neuer Konflikte. Am Ende meines Antarktikaaufenthaltes brach weltweit und ungebändigt die Coronapandemie aus – meine persönliche Weltentdeckung traf auf die einschneidende Weltunterbrechung für alle Menschen. Die Fragilität und Schönheit des antarktischen Eises wurde zur Vorahnung auf die weniger schöne Fragilität allen Lebens. Die Coronakrise und mit ihr die Gefahr biologisch bedingter Spannungen wurde Auslöser weltweiter Unterbrechungen, ja Zerstörungen bereits verknüpfter Welten. Die Coronakrise wurde aber auch Mahnung, die unvollendete Globalisierung künftig humaner, Mensch-zentrierter als zuvor fortzusetzen. Beide Großideen – Fragilität und Resilienz – weisen in die offene Zukunft des 21. Jahrhunderts und bereits darüber hinaus. Die Würde des Menschen bleibt vornehmster Maßstab für die Menschheit, um Neues zu entdecken und besser als bisher weltfähig zu werden.

235 Länder und Territorien habe ich in sechzig Jahren kennengelernt: alle 193 Mitgliedsstaaten der Vereinten Nationen, einen unterdessen ersatzlos untergegangenen Staat und 41 Territorien mit eingeschränkter Selbstbestimmung beziehungsweise internationaler Anerkennung ihrer Souveränität. In einigen Fällen löste sich ein Staat später auf, den ich besucht hatte, oder hatte sich selbst oder seine Einzelstaaten verändert, als ich zurückkehrte. Einige Orte auf der Welt habe ich nicht gesehen. Ich bedaure es zutiefst, einen Ort nicht habe sehen zu können: Timbuktu. Die Gefahr, in dieser sagenumwobenen Wüstenstadt von radikalislamischen Jihadisten entführt zu werden, war so gross, dass ich 2009 einen bereits organisierten Aufenthalt kurzfristig absagen musste. Die nachfolgenden dramatischen Entwicklungen in Mali bewegten mich sehr. Erst der Triumph der Bücherschmuggler 2013 über die Zerstörungsmanie jihadistischer Fanatiker hat mich ein wenig versöhnt: Am gründlichsten wird unsere Welt-Anschauung schliesslich ohnehin immer dann bleiben, wenn wir die Welt nicht nur anschauen, sondern auch in

ihren Büchern lesen. Das ist die Lehre, die uns der spannende Bericht über die Bücherschmuggler von Timbuktu aufgibt (English 2018). Neben Timbuktu waren es vorwiegend unbewohnte Territorien, die ich nicht aufgesucht habe. Territorien, die kaum einer kennt und die als abhängige Gebiete ohne Selbstregierung zu einem anderen Staat gehören. Die beiden britischen Überseeterritorien British Indian Ocean Territory (Diego Garcia/Chagos-Archipel) sowie South Georgia and the Southern Sandwich Islands gehören dazu, das französische Überseeterritorium Terres Australes et Antarctique Françaises (TAAF), das in freier Assoziation mit Neuseeland verbundene Territorium Tokelau, das inkorporierte amerikanische Inselterritorium Palmyra-Atoll und einige nichtinkorporierte und unbewohnte amerikanische Territorien: Baker Island, Howard Island, Jarvis Island, Johnston Island, die Midway Islands, das Kingmanriff, das Wake-Atoll sowie die durch die USA von Kuba gepachtete Guantánamo-Bucht und die von den USA und von Haiti beanspruchte Insel Navassa. Diese Orte besitzen aus unterschiedlichen Gründen durchaus strategische Bedeutung. Souveränitätsstreitigkeiten werden vor allem um die Guantánamo-Bucht geführt und um den Militärstützpunkt Diego Garcia. Im Mai 2019 forderte die UN-Vollversammlung Großbritannien auf, bis Ende 2019 Diego Garcia (traditionell als Chagos-Archipel oder Chagos-Inseln bekannt) zu verlassen und die Wiedervereinigung des Chagos-Archipel mit Mauritius zu ermöglichen (Bowcett und Borger 2019). Dies blieb, angesichts der überragenden militärischen Bedeutung von Diego Garcia wenig überraschend, ein frommer Wunsch. Für das Gebiet Westsahara, das von Marokko annektiert wurde und das ich auch nicht kennengelernt habe, verlangen die Vereinten Nationen ein Referendum zur endgültigen Klärung des völkerrechtlichen Status – bisher ohne Erfolg. Auf der Insel Bougainville, die von 1899 bis 1918 Teil von Deutsch-Neuguinea war und heute zu Papua-Neuguinea gehört, votierte fast die gesamte wahlberechtigte Bevölkerung Ende 2019 für die Unabhängigkeit. Ob sie für diese Inselkommen wird, steht derzeit offen. Gleiches gilt für eine Reihe von Territorien, die sich zu eigenständigen politischen Einheiten ernannt haben, ohne dass sie auf internationale Anerkennung hoffen dürfen: Abchasien, Südossetien und Arzach, früher als Bergkarabach bekannt, habe ich nicht explizit aufgesucht. Das Feuer, das seit Jahrhunderten im Souveränitätsthema brennt, ist noch längst nicht erloschen. Auch dies gehört zu den Befunden der unvollständigen Globalisierung.

Anlässe, Umstände und Funktionen meiner Aufenthalte in 235 Ländern und Territorien, die ich über sechs Jahrzehnte aufzeichnete, waren unterschiedlicher Natur. Zumeist spielt dies für den Fokus meiner Notizen keine ausschlaggebende Rolle. Gelegentlich erwähne ich die Umstände en passant. An anderem Ort ist darüber ausführlich Auskunft zu finden (ZEI 2020). Immer reiste ich, so gut es irgendwie ging, vorbereitet mithilfe von Gesprächen, Fachtexten und Literatur. Überall wurde ich angenehm überrascht von dem den Menschen Gleiche und bedrückt von der Wucht des uns Unterscheidenden. Ich suchte gezielt Gesprächspartner auf oder fand mich in Zufallsgesprächen wieder. Ich lernte politische und religiöse Institutionen kennen, öffentliche und private Einrichtungen, sowie faszinierende Weltkulturgüter. Ich suchte

1.3 Entdeckung und Weltfähigkeit

Orte symbolischer Aussagekraft auf und beobachtete scheinbare Alltäglichkeiten. Einige Schlüsselerfahrungen brannten sich tief in mein Denken ein.

In Somalia starben 1980 vor meinen Augen unterernährte Flüchtlingskinder in der sengenden Hitze der ausgetrockneten Steppe. Hilflos standen die Mutter und Ärzte daneben. So musste es sein, ging es mir für immer durch den Kopf, wenn Auschwitz sich wiederholt, das mich 1976 zutiefst geschockt hatte. Im Jahr 1985 führte ich in Genf ein Gespräch mit dem damaligen Hochkommissar der Vereinten Nationen für Flüchtlinge, Poul Hartling. Ich drängte auf Ursachenbekämpfung. Er insistierte auf unpolitischer praktischer Flüchtlingshilfe. Wenn man nicht die politischen Ursachen bekämpft, würden Flüchtlingslager Dauerzustände und die Palästinisierung von Fluchtbewegungen zu einem permanenten Unruheherd der Weltordnung, erwiderte ich höflich.

Bei einer Tagung in den USA wurde ich, ebenfalls 1985, gefragt, ob Deutschland angesichts der niedrigen Geburtenrate von 60 Mio. auf 30 Mio. Einwohner schrumpfen könnte. Wäre es gut oder schlecht, wenn Deutschland ein Einwanderungsland werde und sich dazu endlich bekenne, wurde ich gefragt. Was würden die Konsequenzen infolge der Erfahrungen mit den türkischen Gastarbeitern sein und wären diese Erfahrungen der Maßstab, den die Deutschen anlegen würden? Islam schien damals ein weit entferntes Thema in den USA zu sein. Im Jahr 2006 vernahm ich, wieder in den USA, die erstaunliche Nachricht, dass Konversionen von weißen Amerikanern zum Islam zunähmen. Mit einem Prozent der US-Bevölkerung hatte der Islam das amerikanische Judentum als größte nichtchristliche Religion überholt. Ein Jahrzehnt später vermischten sich in Deutschland die Begriffe von „Migrant" und „Flüchtling" völlig unangemessen und die menschlich wertvolle Hilfsbereitschaft mit besorgniserregender Naivität über die Komplexität einer rohen Welt. Die Welle der illegalen Einwanderung nach Deutschland im Spätsommer 2015 lief aus dem Ruder. Am 17. Oktober 2015 wurde die parteilose Kölner Oberbürgermeisterkandidatin von einem Rechtsradikalen mit einem Messer lebensgefährlich mitten in der Stadt zusammengestochen. Die Fehlentscheidung von Bundeskanzlerin Angela Merkel von August/September 2015, die deutschen Grenzen nach einem verständlichen einmaligen Akt der Hilfsbereitschaft nicht sogleich wieder zu sichern, erzeugte ihre ersten Dämonen. Die Polizeigewerkschaft warnte vor inneren Unruhen in Deutschland und verlangte Grenzzäune, um Deutschlands Grenzen zu schützen. Genau dies und nichts Anderes hatte Ungarns Ministerpräsident Viktor Orbán mit Hinweis auf das geltende Recht der Europäischen Union seit Wochen getan. Deutschland aber geriet in eine tiefe Identitäts- und Führungsproblematik, weil Grenzen angeblich nicht geschützt werden können. Bald wurde deutlich: Der deutsche moralische Unilateralismus 2015 war nur der Anfang von weiterem Kontrollverlust und von einer multiplen Kaskade von an Schuldzuweisungen, auch für eine in Migrations-, Asyl- und Grenzschutzfragen auch Jahre später noch immer an damals geschlagenen Wunden laborierende Europäische Union. Die Bekämpfung von Fluchtursachen, für die ich seit meiner Dissertation 1984 plädiert habe, geriet leider immer mehr in den Hintergrund.

Im Jahr 1995 riet Edward Teller mir, unbedingt die Livermore Laboratories zu besichtigen. Mehr als je zuvor verstand ich in der Wüste Kaliforniens die Basis der

Innovationskraft und strategischen Führerschaft der USA beim Anblick des größten Lasers der Welt. Dort erfuhr ich von enorm ambitionierten Forschungsprojekten mit dem Ziel, sowohl das Nahrungs- als auch das Energieproblem der Menschheit lösen zu wollen. Wie kleinmütig wirkten dagegen die zellgeteilten Projektinitiativen in der deutschen Wissenschaftslandschaft, aber auch die Fragmentierungen zwischen den unterschiedlichen europäischen Staaten.

In Addis Ababa erlebte ich 2008, dass und wie die Europäische Union damit begonnen hatte, Afrika wiederzuentdecken und dem Kontinent endlich größere Aufmerksamkeit zuzuwenden. die EU-Entwicklungshilfe betrug 2003 15 Mio. Euro gegenüber fünf Millionen im Jahr 1985. Im Jahr 2015 sollte endlich das seit Jahrzehnten angekündigte Ziel von 0,7 % des Bruttosozialproduktes der EU erreicht werden. Unterdessen aber wussten wir, dass private Initiativen in Afrika und ausländische Investitionen viel entwicklungsstimulierender sind als öffentliche Hilfszuwendungen. Es gab einen Neuaufbruch in Afrika. In zwei Drittel aller Subsaharastaaten hatten seit 1990 freie Wahlen stattgefunden. Eine EU-Afrika-Infrastruktur-Partnerschaft war im Entstehen, die auch den IT-Sektor einschließt. Dennoch: 40 % aller Afrikaner leben weiterhin von einem US-Dollar pro Tag. Afrikas Anteil am Welthandel war von drei Prozent (1950) auf zwei Prozent (2008) zurückgegangen. Manche Renaissancen dauern mehrere Generationen.

In Afghanistan erfuhr ich 2013 am eigenen Leib die groteske Begegnung zwischen einer stolzen, weithin vormodern in Stammestraditionen lebenden, durch und durch islamischen Gesellschaft und einem westlichen Fortschrittsbegriff, der sich mittels einer massiven Militärpräsenz in Form von regime change und einem letztlich weitgehend von aussen importierten Liberalitätsverständnis präsentierte. Auf die Rolle Pakistans, die die Taliban erst möglich gemacht hatten und weiterhin unterstützten, wurde viel zu wenig geschaut. Spätestens als der Al Qaeda-Anführer bin Laden 2011 in Pakistan gefunden und getötet worden war, hätte der Abzug der westlichen Truppen aus Afghanistan erfolgen müssen. Ich erlebte dort 2013 alle Zweifel, die auch in den nachfolgenden Jahren nicht ausgeräumt werden konnten: Waren die Taliban wirklich besiegt oder hatten sie sich nur in die unwirtlichen Bergwelten Afghanistans zurückgezogen, um sich für ihr Projekt eines antiwestlichen, antimodernen islamischen Totalitarismus neu zu stählern? Verstanden diejenigen Afghanen, die sich prowestlich gaben, wirklich „den Westen" und was es hiess, „westlich" zu leben? Konnte der Westen über formale Staatsreorganisationskonzepte hinaus überhaupt ein Gesellschaftsmodell anbieten, das ohne die erforderlichen Voraussetzungen und Bedingungen in Afghanistan gedeihen würde? Wäre nach dem Abzug der ISAF-Truppen der Rückfall in ein radikalislamisches und tribalistisches Herrschaftssystem nicht vorprogrammiert, je später der Abzug käme desto schneller? So empfand ich 2013 bei meinem Aufenthalt am Hindukusch, wo ich Mühe hatte, mich zwischen archaischen Lebensformen und westlicher Hybris zurechtzufinden. Im August 2021 überraschten mich die fast geräuschlose Rückkehr der Taliban und der überstürzte Abzug der westlichen Truppen nebst derjenigen ihrer Ortskräfte, die es schafften, nicht. In Tuvalu, einem der kleinsten Staaten der Welt, machte ich 2015

1.3 Entdeckung und Weltfähigkeit

eine überraschende Entdeckung. Entgegen den allseits beklagten Gefährdungen des Atolls infolge des weltweiten Klimawandels und der Folgen des Anstiegs des Meeresspiegels war die von Menschen bewohnte Fläche in dem pazifischen Atollstaat in den vergangenen Jahren deutlich gewachsen. Den veränderten Fokus der Weltgemeinschaft – weg vom Paradigma der Armutsbekämpfung hin zum Kampf gegen den Klimawandel – hatte Tuvalu als Chance ergriffen, um seine Verhandlungsposition weltweit überproportional zu erhöhen. Die deutlich erhöhten internationalen Zuwendungen – die bei Weitem den Betrag überschreiten, den das Land erhalten hätte, wenn der Maßstab weiterhin Armutsbekämpfung und nicht Klimawandel gewesen wäre – wurden klug zur Aufschüttung von Land genutzt. Nun spielten dort Kinder Fußball neben den neuen Wohnhäusern ihrer Familien, wo eben noch das Meerwasser unerbittlich angestiegen war. *Smart power* und ihre Anwendung ist keine Frage von Größe. Was Menschen in aller Welt antreibt, mehr als alle abstrakten Daten ihres Landes es spiegeln könnten, ist der Wille, respektiert zu werden und die eigenen Lebenschancen zu verbessern.

In Shanghai hörte ich 2016, die nächste chinesische Studentengeneration sei eher lethargisch, mache den Mund nicht auf, sei nicht an Diskussionen und politischen Gesprächen interessiert. Die Jugend strebe stattdessen nur nach Konsum und einem guten Leben. Teil eines Systemwettbewerbs mit „dem Westen" könne der Aufstieg Chinas gar nicht sein. Wäre er es, entgegen der Einschätzung, die ich in Shanghai gehört habe, doch, müssten indessen schleunigst kluge Kriterien definiert werden, um den Wettbewerb in allen denkbaren Aspekten der Systeme solide vergleichen zu können. Eine Reduzierung auf Machtfragen, die bloß in Einheiten der Masse präsentiert werden, könnte „der Westen" angesichts der demografischen Dimensionen Chinas wohl nur verlieren. Bei qualitativen Kriterien dürfte der Systemvergleich differenzierter ausfallen. Gleichwohl, „der Westen" und vor allem Europa waren mehr denn je unter Druck, sich neu zu erfinden, um mit den Folgen des *global turn* zurechtzukommen. Die Post-Corona-Welt stellte nach 2020 alle vor genau die gleiche Grundfrage: sich neu zu erfinden, um mit den menschlichen Folgen des *global turn* besser als bisher zurechtzukommen.

In Brasilien erlebte ich 2020, dass und wie die Schwellenländer und die Armen dieser Welt am ärgsten zurückgeworfen werden, wenn die Globalisierung nicht weitergehen würde. Die leeren Straßen von São Paulo, der größten Stadt der südlichen Erdhälfte, angesichts der mit allergrößter Rasanz um sich greifenden Abschließung zum Schutz gegen eine zu schnelle Ausbreitung des Coronavirus, zeigte mir, während ich selbst aus dem so sympathischen Paradies Brasilien fliehen musste, wer bei einer Unterbrechung der globalen Verknüpfungen am schnellsten auf der Strecke bleibt: die ganz armen Menschen und die besonders fragilen Länder. Plötzlich sah ich am Rande der leergefegten Avenuen von São Paulo nur noch die Obdachlosen, Rauschgift-Junkies und Ausgestoßenen, die sonst eher lästige, aber leicht zu übersehende Begleiterscheinung urbaner Hast sind. Es war auch kein Wunder, dass in Ländern wie Haiti und Niger das Coronavirus am spätesten eintraf – die, die am wenigsten in die globalisierte Welt integriert sind, leiden am spätesten. Aber auf Dauer leiden sie am meisten, wenn nicht die Förderung der Widerstandskraft aller und die Bekämpfung der Widersprüchlichkeiten in unserer verknüpften Welt oberste und gemeinsame Priorität der Menschheit und ihrer politisch Verantwortlichen wird. Davon war ich 2020 überzeugt: Der trotz aller eigenen Probleme privilegierte Westen hätte der gesamten Bevölkerung des globalen Südens so rasch wie möglich in ausreichender Menge Anti-Corona-Impfstoff kostenlos zur Verfügung stellen müssen - allein schon aus aufgeklärtem Eigeninteresse. Die durch eine konsequente Impfspende für den globalen Süden entstehenden Ausgaben wären ein Bruchteil dessen gewesen, was Lockdowns wirtschaftlich, finanziell und sozial anrichten, die sich in immer neuen Wellen örtlich oder weiträumig über mehrere Jahre hinziehen.

Global turn, diese Denkfigur meint eine Wende in den Entwicklungen dieser Welt, bei der die Ursachen von Veränderungen, aber auch von Beeinflussungen – kurz: von Verknüpfungen – nicht mehr allein vom Westen selbst ausgehen, sondern häufig von den Welten außerhalb des Westens. *Globalität,* diese Denkfigur bedeutet, sich reflexiv zur Welt als Ganzes zu verhalten. Genau diese Verhaltensweise ist gegenüber der Lebenswirklichkeit notwendig und unhintergehbar geworden, wie sie von Europa wie von jedem anderen Gebiet der Erde in der Post-Corona-Welt verlangt wird. Globalität ist eine Denkfigur, die die Art und Weise bestimmt, wie wir den Blick auf die Welt richten. Dabei ist diese Welt, die wir als Ganzes sehen müssen, ehe wir die Lebenswirklichkeiten ihrer vielen Einzelteile betrachten, keineswegs einheitlich und harmonisch. Im Gegenteil: Je mehr sich die Welt ihrer unausweichlichen Verbundenheit bewußt wird, desto größer werden die Spannungen, die aus Widersprüchen und asymmetrischen Lebenswirklichkeiten erwachsen. Diese neue Ära hat begonnen: Nach dem Ende einer weltgeschichtlichen Zwischen-Zeit (1945–2020) ist die Welt in die Post-Corona-Ära eingetreten. In der Zwischen-Zeit waren unsere Begriffe von der „Welt" eher rhetorischer und abstrakter Natur. Mit dem Weltsouverän Corona ist jeder Mensch und jede Gesellschaft in einen Ausnahmezustand hineingeworfen worden, der die Gesundheit und das Leben jedes einzelnen Menschen berührt, ja potenziell bedroht. Damit endet die Zwischen-Zeit. Im Jahr 2020 hat im eigentlichen Sinne des Wortes die Ära des globalen Zeitalters begonnen. Nur wenn alle Menschen sicher vor den möglichen Folgen des Coronavirus sind, ist jeder Mensch vor diesen Folgen sicher. Auch wenn das Virus nicht mehr verschwinden dürfte und die Menschheit wird lernen müssen, mit ihm und seinen Mutanten zu leben, hat eine planetarische Lebenswirklichkeit begonnen, die beispiellos ist. Verglichen werden nicht mehr Kontinente, Länder oder Systeme. Globale Vergleichsbasis in der Post-Corona-Welt ist im existenziellen und lebenspraktischen, im alltäglichen Sinne des Wortes die Widerstandskraft beziehungsweise die Zerbrechlichkeit des individuellen Daseins. Damit wird Globalität als Denkfigur Voraussetzung für die Erfassung aller relevanten lokalen Anliegen und Fragestellungen. Europa ist auch bei Eintritt in die Post-Corona-Welt noch immer im schwankenden Modus zwischen ängstlicher Selbstbezogenheit und schrittweiser globaler Selbstbehauptung gefangen. Angst vor den Schwächen der einen mit Folgen, die aus Bürgerkriegen an seinen Rändern und von Migrationsdruck aus allen Richtungen erwachsen. Angst vor den Stärken der anderen, vor allem mit Blick auf die USA und China. Erst langsam hat Europa damit begonnen, aus Gründen der Selbstbehauptung endlich zu einer Weltmacht aufzuwachsen. Nur wenn es der EU gelingt, Weltmacht zu werden, wird Europa seinen originären Beitrag zu einer regelbasierten Ordnung der globalisierten Welt leisten können.

1.4 Globalität: Europas Wende zur Welt inmitten unvollendeter Globalisierung

In den verknüpften Welten dieser Welt besteht Raum für die Großen und die Kleinen, die Armen und die Reichen. Souveränität heißt, Anerkennung zu finden. Anerkennung aber heißt, Respekt einzufordern. Dies ist das Bestreben jedes Landes und jedes Territoriums, in dem ich mich aufgehalten habe. Es ist das Bestreben jedes einzelnen Menschen auf dieser verknüpften Welt. Die in Hülle und Fülle bestehenden Unterschiede zwischen Menschen und Staaten sind gleichgültig, wenn es um diese eine grundlegende Konstante für ein zivilisiertes und würdiges Miteinander auf der Welt geht: Respekt voreinander und Anerkennung füreinander. Kulturelle Bereicherungen sind nicht abhängig von schematischen materiellen Faktoren, die unsere Machtbegriffe zugrunde legen. Dass *soft power* ebenso relevant ist wie *hard power,* hat unterdessen die politische Wissenschaft in den Stand des Allgemeinwissens erhoben, zuletzt Hendrik W. Ohnesorge mit seiner brillanten Analyse (2020). *Smart power* ist meistens noch wichtiger als *soft power* oder *hard power.* Wer genau hinschaut, findet Aspekte aller drei Kategorien in den ungewöhnlichsten Staaten der Welt. Man findet aber auch die verschiedensten Gründe, warum weder das eine noch das andere vorhanden ist oder funktioniert.

Die Notizen, die in diesem Band versammelt sind, entstanden spontan und in unmittelbarer Begegnung mit den beschriebenen Menschen und Orten. Sie sind Gedankenstützen und bilden einen Steinbruch, um sich beim zeitgeschichtlichen Rückblick zu orientieren über das, was soeben noch war, wie etwas in kurzer Zeit wurde oder was bis in die Gegenwart weiterwirkt. In einigen Fußnoten habe ich meinen Notizen entsprechende Bezüge hinzugefügt. Meine Notizen erfüllen aber noch einen weiteren Zweck: Sie sind ein Lesebuch über Kreuzungen in einer verknüpften Zeitgeschichte. Meine Notizen sind keine durchdeklinierten systematischen Analysen. Stimmen und Stimmungen sollen den Hintergrund dessen ausleuchten, was in der Wissenschaft viel zu rasch zu abstrakten Begriffen wird, ohne sich erst einmal auf die Phänomene selbst einzulassen. Der Geist von Orten und der Zeitgeist von Gesprächsinhalten wird in meinen Notizen wiedergegeben, so wie ich sie in 235 Ländern und Territorien der Welt während sechs Jahrzehnten vorgefunden habe. Immer wieder schildere ich Orte besonders ausführlich, die in der üblichen Berichterstattung über die Welt nur selten und mit geringen Befunden vorkommen. Dass ist Absicht, denn ich will alle sprechen lassen und nicht nur die, die ohnehin über starke Medien der Selbstdarstellung verfügen. In meinen Notizen werden Menschen und Orte zu Zeitzeugen. Sie will ich porträtieren und bewahren. In der Aufbewahrung der Erinnerung, davon bin ich überzeugt, wird Zukunftsfähigkeit erleichtert.

Es geht bei diesen Notizen nicht um mich als Autor, der sich über sechs Jahrzehnte in 235 Ländern und Territorien der Welt aufgehalten hat, manchmal nur kurz, manchmal mehrfach. Ich verstehe meine Autor-Rolle als die eines Werkzeuges bei der Ausleuchtung der verknüpften Welten, in denen wir alle leben, ohne immer die Gleichzeitigkeit des Ungleichzeitigen zu erleben. Es geht mir um die Wiedergabe von Puzzlesteinen zur globalen Zeitgeschichte, bei der sich erst im Rückblick die Zusammenhänge dessen erschließen, was in einem zufälligen Augenblick an einem begrenzten Ort gesehen wird. Eine globale Zeitgeschichte zu verfassen, die in vollem Umfang diesen Anspruch verdient, müsste vor allem eine Hürde überwinden, die diese Notizen naturgemäß gar nicht erst zu nehmen versucht haben: Eine globale Zeitgeschichte müsste nicht nur entlang der Zeitachse choreografiert werden, sondern auch im Blick auf den Raum zeitgleiche Vollständigkeit erfüllen. Mit anderen Worten: Globale Zeitgeschichte müsste den Welt-Raum und die Welt-Zeit in jedem beliebigen Augenblick kombinieren. Zur Bilanz der unvollständigen Globalisierung gehört, dass dies selbst den besten weltweit präsenten Medien bisher nicht gelungen ist.

So verstehen sich diese Notizen als einen Beitrag zur besseren zeitgeschichtlichen Durchdringung der Verknüpfungen von Europa mit sich selbst und mit allen Ländern und Territorien außerhalb Europas. Das Gliederungsschema folgt Zyklen von jeweils einem Jahrzehnt, allein im ersten Falle von zwei Jahrzehnten. In Stichworten ist jedem Kapitel vorgeschaltet, welche Großereignisse in Europa und in der Welt in dieser Zeit stattgefunden haben. Dass diese Ereignisse zumeist unmittelbar oder mittelbar wechselseitig aufeinander einwirken würden, war manchmal sofort offenkundig, in anderen Jahren wirkten die Beeinflussungsströmungen erst langsam und sozusagen unterirdisch.

I. *Souveränität: Europäische Transformation und außereuropäische Pyrrhussiege (1960er- und 1970er-Jahre):*
Mit dem Ende des Zweiten Weltkrieges begann in Europa eine Revision des Verständnisses von staatlicher Souveränität. Während im Osten des Kontinents das Modell sowjetischer Transnationalität als Zwangskorsett unterdrückter Eigenstaatlichkeit und nationaler Identität einstweilen akzeptiert werden musste, begann im Westen des Kontinents mit der Atlantischen Allianz und den Römischen Verträgen eine völlig neue Wirklichkeit transnationaler Interdependenz. Kooperation und Integration wurden zu Schlüsselbegriffen, die die Transformation des klassischen nationalstaatlichen Souveränitätsbegriffs beschrieben. Die Nordatlantische Vertragsorganisation (NATO) und die Europäische Wirtschaftsgemeinschaft (EWG) entfalteten sich geradezu spiegelverkehrt zur schließlich fast erdumspannenden Ausbreitung des Prinzips autonomer nationalstaatlicher Souveränität. Vielfach erlebte die Welt allerdings Pyrrhussiege des Souveränitätsdogmas. Die Fragilität autonomer staatlicher Souveränität und der Zwang zu Vernetzung und Kooperation wurden für die Weitsichtigen schon damals offenkundig.

II. *Aufbrüche zu Freiheit und Globalisierung (1980er-Jahre):*
Mit der exponentiellen Zunahme von technischen Erfindungen beschleunigte sich die Vernetzung der Welten, noch bevor der Begriff der Globalisierung zum Mantra einer neuen Epoche wurde. So ungenau wie der Begriff der Globalisierung geblieben ist, so unvollendet war seine Ausbreitung von Anfang an. Aber der Wille zur menschlichen Freiheit erhielt gleichwohl einen gewaltigen Anschub durch die Macht der Kommunikation. Vom Ringen um die NATO-Nachrüstung in Reaktion auf sowjetische offensive Raketenstationierungen zu den berühmten Worten Ronald Reagans 1987 („Mr. Gorbatchov, tear down this wall") und dem Zusammenbruch der kommunistischen Einparteiendiktaturen zog der Geist von Freiheit und menschlichem Aufbegehren seine Bahn. Der Wille zu einem Leben in Würde und Freiheit blieb weiterhin Millionen von Menschen versagt, die gedrückt durch Armut und unter Diktaturen an vielen Orten der Welt auf Hoffnung und Anerkennung warten mussten. Das Ende des Ost-West-Konfliktes hatte für sie bestenfalls indirekte Bedeutung, indem ihre Anliegen nicht länger ausgeblendet werden konnten, wenn von Menschheitsfragen jenseits der nuklearen Bedrohung und der Ost-West-Konfrontation die Rede war.

III. *Kein Ende der Weltgeschichte und Europas Europäisierung (1990er-Jahre):*
Der Weltgipfel von Rio de Janeiro 1992 (Konferenz der Vereinten Nationen über Umwelt und Entwicklung) leitete eine neue Phase globaler Politik ein. Unter Beteiligung aller Staaten der Welt und von mehr als 2.400 Vertretern von Nichtregierungsorganisationen wurde gleichsam vor aller Welt getestet, wie hochkomplexe Menschheitsfragen zu Themen des globalen Regierens werden können. Damit war klar, dass Weltgeschichte kein Ende kennt, sondern eher einen neuen Anfang erlebte. Vernetzungen zu fördern schien das Gebot der Stunde angesichts einer zunehmenden Ausdifferenzierung von Identitäten und materiellen Realitäten auf der Welt. Für Europa bedeutete diese Idee, der Europäisierung einen neuen Schub zu verleihen und der Selbstwerdung durch grundlegende Integrationsfortschritte jenseits der Staatlichkeit den Weg zu ebnen. Der Weg zum Maastrichter Vertrag und zu einer gemeinsamen europäischen Währung stand indessen im Kontrast zur Zunahme von Einzelstaaten auch in Europa, die aus der Konkursmasse der kommunistischen Ideologiereiche entstanden. Souveränitätsbehauptung und neue Identitätskonflikte brachten Krieg zurück nach Europa. Die Jugoslawienkriege lehrten aber auch, dass Europa als Rechtsgemeinschaft nur unter dem Dach der Europäischen Union existiert.

IV. *Europa und der* global turn*: Ohnmachtserfahrungen und Inspirationsquelle der Welt (2000er-Jahre):*
Der naiven Hoffnung, die eigenen Normen und Stabilitätsvorstellungen in die Nachbarschaften und darüber hinaus zu exportieren, kontrastierten für die EU immer wieder neu mit Erfahrungen der eigenen Ohnmacht. Gestärkt wurden diese Ohnmachtserfahrungen in innereuropäischen Krisen der Integration. Zugleich verlangte der *global turn* von Europa, zu lernen, dass und wie in anderen Regionen nach den dort üblichen Gesetzen und Traditionen um öffentliche Güter und politische

Ordnungen gerungen wird. Dies geschieht – so die ernüchternde Erkenntnis für viele eher wenig weltfähige europäische Akteure und Beobachter – oft im massiven Gegensatz zu den in Europa mühsam entwickelten Verhaltensweisen, auch wenn der Rahmen des souveränen Staates doch für alle Menschen in der Welt gleich scheint. Die Grenzen autarker staatlicher Souveränität in der Verfolgung der wichtigsten Güter des Menschseins – Frieden, Wohlergehen, Freiheit – konnten gleichwohl in vielen Ländern außerhalb Europas nicht länger negiert werden. So wurde die europäische Integrationserfahrung zu einer Quelle der Inspiration. Gleichzeitig aber nahm ein neuer Wettbewerb souveräner Großmachtrivalität zwischen den Vereinigten Staaten von Amerika und der Volksrepublik China seinen Lauf.

V. *Gefährdete Globalisierung und Europas Selbstbehauptung (2010er-Jahre):*
Die Illusion von der unendlich weitergehenden Globalisierung wurde trotz größter Erfolge in der Armutsbekämpfung erschüttert. Neue ökonomische Nationalismen und altbekannte Muster geopolitischer Aggression vermischten sich zu einer strukturellen Gefährdung regelbasierter Austragungsmuster globaler Aushandlungsprozesse. Europa wurde erschüttert durch den Import von Instabilität und ihren Folgen. Die Bedeutung globaler Aufgaben wie diejenige, den unausweichlich gewordenen Klimawandel gemeinsam zu beantworten, wuchs gleichzeitig mit der Hilflosigkeit gegenüber allen, die einzig an die unilaterale Verfolgung ihrer Interessen dachten, notfalls mit Gewalt als Mittel der Politik. Globale Unberechenbarkeiten und fragile Staatlichkeit an seinen Grenzen versuchte die Europäische Union mit weiteren Schritten der Integration von Kernaufgaben staatlicher Souveränität zu beantworten. Die EU wollte endlich ein geopolitischer Akteur werden, so wurde ihren Bürgerinnen und Bürgerin von der 2019 installierten neuen EU-Führungsmannschaft versprochen. Widersprüche und Disruptionen konnten nicht ausbleiben, sowohl innerhalb als auch außerhalb Europas.

VI. *Erste Ausblicke auf die Post-Corona-Welt (2020er-Jahre):*
Im Jahr 2020 zeigte die Ausbreitung eines neuen Virus die soziale und ökonomische Anfälligkeit der unvollendeten Globalisierung auf extrem anschauliche Weise. Die Globalisierung, wie sie auf unvergleichliche Weise seit dem Ende des Kalten Krieges stattgefunden hat, wird nicht wieder rückgängig zu machen sein. Die Post-Corona-Welt der 2020er-Jahre wird neue Rahmenbedingungen setzen und alte Machtverhältnisse bestätigen. Unterbrechungen der Globalisierung, aus welchen Gründen auch immer, bleiben auch weiterhin denkbar und werden immer wieder stattfinden. Die Welt hat dies wie nie zuvor 2020 erlebt. Aber Wandel und Globalisierung gehen weiter, weil die Welt weitergeht und Globalität nicht ungeschehen gemacht werden kann. Neue Realitäten und alte, möglicherweise in Zweifel geratene Gewissheiten werden nebeneinander stehen wie eh und je, so auch in den nächsten Jahrzehnten. Die mentalen Landkarten werden unübersichtlicher und die Verknüpfungen der Welten, die so häufig widersprüchlich sind, werden zunehmen. Die Sorge vor Überforderung wird ebenso bleiben wie die Neigung zu monokausalen Analysen und schrillen Simplifizierungen. Die Hoffnung, dass

Ideologiebildungen in einer Welt pragmatischen Neben- oder Miteinanders verschwinden, hat sich immer wieder als voreilig erwiesen. Wie bei Sisyphos wird der Stein der Vernunft immer wieder den Berg hinaufgeschoben werden müssen, um die Einsicht in den Nutzen und die Plausibilität gemeinsamer Regeln zu stärken. Es bleibt zwingend, Respekt vor den Eigenarten und genuinen Weltanschauungen jedes Menschen, jeder Gesellschaft, jedes Landes zu zeigen, wenn globales Zusammenleben gelingen soll. Die Welt von ihren Chancen her zu sehen, heißt, unerschütterlich der Idee einer multilateralen Weltordnung zuzuarbeiten, die immer wieder gefährdet bleiben wird.

Die Themenliste für die Beispiele einer Welt der unvollendeten und widersprüchlichen, leicht disruptiven Globalisierung wird lang und länger. Über die Selbstbehauptung souveräner Einzelstaaten hinaus wird in Zukunft von den Stabilitätskernen der verknüpften Welt eher mehr als weniger gemeinsamer und energischer Wille zum Management globaler Ordnungen verlangt. Führungsversagen, zugleich aber auch die Konturen von Führung in einer multilateralen Welt sind in den vergangenen Jahrzehnten immer wieder auf unterschiedliche Weise sichtbar geworden. Endgültige Antworten über die Erfordernisse globalen Regierens werden in den nächsten Jahren und Jahrzehnten Schritt um Schritt entwickelt werden. Nur selten werden sie widerspruchsfrei sein und sie dürften immer wieder neu nur unter Berücksichtigung massiver Interessenkonflikte ausgehandelt werden. So ist es nun einmal zu Beginn der neuen, wahrhaft globalen Ära, die eine lange Zwischen-Zeit des Weges zu ihr hin abgelöst hat.

Literatur

Bösch, Frank. 2018. *Zeitenwende 1979. Als die Welt von heute begann.* München: C.H. Beck.
Bowcett, Owen, und Julian Borger. 2019. UK suffers a crushing defeat in UN vote on Chagos Islands. *The Guardian.* 22. Mai 2019. https://www.theguardian.com/world/2019/may/22/uk-suffers-crushing-defeat-un-vote-chagos-islands. Zugegriffen: 1. Dezember 2021.
Braudel, Fernand. 1958. Histoire et sciences sociales: La longue durée. *Annales. Histoire, Sciences Sociales, 13*(4): 725–753.
Burckhardt, Jacob. 2018 [1905]. *Weltgeschichtliche Betrachtungen.* München: C.H. Beck.
Corsten, Michael, et al., Hrsg. 2016. *Welthistorische Zäsuren. 1989 – 2001 – 2011.* Hildesheim: Georg Olms.
English, Charlie. 2018. *Die Bücherschmuggler von Timbuktu. Von der Suche nach der sagenumwobenen Stadt und der Rettung ihres Schatzes.* Hamburg: Hoffmann und Campe.
Flasch, Kurt. 2004. *Was ist Zeit? Augustinus von Hippo. Das XI. Buch der* Confessiones. *Text – Übersetzung – Kommentar.* 2. Aufl. Frankfurt am Main: Vittorio Klostermann.
Forster, Georg. 1843. *Georg Forster's sämmtliche Schriften, hrsg. von dessen Tochter und begleitet mit einer Charakteristik Forster's von G.G. Gervinus in 9 Bänden.* Leipzig: Brockhaus.
Gabriel, Marcus. 2017. Die Welt der Welten. In *Bonner Enzyklopädie der Globalität*, Hrsg. Kühnhardt, Ludger und Tilman Mayer, 53–64. Wiesbaden: Springer.
Gu, Xuewu. 2018. *Theorien der internationalen Beziehungen. Eine Einführung.* 3. Aufl. München: de Gruyter.

Hauswedell, Tessa, et al. 2019. *Re-Mapping Centre and Periphery. Asymmetrical Encounters in European and Global Contexts*. London: UCL Press.

Humboldt, Alexander von. 2014. *Kosmos. Entwurf einer physischen Weltbeschreibung*, Hrsg. Ottmar Ette und Oliver Lubrich. Frankfurt: Eichborn.

Ibn Battuta, Abu Abdallah Muhammad. 1974. *Reisen ans Ende der Welt. 1325–1353. Das größte Abenteuer des Mittelalters*. München: Knaur.

Krell, Gert, und Peter Schlotter. 2018. *Weltbilder und Weltordnung. Einführung in die Theorie der Internationalen Beziehungen*. 5. Aufl. Baden-Baden: Nomos.

Kühnhardt, Ludger. 1996. Rhythmen der Politik. Vollziehen sich Umbrüche und Machtwechsel nach zeitlichen Gesetzmäßigkeiten? 14. Mai 1996. *Frankfurter Allgemeine Zeitung, 112*: 12.

Kühnhardt, Ludger. 2020. *Identität und Weltfähigkeit. Sichtweisen aus einem unruhigen Europa*. Baden-Baden: Nomos.

Machado, Antonio. 1992. Proverbios y cantares (XXIX), 220. In *Machado, Antonio. Campos de Castillo*. Madrid: Ediciones Cátedra.

Ohnesorge, Hendrik W. 2020. *Soft power. The forces of attraction in international relations*. Wiesbaden: Springer.

Osterhammel, Jürgen. 2009. *Die Verwandlung der Welt. Eine Geschichte des 19. Jahrhunderts*. München: C.H. Beck.

Pfeiffer, Ida. 1850. *Eine Frauenfahrt um die Welt. Reise von Wien nach Brasilien, Chili, Otahaiti, China, Ost-Indien, Persien und Kleinasien*. Wien: Carl Gerold.

Pigafetta, Antonio. 2020 [1524]. *Die erste Reise um die Welt – An Bord mit Magellan. Historischer Reisebericht*. Darmstadt: Wissenschaftliche Buchgesellschaft.

Polo, Marco. 1983 [1298/1299]. *Il Milione. Die Wunder der Welt*. Zürich: Manesse.

Ransmayr, Christoph. 2019. *Die letzte Welt*. 20. Aufl. Frankfurt am Main: S. Fischer.

Reinhard, Wolfgang. 2018. *Die Expansivität Europas und ihre Folgen. ZEI Discussion Paper C 247*. Bonn: Zentrum für Europäische Integrationsforschung. https://www.zei.uni-bonn.de/dateien/discussion-paper/DP_C247_Reinhard.pdf. Zugegriffen: 1. Dezember 2021.

Rilke, Rainer Maria. 1959 [1923]. *Duineser Elegien*. Florenz: Vallecchi Editore.

Rosa, Hartmut. 2012. *Weltbeziehungen im Zeitalter der Beschleunigung*. Berlin: Suhrkamp.

Scheffler, Thomas. 2003. ‚Fertile Crescent', ‚Orient', ‚Middle East': The Changing Mental Maps of Southwest Asia. *European Review of History, 10*(2), 253–272.

Schlesinger jr., Arthur M. 1986. *Cycles of American History*. New York: Houghton Mifflin.

Schmale, Wolfgang. 2008. *Geschichte und Zukunft der europäischen Identität*. Stuttgart: Kohlhammer.

Scholl-Latour, Peter. 1983. *Allah ist mit den Standhaften. Begegnungen mit der islamischen Revolution*. Stuttgart: Deutsche Verlags-Anstalt.

Serano, Nina. 2014. *Die Ländersammlerin. Wie ich in der Ferne mein Zuhause fand*. Hamburg: Eden Books.

Tänzler, Dirk. 2017. Zeit. In *Bonner Enzyklopädie der Globalität, Band 1*, Hrsg. Ludger Kühnhardt und Tilman Mayer, 1515–1524. Wiesbaden: Springer.

United Nations. Department of Economic and Social Affairs. 2020. *World population projected to reach 9.8 billion in 2050, and 11.2 billion in 2100*. https://www.un.org/development/desa/en/news/population/world-population-prospects-2017.html. Zugegriffen: 1. Dezember 2021.

Wittstock, Uwe, Hrsg. 1997. *Die Erfindung der Welt. Zum Werk von Christoph Ransmayr*. Frankfurt am Main: S. Fischer.

Worldometer. 2020. *World population by year*. https://www.worldometers.info/world-population/world-population-by-year/. Zugegriffen: 1. Dezember 2021.

Wulf, Andrea. 2015. *The Invention of Nature. The Adventures of Alexander von Humboldt. The Lost Hero of Science*. London: John Murray.

Zentrum für Europäische Integrationsforschung [ZEI]. 2020. *Transdisciplinary Research and Education for Regional Integration. 1995–2020*. Bonn: ZEI.

2 Souveränität: Europäische Transformation und außereuropäische Pyrrhussiege (1960–1979)

In den 1960er- und 1970er-Jahren beginnt die europäische Integration. Ihren Abschluss findet diese erste Phase der Transformation des Souveränitätsbegriffs mit der ersten Direktwahl zum Europäischen Parlament. Zugleich leidet Europa an der Teilung des Kontinents, in der sich noch immer die langen dunklen Schatten des Zweiten Weltkriegs spiegeln. Afrika und Asien werden von Europa aus vor allem aus der Perspektive der Entwicklungshilfe gesehen. Die dortigen Länder sind stolz auf ihre Souveränität und müssen doch deren Grenzen angesichts gravierender ökonomischer, sozialer und politischer Probleme erfahren. Der Ost-West-Konflikt zwischen den Supermächten USA und Sowjetunion breitet sich weiter auch in Übersee aus. Ludger Kühnhardts Eindrücke zwischen 1960 und 1979 in West- und Osteuropa, in Ostafrika, in Südasien und in der Karibik spiegeln eine Welt, die sich bei allen Gegensätzen und Widersprüchen spätestens seit der ersten Mondlandung als Einheit zu entdecken beginnt.

1958	„Römische Verträge" in Kraft – Europäische Wirtschaftsgemeinschaft (EWG) nimmt Arbeit in Brüssel auf – Amerikanisches U-Boot Nautilus unterquert den Nordpol
1959	Erste Maßnahmen der EWG zum schrittweisen Abbau der Zölle und Kontingente
1960	Siebzehn Staaten Afrikas erlangen die Unabhängigkeit – Freihandelsabkommen EFTA in Kraft
1961	Juri Gagarin erster Mensch im Weltall – EWG-Staats- und Regierungschefs für eine politische Union – Bau der Berliner Mauer
1962	Furcht vor einem Atomkrieg aufgrund Kuba-Krise – Algerien unabhängig – Senkung der EWG-Zollsätze um 50 % gegenüber 1957
1963	Deutsch-französischer Freundschaftsvertrag („Elysee-Vertrag") unterzeichnet – Abkommen von Jaunde – US-Präsident John F. Kennedy ermordet
1964	Formales Ende der Rassentrennung in den USA („Civil Rights Act") – Multilaterale Handelsverhandlungen in Genf (GATT) unter Beteiligung der EWG

1965   *Eskalation des Vietnam-Krieges – Frankreich bricht Mitarbeit in der EWG wegen Streit um die gemeinsame Agrarpolitik ab*

1966   *Frankreich kehrt in die Strukturen der EWG zurück – Luxemburger Kompromiss bekräftigt Einstimmigkeitsprinzip – Kulturrevolution in der Volksrepublik China*

1967   *Student Benno Ohnesorg bei Protesten gegen den Shah-Besuch in Berlin ermordet – Israel gewinnt „Sechs-Tage-Krieg" – EWG unterzeichnet GATT-Schlussakte*

1968   *Jugendprotest in den westlichen Ländern – Martin Luther King ermordet – „Prager Frühling" durch Truppen des Warschauer Paktes niedergeschlagen*

1969   *Neil Armstrong als erster Mensch auf dem Mond – Finanzbeiträge der sechs Mitgliedsstaaten sollen durch „Eigenmittel" der EWG ersetzt werden*

1970   *Der erste „Earth Day" abgehalten – Computermaus patentiert – Davignon-Bericht zur Europäischen Politischen Zusammenarbeit*

1971   *Werner-Plan zur europäischen Wirtschafts- und Währungsunion – Meeresboden-Vertrag zur Ratifikation ausgelegt – Computertomografie beginnt*

1972   *Europäische Währungsschlange – ABM-Vertrag zwischen USA und UdSSR – Olympische Spiele in München – Studie Die Grenzen des Wachstums veröffentlicht*

1973   *EG-Beitritt von Großbritannien, Irland und Dänemark – Geldautomat patentiert – Jom-Kippur-Krieg – Ölkrise – EG-Dokument über die europäische Identität*

1974   *Zypernkrieg – Europäischer Rat gegründet – US-Präsident Richard Nixon tritt zurück – UN-Erklärung über die Errichtung einer neuen internationalen Wirtschaftsordnung*

1975   *Ende des Vietnamkrieges – Lomé-Abkommen zwischen EG und AKP-Staatengruppe – Konferenz über Sicherheit und Zusammenarbeit in Europa (KSZE)*

1976   *Tindemans-Bericht über Europäische Politische Union – Zweihundert Jahre USA – Chinas Staatschef Mao Tse-Tung stirbt – Schüleraufstand in Soweto*

1977   *EG-Kooperationsabkommen mit Maghreb- und Maschrik-Ländern – Silbernes Thronjubiläum Elisabeth II. – Terroranschläge im „Deutschen Herbst"*

1978   *Europäischer Gerichtshof bestätigt Vorrang des Gemeinschaftsrechts – Camp-David-Friedensabkommen zwischen Israel und Ägypten – Drei-Päpste-Jahr*

1979   *Islamische Revolution im Iran – Erste Direktwahl zum Europäischen Parlament – NATO-Doppelbeschluss – sowjetische Invasion in Afghanistan*

9. Juli 1960, Denekamp

Angenähert habe ich mich der Welt erstmals auf dem Rücksitz eines Fahrrades. Meine Großmutter fuhr damit regelmäßig vom emsländischen Nordhorn ins holländische Denekamp, um Butter zu kaufen. Die Butter ist zu dieser Zeit besser und vor allem billiger in den Niederlanden als in der Bundesrepublik Deutschland. Ich benötige einen Kinderausweis, um auf dem Rücksitz ihres Fahrrades mit meiner Großmutter einige wenige Kilometer über die Grenze in die Provinz Overijssel zu fahren. Vorher alberte

Abb. 2.1 Auf dem Weg in die Niederlande: Mit Stock und Hut meines Großvaters in Nordhorn (1960). (© Ludger Kühnhardt)

ich mit Hut und Schirm meines Großvaters fürs Familienalbum herum (Abb. 2.1). Dann geht es über die Grenze, vorbei an riesengroßen, auf die Zollabfertigung wartenden Lastwagen. Ohne es damals als Kleinkind schon zu wissen, erlebe ich die ersten Momente hin zu einem europäischen Binnenmarkt, der nationale Grenzen aufheben soll. In Erinnerung bleiben mir die stummen Lastwagenmonster, die geduldig auf ihre Zollabfertigung warten. Erst viel später werde ich lernen: in den Zollkontrollen drückte sich das nationale Souveränitätsprinzip aus, das seinen Anfang mit der Anerkennung der Unabhängigkeit der Niederlande und der Schweiz im Westfälischen Frieden 1648 genommen hatte. Der Vertrag am Ende des Dreißigjährigen Krieges war damals in meiner Heimatstadt Münster geschlossen worden. Seit dem Inkrafttreten der *Römischen Verträge* am 1. Januar 1958 soll das Souveränitätsprinzip nun schrittweise europäisch transformiert werden, so lautet der Kern des Auftrages an die Europäische Wirtschaftsgemeinschaft. Auf dem Fahrradrücksitz meiner Großmutter habe ich von diesen Zusammenhängen noch nicht die leiseste Ahnung.

21. Juli 1969, Wangerooge
Die Mondlandung und Neil Armstrongs berühmte Worte, dass dies ein kleiner Schritt für einen Menschen, aber ein großer Schritt für die Menschheit sei, erlebe ich vor dem Fernsehschirm auf der Nordseeinsel Wangerooge. Im Grunde verstehe ich noch gar nichts von der Bedeutung dieses Moments für die Selbstreflexion des Menschen. Mein Vater, der alle Familienmitglieder mitten in der Nacht ins Fernsehzimmer der Ferienpension gelockt hat, hat wohl auch nur eine schwache Ahnung von der Bedeutung dieses Augenblicks für unser Bild von der kleinen Erde im großen Weltall. Für ihn, der den Zweiten Weltkrieg überlebt hat, ist schon die Idee kaum vorstellbar, im Jahr 2000 noch zu leben und den Millenniumswechsel zu erleben. Und dann erst die Landung von Menschen auf dem Mond! Mit den Fernsehbildern vom blauen Planeten, die wir den Pionieren der NASA verdanken, beginnt die Menschheit, sich selbst und die Welt, die uns geschenkt ist, als Einheit zu entdecken.

2.–3. September 1972, München
Die Spiele der XX. Olympiade. Die Welt zu Gast in Deutschland. Ich staune über das Meer der bunten Fahnen aus aller Herren Länder, über die Namen und Menschen aus allen Kontinenten und über die unendliche Fröhlichkeit inmitten der Spiele der Jugend der Welt. Meine Eltern besuchen mit mir die Ruderwettbewerbe in Oberschleißheim (Abb. 2.2). Den ganzen nächsten Tag verbringen wir im Olympiastadion von München. Schräg gegenüber auf der Ehrentribüne sehe ich Abebe Bikila, den äthiopischen Marathon-Olympiasieger von 1960 und 1964. Seine erste Goldmedaille hatte er barfuß gewonnen. Seit einem Autounfall 1969 sitzt Abebe Bikila querschnittsgelähmt im Rollstuhl. Freudig wird Großbritanniens Premierminister Edward Heath im Stadion begrüßt, der sein in dieser Frage weiterhin tief gespaltenes Land soeben in die Europäische Wirtschaftsgemeinschaft geführt hat. Gold für den deutschen Speerwerfer Klaus Wolfermann. Gold für seine Teamkameradin Ulrike Meyfahrt im Hochsprung. Gold für den Finnen Lasse Virén im 10.000-m-Lauf. Ein goldener Sonntag in München.

Abb. 2.2 An der Ruderstrecke München-Schleißheim bei den Olympischen Spielen (1972). (© Ludger Kühnhardt)

Zwei Tage später, am 5. September, erwache ich mit der ganzen Welt zu der Hiobsbotschaft: Attentat auf die israelische Olympiamannschaft. Deutschland im Schock. Die eine Welt – so fröhlich und plötzlich so roh.[1]

8.–13. Oktober 1972, Zürich
Alle Nachbarn der Deutschen würden bei der Einigung des Kontinents wohl nicht dabei sein wollen, erfahre ich in Gesprächen mit meinem Schweizer Patenonkel Erwin Bernhard Heim und seiner Frau Margreth. Eine Rundreise mit den beiden durch die Schweiz und durch Liechtenstein lässt mich ganz andere Töne hören, als sie in Deutschland üblich sind: nationale Autonomie statt externer Bevormundung, eigene Wege statt

---

[1] Von den politischen Zusammenhängen und Hintergründen lerne ich damals nur, was die aktuellen Medien berichten. Erst Jahrzehnte später öffnet mein amerikanischer Freund Jeffrey Herf mir die Augen für die Abgründe, in die wir 1972 sahen (2019). Gleichwohl nehmen die Verknüpfungen der Welten seit den frühen siebziger Jahren immer mehr zu. Erst viel später lerne ich, dass 1971 die erste E-Mail versendet worden war. Ich bediene mich der E-Mail-Kommunikation seit 2000. Meine erste E-Mail sende ich, wie es der Zufall wollte, damals ausgerechnet an Jeffrey Herf.

deutscher Gefolgschaft. Alles, was ich zu sehen bekomme, wirkt so proper in Zürich und in Vaduz, und so wenig von den Abgründen der Geschichte belastet. In Deutschland habe ich zu spüren gelernt, dass der Abschied von der Vorstellung, Nabel der Welt sein zu wollen, angetrieben ist von der Bewältigung einer mörderischen Geschichtshypothek. Aus deutscher Perspektive heißt Souveränitätsverzicht Befreiung aus der deutschen Schuld. Andere Völker verstehen diese Sicht offenkundig kaum und können die dahinterliegenden Gefühle erst recht nicht teilen. Bereits in der Schweiz herrscht ein anderes Bild von Geschichte und Gegenwart.

25. Juli–12. August 1974, Dublin
Leise sollten wir Deutsche auftreten, wurde mir immer wieder eingebläut vor Klassenfahrten und Jugendbegegnungen 1973 in Amsterdam und in Friesland, 1974 in London (Abb. 2.3) und 1975 in Paris. Als Deutscher solle man sich, so werde ich damals immer wieder instruiert, eher wegducken als vorwitzig das Gespräch zu suchen. Mit offenen Augen und offenem Mund erlebe ich neue Welten und auch die Welten hinter den besuchten Städten: exotisch anmutende Restaurants in den Niederlanden, die von Einwanderern aus den Molukken betrieben werden. Indische Sikhs mit Turban und Pakistanis in Kurtas, die zu Großbritannien zu gehören schienen wie die Tower Bridge und Big Ben. Marokkaner und Algerier im Viertel um die große Pariser Moschee beim Einkauf von Gehirn und Innereien, von denen ich als Teil eines familiären Speiseplanes noch nie gehört habe.

Doch auch die große weite Welt rückt näher heran: Zum politischen Hauptereignis einer Irlandrundreise mit meiner Familie gerät die Nachricht vom Rücktritt des amerikanischen Präsidenten Richard Nixon. Über Canterbury und London, Windsor und Oxford war es nach Holyhead gegangen und von dort mit der Fähre nach Dún Laoghaire. Wexford, Ballymacarbry, Killarney, mit dem Pferdewagen nach Ballyarkane. Farmhäuser und gemütliche Abende in Sing-along-Pubs. Guinness-Bier und Musik mit der Mundharfe. Schließlich atlantische Wellen erwärmt vom Golfstrom. Dingle, die westlichste Stadt Europas. Slea Head, schroffe über einhundert Meter steil abfallende Felsen vor der Kulisse des glitzernden Meeres. Das Gallarus Oratory, das vor 1300 Jahren ohne Mörtel errichtete früheste christliche Bauwerk Irlands. Die Macgillycuddy's Reeks, eine langgestreckte Bergkette mit dem höchsten Berg Irlands. Steinhecken und Schafherden. Wollgras und Torf stechende Bauern im Hochmoor. „Menschen klagen über den Bürgerkrieg in Nordirland", notiere ich in mein Reisetagebuch. Geschichte rückt in das Landschaftsidyll vor. Die Felsinsel Skellig Michael ist das besterhaltene Beispiel einer frühchristlichen irischen Mönchssiedlung. Die idyllischen Dörfer am Ring of Kerry, Limerick, und dann im Autoradio am 8. August 1974 die Nachricht vom bevorstehenden Rücktritt des amerikanischen Präsidenten Richard Nixon. So etwas hat es noch nie gegeben in der Geschichte der USA. Am nächsten Tag, dem 9. August 1974, tritt Richard Nixon zurück, Gerald Ford wird als 38. Präsident der USA vereidigt. Was ich im Radio höre, fühlt sich an, als wäre es ein Stück der Innenpolitik bei uns in Europa. Von den Cliffs of Moher, der zweihundert Meter steilen Felsküste, meine ich, fast bis in die

Abb. 2.3 Mit dem Photoapparat zwischen Bobbies und Passanten: Auf der Mall in London (1974). (© Ludger Kühnhardt)

USA blicken zu können. Ich spüre, wie wichtig und nah die USA für unser Leben in Europa sind – ohne einstweilen genau zu wissen, warum. Connemara, Galway, durch die Gegend, in der „Tradition und Sprache der Gälen am besten bewahrt worden ist", wie ich niederschreibe. Mir wird erzählt, dass schon Ptolemäus diese Kultur erwähnt hat und dass von Irland aus immer reger Handel mit der Iberischen Halbinsel getrieben wurde. Dublin, „die besterhaltendste Stadt im Stil des 18. Jahrhunderts", notiere ich beim Blick auf die georgianische Atmosphäre in Irlands Hauptstadt. Übernachtung in einer Kajüte, Rückfahrt nach Großbritannien. Bald danach hat der Kontinent uns wieder – und die USA haben einen neuen Präsidenten.

3.–5. April 1976, Polesi

Tiefer als alles, was ich bisher erlebt habe, haben sich die vergangenen Tage in meine Seele eingebrannt. Mein Vater führt die Familie in die Tschechoslowakei. Unser Auto überquert als einziges Fahrzeug in Waidhaus die deutsch-tschechische Grenze. Die deutschen Zöllner sind entspannt, die tschechoslowakischen untersuchen jede Schraube. Sie hoffen, irgendetwas zu finden, dessen Einfuhr illegal wäre. Wir erreichen Pribram südlich von Prag, wo uns ein Hotel zugewiesen worden war. Mein Vater hatte in diesem Gebiet von Böhmen 1945 als Kriegsgefangener der sowjetischen Armee die lebensrettende Humanität der Försterfamilie Rerych erleben dürfen. Während seine gut sechstausend Kameraden in Sibirien umkamen, lernte er als Zwangsarbeiter bei Förster Rerych Tschechisch und die Jagd auf Kaninchen. Den ältesten Förstersohn Zdenek unterrichtete er in Mathematik und Latein. Er wurde von Babuschka Rerych wie ein Sohn in die Familie integriert. Nach der Freilassung schickte mein Vater dem Försterehepaar eine Toblerone-Schokolade aus dem Schweizer Studium. Einen Brief schrieb er sicherheitshalber nicht, denn unterdessen herrschten Stalins lokale Helfer über Tschechen und Slowaken. Beim Abendessen dreißig Jahre später kramt Förster Ludvíg Rerych in seinem Rentnerdomizil in dem Dorf Polesi bei Pelzhimov das zerknitterte Stanniolpapier der Schokolade aus der tiefsten Ecke des Küchenschranks hervor: „Gerhard, ich wusste, dass du wiederkommen wirst. Deshalb habe ich das Schokoladenpapier aufgehoben." Mit Michal und Zdenek, den Enkeln von Förster Rerych, spiele ich Schach und durchstreife Prag. Ich sehe den Hradschin, Veitsdom, die Goldene Gasse, Karlsbrücke und den Altstädter Ring.[2]

6.–10. April 1976, Oppeln

Das östliche Böhmen, dabei vorbei an verstaatlichten Kolchosen, so weit das Auge reicht. Pause auf dem schönsten Marktplatz der Tschechoslowakei in Hradec Králové (Königsgrätz), wo 1866 an der Einmündung der Adler in die Elbe die Preußen im Deutschen Krieg über Österreicher und Sachsen siegten. Rote Fahnen und Spruchbänder überall im Land aus Anlass des bevorstehenden XV. Parteitags der Kommunistischen Partei der Tschechoslowakei – der einzige Farbtupfer. Seit 1948 regieren die Kommunisten das Land und haben es trotz des zwischenzeitlichen „Prager Frühlings" 1968 immer weiter in eine öde graue Fläche heruntergewirtschaftet. Grenzübergang bei Nachod/Kudowa Zdrój.

Volksrepublik Polen. Das Glatzer Bergland, Bad Kudowa, Ottmachau, Neiße, eine der ältesten Städte Schlesiens. Wir überqueren die Glatzer Neiße, Symbol der großen Politik wegen der nach diesem Flüsschen benannten polnischen Westgrenze, der Oder-Neiße-Linie. Zunächst hatte die Sowjetunion sie bei Kriegsende einseitig festgelegt, um sie im

---

[2] Bis heute bin ich mit den Enkeln des Förstes befreundet, der meinem Vater, dem Kriegsgefangenen, am Ende des Zweiten Weltkrieges das Leben gerettet hat und ihn wie einen eigenen Sohn in seine Familie aufgenommen hat.

August 1945 im Potsdamer Abkommen von den USA und Großbritannien bestätigen und festschreiben zu lassen. Ein Bummel über den Rathausplatz. Die Neiße macht einen melancholischen Eindruck.

In und um Oppeln führt mein Vater meine Mutter, meine Geschwister und mich an die Wurzeln seiner Kindheit heran. Fischbach (heute Niewodnik), der Heimatort der Großmutter. Polnisch Neudorf (heute Polska Nowa Wieś), der Heimatort des Großvaters. Beim Abendessen mit einem Cousin meines Vaters in Oppeln (heute Opole) springt dieser immer wieder zum Fenster, da er meint, vor der Tür Geheimdienstspitzel gehört zu haben, die unser Familientreffen belauschen würden. Das Geburtshaus des Vaters in Groschowitz (heute Groszowice) am Stadtrand von Oppeln ist mehr grau als weiß unter dem schmutzigen Dreck, den die örtliche Zementfabrik in die Luft schleudert. Groß Strehlitz (heute Strzelce Opolskie), wo mein Vater aufgewachsen ist. In der Dienstwohnung des Postamts erlaubt uns die dort jetzt lebende Familie, die Räume wiederzusehen. „Meine Heimat ist jetzt in Westfalen", sagt mein Vater, gerührt, den alten Ofen in der Küche seiner Kindheit wiederzusehen: „Merkt es Euch: Diese Menschen, die aus der Ukraine vertrieben wurden, haben ihre Heimat jetzt hier. So soll es bleiben, damit Frieden werde in Europa."

11. April 1976, Auschwitz
Kattowitz: In dieser Stadt spürt man noch immer, wie der deutsche und der polnische Nationalismus alles zerrissen hat, was bis zum Ersten Weltkrieg lange Zeit scheinbar friedlich miteinander existiert hatte. Nach Jahrhunderten habsburgischer Herrschaft hatte die preußische Besetzung Schlesiens 1742 einen ersten tiefen Riss bedeutet. Im und nach dem Ersten Weltkrieg aber geriet alles unter die Räder der Zerstörungskraft des Nationalismus. Die autochthone Volksgruppe der Schlesier wurde mehr als andere von den Verwerfungen getroffen, so auch in meiner Familie. Der Vater von Theo Kusnierz, ein Bruder meines Großvaters, optierte bei der Volksabstimmung 1921 für Polen. Er verließ den Oppelener Raum und ließ sich in Kattowitz nieder, das 1922 polnisch wurde. Theo, der Cousin meines Vaters, ist dort heute als polnischer Jurist tätig. Theo führt uns von Kattowitz aus nach Auschwitz, in die Hölle.

Auschwitz, die Hölle: Der Geruch der Krematorien, die Todeszellen und Erschießungshöfe, die Kinderkleider und Goldzähne, die Koffer und draußen die Bahngleise nach Birkenau. Ich kann kaum richtig Luft holen, so sehr nimmt mich mit, was ich sehe. Und doch sehe ich glücklicherweise gar nicht mehr das, was Menschen Menschen an diesem Ort angetan haben. Schweigend lese ich auf der Heimfahrt in der zynischen Biografie des Auschwitz-Lagerchefs Rudolf Höß, der ab dem Winter 1941/1942 die Massenvernichtungen in Auschwitz mit mechanischer Präzision leitete (Höß et al. 1973). Nach seiner Verhaftung gab er sie ungerührt zu Protokoll. Ich muss beim Überqueren der Weichsel aussteigen und Luft holen – Luft, die noch immer nach Mord, Tod und Menschenverachtung riecht. Auschwitz darf sich niemals wiederholen, schwöre ich mir am Ende dieses Tages in der Hölle auf Erden.

12.–13. April 1976, Breslau
Eine der größten Handelsstädte in der Geschichte der Deutschen, im Zweiten Weltkrieg fast vollständig zerstört. Hervorragend restauriert ist nicht nur das berühmte Rathaus. Die Polen, die nun in dieser Stadt leben, haben viel getan, um das alte Stadtbild wiederherzustellen. Nahe dem Dom, auf der Oder-Insel, steht ein Standbild von Papst Johannes XXIII., das einzige kirchliche Denkmal im Ostblock. Seine Sozialenzyklika *Pacem in terris* aus dem Jahr 1963 will ich nach der Rückkehr lesen, nehme ich mir vor (Johannes XXIII 1963).[3] Noch in Breslau entscheide ich mich, den Wehrdienst zu verweigern, wenn ich in die Bundeswehr einberufen werde. Wie könnte ich als katholischer Christ auch nur theoretisch den Enkel des tschechischen Försters erschießen, der meinem Vater am Ende von Hitlers Krieg das Leben gerettet hatte? Wie könnte ich als Zufallsdeutscher mit schlesisch-polnischen Familienwurzeln anders empfinden, als mich zwischen den Fronten des Ost-West-Konfliktes hilflos zerrieben zu sehen? Wie könnte ich angesichts dieser inneren Spannungen zu einer Waffe greifen gegen eigene Verwandte und deren Kinder?

14.–16. April 1976, Berlin
Hirschberg in Schlesien (heute Jelenia Góra), Bad Warmbrunn (heute Cieplice), Krummhübel (heute Karpacz). Dann mit der Seilbahn hinauf auf die Schneekoppe, den 1.600 m hohen Gipfel des Riesengebirges. Dichtester Nebel, überall eine leichte Schneedecke. Deutsch wird wieder gesprochen an der Grenze zur DDR, aber freundlich nur dann, wenn die Zöllner zu zweit oder dritt auftreten. Deutsche Demokratische Republik: Eintritt in ein mir fremdes Land, noch fremder als es die Tschechoslowakei oder Polen für mich waren. Durch den Spreewald, vorbei an Cottbus, und durch einen weiteren Grenzübergang hindurch nach West-Berlin. Ein Unterschied wie Tag und Nacht zwischen der sozialistisch-grauen DDR und dieser bunten Oase der Freiheit inmitten der Unfreiheit. Wohltuend. Aber doch bleibt mir Berlin irgendwie fremd und ungeheuer, trotz Ku'damm und Café Kranzler, Reichstag und Schloss Bellevue. Ich stehe erstmals an der Mauer mit dem Blick zurück zum Brandenburger Tor, gen Osten, wo ich gerade hergekommen bin. Checkpoint Charlie und Rathaus Schöneberg, wo ich den Ort sehen will, von dem aus Präsident John F. Kennedy am 26. Juni 1963 seine ikonischen Worte „Ich bin ein Berliner" gesprochen hat. Trotz Tempelhof und dem Luftbrückendenkmal: Berlin bleibt auf Distanz zu mir. Mit den Fantasien E. T. A. Hoffmanns, die im Kleinen Theater gezeigt werden, kann ich nichts Rechtes anfangen. Sie erscheinen mir ein Spiegelbild dieser unwirklichen Stadt zu sein.

Noch zwei Grenzen zwischen den beiden deutschen Staaten. Zunächst Dreilinden am Rande Berlins hinter Avus und Funkturm. Dann die Transitdurchfahrt durch die DDR. Schließlich weitere langwierige Grenzkontrollen in Helmstedt. Es ist ein Privileg, so geht es mir durch den Kopf, auf der Sonnenseite Europas aufzuwachsen, der Geschichte vermeintlich entronnen und ohne wissen zu müssen, was die Zukunft belasten könnte.

---

[3] Ein Satz in dieser Enzyklika wird sich später tief in mich einprägen: „Friede ist die Frucht der Gerechtigkeit."

1.–12. August 1976, Nizza

Chantal, die französische Austauschschülerin, die im Vorjahr eine Weile in meiner Familie zugebracht hatte, lädt mich ins Ferienhaus ihrer Eltern ein, in den Alpes-Maritimes hoch über Nizza. Ich schnuppere das süße Leben der Côte d'Azur, seiner Strände und Kultorte – Menton, Juan-les-Pins, Saint-Tropez, Cannes. Meinen Französischkenntnissen schadet es nicht.

13. August 1976, Monte Carlo

Am letzten Abend meines Aufenthaltes führen Chantal und ihre ältere Schwester mich ins mondäne Spielcasino von Monte Carlo. Die mehr als gediegene Atmosphäre lässt mich an das Leben im nahegelegenen Schloss denken, wo Fürst Rainier III. und seine Frau Gracia Patricia residieren. Nie hätte ich mir vorstellen können, diese Orte, die mir aus bunt bebilderten Zeitschriften bekannt sind, jemals sehen zu können. Im Fürstentum Monaco, das seit dem Ende des 13. Jahrhunderts, endgültig seit dem frühen 15. Jahrhundert, von der Adelsfamilie Grimaldi regiert wird, umgeben mich maximale Eleganz und nie gesehener Luxus. Der zweitkleinste Staat der Welt nach dem Vatikanstaat erstaunt mich, ohne mich zu verführen. Der Kontrast zu den Geschichten über menschliche Not und unbändigen Überlebenswillen, die ich im Elternhaus in letzter Zeit von Gästen aus Brasilien, Indien oder Tansania gehört hatte, könnte kaum größer sein. Was steckt hinter diesen extremen Kontrasten? Wie hängt alles zusammen? Wie vielschichtig verknüpft ist denn diese eine Welt? Warum wird überall in der Dritten Welt Souveränität und Autonomie gefordert und obendrein eine neue Weltwirtschaftsordnung, während Deutschland und Frankreich doch offenbar aufgebrochen sind, die Idee der Souveränität zu transferieren und den Wohlstand, den wir in Europa genießen, durch engere Zusammenarbeit weiter zu legitimieren?

26.–27. Juni 1977, Daressalam

Am Tag zuvor bin ich vom Überfluss Europas aufgebrochen in die Armut Ostafrikas. Vierzehn Stunden Flug, von einer Welt in eine andere. Für drei Monate Afrika. Ich habe ein tansanisches Sprichwort im Gepäck: „Wer andere besucht, soll seine Augen öffnen, nicht den Mund." In einem Zeitungsartikel hatte ich am Tag vor der Abreise zusammen mit meinem mitreisenden Schulfreund Jürgen Wernecke unseren Aufenthalt in Afrika in einen größeren Kontext gestellt:

> „Das Schicksal dieser Erde wird in den nächsten Jahren wesentlich davon abhängen, inwieweit sich das Verhältnis zwischen Industrie- und Entwicklungsländern entwickelt, inwieweit der Nord-Süd-Gegensatz überwunden werden kann. Gegenwärtig verbraucht ein Drittel der Menschheit 85 Prozent der Weltproduktion, während die anderen zwei Drittel mit ganzen 15 Prozent der Weltgüter auskommen müssen. Die jetzige Ordnung der Weltwirtschaft lässt sich zutreffend mit den Worten des Staatspräsidenten von Tansania, Julius Nyerere, beschreiben: ‚So wie Wasser von den trockensten Gebieten der Erde schließlich in die Ozeane fließt, wo das Wasser bereits in Fülle vorhanden ist, so fließt Reichtum von den ärmsten Nationen und von den ärmsten Menschen in die Hände jener Nationen und jener

Menschen, welche längst wohlhabend sind.' Die fünfzehn Millionen Tansanier, auf der dreifachen Fläche Deutschlands als Teil der früheren Kolonie Deutsch-Ostafrika, verfügen über ein durchschnittliches Jahreseinkommen pro Kopf von 120 US-Dollar, während es in der Bundesrepublik 3.390 US-Dollar sind. Der Betrag allein, um den das Pro-Kopf-Einkommen hierzulande jedes Jahr steigt, ist größer als das gesamt Pro-Kopf-Einkommen Tansanias. 44 Prozent der Bevölkerung sind jünger als 15 Jahre. Die Lebenserwartung liegt bei 41 Jahren; von 1000 Neugeborenen sterben bereits 163. Rund 85 Prozent der Bevölkerung sind Analphabeten. Die Rohstoffvorkommen von Diamanten, Gold, Zinn, Wolfram und Blei sind zu gering – und überdies die Rohstofferlöse zu niedrig –, um Tansanias vielfältige Schwierigkeiten lösen zu helfen." (Kühnhardt und Wernecke 1977)

Ich nehme mir vor, nach der Landung in Daressalam einfach die Augen zu öffnen und nicht nur Bestätigungen für meine angelesenen Theorien zu suchen.

Im historischen Zentrum von Daressalam überraschen mich sogleich die offenkundigen architektonischen Bezüge zur deutschen Kolonialzeit. Von 1891 bis 1918 war an diesem Ort die Verwaltung der Kolonie Deutsch-Ostafrika etabliert. Die katholische St. Josefs-Kathedrale, die evangelisch-lutherische Kathedrale, das Ocean-Road-Krankenhaus, architektonische Brückenschläge ins kaiserliche Deutschland. Ordentliche Geschäftsstraßen. Dann der Kontrast: Kariakoo, das älteste Afrikanerviertel von Daressalam. Unterernährte Kinder, die im Straßendreck spielen, unmenschliche Wohnverhältnisse in abbruchreifen Lehmhütten, eine unzulängliche Wasserversorgung und hohe Arbeitslosigkeit. In den Markthallen drücken Kinder ebenso wie Erwachsene ihre Nasen an Fenstern platt, hinter denen für sie völlig unerschwingliche Waren ausgestellt sind. Ein paar Schuhe kostet 375 Schilling (100 D-Mark), ein Gasherd 1200 Schilling und der allereinfachste Plattenspieler 300 Schilling. Wer hier überhaupt Arbeit findet, erhält zumeist nicht mehr als den Mindestlohn von 380 Schilling monatlich. Mit diesem Geld eine mehrköpfige Familie zu ernähren, ist bei den Preisen in der Stadt schlichtweg unmöglich.

28. Juni 1977, in den Usambara-Bergen
Vorbei an großen Sisalfeldern fahre ich mit dem Bus in die im Norden Tansanias gelegenen Usambara-Berge. Tansania ist seit vielen Jahren größter Sisalexporteur der Welt, aber die instabilen Weltmarktpreise behindern die langfristigen Entwicklungsplanungen erheblich. Auf der Sakarani-Mission führen mich deutsche Benediktinermönche über ihr weitläufiges Gelände, in dem sie, wie es der Orden verlangt, beten und arbeiten. Sie tun dies in partnerschaftlicher Zusammenarbeit mit über sechzig Einheimischen auf einem über einhundert Hektar großen Gelände. Im Nachbarort Sani besichtige ich ein mit staatlichen deutschen Mitteln finanziertes Projekt zur „integrierten ländlichen Entwicklung", wie mir in sperrigem Amtsdeutsch erklärt wird: 25.000 Menschen dieser dörflichen Gegend profitieren von den unterschiedlichen Einzelbereichen des Programms, von der Gesundheitsversorgung bis hin zu diversen Handwerksbetrieben.

30. Juni 1977, Moshi
Durch die Pare-Berge, ein Busch- und Baum-Savannengebiet, erreiche ich nach einer nicht unangenehmen Busfahrt Moshi. Die Mitreisenden sind stets freundlich und hilfsbereit. Die unterwegs zumeist in Dörfern zusammengefasst lebenden Menschen, an denen ich vorbeifahre, müssen häufig mehrere Stunden zu Fuß laufen, um völlig verdrecktes, ungesundes Wasser für ihren täglichen Bedarf zu finden. Mit 26.000 Einwohnern ist Moshi die fünftgrößte Stadt Tansanias. Der Kilimandscharo, höchster Berg Afrikas, ist wolkenverhangen. Die vielen kleinen Geschäfte, deren Besitzer häufig Inder sind, und eine große Markthalle, an deren Verkaufsständen ein reges Treiben herrscht, prägen das Gesicht dieser ansehnlichen Kleinstadt. Moshi ist der traditionelle Sitz des Häuptlings der Chagga, des wichtigsten Stammes dieser Gegend an den Karawanenwegen ins Innere Afrikas. Am Sitz des Chagga-Häuptlings Mandara entwickelte sich im späten 19. Jahrhundert eine Siedlung der Deutsch-Ostafrikanischen Gesellschaft. Bald folgten Missionare, Kirchen und Bildungseinrichtungen. Im Jahr 1961 wurde mit der Unabhängigkeit in ganz Tansania das traditionelle Herrschaftssystem der Stämme abgeschafft.

1. Juli–15. August 1977, Kibosho
In Kibosho, zehn Kilometer nördlich von Moshi, verbringe ich sechs Wochen auf Einladung von Bibiana und Joseph Mallya Mardai. Die tansanischen Freunde meiner Familie sind nach mehrjährigem Studium und Berufsleben in Deutschland mit ihren Kindern wieder in ihr tansanisches Heimatdorf zurückgekehrt. Bibiana arbeitet als Pharmazeutin, Joseph als praktischer Arzt am Kibosho Christian Hospital. Am schrecklichsten ist es, Kinder mit der Proteinmangelerkrankung Kwashiokor zu sehen, durch die ihre Bäuche grotesk aufgedunsen sind. Das Kibosho Christian Hospital wurde 1965 in Eigenarbeit der Einwohner errichtet. Mit 120 Betten ist das Haus überbelegt. Der Operationsraum ist viel zu klein. In der Ambulanz haben Joseph Mallya, ein medizinischer Assistent und ein den chinesischen Barfußärzten vergleichbarer *rural medical aid* täglich nebenher noch zwischen 700 und 1200 Patienten zu behandeln. Finanziell wird das Krankenhaus vollständig vom Staat getragen. Doch die jährlichen 300.000 Schillinge reichen kaum für die allernotwendigsten Medikamente, die Verpflegung der Patienten und die Gehälter des Personals aus. Trotz der Engpässe gehört das Kibosho Christian Hospital zu den am weitesten fortgeschrittenen Gesundheitseinrichtungen Tansanias.

Zwei Kinder sterben im Kibosho Christian Hospital an Kwashiokor. Zeitgleich bin ich bei einer Tauffeier im Nachbardorf Mkombole zugegen. Was ist der Sinn dieser Widersinnigkeit?

Ich beginne meine Freiwilligenarbeit mit dem Anstreichen erster Räume des Schwesternwohnheims des Kibosho Christian Hospital. In einem zehn Quadratmeter kleinen Raum treffe ich auf eine Krankenschwester mit ihren vier kleinen Kindern und Kakerlaken, die über den kahlen Fußboden flitzen. Erstmals ist in diesen Tagen der Kilimandscharo mit seinen 5.800 m zu sehen. Die Regenzeit, drei Grad südlich des Äquators, geht langsam zu Ende. Im Moment ist genug Wasser vorhanden. In der trockenen Jahreszeit aber wird es vor allem im Flachland sehr knapp. Die besseren natürlichen Voraussetzungen der Kilimandscharo-Region haben den hier ansässigen Chaggas einen wirtschaftlichen und sozialen Vorsprung gegenüber den anderen gut einhundertzwanzig Stämmen Tansanias ermöglicht. Die Chaggas leben umgeben von Bananenstauden, soweit das Auge reicht. Später berichte ich darüber in einer Reportage für den *Norddeutschen Rundfunk:* „Bananenbrei, Bananen gekocht, Bananen geröstet, Bananen roh, Bananengebäck – jede Art der Zubereitung wird für die über zwanzig verschiedenen Bananensorten genutzt. Und nicht zu vergessen das beliebte Bananenbier ‚pombe ya mbegee', das selbst hergestellt und in nicht geringer Menge getrunken wird" (Kühnhardt 1978). Die Chaggas leben akzeptabel, doch auch ihr Lebensstandard ist nicht ansatzweise mit dem Standard zu vergleichen, der in Europa üblich ist. „Ausreichendes Wasser", über das die Chaggas verfügen, heißt nicht, dass dieses Wasser trinkbar wäre oder dass jeder Haushalt einen eigenen Anschluss hätte.

7. Juli. Tansanischer Nationalfeiertag: The Peasant's Day. Bisher hieß er „Saba Saba", zur Erinnerung an das Gründungsdatum der Einheitspartei Tanganyika African National Union (TANU) am 7. Juli 1954. Im Februar 1977 wurden TANU und die in Sansibar dominierende ASP zu der neuen nationalen Einheitspartei Chama Cha Mapinduzi (CCM) unter der Führung von Julius Nyerere zusammengeschlossen. Nyerere wurde 1961 zunächst Ministerpräsident und ist ununterbrochen seit 1962 Staatspräsident, zunächst von Tanganyika, seit dem Zusammenschluss mit Sansibar 1964 von dem umbenannten Staat Tansania. Die CCM ist heute eindeutig die führende politische Kraft des Landes und bestimmt den Entwicklungsweg Tansanias. Das Modell einer demokratischen Einheitspartei, die zu jeder Wahl mehrere Kandidaten aufstellt, wird von weiten Teilen der Bevölkerung als das richtige System im gegenwärtigen Stadium der Entwicklung akzeptiert, so höre ich allenthalben.

Zu Ehren mehrerer Gäste seines Sohnes schlachtet Joseph Mallyas Vater eine Ziege in einer höchst zeremoniellen Handlung. Das mit Gemüse und Innereien ausgestopfte Tier wird über Stunden am Spieß gebraten und feierlich serviert: Man spricht von einem *African cake.* Joseph Mallyas Vater lebt mit zwei Frauen in einer Strohhütte unter einem kegelförmigen Dach. Auch nach seiner Taufe durfte Mallya senior weiter mit den beiden Frauen leben. Die Kirche akzeptierte sie als ältere und jüngere Schwester. Der afrikanische Katholizismus kennt offenbar seine ganz eigenen Alltagsregeln. Bei einem Gemeindefest erklärt mir der örtliche Pfarrer inmitten einer fröhlichen Menschenmenge von dreitausend Seelen, die buntgekleidet Tänze und Gesänge der Chaggas aufführen, dass eine solche Praxis für ihn „Inkulturation des Christentums" bedeute. Damit ich besser verstehen lerne, reicht er mir Bananenbier in einer handgeschnitzten Kalebasse.

Einladung zur Hochzeitsfeier in einem der Bauernanwesen unter Bananenbäumen und Kaffeestauden. Dreihundert Gäste sind anwesend, der engere Familienkreis. Auf dem Fußweg begegne ich einem alten Mann. „Are you a Deutschman", fragt er und nimmt sogleich die ehrfurchtsvolle Haltung eines alten Askaris an, der Soldaten, die in der Kolonialzeit für die kaiserliche Armee gekämpft haben: „Guten Morgen, guten

Mittag, guten Abend" hallt es plötzlich durch den sattgrünen Regenwald. Vergessen scheinen die Gewalttaten deutscher Kolonialtruppen im Februar 1891, als der Sitz des Häuptlings Sinna in Kibosho gestürmt wurde.

Als jüngster Sohn, so erzählt der 1936 geborene Joseph Mallya, war er für die Landarbeit in seiner Familie entbehrlich. So durfte er den in der katholischen Kirche von Kibosho tätigen Pater Joseph Babu unterstützen. Joseph wurde Messdiener in Kibosho. Morgens von fünf bis sechs lief er die acht Kilometer zur Messe, danach ging es weiter zur Schule. Kurz vor dem Abitur eröffnete er Pater Babu, der ihm 1948 die erste Heilige Kommunion gespendet hatte, er wolle doch nicht Priester werden, sondern Arzt. Babu akzeptierte dies sofort: Das seien doch ähnliche Berufungen – der eine heilt die Seele, der andere den Körper. Der Zufall wollte es, dass er 1960 eines der ersten, für das noch nicht unabhängige Tanganyika bestimmten Stipendien der Deutschen Bischofskonferenz erhielt. In Würzburg konnte Joseph Mallya Deutsch und Medizin studieren. Von 1968 bis 1975 arbeitete er als Krankenhausarzt im westfälischen Ibbenbüren, wo ich damals das Gymnasium besuchte. Bibiana, die patente junge Frau aus dem Nachbardorf Mangu kannte er schon seit der gemeinsamen Jugend am Fuße des Kilimandscharo. Nach ihrem Pharmaziestudium in den USA heirateten die beiden. Beeindruckend war, dass sie mit ihren vier in Deutschland geborenen Kindern nach Kibosho zurückkehrten, so wie sie es ihren Eltern und örtlichen Förderern versprochen hatten.

Nach dem Anstreichen der Zimmer des Schwesternwohnheims beginne ich mitzuhelfen, die Kantine des Kibosho Christian Hospital zu bauen. Sand wird aus einem tief gelegenen Tal hochgeschleppt. Für Gerätschaften fährt der Vorarbeiter Alfons immer wieder mit mir nach Moshi. Langfristige Planung ist unüblich. Die Krankenhauserweiterung geschieht im Rahmen und im Geiste der tansanischen „Self-reliance"-Politik. Dieser sogenannte Afrikanische Sozialismus gründet in der afrikanischen Lebensphilosophie und nicht in der europäischen Ideologie des Sozialismus. Tansania legt besonderes Gewicht auf die Förderung der Eigenanstrengungen der Bevölkerung. Der Staat, der nicht genug Finanzreserven besitzt, um alles von sich aus durchzuführen, greift beim Aufbau von Gemeinschaftseinrichtungen nur dann helfend ein, wenn die Eigenleistung der Bevölkerung zu scheitern droht. In die gleiche Richtung geht der Kantinenbau: Das Krankenhauspersonal bringt das Geld selbst auf und hilft geschlossen – von Dr. Mallya bis zum Küchenpersonal – an einem Tag in der Woche beim Bau mit. Ansonsten werden die Arbeiten von zwei Maurern geleistet. Mit mir haben sie nun für einige Zeit einen unerfahrenen deutschen Freiwilligen zur Seite.

In der Nacht sterben im Hospital wieder zwei kleine Kinder, diesmal an Herzversagen beziehungsweise an Lungenentzündung. Mangels medizinischer Aufklärung der Eltern wurden beide viel zu spät in das Krankenhaus eingeliefert.

Auf der Machare Estate, einer staatlichen Kaffeeplantage nahe Kibosho, lerne ich die Abläufe des Kaffeeanbaus kennen. Der Manager der Plantage, Adolfo Massawe, erklärt mir geduldig den Prozess der Kaffeeproduktion. Soeben läuft die neue Saison an. Zwischen Juli und November wird der Kaffee geerntet. Danach wird der „Pulping"-Prozess durchgeführt: Die Kaffeebeeren werden zusammen mit Wasser in große Behälter gefüllt und das Fruchtfleisch (engl. *pulp*) weggewaschen. Anschließend werden die Bohnen auf großen Gestellen getrocknet. In Moshi wird der Kaffee seit 1925 genossenschaftlich weiterverarbeitet. Heute heißt die Einrichtung Tanganyika Coffee Board. Dort sehe ich das letzte Stadium der Verarbeitung vor dem Export der Kaffeebohnen: Nachdem die letzte Schale *(parchment)* entfernt ist, werden die Bohnen gesäubert, ausgelesen, nach Größe sortiert und endgültig verpackt. Nun wird der Kaffee in die Verbraucherländer exportiert. Tansania verkaufte 1976/1977 60.000 t milden Arabica-Kaffee. Hinzu kommt noch eine größere Menge Robusta-Kaffee, einer weniger qualitativen Sorte. Der hiesige Kaffeeproduzent verdiente dabei 3,20 D-Mark pro Kilo, der Tanganyika Coffee Board 12 D-Mark. Bei einem Verbraucherpreis von rund 30 D-Mark pro Kilo wird ersichtlich, wie gering der Gewinnanteil derjenigen ist, die in Tansania, sei es als Bauer oder als Verkaufsagentur, den größten Arbeitsaufwand zu tragen haben. In meiner Reportage für den *Norddeutschen Rundfunk* über die Chaggas und ihre Region analysiere ich später die Umstände: „Die Weltmarktpreise sind derartig instabil, daß für die Produzenten längerfristige Entwicklungsplanungen nicht möglich sind" (Kühnhardt 1978). Kaffee steht mit 23 % an der Spitze der Exporte Tansanias. Ein Viertel der Produktion wird auf Plantagen angebaut, deren Erträge durchweg höher sind als die der Kleinbauern. In der Kilimandscharo-Region leben 55.000 Kleinbauern vom Kaffeeanbau.

Der überwiegende Teil Ostafrikas gehört naturgeografisch zum Savannengürtel. Tropischen Urwald gibt es nur an den Hängen der höchsten Gebirge. Typisch für den immergrünen tropischen Regenwald ist ein großer Artenreichtum sowie Lianen und Schmarotzerpflanzen, der sich nirgendwo eindrucksvoller bestaunen lässt als bei einer Wanderung in der Urwaldzone am Fuße des Kilimandscharo zweitausend Meter über dem Meeresspiegel. Ein Beispiel für die Geschichte und den durchaus beeindruckenden technischen Entwicklungsstand der Chaggas sind die Kasematten an den Hängen des Kilimandscharo, die ich bei dieser Gelegenheit entdecke: Zu Beginn des 19. Jahrhunderts wurden sie ohne moderne Vermessungsgeräte kilometerlang mit einfachsten Werkzeugen erbaut. Bis etwa 1910 wurden die Kasematten genutzt. Sie dienten Menschen und Vieh als Versteck bei Angriffen anderer Stämme.

Am College of African Wildlife Management in Mweka, nahe Kibosho, wird das gesamte Wildparkpersonal der englischsprachigen Länder Afrikas ausgebildet. 80 Schüler aus zehn Ländern werden von acht Fachlehrern unterrichtet. Für einen geregelten Ausbildungsbetrieb wären mehr Lehrer notwendig. Das College wurde 1963 mit Unterstützung der deutschen Regierung und des Frankfurter Zoos errichtet. Das größte Problem für das Wildparkpersonal ist der illegale Abschuss von Tieren, die vom Aussterben bedroht sind. Die Tätigkeit der Wilddiebe ist vor allem auf das Interesse von Käufern in Industrieländern zurückzuführen, Felle und andere Jagdtrophäen zu erwerben.

Unterricht in der Kibosho Secondary School. Theoretische und praktische Ausbildung werden gekoppelt: Neben dem Unterricht auf der Schulbank bearbeiten die Schüler eigene Felder und erlernen verschiedene landwirtschaftliche Kenntnisse. Durch diese

"Self-reliance"-Methode konnte in der Kibosho Secondary School im letzten Jahr nicht allein nur der größte Teil der Ernährung der Schüler erwirtschaftet werden, sondern der erzielte Überschuss von 40.000 Schilling (12.000 D-Mark) wurde für die Ausstattung der Schule genutzt. In diesen Tagen geht das Schuljahr zu Ende. Ab dem November 1977 wird in ganz Tansania die Schulpflicht bis zum Ende des siebten Schuljahres bestehen. Noch liegt die Analphabetenquote im ganzen Land bei rund achtzig Prozent der Bevölkerung. Klassenräume werden derzeit allerorten gebaut, aber wie steht es mit den Lehrern und ihren Gehältern?

Nach der Unabhängigkeit Tansanias 1961 wurde Kisuaheli zur Amtssprache erhoben. Da jeder Tansanier diese Sprache versteht, war sie ein wichtiges Element bei der Integration der 120 Stämme und bei der nationalen Selbstfindung des Landes. Kisuaheli, das im ganzen ostafrikanischen Raum verbreitet ist, ist immerhin die siebte der meistgesprochenen Sprachen der Welt. In Tansania entstehen langsam erste Ansätze eigener Literatur. Mit Gewinn lese ich den Roman *Dying in the sun* von Peter K. Palangyo, der vom Dorfleben in der Kilimandscharo-Region handelt (1969).

15. September 1977, Moshi
Das Kilimanjaro Christian Medical Centre (KCMC) mit 350 Betten ist die drittgrößte Gesundheitseinrichtung Tansanias. Das Krankenhaus wurde 1970 zum größten Teil aus Mitteln der deutschen evangelischen Kirche erbaut. 26 Fachärzte aus sieben Nationen, darunter mehrere Deutsche, sind am KCMC beschäftigt. Das Krankenhaus ist langfristig als Ausbildungsstätte für Fachärzte vorgesehen, ist bisher aber vom tansanischen Staat für diesen Zweck noch nicht anerkannt. Bisher absolvieren Medizinstudenten lediglich ein Praktikum im KCMC. Der Klinik angeschlossen ist ein seit 1975 bestehender Orthopedic Workshop. Hier werden Prothesen für Leprakranke gefertigt, denen Gliedmaßen amputiert werden mussten. Mir stockt der Atem, als ich die ersten Leprakranken meines Lebens sehe.

Josef Macha vertritt den Moshi District als Abgeordneter in der tansanischen Nationalversammlung. Seine Kernsätze im Gespräch mit mir:

> „Wir in Tansania und in der Dritten Welt sind nicht arm, weil wir unzivilisierte Affen oder faul sind, sondern weil die Industrieländer uns ausbeuten. In den Industrieländern muss eine moralische Bewusstseinsveränderung einsetzen. Es wird viel von Menschenrechten geredet, doch sie sind so lange nicht verwirklicht, wie die reichen Länder uns ausbeuten und unsere Menschen Armut leiden."

Frau Ida Mari ist District Development Director im Moshi District. Die ohnehin nur sehr niedrige Entwicklungshilfe sei nicht viel mehr als ein Alibi der reichen Länder, sagt sie, die zweithöchste Politikerin des Districts nach dem Governor. Überdies sei der Begriff „Hilfe" fragwürdig, da die Entwicklungsländer die Kredite, die den größten Anteil der Entwicklungshilfe ausmachten, samt Zinsen eines Tages zurückzahlen müssten. Auf diese Weise fließe jährlich mehr Kapital in die Bundesrepublik Deutschland zurück, als zuvor gegeben würde. Frau Mari definiert den Entwicklungsprozess Tansanias folgendermaßen:

> „Wir sind auf einem langen Weg zum Sozialismus, der mit Kommunismus überhaupt nichts zu tun hat. Er wurzelt in unserer eigenen Tradition. Sozialismus ist nur so ein Wort. Es kommt allein auf den Inhalt an und das heißt für uns: die Armut auslöschen, allen Menschen Nahrung, Wohnung, Gesundheit und Bildung ermöglichen. Jeder muss – bei verschiedenen Ergebnissen – die gleichen Startchancen haben. Das verstehen wir unter ‚Afrikanischem Sozialismus'."

16.–28. August 1977, Arusha
Mit 67.000 Einwohnern ist Arusha die drittgrößte Stadt Tansanias. Auf halbem Weg zwischen Kairo und Kapstadt gelegen, liegt Arusha genau in der Mitte Afrikas. Aus Massai-Splittergruppen bildeten sich um 1830 die Arusha, der in dieser Gegend lebende Stamm. Zum Ende des 19. Jahrhunderts entstand die gleichnamige Stadt aus einer Garnison der deutschen Kolonialmacht, nachdem in zwei Schlachten der Widerstand der Arusha gebrochen worden war. Heute leben aber auch Chaggas in der Stadt, die aus der Kilimandscharo-Region eingewandert sind. Viele Arushas kann man von den Chaggas dadurch unterscheiden, dass sie noch ihre traditionellen Gewänder und Schmuckstücke tragen. Besonders auffällig sind die an extrem langgezogenen Ohrläppchen hängenden großen Ohrringe.

Am 5. Februar 1967 war in dem Gebäude, das heute das Arusha-Museum beherbergt, die für den weiteren Entwicklungsweg Tansanias wegweisende „Arusha-Erklärung" der Regierungspartei TANU verabschiedet worden (TANU 1967). Sie formuliert den Weg Tansanias zu einem solidarischen Staatswesen, in der die Menschenrechte verwirklicht und Chancengleichheit weitmöglich hergestellt werden solle. Die Grundlage für die Entwicklung solle auf der Arbeit des Einzelnen und den Eigenanstrengungen der Bevölkerung liegen. Fortschritt solle nicht vom Geld abhängen, da dieses knapp sei und es als unwürdig empfunden werde, im Ausland fortwährend als „Bettler" aufzutreten. Seit der „Arusha-Erklärung" liegt die Priorität der tansanischen Entwicklungspolitik auf der Befriedigung der menschlichen Grundbedürfnisse und auf dem Aufbau des Landwirtschaftssektors, in dem mehr als neunzig Prozent der arbeitenden Bevölkerung tätig sind. Ein „Leadership Code" schreibt der politischen Führungsschicht gewisse Verhaltensweisen vor und verbietet ihnen den Besitz von Mietshäusern sowie andere Nebeneinkünfte aus Aktien oder Beratungstätigkeiten. Ein Vorbild nicht nur für Afrika. Ob aber all die schönen Prinzipien auch eingehalten werden? – Vorübergehend haben es mir Julius Nyerere und sein politisches Denken angetan (1975). Nach meiner Rückkehr aus Tansania berichtete ich mit naiver Sympathie über das tansanische Entwicklungsmodell in einer Reportage für die *Deutsche Welle* (Kühnhardt 1979a).

Mit 860 Beschäftigten ist die Reifenfabrik General Tyres East Afrika am Rande Arushas einer der größten Produktionsbetriebe Tansanias. Ich werde herumgeführt: Die Arbeitsbedingungen sind hart und nicht ungefährlich. Seit 1970 werden bei General Tyres East Africa täglich 900 Reifen aus Naturgummi und aus Deutschland stammendem künstlichem Gummi hergestellt. Die meisten Reifen und Schläuche werden in insgesamt zehn afrikanische Länder exportiert. General Tyre ist ein Joint Venture: 24 % der Aktien hält der amerikanische Großkonzern, 76 % das tansanische Industrieministerium.

Noch ein Fabrikbesuch: Die Tanganyika Planting Company mit dreitausend Beschäftigten produziert jährlich 52.000 t Zucker auf einer Fläche von 11.000 Hektar. Die Zuckerrohrfelder sind so angelegt, dass ganzjährig geerntet werden kann. Der Prozess von der Zuckerrohrernte bis zur Verpackung des verkaufsfertigen Zuckers dauert drei bis vier Tage, wobei Unterschiede zwischen der Produktion und Verarbeitung von weißem und braunem Zucker bestehen. Ein Chemiker erklärt mir, dass brauner Zucker nicht nur billiger, sondern auch gesünder sei. Weißer Zucker könne erst nach längerer Verarbeitung mit chemischen Zusätzen gewonnen werden. Der Plantage angeschlossen sind ein 100-Betten-Hospital, ein Kindergarten, Volks-, Landwirtschafts- und Technische Schulen. Die tansanische Regierung akzeptiert den dänischen Besitzer: So müsse Tansania einerseits die hohen Kosten nicht selbst tragen, könne aber durch eine sehr hohe Besteuerung verhindern, dass der Gewinn allein nach Dänemark fließe, erläutert mir der Manager das Geschäftsmodell der Zuckerfabrik.

Ngarenaro ist eines von fünf Slumvierteln Arushas. Pater Joseph Babu, in dessen Gästehaus ich während meines Aufenthalts in Arusha wohne, hat seine große Kirche bewusst an den Rand des Slums gebaut. Der Mentor von Joseph Mallya führt mich durch den Slum. Drastischer und direkter hätte ich die Lebensverhältnisse der rund 13.000 Menschen in Ngarenaro nicht erleben können: völlig unzureichende Wasserversorgung, katastrophale hygienische Zustände, fehlende Stromversorgung, schlechtes Wegenetz. Die meisten Menschen haben keinen geregelten Job. Sie leben als Tagelöhner von der Hand in den Mund. Dennoch ziehen sie dieses traurige Dasein offenkundig dem Leben auf dem eintönigen Dorf vor.

Neben der Ngarenaro Parish, die er innerhalb der letzten zwei Jahre am Rande des Slums errichtet hat, betreut Pater Babu vier weitere Kirchengemeinden, bis zu vierzig Kilometer außerhalb Arushas. Er hat Zeit seines Lebens das gleiche Prinzip angewendet, das sie hier das „Babu Triangle" nennen: Schule, Krankenhaus, Kirche. Nach dem Gottesdienst diskutiert Pater Babu mit gut zweihundert Menschen die Einrichtung eines Gemeinschaftsladens, um mit dem Erlös Gesundheitseinrichtungen auszubauen. Der zupackende Pater weist mit lebhafter Gestik auf die Wichtigkeit von Hygiene, gesunder Ernährung und regelmäßiger Schulbildung der Kinder hin.

Szenenwechsel, Gespräch im Rathaus von Arusha. Da Arusha mit einer Zuwachsrate von jährlich dreizehn Prozent die am schnellsten wachsende Stadt Tansanias ist, werden große Anstrengungen im Bereich der Stadtplanung unternommen – und doch überrollt der demografische Prozess den administrativen Fortschritt. Der Bebauungsplan von Arusha geht von einer Ausdehnung der Bevölkerung auf 500.000 bis zum Jahr 2000 aus. Im Rathaus treffe ich den deutschen Stadtplaner Bernd Seegers, der als Entwicklungshelfer an Arushas Zukunft mitwirkt: „Unser allergrößtes Problem ist es, die unkontrollierte Ausdehnung einzudämmen." Dieses soll auf zweierlei Weise erreicht werden: Das Angebot an vermessenen Grundstücken muss mit der Nachfrage nach

Wohnraum zumindest in Einklang gebracht werden. Gleichzeitig soll durch ländliche Entwicklung die Landflucht gebremst werden.

Das größte Bauprojekt, das derzeit mit deutscher Unterstützung in Tansania ausgeführt wird, ist das Arusha Technical College. Der Architekt Werner Riethmüller, ein deutscher Experte, strebt an, dass 1978, nach zweieinhalbjähriger Bauzeit, der Unterricht in fünf Fachbereichen auf dem 160.000 Quadratmeter großen Gelände beginnen soll: Metallverarbeitung, Mechanik, Elektrik, Bauwesen und Kfz-Technik. Die Baukosten in Höhe von zwölf Millionen Mark werden zu Dreifünftel von der Bundesrepublik getragen, während der tansanische Staat den Rest selbst aufbringt. Für mindestens sechs Jahre werden zehn deutsche Lehrer an der Gewerbeschule unterrichten, bevor das Projekt voll von Tansania übernommen werden kann. Die Aufnahmekapazität beträgt 500 Studenten. Bisher besteht nur eine ähnliche Ausbildungseinrichtung im Lande, in Daressalam.

Arusha ist Hauptsitz der East African Community (EAC), deren Mitgliedsländer Kenia, Uganda und Tansania sich 1967 mit dem Ziel zusammengeschlossen haben, die Einheit Afrikas über eine regionale Föderation voranzubringen. Erst vor wenigen Wochen, im Juli 1977, ist die einst erfolgreichste Wirtschaftsgemeinschaft des schwarzen Kontinents zusammengebrochen. Die ideologischen Unterschiede zwischen den beteiligten Regierungen waren offensichtlich zu groß. So ist es wenig überraschend, dass mir keine Besuchserlaubnis für das Generalsekretariat der EAC erteilt wird. Auf dem Njiro Hill, fünf Kilometer außerhalb der Stadt, liegt das East African Community Management Institute, eine Agentur der EAC. Dort immerhin wird mir ein Besuch gestattet. Von der Ostafrikanischen Gemeinschaft, der UNO und – neben verschiedenen anderen Organisationen – auch von der Deutschen Stiftung für Internationale Entwicklung finanziert, bilden seit 1975 Dozenten aus Ostafrika, den USA, aus Ägypten, Norwegen, Jugoslawien und Indien Manager am East African Community Management Institute aus. Trotz des Zusammenbruchs der East African Community arbeitet das Institut derzeit weiter, als sei nichts geschehen.

Zur Erinnerung an den zehnten Jahrestag der Unabhängigkeit Tansanias wurde 1971 in der Stadtmitte von Arusha eine „Uhuru"-(Freiheits-)Fackel errichtet. In der Nähe des Monuments und des legendären Arusha Hotels befindet sich der sehr farbenprächtige Markt der Stadt. Von exotischen Früchten über afrikanische Kräutermedizin bis hin zu bunten Kitenge-Stoffen reicht das Angebot. Ununterbrochen feilschen Händler und Kunden miteinander um den Preis. Täglich von Sonnenauf- bis Sonnenuntergang wiederholt sich das gleiche rege Treiben, das ich mit Faszination beobachte.

Südwestlich von Arusha geht es mit Father Babu im offenen Land Rover auf staubigen Pisten durch ein Kurzgrasgebiet, das von Kraterhügeln unterbrochen wird. In der Ferne überragt der Mount Meru die Landschaft, der mit 4565 m zweithöchste Berg Tansanias. Wir erreichen Likamba, ein winziges Dorf. Da die Menschen in dieser Gegend traditionell recht weit zerstreut gelebt haben, war es schwierig, sie mit dem Lebensnotwendigsten zu versorgen. So entstand das Konzept der „Ujamaa-Dörfer", ein Kernelement der Politik von Tansanias Präsident Nyerere. Insgesamt leben unterdessen zwölf der fünfzehn Millionen Tansanier heute in achttausend solchen „Ujamaa-Dörfern". Jede Familie besitzt ihr eigenes Stück Land, während alle Dorfbewohner darüber hinaus in freier Entscheidung Gemeinschaftsfelder von unterschiedlicher Größe bearbeiten. Der Erlös der gemeinsamen Arbeit wird zum Nutzen aller und zur Dorfentwicklung verwendet. Der Ursprung der Ujamaa-Bewegung, so erklären es alle Dokumente der tansanischen Staatspartei, liege in der traditionellen, stark gemeinschaftsorientierten afrikanischen Gesellschaft. Die positiven Elemente der Großfamilie, in der sich jeder über Generationengrenzen hinweg für den anderen einsetzte, sollen nun über Familiengrenzen hinweg neu belebt werden. So heißt es jedenfalls in der Theorie. In Likamba gibt es eine gemeinschaftliche Wasserpumpstation. Man teilt sich landwirtschaftliches Gerät und bringt die erwirtschafteten Güter der Felder in eine Genossenschaft, die sie aufkauft und weiterverarbeitet. Eine gastfreundliche Bauernfamilie lädt mich zum Tee in ihre bescheidene Hütte ein. Das Leben in diesem Dorf sei viel vorteilhafter als das Nomadendasein, das der Bauer noch in seiner Kindheit und Jugend gekannt habe, erzählt er glaubhaft. Von der Anhöhe des Kraterhügels bei Liamba bestaune ich den afrikanischen Sonnenuntergang: Glutrot versinkt die Sonne in der weiten Steppe.

29.–31. August 1977, Ngorongoro-Krater
Ich fühle mich zurückversetzt in die ersten Tage der Menschheit. Vom gigantisch weitläufigen Kraterrand blicke ich in die geologische Tiefe der Weltgeschichte. Der Ngorongoro-Krater ist eines der berühmtesten Tierparadiese der Welt. Auf dem Weg hierher hatte ich das Stammesgebiet der Massai durchquert. Die etwa 60.000 Massai können in diesem Trockengebiet nur als nomadische Viehzüchter existieren. Stärker als andere Stämme sind sie ihrer traditionellen Lebensweise verbunden geblieben. Leben in einem „Ujamaa-Dorf" ist ihre Sache nicht. Plötzlich stehe ich am Ngorongoro-Krater. Mit einem Durchmesser von 16 bis 20 km ist dies nach dem Krater in Mona Lake (USA) der zweitgrößte der Welt. Es ist ein Paradies, um die Tierwelt Afrikas zu bestaunen. Bereits auf dem Kraterrand in 2.400 m Höhe laufen mir Büffel und Nashörner in allernächster Nähe über den Weg. Besonders brenzlig wird es, als abends auf dem Rückweg vom nahegelegenen Restaurant in die ärmliche Unterkunft ein einzelnes Nashorn vor unserer kleinen Gruppe steht. Der Massai-Führer zeigt Umsicht und Ruhe. Man dürfe das Nashorn nicht erschrecken. Sonst könnte es uns schneller angreifen, als uns lieb wäre.

1. September 1977, Dodoma
450 km Busfahrt führen mich auf unasphaltierten und zum Teil stark beschädigten Straßen nach Dodoma, in die Mitte des Landes. Das mangelhafte Transportsystem ist eines der Hauptprobleme Tansanias. Gerade an diesem Tag führt der tansanische Verkehrsminister Gespräche mit der deutschen Regierung über Hilfszusagen zur Verbesserung der Infrastruktur seines Landes. Im Rahmen eines allgemeinen Dezentralisierungsprogramms wurde 1973 beschlossen, Dodoma nach einer Übergangszeit von bis zu zwanzig Jahren

zur Hauptstadt Tansanias auszubauen. Der Premierminister und einige andere Ministerien haben ihren Sitz schon in der Stadt genommen. Obgleich das Ziel, die Vormachtstellung Daressalams einzuschränken, allgemein begrüßt wird, muss es sich in der Zukunft noch erweisen, ob die Entscheidung zugunsten Dodomas klug war. Daressalam bleibt immerhin das tansanische Hafentor zur Welt. Noch wirkt Dodoma steril, wie am Reißbrett konzipiert, irgendwie ohne das pulsierende afrikanische Leben, das mich überall sonst in Tansania begeistert hat.

In der Dodoma-Region befindet sich das Hauptweinanbaugebiet Tansanias. Ein Vertreter der deutschen Kübel-Stiftung, die ein integriertes landwirtschaftliches Entwicklungsprogramm für diese Region vorbereitet, erläutert das Konzept dieses genossenschaftlichen Musterweinguts. Der „Dodoma-Wein" soll ein neuer Exportschlager Tansanias werden. Deutsche Entwicklungshelfer, die als Lehrer in Dodoma arbeiten, nehmen kein Blatt vor den Mund, als sie auf Menschenrechtsverletzungen in Tansania zu sprechen kommen: Sehr wohl gebe es eine größere Anzahl politischer Gefangener im Land. Hinter der Fassade des afrikanischen Sozialismus gebe es auch eine düstere Seite der Herrschaft von Julius Nyerere, dem in aller Welt Verehrten.

5.–7. September 1977, Mwanza
Der Victoriasee glitzert am Horizont. Nach einer 24-stündigen Bahnfahrt auf der Zentrallinie der tansanischen Eisenbahn, die noch aus der deutschen Kolonialzeit stammt, erreiche ich Mwanza am Victoriasee. Erschütternd, ja beschämend eine Szene unterwegs, die mir nicht aus dem Kopf geht: Ich sitze im altmodischen, an die deutsche Kolonialherrschaft erinnernden Speisewagen mit weißen Tischtüchern und holzgetäfelten Wänden. Alles ist irgendwie arg in die Jahre gekommen, so wie auch die Uniformen und die ungelenken Bewegungen des Personals, das Eleganz mimt. Wir halten an einer Bahnstation, irgendwo in Tansania. Das Fenster neben mir ist ob der Hitze heruntergekurbelt. Plötzlich streckt mir ein Leprakranker die halbverfaulte Hand durchs offene Fenster entgegen. Der Mann bettelt, ich bin beschämt und weiß nicht, wohin mit meinen Blicken. Ich gebe ihm Brot. Mir will nichts mehr schmecken an diesem Mittag.

In Nyengezi, zehn Kilometer südwestlich von Mwanza, liegt eine der 14 tansanischen Landwirtschaftsschulen. Seit 1976 ermöglicht die deutsche Entwicklungshilfe die Ausbildung von einhundert Studenten. Bis 1980 werden fünf deutsche Fachlehrer finanziert und Erweiterungsbauten der Schule vollendet. An der Spitze von Mwanzas sozialen Einrichtungen steht das Bugando Hill Hospital. Mit 650 Betten ist das überbelegte Haus die zweitgrößte Gesundheitseinrichtung Tansanias. Finanziert von Misereor, der Entwicklungshilfeorganisation der deutschen katholischen Kirche, wurde es 1971 fertiggestellt. Ein englischer Arzt und ein österreichischer Ingenieur, zwei der acht hier arbeitenden ausländischen Fachkräfte, zeigen mir stolz die Infrastruktur des Hospitals. Werden im Laufe der achtziger Jahre in Tansania wirklich alle ausländischen Experten durch einheimische Fachleute ersetzt werden können?

8.–9. September 1977, Tabora

Durch das Sukuma-Land geht die Fahrt nach Tabora. Mit 1,5 Mio. Einwohnern sind die Sukuma der größte der 120 tansanischen Stämme. In dieser Gegend, die zu den trockensten des Landes gehört, befindet sich das Hauptbaumwollanbaugebiet Tansanias. Neben Kaffee ist Baumwolle der zweitwichtigste Exportartikel Tansanias. Tabora ist ein verschlafenes Örtchen.

Deutsche Weiße Väter gründeten in Tabora um 1880 eine katholische Mission. Die flächenmäßig der Verwaltungsregion entsprechende Diözese Tabora, der heute ein schwarzer Erzbischof vorsteht, ist halb so groß wie die Bundesrepublik Deutschland. Ich treffe eben jenen Erzbischof Marc Mihayo und er sagt zum Verhältnis der Kirche zum tansanischen Staat: „Die Politik Tansanias, in deren Mittelpunkt die ländliche Entwicklung und die Befriedigung der menschlichen Grundbedürfnisse steht, erscheint uns als richtig. Die Kirche steht voll hinter der Regierung und vor allem hinter Präsident Nyerere."

10.–11. September 1977, Kigoma

Kigoma am Tanganyikasee ist der westlichste Ort Tansanias mit knapp 50.000 Einwohnern. Schon nahe dem Kongo, dem „Herz der Finsternis", wie Joseph Conrad Zentralafrika genannt hat, erscheint das 1250 km westlich liegende Daressalam weit, weit entfernt. Ich komme an Kigomas imposantem Bahnhof an, dem Endpunkt der in Daressalam beginnenden tansanischen Central Line. Bis hierhin hatte die deutsche Kolonialzeit nach Afrika hineingegriffen. Sie hinterließ ein Bahnhofsgebäude, das auch irgendwo in Preußen stehen könnte. Fast alle Häuser sind einstöckig in Kigoma und mit einem Wellblechdach versehen. Inmitten dieser Atmosphäre wird mir sofort das ansehnliche Gebäude der örtlichen Polizei auf einem kleinen Hügel gezeigt: Es wurde 1914 als Jagdschloss für den deutschen Kaiser Wilhelm errichtet, der dann aber nie nach Tansania kommen sollte.[4] Was für eine bizarre Konstellation.

Die Kigoma-Region hat das zweitniedrigste Bruttoinlandsprodukt Tansanias, obschon die Wasserversorgung dank des Sees besser ist als in anderen Regionen. In der Meteorologischen Station weiß man mir zu erklären, warum gleichwohl auch in dieser Region eine regelmäßige Wasserversorgung der gesamten Bevölkerung nicht gewährleistet ist: Zum einen gibt es nur einen jährlichen Niederschlag von 100 bis 200 mm, zum anderen

---

[4] Erst später erfahre ich von den militärischen Aktivitäten am und im Tanganyikasee während des Ersten Weltkrieges: Hier kam es zu den ersten Schüssen zwischen der kaiserlichen Marine und den ihr am anderen Seeufer gegenüberstehenden Briten und Belgiern. Im Jahr 1916 versenkten deutsche Soldaten ihr Patrouillenboot, damit es nicht in die Hände der Briten und Belgier fallen konnte. Der Schweizer Schriftsteller Alexander Capus hat dieser bizarren Episode des letztlich selbstzerstörerischen Kolonialismus einen beeindruckenden Roman gewidmet (2007). Als der Roman erscheint, war die Bevölkerungszahl von Kigoma auf knapp 200.000 Einwohner gewachsen.

ist die Wasserentnahme aus dem See mithilfe von elektrischen Pumpen von der Stromversorgung abhängig, die leider nicht immer reibungslos funktioniert.

12.–13. September 1977, Ujiji
Acht Kilometer südlich vom Bahnhof Kigoma liegt Ujiji, eine wahrhaft authentische afrikanische Fischersiedlung. Mit gut 25.000 Einwohnern gilt sie als die ursprünglichste Fischersiedlung ihrer Art am Tanganyikasee: Bambushütten, Schilfdächer, staubige Wege. Städtische Zivilisation erscheint mir Lichtjahre von dieser Lebensweise entfernt zu sein. Auch das Dorfleben in Kibosho kommt mir unwirklich weit entfernt und supermodern vor gegenüber diesem staubigen Fleck Erde. Fischfang, das müsste doch ein lukratives Geschäft für die Menschen in Ujiji sein. Aber um den Fischfang auszubauen und mehr Tansanier mit dem sehr proteinreichen Fisch aus dem Victoriasee zu versorgen, wären Investitionen und eine bessere Infrastruktur nötig: Strom und Kühlhäuser, Lastwagen und Straßen, die auch in der Regenzeit befahren werden könnten. Ich bin verwundert, dass diese Themen bei den Entwicklungshilfeprojekten, die ich kennenlernen konnte, keine Rolle zu spielen scheinen.

Immerhin: Der Tanganyikasee ist eines der wenigen Binnengewässer Afrikas, das nicht mit den Saugwürmern, die beim Menschen die Wurmerkrankung Bilharziose auslösen, verseucht ist. Daher traue ich mich, in dem grünblauen, glasklaren Wasser zu schwimmen. Dabei geht mir die Geschichte dieses Ortes durch den Kopf: Wie müssen sich die Menschen gefühlt haben, die von Afrikanern aus dem Kongo hierhin verschleppt und bis weit ins 19. Jahrhundert hinein von islamischen Händlern in Kigoma Richtung Küste weiterverkauft wurden? Was muss es für ein Moment gewesen sein, als der britische Journalist Henry Morton Stanley im November 1871 irgendwo hier in Ujiji den längst tot geglaubten Afrikaforscher David Livingston traf und mit dem berühmt-coolen Satz „Dr. Livingston, I suppose" begrüßte?

17. September 1977, Makambako
Vom Tanganyikasee im äußersten Westen des Landes führt mich der endlos lange Weg zunächst per Zug zurück nach Zentraltansania. Ich fühle mich unwohl und befürchte, mich mit Malaria infiziert zu haben. Die Nacht auf dem nackten Fußboden des Dritte-Klasse-Abteils, inmitten von Hühnern, Ananasfrüchten und schreienden Babys, will nicht vorübergehen. Es hilft ja nichts, es muss weitergehen. Mit dem Bus quäle ich mich durch ein gigantisches Trockengebiet nach Süden. Infolge des Abbrennens des Steppengrases und nachfolgender Bodenerosion wird die Gefahr der Wüstenbildung in dieser Region immer bedrohlicher. Bei Iringa, 1896 von der deutschen Kolonialmacht gegründet, geht es durch das tansanische größte Teeanbaugebiet im sogenannten Weißen Hochland. Schließlich erreiche ich Makambako, einen kleinen Ort im südlichsten Teil des Landes. Unterwegs hatten viele Ujamaa-Dörfer das Landschaftsbild bestimmt. Makambako ist Station der insgesamt 1.860 km langen TANZAM(Tanzania-Zambia)-Eisenbahn, die seit 1976 zwischen Zambia und Daressalam verkehrt. Mehr als 300.000 Chinesen haben dieses größte in Tansania jemals realisierte Entwicklungsprojekt in einer

Rekordbauzeit von nur vier Jahren erstellt. In der schlichten, zweistöckigen Bahnstation sehe ich chinesische Schriftzeichen. Die Speisewagen, die Sitze und die kargen Schlafgelegenheiten lassen mich an das so ferne China denken.

18. September 1977, Ifakara
In Ifakara, ein Bezirkshauptort im südlichen Tansania, lege ich einen Zwischenstopp ein. Dort erwartet mich ein weiterer Schock: Die Schweizer Ordensschwester Maria Paula Wicki begrüßt mich im Lepradorf Nazareti. Um einen zentralen Platz sind großzügige Hütten errichtet. Dort wohnen Leprakranke. Ebenso wie die frisch Infizierten sind auch diejenigen, die eine vollständige medizinische Behandlung durchlaufen haben, von der Gesellschaft als Aussätzige für immer verstoßen. Eine Resozialisierung ist für diese Menschen fast unmöglich. In Nazareni bearbeiten die leprösen Menschen, soweit es ihnen möglich ist, eigene kleine Gemeinschaftsfelder und verrichten handwerkliche Arbeiten. Einige Menschen schnitzen die für Tansania typischen Makonde-Figuren. An einer Ecke des Platzes wird gekocht. Ich spüre, wie diese Umgebung das Selbstwertgefühl der Leprakranken stärkt. Dennoch: Die Gesichter und Gliedmaßen der entstellten und verkrüppelten Menschen, denen ich so freundlich begegne, wie ich nur kann, werden mich wohl nicht mehr loslassen. Ich empfinde die Menschen in Nazareti als fröhlich, dennoch bedrückt mich ihr Schicksal. Ich bin erst wieder erleichtert, als ich zurück an der Bahnstation von Ifakara bin. Noch einmal geht es eine Nacht im chinesischen Ambiente durch Tansania.

19.–23. September 1977, Daressalam
Die Rückkehr in die Hafenstadt am Indischen Ozean ist fast wie die Rückkehr in eine andere Welt: pulsierendes städtisches Leben, Modernität und Fortschritt. Vieles davon ist vermutlich nur vom Lärm überdeckt, der mich umfängt. Das größte Problem in Daressalam ist neben der Arbeitslosigkeit die Wohnungsknappheit. Sechzig Prozent aller Familien bewohnen nur einen einzigen Raum, wobei Wasser- und Stromversorgung längst nicht für alle zugänglich sind.

Das Nationalmuseum, ein schönes, arabisch anmutendes Gebäude, vermittelt mir einen guten Überblick über die Kultur und Geschichte Tansanias. Der ganze Stolz des Museums: Der 1959 in der Olduvai-Schlucht im Norden des Landes gefundene Schädel des Zinjanthropus. Der Schädel ist 1,75 Mio. Jahre alt und gilt als einer der ältesten Menschenfunde. Er wird in einer Glasbox aufbewahrt. Von der Decke des Raumes tropft das Kondenswasser der lauten Klimaanlage herunter.

Thomas Massawe, Beamter im Industrieministerium, sagt über den Stellenwert des Industriesektors für den Entwicklungsprozess Tansanias:

> „95 Prozent unserer Bevölkerung lebt auf dem Lande. Wir sind ein Agrarland und wollen nicht die Industrieländer kopieren. Unser Industriesektor mit seinen staatlichen, halbstaatlichen und privaten Unternehmungen ist darauf ausgerichtet, der Befriedigung der menschlichen Grundbedürfnisse zu ermöglichen, nicht aber Luxusgüter zu produzieren."

24. September 1977, Bagamoyo
Am letzten Tag meines ersten Aufenthaltes in Afrika holt mich die deutsche Kolonialgeschichte noch einmal ein: 70 km nördlich von Daressalam besuche ich Bagamoyo. Von 1887 bis 1891 war das Fischerdorf der erste Verwaltungssitz der Kolonie Deutsch-Ostafrika. Die Bilder des Ortes transportieren längst vergangen geglaubte Zeiten. Das verwitterte, weiß verputzte Verwaltungsgebäude erinnert mich auf unangenehme Weise an den Ausdehnungsanspruch des deutschen Kaiserreiches, und die strohgedeckten Holzstände des Fischmarktes nicht weniger unangenehm daran, dass Bagamoyo das östliche Ende der arabischen Sklavenroute war: Von hier drangen Araber in die Tiefe Afrikas hinein, um menschliche Beute zu machen. Mit dem Schiff wurden die Menschen auf die arabische Halbinsel verfrachtet. Im Jahr 1889 kam es in Bagamoyo zum ersten großen Aufstand gegen die deutschen Kolonialherren, der blutig niedergeschlagen wurde. Die Schatten der deutschen Geschichte haben mehrere Dimensionen.

25. September 1977, Daressalam
Hinter mir liegen die Zollformalitäten. Ich warte auf das Zeichen zum Einstieg. Was wird mich nach einer Nacht im Flugzeug in Deutschland erwarten? Wie werde ich mich dort wieder zurechtfinden? Im Ohr habe ich einen Satz von Julius Nyerere anlässlich seines Besuches in Deutschland 1976: „Eine wirkliche Lösung des Armutproblems in der Welt setzt eine Bereitschaft zu grundlegenden Veränderungen im internationalen System voraus." Dieses System aber ist komplex. In Tansania habe ich nur eine seiner Facetten gesehen.

1. Oktober 1977–31. Dezember 1978, München
Während der Ausbildungszeit zum Redakteur an der Deutschen Journalistenschule in München mache ich es mir zur Übung, bei jeder Zugfahrt in Deutschland unterwegs anzuhalten, um Kirche, Marktplatz und Museum in einer der vielen historischen Städte aufzusuchen. Das schult den Blick auf Kultur und Zusammenhänge.

Europäische Nachbarn nehme ich 1978 ebenfalls in den Blick: Italien, wo ich am Kolosseum in Rom Papst Paul VI. beim Karfreitags-Kreuzweg erlebe und staunend erste Bekanntschaften mit den schier unendlichen kulturellen Schätzen in Rom und Neapel, in Florenz und Venedig mache. In Venedig schlafe ich die letzte Nacht unter einer Brücke, weil meine Reisekasse vollends aufgezehrt ist. Österreich, wo mich in Salzburg und Wien Gelassenheit und Charme einer reichen Kulturtradition verzaubern. Ungarn, wo ich in Budapest inmitten einer bunten, teilweise schrillen Jugend, die nicht einen Deut anders wirkt als die Jugend des westlichen Europas, eine der großen Rockbands des Landes erlebe, Locomotiv GT. Am nächsten Tag defiliere ich bei der Maiparade per Zufall an Janos Kadar, dem Generalsekretär der kommunistischen Arbeiterpartei, und seinen grauen Genossen vorbei, ohne die geringste Sympathie für ihre Ideologie zu empfinden, aber auch ohne den geringsten Einschüchterungsdruck zu verspüren. Ich lerne das Wort „Gulaschkommunismus". DDR, wohin ich mich am Westberliner Bahnhof Friedrichstraße durch die Sicherungsschleuse begebe, um wie durch die Kapsel einer Zeitreise auf der anderen Seite in Ostberlin anzukommen, in der Hauptstadt der DDR, wie es penetrant oft zu lesen ist. Es zieht mich nach Köpenick in der naiven Vorstellung, im Reich des 1922 verstorbenen, skurrilen Hauptmanns von Köpenick ein wenig Menschlichkeit jenseits des Eisernen Vorhangs zu erleben. Carl Zuckmayers Erzählung hatte mir großen Spaß gemacht (Zuckmayer 1974). Ich erwarte nicht, einem Hochstapler zu begegnen, dem es gelingt, das Rathaus von Köpenick oder gar das Staatsratsgebäude der DDR zu besetzen. In einer Eckkneipe komme ich immerhin erstmals auf ungezwungene und zweckfreie Weise mit Bürgern der DDR ins Gespräch.

1.–5. Januar 1979, Karachi
Ausgerüstet mit einer Reihe von Empfehlungsschreiben, hochfliegenden publizistischen Plänen und einem guten Bündel Neugier sind mein Freund und Kollege von der Deutschen Journalistenschule Andreas Schüler und ich am Silvesterabend aufgebrochen, um für ein halbes Jahr sechs Länder Südasiens zu bereisen: Pakistan, Indien, Sri Lanka, Bangladesch, Burma und Nepal. Bei bitterster Kälte mussten wir in Moskau das Flugzeug wechseln und erlebten einen sowjetischen Fernseh-Silvesterabend mit Feuerwerk über dem Kreml. Am nächsten Morgen empfängt uns um 9 Uhr im pakistanischen Karachi die Wärme Asiens. In der leicht heruntergekommenen Flughafenhalle beobachte ich Männer, die ihre großen nassen Wedel so elegant und dauerhaft über den Boden ziehen, als würden sie ihn tatsächlich säubern wollen. Mein Koffer wird nicht ausgeladen, sondern ist wohl mit der Aeroflot-Maschine weiter nach Sri Lanka verfrachtet worden. Ich muss mich einstweilen mit dem für Moskauer Zwecke eingepackten Winterpullover und einem T-Shirt mit Jeans begnügen. Der Koffer wird wohl einige Tage auf sich warten lassen. Das amerikanische Magazin *TIME* kürt Deng Xiaoping zum Mann des Jahres („Visions of a New China"). Fernes China, offenbar im Begriff des Aufbruchs.

Erste Erfahrungen mit der eher mühsamen asiatischen Bürokratie. Im Hotel Ambassador, das nur so heißt, kommen wir unter. Alsbald treffen wir Mr. Sherwani, den Informationsbeamten der Zentralregierung im Pakistan Secretariat, Karachi, Block Nr. 3/B. Herr Scherwani ist völlig überrascht, dass wir eine Leprastation in Karachi sehen wollen. Von Lepra in seiner Stadt geschweige denn von einer Leprastation habe er noch nichts gehört.[5] Schließlich gelingt uns doch der Besuch im Marie Adelaide Leprosy Centre an der Frere Road. Ich treffe Frau Dr. Ruth Pfau. Die deutsche Ordensfrau lebt seit 1960 in Pakistan und hat das nationale Lepra-Bekämpfungprogramm aufgebaut. 11000 Leprakranke leben in Karachi, rund 30.000 dieser armen Seelen sind im ganzen Land Pakistan registriert. Mit Ruth Pfau und ihren Helferinnen dringe ich ein in die bedrückende Armut eines Slums von Karachi. Wir treffen auf eine Frau mit offener

---

[5] Wenige Jahre später bin ich überrascht, Mr. Sherwani noch einmal zu begegnen: V. S. Naipaul muss die Begegnung mit diesem exzentrischen, etwas schrägen Mann auch beeindruckt haben. Naipaul beschreibt die Szene als Teil seiner Suche nach dem Erwachen des Islams in Pakistan unter der Kapitelüberschrift „Karachi Phantasmagoria" (1981, S. 102 ff.).

Lepra, der ihr streng islamischer Mann verbietet, eine außerhalb des Slums liegende Arztpraxis aufzusuchen, allzumal diese auch noch von Christen geführt wird. Ruth Pfaus Helferinnen können den Mann zumindest überreden, dass seine Frau und die Kinder, die auf engstem Raum leben müssen, Medizin zu sich nehmen. Vielleicht lässt sich so wenigstens die weitere Ausbreitung der Krankheit vermeiden.

Kontrastprogramm am nächsten Morgen: Ich treffe den Chefredakteur der Tageszeitung *Daily Jang,* einen alerten, um nicht zu sagen arroganten Schnösel im weißen Anzug mit dunkler Sonnenbrille. Er thront in seinem viel zu großen Büro wie ein Pfau und beginnt sogleich mit einem Vortrag über die Korruption in der pakistanischen Politik. Mit der Empörungsgeste eines Journalisten will er zeigen, dass er selbst meilenweit von solchen Usancen entfernt ist. Dann spricht er über den ehemaligen Ministerpräsidenten Pakistans, Zulfikar Ali Bhutto. Seit einiger Zeit sitzt der Mann im Staatsgefängnis. Vom Generalpräsidenten Zia ul-Haq, der 1977 einen Putsch gegen Bhutto exekutiert hatte, ist Bhutto den Richtern übergeben worden: „He must be hanged, and he will be hanged", sagt der Chefredakteur triumphierend. Dass es auch anders geht, bezeugt anschließend Khan, der Chefredakteur der lokalen Redaktion der *Times of Pakistan.* Er zeichnet ein differenziertes und weniger selbstgefälliges Bild der schwierigen innenpolitischen Lage seines Landes. Dann der Schock: Khan erinnert sich, einen Deutschen vor sich sitzen zu haben. Seine Wut auf die ehemalige englische Kolonialmacht muss groß sein, denn plötzlich sagt er: „Hitler was a great man. He committed some faults, maybe, but he was a great man. Now we are an independent country."

Die Einowhnerzahl von Karachi wird auf vier Millionen Einwohner geschätzt. So genau scheint dies niemand zu wissen. Der Wohnraum ist knapp und teuer. Zugleich erlebe ich eigenartige Widersprüche: Neubausiedlungen stehen leer, weil ihre Besitzer sich noch immer als Gastarbeiter in den arabischen Ölstaaten verdingen. Zugleich sehe ich allerorts Obdachlose. Karachi verfügt über den besten natürlichen Hafen Südasiens. Die Hütten an den Ufern der verschlängelten Arme des Indus dürften beim nächsten Monsunregen fortgespült werden. In Karachis Basarviertel grenzt ein Geschäft an das andere: Farbenpracht, Verkehrslärm und die Gerüche der Garküchen am Straßenrand können nicht die weniger glücklichen Seiten der Stadt verdrängen. Der apathisch vor sich hinblickende Mann, dessen ausgestreckte Hand den ganzen Tag auf eine Rupie wartet. Die Mutter mit ihren zwei kleinen Kindern, die ohne Zuflucht auf dem staubigen Seitenstreifen liegt, vermutlich dort auch schläft. Eine herumlungernde Gruppe Jugendlicher ohne Arbeit. Ich kaufe ein gebrauchtes, in Dänemark gefertigtes Flanellsakko, da mein Koffer noch immer nicht eingetroffen ist. Für die anstehenden Gespräche in Rawalpindi muss ich leidlich präsentabel gekleidet sein.

6.–7. Januar 1979, Moenjo-Daro
Moenjo-Daro, fünf Eisenbahnstunden nördlich von Karachi, der Hauptort der Induskultur, die größte Stadt der Bronzezeit (2600 bis 1800 vor Christus). Ich schweife durch

die seit den 1920er-Jahren wieder freigelegten beeindruckenden Ausgrabungen. Illegale Führer und Schatzgräber bieten Münzen und Artefakte an, deren Mitnahme und Ausfuhr höchst strafbar wäre. Ich lasse mich davontragen von der Sinnlichkeit aller untergegangenen Städte, die die Vergänglichkeit aller menschlichen Größe deutlich werden lassen. Vergänglichkeit, aber nicht Vergeblichkeit. Eigentümlich ist, dass man in Moenjo-Daro keine sakralen Herrschaftssymbole fand, die eigentlich so selbstverständlich in den anderen großen Flusszivilisationen der menschlichen Frühzeit zu finden sind, am Nil und in Mesopotamien.

Träge fließt der Indus an den Ausgrabungsstätten vorbei. Mich nimmt wieder die Eisenbahn auf, die das British Raj hinterlassen hat, um den Transport auf dem Indus zu ersetzen und die Verwaltungsorganisation in Britisch-Indien zu verbessern. Im Dritte-Klasse-Waggon rattere ich langsam, aber beständig durch die Nacht gen Norden.

8.–10. Januar 1979, Peschawar
In Peschawar, der Grenzstadt nach Afghanistan, ist die endlose Weite und Höhe des größten Bergmassivs der Welt zu sehen. Wie ein Halbmond erstreckt es sich von der indisch-chinesischen Grenze über das pakistanisch-afghanische Grenzgebiet bis zur nepalesisch-indischen Himalaja-Formation. Verschüchtert gegenüber all denen, die schon vor mir an seiner Westseite standen und irgendwann doch wieder ihre Expansionsziele aufgeben mussten, stehe ich an der Ostseite des Chaiber-Passes. Dieser Ort mit seinen geduckten braungrauen Häusern ist seit den Tagen Alexanders des Großen der Schlüssel zum Eindringen in den südasiatischen Subkontinent. Seit der Saurrevolution vom April 1978 weht über den schroffen Tälern Afghanistans die rote Fahne. Der Sturz von Präsident Mohammed Daoud Khan, der seinerseits 1973 Afghanistans König Mohammed Zahir Schah gestürzt und eine Republik ausgerufen hatte, hat in Kabul ein prosowjetisches Regime an die Macht gebracht. Die innenpolitischen Verwirrspiele auf beiden Seiten des Chaiber-Passes und die geostrategischen Animositäten zwischen Afghanistan und Pakistan sind Legende. Es macht mir einige Mühe, die Verwirrspiele am Hindukusch und in der pakistanischen Politik zu verstehen. Ich beobachte eine Sitzung des Stadtrates von Peschawar und besuche eine Koranschule, in der es recht entspannt zugeht.

Bei klirrender Kälte verkrieche ich mich in der speckigen Herberge im wärmenden Rollkragenpullover unter die klamme Bettdecke. Spätabends haue ich dort einen ersten journalistischen Bericht über die Lage in Pakistan angesichts des Prozesses gegen Ali Bhutto in meine kleine gelbe Reiseschreibmaschine (Abb. 2.4). Darin heißt es unter anderem:

> „So wartet ganz Pakistan wie gebannt auf den Richterspruch. Das Schicksal eines Mannes verklärt sich zur Zukunftsfrage schlechthin. Politisches Geschäft in Pakistan, so hat es den Anschein, steht und fällt mit Leben oder Tod des ersten zivilen Präsidenten des Landes, der sich im Laufe seiner siebenjährigen Amtszeit immer mehr diktatorische Vollmachten aneignete. […] Den heute regierenden Militärs kommt die allgemeine Desorientierung gelegen, um notwendige Entscheidungen hinauszuzögern. Die redlichen Bemühungen von

Abb. 2.4 In Peschawar mit der kleinen gelben Reiseschreibmaschine unter einer wärmenden Decke (1979). (© Ludger Kühnhardt)

Generalmajor Zia-ul-Haq, dem Präsidenten und Obersten Kriegsrechtsadministrator, um eine baldige Re-Demokratisierung werden zudem überschattet von einer eigentümlichen Islamisierungskampagne. Nizam-e-Mustafa, die Ordnung des Propheten, ist ohnehin bereits die oberste Legitimation des pakistanischen Staates. Wenn am 10. Februar 1979 allerdings neue islamische Gesetze eingeführt werden, steht in den Sternen, ob dem an diesem Tag begangenen Geburtstag Mohammeds damit die beste Ehre erwiesen wird."

Ich verweise auf Körperstrafen, die eingeführt werden und bezweifle, dass Korruption im Staats- und Verwaltungsapparat sowie der Mangel an sozialem Verantwortungsbewusstsein in weiten Teilen der Bevölkerung durch solche und weitere religiös begründete Sanktionen bekämpft werden können (Kühnhardt 1979a). Ich hoffe, in den nächsten Tagen auf eine Fernschreiberverbindung in der Deutschen Botschaft in Islamabad, um meinen Text an deutsche Rundfunksender zu verschicken.[6]

11.–19. Januar 1979, Rawalpindi/Islamabad
Der erste Tag nach dem Einchecken im eher fünftklassigen Prince Hotel im Zentrum von Rawalpindi endet dramatisch. Mit einem jungen Mann, den Andreas Schüler und ich am Vortrag kennengelernt hatten und der sich als in Amerika studierender Student ausgegeben hatte, unternehmen wir am islamischen Feiertag, dem Freitag, einen Ausflug nach Taxila. Im ehemaligen Hauptort der östlichsten Kolonie Alexander des Großen bestaunen wir die großartigen Funde der Gandhara-Kultur. In dem eindrücklichen Museum neben den Grabungsstätten ist besonders suggestiv die berühmte Skulptur eines asketischen, ausgemergelt erscheinenden Buddha. Sie gehört zu den ältesten Buddhadarstellungen im griechischen Stil. Zufällig treffen wir in dem Museum auf Mohammad Saleem, den freundlichen Protokollbeamten aus dem Informationsministerium Islamabad. Wir sind eigentlich für den nachfolgenden Sonntag verabredet, um nach dem islamischen Wochenende unser von ihm organisiertes politisches Gesprächsprogramm zu erfahren. Ohne das Kommende zu erahnen, stellen wir unseren neuen Freund vor und verabschieden uns. Zurück geht die Autofahrt im Toyota Corolla nach Rawalpindi. Unterwegs bleibt der Wagen angeblich wegen eines Maschinendefekts stehen. Andreas und ich steigen aus und schieben an. In diesem Augenblick gibt unser Freund Gas und ist mit unseren beiden Umhängetaschen verschwunden. Der Inhalt: Reisepässe, Travellerschecks, Empfehlungsschreiben, Adressbuch, Tonbänder, Fotoapparate. Wir sind völlig geschockt und klingeln am nächstbesten Haus. Dort öffnet ein libyscher Diplomat, der uns zunächst einmal eine Dose Becksbier anbietet, wider allen islamischen Regeln. Mithilfe eines Beamten der deutschen Botschaft erreichen wir später an diesem Abend nach mühevollem Verhandeln die Protokollnotiz eines Polizeibeamten in der Polizeistation Kohsar in Islamabad: Endlich notiert und bestätigt der Polizeibeamte, dass die uns abhanden gekommenen Dinge tatsächlich gestohlen worden sind. Unser Freund, der sich Chalid Karim nannte (ein gefälschter Name, wie sich beim Versuch seine uns angegebene Adresse ausfindig zu machen), hatte uns auf dem Weg von den Magalla-Hügeln von Islamabad zur Stadt mit seinem leicht braunen Toyota Corolla mit einer Nummer aus Hyderabad damit geködert, wir wären auf dem Weg zu seinen Eltern zum Abendessen. Nun sind wir zunächst einmal die Grundlage unserer Reise im Wert von 6.000 D-Mark los. Am 14. Januar 1979 berichtet die Tageszeitung *Daily Jang*

---

[6] Die Versendung per Fernschreiber gelingt erst Ende Januar aus dem Büro der ARD in Neu Delhi.

in Urdu über den Raub. Der kurze Text steht unter einem Foto, das US-Präsident Jimmy Carter und seine Frau Rosalynn beim Silvestertanz zeigt. Am 17. Januar 1979 erschreckt uns eine gänzliche andere Nachricht: Nach lange anhaltenden Unruhen hat am Vortag der Shah von Persien sein Land verlassen. Die Rede ist davon, dass der Ayatollah Ruhollah Khomeini aus dem Exil in Frankreich nach Persien zurückkehren könnte. Manche sehen in ihm den möglichen Anführer für eine religiöse Revolution in seinem Heimatland.

Die in den nächsten Tagen anstehenden politischen Gespräche in Islamabad, einen Steinwurf von Rawalpindi entfernt, führen mich in die nüchterne Kulisse von Regierungsgebäuden: Landwirtschaftsministerium, Handelsministerium, Außenministerium, Informationsministerium, Bevölkerungsplanungsbehörde, Finanzministerium, Ministerium für Ländliche Entwicklung, Nationales Institut für Folklore und kulturelles Erbe, Ernährungsministerium. Unsere Gespräche sind überschattet von der permanenten Suche nach einer Wiederherstellung unserer Existenzgrundlage. Die Botschaft ist so freundlich, uns sofort neue Pässe auszustellen. Mit ihrer Hilfe bekommen wir über American Express neue Reiseschecks. In Deutschland bestellen wir eine neue technische Ausrüstung. In den Gesprächen, die wir führen, darunter mit einigen pakistanischen Kabinettsmitgliedern, kommt immer als erster der Diebstahl zur Sprache. Die Frechheit des Diebes scheint grenzenlos. Zweimal wagt er sich in diesen Tagen zurück: Vor dem Hotel bleibt er stehen und ruft durch das geöffnete Autofenster einen zufällig vorbeigehenden Passanten um Hilfe. Mittels des Botendienstes dieses wahllos angesprochenen Menschen überbringt er Teile unseres Besitzes an die Rezeption des Prince Hotels, vor allem die Dokumente. Unter der langen Kurta trägt der Rezeptionist des Hotels einen pakistanüblichen Revolver. Dies hilft nicht, den Dieb zu fangen. Stattdessen wird nur der arme Überbringer einiger für uns durchaus wichtigen Gegenstände verhaftet. Der korrupte Polizist malträtiert den Mann in meiner Anwesenheit bis nachts um halb eins. Ich kann nicht erreichen, dass er aus dem Gefängnis entlassen wird, obwohl ich versichere, dass es sich dabei nicht um den Dieb gehandelt habe. Der Polizist glaubt, den Dieb gefasst zu haben und damit basta. Nach einer weiteren Woche in Pakistan erfahren wir, dass der Mann immer noch im Gefängnis war.

Ironie der Geschichte: Am Vormittag nach dem Diebstahl hätte ein Gespräch mit dem Staatssekretär des Informationsministeriums stattfinden sollen. Dieses Gespräch aber wurde kurzfristig auf den vorletzten Tag unseres Aufenthaltes verlegt. So treffen wir erst am 18. Januar um 14 Uhr Anis Ahmed, einen General des pakistanischen Martial-Law-Regimes. Er lässt sich von mir den Fall des Diebstahls schildern. Dann setzt er seine Generalsmütze auf und erklärt mit allem ihm zur Verfügung stehenden Pathos: „This case will be handled under martial law." Nach einem bedeutungsschweren Telefonat mit seinem Bruder, dem Polizeipräsidenten des Bundeslandes North West Frontier Territory, steht alsbald Polizeibewachung vor unserem Hotel. Dies nützt natürlich nun nichts mehr. Am Vorabend war der Dieb noch ein zweites Mal vor dem Hotel gewesen, hatte wieder jemanden aus dem Wagenfenster um Hilfe gerufen und einige weitere für uns wichtige Sachen aus den gestohlenen Taschen zurückbringen lassen. Wieder wurde der Überbringer für den Dieb gehalten. Diesmal war Glück im Unglück dabei: Der Mann war ein Anwalt und wusste sich vor einer ungerechtfertigten Verhaftung zu wehren. Am Ende müssen wir unverrichteter Dinge die Stadt verlassen. Unsere Kamera- und Tonausrüstung bleibt gestohlen und lässt sich in der gebotenen Qualität vor Ort nicht ersetzen. Ein geplanter Bildband, mit dem wir die Reise finanzieren wollten, kommt nun leider nicht zustande.

Die Gespräche mit Regierungsvertretern drehen sich in Varianten immer wieder um das eine Thema: Islamisierung, wie es überall heißt. Khawaja Muhammad Safdar, der Minister für Ernährung und Landwirtschaft, will das Genossenschaftssystem ausbauen. Er beruft sich auf den Propheten Mohammed und beklagt die Zersplitterung des Grundbesitzes: „Achtzig Prozent unserer Bauern", so sagt er mir, „haben eine durchschnittliche Landfläche von nicht mehr als ein bis zwei Hektar. Entweder geben wir jedem Bauern die notwendige individuelle Unterstützung oder wir müssen die Bauern in irgendeiner Weise gemeinschaftlich organisieren." 23.000 Genossenschaften bestünden bereits auf dem Lande in Pakistan. Die Steigerung der Agrarproduktion läuft gleichwohl sehr schleppend. Zudem wird sie durch den raschen Zuwachs der Bevölkerung torpediert. Dem Vorwurf, die Islamisierung werde alle Bemühungen um Familienplanung zunichtemachen, widerspricht man mir in der Familienplanungsbehörde: Allein im letzten Oktober seien 6,2 Mio. Kondome und fast 200.000 Anti-Baby-Pillen kostenlos verteilt worden. Wie viele Koranausgaben im gleichen Zeitraum verteilt wurden und wie viele Predigten die Rückkehr zur reinen, steinalten Lehre des Islam postuliert haben, wissen die pakistanischen Technokraten des Fortschritts nicht zu sagen.

Vor der Abreise aus Rawalpindi besuche ich eine Vortragsveranstaltung des Islamischen Weltkongresses im Pakistan National Centre (Abb. 2.5). Maarouf al-Dawalibi, Berater von König Khalid von Saudi-Arabien, spricht über Toleranz als einen wichtigen Pfeiler in der islamischen Gesellschaft. Umgeben von Diplomaten aus aller Welt wirkt die Veranstaltung wie eine höfliche, jedenfalls harmlose Bildungs- und Informationsveranstaltung. Wäre da nicht die beunruhigende Entwicklung im Nachbarland Persien, die den politischen Islam doch in ein anderes, radikaleres Licht rückt – auch in dieser sunnitischen Umgebung. Maarouf al-Dawalibi war in den fünfziger und sechziger Jahren zweimal Ministerpräsident Syriens sowie Verteidigungs- und Außenminister. Als Gegner des Zusammenschlusses von Syrien und Ägypten zur Vereinigten Arabischen Republik wurde er durch die regierende Baath-Partei gestürzt und ging nach einem Gefängnisaufenthalt 1963 ins Exil nach Saudi-Arabien. Eingeführt wurde al-Dawalibi durch den Verteidigungsminister von Pakistan, General Ali Ahmed Talpur. Ich erlebe eine sehr frühe Stunde des neu erwachenden politischen Islams. Dass und wie der Islam künftig als Zuchtmittel eingesetzt werden solle, hatte ich von einem hohen Regierungsbeamten im Informationsministerium gehört: „Geben Sie einem Dieb öffentlich fünf Peitschenhiebe und Millionen andere Menschen werden dadurch erzogen. Jedes Land muss seine eigenen Wege beschreiten. Wir hier in Pakistan wollen zum wirklichen Islam zurückfinden." Einer der Spitzenbeamten, den ich in diesen Tagen in Islamabad treffen konnte, schob mir vertraulich ein Memorandum zu, dass er für Staatschef Zia ul-Haq verfasst hatte. In dem Text kam seine große Sorge über die Islamisierung seines Landes eindeutig zum Ausdruck: „So wie Clausewitz schrieb,

Abb 2.5 In Rawalpindi als Zuhörer bei einem Vortrag zur Zukunft des Islam. Rechts neben mir der Botschafter von Saudi-Arabien, links von mir Mohammad Saleem aus dem pakistanischen Informationsministerium und mein Journalisten-Freund Andreas Schüler (1979). (© Ludger Kühnhardt)

dass der Krieg ein zu wichtiges Geschäft sei, um es nur den Generälen zu überlassen, so ist auch die Interpretation des Islam zu bedeutsam, um sie den selbsternannten Propheten unserer Zeit anzuvertrauen. Die Gesetze des Islam müssen dynamisch und nicht statisch interpretiert werden. Ihre Prinzipien müssen sich an den Bedingungen unserer Zeit orientieren." Offenbar geht der gesellschaftliche und zunehmend auch politische Zug in eine ganz andere Richtung.

Mit Andreas Schüler verfasse ich eine Analyse der Islamisierung, die in Pakistan offenkundig nicht gebremst wird. Darin heißt es unter anderem: „Islam als juristisches Zuchtmittel oder als positive Anweisung zur gesellschaftlichen Orientierung, diese Frage konnte bisher in Pakistan nicht beantwortet werden." Auch die Islamisierung der pakistanischen Wirtschaft sehen wir dezidiert kritisch:

> „Ein erster Schritt zur Islamisierung der Wirtschaft soll mit der Abschaffung der bisherigen Besteuerung gemacht werden. An ihre Stelle tritt nun die sogenannte Zakat, die es allen Gläubigen zur Pflicht macht, ein Zehntel des Einkommens in Form einer Armensteuer an den Staat abzuführen. Doch Pakistans Wirtschaft ist nicht stark genug, um neue Experimente zu verkraften." (Kühnhardt und Schüler 1979a)

20.–23. Januar 1979, Lahore
Lahore mit seinen knapp drei Millionen Einwohnern versöhnt mich dank der geradezu magischen Altstadt ein wenig mit Pakistan. Die Regierung übernimmt nach dem Diebstahldesaster in Rawalpindi unsere Hotelrechnung und hat ein minutiöses Programm aufgestellt: Pakistans Ingenieur-Vereinigung, der Sekretär des Punjab für Landwirtschaftsfragen, der Managing Director der Kleinindustrie-Vereinigung, der Sekretär des Punjab für ländliche Entwicklung und sein Kollege für soziale Wohlfahrt stehen ebenso Rede und Antwort wie der Direktor des Pakistanisch-Deutschen Institute of Technology. Pakistan will sich als progressives Land im technischen Aufbruch darstellen. Eine mögliche politische Rolle des Islams, wie sie offenbar auch Generalpräsident Zia ul-Haq präferiert, scheint sich in dieser angenehmen Stadt noch keine Wege zu ebnen. Eher wirken die Kräfte einer Feudalordnung, von der schwer zu sagen ist, was davon durch die britische Kolonialzeit tradiert oder korrumpiert wurde. Das Jahr 1947, die Teilung Britisch-Indiens und die nachfolgenden Wirren mit Millionen Toter und Geflüchteter sind noch immer präsent auf dem Subkontinent. Der Autor des *Dschungelbuchs*, Rudyard Kipling, lebte in den 1880er-Jahren in dieser Stadt. Die Gärten, Moscheen und Mausoleen aus der Mogulzeit geben dem Islam in Lahore ein ganz und gar freundliches und stimmungsvolles, fast mystisches Gepräge.

23. Januar 1979, Amritsar
Der pakistanisch-indische Grenzübergang in Wagah wirkt wie eine Filmkulisse. So als werde geübt, Mangos satirische Kurzgeschichte über die Teilung des British Raj, „Toba Tek Singh", zu verfilmen. Muhammad Ali Jinnahs überlebensgroßes Porträt in der Mitte des Torbogens verabschiedet den Reisenden. Mahatma Gandhis Lächeln grüßt auf der indischen Seite. Millionen Menschen mussten im August 1947 zu Fuß über diese Kunstgrenze fliehen, als Pakistan und Indien geteilt wurden, gegen den Willen Gandhis und auf Druck Jinnahs. Wir können leidlich entspannt im Bus nach Amritsar fahren. Der Goldene Tempel, das größte Heiligtum der Sikhs, besucht vor allem von Turban tragenden und stets stolz daher schreitenden Männern, entführt mich in eine andere Sphäre. Der Tempel wurde im 16. Jahrhundert begonnen, sein goldenes Dach erhielt er im 19. Jahrhundert. Mit dem ihn umgebenden See und den sauber-weißen Gebäuden um die Anlage herum, wirkt der Goldene Tempel betörend und so friedlich. Dass die Sikhs immer als Kriegerkaste porträtiert werden, will mir an diesem Ort so gar nicht einleuchten.

24. Januar–27. Februar 1979, Delhi
Die Stadt der zwei Welten: Die islamisch geprägte Basarwelt von Alt-Delhi mit seinem roten Fort und die britisch-imperiale Kulisse von Neu-Delhi. Gudrun Leitholf, die hilfsbereite Pressereferentin der deutschen Botschaft, besorgt uns Zugangskarten zum VIP-Sektor bei der Republic Day Parade am 26. Januar. Die mehrere Kilometer lange Prachtstraße Rajpath führt vom India Gate, einem 42 m hohen Triumphbogen, der dem Arc de Triomphe in Paris nachempfunden ist, zum Rashtrapati Bhawan, dem Amtssitz

des indischen Staatschefs und Ministerpräsidenten Morarji Desai. Am Republic's Day ist der Rajpath Kulisse für die spektakuläre Feier zur Ehre der 1950, also drei Jahre nach der Unabhängigkeit in Kraft getretenen Verfassung Indiens. Der indische Staatspräsident Neelam Sanjiva Reddy sitzt in der Ehrenloge des VIP-Blocks unter einem großen Zeltdach mir direkt gegenüber. Umgeben ist er von indischen Würdenträgern und ausländischen Diplomaten. Ein endloser Reigen folkloristischer Darbietungen mündet schließlich in ein streng militärisches Spektakel. Mein Blick schweift über ein endloses Menschenmeer. Das monumentale, nein: imperiale Neu-Delhi des Architekten Edwin Lutyens hat das British Raj in Stein gemeißelt und dem unabhängigen Indien von Anfang an die Kulisse gegeben, die einer Weltmacht würdig ist. So jedenfalls versteht sich ohne jeden Zweifel die politische und administrative indische Elite, die ich an diesem Tag ausgiebig beobachten kann.

28.–30. Januar 1979, Dehradun
In dem Dorf Jogiwala bei Dehradun entsteht Zug um Zug die private Schule des in Bonn ansässigen Indischen Schulvereins. Sie wurde von dem in Deutschland lebenden, aus Dehradun stammenden Historiker Shiva-Kumar Sharma in seinem Heimatdorf zugunsten armer Dorfkinder initiiert. Es macht Freude, die Schule in einem zur Straße hin offenen Zimmer zu besuchen. Ohne Unterlass donnern Lastwagen vorbei. Der Lärm im Klassenraum, in dem mehrere Altersstufen gleichzeitig unterrichtet werden, ist ohrenbetäubend. Aber Schule ist Schule für die Dorfkinder, für die die Alternative zu diesem kompakten Raum eine Kindheit ohne jedwede formale Bildung wäre.

Dehradun hatte mich an den Fuß der Ausläufer des Himalaja-Massivs geführt. Nach der Rückkehr kann ich in Delhi endlich mit Mühe ein Telegramm absetzen, um meine Eltern darum zu bitten, die neue Kamera- und Tonbandausrüstung an das deutsche Generalkonsulat in Bombay zu senden.[7]

Am 1. Februar berichten die Medien, Ayatollah Khomeini sei nach vierzehn Jahren des Exils nach Teheran zurückgekehrt. Was steht dem Land wohl bevor? In den muslimischen Stadtvierteln von Alt-Delhi, wo ich in einer simplen Pension untergekommen bin, ist von den offenbar eruptiven Vorgängen in Persien vordergründig nichts zu spüren.

---

[7] Das Verwirrspiel infolge des Diebstahls in Islamabad sollte weitergehen. In Bombay erhalte ich Wochen später ein Telegramm meines Vaters, die Fotoausrüstung sei abgesandt, der Kassettenrekorder noch nicht. Im März erhält mein Vater in Deutschland wiederum Nachricht von einem Amtsmann der deutschen Botschaft Delhi, dass das Päckchen für mich im Zoll liege. Abholen werde ich es erst im Juni können, wenn der Indienaufenthalt schon an sein Ende gekommen ist. Nun nutzt diese eigens für den Südasienaufenthalt angeschaffte nagelneue journalistische Ausrüstung auch nichts mehr.

2.–5. Februar 1979, Ahmedabad

Ich tauche ein in die Welt Mahatma Gandhis. In dem mystisch anmutenden Sabarmati-Aschram, einer schlichten klosterartigen Anlage am Sabarmati-Fluss im Norden der Stadt, lebte der Mahatma von 1918 bis 1930 – wichtige Jahre vor dem Beginn der Kampagne des zivilen Ungehorsams und während der Zeit der gewaltfreien Erhebung gegen die englische Kolonialmacht. Sein Spinnrad und die Tafel mit den Weisheiten des Lebensrades (Satyagraha) haben ikonischen Charakter in seinem schlichten Wohnraum. Ich verschlinge einige seiner Werke (Gandhi 1979). Welch ein Kontrast ist das futuristisch anmutende, 1974 von dem berühmten Architekten Louis I. Khan entworfene Indian Institute of Management (IIM) am anderen Ende der Stadt. Das IIM ist eine der besten Business Schools Asiens. Der in Deutschland lebende Journalist Jose Punnamparambil versucht, mir bei einem Gespräch dort die Widersprüche und Tiefendimensionen seiner Heimat zu erklären. Irgendwann gebe ich mich geschlagen: Indien, das ist wohl einfach Widerspruch und Lebensfülle, Provokation und Kontemplation ohne Ende, dafür immer gleichzeitig.

6.–18. Februar 1979, Bombay

Bombay, Indiens große Metropole, strengt an. Immer wieder suche ich das Goethe-Institut auf, das hier wie überall in Indien Max Müller Bhavan genannt wird, nach dem großen, in Deutschland kaum bekannten Indologen und Sanskritforscher Max Müller. Es ist ein Ort zum Durchatmen in dieser unendlich intensiven Welt. Untergekommen bin ich im Waisenhaus der Helpers of Mary in Andheri, dem Riesenslum im Norden Bombays. Das Waisenhaus wird von einer aus Münster stammenden Ärztin und Sozialarbeiterin, Adelheid Hüffer, geleitet. Es ist jeden Tag ein Schock für mich, das Slummilieu und die dynamische, wuselnde Innenstadt von Bombay im Kontrast zu erleben. In der klapprigen Vorortbahn, die mich immer wieder hin- und hertransportiert, erlebe ich wiederholt, wie an einer bestimmten Haltestelle ein kleines Kinderpaar eintritt: Er mit verstümmelten Gliedmaßen, sie blind. Sie singen Liedchen und betteln sich etwas Geld zusammen. Ich befürchte, nach allem, was mir erzählt wird, dass beide durch ihre Eltern misshandelt und verstümmelt worden sind, um auf diese Weise besser Geld durch Bettelei eintreiben zu können. Vor dem Hauptbahnhof von Bombay sehe ich, wie Bettler, die gleichsam gewerkschaftlich organisiert sind, quasi im Schichtwechsel ihren Dienst tun.

Ich lerne Mario Miranda kennen, den bekanntesten politischen Cartoonisten Indiens, der mich in seine und die Welt der indischen High Society einführt. Mario Miranda nimmt mich mit auf die Pferderennbahn, wo feine Damen in wallendem Sari sich opulent in Szene zu setzen wissen, ein Touch von Ascot in Bombay. Danach schickt Mario mich zum Zweck des Kulturschocks in die Falkland Road, Bombays Bordellstraße. Die notdürftig in schäbige Saris gehüllten Mädchen warten in mehrstöckigen Häusern in winzigen, käfigartigen Zimmerchen auf ihre Freier. Noch ergehen sich diese im Unrat der Straße, ehe sie eines der Häuser betreten. Eine Gittertür schließt sich hinter ihnen. Dann wird eine dreckige Gardine zugezogen, um die Blicke von der Straße abzuhalten. Geräusche gehen im allgemeinen Lärm unter. Darüber jedenfalls braucht sich niemand Sorgen zu machen, der nun hinter Gittertür und Gardine damit beginnt, sich auszuziehen. Hygiene scheint ein Fremdwort zu sein. Menschenwürde wohl auch.

Facetten meiner Tage in der Sechs-Millionen-Menschen-Stadt am Indischen Ozean: Ich höre einen faszinierenden Vortrag des *grand old man* der deutschen Wirtschaft, Hermann Josef Abs, zu den ihn J. R. D. Tata, der bedeutendste indische Unternehmer in einem Nobelhotel einführt. Ich tausche Eindrücke aus mit Industrievertretern und indischen Journalisten von so unterschiedlichen Blättern wie *Indian Express, Maharashtra Times, Times of India* und der Zeitschrift *Femina*. Die deutsche Generalkonsulin Schoettle bittet zum Gespräch im Hochhausturm des Geschäftsviertels Nariman Point, von wo ich einen prachtvollen Rundblick über Bombays Hafenstraße genießen kann. Die Kontraste in dieser Millionenstadt könnten größer kaum sein. Über allem liegt der verblichene Charme des British Raj. Aus einem der potentesten Handelszentren des britischen Imperiums ist die weltoffenste indische Wirtschaftsmetropole geworden. Die Kontraste haben wohl eher noch zugenommen, geht es mir durch den Kopf, während ich vorbei am Nobelhotel Taj Mahal zum Gateway of India schlendere.

19.–21. Februar 1979, Poona
Die Aktivitäten des Bhagwan Shree Rajneesh, 1931 als Chandra Mohan Jain geboren, schocken auf ihre ganz eigene Weise. Unter dem Motto „Nichts ist zu unterdrücken" ist seinen Jüngern offenbar alles erlaubt. Das Buch eines ausgestiegenen deutschen Journalisten erzählt von freiestem Sex in allen Spielarten. Würde es dabei nur bleiben, so wäre dies wohl noch die harmloseste und älteste aller Verführungskünste. In Poona höre ich indessen echte, menschenverletzende Horrorgeschichten. Einer der Guru-Jünger schleudert mir seine kranke Seele entgegen: „Vielleicht kotzt du mich so an, dass ich dir in fünf Minuten den Kopf abreiße." Alle Freiheit von Repression sei Fügung Gottes. Der Guru selbst, verehrungsvoll Bhagwan genannt, entfaltet seine Verführungskünste in einer morgendlichen Meditationssession, in der er Fragen beantwortet, die vorher schriftlich eingereicht werden mussten. Die Begegnung mit Chandra Mohan Jain schildere ich in einer Reportage für die *Deutsche Zeitung/Christ und Welt*:

> „Es ist kurz vor acht Uhr. Mit surrendem Motor nähert sich der dottergelbe Sportwagen von Rajneesh. Nur das laute Knallen der Tür zerreißt die gespenstische Stille im Tempel. Und dann erscheint er. Mit kurzen Schritten, die schmalen Hände zum Gruß gefaltet, steigt er langsam die Stufen zu seinem marmornen Podest empor. Dort wartet ein Chefsessel mit einem Mikrofon an der Seite auf ihn. Sein makellos geschneidertes Gewand – schneeweiß – sitzt wie angegossen an seinem schlanken Körper. Mit einem befreienden Lächeln setzt er sich. Die sorgfältig inszenierte Spannung ist gebrochen – Shree Rajneesh kann mit seiner Vorlesung beginnen." (Kühnhardt 1979b)

Zweitausend Orangegekleidete sind zusammengeströmt, wie jeden Morgen. Für neunzig Minuten lauschen sie der Vorlesung, haben zumeist gutes Geld dafür bezahlt. Schon wer sich auch nur räuspert, muss das Auditorium verlassen. Dann nimmt sich Bhagwan meiner Fragen an: Der kürzliche Massenselbstmord einer Sekte in Georgetown (Guyana) sei eigentlich eine gute Sache gewesen, denn alles Leben sei doch letztlich vergänglich. Der dortige Sektenführer habe insofern einen guten Job gemacht, als er eine konsequente und schnelle Lebenseliminierung seiner Jünger auf den Weg gebracht habe: „Ich bleibe kompromisslos und wer immer mir folgen will, muss ebenso kompromisslos sein. Für die Wahrheit muss selbst das Leben geopfert werden." Ich erlebe kaputte Hippies aus dem Westen, die vor der Tür des Guru-Ashram ihre letzten Habseligkeiten verkaufen, um am Guruleben zu partizipieren. Ich höre aber auch, wie sich Schickimicki-Leute aus Europa für die nächste Woche an der Côte d'Azur verabreden, wenn ihre psychospirituellen Aufbaukurse beim Bhagwan beendet sind. Im Max Müller Bhavan, dem örtlichen Goethe-Institut, wird mir berichtet, wie ekelhaft sich Guru-Jünger teilweise verhielten: Der Gipfel an menschenunwürdigem Verhalten sei es gewesen, als einige von ihnen zum Zwecke der Selbsterfahrung und der Identitätsstärkung einen indischen Krüppel mit Kot beschmierten.

23.–28. Februar 1979, Goa
Fast wie der erste portugiesische Entdecker Afonso de Albuquerque 1511: Schiffsreise von Bombay nach Goa. Dort führt Chico Fernandes, ein Freund Mario Mirandas, mich ein in eine portugiesisch geprägte Welt. Ich bestaune einen durch und durch rheinisch anmutenden Karnevalszug. In Alt-Goa bewundere ich in der barock ausstaffierten Kathedrale Bom Jesu den silbernen Reliquienschrein des großen portugiesischen Missionars Francisco de Xavier, der nach seinem Tod in China 1554 hier bestattet wurde. Goas Strände sind endlos und unerschlossen. Werden die Wasser des Indischen Ozeans für immer verschont bleiben vom Massentourismus, der zunehmend seine Fühler über die Grenzen Europas ausstreckt?

1.–13. März 1979, Trichur
Südindien präsentiert sich mir sogleich als eine entspannte, grüne und trotz aller Rückständigkeit weniger arme, geradezu ländlich-idyllische Gegend. Die Menschen tragen bessere und neuere Kleidung. Das frische Grün der Kokospalmen, Teebäume, Bananensträucher und opulent wuchernden bunten Pflanzen wirkt erholsam. Gemächlich ziehen Elefanten als Lasttiere über die Straßen. Autoscooter und Fahrräder, Mopeds, Personenwagen und kleine Pick-ups sind allgegenwärtig. Der Bildungsstand im Bundesstaat Kerala ist insgesamt höher als der indische Durchschnitt. Je ein Drittel der Bevölkerung ist hinduistischer, christlicher und islamischer Religionszugehörigkeit. Dass Kerala eine der am dichtesten besiedelten Zonen der Welt ist, will sich mir keineswegs unmittelbar erschließen. Sollte ich den Lebensrhythmus beschreiben, würde ich wohl sagen: gelassen.

Ich nehme Quartier im Damien-Lepra-Institut am Rande von Trichur. Dr. August Beine, ein Freund meines Vaters, leitet das Damien-Institut seit über fünfzehn Jahren als Lepraarzt. Mit ihm und seinen Mitarbeitern durchstreife ich das Dorf und die Umgebung, sehe einen Schlangendoktor und Biogasanlagen, besuche Landarbeiter bei ihren Familien, nehme teil an einer Sterilisationsoperation und an einem nächtlichen Tempelfest. Ich schwimme in einem überreich von Kokospalmen verhangenen Fluss und trinke selbstgebrannten Kokosschnaps, sehe Arbeitern auf der Gummiplantage zu und tausche Gedanken mit der Dorfjugend aus.[8] Immer wieder beschäftigt mich das Schicksal der Leprakranken, zwischen denen ich wohne. Dr. Shanker, der indische Kollege von Dr. Beine ist betrübt: Selbst wenn die Leprakrankheit geheilt werden konnte, haben es die meisten seiner Patienten schwer, sich wieder auf normale Weise in die Gesellschaft zu integrieren. Man begegnet ihnen mit Vorurteilen und Ängsten. Die genauen Ursachen der Leprakrankheit sind nach wie vor nicht sicher bestimmt. Mangelnde Hygiene und Eiweißmangel in der Ernährung sind die bestuntersuchten Faktoren, die zum Ausbruch von Lepra führen können. August Beine beklagt immer wieder, dass die allgemeinen Lebensverhältnisse in einem Entwicklungsland wie Indien Hauptursache für die Leprakrankheit blieben. Die Gesundheitssituation könne nicht von den allgemeinen Lebensverhältnissen getrennt betrachtet werden. Gesundheits- und vor allem Hygieneerziehung, Früherkennung und weitere Forschungsarbeit zur Ursachenbekämpfung seien geboten. Er selbst, so sagt er, habe keine Angst. Würde er sich infizieren, ließe sich die Leprakrankheit im Frühstadium mit einer harmlosen Tablettenkur therapieren.

14.–20. März 1979, Kothamangalam
Schwester Dr. Pius Panjikaran, psychiatrische Ärztin, ging in meinem Elternhaus während ihres Medizinstudiums in Münster ein und aus. Damals wickelte sie mir gelegentlich die Windeln. Nun zeigt sie mir ihr heimisches Milieu. Inmitten sozialer Spannungen und familiärer Belastungen leiden überraschend viele Menschen auch in diesem besser entwickelten Teil Indiens an psychischen Erkrankungen.

In Ernakulam macht Schwester Pius mich mit Kardinal Joseph Parecattil bekannt, dem Oberhaupt der syro-malabarischen Christen in Kerala. Seit 1969 ist Parecattil Kardinal der römisch-katholischen Weltkirche. Er befürwortet eine dezidierte Inkulturation des christlichen Glaubens in die Umgebung Indiens. In theologischer Hinsicht, so erklärt er mir, sei es richtig, indische, ostkirchliche und katholische Aspekte zu verbinden. Damit rückt er in Teilen von der lateinischen Prägung seiner Kirche zugunsten der syro-malabarischen Tradition seiner Heimat ab. Kardinal Parecattil beschwört die hohe Toleranz zwischen den Religionen Indiens. Diese religiöse Toleranz, so der Kardinal, sei der stärkste Webstoff für den Zusammenhalt der soziologisch und ökonomisch so zerrissenen und vielfältigen indischen Nation.

---

[8] In meinem Buch *The land of 500.000 villages*, das 1982 in Trichur erschien, habe ich die wichtigsten Eindrücke von diesem Dorfaufenthalt in Reportageform wiedergegeben, verbunden mit den so ganz andersartigen Eindrücken des Aufenthaltes in dem weit herberen und ärmeren Dorf Manikpur in Uttar Pradesh (Kühnhardt 1982).

21.–22. März 1979, Madurai

Über Trivandrum, der Hauptstadt des Staates Kerala, führt mich die Busreise nach Madurai. Die beeindruckendste südindische Tempelstadt wirkt freundlich und angenehm. Im Herzen der Stadt steht der buntbemalte, überschwänglich heitere Minakshi-Tempel. Seine steil in die Höhe ragenden Türme sind von der vitalistischen Undurchdringlichkeit des hinduistischen Pantheismus inspiriert. Madurais Geschichte reicht über zwei Jahrtausende zurück, ich befinde mich in einer der ältesten Städte der dravidischen Reiche Südindiens.

Die fünftägige Wahlperiode zum indischen Parlament endet mit dem Sieg der Janata-Partei, die unter dem neuen Ministerpräsidenten Morarji Desai eine Koalitionsregierung bildet. Die größte Demokratie der Welt bestätigt ihre Vitalität gegen alle Vorteile über die Unvereinbarkeit von Rechtsstaat und Armut in einem Druckkessel der Überbevölkerung.

23.–27. März 1979, Anuradhapura

Von Rameswaram, dem südlichsten Punkt des indischen Subkontinents, ächzt sich die eher ausrangierungsbedürftige Fähre zur Insel Sri Lanka durch. Vom Hafen Talaimannar ist es dann nur ein Katzensprung nach Anuradhapura. Dort streife ich durch die Ruinen der ersten Hauptstadt Sri Lankas. Am meisten beeindrucken mich die Ruinen von Bewässerungsanlagen aus dem vierten Jahrhundert vor Christus. Auch außerhalb der Ruinen wirkt das Leben friedlich und sanft im Siedlungsgebiet der heutigen Tamilen. Die Erfahrungen der Vergangenheit könnten vermutlich noch intensiver genutzt werden, um die moderne Agrarentwicklung zu optimieren.

28. März–2. April 1979, Kandy

Nach einigen Einsichten in die buddhistische Sozialbewegung Sarvodaya Shramdana an der Südküste bei Hikkaduwa führt die Fahrt über Galle ins ceylonesische Bergland nach Kandy, dem heiligsten buddhistischen Ort des Landes. In der berühmten Tempelanlage im Inneren der Stadt wird Buddhas linker Eckzahn verehrt. In Safran gekleidete Mönche prägen das Bild dieser idyllischen und spirituellen Stadt.

Aus der Zeitung entnehme ich, dass Ayatollah Khomeini am 1. April die Islamische Republik Iran ausgerufen hat. Was mag daraus wohl folgen, vielleicht sogar für nicht-schiitische Länder der islamischen Welt?

3.–6. April 1979, Colombo

Die Hauptstadt Sri Lankas vermittelt den Eindruck entspannter Geschäftigkeit. Juweliere in der Altstadt zeugen von einem gewissen Wohlstand. Die Menschen wirken besser gekleidet als in Indien. Fast beschaulich wirkt es, wie sie ihren Geschäften nachgehen. Immer wieder sehe ich Menschen, die miteinander plaudern. Zeit schient in dieser Welt in Fülle zu bestehen. Im Jahr 1948 wurde Ceylon unabhängig und 1972 wurde der Staat in Sri Lanka umbenannt. Das Land hat knapp 15 Mio. Einwohner. Singhalesen, die mit achtzig Prozent die deutliche Mehrheit bilden, und Tamilen, die zwanzig Prozent der Bevölkerung stellen, leben seit gut zweitausend Jahren auf Sri Lanka. In Colombo leben höchstens eine halbe Millionen Menschen – welche Wohltat gegenüber einem Moloch wie Bombay oder Karachi. In dem seit den ersten Jahrhunderten nach Christus als Hafenstadt am Indischen Ozean bekannten Ort, das lebhaften Handel mit der arabischen Welt und bis nach China unterhielt, legten Portugiesen im 16. Jahrhundert eine Festung an. So wollten sie den Hafen für Gewürz- und Zimthandel absichern. Im 17. Jahrhundert wurden die portugiesischen Besatzer von niederländischen Eroberern verdrängt, diese wiederum am Ende des 18. Jahrhunderts von den Briten. Im Jahr 1802 wurde Ceylon zur britischen Kronkolonie mit Colombo als Hauptstadt. Ich streife von der Altstadt am Parlament vorbei zum Galle Face Green, einer großen öffentlichen Rasenfläche. Im berühmten Galle Face-Hotel, das die Nostalgie des British Raj pflegt, lasse ich mir bei einem Sundowner die frische Brise des Indischen Ozeans um die Nase wehen. Das leicht angestaubte, abgestandene Interieur steigert den Charme des Ortes.

Imponierend, aber auch bizarr ist die Teilnahme an einer Sitzung des Parlaments von Sri Lanka. Es beginnt mit dem steifen Zeremoniell einer englischen Unterhaussitzung. Dann aber eskalieren wüste Attacken und disziplinloses Geschrei unter den Abgeordneten. „Streitende Kinder sind dagegen brave Engel", kommentiert ein Ceylonese neben mir auf der Besuchertribüne. Auslöser der Schreiereien ist die Debatte über ein Interview, das der tamilische Oppositionsführer Appapillai Amirthalingam kürzlich gegeben hatte. Darin hatte er verkündet, in zehn Jahren werde es einen eigenen Staat für die Tamilen auf Sri Lanka geben. Die seit den Wahlen 1977 mit einer satten Mehrheit regierende United National Party (UNP), der auch Staatspräsident Junius R. Jayewardene angehört, sah sich bereits mehrfach mit Bombenanschlägen und Banküberfällen durch radikale Tamilen konfrontiert. Sie nennen sich Tamil Tigers. Dass dieser, der jugendlichen Verblendung zugeschriebene Radikalismus nun aber auch die parlamentarische Vertretung der Tamilen erreicht haben könnte, entsetzt viele Singhalesen. Deshalb wurde es nun so laut im Parlament.

Nach der Parlamentssitzung habe ich Gelegenheit, den Führer der Tamil United Liberation Front (TULF) zu sprechen. Bisher hat er als honoriger Oppositionsführer im Parlament von Sri Lanka gegolten. Dass mir Amirthalingam direkt ins Gesicht sagt, er habe das Zeug, zum friedlichen Anführer einer richtiggehenden Sezessionsbewegung zu werden, will ich kaum glauben. Was der Mann mir da sagt, klingt so surreal inmitten des Idylls dieses Landes. Von Rebellion und Sezession zu sprechen, wie soll so etwas jemals irgendwo auf der Welt ohne Bürgerkriegsszenarien stattfinden? Sollte dieser so sanfte, rundliche Mann mit Brille und einem immerfreundlichen Lächeln um seine weichen Gesichtszüge sein Land wirklich in einen Abgrund stürzen wollen?[9]

---

[9] Bald schon hört die Welt von Sri Lanka leider nur noch im Zusammenhang mit einem blutigen Bürgerkrieg, seinen schlimmen Verwüstungen und den ersten Selbstmordattentaten mit Sprengstoffgürteln. Amirthalingam sollte 1989 ermordet werden – von Radikalen der Tamil Tigers. Nach dem Gespräch mit ihm zehn Jahre zuvor haben Andreas Schüler und ich in einem gemeinsamen Zeitungsartikel auf die ethnische Problematik in Sri Lanka hingewiesen, die offenbar durchaus eskalieren könnte (Kühnhardt und Schüler 1979b).

Zum Gesprächsreigen meiner Tage in der Hauptstadt von Sri Lanka gehören weitere Abgeordnete des ceylonesischen Parlamentes, ein Abteilungsleiter des Ministeriums für Jugendangelegenheiten, U. C. de Silva, der Sprecher des Ministeriums für die Mahaweli-Entwicklung, der das Großprojekt der ländlichen Entwicklungsplanung präsentiert, die Journalisten Rex de Silva von der Zeitung *Sun,* Philipp Coorey vom *Ceylon Observer* und Joe Segera von der *Ceylon Daily News* sowie Vijitha Yapa, der Manager der Freihandelszone im Hafen der Stadt. Ich habe die Ehre, Landwirtschaftsminister Edward Lionel Senanayake zu interviewen. Der Minister setzt auf die Mechanisierung der Landwirtschaft seines Landes. Noch immer sei es eine Folge der Kolonialzeit, dass Sri Lanka Reis importieren müsse. Die Briten hatten nur gepflanzt, was gut für sie war: Tee, Kaffee, Kokosnüsse, Kautschuk. So bald wie möglich wolle Sri Lanka vom Reisimporteur wieder zum -exporteur werden, was vor der Kolonialisierung durch die Briten, Niederländer und Portugiesen der Fall gewesen sei. Dafür müsse es gelingen, die jungen Menschen wieder für ein Leben auf dem Lande zu gewinnen. Neue Traktoren und Düngemittel würden helfen, dass sie dort ein gutes Auskommen finden könnten, sagt mir der Minister mit der vollen Überzeugung von jemandem, für den Technik einfach nur Fortschritt bedeutet (Kühnhardt 1979c).

9. April 1979, Pondicherry
Nach mühevoller mehrtägiger Anreise spendet die alte französische Kolonie Pondicherry Trost: Noch immer flackert südasiatisch-überwölbter französischer Kolonialflair durch den Ort, ergänzt durch die in der Nähe gelegene, eher surrealistische Sektenstadt Auroville, die Sri Aurobindo Ghose dort aufgebaut hat.

10.–12. April 1979, Madras
Madras, die große südwestindische Stadt, wirkt im Vergleich zu Bombay fast wie ein Dorf. Im Indian Institute for Technology ist die größte Biogasanlage der Welt zu bestaunen und in einem öffentlichen Kino der gute alte Sherlock Holmes.

12.–19. April 1979, Kalkutta
Auf diese Stadt kann man sich nicht vorbereiten. Kalkutta, schon der Name klingt extrem. Die intensivste Woche Indien in der wohl extremsten Stadt der Welt. Diese Stadt mit allen ihr innewohnenden intensiven und häufig brutalen, dann aber auch wieder urmenschlichen Aspekten und Impressionen gräbt sich tief in das Gedächtnis ein. K. J. John, Richter am Obersten Gericht von Westbengalen, lebt mit seiner Familie in einem Hinterhofappartement an der Park Street. Was nach Kalkuttas bester Adresse klingt, riecht heruntergekommen – und ist es auch. Vor der Haustür von K. J. John räkeln sich morgens früh Hunderte von Menschen auf den Bürgersteigen, denen sie Heimat und Lebensort sind. K. J. John wird mir zum wichtigsten Kalkutta-Deuter. Er ist so freundlich, sein Gästeappartement in einem Neubau unweit seiner eigenen düsteren, kleinen Wohnung zur Verfügung zu stellen. In dieses schlichte, weiße Appartement fliehe ich immer wie in eine Oase, wenn das unendlich und undurchsichtig erscheinende Gewusel

der Stadt wieder einmal zu viel geworden ist. Dennoch: Kalkutta zelebriert noch immer die Atmosphäre der einstigen Hauptstadt des British Raj, die es von 1773 bis 1911 war, die zweitgrößte Stadt des englischen Weltreiches nach London.

Am Ostermontag, dem 16. April, empfängt mich frühmorgens Mutter Theresa zu einem Gespräch. K. J. John ist katholisch und kennt sich aus in ihrem Wohnkloster und ihren Missionaries of Charity an der Lower Circular Road 54. Zielstrebig gehen wir hinauf in den ersten Stock. Ich beschreibe die Begegnung in der *Deutschen Zeitung/Christ und Welt*:

> „In der leeren Kapelle im ersten Stockwerk ihres Konvents wirkt sie fast ein wenig verloren. Versunken hockt sie auf einem Fußbodenkissen in der hintersten Ecke des Raumes, vertieft in die Lektüre eines kleinen Buches. Sie trägt einen weißen Sari mit blauer Borte und einem Kreuz auf der Schulter – ihr Äußeres ist unverwechselbar. [...] Die Begegnung mit dieser einzigartigen Frau wird für mich zum unvergesslichen Erlebnis. Ihre Ausstrahlungskraft fesselt, die Schlichtheit ihrer Worte beeindruckt, ihr Lebenswerk überzeugt. [...] Wir gehen die Treppe hinunter. Die kleine, leicht gebeugte Frau neben mir erinnert auf den ersten Blick an eine abgearbeitete Bäuerin, nicht aber an eine strahlende Heilige. An der Wand im Besucherzimmer hängt die ‚weltweite Generalstabskarte der Nächstenliebe', wie es einmal jemand formuliert hat, eine Weltkarte, auf der die über 130 Gründungen von Mutter Theresas Orden markiert sind. Wir sprechen über die großen sozialen Probleme Indiens. Schnell kommt die 1910 als Agnes Gonxha Bojaxhiu in Skopje geborene Albanerin mit der indischen Staatsbürgerschaft auf den Punkt: ‚Was die Armen noch stärker benötigen als Nahrung und Unterkunft, ist das Gefühl, erwünscht zu sein.' Ihr freimütig unpolitisches Denken gibt immer wieder Anlass zu kritischen Tönen. [...] Materielle Güter allein, so hält sie entgegen, würden den Menschen noch keineswegs glücklicher machen. Diese Erfahrung hätten doch wir in den Industrieländern inzwischen gewonnen. Mutter Theresa spricht von der Liebe, dies sei das Wichtigste im Leben. [...] Ihr Gesicht ist von tiefen Furchen gezeichnet. Doch den breiten Mund mit den großen Zähnen umspielt ein frohes, zufriedenes Lächeln. Ihr tiefer, beinahe kindlicher Glaube ist ihr Stütze in einer lieblosen und zerrissenen Zeit. Aus ihren Augen sprechen Vitalität und Güte. Sie gab sich auf, um in den Armen Kalkuttas Gott zu finden und damit auch sich selbst."[10]

Es kommt zu einer gewissen Kontroverse über die Frage des Verhältnisses von Bevölkerungsexplosion und Familienplanung: Mutter Theresa verteidigt ihre dezidierte Position, dass jede Geburtenkontrolle eine Sünde gegen Gott sei. Jedes Kind, so sagt sie bestimmend, sei ein Geschenk Gottes, auch die im Elend geborenen Kinder, die in dieser Stadt, auch vor ihrem Haus, auf der Straße in Pappkartons oder in Hauseingängen leben müssten, oder die in dem von ihr geführten House of the Dying früh an Erschöpfung und allen Krankheiten des sozialen Elends sterben müssten, einen Steinwurf entfernt vom blutüberspritzten Kali-Tempel, vor dessen Phallusaltar täglich Tiere der Zerstörungsgöttin Kali geopfert werden. Mutter Theresa merkt mein entwicklungspolitisches Engagement,

---

[10] Meine Würdigung erscheint unmittelbar nach der Bekanntgabe aus Oslo, dass Mutter Theresa der Friedensnobelpreis 1979 verliehen wurde (Kühnhardt 1979d).

zugleich aber auch meine etwas jugendlich-heißspornige Naivität. Am innigsten bleibt mir ein Satz von ihr im Bewusstsein haften: „Helfen kann man überall, wo Gott uns Menschen hinstellt. Man muss zu Hause mit dem Helfen und Teilen beginnen." Ich bin dankbar und demütig für die Begegnung mit Mutter Theresa, diesem großen sozialen und spirituellen Vorbild unserer Zeit.

Vor dem Wohnkloster der Missionaries of Charity empfängt uns wieder das extreme Leben der Stadt, die noch immer einen Hauch pompöser Kolonialherrschaft ausstrahlt. Überlagert aber ist aller alter Glanz von den bedrückenden Szenen des jetzigen Alltags. Zehntausende schlafen auf den Bürgersteigen, zapfen illegal Wasser aus den öffentlichen Rohren ab, um sich direkt an der Bordsteinkante zu waschen, oder in einer Ecke mit entwendetem Holz ein Feuerchen zu entzünden und ihre Nahrung zu kochen. Überwältigend ist der Eindruck des alten englischen South Park Street Cemetery mit den großen Mausoleen aus dem 18. und frühen 19. Jahrhundert. Das British Raj wird auf diesem Friedhof nostalgisch verklärt. Wie jung starb mancher Mensch, der mit ungebändigten Hoffnungen auf ein freies und wohlhabendes neues Leben den Weg von England nach Kalkutta unternommen hatte! Die Schwere der Tropen ist nicht weniger zu spüren wie die Bürde der kolonialen Ansprüche.

Ich unternehme einen Ausflug in den Parganas-24-Distrikt, wo ich in einem Dorf Sozialanlagen in der Don Bosco Mission kennenlernen möchte. Ich sehe in Kalkutta Vertreter der Stadtverwaltung (Municipality Development Authority), die von ihrem Kampf gegen Windmühlen von Bürokratie, Schlendrian und Ressourcenmangel klagen. Ich werde vom katholischen Kardinal Lawrence Trevor Picachy, einem Jesuiten, zu einem Gespräch empfangen. Er erzählt von seinem Respekt vor anderen Religionen, der nirgendwo so selbstverständlich werden müsse wie in Indien. Indien sei für ihn der bedeutendste Anwendungsfall dessen, was er als Teilnehmer am Zweiten Vatikanischen Konzil seiner Kirche in den sechziger Jahren über Respekt und Toleranz gelernt habe.

Die Millionen Menschen, die ohne Unterbrechung bei Tag und Nacht über die Howrah-Bridge in die Stadt ein- und aus ihr herausziehen, hinterlassen bei mir einen tiefen, in gewissem Sinne beängstigenden Eindruck. Sie ziehen wie Arbeitsbienen in einem absurden, harten Dasein hin und her. Und doch lebt jeder von ihnen seine eigene Existenz inmitten all dieses unglaublichen Kalkutta. Die Badestellen an den brackigen Ufern des Flusses Hugli ziehen mit suggestiver Wortlosigkeit meinen Blick an. Immer noch strahlt das Victoria Memorial auf dem Maidan einen leicht abgeblätterten Touch kolonialer Größe aus. Im Norden der inneren Stadt wird der große Park, in dem noch immer die einstige Kaiserin von Indien thront, vom Writers-Building und der Chowringhee Lane abgeschlossen. Diese prominentesten Adressen der Stadt sind ständig in Bewegung, ohne wirklich voranzukommen. Im Writers-Building sind Tausende von Amtsschreibern der Landesregierung von Westbengalen tätig. In den Straßen vor dem pompösen Gebäude sitzen Schreiber mit klapprigen Schreibmaschinen, die für Analphabeten Formulare und Bittbriefe ausstellen. Die Verhältnisse haben einen archaischen Charakter und doch funktioniert auch in Kalkutta die Moderne mit aller

Surrealität: Im Oktober 1978 wurde das erste Retortenbaby Indiens ausgerechnet in dieser überbevölkerten Stadt zur Welt gebracht.

20.–26. April 1979, Rangun
Eine geradezu bukolische Idylle erwartet mich in Burma, nachdem es mit viel Geduld im burmesischen Konsulat in Kalkutta gelungen war, die selten erteilte Genehmigung für einen siebentägigen Aufenthalt zu erhalten. Das Land ist noch immer weitgehend für Ausländer geschlossen. Andreas Schüler und ich fassen unsere Eindrücke in einer Reportage zusammen. Ein Auszug:

> „Neugierig bestaunen Passanten die weißen Europäer – der Ausländerfluss in Burma ist nach wie vor spärlich. […] Die Landstraße nach Rangun säumen fröhliche Frauen und Kinder in bunter Kleidung. Mit Einkaufstaschen und großen geflochtenen Körben auf dem Kopf sind sie auf dem Weg zum morgendlichen Markt. Wie überall in Asien prägen kleine Teebuden an jeder Straßenecke das Bild. Anders verhält es sich mit den Bettlern, die in Kalkutta noch in wahren Scharen auf uns eingestürmt sind. Hier in Rangun benehmen sie sich weit weniger auffällig. Burma ist der einzige Nachfolgestaat des britischen Empire, in dem der Linksverkehr des damaligen Mutterlandes beibehalten wurde. Rangun, seit knapp hundert Jahren Hauptstadt Burmas, lässt sich über Mittag seine über drei Millionen Einwohner kaum anmerken. Menschen, die von einem Büro ins andere hasten oder für einen schnellen Imbiss zur nächsten Teestube eilen, bleiben die Ausnahme. Die großzügig angelegten Hauptstraßen, auf deren breiten Trottoirs die überdachten Vorbauten altenglischer Firmen- und Bankgebäude noch immer den Geist britischer Vergangenheit wachhalten, werden von Fahrradrikschas und amerikanischen Bussen aus den vierziger Jahren beherrscht, selten unterbrochen von meist japanischen Privatwagen. Doch an Ranguns Hausfassaden lässt sich langsam fortschreitender Niedergang ablesen. Die einst schneeweiße Kalkfarbe blättert ab. Feuchtigkeitsflecken vom letzten Monsun geben einst stolzen Anwesen einen leicht gelblichen Fäulnisschimmer. Verlässt der Besucher jedoch die kleinen Gassen, in denen riesige Müllhaufen den Weg versperren, so wird er bald ein anderes Rangun finden: das Rangun blühender Geschäfte und der harten US-Dollars unter dem Ladentisch. Es sind die belebtesten Straßen, in denen der Schwarzmarkt floriert."
> (Kühnhardt und Schüler 1979c)

Die Außenhandelsverschuldung, kombiniert mit einer geschrumpften eigenen Wirtschaftsleistung hat zu einer parallelen Ökonomie geführt. Schmuggelgeschäfte werden mit China, Indien, Bangladesch, Laos und Thailand gemacht, nicht zuletzt im Austausch für Diamanten und Edelstein, Naturgummi und Teakholz aus Burma. Der Alltag ist für die meisten Burmesen mühevoll. Umso beeindruckender ist der Besuch der Shwedagon-Pagode. Das unbeschwerte Ruhe ausströmende buddhistische Heiligtum und der sie umgebende Tempelbezirk sind reich mit Blattgold verziert. Hier schlägt die Seele der burmesischen Kultur.

Mit dem Nachtzug, einem durchaus passablen und weit gepflegteren Modell gegenüber den Zügen, die ich in Indien kennengelernt habe, geht es in die alte Königsstadt Mandalay. Von 1857 bis zur Machtübernahme der Briten 1885 war Mandalay die letzte Hauptstadt Burmas. Dort ziehen mich sofort die weitläufige Basaranlage und der alte

Königspalast an. Im Zweiten Weltkrieg wurde der Palast von Japanern arg verwüstet, ehe sie von englischen Truppen aus Burma herausgekämpft wurden. Im Jahr 1948 folgte die Unabhängigkeit Burmas, nachdem der wichtigste Unabhängigkeitskämpfer Aung San 1947 ermordet worden war. Seit dem Putsch vom 2. März 1962 wird Burma von dem linksgerichteten General Ne Win regiert. Er hat seinem Land einen „Burmesischen Weg zum Sozialismus" verordnet. Ne Win legte 1974 seine Uniform ab und übergab Teile seiner Macht an die Volksversammlung, Pyithu Hluttaw. Gleichwohl bleibt das Militär die mächtigste Kraft im Lande.

Auf dem Irrawaddy geht es in einem klapprigen, verrosteten Kahn innerhalb von sechsunddreißig Stunden nach Bagan, in die geheimnisvolle Stadt der 5000 Pagoden. Vom 9. bis 11. Jahrhundert war Bagan Hauptstadt eines lokalen Königsreiches, in dem sich verschiedene hinduistische und buddhistische Schulen entfalteten. Von der Verehrung von Schlangengottheiten bis zum Tantrismus reichten die Praktiken, wobei der Theravada-Buddhismus schließlich dominierte. Die Vielfalt der in versteppten Grasland weitläufig verstreuten Tempelanlagen lässt mich ehrfürchtig werden. Für zwei Tage erschließe ich mir auf dem Fahrrad die Vielfalt dieses Ortes von meiner Herberge aus, einem kleinen, auf Pfählen gebauten Bambushaus. Auf dem offenen Dach eines überfüllten Lastwagens und dann noch einmal mit dem Nachtzug geht es zurück nach Rangun. Deutschlands Botschafter Hans Ferdinand Linsser erzählt, dass er an einem deutsch-burmesischen Lexikon arbeite. Zu viel Diplomatenarbeit gibt es angesichts der seit einem Putsch 1962 regierenden Militärs wohl nicht in dieser Stadt. Im Zug hatte mich ein älterer Herr auf Englisch angesprochen: „Ihr im Westen seid schon sehr privilegierte junge Menschen. Wenn unsere Jugend nur auch ein bisschen von Eurer Freiheit genießen könnte." Dass noch jemand Englisch spricht, ist keineswegs selbstverständlich nach Jahren der selbstgewählten offiziellen Isolation. das Goethe-Institut musste 1969 seine Türen schließen. Dennoch werden selbst die kleinsten Öffnungen gegenüber dem Westen aufmerksam registriert. Andreas Schüler und ich bilanzieren unsere Eindrücke wie folgt:

> „Zunächst voll auf Moskaus ideologischer Schiene fahrend, hat das Ne-Win-Regime im Laufe der Zeit sein Konzept eines ‚Burmesischen Weges zum Sozialismus' mehr und mehr aus dem Bereich strammer Ideologie herausgeholt und sich nach Hausmacherart seine Politiktinktur zusammengemixt. Für den ausländischen Besucher bleibt davon vieles auch nach sieben Tagen noch ungereimt." (Kühnhardt und Schüler 1979c)

26.–29. April 1979, Kalkutta

Noch einmal Kalkutta. An interessanten Gesprächspartnern mangelt es nicht. Besonders anregend ist Sumit Mitra von der renommierten Zeitschrift *India Today*, der mit allen Schlichen der bengalischen Politik vertraut ist. Seit 1977 regiert im Bundesstaat Westbengalen die aus freien Wahlen hervorgegangene Communist Party of India (Marxist) unter Chief Minister Jyoti Basu. Der deutsche Generalkonsul Werner Handke, der mich in dem weitläufigen Anwesen des Deutschen Konsulats empfängt, einer Oase inmitten Kalkuttas, findet plausible Erklärungen für die politische Orientierung in dieser anarchistischen Welt. Letztlich weiß niemand zu sagen, wann das Wachstum dieser überfüllten städtischen Agglomeration und des Kalkutta umgebenden extrem armen dörflichen Bengalen gestoppt sein wird. Vor unseren Augen vollzieht sich ein überdimensioniertes soziales, ja anthropologisches Experiment namens Kalkutta.

29. April–8. Mai 1979, Dakka
Überland breche ich unter technisch schwierigen Umständen nach Bangladesch auf und übernachte in einem furchtbar heißen, unerträglich stickigen kleinen Karawanserei-Gebäude in Jessore, gleich hinter der Grenze. Ich befinde mich bereits auf dem Boden des ärmsten Landes der Welt. Bereits zu Beginn des 20. Jahrhunderts teilten die Briten Bengalen entlang der muslimisch-hinduistischen Religionsgrenzen. Bei der Unabhängigkeit 1947 wurde die Teilung verfestigt und der Subkontinent in die beiden Staaten Indien und Pakistan zerlegt, wobei Ostbengalen als Teil des Staatsgebietes des weit im Westen gelegenen Pakistan bestimmt wurde. Massivste Flüchtlingsbewegungen in beide Richtungen der Grenzen belasteten die Staatswerdungen. Ruhig wurde es in Bengalen nie. Schließlich eskalierten die Spannungen in Ostbengalen und mit Pakistan in einen dreijährigen blutigen Bürgerkrieg, den Indien mit seiner Intervention Ende 1971 zugunsten der Ostbengalen entschied. Auch ich wurde durch das Concert for Bangladesh auf das dortige Elend aufmerksam, das Ex-Beatle George Harrison, inspiriert vom Sitar-Star Ravi Shankar, im August 1971 in New York organisierte. Den Geflüchteten und Hungernden kamen die Einnahmen aus dem Konzert und nachfolgenden Schallplattenverkäufen zugute. Die Unabhängigkeit Bangladeschs, die Scheich Mujibur Rahman 1972 ausrief, wurde bitter bezahlt: Zehn Millionen Flüchtlinge und mehrere Millionen Tote waren ihr Preis. Die Idee der Souveränität aber hatte wieder einmal wie eine Droge gewirkt. Die Muslime Ostpakistans setzten ihren eigenen souveränen Staat durch. Im Mündungsdelta von Brahmaputra, Ganges und Meghna entstand ein Symbolstaat, in dem sich alles Elend der Dritten Welt wie im Brennglas in höchster Potenz bündelte. Schon vor der Unabhängigkeit waren die unterdessen bald achtzig Millionen Ostbengalen immer wieder heimgesucht worden von Zyklonen und Hungerkatastrophen. Auch nach der Ausrufung der Unabhängigkeit kam Bangladesch nicht zur Ruhe. US-Außenminister Henry Kissinger stempelte Bangladesch als „basket case" der Welt ab.

Dakka präsentiert sich mit seinen etwa 1,5 Mio. Menschen stark bevölkert, provinziell, verschlafen. Die historische Hauptstadt Bengalens wurde an den Rand gedrängt, als die Briten Kalkutta ausbauten und mit der Industrialisierung der Textilindustrie die traditionellen Handwebereien Bengalens ihre Existenzgrundlage verloren. Immerhin liegt Dakka in der Region mit der größten Juteproduktion der Welt. Monsunregen und Überschwemmungen gehören zum Alltag. Das Moscheeviertel am Baitul Mukarram Square macht den urbansten Eindruck: Hier fließen die meisten Adern der Stadt zusammen. Fahrradrikschas, Lastwagen, handgezogene Transporte, hupende Autos, klingelnde Fahrräder und scheinbar ziellos hin und her ziehende Fußgänger. Der Verkehr erscheint mir wie eine Metapher des Lebens in Bangladesch: organisierte

Anarchie, verstopftes Chaos. Eine Oase: der weitläufige, weiße Komplex der Moschee und ihres Vorplatzes. Die Moschee selbst, ein weiß gestrichener Klotz, erinnert entfernt an die große Moschee in Mekka. Einige ältere Männer hocken zum Gebet in der großen Moschee – ein Bild der Ruhe in dieser unruhigen Stadt.

Bei der Besichtigung der Savar-Rinderfarm, einem Entwicklungsprojekt der Gesellschaft für technische Zusammenarbeit (GTZ) am Stadtrand von Dakka, begegne ich Bangladeschs Staatspräsidenten. Ziaur Rahman tritt energisch und respektgebietend auf. Im Jahr 1975 war der Staatsgründer von Bangladesch, Mujibur Rahman, ermordet worden. Nach Irrungen und Wirrungen wurde der vormalige Stabschef der Armee, General Ziaur Rahman, 1977 Präsident von Bangladesch. Rahman sucht die Aussöhnung der nationalen mit den islamischen Parteien des sunnitischen Landes, die sich weiterhin an Pakistan orientieren und mehr öffentlichen Einfluss fordern. Vor allem aber will Rahman die Entwicklung des Landes voranbringen. Der selbstbewusste Staatspräsident, 41 Jahre alt, lässt sich die Rinderzucht erklären und ist mit seinem militärischen Gefolge alsbald schon wieder zum nächsten Termin unterwegs. Ihm geht der Ruf voraus, integer zu sein. Ob seine Dynamik Bangladeschs Entwicklungsmotor anwerfen kann?

In Bangladeschs Außenministerium werden mir ausführlich die regionalen politischen Konstellationen erklärt, in denen sich das Land bewegt. Im Spannungsfeld von einem häufig hegemonial auftretenden Indien, den immer über den Köpfen aller Staaten der Region hinweg präsenten Interessen Chinas, der Sowjetunion und der USA sowie den unverarbeiteten historischen Hypotheken im Verhältnis zu Pakistan sucht Bangladesch Selbstbehauptung und Partner.

In der *Süddeutschen Zeitung* lese ich im Goethe-Institut völlig zufällig und überraschend, dass mir der Katholische Deutsche Journalistenpreis der Deutschen Gesellschaft für Katholische Publizistik verliehen worden ist. In Dakka eine solche Nachricht zu lesen, das hätte ich mir nicht in meinen entferntesten Träumen vorstellen können. Langsam verstehe ich, was der Spruch vom „global village" bedeutet.

8.–13. Mai 1979, Kalkutta
Kalkutta, noch einmal Kalkutta. Landung auf dem Flughafen Dum Dum, der im Zweiten Weltkrieg aufgrund der nach diesem Flughafen benannten Geschosse eine zweifelhafte Berühmtheit gewann. Die Briten testeten in einem Waffenlager in der Nähe des Flughafens die besonders zerstörerischen Dum Dum-Geschosse. Heute beeindruckt der Dum Dum International Airport eher durch seine rückständige Organisation. Kalkutta, dieses intensivste aller denkbaren städtischen Chaosgefüge, entpuppt sich, je genauer man hinsieht, als eine Summe vieler zerfallener und dann doch wieder in sich organisch verwobener Dörfer.

14.–16. Mai 1979, Kathmandu
Überwältigend ist der Blick auf den Mount Everest, den ich im Anflug auf Nepal erlebe. Erste Erkundigungen durch die eindrucksvoll-stimmungsvollen Basarzonen der Altstadt Kathmandus. Der monumentale, reich mit Holzarbeiten verzierte Königspalast

am Durbar-Platz, im Kern aus dem 16. Jahrhundert, die Tempel und die Geschäftshäuser der Stadt sind eine Perle der Architektur. In ihnen spiegelt sich die lange, oft von Turbulenzen unterbrochene Geschichte der nepalesischen Königsdynastien wider. Im frühen 19. Jahrhundert isolierte sich Nepal fast vollständig von der Außenwelt. So hielt es sich halbwegs unabhängig während der kolonialen Expansion der Briten in Südasien. König Mahendra Bir Bikram Shah Dev erlaubte 1959 erstmals Wahlen zu einem Parlament, das er im Jahr darauf schon wieder auflöste und durch ein pseudo-legitimiertes Panchayat-Konsultativorgan ersetzte. Im Jahr 1972 kam der derzeitige König Birendra Bir Bikram Shah Dev auf den Thron.

Ein Ausflug mit dem Fahrrad führt mich in die altnepalesische Hauptstadt Bhaktapur im Kathmandutal. Mit großem Können werden in dieser geschichtsträchtigen Stadt besonders schöne Holzhäuser restauriert, auch mithilfe deutscher Architekten. Hier, zwischen Bhaktapur und Kathmandu, prägt Landwirtschaft das Bild.

17.–21. Mai 1979, Bhorletar
Nach einer langen Busfahrt in das westliche Nepal entlang der Himalaja-Kette bis Pokhara folgt ein eintägiger Fußmarsch bis an den Rand der physischen Erschöpfung durch das Himalaja-Vorgebirge. In der Ferne ist gelegentlich das Massiv des Annapurna zu sehen. Im Dorf Bhorletar legt der Deutsche Entwicklungsdienst (DED) unter mühsamsten Bedingungen Wasserleitungen für die Bergbewohner. Eine Straße für Autos oder auch nur Motorräder gibt es nicht. Kinder unternehmen mit bis zu 50 kg schweren Salz- oder Getreidesäcken auf dem Rücken, von einer dünnen Kordel an der Stirn gehalten, den Weg in ihre völlig abgelegenen Bergdörfer. Eine Kindheit gibt es hier nicht, kaum ein humanes Dasein. Glücklicherweise wird immer wieder irgendwo am Wegesrand eine Tasse Tee angeboten. In einem Gebirgsfluss, der entlang des Pfades fließt, auf dem ich mich vorankämpfe, nehme ich immer wieder ein kühlendes Bad. Die Hitze und die Härte der Bedingungen in der dünn gewordenen Luft sind kaum auszuhalten. Am schlimmsten: Nach Erreichen von Bhorletar, einem unscheinbaren Streudorf, muss auch noch der Rückweg zu Fuß gemeistert werden. So sagen es auch im Himalaja die Bergsteiger: Man hat den Berg erst bezwungen, wenn man wieder im Tal angekommen ist.

23. Mai 1979, Kathmandu
Anlässlich des 30. Geburtstags des Grundgesetzes der Bundesrepublik Deutschland lädt Botschafter Karl Maes zu einem Empfang in den Garten der Deutschen Botschaft im Stadtteil Basant Niwas. Ministerpräsident Bista ist anwesend und erhebt sein Glas auf das Wohl der Bundesrepublik Deutschland. Während eine nepalische Blechkapelle scheppernde Töne von sich gibt, die an bayerische Blasmusik erinnern soll, und schließlich die deutsche Nationalhymne fast quälend ertönt, eskalieren in der Stadt die Auseinandersetzungen der letzten Tage zwischen Studenten und der königlichen Polizei. Die Studenten hatten zunächst gegen die Hinrichtung des ehemaligen pakistanischen Staatspräsidenten Bhutto am 4. April 1979 protestiert, dann gegen unzulängliche Bedingungen des nepalischen Studien- und Bildungssystems. Schließlich wuchs der

Unmut zu einem Protest gegen Nepals parteiloses monarchisches System. Beim Heimweg aus dem Botschaftsgarten sehe ich brennende Häuser in Kathmandus Innenstadt.

Am frühen Vormittag dieses Tages habe ich Bishweshwar Prasad Koirala treffen können, den schon arg von seiner Krebskrankheit gezeichneten einzigen frei gewählten Ministerpräsidenten Nepals. Im Jahr 1959 hatte B. P., wie er ehrfurchtsvoll genannt wird, nach den bisher einzigen freien Wahlen an Nepals Regierungsspitze gestanden und ab 1960 viele Jahr im Gefängnis zugebracht. Koirala macht zwar einen physisch schwachen, aber dafür einen geistig klaren und engagierten Eindruck. Enthusiastisch plädiert er für Menschenrechte und Demokratie auch in Nepal. Er sagt mir aber auch: „Der König spielt eine Rolle und muss weiter eine Rolle spielen." Dass sich das Rad der Geschichte binnen weniger Stunden so schnell würde zu drehen beginnen, konnte er nicht vorhersehen.

24. Mai 1979, Kathmandu
Ich wohne im Haus von Koshal Raj Regmi, einem Reiseführer, den ich durch Ruth und Günter Olzog, meinem Münchner Verlegerehepaar, kennengelernt hatte. Spät in der Nacht war Koshal außerordentlich betrübt aus der Innenstadt zurückgekehrt. Den Tränen nahe berichtete er davon, wie die Polizei auf die Demonstranten eingeschlagen hatte und auch Schüsse gefallen seien. Es hat Tote gegeben. Am frühen nächsten Morgen springt Koshal nun plötzlich wie von der Tarantel gestochen durchs Haus. In den Sechs-Uhr-Nachrichten hat die BBC soeben berichtet, dass der König von Nepal bereit sei, freie Wahlen abzuhalten. Damit trägt er dem Druck der Studenten und dem Protest der letzten Tage Rechnung. So sieht also eine Revolution aus. So fühlt sie sich an.

26. Mai 1979, Kathmandu
Kaum jemand könnte ein kundiger Analyst der Lage in Nepal sein als Krishna Prasad Bhattarai, der in der kurzen nepalischen Demokratieperiode am Ende der fünfziger Jahre Präsident des Parlamentes gewesen war. Anschließend hatte der Mann achtzehn Jahre im Gefängnis zugebracht. Bhattarai, der mich in seinem Haus empfängt, macht trotz aller persönlichen Erfahrungen einen völlig ungebrochenen, den Menschenrechten und der Demokratie verpflichteten Eindruck. Er wolle eine neue Bewegung für Demokratie und Parlamentsherrschaft anführen, sagt er. Eine imponierende Begegnung in kritischen Stunden für Nepal.

In der Altstadt von Katmandu kehrt nach ein, zwei Tagen wieder Ruhe ein, so als sei in den letzten Tagen nichts geschehen. Allein am Gebäude der nepalischen Fluggesellschaft sind einige Scheiben zu Bruch gegangen. In der Ferne ruht der monumentale Königspalast wie ein bleierner Klotz über Kathmandu.

Ich fasse meine Analyse der revolutionären Geschehnisse, die ich in den letzten Tagen in Nepal erlebt habe, in einem Zeitungsartikel zusammen:

> „Nach der jetzigen Ankündigung des Referendums will niemand in Nepal mehr einen Hosenknopf auf das bisherige politische System wetten. Alles spricht von morgen und morgen wird gleichgesetzt mit dem Wiederaufblühen einer Mehrparteiendemokratie. […]

Ohne einen Monarchen würde dieser Staat noch stärker in der Gefahr sein, eines Tages auseinanderzufallen. Dies weiß auch die nepalesische Kongresspartei und entsprechend orientiert sie sich am Ziel einer konstitutionellen Monarchie. [...] Obwohl in Moskau- und Peking-orientierte Fraktionen gespalten, gelten die nepalesischen Kommunisten als der große Unsicherheitsfaktor für die Entwicklung eines redemokratisierten Nepals." (Kühnhardt 1979e)[11]

29.–31. Mai 1979, Benares

Sarnath, in der Nähe von Benares, jener Ort, an dem Siddhartha Gautama im 6. Jahrhundert vor Christus nach seiner spirituellen Erleuchtung in Bodhgaya erstmals seine Lehre der „Vier Edlen Wahrheiten" predigte, die den achtpfadigen Weg zum Nirwana enthalten. Der Ort mit seinen Stupas und der Ashoka-Säule, die an den zum Buddhismus konvertierten Kaiser des 3. vorchristlichen Jahrhunderts erinnert, gilt allen Buddhisten als einer der heiligsten Plätze ihrer Religion. Die Löwen, die die Ashoka-Säule krönen, befinden sich heute im indischen Staatswappen.

Benares am Ganges, einer der heiligsten Orte der Hindus. Zum Wasser hinunter führen endlos viele terrassenartige Stufen, sogenannte Ghats, angereichert mit Tempeln und Verbrennungsplätzen. Mich schockt der Anblick von Menschen, die sich, im Ganges stehend, rituellen Waschungen unterziehen und mit dem für sie heiligem Wasser übergießen, während direkt daneben Tote auf improvisierten Holzscheiterhaufen verbrannt werden. Gelegentlich schwimmt eine Leiche im heiligen Fluss, bloß in ein weißes Tuch gewickelt. Ich unternehme eine Bootsfahrt, um einen Gesamteindruck der Ghats zu erhalten. Ein Hund versucht immer wieder, in den Rücken eines Toten hineinzubeißen, der im Wasser schwimmt. Die Angehörigen hatten wohl nicht das nötige Geld für die Verbrennungszeremonie aufbringen können. Am Ufer wird gebetet, gesungen, meditiert, ein lautes, aber doch weltentrücktes Kommen und Gehen. In Indien besteht eine unergründlich tiefe, selbstverständliche symbiotische Einheit von Leben und Tod, ohne jene Tabus, die wir in Europa kennen.

1.–16. Juni 1979, Manikpur

Mit dem Zug 108 UP, der pünktlich um 14.19 Uhr auf Bahnsteig 3 in Benares gestartet ist, erreiche ich viele Stunden später das Dorf Manikpur (Abb. 2.6). Hier, im Herzland von Uttar Pradesh, begrüßt mich Schwester Dr. Mary Rose. Sie ist mit meiner Familie befreundet, seitdem sie gemeinsam mit Schwester Pius in den fünfziger Jahren in Münster Medizin studiert hatte. Nun leistet sie in einer der ärmsten und abgelegensten indischen Dorfgegenden medizinische und soziale Arbeit in einer Missionsstation. Manikpur liegt in dem kargen Hindugürtel von Uttar Pradesh, wo es weder der Handvoll Christen noch überhaupt irgendjemandem außerhalb der relativ privilegierten

---

[11] Ab 1996 herrscht Bürgerkrieg in Nepal. 2001 wird König Birendra von seinem Sohn ermordet. 2008 wird sein Bruder Gyanendra, der ihm auf dem Thron gefolgt war, entmachtet. Die maoistische Partei gewinnt die Wahlen und Nepal wird zur Republik.

Abb. 2.6 Im Lungi, dem Wickelrock Südasiens, mit dem Tagelöhner Jagnath und seinem Sohn in Manikpur, Uttar Pradesh (1979). (© Ludger Kühnhardt)

Großgrundbesitzer-Kaste gut geht. In Manikpur lerne ich ein ganz anderes, gleichsam brutaleres, jedenfalls karges und härteres Dorfleben kennen als in Kerala.

Ich sehe, wie Kinder an Hitzschlag sterben. Ich erlebe Ureinwohner (Adivasi), die nicht den Namen ihres Landes benennen können. Ich nehme teil an einer Kinderhochzeit und spreche mit einem der größten Großgrundbesitzer, Prem Singh. Im Panshayat, dem Dorfrat, führt mich Mr Fiyauddin in die Soziologie des Dorfes ein. Ganz trocken meint er, die Brennholz schleppenden Frauen seien doch irgendwie eher Tiere als Menschen.

Nachmittags besuche ich häufig den Dorflehrer, Mr. Pande, der viel über Manikpur und das Leben im ländlichen Nordindien zu erzählen weiß. Pande, ein stolzer Bramane, sitzt im Yogasitz im Hof seines einstöckigen Hauses. Wann immer jüngere oder kastenniedere Menschen zu Besuch kommen, zumeist sind es Schüler, küssen sie ihm als erstes die Füße und versuchen, diese Respektbezeugung auch mir gegenüber zu erweisen. Ich kann mich kaum dagegen wehren.

Mit Schwester Mary Rose unternehme ich einen eintägigen Ausflug nach Allahabad, an den Ort, in dem die Familie Nehru ihren Aufstieg nahm. Ich besuche das Haus von Motilal Nehru, dem Vater des ersten indischen Ministerpräsidenten Jawaharlal Nehru. Es ist eine politische Pilgerstätte. Mich interessieren die Briefe, die Jawaharlal Nehru an seine Tochter Indira während des Gefängnisaufenthaltes geschrieben hat (Nehru 1978).

Die Hitze und die trockene Kargheit in Manikpur sind trotz der liebevollen und besorgten Betreuung von Schwester Mary Rose und der anderen Ordensschwestern fast unerträglich. Ich bekomme eine Typhusinfektion und verliere zehn Kilo an Körpergewicht. Die Tage in Manikpur brennen sich tief in meine Erinnerung ein als die wohl härteste denkbare Form des Landlebens in dieser Welt – neben den ländlichen Lebensbedingungen in Afrika.[12]

17.–18. Juni 1979, Agra

Welch ein Gegensatz ist der überwältigende Eindruck, den das Taj Mahal in Agra auf mich macht, dieses wohl berühmteste indische und vielleicht schönste Bauwerk der Welt. Es ist ein Werk der Liebe, das der Großmogul Shah Jahan für seine Frau Mumtaz Mahal bauen ließ, die 1631 verstorben war. Das Taj Mahal wurde 1648 fertiggestellt, als in Europa der Dreißigjährige Krieg beendet wurde und die moderne Souveränitätsidee im Frieden von Münster ihren Aufstieg nahm. Der weiße Marmor des Taj Mahal funkelt und schimmert in der glühenden Hitze von Agra. Das ehrwürdige Bauwerk zieht mich mit seiner überwältigenden Harmonie und Symmetrie in seinen Bann. Danach ist der Blick auf das kleine Grabmal des Ministers von Mogulherrscher Shah Jahan am Rande von Agra fast schon eine Art kulturhistorischer Entspannungsübung nach dem Wunder des Taj Mahal.

19. Juni–2. Juli 1979, Delhi

Bizarr ist der Besuch auf dem Zollamt Delhi, wo ich nach unterdessen fünf Monaten die unversehrt gebliebene neue Kameraausrüstung auslösen kann, die meine Eltern unmittelbar nach dem Diebstahl in Pakistan abgeschickt hatten. Die Idee, einen Bildband mit Reportagen über die verschiedenen Entwicklungsprojekte, die Andreas Schüler und ich besichtigt haben, zu verfassen, hatten wir aufgeben müssen. Ein wichtiges Ereignis in Europa erreicht mich rechtzeitig: In der deutschen Botschaft kann ich per Briefwahl an

---

[12] Die wichtigsten Eindrücke des Dorfalltags von Manikpur sind in meine Reportagesammlung *The land of 500.000 villages* eingegangen (Kühnhardt 1982).

den ersten Direktwahlen zum Europäischen Parlament teilnehmen. Ich habe alle Hebel in Bewegung gesetzt, damit diese Mitwirkung möglich wurde. Wie nützlich die europäische Zusammenarbeit und Einigung ist, habe ich auch bei den Aufenthalten in den Ländern Südasiens gespürt, die so dermaßen weit von einer ähnlichen Herangehensweise an gemeinsam organisierte Souveränität entfernt sind.

Ich wohne im Vishwa Yuvak Kendra, einer internationalen Jugendherberge, das unter anderem von der Konrad-Adenauer-Stiftung finanziert worden ist. Das Gebäude liegt am Anfang des Shanti Path, der Botschaftsstraße in Neu-Delhi. Viele der Botschaftsgebäude sind im Stil ihrer Länder gebaut, das deutsche nebst Residenz daher im kühlen Stil der Deutschen mit ihren Bundesbaubehördenauflagen. Beeindruckend sind nebenan Pakistans moscheeartige Botschaft und unweit davon das geheimnisvoll große Gebäude der Botschaft der Volksrepublik China. Botschafter Dirk Oncken, der Sohn des großen Historikers Hermann Oncken, ist so freundlich, mich einige Male einzuladen, das kühlende Bad im Swimmingpool der Botschaftsresidenz bei einer Hitze von 45 Grad im Schatten zu genießen. Zu einem Mittagessen mit dem Vorsitzenden des Deutschen Gewerkschaftsbundes, Heinz Oskar Vetter, und einer Reihe hochrangiger indischer Gäste, darunter einigen Ministern und dem Präsidenten des indischen Gewerkschaftsbundes, werde ich ebenfalls dazu gebeten. Die sehr kritischen, aber reflektierten Analysen des Botschafters über Indien machen einen nachhaltigen Eindruck auf mich und runden mein Indienbild ab. Günter Pleuger, der soeben eingetroffene Presse- und Kulturattaché der Botschaft, ist hilfreich und ein weiterer guter Gesprächspartner.

Der Korrespondent Jan Friese hält zusammen mit seiner indischen Frau besonders tiefschürfende Erklärungen auf die vielen Fragen bereit, die bei mir nach sechs Monaten in Südasien eher zu- als abgenommen haben. Chand Joshi von der *Hindustan Times*, Vertreter des Außenministeriums und der indischen Entwicklungsplanungskommission stehen mir Rede und Antwort. Der Korrespondent der *Frankfurter Allgemeinen Zeitung*, Thomas Ross, lädt mich zu einem Abendessen ein. Ich sehe einen Vertreter der Jugendliga der regierenden Janata-Partei, T. C. Tyagi, die bekannten Journalisten Aroon Purie, Dilip Bobb *(India Today)* und George Verghese, einen der *top public intellectuals* Indiens. Bei dem Treffen mit Verghese in der Gandhi Peace Foundation in der Deen Dayal Upadhyaya Marg am Rande von Alt-Delhi, lerne ich den Soziologen Rajiv Vora und seine Frau Neeru kennen.[13] Beide sind Gandhianer reinsten Wassers. Mrs. George, die mütterliche indische Mitarbeiterin des Max Müller Bhavan, des hiesigen Goethe-Instituts ist eine besonders nette Hilfe bei den fast täglichen Besuchen in der Bibliothek, um den Informationsstand über die Verhältnisse in Europa mithilfe von ein, zwei Wochen alten Zeitungen, die ich gierig verschlinge, aufzufrischen. Gleichzeitig ist der Max Müller Bhavan eine Oase inmitten des fast unerträglich heißen indischen Hauptstadtsommers.

---

[13] Zu Rajiv und Neeru Vora entwickelt sich eine jahrzehntelange Freundschaft.

Ich führe ein Gespräch mit dem sozialistischen und zugleich katholischen Industrieminister George Fernandes. Fernandes ist Technokrat, der Indien als künftigen Wachstumsmotor Asiens etablieren möchte. Er sieht sein Land im Wettbewerb mit China. Ganz andere Töne erlebe ich im Gespräch mit dem eher skurrilen Politiker Raj Narain, in dessen Villa aus der englischen Kolonialzeit es nur so von Affen wimmelt. Der Affengott Hanuman, die siebte Inkarnation des Weltbewahrers Vishnu, ist Raj Narains Vorbild. Seinen Weg hatte der Mann als Ringer begonnen, heute wirkt er wie ein Clown. Man darf sich aber nicht täuschen: Raj Narain ist ein Königsmacher – und vor allem ein Königsvernichter – der indischen Politik. Ihm gelang es, Indira Gandhi zu entmachten und bei den Parlamentswahlen 1977 sogar in ihrem eigenen Wahlkreis zu schlagen. Spöttisch sagt er mir: „Alle reden von Macht. Ich rede von Supermacht." Nun hat er es auf Ministerpräsident Morarji Desai abgesehen, der den Mann mit seinen anarchistischen Neigungen nach einem Jahr als Minister für Familienplanung aus seiner Regierung geworfen hatte.

Den Ministerpräsident Desai erlebe ich am 25. Juni 1979 bei einer umfassenden Pressekonferenz im beeindruckenden indischen Parlament. Er spricht von den Zielen seiner Regierung der Janata-Partei, der ersten Indien-weiten Volkspartei, die die Kongress-Partei herauszufordern wusste. Desai ist Anhänger der moralischen Prinzipien Mahatma Gandhis und tief im hinduistischen Lehren verwurzelt. Säkulare Inder spotten immer wieder gerne über seine Yogaübungen und die Neigung, den eigenen Urin zu Heilungszwecken zu trinken. An diesem Vormittag hat der Ministerpräsident alle Hände voll zu tun, um die Kritik an seiner Regierung zu kontern. Außenminister Atal Bihari Vajpayee liebäugelt mit den Hinduchauvinisten der Bewegung Rashtriya Swayamsevak Sangh (RSS), die sich die Errichtung von Hindu Rashtra, einem Hindureich, auf die Fahnen geschrieben hat. Darin wäre kein Platz mehr für Muslime, Christen und Animisten, die besonders im Süden Indiens vielzählig sind. Verschiedentlich waren in den letzten Wochen und Monaten *communal riots* ausgebrochen, gewalttätige Unruhen zwischen verschiedenen Religionsgruppen. Wenn erst einmal Polizei und Armee eingreifen, wird immer rasch geschossen. Die Verbesserung der sozialen Lebensverhältnisse auf dem Lande bleibt dabei gewiss auf der Strecke. Dort bleibt das Kastenwesen stark und Desais Programm für ein Indien, das Armut und Rückständigkeit verspricht, wenig durchschlagend. Desais Janata-Partei rühmt sich, mit 9,7 Mio. Mitgliedern die größte demokratische Partei der Welt zu sein. Das Schicksal des Ministerpräsidenten wird davon abhängen, wie sich seine parteiinternen Rivalen in der Schlangengrube des indischen Politestablishments verhalten. Politik in Indien hat am Ende mehr mit persönlicher Gefolgschaft als mit Programmen und Prinzipien zu tun. Parteiaustritte und Überläufer zu anderen Parteien sind an der Tagesordnung.[14]

---

[14] Am 15. Juli 1979 kündigt Morarji Desai seinen Rücktritt an, der am 28. Juli 1979 wirksam wird. Ich nahm seinen Sturz zum Anlass, den Weggefährten Mahatma Gandhis als Moralisten und Verlierer parteiinterner Machtkämpfe zu porträtieren (Kühnhardt 1979f.).

2 Souveränität … 83

Am 26. Juni empfängt mich die Grand Dame der indischen Politik, die frühere Ministerpräsidentin Indira Gandhi, in ihrer Privatresidenz Willingdon Crescent (Abb. 2.7). In ihrem Garten hält sie an diesem Spätnachmittag nach alter Sitte Hof. Dutzende von Bittstellern umgeben sie. Auch in der Opposition und nach den bitteren Erfahrungen mit ihrem verfassungswidrigen Notstandsregime zwischen 1975 und 1977 wird Indira noch immer als Mutter der Nation verehrt. Am meisten fallen mir sogleich ihre tiefliegenden, etwas erschöpften und fahrigen Augen auf. Ihr Sohn Sanjay steht

Abb. 2.7 Zum Teegespräch bei Indira Gandhi, der Grande Dame der indischen Politik, in Neu Delhi (1979) (© Ludger Kühnhardt)

im Gespräch mit einigen Bittstellern. Indira Gandhi führt in ihren Salon, der zugleich Bibliothek und Gesprächsraum ist. Uns wird Tee gereicht. Sie erkundigt sich, was denn meine tiefsten Eindrücke nach so vielen Wochen in ihrem Land seien, in Indien gebe es eben alles im Widerspruch. Sie analysiert die politische Lage, rechtfertigt den eher blockfreien, latent an die Sowjetunion angelehnten außenpolitischen Kurs, denn die Amerikaner seien eben Imperialisten, denen sie nicht vertraue. Auf meine etwas nassforsche Frage, ob sie etwas dazugelernt habe, nachdem die Wähler sie 1977 nach den Exzessen ihres Notstandsregimes in die Wüste der Opposition geschickt hatten, reckt sie mit ganzem Stolz ihren Körper, streift mit der Hand über den Sari und die Haartolle in der Stirn. Dann feuert sie selbstbewusst und machiavellistisch ihre Worte ab: „Ich habe nichts dazugelernt, weil ich nichts dazuzulernen hatte. Die Wähler haben einen Fehler gemacht, werden es bereuen und mich wieder an die Macht zurückbringen." Ich bin sprachlos.[15]

Mich begleitet in diesen Tagen und Wochen die Lektüre von Arnold Toynbees großem Werk *Menschheit und Mutter Erde* (1979). Das Buch hilft mir, die Eindrücke und Widersprüche Südasiens in einen größeren historischen Kontext zu stellen und zu verarbeiten.

3.–18. September 1979, Montego Bay

Von einem Tag auf den anderen entsendet mich die Redaktion der *Deutschen Zeitung/ Christ und Welt* zur publizistischen Begleitung einer dreiwöchigen Dritte-Welt-Studienreise nach Jamaika. Die zunehmenden sozialen und wirtschaftlichen Probleme auf Jamaika schaffen eine angespannte Atmosphäre, bis hin zu antiweißen, fast rassistischen Affekten, über die ich mich in meiner Reportage taktvoll ausschweige. Unvergessen bleibt meine Begegnung mit der Reggae-Ikone Bob Marley. Vor einem Bühnenauftritt in Kingston kann ich Bob Marley in einem von Marihuana („Ganja") dick verqualmten Raum fragen, warum er eigentlich nicht nach Äthiopien auswandere, ins Land des Namensgebers seiner Rastafari-Bewegung. Ras Tafari Makonnen war der Geburtsname des früheren 1974 von Kommunisten gestürzten äthiopischen Kaisers Haile Selassie. Bob Marleys Antwort: „I and I people no go Africa. We need a visa and all that shit. I and I people sing Africa." Dann stürmt der völlig zugekiffte Bob Marley um Mitternacht auf die Bühne. Auszug aus meiner damaligen Reportage über Bob Marley und die deutsche Dritte-Welt-Studiengruppe:

> „Das grüne Sporthemd mit den gelben und roten Flicken weicht auf wie in einem Schaumbad. Schweiß saugt es fest an die schwarzbraune Haut. In ekstatischen Bewegungen wirbelt der Körper über die Bühne. ‚No woman no cry' dröhnt es aus den großen, schwarzen

---

[15] In meiner Analyse vom 20. Juli 1979 anlässlich des Sturzes von Morarji Desai gebe ich eine dezidierte Fehleinschätzung ab und schreibe, dass es eine Wiederkehr von Indira Gandhi „so gut wie sicher" nicht geben werde. Anfang Januar 1980 wird sie als Ministerpräsidentin von Indien wiedergewählt, wenige Wochen nach dem Einmarsch der Roten Armee in Afghanistan (Kühnhardt 1980).

Lautsprechern, die wie Magnete die Menge anziehen. Bob Marley ist in Aktion, die Halle bebt. Kaum einen noch hält es auf seinem Platz. Alles drängt an die Bühne, um Jamaikas populärsten Sänger aus nächster Nähe zu erleben. 8000 Plätze hat die Nationalarena von Kingston, 12.000 Menschen sind hineingepfercht. Reggae führt sie zusammen, der rhythmische Sound aus den Slumvierteln der jamaikanischen Hauptstadt. Inzwischen hat Reggae die ganze Karibik erobert und viele Freunde in der westlichen Musikwelt gefunden. Reggae, das ist mehr als Musik: Es ist der vertonte Aufschrei gegen Rassen- und Klassenschranken. Bis kurz vor drei in der Früh kommen die heiß gelaufenen Verstärkeranlagen nicht zur Ruhe, verweilen die Zuschauer andächtig unter einer dunstigen Decke aus Scheinwerferstrahlen und Marihuana-Dämpfen.

Sieben Stunden später ist die Gruppe aus Deutschland schon wieder auf den Beinen. Quer durch Kingston, vorbei an Supermärkten, Luxushotels und Nobelvillen geht es an den Stadtrand. Hier sind die Shantytowns, die Slums der 500.000-Einwohner-Stadt, die jährlich 20.000 Menschen aus dem Hinterland lockt. Im Einzugsbereich von Kingston lebt bereits ein Drittel der etwas über zwei Millionen Jamaikaner, und immer mehr strömen in das erhoffte Paradies. Sie versprechen sich eine Verbesserung ihrer Lebensbedingungen und landen zumeist in einer der Shantytowns, in derer berüchtigtster – Trenchtown – Bob Marley aufgewachsen ist und der Reggae geboren wurde. An einem Hang kleben die bunt gestrichenen Holzhütten. Wellblechzäune umsäumen sie. Unten auf der Straße spielen kleine Kinder mit leeren Plastikflaschen und einem Ball. Auf der Bordsteinkante hockt Veronica Sweeney und tratscht mit einer Nachbarin. Die Mutter von sechs Kindern (,Gibt es in Deutschland eigentlich auch eine Sonne?') arbeitet in einem großen Steinhaus, vor dessen Eingangstür der Bus mit den deutschen Gästen zum Stehen kommt.

Es ist ein Ausbildungszentrum der Rastafari-Bewegung, ein von ,Brot für die Welt' unterstütztes Projekt deutscher Entwicklungshilfe. Die Rastafarier geben dem Reggae das geistige Fundament und sind eine in den letzten Jahren in Jamaika ständig gewachsene spirituelle und kulturelle Bewegung. Ihr Name leitet sich ab von Ras Tafari Makonnen, besser bekannt als Haile Selassie I., der Löwe von Juda, gestürzter Kaiser von Äthiopien. Er ausgerechnet ist ihr Jah, ihr Gott; ihn beten diese ärmsten Jamaikaner an. Die Rastafarier glauben an die Rückkehr der karibischen Negerbevölkerung[16] nach Afrika, allerdings mehr in starken Worten als praktischen Taten. Sie bekennen sich zur äthiopisch-orthodoxen Kirche, und Haile Selassie ist für diese Nachfahren der Sklaven die neue Integrationsfigur auf der Suche nach einer eigenen kulturellen Identität.

In ihrem Zentrum am Rande von Kingston haben sie für hundert Kinder der untersten Schichten eine Vorschule eingerichtet und bilden Frauen wie Veronica Sweeney in Batik und Näharbeiten aus. Pedro Smetanig hat als Freiwilliger des Deutschen Entwicklungsdienstes (DED) zwischen 1972 und 1975 am Aufbau des Zentrums mitgewirkt. Heute kommt er als Reiseleiter. Er führt die 45 deutschen Gäste zwei Tage lang durch Kingston. Es soll etwas Besonderes sein, diese Fahrt nach Jamaika. ,Ein Experiment', so die in Bonn ansässige gemeinnützige Organisation für internationale Kontakte (OIK). Sie veranstaltet

---

[16] Dieser Begriff wurde von mir 1979 in keiner Weise in herabwürdigender oder sogar rassistischer Weise verwendet. Er entsprach dem damaligen Sprachgebrauch. Insofern ist seine Wiedergabe an dieser Stelle eine Quelle über historische Zuschreibungen, die in späterer Zeit und infolge besserer Erkenntnisse zu Recht und mit mehr Einfühlungsvermögen anders formuliert werden.

erstmals ein Reiseprogramm für Teilnehmer zwischen 18 und 40 Jahren, ‚welche daran interessiert sind, ein Land der Dritten Welt besser kennenzulernen als übliche Touristen'. Über leichte Serpentinen gelangt die Gruppe zurück ins Innere Jamaikas. Ein letztes Mal schweift der Blick über die weite Ebene, dann ist der Kamm des Höhenzuges erreicht. Verkäufer in ihren kleinen Holzbuden empfangen die durstigen Reisenden. Sie bieten Ananas feil, Kokosnüsse, Mangos und Zuckerrohr. Das satte Grün der welligen Hügel und Täler mit ihrem überschwänglichen Bestand an Bananenstauden und Palmen schlägt die Europäer in ihren Bann. Der Bus taucht ein in tiefen Regenwald. Unter Lianen und Geäst erscheint die Straße zur Nordküste, ein früheres Flussbett, wie eine allseitig geschlossene Röhre, die nur an ihrem Ende matte Sonnenstrahlen eindringen lässt.

Am Abend hat Granville die Gruppe wieder. Mit 95 anderen Urlaubern sind sie dort für drei Wochen abgestiegen, in einem jamaikanischen Dorf unweit des Touristenzentrums Montego Bay. Sie logieren nicht in den Luxushotels am Uferrand, den Nobel-Ghettos, die an jedem Fleck der Welt stehen könnten. Ihre Herberge ist das Studentenwohnheim des Sam Sharpe Lehrerseminars, eingebettet in die dörfliche Umgebung. Die 140 Reisenden genießen die Sandstrände von Montego Bay, das azurblaue Meer, strahlenden Sonnenschein, melodische Calypso-Klänge und spottbilligen Jamaika-Rum. Sie machen Urlaub, doch sie wollen mehr. Drei Wochen lang versammeln sie sich in drei Gruppen zum entwicklungspolitischen Seminar, zu kulturellem Programm oder zu Freizeitaktivitäten. Wer will, kann überall mitmachen, je nach Interessenlage. Es steht aber ebenso frei, nur das weiße europäische Fell der Sonne entgegenzustrecken. Eigentlich sollten vierzig jamaikanische Studenten mit den Reisenden die einfachen, aber passablen Zweibettzimmer und das landesübliche Mensaessen teilen: internationale Begegnung vom Zähneputzen bis zum Ausreiseschalter. Wer Jamaika kennt, kann sich schon denken, warum der im fernen Europa gefasste Vorsatz an Ort und Stelle fehlschlägt: Die zwei Millionen Nachkommen jahrhundertelang unterdrückter Negersklaven[17] sind selbstbewusst, stolz, bisweilen arrogant. Viele der deutschen Reisenden sind erstmals direkt mit einem Entwicklungsland konfrontiert und erleben die bisher intensivste Begegnung mit dem schwarzen Brudermenschen. Da müssen zunächst hier und da psychologische Barrieren überwunden werden: Am ersten Abend, als sich die Leute aus der Fremde plötzlich mitten im Rummel aus Anlass des jamaikanischen Nationalfeiertages wiederfinden, bleiben Herdentrieb und scheues Auftreten Ausdruck skeptischen Eingewöhnens. ‚Wir wissen gar nicht, was wir sagen sollen', sagt ein Ehepaar aus Schwaben.

Auf grünem Feld hocken zwei Frauen und zwei Männer. Sie ernten Bohnen. Das Feld gehört dem Jüngsten von ihnen. Derrick White stellt eine Ausnahme dar: Normalerweise ist es schwierig, junge Leute für die Landwirtschaft zu gewinnen, diesen in der Vergangenheit vernachlässigten Bereich der Insel-Volkswirtschaft. Der dreißigjährige Bauer mit der hellbraunen Kappe wird umlagert von vierzig deutschen Besuchern. Bei einer Vor-Ort-Besichtigung soll theoretisch erworbenes Wissen mit der Praxis verglichen werden. Seinerzeit hatte die jamaikanische Regierung 30.000 Hektar Großgrundbesitz aufgekauft und für eine geringe Pachtgebühr landarmen Kleinbauern und landlosen Landarbeitern zugeführt. ‚Was sind heute die größten Schwierigkeiten?', will Anne wissen, die Studentin aus Göttingen. Derrick Whites Antwort kommt wie aus der Pistole geschossen: ‚Die Regierung

---

[17] Für diesen 1979 in Übereinstimmung mit dem allgemeinen Sprachgebrauch verwendeten Begriff gilt Gleiches.

hat viel mehr Hilfen versprochen, als sie uns nun gewährt, vor allem bei Bewässerungen und Vermarktung.' Die meisten Jamaikaurlauber kommen mit der Landreform und anderen Fragen höchstens dann in Berührung, wenn sie am Zeitungsstand ihres Hotels zufällig über eine der entsprechenden Schlagzeilen stolpern. Die entwicklungspolitisch interessierten Touristen aber nehmen nicht nur Lehm unter ihren Schuhen, sondern auch ein selbstgewonnenes Bild von Derrick Whites Arbeit mit nach Hause. […] Einer findet auch nach drei Wochen noch ‚alles so dreckig' und kommt nicht auf die Idee, nach den Ursachen der Armut zu fragen. Und eine Frau spürt nach wie vor einen faden Geschmack, ‚wenn ich so viele Schwarze sehe'. ‚Jamaika ist mehr als ein Strand, es ist ein Land', versuchen die Tourismusmanager die Aufmerksamkeit der Urlauber über die Betrachtungsweise von Reiseprospekten hinauszulenken. Trotz aller Abstriche, bei dieser ‚Internationalen Begegnung in Übersee' hätte die schwarze Schönheit unbesorgt sein können, die an einer Bushaltestelle in Montego Bay wartet. Ihren wohlgeformten Busen lieh sie als Schauplatz für den Aufdruck ihres gelben T-Shirts: ‚Jamaica, don't forget it.'" (Kühnhardt 1979g)

19.–21. September 1979, Port-au-Prince

Um vergleichende Eindrücke in der Karibik zu gewinnen, löse ich mich für die letzten Tage von der Studiengruppe und nehme Haiti in Augenschein, das entschieden ärmer, afrikanischer, aber auch freundlicher wirkt als Jamaika. Während Jamaika seit 1962 ein souveräner Staat ist, erlangte Haiti im Windschatten der Französischen Revolution 1804 als erster Staat der Karibik seine Unabhängigkeit. Die mehr als zwei Jahrhunderte Jamaikas unter britischer Herrschaft seit 1655 haben bei allen Defekten ein Rechtsstaatsdenken und einen Parlamentarismus etabliert, der sich mit den britischen Entwicklungen entfalten konnte. In Haiti leben hingegen seit 1804 die Turbulenzen französischer postrevolutionärer Politik fort, kombiniert mit den spätfeudalen Strukturen einer ehemaligen Sklavenhaltergesellschaft. Die lange Familiendiktatur von François „Papa Doc" Duvalier (1957–1971) und seither von seinem Sohn Jean-Claude „Baby Doc" Duvalier ist stigmatisiert durch die horrende Armut in diesem ärmsten aller Länder der westlichen Hemisphäre. Bei meinem Bummel durch das ursprünglich von karibischen Taíno besiedelte Stadtgebiet, auf dem sich später europäische Piraten niederließen, ehe französische Siedler 1749 das heutige Port-au-Prince gründeten, muss ich vor dem prächtigen weißen Präsidentenpalast an die Tonton Macoutes denken, eine brutale Schlägertruppe, die der junge Duvalier immer wieder zur Einschüchterung seiner Kritiker einsetzt. Das betont rassistische, „schwarze" Programm der Duvaliers hat Haiti noch tiefer in den Sumpf sozialer Verelendung geführt.

Zu den kulturpolitischen Entscheidungen der Duvaliers gehört die Erlaubnis, wo immer gewünscht, den Voodoo-Kult zu praktizieren. Am Stadtrand von Port-au-Prince suche ich eine Voodoo-Zeremonie auf. In einer Hinterhofkneipe führen windschiefe Durchgänge in einen kleinen Innenhof. Dämmerlicht, einige Sitzbänke, eine Art Tanzbühne. Drei Männern trommeln ein wenig stumpf vor sich hin. Es gibt Dosenbier, Zigaretten kreisen. Ich bin der einzige Weiße unter gut einem Dutzend Schwarzer in der Voodoo-Kneipe. Plötzlich erscheinen einige Voodoo-Priesterinnen und positionieren sich vor den Trommlern. Die Frauen tragen weiße Gewänder und ein weißes Kopftuch. Sie sind grell geschminkt. Sprechgesang wird abgelöst von Schreien, Flüstertönen, rituellen

Geräuschen. Götter werden angerufen, alles bleibt mir geheimnisvoll. Die Beschwörungsformeln, die die Götter und Ahnengeister herbeirufen sollen, wirken monoton. Einfachste Tanzbewegungen der Frauen, kein Blickkontakt mit dem Publikum. Ein Priester bemalt den Steinboden mit Symbolen, immer weniger klar wird mir der Sinn, der sich ins Übersinnliche steigern soll. Der Trance, in den die Priesterinnen schließlich verfallen, erscheint mir gespielt, inszeniert. Vielleicht täusche ich mich aber auch. Erst am Ende der Zeremonie wird die Truppe der Trommler und Tänzerinnen richtig aktiv und sammelt unter den Gästen gute Gaben. Trommelwirbel, dann geht es zurück in den kargen Alltag von Port-au-Prince.

Ein Großteil der Menschen lebt in Slums, in Holzhütten, die bunt angestrichen sind, um ein wenig die Traurigkeit der Lebensrealitäten zu überdecken. Gleichwohl begegnen mir die Menschen überall sehr freundlich in den kleinen Straßen und Gassen von Port-au-Prince. Die schmiedeeiserne Markthalle im Zentrum, hier ballen sich Handel und Wandel. Ich fühle mich wie in Afrika. Graham Greene lässt eine seiner Geschichten in einem fiktiven Hotel Trianon spielen, meint aber das Hotel Oloffson als Kulisse für seinen Roman *The Comedians*. Es ist ein Trauerspiel über die Schreckensherrschaft der Duvaliers vor der Kulisse eines Ortes, den 1915 die Amerikaner zeitweise besetzten, auch aus Angst, die deutsche Marine könnte bis zum Panamakanal durchbrechen. Auf der Terrasse des in die Jahre gekommenen Hotels lese ich das Buch und sinniere über Haiti, ein Trauerspiel im Großen (Greene 1979).

Ein Ausflug hatte mich zuvor nach Jacmel geführt, quer durch die schroffe Bergwelt an die Südküste Haitis. Jacmel wuchs als Hafen, unter anderem zur Verschiffung von Kaffee. Einige schöne, mit schmiedeeisernen Fenstern und Balkonen verzierte Häuser wecken Erinnerungen an bessere Zeiten. Wie überall in Haiti vermitteln die satte, reiche Vegetation, Fauna und Flora die Illusion eines von der Natur verwöhnten Landes. Aber die Infrastruktur, Straßen und Kanalisation, Stromversorgung, noch mehr aber die Zustände im Gesundheitsbereich, in der Bildung und in der Wirtschaft zeigen eine ganz andere, sehr traurige Wahrheit. Man kann kaum glauben, dass Jacmel im 19. Jahrhundert der erste Ort in der Karibik mit Wasserversorgung, Telefonleitungen und Elektrizitätsversorgung war. Herrliche Farbspiele im funkelnden Meer sowie sattes Grün an den Bergen und in den Tälern täuschen nur für einen kurzen Moment des oberflächlichen Hinsehens. Haiti ist eine offene Wunde im Zentrum der westlichen Welt. Arm, trostlos, vergessen, irgendwo und irgendwie im Dreieck von Amerika, Afrika und Europa.

Literatur

Capus, Alexander. 2007. *Eine Frage der Zeit*. München: Albrecht Knaus.
Gandhi, M. K. 1979. *Non-Violence: Weapon of the Brave*. Neu-Delhi: Orient.
Greene, Graham. 1979 [1966]. *The Comedians*. London: Penguin.
Herf, Jeffrey. 2019. *Unerklärte Kriege gegen Israel. Die DDR und die westdeutsche Linke 1967–1989*. Göttingen: Wallstein.

Literatur

Höß, Rudolf et al. 1973. *KL Auschwitz in den Augen der SS*. Oswiecim: Verlag des staatlichen Auschwitz-Museums.

Johannes XXIII. 1963. *Pacem in terris*. http://www.vatican.va/content/john-xxiii/de/encyclicals/documents/hf_j-xxiii_enc_11041963_pacem.html. Zugegriffen: 1. Dezember 2021.

Kühnhardt, Ludger. 1978. Die Chaggas. *Norddeutscher Rundfunk. Zwischen Hamburg und Haiti*, 15. Oktober.

Kühnhardt, Ludger. 1979a. Tansania – Auf dem Weg in eine bessere Zukunft. *Deutsche Welle. Politik*, 3. Februar.

Kühnhardt, Ludger. 1979b. Poona: Was zählt, ist nur das eigene Heil. *Deutsche Zeitung/Christ und Welt*, 4. Mai.

Kühnhardt, Ludger. 1979c. Vom Reisimporteur zum Reisexporteur. Ludger Kühnhardt spricht mit E. L. Senanayke, dem Landwirtschaftsminister von Sri Lanka. *Entwicklung + Zusammenarbeit (E+Z), 6*: 20.

Kühnhardt, Ludger. 1979d. „Für die Armen, denen wir dienen". Mutter Theresa und ihr Werk in Kalkutta. *Deutsche Zeitung/Christ und Welt*, 26. Oktober.

Kühnhardt, Ludger. 1979e. Revolutionäre Spiele am Himalaya. *Deutsche Zeitung/Christ und Welt 26*, 22. Juni; [Unter dem Titel:] Kathmandu erwacht. Nepal möchte mehr Demokratie. *Weltwoche 26*, 27. Juni.

Kühnhardt, Ludger. 1979f. Desai scheiterte am Neid der Rivalen. Das Gerangel um den neuen Regierungschef hat begonnen. *Deutsche Zeitung/Christ und Welt 30*, 20. Juli.

Kühnhardt, Ludger. 1979g. Jamaika: Die Sklaven sind stolz geworden. *Deutsche Zeitung/Christ und Welt 39*, 21. September.

Kühnhardt, Ludger. 1980. Indien: Comeback der alten Primadonna. *Rheinischer Merkur/Christ und Welt 2*, 11. Januar.

Kühnhardt, Ludger. 1982. *The land of 500,000 villages. Stories from rural India*. Trichur: St. Joseph's I.S.Press/Jyothi Book Centre.

Kühnhardt, Ludger, und Andreas Schüler. 1979a. Mit dem Koran ins Jahr 2000? *Neue Ruhr Zeitung*, 30. April; *Argentinisches Tageblatt*, 9. Februar; *Bayerischer Rundfunk. Das Notizbuch*, 13. Februar.

Kühnhardt, Ludger, und Andreas Schüler. 1979b. Die Tamilen fordern einen eigenen Staat. *General-Anzeiger (Bonn)*, 20. April.

Kühnhardt, Ludger, und Andreas Schüler. 1979c. Kamerad Win führt bergab. Mönche und Genossen: Der Weg der burmesischen Gesellschaft zum Sozialismus. *Deutsche Zeitung/Christ und Welt 37*, 7. September.

Kühnhardt, Ludger, und Jürgen Wernecke. 1977. Für drei Monate nach Tansania. *Ibbenbürener Volkszeitung*. 25. Juni.

Naipaul, V. S. 1981. *Among the believers. An Islamic Journey*. New York: Vintage.

Nehru, Jawaharlal. 1978 [1929]. *Letters from a father to his daughter*. Neu-Delhi: Children's Trust Fund.

Nyerere, Julius K. 1975. *Man and development*. Daressalam: Oxford University Press.

Palangyo, Peter K. 1969. *Dying in the Sun*. Daressalam, London: Heinemann.

Tanganyika African National Union [TANU]. 1967. The Arusha Declaration and TANU's Policy on Socialism and Self-Reliance. Daressalam: TANU.

Toynbee, Arnold J. 1979. *Menschheit und Mutter Erde. Die Geschichte der großen Zivilisationen*. Düsseldorf: Claassen.

Zuckmayer, Carl. 1974 [1931]. *Der Hauptmann von Köpenick. Ein deutsches Märchen*. Frankfurt am Main: S. Fischer.

Aufbrüche zu Freiheit und Globalisierung (1980–1989)

3

In den 1980er-Jahren erlebt die Welt einen ungeahnten Zuwachs an Interdependenz und Freiheitsverlangen. Aber noch immer hält der Kalte Krieg die Welt in Atem. Kulturelle und religiöse Fragestellungen breiten sich über den ganzen Planeten aus. Die Menschenrechte werden zur Signatur einer Zeit, die mit dem Fall der Berliner Mauer zum symbolischen Ende des Kalten Krieges findet. Zugleich belasten regionale Konflikte, vor allem im Nahen Osten und in Afrika, den Weltfrieden. Wenn von Asien gesprochen wird, ist zumeist Japan gemeint, wobei Chinas Aufbruch und Aufstieg sich zu zeigen beginnt. Während die Sowjetunion in Agonie erstarrt, verkörpern die Vereinigten Staaten von Amerika ungebrochen das Lebensgefühl von Freiheit und Fortschritt. Dann findet das Annus mirabilis 1989 statt. Ludger Kühnhardts Eindrücke zwischen 1980 und 1989 am Horn von Afrika, in Ost- und Nordafrika, in Südasien, im Nahen und im Fernen Osten, in Ozeanien, in der Sowjetunion, in Nordamerika und in Europa führen zu den Orten der Welt, in denen sich die Macht- und Entscheidungsfragen des Jahrzehnts bündeln.

1980 *Kooperationsabkommen EWG-ASEAN unterzeichnet – Erklärung des Europäischen Rates zum Nahostkonflikt – Beginn des ersten Golfkrieges zwischen Iran und Irak*

1981 *Kooperationsabkommen EG-Indien – Nord-Süd-Gipfel in Cancún – Friedensdemonstration in Bonn – Verhängung des Kriegsrechts in Polen*

1982 *Grönland tritt aus der EWG aus – Kriege im Libanon und auf den Falkland-Inseln – Rahmenabkommen EG–Brasilien – Deutsch-französische Zusammenarbeit intensiviert*

1983 *das erste Mobiltelefon der Welt – Stuttgarter Feierliche Erklärung zur Europäischen Union – Kooperationsabkommen der EG mit dem Anden-Pakt*

1984 *Europäische Gemeinschaft und China schließen erstmals ein Handelsabkommen – Gipfel der westlichen Industriestaaten in London*

1985   Die ersten Europäischen Pässe – Weißbuch über die Vollendung des Binnenmarktes – Kooperationsabkommen der EG mit Zentralamerika
1986   Einheitliche Europäische Akte – Europafahne erstmals in Brüssel gehisst – Unfall im Atomkraftwerk Tschernobyl
1987   Ankündigung von Perestroika in der Sowjetunion – Abkommen über nukleare Mittelstreckenraketen (INF) – Beginn der Intifada im Nahen Osten
1988   Europäischer Rat beschließt Ausarbeitung der Etappen zur Währungsunion – Ende des Krieges zwischen Iran und Irak
1989   Sowjetischer Truppenabzug aus Afghanistan – Massaker in Peking – Ende des Eisernen Vorhangs und der Berliner Mauer

15. Februar–31. März 1980, Kibbuz Geva

Für sechs Wochen arbeitete ich zusammen mit zwei Bonner Kommilitonen im Kibbuz Geva bei Afula unweit von Nazareth. Geprägt von der deutschen Vergangenheitskultur wollen wir unsere Solidarität mit Israel zum Ausdruck bringen. Vor einer abschließenden Rundreise zu den biblischen Stätten des Heiligen Landes schreibe ich eine Reportage über das Kibbuz-Dasein (Kühnhardt 1980b):

„Das Kerzenlicht flackert müde in der Mitte des Raums. Im Schneidersitz haben sich einige Freiwillige des Kibbuz Geva zusammengehockt. Es wird Abschied gefeiert. Monika aus Deutschland und Hans aus der Schweiz werden den untergaliläischen Ort am nächsten Morgen nach mehrmonatigem Aufenthalt verlassen. Alle Freiwilligen sind zur Abschiedsparty eingeladen: 80 junge Europäer, Nordamerikaner und Australier. Man kennt sich inzwischen, doch nur wenige sind zu selbstgebackenem Kuchen und belegten Broten erschienen. Rechte Stimmung will nicht aufkommen. Lustlos stochern einige in Anekdoten der vergangenen Zeit, denken andere laut und gleichgültig über ihre morgige Beschäftigung nach, sinniert der Rest über den bisherigen Kibbuz-Aufenthalt.

‚Ich bin inzwischen total enttäuscht vom Kibbuz. Es gibt nichts, was mich noch antörnt', wirft sich Carol aus England ins Zeug, die sonst vor allem durch Schweigen und Desinteresse hervorgetreten ist. Keiner will ihr so recht widersprechen. Alle denken irgendwie ähnlich, mit unterschiedlichen Nuancen natürlich. Was immer die Gründe sein mögen: Kibbuz Geva bekommt an diesem Abend nur schlechte Noten. Das israelische Modell gemeinschaftlichen Zusammenlebens zehrt von seiner Vergangenheit. Wo das Lebenslicht der alten, in vieler Hinsicht bemerkenswerten Ideale auszugehen droht, fehlt es an neuem Schwung, an neuer Begeisterung. Oder hat sich der Kibbuz insgesamt gar überlebt, zumindest in seiner klassischen Form, mit seinem bisherigen Anspruch? Der Dampf jedenfalls ist raus, der Kibbuz steckt in einer Krise.

Israels Elite-Siedlungen von einst sind zu pragmatischen Wirtschaftsgemeinschaften geschrumpft. Die Losung der Gründerjahre ‚Jedem nach seinen Bedürfnissen, jedem nach seinen Fähigkeiten' ist in der Filzpantoffel-Atmosphäre verstorben. Die Gemeinschaft zerfiel in die Einzelfacetten der Kleinfamilie, wiewohl die äußeren Strukturen des Kibbuz noch stehen: kein individueller Verdienst, gemeinsame Mahlzeiten in einer Bayernzeltkantine, wöchentliche Diskussionen und Abstimmungen über den weiteren Kurs in Landwirtschaft und Maschinenbau. ‚Dies hier ist kein Gefängnis.' Amnon, 24 Jahre, hat noch nicht einmal seinen Namen genannt, da überkommt ihn schon der Zwang, seine Mitgliedschaft im Kibbuz rechtfertigen zu müssen. Amnon erhielt einen einjährigen Ausbildungsaufenthalt in Japan finanziert. Heute ist er Programmierer an einer wertvollen, computergesteuerten Drehbank des Kibbuz Geva. Nichts habe er gegen den Kibbuz, ganz gewiss nicht, doch in spätestens einem Jahr will er seine Koffer packen und sein Glück in der israelischen Privatwirtschaft versuchen. Von dort locken Amnon ‚interessante Angebote'. Ein Jahr also das schlechte Gewissen abarbeiten. Noch aber soll dies niemand wissen – das Getratsche der Leute sei einfach unerträglich. Wo jeder über den anderen besser Bescheid weiß als über sich selbst, gerät Privatleben zur Ausnahmeerscheinung. Darüber klagen gerade die jungen Kibbuzniks, die Wert auf den eigenen Freiheitsraum legen.

Das pralle Gelb der Pampelmusen türmt sich in den stabilen Holzkisten. Behänd entleert Johannes seine Tragetasche. Dreitausend Pampelmusen pflückt er am Tag aus den ihm zugewiesenen Bäumen. Ein Trupp von Volontären ist zum Pflücken eingeteilt; es geht genau nach System: Heute diese Reihe, morgen die nächste, am Ende der Woche muss der Hain abgeerntet sein. Sechs Stunden täglich haben die jugendlichen Freiwilligen im Kibbuz zu arbeiten. Sechs Stunden in der Fabrik, in der Küche oder in den Pampelmusen. Abgesehen von Langeweile oder zerstochenen Armen kann niemand über Überarbeitung klagen. Die Freiwilligentätigkeit im Kibbuz wirkt stressmindernd.

Ein nicht geringer Anteil der Freiwilligen scheint daraus die oberste Motivation für den Kibbuz-Aufenthalt abzuleiten: Ein laues Leben bei freier Kost und Logis zwischen den Pforten des Gelobten Landes als Aussteigeralternative. Die wenigsten Kibbuz-Freiwilligen sind heute noch vom Geist der Aufbruchsstimmung beseelt, der 1967 durch die Freiwilligenkompanien wehte. In der kalten Kriegsphase vor dem Sechs-Tage-Waffengang strömten Tausende junger Westler ins Land, wo Milch und Honig fließt, um es gegen die drohenden Araber zu verteidigen. Einmal im Lande, aber ungeeignet für militärische Zwecke, wurden die treuen Helfer an die Wirtschaftsfront abkommandiert: zur Mithilfe in den Kibbuzen.

Daraus entwickelte sich bis heute das dichte Netz einer Freiwilligenbewegung, die nach wie vor Anfragen aus allen Richtungen des Globus erhält. Den wenigsten Volontären geht es aber noch erkennbar um die Probleme und eine Unterstützung des in seiner Geschichte leidgeprüften Judenstaates. Sie kochen Tee, planen Ausflüge, treiben Sport, liegen in der Sonne, glucken sich um eine selbsternannte Ersatzmutti aus dem Schwäbischen oder hängen schlicht und einfach herum: Der größte Teil der Kibbuz-Volontäre gehört zur Aussteigergeneration 1980. ‚In Deutschland kotzt mich alles an', erzählt Angelika, ‚hier ist das Leben viel lockerer. Ich kann eine ziemlich ruhige Kugel schieben und gleichzeitig herumreisen, wenn's mir gefällt.' Mit der ihr zugewiesenen Patenfamilie hat sie auch nach Wochen noch keinen richtigen Kontakt gefunden. Das geht den meisten so.

Entweder mangelt es den Freiwilligen an der Initiative, oder sie werden offenkundig geschnitten: Arbeit ja, Gespräch nein. Dass die letztere Haltung wiederum weit eher verständlich ist (schließlich pilgern jährlich über 400 Volontäre durch den Kibbuz Geva) als die gelangweilte Hans-guck-in-die-Luft-Haltung desinteressierter Zivilisationsflüchtlinge, ändert an dem Zustand selbst nichts: Zwischen Volontären und Kibbuzniks klafft eine tiefe Sprachlücke. Da vermag auch das monatliche Zusammentreffen mit Volontärbetreuer Shimon nicht viel zu ändern, einem umgänglichen und hilfreichen Ingenieur. Außer der ewigen Bitte, die Bettwäsche rechtzeitig zu Ariela in die Waschküche zu bringen, gibt es wenig zu bereden. Aufkommende Fragen scheinen beinahe verpönt zu sein; die einen denken schon ans Sandmännchen, die anderen scheinbar an gar nichts.

Kibbuz-Sprecher Chaim ist mitgekommen, um einen Kurzbericht über Geva zu geben. Er erzählt die Geschichte des 1925 gegründeten Dorfes und schildert seine heutige Struktur mit 700 Einwohnern, davon jeweils zur Hälfte Kibbuzniks und Kinder. Erst nach dem Militärdienst kann die Aufnahme als Kibbuznik erfolgen. ‚Ich will ganz klarmachen', Chaim redet nicht um den heißen Brei herum, ‚wir sind dankbar für Eure Mitarbeit. Ihr müsst aber nicht glauben, der Kibbuz könne ohne Euch nicht weiterexistieren.' Natürlich könne er, wenngleich die Volontäre heute kaum noch wegzudenken sind und inzwischen sogar schon arabische ‚Gastarbeiter' angeheuert werden müssen. Theoretisch ginge es auch ohne alle Auswärtigen weiter, nur wären einschneidende Änderungen nicht zu vermeiden. Das weiß Chaim natürlich auch.

Ohne die ‚normale' israelische Gesellschaft lässt sich die Lebensform des Kibbuz weit weniger aufrechterhalten als umgekehrt. Die Aufbauleistungen der Kibbuzim sind beeindruckend – wer wollte dies bezweifeln? Heute aber geht kein Weg mehr daran vorbei, sich der Bevölkerung außerhalb der eigenen Pampelmusenfelder zu öffnen und Teile von deren Lebensstil anzunehmen – schließlich leben 96 Prozent der 3,5 Mio. Israelis außerhalb eines Kibbuz. Stichwort Einkommen: Jedem Kibbuznik ist es freigestellt, sich in der israelischen Privatwirtschaft ein finanzielles Zubrot zu verdienen, um etwa eine Auslandsreise anpeilen zu können. Inzwischen mehren sich sogar die Fälle derer, die grundsätzlich außerhalb des Kibbuz ihren privaten Mammon verdienen wollen. Soweit sie einmal Kibbuznik geworden sind, können sie dabei sogar im heimischen Kibbuz weiterwohnen und dessen kostenlose Vorzüge in Anspruch nehmen. Von der Sozialutopie zur Erholungsstätte, möchte man bissig bemerken.

Dreimal wöchentlich ist der ‚moadom' geöffnet, die Cafeteria. Das einzige Freizeitzentrum des landschaftlich malerisch gelegenen Kibbuz frequentieren aber fast ausschließlich die Volontäre. Kibbuzniks sind kaum zu sehen, sie bleiben im trauten Heim vor der Flimmerkiste, von deren Existenz hoch aufragende Dachantennen künden. Der Einzug des Fernsehens, so wollen es viele wissen, hat Kibbuz Geva – und wohl nicht nur diesem Kibbuz – ein anderes Gesicht gegeben: Die Mattscheibe ersetzt das Gemeinschaftsleben. Der Rückzug in die Spießbürgerlichkeit lässt kaum mehr Platz für Zusammengehörigkeitsgefühl, Gemeinsinn. Bewundernswert ist nach wie vor die Behandlung der alten Mitbürger: Soweit sie physisch irgendwie dazu in der Lage sind, werden sie an einem für sie günstigen Ort zur Arbeit eingesetzt, auf Wunsch, versteht sich. Kein Privatwagen in Geva, kein Konsumfetisch, und dennoch fehlt das Gemeinschaftliche. Es gibt keine echte Dorfkneipe, diesen banalen, aber wirkungsvollen Treff- und Gesprächspunkt. Sportplatz und wöchentliche Politversammlungen können Tresen – selbst jüdisch-unalkoholisch – und Tante-Emma-Laden nicht ersetzen.

Auch die Basisdemokratie hat so ihre Grenzen. ‚Es kommen immer nur die gleichen 50, höchstens 60 Leute zu unseren Versammlungen', klagt Chaim, ‚doch anschließend beschweren sich die anderen über unsere Entscheidungen.' Mangelndes gesellschaftliches Engagement kennt nicht allein der Kibbuz, doch tritt gerade diese Lebensform nach wie vor mit dem Anspruch auf, die reine Demokratie verwirklicht zu haben. Dabei entspricht es den Gesetzen schlichter Logik, dass Fachkompetenzen automatisch ein höheres Maß an Entscheidungsfähigkeit bewirken: Nur wer sich detailliert auskennt, kann guten Gewissens über die Einführung dieser oder jener Pampelmusensorte oder den Ankauf kostspieliger

Maschinen entscheiden. Daraus aber mussten sich zwangsläufig die 25 Komitees des Kibbuz Geva entwickeln, die letztlich die Dorfpolitik lenken und gestalten. Obwohl in den knapp 250 Kibbuzim Israels weniger als vier Prozent der Gesamtbevölkerung leben, werden dort 40 Prozent der landwirtschaftlichen Erzeugnisse und sieben Prozent der industriellen Exporte des Landes erwirtschaftet. Angesichts drängender Sorgen in der nichtkooperativen Wirtschaft Israels bedeutet dies ein sicheres Polster für die Zukunft. Mit dem ursprünglichen Werden des Kibbuz – sei es dem Gedanken des gemeinsamen Zusammenlebens, sei es der Funktion als Wehrdorf – hat diese Überlegung indes nunmehr wenig zu tun.

Die Kibbuzim werden nicht umhinkommen, sich in Zukunft mehr als integraler Bestandteil der israelischen Gesellschaft denn als Außenseiter und Vorreiter zu begreifen. Dass die konservative Regierung zu Beginn den aus sozialistischer Tradition stammenden Gemeinschaftsdörfern den staatlichen Subventionshahn weitgehend zudrehte, lässt sich nicht allein ideologisch erklären. Kibbuzniks, die ihre eigene Stellung ehrlich einschätzen, sprechen denn auch von einer Bewährung unter normalen Umständen, die ihren Gemeinschaftsdörfern erst noch bevorstehe. Der Elitebonus jedenfalls ist aufgezehrt.

Modifikationen am Kibbuz-Konzept müssen nicht unbedingt nur zur Enttäuschung für die ehedem Begeisterten oder zur Schadenfreude für diejenigen geraten, die es schon immer besser gewusst haben wollen: Im Kibbuz Geva wird heute heftig die Frage diskutiert, ob es nicht doch weit sinnvoller sei, die Kinder bei ihren Eltern schlafen zu lassen statt in der Kinderkrippe.

Dort seien die Kleinen zwar während der Arbeitszeit gut aufgehoben, argumentieren die Verfechter einer Änderung im Erziehungsmodell des Kibbuz, doch am Feierabend und in der Nacht gehören Kinder zu ihren Eltern. Was überall in der Welt selbstverständlich sei, müsse auch für den Kibbuz gelten. In jedem Fall aber wäre eine solche Entscheidung ein bemerkenswerter Einbruch in die bisherige Kibbuz-Ideologie. So soll darüber nicht das wöchentliche Thing entscheiden, sondern jeder Kibbuznik. Mit dem Stimmzettel, in geheimer Abstimmung."

1.–14. April 1980, Alexandria

Nach der Israelreise nutzte ich als einer der Ersten die erste Grenzöffnung zwischen Israel und Ägypten, die das Camp-David-Abkommen ermöglicht hatte, zur Fahrt von Tel Aviv durch den Gazastreifen und die Sinai-Halbinsel über den Suezkanal nach Kairo. Nach dieser Berührung mit den Grundproblemen der Nahostpolitik stehen kulturgeschichtlich orientierte Tage mit Besuchen der Pyramiden, der Tempel von Luxor und Karnak, des Tals der Könige, von Assuan und ein spektakulärer Flug nach Abu Simbel auf meinem Programm. Nach dem Gewusel der Kairoer Basarwelt und einem beeindruckenden Besuch im Ägyptischen Museum fahre ich im Sammeltaxi ins Nildelta. In einem Hafencafé an der Corniche von Alexandria verfasse ich meine politischen Eindrücke und telegraphiere sie per Fernschreiber an die Redaktion des *Rheinischer Merkur/ Christ und Welt* (Kühnhardt 1980a):

„Der Palästinenser neben mir würde gern einmal nach Kairo fahren, ‚so Gott will, inshallah'. Wir sitzen im Sammeltaxi von Gaza an die israelisch-ägyptische Grenze nach Sinai. Er will seinen Bruder abholen, den er seit 13 Jahren nicht mehr gesehen hat. Der

Sechs-Tage-Krieg 1967 zerriss die Familie, der Bruder flüchtete nach Ägypten. Am Krankenbett des fast hundertjährigen Vaters in Gaza wird man das Wiedersehen feiern können, dank Carter, Begin und Sadat. Seit dem Sinai-Teilrückzug der Israeli auf die Linie el-Arisch/Ras Mohammed und der Eröffnung einer gemeinsamen Grenze ist der Friede sichtbar geworden: Als Stempel im Reisepass, ein privates Camp-David-Siegel.

Frühmorgens brechen wir in Tel Aviv auf. Entlang der Mittelmeerküste geht es gen Gazastreifen. Durch extensive Bewässerungsprogramme haben die Israeli den 64 Kilometer langen und 8 Kilometer breiten Gürtel am Nordrand der Negev-Wüste und Sinai-Halbinsel zu einer saftig-satten Oase werden lassen. Politisch gesehen aber signalisiert das Grün der Landschaft nicht unbedingt Hoffnung. Ein umfassender Nahostfriede bleibt von der Lösung der Palästinenserfrage abhängig. Neben den rund 650.000 arabischen Palästinensern in den biblischen Landschaften von Judäa und Samaria sind es die 400.000 Palästinenser des Gazastreifens, die den Gegenstand langwieriger Autonomieverhandlungen bilden. Bis zum 26. Mai 1980 – so will es der Friedensvertrag von Camp David – sollen Ägypten und Israel über die Zukunft der besetzten Gebiete entschieden haben. Seit dem Austausch ihrer Botschafter Eliahu Ben-Elissar und Saad Mortada am 26. Februar herrscht reges diplomatisches Treiben zwischen den einstigen Hauptfeinden des Nahen Ostens. Mehrere Verträge wurden unterzeichnet – fürs Nächste steht ein Landwirtschaftsabkommen auf der Agenda. So sehr das Netz der Beziehungen aber auch geknüpft wird, der schwierigste Punkt bleibt nach wie vor ungelöst.

In Ägypten zeigt man sich enttäuscht über die angeblich starre Haltung der israelischen Regierung. Die Schuld an einem möglichen Scheitern der Autonomieverhandlungen will man Ministerpräsident Begin zuschieben. In Jerusalem hingegen wird jeder über Camp David hinausgehende Kompromiss – nicht zuletzt aus koalitionspolitischen Erwägungen innerhalb der Regierung Begin – mit Argusaugen beobachtet. Allzu großer Druck auf Israel – so hört man im Außenministerium – könne einen Rückzug ins Schneckenhaus und den Abbruch der Verhandlungen provozieren. Israels Druckmöglichkeiten jedoch sind weit geringer als die der Vereinigten Staaten. Neuen Konfliktstoff und wütende Reaktionen erzeugte die kürzliche Entscheidung des israelischen Kabinetts, zwei jüdische Schulen in Hebron, der Grabesstadt Abrahams und dem zweitgrößten Ort des Westjordanlandes, einzurichten.

Nur 77 Kilometer sind es von Tel Aviv bis Gaza. Doch Welten trennen die Anfang des Jahrhunderts entstandene Judenstadt und den arabisch anmutenden und von vielen Anschlägen heimgesuchten Ort Gaza. Nicht nur die Dreisprachigkeit der Straßenschilder – Englisch, Hebräisch und Arabisch – zeigt die außergewöhnliche Lage der Stadt an. Israelische Militärjeeps mit aufgebauten Maschinengewehren demonstrieren markant, wer hier das Sagen hat. 1967 eroberte Israel den Gazastreifen und die nun an Ägypten zurückgegebene Sinai-Halbinsel. Anders als im Westjordanland scheint es bei der Situation im Gazastreifen nicht abwegig zu sein, die Formel Flüchtlingsproblem anzuwenden. Als nach dem ersten israelisch-arabischen Krieg unter UNO-Schirmherrschaft im Oktober 1948 ein Waffenstillstand geschlossen wurde, befand sich der größte Teil der ägyptischen Armee im später so benannten Gazastreifen. Mit den aus dem Innern Israels zurückkehrenden ägyptischen Truppen kamen 250.000 palästinensische Flüchtlinge in dieses Gebiet, die heutige Kernbevölkerung.

Nun soll nach dem Willen der Araber der Gazastreifen Teil eines eigenen Palästinenserstaates werden. Mehr als internationaler Konferenzpoker aber veranschaulicht ein Besuch in den besetzten Gebieten, dass es hier keine Patentlösung geben kann. Und bei dieser direkten Tuchfühlung kommen neue Zweifel auf, ob dieser in zwei Teile getrennte Mini-Staat überhaupt existenzfähig wäre. Langfristig sinnvoller scheint die Gewährung von politischen und administrativen Rechten an die Palästinenser oder eine Konföderation des Westjordanlands mit Jerusalem unter Beibehaltung der Unteilbarkeit Jerusalems. Welche Regierung auch am Ende stehen wird, mit dem Vertrag von Camp David ist ein erster Schritt zur Bewältigung der vielschichtigen Nahostproblematik getan worden. Es gibt schließlich nicht nur ein Palästinenserproblem des Jassir Arafat, sondern mehrere.

Der Weg führt uns entlang der Via Maris, der Meeresstraße. In der reichen Geschichte der Levante ist sie schon von vielen Heeren benutzt worden: Hyksos, Perser und Mohammedaner zogen gen Nil, Pharao Thutmosis III. an den Euphrat und die Stämme Israels aus dem Exil ins Gelobte Land gen Jericho. Heute ist der Weg zur Friedensstraße geworden. Knapp 80 Kilometer trennen Gaza und den Grenzpfahl. Einige letzte arabische Siedlungen, dann erreichen wir den Grenzposten Neot Sinai. Zum ersten Mal in der 30-jährigen Geschichte Israels, die 30-jährige Nahost-Kriegsgeschichte ist, existiert eine offene Grenze zwischen Israel und Ägypten. Um 9.30 Uhr öffnet der Grenzposten. Gut 30 Mitreisende warten an diesem Vormittag auf den Übergang, jugendliche Rucksacktouristen, Palästinenser, die ihre Verwandten in Ägypten besuchen wollen, israelische Touristen. Ein Israeli ist dabei, der bis zur Rückgabe des Sinai im nun wieder ägyptischen el-Arisch gelebt hat. Für ihn ist es eine Wiederkehr mit Wehmut, Camp David kommentiert er mit Trauer unterlegtem Sarkasmus.

Wir haben alle ein ägyptisches Visum. Seit dem Botschaftsaustausch wird das Dokument im Tel Aviver Hilton-Hotel ausgestellt. Dort hat sich Saad Mortada vorübergehend eingerichtet, Ägyptens erster Mann im einst hochbefehdeten Israel. Bis zu 14 Tage müssen israelische Staatsangehörige auf das wertvolle Papier warten – jeder einzelne Antrag muss in Kairo genehmigt werden. Ähnlich lang dauert es bei den Israeli im Kairoer Stadtteil Dokki. Arabische Bewohner der Westbank und des Gazastreifens sollen die Grenze in Zukunft ohne Formalitäten überqueren können, so jedenfalls äußerte sich kürzlich der ägyptische Gouverneur für den nördlichen Sinai. Sie benötigen dann nur noch ein israelisches Transitdokument. Vorwegnahme künftiger Autonomieregelungen?

Reisebüros in Tel Aviv und Kairo bieten organisierte Friedenstouren an und melden beachtliches Interesse. Bislang überwiegen allerdings noch die israelischen Reisenden. Die meisten Pendler auf den Spuren des jungen Friedens bevorzugen das Flugzeug. Viermal wöchentlich verkehrt es zwischen Tel Aviv und Kairo, Flugzeit 50 Minuten. Zweimal fliegt Israels El-Al, zweimal die eigens zu diesem Zweck eingerichtete ägyptische Nefertiti-Linie. Die Kosten: 170 US-Dollar für einen Weg. Preiswerter und erlebnisreicher, wenngleich aber auch länger und anstrengender ist die Überlandroute. Nach ersten Anlaufschwierigkeiten funktioniert das Grenzsystem im Sinai heute recht ordentlich. Rasch drückt der Grenzbeamte einen Ausreisestempel in den Pass, ein Blick ins Gepäck, ein Schild grüßt ‚Farewell and Shalom' und schon befinden wir uns im Niemandsland. Hinter uns, neben der hölzernen Grenzstation weht die Fahne mit dem Judenstern im noch milden Morgenwind, Ägyptens Banner ist noch nicht zu sehen. Gut zwei Kilometer trennen die beiden Grenzstationen – Truppenentflechtung, sicher ist sicher.

Ein Pendelbus führt uns an den ägyptischen Schlagbaum. Das Niemandsland selbst ist leer, nur einige Beduinenfrauen sammeln das spärlich wachsende Gras für ihre Esel. Wie Neot Sinai auch, trägt die Grenzstation el-Arisch unverkennbar provisorische Züge: Eine rasch hochgezogene Grenzmauer, eine Holzhütte für die Einreisebehörde, eine für den Zoll, davor unter einem Vordach Tische und Stühle für die ‚Bank of Alexandria'. Seit der Grenzöffnung im Januar richtet man sich hier ein. Für Dauer soll es ohnehin nicht sein; in weniger als zwei Jahren soll schließlich die Rückgabe des Rest-Sinai erfolgen. Fast zwei Stunden nehmen die Zollformalitäten in Anspruch, niemand weiß genau, warum. Die Pässe würden wohl, so witzelt einer, erst bei Interpol überprüft. Naheliegender aber scheint es sich um eine Vorstellung ägyptischer Bürokratenmentalität zu handeln.

Inzwischen mehren sich die Reisenden in Richtung Israel. Sie wollen wissen, wie es dort drüben aussieht, wie es sich beim einstigen Feind leben lässt. Bis gegen 14 Uhr bleibt die Grenze geöffnet und jeder möchte den Weg noch fortsetzen. Zwei- bis dreihundert Personen überqueren täglich die Grenze, erzählen die ägyptischen Zöllner; diese Zahl habe sich so eingependelt. Wie ihre israelischen Kollegen in Neot Sinai – vielleicht sogar noch einen Schuss routinierter, besser gesagt gelangweilter, fertigten uns die freundlichen Grenzbeamten ohne große Miene ab: Normalisierung an einem historischen Grenzübergang. Das nahe Meer sei schön, der Sinai-Sand heiß und ansonsten gebe es keine besonderen Vorkommnisse, beurteilt ein geschniegelter Polizist mit zwei Goldsternen auf den Schulterklappen die Lage. Ein letzter Blick in den Impfpass, Zwangsumtausch (5 US-Dollar pro Tag), all right und salaam aleikum. 12 Uhr Mittag in el-Arisch, die frühsommerliche Sonne brennt auf den grobkörnigen Sand.

Ein Bus mit Berchtesgadener Nummernschild steht am Grenzausgang. ‚Erster Bus Ägypten–Israel' prangt ein Spruchband an seiner Kühlerhaube. Er transportiert eine deutsche Touristengruppe über die Grenze, von den Pyramiden kommend. Weniger euphorisch präsentieren sich die großräumigen Mercedes-Sammeltaxen: Ihr Friedensgeschäft floriert, sie benötigen keine Werbesprüche. Der Preis wird ausgehandelt, zwei ägyptische Pfund, etwas mehr als fünf Mark, bis zum Suezkanal. Schon unweit der Grenzstation hat das ägyptische Militär seine ersten Zelte aufgeschlagen. Am Strand machen Soldaten einen Dauerlauf. Das endlich zurückerhaltene Gebiet mit seinen wichtigen Ölfeldern soll ein für allemal ägyptisch bleiben – so spricht es aus den Mündungen der hier postierten Panzer. Vorbei an armseligen Beduinenlagern und an zerbombten Panzern und ausgebrannten Militärlastwagen aus dem 73er-Krieg und an landschaftlich begeisternden Wanderdünen. Wir nähern uns dem Suezkanal.

Noch mehrere Passkontrollen stoppen unser Fahrzeug, der Taxifahrer trägt es mit Gelassenheit. Vor Kurzem nach lebte er unter israelischer Verwaltung, jetzt trägt er wieder einen ägyptischen Pass. Allzu glücklich äußert er sich darüber nicht, die Ägypter hätten die Palästinenser in el-Arisch wenig freundlich behandelt. Er wolle weder unter Israelis noch unter Ägyptern leben, sondern kämpfe für seinen eigenen Staat. Die ungelösten Fragen holen uns auf der Friedensstraße schneller ein als der vorbeiziehende Wüstensand. Als mehr und mehr ungelöst erweisen sich heute auch die innenpolitischen, vor allem wirtschaftlichen und sozialen Probleme Israels und Ägyptens. In den Jahren außenpolitischer und militärischer Orientierung konnten und mussten die Regierungen beider Länder im Innern kürzertreten. Heute nun aber melden sich zunehmend Kritiker am innenpolitischen Kurs der Führer Sadat und Begin. Ägypten mit den tiefen Sorgen eines Entwicklungslandes bei einer rasanten Bevölkerungsentwicklung und immer lauter werdenden Konflikten zwischen orthodoxen Muslimen und koptischen Christen, und Israel mit einer Inflationsrate von 130 Prozent während des Vorjahres und einer angeblich instabilen Regierung, die bei vorzeitigen Neuwahlen die absolute Mehrheit an die oppositionelle Arbeiterpartei verlieren würde. Die neuen Partner werden das Ausland in Zukunft verstärkt unter innenpolitischen Blickwinkeln zu interessieren wissen.

Nach zweistündiger Wüstenfahrt erreichen wir den Suezkanal gegenüber Ismailia. Der Kanalort El Kantara erinnert gespenstisch an die wilden Kämpfe im Jom-Kippur-Krieg 1973. Hunderte von Einschüssen in nahezu jedem Gebäude, zerbombte Häuser, der zerfetzte Turm einer koptischen Kirche. Ägyptische Soldaten schlendern durch den inzwischen wieder bewohnten, wenngleich nicht sonderlich einladenden Ort. Durch den 1869 eröffneten Kanal schippert ein russischer Frachter. Ein kleines Boot bringt uns und einige Bewohner von El Kantara ans andere Ufer. Wieder warten Sammeltaxen, das Transportsystem kann sich sehen lassen. Der Fahrer freut sich über den Frieden mit Israel und sein gutes Geschäft, wahrscheinlich mehr über Letzteres. Lachend formt er zwei Finger der linken Hand zu einem Kreis, um seine Zustimmung zu unterstreichen, Zustimmung zu einem Frieden, den nicht zuletzt die Wirtschaftssituation der alten Kontrahenten erzwang und der sich nun auch für ihn in ägyptischen Pfund und Piastern auszahlt: ‚Welcome to Egypt, my friends.'"

11.–12. Juli 1980, Nairobi

Kenia wurde 1963 von Großbritannien unabhängig, im Jahr darauf Jomo Kenyatta als „Vater der Nation" der erste Staatspräsident. Er blieb es bis zu seinem Tod 1978. Die innenpolitische Ruhe in Kenia nach dem Tode von Staatsgründer Kenyatta und der Wahl Daniel arap Mois zu seinem Nachfolger halten die Studenten im Wohnheim der Universität von Nairobi, wo ich Unterkunft finde, für vordergründig. Eines nicht allzu fernen Tages, so sagt mir einer von ihnen mit Bestimmtheit in der Stimme, werde der wachsende Unmut über Korruption und das Stadt-Land-Gefälle ausbrechen. Die Studentenunruhen, die im Oktober 1979 zur Schließung der Universität geführt haben, seien nur ein Vorzeichen gewesen, eine Art Warnung.

Nairobi zeigt mit seinem imposanten Stadtzentrum um das Kenyatta Conference Centre, welche bisher weitgehend unausgeschöpfte Wirtschaftskraft in Afrika schlummert. Schon ein flüchtiger Blick auf die Südseite der Moi Avenue offenbart die Vielfalt der Stadt: Hindutempel und Maharati-Aufschriften, weniger gut gesäuberte Gehsteige, kleine Läden und Buden, Schuster und Obstverkäufer am Boden, aber eben auch weniger gut gekleidete Menschen, das zweite Gesicht Nairobis. Die weiter am Stadtrand liegenden Slums sind noch eine andere Welt für sich. Bezeichnenderweise lässt das Restaurant Tivoli im 28. Stock des Kenyatta Centre meinen Blick nur zum schönen Parlamentsgebäude und dem benachbarten Park schweifen. Zur anderen, ärmeren Seite der Stadt gibt es keinen Ausblick von dort oben. Die Verdrängungen von Wirklichkeiten aber, die einseitige, einfenstrige Sichtweise kann die Gespaltenheit Nairobis, dieser 700.000-Einwohner-Metropole mit britischem Golfparkflair, nicht auflösen.

Im Nachbarland Uganda hat von 1971 bis 1979 Idi Amin Dada als Diktator gewütet. Mehr als 300.000 Menschen wurden ermordet, Amin wurde vorgeworfen, Menschenfleisch zu essen. Im April 1979 reagierte Tansania auf einen Einfall ugandischer Soldaten. Tansanische Soldaten rückten bis Kampala vor. Amin floh nach Libyen. Der seinerzeit von Amin gestürzte frühere Staatschef Milton Obote wurde in umstrittenen

Wahlen im September 1979 wieder im Präsidentenamt von Uganda bestätigt. Unruhen und Unsicherheit über den weiteren Weg sind seither in Uganda nicht abgeebbt. Ein illegal eingereister Student aus Uganda berichtet mir von den militärischen und politischen „Kolonialisierungspraktiken" der tansanischen Befreiungssoldaten in seinem Lande. Elf Monate habe er sich vom Süden Ugandas bis in die Nordwestregion Kenias durchschlagen müssen, um vor den alten-neuen ugandischen Machthabern zu entkommen. In Nairobi aber werde er inzwischen vom UNHCR nicht mehr als Flüchtling anerkannt. Der Sturz Amins habe die Fronten geklärt, die Fluchtmotive seien erledigt, so sagt es der UNHCR. Kenias Regierung würde ihn, falls er bekannt würde, in ein Lager nahe der ugandischen Grenzen stecken. Vor der Repatriierung stehe meistens ein Gefängnisaufenthalt. Daher wollen er und drei Freunde versuchen, illegal nach Tansania zu gelangen, um dort zu dem ihm genehmen Teil der UNLF (Uganda National Liberation Front) zu stoßen. Der Kampf für ein anderes Uganda gehe weiter, die eigentlich zum Sturz Amins gebildete UNLF sei unterdessen in miteinander rivalisierende Gruppen gespalten. Der Sturz Amins sei nur ein Anfang gewesen.

Günter Krabbe, der Korrespondent der *Frankfurter Allgemeinen Zeitung* ist ein Afrikakenner wie nur wenige seiner Zunft. Zur Vorbereitung auf meinen Besuch in Somalia ordnet er für mich die dortigen Verhältnisse ein: Die Lage der Flüchtlinge aus Äthiopien sei halb so schlimm und im Kern nicht viel anders als das normale, harte Nomadenleben überall sonst am Horn von Afrika. Ernsthafte Probleme für Somalia würden erst in zwei, drei Jahren auftreten, wenn wegen Überweidung und Wasserbohrung der ökologische Haushalt des Nomadenstaates vollends zusammenbrechen könnte. Die somalische Regierung sei an einer Integration der Flüchtlinge nicht interessiert, so entstehe ein „Palästinenserproblem". Zur Bedeutung und dem Informationsinteresse des deutschen Lesepublikums an Afrika sagt Krabbe dezidiert: „Es gibt kein wirtschaftliches Interesse an Afrika und damit auch kein soziokulturelles oder politisches Informationsbedürfnis." Zum Gespräch im hübschen Haus der Familie Krabbe mit Kuckucksuhr werden Sahnetörtchen gereicht, angereichert mit Anekdoten über die soeben beendete, aus seiner Sicht nutzlose Gipfelkonferenz der Organisation für Afrikanische Einheit (OAU) in Sierra Leone.

13. Juli 1980, Mogadischu
Entlang der Küste des sandumspülten Indischen Ozeans erreicht die DC 9 der Kenya Airways das italienisch-maurisch geprägte, auf Sand gebaute und schachbrettartig mit vielen Sandstraßen durchzogene Mogadischu. Die Hauptstadt Somalias macht einen überraschend angenehmen, baumbegrünten und nicht zu geschäftigen Eindruck. Im Jahr 1960 waren Britisch-Somaliland und Italienisch-Somaliland zu einem gemeinsamen Staat Somalia gefügt und in die Unabhängigkeit entlassen worden. Der prosowjetische Militär Siad Barre übernahm 1969 die Macht. Mogadischus Bevölkerung wirkt gelöst, lebensfroh und vital. Herbert Hassold, der Pressereferent von Brot für die Welt, der mit mir geflogen ist, und ich nehmen Quartier im Croce del Sud. Ein wunderbar gemütliches Hotel mit Kolonialflair, von einer alten Italienerin charmant geleitet, idyllisch

mit Innenhof. Das Croce de Sud liegt direkt gegenüber der ebenfalls weiß leuchtenden katholischen Kathedrale mit ihrem gepflegten Park. Im muslimischen Somalia geht das Leben am Sonntag seinen gewohnten Gang, aber alles wirkt entspannt, nett, geradezu pittoresk. Im Uruba-Hotel, dem ersten Hotel am Platz, ist soeben die I. Internationale Konferenz von Somalia Studies zu Ende. Die Tagung hat 500.000 D-Mark gekostet, erzählt man sich.

Ein Ethnologe aus Frankfurt berichtet, dass sich in den Flüchtlingslagern des Landes inzwischen angeblich mehr Oromos als Somalis aus dem Ogaden befinden sollen, diese Tatsache aber aus politischen Gründen wohlweislich verschwiegen werde. Irgendwie sind die Flüchtlinge in Mogadischu ebenso weit weg wie bei der Kaffeestunde in Nairobi am Vortag. Ein englischer Experte, Neil Watson, der mehrere Jahre in Äthiopien gelebt hat, erklärt, dass der Name Oromo eine politisch motivierte Neuschöpfung aus jüngster Zeit sei. Sein Interesse gilt der langfristigen Entwicklungshilfe für Somalia, da durch die kurzfristige Konzentration auf die Flüchtlingshilfe für ihn sogar die Gefahr wachse, neue soziale Sprengsätze zu legen, weil die einheimische Bevölkerung sich vernachlässigt fühle. Die reguläre somalische Bevölkerung sei schließlich eine der ärmsten der Welt. Daher beargwöhnten sie zu Recht die humanitären Hilfsgüter, die an ihnen vorbei in die Flüchtlingslager gelangten.

Jiggo van Drunen und Garry Milne, UNHCR-Programmbeamte, geben mir einen Überblick über die Situation in den Flüchtlingslagern des Landes. Für die nächsten zwei bis drei Monate seien Nahrungsmittel hinreichend vorhanden, die Verteilung erweise sich als das größte Problem. In 20 der derzeit 26 Camps leben jeweils mehr als 40.000 Menschen. Im August/September wird vom UNHCR neue Nahrungsmittelknappheit befürchtet. Der UNHRC bemüht sich um ein eineinhalb Jahre laufendes Wasserprojekt und plant auf fünf Jahre angelegte Dauerhilfe: Klassenräume, Latrinen, Health Centres, Lagerräume müssten her. Unterstützung kommt auch von der Islamischen Entwicklungsbank. Die Schweizer Regierung hat zwei kleine Flugzeuge angeboten. Dies sei langfristig keine Lösung der Transportprobleme, zunächst aber „sehr, sehr hilfreich". Die deutsche Regierung lehnt es aus politischen Gründen ab, Transall-Maschinen der Bundeswehr zur Verfügung zu stellen, um die Flüchtlinge zu versorgen. Die UNHCR-Mitarbeiter sprechen die mittelfristigen ökologischen Katastrophen an (Verbrennen von Feuerholz). Der deutsche Botschafter Cornelius Metternich verweist darauf, dass Somalia zwar die OAU-Charta 1964, nicht aber die Grenzresolution aus dem September 1964 unterschrieben habe. Diese Resolution verpflichtet alle OAU-Mitgliedsstaaten, von jedweder Revision der bestehenden Staatsgrenzen abzusehen. Metternich spricht davon, dass Somalia inzwischen offen die Ogaden-Befreiungsmiliz WSLF militärisch unterstütze. Er beurteilt die somalische Innenpolitik als ein „Kunstwerk des Proporzes" zwischen den somalischen Clans. Darin sei Ministerpräsident Siad Barre Meister. Der von ihm propagierte „wissenschaftliche Sozialismus" sei weitgehend ein Lippenbekenntnis. Die plötzliche Westorientierung in der Außenpolitik müsse vorsichtig beobachtet werden und sei möglicherweise ermutigend, so der Botschafter.

15. Juli 1980, Jalalaqsi
Eine dreistündige Land-Rover-Fahrt führt mich mit Peter Sablinski, *Westdeutsche Allgemeine Zeitung,* und Harald Hassold, Brot für die Welt, ins Flüchtlingslager Jalalaqsi, 175 km von Mogadischu entfernt. Am Rande des kleinen und zersiedelten, von strohbedeckten Häusern und Hütten geprägten Dorfes Jalalaqsi befindet sich das Flüchtlingslager. Es besteht aus einem neuen und einem alten Camp, jeweils am anderen Dorfende am Shebelli-Fluss. Abdilli Hashi, Verwaltungsleiter des nationalen Flüchtlingskomitees, gibt 57.000 Lagerinsassen an. Noch kommen 200 Menschen (aus dem Transitcamp Terfer) täglich dazu. Die erste Flüchtlingsgruppe war 1979 eingetroffen. 70 % der Geflüchteten seien Kinder. Es gebe nur wenige Männer. Die würden weiter an der Front kämpfen. Ein Lagerrundgang überzeugt mich nur bedingt von dieser Darstellung. Inmitten der runden Strohhütten sind durchaus viele männliche Flüchtlinge anzutreffen. Eine Schule, ein winziges Hospital, welches unzureichend ausgerüstet ist, eine italienische Ärztin, ein somalischer Doktor und zwei italienische Krankenschwestern befinden sich im Lager. Telefonkontakt mit Mogadischu gibt es nicht. Transport- und Versorgungslage sind mäßig bis schlecht: 250 g Mais, 75 g Öl und 50 g Kochöl stehen jedem Flüchtling pro Tag laut UN-Plan zu. Flüchtlinge berichten von Hungerzuständen, Reisknappheit, Öldefiziten. Die Lagerräume sind leer. Reis soll in einer Woche wieder eintreffen. Jeder Flüchtling besitzt ein Schulheft, in dem die Nahrungsmittelverteilungen notiert werden. Kleidung, so Abdilli Hashi, werde nicht verteilt. Im spärlich eingerichteten Büro glänzen der fünfzackige Stern der blauen Nationalflagge und eine Revolutionsflagge von 1969 an der Wand. Die Krankenstation ist überfüllt. Auch Schlangenbisse kommen vor. Dringend benötigt werden Penicillin und andere Antibiotika sowie antiparasitäre Medikamente. Langfristig sind die Hygieneprobleme (Wasserverseuchung in Shebelli) besonders besorgniserregend. Gewöhnliche Medikamente sind vorhanden. Notwendig aber wären Impfungen gegen Polio, Tetanus, Typhus, Anti-TB und Masern. An Impfstoffen fehlt es.

Eltern versuchen manchmal traditionelle Behandlungsmethoden, die zum Tod ihrer eigenen Kinder führen können. Das Feeding Centre verteilt inzwischen Mais, Sojabohnen und Grapefruits für Schwangere. TB-Patienten erhalten z. T. Hühnchen und Käse. Fehl- und Unterernährung findet zum Teil statt. Die Kindersterblichkeit ist vor allem hoch wegen Masern, Fieber, Durchfall. Das Camp macht den Eindruck eines nicht endenden Krals: Hütte neben Rundhütte, eine besser, eine schlechter ausgestattet. Innen ist nicht viel mehr Platz als für ein Bett und einen Stuhl, die eh nicht vorrätig sind. Flüchtlinge berichten übereinstimmend von 14- bis 21-tägigen Fluchtmärschen zu Fuß. Sie seien aus Angst vor kubanisch-sowjetischen Truppen davongelaufen. Die Soldaten hätten ihre Dörfer angegriffen und zum Teil bis aufs letzte Haus zerstört. Mehrere Männer und Frauen berichten von getöteten, oder auf der Flucht verhungerten Kindern.

Ahmed, 45 Jahre alt, seine Frau und ihre sieben Kinder sind schon seit einem Jahr im Camp. Er stammt aus Degehabur im Ogaden und berichtet von äthiopischen Luftangriffen auf sein Dorf. Seine Familie musste einen Monat lang zu Fuß gehen bis zur Grenze nach Somalia. Er will zurück zum Kämpfen gehen. Die Flüchtlinge sind offenbar über die politisch-militärische Lage gut informiert. Anod Ali Noor ist 75 Jahre alt und hat ein ausgezehrtes, sehniges Gesicht. Die Frau erhält ihre Lebensmittelration an einer überfüllten Ausgabestelle. Drei ihrer Söhne, so erzählt sie mir, seien im Krieg gestorben. Elmi, 40 Jahre, aus Kebri Dehar, seine Frau Bado, 35 Jahre, und ihre fünf Kinder waren fünfzehn Tage zu Fuß auf der Flucht. Zwei Kinder seien unterwegs gestorben, man habe zu wenig zum Essen gehabt. Stolz und zugleich besorgt zeigen sie mir ihre noch lebenden Kinder von sechs, zwölf und vierzehn Jahren. Sie berichten von Soldaten und von Flugzeugen, die sie beschossen hätten: „Wir mussten schnell wegrennen." Im Camp ist einmal dieses, einmal jenes Essen knapp. Manchmal fallen ganze Mahlzeiten aus. Ein kleines Markttreiben unter einem weit ausladenden Mangrovenbaum hat sich etabliert: Bewohner von Jalalaqsi verkaufen Zucker, Bonbons, Obst, Besen. Manche Flüchtlinge haben Bargeld über die Grenze mitgebracht. Oft aber fehlt es den Menschen an allem. Sie tragen die Kleider, die sie während der Flucht bedeckten, nicht mehr. Auffallend sind viele ungepflegte und krank erscheinende Kinder und Babys. Ehe wir abfahren, kommen mehrere ältere Frauen um Essen bettelnd zum Wagen. Sie seien hungrig. Wir haben leider nichts als mitleidige Blicke dabei.

16.Juli 1980, Lugh Ganane
5 Uhr 51: Abfahrt in Mogadischu in einem Toyota-Land Rover zusammen mit dem Fahrer Mahmud, dem Dolmetscher Ahmed und Herbert Hassold. Nach siebenstündiger Fahrt erreichen wir Lugh Ganane, einen winzigen Distrikthauptort im Südwesten Somalias. Wir befinden uns im Grenzdreieck von Somalia, Kenia und Äthiopien. Wir fahren durch die Trockensavanne mit ausgelaugtem Boden, vorbei an vereinzelten Kamelen, ausgetrockneten Wadis und krüppligen Dornbüschen. Die meiste Zeit ab dem Ort Baidoa geht die Fahrt über eine löchrige und staubige Sand- und Kiespiste. Wir rattern gen Ogaden. Von Lugh Ganane sind es nur noch knapp vierzig Kilometer bis zur äthiopischen Grenze. Dort, sofort hinter der Grenze von Somalia zu Äthiopien, flammen die Kämpfe der somalischen Freischärler immer wieder auf. Es tobt ein Buschkrieg ohne Ende. Wir übernachten im schäbigen „Gästehaus" des District Commissioners in Lugh Ganane. Draußen im Hof, am Fluss Juba gelegen, kampiert eine größere Gruppe Flüchtlingsfrauen. Sie sollen nach Mogadischu transportiert werden, um eine Ausbildung als Krankenschwestern zu erhalten, erzählt der District Commissioner. Zum Abendessen gibt es für alle Spaghetti, für die einen draußen im Hof in Blechnäpfen auf dem Fußboden, für mich und meine Begleiter drinnen im Haus am gedeckten Tisch.

17.–18. Juli 1980, in der Gedo-Provinz
Lugh Ganane ist ein verarmtes Städtchen mit einem winzigen Markt. Daneben steht ein improvisiert wirkendes Revolutionsdenkmal mit dem fünfzackigen Stern auf der Spitze, der die Wirklichkeit Somalias und die tief nach Äthiopien hineingreifenden territorialen Ansprüche verbindet. Zwölf Kilometer fahren wir durch ausgelaugte Trockensavanne, vorbei an Raketenunterständen der somalischen Armee. Wir erreichen das älteste und nach Aussagen des Begleiters vom Nationalen Flüchtlingskommissariats bestorganisierte

Lager: Ali Mantan mit 48.000 Bewohnern. Unter einem Mangrovenbaum haben sich etwa hundert Mütter mit ihren Babys auf dem kahlen Steppenboden niedergelassen. 180 unterernährte Kinder werden mit im brackigem Flusswasser aufgelöstem Milchpulver versorgt. Ali Mantan liegt am River Juba, der derzeit reichlich Wasser führt. Dr. Hassan, ein junger somalischer Arzt, berichtet von langsam anlaufenden Bildungsprogrammen. Er erkläre den Menschen die Notwendigkeit, das dreckige Flusswasser vor dem Trinken zu kochen. Das Lager Ali Mantan ist zwei Jahre alt. Dr. Hassan, der von zwei französischen und einigen somalischen Krankenschwestern unterstützt wird, berichtet von vielen Tuberkulose-Erkrankungen, die die Folge der miserablen hygienischen Verhältnisse seien. Die allgemeine Nahrungsversorgung sei „sehr, sehr schlecht". Häufig gäbe es nicht einmal Reis. An der Essensausgabe sind die meisten der unterernährten Kinder versammelt. Ihre Bäuche sind aufgedunsen, ihre Bewegungen zäh und ungelenkig. Die meisten von ihnen werden wohl überleben, sagt Dr. Hassan. Lagerbewohner klagen, dass das Nichtstun für sie am Schlimmsten sei. Dr. Hassan: „Die Leute sind durchaus gewillt, etwas zu arbeiten. Aber wie sollen wir das hier im Lager organisieren?" Vor einiger Zeit seien Gerüchte aufgekommen, wonach das Camp verlegt werden solle. Dies habe sogleich wieder einige erste Arbeitsaktivitäten eingehen lassen. Das psychologische Moment, nutzlos herumzusitzen, ist nicht zu übersehen. Hinzu kommt, dass in den Camps in der Gedo-Region weitgehend Oromos leben, die traditionell als Kleinbauern arbeiten, hier aber auch unter anderem wegen der Bodenverhältnisse kaum mit landwirtschaftlicher Tätigkeit rechnen können. Das Bild wie gehabt: 60 % Kinder, 30 % Frauen, 10 % Männer. Darunter befinden sich nicht nur Alte und Verwundete, sondern auch Fronturlauber. Ein Jugendlicher erzählt, dass er seine Familie besuche. Bald aber werde er wieder in den Buschkrieg zurückkehren. Waffen seien genug vorhanden und die Kämpfe recht erbittert.

Asle Ebrahim hat sechs Kinder. In der letzten Nacht erblickte der jüngste das Licht der Flüchtlingswelt. Es liegt in Tücher verpackt neben der Mutter auf einer dünnen Bastmatte, die den harten Steppenboden nur notdürftig abdämpft. Asles Mann ist an der Front. Die Mehrheit aller Flüchtlinge in den Lagern der Provinz Gedo sind Oromos. Die Lagerambulanz verdient diesen Namen kaum. Zwischen zwei Dornbüschen wurde ein niedriges Jutezelt errichtet. Darin befinden sich zwei Stühle, zwei Tische, ein Behandlungstisch, ein halbvoller Medikamentenkoffer, einige Schachteln Penicillintabletten. Auf dem Behandlungstisch steht ein zweijähriges Mädchen, schwer erkrankt an Marasmus: Der aufgedunsene Bauch, die muskellosen Beine, die eingefallenen Augen, der schorfige Kopf und das Schreien lassen nichts Gutes erwarten. Der Arzt kann nur hoffen, das Kind durch kontinuierliche Nahrungsmittelzufuhr am Leben zu halten. Sicher ist dies keineswegs. Erschütternd: Drei große Brandwundenlöcher zieren den aufgequollenen Bauch. Die Mutter hat diese Löcher dort hineingebrannt. Dies ist eine traditionelle Behandlungsmethode der Nomaden in der Hoffnung, den dicken Bauch wieder zurückzudrängen. Ebenso macht betroffen, dass der Sohn dieser Frau gut ernährt ist. Er bekam auch die für das kleinere Schwesterchen vorgesehene Milchzufuhr. Ein

Mädchen gilt auch den Eltern dieser beiden Kinder nichts. So steht die Kleine kurz vor dem Exitus, wenn nicht noch ein Wunder geschieht.

Wir passieren wieder die Brücke am Juba, die nach Lugh Ganane hinüberführt. Am Ufer sind mehrere Bombentrichter zu sehen. Reparaturarbeiten am Brückenrand dauern noch an. Am 26. Juni erst warf ein äthiopisches Flugzeug seine Bomben ab. Das Flugzeug wurde abgeschossen und kam nahe des Lagers Halba 1 zu Fall. Dort werden uns stolz die Wrackteile einer sowjetischen MiG 23 gezeigt. „Wir erteilten den Äthiopiern eine Lektion. Sie werden bestimmt nicht noch mal einen neuen Angriff versuchen", sagt Ahmed, unser Begleiter. Unweit der Absturzstelle sehen wir den Schleudersitz und ein weiteres Stück entfernt eine noch scharfe Bombe. Der wahrscheinlich kubanische Pilot – so jedenfalls die Lagerbewohner – wurde mit einem Helikopter vor der somalischen Gefangenschaft gerettet. Die Somalis sind bekannt dafür, vor allem die Kubaner, die sie gefangen nehmen, sogleich zu töten. Sicher ist sicher.

Eine dreistündige Weiterfahrt führt uns nach Garba Harre. Unterwegs: ausgedörrte Erde, verreckte Hyänen und einzelne Nomaden mit ihrem Vieh. Garba Harre ist ein Dorf mit Strohhütten und einigen geduckten einstöckigen Häusern, weißgekalkt und mit Wellblechdach. Am Dorfrand liegt das nächste Flüchtlingslager. In vieler Hinsicht ähneln sich die Bilder vom Vortag. Das Lager Makaida macht einen äußerst armen Eindruck. Es ist erst ein dreiviertel Jahr alt. Die Somali-Nomaden empfinden das Lagerleben als „Strafversetzung". Auch wollen viele keineswegs an die Front zurück oder überhaupt in den Ogaden. Gelegentlich rekrutiert die WSLF bei nächtlichen Lkw-Touren ihre Soldaten. Dann verschwinden viele der wehrtüchtigen männlichen Lagerinsassen für ein, zwei Tage in den Busch. Dort verstecken sie sich vor ihren eigenen Freiheitskämpfern. Inzwischen sollten sich in Äthiopien auch bulgarische Militärberater aufhalten.

Vier MiGs bombardierten unlängst die Schule von Garba Harre, Siad Barres Geburtsort. Angeblich zufällig. Mit einer Herde Nomadenkühe übersetzen wir auf einer landgezogenen Fähre den Juba und erreichen nach zehnstündiger Schaukelfahrt auf katastrophal steinigen Pfaden Mogadischu. Bei einer Teepause in einem kleinen Dorf tanzen gut fünfzig Männer in der Dorfmitte neben der kleinen Markthalle. Sie danken damit für die ersten, lang erwarteten Regentropfen, die gestern gefallen sind. Der Dorfchef des Staatssicherheitsdienstes schließt im Dorfrestaurant, einem kleinen, ärmlichen Schuppen, sogleich die Tür hinter uns und untersagt jegliches Fotografieren. Kontakt zur Dorfbevölkerung ist nicht erwünscht. Die Pathologien des somalischen Sozialismus sind noch immer präsent in diesem kargen Land. Die Dorfbevölkerung macht einen wohlgenährten, wenngleich nicht reichen Eindruck. In der Markthalle sind die wichtigsten Nahrungsmittel vorrätig, indessen nur in relativ geringen Mengen. Wie sagte der Mann vom Schweizer Katastrophendienst: „Nomaden sind doch ohnehin nicht sehr dick, oder?"

19. Juli 1980, Mogadischu
Staatsminister Jama im Planungsministerium postuliert eine politische Lösung des Ogaden-Konfliktes. Minister J. Mohammed Ghalib, Local Government and Rural

Development, hält eine solche Lösung für ausgeschlossen, solange es sowjetische und kubanische Truppen in Äthiopien gäbe. Jama verweist darauf, dass ein äthiopisch-somalischer Konflikt erst durch die Anwesenheit der ausländischen Truppen hervorgerufen wurde, die Supermächte eine Lösung ohne ihre Beteiligung nicht akzeptieren und der sowjetische Imperialismus sich vom klassischen nur dadurch unterscheide, dass er im Namen des Sozialismus praktiziert werde. Ghalib sieht Äthiopiens Staatschef Mengistu Haile Mariam, nicht weniger Sozialist wie Somalias Siad Barre, in den Klauen des Sowjets. Er unterstellt dem äthiopischen Regime, kaum an einer militärischen Lösung des Konfliktes interessiert zu sein.

Wegen der Flüchtlingsfrage in „dieser großen Dimension" hält Jama es für unmöglich, die Ziele des somalischen Drei-Jahres-Planes für die Zeit von 1979 bis 1981 vollständig zu realisieren. Die wichtigsten Prioritäten liegen im Landwirtschaftsbereich. Die Programme, um Nomaden zu Fischern zu machen, würden erfolgreicher anlaufen als erwartet, wobei indessen häufiger in Gesprächen das Gegenteil zu hören ist. Den geplanten Bardera-Damm nahe Garba Harre hält Minister Jama für die vorrangigste Aufgabe im Agrarbereich, ökologische Folgeerscheinungen sieht er nicht, wie überhaupt den ökologischen Aspekten der Flüchtlingsfrage nur geringe Bedeutung beigemessen wird. Der Leiter der Planungsabteilung im Agrarministerium, Abulladif, hält ebenfalls ohne den Bardera-Damm keine Entwicklung für möglich. Elektrizität, Bewässerung für *cash crops* (Bananen, Grapefruits etc.) hängen von diesem Projekt ab. Der Glaube an den technischen Fortschritt ist ungebändigt im Somalia des wissenschaftlichen Sozialismus bei gleichzeitiger außenpolitischer Neuausrichtung zum Westen.

Bei den nächsten Regierungsverhandlungen im August 1980 in Bonn werden die Somalis erneut dieses mehr als fragwürdige Prestigeprojekt zu forcieren versuchen. Sie berufen sich dabei auf eine Spontanzusage der Bundesregierung, die auf offenbar unüberlegte Weise im Zusammenhang mit der Lufthansa-Entführung 1977 erfolgt ist. Inzwischen haben der Internationale Währungsfonds, die USA und die Länder der Europäischen Gemeinschaft ihre Finanzzusagen zurückgezogen. Die Somalis hoffen, ein Junktim zwischen einem geplanten US-Militärstützpunkt in Berbera und dem Bardera-Projekt herzustellen. Der für Flüchtlingsfragen zuständige Minister Ghalib verweist darauf, dass das Nationale Flüchtlingskomitee direkt dem Vizepräsidenten unterstellt ist.

Ich frage ihn nach den Schwarzmärkten, von denen allerorten gesprochen wird. Jeder Schwarzmarkt sei „sehr irregulär". Von größeren Dimensionen sei ihm nichts bekannt. Den von mir geschilderten Vorfällen werde er nachgehen. 31 weitere Lastwagen mithilfe der EG werden alsbald in Somalia erwartet, dazu rund einhundert Lastwagen mit Nahrungshilfe der deutschen Regierung. Die ökologischen Fragen nimmt Ghalib „sehr ernst", daher habe man die EG nach Möglichkeiten zur Nutzung von Sonnenenergie gefragt. Bis September 1979 sei die somalische Regierung allein für die Flüchtlinge aufgekommen. Bis Juni 1980 habe man dadurch 232 Mio. Schilling Schulden im Ausland aufnehmen müssen, eine Zahl, die von deutschen Experten bezweifelt wird. Die Inflationsrate Somalias liegt zwischen 25 und 50 %. Seit 1970 sind die Löhne der Beamten und Angestellten nicht mehr erhöht worden. Der produktive Teil der

Wirtschaft macht nach Einschätzung eines Volkswirtes nicht mehr als 5 bis 10 % aus. Der italienische Kapitän Leonardo berichtet mir, dass er seine Schiffslandung ohne Komplikationen löschen konnte. Er berichtet von gut gefüllten Lagerhallen am Hafen. Dort liege vor allem Reis für die Menschen bereit. Mir wird zugeraunt, dass in den letzten Monaten die Zahl der in Somalia angemeldeten Autos sprunghaft angestiegen sei. Ist das ein Fall von Korruption, ein Nebenprodukt der westlichen Hilfe? Nepotismus muss wohl als ein weit verbreiteter Wesenszug der somalischen Gesellschaft bezeichnet werden.

20. Juli 1980, Hargeisa
Besuche in den Flüchtlingslagern Sa'abad und Dam im Norden von Somalia. Das Flussbett nahe Sa'abad ist völlig ausgetrocknet. Die steinigen Uferränder münden in eine geröllüberzogene Wüstenlandschaft, der vereinzelte Dornbüsche, abgegraste Bäume und abgestorbene Baumstümpfe ein lebloses Gesicht geben. Der ausgelaugte Boden ließ vor nicht allzu langer Zeit zumindest noch an einigen Stellen Ackerbau zu. Heute scheint dies völlig unmöglich. Die 65.000 Bewohner des Lagers Sa'abad schaufeln mit den Händen die sandige Oberfläche des Flussbettes frei, ehe sie in dreißig Zentimeter Tiefe auf Wasserrinnsale stoßen, die ihnen keine ausreichende und erst recht keine hygienische Versorgung garantieren. Die Nahrungsmittelknappheit wird übereinstimmend vom somalischen Lagerleiter und Ärzten des Oxfam-Teams als das zentrale Problem angesehen.

Zwischen Hargeisa und Sa'abad liegt Dam. Dam war zunächst nicht als permanentes Lager gedacht. Dort sind die deutschen „Notärzte" im Einsatz. Vor vier Tagen kamen 70 Zentner Reis an, drei Tage zuvor die letzte Ration. Die Lager sind wieder leer. Die Menschen leben von der Hand in den Mund. Wasserversorgung erfolgt mit Tanks aus Hargeisa. Zwei Lastwagen bringen drei Rationen täglich. Dies reicht, um jeder Person einen Liter Wasser auszugeben. Die Nahrung geht via Blockwartsystem durch zwölf Hände, ehe sie der eigentlich bedürftige Flüchtling erhält. Im OP-Zelt kann „je nach Staublage", so der Maltester-Arzt Jürgen Seidenberg, gearbeitet werden.

21. Juli 1980, Las Dure
Mit der amerikanischen Fotografin Lynn und dem anglo-burmesischen Kriegsberichterstatter Chris höre ich die Geschichte einiger Neuankömmlinge im Flüchtlingscamp Las Dure, 49 km von Hargeisa. Cabdi Osman Worsame, etwa 40 Jahre alt, aus einem Dorf südlich von Jijiga, berichtet von einem sechstägigen Fußmarsch, nachdem sein Dorf von Äthiopiern angegriffen und total zerstört wurde. Es gebe weiterhin schwere Kämpfe, die Freischärler seien mit AKM-Gewehren ausgerüstet, kämen gegen die hochgerüsteten Äthiopier und Kubaner aber nicht an. Die Taktik der WSLF: *Hit and run*. Auch sowjetische und kubanische Gefangene sollen nach Verhören getötet worden sein. Cabdi, der als Farmer gearbeitet hat und dessen Schafe von den Äthiopiern getötet wurden, wolle zurück an die Front, nachdem er seine Familie hier versorgt habe. Ein Sohn sei als Freischärler gefallen, ein krankes Kind sei mit der Frau noch auf dem Weg,

die beiden anderen Kinder bringe er nun nach Las Dure. Frau Aiwo Sande, 35, und ein Freischärler, Ebrahim Abde, 25, berichten, wie auch ein sechzehnjähriges Mädchen im Lager, die dort mit Mutter und jüngerer Schwester kocht, nachdem der Vater gefallen ist („Ich will auch kämpfen"), von Massenmorden an Männern, Frauen und Kindern durch Maschinengewehre oder Bajonette.

22. Juli 1980, Hargeisa
Besuch im Nationaltheater und im Nationalmuseum. Am Abend ein Gespräch mit Caldi Ismail, dem politischen Sekretär der Westsomalischen Befreiungsfront (WSLF). Er bestätigt, dass die Kämpfe in den letzten Monaten intensiviert worden und dass die Siegeschancen des WSLF nicht groß seien. Die WSLF kämpfe aber weiter für die Unabhängigkeit des Ogaden mit eigener Flagge, alles Weitere könne man dann sehen. Die Gesamteinwohnerzahl des Ogaden ist unklar. Ismail schätzt, dass etwa noch 60 % der Bevölkerung im Ogaden lebten. Durch die militärischen Erfolge der Äthiopier würden immer mehr Menschen zur Flucht getrieben. Ismail bestätigt die Hinrichtung kubanischer und äthiopischer Kriegsgefangener. Er spricht davon, dass äthiopische und kubanische Soldaten verstärkt gen Süden zogen. Die WSLF erhalte derzeit keine Waffen von der somalischen Regierung. Früher wären sie von Ägypten und dem Iran mit Waffen versorgt worden. Eine politische Lösung des Konflikts sei nur mit UNO-Hilfe möglich.

23. Juli 1980, Tog Wajaale
Knapp 65 km trennen das Transitcamp beim Dorf Tog Wajaale, hart an der Grenze zu Äthiopien, von der Ogaden-Stadt Jijiga. In Tog Wajaale kamen gestern elf, vorgestern zweiunddreißig neue Flüchtlinge an. Mit einigen der „Notärzte" beobachte ich die Ankunft einer Flüchtlingsfamilie aus Gerar, einem Dorf nahe Jijiga (Abb. 3.1). Gemächlich trottet das schwer beladene Kamel über den Dorfplatz. Ahmed Hussein, 31, seine Frau Waris Jusif, 30, seine Mutter Nadoor Mohammed, 50, eine Schwester und vier Kinder im Alter von 14, 13, 10 und einem Jahr, erreichen nach zehntägigem Fußmarsch das Transitcamp. Während sie Kochgeschirr, eine kleine Kerosinlampe und Hüttenwände aus Sackleinen und Reisig abladen, erzählt Ahmed Hussein: Das Nachbardorf sei angegriffen worden. Er habe zehn Tote gesehen und sei daher mit seiner Familie vorsichtshalber geflüchtet. Er gehöre zur WSLF und werde an die Front zurückgehen. Die Kämpfe seien schwerer geworden, die Siegeschancen äußerst begrenzt. Aber er besitze eine AK-47 und fühle sich damit sicher. Ahmed arbeitete als Farmer. Auf der Flucht erhielt seine Familie fünfmal von der WSLF Reis und Wasser. Eine ebenfalls neu angekommene Frau berichtet, dass ihr Dorf überfallen worden sei. Alle bei einer Versammlung zusammensitzenden Männer seien auf der Stelle getötet worden. Im Nahrungsdepot – inmitten der Lehmhütten des Flüchtlingsdorfes mit seinem kleinen Marktplatz und einer Messerschmiede – erhalten Ahmed und seine Familie eine erste Nahrungsration. Wir geben ihnen die für uns gedachte Cola. Es wird das eine Mal in ihrem Leben gewesen sein, dieses Getränk zu probieren, das alle Welt kennt.

3 Aufbrüche zu Freiheit und Globalisierung (1980–1989)

Abb. 3.1 Als Reporter im Flüchtlingslager Tog Wajaale, Somalia (1980) (© Ludger Kühnhardt)

Entlang der Grenze, vorbei an mehreren Militärcamps. Das kindliche Alter einiger Waffenträger wie auch ihre von den regulären Soldaten unterschiedene Kleidung lassen darauf schließen, dass sich zumindest an diesem Abschnitt der Front offizielles somalisches Militär und WSLF-Guerillas vermischt haben, was die Regierung in Mogadischu stets bestritten hat. Plötzlich werden wir von AK-47-tragenden Jungs umstellt und bedroht. Die beiden somalischen Begleiter werden bleich. Die eher hysterische amerikanische Fotografin Lynn wittert eine tolle Geschichte und will ihre langen Fotoobjektive zücken. Der anglo-burmesische Kollege Chris und ich werden als „Kubaner" angerufen, was uns noch nervöser macht. Während wir alle Hände voll zu tun haben, die zwischen uns sitzende Fotografin von ihren Fotografierabsichten abzuhalten, schießt uns durch den Kopf, dass kubanische Kriegsgefangene hier sogleich getötet werden. Ich spüre die AK-47 an meiner Schläfe. Der Spuk dauert schlimme lange Minuten. Nach gutem Zureden des Fahrers und des Regierungsbegleiters können wir die Kindersoldaten überzeugen, dass wir wirklich nur den Weg in der Wüste verfehlt hätten und keine Agenten der Gegenseite seien. Wir dürfen unbehelligt weiterfahren und sind erleichtert, die Halbwüchsigen mit ihren unberechenbaren Attitüden unbeschadet hinter uns zu lassen. Erst beim Abfahren kann ich die Aufschriften auf den T-Shirts betrachten: Einige der Halbwüchsigen brüsten sich mit der Aufschrift „Cassius Clay.

I'm the greatest". Noch immer verängstigt und zugleich enorm erleichtert donnert Fahrer Mohammed weiter.

Unvermittelt befinde ich mich in einem Ort ohne Namen, einem weiteren Transitlager. Um mich herum stehen dreißig Guris, Rundhütten, in denen sich über dreihundert Geflüchtete aufhalten. Notärzte, die hier in Vier-Tage-Schichten tätig sind, berichten von medizinischen Verbesserungen, gesunkenen Sterberaten und einer Konsolidierung der Lage, zumal der tägliche Zustrom an Flüchtlingen auf zwanzig bis dreißig gesunken ist. Einige unterernährte Kinder werden mit einer Magensonde ernährt. Ihre Überlebenschancen entwickeln sich gut. Ein mildes Lüftchen weht über den sandigen Platz. Im Schatten flackernder Kerosinlampen hocken geschäftige Frauen auf winzigen lederbespannten Holzschemeln. Aus staubigen Jutesäcken verkaufen sie Bündel von Chat-Blättern, eine Art Aufputschmittel, welches die hiesige Bevölkerung ebenso schätzt wie die Inder beispielsweise ihre mit rotem Farbstoff getränkten, nass gefüllten Betelblätter. An der grün gestrichenen Wand haben sich einige Männer zu einem abendlichen Plausch niedergesetzt. Im erfrischenden Abendwind genießen sie Obst zum Ausklang eines weiteren Ramadan-Tages, den sie zwischen 4 und 18 Uhr fastend zugebracht hatten. Trotz der offiziellen Politik eines „wissenschaftlichen Sozialismus" praktizieren überraschend viele Somalis die islamischen Gesetze. Die laizistische Verfassung von Somalia sieht die islamische Glaubenspraxis keineswegs als zwingend an für die Menschen in diesem nominell islamischen Land.

24.–26. Juli 1980, Dschibuti
Mit Jean-Michel Goudsticker, dem Presssprecher der Liga des Roten Kreuzes in Genf, und dem niederländischen lokalen Repräsentanten des Roten Kreuzes, Anthony Netelenbos, tauche ich ein in das Leben eines französischen Überseestützpunktes. Bis zur Unabhängigkeitserklärung am 27. Juni 1977 war die Republik Dschibuti des Präsidenten Hassan Gouled Aptidon als französisches Territorium der Afars und Issas bekannt. Die Stadt Dschibuti mit seinen rund 120.000 Einwohnern wirkt auf mich verschlafen, ein wenig wie Pondicherry in Indien. Ich erinnere mich an die dortigen ähnlich baumbewachsenen Straßen und die geduckten weißgetünchten Häuser. Dschibuti aber ist, ganz anders als Pondicherry, extrem teuer. Gut 6000 französische Soldaten sind hier stationiert, zudem 1500 Mann (ein halbes Bataillon) der Fremdenlegion, darunter überraschend einige Deutsche. Ihr Auftreten auf den Straßen, in Bars und Hotels weckt nicht die allerbesten Gefühle: Einige pockennarbige Männer zeigen mit abends in einer Bar stolz ihre Narben am Kopf, eine Erinnerung an den Indochinakrieg. Dann wenden sie sich wieder den lokalen Prostituierten zu, die sich ungeniert zu uns gesellt haben.

Dschibuti ist Stützpunkt der französischen Marine im Indischen Ozean. Französische Kriegsschiffe im kleinen Hafen demonstrieren die strategische Bedeutung des Indischen Ozeans, zumal nahe der Ölfelder am Persischen Golf. Dschibutis malerisches Ambiente kann nicht über die enormen ökonomischen Schwierigkeiten des kleinen Landes hinwegtäuschen. 80 % der Bevölkerung sind arbeitslos, die Kindersterblichkeit liegt bei 50 bis 60 %. Durch die extreme Dürre und den Regenmangel der letzten zwei Jahre wurden

120.000 der 300.000 Einwohner zur Nomadisierung gezwungen. Die Regierung stellt ihnen mit internationaler Hilfe Neusiedlungen zur Verfügung. Über 60 % des Viehs verendete im letzten Jahr wegen der Dürre. Zu den internen Wirtschaftskatastrophen gesellen sich 35.000 Flüchtlinge aus dem Ogaden und aus Eritrea. Dschibuti, im Schnittpunkt zweier militärischer Konflikte gelegen, gerät dabei zwischen die Mühlsteine. Die bisherigen Hilfszusagen des UNHCR erweisen sich als zu knapp, andererseits sollen mehrere tausend Tonnen Reis in den Lagerhallen von Dschibuti wegen ineffizienten und desinteressierten Regierungsstellen nahezu verrotten. Wenn im Oktober kein Regen fällt, steht eine Hungersnot größeren Ausmaßes zu befürchten.

Über das karge, von rötlich-braunen Wüsten umgebene Ali Sabieh, den zweitgrößten Ort von Dschibuti, fahre ich mit Hasan Awale, dem Generalsekretär des Djibouti Crescent Rouge, in das Dorf Ali Adde. Das Dorf macht einen trostlosen Eindruck. Im Flüchtlingslager am Dorfrand leben 5000 *displaced people.* Die Lagerbedingungen erscheinen mir besser als in Somalia zu sein. Die Zelte wirken stabiler. Es gibt eine halbwegs passable Infrastruktur mit Zugang zu Wasser. Der Distriktkommissar erweckt einen interessierten und engagierten Eindruck. Auf dem Rückweg geraten wir in schwere Sandstürme, sogenannte Habubs. Spiralförmig wirbelt der braungelbe Wüstensand in die Luft und bewegt sich mit rasender Geschwindigkeit über einen ausgetrockneten Salzsee in die steil ansteigenden kahlen Berge. Bauxitsteine bedecken den Wüstenboden bis kurz vor Balbala, das wie ein großer Slum aussieht. In dem Dorf am Stadtrand von Dschibuti haben 12.000 Menschen Unterkunft in Wellblech-, Karton- und Holzhütten gefunden. In der matten Nachmittagssonne glitzert das Wellblech wie das Panorama einer Science-Fiction-Szene.

27. Juli–2. August 1980, Addis Abeba
Ein knapp fünfzigminütiger Flug von Dschibutis Flughafen Ambouli endet in der Amharenhauptstadt Addis Abeba. Eine breit angelegte Ausfallstraße durchzieht das Botschaftsviertel Kebele und öffnet sich nach etwa zwei Kilometern in den Revolutionary Square, der von Hochhäusern begrenzt wird. Der Weg führt entlang an der St. Stephans-Kirche, der ersten Kirche am Ort für die äthiopisch-orthodoxen Christen. Sie stellen mehr als die Hälfte der Bevölkerung. Bis zur Revolution 1974 war das äthiopisch-orthodoxe Christentum Staatsreligion. Ich sehe den prächtig angelegten Hauptsitz der Organisation für Afrikanische Einheit OAU sowie den in einem sattgrünen Park gelegenen ehemaligen Kaiserpalast, in dem jetzt Revolutionsführer Haile Mengistu Mariam Hof hält. Im Marktviertel sind sonntags die meisten Läden geschlossen, dennoch bietet sich ein guter erster Überblick über die endlosen Stein-, Wellblech- und Holzhütten des Viertels. Der römisch-katholische Erzbischof (Abuna) Paulos Tzadua, bei dem ich zu Gast bin, zeigt sich erfreut über einige Neuansätze zur Ökumene mit der äthiopisch-orthodoxen Kirche. Trennend bleibe die unterschiedliche theologische Deutung des Monophysitismus. Der römisch-katholischen Kirche gehört weniger als ein Prozent der Bevölkerung an. Unmittelbar nach der Revolution habe auch seine Kirche

Verfolgungen erlebt, berichtet der Erzbischof. In der Zwischenzeit hätten sich die Verhältnisse wieder normalisiert.

Mit Deutschlands Botschafter Rüdiger von Pachelbel kann ich beim Lunch auf der Terrasse der herrlich weiten Botschaftsresidenz die zentralen Fragen der äthiopischen Politik und der Lage am Horn von Afrika erörtern. Von Pachelbel, früherer Pressechef des Auswärtigen Amtes, ist ein Original, alles andere als diplomatisch-konventionsbewusst. Elf somalische Brigaden befinden sich zurzeit im äthiopischen Ogaden, so berichtet er hinter vorgehaltener Hand. Teile davon seien wegen amerikanischen Drucks wieder auf dem Rückmarsch. Am 15. August findet in Lagos ein äthiopisch-somalisches Friedensgespräch unter dem Banner der OAU statt. Überraschend wurde soeben der amerikanische Botschafter des Landes verwiesen. Deutsche und Skandinavier mühen sich um eine Verbesserung der Beziehungen und um engere Zusammenarbeit. Äthiopier seien von Natur aus liberal und prowestlich. Propaganda könne nur sehr begrenzt greifen. Mengistu fühlt sich in der absoluten Abhängigkeit von den Sowjets unwohl, kann aber nur *step by step* Eigenständigkeit demonstrieren. Bei seinem ersten Moskaubesuch soll ihm förmlich diktiert und befohlen worden sein, was er zu tun habe. Die starke Präsenz des Ostblocks wird dem Westen, insbesondere den USA, angelastet, die durch die Aufkündigung ihrer Militär- und Wirtschaftshilfe 1977 für ein Vakuum sorgten, welches die UdSSR weidlich auszunutzen wussten. Das Land bedarf einer stärkeren ideologiefreien Unterstützung durch den Westen. Im Rahmen der EG bemüht man sich um eine Regionalkooperation Sudan, Dschibuti, Äthiopien und Somalia. Die Bedeutung des Horns von Afrika kann nicht unterschätzt werden. Die Zwangsansiedlungen im Ogaden stehen in einem anderen Licht, wenn berücksichtigt wird, dass die von der Trockenheit geschädigten Wollo-Bauern am Shabelle angesiedelt werden, um dort bessere Lebensbedingungen zu erhalten. Äthiopien ist zu religiös, um tatsächlich kommunistisch zu werden. 40.000 Gläubige allein in Addis begehen jeden 19. den Gabrielstag, einschließlich Frau Mengistu. Mengistu, so von Pachelbel, sei Praktiker, den die Lösung bilateraler Probleme interessiere. Deutschland hat eine gewisse Reputation, inzwischen wieder. Während die erste Phase der Revolution ruhig verlief, war die Zeit des Roten und des Weißen Terrors 1977/1978 extrem brutal. Grausame Berichte und massenhafte sinnlose Ermordungen prägten diese Jahre.

Der Presseattaché der deutschen Botschaft, Hans-Heinrich Wrede, bemüht sich um meine Registrierung als Journalist im Informationsministerium. Eine Akkreditierung kann nicht erwirkt werden. Schlimmer noch: Ein Genosse Oberst teilt mir mit, im Grunde genommen sei ich illegal im Lande. Da ich aber schon mal da sei, wolle man sehen, was zu machen sei. In jedem Fall muss ich vom bischöflichen Gästehaus in das kleine Ras Hotel auf der Churchill Avenue umziehen, trotz der hilfreichen Unterstützung durch Bischof Paulos. Der Bischof fährt zweimal höchstpersönlich mit mir zu den Herren Genossen. Vergeblich. Ein Programm könne gemacht werden, aber nur innerhalb von Addis. Die Stadt dürfe ich nicht verlassen. Zweimal am Tag muss ich mich in der Behörde melden. Aus der Bibliothek von Bischof Paulos kann ich mir zwei spannende Bücher über die Erschließung der Quellen des Nils durch Europäer ausleihen

(Moorehead 1962, 1973). So werden mir die Tage nicht lang. Faktisch aber stehe ich unter Hausarrest.

Das Stadtzentrum von Addis macht einen belebten Eindruck. Die Geschäfte führen ein reichhaltiges Angebot. Auch das Goethe-Institut ist gut bestückt. Es läuft hier aus politischen Gründen unter der Flagge des Botschafts-Kulturreferats. Problem bleibt die Schließung der deutschen Schule beziehungsweise ihre Übernahme durch die Revolutionsregierung. In der Trinity Church – unweit des Parlamentsgebäudes – stehen nicht nur der Thron für Kaiser und Gemahlin, sondern in einem abgetrennten Teil des in den zwanziger Jahren entstandenen Kirchenschiffes befindet sich ein aus griechischem Marmor gefertigter Sarkophag für Haile Selassie I. Nach dem mysteriösen Tod des Ex-Monarchen im September 1975 tauchte seine Leiche nie wieder auf. Begraben in der Kirche wurden nur seine Frau und sein Sohn.

Die Sowjets liefern den äthiopischen Jahresbedarf an Rohöl um ein Drittel unter dem derzeitigen Weltmarktpreis (35,24 US$). Bei starker Preisbindung besteht eine gut zwanzigprozentige Inflationsrate. 100 Kilo Teff kosten 37 Birr. Der Schwarzmarkt blüht zum Teil sehr stark. Monatsverdienste: Mamita, die Haushälterin: 40 Birr; eine Sekretärin: 300 Birr, ein Lkw-Fahrer: 450 Birr; ein höherer Angestellter: 650; ein Minister: 1800.

Am Stadtrand von Addis Abeba befindet sich der ausgedehnte Komplex von ALERT (All Africa Leprosy Rehabilitation and Training Centre). Seit Mitte der sechziger Jahre wird hier Personal für die Leprarbeit aus- und weitergebildet. Die Teilnehmer der Kurse kommen aus allen Teilen Afrikas, und selbst aus Asien und Europa. In Äthiopien gibt es 80.000 registrierte Leprapatienten, geschätzt sind es 200.000. In einigen Gebieten Äthiopiens gilt Lepra interessanterweise nicht als Stigma, anders als ich es in Tansania oder Indien erlebt habe. Der Grund, so erfahre ich, liegt in der religiösen Überzeugung der orthodoxen Christen. Die Regierung misst der Leprabekämpfung inzwischen größere Bedeutung zu, wiewohl es in der Prioritätenliste des Gesundheitsministeriums noch immer die letzte Stelle einnimmt. Der äthiopische leitende Arzt des ALERT-Hospitals zeigt sich skeptisch über integrierte Lepra- und Tuberkulose-Behandlung.

Eine eigenwillige deutsch-deutsche Begegnung: Peter Kohler, GTZ-Experte im Ministry of State Farming, sitzt dort mit einem DDR-Kollegen zusammen. Die Zusammenarbeit klappe ordentlich, bis zum Austausch der jeweiligen Zeitungen, erzählen mir die beiden geteilten Brüder.

Das Nationalmuseum von Addis beherbergt Funde aus dem Australopithecus-Zeitalter über Aksum (4. Jahrhundert vor Christus bis 6. Jahrhundert nach Christus), Lalibela, Boudar bis hin zur Negus-Herrschaft Meneliks II. und Haile Selassies. Dessen Thron wird gezeigt. Ansonsten aber findet der Negus Negesti keinerlei Erwähnung. Ganz anders hingegen in der Africa Hall, der Hauptstadt Afrikas: Sie wurde 1963 zur Gründung der OAU eingeweiht. Hier ziert das Bild des Ex-Monarchen ein Wandgemälde mit wuchtigem Titel: „Father of African freedom". Als Zaungast kann ich einer formellen, in gewisser Weise ritualisierten und irgendwie wenig praktischen Sitzung eines Intergovernmental Committees des UN-Economic and Social Council mit

Teilnehmern aus nahezu allen afrikanischen Staaten beiwohnen. Die Africa Hall, deren Eingangshalle eine beeindruckende Glasmalerei von Afewerk Tekle ziert, beheimatet neben der OAU auch die UN-Economic Commission for Africa.

Im Nightclub „Venus" schwingt die Jugend von Addis zu westlichen Rhythmen begeistert das Tanzbein. Man kann es nicht übersehen: Die Äthiopierinnen, wie die Somalis, gehören zu den schönsten Menschen der Welt. Es wird eine lange Nacht in betörender Begleitung.

Beeindruckend zeigt sich die Nationale Alphabetisierungskampagne. Ato Getato Mammo, der verantwortliche Mann im Erziehungsministerium, erläutert mir ausführlich die Struktur und Konzeption des Programms. Anders als projektorientierte Programme nutzt die Militärregierung ihre Einflussmöglichkeiten und führt eine nationale Kampagne durch, die bis 1987 den Analphabetismus (heute: 93 %) ausrotten solle. Erste beachtliche Erfolge können vermeldet werden. Besonders erfreulich ist die übermäßig hohe Beteiligung der Frauen. Bei einer Besichtigung von zwei Kursen in Kebele-Schulen von Addis bestätigt sich dieser Eindruck. Die Frauen berichten entweder vom allgemeinen Wunsch nach mehr Bildung und Wissen oder schildern persönliche Ereignisse (früher konnten sie die Busnummer nie lesen, daher lernt sie). Neben *functional literacy* findet auch politische Bildung statt, wobei Ato Gedato mit Hinweis auf die hohe Teilnehmerzahl politische Indoktrination ausschließen will. Osteuropäische Staaten unterstützten bisher wesentliche Teile der Kampagne.

Eine junge Frau erzählt mir, sie habe im Personalausweis ein vier Jahre älteres Geburtsdatum angegeben, um wenigstens einer kommunistischen Jugendorganisation zu entkommen. Am betrüblichsten in diesem Land ist das Misstrauen untereinander, das die importierte Ideologie des Marxismus-Leninismus gebracht hat. Jeder misstraut dem anderen. Als ich mit dem Genossen Oberst wieder einmal im Büro sitze, merken wir beide, dass wir allein sind. Da wird er freundlicher als in all den Tagen zuvor: „You see, I would like you to do this and that, but my regulations ..." So bewegt sich Äthiopien im siebten Jahr der Revolution teils vorwärts, teils am Fleck, teils rückwärts, teil orientierungslos, teils restriktiv, teils gebunden, teils gezwungen. Schade.

3–5. August 1980, Nairobi

Mit dem Trick, meine Zeitung habe mich dringend nach Kenia gerufen, verschafft mir der Genosse Oberst einen Platz in einer eigentlich schon ausgebuchten Maschine. Endlich kann ich dem Hausarrest der letzten Tage entkommen. Die Sicherheitsmaßnahmen und -kontrollen am Bole International Airport von Addis Abeba sind kaum noch zu übertreffen. Neben einer größeren Gruppe abreisender Kubaner wartet auch ein Trupp Arbeiter aus dem Reich der Mitte auf den Rückflug nach Beijing. Die Kubaner lassen sich selbst den Rückflug via Rom von Äthiopien zahlen. Ich sehe noch, wie mit einer soeben gelandeten Maschine ein neuer Arbeitertrupp von „Rotchinesen"[1] eintrifft. Dann schließt sich die Tür meiner Boeing. Bei fabelhaftem Service der Ethiopian Airlines überfliege ich den Lake District und die grüne, bergige Landschaft Südäthiopiens und erreiche das von flacher Buschsavanne umsäumte Nairobi.

Im Gefängnis von Kamiti, einem Dorf 25 km außerhalb von Nairobi, führt die Gesellschaft für technische Zusammenarbeit (GTZ) ein Obstanbauprojekt durch. Auf der Gefängnisfarm in einer hügelig-grünen Landschaft, betreiben die 900 Gefangenen Ackerbau und neuerdings Obstanbau. Der GTZ-Experte Jürgen Griesbach führte eine Reihe von Obstsorten ein, die hier gut gedeihen und intensivierte deren Züchtung und Produktion seit 1974. Inzwischen werden große Teile der Produktion – aus Kamiti und anderen Gefängnisfarmen Kenias – exportiert oder für den Landesverbrauch verwendet. Neben der Züchtung und Produktion von diversen hier gut wachsenden Obstsorten erfüllt das Projekt einen rehabilitativen Zweck für die beteiligten Gefangenen. Nach ihrer Entlassung können sie auf eigenen Shambas oder als Angestellte ihre neu erworbenen Kenntnisse verwenden. Hunderte von Kleinbauern der Umgebung kommen zur Kamiti Prison Farm, um sich Setzlinge zu besorgen.

Die Undugu Society wurde 1972 von Father Arnold Grol, einem kauzig-interessanten holländischen „White Father"-Missionar ins Leben gerufen. Im eigenen Vocational Training Centre werden sogenannte Parking Boys ausgebildet, Jungen, die ihr Geld damit verdienen, Autos auf Parkplätze einzuweisen und häufig ohne feste Bleibe sind. Zumeist kommen sie aus dem Mathare Valley, Nairobis größtem Slum mit 80.000 Einwohnern. Von der Hauptstraße reicht der Blick bis ans Ende des Tals. Blechhütte an Blechhütte, soweit das Auge reicht. Ihre Armut, so findet auch Father Grol, ist weit deprimierender als die ländliche Armut, da sie hier völlig entwurzelt und degeneriert sind. Im Innern des Slums herrscht ein reges soziales Leben. Auch die Undugu Society unterhält Jugendclubs und Sportaktivitäten. Neuestes Projekt von Father Grol: Ein Girls Club für Prostituierte. Prostitution, sagt der Pater, dürfe man nicht moralisch bewerten. Sie sei in Nairobi das Ergebnis von Armut. Es gebe für viele junge Frauen solange keine Alternative zur Prostitution, bis sie eine Berufsausbildung abgeschlossen und eine stabil bezahlte Arbeit gefunden hätten. Solange sei es überlebensnotwendig, sich mit Prostitution schnelles Geld zu verdienen. Father Grol erzählt, wie er einige der Mädchen nach ihren Wünschen gefragt habe. So entstanden in seiner Slum-Pfarrei schrittweise Erziehungs-, Gesundheits-, Familienplanungs- und andere Gemeinschaftsprogramme, ohne dass die Mädchen sogleich gezwungen worden wären, ihre Prostitution auf der Straße zu beenden. Father Grol kennt viele der Mädchen, sie vertrauen ihm. Bei Dunkel-

---

[1] Dieser Begriff wurde von mir 1980 in der im Westen weithin üblichen Weise verwendet. Es entsprach dem damaligen Sprachgebrauch, um zwischen Taiwan-Chinesen und den Bewohnern der kommunistischen Volksrepublik China zu unterscheiden. Insofern ist seine Wiedergabe an dieser Stelle eine Quelle über historische Zuschreibungen, die in späterer Zeit anders formuliert werden.

heit fahren wir über den Straßenstrich. Überall wird der Pater erkannt und freundlich angesprochen:

„Kinder und Jugendliche können nur von der Straße geholt werden, indem ihnen Alternativen geboten werden. Ich interessiere mich nicht für Ideologien und großen moralischen Prinzipien, sondern stelle die praktische Arbeit voran. Viele, auch in meiner Kirche und erst recht bei der politischen Linken, sind nur Schwätzer. Auch unter der Frauenbewegung im Westen erlebe ich dies, wenn es um die hiesige Prostitution geht. Wenn reiche Menschen mich bei meinen Sozialprojekten unterstützen, kritisiere ich sie nicht für ihren Luxus. Wir können niemals arm werden, aber wir können mit den Armen teilen und auf ihre Probleme hören."

Am Abend besuche ich mit einigen Leuten des DED und ihrer attraktiven indischen Sekretärin Nutan Shah eine Hautevolee-Diskothek in der Innenstadt von Nairobi. Zur Diskomusik vergnügt sich der Nachwuchs der indischen Geschäftswelt und das europäische Urlauberpublikum bei schummeriger Beleuchtung, dicken Teppichen und Klimaanlagen. Hier wird geflirtet, was das Zeug hält. Ganz ohne Gedanken an Geld.

7.–9. August 1980, Kisumu
Westlich von Nairobi öffnet sich die Berglandschaft ins weite Rift Valley, den ostafrikanischen Grabenbruch. Scharf schneidet sich das Rift Valley durch die Berge. Kraterhügel bilden Punkte inmitten einer Savannenlandschaft. Dann ändert sich das Bild wieder: Wellige, mit Teestauden bepflanzte Hügel gehen ineinander über. Kurz vor Kisumu dominiert der Maisanbau.

Um den weißen Uhrturm in der Mitte von Kisumu schließt sich ein Ring von Banken und Geschäftshäusern an. In gerader Linie führt die Hauptgeschäftsstraße den Hügel hinauf zur modernen Commerce Bank und hinunter zum Victoriasee. Kisumu ist ein beschauliches Städtchen mit rund 100.000 Einwohnern. Die 1500 Inder unter ihnen betreiben die Wirtschaft des Ortes und der umliegenden Nyanza-Provinz. In ihren sauberen Läden ist alles erhältlich. Auch der lokale Markt bietet ein reiches Angebot von Gemüse über Fisch bis zu Schuhen aus Autoreifen.

Am Ende der Einkaufsstraße, die von Kakteen unterbrochen wird, schließt sich das Industrial Centre von Kisumu an: Kleinindustriebetriebe und Workshops in ordentlicher Aufmachung. Das höchste Gebäude gehört United Millers Ltd., dessen Besitzer ist Kamal Shah, der Bruder der mir aus Nairobi bekannten Nutan. Ich kann in einer Wohnung der Familie über dem Uhrturmplatz wohnen. Kamal betreibt das Familienunternehmen. Bis zu 135 t Maismehl werden dort täglich gemahlen. Hinzu kommt eine noch größere Menge Reis. United Millers ist das größte Werk seiner Art in der Nyanza-Provinz. Ihr Maismehl „Jambo" allerorts erhältlich.

Die von Luos bewohnte Nyanza-Provinz war unter Kenias erstem Staatspräsidenten Jomo Kenyatta, den sie immer noch ehrfürchtig „Mzee" nennen, völlig vernachlässigt worden. Der seit 1978 amtierende Staatspräsident Daniel arap Moi, Angehöriger des Kalenjin-Stammes, hat Kisumu inzwischen viermal besucht. Dabei eröffnete er jedes

Mal neue Projekte zum Wohle einer besseren Entwicklung der Region. Kisumu sowie die umliegende Agrarlandschaft machen einen expandierenden Eindruck. Dies ist gewiss nicht erklärbar ohne den Geschäftssinn der Inder. Im Nyanza-Club treffen vor allem sie sich zum abendlichen Drink und tauschen den neuesten Klatsch und ihre Gemeinschaftsfragen aus. Die indische Community hält zusammen wie Pech und Schwefel. Die Inder fürchten nicht, aus Kenia herausgeworfen zu werden wie seinerzeit aus Uganda. Zu sehr sei Kenias Wirtschaft von ihnen abhängig.

10.–11. August 1980, Nairobi
Lunch Party unter deutschen „Expats", wie die ausländischen Experten sich nennen. Dabei ertönen vereinzelt rassistische Untertöne, die mich anwidern. Alles in allem aber halten die anwesenden deutschen Geschäftsleute Kenia für weiterhin stabil und investitionssicher. In einigen Jahren könnte es allerdings zu schwerwiegenderen Krisenerscheinungen kommen. In Afrika lässt sich eigentlich nichts vorhersagen, weiß hier jeder.

12.–13. August 1980, Mombasa
Die sechsstündige Busfahrt durch die Savanne und grüne Hügellandschaft – unterwegs huschen Gazellen und Affen am Minibus vorbei – endet in der zweitgrößten Stadt Kenias: Mombasa. Das Geschäftsviertel der Hafenstadt ist indisch-pakistanisch und das heißt vor allem: muslimisch geprägt. Neben einzelnen Hindu- und Jain-Tempeln ragen Moscheen über die zweistöckigen Geschäftshäuser der Asiaten. An der Kilindimi Road reiht sich ein Souvenirshop an den anderen. In der Mitte der Straßen ragen die zwei Paare Elefantenzähne symbolisch über die Fahrbahn: Es ist das Wahrzeichen Mombasas. Der Ort quillt zu jeder Jahreszeit über von europäischen Touristen. Dolphin Beach heißt derzeit der beliebteste Strand, den ich mir nicht entgehen lasse.

Eid al-Fitr, Ende des Fastenmonats Ramadan, ein hoher islamischer Feiertag, der als öffentlicher Feiertag begangen wird. In der Altstadt von Mombasa flanieren die Moslems in ihren kostbarsten Dschallabijas und mit einem sauberen Fez auf dem Kopf. Sie beglückwünschen sich gegenseitig und lassen sich von vorübergehenden Mullahs segnen. Die Altstadt vom Mombasa wirkt sehr arabisch mit ihren oft orientalisch anmutenden Wohnhäusern, Geschäften pakistanischer oder indischer Händler und Moscheen. Religion ist eher eine in den Alltag integrierte Praxis denn eine strenge Doktrin. Zwischen den kleinen Wohnhäusern mit ihren Wellblechdächern führen verwinkelte Gässchen hindurch, zuweilen von einem Palmenbaum bestanden. Ein Graffiti verweist auf „Bangladesh Town". Im Osten der Altstadt, am Rande der Insel Mombasa, liegt Fort Jesus, 1598 von den Portugiesen erbaut, 1683 vom Sultan von Oman erobert, im 19. Jahrhundert britisches Gefängnis, heute Museum. Von der wuchtigen Mauer des Forts blickt man in den Old Harbour von Mombasa und aufs offene Meer des Indischen Ozean. Mombasas günstige Lage mit zwei natürlichen Häfen zu beiden Seiten des Ortes ließ es früh zu einem Handelszentrum im arabisch-asiatisch-afrikanischen Raum werden. Wegen seiner geopolitischen und strategischen Bedeutung beabsichtigt die amerikanische Armee, in Mombasa einen Stützpunkt einzurichten mit dem Ziel, die Ölvorkommen am Persischen Golf zu sichern.

Ganz plötzlich ist es dunkel geworden, wie in den Tropen üblich. Inzwischen ist in die Altstadt Leben eingekehrt. Die nichtmuslimischen Inder versäumen es nicht, ihren Geschäften nachzugehen, auch in den Mackinnon-Markthallen findet ein reges Treiben statt. Ruhe herrscht nur im größten Hindutempel von Mombasa. Unweit der quirligen Altstadtstraße mit ihren Basarläden und der schrillen indischen und arabischen Musik erhebt sich der leuchtend weiße Tempelbau. In seinem Innern bringen einige gläubige Hindus ihr Opfer dar – Reiskörner, Obst und Geldstücke – oder senken ihr Haupt zum Gebet. Ein Brahmanenpriester rezitiert im Sprechgesang aus den Veden. Dann lässt er schweigend die Gebetskette durch seine Finger gleiten.

14. August 1980, Blantyre
Auf dem internationalen Flughafen Chileka von Blantyre werden zwei kenianische Zeitschriften konfisziert, die in Malawi nicht opportun sind. Presse- und Meinungsfreiheit sind in Malawi keine gängige Münze, wird mir sogleich eingebläut. Immerhin verrichtet der Zöllner sein Zensurwesen mit ausgesuchter Höflichkeit. J. B. Eley, der Generaldirektor einer großen Stahlfirma mit Stammsitz in England, schildert Malawi als das angenehmste afrikanische Land, die Malawis als die freundlichsten Leute und sein Geschäft als gut. Noch immer dominieren Briten Industrie und Handel der 1964 unabhängig gewordenen Kolonie Njassaland. Die politische Stabilität im vom Malawi National Congress regierten Einparteienstaat des Dr. Hastings Kamuzu Banda wird sich dann zu bewähren haben, wenn ein Übergang nach dem Tode des unterdessen 81-Jährigen gefunden werden muss. Die Wirtschaftsbeziehungen zu Südafrika sind immens. Selbst die Butter, die im Flugzeug gereicht wurde, kam aus der Burenrepublik. Malawi ist das einzige schwarzafrikanische Land mit einer südafrikanischen Botschaft.

„Good morning, Master." Das breit lachende Gesicht des in weiß gekleideten Hotelboys weckt mich mit einem typisch britischen *early morning coffee*. Blantyre mit seinen gut 300.000 Einwohnern ist Handelszentrum des Landes mit etwas über fünf Millionen Einwohnern. Blantyre ist benannt nach dem schottischen Geburtsort des Njassaland-Erforschers David Livingstone. Die Stadt liegt in einer zedernbewachsenen, hügligen Landschaft und strahlt einen eigenen zurückhaltenden Charme aus: Die sauberen Straßen mit gepflegten Blumenanlagen werden von gut gefüllten Geschäften – zum Teil asiatischer Besitzer, deren Businessradius auf die Städte beschränkt ist – gesäumt. In der Victoria Avenue glänzen moderne Geschäfts- und Bankgebäude und künden vom stillschweigend eingesetzten wirtschaftlichen Entwicklungsprozess Malawis. Die Menschen sind gut gekleidet, immer freundlich und mit einem Lächeln auf den Lippen. Die Atmosphäre unterscheidet sich deutlich von Ostafrika und erst recht von den Ländern am Horn von Afrika.

15. August 1980, Lilongwe

Durch die bis zu 2259 m ansteigenden Zomba Mountains führt mich eine sechsstündige Busfahrt aus der Südprovinz in die seit 1975 eingeweihte neue Hauptstadt Lilongwe. Das Land in diesem Abschnitt, hart an der Grenze zu Mosambik, wird von markanten Felsbergen in welliger Umgebung geprägt. Maisfelder werden von baumbestandenen Flächen und Tabakanbaugebieten unterbrochen. Dazwischen liegt unbearbeitetes Grasland. Wie in ganz Ostafrika, wurde auch Malawi, bislang Maisexporteur, von der großen Dürre dieses Jahres erfasst. Dank der für afrikanische Verhältnisse weitsichtigen Entwicklungsstrategie trat keine akute Unterversorgung ein. Malawis Regierung konnte sogar Überschüsse in die betroffenen Gebiete umleiten.

Das braune Savannengras auf rötlichem Boden wird zuweilen von mächtigen Baobabs überragt, den herrlich anzusehenden Affenbrotbäumen. Die größeren Orte, die ich passiere – Zomba, Ntcheu und Dedza – hinterlassen einen friedlichen und durchaus prosperierenden Eindruck. Vielfältige Bauarbeiten zeugen vom Aufschwung Malawis. Recht häufig erheben sich große Missionskirchen am Straßenrand. Auch im Lingadzi Inn von Lilongwe liegt in jedem Zimmer eine Bibel.

Lilongwe, eine kleine Hauptstadt im Grünen. Direkt nach der Unabhängigkeit 1964 kündigte Präsident Hastings Kamuzu Banda die Umsiedlung der Hauptstadt an. Zomba, bisher Sitz der Administration der Kolonie Njassaland, galt dem Gründerpräsidenten von Malawi doch als zu arg von der britischen Kolonialmacht geprägt. Dieser Ort sollte nicht länger die Hauptstadt des unabhängigen Malawi sein, verfügte der Präsident, dessen Button viele seiner Landsleute an ihrer Kleidung angesteckt haben. Im Jahr 1969 begannen die Bauarbeiten in Lilongwe und 1975 war die neue Hauptstadt bezugsfertig. Lilongwe ist breiträumig angelegt. Im alten Teil der Stadt sitzen viele Schneider vor den Türen ihrer Geschäfte. Hier findet sich der quirlige Markt. Getrennt durch landwirtschaftliche Nutzflächen und grüne Parkanlagen liegt das neue Lilongwe auf dem Capital Hill. Dort symbolisieren die neuen Regierungsgebäude den administrativen Charakter der Stadt. Weiße, stolz in die Weite strahlende Ministerien demonstrieren eine junge, souveräne Nation.

16.–17. August 1980, Salima, am Malawisee

Ich muss zwei Stunden für ein Busticket anstehen, dann beginnt die dreistündige Fahrt über einhundert Kilometer zum Malawisee. Bei der Busfahrt nach Salima passiere ich die Randbezirke von Lilongwe. Die Türme einer im Entstehen begriffenen Siloanlage überragen alle anderen Gebäude. Bis 1982 soll das größte Getreidesilo der Welt mit einer Kapazität von 180.000 t Mais fertiggestellt sein. Der überfüllte Bus schaukelt gemächlich gen Malawisee, keucht die Hügel hinauf und stoppt zuweilen in kleinen Ortschaften, um Mitreisende auszuspucken und neue einzusaugen. Die Dörfer Malawis wirken ordentlich und vorwärtsweisend. Die Lehmhütten – rund oder rechteckig – machen einen stabilen Eindruck. Nicht selten sind Ziegelhäuser oder Hütten aus Ziegeln und mit einem Wellblechdach anzutreffen. In jedem Dorf gibt es eine Ziegelbrennerei. In den Dörfern gibt es normalerweise keinen Stromanschluss für die einzelnen Häuser. Die

Wasserversorgung erfolgt mithilfe von Gemeinschaftsbrunnen, die teilweise über recht ordentliche Zugsysteme verfügen. Vor der Hütte von freistehenden Bauernhöfen kochen nicht selten mehrere Frauen am offenen Feuer. Gemeinsam bereiten sie das Mittagsmahl ihrer Familien. Auf einer solchen typischen *shamba* fehlen selten einige Obstbäume.

Vogelgezwitscher begrüßt mich inmitten der friedlichen Atmosphäre am Malawisee unweit von Salima. Die Malawis sind sehr angenehme, freundliche und zuvorkommende Menschen, die auch untereinander friedlich und einträchtig umgehen, wie ich beobachte. Bezeichnend für den relativ prosperierenden Entwicklungsstand Malawis ist die Anwesenheit vieler Menschen aus Sambia, die zum Einkaufen nach Lilongwe fahren. In Sambia müssen vergleichsweise desolate Verhältnisse herrschen. Malawi versteht sich als das freundliche Herz von Afrika, wie mancher Einwohner mithilfe des entsprechenden Aufdrucks auf dem T-Shirt selbstbewusst verkündet.

Gleichförmig rauscht das Wasser des Malawisee unter meinem Fenster vorbei. Mit beachtlicher Brandung platschen die Wellen ans Ufer. Dunkelblau liegt der Himmel über dem See. Am Horizont zeichnen sich erste Konturen der nahenden Morgenröte ab. Um 6 Uhr 05 dringen die ersten Sonnenstrahlen über die zu Mosambik gehörende Bergkette am anderen Ufer. Die Morgensonne leuchtet direkt in mein Zimmer im ersten Stock des Grand Beach Hotels bei Salima am Malawisee. Das Hotel ist entschieden weniger pompös, als es der Name vermuten lässt. Faktisch ist es die einzig annehmbare Unterkunft direkt am Seeufer. Mit 52 Meilen Breite und 365 Meilen Länge ist der Malawisee der drittgrößte See Afrikas und der neuntgrößte See der Welt. Er umfasst ein Fünftel der Gesamtfläche Malawis. Seine tiefste Stelle im Norden liegt mehr als 200 m unter dem Meeresspiegel. Der Malawisee bildet einen Teil des mit dem See Genezareth in Israel beginnenden Grabenbruchs, das sogenannte Rift Valley, das sich vor gut 100.000 Jahren durch einen Erdrutsch gebildet hat. Funde am Ufer des Malawisee aus Stein- und Eisenzeit bezeugen menschliches Dasein aus dieser Zeit. Nach Portugiesen im 16. und Arabern im 18. Jahrhundert was es David Livingstone, der 1859 den Njassasee ausführlich erforschte. Heute bietet der See eine Mischung aus landschaftlicher Schönheit und touristischer Erholung. Er ist Wasserstelle für die am See wohnenden Menschen und Fischvorrat nicht nur für Malawi selbst. Der hier gefangene Fisch wird auch exportiert, eine willkommene Einnahmequelle für die Fischer am See. Unter einem wuchtigen Baobab haben Fischer ihre Einbäume aufgestellt und flicken ihre Netze. Daneben waschen einige Frauen Wäsche in den Wassern des recht rauen Sees.

18. August 1980, Zomba
So diszipliniert und angenehm respektvoll die Menschen, so prosperierend die Wirtschaft, so steckt das Transportsystem Malawis doch noch in den Kinderschuhen. Mehrfach gelingt es mir, per Anhalter mitgenommen zu werden. Endlich erreiche ich Balaha, die nächste Busstation. Wir überqueren den Shire River und fahren entlang dem Mulanje-Massiv nach Blantyre. Es ist eine Nebenstrecke, die zwar geteert ist, aber doch weit weniger solide wirkt als die Hauptstraße zwischen Blantyre und Lilongwe. Mir fällt sofort auf, dass der Lebensstandard der Landbevölkerung in dieser Gegend erheblich

unter dem Niveau im Raum Blantyre-Lilongwe liegt. Der Mindestlohn in Malawi liegt bei 50 bis 60 Tambala, das entspricht einer D-Mark pro Tag. Die vielen Menschen, die in Subsistenzwirtschaft leben, erhalten nicht einmal diese Summe Geld, um ihr Leben zu bestehen. In den Dörfern Malawis funktionieren die traditionellen Strukturen nach wie vor. *Group heads* bilden die unterste Autoritätsstufe. Ihr regionaler Zusammenschluss wird von einem Häuptling geleitet. Über ihm steht, auch in Rechtsfragen, der moderne District Commissioner. Entscheidende Bedeutung besitzen nach wie vor die *Traditional Courts,* die traditionellen Gerichtshöfe, die unter dem Vorsitz eines *group heads* von Scheidungen bis zu Landstreitigkeiten lokale Streitfälle schlichten. Maßstab der Urteilsbildung ist der gesunde Menschenverstand. Nur unlösbare Fälle und schwere Straftaten werden an den modernen Gerichtshof in Lilongwe überwiesen. Im Jahr 1975 wurde Staatspräsident Kamuzu Banda zum Präsidenten auf Lebenszeit erkannt. Mir wird dies mit Analogien zur Autorität des Häuptlings im traditionellen Gesellschaftssystem erklärt. Ein unanfechtbarer Häuptling sei keineswegs ein tyrannischer Despot. Inwieweit diese Argumentationslinie tatsächlich stimmt oder ein Vorwand der regierenden Malawi Congress Party ist, um im Windschatten des durchaus beliebten Präsidenten ihre Macht allerorten zu zementieren, vermag ich nicht wirklich zu durchblicken. Aber zweifeln kann man schon, ob die Idealisierung des traditionellen Häuptlingsbegriffs für ein modernes Staatswesen angemessen ist.

Von Blantyre gelange ich nach Zomba, dem einstigen Verwaltungssitz der britischen Kolonie Njassaland. Die Stadt, von europäischen Plantagenbesitzern gegründet, liegt landschaftlich reizvoll inmitten der beschaulichen Shire-Hochlands. Auch nach der Unabhängigkeit Malawis 1964 blieb Zomba vorübergehend Hauptstadt, ehe 1975 der Umzug der meisten politischen Institutionen nach Lilongwe erfolgte. Das Einparteienparlament von Malawi aber hat seinen Sitz in Zomba beibehalten. Flaggengeschmückte Straßen rahmen die Arbeit der Parlamentarier ein. In der *Daily Times* wird episch über eine Fragestunde im Parlament berichtet. Die pflichtgemäßen Dankesbezeugungen gegenüber dem Staatspräsidenten triefen aus jedem Absatz des Textes.

19. August 1980, Salisbury
Hinter mir bleibt die bergige Landschaft von Malawi zurück. In 5000 m Höhe überquere ich das breite Bett des ruhig gen Indischen Ozean fließenden Sambesi. Ausgebrannte rötliche Erde und vereinzeltes Buschwerk bilden das Landschaftsrelief um den viertgrößten Strom des Kontinents. Vom Flugzeug kann ich seinen Verlauf und die Einbettung in die umgebende Landschaft vorzüglich studieren. Langsam gewinnt das Relief der Landschaft immer klarere Konturen: einzelne Hügel und erste Siedlungen tauchen auf, dann erste gerade angelegte Felder. Ich lande in Rhodesien, das neuerdings Simbabwe heißt. Eine ruhige Atmosphäre begrüßt mich in der Hauptstadt des seit dem 18. April 1980 unabhängigen Staates. Nach fast fünfzehn Jahren einseitig ausgerufener Loslösung von Großbritannien unter weißer Minderheitsregierung und siebenjährigem Buschkrieg mit Tausenden Toten ist Ruhe und Frieden eingekehrt in Simbabwe. Der überraschend hohe Wahlsieg der ZANU (PF) (Zimbabwe African National Union (Patriotic Front))

des Dr. Robert Mugabe hat eine Mehrheitsregierung an die Macht gebracht, die vor schwierigen Aufbauarbeiten steht. Wohl scheint die Infrastruktur Simbabwes weniger zerstört zu sein, als nach sieben Jahren Guerillakrieg zu befürchten wäre. Dennoch steht die neue Regierung vor enormen Herausforderungen, denn sie hat sich die schrittweise Afrikanisierung des Landes zum obersten Ziel gesetzt.

In der Disco-Bar des recht simplen, vornehmlich von Schwarzen aufgesuchten Elizabeth Hotels, einem schlichten zweistöckigen Gebäude an der Kreuzung von Kingsway und Manica Road, in dem ich Quartier genommen habe, wäre vor Monaten jeder Weiße noch angegiftet oder gar angegriffen worden. Heute finde ich schnell Kontakt zu jungen schwarzen Simbabwern. Sie reden von Frieden und Einigkeit, wollen den Hass überwinden und plädieren dafür, dass alle Menschen guten Willens ungeachtet ihrer Hautfarbe das Land gemeinsam aufbauen. Politische Popsongs der Band Africa Unite untermalen meine Bargespräche. Die jungen Menschen um mich herum gehören alle zum Stamm der Mashonas und sind offensichtlich Anhänger der gemäßigten Linie des Premiers Mugabe. Von den Matabele, dem Stamm von dessen radikalerem Widersacher Joshua Nkomo, halten sie nicht sehr viel. Ansonsten aber gilt: Weiße und Schwarze sollen fortan in der neuen Gesellschaft kooperieren. Einer schlägt mir auf die Schulter, denkt wohl ich sei ein weißer Rhodesier: „We are all brothers now." Ich solle ruhig mit seiner Freundin tanzen. Im Buschkrieg hätte ich dem Hünen mit dem breiten Grinsen nicht begegnen mögen. Jetzt ist er sogar einverstanden, dass seine Begleiterin mit mir flirtet und tanzt. Die Zeiten haben sich geändert.

Salisbury wurde 1890 begründet, benannt nach dem seinerzeitigen britischen Premierminister Robert Arthur Talbot Gascoyne-Cecil, 3. Marquess of Salisbury. Die Geschäftsstraßen von Salisbury halten jeden Vergleich mit britischen Großstadteinkaufszonen aus. Selbst gegenüber der Kenyatta Avenue in Nairobi oder den Hauptstraßen um Kairos Tahrir Square ist die Geschäftszone von Salisbury überdurchschnittlich. Die Auslagen der Geschäfte in Baker Street, Kingsway, Manica Street und der First Street, einer Fußgängerzone mit Straßencafés, zeigen die neueste Mode aus Europa sowie Autos, Lebensmittel jeder Art und Qualität. Übervolle Supermärkte lassen an Mitteleuropa denken. In einer Bank wird mir berichtet, dass deren Geschäfte in den letzten zwölf Monaten merklich angezogen hätten. Die allgemeine Lage aber sei nur schwer vorherzusagen und jeder verhalte sich abwartend. Im zweiten Stock eines unscheinbaren Hauses der Baker Street, 46, hat die Deutsche Botschaft mit sieben Angehörigen vorübergehend Quartier bezogen. Seit der Unabhängigkeit am 18. April ist die Bundesrepublik vertreten. Botschafter Reinhard Ellermann unterhält beste Kontakte zu allen hohen Regierungsstellen. Es war sehr weitsichtig, von Anfang an auf Mugabes ZANU (PF) zu setzen, wiewohl in Europa diese Gruppierung eher beargwöhnt als geschätzt wurde. Auch aus dem benachbarten Mosambik habe man die Entwicklung hin zu Mugabe kommen sehen.

Der Buschkrieg, ein nie erklärter Krieg mit am Ende 23.600 Toten, wurde von der weißen Regierung unter Ian Smith als *Law-and-Order*-Problem angesehen. Dementsprechend wurde dem Buschkrieg primär mit Polizeieinsatz begegnet. Nun, nachdem das

Land zur Ruhe gekommen ist, sind dringend Investitionen nötig, um die Infrastruktur zu verbessern und Arbeitsplätze zu schaffen. Im Informationsministerium befürchtet man eine weitere Auswanderung weißer Siedler. Der heutige *The Herald,* eine unzensierte, recht gute Zeitung, gab die offizielle Auswanderungsrate für Mai 1980 mit 1587 an – gegenüber rund 1200 im Vormonat. Meine Gesprächspartnerin im Informationsministerium, Mrs. Pearce, schätzt, dass die tatsächliche Zahl der Auswanderer bei 2000 liege. Eine Meldepflicht gebe es nicht in Simbabwe. Mugabes Politik sei entgegen den Positionen der Hardliner in seiner Regierung darauf ausgerichtet, die 200.000 Weißen zu halten, deren zu rasche Abwanderung den rund sieben Millionen Schwarzen nur schaden würde.

Der derzeit größte Unsicherheitsfaktor in Simbabwe ist die Tatsache, dass etwa 34.000 Guerillas weiterhin unter Waffen sind. Sie leben in Camps. Ein Besuch dort wird mir nicht gestattet. Bis Oktober sollen aus den bisherigen Guerilleros zwei schwarze Armeen gebildet werden. Deren anschließende Integration in eine nationale Armee, in die dann auch die bisherige weiße rhodesische Armee aufgehen soll, wird die größte Herausforderung für Simbabwe bedeuten. Ministerpräsident Mugabe bemüht sich offenbar darum, aus den Lagerguerillas eine Volksmiliz zu bilden, um wenigstens auf diese Weise ihre Integration – bei hoher Bezahlung – einzuleiten. Zu landwirtschaftlichen Aktivitäten scheinen die Ex-Krieger absolut nicht willens zu sein. Die ehemaligen Soldaten bilden nicht nur ein Faustpfand für die potenziell wieder verstärkt rivalisierenden politischen Gruppen, sondern sie bedeuten auch sozialen Sprengstoff. Die nicht erfasste Arbeitslosenrate erhält durch diese Guerillas weiteren Zuwachs. Bezeichnend für ihre weiterhin anhaltende Bedeutung ist die gegen Kaution gerade gestern erfolgte Freilassung des eines Mordes angeklagten und vor gut vierzehn Tagen verhafteten Ministers Edgar Tekere. Seine Gerichtsverhandlung – er wird des Mordes an einem weißen Farmer beschuldigt – dürfte zum Testfall für die Rechtssicherheit unter der Regierung Mugabes werden. *The Herald* verweist in seinem Bericht über die Freilassung Tekeres nicht nur auf die Reputation des Mannes, sondern auch darauf, dass er viele einflussreiche Freunde besitze und viele, die Waffen trugen. Botschafter Ellermann hält es für ein beachtliches Zeichen, dass derartige Meldungen und Hinweise überhaupt noch gedruckt würden. Ein Mitarbeiter der Botschaft bemerkt, dass in den deutschen Presseausschnitten mehr über Simbabwe zu erfahren sei als in den lokalen Medien.

Während die meisten in der Regel von Weißen geführten Geschäfte schließen und der Himmel sich schon afrikanisch abdunkelt, tagt Simbabwes Parlament noch in klassisch britischer Atmosphäre. Ein Kleinformat des Londoner Unterhauses in ebenso steifem und weißgepudertem Perückenambiente. Die Sitze der weißen Abgeordneten der Rhodesian Front befinden sich direkt links vom erhöhten Sitz des Speakers. Neben ihnen, gegenüber und an der Stirnseite sind die Plätze der ZANU (PF), der PF (Patriotic Front) und der UANC (United African National Council). Dort sehe ich Bischof Muzorewa, den Ex-Übergangspremier nach Ian Smith. In der heutigen Sitzung geht es um Post- und Transportprobleme. Der sachkundige Minister beantwortet Anfragen der Honorable Members. Lachen löst ein Redebeitrag des Ex-Postministers der Rhodesian

Front aus, der ein *Post Office* im Parlament fordert. Solange er Minister gewesen sei, habe er eine gute Sekretärin und keine Probleme gehabt. Das sei doch ein Vorteil, den sein Nachfolger wohl zu schätzen wisse. Nun aber sei er einfacher Abgeordneter und spüre den Mangel eines parlamentseigenen Postbüros. Mehr als nur die humoristische Randnotiz einer gewaltigen politischen Bewegung und Veränderung.

Nach der Unabhängigkeit schnellten die Löhne überdimensional in die Höhe, mit fatalen Konsequenzen für die Inflationsrate. Ein Textilfabrikarbeiter erhielt 7 rhodesische US-Dollar pro Woche vor der Unabhängigkeit. Seither ist sein Wochenlohn auf 17,50 rhodesische US-Dollar gestiegen. Die Produktivität des Mannes unter der Wirtschaft hat mit solchen Lohnsteigerungen nicht Schritt gehalten.

Die Weißen in Simbabwe zeigen sich verhalten und abwartend. Es sind zumeist jüngere Familien mit kleinen Kindern, die das Land verlassen, da sie auf lange Sicht für ihre Kinder keine reellen Chancen hier sehen. In gut zwei Jahren, so Frau Schlund, die seit 16 Jahren in Rhodesien lebt und die Bundesrepublik konsularisch während der Zeit der einseitig erklärten Unabhängigkeit (UDI, Unilateral Declaration of Independence) vertreten hat, werde das Land zusammenbrechen und den üblichen afrikanischen Weg des nachkolonialen Niederganges beschreiten. Erste Zeichen einer Verknappung von Gütern seien schon sichtbar. Die im heutigen *Herald* angekündigte Käseknappheit für Oktober sei weniger wetterbedingt, wie die Behörden sagen, sondern auf Exporteinschränkungen zurückzuführen.

22. August 1980, Victoriafälle
Ein eineinhalbstündiger Flug führt mich zu einem der größten Naturwunder Afrikas, wenn nicht der Welt. Als David Livingstone 1865 als erster Europäer die bis zu 95 m tiefen Wasserfälle am Sambesi entdeckte und sie nach der englischen Königin Victoria benannte, war er ebenso atem- und sprachlos, wie es noch immer jeder heutige Besucher ist. Geschätzt 500 Mio. Liter Wasser donnern pro Minute in die Tiefe der Fälle, die in Ndebele „thunder that storms", stürmender Donner, genannt werden. Meterhohe Gischt steigt auf der den Fällen gegenüberliegender Felswand in die Luft und berieselt den Regenwald und alle staunenden Besucher. Besonders beeindruckende Bilder bietet mir ein Flug in einem Viersitzer über das gesamte 1,7 km breite Areal der Victoriafälle. Das Flugzeug muss mindestens fünfzig Jahre alt sein und der Pilot könnte auch schon Livingstone begleitet haben. Breit fließt der nach Nil, Kongo und Niger viertgrößte Strom Afrikas, auf dem ich zuvor eine einstündige Bootsfahrt unternommen hatte, dahin. Kleine Inseln und Felsbrocken dienen Nilpferden und Elefanten als Lagerplatz, die ich vom Flugzeug aus beim Baden beobachten kann. Plötzlich stürzt das Wasser donnernd und schäumend in eine gut bis zu einhundert Meter tiefe, 250 m breite Felsspalte hinein. Physikalische Prozesse lassen bei passender Sonneneinwirkung einen permanenten vielfarbigen Regenbogen erscheinen. In der Tiefe fließt das Wasser wieder zusammen. Erneut geht es ins Bett des Sambesi gen Kariba- und Cabora-Bassa-Damm, um dann in Mosambik den Indischen Ozean zu erreichen. Die Victoriafälle bilden die Grenze zwischen Simbabwe und Sambia. Seit 1905 führt eine stählerne Brücke über den Fluss,

in deren Mitte in einem Eisenbahnwagon 1976 die Verhandlungen über den Waffenstillstand und die Unabhängigkeit Simbabwe-Rhodesiens stattgefunden haben.

23. August 1980, Umtali
„Come to Umtali to get bombed" – T-Shirts mit dieser doppeldeutigen Aufschrift gehörten in den letzten Jahren zu den sinnigen Souvenirs am Rande des rhodesischen Buschkrieges. In der Tat war der östlichste Ort Simbabwes stets ein Zentrum der innenpolitischen Unruhen. Durch die Lage an der Grenze zu Mosambik wirkten sich auch die dortigen Bürgerkriegskämpfe beständig auf Umtali aus. Seitdem dort das Regime der Frelimo herrscht, nutzt die mosambikanische Widerstandsbewegung Umtali als Rückzugsort. Dennoch: Nicht zu Unrecht erhebt Umtali (knapp 50.000 Einwohner) den Anspruch, schönster Ort des Landes zu sein. Umgeben von einer hübschen Kulisse von Bergen und Tälern, voran den südöstlich gelegenen Vumba-Bergen, stellt sich Umtali inzwischen wieder als ruhiger, bombenfreier Ort vor. Der 76-jährige griechische Besitzer eines Kinos an der Main Street, die sich über zwei Kilometer vom District Commissioner bis hin zum Umtali Club, dem ältesten Hotel am Platze, zieht, beklagt sich bitter über einen deutlichen Rückgang seiner Geschäfte. Früher habe er hier ein „schönes, kleines Business" betreiben können. Mit Zunahme der Bürgerkriegsaktivitäten verließen immer mehr Weiße – seine Hauptkunden – den Ort. Heute bleiben die meisten der sechshundert Plätze frei. Kuriose Randnotiz: Im Vorfilm zu dem Actionfilm *Flucht nach Athen*, den ich mir ansehe, wird fünfzehn Minuten lang der Rhein mit seinen Burgen, Weinfesten und Schifffahrtsmöglichkeiten vorgestellt. „Warum ist es am Rhein so schön", ertönt es in Umtali.

24. August 1980, Groß-Simbabwe
Die größte steinerne Ruinenanlage südlich der Sahara, nationale Archäologische Schatztruhe, Namensspender des neuen Staates: Simbabwe, das große Haus aus Stein. In der Nähe liegt Fort Victoria, die älteste Siedlung von Britisch-Rhodesien, von deren erstem Fort noch ein Turm im Stadtzentrum zu sehen ist. Nur dreißig Kilometer sind es von dort zu der Ruinenanlage nahe des Lake Kyle, so benannt nach einem der ersten europäischen Erforscher. Auf einem Felsplateau, der Akropolis von Simbabwe, mit Blick in die Weite des hügeligen Umlandes und über den Lake Kyle, zieht sich der Ring einer stabilen Burganlage um massive Felsbrocken, die wie Finger in den Himmel ragen. Fein säuberlich wurden einzelne graue Steine aus rohem Fels geschlagen und ohne jeden Verbindungsstoff zusammengesetzt. Seit Jahrhunderten hielten sie jedem Wetter und wohl auch Angriffen kriegerischer Stämme stand. Staunend stehe ich vor der Felsanlage mit ihren verwinkelten Gässchen, Mauern und Opferplätzen. Am Fuße des Felsens und von seinem Gipfel aus gut zu überblicken ragt das größte Ruinenfeld des alten Simbabwe vor mir aus dem sandig-buschigen Boden. Umgeben von kleineren Ausgrabungsfunden bildet eine kreisförmige Steinanlage den Mittelpunkt der Ruinen von Groß-Simbabwe. Im Innern der Steinanlage ziehen sich weitere Gemäuer – alle ebenfalls aus fein gehauenem Stein und ohne jeden Mörtel verarbeitet – quasi spiralförmig bis ins innerste

Zentrum. Ungelöst sind die Rätsel um einen sieben Meter hohen, nach oben hin enger werdenden Steinturm am Rande des Rundbaus. Wissenschaftler bringen diesen Tempel mit Fruchtbarkeitsriten der einstigen Bewohner von Simbabwe in Zusammenhang. Groß-Simbabwe war zwischen 1250 und 1400 nach Christus bewohnt. Wer immer das sagenumwobene Simbabwe erbaut haben mag, gesichert überliefert sind Handelskontakte mit China, Indien und der arabischen Welt. Simbabwe soll – so eine ernstzunehmende archäologische Schule – im 13. Jahrhundert vom lokalen Häuptling Monomotapa errichtet worden sein. Später sei der Ort in lokalen Stammeskriegen untergegangen. Andere Forscher behaupten, semitische Stämme aus Ägypten (Ptolemäer) oder anderen levantinischen Regionen hätten Groß-Simbabwe im 1. Jahrhundert vor Christus erbaut. Bei der Diskussion um den Namen des neuen Staates, wurde auch „Monomotapa" erwogen, angesichts der Assoziation von Simbabwe und seinen Ruinen. Schließlich entschied man sich aber doch für Simbabwe, das große Haus aus Stein.

25.–26. August 1980, Salisbury

Eineinhalb Stunden wartet der Bus, ehe er bis unters Dach gefüllt ist und gen Harare, in die größte afrikanische *township* von Salisbury, losdonnern kann. Harares Name rührt der Legende nach von einem *witch doctor* her, der angeblich nie geschlafen haben soll, was in der Shona-Sprache die Vorbeiziehenden zu der Bemerkung „Ha-arare" veranlasst hat.

Ich treffe Justin Nyoka, Permanent Secretary im Informationsministerium. Das Gespräch findet in einer lockeren und offen-freundlichen Atmosphäre statt. Nyoka kennt Deutschland, war früher Journalist, hat die *Deutsche Welle* besucht. Dem Informationsministerium falle eine wichtige Aufgabe beim Aufbau des neuen Simbabwe zu, mit Propagandatätigkeit lasse sich seine Rolle nicht beschreiben. Es habe die Intention, die Absichten der Regierung zu bündeln und der Bevölkerung klar und deutlich zu machen, sowie umgekehrt durch lokale Zentren die Wünsche der Bevölkerung zu sondieren: „Wir wollen keinen Sozialismus kopieren und streben vor allem freie Gewerkschaften an, anders als in Polen, wo die derzeit schweren Unruhen die Fehler der Regierung offenbaren. Wir brauchen jeden, der mit uns am Aufbau einer multirassischen Gesellschaft arbeitet." Dabei werde die Pressefreiheit, entgegen manchen Befürchtungen, bewahrt, die Zeitungen blieben in privater Hand. Die Anrede „Genosse" solle für die Weißen kein Grund zur Furcht oder Auswanderung sein. Na ja, denke ich für mich.

Der Tribalismus, diese afrikanische Tragödie, konnte durch die Aufnahme von Joshua Nkomos Minderheitspartei Patriotic Front als Ndebele-Repräsentant weitgehend unterbunden werden. Zusammenstöße zwischen Angehörigen der (Mugabes Mashonas) ZANLA- und (Nkomos) ZIPRA-Guerillaarmeen seien nicht gravierend. Wäre Joshua Nkomo nicht als Juniorpartner in die Regierung aufgenommen worden, wären diese Konflikte weit schlimmer geworden. Es sei, so Nyoka nicht ganz zu Unrecht, unverständlich, warum die Weltpresse immer nur die quantitativ geringeren Probleme aufbausche und die positiven Schritte Simbabwes unzureichend würdige.

Nyoka gesteht ein, dass die Integration der Guerillaarmeen ZANLA und ZIPRA größere Schwierigkeiten bereite. Soeben hat Premierminister Mugabe erklärt, vor Jahresfrist könne die Integration nicht wie beabsichtigt erfolgen. Ein neuer Oberbefehlshaber sei noch nicht gefunden nach dem Rücktritt von General Peter Walls. Die Antworten Nyokas zur Frage ZANLA/ZIPRA- Integration bleiben unbefriedigend. Nyoka schließt intensive militärische Zusammenstöße aus. Das außenpolitische Konzept der Regierung sei auf echte Blockfreiheit gegründet. Hilfe der DDR wurde von der ZANU abgelehnt, weil Erich Honecker sie an die Bedingung einer Aufkündigung der Freundschaft Simbabwes mit China knüpfen wollte. Von der Bundesrepublik erhofft man sich weitere Unterstützung und Zusammenarbeit. Die kontroversen Positionen zu Simbabwe in der deutschen Innenpolitik sollten doch bitte nun ein für allemal vergessen werden.

Ein sehr ausführliches Gespräch führe ich mit Botschafter Murizi, dem künftigen Vertreter Simbabwes bei der EG. Murizis Hauptaugenwerk liegt in einer Intensivierung der Wirtschaftsbeziehungen zur EG unter besonderer Berücksichtigung der neuen Kooperationsmöglichkeiten unter dem EG-AKP-Abkommen Lomé II, dem Simbabwe beigetreten ist. Rindfleisch und Zucker werden demzufolge in die EG zu Quoten eingeführt werden können, wobei die besonderen Bedürfnisse der afrikanischen Nachbarstaaten nicht vernachlässigt werden dürfen. Regionaler und kontinentaler Handel müssen Vorrang vor dem Wettbewerb mit der EG haben. Simbabwe zeigt sich sehr an Investitionen interessiert, vor allem, um Minenprojekte voranzutreiben, um die Kapazität des von einer italienischen Firma errichteten Kariba-Dammes zu erhöhen und um die Eisenbahn zu elektrifizieren. Diese solle perspektivisch mit Sambia und Mosambik gemeinsam unterhalten werden. Immerhin siebzig Prozent des Außenhandels von Simbabwe könnten maximal über Beira und Maputo abgewickelt werden. Der restliche Außenhandel werde wohl auch auf Dauer von der Zusammenarbeit mit Südafrika abhängig bleiben.

Generalvikar Mushabaywa von der katholischen Diözese Mashonaland zeigt sich zuversichtlich über den weiteren Weg seines Landes. Rückfälle in Gewalt und Bürgerkrieg schließt er nach menschlichem Ermessen aus: „Soweit ich sehe, haben alle Menschen genug vom Krieg, auch die Guerillas." Nur sei es nun schwer, sie, die sich als Helden verstehen, zur Arbeit des *Nation building* anzuspornen. Dass Nkomo Probleme machen könnte, hält Mushabaywa für denkbar. Die katholische Kirche unterstützte mehrheitlich immer die ZANU. Heute wolle sie sich aber nicht mit einer einzelnen Partei identifiziert sehen. Die Kirche stehe so lange zu der gewählten Regierung, wie diese gerecht agiere – „und das ist derzeit der Fall."

Father Randolph, der Generalsekretär der simbabwischen Bischofskonferenz (sechs Bischöfe), verweist auf die Unterschiede zwischen katholischer und anglikanischer Kirche. Während die Anglikaner sich während der Jahre der UDI (Unilateral Declaration of Independence) als „Staatskirche" definierten und das weiße Minderheitsregime stützten, steht die katholische Kirche heute in einem besseren Licht da: Sie war stets kritisch gegenüber der weißen Minderheitenherrschaft. Dreißig katholische Priester wurden dennoch von Guerillakämpfern ermordet. Father Randolph erinnert daran, dass acht katholische Minister dem Kabinett Mugabe angehören, neben dem Premier selbst weitere der einflussreichsten Leute. Auch hätten Ministerpräsident Mugabe und Staatspräsident Canaan Sodindo Banana (Reverend der Church of Christ) mit ihren Familien am Unabhängigkeitsgottesdienst in der katholischen Kirche teilgenommen und Erzbischof Patrick Fani Chakaipa ausdrücklich gebeten, die Ur-Nationalflagge bei den Unabhängigkeitsfeierlichkeiten zu segnen.

27.–28. August 1980, Bulawayo
Die Übergriffe von ZANLA-Guerillas auf Polizisten und Zivilpersonen halten an, obgleich die Vertreter des politischen Flügels der ZANU (PF) Gewaltmaßnahmen verurteilen und auch Josua Nkomo, PF-Führer, derzeit ständig betont, Wahlen seien heute die einzige politische Waffe im Lande.

Simbabwe feiert seine Aufnahme als 153. UNO-Mitgliedsstaat. Der weltweite Siegeszug des Souveränitätskonzeptes hält an. Premierminister Mugabe wurde in New York ein herzlicher Empfang zuteil. Nach einem Bericht des *Herald* erklärte er in Harlem, marxistische Stellungnahmen und Literatur, die von seiner Vor-Unabhängigkeits-Guerillabewegung benutzt worden waren, seien nur Teil einer kriegsbedingten „Propagandakampagne" gewesen und nicht zu ernst zu nehmen. Die Zeitungen berichten häufiger von Diebstählen und Überfällen. Firmenvertreter beschweren sich über zunehmende Diebstähle von Unternehmenseigentum seit dem Ende der Kriegszeit.

Mit gut 300.000 Einwohnern ist Bulawayo das Industriezentrum des Landes und Sitz des High Courts von Simbabwe. In der 8th Avenue, der Hauptgeschäftsstraße der schachbrettartig und weitläufig angelegten Innenstadt, wurde unlängst die Statue von Cecil John Rhodes vom Sockel gerissen und zerstört. Gleich am Rande der Innenstadt, die nach Osten hin ein hübscher Park abgrenzt, ragen die Türme eines Kohlekraftwerkes und anderer Industrieanlagen in die Höhe. Bulawayo, der Platz des Tötens in der Ndebele-Sprache. So benannt von Lobengula, dem letzten der Matabele-Häuptlinge. Drei Regimenter der Armee der bis heute kämpferisch gebliebenen Matabele hatten ihn als Häuptling abgelehnt. Daraufhin entbrannten heftige Kämpfe, die Lobengula schließlich gewinnen konnte. „Ich wurde von meinen eigenen Leuten getötet", soll er gesagt haben, „ich sollte meinen Kral daher Bulawayo nenne."

Dunkelbraunes Holz täfelt die Wände des Zweite-Klasse-Abteils der Zimbabwe Railway. Auf gepolsterten grünen Sitzen, mit Spiegeln an allen Wänden und einem Waschbecken an der nach außen gerichteten Seite, vergehen die fünfzehn Stunden Zugfahrt durch die Dornbuschsavanne nach Gaborone in Windeseile. Perfekter Service im britischen Stil, blank geputzte Kellner und Zugbegleiter, steif gestärkte Bettwäsche in der Nacht und ein schlichter Passbeamter in weißen Shorts und Goldlitzen sind die Begleiter. Zwischendurch halten wir für eine Stunde an. Die Dampflok muss einen in entgegengesetzte Richtung fahrenden und liegen gebliebenen Güterzug zur nächsten Überholstelle abschleppen.

29.–30. August 1980, Gaborone

Gaborone ist eine Kleinstadt mit nur etwa 45.000 Einwohnern. Um die *Mall,* der Fußgängergeschäftszone zwischen Parlamentsgebäude und Nationalmuseum, ziehen sich die streng nach Plan angelegten Wohnviertel. Gaborone ist erst 1965, ein Jahr vor der Unabhängigkeit des früheren Betschuanalands als Republik Botswana, entstanden. Heute ist Botswana ein durchaus prosperierender Staat, bedingt vor allem durch vielfältige Mineralienvorkommen wie Kupfer und Diamanten. Neben Simbabwe ist Botswana das einzige schwarzafrikanische Land mit einem nominellen wie faktischen Mehrparteiensystem. Wohl dominiert die Botswana Democratic Party (BDP) mit 33 von 36 Sitzen das kleine Parlament mit seinen weißen Ledersitzen, die in Nachahmung der Sitzordnung des Londoner Unterhauses angeordnet sind. Doch die Vertreter der Botswana People's Party (BPP) (ein Sitz) und der Botswana National Front (BNF) (zwei Sitze, linksorientiert) können offen und unzensiert ihre zum Teil harte Kritik an der Regierungspolitik äußern. Nach dem Tode des ersten Präsidenten Sir Seretse Khama vom Bamangwato-Stamm im Juli 1980 fand ein demokratischer Übergang zu seinem vormaligen Vizepräsidenten Dr. Quett Masire statt. Der neue Präsident von Botswana ist mit vielen Vorschusslorbeeren bedacht worden. Als Finanz- und Planungsminister war Masire der fähigste Kopf in Khamas Kabinett.

Die Oppositionsparteien rekrutieren ihre Wählerschaft wesentlich aus lokalen Stammesgebieten. Die BDP zehrt vom Stamm des Präsidenten, dem größten des Landes, aber auch von Khamas Absicht, eine nationale, nicht stammesorientierte Partei zu etablieren. Die 800.000 Einwohner Botswanas sind sehr individualistisch und wirken für afrikanische Verhältnisse überraschend kühl. Die Menschen leben häufig auf Einzelgrundstücken, die weit voneinander entfernt liegen. Dies ist selbst in größeren Dörfern der Fall. An der Eisenbahnlinie liegende Orte, die ich sehen kann, bestätigten diesen Eindruck. Stammespolitik im engen Sinne des Wortes hat es daher in Betschuanaland nie gegeben. Auch waren die Stämme immer in gewisser Weise demokratisch strukturiert. Die Deutsche Gesellschaft für Technische Zusammenarbeit (GTZ) hat diverse Fachkräfte nach Botswana entsandt. Die Friedrich-Ebert-Stiftung führt neben gewerkschaftlichen Bildungsprogrammen ein Ausbildungszentrum mit Schwerpunkt angepasster Technologie in Kanye durch. Der Deutsche Entwicklungsdienst (DED) ist mit fünfzig Entwicklungshelfern in Botswana präsent. Sie arbeiten primär in und mit den nationalen Jugendbrigaden zusammen, die landesweite Entwicklungsdienste durchführen. Nicht wenige Entwicklungshelfer klagen über bürokratische Schwerfälligkeiten, die ihre Arbeit beeinträchtigen.

Botswana unterhält mit Südafrika eine Zollunion und mit Swasiland gemeinsam die UBS (University of Botswana and Swaziland). Bis zur Unabhängigkeit Simbabwes war das kleine Land eingekeilt von weißen Minderheitsregierungen. Die Abhängigkeit von Südafrika lässt auch künftig nur begrenzte Handlungsspielräume zu. Selbst Waren mit der Aufschrift „Made in Botswana" stammen in der Regel zu 75 % aus Südafrika. Eine entsprechende Vereinbarung erlaubt es Botswana, bei einem Herstellungsanteil von mindestens 25 % das Herstellungsrecht *(rule of origin)* in Anspruch zu nehmen.

Doppelter Effekt: Südafrika sichert sich Arbeitsplätze und Botswana kann in andere schwarzafrikanische Staaten exportieren.

In einer deutschen Zeitung lese ich, dass die Bundesregierung das fragwürdige Bardera-Dammprojekt in Somalia nun doch mit 80 Mio. D-Mark unterstützen will.

Um 19 Uhr 53 – pünktlich auf die Minute – verlässt der Dampfzug den Minihauptbahnhof von Gaborone gen Bulawayo, wo ich um 13 Uhr 34 Uhr am nächsten Mittag eintreffe. Von dort geht es weiter per Bahn nach Salisbury.

1.–2. September 1980, Salisbury
Der Zimbabwe Promotion Council führt fünf Tage lang eine Wirtschaftskonferenz über die ökonomischen Ressourcen und Entwicklungsmöglichkeiten des Landes im Seven Arts Theatre durch. Es ist die erste internationale Konferenz seit fünfzehn Jahren. Mit einer 45-minütigen Grundsatzrede vor den eintausend Delegierten aus 36 Ländern, darunter großen Teilnehmergruppen aus Japan, den USA, Großbritannien und Deutschland, eröffnet Ministerpräsident Robert Gabriel Mugabe die Konferenz unter dem Motto „Zimbabwe – Land of Opportunity". Er erklärt nachdrücklich, dass seine Regierung eingedenk ihrer sozialistischen Grundpositionen ausländische Privatinvestitionen fördere und für den weiteren Aufbau des Landes wünsche, solange sie den sozialen Erwartungen der Bevölkerung entsprächen. Denkbar seien zweifellos Regierungsbeteiligungen in Joint Ventures und Regierungsunternehmen in gewissen Wirtschaftszweigen wie dem Energiesektor. Mugabe, dessen Rede viele Delegierte mit Interesse und zurückhaltender Zustimmung, andere aber auch wieder mit Skepsis ob der offengelassenen Frage der Investitionssicherungen aufnehmen, gibt einen detaillierten Überblick über die Wirtschaftssituation Simbabwes und ruft zu Kooperation und gemeinsamen Anstrengungen für die Zukunft auf. In der Theatervorhalle habe ich Gelegenheit zu einem kurzen persönlichen Gespräch mit dem Ministerpräsidenten. Ich staune, dem Mann gegenüberzustehen, der vor Kurzem noch im Westen als einer der gefährlichsten Guerillakrieger der Gegenwart verteufelt worden war.

Am Abend empfängt Simbabwes Staatspräsident Reverend Canaan Sodindo Banana die Konferenzteilnehmer einzeln per Handschlag im Garten seiner schönen Residenz. Ich lerne den Staatspräsidenten als einen bescheidenen Mann kennen, der sich um jeden seiner Gäste kümmert, herumgeht und mit möglichst vielen Menschen kurz redet. Es ist eine gute Gelegenheit, auch mit dem Deputy Prime Minister und Außenminister Simon Muzenda zu reden, sowie die Einschätzungen der Lage von Bankiers und Geschäftsleuten in Erfahrung zu bringen.

Beachtliche Wiederaufbauarbeiten wurden inzwischen in Simbabwe geleistet. Im Wesentlichen erfolgen sie auf Distriktebene. Die 55 District Commissioner sind nach wie vor allesamt Weiße, die mit der lokalen Bevölkerung – sofern politische Debatten außen vorgelassen werden – gut zusammenleben und auskommen. Mehrere hundert Schulen, Krankenhäuser und Sozialeinrichtungen wurden in den letzten Monaten erneuert, ebenso viele Kilometer Straße. Im Earl Gray Building treffe ich mit dem Sekretär der zuständigen Behörde für Mashonaland North zusammen. Er schildert bemerkenswerte Leistungen im Zuge des Wiederaufbaus und zeigt sich zuversichtlich bei den weiteren Anstrengungen. Viel werde in Zukunft davon abhängen, wie die Regierung die Rolle der weißen District Commissioner definieren werde.

In seiner Rede vor der Wirtschaftskonferenz hatte Finanzminister Enos Nkala die Kriegsverluste im privaten und öffentlichen Sektor mit insgesamt 300 Mio. Rhodesian US-Dollar beziffert, rund 840 Mio. D-Mark. Allein 2600 Schulen seien während des siebenjährigen Buschkrieges geschlossen beziehungsweise zerstört worden. Der Wiederaufbau Simbabwes solle bis Juni 1983 abgeschlossen werden. Für 1980 stehen der Regierung sieben Millionen US-Dollar (19 Mio. D-Mark) aus eigenen und 35 Mio. US-Dollar (98 Mio. D-Mark) aus ausländischen Ressourcen zur Verfügung.

Überraschend erfahre ich, dass Botschafter Murizi seine Akkreditierung als EG-Botschafter nicht erhalten habe, wie er mir schon am Tag zuvor im Seven Arts Theatre angedeutet hatte. Diese Entscheidung war das Ergebnis eines Flügelkampfes im ZANU-Zentralkomitee. Offenbar hatte sich Mugabe mit dem moderaten Murizi nicht durchsetzen können, aber der neue Mann für Brüssel und die EG-Länder steht noch nicht fest. Auch Murizis Zukunft scheint noch im Dunkeln zu liegen. In naher Zukunft will Simbabwe auch eine Botschaft in Bonn eröffnen.

3. September 1980, Kariba
Mit einer größeren Gruppe von Delegierten der Wirtschaftskonferenz fliege ich nach Kariba zur Besichtigung des Dammes und des Kraftwerkes, das gut 85 % der Stromleistung Simbabwes produziert. Im März 1955 beschlossen die britischen Kolonialherren, einen Damm in der Schlucht des Sambesi bei Kariba zu errichten. Sein Ziel: Erzeugung der Energie für Southern und Northern Rhodesien – die heutigen Länder Simbabwe und Sambia. Über einhundert Menschen ließen während der Dammarbeiten ihr Leben. Am 17. Mai 1960 konnte die Mutter der britischen Königin den Kariba-Damm feierlich eröffnen, eine grandiose menschliche Leistung und der erste Betonstaudamm der Welt. Die hohe Staumauer (120 m hoch) hält die Wassermassen des zweitgrößten künstlichen Sees der Welt auf. Der See ist heute ein beliebtes Touristen- und Erholungszentrum mit Angel-, Wasserski-, Segel- und Tauchmöglichkeiten.

Das beeindruckende unterirdische Kraftwerk, welches wir besuchen, hat eine Gesamtkapazität von 705.000 kW. Sechs Generatoren arbeiten rund um die Uhr. Strom aus Kariba wird mittels Überlandleitungen bis Bulawayo im Süden und Kitwe im Norden transportiert. Auch während der Sanktionsjahre gegen Rhodesien operierte das gemeinsame Kraftwerkprojekt weiter. In der Zukunft beabsichtigt die Regierung von Simbabwe, die Kapazität des Kariba-Kraftwerks um 50 % zu erhöhen, unter anderem, um die Eisenbahn zu elektrifizieren und dem gesteigerten Bedarf bei einer Elektrifizierung der Dörfer des Landes zu entsprechen. Sind die Luken des Dammes geöffnet, donnert doppelt so viel Wasser in die Tiefe wie an den Victoriafällen.

4.–5. September 1980, Lusaka

„Wir haben viele Schwierigkeiten. Es gibt noch immer Lebensmittel- und andere Knappheiten. Meine Frau liegt im Krankenhaus. Gestern gab es dort kein Wasser. Seit der Unabhängigkeit ist es in Sambia abwärtsgegangen." – Mit diesen Worten begrüßt mich der Taxifahrer am Flughafen von Lusaka. Die Fahrt ins weit ausgedehnte Lusaka kostet umgerechnet 23 D-Mark. Flughafenbusse gibt es nicht, ein Vorgeschmack auf die hohen Preise im Sambia Kenneth Kaundas. Schwere wirtschaftliche Schwierigkeiten belasten das ethnisch sehr zersplitterte Sambia seit einigen Jahren. Die Hauptstichwörter: Ölkrise, Misswirtschaft, Rhodesienboykott und Unterstützung des Befreiungskampfes im südlichen Afrika sowie die Unterauslastung der TANZAM-Eisenbahn zwischen Kapiri Mposhi und Daressalam (Defizit 1979: 38 Mio. D-Mark). Ein großes Problem Sambias – seit 1972 ein Einparteienstaat unter Führung der United National Independence Party (UNIP) – liegt in dem hohen Grad der Verstädterung. Vierzig Prozent der Bevölkerung lebt in urbanen Gebieten, die höchste Rate Zentralafrikas. Viele Schulabgänger bleiben arbeitslos. In diesem Umstand hat ein leider wachsendes Maß an Kriminalität seinen Ursprung.

Die breite Kairo Road in Lusakas Stadtzentrum macht einen geschäftigen Eindruck. Vom 22. Stockwerk eines Hochhauses in der Kairo Road gewinnt man einen guten Überblick über die zerrissene Siedlungsweise von Lusaka, welches die Briten als Gouverneurssitz für Northern Rhodesia 1920 angelegt haben. Entlang der Kairo Road reihen sich die Hochhäuser der Banken und Fluggesellschaften. Im Westen schließen sich die Schienen der Eisenbahn an. Im Osten reihen sich wenige Fronten ein- oder zweistöckiger Häuser aneinander. Ansonsten unterbrechen weite Flächen brauner Grassavanne die Stadtteile, die, aus der Luft besehen, sich wie kleine schwarze Flecken in alle Himmelsrichtungen erstrecken.

Außenpolitisch fährt Sambia auf allen denkbaren Gleisen – Ost, West und China. Geld fließt dabei immer. Derzeit besucht Präsident Kenneth Kaunda für vier Wochen wieder den Ostblock.

6.–9. September 1980, Kitwe

Viereinhalbstündige Fahrt in den Copperbelt auf einer gut ausgebauten Teerstraße, die derzeit zwischen Kitwe und Ndola vierspurig ausgeweitet wird und damit als eine der ersten Autobahnen Afrikas gelten kann. Der Kupfergürtel, beginnend im 1920 entstandenen ältesten Kupferort Kabwe, hat sich zu einem europäisch anmutenden Industrierevier entwickelt mit einem Lebensstandard, der auch für die Tausenden von Arbeitern weit höher liegt als an allen anderen Orten Sambias.

Judith und Michael Schulz, für den Deutschen Entwicklungsdienst (DED) tätige Ethnologen, äußern sich sehr kritisch, reflektierend und großteils frustriert über ihre Arbeit, ihre Stellung und ihre Möglichkeiten: „Wir sind hier alle unheimlich frustriert und sauer, vor allem auch gegenüber unserer Zentrale in Berlin", klagt Michael Schulz. Nach der Schelte des Bundesrechnungshofes 1977 über die ineffiziente Verwendung von Steuergeldern habe man Parkinson fröhliche Urständ' feiern lassen. Die

Verwaltungsarbeit wurde potenziert und seither verfasst man beim DED mehr Aktenvorgänge als Projektstudien. Der Aufforderung des Rechnungshofes, stärker die Erfahrungen der Entwicklungshelfer einzubeziehen, wird – so die Kritik vor Ort – aber nicht Rechnung getragen.

Rund 600.000 Menschen leben in Kitwe, das großräumig nach dem Vorbild südafrikanischer Minenstädte angelegt worden ist. Zwei große Kupferminen dominieren die Wirtschaft der Stadt und zogen einen beachtlichen Teil der im sehr großen Industriezentrum angesiedelten Firmen nach sich. Um das Einkaufszentrum Erster Klasse ranken sich die Villenviertel. Der südliche Teil des Stadtkerns, Nkana, wird von der Minengesellschaft verwaltet, einem *parastatel* mit südafrikanischer Beteiligung. Der Norden der Stadt sowie die Bezirke Central, Parklands und Riverside werden von der Stadtverwaltung gemanagt. Auf gut einhundert Quadratkilometern breiten sich die großteils standardisierten Stadtteile aus, begrenzt vom Fluss Kafue im Westen und der Minenanlagen im Osten.

10. September 1980, Kaoma
Mit Wolfgang Goihl, dem hauptamtlichen Assistenten im DED-Landesbüro, fahre ich nach Kaoma, 400 km westlich von Lusaka. Unterwegs nehmen wir noch einen kranken, besser gesagt halbtoten Mann mit. Fünfzig Kilometer vor dem winzigen und leidlich ausgerüsteten Krankenhaus von Kaoma hatte der Wagen im rechten Vorderreifen des Krankenwagens, der den Mann hatte bringen sollen, einen Platten. Ein Ersatzreifen war natürlich nicht vorhanden. So mussten wir Krankentransport spielen. Der Mann, schätzungsweise dreißig Jahre alt, sah aus wie fünfzig: tiefe eingefallene Augen, eine ausgemergelte Gestalt, die aus nicht viel mehr als aus Haut und Knochen bestand und zu guter Letzt auch noch Malaria bekam, was ihm heftige Schweißausbrüche eingebracht hat. Als wir im Krankhaus in Kaoma ankommen, kann er allein den Wagen verlassen und beginnt, die zwanzig Meter zur Ambulanzstation eigenständig zu gehen. Dann knicken ihm die Beine vor Schwäche zusammen. Krankenpfleger tragen den Mann ins Gebäude.

Kaoma ist ein kleiner Ort von rund 10.000 Menschen. An der Durchgangsstraße liegen die Geschäfte, dessen Angebot zwischen „ausverkauft", „leider nicht vorhanden" und Minibeständen schwankt. Von den zwei Tankstellen des Ortes ist immer mindestens eine leer und die andere mit knappen Beständen notdürftig bestückt.

11.–12. September 1980, Mongu
Weitere 200 km geht es auf guter Teerstraße nach Mongu, dem Hauptort der Western Province. Es ist der westlichste Ort Sambias vor der nur fünfzig Kilometer entfernt liegenden Grenze nach Angola. Erst vor wenigen Wochen gab es größere Flüchtlingsströme aus Angola, wo die Guerillatruppen von UNITA, FNLA und MPLA weiterhin einen erbitterten Bürgerkrieg austragen. Die Verletzten wurden zum Teil per Hubschrauber ins Krankenhaus nach Mongu geflogen, teils zogen sie zu Fuß weiter.

Mongu ist ein weit ausgedehnter Ort, der Sitz des Königs des Barotselandes. Das Primarschullehrer-College, vormals missionseigen, ist heute verstaatlicht,

„sambianisiert", wie es heißt. Dort arbeiten Michael Schulz und Joachim Böhnert für den Deutschen Entwicklungsdienst (DED). Der eine ist Werkzeugmacher, der andere Gärtner. In zwei Jahre dauernden Kursen werden angehende Lehrer unterrichtet. 150 nehmen an jedem Kurs teil, die aus eintausend Bewerbern ausgewählt werden. Die Unterrichtspalette umfasst eine Vielzahl von Einzelfächern, worunter letztlich – wegen der insgesamt nur knapp bemessenen Studienzeit – der gesamte Ausbildungsweg zu leiden hat. So jedenfalls urteilen die beiden DEDler, die mit großem Eifer und viel praktischem Anspruch an die Arbeit gehen.

Durch einen Kanal, vorbei an Lagunen, hüttenbestandenen Fischerdörfchen, grasenden Kühen, angelnden Fischern und leise vor sich hin durchs Wasser treibenden Einbäumen, gefüllt mit Waren oder dem Hab und Gut ihrer Besitzer, tuckern Wolfgang Goihl und ich zum Sambesi. Der breite Strom wirkt an dieser Stelle imposanter und ruhiger, dafür weniger abenteuerlich als an den Victoriafällen. Kraniche stürzen plötzlich aus dem Uferdickicht in die Höhe und segeln in die gleißende Sonne hinein. Die flache Landschaft mit gelegentlichen erhöhten Gehöften oder Krals erinnert zuweilen eher an Friesland oder Bangladesch als an Sambia. Während der Regenzeit heißt es hier „Land unter". Bis an den Rand von Mongu steht dann das Flachland unter Wasser, gut zwanzig Kilometer vom Sambesi-Hauptstrom entfernt.

13.–16. September 1980, Lusaka

Mit Übernachtungsstopp in Kaoma fahre ich zurück nach Lusaka. Im Kafue-Nationalpark sehe ich außer einigen Wildschweinen keine Wildtiere. Mehrfach erblicke ich am Straßenrand in Hüttendörfern Maislager, so etwa in Mumbwa mit seiner langgezogenen Durchfahrtsstraße. An einigen Orten werden gerade Maislager eingerichtet. Sie sind Teil des von der Kaunda-Regierung vor einigen Monaten initiierten „Operation Food Programmes", das die Abhängigkeit Sambias von Nahrungsmitteleinfuhren senken oder ganz abschaffen soll. Staatliche Souveränität allein ist eben doch nicht alles.

Auf dem Weg zur Disco „Studio 22" wird meiner Begleiterin und mir aufgelauert. Ein betrunkener und offensichtlich nicht gut auf einen Weissen zu sprechender Mann richtet plötzlich aus dem Schatten einer Baustelle heraus sein Gewehr auf mich. Er zwingt mich dazu, von der Helligkeit des Bürgersteigs auf das unwirtliche Baugelände zu treten. Meine Begleiterin muss am Bürgersteig stehenbleiben. Gut fünfzehn Minuten hält der Mann mir ein Gewehr an die Schläfe. Er hält mich für einen Spion, der nicht mit einer einheimischen Frau die Straße entlanggehen dürfe. Minuten vergehen, die für mich wie die Stunden des Lebensendes wirken: Ein inneres Entleerungsgefühl beherrscht mich. Aber ich fühle mich eigenartig angstfrei. Erst hinterher kommen Todesahnungen hoch. Am schlimmsten noch wäre wohl gewesen, „nur" verletzt und nicht sogleich ganz getötet worden zu sein. Glücklicherweise lässt der Mann nach endlos langen Minuten von mir ab. Schnell gehe ich mit meiner Begleiterin in die sichere Hülle des Findeco-Hochhauses auf der anderen Straßenseite. Die Discomusik lenkt glücklicherweise bald ab, die flotte und, ich muss es gestehen, verführerische Sambierin ebenso. Weich und unsicher wurden die Knie erst wieder, als wir das Hochhaus später wieder verlassen.

Glücklicherweise aber stehen Taxen direkt vor der Eingangstür. Es gibt offensichtlich auch umgekehrten Rassismus auf dieser Welt. Plötzlich spüre ich, was vor mir schon viele Schwarze erleiden mussten.

Die Probleme Sambias bewegen sich auf einer Bandbreite zwischen weltwirtschaftlichen Interdependenzen, den Spätfolgen des Bürgerkrieges in Rhodesien, sozialistischer Schluderwirtschaft und systemimmanenter Korruption. Der Bruch zwischen den verarmten und weiter verarmenden ländlichen Massen und den neuen Bildungseliten, darunter allzu vielen „nachgemachten Engländern", wie man hier sagt, schlägt in Sambia besonders zu Buche. Die Eliten zeigen vor allem ein Interesse daran, ihre Machtbastionen zu erhalten. Wo immer es möglich ist, soll ihr Zugriff auf die knappen Ressourcen des Landes sogar ausgebaut werden. So definieren sie die nationale Souveränität ihres Landes.

Der Vertreter der Europäischen Gemeinschaft, Wallner, sagt dazu: „Die Politiker dieses Landes können nur als Zyniker, Hypokraten und Heuchler bezeichnet werden, sie und die gesamte neue Bildungselite." Die gesamte Politik der Partei, der Regierung und des Zentralkomitees („Dreiviertel der Mitglieder kann man sowieso vergessen") laufe de facto auf das Gegenteil dessen hinaus, was man mit dem Humanismus-Approach propagiere. Präsident Kaundas internationale Reputation unter sozialistischen und sozialdemokratischen Gruppierungen, seine Rolle als Nummer Zwei unter Afrikas „guten" Staatschefs (nach Julius Nyerere in Tansania) und seine Bedeutung während der Rhodesien-Krise haben zu einer Vernachlässigung der innenpolitischen Probleme und einer völligen Überschätzung von Qualität und Bedeutung Kaundas geführt. Kaunda umgibt sich ausnahmslos mit „Yes-men", Jasagern, Kopfnickern. Er verdrängt dabei eine offene und ehrliche Analyse der tiefen strukturellen Probleme seines Landes. Gegenüber Südafrika wird ständig die Anti-Apartheid-Trompete geblasen und der Wirtschaftsboykott gefordert. Ein Minister hatte andererseits erst unlängst nichts Besseres zu tun, als für knappe Devisen Unmengen südafrikanischen Weines einzuführen.

17. September 1980, in der TANZAM Railway
46 h dauert die Fahrt mit der TANZAM (Tanzania-Zambia)-Railway von Lusaka bis Daressalam. Zunächst muss ich mit dem Bus von Lusaka bis Kapiri Mposhi fahren, zwischen Kabwe und Ndola gelegen. Dann geht es von der moscheegroßen Bahnstation – einziger Inhalt des über zehn Meter hohen Gebäudes: Babybetten „Made in China" – mit der Uhuru-Freiheits-Eisenbahn bis an den Indischen Ozean. Um 21 Uhr 12 verlässt der Zug die Bahnstation in Kapiri Mposhi. Fahrtstrecke: 1850 km. Der Service – auch in der Ersten Klasse mit vier Reisenden je Abteil – ist leidlich. Zu trinken gibt es nur Bier. Angesichts des Alkoholkonsums von Sambianern wie Tansaniern wenig überraschend ist der Vorrat bereits eine Stunde nach der Abfahrt um 21 Uhr aufgebraucht. Die Nahrungsversorgung hält sich in Grenzen, Wasser gibt es nur in den Toiletten der Ersten Klasse, aber immerhin bis zum Ende der Safari. Der Abteilungsaufseher fegt mehrere Male durch Wagen 1009. Vor drei Jahren war ich das erste Mal ein Stück mit der 1975 fertig gestellten Bahn gefahren, von Makambako nach Daressalam. Das Reisen

ist recht angenehm und überraschend pünktlich. Um 13 Uhr 15 Uhr kommen wir am 18. September fahrplanmäßig am Zielort an. Unterwegs in Kasana mussten wir sogar vierzig Minuten warten: Der Fahrer war zu schnell gefahren und musste durch die Zwangspause langsamer werden, um die angekündigte Ankunftszeit des Zuges in der nächsten Station einzuhalten. Dieser Augenblick ist sicherlich untypisch für die Gesamtsituation der TANZAM-Eisenbahn. In nur vierjähriger Bauzeit hatten 50.000 Chinesen und Afrikaner die Freiheitsbahn bis 1975 errichtet, trotz des negativen Projektprüfungsberichts der Weltbank in den sechziger Jahre. Das Binnenland Sambia sollte – seinerzeit noch von allen Seiten von weißen Minderheitsregierungen umgeben – einen schwarzafrikanischen Zugang zum Indischen Ozean erhalten, um sein Kupfer ans Meer und auf die Schiffe zu bringen. Abgesehen davon, dass der Hafen in Daressalam sieben Kilometer vom volkspalastartigen Bahnhof entfernt liegt, ist die Bahn heute faktisch pleite. Sambia sendet die Mehrzahl seiner Kupferstücke unterdessen über südafrikanische Häfen in die Welt. 16 Mio. US-$ Defizit allein im letzten Jahr, immer wieder Verspätungen, Kupferdiebstähle, Wagenverluste, Personenzugausfälle und Korruptionsfolgen haben die Freiheitsbahn ihren großen Traum austräumen lassen. Die Bahn ist bankrott, so die sambische Bezirksverwaltung.

In den letzten vierzehn Tagen ist selbst der Expresszug nicht gefahren. Dass er nun wieder fährt, ist schon fast ein kleines Wunder angesichts der vielen Ausfälle der TANZAM-Railway in der letzten Zeit. Ein echtes Pleiteprojekt – selbst die 1,5 Mrd. D-Mark Schulden, die bei den Chinesen gemacht wurden, sind noch nicht bezahlt –, das nun auch noch von der Bundesregierung finanziell unterstützt werden soll. Von einhundert Lokomotiven läuft noch die Hälfte, bis Ende des Jahres sollen vierzehn neue Loks aus Deutschland kommen und einige Experten dazu. Eine Inspektionsdelegation zeigte sich unlängst geschockt – und das nicht nur, weil die Toiletten seit Monaten nicht gesäubert worden waren und gelegentlich Passagiere im Waggon Feuer entzünden, um Tee zu kochen.

18.–20. September 1980, Kibosho

Im Mikumi-Nationalpark waren Giraffen majestätisch an der Eisenbahn vorbeigezogen. Vom Mammuthauptbahnhof im extrem schwülen Daressalam mache ich mich sogleich mit dem Bus auf den Weg nach Kibosho. Die Freude über das Wiedersehen mit Familie Mallya und ihren unterdessen sieben Kindern wird getrübt durch die allseits mit Händen zu greifende geänderte Stimmung in Tansania. Nur das Schild am Gebäude der Staatspartei Chama Cha Mapinduzi in Moshi ist neugestrichen. Ansonsten wirkt der Standard überall rapide zurückgegangen. Nur den Kilimandscharo, so witzelt jemand, könne man Gott sei Dank nicht zerstören. Majestätisch leuchtet seine schneebedeckte Kuppe im rotglühenden Abendlicht und überwölbt alles Leben im Schatten der Shambas, der Höfe der Chagga-Bauern.

Bibiana Mallya hat Ugali vorbereitet, einen Maisbrei, das tansanische Nationalgericht. Es füllt rasch den Magen, hat aber nur einen begrenzten Nährwert. Ich höre die Klagen über den Niedergang Tansanias in den letzten drei Jahren. Sicher, auch der

Krieg gegen Uganda und die blutsaugerische Politik der OPEC haben ihren Teil dazu beigetragen. Entscheidend aber ist das Scheitern der hochgesteckten und inzwischen allzu ideologisch verblendeten innenpolitischen Linie. Der Lack ist ab vom kulthaft überhöhten Image Julius Nyereres. Ich mache mir längst keine Illusionen mehr über die Sackgassen seines Denkens. Auch Ujamaa-Sozialismus bleibt Sozialismus. Er kann nur in Mangelwirtschaft enden. Schlimmer noch: Die Staatspartei Chama Cha Mapinduzi wird unterdessen weitgehend von ineffizienten Politkommissaren geführt. Zusammen mit einem immer rigideren und realitätsferneren Präsidenten werden ständig neue Daumenschrauben angezogen. Presse- und Redefreiheit bestehen nicht mehr. Die Präsidenten- und Parlamentswahlen am 26. Oktober 1980 werden wohl Scheinwahlen werden. Das Streikrecht ist gebrochen. Ein Studentenstreik gegen erhöhte Ministerbezüge 1978 wurde energisch verurteilt. Die Staatskasse ist leer. Kaffee- und andere Staatsbetriebe erwirtschaften nurmehr rote Zahlen. Die guten Leute der neuen Bildungselite werden klein gehalten. Die Abdrängung qualifizierter Chaggas führt zu wachsendem Nepotismus und erneut aufbrechendem Tribalismus. Was hat der Mwalimu, der Lehrer Nyerere mit der Ujamaa-Idee gemacht? Die Preise steigen unaufhaltsam: ein Kilo Fleisch kostet 18 Schilling, ein Kilo Butter 40 Schilling, ein Brot 8 Schilling, eine Flasche Bier 15 Schilling – und alle Waren sind nur noch bedingt vorhanden. Die Löhne steigen nicht angemessen. Die Zunahme ländlicher Armut zeigt, dass die politischen Fehler die ohnehin ärmeren Bevölkerungsschichten am härtesten treffen. Schluderwirtschaft, Verantwortungslosigkeit der Arbeit, den Mitarbeitern und dem Land gegenüber, Ineffizienz und Korruption: die Begriffe, die ich zu hören bekomme, widersprechen so grundsätzlich wie nur denkbar all dem, wofür Nyereres Ujamaa-Politik noch vor drei Jahren gestanden hatte. Ein Ende aber scheint nicht abzusehen. Aus der Staatspartei, die immer fester den Links- und Abwärtskurs bestimmt, sind keine innovatorischen Impulse mehr zu erwarten. Ministerpräsident Edward Sokoine, ein Massai, vertritt noch weitgehend dämpfende und vernünftige Positionen, aber das Militär steht hinter Präsident Nyerere, der sichergestellt hat, dass die meisten Armeeführer aus seiner Heimatregion Musoma am Victoriasee stammen. Nach den privaten Ärzten soll bald auch den Rechtsanwälten die private Kanzleiführung entzogen werden. Ein schwacher Trost, dass die Kantine des Kibosho Christian Hospital gut läuft und die hellblauen Fensterrahmen des Schwesternwohnheims schon von Weitem leuchten. Die von mir 1977 rosa oder hellblau bemalten Zimmerwände befinden sich in leidlich gutem Zustand. In der Küche des Wohnheims entdecke ich aber gar zu viele Spinnennetze und Mäuse.

21.–24. September 1980, Daressalam
Im Jahr 1977 hatte ich meinen Vater motiviert, als Augenarzt könne er im Kibosho Christian Center doch Gutes tun. Nun hat er damit begonnen, seinen Jahresurlaub in Kibosho zu verbringen. Meine Schwester Andrea ist mit dabei auf dieser ersten *fact*

finding mission meines Vaters.[2] Gemeinsam schlendern wir durch Daressalam: Hafen, Muazi Muoja Park, Kariakoo Market, das Inderviertel, die Independence Avenue und das Askari-Denkmal. Später tauchen wir Korallen am Kunduchi Beach unweit der Stadt. Verwandte und Freunde von Bibiana und Joseph Mallya wiederholen das Klagelied aus Kibosho: Die Lebensverhältnisse haben sich rasch und rapide verschlechtert. Nun werde Nyerere als einziger Präsidentschaftskandidat akklamiert, aber an Pseudowahlen ist niemand interessiert.

Man darf natürlich den Kontext nicht übersehen, immerhin leben wir im Zeitalter des Ost-West-Konfliktes. Tansania abzuschreiben, würde bedeuten, ein Vakuum zu hinterlassen, in das der Ostblock sofort eindringen würde. Das tansanische Militär ist unterdessen von 8000 auf mindestens 30.000 Soldaten gewachsen. Zurzeit ist die Lage stabil, aber wenn von irgendwo in Tansania organisierte Unruhe ausgehen sollte, dann kann das nur aus dem Militär kommen. Tansania bleibt ein wichtiges Land in der Bewegung der Ungebundenen Staaten. Nyereres Verurteilung der Besetzung Afghanistans durch die Sowjetunion und seine Anti-Castro-Rolle, zusammen mit Tito, auf dem Gipfel der Ungebundenen 1979 in Havanna zeigen, dass er außenpolitisch weit weniger radikal sei, als gemeinhin angenommen. Mittelfristig, so wird immer wieder spekuliert, könnte Nyerere sogar ein Interesse daran haben, die „East African Community" neu zu beleben und den Handel mit Kenia wieder anzukurbeln. Regionale Zusammenarbeit statt ständige Fixierung auf autonome Souveränitätsausübung – das wäre eine tiefgreifende neue Perspektive mit Wirkungen auf die ganze Dritte Welt.

25.–26. September 1980, Victoria
Einige der neunzig zumeist unbewohnten Granitinseln sind als Erstes zu sehen. Drei Stunden dauert der Flug von Daressalam in die Nähe von Mahé, in die Hauptstadt der Seychellen. Von den 62.000 kreolsprechenden Einwohnern leben gut 40.000 in der Inselhauptstadt Victoria, sicher nicht die unangenehmste Hauptstadt der Welt. Im Stadtzentrum erinnert die silbermetallene Nachahmung des Londoner Big Ben, wer hier früher das Sagen hatte. Der Big Ben schlägt zu jeder Stunde zweimal, weil vermutet wurde, die Menschen würden beim ersten Glockenschlag noch überhören, was die Stunde geschlagen hatte. Die Seychellen wurden 1770 von Franzosen und ihren Sklaven besiedelt, am Ende der Napoleonischen Kriege (Erster Koalitionskrieg), 1814 fiel die Inselgruppe an Großbritannien, das die Seychellen 1903 von Mauritius als eigene Kolonie abtrennte und den Mini-Big Ben bauen ließ. Victoria mit seinen schmalen Straßen und Gassen, den vielfarbigen Holz- und Wellblechhütten, der Banque Française und dem kleinen Hafen mutet trotz der langen britischen Herrschaft eher wie eine

---

[2] Dass mein Vater für die nächsten fünfundzwanzig Jahre in Kibosho und Arusha tätig werden würde, wer hätte es gedacht, als wir uns 1980 in Daressalam trafen. Sein Bericht über die Jahre seines segensreichen Wirkens in Tansania hält viele wertvolle und bedenkenswerte Einzelheiten fest (Kühnhardt 2008).

ehemalige französische Kolonie an, ohne so arm zu sein wie Haiti. Die freundlichen und ungezwungenen, kreolsprechenden Menschen sind aus früheren französischen Siedlern und schwarzen Sklaven hervorgegangen. Zumeist sind sie katholisch. Die Inselgruppe wurde 1976 unabhängig, aus den ersten Wahlen ging James Mancham als Sieger hervor, der schon ein Jahr später, im Oktober 1977, von seinem Vizepräsidenten France-Albert René mithilfe tansanischer Truppen gestürzt wurde. Daraufhin führte René ein Einparteiensystem seiner Seychelles People's Progressive Front (SPPF) ein, rief den Sozialismus aus und lehnte sich eng an das kommunistische Weltlager an.

Im Augenblick führt René Staatsbesuche in Nordkorea und Vietnam durch. Die Chinesen unterhalten neben den USA, Frankreich und Großbritannien eine große Botschaft in Victoria, die Sowjets sind im Kommen. Den Seychellen kommt angesichts der weltpolitischen Vorgänge der vergangenen zwei Jahre im Inneren des Indischen Ozeans eine strategisch sehr bedeutsame Rolle zu. Noch ist der französische Einfluss im Lebensstil, Geschäftsbild und Wirtschaftsablauf nicht wegzudenken. Von Victoria zieht sich die schmale Gasse vorbei an den ärmeren Ortsteilen hoch in die Berge und nach vier Kilometer wieder hinunter ins am Nordwestende gelegene Beau Vallon, dem schönsten und touristisch besterschlossenen Strand der Mahé-Insel. Seit der Eröffnung des internationalen Flughafens fungiert der Tourismus neben dem Fischfang als wichtigster und beständig wachsender Devisenbringer für das ansonsten völlig auf Importe angewiesene Land. Unter Palmen am endlos blauen Meer mit seinen prächtigen Korallen lässt es sich träumen. Um die Seychellen nicht zu sehr mit Touristen zu überschwemmen und der Zerstörung preiszugeben, sollen nach dem Willen der Regierung höchstens 100.000 Touristen jährlich einreisen. 80.000 waren es bereits 1979.

Bananen-, Tee-, Zedern-, Eukalyptus- und mit Fruchtbäumen jeder Art bestandene Berge mit einem traumhaften Ausblick auf die vielen kleinen Buchten von Mahé und seiner direkten Nachbarinseln führen unweigerlich zum Platz der inzwischen verfallenen ersten Schule für Sklavenkinder. Nicht weit entfernt liegt die einzige Teefabrik der Seychellen, die weitgehend für den Eigenbedarf produziert. Zwischen vergangenen Qualen und den anhaltenden ökonomischen Folgen der Abgeschiedenheit wollen die Seychellen sich neu erfinden. Das Tourismusbüro hat schon mal einen eingängigen Werbespruch geschaffen: „She sells sea shells from the Seychelles".

27. September 1980, Bombay
Neben mir auf dem fünfstündigen Flug von den Seychellen nach Bombay sitzt Mr. Batiar, der im Auftrag des indischen Außenministeriums die Vorbereitungen für die Eröffnung einer indischen Botschaft auf den Seychellen getroffen hat. Ich erhalte ein Privatkolloquium über die außenpolitischen Prioritäten des blockungebundenen, aber nach westlichen Verfassungsnormen regierten Indiens. Vor dem überfüllten Flughafen von Bombay warten in langen Reihen die herrlich aus der Zeit gefallenen schwarzgelben „Ambassador"-Taxen auf die Ankommenden. Vorbei an brutzelnden Pfannen in kleinen Budengeschäften und den Bürgersteigbewohnern, die sich bereits für die Nacht auf den Bürgersteigen dieser kosmopolitischsten aller indischen Städte niedergelassen

haben, vorbei an mit Menschen und Fahrzeugen wimmelnden Straßen führt der Weg zu B. K. Bhavsar, Journalist des *Free Press Journal,* einer geachteten Zeitung mit 50.000 Stück Auflage. Bhavsar zeigt sich sehr enttäuscht über die bisherige Politik Indira Gandhis seit ihrer Wiederwahl. Allerorten gebe es Parteikonflikte und Richtungskämpfe. In Moradabad und Aligarh brachen blutige „communal riots" zwischen Hindus und Muslimen am muslimischen Feiertag Eid al-Fitr, dem 13. August, aus. Der Chief Minister von Uttar Pradesh, Pratap R. Singh, wollte zurücktreten, doch Indira Gandhi zwang ihn, im Amt zu bleiben. In Maharashtra regiert unterdessen mit Abdul Rahman Antulay erstmals ein Muslim, gegen die Lobby der Mahrathas, der dortigen mächtigen Zuckerfabrikanten. Dies allein ist ein Grund für die Zuckerknappheit bei extrem erhöhten Preisen, wenn es überhaupt Zucker zu kaufen gibt, den die Produzenten aus Protest gegen den muslimischen Ministerpräsidenten zurückhalten. So spannungsfrei sind die Beziehungen unter den Religionen in Indien keineswegs, wie Idealisten immer wieder behaupten. Vor allem der Islam stößt immer wieder auf Widerstand. Ein Vorzeichen auch für andere Weltregionen?

Das Vergnügen, durch die sich über zwanzig Kilometer hinziehende Acht-Millionen-Stadt Bombay zu fahren, ist ungebrochen. Es geht vorbei an Slums, großflächigen bunten Hindi-Filmplakaten, kleinen Geschäften mit Süßwaren, Tee und Reis-Curry-Gerichten. Ich passiere einen Trauerzug und eine Hochzeitsgesellschaft, überfüllte Busse, das ganz gewöhnliche, kaum zu erfassende und noch weniger zu beschreibende Verkehrschaos, Wohnviertel und Geschäftszonen, den im Wasser gelegenen und nur bei Ebbe erreichbaren Haji Ali Dargah, die Hutatma Chowk mit dem schönen Flora-Brunnen, und erreiche schließlich die Marine Drive, die ob ihrer nächtlichen Beleuchtung und leichten Krümmung als „Halsband der Königin" besungene Uferstraße. Im Manhattan-ähnlichen Nariman Point logiert das Deutsche Generalkonsulat. Eine Stippvisite bei Vizekonsulin Gabriella Mebus. Dann fahre ich weiter nach Colaba, an den Südzipfel der Stadt, zu Mario Miranda und seiner Familie. Marios erfolgreiche Cartoon-Ausstellung „Germany in Wintertime" wird – zusammen mit dem Schöpfer – Anfang 1981 nach Deutschland kommen. Mario, der stets lächelnde, zuhörende, wortkarge und genau beobachtende Künstler, der mit einer Muslimin verheiratete Katholik aus Goa: Was wird er wohl bei seinem nächsten Deutschland-Besuch an aus dem Rahmen gefallenen Deutschland-Bildern nach Indien mitbringen?

28. September 1980, Jaipur

Rajasthans Hauptstadt, zu drei Seiten von nackten, scharf ansteigenden Bergen umgeben, zählt zu Recht zu den pittoresken Städten der Welt. Als Sawai Jai Singh, Maharadscha, Soldat und Astronom, 1727 die Rajputenhauptstadt begründete, stand die Mogulherrschaft im Norden Indiens noch an ihrem glorreichen Anfang. Trotz unzähliger Schlachten, die zu schlagen waren, fanden die Nachfahren Baibars', des ersten Mogulherrschers, Zeit, ihre rosa Stadt zu gründen. Das auf einem steilen Hügel elf Kilometer von Jaipur entfernt liegende Fort Amber war vor Jaipur ab dem 11. Jahrhundert die Hauptstadt des Nordreiches gewesen. Gemächlich trotten die Elefanten den Hang zum Eingang des Forts hinauf. In seinem Innern betören der Siladeri-Tempel zu Ehren der Göttin Kali, die Gemächer des Maharadschas und seiner zwölf Frauen sowie das bei Beleuchtung einem Sternenhimmel gleichende Spiegelschlafzimmer.

Sechs Jahrhunderte lang war Fort Amber Hauptstadt, dann siedelten die Rajputen in das neugegründete Jaipur um. Der Stadtpalast der Rajputen in Jaipur inmitten der vielen anderen rosafarbenen Gebäude der Altstadt, die heute Basargeschäfte beherbergen, ist ein einzigartiges Beispiel der Mogularchitektur. Bis heute wohnt der nominelle Maharadscha von Jaipur mit seiner vielköpfigen Familie hier. Durch das Sirehdeorhi Gate betrete ich das Palastinnere, das neben einer Galerie mit Mogulminiaturen und einer Sammlung alter Kleidungsstücke vor allem die kostbar gestalteten Diwan-i-Am, die Halle für öffentliche Audienzen, und die Diwan-i-Khas, die Halle für private Audienzen, beherbergt. Unweit des Palastes befindet sich mit dem Observatorium Jantar Mantar eine besondere Rarität: Das besterhaltene der fünf von Astronom und König Sawai Jai Singh errichteten Observatorien gilt als sein surrealistischstes. Die massiven Steinkonstruktionen dienten zur Zeitmessung, zur Feststellung des Sonnenstandes und der Sternpositionen und können bis heute genutzt werden. Ein Kunstwerk einmaliger Präzision.

Das wohl schönste und am feinsten gearbeitete Gebäude in der *pink city* aber ist der Palast der Winde, Hawa Mahal, das Stadtsymbol. Erbaut von Maharadscha Sawai Pratap Singh im Jahre 1799, ist seine Fassade bis heute in ihrer vollen Pracht erhalten – mit durchbrochenen Steinfenstern, fünfstöckig in Pyramidenform mit zwiebelturmähnlichen Aufsätzen an jedem Stockwerk. Bedrängt, aber auch beschützt wird sie vom dichten quirligen Leben der Altstadtstraßen mit ihren Rikschas, Pferdetongas, Kamelen, Tee- und Bidiverkäufern, Sarigeschäften, Süßwarenherstellern und ständig dahineilenden Massen.

29.–30. September 1980, Delhi
Das alte, große Thema: Demokratie in Indien. Klaus Sommer, der Presseattaché der Deutschen Botschaft, hat eine klare Sicht der Dinge: Es gibt Demokratie in Indien und es gibt sie nicht. Technischformal existieren demokratische Spielregeln seit über dreißig Jahren, zweifellos eine beachtliche Leistung in einem Entwicklungsland dieser Größe und dieser Problemballung. Andererseits kann schwerlich von Demokratie gesprochen werden, wenn Dorfbewohner nicht einmal den Namen ihres Premierministers und kaum den Namen ihres Landes kennen. Angesichts der gegenwärtigen Führungskrise – trotz oder gerade wegen Indira Gandhi – befindet sich das demokratische Gehäuse dieses Staates mit kontinentalen Dimensionen und Herausforderungen in einer ernsten Bewährungsprobe.

Auf dem Platz vor dem Roten Fort findet eine religiöse Feier der Jain statt. Unter einem Zeltdach, abgeschirmt von der 35 Grad heißen Sonne haben sich einige tausend Menschen versammelt. Ein überdimensionaler Krug wird geweiht und auf eine 15.000 km Reise durch 110 Städte geschickt. Die Angehörigen der Jain-Religion zelebrieren alle zwölf Jahre das Baden des Bildes von Lord Bahubali als Fest, dem Maha Mastakabhishek. Ehrengast der Feier ist heute Ministerpräsidentin Indira Gandhi.

In ihrem weißen Sari wirkt die zierliche Person ebenso müde und teilnahmslos wie auf Bildern der letzten Monate. Indira ruft dazu auf, *ahimsa,* Gewaltlosigkeit, regieren zu lassen und bezeichnet die Prinzipien von Lord Mahavira, dem Jain-Gründer, als Alternative zu den gewaltsamen Unruhen der letzten Monate. Schon während der ersten Sätze der Premierministerin, die mit mäßigem Applaus und einigen müden Slogans begrüßt wurde, verlassen Zuhörer in großer Zahl den Zeltplatz. Die Attraktion, die selbsternannte Königin Indiens zu sehen, ist dahin. Die religiöse Feier führte die Menschen zum Roten Fort, nicht mehr die frühere tiefe Verehrung für Indira. Meine Gedanken gehen zum Raj Ghat, der Stätte, an der die Seele Mahatma Gandhis verehrt wird. Was würde er über das heute wieder so aufgewühlte Indien denken? Nach der Zeremonie am Roten Fort lasse ich mich in der Chandni Chowk treiben, der bei Tag und Nacht überfüllten Hauptbasarstraße von Alt-Delhi. Inmitten des menschlichen Ameisenhaufens breche ich aus und besuche den weißmarmorierten Sikh-Tempel, in dem ein Guru aus dem *Adi Granth* rezitiert, der Heiligsten Schrift der Sikhs. Wie, wenn nicht mit der Toleranz des Mahatma, kann man Indien friedlich halten, ja: die Welt friedlich halten?

D. J. Bell und N. Natanjani Desai im Auslandspressereferat des Foreign Office stellen erwartungsgemäß die Position und Leistung der neuen Indira-Regierung positiv dar. Sie führen die gegenwärtigen Schwierigkeiten auf ausländische Einflüsse und Einwirkungen der internationalen Krisensymptome zurück, auf die weltweite Rezension und den Krieg zwischen Iran und Irak, ein weiterer Pyrrhussieg in der Geschichte der Nationenwerdungen und des Souveränitätsprinzips. In der Tat wird Indien von dem Krieg im Nahen Osten, der nun seit neun Tagen anhält, herb getroffen: Neben den Öllieferungen unterhält Indien engste Handelsverbindungen sowohl mit Iran als auch dem Irak. Sumit Mitra, mein alter Bekannter, den *India Today* unterdessen von Kalkutta nach Delhi versetzt hat, lenkt das Augenmerk vor allem auf die High Courts, die seiner Beobachtung nach langsam wieder von Politikern des „Congress (I)" (I steht für Indira) kontrolliert zu werden drohen. Die Sowjets scheinen sich noch nicht entschieden zu haben, ob ihnen eine diktatorisch agierende Indira oder ein allgemeines Chaos mit eventueller kommunistischer oder militärischer Machtübernahme genehmer wäre. Im Max Müller Bhavan vergleicht ein Wissenschaftler die Lage in Indien mit der Situation in Frankreich vor Ausbruch der Revolution von 1789. Auf dem Filmprogramm steht Charlie Chaplins *Der große Diktator.*

1. Oktober 1980, Chandigarh
Bundesterritorium, vereinigte Hauptstadt der beiden Bundesstaaten Haryana und Punjab, architektonische Spielwiese des Franzosen Le Corbusier, Reißbrettstadt am Fuße des Himalaja, „Symbol der Freiheit Indiens", ein Ausdruck des „Glaubens der Nation an die Zukunft" (Jawaharlal Nehru): Chandigarh, 500.000 Einwohner, eine Flugstunde nördlich von Delhi inmitten grüner Felder und hügeliger Wiesen. Ab 1952 wurde die Stadt nach den Plänen Le Corbusiers modellhaft angelegt, als architektonischer Zukunftsentwurf, Antwort auf die Teilung Indiens und damit des Punjab, und der wiederum damit verbundenen Neugründung Haryanas. Die vereinigte Hauptstadt beider nordwestlicher

Bundesstaaten ähnelt der pakistanischen Retorten-Hauptstadt Islamabad, wenngleich sie um einige Grade weniger steril geraten ist. Sektor an Sektor reihen sich die Wohnviertel. Das Einkaufszentrum der Stadt erinnert an ein Orwell'sches *utopiatown*. Rasch hochgezogene Betonblöcke, Fußgängerbereiche, eine Hochstraße und unvollendete Zwischenräume, in denen der Wind Sand und Unrat in die Höhe wirbelt. Gelungen präsentiert sich der Universitätscampus mit dem Gandhi Bhawan und einer Studentenkantine, in der sich Indiens Akademikernachwuchs traditionell-britisch von Kellnern mit spitzen Hüten, auf denen Pfauenfedern stecken, bedienen lässt. Vom Dach des neunstöckigen Sekretariats der beiden Landesregierungen im Regierungsviertel im Sektor 1 schweift der Blick über die Stadt entlang der Himalaja-Ausläufer auf die apokalyptisch anmutende Vidhan Sabha. Die Nationalversammlung wirkt auf den ersten Blick wie eine Mischung aus Müllverbrennungsanlage, Atomkraftwerk und Kühlturm, doch überrascht sie im Innern mit interessant gestalteten Sitzungssälen. Das Museum bietet Funde der Gandhara-Kultur und Miniaturen aus der Mogulzeit.

Colonel Mathur zeigt sich tief betrübt über die derzeitige politische Unordnung. Der Militär beklagt das fehlende Verantwortungsgefühl vieler Inder für ihr Land. Auf Dauer will er eine Beteiligung des Militärs an Problemlösungsversuchen nicht ausschließen. Das klingt eher wie eine Drohung denn ein beruhigendes Hilfsangebot. Die soziale Situation der Soldaten sei gut, die Grenzsituation in Kaschmir augenblicklich ruhig. Zwangssterilisierungen, allerdings ohne die extremen Übergriffe wie unter Sanjay Gandhi zur Zeit des Notstandsregimes seiner Mutter Indira, hält Mathur nach wie vor für die einzige Antwort auf Indiens zentrales Problem der Bevölkerungsexplosion.

2. Oktober 1980, Jammu

Inflation und kein Ende: Der *Indian Express* meldet, dass eine Tasse Tee, das Getränk Nr. 1 eines jeden Inders, an einigen Orten unterdessen 90 Paise koste, gegenüber 30 Paise vor noch nicht so langer Zeit. Man muss sich die Relationen vor Augen führen, um diesen Preisanstieg einzuordnen: Der durchschnittliche Tagesverdienst etwa in Madhya Pradesh liegt bei 2 Rupien, 50 Paise.

Bald hinter Chandigarh treten die ersten Faltungen aus dem Boden. Am Horizont tauchen die schneebedeckten Himalaja-Berge auf. Breite, trockene Flussbetten inmitten waldbestandener Hügel, dann erreiche ich Jammu mit seinen 400.000 Einwohnern, an einer Schleife des Tawi-Flusses in malerischer Umgebung gelegen. Der Ramnagar-Basar mit seinen schmalen, bunten, lauten, vollen, nach Gewürzen und Speisen riechende Gassen, durch die sich neben dem Menschenheer auch noch Taxen der allgegenwärtigen Marke Ambassador, Motorroller, Fahrradrikschas, Pferdetongas, Fahrräder, Motorräder, Kühe und schwer beladene Lastenträger quälen, umzieht den gleichnamigen Tempelbezirk – Ramnagar Temple – zu Ehren verschiedener hinduistischer Gottheiten.

Oberhalb des Tawi-Flusses liegt der alte Mahal, der Palast der einstigen Maharadscha-Dynastie von Jammu und Kaschmir. Der große Sohn dieser Dynastie, Ranvir Singh, ließ den Palast und viele der Jammu prägenden Tempelanlagen in der Mitte des 19. Jahrhunderts bauen – zur Zeit der großen Revolte gegen die britischen Kolonialherren. Im

Hotel treffe ich per Zufall Deutschlands Botschafter Rolf Ramisch mit seiner Gattin, die gerade begeistert von einer mehrtägigen Kaschmir- und Ladakh-Tour zurückkehren und mir Reisetipps geben.

3. Oktober 1980, Srinagar
Eingebettet in die steil aufragenden und zum Teil stets schneebedeckten Berge des westlichen Himalaja liegt Srinagar, die Hauptstadt des nördlichsten indischen Bundesstaates Jammu und Kaschmir, in zauberhafter Lage im Herzen das Kaschmir-Tales. Felder und einzelne Höfe, ähnlich der Nepali-Architektur des Kathmandu-Tales, säumen den Weg in die Stadt. Srinagars Bevölkerung besteht zu neunzig Prozent aus Muslimen. In den kleinen Läden des Basars sind viele Fotos des Chief Minister Scheich Abdullah zu sehen, der als korrupt gilt und daher bei den orthodoxen Muslimen der Partei Jamaat-e-Islami alles andere als beliebt ist. Scheich Abdullah, Chief Minister seit 1975, führt die Nationalkonferenz, die immer wieder mit dem Anspruch auf ein unabhängiges Scheichtum Kaschmir von sich reden macht. Die großen Teile der Bevölkerung, die Kashmiri oder Urdu sprechen, würden sich bei einem Referendum aller Wahrscheinlichkeit nach mehrheitlich für eine Angliederung Kaschmirs an Pakistan aussprechen. Im Simla-Abkommen von 1971 wurde zwar der militärische Konflikt zwischen Indien und Pakistan nach den drei Kriegen in 1949, 1965 und 1971 beigelegt. Gelöst aber ist die Kaschmir-Frage keineswegs. Immer wieder brechen in Srinagar Unruhen aus, unlängst erst am Eid al-Fitr, am 13. August, bei denen das Militär eingreifen musste.

In der Jama Masjid von Srinagar haben sich über eintausend Gläubige zum Freitagsgebet versammelt. Die größte Moschee Kaschmirs erinnert äußerlich an die hinduistischen Tempelanlagen Nepals. Die hölzerne Shah-Hamadan-Moschee hingegen ähnelt einem buddhistischen Stupa. Vor allen Moscheen Srinagars haben fliegende Händler ihre Ost-, Gemüse-, Süßwaren- und Schuhreparaturstände aufgebaut. Im verwinkelten Basarviertel der Altstadt ertönt über Lautsprecher der Gebetsruf des Muezzins. In Handarbeit nähen mehrere Mädchen in einem halbdunklen Hinterzimmer eines der backsteinernen Basarhäuser eine Decke aus feiner Kaschmirwolle und sticken feine Muster in das weiße Tuch. Ihr Alter dürfte in der Spannbreite von fünf bis zwölf Jahren liegen. Kinderarbeit gehört zum indischen Alltag. Das Basarleben von Srinagar lässt gleichwohl eher an Pakistan oder Nepal denken als an die großen Basare in der Ebene Nordindiens. Die Kleidung der Frauen und Männer mit weiten Pluderhosen, die Architektur, selbst die Art und Weise, wie die Waren zum Verkauf ausgestellt sind – man muss sich zweimal sagen, dass diese Stadt zur Indischen Union gehört. Die Altstadt durchziehen kleine Kanäle, in denen dicht nebeneinander Hausboote liegen. Das recht verzweigte Kanalnetz von Srinagar mündet in den Dal-See. Sein Ufer ist an einer Seite dicht mit Hotelhausbooten unterschiedlicher Qualität ausgestattet, auf der anderen Seite mit Shikaras, den kleinen Booten, die den Gondeln von Venedig ähneln. Eine gelbe Shikara mit bunten Gardinen und Kissen führt mich um den Nehru Park, vorbei an Wasserlilien und den schwimmenden Gärten, an kleinen Hausbootgeschäften und luxuriösen Hotelbooten. Srinagar steht inzwischen auf der Welttouristenkarte. Das angenehme Klima,

3 Aufbrüche zu Freiheit und Globalisierung (1980–1989) 145

Abb. 3.2 In Leh, Ladakh, einer der höchstgelegenen Städte der Welt (1980). (© Ludger Kühnhardt)

milder Sonnenschein und kühle Abende, die malerische Atmosphäre der Altstadt, die atemberaubende Himalaja-Kulisse und freundliche Menschen haben Kaschmirs Hauptstadt trotz aller stets präsenten politisch-religiösen Konflikte zu einer besonderen Attraktivität im so extrem vielfältigen Indien aufsteigen lassen.

4. Oktober 1980, Leh
Das Kaschmir-Tal wird von steil ansteigenden Bergketten umgeben. Über winzige Dörfer und tief ausgeschnittene Täler steigt das Flugzeug der Indian Airlines in die Höhe der Himalaja-Kette. Deutlich lässt sich die ebenso geschwind wie unaufhaltsam fortschreitende Entwaldung beobachten: Nur mehr vereinzelte Baumbestände unterbrechen die kahlen Steinwände massiver Bergformationen, die in dieser Jahreszeit wieder immer stärker mit neuem Schnee und darunter häufig ewigem Eis bedeckt sind. Die bizarre Bergwelt mündet plötzlich in eine kahle Endmoränenlandschaft, die uns über enge Nebentäler des Indus mit vereinzelten Klöstern und bäuerlichen Anwesen in die Kraterlandschaft um Leh bringt. Leh, 8500 Einwohner, Hauptort des erst seit 1974 für Ausländer geöffneten, jahrhundertelang gegenüber allen nur denkbaren fremden Einflüssen abgeschlossenen Ladakh, eine der am dünnsten besiedelten Regionen der Welt (ein bis zwei Personen pro Quadratkilometer) im am zweit stärksten bevölkerten Land der Welt (Abb. 3.2). Nur gut 100.000 Menschen leben in diesem indischen Teil Tibets,

dessen Kerngebiet 1958 nach militärischen Aktionen von der Volksrepublik China annektiert wurde. Die Tibetaner sind fast ausschließlich der lamaistischen Version des Buddhismus verpflichtet, bei einer winzig kleinen schiitisch-islamischen Minorität. Weithin abgeschieden von fremden Einflüssen und Eroberungspfaden konnten die Menschen weitgehend ihre traditionelle Lebensweise und Kultur bewahren. Bis heute leben sie eingebettet in die raue, kahle, kalte Landschaft, die ihre weißgetünchten zweistöckigen Steinhäuser umarmt. Hinter den liebevoll holzgeschnitzten Fenstern und Türen liegen die verrauchten kleinen Küchen, in denen auf winzigen Öfen Buttertee brutzelt und feine Sonnenstrahlen durch enge Mauerritzen und den in der Dunkelheit kaum zu sehenden Rauchabzug fallen.

Lehs winziges Zentrum wird von der Basarstraße geprägt, in deren kleinen Geschäftchen und auf den Bürgersteigen tibetische Verkäufer ihre Waren feilbieten. Die weinrote Kleidung der Ladakhis, ihre buntbestickten Spitzhauben und ebenso künstlerisch verzierten Schuhe bilden ein pittoreskes Bild vor der rauen Silhouette der zum weithin verfallenen siebenstöckigen Palast, in dem einst der Dalai Lama bei Besuchen in Leh gewohnt hat, ansteigenden weißgetünchten Wohnhäuser und rotbacksteinigen Basargeschäfte. In Leh, noch mehr als in Srinagar muss man sich in die Vorstellung hineinfühlen, dass diese tibetische Stadt mit der sie umschlingenden Mondlandschaft Teil der Indischen Union ist. Doch sie ist es. An den Hauswänden erinnern vergilbte und von Wind und Wetter angerissene Indira-Plakate an den Wahlkampf im Januar 1980, der auch in Ladakh dem „Congress (I)" die Stimmenmehrheit brachte.

Neun Kilometer östlich von Leh, umgeben von einer steinüberzogenen Endmoränenwüste liegt ein SOS-Kinderdorf. Am Rande einer tibetischen Flüchtlingssiedlung mit rund 2000 Einwohnern wurde 1975 das SOS-Kinderdorf für über 350 Kinder eröffnet. Die meisten Jungen und Mädchen, die in den fünfzehn weißgekalkten Häusern mit buntbemalten Türmchenaufsätzen an allen vier Ecken mit ihrer jeweiligen Pflegemutter leben, sind Kinder von Flüchtlingen aus dem 1958 von China annektierten Tibet. Auf der anderen Straßenseite besuche ich das Museum einer School of Buddhist Philosophy. Hier werden Kinder auf ein späteres Leben als Mönch in einem der sagenumwobenen tibetischen Klöster vorbereitet werden. Nachdem die chinesischen Kommunisten 1958 die tibetischen Klöster und Klosterschulen geschlossen haben, ist diese Schule eine der wenigen Einrichtungen der Lamaisten in Indien. Der Dalai Lama, ihr inkarniertes Oberhaupt, hat in Dharamsala im Süden Kaschmirs seinen Exilort gefunden.

Vorbei an winzigen Ortschaften und mitten durch eine nahezu gespenstisch anmutende Bergwüste erreiche ich Thikse, eines der berühmtesten tibetischen Klöster auf indischem Boden. An eine steil aufragende Felswand gebaut, hängen die Häuser der Mönche und das an der Spitze gelegene Klosterzentrum wie Vogelnester über dem weit ausladenden Tal, einer Schleife des durch grünes Uferland fließenden Indus. Am Fuße des Klosterberges befinden sich die Häuser der Dorfbevölkerung, ihre weißen Stupas, die vornehmlich während der eiskalten Wintermonate in Gebrauch sind, und die fein parzellierten und markierten Felder hinunter bis zum Indus. Auf der anderen Flussseite zieht sich die sandige Wüstenpiste hinauf über schroffe Felsvorsprünge bis in schneebedeckte Höhen. Singend treiben mehrere Frauen drei Kühe im Kreis herum, um Stroh zu dreschen und den Weizen dann in Bastkörben auf dem Rücken nach Hause zu tragen.

Der Klosteraufseher führt mich in einige der Gebetsräume, in denen dämonisch anmutende Buddhaskulpturen mit Kerzen, Weihrauch, Gewürzen und kleinen wassergefüllten Töpfchen verehrt werden. Neben dem Altar stehen einige *manis*, tibetanische Gebetsmühlen, für den Handgebrauch. Für 900.000 Rupien wurde vor drei Jahren der Haupttempel des Klosters erneuert, in dessen Mittelpunkt eine für unsere Begriffe kitschige und überdimensionierte Buddhafigur steht. Zum Gebet liegen mehrere Exemplare des heiligen Buches der Lamaisten bereit. An der Stirnseite eines der Tempel befindet sich das buddhistische Rad des Lebens, angefüllt mit mythologischen und bildhaften Zeichnungen, die mir der nur gebrochen hindisprechende Mönch zu erklären versucht. Auch ohne viele Worte verstehe ich die Aussagen über den Kreislauf des Werdens und Vergehens, der die buddhistische Weltsicht prägt.

Ich fahre den Indus entlang, einem der großen Ströme dieser Welt, aus deren Wasser so viele große Weltzivilisationen entsprungen sind. Ein großes Flutregulierungsprojekt befindet sich in der Konstruktionsphase, um die zur Zeit der Schneeschmelze jährlich einsetzenden enormen Wassermassen halbwegs zu kontrollieren. Zugleich soll aus der Wasserkraft Energie gewonnen werden. Durch ein Nebental des breiten Indutales schlängelt sich der schmale Weg hinauf bis an den Fuß des ältesten und größten Ladakhklosters: Hemis, erbaut um 1630. In einer Höhe von 3657 m, wo die dünne Luft jeden Schritt erschwert, liegt der Innenraum des Klosters, zu dessen beiden Seiten Gebetsnischen und Altaranlagen angrenzen. An den Wänden künden Inschriften in tibetischer Sprache von den Lehren Siddhartha Gautamas, des Buddha. In einem steinernen Umbau steht eine eineinhalb Meter hohe Gebetsmühle mit tibetischen Inschriften. In einem der an dem Felsen klebenden Tibethäuser klettere ich auf allen Vieren eine schmale Stiege hinauf in das erste Stockwerk, aus dem buddhistischer Schalmaienklang und tibetische Gesänge ertönen. In einem winzigen Altarraum haben sich einige Mönche vor einem weihrauchverhangenen Buddhabildnis zum Gebet niedergekniet. Im Nebenraum, einer verrauchten Küche, werde ich vom Hausmeister-Ehepaar zu einem kräftigen Glas Buttertee eingeladen. Auf einem Öfchen brutzelt eine Suppe. Der alte Mann und seine runzelige Frau sind in traditionelle tibetische Tracht gekleidet. Beide schauen mit einem zufriedenen Lächeln auf die Welt. Die Ruhe, in der sie leben, wirkt ansteckend. Die Frau bereitet im Schein einer flackernden Kerosinlampe und der letzten Sonnenstrahlen, die durch den Rußabzug fallen, Kohlrabi-ähnliches Gemüse zu. Nebenan ertönt der monoton-meditative Schalmaien- und Zimbelklang. Die Szene, die ich erlebe, könnte für ein tibetisches Märchenbuch erfunden worden sein. Aber sie ist wirklich. In eisiger Kälte fahre ich die fünfzig Kilometer nach Leh zurück.

5.–9. Oktober 1980, Delhi
Jan Friese, einer von sechs regelmäßig in Delhi akkreditierten deutschen Journalisten, mit einer Inderin verheiratet, scheint seinen frühen Optimismus in Bezug auf Indien verloren zu haben. Die lodernden Flammen und Polizeischießereien in Moradabad, die Gleichgültigkeit der Regierung Gandhis, das Fehlen jedweder überzeugender politischer Alternative und der Verfall von Recht und Ordnung lassen Friese so stark wie nie zuvor an der Überlebensfähigkeit des parlamentarischen Systems auf dem Subkontinent zweifeln. Er befürchtet, dass in einigen Jahren die Armee die einzige Antwort bieten könnte. Ein entscheidender Testfall für den weiteren Weg des Landes wird das Verhalten der Regierung gegenüber der Presse sein. Auch wenn die Mehrheit der Landbevölkerung weder lesen noch schreiben kann, bedeutet Pressefreiheit doch, dass irgendjemand darauf achtet, dass die in der Verfassung für alle verbürgten Rechte gesichert werden. Seit zwölf Tagen hält nun schon der Krieg zwischen Iran und Irak an. Friese sieht große Gefahren für Indien, das aus beiden Ländern zwei Drittel seines Ölverbrauchs importiert.

Der deutsche Botschafter Rolf Ramisch erweitert mein weltpolitisches Koordinatensystem. Die Sowjetunion, so führt er aus, habe den qualitativen Zenit, wenngleich vielleicht noch nicht die höchste quantitative Ausbreitung ihrer Herrschaft überschritten. Ramisch richtet mein Augenmerk auf ein anderes Thema: Sollte der seit dem 22. September 1980 tobende Krieg zwischen Iran und Irak länger anhalten, hätte dies fatale Folgen für Indien. Am Connaught Circus, so hatte mir am Vortag Mrs. George im Max Müller Bhavan erzählt, habe es bereits kein Benzin mehr zu kaufen gegeben. Die Regierung wird wohl um eine prinzipielle Rationierung des Ölverbrauchs in ganz Indien nicht umhinkommen. Botschafter Ramisch lobt Indira Gandhis Rolle in der Außenpolitik, aber befürchtet, dass ihr die innenpolitische Lage schon weitgehend entglitten sei. Nach seiner Kenntnis der militärischen Führungsspitze sei diese unzweifelhaft der Politik und dem Staat verpflichtet und plane zumindest derzeit gewiss keinen Staatsstreich. Indien, so muss man schlussfolgern, ruht in sich selbst und folgt anderen Gesetzen als den in der europäischen Politik üblichen. Ob eine gute, schlechte, starke, schwache Regierung – dieses Land, diese vielen bunten Gesellschaften, die Indien ausmachen, bewegen sich in und aus sich selbst heraus. Hinreichende Dynamik ist vorhanden, um dieses Indien mit seinen vielen Subgesellschaften am Leben und am Wachsen zu halten. Strukturelle Probleme, die aus der immer arg britisch geprägten Westminster-Demokratie erwachsen, aus dem Verhältnis des Bundes zu den Gliedstaaten der Indischen Union und aus dem Problemen bei der Rekrutierung des politischen Personals, sollten nicht darüber hinwegtäuschen, so Botschafter Ramisch, dass Indien in Ermangelung eines intuitiv starken Nationalcharakters eben doch starker Führungspersönlichkeiten wie Indira Gandhi bedürfe. Das eigentliche Problem werde sich nach ihrer Abdankung stellen, wenn die Nachfolgefrage geregelt werden müsse. Ramisch spricht die mittelfristige Gefahr an, dass die Kommunisten an Attraktivität zunehmen und als Antwort gesehen werden könnten. Angesichts der indischen Gesellschaftsstruktur erscheint mir dieses Szenario eher unwahrscheinlich. Dieses Land ist doch vor allem anderen von einer „social inability" geprägt, wie der Schriftsteller V. S. Naipaul so treffend formuliert hat.

Mit Sumit Mitra bestelle ich im Restaurant eines angesehenen Hotels am Connaught Place „cold tea": Serviert wird uns Bier in einer Teekanne. Welche Heuchelei angesichts der offiziellen Prohibition.

Rajiv und Neeru Vora erklären mir ihre Kastenzugehörigkeit. Rajiv gehört der Nagr-Kaste an, der höchsten Kshatriya-Sub-Kaste in Gujarat, Neeru den Jats, der obersten Kshatriya-Kaste in Uttar Pradesh. Die beiden sind zutiefst von der Richtigkeit des Weges überzeugt, den Mahatma Gandhi Indien gewiesen hat. Die Vergleiche zwischen der atomisierten, überindividualisierten Gesellschaft des Westens und den rigiden, Individualansprüche unterdrückenden Strukturen Indiens sind legendär und uferlos. In beiden Fällen spielt eine intakte Familie die zentrale Bedeutung für Gelingen, Zufriedenheit und Weiterentwicklung der jeweiligen Gesellschaft.

Olaf Ihlau, Indien-Korrespondent der *Süddeutschen Zeitung*: „Unter weltpolitischen Aspekten, aber auch aus innenpolitischen Momenten macht es schon einen Unterschied, ob Indira das Land beherrscht oder jemand anders. Die Entfremdung der zehn Prozent Elite, die die neunzig Prozent der Inder ausbeuten, von ihrem eigenen Land ist entsetzlich." Arun Shourie, Journalist des *Indian Express:* „Ich hasse ihre Politik, aber Indira ist Integrationsfigur. Sie verkörpert nicht nur eine Kaste."

10. Oktober 1980, Agra
Shampal, ein 22-jähriger Rikschafahrer, strampelt mich durch Agra: „Gott ist einer, er hat nur viele Namen. Die Mohammedaner nennen ihn Allah, wir Krishna oder Rama oder anders. Aber es gibt nur einen Gott für alle Menschen, an den ich glaube." Seit fünf Monaten ist Shampal mit einem achtzehnjährigen Mädchen aus seinem Heimatdorf verheiratet. Vorher hatte es ihn, so sagt er, öfter zu Prostituierten gezogen, die er auch mir anbietet. Eine erstaunliche Direktheit in dem in sexuellen Fragen üblicherweise extrem prüden Indien. Aus Deutschland ist das Filmteam eingetroffen, mit dem ich einen Schulfilm über das Dorfleben in Indien drehen will. Abends erleben wir Ramlila, ein Hindufest der Saison. Unter einem lichterglänzenden bunten Zeltbaldachin haben Rama, sein Bruder Laxman und die umworbene Lila Platz genommen. In farbenüberquellenden Kostümen und goldenen Kronen erwarten sie den Kampf zweier Brüder Ramas. Am Ende obsiegt der aus Lanka eingefallene Eroberer aus dem Süden und gewinnt Lila. In der komplizierten Hindumythologie nimmt das jährliche, im ganzen Land begangene Ramlila-Fest eine hervorragende Stellung ein. Die Polizei verhält sich widerlich, wenn sie, ob zu Pferd oder zu Fuß, mit dem Stock in der Hand schnell auf kleine, drängelnde Kinder einschlägt. Ein Volk nach dem Wunsch von Mahatmas Gewaltfreiheit *(satyagraha)* sind die Inder wohl nicht. Der Rückblick auf den Kunstgenuss des Tages versöhnt ein wenig.

Itimad-ud-Daula: das ästhetisch einfühlsame, künstlerisch wertvolle und kunsthistorisch bedeutende Grabmal des Finanzministers der Mogulen, das seine Tochter Nur Nahan, die Frau des Mogulherrschers Jahangir, für ihren Vater erbauen ließ, liegt am nordöstlichen Ufer des Jamma. Vom Itimad-Grabmal fahre ich zum Roten Fort, dem von Akbar um 1580 errichteten Festungsbau, einem der mächtigsten seiner Art in der Welt. Diwan-i-Khas, die öffentliche Empfangshalle, die Perlenmoschee, die Gemächer der Könige und der gesamte Gebäudekomplex bilden einen Zusammenhalt, der die Größe und Macht der indischen Mogulperiode, begonnen mit Babar im Jahr 1526, ihren Anfang genommen und bis in die zweite Hälfte des 18. Jahrhunderts gewährt hatte.

Eine unübertroffene Einheit aus Formvollendung, künstlerischem Wert und tiefempfundener Devotion für eine geliebte Gemahlin bildet das in bald zwanzigjähriger Bauzeit 1648 vollendete Taj Mahal. Das Grabmal für Mumtaz Mahal, der Ehefrau Shah Jahans, ein islamischer Grabestempel in einem hinduistischen Land, ist und bleibt für mich das ästhetisch gelungenste Bauwerk Indiens. Ich werde nicht müde, das Taj Mahal auch beim Wiedersehen zu bestaunen.

11. Oktober 1980, Khajuraho
Inmitten einer von fruchtbaren Feldern umrahmten Hügellandschaft liegen die Tempelanlagen von Khajuraho, am Rande des gleichnamigen 2000-Seelen-Dorfes. Um 1000 nach Christus erbauten die Chandellas, eine Dynastie der Rajputen-Kriegerkönige, drei große Tempelanlagen in Khajuraho, der Hauptstadt ihres Territoriums Jejakabhukti oder Bundelkhand. In ihrer Formschönheit, klassischen Architektur und inneren Vielfalt müssen sie einen Vergleich auch mit den herausragendsten Bauwerken der Mogulzeit nicht scheuen. In einer gepflegten und beruhigenden Parkanlage befinden sich die rund zwanzig Tempel der westlichen Gruppe. Sie sind vornehmlich Vishnu und seinen Inkarnationen sowie Shiva und ihrem Transportmittel, dem Bullen, geweiht. Der bekannteste der westlichen Tempel ist der Kandariya-Mahadeva-Tempel. Außergewöhnlich und hervorstechend sind an diesem Bauwerk die extrem extrovertierten erotischen Darstellungen. Im Tantrismus, einer Strömung des Hinduismus, findet die spirituelle Vereinigung von *atma* und *brahma*, der Einzel- und der Weltseele, ihre höchste Vollendung in der sinnlichen Vereinigung von Mann und Frau. Genauer als an diesem Tempel hat sich zu diesem Thema noch kein Lehrbuch der Sexualaufklärung und auch kein pornografischer Film geäußert. Mithunas, himmlische Liebespaare, vollziehen den Geschlechtsakt in allen nur denkbaren Stellungen. Ekstase, wie für die Ewigkeit in Stein gemeißelt.

Nach einer fünfstündigen Autofahrt, vorbei an einem bedeutenden örtlichen Kali-Tempel, mehreren Wegzollschranken, Dörfern, weiten, grünen zum Teil noch überschwemmten Feldern und baumbestandenen Hügelzügen erreichen mein Filmteam und ich am späten Abend Manikpur, das 5000-Seelen-Dorf im Süden des bitterarmen Banda-Distriktes. „Hier ist ja wirklich nichts los. Auch das Essen in den Straßenrestaurants ist schlecht und wenig", mokiert sich der Fahrer unseres Leihwagens aus Khajuraho. Wir werden für über eine Woche in Manikpur bleiben, so wie ich es 1979 schon für zwei Wochen ausgehalten habe. Schwester Mary Rose macht es meinem Filmteam und mir so angenehm wie in dieser Umgebung irgend möglich.

12.–18. Oktober 1980, Manikpur

Auf der Suche nach einer passenden Familie, die das authentische Leben der Kumhat, der Töpfer, lebt und darzustellen willens ist, durchstreifen wir Manikpur. Barbu verdient im Durchschnitt sieben Rupien am Tag durch den Verkauf von Feldfrüchten aus dem Gewinn des hinter dem Lehmhaus gelegenen, kleinen, schlecht bewässerten Acker und von Milch der zwei ihm gehörenden Wasserbüffel. Das Schulgeld für die Missionsschule kann die Familie bei sieben Kindern nicht aufbringen. In die kostenlose Dorfschule will der Vater seine Kinder aber auch nicht schicken, „da sie dort nichts lernen". Der Vater erzählt, dass die beiden jüngsten Töchter, sieben und neun Jahre alt, schon verheiratet seien. Da sei der Schulbesuch doch sowieso überflüssig. Am Ende akzeptiert Barbu auch nicht, seine Familie für ein gutes Honorar in einem Film zu präsentieren.

Wir reden mit dem Ortsvorsteher, mit einem muslimischen Arbeiter, schließlich mit Schreiner Tripati, einem Brahmanen. In seiner kleinen Werkstatt finden wir einen Arbeiter, Shiw Prasad, zwanzig Jahre jung, dessen jüngster Bruder, der zwölfjährige Prahlad, sich für unsere Zwecke als geeignet erweist. Wir wollen indisches Dorfleben aus der Perspektive eines Jugendlichen zeigen, um im deutschen Schulunterricht für die so ganz anderen indischen Umstände anschaulich zu sensibilisieren. Shiw Prasad und Prahlads Vater Bhondulal arbeiten als Tagelöhner, mal als Maurer, mal auf dem Feld. Die windschiefe Kate der Familie liegt gegenüber der Polizeistation. Im Innenhof steht eine Kuh, die der Familie jeden Tag immerhin einen Liter Milch gibt.

Mutter Sukija erzählt uns von Prahlads Hochzeit vor sechs Jahren. Ein heute zehnjähriges Mädchen aus Madhya Pradesh wurde mit dem damals sechsjährigen Prahlad verheiratet. Als Mitgift konnte sie nicht mehr als 50 Rupien, einen kleinen, ölbetriebenen Ofen zum Kochen und, so sagt Sukija, „natürlich sich selbst" einbringen. Prahlad besucht derzeit die Schule in Purana Manikpur, Old Manikpur. Ein fast ein Kilometer langer Fußweg führt ihn vorbei an ärmsten Wohnverhältnissen und grünen Feldern. Prahlad ist einverstanden mit der Filmidee. Sein Lieblingsfach, er besucht die 7. Klasse, sei Sanskrit. Sein Vater hat nie die Schule besuchen können, seine beiden Brüder mussten sie nach dem 5. beziehungsweise 6. Schuljahr verlassen. Abends unterhalten wir uns mit Prahlad über seinen Tagesablauf und seine Zukunftspläne.

So entsteht meine Drehbuchvorlage, in Ich-Form aus Prahlads Perspektive formuliert[3]:

> „Namaste. Mein Name ist Prahlad. Ich bin zwölf Jahre alt und lebe in Manikpur, einem kleinen Ort in Indien. Mit meinem ältesten Bruder Ram Prasad melke ich jeden Morgen die Kuh vor unserem Haus. Die Kuh gehört uns nicht, doch dürfen wir die Milch behalten. Ich gehe in die 7. Klasse der Dorfschule. Mein Lieblingsfach ist Sanskrit. Gestern haben wir wieder eine neue Lektion durchgenommen, die ich wiederholen muss. Wir waschen uns an

---

[3] Der Schulfilm *Prahlad – ein Junge in Indien* wird ab 1980 vom Institut für Film und Bild in Wissenschaft und Unterricht und der Tellux-Film GmbH München vertrieben (Kühnhardt 1980c).

dem Brunnen vor der Polizeistation. Unser Haus hat keinen Wasseranschluss. Meine Mutter Sukija kocht für uns alle. Mein Vater und meine beiden älteren Brüder sind schon früh zur Arbeit gegangen. Zum Frühstück esse ich zwei oder drei Weizenfladen, wir nennen sie Chapati, und etwas Kartoffeln in Soße. Tee ist sehr teuer. Ich trinke daher Wasser.

Mit meinen Freunden gehe ich zur Schule. Die Häuser hier haben keinen Strom. Manikpur ist ein armes Dorf. In meiner Klasse sind neun Mädchen und sechs Jungen. Ich gehe gerne zur Schule. Meine beiden Brüder mussten die Schule vorzeitig verlassen, um Geld zu verdienen. Mein Vater Bhondulal hat nie eine Schule besucht. Jetzt arbeitet er gelegentlich als Maurer oder auf dem Feld. Mein Vater sagt, ich muss mehr lernen, damit es mir später besser geht als ihm. In der Mittagspause esse ich wieder einige Chapati und Soße. Die anderen Kinder essen das Gleiche. Sie sind auch aus armen Familien.

Mein Bruder Shiw sagt immer, wir bekommen das zu essen, was uns zusteht. Shiw arbeitet bei einem Schreiner. Der hat viel mehr zu essen. Wir können nur einmal im Monat Fleisch kaufen und manchmal fangen wir Fische. Shiw sagt, der Schreiner lebt besser, dafür haben wir aber unsere Arbeit. Andere in Manikpur sind noch ärmer als wir. Sie haben oft überhaupt keine Arbeit oder bekommen nur etwas Weizen, wenn sie eine Straße bauen. Am liebsten möchte ich einmal bei der Eisenbahn arbeiten. Da kann man gut verdienen und herumfahren. Ich bin dreimal in der benachbarten Stadt gewesen und mit meinen Brüdern sogar ins Kino gegangen.

Ram Prasad arbeitet als Schneider in unserer Basarstraße. Wenn ich ihm helfe, gibt er mir zehn oder zwanzig Paisa. Damit kann ich mir einen Apfel oder Süßigkeiten kaufen. Im Basar gibt es viel zu kaufen. Meine Mutter hat mir aber nur Geld für Reis und Dal, ein Gemüse, mitgegeben. Manchmal haben wir kein Geld mehr. Dann können wir nur noch das essen, was zu Hause ist oder am wenigsten kostet.

Mit meinen Freunden spiele ich gerne auf der Wiese vor der Polizeistation hinter unserem Haus. Manchmal lassen wir auch den Drachen steigen. Am Abend melken wir noch einmal die Kuh. Dann haben wir jeder ein Glas Milch zum Abendessen. Meine Mutter kocht dazu immer Reis und Dal-Gemüse. Vor dem Schlafengehen muss ich noch lernen für die Schule. Ich ärgere mich immer, wenn mich einer stört oder ich helfen muss. Ich will lieber lernen. Sonst kann ich nie bei der Eisenbahn arbeiten. Und morgen früh ist wieder Schule."

Die Dreharbeiten mit Kameramann Jürgen Grundmann, Kameraassistent Franz Kirchner und Toningenieur Manfred Höhrl werden begleitet von Ajoy Ganguly des indischen Außenministeriums, für den der Dorfaufenthalt in Manikpur einer Strafversetzung gleichkommt. Wir lernen Ram Prakash kennen, den mächtigsten und gefürchtetsten aller Landpächter Manikpurs, der in dem schönsten Haus mit einer Arkaden-geschmückten Veranda lebt. Es wird erzählt, er habe zwei seiner Frauen ermordet und halte sich in Nebenhäusern in Allahabad und anderenorts weitere Frauen. Prakash umgibt sich mit Leibwächtern, die nur mit umgehängtem Gewehr auf die Straße gehen. Im letzten Jahr hat sein Sohn den Sohn eines anderen Grundbesitzers umgebracht, woraufhin sich Vater Prakash aus Sicherheitsgründen sogleich vorübergehend mit in der örtlichen Polizeistation einsperren ließ. Seinen Sohn soll er bald wieder freigekauft haben.

Die Dreharbeiten laufen nach Plan. Wir beobachten Prahlad auf dem Schulweg, in der Schule, beim Spielen und Lernen, filmen seinen Vater Bhondulal mit dem Ochsenkarren auf dem Feld und das „Food for Work"-Programm, das Father Michael in der katholischen Mission durchführt: Straßenbau für drei Kilogramm Reis und 125 g Sojabohnenöl pro Tag. Die Schüler der Missionsschule tanzen uns einige Bharatanatayam vor, indische klassische Volkstänze. Wir nehmen verschiedene Szenen in Prahlads Familienkate auf.

Wir filmen den Waldpächter und Großhändler von Bidi-Blättern, Abdur Majid, bei einem ausgedehnten Mittagessen mit seiner Familie im Innenhof ihres Hauses. Genüsslich schleckt sich Majid die Finger nach einem saftig-fettigen Mahl ab und schlürft sein Wasser. Am Vormittag hatten wir gesehen, wie Prahlad und ihre Brüder ihr dürftiges Frühstück zu sich genommen hatten, ein drückender Kontrast. Die Außenaufnahmen im Basar geraten zum absoluten Chaos. Das Filmteam ist die Sensation des Jahrzehnts für unzählige Kinderköpfe, aber ebenso für viele staunende Erwachsene. Nur mit großem Kraftaufwand gelingt es uns, eine Bresche in die Menschenmenge zu schlagen und einige Aufnahmen mit Prahlads Bruder, dem Schneider, zu machen, mit Prahlad beim Einkaufen und Impressionen des Basarlebens. Nachmittags drehen wir nochmals an der Eisenbahn und abschließend Prahlads bescheidenes Abendmahl im Innern des kleinen Hauses: Chapati und Sabdi, Kartoffelgemüse – wie heute, wie jeden Tag. Dem Bruder zahlen wir die 800 Rupien, die die Familie Schulden hat, Prahlad ein Taschengeld von 15 Rupien und wünschen ihm viel Erfolg und alles Gute bei seinen weiteren Studien. Am letzten Abend lädt uns Schwester Mary Rose zu einem ausgedehnten indischen Gastmahl im Innenhof ihres Konvents ein. Dann besteigen wir mit Sack und Pack den Qutub-Express gen Delhi.

19.–20. Oktober 1980, Delhi
Welch' ein Gegensatz zwischen zwei Welten, Menschen, Lebensweisen. Am Pool des Sheraton Hotels in Neu-Delhi lassen mein Filmteam und ich nach dreizehnstündiger Fahrt im wie gewohnt dicht gepackten Zweiten-Klasse-Abteil der Indian Railway unsere Erfahrungen mit den eklatanten Widersprüchen in diesem gleichzeitig hassens- und liebenswerten, faszinierenden und abstoßenden, verrückt-interessanten und impulsivchaotischen Indien nachklingen. Unsere Hotelzimmer mit Fernsehgerät und Klimaanlage, einem halben Dutzend Lampenschirmen, Polstermöbeln und Cat Stevens im Stereo-Sound auf Knopfdruck kostet den doppelten Monatsverdienst von Prahlads gesamter Familie. Verhalten wir uns unverantwortlich und fliehen in die gewohnte Welt des Wohlstands, in ein zynisches Aufbauprogramm nach wenigen Tagen der Pseudo-Entsagung? Oder erleben wir doch nur den ganz einfachen Gewaltsprung der privilegierten Minderheit, die es sich leisten kann, binnen Stunden Armut und Elend durch Gold und Glitzer zu ersetzen, einzutauschen durch eine nach außen hin prachtvolle, wiewohl innen häufig entleerte, arme Welt? Wo immer wir in Manikpur hinkamen und nun auch wieder in Delhi: Die Menschenmassen schieben sich wie ein träge fließender Strom dahin. Dazwischen tauchen Rikschas auf, handgezogene Karren, Elefanten, Esel, Polizisten,

eine Musikkapelle. Immer wieder Menschen. Wir haben einen sinnlichen Eindruck von dem erhalten, was Sozialwissenschaftler in den sterilen Begriff „Überbevölkerung" oder in sein Äquivalent „Unterentwicklung" zu packen pflegen. Berichten, bewusstmachen, vielleicht aufrütteln und einladen, um reflektierter zu leben – was mehr kann ein Europäer tun, der Indien gesehen, gefühlt, berührt hat?

Das Dritte-Welt-Bild, das ich mir vor einigen Jahren angelesen hatte, wird mit jedem Tag im Süden der Erde vielschichtiger, komplexer. Monokausal lässt sich nichts mehr erklären und schon gar nicht als Lösung für Probleme vorschlagen, die oft jenseits unseres analytischen Fassungsvermögens sind. Sachgerechte Annäherung, differenzierte Beschäftigung mit den soziokulturellen und sozioökonomischen Bedingungen des Lebens im Süden der Erdkugel, aber auch Sensibilität und Respekt vor der Vielfalt der Kulturen dieser Welt, mehr kann wohl nicht sein.

11. August 1981, Bangkok
Die kalte Eleganz des neureichen Ölscheichtums Kuwait, deren nationale Standort- und Identitätsbestimmung durch den massiven Ölpreisboom der letzten Jahre offenbar vorschnell durch Projekte der Selbstdarstellung verdrängt zu werden scheint, weht förmlich durch die schneeweißen Halle des Flughafens. Die dicken Golduhren in den Auslagen der blütenweißen Flughafenhalle dokumentieren den jungen Reichtum. Nur die Kulis aus Indien und Pakistan, die auf den Rückflug warten – über eine Million von ihnen sind in den Golfstaaten beschäftigt –, zehren wenig vom äußerlich sichtbaren Reichtum. Ihre Kleidung ist geradezu schäbig in dieser Umgebung, in der der Kuchen mit schneeweißen Stoffservietten serviert wird. Stunden später entlässt Thai Airways ihre Reisenden in die Monsun-schwüle Wirklichkeit Bangkoks. Der Vietnam-Büro e. V., von den beiden Bundestagsabgeordneten Elmar Pieroth und Matthias Wissmann gegründet, ist Ort meines Zivildienstes.[4] Auf einer *fact-finding mission* wollen Matthias Wissmann und ich die südostasiatische Flüchtlingsproblematik besser verstehen. Bald schon werden größere Kontingente vietnamesischer *boat people* nach Deutschland kommen und durch das Vietnam-Büro e. V. betreut werden. In den letzten Wochen waren irritierende Meldungen über die Lage in Südostasien durch die Medien gegeistert: Werden die Flüchtlingslager in Thailand bald geschlossen – und was passiert dann mit den dort ausharrenden Vietnamesen, Kambodschanern und Laoten? Wie kann man auf die Ursachen schauen und zugleich humanitäre Hilfe im Schnittfeld von Entwicklungszusammenarbeit und Flüchtlingsschutz leisten?

Bangkok präsentiert sich quirlig. Allerorten sind die Zeichen der Prosperität zu sehen, die Thailand wie die anderen Tigerländer Südostasiens hat aufblühen lassen. Kleine

---

[4] Elmar Pieroth wird von 1981 bis 1989 und von 1996 bis 1998 Berliner Senator für Wirtschaft. Von 1991 bis 1996 ist er Berliner Senator für Finanzen. Matthias Wissmann wird 1993 zunächst Bundesminister für Forschung und Technologie, anschließend von 1993 bis 1998 Bundesminister für Verkehr.

Restaurants neben Kinos mit grellen Plakaten, Sony-Reklameleuchten neben Läden mit Stoffartikeln, Juwelen neben Banken. Vor einigen Jahren noch war die Fragilität des thailändischen Regierungs- und Gesellschaftssystem in aller Munde. Im Jahr 1975, nach dem Fall Saigons, machte das Wort von der Dominotheorie die Runde. Heute, so alle Gesprächspartner, gilt Thailand als stabil. Aggressive Interessengruppen und kriminelle Banden sorgen gleichwohl ständig für eine Verunsicherung der Menschen. Der „Frontstaat gegen den Kommunismus", so Father Bunlert vom Catholic Office for Emergency Relief and Refugees (COERR) am Nachmittag, wird durch die sakrosankte Autorität König Bhumibols integriert.

Über die vietnamesischen Flüchtlinge, die Thailand aufgenommen hat, sind überraschend kritische Töne zu hören. Der katholische Erzbischof Michai Kitbunchu meint, die Kirche bleibe humanitär ausgerichtet, aber müsse die Balance bewahren. Vietnamesen seien sehr clever und würden Hilfe häufig auszunutzen wissen. Den einheimischen Khmer und den Laoten gehe es weitaus schlechter als den geflohenen Vietnamesen, aber auch weite Teile der thailändischen Dorfbevölkerung seien ärmer als die, die Flüchtlingshilfe erhielten. In manchen Regionen des Landes ist mangels Bewässerungseinrichtungen nur eine jährliche Reisernte möglich. Kurz gesagt: Die Thais wollen die Flüchtlinge so schnell es geht wieder loswerden.

Christel Pilz, Korrespondentin der *Welt* in Bangkok, ist ein Energiebündel. Die zierliche und enorm charmante Frau ist aber auch eine der besten Kennerinnen der politischen Verhältnisse in Asien. Sie ist vehement gegen eine weitere Flüchtlingsunterstützung bisherigen Stils durch westliche Länder und Institutionen. Die heutigen Flüchtlinge kämen aus wirtschaftlichen Gründen. In der Tat kann die Bundesrepublik nicht grenzenlos Indochinaflüchtlinge aufnehmen, doch ist andererseits kaum zu verleugnen, dass auch beim Ausbleiben eines Flüchtlingsschiffes wie der Cap Anamur, der inzwischen allerorten in Südostasien größte Ablehnung entgegengebracht wird, die Flüchtlingsströme aus Vietnam anhalten dürften. Christel Pilz öffnet mir die Augen für die strategischen Zusammenhänge und stellt das Flüchtlingsthema in den Kontext des vietnamesischen Strebens nach Hegemonie in und über Südostasien, bis hin zur indischen Grenze. Solange die Aspirationen Hanois auf ein Greater Indochina unter seiner Führung nicht aufgegeben würden, sehe sie weder Möglichkeiten noch Veranlassung, Vietnam direkt ökonomisch zu unterstützen. Die Vietnamesen sollten erst einmal im eigenen Land sehen, wie sie gegen die Politik der kommunistischen Funktionäre anzugehen gedächten. Es gebe erste Hinweise auf einen allerdings niedergeschlagenen Putschversuch. Die Lage im vietnamesisch besetzten Kambodscha hält Christel Pilz für verworren, aber offen. Khieu Samphans Khmer Rouge hätten einem ideologisch fundierten Kommunismus abgeschworen, seien aber mit ihren dreißig- bis vierzigtausend Soldaten unterdessen einem Nationalismus verpflichtet, der viele ihrer Verbrechen vergessen machen soll. Auch zwischen dem gestürzten König Sihanouk und den Khmer Rouge gebe es wieder Kontakte. Die Verwirrspiele um Macht und Einfluss in Südostasien werden anhalten. Von der Terrasse des Oriental Hotels schweift der Blick über die braune, träge fließende Brühe des Chao Phraya. Am anderen Ufer liegen

Dschunken zwischen Wellblechhütten. Palmen und die schwül-regnerische Monsunluft verleihen dem Ambiente der Klongs ein suggestives Flair.

12.–13. August 1981, Aranyaprathet
Königin Sirikits 49. Geburtstag wird durch Fahnenschmuck in der ganzen Hauptstadt jedermann verkündet. Mit dem Vertreter des Malteser Hilfsdienstes, Wolfgang von Schmettau, fahre ich entlang sattgrüner Reisfelder und recht wohlhabend anmutender dörflicher Siedlungen und Bauernschaften an die thailändisch-kambodschanische Grenze nach Aranyaprathet. Die unendlich scheinende Ausdehnung Bangkoks – mit seinen geschätzt fünf Millionen Einwohnern – wirkt nur dadurch erträglich, dass die Stadt trotz enger Verkehrsströme einen gegenüber Indien ungemein sauberen Eindruck macht. Auf der Autobahn nach Aranyaprathet rauschen Privatwagen bester japanischer und BMW-Qualität vorbei. Bauern setzen neue Reispflanzen oder ziehen mit ihren Wasserbüffeln die Straßen entlang.

Entlang der thailändisch-kambodschanischen Grenze leben 200.000 Flüchtlinge. Der stellvertretende amerikanisch sozialisierte Leiter des Lagers Khao-I-Dang berichtet, dass thailändische Kommunisten hinter dem Berg Khao-I-Dang ein Lager aufgeschlagen hätten und Kontakte zur Lagerbevölkerung nicht auszuschließen seien. Seiner Einschätzung nach müsse die Lage in Kambodscha als verworren angesehen werden. Er sehe ein Wachsen der Kampfkraft der Khmer Serai und bestätigt den politischen Wandel innerhalb der Khmer Rouge. Der Malteser Hilfsdienst beabsichtigt, alsbald neben den Flüchtlingslagern auch die medizinische Versorgung einiger Thaidörfer zu übernehmen. Im Gefängnis von Aranyaprathet werden derzeit desertierte vietnamesische Soldaten aus Sicherheitsgründen verwahrt, ihre Ausreise in ein Drittland wird vom Internationalen Roten Kreuz angestrebt. Die USA wollen aber nur diejenigen Soldaten aufnehmen, die aus dem Süden Vietnams kommen und zwangsrekrutiert wurden. Die vietnamesischen Truppen liegen nur vier bis sechs Kilometer hinter der Grenze.

Ein besonderes Problem bildet der Schwarzmarkt. Bis kurz vor Phnom Penh soll der thailändische Bath die gängige Währung sein. Thailändisches Militär und die Polizei versuchen, den Schwarzmarkt einzudämmen. Straßensperren sind zu sehen sowie Menschen, die angehalten und verhört werden. Unkontrollierbarer, ständig fließender Grenzverkehr bei gleichzeitiger Kontrolle der Lager durch diverse Khmer-Gruppen prägen das Bild einer Region in Unruhe. Aranyaprathet selbst, vor drei Jahren ein unbekanntes, verschlafenes Grenzstädtchen, ist zur hässlichsten Stadt Thailands geworden. Die Kriminalität wird nur noch durch Mafiaaktivitäten der Schwarzmarkthändler überboten. Unlängst wurde auf einer kleinen Brücke ein japanischer Helfer ermordet, ein Kreuz erinnert daran. Zum Höhepunkt der Flüchtlingswelle waren fast eintausend ausländische Helfer und Beobachter in Aranyaprathet. Welch ein Unterschied zur Versorgungslage in Somalia.

Wir durchfahren mehrere Checkpoints, ehe wir Ban Sangae erreichen, ein Flüchtlingslager im Gebiet zwischen Niemandsland und kambodschanischem Staatsterritorium. Die Thais haben die „wilden" Auffanglager in jedem Fall außerhalb ihres Staatsgebietes anlegen lassen. Ban Sangae ist ein Lager der „Freien Khmer" (Khmer Serai), die sich unter Führung von Son Sann zur Khmer People's National Liberation Front (KPNLF) zusammengeschlossen haben. Die gut 10.000 Lagerbewohner verstehen sich als Teil der selbsternannten Elite ihres Volkes. Politisch-militärisch kontrolliert werden diese und andere Khmer Serai-Lager durch den General Dien Dielle, der sich kaum zeigt. Hin und wieder kommt es zu Besuchen von Son Sann, dem politischen Führer der Khmer Serai, der sich zu Gesprächen über die Einigung der diversen Widerstandsgruppen zurzeit vornehmlich im Ausland aufhält.

Wir erreichen das Lager zum Zeitpunkt der alle acht bis zehn Tage stattfindenden Nahrungsmittelverteilung: 400 g Reis, 30 g Konservenfisch und 5 g Speiseöl werden je Tag pro Person nach UNHCR-Maßstäben berechnet. Diszipliniert stehen die körperlich recht kleingewachsenen Khmer-Frauen in langen Reihen vor den beiden UNICEF-Lastwagen, von deren Ladefläche aus die Lebensmittel verteilt werden. Auf einer kleinen Karte, in deren Besitz jeder Bezieher von Hilfsleistungen ist, ist die zu erhaltende Gesamtmenge verzeichnet. Untereinander finden sogleich gewisse Tauschgeschäfte statt. Bewacht und überwacht wird die Verteilungsaktion nicht allein von UNICEF-Vertretern, sondern auch von der Khmer-Lager-Administration und den bewaffneten Soldaten der Khmer Serai, der eher demokratisch orientierten, bürgerlicheren der Befreiungsbewegungen. Bis hin zur Funkverbindung nach Kuala Lumpur und Washington sind sie von den USA ausgestattet worden. Das Lager macht trotz seines „wilden" Charakters einen leidlich situierten Eindruck. Infrastrukturell – sofern man überhaupt davon sprechen kann – ist es einigermaßen eingerichtet. Einzelne zum Trocknen ausgelegte Reisbündel deuten auf marginale landwirtschaftliche Aktivitäten hin. Aus mehreren der kleinen Hütten dudelt Radiomusik.

Ähnlich ist die Lage im letzten verbliebenen Großlager der Region, Khao-I-Dang, und dem Auffanglager Ban Samet. Khao-I-Dang ist für weitere Neuankömmlinge geschlossen. Die thailändischen Behörden kontrollieren streng. Rund 40.000 Menschen leben heute in Khao-I-Dang. Ihre Lebensverhältnisse sind den Umständen entsprechend ordentlich. Die Unterkünfte machen im Schnitt einen besseren Eindruck als die Lebensverhältnisse in einigen der Dörfer, die ich auf dem Weg zum Flüchtlingslager durchfahren habe. Die Lage ist allerdings chronisch instabil. In der Tat droht eine weitere „Palästinisierung": Niemand will die Flüchtlinge haben, die Grenzlage der Auffanglager zeigt zugleich, dass sie noch Jahre bestehen könnten, sofern die Khmer die Grenzgebiete unter ihrer Kontrolle halten, zugleich aber daran scheitern, Phnom Penh zurückerobern.

14.–16. August 1981, Bangkok

General Prasong Sonsiri, der direkt dem Premierminister unterstehende Flüchtlingsbeauftragte der thailändischen Regierung und Generalsekretär des Nationalen Sicherheitsrates, empfängt Matthias Wissmann und mich gemeinsam mit Deutschlands Botschafter Walter Boss und dem CDU-Bundestagsabgeordneten Walter Althammer, der soeben von einer einwöchigen Vietnamreise zurückgekehrt ist. Der freundliche General äußert sich überraschend moderat zu den Flüchtlingsfragen. Noch im Juli hatte er mit einer Rede Vietnamflüchtlinge pauschal als „economic adventurers" verurteilt und auch den seit dem Fall von Dien Bien Phu 1954 in Thailand lebenden 40.000 Vietnamesen eine Repatriierung angedroht. Sonsiri spricht von einer Zunahme der Kämpfe in Kambodscha. Weniger apodiktisch als erwartet stellt er die Frage der Repatriierungen dar. Er unterstütze sehr die entsprechenden UNHCR-Verhandlungen, werde aber keine Rückführung verlangen, wenn keine Sicherheitsgarantien gegeben sein sollten. Von vietnamesischen Deserteuren im Gefängnis zu Aranyaprathet will er nichts wissen. Später höre ich, dies könne ihm durchaus nicht unbekannt sein.

Auf Initiative des Vietnam-Büro e. V. hatte die Frage der Familienzusammenführung im Mittelpunkt der ersten Reise einer offiziellen Bundestagsdelegation mit Vertretern des Unterausschusses Humanitäre Hilfe nach Vietnam gestanden. Die der Delegation durch uns zugetragenen Fälle wurden dem vietnamesischen Außenminister persönlich übergeben. Solange die betreffenden Personen nicht aus polizeilichen Gründen ob krimineller Delikte festgehalten werden müssten, könnte eine Ausreise durchaus möglich werden. In die umgekehrte Richtung zielt das Bemühen des UNHCR, ein Repatriierungsprogramm für freiwillige Rückkehrer nach Kambodscha zu verhandeln. Rund 30.000 Khmer-Flüchtlinge sollen rückkehrbereit sein. Unter den rund 200.000 laotischen Flüchtlingen in Thailand hat es innerhalb des letzten Jahres nur knapp 400 Repatriierungsfälle gegeben. Jeder Einzelfall ziehe sich aufgrund der Formalitäten und Sicherheitsbedürfnissen lange hin.

Das von Rupert Neudeck initiierte Schiff Cap Anamur" at spektakuläre Rettungsaktionen von Bootsflüchtlingen in der Südchinesischen See durchgeführt. Der humanitäre Einsatz wird gelobt, auch von mir. Zugleich aber gibt es ununterbrochen Kritik, wonach erst durch die Präsenz eines Rettungsschiffes Menschen zur gefährlichen Flucht aufs offene Meer inspiriert werden. Dass sie dabei fast immer in die Hände skrupelloser Menschenschmuggler fallen und hohe Geldsummen zahlen müssen, ist ein besonders übles Element der Bootsrettung. Mir wird klar, dass Rettungsschiffe die eigentlichen Ursachen nicht lösen können, die hinter den Flüchtlingsproblemen Südostasiens stehen.

Der Vertreter des World Food Programme, David Morton, rechnet vor, dass die jährlichen Nahrungsmittelaufwendungen an der kambodschanischen Grenze bei annähernd 30 Mio. US-$ lägen. Sollte dieser Beitrag nicht weiterhin von westlichen Regierungen aufgebracht werden, müsse das World Food Programme seine Arbeit zum Jahresende einstellen.

Kulturelle Kontrastprogramme. Nachmittags besuche ich die Ruinen und buddhistischen Tempelanlagen von Ayutthaya, 80 km nördlich von Bangkok. Von 1350 bis zur Zerstörung durch die Birmanen 1767 bildete die Hauptstadt Ayutthaya den Mittelpunkt Siams und galt im 16. und 17. Jahrhundert als die schönste Stadt Hinterindiens sowie als sein kulturelles Zentrum. Die niederländische Ostindien-Kompanie (VOC) etablierte 1608 in Ayutthaya eine Handelsvertretung und nannte den Ort Judea. Bis 1762 unterhielt die VOC in Judea einen Handelsstützpunkt. Der zerstörte, teilweise neu errichtete Königspalast, buddhistische Reliquienschreine (Stupas) und diverse

Pagoden sowie Tempel mit überlebensgroßen Buddhafiguren, vor denen Gläubige des Theravada-Buddhismus ihre Devotionalien vorbringen, künden vom einstigen Ruhm und der noch bis in die Gegenwart überstrahlenden religiösen Bedeutung Ayutthayas. Auf dem Rückweg fasziniert mich der ästhetisch unübertreffliche Wasserpavillon in Bang Pa-in, dem weitläufigen einstigen Sommersitz der siamesischen Könige. Die gesamte Anlage des Sommerpalastes Bang Pa-in aus dem 19. Jahrhundert durchwirkt ein Geist pastoraler Ruhe. Siamesische Stilelemente verbinden sich mit Architekturelementen chinesischer und griechischer Traditionen.

Über Bangkoks Verkehrsgewühl wird ein Witz erzählt: Wenn die Vietnamesen Thailand angreifen würden, würden sie im Verkehrsgewühl von Bangkok stecken bleiben. Ich sehe die Hauptsehenswürdigkeiten der Stadt: den marmornen Tempelbezirk Wat Benchamabophit mit einer imponierenden Buddhafigur, vorbei an der National Assembly zum von einer weißen mit Zinnen gekrönten Mauer umgebenen Bezirk des Königspalastes und der Tempelanlage des Wat Phra Kaeo mit der heiligsten, smaragdenen Buddhafigur Thailands. Die prächtig geschmückten Außenwände des Palastes sowie die verwirrende Vielfalt der Tempelanlagen des Wat Pra Kaeo vermitteln mir einen kleinen Eindruck von der Größe der siamesischen Architektur des 18. Jahrhunderts. Abends durchstreife ich den Rotlichtbezirk, die berühmt-berüchtigte Patbong Road. Um die niedlich drapierten kleinen Thaimädchen schwirren zumeist westliche, oft fettleibige ältere Kunden. Es ist wirklich kein ästhetischer oder gar erotischer Anblick und erst recht kein Ort echter Fröhlichkeit.

17.–19. August 1981, Nong Khai
Im Speisewagen wartete noch ein leichtes Frühstück, ehe der Zug nach zwölfstündiger Fahrt 643 km nördlich von Bangkok in die kleine Bahn- und Endstation von Nong Khai einfährt. Die gepflegte Provinzstadt liegt direkt am breiten Mekong-Fluss und damit an der thailändisch-laotischen Grenze. Die Menschen im Nordosten Thailands leben in bescheidenen, aber nicht hungernden Verhältnissen weitgehend von der Landwirtschaft. Dennoch sind die kleinen Geschäfte von Nong Khai angefüllt mit Waren aller Art. In einer Fahrradriksha geht es zum Dienstgebäude des Provinzgouverneurs. In einem staatlich-großen Dienstzimmer – ausgelegt mit dickem, grellrotem Teppichboden und geschmückt mit zwei thailändischen Nationalfahnen, einer Verehrungsstätte für Buddha und vielfältigsten Orden und Auszeichnungen – referiert der Gouverneur über die geopolitische Lage in der südostasiatischen Region. Von kommunistischen Guerillagruppen ist die Rede, die immer wieder mit Attacken auf der thailändischen Seite der Grenze für Unruhe sorgten. Die Rolle Thailands im geopolitischen Kräftefeld zwischen China, Russland, den USA und Vietnam beziehungsweise dessen indochinesischen Satelliten Laos und Kambodscha sei labil. Er glaube nicht, so der Provinzgouverneur eindringlich, dass die USA es hinnehmen könnten, wenn Thailand kommunistisch würde, was auch die Thais selbst niemals wünschten. Diesen neuerlichen „Gesichtsverlust", so wird auch die US-Niederlage in Vietnam 1975 interpretiert, könne Amerika sich nicht leisten. Am tragischsten wäre eine Teilung des Landes analog zu den Verhältnissen in Deutschland.

Sechs Kilometer außerhalb liegt das gut ausgestattete und per Straßenschild angekündigte Flüchtlingslager mit 13.000 laotischen Bewohnern. Im Laufe des nächsten Jahres soll es geschlossen und die Flüchtlinge in das Internierungslager in Nakhon Phanom, im äußersten Nordosten Thailands, verlegt werden. So sollen weitere Flüchtlinge abgeschreckt werden. Das Lager trägt den Namen Vientiane Nr. 2. Ein soeben neuangekommener Flüchtling berichtet von menschenunwürdigen Verhältnissen in Laos, unter denen er dort in der Provinz habe leben müssen. Er kann sich eine Rückkehr in seine Heimat derzeit keineswegs vorstellen. Angesichts des Ausfalls dieser Perspektive und des Fehlens einer aktuellen Widerstandsmöglichkeit und -bewegung erklärt sich der Eifer, mit dem die Laoten versuchen, ihre ökonomische Situation in Thailand zu verbessern. Die Marktstraße des Camps bei Nong Khai erinnert eher an prosperierende Marktviertel in reicheren Thaigegenden als an eine Flüchtlingssiedlung. Von silbernen Armreifen über alle Arten von Obst und Früchten bis hin zu Friseuren ist vieles zu sehen, was ein normales asiatisches Dorf ausmacht. Zwischen den Menschenansammlungen vor den Marktständen kurven Rikschas und Motorräder. Von Kriminalität im Lager wird nicht berichtet, Laoten und angrenzend lebende Thais kämen gut miteinander zurecht. Ein Kenner der Völker dieser Region beschreibt den fundamentalen Mentalitätsunterschied zwischen Laoten und Khmer: Die einen weich und eher egoistisch, die anderen hart gesotten, kampfbetont und mit innerem Antrieb für eine Veränderung in ihrer Heimat bis hin zur Selbstaufgabe.

Monatlich kommen immer noch etwa vierhundert Flüchtlinge aus Laos nach Nong Khai. Sie überqueren dabei den Mekong, der als bedeutendster Strom Südostasiens auf einer über 300 km langen Strecke zugleich der thailändisch-laotische Grenzfluss ist. Der Vertreter des Provinzgouverneurs und ein sehr Deutschland-interessierter junger Beamter informieren an der Grenzstation über die Lage. Unter den Konditionen eines besonderen Grenzpasses können Thailänder Handel nach Laos und zurück treiben – in umgekehrter Richtung erfolgt der kleine Grenzverkehr nur äußerst begrenzt. In dem kleinen Fährhaus wartet eine Gruppe von Laoten auf ihr polizeiliches Verhör. Sie seien, so wird gesagt, am Tag zuvor geflohen. Thailändische Militärboote patrouillieren auf dem Fluss. In einem kleinen Fischrestaurant am Ufer ertönt amerikanische Country- and Western-Musik der 50er-Jahre, fast schon wehmütige Reminiszenz an die große Ost-West-Frage, um die es derzeit am Mekong geht. Nachmittags führt die Weiterfahrt entlang gepflegter Reisfelder und winzigen Ortschaften nach Udon Thani, 54 km südlich von Nong Khai. In den Abendstunden entfaltet sich in dem Ort ein lebendiges Bild asiatischen Händlertreibens auf den Bürgersteigen. Es macht den Eindruck einer beschaulichen und wohlhabenden Provinzstadt.

Die allgemeine politische Situation in der Region ist weiterhin instabil. Die fehlende Eindeutigkeit einer künftig gemeinsam zu organisierenden Widerstandsfront der diversen Khmer beziehungsweise Laotengruppen zwingt zu der Annahme, dass sich die Präsenz vietnamesischer Soldaten in Kambodscha und Laos fortsetzen wird. Darin aber liegt neben der allgemeinen kommunistischen Staatsdiktatur der Hauptgrund für die jüngsten Flüchtlingswellen aus Laos und Kambodscha. Das südostasiatische Flüchtlingsproblem wird so lange anhalten, wie es zu keiner politischen Lösung der Kambodschafrage kommt und solange Vietnams Hegemonialansprüche und seine innenpolitischen Experimente eines prosowjetischen Kommunismus kein Ende finden.

20.–23. August 1981, Hongkong
Gleich nach der Landung auf dem Kowloon International Airport ziehen mich die unendlich scheinenden Wolkenkratzer Hongkongs in ihren Bann. Eine überhohe Motorisierung mit unausweichlichen Verkehrsüberlastungen, eine überzogene Geschäftigkeit und Geldorientierung, die die Menschen wieselflink hinter nie zufriedenstellenden Verhältnissen herrennen lässt, das ist der sich aufdrängende Eindruck, den Hongkong vermittelt. Gleichzeitig überrascht das hohe Maß an Disziplin und Sauberkeit bei einer Bevölkerung von über fünf Millionen auf engstem Raum lebenden Menschen. Barry Choi, der leitende politische Redakteur der *South China Morning Post* (Auflage: 80.000) glaubt, dass maximal sieben Millionen Menschen in Hongkong leben könnten. Ein Regierungsbeamter soll einmal gar von zwölf Millionen gesprochen haben.

Im deutschen Generalkonsulat im zwölften Stock des Reality Building in Hongkong City beschreiben Jacques Terlin, der hiesige UNHCR-Beauftragte, Pastor Stumpf vom Hongkong Christian Service und Dr. Hans-Jürgen Dietrich, der deutsche Generalkonsul, eine Veränderung, die man bei den eintreffenden vietnamesischen Flüchtlingen neuerdings in Hongkong beobachte: Nachdem lange Zeit Angehörige der Hoe, also der Auslandschinesen, Vietnam verlassen hätten, kämen heute vorwiegend ethnische Vietnamesen. Die Gesamtflüchtlingszahlen nähmen wieder zu. Angesichts seiner schon heute nicht zu verleugnenden Überbevölkerung auf engstem Territorium gibt es für Hongkong nur die Möglichkeit, eine Weiterreise der heute 15.000 Vietnamflüchtlinge in Drittländer anzustreben. Reverend Stumpf fordert eine deutliche Erhöhung der Quote für mindestens zweitausend Menschen, die von Hongkong aus nach Deutschland einreisen sollten. Sehr kontrovers verläuft die Diskussion über die Frage einer prinzipiellen Bewältigung der Flüchtlingsströme. Einer in der Runde befürwortet die Lösung, eine unbewohnte südostasiatische Insel als Flüchtlingsdomizil einzurichten und verteidigt seinen Ansatz entschieden bis hin zu dem Argument, man müsse gegebenenfalls ASEAN-Minister mit materiellen Mitteln, die ihren Ländern zugutekommen würden, ködern, damit sie dem Projekt zustimmen würden. Die Diskussion greift auch über auf die Fragen des Asylrechts und der Ausländerfeindlichkeit in Deutschland.

Der Blick auf Hongkong könnte kaum überwältigender sein als von der Terrasse in der Residenz des deutschen Konsuls auf dem Victoria Peak. Die Diskussionen indessen sind bedrückend. Mit Tränen in den Augen erzählt ein Autor des *Reader's Digest*, Mr. Paul, wie kambodschanischen Müttern von den Khmer Rouge das Baby bei der Vertreibung aus Phnom Penh weggenommen und am nächstbesten Baum wie eine Katze totgeschlagen würde.

Nahe dem Flughafen liegt das Transitcamp Kai Tak North. Zum Jahresende sollen die heute in Hongkong bestehenden Flüchtlingslager zu einem einzigen zusammengefasst werden. Weniger die Zahl der Vietnamflüchtlinge beunruhigt in Hongkong als vielmehr die Tatsache, dass sie auf dichtestem Raum leben müssen. In dem von Reverend Stumpf betreuten Transitcamp leben drei- bis viertausend Menschen in Wellblechhäusern auf aller engstem Raum. Wachsende Aggressivität und Kriminalität sind die unvermeidlichen Konsequenzen. Flüchtlingspolitisch nicht uninteressant ist die Initiative Stumpfs, auf einer Südamerikareise zu eruieren, inwieweit beispielsweise in Argentinien eine Bereitschaft zur Aufnahme von Indochinaflüchtlingen bestehen könnte. Dreieckskooperationen mit westeuropäischen Ländern wären denkbar.

Am Horizont der Hafenbucht von Hongkong mit ihren Dschunken und Fischerbooten ragt die Bergkette der New Territories wie ein Schutzschirm gegen der Volksrepublik China in die Höhe. Im schwimmenden Restaurant Jumbo Palace im Fischerdorf Aberdeen an der Südküste von Hongkong ist die Vitalität der Chinesen und die Vielfalt ihrer Küche zu bewundern. Es überrascht nicht, dass Großbritannien ein Regiment von mehreren tausend Gurkha-Soldaten in Hongkong unterhält. Die Kronkolonie ist die gelebte Fortsetzung des britischen Weltimperiums, die London unter keinen Umständen gefährden will.

24. August 1981, Manila

Kilometerlang zieht sich der Roxas Boulevard dahin, die Prachtstraße entlang der Bucht von Manila. Die breitspurige Avenue, die zu den schönsten des Orients zählt, wird auf der einen Seite von Palmen und vor der Küste liegenden Schiffen, auf der anderen Seite von mächtigen Bank- und Hotelgebäuden, Restaurants und Nightclubs gesäumt. Hinter dem Roxas Boulevard liegen die Mabin Road und andere Gässchen, in denen sich abends niedliche Filipinas um ihre männlichen Kunden bemühen. Die kleinen Geschäfte der Nachbarschaft bleiben selbstverständlich offen, als gehörten Sex und Konsum an diesem Ort natürlicherweise zusammen. Moralische Vorbehalte gegen das horizontale Gewerbe gibt es in diesem einzigen katholischen Land Asiens nicht. Der dichte Verkehr in Manila wird von den Farbtupfern der Jeepneys aufgelockert, zu Sammeltaxen umgebastelten und peppig angestrichenen sowie mit bunten Metallplatten behafteten ehemaligen Militärfahrzeugen der Amerikaner. Im Herzen der Altstadt Intramuros liegt die Kirche San Agustin. Die Kirche ist der älteste Steinbau der Philippinen mit einem stimmungsvollen Kreuzgang und übermäßig vielen Marienfiguren. Sie zeugen von der spanischen Kolonialvergangenheit. Heilige und Huren könnten kaum näher beieinander sein als in Intramuros.

In der deutschen Botschaft im Geschäftsviertel Makati ist viel von der Cap Anamur die Rede. Hier liegt der Akzent eher auf der Sorge, dass das Flüchtlingsschiff noch mehr Menschen zur Flucht beeinflussen könnte, ohne dass irgendjemand eine Lösung entweder für die Ursachen der Flucht oder deren Folgen hätte. Die Philippinen reagieren auch deshalb zurückhaltend auf die Vietnamflüchtlinge, weil die vielfältigen ökonomischen und sozialen Probleme des eigenen Landes schon gravierende Aufmerksamkeit der Verantwortlichen erfordern. Das Wunschwort in den Philippinen im Blick auf die *boat people* heißt daher „resettlement", Rückführung in die Heimat oder ein freiwillig bereitstehendes Drittland.

Im Gefolge der Präsidentschaftswahlen macht sich seit Anfang 1981 ein gewisser Liberalisierungsprozess bemerkbar, den der autoritäre Präsident Ferdinand Marcos parallel zu eigentümlich nationalistischen Diskussionen eingeleitet hat. Sogar die Frage einer Reduzierung der amerikanischen Militärpräsenz in den Philippinen wird diskutiert. Gewerkschaften und Kirchen kritisieren die Regierung Marcos' besonders hart, stehen aber prinzipiell in einem konstruktiven Dialogverhältnis zur Staatsführung. Mit weitem Abstand nach Japan und den USA ist die Bundesrepublik Deutschland drittwichtigster Entwicklungshilfepartner der Philippinen. In der ASEAN-Gruppe agieren die Philippinen zumeist konstruktiv und im Sinne der Stärkung gemeinsamer regionaler Interessen. In der Kambodschafrage beharren sie aber auch auf ihrem eigenen Standpunkt.

Neunzig Prozent der Flüchtlinge in den Philippinen (insgesamt befinden sich 17.200 in den Durchgangslagern Bataan und auf der Palawan-Insel) können auf ihre Weiterreise in die USA hoffen. Fünf Prozent der Flüchtlinge stehen auf den Einreiselisten der Bundesrepublik Deutschland, der Rest verteilt sich auf diverse andere Länder. Teilweise zieht sich die Ausreise aus den Philippinen über mehrere Monate hin, denn alle Papiere der Asylbeantragenden müssen genau geprüft werden.

25.–26. August 1981, Manila
Um fünf Uhr in der Früh starte ich mit einigen UNHCR-Vertretern und dem Presseattaché der Deutschen Botschaft zu einer vierstündigen Autofahrt in das Refugee Reprocessing Centre in Bataan, westlich von Manila. Die Vulkanberge der Insel Luzon brechen aus dem Nebel hervor und umrahmen majestätisch die ihnen vorgelagerten Reis-, Zuckerrohr- und Maisfelder. Landschaftlich eindrucksvolle Bilder reihen sich aneinander. Auf einem Berggipfel ist ein übergroßes Kreuz für die im Zweiten Weltkrieg gefallenen Soldaten aus dem pazifischen Raum errichtet worden. Wie ein Zeigefinger Gottes erinnert es an dessen schreckliche Kämpfe im Pazifik. Ich passiere das erdbebengefährdete Gebiet, in dem ein heftig umstrittenes Atomkraftwerk im Entstehen ist, dessen Weiterbau nach dem Unfall in Harrisburg vorübergehend eingestellt, inzwischen aber wiederaufgenommen wurde.

Kurz vor dem Refugee Processing Centre liegt das weitläufige Gelände, auf dem Papst Johannes Paul II. während seines Philippinen-Aufenthaltes mit den häufig christlichen vietnamesischen Flüchtlingen die Heilige Messe gelesen und zu einer weit größeren Menschenmasse gepredigt hat. Im Refugee Reprocessing Centre Bataan leben heute unter den rund 17.000 Flüchtlingen auch eine größere Gruppe für zur Weiterreise nach Deutschland bestimmter Flüchtlinge. In der Sprache der Bürokratie werden diese Menschen „Garantiefälle" genannt. Sie waren durch die Cap Anamur aus dem Chinesischen Meer gefischt worden und haben unterdessen eine Garantie, nach Deutschland ausgeflogen zu werden. Freiwillige deutsche Lehrer und in Deutschland schon länger lebende Vietnamesen erteilen ihnen unter dem koordinierenden Dach des UNHCR Sprachunterricht. Der Vietnam-Büro e. V. fördert dieses Programm schon seit längerer Zeit mit Unterrichtsmaterialien. Aktuell werden wieder deutsche Lehrer gesucht. Die

Erfolge der Sprachkurse – wir besuchen mehrere der 14 Klassen, in denen eifrig Deutsch geübt wird – sind ambivalent. Teilweise gibt es Motivationshemmnisse, da die Flüchtlinge meinen, es sei unnötig, schon jetzt zu lernen, was sie in Deutschland ohnehin wiederholen müssten. Andererseits ist diese Vorbereitung eine sehr wichtige Hinführung zu einer zügigen Integration in Deutschland, denn ohne Sprachkenntnisse ist diese undenkbar.

In Manila übernachte ich im St. Scholastica's Priory der Benediktinerinnen. Die Leiterin aller Benediktinerinnen in den Philippinen, Schwester Irene Dabalus, versteht die katholische Kirche als stärkste oppositionelle Kraft des Landes. Die Regierung kann es sich nicht erlauben, sie offen zu bekämpfen. Die politische Einschätzung der Schwestern weicht entschieden ab von derjenigen der deutschen Botschaft. Die Aufhebung des Kriegsrechts habe nur oberflächliche Veränderungen bewirkt. Es gebe weiterhin keine Pressefreiheit, auch Priester seien im Gefängnis. Folge der bürgerkriegsähnlichen Ausschreitungen in der Südprovinz Mindanao seien nicht selten Hungersnöte. Die massive militärische und wirtschaftliche Unterstützung durch die Amerikaner gefährde die Philippinen sogar, da man so in militärische Konflikte zwischen den USA und Libyen hineingezogen werden könnte. Moslemrebellen in Mindanao seien schon verschiedentlich in Libyen ausgebildet worden. Die wachsende Inflation mit darauffolgender Arbeitslosigkeit führe das Land immer weiter in die Instabilität hinein. In einigen Jahren müsse ein Militärputsch als möglich angesehen werden, wenn es so weitergehe. Die einst freundliche Haltung gegenüber den USA schlage auf Grund derer Militärbasen und der Politik der multinationalen Konzerne immer offener in Kritik und Ablehnung um.

Die grundsätzliche Frage des politischen Engagements der Kirchenvertreter ist nicht unumstritten. Sich für soziale Gerechtigkeit und Menschenrechte einzusetzen, ist selbstverständlich. Aber die indirekte oder gar offene Unterstützung für militärische Aktionen der NPA gegen die Regierung gehen doch zu weit. Die Frage nach der Rechtfertigung von Gewalt als Mittel im Kampf gegen die philippinischen Unrechtszustände ist jedenfalls gestellt. Meine kirchlichen Gesprächspartner, allesamt Idealisten, sind überrascht über meine Sympathie ihnen gegenüber bei gleichzeitiger Ablehnung eines gewaltsamen Kampfes. Die Verwendung einer marxistischen Soziologiesprache zur Beschreibung innenpolitischer Sachverhalte geht doch, so erkläre ich meine Überzeugung, an der Botschaft der Bibel vorbei. Die Befreiungstheologie, von Südamerika inspiriert, ist stark verbreitet in den katholischen Milieus der Philippinen. Unterschiede zwischen antagonistischen und nichtantagonistischen Widersprüchen in der Gesellschaft, die mindestens erforderlich sind, um die Frage seriös zu reflektieren, ob und wann Gewaltanwendung legitimiert sein könnte, wären wohl zwingend. Die meisten Kirchenleute sind Prinzipienreiter. Die legalisierte politische Opposition des Landes lehnen sie ab, sie gehe nicht an die Substanz der sozio-ökonomischen Probleme heran. Wenn das Volk Hoffnung in eine Kraft wie NPA setze, gelte es, diese zu unterstützen. Die Zweifel am Widerstand gegen den Führer, die mir aus der deutschen Geschichte bekannt sind, sind hier nicht anzufinden.

3 Aufbrüche zu Freiheit und Globalisierung (1980–1989)

Mit Schwester Alice und einem Sozialarbeiter besuche ich eine Squatter-Siedlung am Rande von Quezon City, der Schwesternstadt Manilas. Sich in diesen inhumanen, beschämenden Lebensverhältnissen auch bloß umzusehen, macht manche radikale theoretische Position wenigstens verständlich. Massen von Menschen, oft arbeitslos und ohne jede Lebenschance, leben in Dreck und Holzverschlägen, mit Ratten und Mäusen. Manilas Slums sind ein mehrfaches deprimierender als alle Flüchtlingslager. Ich treffe einige Jugendliche: Einen neunzehnjährigen jungen Mann, der seit dem Schulabschluss arbeitslos ist. Ein jüngeres Pärchen ohne klare Zukunftsvorstellungen, außer der Tatsache, dass die Frau – eher noch ein Mädchen – sich schon seit einiger Zeit in einer der Go-Go-Bars in Intramuros verdingt. Unzählige, oft unterernährte Kinder krabbeln zwischen den Holzritzen der Hütten, zwischen Dreck und Tieren umher. Sechzig Prozent der Kinder sterben in dieser Siedlung vor dem Erreichen des fünften Lebensjahres. Es kann kaum verwundern, dass diese Slums, die immer wieder gewaltsam geräumt werden, da sie sich juristisch besehen natürlich illegal auf einem Privatgelände befinden (in diesem Falle ausgerechnet auf dem der Philippinischen Entwicklungsbank), zum Brutherd von politischem Extremismus werden. Städtische Armut in Manila ist bedrückender als jegliche ländliche Armut. Trotz der bedrückenden Eindrücke bleibe ich bei meiner Ablehnung des Kommunismus, der keine Lösungen für die Philippinen bereithalten würde. Geordnete Berufsausbildung und bessere Ermöglichung von Arbeitsplätzen scheinen mir der pragmatischere, auch humanere Entwicklungsweg zu sein. An der dem Boxer Muhammed Ali gehörenden Ali Mall, einem überdimensionierten Einkaufszentrums, das es in diesen Dimensionen wohl nirgends in Europa gibt, geht es mit dem Jeepney zurück nach Manila.

27.–28. August 1981, Puerto Princesa
Palawan liegt im äußersten Südwesten der Philippinen. In der Mitte der langgezogenen und fast bis an Borneo reichenden Insel mit Ölfeldern im Nordwesten liegt auf der östlichen Seite die Inselhauptstadt Puerto Princesa. Infrastrukturell ist Palawan kaum ausgebaut. Auf Palawan leben gut 400.000 Menschen, die meisten von Ackerbau und Fischerei. Sogleich neben dem winzigen Flughafen mit seiner Grasbahn, direkt am Meer gelegen, befindet sich das vietnamesische Flüchtlingscamp, in dem sich derzeit 6200 Personen befinden, die bei Weitem höchste Zahl seit über zwei Jahren. Die UNHCR-Sozialarbeiter und die vietnamesische Lagerverwaltung führen diese Zunahme in letzter Zeit unter anderem auf Entlassungen aus vietnamesischen Umerziehungslagern während der letzten Monate zurück. Die Stroh- und Basthütten, die Kantine, Klassenräume und eine von Norwegen eingerichtete Bibliothek aus Holz mit Bastdach, die kleine Kapelle und die schön hergerichtete buddhistische Pagode geben dem unter der Oberaufsicht des philippinischen Militärs stehenden Camps fast den Charakter eines vietnamesischen Küstendorfes. Zur Hauptstraße ist das Camp indessen umzäunt, wenngleich es mit einem Ausweis möglich ist, das Lager bis zum Abend zu verlassen. Das größte Problem vor allem psychologischer Art, so bestätigen alle meine Gesprächspartner, ist die zuweilen tödliche Langeweile. Deutschland hat sich bereit erklärt, ein klar definiertes Kontingent

von Vietnamesen aufzunehmen, die von der Cap Anamur im Südchinesischen Meer gerettet worden waren. Zunächst muss aber in jedem Einzelfall die Identität genau überprüft werden und es muss klar sein, wie und wo es in Deutschland mit den Menschen weitergeht, die urplötzlich in einen völlig anderen Kulturkreis kommen werden. Ich entwickele die Initiative eines systematischen Sprachunterrichts im Lager, für den ich bereits die prinzipielle Unterstützung einer Gruppe von Studierenden der Katholischen Fachhochschule Köln und ihres Professors gewonnen habe. Wichtig ist mir dabei, dass nicht zu hohe Erwartungen geschaffen werden dürfen – in keine Richtung und schon gar nicht nach Vietnam hinein.

Neben dem ‚Krankenhaus' befindet sich die Zentrale von WESCOM (Western Commando), der Einsatzstelle der philippinischen Armee für die westliche Region. In marineblauem Supermannanzug und dunkler Sonnenbrille empfängt mich Kommodore Gil Fernandez in seinem strenge militärische Autorität vermittelnden Büro. Der Mann sieht Bangladeschs früherem Staatschef, Ziaur Rahman, ähnlich. Er redet gerne von „meinen Inseln". Mal witzelt er, dann strahlt er wieder eine gewisse militärische Abenteuerlust aus. Mit dem drahtigen Mann ist bei schlechter Gelegenheit sicherlich nicht gut Kirschenessen. Er repräsentiert den Typ des einsatzfreudigen Strategen, der auch vor dem konkreten Einsatz nicht zurückscheut. Erfreulich offen und betroffen zeigt er sich über die Flüchtlinge. Der Kommodore lässt zuweilen auch Einsätze fliegen, um zu sehen, ob Flüchtlinge auf Felsinseln gestrandet sind.

29. August 1981, Jakarta
Das Häusermeer der indonesischen Hauptstadt, in deren Mitte der Präsidentenpalast und die Freiheitssäule herausragen, wird umsäumt von breiten, sternförmig zulaufenden Straßenzügen. Eine geschäftige, aber sehr gesichtslose Fünf-Millionen-Stadt, die ich vom Gambir-Bahnhof aus sogleich wieder verlasse. Ich rekapituliere die Geschichte Indonesiens: Indisch-hinduistische und arabisch-muslimische kulturelle Einflüsse, ebenso malaiische und chinesische Aktivitäten im Gewürzhandel mündeten in eine fast einhundertjährige portugiesische Dominanz und danach ab 1600 in die lange niederländische Kolonialperiode. Ab 1942 besetzte Japan Niederländisch-Indien. Nach der japanischen Kapitulation riefen Indonesiens Unabhängigkeitskämpfer unter Suharto und Mohmmad Hatta die Eigenstaatlichkeit aus. Nach blutigen Wirren mussten die Niederlande die Souveränität Indonesiens 1949 formal akzeptieren. Der Siegeszug nationalstaatlicher Souveränität war auch in dem riesigen Archipel der 16.000 Inseln nicht zu stoppen. Massive innenpolitische Wirren führten in den 1960er-Jahren zur Machtübernahme des Militärs. Seit 1967 regiert General Sukarno Indonesien diktatorisch.

Die Sitze im Dritte-Klasse-Abteil sind durchnummeriert. Trotz der enormen Überbevölkerung Javas (1000 Einwohner pro Quadratkilometer) gibt es die ganze Nacht über keine überfüllten Abteile. Die freundlichen und ausgeglichen wirkenden Indonesier haben einen Teil ihrer Sprachkenntnisse aus der Kolonialzeit offenbar verloren. Weder Englisch noch Holländisch helfen mir wirklich zu einem Gespräch mit den Mitreisenden im Zug. Der Zug ist leidlich sauber. Man verteilt Kopfkissen für die Nacht. Der

Buffetwagen bietet leckere indonesische Küche an. Ich durchfahre 600 km der Hauptinsel Java, auf der 85 der gut 120 Mio. Einwohner des Archipels leben. Ständig nimmt der Andrang auf die infrastrukturell und ökonomisch am weitesten entwickelte Insel des Landes weiter zu. Selbst viele der behelfsmäßig am Bahndamm errichteten Häuser und Häuschen besitzen ein Fernsehgerät, das in die Dunkelheit hinein dudelt.

30.–31. August 1981, Yogyakarta
Kurz vor sechs Uhr lichtet sich langsam die nächtliche Kulisse. Dichter Frühnebel zieht über die Kokospalmen und die sattgrünen Reisfelder hinweg. Auf jedem freien Quadratmeter wird auf Java Reis angebaut. Die ersten Reisbauern sind bereits auf ihren Feldern zu sehen, mit der Hacke schlagen sie den Boden um und bereiten ihn für die nächsten Setzlinge vor. Vor den Holz- und Bambushäusern der Landbevölkerung kocht das erste Teewasser. Rauchschwaden und Morgennebel vermischen sich und ziehen durch die Reisfeldtäler hinauf in die Bergkette Mitteljavas. Nach zwölfstündiger Zugfahrt erreiche ich das kurz Yogya genannte Yogyakarta. Yogya ist eine der ältesten Städte Javas und als Sultanssitz seit ewigen Zeiten ein bedeutender kultureller Mittelpunkt des Landes. Unzählige Universitäten und Colleges haben ihren Sitz hier. Es leuchtet mir sofort ein, weshalb Yogya auch „Stadt der Studenten" genannt wird. Von den rund 750.000 Einwohnern sind nahezu vierzig Prozent Studenten.

Der Sultanspalast (Kraton) bildet auch in der seit 1945 unabhängigen Republik Indonesien den Stadtmittelpunkt. Inmitten der von einer fast vier Kilometer langen Mauer umzogenen Anlage lebt der Sultan bis heute als der derzeitige Gouverneur der Provinz Yogyakarta. Im Zentrum der Anlage wird auf alten indonesischen Instrumenten Gamelan-Musik gespielt. Das islamische Bekenntnis der Mehrheit der Indonesier hat im Gegensatz zu anderen muslimischen Ländern nicht dazu geführt, den Freitag zum allgemeinen Feiertag zu erheben. Gleichwohl, so höre ich, soll der Einfluss der Mullahs auf das politische Geschehen des Landes in den letzten Jahren zugenommen haben. Sind dies verspätete Nachwirkungen der Islamisierungsbewegung in der arabischen Welt von Marokko bis ins nicht-arabische Bangladesch? Eine radikale Wendung des indonesischen Islam halten Experten angesichts der Vielfalt der kulturellen Einflüsse und der „sanften" Traditionen des indonesischen Islam für ausgeschlossen, sagen sie.

Indonesien ist ein Schmelztiegel asiatischer Hochreligionen. Ehe der Islam sich im 16. Jahrhundert ausbreiten konnte, waren sowohl hinduistische als auch buddhistische Kultureinflüsse aus Indien kommend erfolgreich gewesen. Java galt als in einen nördlichen hinduistischen und einen südlichen buddhistischen Teil gespalten. Yogyakarta und seine nähere Umgebung aber waren stets multireligiös beziehungsweise multikulturell. 17 km außerhalb von Yogya besuche ich Prembanam, die größte hinduistische Tempelanlage Indonesiens. Der Shiva-Tempel, dessen Innenreliefs das Ramayana-Epos darstellen, wird von kleineren Tempeln zu Ehren Brahmas und Vishnus sowie 144 kleineren Tempelanlagen umsäumt. Im Inneren der 47 hohen Shiva-Tempel ragen in dunklen Kammern Skulpturen von Shiva, Durga und Ganesh hervor. Hindupilger kommen ungebrochen aus dem mehrheitlich hinduistischen Bali und auch aus Indien hierher, sofern sie sich dem Zerstörungsgott Shiva verpflichtet wissen.

Fünfunddreißig Kilometer nördlich von Yogyakarta liegt Borobudur, vielleicht das größte buddhistische Heiligtum der Welt. Wie auch Prambanan, das nahegelegene Hinduheiligtum, wird Borobudur derzeit mit UNESCO-Hilfe restauriert, nachdem die im 8. und 9. Jahrhundert entstandene Anlage dem Dschungel preisgegeben, überwuchert und fast zerstört war. Die in prachtvoller landschaftlicher Umgebung liegende und von einer Bergkette geschützte Borobudur-Anlage repräsentiert in ihrer Mehrstufigkeit bis zum Stupa-gekrönten Gipfel die diversen Stufen der Selbstreinigung im Sinne des achtpfadigen Weges der buddhistischen Tugendlehre. Eindrucksvoll manifestiert sich in Borobudur das buddhistische Weltgesetz kosmischer Unendlichkeit mit dem Ziel des Nirwana ebenso wie der Pflichtkanon buddhistischer Lebensphilosophie. Heute ist der Buddhismus in Indonesien fast ausgestorben. Die meisten Borobudur-Besucher sind, wie ich auch, weniger Pilger auf den Spuren Gautama Siddharthas, sondern touristische Bewunderer einer großartigen Manifestation der religiös-philosophischen Weltsicht.

Java ist mit seinem Erbe aus den reichen Schätzen hinduistischer, buddhistischer und islamischer Tradition in der Tat eine kulturelle und weltreligiöse Einheit von herausragender Sonderstellung. Trotz aller Betonung, Indonesien kenne ausschließlich eine tolerante Variante des Islam, wird mir vom wachsenden Einfluss des Islam, vor allem auf die Bildungsinstitutionen Indonesiens, berichtet. In einer Universität in Yogya höre ich, dass der Prozentsatz von streng frommen muslimischen zu nichtmuslimischen Studenten von 30 zu 70 zur Gründungszeit Indonesiens sich bis heute auf 70 zu 30 umgekehrt habe. Die kleine Minderheit von drei Prozent Christen in Indonesien ist nervös geworden. Schließlich ist auch der politische Einfluss der Muslime deutlich gestiegen. Die islamische Partei PPP hat bei den letzten Wahlen rund dreißig Prozent der Wählerstimmen erhalten und könnte auf Dauer die eigentliche Herausforderung für die Regierung des Präsidenten Suharto darstellen. Noch aber erscheint dieser keine Sorge um seine Machtbasis zu haben. Das indonesische Ministerium für religiöse Angelegenheiten finanziert neben arabischen Golfstaaten alle Ausgaben der PPP, die sich religiös begründen lassen. Das sollte durchaus verwundern, denn die PPP hat es sich immerhin auf ihre Fahnen geschrieben, den Islam als Staatsreligion Indonesiens in der Verfassung zu verankern. Die vielen im Lande zu sehenden neuen Moscheen sind durch das indonesische Religionsministerium und Zuwendungen aus den arabischen Golfstaaten finanziert. Man müsse, so höre ich fast zu gebetsmühlenhaft, in Indonesien entschieden zwischen sanften und fanatischen Muslimen unterscheiden, wobei Letztere (noch?) eine kleine Minderheit bilden.

Bei den nächsten Wahlen (1982) könnte der Muslim-Faktor eine wichtigere Rolle als die Chinesenfrage spielen. Vor zwei Monaten soll es vor den Augen der tatenlosen Polizei in Semarang eine Art Kristallnacht gegen chinesische Geschäfte mit mehreren Toten gegeben haben. Die militanten Muslime, die sich außerhalb der PPP zusammentun, arbeiten inzwischen mit kriminellen Mitteln – auch gegen Chinesen und deren angeblich zu starken wirtschaftlichen Einfluss im Land. Es soll starke finanzielle

Verbindungen militanter indonesischer Muslimgruppen zu Libyens Staatschef al-Gaddafi geben. Noch ehrt Indonesien die Staatsbildungsprinzipien von Suharto *(Pancasila)*. Es ist überraschend, wie stark in diesem Land, dessen religiöse Verwurzelung trotz aller Kulturüberlagerungen vor allem im Islam und in den traditionellen Kulten und Bräuchen liegt, ein Nationalgefühl entwickelt werden konnte. Einmal wöchentlich singen die Schulkinder zur Fahne stehend die Nationalhymne vor dem Schulunterricht. Auch das Satellitenfernsehen hat in dem Land mit 16.000 Inseln eine große Bedeutung. Dennoch: *Nation-building* wird offenkundig immer deutlicher durch religiöse Identitätsansprüche überlagert. Das nationale Werbefernsehen wurde abgeschafft, Diskotheken und Bars werden immer wieder in vorauseilendem Gehorsam gegenüber vermutetem islamischem Konservatismus geschlossen.

Das studentische Leben in Yogya erweckt einen äußerst disziplinierten Eindruck. Das gesamte Leben der Stadt wirkt weit organisierter, sauberer und ruhiger als Jakarta. Motorräder fallen in den Straßen der Stadt neben den bunten Rikschas besonders ins Auge. Wie auch in Thailand fahren verhältnismäßig viele Mädchen einen Motorroller. Muslimische Kopfbedeckungen, Schleier oder mehr, sind nicht zu sehen. Angesichts der hohen Sozial- und Wirtschaftsprobleme sowie der dichten Bevölkerung fällt die freundliche Gelassenheit der Indonesier angenehm auf. Überall dudelt westliche Pop- and Swing-Musik. Zufrieden lächelnde Menschen erfüllen die Atmosphäre mit einem guten Grundton. Deutschland ist dabei auf ganz eigene Weise präsent. Schon in der Tempelanlage von Borobudur hatte mich ein Führer nach dem Befinden von Beckenbauer und Rummenigge befragt. Er wollte wissen, wie der anstehende Fußballgigantenkampf zwischen dem Hamburger SV und Bayern München ausgehen werde. Im ordentlichen Bahnhof von Yogya ertönen plötzlich deutsche Schlager aus den Lautsprechern. Was muss das für ein Hörgefühl sein für die traditionell in Sarongs gekleideten alten Frauen, deren Töchter ihre Babys um den Leib gebunden haben? Deutsche Hitparade und indonesische Menschen: eine erstaunlich antinomische Begegnung, die zeigt, dass es in einer Welt des dynamischen Wandels unmöglich geworden scheint, traditionelle Lebensweisen in abgeschlossener Autarkie zu pflegen. Die Welten, in denen wir leben, werden immer mehr miteinander verknüpft. Die Angst vor der Nivellierung aber wird unsere Welt begleiten. Wahrscheinlich dürfte sich diese Angst noch steigern, je mehr die verknüpften Welten zunehmen.

Die gepolsterten Sitze in der zweiten Klasse des Expresszuges nach Surabaya erinnern in ihrer Anordnung an die Züge in den Niederlanden. Ein Eisenbahnangestellter versucht sich mit seinen frisch erlernten Englischkenntnissen an einer Konversation mit mir und freut sich über die Möglichkeit der Übung. Wieder passieren wir viele Häuser, in denen der TV-Apparat jault, ehe der Zug spätabends in Surabaya einrollt. Übernachtung in einer simplen Jugendherberge für sage und schreibe zwei D-Mark.

1.–2. September 1981, Samarinda
Auch Surabaya, Indonesiens zweitgrößte Stadt, macht auf der frühmorgendlichen Durchfahrt zum weit außerhalb liegenden Flughafen einen wohl geschäftigen, aber sauberen

und geordneten Eindruck. In einem Flugzeug der Garuda-National Airline, benannt nach dem Himmelsvogel aus dem Ramayana-Epos, lasse ich die dicht an dicht liegenden Reisfelder und den nassen Küstensaum Javas hinter mir, überquere die kleine Insel Madwa und erreiche alsbald die Küste Borneos, der drittgrößten Insel der Welt. Wir fliegen über kaum besiedelten Dschungel, immer entlang der Küste, außerhalb derer ein bedeutender Teil der indonesischen Ölfunde liegen soll. Nach eineinhalb Stunden ruhigen Fluges landen wir auf dem kleinen, direkt am Meer gelegenen Flughafen von Balikpapan. Mit zwei älteren holländischen Touristinnen und einem chinesischen Geschäftsmann setze ich die Fahrt im Taxi fort nach Samarinda, der Hauptstadt der Provinz Ost-Kalimantan.

Große Filmplakate und recht breite Geschäftsstraßen in Balikpapan, dann geht es in das gebirgige Hinterland Borneos, wo dichter Urwald nur von abgeholzten Feldern, aus denen Bauholz extrahiert wurde, oder von abgebrannten Wäldern unterbrochen wird. Kaum sehe ich Menschen am Wegesrand, die dünne Verkehrsdichte fällt gegenüber den stets auto- und motorradgefüllten Straßen Javas unmittelbar auf. Die Dörfer machen allesamt einen ärmeren Eindruck als in Java, wenngleich auch hier allerorten neue kleine Holzmoscheen vom Aufbruch des Islam künden. Unser Chauffeur bestätigt, man könne manchmal noch nachts am Straßenrand wilde Tiger auf den Bäumen liegen sehen.

Mit einer kleinen Fähre, auf der fast schon obligatorisch westliche Popmusik dudelt, überqueren wir den breiten Mahakam-Fluss, einen der wichtigsten Transportwege Kalimantans. Am anderen Ufer beginnen bereits die Vororte Samarindas, das sich außerordentlich lange hinzieht: Kleine Holzhütten säumen den Wegesrand ebenso wie freundliche Einfamilienhäuser indonesischen wie westlichen Baustils. Mr. Soni, ein chinesischer Geschäftsmann, klagt darüber, dass die Regierung die Privatwirtschaft immer stärker reguliere und mit Steuern quäle. Sein Handel mit Bauholz sei stark zurückgegangen. Als Chinese sei er ohnehin nur leidlich gelitten in Indonesien. Gelegentlich beginne er über alternative Lebensorte nachzusinnen. Die Rufe des Muezzins lassen auch in Samarinda am frühen Abend keinen Zweifel daran, wer bei aller religiöser Vielfalt und Toleranz in Indonesien öffentlich das religiöse Konzert aufführt.

Eines der größten Entwicklungsprojekte aus Mitteln deutscher Technischer Hilfe befindet sich auf Borneo. Seit 1979 ist für die Provinz Ost-Kalimantan – etwa die Größe der Bundesrepublik Deutschland – ein Regionalplan aufgestellt worden, der nun in Teilen implementiert werden soll. Der Landerschließung übergeordnet soll das Ziel der Transmigration aus den überbevölkerten Regionen Javas und Balis stehen, dem sich in Indonesien ein eigenes Ministerium verpflichtet weiß. Bis 1986 – ein völlig unrealistisch erscheinender Plan – sollen 500.000 Familien mit insgesamt 2,5 Mio. Menschen umgesiedelt sein. Selbst bei optimaler Durchführung, an die niemand so recht glauben kann, würde damit der auf Java liegende Bevölkerungsdruck nicht genommen werden können, der jährlich zu einer Million Neubürgern führt. Der deutsche Projektansatz ist daher unterdessen auf das Ziel der Landerschließung gestutzt worden. Fast vierzig ausländische Experten sind für die Gesellschaft für Technische Zusammenarbeit (GTZ) in Ost-Kalimantan tätig. Gerade heute hat ihr Büro in Samarinda ein

Telefax des Bundesministeriums für wirtschaftliche Zusammenarbeit (BMZ) erreicht: Es gibt grünen Licht für den Bau einer 160 km langen Straße im geplanten Siedlungsgebiet für Transmigranten nördlich von Samarinda. Die deutsche Beteiligung: 30 Mio. D-Mark als Kredithilfe, 20 Mio. D-Mark als Technische Hilfe. Der indonesische Beitrag wird sich auf mindestens weitere 50 Mio. D-Mark belaufen. Die Frage, ob erst die Migranten kommen sollten oder erst die Infrastruktur aufgebaut sein sollte, ist zu Gunsten der zweiten Möglichkeit entschieden worden. Die GTZ-Mitarbeiter toben nur so vor Frustration über Fehlentscheidungen und Geldverschwendungen auf Seiten ihrer Zentrale und des Bonner Entwicklungsministeriums. Eine Warnung schwebt über allem: Aufgrund der Bodenbeschaffenheit lässt sich in Ost-Kalimantan nur begrenzt Reis anbauen.

3.–4. September 1981, Long Segar
Mit einer achtsitzigen kleinen Maschine fliege ich zusammen mit einem GTZ-Experten und dessen indonesischem Counterpart fast 200 km landeinwärts in nordwestliche Richtung. Am Rande von Samarinda überfliegen wir im Entstehen begriffene Transmigrasi-Dörfer mit fein parzellierten Feldern je Hof. Dann geht es über die tiefgrüne, bis zum Horizont reichende Baumwüste Borneos. Der zum Teil sumpfige und von kleineren und größeren Bächen und Flüssen durchzogene Dschungel wird nur unterbrochen von den schmalen Bändern lehmfarbener Pisten, die die Holzfäller schnurgerade in den Wald geschlagen haben und den braunen Flecken abgeholzter Zedernbestände. Entgegen den Wünschen der indonesischen Regierung ist im Dschungel das Wiederaufforstungsziel eher ein Fremdwort. An kleineren Flussbiegungen liegen verstreut über die unendlich scheinende Weite des Dschungels einzelne Anwesen, kaum sehen wir dorfähnliche Ansiedlungen. Nach 45-minütiger Flugzeit gehen wir auf dem grasnarbigen Airstrip von Long Segar hinunter, einen an einem trägen, lehmigen Fluss gelegenen Dorf der Dayaks, der Ureinwohner Borneos. Das freundlich-saubere und breiträumig angelegte Dayak-Dorf beherbergt etwa 2000 Menschen. Es liegt dreißig Meter über dem jetzigen Flusspegel, doch kommt es nicht selten vor, dass das Wasser bis an die ersten der traditionellen hölzernen Langhäuser der Dayaks reicht. Spielende Kinder auf den breiten Wegen, krähende Hähne unter den auf Pfählen errichteten Häusern und das entfernte Brummen einer kleinen Reismühle geben im Dorf den Ton an. Die Stimmung ist friedlich und freundlich. Oberhalb der Flussanlegestelle schmieden zwei alte Männer eiserne Messer, die sie in zischendes Wasser tauchen, erneut mit Lehm einschmieren und in die Glut senken.

Mit geflochtenen Körben auf dem Rücken ziehen Frauen und Kinder zur Reismühle. Die Frauen tragen häufig zum Sarong einen traditionellen breiten, bunten Sombreroartigen Strohhut. In bunten, bestickten korbähnlichen Gebilden werden die Kinder von Männern, Frauen und älteren Geschwistern auf dem Rücken getragen. Mitten im Dschungel Borneos, doch per Flugzeug nur einen Steinwurf von der an alle Weltzivilisationen angebundenen Stadt Samarinda, ist die Zeit stehengeblieben. In einem auf holzgeschnitzten, maskenartigen Pfählen stehenden, reich geschmückten und bemalten

Haus wird Reis aufbewahrt, animistischer Kult aus Dankbarkeit für die Fruchtbarkeit der letzten Ernte. Auf dem Dach des Reishauses ist eine Art hölzerner Mensch angebracht. Die Dayak sind erst seit 1972 als traditionell einzeln lebende Dschungelbewohner in die Dorfstruktur von Long Segar integriert worden. Im Mittelpunkt des Dorfes steht ein reich verzierter Pfahl mit Tierfiguren auf der Spitze, der animistischen Ritualen dient. Gleich unweit ragt das hölzerne Kreuz einer kleinen christlichen Kapelle hoch, sind doch die meisten der Bewohner nominell Christen. Tatsächlich sind sie, wenn überhaupt, den muslimischen Traditionen Indonesiens verpflichtet. In einer kleinen Schreinerei werden breite Zedernstämme in lange Teile zersägt, um zum Hausbau verwendet zu werden. Auf den Treppenabsätzen der Holzhäuser hocken Kinder, aus einem Fenster lugt eine Frau, die an einer Nähmaschine arbeitet. Neben dem einzigen öffentlichen Schneider, der in einem zum Weg hin offenen Geschäft arbeitet, befindet sich ein recht gut ausgestattetes Allzweckgeschäft mit Kleidung, Getränken, Lebensmitteln, Waschpulver, Fußbällen und Bleistiften. Auf dem Dach des Geschäftes, dessen Besitzer aus Java stammt, ragt die einzige Fernsehantenne Long Segars in den Himmel. Der drahtlose Kontakt zur entferntesten Außenwelt ist hergestellt. Nach dem Dorfrundgang, auf dem ich überall freundlich gegrüßt werde, komme ich nicht umhin, mit einer Meute drei- bis zehnjähriger Dayak-Jungen etwas Fußball zu spielen.

Am nächsten Morgen, nach einer arg behelfsmäßigen Übernachtung inmitten der Dayak in Long Segar, sausen wir fünfzehn Minuten lang mit dem Motorboot stromaufwärts. Ich steige an einer Verladestelle für Bauholz um in einen Jeep und fahre durch das winzige Dorf Muara Merah. Weitere zwanzig Kilometer geht es durch dichtesten Dschungel auf einer breiten Lehmstraße, die eine Holzfällerfirma schlagen ließ. Ich erreiche eine deutsche Forschungsfarm, die mitten im Dschungel von Borneo vor gut zwei Jahren aufgebaut wurde. Ihr primäres Ziel ist es, die Tauglichkeit bestimmter Pflanzen auf dem hiesigen Boden zu erproben. Später sollen Samen beziehungsweise Wurzeln hergestellt werden, die nach Ost-Kalimantan kommenden Migranten zur Verfügung gestellt werden sollen.

Man erzählt sich, dass Ratna Dewi Sukarno, die ehemalige First Lady des Landes, größere Anteile an verschiedenen Holzgeschäften auf Borneo besitze. Der Widerstand der Holzfällerlobby gegen das Landerschließungsprogramm soll anfangs nicht unbedeutsam gewesen sein. Jetzt werden Gummi, Kaffee, Pfeffer, Kakao, Ölpalmen und einige andere Bäume auf dem 250 Hektar großen Gelände der von deutschen Experten gemanagten Plantage angebaut. In mehrjährigen Testreihen soll die Wachstumsqualität diverser okulierter Sorten getestet werden. GTZ-Projektleiter May berichtet, dass es von Anfang an gemeinsames indonesisches und deutsches Interesse gewesen sei, die Landerschließung voranzutreiben. Unklar scheint mir nach wie vor, ob es nun eigentlich um Regionalentwicklung geht, damit die Abwanderung der Dschungelbevölkerung in die Küstenregionen gebremst werden kann, oder ob es um die Lösung der Überbevölkerung Javas durch Transmigrationsmaßnahmen gehen soll. Alles was ich zu sehen bekomme erscheint mir arg am Reißbrett geplant worden zu sein. Kann so Entwicklung gelingen?

5. September 1981, Balikpapan

Die Gründe für das massive deutsche Engagement auf Borneo sind wohl vor allem strategischer Natur: Indonesien als wichtigster ASEAN-Staat und als eines der letzten Länder der Dritten Welt, das die DDR völkerrechtlich nicht anerkannt hat, muss als enger Freund Deutschlands gepflegt werden. Die kleine Maschine kann auf dem Rückweg von Muara Merah ins regenwolkenverhangene Samarinda nicht landen und muss eine Ehrenrunde bis nahe ans Meer drehen. Der Pilot verfügt über keinen Radarkontakt mit dem Boden, setzt seinen Walkman auf und lacht den angstschweißnahen Passagieren Mut zu. In diesem Gebiet gibt es überdurchschnittlich viele Flugzeugabstürze. Ohne Todesfurcht sticht der Pilot durch die Wolken. Überall lauern Bergkuppen. Mir wird unheimlich. Der Pilot lacht bloß. Dann setzt er auch schon auf der unebenen Piste von Samarinda auf. Samarinda ist wegen des Ölbooms der letzten Jahre ein recht teures Pflaster geworden: Im Mehra Hotel kostet eine Suppe umgerechnet 16 D-Mark. Die Straßen in Samarinda sind löchrig, Schlamm schwimmt schon nach kürzestem Regen über Fahrbahn und Gehwege. Die Luftfeuchtigkeit liegt bei neunzig Prozent. Eine holprige, völlig zermatschte und von dicken Steinen zerrissene Straße führt aus Samarinda heraus. Vorbei an mehreren Moscheen, kleinen Geschäften und Holzpfahlhäusern der unteren Mittelklasse, wenn es denn so etwas in Indonesien gibt, führt der Weg in den Dschungel.

Ganz ohne Frage wird die Erschließung Borneos nicht ohne tiefere Eingriffe in das ökologische Gleichgewicht bis hin zu befürchteten Wetter- und Klimaänderungen gehen. Theoretisch mögen die ökologischen Schäden eingrenzbar oder sogar vermeidbar sein – ob dies indessen auch praktisch gelingen kann, wird schon allein am Stichwort Korruption deutlich und fraglich, mehr noch am Geschäftsinteresse kurzfristig denkender Holzfällerfirmen. Im Hafen von Samarinda liegen neben vielen kleinen Booten auch einige größere Frachtschiffe. Den Mahakam überspannt keine Brücke. Der Personenverkehr wird von kleinen Motorbooten organisiert, die dicht gedrängt unter einem Holzdach hockende Menschen für wenig Geld auf die andere Seite des Flusses transportieren. Die Hafenkulisse von Samarinda wird neben den beschaulich im Wasser dümpelnden Booten von den Buden der fliegenden Händler und dem flaschengrünen Kuppeldach der zentralen Freitagsmoschee geprägt. Die Wellblechdächer der Häuser in den ersten Reihen hinter der Uferstraße wirken wie eine Stütze zur Hervorhebung der Bedeutung des vom islamischen Halbmond geschmückten breiten Gotteshauses. Eine überdimensionale Likörflasche mit dem Motiv einer eher leicht beschürzten Dame als Blickfang sticht ins Auge. Sie veranschaulicht nahezu demonstrativ das immer wieder gepriesene tolerante Leben liberalen Zuschnitts unter den Bedingungen des indonesischen Islam.

Auf der gegenüberliegenden Seite des Mahakams stehen Minibusse zur Abfahrt bereit. In weniger als zwei Stunden erreiche ich auf einer guten Straße durch den Dschungel Balikpapan, Kalimantans Ölstadt mit dem größten Flughafen Borneos. Balikpapan zieht sich gesichtslos die Küste entlang. Der Ort ist teuer, amerikanische und australische Ölfirmen unterhalten Niederlassungen. Vor der Küste liegen Schiffe vor Anker, die den Vordergrund bilden für Bohrinseln und Flammen werfende Ölfundstellen. „Balikpapan Oil City" liest man auf T-Shirts. In dem einzigen ordentlichen Hotel am Ort tummeln sich Ölarbeiter aus den USA und Australien. Hier ist ein schlafender Ort erwacht, vom plötzlichen und massiven Ölboom fast überrollt. Der Lebensstandard ist hoch und teuer, klagen junge Ölarbeiter aus Java, die zuvor als Gastarbeiter in den Golf-Staaten tätig waren. Vor dem größten Kino Balikpapans wimmelt es am Abend von Menschen, die amerikanische Kriegsfilme konsumieren wollen. In breitflächigen, in grellen Farben aufgemachten und mit reißerischen Bildern versehenen Plakatwänden werden die Streifen angepriesen. Auf der gegenüberliegenden Straßenseite geht es durch einen schmalen Gang in slumartige Hinterhöfe, die sich bei näherer Betrachtung als Balikpapans Rotlichtviertel entpuppen. In hölzernen Kammern warten leidlich aufgetakelte Prostituierte auf Kunden. Zwischen ihren „Shops" verkaufen alte Frauen im matten Licht flackernder Gaslampen in ihren kleinen Geschäften Lebensmittel. Irgendwo jault ein Radio in einer der Bars. Ein wahres Labyrinth des Lebens tut sich auf hinter der scheinbar harmlosen Fassade der Hauptgeschäftsstraße Balikpapans.

6.–7. September1981, Jakarta
Die sechsspurige Straße Jalan Thamrin, Jakartas gute Adresse direkt vor dem Hotel Indonesia beginnend, ist schon morgens früh um 7 Uhr mit dichtem Auto- und Motorradverkehr gefüllt. Die Wolkenkratzer moderner Hotels und Bürotürme – zumeist in der Bauboomperiode der 70er -ahre entstanden – flankieren Jalan Thamrin zu beiden Seiten, unterbrochen am Ende durch ein heroisches Freiheitsdenkmal auf einem über zwanzig Meter hohen Sockel, eingekeilt zwischen Hotel Indonesia, dem Super-Hotel The Mandarin mit seinen prachtvollen Skulpturen und Holzschnitzereien und dem Gebäude der Deutschen Botschaft. Eigentlich denkt man: Nur raus aus dieser Stadt. Es ist mir unverständlich, warum immer mehr Indonesier geradezu gierig in diesen hektischen Schmelztiegel kommen wollen, um doch zu oft in Jakartas Stadtrandslums zu landen.

In der deutschen Botschaft wird geklagt über die verkürzte und zu oberflächlich politische Sichtweise in der deutschen Außen- und insbesondere Südostasienpolitik. Als von Erfolgen der ASEAN-Gemeinschaft nach Bonn berichtet wurde, habe man mit wenig kenntnisreichen Wirtschaftsstatistiken geantwortet, ansonsten aber Desinteresse an ASEAN geäußert. Um Indonesien zu verstehen, gehöre mehr dazu als die monokausalen Denklinien deutscher Ökonomen und Reißbrettaußenpolitiker, wird mir hinter vorgehaltener Hand zugeflüstert. Es wird wohl eine geraume Zeit ins Land gehen, ehe die kulturelle Dimension in der Außen- und Entwicklungspolitik – inklusive der zu erwartenden Kulturkonflikte in den Ländern der Welt und zwischen ihnen – in praktische Politik, geschweige denn institutionelle Veränderungen umgegossen werden. Das Transmigrationsprojekt in Kalimantan bleibt hochproblematisch. Tiefgreifende Antworten auf Entwicklungsfragen und auf den demografischen Druck müssen wohl anders aussehen.

8.–9. September 1981, Kuala Lumpur

Kuala Lumpur, die beschaulich, aber außerordentlich angenehm, entspannt und grün wirkende Stadt, wird im Straßenbild fast stärker von Chinesen und Indern als von Malaien geprägt. In der Tat besitzt das malaysische Staatsvolk offiziell nur noch knapp die Mehrheit gegenüber den Chinesen. Faktisch könnten sich die Verhältnisse schon zugunsten der Chinesen gewandelt haben. Die neue, seit zwei Monaten im Amt befindliche Regierung unter Ministerpräsident Mahathir bin Mohamad müht sich offenkundig um einen Ausgleich zwischen den Ethnien. Doch einen wirklichen Ausgleich zwischen den Interessen beider Bevölkerungsgruppen herzustellen, bleibt die zentrale Herausforderung für Malaysia – noch vor den Bedrohungen durch die im Dschungel agierenden kommunistischen Insurgenten. Die Föderation Malaya war 1957 ein unabhängiger Staat im britischen Commonwealth geworden. Nach einigem Hin und Her über die Zugehörigkeit von Sarawak, Sabah, Brunei und Singapur und dem Ausschluss Singapurs aus der unterdessen umbenannten Föderation Malaysia 1965 konsolidierte sich der neue Staat leidlich. Ab Ende der 1960er-Jahre aber brachen immer wieder gewaltsame Konflikte zwischen Malaien und Chinesen aus, die die Regierung mit Notstandsgesetzen einzudämmen versuchte.

In Kuala Lumpur mit seinen knapp 900.000 Einwohnern sind viele neue japanische Autos zu sehen, Indiz für das wachsende Entstehen einer in den meisten Entwicklungsländern noch immer fehlenden Mittelklasse. Malaysias 12,5 Mio. Einwohner stehen offensichtlich an der Schwelle zum Schwellenland, nicht zuletzt Dank der verhassten Chinesen, was aber niemand zugeben mag. Etwas oberhalb der Stadt in einer großflächigen Grünanlage befindet sich das architektonisch interessante Parlament, in dem die Regierungspartei UMNO derzeit unangefochten das Sagen hat. Vor dem Parlament liegt das geradezu stalinistisch anmutende National Monument, ein aus Bronze gegossenes Schlachtbild, in dem in dreifacher Körpergröße dargestellte Malaien ihre Gegner im Unabhängigkeitskampf buchstäblich am Boden zermalmen und zertreten.

Deutschlands Botschafter Hans Ferdinand Linsser, den ich 1979 in Rangun kennengelernt hatte, nimmt Stellung zur regionalpolitischen Lage: ASEAN nehme eine wachsende Rolle ein, die man nicht länger in Deutschland unterschätzen solle. Mit der Europäischen Gemeinschaft suche ASEAN eine enge Partnerschaft. Gegenüber Vietnam verfolge ASEAN derzeit klar einen Kurs der Eindämmung, wenn nicht der Auszehrung der vietnamesischen Expansionsansprüche. Dass Malaysia die weitere Aufnahme von vietnamesischen Flüchtlingen gestoppt habe und Flüchtlingsboote aufs Meer zurückgedrängt wurden, müsse man aufgrund der ethnischen Probleme Malaysias verstehen, auch wenn diese Probleme derzeit nur unterschwellig brodelten. Die Vietnamesen werden in Malaysia rasch synonym mit Chinesen gesetzt, was natürlich falsch sei, aber Ausdruck der Angst vor einer Überfremdung der Malaien durch andere Völker sei. So sehr die Chinesen Malaysia wirtschaftlich nützten, wolle man zugleich doch eine wie auch immer geartete Sinisierung verhindern. Im Sprachschatz der Soziologen findet sich unterdessen das Wort „Malu", ein malaysisches Wort als Symbol für die Mentalität der den Gesichtsverlust fürchtenden Südostasiaten.

Die Innenstadt von Kuala Lumpur mit ihrem kosmopolitischen Völkergemisch macht einen ausgesprochen ansprechenden Eindruck. In den kleinen Einkaufsstraßen zwischen der 1909 gebauten, verschnörkelten Jamek Masjid, eine der schönsten Moscheen Südostasiens, am Zusammenfluss der beiden größten Klongs von Kuala Lumpur gelegen, und dem imposanten Bahnhof aus britischer Kolonialzeit im Stil eines Sultanspalasts verkaufen chinesische und indische Händler in kleinen, verwinkelten und bunt bemalten Geschäften ihre Waren. Die vielen Tamilen in Kuala Lumpur lassen mich an Madras oder Colombo denken. Vor reich mit Juwelenauslagen gefüllten Geschäften sitzen Sikh-Wärter mit einem Gewehr im Anschlag.

Die indischen Frauen in Kuala Lumpur machen einen emanzipierten Eindruck mit einem selbstbewussten und zum Teil chic westlich gekleideten Auftreten, das ihre natürliche Schönheit nur unterstreicht. Der angenehme Eindruck der Stadt ist wohltuend gegenüber den Monstermetropolen Jakarta oder Manila. Nahe dem Bahnhof steht die 1965 errichtete eher karge Nationalmoschee, Masjid Negara. Überraschend viele junge Menschen suchen die marmorne Anlage mit ihrem pinkfarbigen Dach zum Gebet auf. Offenkundig suchen sie im Gebet auch einen Pfeiler ihrer nationalen Identität. Westliche Diplomaten sehen mit Sorge, dass unter der Hand viel libysches und offenbar noch mehr saudi-arabisches Geld nach Malaysia gepumpt wird und so die Beziehungen zwischen Religion und Politik verwischen könnten. Die muslimische Wiedergeburt, so höre ich sorgenvolle Stimmen, könnte zu unkontrollierbaren politischen Konsequenzen führen. Schon macht die Regierung Konzessionen an die Mullahs, weil sie unterdessen bereits dem wachsenden religiösen Erstarken des Islam Rechnung tragen muss.

10.–11. September 1981, Singapur
Eine siebenstündige Bahnfahrt im sauberen, mit flugzeugähnlichen Sitzen ausgestatteten Expresszug führt mich an die Spitze der malaysischen Halbinsel in die Republik Singapur. Das Völkergemisch Malaysias und Singapurs ist kaum voneinander zu unterscheiden. Ich fahre durch dschungelähnliche Waldgebiete und Gummi- und Palmölplantagen, die zum enormen Aufschwung Malaysias in den letzten Jahren beigetragen haben. Die Dörfer und Städte am Rande der Schienen machen alle einen prosperierenden und sauberen Eindruck. Selbst alleinstehende Holzhäuser wirken gepflegt, sauber und für die ordentlich gekleideten Bewohner lebenswert. Vor der Tür steht oft ein Motorrad oder gar ein Auto. Schon am Bahnhof von Singapur wird das straffe, zugleich aber durchaus demokratische Regierungsmodell von Singapur sichtbar: Rauschgiftsuchende Hunde sind die ersten Lebewesen, die die Ankommenden zu sehen bekommen. Hinter den zügig arbeitenden Pass- und Zollkontrolleuren hängen Schilder: „Jeder an einen Beamten gezahlte Geldbetrag muss quittiert werden." Korruption soll im Singapur des Lee Kuan Yew bereits im Keim erstickt werden.

Wie die indischen Railway Retiring Rooms, so ist auch das Station Hotel in Singapurs Bahnhof ein prächtiges Erinnerungsstück an die britische Kolonialzeit. Sie ging 1963 formal zu Ende, als Singapur in die Föderation Malaysia eintrat, aus dieser 1965 aber nach tiefgreifenden Konflikten ausgeschlossen wurde. Ob die Malaien dies schon bereuen oder irgendwann bereuen könnten? Singapur ist ökonomisch enorm vorangekommen und an Malaysia vorbeigezogen. Anders als in Indien kostet ein spärlich eingerichtetes Zimmer im Station Hotel fast 50 D-Mark, auch dies ein Zeichen dafür, dass Singapurs Einwohner den höchsten Lebensstandard der Region besitzen. Die 2,5-Mio.-Einwohner-Stadt überrascht an jeder Ecke als realisiertes Projekt der asiatischen Möglichkeiten. „No spitting – US-Dollar 500,-", „Queue for taxis" und ähnliche Hinweisschilder an allen Ecken und Enden der sich als sauberster Ort Südostasiens rühmenden Stadt. Taxis sind in der Regel klimatisiert, die Fahrer höflich und verlässlich, die Busse nicht überfüllt. In den Geschäftspassagen entlang der Orchard Road wird Pariser Chic ebenso angeboten wie nebenan asiatische Krämerwaren in kleinen Kiosken. Die vielen großen Grünanlagen und selbst die Blumentöpfe an abseits gelegenen Straßenecken zeigen, welch großen Wert man auf die Stadtverschönerung legt.

Collier Pier ist die immer von Menschen überquellende Anlegestelle vieler Dschunken und Hafenrundfahrtboote. Draußen liegen die großen Ozeanriesen auf der Reede. Nach Rotterdam avanciert Singapur inzwischen zum zweitgrößten Hafen der Welt. Der ökonomische Boom zeigt sich auch in sozialer Entwicklung: Allerorten ist sozialer Wohnungsbau in den Randbezirken von Singapur zu sehen, der sich wohltuend abhebt von den in anderen asiatischen Städten üblichen Slums. Einhundert Privatbanken sind in Singapur tätig. Der Stadtstaat ist längst kein Billiglohnland mehr, sondern zielgerichtet auf dem Wege zur breitgefächerten Implementierung hoher technologischer Wertschöpfung etwa im Flugzeug- oder Computerbau. Die Arbeiter werden immer qualifizierter ausgebildet, man ist stolz, Singapurer zu sein.

Unweit des Collier Pier überquere ich auf einer der Themse Bridge nachempfundenen Brücke den Singapur. Vor einer Kulisse aus Wolkenkratzern und im südchinesischen Stil erbauten kleine Geschäftshäusern dümpeln die Dschunken im Wasser. Neben Tag und Nacht geöffneten, sehr sauberen Restaurantkiosken führt die palmbestandene Straße vorbei am neoklassizistischen Victoria Theatre zum kleinen Parlament, in dem die People's Action Party (PAP) nach demokratischen Wahlen alle 75 Sitze innehat, und weiter zum Nationalen Gerichtshof und zum exklusiven Singapore Cricket Club. Stadteinwärts führt mein Weg nach Chinatown. Hier spiegelt sich noch immer die alte Lebensweise Südchinas wider, von wo die meisten der hiesigen Hoas eingewandert sind. Vor den bunten Häusern mit Geschäften im Erdgeschoss und vereinzelten taoistischen Kultstätten im Fenster des ersten Stockwerks stehen neueste Mercedes-Modelle neben Fahrradrikschas. Alte Männer haben sich schon am frühen Morgen zu einem Brettspiel eingefunden, Frauen säubern Innenräume und Fußwege vor ihren Häusern. Chinatown unterscheidet sich in seinem Grad an Sauberkeit nicht von den elegantesten Einkaufsvierteln der Stadt. Im größten Hindutempel von Chinatown, der reich geschmückte Sri Mariamman Temple, ist der Fußboden einfach indischer, mithin weniger sauber als in der angrenzenden Pagoda Lane. Das Flair von Chinatown, der nachkoloniale Wirtschaftsboom und die exotischen Relikte der Kolonialzeit wie das stilvoll gehaltene Raffles Hotel vermischen sich zu einem einzigartig liebenswerten Ambiente.

Singapur fühle sich als Führungsmacht von ASEAN, erläutert mir Deutschlands Botschafter Wolfram Dufner, den ich 1980 in Lusaka kennengelernt hatte. Die Innenpolitik von Ministerpräsident Lee Kuan Yew beruhe auf einer strikten Marktwirtschaft unter Beachtung von Regeln für internationale Investoren. Lee verstehe sich als Teil einer absolut pragmatischen, rechten Sozialdemokratie, dessen Bande zur deutschen SPD indessen immer blasser würden, abgesehen von guten persönlichen Beziehungen zwischen Lee und Bundeskanzler Helmut Schmidt. Gegenüber den chinesischen Führern Zhao Ziyang und Deng Xiaoping habe Lee knallharte Positionen vertreten, um deutlich zu machen, welches Modell er für die zukunftsträchtige Volksrepublik China ansieht. Dufner ist wie viele Beobachter überzeugt, dass sich auch in der Volksrepublik China bei konsequent veränderten politischen und ökonomischen Bedingungen und unter Berücksichtigung der Defizite und Erfahrungen Singapurs aus den letzten dreißig Jahren Singapur-ähnliche Zustände entwickeln könnten.

12. September 1981, Delhi
Dieser Tag endet sehr anders als geplant. Morgens um 6 Uhr 15 wartete bereits ein schönes Taxi mit freundlichem chinesischem Fahrer vor dem Station Hotel in Singapur, um mich durch die noch schlafende Innenstadt zum 25 km außerhalb liegenden Airport Changi zu bringen. Kein Feilschen um den Preis, auch zu dieser nachtschlafenden Zeit ein angenehmes Zeichen der Disziplin in Singapur. Trotz eines fehlerhaft ausgestellten Flugtickets riskiere ich, in Dakka auszusteigen, wo Recherchen für einen weiteren Dokumentarfilm auf mich warten. Bei strömendem Regen landen wir mit Schwierigkeiten auf dem neuen Flughafen Dakkas, umgeben von überfluteten Reisfeldern. Am Immigration Center werde ich angesichts des fehlenden Weiterreisetickets sogleich abgewiesen und muss mit der gleichen Maschine nach Delhi weiterreisen. Um 15 Uhr Ortszeit befinde ich mich also überraschend in Indien wieder. Vom Palam Airport fahre ich sogleich ins Büro der Thai Airways am Connaught Place, um den Weiterflug in der nachfolgenden Nacht nach Paris zu regeln. Im nahegelegenen Büro von *India Today* überrasche ich unangemeldet Sumit Mitra, der gerade eine große Cover-Story über den aus Korruptionsgründen so gut wie gestürzten Chief Minister von Maharashtra, Abdul Antulay, schreibt. Chefredakteur Narayan, der dazustößt, gibt einige pointierte Ansichten über Indien zu Protokoll: „Das Kastensystem wird nicht vor dem Ende des 21. Jahrhunderts ausgelöscht sein können" und „Indien ist wie ein Elefant: Er bewegt sich nicht rasant, aber er bewegt sich." Spätabends fliege ich weiter nach Paris. Im dortigen Völkergemisch werden mir vor allem Thais, Vietnamesen und Inder auffallen. Mein geplanter Bangladesch-Aufenthalt muss neu organisiert werden.

28.–30. Mai 1982, Dakka
Ein neuer Anlauf mit Zwischenstopp in Delhi, wo das Thermometer auf 39 Grad im Schatten klettert. Monsunregen haben in Nordindien vor drei Wochen zu früh eingesetzt und dabei erhebliche Weizenernteverluste verursacht, die bei der noch folgenden Jahresernte kaum aufgefangen werden können. Es ist die Tragik dieses Landes, dass die

Grundversorgung seiner 680 Mio. Menschen derart von den Schwankungen des Wetters abhängig ist. Zeitgleich Modernisierungswahnsinn allerorten: Für die All Asian Games im September werden Fünf-Sterne-Hotels und Sportstadien aus dem Boden gestampft, allerorten Telefonleitungen neu verlegt. Bombenaufwand und Superkosten künden die Sportereignisse in ihrer ganzen Zweifelhaftigkeit an. Ich sehe eine Menschenschlange vor einem Milchgeschäft. Neeru und Rajiv Vora klagen über die verfassungspolitischen Implikationen der Regionalwahlen vom 15. Mai in Haryana, Kerala und Westbengalen. Betrug, Erpressung, Korruption und am Ende gezielter Verfassungsbruch hätten der Kongresspartei in Haryana mit seiner Hauptstadt Chandigarh wieder die Mehrheit gebracht. Allerorten wird die Frage einer Verfassungsreform diskutiert. Steuert Indien auf ein Präsidialsystem zu, das den autoritären Gelüsten Indira Gandhis entgegenkommen könnte? Sumit Mitra hält sie noch immer für diejenige Politikerin der Dritten Welt, die am tiefsten im eigenen Volk verwurzelt sei.

Diesmal erreiche ich Dakka am Ende eines langen Tages. Der Blick aus dem zehnten Stock des Sheraton Hotel in Dakka schweift über die in hoher Luftfeuchtigkeit dahinfließende Stadt mit ihrer flachen Bebauung, das Skelett des hoch hinausschießenden ersten Luxushotels, das gerade gebaut wird, und viel grünem Baumbestand. Die gelbgestrichenen Dächer der Taxen sind Farbtupfer zu meinen Füßen. Im Green Super Market befindet sich das Büro des deutsch-bangladeschischen Entwicklungsprojektes, das sich der ländlichen Gesundheit und Familienplanung in der Pilotregion Munshiganj verschrieben hat. Vom *Westdeutschen Rundfunk* bin ich beauftragt, über dieses Projekt einen Dokumentarfilm zu drehen, der zunächst eine Recherchereise erforderlich macht. Dr. Oswald Erler, der medizinische Projektleiter, Dr. Gisela Hayfa, seine soziologische Kollegin, und ihr bengalischer Counterpart Dr. Lutfor Rahman stellen mich Colonel Hashlunat Ali, dem Projekt übergeordneten Generaldirektor des Gesundheitsministeriums, und Mr. Nazmul Haque, dem Direktor des ‚Information, Education and Motivation Program' des nationalen Familienplanungsprogramms, vor. Das Problem wird von allen Gesprächspartnern mehr oder minder gleich formuliert: Nicht die mangelnde Akzeptanz gesundheitlicher und familienpolitischer Maßnahmen durch die Bevölkerung sei das Problem, auch nicht die hemmende Kraft des Islam, sondern in erster Linie die Angebotsfrage, das heißt die mangelnde Tätigkeit der Feldarbeiter, die die modernisierenden Ideen einer besseren Planung der Familie und einer zurückhaltenderen Zahl der angestrebten Kinder unters Landvolk bringen sollen. Ob das alles so stimmt und überdies der richtige Ansatz ist, um der Bevölkerungszunahme in Bangladesch entgegenzuwirken, werde ich in den nächsten Tagen überprüfen müssen. Funktioniert so Entwicklung hin zu kleineren Familien, vom Schreibtisch geplant? Ich bin selbst überrascht über meine Skepsis.[5]

---

[5] Bangladesch hat 1981 etwa 82 Mio. Einwohner. 2021 ist die Einwohnerzahl auf über 172 Mio. gestiegen.

Wenn es nicht gelingt, das Familienplanungsprogramm zum Erfolg zu verhelfen, fürchtet Erler ein natürliches Abtöten der Fruchtbarkeit. Er berichtet von der Unzulänglichkeit traditioneller Familienplanungsmethoden. Die Periode der Frau wird, wie bei anderen traditionellen Völkern auch, als Reinigungsprozess empfunden. Anschließend wartet man noch fünf Tage, ehe man wieder Geschlechtsverkehr hat, genau in den fruchtbaren Tagen. Ein tausendjähriger Kreislauf sei dies. Eine andere in den Dörfern von Bangladesch verwendete traditionelle Praxis sei medizinisch schockierend: Nach der Geburt wird die Nabelschnuröffnung mit Kuhdung abgedeckt, schlimmste Blutvergiftungen sind vorprogrammiert. Erler und Hayfa sind dezidiert strittiger Meinung über den in Bangladesch gebotenen Entwicklungsansatz: Während Frau Hayfa auf Mobilisierung, Organisierung und direkte Förderung der Ärmsten der Armen setzt (Konzept von Mütterclubs), zielt Erler auf die Förderung von mittelständischen Bevölkerungsschichten ab – der kulturelle Graben zwischen ihnen und unseren Ideen sei nicht so groß, die Kommunikation sei einfacher und ihr Vorbildcharakter werde die Ärmsten am ehesten zur Nachahmung motivieren. Eine fundamentale entwicklungspolitische Ambivalenz wird offengelegt. Für mich spricht vieles für den Ansatz einer Mittelstandsförderung um der Ärmstenhilfe willen. Das scheint mir überzeugender zu sein, ohne Ideologisierung und Abkoppelung der gesellschaftlichen Gegebenheiten in Bangladesch.

Ich erlebe den ersten Todestag des großartigen Präsidenten Ziaur Rahman. Vor drei Jahren, bei meinem ersten Aufenthalt, hatte ich diese dynamische Führungspersönlichkeit kennenlernen können. Nach seiner tragischen Ermordung am 30. Mai 1981 in Chittagong durch einige korrupte Elemente in der regierenden Bangladesch National Party (BNP) wurde Rahman hinter der im Bau befindlichen Neukonstruktion des Parlaments beigesetzt. An *Zia's Mazar* legen der jetzt regierende Kriegsrechtsadministrator und Armeechef, General Ershad, und Präsident Chowdhury einen Kranz nieder. Tausende von Menschen defilieren danach an das blumengeschmückte Grab. Die Betroffenheit und Gedrücktheit steht ihnen ins Gesicht geschrieben. Auch ich verneige mich vor dem Grab Ziaur Rahmans. „Wir trauern alle sehr um unseren geliebten früheren Präsidenten und Führer", sagt ein Student.

Die Konstruktion des künftigen Parlaments – wann immer auch ein parlamentarisches System in Bangladesch wiedereingerichtet werden mag – erinnert in seiner architektonischen Gewagtheit an Le Corbusiers Chandigarh, wenn nicht an Science-Fiction-Filme. Der Architekt Khan ist seinem abstrakten Stil treu geblieben. Die machtvolle Weite der Anlage lässt vermuten, dass ein großes nationales Monument des jungen Staates entstehen wird. Im Moment aber müht sich die Kriegsrechtsführung in Forstsetzung der Linie Ziaur Rahmans erst einmal darum, allgemeine Ordnung, Effizienz und Schwung ins Land zu tragen.

Die Baitul Mokarram Mosque und die quirlige Altstadt bis hin zum pittoresken Hafen am Buri Ganges: Mit seinen 700 Moscheen gilt Dakka, von den indischen Mogulherrschern im 17. Jahrhundert gegründet, als eine der moscheereichsten Städte der Welt. Bei drei Millionen Einwohnern macht die Stadt bei diesem, meinem zweiten

Besuch einen weit geordneteren und organisierteren Eindruck. Oder habe ich mich nur an die Verhältnisse gewöhnt? Angesichts des sozialen Hochdrucks auf dem Land muss es jedenfalls objektiv überraschen, dass die Landeshauptstadt nicht den Charakter einer der indischen Monsterstädte angenommen hat. Dies erklärt sich wohl vor allem aus der historischen Entwicklung Bengalens – keine Rohstoffe, keine urbanen Zentren außer Kalkutta – und der geografischen Konditionen – Inselcharakter Ostbengalens, ländliche Lebensweise, Betonung der Landwirtschaft, keine Handelszentren, keine Entwicklung zu Handel oder gar Industrialisierung, jahrhundertelange Schollengebundenheit der ländlichen Bevölkerung.

31. Mai–3. Juni 1982, Munshiganj
Schon in den Außenrandbezirken von Dakka verdichtet sich das Bild zu einer Menschenmenge, das mit wachsendem ländlichem Charakter der Region zunimmt. Mit Dr. Erler, Dr. Fariduddin und der örtlichen Sozialarbeiterin Benila fahre ich entlang der Gewerbegebiete. An der Hauptstraße liegen extrem dicht bevölkerte Dörfer. Vor ihren kleinen *katcha*-Hütten haben die Menschen Stroh zum Trocknen auf die Straße gelegt. In unzähliger Zahl hocken Menschen arbeitslos bei einer Tasse Tee zusammen. Mein Weg geht vorbei an Moscheen, Wasserspeichern und dicht an dicht liegenden Reis- und Sisalfeldern. Die Wohngebiete sind durch eine Erhöhung der Straßentrasse, die wie ein kleiner Damm wirken soll, vor den wilden Hochwassern in der Monsunzeit geschützt. Ich erreiche das Ufer des Dhaleshwari. Der breite Strom, eine Querverbindung zwischen Ganges und Brahmaputra, führt ganzjährig Wasser. Überall werden Netze zum Fischen ins Wasser geworfen. Doch entgegen seinen ungeahnten Möglichkeiten, den Eiweißbedarf der vielen Millionen Bangladeschis zu decken, ist der Fischfang noch immer völlig unzureichend entwickelt. Das Flussbild vermittelt einen pittoresken Eindruck. Die mit großflächigen weißen oder orangenen Segeln ausgerüsteten Boote ziehen entlang der grünen Uferböschung. Am Horizont verschmelzen Wasser und Ufer zu einer Einheit. Nur die Türme einiger Reis- und Jutemühlen künden von menschlichen Eingriffen in diese unberührt scheinende Natur. Vierzig Prozent der Landbevölkerung sind landlos. Die meisten von ihnen arbeiten als Tagelöhner für 15–25 Taka pro Tag auf den Sisal- oder Reisfeldern, als Fischer oder Steuermann kleiner Transportboote, als Rikschafahrer oder kleine Händler. Ich verbringe einige Tage in den Dörfern der Gegend. Es ist die Erfahrung eines anderen Planeten.

In Dorfteil Abdullahpur wird im Family Welfare Center, das mit deutscher Entwicklungshilfe errichtet wurde, ein einwöchiges Seminar für Sozialarbeiterinnen (sogenannte *family welfare visitors*) eröffnet. Ausbildung und Motivation dieser Sozialarbeiter sind schlecht, ebenso ihre konkrete Fähigkeit, im persönlichen Hausbesuch überzeugend den Gedanken der Familienplanung zu „verkaufen". Das einwöchige Seminar, das Haslunat Ali, Colonel der Militärregierung, und die deutschen Experten Erler und Hayfa eröffnen, soll den Ausbildungsstand und die Motivation der Sozialarbeiterinnen verbessern. Traditionsgemäß beginnt die Eröffnungsfeier mit der Rezitation einiger Stellen aus dem Koran. Anwesend bei der Eröffnung ist der Präsident der Bangladesh

Journalists' Association, Saffudin Ahmed. Er lebt in Munshiganj und schreibt für die bengalischsprachige große Tageszeitung *Dainik Bangla*. Der Mann, Mitte sechzig, hat schon im Freiheitskampf gegen Britisch-Indien gestanden und erzählt mir voller Stolz von einer Begegnung mit Ali Jinnah, dem Staatsgründer Pakistans. Dann schaut er in die Gegenwart: Ahmed legt großes Gewicht auf eine Intensivierung der Agrarproduktion im heutigen Bangladesch. Bei energischen Anstrengungen auf diesem Sektor könnte sogar ein Reisüberschuss exportiert werden. In Sachen Familienplanung kritisiert er den konservativen Einfluss der Mullahs. Intuitiv, so behauptet er, sei die Landbevölkerung durchaus positiv zu Maßnahmen der Familienplanung eingestellt. Die orthodoxen Stimmen islamischer Geistlicher aber würden Familienplanung stigmatisieren. Das mache den Menschen ihr Leben noch schwerer, als es ohnehin sei, sagt Ahmed. Eine der Sozialarbeiterinnen ergänzt: „Bangladeshis are very pious people."

Mit Manik, einem der wenigen männlichen Sozialarbeiter des bengalisch-deutschen Projektes, fahre ich nach dem Ende des Seminars mit einer Riksha ins Zentrum von Munshiganj (Abb. 3.3). Auf deichartigen Trassen, sandig-holprigen Wegen geht es durch das übergrüne Land. Das Land ist ebenso dicht mit Reisfeldern bebaut, wie es mit Millionen von Menschen dichtbesiedelt ist. Die Menschen leben in kleinen *katcha-*Hütten aus Jute, Bambus, Holz und Blech. Gelegentlich ragen machtvolle, aber vom Zerfall zerfressene Steinhäuser aus dem grünen Meer von Jute und Reis. Dort wohnten bis zur Teilung Britisch-Indiens 1947 die reichen Hindu-Geschäftsleute, die damals Ostbengalen fluchtartig nach Kalkutta verließen. „Zamindars" wurden die mit der Settlement Act von 1793 eingesetzten Steuereintreiber und Landbesitzer genannt. Von ihrem Besitz haben nun muslimische Familien Gebrauch gemacht. Zum Teil teilen sie sich in mehreren Familien die großen Häuser. Zuweilen erinnern vom Verfall bedrohte Hindutempel an die einstige Existenz mächtiger Hindus. Nurmehr ärmere Hindufamilien leben heute in der Gegend, die nun von Muslimen dominiert wird.

Schon am Rande von Munshiganj, dem Subdivision-Hauptort und einer bangladeschischen Kleinstadt, künden Stimmengewirr, Rikschageklingel und dahinströmende Menschenmassen von der Bevölkerungsanballung. Im Ortskern existieren zwei Kinos, ein aus der britischen Zeit stammender Civil Court, ein College, das Verwaltungsgebäude der Munshiganj Subdivision. Dort geht es zu wie im Taubenschlag, während die Beamten eher lethargisch ihren Aufgaben nachgehen. Der Subdivision-Officer, der höchste Beamte der Gegend, ist ein noch recht junger Mann Ende zwanzig. Er gestattet mir, für einige Tage in einem Regierungsbungalow zu übernachten. Der neue Regierungsbungalow ist indessen seit der Ermordung von Ziaur Rahman von der Kriegsrechtsbehörde okkupiert, also werde ich in einen alten Bungalow einquartiert, der mit fließendem Wasser und einem funktionierenden Ventilator zufriedenstellend ausgestattet ist. Im Vergleich zur Dorfbevölkerung um mich herum fühle ich mich wieder einmal privilegiert.

Manik und ich gehen durch die Felder zum Bootsanleger. Dort steht eine einsame große Tafel, die die Mittel der Familienplanung anpreist wie eine Ware. Die Tafel ist vom letzten Monsun leicht lädiert. Ein lokaler Doktor berichtet uns bei einer

Abb. 3.3 Fahrt mit einer Rikscha durch die Reisfelder um Munshiganj (1982). (© Ludger Kühnhardt)

Tasse Tee, dass die Familienplanung inzwischen zwar weithin bekannt sei, aber vor allem wegen Glaubensvorbehalten im Islam nicht ernsthaft akzeptiert sei. Viele Kinder seien immer zuallererst ein Geschenk Allahs. Viele Menschen, so seine Erfahrung, befürchteten gesundheitliche Nebeneffekte bei der Anwendung von empfängnisverhütenden Maßnahmen. Bis spät in die Nacht hinein verstummt weder der Geräuschpegel der Menschen noch das Klingeln der Rikschas. Stundenweise fällt der Strom aus. Sofort breitet sich eine so intensive Luftfeuchtigkeit in meinem Zimmer aus, dass es kaum auszuhalten ist. Ich spüre an der eigenen Haut, was der Alltag für die Menschen um mich herum bedeutet, die nie elektrischen Strom in ihren *katcha*-Hütten kennen.

Am frühen Morgen füllen sich die engen Straßen bereits wieder mit Menschen. Unser erster Weg führt Manik und mich in die örtliche Hauptmoschee und die sich daran angrenzende Madrasa, die Koranschule. Imam Hafeez Molana Abdur Rob und drei weitere Mullahs unterweisen siebzig Jungen in die Schriften und Worte des Propheten. Sie hocken am Boden, vor sich auf einem hölzernen Lesepult eine arabische Ausgabe des Koran. „Der Islam", mit leuchtenden Augen gibt der Imam die unzweideutige Antwort auf die Frage, ob es unter den Religionen der Welt eine Wahre gebe. Die Worte Allahs seien den Menschen durch den Propheten Mohammed gebracht worden, während alle anderen Religionen von Menschen ausgedacht seien, sagt er. Ja, die Bevölkerungsexplosion sei nur ein Problem der Regierung. Allah interessiere dieses Thema nicht. Die Überbevölkerung sei eine Behauptung von Menschen, Auch sein jüngerer Mullah-Kollege spricht sich dezidiert gegen Familienplanung aus. Bald schon will der Imam nicht mehr auf meine Fragen antworten. Er fürchtet, so sagt er, von den Kriegsrechtsbehörden verhaftet zu werden. Oder provoziere ich einfach bloß seine harten Deutungen des Islam, die ihm vermutlich die Förderer auch dieser Koranschule aus den Golfstaaten eingeflüstert haben?

Vom Munshiganj Ghat brausen Manik und ich mit einem Schnellboot des Entwicklungsprojektes über den Dhaleshwari zurück in den Dorfteil Abdullahpur. Alttestamentarische Bilder, die an Szenen am Nil oder am Euphrat erinnern: Gemächlich werden die vielen Boote von Dutzenden von Ruderern über das Wasser gesteuert. Sie transportieren Waren zum nächsten großen Handelsplatz nach Narayanganj oder gar nach Dakka. Das Ufer der einen Seite ist gesäumt von Reismühlen, deren Schornsteine ein Symbol des agrarischen Charakters Bangladeschs sind.

Vorbei an Abdullahpur gelangen wir mit der Rikscha nach wenigen Minuten nach Lellapari, einem weiteren Dorfteil mit einem kleinen Markt, auf dem Fische und Gemüse feilgeboten werden. Der Mother's Club hat seinen Sitz im unteren Stockwerk eines halbverfallenen Hauses einstiger Hinduhändler, die 1947 nach Kalkutta geflüchtet sind. An den Wänden hinterließen sie Abbildungen von Hindugöttern, die bis heute nicht gänzlich verwittert sind. Im Dorf lebt immer noch eine Gruppe von Harijans, Kastenlosen, die den Sprung nach Indien nicht geschafft haben. Männer reparieren ein Fischerboot, Frauen fegen vor den Türen ihrer *katcha*-Hütten. Die Kastenlosen feiern heute ein hinduistisches Ritual, eine puja: Eine Blechblas- und Trommlergruppe ist erschienen, die ebenso laut und schief vor jedem Haus aufspielt wie der sie begleitende Flötist. Kontastprogramm im Mother's Club: eine Sozialarbeiterin hält einen Vortrag über Verhaltensweisen während einer Schwangerschaft. Sie kennt keine Tabus und redet über Kondome, Sterilisierungen und die Pille, als ginge es um Grundnahrungsmittel, die auf dem Dorfbasar ausliegen.

Die Hitze des Tages hat sich gelegt. Abends esse ich im Basar von Munshiganj in einer kleinen Bude. Im Kino drängeln sich die Leute dicht an dicht, es ist das größte Vergnügen der Menschen in Munshiganj. Immer noch hocken viele der Basarhändler auch am Abend vor ihrem Verkaufsstand, so als hätten sie nicht einmal ihre Position seit dem frühen Morgen gewechselt. Sie verkaufen Stoffe und Schule, schneidern Kleider, bieten selbstgemachte Medizin feil, Tee, Paratha und Süßigkeiten, offerieren Fotoservice und Kosmetika. Dazwischen liegen immer wieder Stände mit Reis, Mehl, Weizen, Gewürzen, Gemüse und Früchten. Die einzige Bank von Munshiganj, die in einem neuen roten Backsteinbau untergebracht ist, hat in den Abendstunden noch geöffnet. An der einzigen Kreuzung des Dorfes kontrolliert ein Schutzmann noch immer mit viel Ernst das Gewimmel der Rikschas.

Eine der Frauen im Mütterclub hatte mich gefragt, ob ich per Boot von Deutschland gekommen sei und wie lange ich dafür benötigt hätte. Als Transportweg ist für sie nur das Wasser Teil ihres Erfahrungsbereiches. Wie können wir aus dem Westen diese Menschen belehren wollen, die in einer so ganz anderen Welt leben? Begehen wir nicht tragische Denkfehler, wenn wir angesichts der massiven Unterschiede im Lebensgefühl unsere Vorstellungen von Entwicklung, Fortschritt und Familie postulieren? Natürlich trägt die Regierung des Landes diesen Fortschrittsbegriff mit. Aber ist sie wirklich Spiegel dessen, was in der Bevölkerung gedacht, gewünscht und akzeptiert wird? Es ist höchste Zeit, unseren Begriff von Entwicklung zu überprüfen. Ohne auf die Lebensgefühle der Menschen in einem Land wie Bangladesch einzugehen, werden abstrakte Programme und Projekte nicht wirklich zu einer Entwicklung führen.

Entlang des Dhaleshwari befinden sich eine ganze Reihe von Reisfabriken. Hier wird der Reis, nachdem er auf einer großen freien Fläche getrocknet wurde, maschinell geschält, sodann ausgesondert, in Stücke verpackt und zum Abtransport bereitgestellt. Zumeist arbeiten Tagelöhner in den Fabriken, deren Besitzer außerhalb leben. Wie umgestülpte Schultüten sehen die Jutekörbe aus, die den im Freien liegenden Reis vor dem Regen schützen. Zwischen den Reismühlen liegt eine landwirtschaftliche Kreditbank, deren Buchführung ich im Einzelnen lieber nicht studieren möchte. An die Reismühlen schließt sich der kleine Marktplatz an. Lebensmittel aller geläufigen Art, Früchte, Zigarettenläden und kleine Teeläden reihen sich hier neben einer weißgehaltenen Moschee am Ufer entlang. Der ganze Fleck sieht eher ärmlich aus und entspricht damit den Kaufkraftverhältnissen der dörflichen Umgebung. Zwei große weiße Hauskomplexe überragen Marktflecken und den Rikschasammelpunkt. Es sind Kühlanlagen, die eine private Firma unlängst errichtet hat. Die Lagerflächen können gemietet werden. Im Kühlraum – die Arbeiter tragen dicke Pullover – lagern vor allem Kartoffeln.

Im Dorfteil Mirrersarai grenzen Wollspinnereianlagen, die Kinder ab dem siebten Lebensjahr bedienen, um Geld für die Familie zu verdienen, an eine Koranschule. Rund zweihundert Kinder werden in dieser Koranschule unterwiesen. Neben der Koranbildung in Arabisch stehen auch „normale" Schulfächer auf dem Programm. Überraschend viele Mädchen befinden sich in der Koranschule, die angeblich ausschließlich finanziell unterstützt wird von einigen reicheren Leuten der Gegend. Verbindungen auf die arabische Halbinsel weist der Imam zurück. Er erzählt mir, dass er sich darum bemüht, regierungsoffiziell als Dorfschule anerkannt zu werden. „Panchewar Dar-ul Sunnat Islama Alia

Madrasa" steht in Bengalisch und Arabisch über dem Eingang. Die Hilfe der Golfstaaten für Bangladesch lässt sich einfach nicht verleugnen. Sie hat ein klares Ziel: Die Stärkung eines orthodoxen Islam im ländlichen Bangladesch.

Abul Bashar, gut vierzig Jahre alt, zählt zu den einflussreicheren Menschen in seinem Dorfviertel. Früher war er Rikschafahrer, heute unterhält er eigene Rikschas und arbeitet als Mechaniker dieser bunten Vehikel. Mit seiner Frau Moti Banu, etwa 32 Jahre alt, hat er sechs Kinder: jeweils 14, 12, 10, 8, 6 und 4 Jahre alt. Mujib, der älteste, ein heller, aufgeweckter und an allem interessierter Junge, besucht die achte Klasse in Munshiganj. Seine jüngeren Geschwister gehen in die Koranschule. Abul Bashar erinnert sich an seine eigene Kindheit. Wohl habe es keine Schule, Wasseranschlüsse und ordentliche Straßenverhältnisse gegeben, dafür aber auch keine Nahrungsprobleme und weit weniger Menschen. Dicht an dicht stehen heute die Häuser, in seiner Kindheit habe es in Mirrersarai höchstens dreißig Häuser gegeben. Sie seien sechs Geschwister gewesen, allen sei es gut gegangen. Heute aber haben die meisten Menschen akute Nahrungsversorgungsprobleme.

Sein Sohn Meijit findet auch, dass es hier zu viele Menschen gebe. Zwei Kinder pro Familie seien genug. Moti Banu, Abuls Frau, hat mit sechs Kindern mehr als genug zu tun. Deshalb hat sie sich nun sterilisieren lassen. Der Glaube, viele Kinder seien eine gute Einnahmequelle für die Familie und ein gesichertes Rentenpolster für die Eltern, ist bei diesen Eltern zerbrochen. Zu sehr lastet der akute wirtschaftliche Druck auf der Familie. Zwei Drittel aller Familien des Dorfes sind verschuldet. Dennoch bestehen religiöse Bedenken gegen alle Methoden der Familienplanung fort. Nicht wenige Frauen glauben, dass Allah sie strafen könnte, wenn sie die Pille nähmen, dem Mann ein Kondom gäben oder sich gar sterilisieren ließen. Moti Banu zeigt sich aufgeklärt: „Wir sehen die Strafen nicht, daher glauben wir auch nicht daran." Andere Frauen äußern Angst, dass sich wegen ihrer schlechten allgemeinen Ernährung negative Nebeneffekte nach Einnahme der Pille oder nach einer Sterilisierung einstellen könnten.

Jede Einzelheit des Daseins ist in diesem Lebensalltag statusdefiniert. Selbst beim Zigarettenkauf unterscheiden sich die Packungen, die der Thana Family Planning Officer, der Behördenvertreter, erwirbt von derjenigen der Sozialarbeiterin. Die einen rauchen Gold Leaf, die anderen die lokalen Bidi-Zigaretten. Die Sozialarbeiterin Rubia Begaon ist höchst engagiert. Sie geht von Haus zu Haus und redet mit den Leuten über ihre familiäre, soziale und ökonomische Situation. Stets trägt sie Pillen und Kondome bei sich, die sie auf Wunsch kostenlos verteilt. Im Mother's Club des Dorfes Muktapur, der in einer Strohhütte untergebracht ist, komme ich mit einer größeren Gruppe von Müttern und einigen Sozialarbeiterinnen zusammen. Ihre Sprecherin, Mrs. Mansura, eine resolute, hübsche Frau, erzählt, dass sie die Schule bis zur zehnten Klasse besucht habe. Zum Gruppenfoto lässt sie, die den teuersten Sari trägt, sich von einem der mich begleitenden Männer dessen dicke silberne Armbanduhr über den Arm stülpen. „Ich bin doch die Chefin", sagt sie selbstbewusst und verwirrend eitel. Da sie selbst die Uhr gar nicht zu bedienen weiß, muss der Besitzer ihr helfen, die Uhr am Handgelenk zu befestigen. Statussymbole als Zeichen des Fortschritts. Was ist nur los mit dem Begriff von Entwicklung, der in Bangladesch kursiert?

Das Heiratsalter in Munshiganj und seinen Unterdörfern liegt zwischen 15 und 20 Jahren. Es kann aber auch vorkommen, dass bereits zehnjährige Mädchen verheiratet werden, Die landesweite Gesetzgebung, die dies verbietet, kommt auf dem Dorf kaum zum Tragen. Nach der Interpretation einiger Mullahs sollen die Mädchen das Elternhaus verlassen haben und verheiratet sein, ehe die erste Menstruation eingesetzt hat. Manik, der mich den ganzen Tag begleitet hat, lädt mich zum Abendessen in sein bescheidenes Haus ein. Unter dem Wellblechdach gibt es ein Zimmer, das zugleich als Wohn- und später als Schlafzimmer der Familie dient. Im Dunkeln des Raumes liegen die drei kleinen Kinder schon in einem gemeinsamen Bett. Maniks Frau, die als Grundschullehrerin arbeitet, hat gekocht. Maniks Schwester kommt hinzu. Ihr Mann arbeitet derzeit in Singapur. Ein Bruder hat sich in Saudi-Arabien das gegenüberstehende Steinhaus zusammengespart.

Unser erster Weg am nächsten Morgen führt Manik und mich ins Gelände des Union Parishad, der Gebietsverwaltung. Ein Regierungsbeamter hockt hinter Papierbergen. Ihm zur Seite steht der vom Vorsitzenden des Union Parishad, einem weithin in Dakka residierenden Geschäftsmann, ernannte Steuereintreiber. Seit einem Jahr zieht dieser von Haus zu Haus, um die vom Union Parishad festgelegte Steuerrate einzusammeln. Wer nicht zahlen kann, bekommt die Steuerlast nach drei Jahren gestundet. Der Eintreiber verdient zehn Prozent der Einnahmen. Im Dorfteil Mirrersarai, dort wo Abul Bashar lebt, werden, so erzählt mir der Steuereintreiber, 271 Steuern zahlende Haushalte gezählt. Die Steuerpflicht beträgt zwischen 1 und 30 Taka. Bis heute sind nicht mehr als dreißig Prozent der Steuerschuld des Vorjahres bezahlt. Die meisten Einwohner sind zu arm, um auch nur einen Taka zahlen zu können. Die Reismühlen der Gegend werden nach regierungsamtlich festgelegten Werten besteuert, man redet von 300 bis 500 Taka im Monat. Mühlenbesitzer und Union Parishad verhandeln hier oftmals um jeden Taka. Von abstrakter Steuergerechtigkeit kann im ländlichen Bangladesch wohl keine Rede sein.

In einer spärlich ausgestatteten Apotheke besorge ich Medizin für ein an starkem Kwashiorkor leidenden Kind, das ich am Vortag gesehen hatte. Die Mutter hat nicht einmal einen ordentlichen Löffel, um dem Kleinen die dringend benötigte Ration einzuführen. Ein Löffel ist verrostet, ein anderer verdreckt und muss in brackigem Wasser gereinigt werden. Am Nachmittag bringe ich der Frau zwei neue Löffel, die der Kleine mit einem schwachen Lächeln in die patschigen Fingerchen nimmt. Mr. Aziz, der Apotheker, hatte mir erzählt, dass das Leben im Dorf und in der ganzen Gegend einfacher gewesen sei. Zwar habe es weniger Infrastruktur gegeben, aber vor allem weit weniger Menschen. Er selbst habe eine Art homöopathische Lehre durchgemacht, ehe er seinen Laden eröffnete.

Vor dem Gebäude der Gemeindeverwaltung (Subdivision Office) und auf den Balkonen des Gebäudes stehen bewaffnete Soldaten. Im Subdivision Office findet ein Treffen zu Fragen von *law and order* statt. Die Kriegsrechtsverwaltung hat es so verfügt. Neben der Gemeindeverwaltung liegen die Verhandlungsräume des Zivilgerichts.

Aktenberge stauben vor sich hin. Ich fühle mich an Kafkas „Schloss" erinnert. Was ist Recht in diesem Milieu wert? Auf Mord, so erfahre ich, steht in Bangladesch weiterhin die Todesstrafe. Neben dem Subdivision Office befindet sich das winzige Krankenhaus von Munshiganj. Es wurde 1912 von einem Zamindar gestiftet, wie eine Tafel neben der Eingangstür stolz verkündet. Als Teil des deutschen Projekts zur Förderung von Familienplanung und ländlicher Entwicklung wird das Munshiganj Hospital derzeit renoviert und erweitert. Dieser Beitrag der Entwicklungshilfe ist nun wirklich vernünftig und dringend nötig. Im Hospital arbeiten drei Ärzte. Dicht gedrängt stehen Menschen an der dem Krankenhaus vorgelagerten Medizinausgabestelle. Unweit dieser Gebäude erhebt sich die Ruine des ehemaligen Forts von Munshiganj, das in der frühesten Mogulperiode errichtet worden war. Ich treffe Abul Haj, einen örtlichen Künstler. Er malt Ölgemälde, die Leben, Not und Alltag von Bangladesch reflektieren. Besonders liebt er Szenen von Sturm und Wasser.

Es ist nicht schwer, in Bangladesch zum Pessimisten oder gar zum Defätisten und Zyniker zu werden. Dies aber wäre weder menschlich noch sachlich gerechtfertigt. Es muss auch unter den extrem problematischen Bedingungen Bangladeschs um eine Wahrung und Verwirklichung der Würde des einzelnen Menschen gehen. Wer unter diesen harten, ja brutalen und inhumanen Bedingungen leben muss, ist unschuldig. Zurück in meinem geräumigen und gepflegten Hotelzimmer in Dakka gehen mir die Bilder der letzten Tage wieder und wieder durch den Kopf während ich meine Notizen durchsehe. Entwicklungspessimisten scheinen von Strukturen her zu denken, den Einzelnen aber immer zu vergessen. Ob allerdings Entwicklungsprojekte von außen Entwicklung im Inneren initiieren, erscheint mir nach den Erfahrungen der letzten Tage immer fragwürdiger. Im Farbfernsehen meines Hotelzimmers läuft ein stupider amerikanischer Film. In Mirrersarai gibt es nicht einen einzigen Zeitungsleser. Die Welten werden immer verknüpfter, in denen wir leben – aber ihre Kontraste zugleich immer größer.

4.–7. Juni 1982, Dakka
General Hussain Muhammad Ershad, der oberste Kriegsrechtsverwalter Bangladeschs, ruft zu intensiven Anstrengungen auf, um die Selbstversorgung mit Nahrungsmitteln zu erreichen. Es sei eine traurige, beschämende Schande für Bangladesch, als internationaler Bettler gelten zu müssen und als hoffnungsloser Dauerpatient der Völkergemeinschaft. Was wohl die Menschen in Munshiganj über seine Klagen denken?

Mindestens 150 Menschen hocken in der Auslandsabteilung der Sonali Bank unter langsam rotierenden Ventilatoren. Das Geklapper wuchtiger Schreibmaschinen und das permanente Stimmengewirr vermengen sich zu einem aktivistischen Dauerton, dessen Beständigkeit keine Aussage über die Effektivität der Arbeit in dieser Bank macht. Die zumeist jüngeren Bankmitarbeiter, fast ausnahmslos jüngere Männer, hocken über Papierbündeln oder sind in Gespräche vertieft. Ein kleiner Junge läuft geschäftig umher und teilt Tee aus. Das Bankwesen in Bangladesch ist seit der Unabhängigkeit verstaatlicht. Abu Taher Balul, der meinen Geldwechsel bearbeitet, klagt: Fünftausend

Menschen arbeiten insgesamt für die Sonali Bank, die Arbeit aber sei völlig ineffizient organisiert. Management sei das zentrale Problem des Landes. Die gesamte Gesellschaftsstruktur müsse anders, neu und eigentlich überhaupt zum ersten Mal organisiert werden. Die Deutschen hätten doch so große Philosophen hervorgebracht, Karl Marx, zum Beispiel, der viel über Bangladesch zu sagen habe. Ich bin einigermassen irritiert. Das Problem seines Landes, fährt er dann fort, sei die unzulängliche Organisation der ländlichen Massen. Sein Job sei völlig unbefriedigend. Er habe die Universität besucht und nun sitze er die meiste Zeit des Tages herum. Er habe keine Macht, möchte aber etwas für sein Land bewegen. Er überlege schon, für sein Heimatdorf wenigstens einige Tiere anzuschaffen. Immer mehr Menschen würden dort landlos leben und verarmen. Die führenden Menschen aber seien nicht ihrer Bevölkerung verpflichtet. Werden Menschen wie dieser Bankangestellte ihr Land ändern? Oder werden sie eines Tages den Sprengstoff bilden, der alles zur Explosion bringen könnte? Der Frustrationspegel bei Abu Taher Balul liegt jedenfalls weit über dem der normalen Bevölkerung. Wie in seinem Fall steigt das Reflexionsvermögen mit zunehmender Bildung und Erfahrung. Hier entsteht ein Druck, der sich vor gut zehn Jahren auch in Sri Lanka ohne Vorwarnung entladen hat. Noch ist es in Bangladesch ruhig. Aber wie lange noch? Und was dann?

Presseattaché Reinhard Silberberg in der neuerrichteten Deutschen Botschaft im Stadtteil Gulshan, die gerade für teures Geld mit kugelsicherem Glas versehen wird, ist Bangladesch-geschädigt. Er sieht eine große Katastrophe voraus: In den nächsten fünfzig Jahren werde es irgendwann und irgendwie groß und laut knallen. Vielleicht werden Epidemien ausbrechen, Völkerwanderungen nach Indien oder Burma einsetzen oder sonst irgendwie eine rapide Dezimierung der Bevölkerung erfolgen. Bangladesch sei absolut nicht mehr kontrollierbar. Der Aggressionsdruck in der Bevölkerung wachse. Demgegenüber sei New York eine absolut friedliche Stadt. Die chinesische Erfahrung habe gezeigt, dass unter Bedingungen einer so großen Bevölkerung nur ein echter, straffer Zentralismus eine Erfolgschance bieten könne. In Bangladesch sei auch das Militär letztlich zu schlampig, zu schlaff. Das Kriegsrecht, *martial law,* sei immerhin schon mal eine gewisse Erlösung: Es führe zur Anwesenheitskontrolle der Beamten, zu Nützlichkeitskontrollen beim Einsatz von öffentlichen Fahrzeugen, und zu der Verordnung, wonach eine Akte nicht mehr als vier Tage an einem Schreibtisch liegen dürfe. Der Vorteil der Militärregierung bestehe darin, dass Ershad, der als integer gilt, nicht auf gesellschaftliche Interessen angewiesen sei. Irgendwann aber werde der Westen weitere Hilfen von Demokratisierungsbemühungen abhängig machen und schon werde das Karussell von Interessen, Machtpositionen und Einflussnahmeversuchen sich wieder zu drehen beginnen. Silberbergs ungeschminkte Privatmeinung ist in der Botschaft und unter Entwicklungshilfe-Aktivisten ganz gewiss nicht offiziell mehrheitsfähig. Staatliche, von außen aufgesetzte Entwicklungskonzepte jedenfalls führen nicht – mir wird dies täglich klarer – zu einer Entwicklung, auch nicht in Bangladesch.

Wie man es auch dreht und wendet, Bangladesch steckt wie kaum ein anderes Land der Welt im Teufelskreis des Elends. Im (entwicklungs-)politischen und sozioökonomischen Sektor sind weitere kleine Schritte, kleine Rettungsanker nötig. Alles andere hieße, auf der ganzen Linie als Menschheitsgemeinschaft zu versagen. Hin- und hergerissen zwischen Hoffnungsschimmer und trübsinnigen Realitätsbetrachtungen komme ich immer wieder zu dem einen Schluss: An Bangladesch entscheidet sich kulturhistorisch der Grad an Humanität und Fortschritt, zu dem die Menschheit fähig und willens ist. An Bangladesch entscheidet sich jedwede Theorie und Implementierungsstrategie von Entwicklung. An Bangladesch erleben wir aber auch das Auf und Ab historischer Prozesse.

Im Hotel treffe ich völlig zufällig Quamrul Islam, einen Kommilitonen aus Bonn, der nun hier als Kellner tätig ist. Ihm ist es eher peinlich, dass ich ihn in dieser beruflichen Stellung wiedersehe. In Bonner Studentenkreisen haben wir schon mal Karneval miteinander gefeiert. Er galt als ambitionierter Student der Wirtschaftswissenschaften. Jetzt kellnert er für mich in seiner Heimat. Vor zwei Jahren war er nach Bangladesch zurückgekehrt. Abends bin ich bei Quamrul eingeladen. Dabei ist neben seiner Frau und dem mehrere Monate alten Baby sein Freund Sohel Amitabh. Die beiden haben eine Firma gegründet, die Investitionen in Bangladesch voranbringen will. „Business as social development" – so ihre Philosophie. Die Bengalen könnten zwar alle philosophieren und viel reden, aber es komme zu wenig konkreten ökonomischen Aktionen. Dabei sei es besonders wichtig und für einen positiven Weg des Landes, an den sie glauben, notwendig, private Investitionen im Mittelschichtbereich zu fördern. Nur so können Arbeitsplätze und Kaufkraft geschaffen werden. Maschinen werden benötigt und andere Technologien. „Nahrungshilfe essen wir, dann ist sie weg. Geld stecken wir in die eigenen Taschen. nur Maschinen zwingen uns zu konstruktiver Produktion," sagt Sohel Amitabh. Es sei ein falscher Weg der internationalen Hilfsleistungen, die korrupte und vom Systemansatz verfahrene Regierungsmühle weiter zu fördern. Korruption und Ineffizienz seien nicht den einzelnen Menschen anzulasten, sondern dem System als solchem. Notwendig sei an oberster Stelle eine Förderung privater Investitionen. Marxismus und Sozialismus seien zutiefst rückständige Konzepte, die keine Antworten auf die heutigen Probleme Bangladesch geben könnten. In der Jugend setze sich diese Meinung bei den Nachdenklichen immer weiter durch, ermutigen mich die beiden Freunde. Nur eine stabile Wirtschaft, so die beiden jungen Manager, könne allgemeine Stabilität schaffen und die Notwendigkeit einer Militärregierung reduzieren. Um aber seine Familie zu ernähren, heißt es für Quamrul auch am nächsten Tag wieder: kellnern.

Etwa 16.000 Studenten sind an der Dacca University eingeschrieben. Gegründet 1922, konzentrierte sich hier das kulturelle und intellektuelle Lebens Ostbengalens bereits während der Spätphase der British Ray. Die Campusstruktur der Universität führt zu einer weit ausladenden Fläche. Ich besuche das Seminar für Politische Wissenschaften, die Zentralbibliothek und die Universitätsbuchhandlung. Die Seminarbibliothek für die Politikwissenschaften führt in ihren bescheidenen Beständen so wesentliche Autoren wie George Holland Sabine *(History of political theory),* Samuel P. Huntington *(Political order in changing societies),* Karl W. Deutsch *(Nationalism and Social Communication),* Karl R. Popper *(Die offene Gesellschaft und ihre Feinde),*

Henry Kissinger *(Foreign Policy)* und Carl J. Friedrich und Zbigniew K. Brzezinski *(Totalitarian dictatorship and autocracy)*. In einem schmuddeligen Klassenraum ist der zwar internationale, aber doch recht spärliche Bibliotheksbestand aufgestellt. Die Bestände der Buchhandlung der Universität sind ebenfalls recht mager. Neue Bücher sind für die Studenten oft kaum erschwinglich. Politische Aktivitäten aller Art sind den Studenten seit Einführung des Kriegsrechts im März 1982 streng verboten.

Ich muss an die Kinder in Munshiganj denken: Ein neunjähriges Mädchen etwa, mit acht Schwestern, die nicht einmal drei Jahre lang die Schule besuchen konnte, weil die Bücher zu teuer waren und sie nun Geld verdienen musste. Der etwa gleichaltrige, depressiv wirkende Junge, dessen Vater gestorben war, der sechs kleine Kinder hinterließ, um die der Junge sich nun mit seiner Mutter zusammen kümmern musste. Die einen führen Tag für Tag, Jahr um Jahr einen brutalen Existenzkampf, die anderen leben in Studentenwohnheimen *(Student Hostels)* für fünf Taka im Monat und genießen die relativen Privilegien dieser rauen Gesellschaft. Nur etwa dreißig Prozent aller schulpflichtigen Kinder besuchen heute in Bangladesch regelmäßig eine Schule.

Das Dakka-Museum ist geschlossen, weil der Direktor wegen Unterschlagungsvorwürfen verhaftet wurde. Martial Law zeigt seine Wirkungen selbst an solchem Ort.

Ich mache einen Abstecher in den Deutschen Club, in dem sogar Latein und Französisch unterrichtet wird. Ich muss zweimal hinschauen, um zu glauben, dass ich noch in Bangladesch bin.

Geschätzt sterben in Bangladesch jährlich 10.000 Frauen an den Folgen einer nicht ordnungsgemäß durchgeführten Abtreibung.

Gottesdienst in der nur zu einem Drittel gefüllten neuerbauten katholischen Kathedrale von Dakka, die neben einem altehrwürdigen Missionshaus aus dem Boden gestampft wurde. Die in der Mehrheit jungen Gottesdienstbesucher stehen in keinem Verhältnis zur altertümlichen, quasi-kolonialzeitlichen Liturgie. Das Zweite Vatikanum ist noch nicht bis Dakka gekommen. Zwei steinalte Missionare zelebrieren in strenger Form den Gottesdienst, dem auch einige *Missionaries of Charity* der Mutter Theresa beiwohnen. Der Chor scheint beim monotonen Rezitieren altenglischer Kirchenlieder fast einzuschlafen. Die veraltete Hammondorgel schnulzt lahme Töne. Die Modernisierungsfrage stellt sich hier wohl noch zwingender als in der bundesdeutschen Kirchenprovinz. Vom Gedanken der Inkulturation, einer Einbettung der Religionspraxis in den örtlichen Zusammenhang, ist in dieser Kathedrale ebenso wenig zu spüren wie vom Gedanken des Dialogs zwischen den Religionen. Die einzige Anpassung an die südasiatische Lebensstruktur sind die kitschigen Christusbildchen, die vor der Kathedrale feilgeboten werden.

Sonargaon heißt nicht nur das erste Luxushotel Dakkaaa, sondern war auch der Name der ältesten Königs- und Hauptstadt Bengalens. Wo einst ehrwürdige Macht präsent wurde, wuchert heute Verwilderung, grünes Gewächs, Reisfelder und halbverfallene Häuser, die von ärmlichsten Dorfbewohnern in Beschlag genommen worden sind. Ich treffe auf eine zerfallene Geisterstadt zwanzig Kilometer außerhalb von Dakka. Im 4. Jahrhundert nach Christus soll in Sonargaon bereits die Vanga-Dynastie geherrscht haben, die erste von mehreren nachfolgenden Dynastien. Im frühen 17. Jahrhundert wurde die Hauptstadt Ostbengalens nach Dakka verlegt. Sonargaon wurde daraufhin langsam zu einer Ruinenstadt inmitten grüner Reis- und Sisalfelder.

Im Anschluss an die Recherchen für meinen Film über Familienplanung und die ländliche Entwicklung nehme ich teil an einer deutschen Journalistendelegation, die auf Einladung des Bonner Entwicklungsministeriums zu einem Informationsbesuch in Bangladesch eintrifft. Unser beeindruckendster Gesprächspartner ist der *Regional Representative* des Entwicklungsprogramms der Vereinten Nationen, Walter Holzhausen, ein hemdsärmliger, aber durch und durch reflektierter Kenner des Landes. Seit siebzehn Jahren ist der sympathische Mann in Diensten der UNO in der Dritten Welt unterwegs. Holzhausen äußerst sich ebenso skeptisch zur innenpolitischen Lage in Bangladesch wie der deutsche Botschafter Walther Marschall von Bieberstein. Die Saat der Opposition sei, typisch für jede Militärdiktatur, in der Armee selbst angelegt. Jüngere Offiziere würden immer kritischer mit den ihrer Meinung nach nur unzureichenden Aktivitäten der Regierung. Ohne Sachkenntnisse und Erfahrungen wurde in jedes lokale Kriegsrechts-gericht ein jüngerer Offizier berufen, um die Unzufriedenheit des militärischen Nach-wuchses zu kanalisieren. Ein künftiger Putsch mit politischer Linkstendenz – die Rede ist von Neigungen unter jüngeren Offizieren zur maoistisch-orientierten Gruppe JSO – sei nicht auszuschließen. Generalpräsident Ershad wird häufig, vielleicht sogar zu häufig von den westlichen Geberländern zur Demokratisierung gedrängt, aber daraus könnte erst recht neue Instabilität in Bangladesch erwachsen.

Ich werde daran erinnert, dass General Ziaur Rahman 1978 auf Druck des westlichen Auslands seine militärische Machtbasis zu früh aufgegeben hatte. Bald darauf wurde er ermordet. Der jetzige Generalspräsident Ershad hat an diesem identitätsbildenden und blutigen Freiheitskampf nicht aktiv teilgenommen. Vor dem Hintergrund eines Generationenwechsels auch in der Armee ist jede Warnung vor vorschnell von außen aufoktroyierten politischen Konzepten plausibel. Bangladesch hat in einer Generation zweimal seine Elite verloren. Es muss allein seine Identität finden, die zwischen dem säkularen und dem religiösen Element hin und her schwanken dürfte.

Bei 400.000 nationalen Steuerzahlern werden vierzig Prozent des Staatshaushaltes von Bangladesch vor allem durch westliche Geber gedeckt. 180 Mio. D-Mark leistet die Bundesrepublik Deutschland jährlich an Entwicklungshilfe für Bangladesch. Die Diskussionen kreisen immer wieder um das Dreieck von Investitionen, Infrastruktur und Arbeitsbeschaffung. Während Holzhausen es prinzipiell für denkbar hält, dass Bangladesch 250 Mio. Menschen ernähren könne, haben andere massive Bedenken: Zu hohe Investitionen seien notwendig, um eine Nahrungsmittelautarkie zu erreichen. Dies aber erfordere auch einen höheren Ausbildungsstand. Eine Verwirklichung von beiden Zielen würde zu noch höherer Auslandsabhängigkeit führen. Man kann den Eindruck gewinnen, dass zwar um die Idee der Entwicklungshilfe herum ein großer Betrieb weltweit entstanden ist, aber die Frage nach Ziel, Wirkung und Grenze dieses technizistischen Entwicklungsansatzes wird bisher kaum ernsthaft reflektiert.

8. Juni 1982, Sylhet
Am frühen Morgen fliege ich mit der Journalistengruppe nach Sylhet. Die grünen Reis- und Erntefelder, durchzogen von größeren und kleineren Flusshängen huschen unter uns hinweg. Die dichte Besiedelung des Landes fällt aus der Luft gar nicht recht auf. Die Wirklichkeit aber wird in den 65.000 Dörfern Bangladeschs durch die massive Bevölkerungszahl geprägt. Sylhet ist Zentrum des bangladeschischen Teeanbaugebiets. Dieser wird auf kleinen Hügeln angebaut und erbringt neun Prozent der Exporterlöse des Landes. Die Teegebiete könnten noch intensiver mit Obst und anderen Bäumen bebaut werden. Von Sylhet fliegen wir mit dem Helikopter zu mehreren Erdgasfeldern im direkten Grenzbezirk zu Indien. Insgesamt 140 Mio. D-Mark sind dort für drei Ölbohrversuche aufgewendet worden. Die Ölexplorationsversuche waren negativ. Gefunden aber wurde immerhin Erdgas. Die natürlichen Erdgasvorkommen von Bangladesch sollten den Energieverbrauch des Landes in den nächsten zweihundert Jahren decken, heißt es. Bohrungen waren in diesem nordöstlichsten Zipfel Bangladeschs bisher schon seit 1910 ergebnislos durchgeführt worden. Das nun endlich gefundene Gas soll als Treibstoff für Fahrzeuge genutzt werden, in Elektrizität umgewandelt und durch elektrolytische Prozesse zu Kunstdünger (Stickstoff) verwandelt werden. Ein Bohrturm, zu dem wir fliegen, steht kurz vor den schon zu Indien gehörenden Shillong Hills. Der Bohrtrupp genießt in seinem Camp leckeres, vor Ort hergestelltes Speiseeis.

Bei der Landung des Helikopters auf einem Fußballfeld nahe einer Düngemittelfabrik erlebe ich die Bevölkerungsexplosion hautnah: Innerhalb von drei Minuten sind die vom Himmel gefallenen weißen Halbgötter von aberhunderten von Kindern, Jugendlichen und Männern umringt. Die dichte Traube folgt uns auch auf unserer Rikschafahrt. Die Düngemittelfabrik ist ein eindrucksvolles Monstrum. Eine defizitäre Produktion ist von Anfang an in der Planung dieser Fabrik eingepreist worden. Jede Tonne Dünger kostet in der Herstellung 3500 Taka und wird für 2800 Taka an die Regierung verkauft. Die Bauern zahlen am Ende 80 Taka pro 50-Kilo-Sack. Holzhausens ökonomisches Konzept lautet wie folgt: Alimentation Bangladeschs überall dort, wo nötig und möglich, damit die Regierung Geld machen kann, wie etwa durch den Verkauf von Nahrungsmitteln und Dünger. Zugleich Förderung von Klein- und Mittelbetrieben, um Arbeitsplätze zu schaffen. Aber damit ist des Pudels Kern getroffen: Die Aktivierung nichtstaatlicher Privatinvestitionen mittlerer Größe gelingt nur zu selten wegen Bangladeschs schlechtem Image. Dabei hat der Agrarsektor inzwischen die Take-off-Phase überwunden. Dringend notwendig ist die Gründung neuer Städte und die Schaffung neuer Industriebetriebe. Aber Geschenke, die zur Pleite verdammt sind, sind der falsche Weg. Die entscheidende Strategie für Bangladesch – wie für alle Entwicklungsländer – liegt in der Schaffung von Kaufkraft bei gleichzeitiger Unterstützung der sozial Schwachen und der Abfederung der Nebenerscheinungen der Marktwirtschaft.

Rückfahrt nach Dakka mit dem Zug. Je näher wir der Stadt kommen, desto mehr verdecken menschliche Behausungen den Blick auf das idyllische grüne Landschaftsbild. Die deprimierenden Slums entlang der Bahngleise sind würdelose Orte des menschlichen Dahinvegetierens. Abends werden meine Journalistenkollegen und ich auf dem Restaurantboot Marie Anderson von all dem abgelenkt.

9. Juni 1982, Matlab
International Cholera and Diarrhea Diseases Research Bangladesch (ICDDRB), eines der vielen Forschungszentren der Dritten Welt. Die Cholera tritt häufig in Verbindung mit Durchfallerkrankungen auf, dem Killer Nr. 1 unter Kindern. Autofahrt, dann Flussüberquerung per Fähre – unlängst fiel dort ein übervoller Bus in den Fluss, es gab fünfzig Tote – und Motorbootfahrt durch das landschaftlich immer wieder großartige Bangladesch nach Matlab im Comilla District. In der Neuaufnahme der Krankenstation liegen Kinder. Diejenigen, die erst heute früh eingeliefert wurden, sind an einen Glukosetropf angeschlossen. Sie sind ausgemergelt, unterernährt und nun auch noch durchfallerkrankt. Viele der Kinder kommen in der Regel sehr spät, oft zu spät ins Krankenhaus. Ein kleines Baby schaut besonders schwer mitgenommen und schon halb bewusstlos aus. Ob es überleben wird?

Zwanzig Minuten im Motorboot, stundenlange Fahrtzeit für die lokale Bevölkerung mit den üblichen Bambuskähnen. Wir besuchen ein Dorf von Hindus. Reis liegt neben Weizen zum Dreschen auf dem Boden. Frauen kochen über offenem Feuer, das mit Stroh am Laufen gehalten wird. Es wird Reis, Fisch und Gemüse zu essen geben. Ein Projektmitarbeiter aus Matlab berichtet, dass die Akzeptanz moderner und von außen kommender Ideen langsam, aber stetig erfolge. Auch das Heiratsalter erhöhe sich schrittweise. Wer weiß es so genau? Wer kann nachprüfen, was der Mann erzählt? Fortschritt heißt in Bangladesch immer zuallererst: Hoffnung haben, trotz allen Widrigkeiten der Wirklichkeit.

Das Dorfleben geht seinen gewohnten Gang. Langsame Entwicklungen auf dem Lande, mit Geduld und Respekt vor den dortigen Lebensverhältnissen, sind wohl ein Vielfaches sinnvoller als rasche und finanzintensive, auf Dauer aber ökonomisch fragwürdige bis destruktive Vorhaben, deren entwicklungspolitischer Ansatz westlicher Fortschrittsgläubigkeit, nicht aber den Bedürfnissen der ländlichen Armen folgt.

Abends Empfang in der deutschen Botschaft. Ein Anwalt berichtet entrüstet über die heutige Teilung des High Court in vier Teile nach den Distrikten des Landes. Damit gehe das letzte Stück Rechtsstaatlichkeit verloren. Die meisten Gäste sind Deutsche. Bengalische Offizielle müssen im Moment für Besuche bei ausländischen Missionen eine Genehmigung ihrer Vorgesetzten erhalten.

10. Juni 1982, Dakka
Am Rand von Dakka, in dem Dorf Mirpur, bekommen wir ein besonders heikles Entwicklungsprojekt zu sehen: 10.000 Slum-Bewohner sollen auf einem Überflutungsgebiet angesiedelt werden in einem neuen, aber besser ausgestatteten Slum mit Wasser, Kanalisation und Strom. Zu diesem Zweck wurde ein Damm gebaut, der das Gebiet bei Monsun sichern soll. Auf Grund von Korruption und schlechter Ausführung auf bengalischer Seite ist der Damm offenbar sehr unsicher gebaut worden.

Holzhausen: „Ein weißer Elefant." Bei Flut steigt das Wasser innerhalb von Stunden in das potenzielle Wohngebiet bis zu zwei Meter hoch. Mehrere Dammbrüche künden schon jetzt weiteres und größeres Unheil an. Holzhausen: „Wenn Menschen, denen das Gebiet schon versprochen wurde, herkommen, sehe ich hier schon die Kinderleichen schwimmen." Um die Situation zu retten, ohne die hoffnungslose Suche nach Verantwortlichen voranzutreiben, will Holzhausen zwei Millionen US-Dollar zusätzlich bereitstellen, damit das Gebiet mit Erde angefüllt und auf diese Weise bewohnbar gemacht wird.

11.–12. Juni 1982, Bogra
In dichtem Regen fliege ich mit der Journalistengruppe im Helikopter in den Nordwesten Bangladeschs. Wenige Meilen von dem alten, aus britischer Zeit stammenden Flugfeld in der Nähe von Bogra entfernt liegt eine 500-Hektar-Musterfarm. Dort werden mit deutscher Entwicklungshilfe hochertragreiche Reis- und Weizensorten gezüchtet. Die dem Bangladesh Agricultural Development Center angeschlossene Farm vergibt Saatgut an 14.000 Bauern in der Gegend, mit einigen von ihnen sprechen wir. Die Ernteerträge, so sagen sie, sind dreimal höher als mit normalem Saatgut. Die Preise, die die Bauern für den Reis auf dem Markt erzielen, könnten durchaus höher sein, wenn es gerecht zuginge. Ein deutscher Experte vor Ort hält Kapitalisierung und Technisierung der Landwirtschaft in Bangladesch für unumgänglich. Was aber folgt dann mit den eingesparten Arbeitskräften?

Wir fahren in die südlich von der Musterfarm gelegene Provinzstadt Bogra, wo der ermordete Präsident Ziaur Rahman herstammte. Unterwegs passieren wir pittoresk anmutende Reisfelder, auf denen Bauern arbeiten, Reispflanzen setzen oder düngen, mit Ochsenkarren pflügen oder vor ihren *katcha*-Hütten mit ihren Familien sitzen. Wir passieren ein Straßenbauprojekt des Welternährungsprogramms: Hunderte von Menschen bauen ein Teilstück der Straße. Ein riesiger Rindermarkt hat Tausende Menschen angezogen, die ihre Rinder zum Kauf anbieten. Daneben steht ein quirliger Basar, auf dem es alles zu kaufen gibt, was die Dorfbewohner kaufen können: Nahrungsmittel, Kleidung, Quacksalbermedizin, Amulette und kleine Schmuckgegenstände. Ein buntes Erstaunen auslösendes Treiben, von dem wir Fremde sowohl aufgesaugt werden als auch ihm folgen. Musik wird unter einem Zeltdach auf lokalen Instrumenten gespielt.

Ein Abstecher führt an das unüberschaubare Ufer des Brahmaputra, dessen enorme Breite mich beeindruckt. Kleine Dhaus mit roten Segeln treiben auf dem träge dahinfließenden Riesenstrom, einem der fünf großen Flussläufe des Landes. Bald wird wieder der reißende Monsun einsetzen. Noch ist das Bild pittoresk: Kinder gehen mit gefüllten Wasserkübeln unter dem Arm nach Hause. Männer waschen sich nach harter Tagesarbeit. Die Segel werden eingezogen. Die Sonne senkt sich immer schneller. Bald geht Bangladesch wieder schlafen. Nur noch das Klingeln der Rikschas und das Gemurmel im Schatten einer matt leuchtenden Glühbirne werden dann von den Leben künden, das hier tagein und tagaus seinen Gang geht.

Bei unserer Rückkehr sehen wir am Flughafen in Dakka, wie Dutzende von Bangladeschis in der Art eines Fußballteams hintereinander zum Check-in-Schalter laufen. Alle tragen die gleiche Kappe und ein Hinweisschild auf der Brust. Ihr Ziel: Saudi-Arabien. Als Gastarbeiter werden sie einige Jahre dort arbeiten wie bereits über 200.000 ihrer Landsleute. Die Zeitungen berichten von der Absicht der Regierung, diesen „manpower export" zu intensivieren. So ambivalent dieses *manpower*-Business sein mag, Bangladesch sieht in der Arbeitsmigration kurzfristige Chancen, um die eigene wirtschaftliche Situation zu verbessern. Die in den Golfstaaten beschäftigten Gastarbeiter überweisen jährlich Devisen in Höhe von etwas 350 Mio. US-$ nach Bangladesch. Das ist eine der größten Deviseneinnahmequellen des Landes. Die Zeitungen berichten an diesem Tag auch vom Tod König Khaleds von Saudi-Arabien. Monarchiewechsel statt Putsch.

24. Juni–13. August 1982, Bergen
Zum Abschluss einer Rundreise durch Dänemark, Schweden und Norwegen erlebe ich in der Nähe von Bergen, wie selbstverständlich die Norweger ihren König Olav V. wertschätzen. Ohne großes Aufheben legt der Monarch einen Zwischenstopp zum Mittagessen in einem Fjordhotel ein, in dem ich mich aufhalte. Man grüßt den König freundlich, dann isst auch er wie alle Gäste im gleichen Speiseraum. Monarchie ganz bürgerlich, so will es mir scheinen. Aus der deutschen Geschichte bin ich ein ganz anderes Bild der Monarchie gewohnt.

Auch bei Studienreisen durch Belgien, die Niederlande und Luxemburg begegne ich den Realitäten konstitutioneller Monarchie. Mir kommt es so vor, als gebe es einen Zusammenhang zwischen den großen Kunstschätzen und traditionsreichen Städten dieser Länder und der inneren Gelassenheit, die ich angesichts ihrer politischen Verhältnisse verspüre. Demgegenüber vermitteln mir Politik und Gegenwartsleben in Deutschland immer wieder eher eine Stimmung der Rastlosigkeit. Schon die Idee, auch nur die Vorzüge einer konstitutionellen Monarchie zu diskutieren, würde dort natürlich einen Sturm der Entrüstung auslösen. Zu sehr hat sich der letzte Preußenkaiser diskreditiert.

1. Oktober 1982, Genf
Seit einigen Wochen habe ich mich in Genf einquartiert. Das Schicksal so vieler geflüchteter und leidender Menschen, denen ich in letzter Zeit begegnet bin, lässt mich nicht los. Ich habe erfahren, dass es nicht allein ausreicht, humanitäre Hilfe zu geben, solange die Ursachen für Flucht und Vertreibung nicht überwunden werden. Mein Vater war Flüchtling des Zweiten Weltkrieges und so hat das Thema Flucht und Vertreibung in meiner Familie schon immer eine Rolle gespielt. Nun will ich aber tiefer nach den Ursachen forschen. Es war ein Glücksfall, dass mich Professor Karl Dietrich Bracher von der Universität Bonn dazu ermuntert hat, eine Dissertation unter seiner wissenschaftlichen Betreuung zu erarbeiten. Die Flüchtlingsfrage als Weltordnungsproblem, wie ich ihm meine Fragestellung erläutern konnte, stellte er sofort in den Zusammenhang seiner eigenen Studien über Gewalt und Freiheit, Demokratie und Diktatur. In den Archiven

des Völkerbundes und des Internationalen Komitees vom Roten Kreuz, in Gesprächen mit Akteuren des UN-Hochkommissars für Flüchtlinge, des Internationalen Büros für Migration und des UN-Menschenrechtsrates, vor allem aber in der Bibliothek der Vereinten Nationen dringe ich in alle Aspekte der Materie ein. Mit Blick über den Genfer See auf das Mont-Blanc-Massiv entsteht das Konzept meiner Dissertation (Kühnhardt 1984b).

Heute wurde Helmut Kohl vom Bundestag zum Bundeskanzler der Bundesrepublik Deutschland gewählt.

8.–10. November 1982, Pusan
Zur Landung servieren die Bordlautsprecher den Schlager „Lili Marleen". Nach zwanzigstündigem Flug, mit Zwischenstopps in Dschidda, Bahrein und Seoul, lebt so schon in der Luft die Vergangenheit des Zweiten Weltkrieges auf. Auf gleiche Weise erfahren Deutschland und Korea seither das Schicksal der nationalen Teilung. Das bergreiche Land auf der strategisch wichtigen Halbinsel empfängt mich wie erwartet mit allen Insignien des erstaunlichen Wirtschaftswunders der letzten Jahre und Jahrzehnte. In einem Land, in dem es 1950 erst eine, überdies altmodische Papierfabrik mit ausrangierten japanischen Firmen gegeben haben soll, führt mich die halbstündige Fahrt vom Flughafen Pusan vorbei an Dutzenden von Fabriken und Kleinbetrieben, die sich ordentlich am Straßenrand aneinanderreihen. Asiatische Emsigkeit in Hunderten kleinen Geschäften, ein wohlorganisierter Straßenverkehr und gepflegt gekleidete Menschen huschen in dieser abendlichen Stunde an mir vorbei. Pusan, 1945 eine 500.000-Einwohner-Stadt, ringelt sich heute mit 3,5 Mio. Menschen wie eine Schlange um die direkt an die Küste angrenzenden Küstenberge. Eine Stadt ohne Ende, so will es mir scheinen, die nach Hunderttausenden von Flüchtlingen während des Koreakrieges, als nur noch Pusan in amerikanischer Hand war, auch heute noch Migranten vom Land absorbieren muss.

Aus dem Fenster schweift mein Blick über ein dichtes Netz von Hochhäusern, die wie Zeigefinger allerorten aus dem Boden ranken und älteren ein-, zweistöckigen Wohn- und Geschäftshäusern, in das Hafenbecken. Ihm gegenüber liegt eine langgezogene Bergkette. Selbst im zehnten Stock des Hotels ist der Blick zur Hälfte durch vorgelagerte Wolkenkratzer verdeckt. Jeder Quadratmeter im Stadtinnern, über dem eine permanente Wolke aus Nebel und Smog liegt, scheint verbaut zu sein. Ins Auge stechen bei einem Spaziergang die vielen Kirchen. Im Land von Buddhismus und Schamanismus hat in den letzten Jahren eine Expansion des Christentums stattgefunden, die im nichtchristlichen Asien ihresgleichen sucht. Ausschnitt aus einer kürzlichen Ausgabe der Zeitschrift *Christ in der Gegenwart*:

> „Nach jüngsten Erhebungen der Koreanischen Bischofskonferenz beträgt die Zahl der Katholiken des Landes inzwischen rund 1,44 Mio., das sind etwa 3,7 Prozent der Gesamtbevölkerung. Innerhalb eines Jahres vergrößere sich die Katholikenzahl damit um mehr als 118.000. Simon Cheng, der Generalsekretär der Bischofskonferenz, nannte in einer

Stellungnahme die 87.350 Erwachsenentaufen des vergangenen Jahres ein Resultat des ‚Jahres der Evangelisation der Nachbarn'. Die Bischöfe hatten die Gläubigen aufgefordert, ihre Freunde im persönlichen Kontakt für die katholische Kirche zu interessieren. Eine unerwartete Folge des Aufrufs war es, dass der von der Kirche angebotene Glaubensfernkurs überlaufen war."

Ich bin auf einer Recherchereise in Korea (und anschließend in Indien) unterwegs, um zwei Folgen einer mehrteiligen Fernsehserie des *Westdeutschen Rundfunks* zum interreligiösen Dialog und der Zukunft der katholischen Kirche im 21. Jahrhundert vorzubereiten.

Das Catholic Centre von Pusan beherbergt die verschiedenen pastoralen und sozialen Abteilungen der Diözese Pusan verteilt über zehn Stockwerke. Im achten Stock residiert Bischof Gabriel Lee, ein in den USA ausgebildeter agiler und äußerst freundlicher Oberhirte. Das koreanische Wunder des „Kirchenbooms" erklärt er mit zwei historischen Prädispositionen: Die ständige Bedrohung durch den kommunistischen Norden und der exzessive Wirtschaftsboom in den späten sechziger und siebziger Jahren habe Angst, Lebensunsicherheit und die Suche vieler Menschen nach religiösem Halt in einem ohnehin äußerst religiösen Volk gesteigert, vor allem in den rasant gewachsenen urbanen Gebieten. Für die Kirche, so der Bischof, seien nicht mehr Hierarchie und Priester der zentrale Punkt, sondern der Einsatz der Laien. Vor der Verabschiedung greift der Bischof in seine Soutane und zieht Kondome heraus. Er gehe jetzt ins Hafenviertel, und da müsse er diese an die dortigen Prostituierten verteilen. Das sei doch realistischer, als dort nur Vorträge zu halten.

Josephina Pak hat acht Jahre in Deutschland und Österreich gelebt. Nach Studien in Wien und Sozialarbeit mit Hamburger Seeleuten ist die resolute und sehr kontaktfreudige Ordensschwester wie geschaffen dafür, nun in der Hafenstadt Pusan zu wirken. Fast täglich trifft sie sich mit einem Kreis von Frauen und Müttern von Seeleuten zu Gebet, Bibelgespräch, Gesang und Meditation. Die zwölf heute anwesenden Frauen berichten, wie sie beziehungsweise ihre Familien zum Christentum gestoßen sind. Nicht selten spielte eine schwere Krankheit eine Rolle, einige Male war die offenbar weit verbreitete „Sterbetaufe" Ausschlag für die Christianisierung.

Mr. Kwan ist Laiensprecher der Diözese. Der soignierte Geschäftsmann äußert sich unter Berufung auf das Zweite Vatikanum vehement zugunsten der Rolle der Laien in der Kirche. Kwan weist auf die Märtyrerhistorie der katholischen Kirche Koreas hin, die bis heute Fundament und Ansporn geblieben sei. Man sei, so Kwan, eine von allen geschätzte und respektierte Minderheit. Kwans Ton, im Büro sitzend von seinen zwölf Angestellten umgeben, ändert sich schlagartig, als er auf die Politik zu sprechen kommt. Er wird leise, denkt lange nach, fragt nach *off-the-records* und fällt in ein gebrochenes Englisch, um zu sagen, dass die Menschenrechtslage sich seit dem Regierungswechsel zum Schlechten geändert habe. Die Methoden seien subtiler, aber härter geworden. Die Kirche müsse sich stärker einsetzen für die Menschenrechte. Auch Bischof Lee sei zu schweigsam.

11. November 1982, Masan

Leonid Breschnew ist gestorben. Der koreanische Rundfunk berichtet über das Ableben des sowjetischen Parteichefs unter Berufung auf TASS. KGB-Chef Juri Andropow sei Interimschef der KPdSU. Harte Zeiten scheinen im Kreml bevorzustehen und damit auch für uns im Westen, vermute ich. Die zu erwartenden Revirements werden erst der Beginn eines bald wohl grundlegenden Generationenwechsels sein, dessen Wirkungen auf Stabilität und Kontinuität noch keineswegs abzusehen sind.

Mit 400.000 Einwohnern ist Masan fast eine koreanische Kleinstadt. Überall am Rande der gepflegten und dichter besiedelten Stadt, die ihren Boom ebenfalls in den letzten Jahren erfahren hat, sprießen neue Industriezentren und Wohnsilos aus dem Boden. Der Preis der rapiden Modernisierung und Industrialisierung sei, so höre ich überall, eine enorme Staatsverschuldung und eine oftmals unmenschliche Arbeitsbelastung des Einzelnen, der kaum Pausen oder Freizeit kennt. Bei allen sozialen Disparitäten aber habe sich das Los der kleinen Leute seither durchaus verbessert, wiewohl viel psychologischer und sozialer Stress allerorten allen zu schaffen macht.

Bischof Joseph Chang, ein 70-jähriger älterer Herr, hält vor allem den Hochzeits- und Totenritus für inkulturationsfähig und glaubt, dass es dabei zu keinem großen Dissens mit Rom kommen müsse. Vieles sei hierzulande schon Praxis, beispielsweise die Opfergaben (Essen) für Tote.

Mit Maria Heisenberg, einer seit 23 Jahren in Korea lebenden österreichischen Katechetin, und Father Lee, dem sehr reflektierten Diözesankanzler, besuche ich verschiedene Orte der Diözese. Kindergartenkinder in einer Neubausiedlung führen uns koreanische Tänze vor. Sie werden den ganzen Tag gehütet, während ihre Eltern berufstätig sind. Ich sehe die am Hafen gelegene Freihandelszone, in der Tausende junger Arbeiterinnen zehn bis zwölf Stunden Akkordarbeit leisten. Um dort zu arbeiten müssen die Frauen noch unverheiratet sein. Ihre Löhne liegen unter denen der Männer. Abends treffe ich in einem von Ordensschwestern geführten Wohnheim mit einigen dieser vor allem im Textil- und Elektronikbereich tätigen jungen Frauen zusammen. Die Kirche müsse noch viel stärker auf die sozialen und Freizeitbedürfnisse junger Menschen eingehen, sagt Father Lee völlig zu Recht.

Changwon: Eine Reißbrettstadt für 50.000 Einwohner entsteht außerhalb Masans in einem Tal. Ich bin fast geneigt, das, was hier wie an verschiedenen anderen Orten Koreas geschieht, mit den Stadtgründungen Alexander des Großen zu vergleichen. Die Industrie ist schon teilweise auf der einen Seite der vierzehn Kilometer schnurgeraden Durchfahrtsstraße angesiedelt. Oft handelt es sich um Rüstungsbetriebe, daher auch vielfach militärische Sperren. Andere Projekte stagnieren ob der Korea immer härter belastenden Wirtschaftsflaute. Überall sprießen junge Pfarreien in den Wohngebieten junger Arbeiter aus dem Boden. Pfarrer Chon: „Gott muss jetzt ins Hochhaus ziehen." Die Arbeiterwohnungen sind winzig. Viele Menschen wurden aus allen Landesteilen hierher umgesiedelt. Lebenslange Schulden. Dennoch sind die Wohnbedingungen oft besser als zuvor. Zwei bis drei Zimmer pro Familie, WC, kein Bad. Christen weisen sich mit Pax-Zeichen an der Haustür aus.

Gespräch mit einem katholischen Priester in einem Wohngebiet, in dem unterdessen bereits 30.000 Menschen leben. Sein Anliegen: Familienplanung. Die Kirche postuliere eine neue Methode natürlicher Familienplanung. Viele Christen aber greifen auch in Korea zur Pille. Die offizielle Position der Kirche, zweifelhaft wie sie auch mir ist, ist den koreanischen Menschen ohnehin kaum bekannt. Der Staat führt oft Quasi-Zwangssterilisierungen durch, zum Beispiel bei Reservesoldaten. Legale Abtreibungen sind weit verbreitet. Der Priester meint, dass der Staat Angst vor der katholischen Kirche habe, weil hinter ihr eine weltumspannende Einrichtung und Kraft stehe. Der Geheimdienst beobachte seine Kirche genau. Solange die Situation in Nordkorea anhalte, werde die von dort ausgehende Gefahr von der autoritären Staatsführung als Vorwand genommen. Die kritischen Studenten in Südkorea, ob Christen oder nicht, seien keineswegs prokommunistisch eingestellt. Sie seien dezidiert gewaltfrei. Der Staat müsse das koreanische Sportwort lernen: Wo kein Schmutz ist, gibt es auch keine Moskitos. Mehr Freiraum für Kritik werde auf Dauer die Gesellschaft stabilisieren, davon ist der Priester überzeugt.

12. November 1982, Geojedo-Insel
Auf die Insel Geojedo, wo jahrhundertelang japanische Kriegsschiffe eingefallen sind und die koreanische Muschelzucht blüht, herrscht mildes Klima. Auch im November wachsen Mandarinenbäume. Die Felder sind dicht an dicht beackert. Im Winter wird Reis, im Sommer Gerste angebaut. Nach der Befreiung von den Japanern – die das vormalige Kaiserreich Groß-Korea ab 1905 und vollständig seit 1910 als Kolonie beherrscht hatten – führten die Amerikaner 1945 eine Landreform durch. Damit wurde der traditionelle Großgrundbesitz abgeschafft. Den vormaligen Untergebenen wurden kleine Parzellen Land zugewiesen. Das heute wichtigste Problem der Bauern ist die Preisgestaltung. Die kleinen Hütten der Bauern – viele haben unterdessen Stromanschluss – reichen als Lagerraum nicht aus. So kauft die Regierung auf Quasi-Genossenschaftsbasis die Ernte auf, lagert sie und verkauft sie an Großhändler weiter. Der Aufkaufpreis richtet sich eher nach den Interessen der Stadtbevölkerung als der produzierenden Bauern. Katholiken haben sich in dieser Gegend den Unmut der Regierung zugezogen, weil sie neue, eigene und unabhängigere Genossenschaften gründen wollen.

Ich besuche einen Hersteller von Tanzmasken. Ihre traditionelle Zielsetzung: Die Leibeigenen im Tanz verschleierte Kritik an den Verhaltensweisen ihrer Herren üben zu lassen. Auf der Insel Geojedo, wohin sich zur Zeit der Christenverfolgungen die Überlebenden geflüchtet hatten, entstehen mehrere neue Städte mit bis zu 100.000 projizierten Einwohnern um eine der im Aufbau befindlichen größten Schiffswerften Asiens. Wo heute nur kleine Dörfer zu sehen sind, sollen bis 1990 zehntausende von Menschen angesiedelt werden. In dieser Umbruchphase, dem direkten Sprung aus der Agrarzeit in höchste Formen technologischer Modernität ist auch die Kirche präsent. Angesichts des knappen und teuren Landes entstehen schon heute Mehrzweckkirchenbauten. Das Problem der derzeitigen koreanischen Industrialisierung: Sie sichert sich ihre Zukunft durch eine starke Rüstungsproduktion. Man will auf Dauer die eigene

Kriegsflotte in Geojedo herstellen. Die Ambivalenz der Modernisierung, ihr Tempo, Ausmaß und Ziel werden noch durch eine weitere Komponente ergänzt, so richtig die prinzipielle Entscheidung für Stadtneugründungen auf Basis von Industrialisierungsprozessen auch ist.

Die Haesong (Stella Maris) High and Middle School unterrichtet 1800 Mädchen und Jungen. Koedukation ist keineswegs üblich in Korea. Gerade deshalb ist diese katholische Schule wegweisend. Wenig erfreut zeigen sich die Lehrer über die obligatorische paramilitärische Ausbildung. Sie glauben, dass die nordkoreanische Bedrohungsperspektive übertrieben sei und von ihrer Regierung ausgenutzt würde. Die Schüler sind froh, dass im kommenden Jahr die schwarzen, gefängnisartigen Uniformen verschwinden werden und das Haar nicht mehr auf Zündholzlänge gekürzt werden muss.

13.–14. November 1982, Gwangju
Im Mai 1980 hatten schwere Unruhen gegen das autoritäre Pak-Regime in Gwangju stattgefunden. Die Regierung sprach von 117 Toten, die Studenten von 2000. Erzbischof Victorinus Youn Kong-hi sagt mir, er gehe von mindestens mehreren hundert Toten aus. Er rekapituliert die Unruhen als *insurrection*, Volksaufstand, da die Studenten von vielen Bürgern unterstützt worden seien. Wer zuerst geschossen habe, so der Bischof, der zugleich Vorsitzender der nationalen Kommission für Gerechtigkeit und Frieden ist, könne man nicht mehr sagen. Faktum sei, dass der Unmut in den Herzen der Menschen weiter anhalte und sich immer wieder aufladen könne.

Gwangju macht einen ruhigen Eindruck. Besondere Militärpatrouillen fallen nicht ins Auge. Die Auslagen der vielen westlich anmutenden Geschäfte im Zentrum beeindrucken mit dem letzten Stand der Technik und der Mode. Die mit 800.000 Einwohnern fünftgrößte Stadt des Landes beherbergt eine der größten Universitäten Koreas. Nach der Ermordung Präsident Paks im Oktober 1981 hat das Militär die Zügel an sich gerissen. Der Erzbischof votiert vehement für eine Fortsetzung des Dialogs: „Wenn wir den Rücktritt der Regierung fordern würde, würde die Regierung sicher bleiben. Aber wir hätten uns alle Einflussmöglichkeiten verbaut." Den großen Zuspruch junger Leute für die Kirche führt der Erzbischof auf die politische Rolle der Kirche zurück. Das offene Aussprechen für soziale Gerechtigkeit und gegen Internierungen und Folter, die weiter praktiziert würden, habe viele junge Menschen beeindruckt, aber auch Erwartungen geweckt.

Freie Gewerkschaften sind nicht zugelassen und die Regierung versucht alles, um den politischen Einfluss der Kirche zu dämpfen. Zum Jahrestag der Unruhen findet immer ein Bittgottesdienst statt. Parallel dazu hat die Regierung eine große Massenveranstaltung organisiert, auf der gegen die Kirche, zumindest indirekt, Position bezogen werde. In der amerikanischen Haltung gegenüber dem koreanischen Regime habe sich seit dem Wechsel im Weißen Haus von Jimmy Carter zu Ronald Reagan viel geändert. Korea, so Gwangjus Erzbischof Youn, benötige dringend internationale Unterstützung, vor allem in den Fragen der Folter und der politischen Gefangenen. Über andere Fragen könne man ja durchaus unterschiedlicher Meinung sein, gegen Folter aber helfe nur internationaler Druck.

Professor Chung, der in Freiburg studiert hat und sich als großer Heidegger-Kenner erweist, äußert sich zu grundlegenden Unterschieden zwischen Europa und Korea. Während der Europäer immer „Was kann ich wissen?" frage, beziehe der Asiate mit Kant die Position des „Was kann ich tun?", um zu Hoffnung zu gelangen. Dem Europäer gehe es um das Sein der Dinge, darum, die Materie zu erfassen; Asiaten aber nähmen die Substanz immer wieder reflektierend in sich auf, müssten sie aber nicht besitzen. Ist diese Schematisierung nicht doch zu simplifizierend? Chung lobt das Werk Gabriel Marcels, das dem asiatischen Denken sehr nahekomme. Der Asiat sei mehr von Humanität geprägt, der Europäer von Sachlichkeit – eine zumindest zweifelhafte Gegenüberstellung will mir scheinen. Heideggers „lassend sich hineingeben und dann hoffen" und die gesamte Existenzialphilosophie ist immerhin europäischen Ursprungs. In Europa ist die Todesstrafe abgeschafft. Der Konfuzianismus und seine Ethik verliere im gegenwärtigen sozio-ökonomisch-kulturellen Transformationsprozess immer mehr an Boden, weil seine positiven Elemente aufgrund der mit traditionellen Machtstrukturen und Herrschaftsformen einhergehenden anderen Seite des Konfuzianismus drohen, vergessen zu werden.

Ich nehme an einem fröhlichen Kindergottesdienst teil, diskutiere lange mit einem Laienvertreter und besuche einige buddhistische Tempel in anmutig ruhiger Berggegend am Stadtrand. Sie wurden 1910 von den Japanern und 1951 von den Nordkoreanern nach 1000-jähriger Tradition zerstört. Viele Koreaner machen keinen Unterschied zwischen den vielfältigen Sekten des Buddhismus. Im buddhistischen Denken stecken viele moralische Werte, die für das Christentum von Nutzen sind. Buddhismus und Christentum verfolgen gleichgerichtete humane Ziele.

Durch eine gebirgige hübsche Gegend, vorbei an gepflegten Dörfern, die unterdessen alle Zugang zu Elektrizität haben, erreiche ich auf einer Autobahn Seoul, das sich schon heute auf die Olympiade 1988 vorbereitet: eine nationale Aufgabe, die auch politisch genutzt werden soll. Im Jahr 1987 soll es eigentlich einen Regierungswechsel in Korea geben. Man wird sehen.

Eine gute Nachricht aus Polen: Arbeiterführer Lech Wałęsa wurde von der polnischen Militärjunta freigelassen.

15.–17. November 1982, Seoul

Eine Stadt ohne Ende. Acht Millionen Einwohner mindestens leben heute in Koreas Hauptstadt, deren Erscheinungsbild als prosperierender Ableger westlicher Wohlstands- und Stadtkultur mich trotz aller Erwartungen in Erstaunen versetzt. Die Blechlawinen, die über die Straßen rollen, unter denen eine U-Bahn entsteht, die disziplinierten Menschenschlangen vor Aufzugtüren im 25-stöckigen Bürohäusern und vor Taxihaltestellen, die modischen Auslagen der dicht an dicht liegenden Geschäfte und mittendrin buddhistische Tempel, umgeben von einer dichtest gebauten Häuser- und Wolkenkraterkulisse, so präsentiert sich Seoul.

3 Aufbrüche zu Freiheit und Globalisierung (1980–1989)

Mehrstündiges Gespräch mit Kardinal Stephen Kim Sou-hwan, dem Vorsitzenden der koreanischen Bischofskonferenz. Der Kardinal hat von 1956 bis 1958 in Münster studiert und spricht Deutsch mit leichtem westfälischem Akzent. Er legt besonderen Wert darauf, das Wort vom politischen Engagement der Kirche zu vermeiden, da genau dies das gegen die Kirche verwendete Argument der Regierung sei. Die Rolle der Kirche in der Gesellschaft aber hebt auch er als einen wesentlichen Grund des Anstiegs der Zahl der Gläubigen in der letzten Zeit hervor. Allgemein sei das Image der Kirche in der Gesellschaft gut und man fühle sich nicht als Minderheitskirche. Was die jungen Studenten, die sich mit Arbeitern mischen, über die Kirche denken, wisse man nicht. Der gesellschaftliche Einsatz der Kirche entspringe ihrem religiös bedingten Auftrag, nicht einer politischen Ambition. Der Kardinal äußerst sich überraschend kritisch zum Menschenrechtsidealismus des amerikanischen Präsidenten Jimmy Carter. Sein kürzlicher Besuch in Korea sei ihm angesichts der Skrupellosigkeit Nordkoreas, Chinas und der Sowjetunion als Naivität ausgelegt worden. Sein lautstarkes Eintreten für Menschenrechte in Korea habe der Sache der Menschenrechte in diesen Ländern vermutlich eher geschadet, meint der Kardinal, für mich überraschend. Kardinal Kim befürchtet ein schrittweises Anwachsen militärischen Denkens in aller Welt: Die Militärs in den USA und in Korea unterschieden sich nicht sonderlich von denen des Ostblocks, sagt er mit erstaunlicher Häme.

Die katholische Ordensschwester Anciella: „Jesus ist mein Tao." Sie stammt aus einer buddhistischen Familie.

Diskussion mit einem Professor der Buddhistischen Universität Koreas: Das Christentum könne mehr Toleranz als bisher vom Buddhismus lernen. Die politische Rolle und das Sozialengagement der Kirche seien kein Grund für Konvertierungen. In Korea sei der Protestantismus aggressiver und unbeliebter als der Katholizismus. Protestantische Neutaufen seien oft zweifelhaft begründet und würden nicht dauerhaft sein. Respekt habe man unter Buddhisten vor der Einheit der katholischen Kirche gegenüber dem Sektierertum der Protestanten.

Kardinal Kim hatte bestätigt, dass die Frage von Kindertaufen auf Dauer einige Probleme aufwerfen könnte. Sie sei heute aber nur in Einzelfällen Diskussionsstoff. Kim berichtet, dass sein Großvater noch Märtyrer gewesen sei. Die Historie der katholischen Kirche sei ein nicht zu vergessender Faktor in Korea. Der Vorsitzende des nationalen Laienapostolats, Ohm, ein gewichtiger Tycoon, misst den Einfluss der katholischen Kirche daran, dass viele Regierungsleute Katholiken seien. Die Menschenrechtslage habe sich gebessert. Simon Cheng, der Generalsekretär der Bischofskonferenz, berichtet, dass vierzig Prozent des Personals im Blue House, dem Präsidentenpalast Koreas, Katholiken seien und ebenso zwanzig Prozent unter den höheren Militärs. Von einer Kirche der Armen zu sprechen, sei nur teilweise richtig, denn ein großer Teil der Gläubigen seien Intellektuelle und Oberschichtsangehörige. Die Kirche müsse bescheidener werden, auch in ihren Bauten. In Zukunft könne die Gefahr eines Antiklerikalismus und Säkularismus auch in Korea auftauchen, wenn es nicht gelinge, den Glauben wirklich zu verwurzeln. Man befinde sich im Vergleich gesehen in der Zeit des europäischen Mittelalters, der Hochblüte des dortigen Kirchentums mit hoher Achtung für den Klerus. Cheng bestätigt zwei Gründe für den Kirchenzuwachs: die Rückwirkung der modernen Entwicklungsphänomene und zugleich die fatale Vorstellung, dass westliche Kirche, westliche Werte und Fortschritt eine eher materialistisch ausgerichtete Denkeinheit bildeten. Zugleich erlebe Korea den Niedergang der traditionellen, hierarchieorientierten Religionen.

Lange Diskussion bei der Missions Étrangères de Paris (P. Marcel Pélisse), der Communauté der ersten Missionare in Korea. Pélisse ist überzeugt, dass die koreanische Kirche römisch zentriert sei. Ideen wie die der Inkulturation würden eher vom Ausland nach Korea getragen, als dass sie im Lande wachsen würden. Die Koreaner seien ein enorm intelligentes Volk, aber dennoch haben auch Pélisse und seine Mitbrüder nach einem mehr als zwanzigjährigen Aufenthalt im Lande Skepsis bezüglich der Reflexionsgabe der alle Positiva der Welt absorbierenden Koreaner. Das Leben habe sich seit dem Regierungswechsel eher verschlechtert.

Diese Meinung vertreten im Gespräch mit mir auch Studenten der Katholischen Studentenorganisation. Sie fordern Demokratie, soziale Gerechtigkeit und Freiheit. Sie glauben nicht, dass sozialistisches Denken unter ihren Kommilitonen sehr stark sei. Viele Studenten seien vom Einsatz der katholischen Kirche für Menschenrechte besonders angezogen. Man verstehe gleichzeitig die moderierenden Töne des Kardinals. Auf die Frage, ob sich die Situation verbessert oder verschlechtert habe, antwortet ein Soldat: „Es geht nicht um eine oder zwei Freiheiten, sondern um Freiheiten insgesamt." Unter jüngeren Soldaten werde die Politik, die kommunistische Bedrohung permanent als Vorwand für die Aufrechterhaltung eines autoritären Regimes zu nutzen, durchaus kritisch beurteilt.

Was Demokratie bedeute, lasse sich schwer bestimmen, sagen die Studentenvertreter. Die Regierung habe selbst keine politischen Visionen. Präsident Pak habe wenigstens politische und ökonomische Ziele gehabt. Die Demonstrationen der Studenten würden fortgesetzt, auch wenn dies illegal sei. „Unser größtes Ziel", so ein Student, „wäre der Rücktritt des Präsidenten Chun Doo-hwan. Er ist unser Feind."

Lee Yong Ming ist in leitender Verwaltungsposition beim staatlich kontrolliertem Fernsehsender *MBC* tätig. „Wir können in Korea nicht frei über Politik reden. Wir sind nicht frei", sagt er unter ausdrücklicher Berufung auf die verschlossenen Türen, hinter denen wir uns in einem Chinarestaurant befinden. Im Fernsehen gäbe es viele kritische Geister. Aber ihre Kritik an der Regierung müssten sie verbergen: Schweigen ist hier Gold. Aus Angst, fügt Lee hinzu.

Ich besuche das eindrucksvolle Nationalmuseum und das Gelände des alten Königspalastes, dessen Überreste, sofern sie nicht während der japanischen Besatzung nach 1910 zerstört wurden, vom ästhetischen Anmut des koreanischen Baustils und von der würdevollen Größe der Joseon-Dynastie künden. Eine Stippvisite führt mich in das überladene Shopping-Center des Lotte-Building, das wie das gleichnamige Hotel in Seoul vom Besitzer, einem japanischen Tycoon, nach *Lotte in Weimar* benannt wurde. Goethe wird in Korea wie in Japan gerne in der Mittelschule gelesen.

18. November 1982, Madras

Für wenige Stunden Kurzschlaf während der Zwischenladung im Flughafenhotel von Colombo (Sri Lanka). In Flughafennähe sind inzwischen die ersten Betriebe der dortigen Freihandelszone aus dem Boden gewachsen. Nach der Anfangseuphorie hatte man in dem Tropeneiland, über das ich am Morgen hinwegfliege, zunächst zu hohe Erwartungen geknüpft. Unlängst fanden Parlamentswahlen statt, die Präsident Junius Richard Jayewardene im Amt bestätigt haben.

Madras: Die Fahrt ins Stadtzentrum wird zur Wiederbegegnung mit einer mir vertrauten Welt. Auch in Madras will ich für eine Fernsehserie über die Rolle des Christentums in Asien recherchieren. Wie kommt es eigentlich, dass wir so unterschiedliche Länder wie Indien und Korea als gemeinsame Teile von Asien verstehen? Was erklärt ihre unterschiedlichen Entwicklungsziele und gesellschaftlichen Realitäten? Kultur, Religion, Politik in Asien könnten vielfältiger nicht sein. Wie verhalten wir uns in Europa zu dieser Vielfalt Asiens? Was bedeutet sie für uns? Beeinflusst sie die Art und Weise, wie Europa sich selbst sieht?

Im vom Oberen des Jesuitenordens, Pedro Arrupe, vor einigen Jahren eingeweihten interreligiösen Begegnungszentrum Aikiya Alayam werde ich mit einer der am weitesten entwickelten Formen des interreligiösen Dialogs in Indien vertraut gemacht. Jesuitenpater Ignatius Hrudayam hat in mühevollem Bemühen Christen und Hindus um sich geschart, um in Gesprächen, Auseinandersetzungen und Gebeten die gemeinsamen Grundlagen religiöser Wahrheit über den Sinn des Lebens zu finden. Leider, so Hrudayam resigniert, sei das Gespräch mit Muslimen bisher nicht zustande gekommen und an deren integralistischer Sicht auf Gott und die Welt gescheitert. Ausgangspunkt für seine Arbeit waren das Zweite Vatikanum und die Entwicklung einer tamilsprachigen Theologie. Eine starke Gegenbewegung in der indischen katholischen Kirche torpediere Dialog und Inkulturation durchaus auch weiterhin. Im Aikiya Alayam treffen sich Christen und Hindus regelmäßig zu Gesprächen oder Exerzitien. Die Kapelle des Zentrums ist der Struktur hinduistischer Tempel nachempfunden. Der Altarraum steigert diese Anmutung noch. In den Fußboden eingravierte Symbole verweisen auf hinduistische Meditationsübungen. Der Tabernakel ist eingefasst mit einem Symbol, das Embleme aller großen Religionen des Subkontinents verbindet. Auch der Hinduismus kenne den Gedanken der Offenbarung, höre ich im Zentrum. Auch Hinduschriften sehen Gott als Liebe und öffnen so den Weg zu Nächstenliebe. In der Kapelle steht die Statue einer komplett indisch anmutenden Mutter Gottes: Maria steht wie Lakshmi auf Lotusblüten. Jesuitenpater Ignatius Hrudayam mit wallendem Bart und in safranfarbenen Gewändern könnte gut und gerne als hinduistischer Bettelmönch durchgehen.

In einem Priesterseminar bei Madras diskutieren asiatische Bischöfe das Dialogprogramm. Hinduistische Gäste präsentieren ihre Positionen. Bischof Michael aus der Diözese Selam, in weißer Soutane, verteidigt ganz orthodox die Evangelisation als Hauptziel des Christentums in aller Welt. Er äußerst sich besorgt, dass das Christentum durch zu viel Dialog von anderen Religionen absorbiert werden könnte. Pater Hrudayam hält dagegen: Für ihn ist das interreligiöse Gespräch an sich schon eine neue Form der

Evangelisation. Beide Kirchenmänner stimmen überein, dass die katholische Kirche in Indien, nicht weniger als die anglikanische Kirche, noch immer mit der Kolonialzeit assoziiert werde. Hrudayam kritisiert, die Kirche habe durch die traditionelle Form ihrer Selbstdarstellung eine Art De-Kulturierung in Indien zu verantworten, einen Verlust an intensiver Kenntnis und Auseinandersetzung mit den Kulturen und Religionen des Subkontinents. Ein Bruch innerhalb des Katholizismus wird von beiden nicht gewünscht. Wie weit der Hinduismus im Dialog gehen könne, ohne seine Identität aufzugeben und damit auch den pseudosäkularen Staat Indiens zu gefährden, vermögen beide nicht zu sagen, setzen aber auch hier die Akzente anders. Für Hrudayam ist die Preisgabe katholischer Identität und das Hineingehen in die indisch-hinduistische Gedanken- und Lebenswelt oberstes Ziel unter Aufnahme „der Sache Jesus". Hrudayam sucht nach einer hinduistisch-pantheistischen Öffnung des christlichen Monotheismus. Christen seien ebenso Inder wie die Hindus.

19. November 1982, Kulithalai
Indira Gandhi feiert ihren 65. Geburtstag. Die IX. Asian Games werden in Delhi eröffnet, deren Symbol, ein tanzender Elefant, von Kritikern zum weißen Elefanten umbenannt wurde.

In Begleitung von Theologieprofessor Adolf Exeler aus Münster fahre ich von Tiruchirappalli in das Dorf Kulithalai. Die Atmosphäre in Kerala ist weit stärker von der Präsenz des christlichen Glaubens geprägt als in jeder anderen Region Indien. Christliche Schulen und Kirchen prägen Tiruchirappalli, das von einer mächtigen steinernen Festung überragt wird. In Kulithalai befindet sich der christliche Saccidananda- (Dreifaltigkeits)-Ashram des englischen Benediktinerpaters Bede Griffith. Der in tropischer, landschaftlich reizvoller Gegend an einem Fluss gelegene Ashram ist in Sachen religiös-kultureller Inkulturation wohl am weitesten fortgeschritten. Der 76-jährige weißhaarige Griffith, im safranfarbenen Sadhu-Gewand, versucht mir zu erklären, wie mühsam der interreligiöse Dialog in Indien sei. Hindus seien einfach zu tolerant, akzeptierten alle Gegenpositionen, diskutierten ungern Gegensätzliches und vereinnahmten jede Denktradition in ihr pantheistisches Weltbild. Wichtig bleibe aber die Frage, was das Christentum vom Hinduismus lernen und übernehmen könne. Griffith nennt die kosmische Dimension der Transzendenz, die Idee also, Gott in der Natur zu entdecken. Als Christen seien wir uns im Klaren, dass und wie Gott sich in der Geschichte offenbare. An Innerlichkeit aber fehle es zuweilen. Da sei die indische Mystik doch eine Bereicherung. In verschiedenen Büchern hat Father Bede seine Interpretation der Verbindung des christlichen Glaubens mit der hinduistischen Spiritualität erläutert. Ich vertiefe mich in jeder freien Minute in die Texte (Griffith 1976, 1980). Im Gottesdienst in der vollständig inkulturierten Kapelle werden Blumen-, Wasser- und Feuergaben dargebracht, Symbole der Erscheinung der Transzendenz in der Natur. Die Begegnung mit der indischen Messe und der abendlichen Gebetsstunde wird auch für mich zu einer neuen inneren Erfahrung. Etwas so intensiv Mystisches habe ich noch nirgendwo erlebt. Im Saccidananda Ashram haben sich Christen vollständig eingefühlt in den reichen Schatz indischer Spiritualität, deren Symbole und Sanskrit-Texte mit der Botschaft des Evangeliums, der Erlösung des Menschen in Christus, verbunden zu haben. Ein 92-jähriger katholischer Freund Mahatma Gandhis ist zu Besuch. Er berichtet vom Stand der Gandhi-Bewegung in Tamil Nadu. Bei diesem Thema scheint viel Realitätsflucht durch, denn „Gandhi und Indien" ist ein arg ambivalentes Thema. Die christliche Ashram-Bewegung ist indessen in nicht geringem Maße von Mahatma Gandhi inspiriert. Sein Diktum könnte über dem Eingang des Saccidananda Ashram stehen: Nicht Gott ist Wahrheit, sondern Wahrheit ist Gott.

20.–21. November 1982, Kottayam
Über die Hügelkette, die Kerala von Tamil Nadu trennt, geht es zunächst an die stets schwüle Malabarküste ins palmenbestandene Trivandrum. Aus der vom Indischen Ozean umspülten Hauptstadt Keralas führt mich eine dreistündige Zugfahrt nach Kottayam. Beschauliche Palmenhaine ziehen vorbei. In den *backwaters* liegen Fischerboote. Ich sehe ohne Ende sattgrüne Reisfelder mit ihren schaufelförmigen Bewässerungsanlagen, die von Hand betrieben werden. Ruhig gelegene hübsche Häuser und dichtest besiedelte Dörfer bestimmen das Bild. Kerala hat eine der höchsten Bevölkerungsdichten der Welt. Von Kottayam führt mich eine zweistündige Autofahrt in die östlichen Kerala-Berge. Durch Reisfelder und an Palmenplantagen vorbei geht es in fast schwindelerregende Höhen. Überall duftet es nach Pfeffer. In Vagamon, nach gut achtzig Kilometern, erreiche ich den Kurisumala Ashram, den 1958 gegründeten ältesten christlichen Ashram Indiens. Die dortigen Benediktiner folgen dem syrischen Ritus mit seinem mindestens zweistündigen, sehr feierlichen Gottesdienst. Pater Francis Acharya, der belgische Gründer des Ashrams, erhofft eine Revitalisierung spiritueller Werte. Er legt das Personalprinzip auch an die Unterschiede von Mann und Frau an: „Die indische Frau bewegt sich noch wirklich als Frau." Er befürchtet wachsenden Integralismus bei konservativen Hindus und Christen, die gegen den notwendigen Dialog agieren könnten, so wie es integralistische Muslime ohnehin schon tun.

22. November 1982, Trichur
Zugfahrt nach Cochin. Reisfelder, von Palmenhainen umgeben. Es ist die Zeit, Reispflanzen zu setzen. Teilweise sprießen sie bereits aus dem nassen Boden. Ein Geschäftsmann schwärmt vom stark wachsendem Videomarkt Indiens. Überfüllter Sonntagnachmittagsgottesdienst in der Basilika. Auf der Straße wird die Prozession einer syro-malabarischen Gemeinde neutralisiert durch die direkt hinter der Prozession auftretende Muslim-Jugendliga. Lautstark und flaggenschwingend zeigen die jungen Muslime nicht nur Präsenz. Sie wollen Stärke manifestieren und offenkundig die Christen provozieren.

Weiterfahrt nach Trichur, wo mir Father Jose Prasad Arrakal, die St. Joseph's I.S. Press zeigt. Soeben sind meine Reportagen über das ländliche Leben in Indien in dem kleinen katholischen Verlag erschienen (Kühnhardt 1982). In der Druckerei beschäftigt Arrakal, aus sozialen Gründen, wie er sagt, 350 junge Frauen. In dem der Druckerei angeschlossenen Jyothi Book Centre liegt mein Buch aus. In mobilen Bücherwagen wird es derzeit auch in ganz Kerala angeboten. Im nahegelegenen Damien Institute gibt es ein Wiedersehen mit Dr. August Beine und dessen Team von Leprahelfern, mit dem schmal und alt gewordenen Tagelöhner Anthony und seiner Familie und mit Schwester Pius Panjikaran, die sich um immer mehr Alkoholkranke kümmern muss.

23. November 1982, Bangalore
Die Drei-Millionen-Einwohner-Stadt Bangalore ist Bildungsstadt, reich und mutmaßlich die am besten gepflegte indische Großstadt. Eindrucksvoll sind die Gebäude des Regionalparlaments von Karnataka und das benachbarte Regierungsgebäude, wie überall im Bundesstaat Indien „Secretariat" genannt. Bangalore ist die einzige Stadt Indiens, in der ich Leinen sehe, die zwischen den Straßenspuren gezogen wurden, um den wie überall ausschweifenden Verkehr zu bändigen. Der Verkehr solle in jeweils einer Fahrtrichtung im Zaum gehalten werden, ohne dass er durch die chaotische Fahrweise der entgegenkommenden Autos, Rikschas, Motorräder und Fahrräder behindert wird.

Im Dharmaram College befindet sich das Nationale Biblische und Katechetische Zentrum der indischen katholischen Kirche. Gemälde in der Kapelle des Colleges symbolisieren die Einheit der Weltreligionen unter dem Schutz des Heiligen Geistes. Eine Ordensfrau redet von Revolution, die Indien erlösen und eine neue Gesellschaft schaffen werde. Harmonie bleibt selbst unter den Christen Indiens schwierig. Die Probleme zwischen den syro-malabarischen und lateinischen Christen wachsen: 30.000 Christen, die in Bangalore in der Tradition der ersten Thomas-Christen Indiens den syro-malabarischen Ritus feiern, fordern eine eigene Pfarrei. Der römisch-katholische Bischof verweigert sie ihnen bisher. Nun soll der Vatikan die Spannungen untersuchen, denn beide unterstehen dessen Kirchenjurisdiktion. Father Francis Vadakathala Vineeth, Begründer des Zentrums der Weltreligionen im Dharmaram College, fordert, durch Inkulturation und Dialog zum Proprium des Christlichen zurückzufinden: der Menschwerdung Gottes in Jesus Christus. Indiens Einheit, durch die Verfassung grundgelegt, sei gesichert. Der hinduistische Lebensweg halte das Land zusammen. Die katholische Kirche müsse unter Wahrung ihres Propriums in diesem Kontext aufgehen, wenn sie bestehen wolle. Die lateinische Kirche sei ein Ableger des Kolonialismus, sagt Father Francis. Die vermeintliche Hilfsbereitschaft des Westens sei heuchlerisch, denn letztlich komme Entwicklungshilfe nur den Reichen zugute. Indien besitze eine zutiefst lebendige Humanität, die zweitstärkste „brain force" der Welt. Indien will sich industrialisieren, aber ohne äußeren Einfluss: „Be Indian, buy Indian." Vorwürfe an den Westen vermischen sich in seinen Worten mit Verniedlichungen der UdSSR und viel, viel nationalem Pathos. Noch einmal kommt der Pater auf theologische Fragen zu sprechen. Brahman könne mit Logos gleichgesetzt werden. „Ohm" ist der kürzeste und tiefste Ausdruck des Pneumas, der Seele als der dichtesten Ausdrucksform der Transzendenz, die zur menschlichen Erfahrung geworden ist. „Ohm" sei nur ein hinduistisches Symbol, kein hinduistisches Dogma. In Kerala haben die den orientalischen Riten folgenden Christen den Hochzeitsritus an hinduistische Gewohnheiten angepasst: Es gibt keine

Eheringe, die ausgetauscht werden, dafür aber eine Halskette mit dem Symbol des Kreuzes. Ein Kreuz ohne Christus sei Ausdruck der Transzendierung der Transzendenz, so sieht es Pater Francis.

24.–27. November 1982, Kalkutta
Anflug über die Reisfelder Bengalens. Fahrt durch die heruntergekommene einstige Hauptstadt des British Ray zur Park Street, wo mich Weihbischof Alan de Lastic und der belgische Jesuit Eckers erwarten. Die 30.000 Katholiken in Kalkutta, vor allem Anglo-Inder, leben in einer Art innerstädtischem Ghetto. Die Missionsarbeit unter Adivasi, den Ureinwohnern Indiens, zeige immer wieder, dass diese die Ideen der Inkulturation überhaupt nicht mögen. Dies erinnere sie an die unterdrückerischen Hindus.

Fahrt durch grünes, beschauliches und zugleich armes Bengalen nach Narendrapur zur Ramakrishna-Mission, deren Gründer und Swami Vivekananda im Geist der Einheit aller Religionen die soziale Dimension betont hat, die Hindus zumeist fremd erscheint. So sind erfolgreiche Dorf- und Slumentwicklungsprogramme in Westbengalen entstanden. Plötzlich stehe ich im Pilkhana-Slum, 68.000 Einwohner, nahe Kalkuttas gigantischer Howrah Station. Mindestens sechzig Prozent der Menschen sind arbeitslos. Ein Jesuit nennt den Slum gleichwohl das größte Kloster der Welt, in dem es gemeinsame Sozialarbeit von Hindus, Christen und Muslimen gibt. Viele Klein- und Mittelbetriebe gehen immer wieder in Konkurs. Einige nahegelegene Großbetriebe werden von den kommunistischen Gewerkschaften bestreikt. Ganz Pilkhana verfügt über ein Krankenhaus. Zwar habe sich die dortige Infrastruktur in den letzten Jahren verbessert, so sagt man mir, die Nahrungsversorgung aber habe sich wegen des Bevölkerungsanstiegs verschlechtert. Rapide breite sich Tuberkulose aus, die Kindersterblichkeit sei massiv angestiegen. In Pilkhana ist soziales Zusammenleben gelebter Dialog des Überlebens.

Kalkuttas Innenstadt: Banken, Writers Building, Kinos, überfüllte Straßen, handgezogene Rikschas, die größte Schande dieser Stadt. Kenneth, der anglo-indische Fahrer des Bischofs, lädt mich zum Mittagessen mit seiner Familie in einem heruntergekommenen Mehrfamilienhaus ein. Unter Anglo-Indern ist die Abstiegsangst besonders stark verbreitet. Viele ihrer Töchter verdingen sich als Edelhuren. Die Stadt selbst ist Inbegriff des menschlichen Kampfes gegen den Niedergang, Verfall, die Zerstörung. Die roten Doppeldeckerbusse und neo-klassizistischen Gebäude im viktorianischen Stil lassen das British Raj auf schwache Weise weiterleben. Seit der Verlagerung der Hauptstadt von Britisch-Indien 1912 nach Delhi, der anhaltenden Versandung des Hugli-Flusses, infolge der Überbevölkerung, den über zehn Millionen Flüchtlingen aus Ostbengalen in der Zeit des Unabhängigkeitskampfes von Bangladesch sowie der Verlagerung vieler Industriebetriebe nach Bangalore ist Abstieg das Dauerthema Kalkuttas. Die radikale Gewerkschaftspolitik und eine kommunistische Landesregierung sind eher ein weiteres Symbol des Niedergangs als eine seriöse Antwort darauf. Die weitere Schrumpfung ökonomischer Prozesse lässt für kommende Zeiten angesichts der extrem hohen Bevölkerung und dem anhaltenden Drang zur Urbanisierung nichts Gutes für

Kalkutta erhoffen. Dennoch ist dies eine extrem vitale und intellektuell lebendige Stadt. Kalkutta ist Inkarnation der Paradoxien Indiens: Verfall und Reichtum, Verwestlichung und Verarmung – alles ist gleichzeitig gegenwärtig in dieser Stadt.

28.–30. November 1982, Dakka
In Bangladesch treffe ich mein aus Indien erprobtes Filmteam wieder, um den vor einigen Monaten recherchierten Dokumentarfilm für den *Westdeutschen Rundfunk* über die Familienplanungspolitik und ländliche Entwicklung zu drehen. Ich immunisiere mich nochmals innerlich vor Verharmlosungen: Die Bevölkerungsexplosion in Südasien ist schon jetzt im Gange, selbst wenn sie, wie auch immer, bald gestoppt werden könnte. Eineinhalb Millionen mehr Menschen pro Jahr in Bangladesch, das kann nicht mehr lange gutgehen. Ich halte es für falsch, dass die Europäische Gemeinschaft Lieferbindungen an die Vergabe von Entwicklungsgeldern geknüpft hat. So wird Bangladesch immerfort nur ein hoffnungsloser Fall, ein „basket case", bleiben. Es werden einfach nicht genügend eigene Güter produziert und wirtschaftliche Werte geschaffen, um der rasant wachsenden Bevölkerung ein menschenwürdiges Leben zu sichern.

Es ist blamabel, dass der letzte hochrangige Besuch aus Deutschland 1979 durch die Staatsministerin im Auswärtigen Amt, Hildegard Hamm-Brücher, stattgefunden hat. Bangladesch als derzeitiger Sprecher der „Gruppe der 77" ist neben allen sozialen Spannungen im Land doch auch eine gewichtige, vor allem authentische Stimme der Dritten Welt. Im Goethe-Institut tragen junge Dichter bengalische Versionen von Goethe-Gedichten vor. Im Deutschen Club, so ist zu hören, sollen Deutsche Bangladesch kürzlich als „Affenland" bezeichnet haben.

1.–9. Dezember 1982, Munshiganj/Muktapur
Mit Jürgen Grundmann, Franz Lindner und einem Begleiter des Außenministeriums quartiere ich mich erneut im alten Regierungsbungalow von Munshiganj ein. Wir besichtigen die Drehorte in den verschiedenen Dorfteilen von Munshiganj. Abul Bashar, den ich im Mai kennengelernt hatte, entpuppt sich als der geborene Schauspieler. Wir drehen am Hafen, auf dem Fluss Dhaleshwari, auf dem Markt, machen Landschaftsbilder während einer Rikschafahrt. Wir filmen Abul Bashar an seinem Haus bei Rikschareparaturen, im Gespräch mit seiner Frau, bei den Schularbeiten des Sohnes, bei der Feldarbeit, in der Moschee während des Azhad-Gebetes. Wir drehen in der Baumwollspinnerei und in der Koranschule, im Mütterclub von Muktapur und beim Familienbesuch einer Sozialarbeiterin mit sehr offenen Gesprächen über die Sexualität der Frauen: Nicht selten beginnen bereits elfjährige Mädchen mit dem Geschlechtsverkehr, so erzählt mir die Frau. Außer- und voreheliche Geschlechtsverkehr seien allerorten weit verbreitet. Frühere Verheiratung, so bilanziert die Sozialarbeiterin die Lage, sei daher vor allem eine Moralfrage zur Abwendung von Schande, sobald die Tochter fruchtbar werden und ein Kind bekommen könnte.

Wir filmen die Verteilung von Pillen und Kondomen im Mother's Club von Muktapur, einen Dorfteil von Munshiganj. Als die Kamera gezückt wird, kommen sofort aus allen

3 Aufbrüche zu Freiheit und Globalisierung (1980–1989)   211

Abb. 3.4 Vor dem Mother's Club: Mit Abul Bashar unter den Müttern und Kindern von Muktapur (1982). (© Ludger Kühnhardt)

Richtungen die Kinder angerannt. Auf dem Foto ist kaum zu unterscheiden, wer Kind und wer ihre jungen Mütter sind (Abb. 3.4).

Wir filmen fehlernährte Kinder auf dem Dorfplatz. Ihre fragenden, lethargischen und hilflos blickenden Augen treffen mich immer wieder in die Mitte des Herzens. Daneben spielen Kinder unbeschwert im Dorfteich. Wir filmen die Aufführung eines Marionettentheaters auf dem Dorfplatz von Muktapur: Eine arme Bauernfamilie mit fünf Kindern wird einer glücklichen, wohlhabenden Familie mit zwei Kindern gegenübergestellt. Gesang und erläuternde Texte sollen die Familienplanung popularisieren. Die Musiker spielen traditionelle bengalische Instrumente. Hunderte von Dorfbewohnern wohnen der Aufführung bei. Schließlich berichtet Abul Bashar über die Geschichte seines Dorfes und seiner Familie: Früher gab es weniger Geld, aber dennoch für alle Menschen mehr zu essen. Durch Überflutungen am Dhaleshwari wurde immer mehr fruchtbares Land an seinen Ufern einfach abgebrochen. Früher lebten dreißig Menschen auf dem Grundstück einer Familie, heute sind es hundert. Eines seiner Kinder sei gestorben, sechs lebten. Seine Frau wäre bei der letzten Geburt fast gestorben. Daher entschieden beide, dass Abul sich sterilisieren lassen sollte. Das Mitgiftsystem gilt Bashar als der größte Druck, der auf den Frauen von Bangladesch lastet.

Tonaufnahme unseres Titelsongs, den der Künstler Abul Hai interpretiert: „Amar Sonar Bangladesch" – „Ich liebe Dich, mein goldenes Bengalen". Rührendes Familienleben am Abend bei Abul Bashar. Alle Familienmitglieder hocken um eine Ölkerze. Wir radebrechen in Englisch und Bengali. Bashar erzählt, dass er nur drei Schuljahre habe besuchen können, ehe er anfangen musste, zu arbeiten. Seine Kinder sollen es besser haben. Mit leuchtenden Augen rufen sie uns nach: „Apui ashabo" – „Kommt wieder".[6]

10.–13. November 1982, Dakka
In der größten Jutefabrik der Welt, der Adamjee Jute Mills, in Narayanganj bei Dakka drehen wir eine letzte Filmsequenz, die den Zusammenhang der Lebensverhältnisse in Bangladesch mit den Strukturen der Weltwirtschaft verdeutlicht. Das Innere der Jutemühle, eingehüllt in unsagbaren Staub und Lärm, lässt mich an Heinrich Heines Gedicht über die schlesischen Weber denken: „Im düstern Auge keine Träne." Für die 25.000 Arbeiter der 1950 gegründeten Fabrik herrschen Arbeitsverhältnisse aus der Frühphase des Kapitalismus. Der Mindestlohn beträgt 470 Taka, der Durchschnittslohn 650 Taka. In mehreren Schichten wird rund um die Uhr gearbeitet. Die Maschinen stammen aus englischer Produktion, gebaut in den ersten Jahren des 20. Jahrhunderts. Es ist förmlich zu spüren, dass und wie die Mechanisierung der Jute- und ebenso der Baumwollindustrie während der British Raj der traditionellen Dorfindustrie von Bengalen das Rückgrat gebrochen haben muss.

Interview mit dem Gesundheitsminister, Generalmajor Shamsul Haq. In Sachen Familienplanung sagt der Minister nichts Neues: Bis 1985 werde das Ziel erreicht, die Wachstumsrate der Geburten auf 1,5 % zu senken. Das sei nun mal beschlossen, also werde das Ziel auch erreicht. Beim abschließenden Smalltalk fügt er hinzu, dass es ernsthafte Absicht der Regierung sei, eine echte Demokratisierung einzuleiten. Die geplante Verwaltungsreform und die angekündigten Wahlen auf lokaler Ebene („thanas") 1983 seien der erste Schritt. Die Kriegsrechtsjustiz habe 50.000 Fälle weggearbeitet, die in den Gerichten dahingedämmert hatten. Menschenrechtsfragen und Kriegsrecht seien völlig verschiedene Sachverhalte. Menschenrechte würden in Bangladesch nicht verletzt. Der Minister, ein schwacher Typ, glaubt nicht, dass sich in der Armee kommunistisches Gedankengut ausbreite. Dagegen stehe vor allem die islamische Tradition des Landes.

UNDP-Chef Holzhausen wird zum Abschied noch einmal richtig emotional: „Der Kolonialismus hätte besser nicht so überstürzt zu Ende gehen sollen. Bangladesch war überhaupt nicht auf das vorbereitet, was danach folgen sollte."

---

[6] Der Dokumentarfilm wird unter dem Titel *Muktapur im Wandel* am 20. November 1983 im *Westdeutschen Fernsehen (WDR 3)* ausgestrahlt (Kühnhardt 1983).

14. Dezember 1982, Kalkutta

Ich treffe Swami Lokeshwarananda, einer der einflussreichsten Mönche der Ramakrishna-Mission und Direktor des Ramahkrishna Cultural Institute. Er hält die kommunalen Konflikte in Indien nicht für religiös motiviert, sondern sieht die Menschen in Indien religiös missbraucht. Der Swami spricht von der Einheit der Menschheit, die sich auch in der Religion ausdrücken müsse. Gott sei zuvorderst ein unipersonales, alles durchwirkendes und omnipräsentes Wesen. Weil aber die Vorstellung eines kosmischen All-Präsenz-Gottes zu hoch sei, könne er sich mit der „Eselsbrücke" seiner Personenhaftigkeit abfinden. Kalkutta wirkt auf mich im Kontrast zu Dakka verfallener, verdreckter, heruntergekommener. Die schwarzen Raben legen sich wie die Vorboten eines nicht mehr zu bremsenden Niedergangs über Esplanade, Writers Building, Chowringhee Lane, Maidan, Victoria Memorial.

Die anglo-indische Filmemacherin und Schauspielerin Aparna Sen *(Straße des Abschieds)* zeigt sich deprimiert über den Zustand Kalkuttas und Indiens. Der Kommunismus sei zum Sloganismus degeneriert. Die Intellektuellen verließen langsam die Stadt. Indien drohe eher auseinanderzufallen, als zusammenzuwachsen. Die attraktive Aparna Sen, ein beliebter Star des indischen Films, fühlt zuweilen Schuld, so verrät sie mir, das Übermaß an Elend und Problemen zu sehen, aber keine Lösungen zu kennen und zugleich ein gutsituiertes persönliches Leben führen zu können. Verzweifelte Einsichten eines reflektierenden Menschen, der von den Widersprüchen Indiens existenziell betroffen ist. Es wäre für Indien besser gewesen, sagt sie mir bei der Verabschiedung, fast leise flüsternd, länger von den Engländern regiert zu werden. Der Kolonialismus sei der Beginn einer tiefgreifenden Modernisierung gewesen, die in der nachkolonialen Zeit entweder ins Stocken geraten sei oder seither ziellos dahintaumele.

15.–16. Dezember 1982, Santiniketan

147 km nördlich von Kalkutta begrüßt mich Martin Kämpchen in einem herausragenden intellektuellen und künstlerischen Zentrum Indiens. Seit 1971 lebt der Germanist und Publizist in Indien, die meiste Zeit davon in Santiniketan. Sein Leben dort ist eine lange Zeit der interreligiösen Exerzitien (Kämpchen 1980). Derzeit arbeitet er an einer vergleichenden Studie über Armutsideale bei Ramakrishna und Franz von Assisi. Martin Kämpchen lebt das Leben der Armen in einem extrem bescheidenen Häuschen mit kargem Steinfußboden. Seine engsten Freunde sind Adivasi, Ureinwohner, aus den benachbarten Dörfern. Sein Leben definiert er als Dialog der Gläubigen. Das sei für ihn die richtige Beschreibungsebene, die mehr bedeute als die abstrakte Formel vom Dialog der Weltreligionen. Der eigentlich andere sei nicht der Gläubige einer anderen Religion, sondern der Anhänger atheistischer Überzeugungen, so Kämpchen. Stereotypen der vergleichenden Religionswissenschaft seien glücklicherweise überwunden. So werde der Hinduismus unterdessen auch in christlicher Perspektive als eine Offenbarungsreligion angesehen. Veden und Upanishaden seien nicht weniger heilige Schriften als Thora, Bibel und Koran, sagt Martin Kämpchen.

Santiniketan ist eine außergewöhnliche Inspirationsquelle. Als ländliches Refugium im Sinne eines Ashram von Debendranath Tagore gegründet, wurde Santiniketan von seinem Sohn Rabindranath zu Weltruhm geführt. Er gab dem Ort 1901 seinen berühmten Namen: Santiniketan heißt übersetzt „Heimstatt des Friedens". Als erster Asiate erhielt Rabindranath Tagore 1913 den Nobelpreis für Literatur. Sein Gedicht „Gitanjali" verschlinge ich auf dem Weg nach Santiniketan (Tagore 1971). Neben seinen literarischen Beiträgen zur bengalischen Renaissance initiierte Tagore Bildungsreformen. Von 1901 bis zu seinem Tod 1941 lebte er zumeist im dörflichen Santiniketan. Dort gründete er eine Schule, aus der später die staatliche indische Universität Visva Bharati erwuchs. Ich treffe Ashin Das Gupta, einen der brillantesten und eigenwilligsten indischen Historiker. Sein Buch *Indian Merchants and the Decline of Surat* war 1979 erschienen, das für viel Furore gesorgt hat. Das Gupta analysiert die britische Kolonialzeit als Modernisierungsstrategie, die auf den Trümmern des in sich zusammenfallenden Mogulreiches und mit Zustimmung vieler Inder initiiert wurde. Bis heute sei der Modernisierungsprozess noch keineswegs abgeschlossen. Nationalismus als Ausdruck einer Erweckung von Eigenständigkeitswünschen sei erst aus dem British Raj erwachsen, sozusagen als nächste Stufe der Entwicklung. Daher könne man, so sagt mir Das Gupta, den Kolonialismus nicht als „historischen Irrtum" verstehen. Er sei vielmehr ein „natürlicher" Vorläufer des heute unabhängigen Indien gewesen. Die Durchsetzung des nationalen Souveränitätsprinzips sei die folgerichtige nächste Stufe, auch wenn sie voller Widersprüche geblieben sei. Die Unabhängigkeit sei ein Pyrrhussieg gewesen. In der Geschichte hat Indiens hinduistische Lebensgrundlage immer wieder den Raum geschaffen, in dem von außen eindringende oder im Innern entstandene Imperien aufgenommen werden konnten. Indiens Aufgabe sei es jetzt, in einer demokratischen Struktur, die unausweichlich regionale Vielfalt und ein hohes Maß an Pluralismus an Interessen und Meinungen bewirkt, den Gedanken der Einheit des Landes zu schaffen. Größtes Problem der kommenden Dekade sei, ob der Osten Indiens die anderen Teile in den ökonomischen Niedergang hineinziehe oder ob die anderen Regionen den besonders rückständigen Osten des Landes unterstützen würden. Ein Auseinanderbrechen der Union müsse nicht erfolgen. Potenzielle Sezessionisten seien untereinander nicht geeinigt. Indien stehe vor der historischen Aufgabe, Demokratie und Föderalismus in Einheit zu erreichen. Nicht auszuschließen sei, dass Indien an dieser Aufgabe scheitern wird, die mit der nationalen Unabhängigkeit den Indern von niemandem mehr abgenommen würde. Die Struktur der indischen Politik bereitet Das Gupta größte Sorgen. Nach dem Ende der Ära von Indira Gandhi, das unabweislich irgendwann komme, sieht er ein großes Vakuum, da es keinen echten Parteienstaat gebe. Mahatma Gandhis Politik sei in Indien nie verfolgt worden und Jawaharlal Nehrus Weg sei nicht verstanden worden, da er ihn wohl selbst nicht verstanden habe. Indien liebe es, in Ambivalenzen zu leben. Der Westen wolle hingegen immer klare Positionen. Die Balance müsse zwischen Extremen gehalten werden. Eindeutig nur sei, dass alle Art von sozialistischen Modellen sich in Indien als falsch erwiesen hätten.

Ich besuche Rabindra Bhavan, das von Rabindranath Tagore bewohnte Haus mit seiner Privatbibliothek und einem dem Gelände angeschlossenen Tempel. Die Zeit Tagores lebt in diesem Anwesen nach, irgendwie weit entrückt von den sozialen Verhältnissen des heutigen Indien. Santiniketan ist mehr als ein großer Name des indischen Geisteslebens. Es ist immer noch eine kleine, aber lebendige Dorfgemeinschaft mit einer geachteten Universität, ein Zentrum des Denkens, Forschens und Lehrens in der Umgebung des ländlichen Bengalen. Rückfahrt nach Kalkutta in einem über-überfüllten Zug. Rückfahrt in die Wirklichkeit des heutigen Indien.

12. Dezember 1982, Kalkutta
Durch das erwachende und doch schon wieder – oder besser: noch immer – belebte und in Smog gehüllte Kalkutta fahre ich in das Stadtranddorf Belur Math, nördlich der Howrah Station. Dort befindet sich das Weltzentrum der Ramakrishna-Mission. Am Hugli gelegen, strahlt die Gesamtanlage mit Tempel, Schule und Verwaltungsgebäude eine Mischung aus neoklassizistischem Museum, geistigem und religiösem Zentrum sowie Picknickplatz aus. In der Mitte ragt der Haupttempel hervor, in dessen Innern Swami Ramakrishna, der Gründer der Mission, verehrt wird. Die imposante Struktur des Tempels erinnert eher an christliche Kathedralen als an einen hinduistischen Tempel. Gespräch mit Swami Momokshananda: Die Einheit aller Religionen müsse nicht erst geschaffen werden, sie bestehe ursächlich, sagt er. Die verschiedenen Religionen seien nur Emanationen des einen Suchens nach Wahrheit und Transzendenz. Weihnachten werde auch in der Ramakrishna-Mission gefeiert. Alle Religionen und ihre Schriften besäßen den gleichen Wesensgehalt, nur die Schwerpunkte würden unterschiedlich gewählt. Dies habe zu der Annahme vermeintlicher Gegensätze, zu Intoleranz und Unkenntnis geführt. Ziel sei nicht eine Universalreligion, sondern die religiöse Vielfalt in einer übergeordnet transzendentalen Einheit. Keine der bestehenden Religionen solle den anderen Religionen Wahrheit absprechen. In den Medien wird eine Diskussion geführt, ob die Ramakrishna-Mission noch Teil des Hinduismus sei oder eine eigene Sekte. Swami Momokshananda ist eindeutig in seiner Aussage: „Die Ramakrishna-Mission ist Teil des Hinduismus, da sie auf den Veden aufbaut, ohne diese zu verabsolutieren." Indiens Einheit, so ergänzt er noch, stehe nicht auf dem Spiel, wenn es zu einer Reform des hinduistischen *way of life,* einschließlich der Abschaffung des Kastensystems, käme.

Wiewohl momentan alles Große in Kalkutta zerfällt und durch die expandierenden Menschenmassen schier erdrückt zu werden droht, atmet die vitalistische Stadt noch immer den morbiden Glanz der Zeit, als sie nach London die zweite Stadt des Britischen Imperiums war. Abschiedsbesuch bei Richter K. J. John. Ich gerate in eine starke Szene zum Thema Tod hinein: Einer von Johns Freunden ist gestorben, während dessen Tochter gerade auf dem Weg aus den USA ist, um in wenigen Tagen in Kalkutta zu heiraten. John nimmt sich der Aufbahrung der Leiche bis zur Ankunft der Tochter an. Er ist überzeugt, dass die Hochzeit in wenigen Tagen wie geplant stattfinden wird. Dies sei doch der größte Wunsch des Verstorbenen gewesen. Leben und Tod lägen nun einmal dicht beieinander. Wer wüsste dies nicht besser als alle, die Indien gesehen hätten.

2. Juni 1983, Seoul
Zum ersten Mal habe ich amerikanischen Boden betreten – ausgerechnet in Alaska. Zwischenlandung in dem westlichsten Außenposten der USA, der 1867 vom Russischen Zarenreich gekauft und 1959 als 49. Bundesstaat („Last Frontier") vollständig in die USA inkorporiert wurde. Umrandet von hohen Bergen, darunter dem machtvollen 6190 m hohen McKinley, dem höchsten Berg Nordamerikas, liegt der Flughafen für Zwischenlandungen auf der Pol-Route. Am Horizont erleuchtet die Morgensonne die Skyline von Anchorage, der Hauptstadt Alaskas mit gut 170.000 Einwohnern. Ein friedlicher, aber keineswegs der Welt entrückter Ort, will mir scheinen. Meine Mitreisenden zeigen an, welche Welten in diesem Flughafengebäude zusammentreffen: Japaner, Europäer, Amerikaner. Die Hinweisschilder der Läden, ja selbst der Toiletten sind dreisprachig: englisch, japanisch, deutsch.

In Tokios Narita Airport geht es Stunden später mit computerhafter Perfektion und einem eigentümlich provinziellen Kosmopolitismus zu. Die emsigen Arbeitsbienen in den Läden, die Restaurants mit Plastikauslagen fast echt anmutender Speisenachahmungen, die roboterhafte Atmosphäre in der Bank: Das also sind meine ersten japanischen Impressionen. Es sind noch zwei Stunden bis Seoul. Dort drehe ich in den nächsten Tagen eine Folge der mehrteiligen Fernsehserie des *Westdeutschen Rundfunks* über die Zukunft des Christentums in aller Welt (Kühnhardt 1984c).

Seouls Kardinal Stephen Kim hält den Materialismus für die heute in Korea dominierende Kraft. Der Kardinal interpretiert Konfuzius so, dass Menschenliebe auch als Gottesliebe gelte und der Gedanke der Gottesebenbildlichkeit daher im Konfuzianismus durchaus angelegt sei. Der Konfuzianismus strebe für den Menschen nicht nur die Ausschaltung der Extreme, sondern die Realisierung einer positiv bestimmten Mitte des menschlichen Seins an. Daraus könne man, bei aller Vorsicht, eine gewisse Erlösungstheorie herauslesen, so Kardinal Kim. „Was ist der Mensch?" sei keine westliche Frage. Alle Kulturen seien befähigt, diese Frage gleichermaßen zur Geltung zur bringen. Man müsse dabei indessen den Faktor Zeit und die jeweilige Geschichtlichkeit im Auge behalten. Allein aus der Geschichtlichkeit resultierten Menschenrechtsprobleme: „Wir hatten kaum jemals Gelegenheit, Demokratie einzuüben." Wir unterhalten uns länger über Polen, dessen Entwicklung den Kardinal besonders interessiert. Das dortige Aufbegehren der Freiheit sieht er mit Sympathie. „Und was geschieht hier in Nordkorea?", fragt er skeptisch. Dort seien durchaus auch Freiheitsgeist und eine Tendenz zur Neuentdeckung der Religion vorhanden. Der Kardinal fragt mich ein wenig hilflos nach dem „Gegengift" gegen den Materialismus, den er in allen Industrieländern erblühen sieht. Auch Korea sei unterdessen von dieser Seuche infiziert. Die nationale Sicherheitsideologie, die das Feindbild zur Grundlage nimmt, sei ebenfalls materialistisch.

Diesmla führt mich Lee Yong Ming, vom Fernsehsender *MBC* in ein „typisch koreanisches Abendlokal", wie er sagt. Wir werden in einem *chambre séparée* von mehreren hübschen Damen mit erlesenen Speisen verwöhnt. Getränke werden reichlich angeboten, gefolgt von Karaokeeinlagen der Gäste. Die Damen werden anlehnungsbedürftiger. Aber mehr als einen diskreten Austausch von Telefonnummern gibt es nicht an diesem Ort. Das Rendezvous findet erst einige Tage später statt.

3. Juni 1983, Pusan
Flug durch das gebirgige Land nach Pusan, wo ich mein Filmteam treffe. Mit Jürgen Grundmann, Franz Lindner und Frank Schreiner hat sich eine reibungslose Arbeitsbeziehung während der Tage des Dorflebens in Indien und Bangladesch entwickelt. Bischof Gabriel Lee Gap-sou berichtet, dass das Thema Geburtenkontrolle in seiner Diözese hitzig debattiert werde. Er sei für künstliche Kontrazeptiva – „at least the pill" –, um die vielen Abtreibungen zu verhindern. Man schätzt die Zahl der Abtreibungen in Korea auf rund zwei Millionen im Jahr. Da er vehement gegen Abtreibung sei, müsse man eben Geburtenkontrolle praktizieren. Junge Paare könne man nicht getrennt wohnen lassen. Die offizielle Position der Kirche, in Stein gemeißelt in der Enzyklika *Humanae Vitae*, könne auf Dauer nicht aufrechterhalten werden: „Was ist natürlich und was unnatürlich? Die Rasur ist auch unnatürlich, aber da greift die Kirche schließlich auch nicht ein." Die Geburtenverhütung müsse in erster Linie in die Hände der Mediziner gelegt werden. Ärzte hätten ihm versichert, dass die medizinische Wirkung der Pille, das heißt ihre Konsequenzen für die allgemeine Gesundheit der Frau, akzeptabel sei. Also habe er nichts gegen deren Verwendung, sagt Bischof Gabriel.

Am späten Abend drehen wir in einer gemischten konfuzianisch-katholischen Familie. Solche Mischehen gehören zum Alltag des Landes. Die Drei-Generationen-Familie – der Vater ist Schiffer – empfängt uns äußerst freundlich und geduldig in ihrer geschmackvoll im koreanischen Stil eingerichteten Wohnung. Verehrungssymbole beider Religionskreise schmücken das Haus. Die Kinder hocken vor dem Fernseher. Dessen magische Kraft und seine zugleich desintegrative Wirkung auf die Familie ist als globales Phänomen mit allen Licht- und Schattenseiten nicht mehr wegzudenken. In diesem Haushalt stehen sogar zwei Fernsehgeräte.

4.–8. Juni 1983, Masan
Auf dem Weg nach Masan erleben und filmen wir einen dörflichen Beerdigungsritus, der tief entrücken lässt in die vormoderne Geschichte und doch so lebendig ist: Die schamanistische „Mudang", ein Klageweib in alter Tracht, führt andere Frauen an, die sich zusammen mit buddhistischen Geistlichen im Haus der Verstorbenen versammelt haben. Vor dem geschlossenen Sarg werden Klagelieder intoniert und buddhistische Texte rezitiert. Vor dem Haus wird ein Opfertisch mit Früchten und anderen Nahrungsmitteln vor dem mit Trauerflor umrahmten Bild der Toten und ihrem Sarg aufgestellt. Mit tiefen Verbeugungen und einem Kniefall verabschieden die engsten Angehörigen die Tote aus dem Haus. Dann fährt die Trauergemeinde zum Friedhof.

In der Freihandelszone Masan drehen wir in einem kirchlichen Sozialzentrum, in dem italienische und koreanische Ordensfrauen junge Arbeiterinnen betreuen. Diese Mädchen arbeiten für gut einhundert US-Dollar pro Monat oftmals zwölf, dreizehn Stunden in den hiesigen Fabriken. Viele von ihnen stammen aus Dörfern und leben nun allein und entwurzelt in der Stadt. Bei den Schwestern finden sie eine gediegene Heimat. Für die Mädchen ist unser Besuch eine freudige Abwechslung. Sie führen koreanische Volkstänze auf und nehmen auch uns dann zu einigen Reigentänzen in ihre Mitte. Am nächsten Tag um sechs Uhr in der Früh filmen wir den Auszug der jungen Arbeiterinnen an ihre Arbeitsstellen. Anschließend filmen wir in der neuen Freihandelszone die Produktion für Kameraobjektive und die Herstellung von Kinderspielzeug. Die Arbeiterinnen und Arbeiter wirken wie roboterhafte Puzzlesteine im Gesamtgefüge der raschen Industrialisierung Koreas auf Billiglohnniveau. In der Bucht von Masan drehen wir schließlich in der hypermodernen Korea Heavy Industry Corporation (KHIC), der größten Fabrik des Landes mit 7000 Arbeitern. Zum Firmenkomplex gehört das zehntgrößte Stahlwerk der Welt und die Einrichtung von Atomkraftwerken. KHIC arbeitet mit einem auf dem weltweit höchsten technischen Stand stehenden Maschinenpark und unter strengsten Sicherheitserfordernissen. Die derzeitige Auslastungskapazität betrage nur vierzig Prozent, wie mir ein Manager beim Rundgang berichtet. Wo vor wenigen Jahren noch kleinere Dörfer die Bucht und ihren einstigen Strand besiedelten, erstreckt sich heute ein eindrucksvolles Symbol einer neuen Epoche der technologischen Revolution und der Industrialisierung. Zwischen den superdimensionierten Maschinen wirken die blau gekleideten Arbeiter wie Stecknadelköpfe. In der KHIC hat sich eine Art katholischer Arbeiterverein etabliert („Christen suchen Christen"). Seine Mitglieder geben einen Rundbrief heraus, betreuen Leprakranke und bereiten für die Sommerferien einen Arbeitseinsatz in der Landwirtschaft vor. Dort herrscht inzwischen Arbeitskräftemangel.

9.–12. Juni 1983, Seoul
Filmaufnahmen in der Märtyrergedenkstätte Jeoldusan, errichtet für Andreas Kim, den ersten koreanischen Märtyrerpriester, und für andere Märtyrer der 1850- und 1860-Jahre. Die junge koreanische Kirche war durch Selbststudium einer aus China mitgebrachten Bibel entstanden. Die Märtyrergedenkstätte gegenüber dem koreanischen Parlament am Ufer des Han wird von einer architektonisch interessant anmutenden Kirche auf einem Felsvorsprung überragt. Neben der Kirche befindet sich ein Museum mit Reliken der jungen Kirche und Folterwerkzeugen. Im Garten befinden sich Gedenksteine für die koreanischen, chinesischen und französischen Märtyrer des 19. Jahrhunderts. Alles überragend schließt das Denkmal von Pater Kim Taegon die Anlage ab, der als Erster den Märtyrertod durch die Hand seiner Landsleute starb. Als französische Schiffe 1866 erstmals diese Stelle des Han-Flusses erreichten, wurden die Priester, die sich auf dem Schiff befanden, verhaftet und so wie Pater Kim geköpft. Vielfach kam es im vorigen Jahrhundert, bis zur gewaltsamen Öffnung des Landes, zu Hinrichtungen von Christen, Priestern wie Laien. Auf der Titelseite der *Korean Times* wird ausgerechnet heute für das kommende Jahr die Heiligsprechung Kim Taegons und 102 weiterer Märtyrer der katholischen Kirche im Rahmen des bevorstehenden Besuches von Papst Johannes Paul II. angekündigt.

Der deutsche Botschafter Wolfgang Eger zeigt das Dilemma des Landes auf: Die Regierung wolle auf alle Fälle weitere Demokratisierungen. Zu weit und zu schnell zu gehen, könnte andererseits den Norden zu Abenteuern verleiten. Dies muss vor dem Hintergrund einer Situation betrachtet werden, in der die Sowjetunion daran interessiert ist, von Europa abzulenken. Daher sei die Lage in Korea auf Dauer problematischer, als man sich dies in Europa gemeinhin vorstelle. Korea liegt in der Wahrnehmung allzu sehr im Windschatten Japans und Chinas. Japan sei weiterhin ein Trauma, der amerikanische Freund erdrücke fast das Land, Deutschland habe eine außerordentlich hohe Reputation. Im November 1983 werden die einhundertjährigen Handelsbeziehungen zwischen Korea und Deutschland gefeiert.

Nach einem Zeitungsbericht des heutigen Tages haben im vergangenen Jahr 1982 22,5 % der koreanischen Bevölkerung ihren Wohnort gewechselt. Ein derart massiver Entwurzelungsprozess kann selbst angesichts des in Fernost üblichen gesellschaftlichen Harmoniestrebens nicht folgenlos bleiben.

13. Juni 1983, Hongkong
Zwanzigstündiger Zwischenstopp in der hektischsten Geschäftsmetropole der Region. Die Kollegen schlagen beim Shopping kräftig zu, um die günstigen Preise auszunutzen und die neuesten technischen Errungenschaften zu erwerben. Dazu gehört eine extrem kleine computergestützte Handschreibmaschine, die Texte abspeichert. Sie wird Klapprechner oder auch Notebook genannt.

14. Juni 1983, Dakka
Zwischenstopp zur Vorführung und Diskussion meines Films *Muktapur im Wandel* im Deutschen Club Dakka. Der Film findet Zustimmung und wird als wichtige Brücke zwischen Bangladesch und Europa verstanden. An dem Abend wird, wie in deutschen Kreisen in Dakka offenbar üblich, herbe Kritik an der Initiativlosigkeit der Regierung von Bangladesch geäußert. Unterschiedliche Meinungen herrschen, wie könnte es anders sein, über die Entwicklungsmöglichkeiten, -hindernisse und -strategien Bangladeschs. In der lebhaften Diskussion stelle ich die Frage nach dem Fortschrittsbegriff. Der Repräsentant des Entwicklungsprogramms der UNO (UNDP), Walter Holzhausen, geht davon aus, dass nur die Übernahme westlicher Entwicklungsvorstellungen Probleme von den Dimensionen lösen könne, mit denen Bangladesch konfrontiert sei. Erst die Berührung mit dem Westen habe schließlich die heutigen Entwicklungsprobleme geschaffen. In Bangladesch wolle jeder den westlichen, auf Industrialisierung basierenden Weg nachahmen. Dabei müsse es unvermeidlich zu erheblichen Spannungen kommen. Holzhausen sieht für die Zukunft revolutionäre Entwicklungen in Bangladesch hochziehen. Blutvergießen und gewaltsame Strukturwandlungen seien nicht ausgeschlossen. Einen Bevölkerungsanstieg auf 250 bis 300 Mio. Menschen hält er bis zum Jahr 2050 für nicht unwahrscheinlich. Defätismus helfe allerdings niemandem, versucht Walter Holzhausen der abendlichen Runde Mut zu machen.

15.–19. Juni 1983, Kalkutta

Raue Tage beginnen, als ich mit meinem Filmteam in Kalkutta lande, um eine weitere Folge der Fernsehserie über die Zukunft des Christentums zu drehen. Wohl erwartet uns ein freundlicher Vertreter des deutschen Generalkonsulats am Flufhafen Dum Dum. Aber schon bei der Einreise tauchen die ersten Probleme auf: Mein Visum wird als ungültig abgewiesen. Nach langen Diskussionen, bei denen vor allem die Hilfe von Mr. Moitra, einer bengalischen Ortskraft des Konsulats, unersetzlich ist, erhalte ich eine 24-stündige Landeerlaubnis („Temporary Landing Permit"). Durch den Zoll kommen wir mit unseren Geräten leidlich gut durch, dank Mr. Moitra. Den ganzen Nachmittag über sitze ich bei der Ausländische Meldebehörde, die sich zugleich als Sicherheitskontrolle herausstellt. Dort weiß man über unser Filmvorhaben bestens Bescheid. Parallel dazu stellt sich heraus, dass die von den indischen Behörden zugesagte Drehgenehmigung sich nicht, wie angekündigt, beim Generalkonsulat befindet. Unsere Stimmung ist auf dem Nullpunkt. Die Hoffnungen, bald mit den Dreharbeiten beginnen zu können, sind gering.

K. J. John strahlt indische Gelassenheit aus: Es werde sich alles richten. Er erzählt, dass er neuerdings intensiver Yoga praktiziere. Dies sei eine besondere Form des religiösen Dialogs. Yoga erfordere Selbstdisziplin in allen seinen Phasen und Ausprägungen. *Moksha,* Erfüllung des Lebens, und *Bakhti,* Erlösung, seien höchst transzendentale Ziele, die durch Yoga verwirklicht werden könnten. Im durch Stromausfall verdunkelten Zimmer, seine Frau Maya fächerwedelnd neben sich, enthüllt K. J. John seine neuen, für mich überraschenden spirituell-meditativen Neigungen.

Mit einem auf Konsularfragen spezialisierten Mitarbeiter des deutschen Generalkonsulats sitze ich mehrere Stunden in der Ausländerbehörde von Westbengalen, „Villa Schreckenstein" genannt. Nach längerem Hin und Her sehen wir den stellvertretenden Polizeikommissar Singh, einen jungen Sikh, der überraschend freundlich ist und die Visafrage prinzipiell positiv entscheidet. Ansonsten aber: warten, warten, Formulare ausfüllen. Plötzlich heißt es von einem der Sicherheitsbeamten, er habe die aus New Delhi eingetroffene Drehgenehmigung gesehen. Helle Aufregung. Mit Mr. Moitra sause ich am Nachmittag zum Writer's Building. Der Direktor der Filmabteilung weiß von nichts. Er habe aber einen Tag zuvor einen Anruf der Sicherheitspolizei erhalten. Der stellvertretende Secretary for Home Affairs, S. K. Dutta, ein sehr junger, agiler Mann, findet endlich unter einem wüsten Papierberg eine Akte mit unserer Angelegenheit. Danach seien am 27. Februar 1982 von seiner Behörde Nachfragen bezüglich des Drehplans an das Außenministerium in New Delhi gerichtet worden. Mit Brief vom 1. Juni hat das Außenministerium mitgeteilt, dass der Fall an das Informationsministerium weitergeleitet worden sei. Seither ist offenkundig nichts mehr passiert.

Im dichtesten Gewühl der College Street lasse ich mich zur Ablenkung zwischen Dutzenden von Buchständern und guten Buchläden treiben. Die aus der frühen Kolonialzeit stammenden Colleges zeugen von Hochblüte und Verfall des British Ray. Der überschäumende Verkehr und die stets dichte Menschentraube auf den engen Straßen prallen immer wieder auf meine unterdessen an die Härte dieser Stadt gewohnten Augen: Kalkutta mit Not und Elend ohne Grenzen, zugleich aber mit großer kultureller

Tradition, mit Reichtum und Warenangeboten, Chaos und Ordnung. Eine kleine Tour führt mich durch die Innenstadt zur Howrah Station über die Howrah Bridge, dieses eindrucksvolle Meisterwerk der Ingenieurskunst. Das überschäumende, aus allen Nähten platzende Kalkutta präsentiert sich an diesem Vormittag in seiner Totalität. Es ist eine heftige Stadt, deren Menschenmassen alles sprengen. Vergleiche und Begriffe versagen vor diesem Ort.

Am sinnfälligsten wird dies für mich im Dakshineshwar Kali-Tempel. Die ungezählten Pilger, die der furchterregenden Zerstörungsgöttin opfern, die Dutzenden von Bettler, die vor dem Tempel von Tempelpriestern ernährt werden, die Masse von Devotionalienverkäufern, Bettelmönchen und schmerzerregenden Krüppeln strömen in einer Art von Trance an mir vorbei. Die dunkelroten Blutlachen neben der Schlachtstelle, an der jeden Morgen zwölf Ziegen geschlachtet werden, lassen Kalis Kraft förmlich auferstehen und materiell werden. Die Köpfe werden der Göttin dargebracht, die Kadaver bleiben zunächst einfach an der Schlachtstelle liegen. Neben der Schlachtstelle werden die Ziegen enthäutet und zerlegt. Das brodelnde Fett der Pfannen, in denen Chapati, indisches Fladenbrot, gebacken wird, kündet von der Gegenkraft des Lebens: Wer Nahrung zubereitet, will überleben. Kalis Destruktionspotenz und der humane Überlebenstrieb gehen an diesem Ort jene verwirrende Verbindung ein, die im Grunde das Gesamtgefüge Kalkuttas ausmacht. Schauder und Zerstörung stehen neben Lebensdrang und Aufbau.

Auf dem Maidan versammelt sich unter Bäumen vor der pittoresken Kulisse des Victoria Memorial eine Gruppe Männer zum Yoga. K. J. John versteht seine Teilnahme als gelebten Dialog über Religionsgrenzen hinweg. Eine gute Stunde praktizieren sie Yoga, Jugendliche, Männer aller Körpergewichte, Greise. Die Übungen steigern sich in Härte und Anforderungen an Selbstdisziplin und Körperbeherrschung. Schon klebt der Körper wieder von der hohen Luftfeuchtigkeit. Um halb sieben erscheint ein safrangewandeter Swami der Arya Samaj, einer ins 19. Jahrhundert zurückgehenden hinduistischen Reformbewegung, die vielerorts als Ursprung eines neuen hinduistischen Fundamentalismus kritisiert wird. Er doziert eine Stunde über *Shakti* (Kraft) und *Ananda* (Glückseligkeit). Die Zuhörer lauschen dem Swami andächtig, ja ergeben. Immer mehr Menschen finden sich zu dieser frühen Morgenstunde auf dem Maidan ein. Mit den Worten des Swamis und dem Rezitieren des Sanskritwortes „Ohm" im Ohr beginnen die Männer schließlich ihren Tagesablauf. Führt das Neuerwachen an Fragen der Religion und die Bereitschaft, missionarischem Eifer zuzuhören, zu mehr Toleranz oder zu mehr Spaltungen und Konflikten unter den Angehörigen der verschiedenen Religionen?

Abends steht plötzlich Mr. Bannerjee, der Deputy Commissioner der Sicherheitspolizist, vor der Zimmertür im Hotel. Mein Filmteam und ich können die Beschlagnahmung unserer Pässe gerade noch verhindern. In Bezug auf die geplanten Filmarbeiten aber müssen wir klein beigeben. Auch ein letzter Versuch, mit der Deutschen Botschaft in New Delhi telefonisch Kontakt aufzunehmen, bleibt erfolglos. Vor dem Hotel wird auch über Nacht ein Polizeispitzel postiert, der verhindern soll, dass wir ohne Genehmigung zu Dreharbeiten ausströmen. Betrübliche Erfahrungen, die Indien unwürdig sind. Am nächsten Morgen gehen das Filmteam und ich auf einen letzten gemeinsamen Kaffee ins nette Café Flurys auf der Park Street. Dann brechen wir unverrichteter Dinge auf, ohne Dreharbeiten, mit gesenktem Kopf. Über Bombay führt der Rückweg zurück nach Frankfurt.

14. August 1983, Macau
Auf dem Weg zu einem einjährigen Aufbaustudium in Japan habe ich Gelegenheit, mit einer Delegation des europäischen Dachverbandes christdemokratischer und konservativer Jugendorganisationen DEMYC („Democrat Youth Community of Europe") auf Einladung der „All China Youth Federation" (ACYF) erstmals die Volksrepublik China zu bereisen. Vor Beginn der Rundreise steht ein Abstecher von Hongkong aus in das seit 1654 von Portugal verwaltete Macau. 100.000 der 400.000 Menschen dort sind Flüchtlinge aus der Volksrepublik China. Portugiesisches Flair im Schatten des gelben Drachen. Portugiesisch wird hier kaum noch gesprochen. Die Fassade der Pauluskirche, die nach einem Taifun im frühen 19. Jahrhundert niedergebrannt ist, bleibt das markanteste Symbol des lusitanischen Barock in Macau. Der Blick von der Festung lässt die Erinnerung an die Verteidigung von Macau wachwerden: Allein vier Mal mussten die Portugiesen sich gegen die Niederländer wehren. Heute ist nur noch der herrliche Rundblick wichtig. Noch fehlt eine so überwältigende Skyline wie in Hongkong, aber Macaus Zukunft dürfte gesichert sein.

Der älteste konfuzianische Tempel der Stadt entstand 1844. In seinem Innern wurde der erste Macau betreffende Handelsvertrag zwischen Vertretern des chinesischen Kaisers und einer amerikanischen Delegation unterzeichnet. Altäre zur Verehrung der Ahnen prägen den Tempel. Früchte und andere Opfergaben begleiten die Toten auf dem Weg ins Nirwana. Im Spielcasino zeigt sich eine andere Seite der chinesischen Seele: der Spieltrieb. Die Spielsteuern sind die Macaus wichtigste Einnahmequelle. Ich besichtige auch das Wohnhaus von Dr. Sun Yat-sen, in dem der Gründungspräsident der chinesischen Republik lebte, ehe er sich 1911 anschickte, den chinesischen Kaiser zu stürzen. Es ist ein bemerkenswertes Beispiel für die traditionelle Lebensweise der chinesischen Oberschicht. War es nicht die eigentliche Tragödie des chinesischen Volkes im 20. Jahrhundert, dass die republikanische Nationalbewegung sich zwischen Sun Yat-sen und Chiang Kai-sheck zerstritten hat? Erst dadurch wurde der Weg frei zum Langen Marsch der Kommunisten unter Mao Tse-tung.

16.–19. August 1983, Peking
Mein erster Blick auf die Volksrepublik China beim Umsteigen in Kanton: Soldaten der Volksarmee in grüner Jacke mit roten Litzen, blauer Hose und grüner Schirmmütze mit goldenem Stern auf rotem Grund an ihrer Vorderseite stehen vor der Gangway. Auf dem Flughafen Kanton und wenige Stunden später in Peking zeigt die Anwesenheit nicht weniger ausländischer Passagiere, dass die Öffnung des Landes offenbar auch auf dem Tourismusgebiet Einzug gehalten hat. Wir werden auf dem Flughafen Peking von einem der führenden Außenpolitiker der ACYF, Yu Wentao, Deputy Director of

the International Department of ACYF, in der VIP-Lounge formell begrüßt. Dabei ist auch ein Vertreter der deutschen Botschaft. Durch das spätabendliche Peking fahren wir ans andere Ende der Stadt, wo wir in einem neuen Touristenhotel untergebracht sind. Menschen sitzen auf Bänken, Bürgersteigen, Grasflächen und unterhalten sich, spielen, ruhen sich aus. Große Neubauprogramme künden von den ökonomischen Modernisierungsbemühungen in der Neun-Millionen-Einwohner-Stadt. Von den wenigen Autos, die überhaupt zu sehen sind, sind die meisten russischer oder japanischer Bauart.

Ausgedehnter Ausflug zur eindrucksvollen Anlage des Sommerpalastes von Kaiser Qianlong. Wegen der soeben stattfindenden Sommerferien herrscht dichtes Treiben. Bereits 1153 entstand die erste Palast- und Gartenanlage. Seine heutige Form nahm die imponierende Anlage im 19. Jahrhundert an. Wir besuchen die verschiedenen Teile des Sommerpalastes, der zuletzt von der Kaiser-Witwe Cixi, gestorben 1908, ausgebaut und bewohnt worden war. Aus dem Sand, der aus dem großen See vor den Palastanlagen entnommen wurde, errichtete man einen künstlichen Berg. Sein Aufgang und die Bergspitze schmücken eindrucksvolle, sehr ästhetisch anmutende hölzerne Tempel- und Wohnanlagen. Die bunte Bemalung wird oftmals abgelöst von feinen Zeichnungen. Das Interieur erinnert an die Endzeit des Kaisertums in China. Bei der Rückkehr in die Stadt passieren wir das Universitätsviertel. Vor der im alten, heute als feudal geltenden Stil erbauten Eingangshalle der Universität steht eine der letzten Statuen des 1976 verstorbenen Vorsitzenden Mao, den unsere Begleiter als „Präsidenten", nicht aber mehr als „Chairman" titulieren.

Ein sehr steifes, aber immerhin dreieinhalbstündiges Gespräch mit Miss Liu Yandong, die die präsidialen Funktionen in der ACYF wahrnimmt, ohne dass wir ihre genaue Position ergründen können.[7] Die ACYF, in der 48 Mio. chinesische Jugendliche organisiert sind, verfügt über Kontakt zu über einhundert Ländern. Endlos fällt die Liste der internationalen Kontakte und Aktivitäten der ACYF aus, die Frau Liu herunterbetet. Sie möchte damit dokumentieren, dass man international wieder dazugehört. Die Nachwehen des Endes der Kulturrevolution sind offenbar noch immer nicht ausgestanden. Immer wieder werden wir zu Ratschlägen aufgefordert. Ständig wird betont, dass China ein armes Entwicklungsland sei. Die sogenannte „Kulturrevolution" habe viele Schäden angerichtet. Frau Liu betont die ideologisch-pädagogischen Aufgaben ihrer Organisation. Zugleich aber legt sie besonderes Gewicht auf die Darstellung der von der Staatsführung angestrebten ökonomischen Ziele. Im Kern steht die vierfache Steigerung des Bruttosozialproduktes in den nächsten zwanzig Jahren. Unterdessen gebe es 1,47 Mio. junge selbstständige Unternehmer in China. Mit Krediten wird der private Kleinkapitalismus gefördert. Die staatliche Ein-Kind-Familienpolitik zeige Wirkung. Allerdings müssten noch viele feudale Gedanken bekämpft und überwunden werden. Dazu gehöre auch die

---

[7] Frau Liu Yandong wird 2007 Mitglied des Politbüros der Kommunistischen Partei, 2008 Mitglied des Staatsrates und 2013 Vizeministerpräsidentin der Volksrepublik China.

noch immer nicht ganz ausgerottete Idee, dass viele Kinder großes Glück bedeuteten. Die Untertöne des Gespräches verweisen auf einen ökonomischen Pragmatismus mit neuer Offenheit für marktwirtschaftliche Gedanken. Offen bleibt indessen, ob die durchaus mutigen Schritte der Parteispitze an die Basis durchsickern: Bürokratie, traditionelle Zerstörung der Einzelinitiative, Kapitalmangel. Neue Töne jedenfalls sind in China zu hören. Sie klingen in nicht geringem Maße individualistisch, ja materialistisch und zeugen von den ökonomischen Liberalisierungen der jüngsten Zeit.

Wir passieren den mächtigen Tiananmen-Platz, den größten Platz der Welt. In der Mitte steht das Mausoleum für Mao Tse-tung, das derzeit angeblich wegen Restaurierungsarbeiten geschlossen ist. Faktisch ist der Große Vorsitzende in Ungnade gefallen bei der heutigen Führung um Deng Xiaoping. Ohne ein formelles Führungsamt in Staat oder Partei innezuhaben, gibt Deng die Linien der chinesischen Politik vor. Im September 1982 formulierte der 12. Parteitag der Kommunistischen Partei Chinas folgende vier Ziele für die 1980er-Jahre: ein Sozialismus chinesischer Prägung soll aufgebaut werden; bis zum Jahr 2000 soll ein Pro-Kopf-Jahreseinkommen von eintausend US-Dollar erreicht werden; mit Taiwan solle die Wiedervereinigung erreicht werden; allen Hegemoniebestrebungen der Sowjetunion soll widerstanden werden. Im Sinne des letzten der vier Ziele wird von unseren Gesprächspartnern immer wieder betont, wie sehr China an einem starken Westeuropa interessiert sei. Ich tausche mich während der Tage in China besonders intensiv über den Fortgang der europäischen Politik mit Hans-Gert Pöttering aus, einem Mitglied der DEMYC-Delegation. Er will 1984 für das Europäische Parlament kandidieren.[8]

Menschenmengen gibt es allerorten wie in Indien, doch erscheinen sie in Peking geordneter, nüchterner, sauberer, disziplinierter. Ein Familienplanungsposter proklamiert ein Schönheitsideal, das sehr westlich anmutet. Wiewohl der Gesamteindruck noch immer von Menschen in weißen Hemden und blauen Hosen beherrscht ist, so sei das Straßenbild in den beiden letzten Jahren doch schon weit bunter geworden, erzählt man mir. In einer menschenüberfüllten Seitengasse in einem Einkaufsviertel erlebe ich eine imponierende Akrobatikshow. Politikfreies Vergnügen wäre vor wenigen Jahren als Ausdruck der Dekadenz undenkbar gewesen. Den anwesenden älteren Chinesen macht es sichtliche Freude, den unterhaltsamen Vorführungen auf der Bühne zu folgen.

Der Besuch der Großen Mauer wird zu einer eindrucksvollen Begegnung mit einem der herausragendsten Baudenkmäler menschlicher Zivilisation. Dieses 6000 km lange Verteidigungswerk, erbaut seit dem 6. Jahrhundert vor Christus, zeugt gleichermaßen von der Macht, der Menschenverachtung und der zivilisatorischen Entwicklung im alten China. Beim anschließenden Besuch der Gräber der Kaiser der Ming-Dynastie, die zur

---

[8] Aus unseren Gesprächen in China entwickelt sich eine dauerhafte Freundschaft. Unser Austausch über Europa mündet später in drei gemeinsam verfasste Bücher zu Fragen der europäischen Einigung (Kühnhardt und Pöttering 1991, 1994, 1998).

Zeit der Kulturrevolution gesperrt waren und teilweise zerstört wurden, erleben wir eine wahre Invasion geschichtsinteressierter Chinesen. Besonders beeindruckt mich das Grab des Kaisers Yongle, des Gründers des modernen China, das größte der erhaltenen dreizehn Kaisergräber. Die Opferhalle ist 64 m tief in den Berg gehauen. Am Ende befinden sich die Särge des Kaisers, seiner Frau und seiner Konkubine. Parallel zu uns besucht Simbabwes Staatspräsident Canaan Sodindo Banana die bedeutendsten Sehenswürdigkeiten Chinas. Seine Delegation wird in Volkswagen der Marke Santana gefahren, der allerletzte Hit, erst seit Kurzem in China eingeführt. Auf den Feldern um Peking stehen Reis und Mais günstig. Im Süden des Landes soll es eine harte Dürre nach den kürzlichen Überschwemmungen geben.

Auf dem Tiananmen-Platz spricht mich ein selbstbewusster junger Lehrer aus der nordöstlichen chinesischen Provinz in gutem Englisch an. Er macht klar, dass es im Lande besser und freier geworden sei. Man müsse keine Angst mehr haben, mit Ausländern zu sprechen. Das Wort Arbeitslosigkeit und vieles andere könne offen beim Namen genannt werden. Das Fernsehen fördere Englischsprachkurse. Die Vermittlung von Wissen in allen Bereichen sei die oberste Aufgabe der Zukunft, um das Land zu modernisieren. Man müsse viel vom Ausland lernen. Seine Freundin trägt ein hübsches buntes Kleid. Offenbar, so höre ich, fördere die Regierung neuerdings das Tragen bunterer Kleidung.

In der Großen Halle des Volkes, wo seit den berühmten Besuchen von Henry Kissinger und Richard Nixon inzwischen mancher westliche Gast empfangen worden ist, gibt uns Miss Liu Yandong im Namen der ACYF ein opulentes Bankett. Das Zeremoniell ist eher steif, im Laufe der Stunden aber lockert sich die Atmosphäre doch ein wenig auf. Es werden Tischreden ausgetauscht. Dabei betont Miss Liu die Wichtigkeit eines starken Europa, wettert gegen den Hegemonie und fordert die Wiedervereinigung Chinas und Taiwans. An den Wänden prangen großflächige moderne chinesische Tuschezeichnungen. Für die Delegation und unsere chinesischen Gastgeber gibt der Gesandte der Deutschen Botschaft, Dr. Wilfried Nolle, zwei Tage später eine Gegeneinladung im Hotel Xin Qiao, dem nach der 1949er-Revolution ersten entstandenen Hotel am Platze. Dabei sind einige Jugendverbandsvertreter und Beamte des Außenministeriums anwesend.

Im Ministerium of Foreign Economic and Trade Relations zeigt sich der Westeuropa-Verantwortliche Li Shude sehr an einer Ausweitung des europäischen Chinahandels interessiert. Angesichts der Verschuldungsprobleme anderer Länder sei China bei der Kreditnahme vorsichtig. Um die Außenhandelsbilanz auszugleichen, wolle man künftig mehr exportieren. Li ist erfreut über unsere anti-protektionistische Haltung. Die Zunahme von Privatkrediten sei nicht ausgeschlossen. Der Handel mit ASEAN müsse und solle ausgebaut werden.

Im Fernsehen fällt selbst beim flüchtigen Zuschauen ins Auge: Kleidung, Konsumartikel und westlicher Lebensstil sind nicht länger Themen eines dekadenten und feindlichen Kapitalismus.

Zu einem imponierenden Besuchshöhepunkt wird die Besichtigung der Verbotenen Stadt, die von 1406 bis 1420 erbaut worden war. Die nicht enden wollende Anlage mit Tempeln, Audienzhallen, Privatgemächern und Staatsschatz beeindruckt selbst unsere chinesischen Führer als Zeugnis zivilisatorischer Größe. Unzählige Besucher pilgern ehrfurchtsvoll durch die Verbotene Stadt. Sollte es den Chinesen tatsächlich gelingen, sich in nachrevolutionärem Freigeist mit der eigenen Geschichte auszusöhnen und dabei nicht nur die orthodoxe kommunistische Ideologie zu überwinden, sondern auch neues Selbstbewusstsein zu schaffen? In der Verbotenen Stadt sehe ich eine Sonnenuhr. Stolz erzählt mir einer unserer Begleiter, dass das Modell dieser Sonnenuhr von hier aus den Weg um die ganze Welt gefunden habe.

Für eine Stunde empfängt uns in der „Großen Halle des Volkes" Staatsrat („State Counsellor") Ji Pengfei, einer der außenpolitisch maßgeblichen Politiker der chinesischen Führungsspitze. Während der Kulturrevolution war der 1910 geborene Ji mehrere Jahre Außenminister. Er hat sich seit deren Ende an der Spitze des Machtapparates halten können und war bis zur Ernennung zum State Counsellor Vizepremierminister. Auch er unterstreicht die Bedeutung eines starken Europas, warnt vor dem sowjetischen Hegemonialstreben, bestärkt Westeuropa in beiderseitigem und ausgewogenem Abrüstungsdenken und ruft die Jugend der Welt auf, am Fortschritt zu arbeiten. Sein Land werde noch lange Entwicklungsland bleiben. Doch bis zum Jahr 2000 werde man das Bruttosozialprodukt vervierfachen. Die großen Wandlungen, die in China gegriffen haben, seien stabil und würden auf Dauer nicht bedroht sein. Obwohl sich die staatlichen Beziehungen zur Sowjetunion verbessert hätten und die Wirtschaftsbeziehungen um der Menschen willen ausgebaut worden sind, werden sich die Beziehungen insgesamt nicht fundamental ändern, solange die Besetzung Afghanistans, die vietnamesische Invasion in Kambodscha und die hegemoniale Aufrüstung der UdSSR anhalten. Ji Pengfei ist ein zerbrechlich wirkender alter Herr, nicht ohne Humor und hintergründige Anspielungen. Die Bedeutung des Protokolls zeigt, dass für das Gruppenfoto ein genauer Stehplan für jeden von uns erstellt worden war. Robert Blackwell, Ulf Hydmark, Hans-Gert Pöttering, Oskar Prinz von Preußen, Johannes Procharska, Matthias Wissmann und ich nehmen unsere Plätze ein.

Der stellvertretende Außenminister Zhou Nan empfängt unsere Delegation zu einer zweieinhalbstündigen Diskussion. Die Kernbotschaften des Gesprächs: 1. die Stärkung Europas ist gewünscht; 2. der sowjetische Hegemonismus ist die größte Gefahr für den Weltfrieden; 3. beide Supermächte neigen zu hegemonialer Politik; 4. die Politik der USA im Nahen Osten, in Mittelamerika und in Südafrika wird kritisiert; 5. die Heimführung Taiwans ist für die Volksrepublik China erforderlich; 6. die chinesisch-europäische Zusammenarbeit muss ausgebaut werden; 7. die Regionalisierung der Welt muss gefördert werden; 8. ASEAN ist wichtig und soll sich weiter gut entwickeln; 9. die sowjetische Politik in Kambodscha und Afghanistan sind Hindernisse für eine chinesisch-sowjetische Wiederannäherung; 10. China hat Interesse an den Genfer Abrüstungsverhandlungen und würde eine Verlegung der sowjetischen SS20-Raketen nach Asien als Bedrohung ansehen; 11. eine Verbesserung der Beziehungen zu Indien wird von China gewünscht, aber wenn die Inder Probleme haben, die offenen Grenzfragen jetzt zu klären, könne China gerne noch einige Jahre mit der Vertiefung der Beziehungen warten.

20.–21. August 1983, Hohhot
Eine fünfzehnstündige Zugfahrt führt meine Mitreisenden und mich in guten Schlafwagen mit Plüschausstattung in die Innere Mongolei. Am frühen Morgen treffen wir pünktlich in Hohhot ein, der Hauptstadt der Autonomen Republik Innere Mongolei. Die Stadt wirkt grauer als Peking. Es gibt weniger Menschen, die farbige Kleidung tragen, mehr graue Gebäude, nur spärliche Gemüsestände. Die Mongolen sind im Schnitt größer als die Han-Chinesen, wohl dank der regelmäßigen Ernährung mit Milchprodukten und Hammelfleisch. Nach dem Ende der Qing-Dynastie löste sich die Äußere Mongolei aus dem chinesischen Staatsverband. Die Chinesen stärkten ihren Einfluss in der Inneren Mongolei, dort nahmen aber auch mandschurische Einflüsse zu. Während der Okkupation der Mandschurei in den dreißiger und vierziger Jahren durch Japan versuchten diese, die Innere Mongolei zu vereinnahmen, was indessen nicht gelang. Noch vor dem Triumph der Kommunisten im chinesischen Bürgerkrieg, der nach der japanischen Kapitulation ausbrach, etablierte sich in der Inneren Mongolei ein kommunistisches Regierungssystem. Dadurch wurde die Einverleibung der Autonomen Republik Mongolei in die Volksrepublik China leichter im Vergleich mit den Entwicklungen in Tibet und Xinjiang.

Wir besichtigen zwei Fabriken: In der einen werden Schuhe und folkloristische Gegenstände für die rund zwei Millionen in China lebenden Mongolen angefertigt, in der anderen werden Milchprodukte hergestellt. Die Gespräche enthüllen in wenigen Minuten die organisatorischen und ordnungspolitischen Schwachpunkte eines Zentralverwaltungssystems. Trotz der Arbeitsplatzsicherungspolitik für diejenigen, die in staatlichen Fabriken für einen Monatslohn von fünfzig Yuan arbeiten, ist von Effizienz, Profitdenken und Buchhaltung noch wenig zu spüren. Einzig die Milchfabrik beeindruckt durch Ansätze von ökonomischem Effizienzdenken. Seit der Einführung der Liberalisierungsmaßnahmen in der Landwirtschaft sei die Milchproduktion wegen der privat gehaltenen Kühe der Bauern, erheblich gesteigert worden, erläutert der Fabrikdirektor. Die Produktion der Fabrik sei heute überlastet, nachdem sehr lange über die Unterauslastung der Kapazität geklagt worden sei. Entscheidungs- und Leitungsgremium in der Fabrik ist neben einem nominellen „workers congress" ein fünfköpfiges Gremium, das aus Parteikadern und Betriebsleuten besteht. Der leitende Mann gesteht Konflikte ein, die aus dieser Mischung von vertikalen und horizontalen Machtstrukturen entstehen.

Der Gouverneur der Autonomen Republik Innere Mongolei gibt uns ein Mittagsbankett. Die Grenze zur Republik Mongolei, einem Satellitenstaat der Sowjetunion, sei durchlässig. Allerdings verstünden beide Seiten die Souveränitätsansprüche des jeweils anderen sehr genau. Gleich nach dem Mittagessen brechen wir auf zu einer mehrstündigen Autofahrt durch die Innere Mongolei, ein eindrucksvolles Naturerlebnis. Wir steigen Passstraßen ins Gebirge hoch, die eine Höhendifferenz von sechs- bis siebenhundert Metern überbrücken. Hohhot liegt 900 m über dem Meeresspiegel, das Grasland, das unser Ziel ist, liegt auf 1600 m. Mächtige Bergzüge und weite Wiesenlandschaften werden durch breite ausgetrocknete Flussbette unterbrochen. Strategisch besitzt diese Berggegend eine zentrale Bedeutung, stellt sie doch den wesentlichsten Schutz vor einem Angriff dar. Militäranlagen und Bauarbeiten an Straßenblockaden sind daher nicht überraschend.

Ulan Tuge („Rote Flagge") heißt die mongolische Ortschaft, in der wir eintreffen. Meine Mitreisenden und ich übernachten in Jurten, den traditionellen zeltartigen Behausungen der Mongolen. Nach der Revolution von 1949 wurden die 56 chinesischen Minderheitenvölker, von denen die Mongolen noch nicht einmal die größte Gruppe darstellen, vernachlässigt. Während der Kulturrevolution wurden sie sogar auf vielfältige Weise verfolgt. In der neuen chinesischen Verfassung von 1982 wird den Minderheiten eine exponierte Stellung zugewiesen. Diese Rehabilitation kann nicht darüber hinwegtäuschen, dass nach wie vor Integrationsprobleme bezüglich der Minderheiten bestehen. Die Mongolenfrage besitzt durch die Aufteilung des Volkes der Mongolen in den chinesischen und sowjetischen Machtbereichen zusätzliche Brisanz. Eine denkbare Funktionalisierung der Mongolen bei künftigen sino-sowjetischen Konflikten ist nicht auszuschließen.

Während des fleisch- und alkoholreichen Abendbanketts singen unsere mongolischen Gastgeber melancholische Liebeslieder und tanzen mongolische Tänze, wozu die Dorfschönheiten hinzugezogen werden. Die angenehm heitere und stimmungsvolle Atmosphäre wird überschattet davon, dass dieses Bankett in einem entsakralisierten Lamakloster stattfindet. Wohl wurde die Anlage für kulturelle Veranstaltungen restauriert. Aber in der zweihundertjährigen Geschichte dieses Lamaklosters dürfte die eigentliche religiöse Bestimmung wohl selten so sehr missbraucht worden sein wie heute. Die mongolischen Gastgeber versuchen die Trinkfestigkeit von uns Langnasen mit permanent serviertem starkem Schnaps zu testen. Ich überstehe das Trinkgelage mithilfe des wie in China üblich neben dem Essteller liegenden feuchten Tuches. Es fällt keinem in der Runde auf, dass ich das Tuch nicht nur zum Reinigen meiner Hände benutze. So als müsste ich immer wieder husten, nutze ich das Tuch vor meinem Mund als Auffangbehälter für einen gewichtigen Teil des Alkohols.

Vor unseren Jurten führen einige Mongolen Reiterübungen und Ringerkämpfe in traditionellen Trachten auf. Das pittoreske Bild vor der bis an den Horizont reichenden weiten sattgrünen Wiesenlandschaft, die förmlich in die Wolken überzugehen scheint, zeigt aber auch den Niedergangsprozess einer einstmals großen und machtvollen Zivilisation: die Nachfahren des Dschingis Khan im Folkloremodus. Chinesische Offiziere in Uniformen und mit langen Teleobjektiven ausgestattet, amüsieren sich mit uns. Ihre Präsenz zeigt nicht allein die strategische Bedeutung der Inneren Mongolei, sondern auch, wer über die Nachfahren Dschingis Khans das Sagen hat.

Die Fahrt führt durch die sich ins Unendliche ausdehnende Steppenlandschaft. Auf einem Hügel wird uns demonstrativ vorgeführt, wie Mongolen mit Bittgaben um gutes Wetter flehen. Die etwas übertriebene Vorführung zeigt weniger echte Naturfrömmigkeit, sondern eher Kritik an einer so antiquierten Glaubenspraxis. Vereinzelte Gehöfte aus Lehm zeugen von der extrem dünnen Besiedelung dieser Provinz, gut einhundert Kilometer von der Grenze zur Äußeren Mongolei entfernt. Wir bekommen eine mongolische Bauernfamilie präsentiert, die uns stereotypisch von den großen Verbesserungen seit 1949 und noch mehr seit dem Ende der Kulturrevolution zu berichten weiß. Die glatte, lederartige gelbbraune Haut der Bäuerin verrät ein hartes und mühseliges Leben. Das Hausinnere ist schon für den eiskalten Winter präpariert, der bald wieder ansteht. Geheizt wird mit Kuhdung. Bei der Rückfahrt passieren wir teilweise überraschend gut bearbeitete Äcker. Bauarbeiten am Straßenrand zeugen von ersten ernsthaften Bemühungen Pekings, die bisher vernachlässigten Grenzregionen auf dem Weg der „Vier Modernisierungen" mitzunehmen, die Deng ausgerufen hat.

22.–23. August 1983, Guilin
Guilin, im subtropischen Klima der Provinz Guangxi, nimmt mit einer der gewiss reizvollsten Landschaften Chinas für sich ein. Das Straßenleben ist bunt, nicht im Sinne westlicher Konsumvorstellungen, doch aber dem südostasiatischen Straßenbild näher als dem grauen Peking. Die Nüchternheit Pekings scheint mehr als nur 1800 km entfernt. Strömender Monsun die ganze Nacht über hat Guilin in ein tropisches Dampfbad verwandelt. In den Straßen der Innenstadt steht das Wasser teilweise kniehoch. Wir unternehmen eine mehrstündige Bootsfahrt auf dem Li Jiang, die uns an den eigenartig-eindrucksvollen Felspanoramen Guilins entlangführt: fingerartige Felsen stechen in den Himmel. Der strömende Regen verleiht dem Tropenambiente noch pittoreskere Züge. Für Fischer und Uferbewohner wird das Leben nun gewiss noch härter. Am Ende der Fahrt schlendern wir durch ein Dorf und über einen Marktplatz, der auf anschaulichste Weise ein Bild vom menschlichen Treiben in der chinesischen Provinz gibt: Allerorten regt sich der Handels- und Geschäftsgeist der Chinesen. Sie bieten ihre Waren feil, feilschen miteinander um den Preis und schlendern von Stand zu Stand, bevor sie sich für einen Kauf entscheiden.

24.–25. August 1983, Kanton
Überraschung beim Anblick von Kanton, das sie dort Guangzhou nennen: „Das Tor zum Westen" wirkt entschieden lebendiger und bunter, geschäftiger und wohlhabender als alle Orte, die ich bisher in China gesehen habe. Wohl machen viele Häuser, selbst im Stadtzentrum, einen dringend sanierungsbedürftigen Eindruck. Aber mich beeindruckt der rege Autoverkehr, die emsige Geschäftigkeit und das ungewöhnlich reichhaltige Angebot in den Geschäften und Auslagen der Stadt. Der Einfluss, der über Hongkong durch Auslandschinesen und Westler hierhergelangt, ist unverkennbar. Die Dolmetscherin Xia ist den westlichen Lebensgewohnheiten gegenüber sehr aufgeschlossen. Sie ist erfreut darüber, dass ihre Stadt wohlhabender und weltoffener ist als andere Städte Chinas.

Wir besuchen den Campus der Universität, die in den frühen zwanziger Jahren von Sun Yat-sen begründet worden war. Sein Denkmal steht in den leicht verfallenen, sicherlich einstmals gepflegten Gartenanlagen. Vertreter der Studentenorganisation berichten von einer sehr hohen Durchfallquote bei den Bewerbern für einen Studienplatz. Dabei werden auch „moralische" und staatsbürgerliche Qualifikationen berücksichtigt. Vielleicht ist beides in der Volksrepublik China sogar weitgehend identisch. Die Berufsvermittlung sei für Studienabgänger problemlos, höre ich.

Die bewegendste Begegnung der Reise findet mit dem protestantischen Pfarrer Fen Xinyiung in dessen Kirche statt. War die Universität während der Kulturrevolution „nur" geschlossen, so musste seine Kirche schwerste Verwüstungen erleiden. Schon 1949 waren die verschiedenen protestantischen Denominationen gleichgeschaltet worden. Auch die schwierige Situation innerhalb der katholischen Kirche – einerseits vom Staat eingesetzte Bischöfe, andererseits an Rom festhaltende Untergrundchristen – sei bedrückend. Der zweiundsechzigjährige Pfarrer erzählt, dass er in der letzten Zeit fünfzig neue Christen taufen konnte. Einige neue Kirchen seien in Kanton seit 1979 eröffnet worden. Damals, drei Jahre nach dem Ende der Kulturrevolution, war seine Kirche wiedereröffnet worden. Er zeigt mir ein Foto vom ersten Ostergottesdienst nach der Wiedereröffnung der Kirche. Es spricht Bände: Das Gotteshaus war rappelvoll. 2000 Gläubige zählt Fens Pfarrei heute. Er besucht viele Familien auch privat. Im Rahmen seiner Pfarrstelle könne er in begrenztem Rahmen auch Religionsunterricht erteilen. Junge Menschen kämen durch ihre Eltern zur Kirche, auf Grund persönlicher Probleme oder, wie er sagt, „weil sie einfach dem Ruf Jesu folgen". Die drei Dolmetscher und Begleiter unserer Gruppe verhalten sich zurückhaltend. Sie haben, wie alle drei sagen, niemals zuvor eine Kirche betreten. Mit Interesse blättern sie in den Fotoalben der Gemeinde. Sie halten Distanz und lassen uns im Gespräch mit dem englischsprachigen Priester allein. Dieser macht einen geistig ungebrochenen Eindruck. Aus seinen leuchtenden Augen spricht tiefe Glaubenszuversicht, die sich in über dreißig Jahren härtester Bewährung nicht hat brechen lassen. Körperlich macht er allerdings einen mehr als zerbrechlichen Eindruck. Dreizehn Jahre Gefängnis und Zwangsarbeit während der Kulturrevolution haben ihn massiv geschwächt. Beim Gang durch seine Kirche nimmt er mich beiseite, um unbewacht reden zu können. Er erzählt seinen persönlichen Leidensweg, nicht ohne mit bewundernswerter Gelassenheit zu sagen, dies habe doch nur seine körperliche Kondition geprüft. Pfarrer Fen gehört ohne Zweifel zu den namenlosen Helden unserer Zeit. In einer Welt, in der Gewalt zunimmt und von anderen immer selbstverständlicher hingenommen zu werden droht, ist dieser Mann ein leuchtendes Vorbild menschlicher Größe. Mit Tränen in den Augen sagt der Pfarrer leise, dass Besuche wie der unsrige wichtig seien. Was in Europa beschwerdelos möglich sei und eher im säkularen Materialismus unterzugehen drohe, sei hier erschütternde und hoffnungsvolle Wirklichkeit: die Botschaft Jesu Christi in einem Umfeld der Verfolgung mit ungebrochen frohem Herzen zu verkünden und zu leben.

Abends mischen wir uns im Freizeitpark mit Peking-Oper, Karussell und Freiluftkino unter die Kantoner Menschenmassen. Wir schlendern durch die bemerkenswert mit Produkten aller Art gefüllten Geschäftsstraßen und Warenhäuser. Von der sterilen Nüchternheit Pekings ist hier keine Spur zu sehen. Die Menschen leben in äußerst beengten und ärmlichen Wohnbedingungen. Viele der staatseigenen Häuser sind halbzerfallen. Einige Wohnungen in Guangzhou sollen unterdessen reprivatisiert worden sein. In Nebenstraßen sind an einzelnen Häusern offenkundig private Erweiterungsarbeiten zu sehen. Die Region hat den Status einer ökonomischen Sonderzone erhalten. Das bedeutet: bessere Rohstoffzufuhr, mehr Freiheit für die Privatwirtschaft, liberalere Import–Export-Bedingungen von Waren aus Hongkong.

Die stellvertretende Bürgermeisterin tritt in schicker westlicher Kleidung auf. Sie hat zwei Jahre in Italien studiert. Es gefällt ihr offensichtlich, ausländischen Gästen ein kulinarisch erstklassiges Dinner in einem der besten Restaurants der Stadt zu bieten. Betonköpfe sind offensichtlich nie weit entfernt: Einer der neben mir sitzenden örtlichen Funktionäre des ACYF hält die Verwestlichung in den Lebenssitten unter jungen Kantonesen ideologisch für problematisch. Die ideologische Aufweichung müsse durch besondere erzieherische Anstrengungen der ACYF bekämpft werden, sagt er mir. Innerhalb der ACYF sei das Tragen von Jeans und T-Shirts undenkbar. Die Zukunft des chinesischen Modells nach der trostlosen Zeit der Kulturrevolution ist offenbar keineswegs geklärt. Eine entscheidende Frage ist wohl, ob der 79-jährige Deng Xiaoping es schaffen wird, während der ihm noch zur Verfügung stehenden Lebenszeit in ausreichender Zahl Leute seines Denkens als Nachwuchs in führende Positionen zu hieven.

26. August 1983, Hongkong
Mit dem Zug geht es durch reich bebautes fruchtbares Reisland nach Hongkong. Es ist ein eigenartiges Gefühl, die chinesisch-britische Grenze zu passieren. In der *South China Morning Post* ist zu lesen, dass Ji Pengfei zum Leiter des Amts für Angelegenheiten um Hongkong und Macau ernannt worden sei. In Hongkong wird diese Nachricht weitgehend positiv aufgenommen, gilt Ji doch als erfahrener und international gesehen eher offener Staatsmann. In seine Zeit als Außenminister zwischen 1971 und 1974 fielen der Beitritt Chinas zu den Vereinten Nationen und die Aufnahme diplomatischer Beziehungen mit verschiedenen westlichen Ländern. Künftig wird er also auf chinesischer Seite die Verhandlungen um die Zukunft der Kronkolonie führen.

27.–28. August 1983, Taipeh
In der Republik Taiwan, von den Portugiesen bei ihrer Entdeckung 1517 zu Ilha Formosa benannt, kann ich mein Chinabild abrunden. Erster Eindruck am Zoll: strenge Zensur für Waren, die in Verbindung mit der Volksrepublik China stehen. Ein Chinabuch aus der Feder David Bonavias, dem Peking-Korrespondenten der *Far Eastern Economic Review,* fällt in die Hände des Censorship Inspectors. Erst nach längerer Prüfung wird es mir wieder zurückgegeben. Flüchtige Eindrücke beim Weg in die Stadt: hügelig-grüne Landschaft, Tempel, Autos, Werkstätten und rauchende Fabrikschlote. Was in Peking die Fahrräder, sind in Taipeh Suzuki-Motorräder und Autos, die über die Highways donnern. Im Stadtzentrum eröffnet sich neben dicht an dicht gebauten, zum Teil durchaus eher ärmlich anzusehenden Wohnhäusern eine bunte Palette von zur Straße hin offenen

Geschäften. Schon in den Außenrandbezirken von Taipeh ist die Fülle der Konsumangebote allgegenwärtig.

Abendlicher Bummel durch die Innenstadt: Das Zucken der tausendfältigen Neonreklame wirft lange Schatten über die sich durch die Straßen wälzende Menschenmasse. In den Supermärkten und Geschäften wird eine Fülle von Waren aller Art angeboten. Zum großen Teil sind geschmackvoll ausgestellt. „Mainland China", wie man in Taiwan sagt, scheint Mondjahre entfernt. Räucherstäbchendüfte erfüllen die Luft in der Umgebung einiger taoistischer und buddhistischer Tempelanlagen. Vor nicht wenigen Werkstätten gibt es Hausaltäre oder vor Geschäften eine schamanistisch-konfuzianistische Ahnenverehrungsstätte für eine verstorbene Familienangehörige. Vor dem mit Trauerflor umrahmten Bild eines Verstorbenen sind Obst- und andere Opfergaben aufgestellt worden. Kräftiger als der Räucherstäbchenduft ist nur der Smog der Abgase, der aus dem Auspuff der wie eine Lawine dahinwalzenden Autos bläst. Das pulsierende Leben einer kapitalistischen Großstadt sticht die Nüchternheit Pekings aus. Der chinesische Geschäftsgeist kann sich in Taipeh entfalten – im kommunistischen Rotchina wird er abgewürgt.

Im Regierungsviertel ragen das backsteinerne President's Office und die prachtvolle Anlage der Chiang-Kai-shek-Gedächtnishalle hervor. Das Museum der Gedenkstätte des ersten Staatspräsidenten Taiwans ist allerdings nicht frei von historischen Zurechtbiegungen: Die Niederlage gegen Maos Rote Armee und die diplomatische Isolation nach der US-rotchinesischen Annäherung werden unterschlagen. Doch gerade diese Fakten machen zwei Eckdaten in der Geschichte Taiwans aus. China musste Formosa 1895 an Japan abtreten. Nach dem Ende der japanischen Kolonialherrschaft 1945 breitete sich der Einfluss der Armee der Republik China, die von der Nationalen Volkspartei (Kuomintang) 1912 ausgerufen worden war, auf Formosa aus. Als die Kommunisten unter Mao den innerchinesischen Bürgerkrieg 1949 gewonnen hatten, flohen etwa zwei Millionen Anhänger der Kuomintang unter Führung von Chiang Kai-shek nach Formosa. Die Republik China, wie Formosa offiziell heißt, behielt den chinesischen Sitz in den Vereinten Nationen bis 1971 bei. Unterdessen unterhalten nur noch eine Minderheit von Staaten diplomatische Beziehungen zu Taiwan anstatt zur Volksrepublik China.

Imponierend ist das acht Kilometer außerhalb von Taipeh gelegene National Palace Museum mit einer der größten Sammlungen chinesischer Kunst. Unweit meines Hotels erstreckt sich ein ausgedehnter Night Market, der in schriller Beleuchtung die Menschen zum Einkaufen und zum Verweilen an einer der vielen Garküchen einlädt. In den Nebengassen schließt sich ein Bordell an das nächste an. In der geöffneten Frontseite der Häuser warten endlos viele, zumeist wohl minderjährige Prostituierte auf Kundschaft. Die Straßenszene macht aber nur auf den ersten Blick fast den Eindruck einer Teeny-Fete. Tatsächlich wirkt Kinderprostitution in diesem verdreckten Ambiente einfach nur widerlich. Ich bin überrascht, wie ungeniert Prostitution in einer Reihe asiatischer Länder offensichtlich als eine alltägliche Selbstverständlichkeit gilt.

3 Aufbrüche zu Freiheit und Globalisierung (1980–1989)

Abb. 3.5 Studium in Japan: Leben und schlafen auf einer Fläche von sechs Tatami in Tokio (1983). (© Ludger Kühnhardt)

29. August 1983, Yeliu
Am nördlichsten Zipfel Taiwans befinden sich außergewöhnliche, vom Wasser des Pazifik ausgespülte Steinformationen. Unweit der Steinwunder von Yeliu liegt das Baderesort Greenbay. Es wimmelt nur so von einheimischen Touristen. Über die Hafenstadt Keelung, die von einer überdimensionalen Buddhastatue überragt wird, gelange ich durch eine gebirgige Landschaft in das von einem heftigen Monsun urplötzlich unter Wasser gesetzte Taipei zurück.

2. September–16. November 1983, Tokio
Meine Adresse für ein Jahr: 5–19-8 Honchó Koganei-shi, Tokio 184. Nach der Hausbesitzerfamilie nennt sich das winzige Häuschen, das ich mir mit João Norton Soares aus Brasilien und Brian Szepkouski aus den USA, zwei weiteren Austauschstudenten, teile: Tanaka's Heaven. Der Hausbesitzer ist ein freundlicher Zahnarzt und lebt hier mit seiner Familie. Jeder von uns bezieht ein Zimmer mit sechs Tatami Größe, das heißt mit Fußbodenbastmatten im Umfang von sechs Tatami (Abb. 3.5). Ich befinde mich zwanzig Busminuten vom Campus der International Christian University entfernt, wo ich zunächst einen japanischen Sprachkurs besuche.

Die ersten Stadtimpressionen: Ein unbeschreiblicher Moloch, ohne Ende und Mitte. Heftige Schwüle, die den ganzen September fast unerträglich anhält. Demütigend ist die Fingerabdruck-Prozedur im Rathaus von Koganei-shi bei der Registrierung als „gaijin", als Fremder. Mit dem „Certificate of Alien Registration" ausgerüstet, legt sich erst langsam das Gefühl, fast wie ein Verbrecher eingestuft worden zu sein. Die Eröffnung eines Kontos bei der örtlichen Bank verläuft vergleichsweise unkompliziert. Die erste Post erhalte ich aus Wien: Den Publikationsvertrag für meine Dissertation vom Braumüller-Verlag.

Mit großem Schock nehme ich den Abschuss der Korean-Airlines-Linienmaschine mit 269 Passagieren durch eine sowjetische Rakete nördlich von Hokkaido auf. Dieser barbarische Akt, bei dem der Wert von Menschenleben in sowjetisch-militärischer Sicht erneut offenbart wurde, ruft allerorten Abscheu hervor. Ministerpräsident Yasuhiro Nakasone spricht im japanischen Parlament mit Sorge über die internationale Entwicklung und ruft trotz allem zu weiterer internationaler Kooperation auf, um Debakel größerer Art zu vermeiden.

Die Warenhäuser der Ginza, der Hauptgeschäftsstraße, quillen über mit Angeboten aller Art. Ebenso gilt dies für die vielen noblen Geschäfte der umliegenden Straßen. Ich habe noch nie ein derart vielfältig-luxuriöses Konsumgüterangebot in derart geschmackvoller Aufmachung gesehen wie in Tokio. In der Parkanlage um den Kaiserlichen Palast atme ich auf: Die Weite des Parks gibt Raum zum Atmen und lässt die physische Enge vergessen, die ansonsten allerorten in Tokio herrscht.

Der Dolmetscher der deutschen Botschaft, Dr. Schulte: „Die Japaner wissen nicht, wohin die Reise ihrer Gesellschaft eigentlich gehen soll." Die Japaner besitzen starke schöpferische Transformationsfähigkeiten. Ihre Autoritätsgläubigkeit hat den starken Pro-Amerikanismus nach dem Kriegsdebakel hervorgerufen. Ichiban, die Nr. 1, überall sein zu wollen, ist die heute dominierende Haltung.

Masako Okada, meine charmante Betreuerin an der International Christian University, zitiert fast in jedem zweiten Satz die Überlegenheit und die Vorteile der USA. Japaner seien zu kalt, die menschliche Seite der Persönlichkeit zu wenig ausgebildet. Sie erzählt, dass immer mehr Männer zwischen vierzig und fünfzig Jahren Selbstmord begingen. Diese Altersgruppe fühle sich besonders einsam. Das Familienleben finde weithin ohne Vater statt, der es leider zu oft vorziehe, eine Geliebte zu unterhalten. Wegen des Schulstresses würden die Kinder kaum lernen, menschliche Kontakte zu knüpfen, zu spielen, sich zu unterhalten. Ein Sinn des Lebens sei, so spekuliert Masako, den meisten Japanern wohl unbekannt. Das ein und alles sei die besessene Zuneigung zum Betrieb. Für viele Männer ist der eigene Betrieb eine Art Ersatzehefrau. Es müsse doch noch anderes als die Arbeit geben, findet Masako. Wir verabreden uns zum regelmäßigen Tennisspiel.

Das Leben in den Straßen, Geschäften, öffentlichen Verkehrsmitteln, Banken mutet mir äußerst mechanisch an. Emotionale Wärme zu dieser Stadt will beim besten Willen nicht aufkommen. Die hektische Wohlstandsfassade verbirgt nahezu alles, was ein humanes Leben in einer modernen Industriegesellschaft ausmachen kann. Ohne zum Zivilisationsfeind zu werden, denke ich, dass Abdul Bashar und seine

Familie in Munshiganj in vieler Hinsicht natürlicher und menschlicher leben können als die perfektionierten Roboter-Menschen des glattpolierten und mit Präzision funktionierenden Tokio.

Der Sprachunterricht nimmt nach den herben Frustrationen der ersten Stunden langsam Konturen und Lernperspektiven an. Die Hiragana- und Katakana-Silben wollen gepaukt werden, dann kann das eigentliche Sprachstudium beginnen.

Wochenendausflug nach Kamakura zu dem an der Pazifikküste gelegenen alten politischen und spirituellen Zentrum Japans. Übernachtung in einem Ryokan, dem traditionellen japanischen Hotel. Dicht an dicht die Surfer auf dem Wasser vor Enoshima, dem Segelhafen der Olympiade 1964. Hier, auf dieser kleinen Insel, liegt ein sehenswerter Shinto-Schrein. Von Kamakura aus nahm der Zen-Buddhismus seinen Weg. Besonders eindrucksvoll sind die meterhohe Daibutsu-Buddha-Statue und die zwölfköpfige Kannon-Statue, Buddha in der Gestalt der Göttin der Barmherzigkeit. Besonders angetan bin ich von den weitläufigen, in einem Wald gelegenen Tempeln des Zen-Buddhismus in Kita-Kamakura. Diese Plätze strahlen innere Ruhe, Frieden und buddhistische Spiritualität aus. Der Buddhismus reflektiert Spiritualität und das Streben nach Seelenruhe. Die Shinto-Schreine hingegen sprechen in ihrer Nüchternheit zwar ästhetische Gefühle an, lassen aber spirituelle Dimensionen – von transzendenten Bezügen ganz zu schweigen – vermissen.

Ein netter Abend im Kreis der Familie meines Rotary-Beraters, dem Zahnarzt Yasuhiro Kawamoto, und einigen seiner Rotary-Freunde. In dem für japanische Verhältnisse geräumigen Haus am Westende Tokios werden mir die verschiedensten japanischen Gerichte gereicht, wie zum Beispiel Tempura, ursprünglich von den katholischen Portugiesen als Fastenzeit-Nahrung in Japan bekanntgemacht. Getrunken wird Sake, Reiswein und guter deutscher Weißwein. Im Wohnraum steht ein Klavier, das jedoch eher zeremoniellen Charakter hat, da kaum jemand vernünftig spielen kann. Ein Freund Kawamotos hat mehrere Jahre in Bonn und Würzburg studiert. Er glaubt, dass es in Deutschland unhöflich sei, eine Einladung vor Mitternacht zu verlassen. Die japanische Überformalisierung transportiert sich so selbst in andere Gesellschaften.

Der deutsche Botschafter Klaus Blech zeichnet das Bild eines stabilen Landes, das in den Jahren, die er vergleichen kann, merklich selbstbewusster geworden sei, „mit einem zuweilen vorkommenden Hang zur Arroganz". Zweifellos sei Japan ökonomisch besehen fragil, doch dürfe man nicht übersehen, dass es die beiden Ölkrisen besonders gut überstehen konnte, da man im Nahen Osten a) kostspielige „Hamsterkäufe" tätigte und zu überhöhten Preisen langfristige Verträge abschloss und b) während des Nahostkonfliktes deutlich eine neutrale Haltung an den Tag gelegt hat. Nicht übersehen werden dürfe der enorme Binnenmarkt mit einer äußerst konsumorientierten 120-Mio.-Bevölkerung. Nur ein Drittel der Produktion gehe auf den Weltmarkt. Das Spezifikum Japans sei ohne Frage die in Europa eher verlorengegangene Arbeitsmoral. Ob diese sich auf Dauer halten könne, wisse natürlich niemand, doch gebe es gute Gründe zu der Annahme, dass Regierung und Gesellschaft auch in der nachwachsenden Generation die gleichen Wertvorstellungen zu verankern wüssten. Offen sei, ob die Zivilisationskritik hier noch bevorstehe oder schon überwunden sei. Zwei Probleme sieht Botschafter Blech vor allem auf Japan zukommen: a) die rasant fortschreitende Überalterung und b) die Wohnungsfrage, da die beengten Wohnverhältnisse in immer offenerem Gegensatz zum allgemeinen Volkswohlstand stünden.

Das angenehme Gespräch mit dem Schweizer Botschafter Dieter Chenaux-Repond geht in eine spontane Einladung zum Familien-Fondue über, aus dem sich eine enge Freundschaft zu Dieter, Agathe und ihrem Sohn Lorenz entwickelt. Chenaux-Repond äußert sich unverblümt und entwaffnend kritisch über Japan. Er sieht eine wachsende Tendenz, sich wieder abzuschließen: Im Außenministerium werde kaum noch Englisch gesprochen, die Zahl der Auslandssprachlehrer gehe zurück und der Sprachunterricht nehme weithin ab. Das Gruppenverhalten beobachtet er mit gemischten Gefühlen. Er zweifelt eher, ob auf Dauer in der Jugend diese fast spätfeudalen Attitüden aufrechtzuhalten seien. Was aber hätte dies für Konsequenzen für Arbeitsethik und Wirtschaftsverfassung? Die Japaner schildert Dieter Chenaux-Repond unverblümt als vereinnahmend. Die Männer seien alberne Kindsköpfe, die nach Dienstschluss ihre Komplexe und in sich eingefressenen Probleme pubertär abreagieren würden. Die Frauen in dieser Gesellschaft seien reifer, sagt der unverblümt und gänzlich frei von diplomatischem Gehabe auftretende Botschafter.

Tokio-Impressionen: Dicht an dicht kleben die Holzhäuser in der Regel ohne Garten und lassen kaum Luft zum Atmen. Dichtes Gewirr von TV-Antennen und Stromleitungen, Taxifahrer und Busfahrer mit weißen Handschuhen. Im Supermarkt zwei Kassiererinnen hintereinander und das mal zehn: eine tippt den Preis in die Kasse, die zweite zählt das Geld ab und zahlt das Wechselgeld. Die elendigen Spielhallen und Pachinko-Hallen an jeder Ecke: ein lautes Dauergerassel der Apparate, in die begeisterte Japaner in Unmengen Geldstücke werfen, die kleine Kugeln in Bewegung und Lichter zum Aufflammen bringen, bevor nach wenigen Minuten der ganze Zauber vorüber ist. Pornomagazine können aus Automaten am Straßenrand gezogen werden. Junge Mädchen, aber auch junge Männer, tönen ihre Haare nicht selten rötlich-braun. Wieder und wieder überquellende Supermärkte und eine schier endlose Konsum- und Kauflawine.

Einer der ersten Sätze, die ich im Sprachunterricht lernen soll, lautet: „Haben Sie Zeit? Sind Sie sehr beschäftigt?" Die Hektik, die das japanische Leben offenkundig prägt, schlägt sich auch im Sprachkurs für Ausländer nieder. Morgens auf dem Weg zur Universität: Tankwarte und Automechaniker, in blaue Hemden mit Krawatten gekleidet, die Köpfe mit orangen Mützen bedeckt, bilden einen Kreis wie beim Rugby-Spiel. Sie fassen sich an die Schultern, beugen sich und artikulieren plötzlich gellende Schreie. Was nach Initiationsritus anmutet, ist der allmorgendliche Anfeuerungsruf, um die Dienstloyalität aufzufrischen.

5. Oktober 1983: Ein freudiger Tag: Lech Wałęsa erhält für seinen couragierten Einsatz für Menschenrechte und die Verwirklichung des Rechts auf Vereinigungsfreiheit der Arbeiter in Polen den Friedensnobelpreis zugesprochen. Dass er bisher nur vorübergehend erfolgreich war und lediglich bis zur Verhängung des Kriegsrechts und

der Suspendierung von Solidarność geduldet wurde, macht die Auszeichnung umso wichtiger. Der polnische Freiheitskampf geht weiter.

Während in anderen Ländern im Regelfall der Anteil der mittelmäßigen Schüler und Studenten die Mehrheit ausmache und die Ränder dünn besetzt seien (sehr gut beziehungsweise sehr schlecht), sei es in Japan umgekehrt. Die sehr Guten und die übermäßig Schwachen machen die Mehrheit der Schul- und Hochschulabsolventen aus, berichtet Alfred Dienst, der Präsident von Hoechst Japan und Vorsitzende der Deutsch-Japanischen Handelskammer. In der Jugend nehme die Tendenz zur Individualität zu, sichtbar an Kleidungsfragen. Für viele Japaner sei es noch immer eine höchst peinliche Angelegenheit, dass die japanische Elite von Korea eingewandert sei. Bis zum Kriegsende war es verboten, archäologische Forschungen an Hartgefäßen vorzunehmen, da dies die koreanischen Ursprünge freigelegt hätte. Ich lese das soeben erschienene Buch von Hyoe Murakami: *Japan: The Years of Trial, 1919–1952* (1983). Die Invasionen in Mandschurei und China werden als „Incident" verharmlost, die Japaner als friedliebendes Volk dargestellt, das von einigen unfähigen Militärs in tragisch endende Abenteuer gerissen wurde. Die japanischen Übersee-Expansionen hätten nur dem Zweck gedient, Asien zu befreien. Der Krieg gegen die USA hätte aus Gründen der nationalen Selbstbehauptung, moralisch wie politisch gesehen, geführt werden müssen.

Nō-Theater in Koganei: Eher ermüdende, schleppende und inhaltsleere Vorführung, durchzogen von schrillen Tönen und infantilen Schreien beziehungsweise Lauten der Schauspieler. Eindrucksvoll aber die traditionellen Kostüme. Japanische Männer um mich herum schlafen während des arg meditativ und blutleer anmutenden Stückes ein. Die Publikumsmehrheit sind Damen gesetzten Alters.

Kern eines Gespräches mit René Wagner, dem Korrespondenten der *Frankfurter Allgemeinen Zeitung*: Japans Jugend fehlten die Ideale, um die Zukunftsgestaltung der Gesellschaft zu meistern. Diese Ziellosigkeit könne auf gefährliche Weise dadurch kompensiert werden, dass man neuerlich nach militärischer Stärke suchen könnte.

Im größten Skandal der japanischen Politik seit dem Ende des Zweiten Weltkrieges wird der frühere Premierminister Fukuda Takeo, immer noch „strongman" der japanischen Polit-Szene, zu vier Jahren Gefängnis verurteilt. Eine blamable Enthüllung für die angeblich durch und durch korruptionsgeschwängerte Politwelt. Ins Gefängnis muss Takeo dennoch nicht, da er eine Kautionssumme vorlegen kann.

Professor Thomas Immoos, Direktor des Institut for Oriental Religions der Tokioer Sophia-Unversität, sieht den Dritten Weltkrieg im Fernen Osten aufziehen. Die Sowjets seien, ebenso wie die Nordkoreaner, aufmarschbereit. Er zeichnet das Szenario einer sowjetischen Okkupation in Hokkaido bei gleichzeitigem Angriff der Sturmtruppen Kim Il-sungs. Ergebnis wäre ein Japan aufgenötigter Friedensvertrag, um das Land zu finnlandisieren. Buddhistische Sekten kämen heute zur jesuitischen Sophia-Universität, um katholische Missionierungstechniken zu lernen. Immoos hält den Einfluss des Christentums in Japan für weit größer, als Taufstatistiken dies offenlegen könnten.

Ich lese Kintarō Nishidas *A Study of Good* (1960), mit ungewöhnlich vielen Anlehnungen an Positionen des Christentums. Der repräsentativste japanische Philosoph zenbuddhistischer Prägung spricht von „nothingness" als menschlichem Ziel und vom „ewigen Nun" als seiner Perzeption von Zeit.

Ausflug nach Nikkō, dem großartigen Zentrum des buddhistisch-shintoistischen Eklektizismus aus der Zeit des Höhepunktes des Tokugawa-Shogunats im 17. Jahrhundert. Stimmungsvolle Tempel in einer friedlichen, wirklich spirituellen Umgebung, fernab der Hektik des modernen Großstadtlebens. Die jährlich stattfindende historische Prozession vereint vor dem Schrein Nikkō Tōshō-gū, in dessen Innerem das Yōmeimon-Tor als bedeutendstes Werk japanischer Architektur des 17. Jahrhunderts gilt, über eintausend Teilnehmer: Krieger, Gefolgsleute, Samurai, der Shogun zu Pferd. Ein farbenprächtiges Bild. Die Asche von Tokugawa Ieyasu, dem mächtigsten Shogun und Stabilisator der durch Toyotomi Hideyoshi grundgelegten Einheit Japans, ist in einem Hain über dem Schrein beigesetzt.

Professor Anselm Mataix, Leiter des Instituts for the Study of Social Justice der Sophia-Universität, glaubt, dass sich in der Mentalität des japanischen Volkes in den letzten dreißig Jahren wenig geändert habe. Ein universalistisches, die Menschheit umschließendes Denken sei hier kaum zu erhoffen trotz eines wachsenden Bewusstseins für internationale soziale Fragestellungen. Die Erziehung der heutigen Jugend habe die Frage nach Ethos und sozialer-moralischer Lebensperspektive ausgeklammert. Hier herrsche enormes Defizit.

Der Jesuit Dr. David Wessels vom Institute for International Relations der Sophia-Universität befürchtet einen rechten Nationalismus in schwierigerer ökonomischer Zukunft. Der introvertierte Charakter der Japaner befähige sie kaum zu einer kompromissorientierten Sicht der Welt unter Berücksichtigung der Perspektive anderer. Die Amerikaner begingen einen Fehler, wenn sie Japans politisch-militärische Eigenständigkeit ausufern ließen. Ein Glück, dass dieses unberechenbare Volk nicht 1945 von den Russen okkupiert worden sei, meint Wessels tiefsinnig. Dann wäre möglicherweise wohl der rigideste kommunistische Staat entstanden.

Im neu eröffneten Nationalen Nō-Theater erlebe ich eine künstlerisch hochstehende Aufführung, die Fremdheit dieses Genres, seine Bewegungsarmut, Emotions- und Seelendefizite bestärkt. Viele Zuschauerinnen im Kimono geben ein stimmungsvolles Bild ab. Der schlichte, klassisch-japanische Holzbau des Theaters imponiert. Doch erneut fehlt mir eine menschliche Dimension: Wärme. Dies will mein Land nicht werden. Alles ist vordergründig zu perfekt. Andererseits erlebe ich Japan immer wieder steril und seelenarm.

Erneute Einladung bei Agathe und Dieter Chenaux-Repond mit Professor Heinz Toni Hamm, Germanist an der Sophia-Universität, und dem Ehepaar von Braun, Siemens-Repräsentant und Sohn des deutschen Diplomaten Sigismund von Braun. Anregende Debatten über Japan, Metternich, Deutschland, Schweizer Verfassungslage, Geschichte, Literatur, Katholizismus. Eine geistige *tour d'horizon* wie ich sie mir mit Japanern wohl nur träumen lassen könnte.

Sumiko Iwata, ehemalige Rotary-Stipendiatin in Köln, lädt mich zu einem großartigen Konzert des Leipziger Gewandhausorchesters mit Dirigent Kurt Masur nach

Yokohama ein (Beethovens 3. und 6. Sinfonie). Sie kennt die japanische Ehefrau Kurt Masurs und wünscht nichts sehnlicher, als auch selbst einen deutschen Mann zu heiraten, der sie aus dem mechanischen Leben Japans befreit. Ich bin nicht der Richtige. Chinatown Yokohamas zeigt die elementaren Unterschiede zum Original: Alles ist kalt, irgendwie aufgebaut und nicht mit chinesischer Lebensart gewachsen. Peking ist im Original viele Male faszinierender.

Arthur J. Collingsworth von der Bonner United Nations University macht sich ernste Sorgen über die Neutralisierungstendenzen in der Bundesrepublik. Die US-Ostküstenpresse hat ein Deutschlandbild geprägt, das in Maßen berechtigte Sorgen übermäßig aufbauscht. Deutschland wird dargestellt, als stünde es kurz vor einem Bürgerkrieg und dem NATO-Austritt. Transatlantischer Dialog ist dringlicher denn je.

2. November 1983: Der zweite Tag eines fünftägigen offiziellen Japanbesuches von Bundeskanzler Helmut Kohl. Als sechster ausländischer Gast spricht er im holzvertäfelten, sehr würdevollen Sitzungssaal des japanischen Reichstages. In Anwesenheit von Premierminister Nakasone Yasuhiro und der früheren Ministerpräsidenten Miki und Suzuki macht Kohl deutlich, dass in Abrüstungsverhandlungen mit der Sowjetunion kein Abschluss angestrebt werden dürfe, der die Sicherheit Japans beeinträchtigen könnte. Eine Verlagerung sowjetischer SS-20-Raketen nach Asien werde von Deutschland nicht akzeptiert. Auch nach einem Scheitern der derzeit stotternden Genfer Abrüstungsverhandlungen solle weiterverhandelt werden. Der Westen sei zu Kompromissen bereit, um die nukleare Gefahr zu reduzieren. Die Sowjetunion müsse sich jedoch endlich nachgiebiger zeigen. Im Geist des Weltwirtschaftsgipfels, der im Mai 1983 erstmals unter Mitwirkung von Helmut Kohl im amerikanischen Williamsburg stattgefunden hatte, zählt der Bundeskanzler Japan eindeutig zum Westen. Gemeinsame Werte und politische Ziele verbänden Japan mit den anderen parlamentarischen Demokratien des Westens. Man verteidige gemeinsam Frieden und Freiheit. Kohl weist auf die gemeinsame Verantwortung gegenüber den Entwicklungsländern und ihren Nöten hin.

Abends bin ich zu einem Empfang in der deutschen Botschaft durch Botschafter Blech geladen. Der große Garten füllt sich mit japanischen Würdenträgern und in Tokio lebenden Deutschen. Ein Mitarbeiter der Botschaft stellt mich dem Bundeskanzler vor (Abb. 3.6). Helmut Kohl erkundigt sich, was ich denn in Tokio mache. Er sagt, ich solle mich doch mal bei ihm melden, wenn ich wieder in Deutschland sei. Schon geht das pausenlose Händeschütteln für ihn weiter. Überrascht, mich hier zu treffen, zeigt sich der mir bereits aus Bonn bekannte Entwicklungshilfe-Staatssekretär Volkmar Köhler, der Kohl begleitet. Er hält das japanische Dritte-Welt-Engagement für eindrucksvoll. Ich weise skeptisch auf die Ambivalenzen hin, die ich hier im Verhältnis Japans zur internationalen humanitären Verantwortlichkeit erlebe. Köhler erzählt, er habe unlängst mein Buch *Kinder des Wohlstands* seiner Frau zur Lektüre gegeben (Kühnhardt 1981).

Die japanischen Medien räumen dem Kohl-Besuch hohen Stellenwert ein. In der Tat scheinen sich die deutsch-japanischen Beziehungen langsam in eine politischere Phase zu begeben. Das dürfte den von beiden Ländern vertretenen parlamentarischen und

Abb. 3.6 Meine erste Begegnung mit Bundeskanzler Helmut Kohl im Garten der Deutschen Botschaft Tokio (1983). (© Ludger Kühnhardt)

freiheitlichen Grundsätzen nützen. Die kulturelle und die ökonomische Dimension reichen nicht mehr aus, um dem Verhältnis zwischen beiden Völkern frische Impulse zu geben.

Kabuki-Aufführung in der prachtvoll ausgestatteten Kulisse des Nationaltheaters mit großartiger Kostümierung. Dieses traditionelle Theater ist lebendiger und ansprechender als das Nō-Drama, wenn auch Kabuki sehr japanisch zurückhaltend ist, ruhig, langsam, zuweilen langatmig mit vier Akten in einer vierstündigen Vorführung.

Ich gehe durch zwei Torii hindurch und erreiche im Innern eines weitläufigen Geländes den Yasukuni-Schrein. Der Schrein wurde 1869 im Zentrum Tokios als Gedenkstätte für die während der Meiji-Revolution gefallenen Angehörigen der kaiserlichen Armee errichtet. Als „kami" gelten die Seelen der Toten, wie im Shintoismus üblich, als verehrte geistige Wesen. Der Vornehmheit ausstrahlende Yasukuni-Schrein ist deshalb besonders umstritten, weil auch der gefallenen japanischen Soldaten des Zweiten Weltkrieges an diesem Ort gedacht wird. Von der Körperschaft, die den Schrein unterhält, wurden 1978 auch einige Kriegsverbrecher der Kategorie A in die Seelen-Gedenklisten des Yasukuni-Schreins aufgenommen. Seitdem diese Nachricht bekannt wurde, hat Kaiser Hirohito seinen jährlichen Besuch des Yasukuni-Schreins eingestellt.

Emmanuel Le Roy Ladurie, führender Vertreter der französischen Annales-Historikerschule, spricht vor großem akademischem Publikum über die historische Aufarbeitung sozialer, anthropologischer und kultureller Phänomene des Mittelalters.

Professor Heinz Toni Hamm, Germanist an der Sophia-Universität, sagt, fünfzehn Prozent oder mehr seiner Studenten seien psychisch defekt, deformiert. Der Glaube, hinter der schwer erschließbaren Maske des Japaners stecke tiefe asiatische Weltversenkung, sei ein ebenso eminenter Trugschluss wie die permanent bemühten Vergleiche mit der Mentalität der Deutschen. Den Japanern fehle Spontanität und das heißt im Kern Persönlichkeit.

Ich sehe *Tokyo Saiban,* ein fünfstündiges Filmepos über den Kriegsverbrecherprozess für Ostasien, der 1947/1948 analog zum Nürnberger Kriegsverbrecher-Tribunal stattfand. Der Tenor des langatmigen Streifens: Japanische Untaten sollen relativiert werden, indem der Atombombenabwurf in Hiroshima und das berühmte Foto schreiender und vor Napalmbomben davonlaufender Kinder in Vietnam subtil eingeblendet werden. Keiner habe das Recht, über die Taten des anderen in Kriegszeiten zu richten, so die Tendenz des Filmes. Kein Wunder, dass der Film rege Kritik im Ausland, aber auch breite Zustimmung in Japan hervorgerufen hat.

Während in *Tokyo Saiban* Kaiser Hirohito vor General Douglas MacArthur die japanische Aufgabe annehmen muss, flimmern im Nebenraum die bunten Bilder vom Begrüßungsempfang für Präsident Ronald Reagan durch denselben Kaiser Hirohito im Innenhof des Akasaka-Palastes über den Bildschirm. Aus dem Feind und Sieger von 1945 wurde der engste Verbündete, Freund und Partner, zu dem man in devoter Verzückung und obsessiver Bewunderung aufblickt. Trotz der dichteren Beziehungen Europas mit den USA wäre ein derartiges Spektakel beim Staatsbesuch eines US-Präsidenten in Europa nicht denkbar. Vor dem Parlament unterstreicht Präsident Reagan die politische Partnerschaft mit Japan als Eckstein einer freien Welt. Seine Rede ist durchsetzt mit Zitaten japanischer Weisheiten.

Der Schriftsteller und Religionswissenschaftler Mircea Eliade erwähnt in seiner Untersuchung *Shamanism. Archaic Techniques of Ecstasy,* dass in Japan vorwiegend Frauen Schamanen seien und die mystische Ekstatik dieses Kultes praktizierten. Der Regenbogen gilt nach Eliade im japanischen Kultus als Verbindungsbrücke zwischen den Menschen und den Göttern (Eliade 1964).

17. November 1983, Nagasaki
Im Angesicht der in diesen Tagen in Genf wohl eher scheiternden amerikanisch-sowjetischen Abrüstungsverhandlungen (Intermediate Nuclear Forces, INF) und der Stationierung neuer, weiterer Nuklearwaffen auf beiden Seiten Europas ist es besonders bewegend, den Ort des widersinnigen, verwerflichen und durch nichts zu rechtfertigenden zweiten Atombombenabwurfs aufzusuchen. Am 9. August 1945 um 11 Uhr 02 detonierte über Nagasaki die Bombe, der 74.000 Menschen unmittelbar zum Opfer fielen. Dazu kamen mindestens ebenso viele Verwundete, die bis heute teilweise noch leben oder Folgesymptome an ihre Kinder vererbt haben. Vor dem Friedensdenkmal –

einer überdimensionalen Statue, die einen Gott in gelassener Friedenspose mit Zeigefinger darstellt – bekommen Hunderte japanische Schüler eine historische Lektion über das Geschehen erteilt. Die Mauerreste der Urakami-Kirche, einst die größte Kirche Ostasiens, wirken wie ein Mahnmal besonderer Art: War es doch ein christliches Land, das die barbarischste aller Waffen zuerst anwendete. Die Grauen der Massenvernichtung sind im Memorial Museum anschaulich zu sehen. Neben Trümmerteilen und Dokumenten bewegen Fotografien, aufgenommen direkt nach dem Abwurf von Opfern. „Men looked like worms", beschrieb ein Zeuge die verbrannten und verstümmelten Leichen.

Im Süden Nagasakis, mit Rundblick über die Bucht und das Hafenbecken, liegt die Onda-Kirche. Nagasaki ist immer Zentrum der kleinen christlichen Minorität Japans geblieben. Daneben befindet sich Glover Garden: Die Holzhäuser holländischer Händler – Schauplatz von Puccinis *Madama Butterfly* – erinnern in pittoresker Weise daran, dass während des Tokugawa Shogunats Nagasaki der einzige Ort war, in dem Ausländer sich aufhalten durften und über den Japan Kontakt zur Außenwelt behielt. Die hundert Jahre, die seit der Öffnung vergangen sind, haben Japan, zumindest äußerlich, mit einer Rasanz verwandelt, die ihresgleichen sucht. Die freiwillige Aufnahme und Adaption westlicher Moderne, eine Art Selbstkolonialisierung Japans, ist eines der interessantesten Phänomene der Weltgeschichte im 20. Jahrhundert. Für mich als Außenstehenden ist die japanische Erfolgsgeschichte durchsetzt mit vielen Rätseln, Widersprüchen und Unzulänglichkeiten.

18. November 1983, Miyajima

In der durch herbstliches Laub *(momiji)* buntgefärbten Idylle der Insel Miyajima unternehme ich einen langen Spaziergang auf den höchsten Gipfel. Mein Blick schweift über die Inlandsee mit ihren gebirgigen Ufern. Auf Meereshöhe liegen der Itsukushima-Schrein, eine fünfstöckige Pagode, und vor der Küste der rotleuchtende berühmte Torii aus dem 19. Jahrhundert, eine besondere Ikone japanischer Kulturtradition. Zahmes Damwild zieht durch die Wälder und entlang der Schreinanlage. Im Mondlicht spiegelt sich der hellleuchtete Torii im Wasser der inzwischen aufgestiegenen Flut.

19. November 1983, Hiroshima

Die wilde Konsumgesellschaft, die Hiroshima, wie praktisch jeden Ort Japans, prägt, lässt die Erinnerung an die Grauen des ersten Atombombenabwurfs vordergründig vergessen. Der Atombombendom, das Stahlgerippe der einstigen Industriepromotionsgesellschaft am Flussufer, das vor allem den getöteten Kindern gewidmete Atombombendenkmal, der Kenotaph, unter dem die Liste mit den Namen aller Opfer verwahrt wird, das ewige Licht dahinter und vor allem die entsetzliche Sammlung von Dokumenten, Fotos verbrannter Leiber, Kleider und geschmolzener Gegenstände aber lassen das Grauen nicht vergessen, das am 8. August 1945 um 8 Uhr 15 Uhr einsetzte (Abb. 3.7). Mehr als 140.000 Menschen fanden im ersten Atombombenabwurf auf der

3 Aufbrüche zu Freiheit und Globalisierung (1980–1989)   243

Abb. 3.7 Vor dem Kenotaph für die Opfer des Atombombenabwurfs in Hiroshima (1983). (© Ludger Kühnhardt)

Stelle einen grausamen Tod oder starben langsam an den oft schmerzhaften Folgen. „No more Hiroshima", kann ich nur stammelnd in das Gästebuch der Peace Memorial Hall schreiben. An Hiroshima zu denken, heißt, sich für den Frieden einzusetzen, rief Papst Johannes Paul II. bei seinem Hiroshima-Besuch 1981 der Menge zu. Der prägendste Eindruck meines Hiroshima-Besuches: Die Kuppel des Atombombendomes legt sich wie eine stählerne Dornenkrone über eine Welt, in der Geschäftigkeit und Materialismus auf selbstzerstörerische und vergesslich machende Weise gedeihen. Ein junger Japaner erzählt mir in Hiroshima stolz von einem 500 D-Mark teuren Kugelschreiber „Made in Germany", den er unlängst geschenkt bekommen habe. Das stählerne Gerippe der Atombombenkuppel symbolisiert den Fluch der Selbstvernichtungsfähigkeit, unter der wir Menschen leben.

Die *Japan Times* berichtet von der Hoffnung Bundeskanzler Kohls, dass die Sowjets bei den Genfer INF-Verhandlungen in letzter Minute doch noch zu Konzessionen bereit sein könnten. Ob dies die sich selbst erfüllenden Ereignisse in Europa bremst? Die ersten Pershing-Raketen sind in Westeuropa eingetroffen. Die Sowjets bauen weitere SS-20-Raketen und planen die Stationierung neuer Kurzstrecken-Nuklear-Raketen in der DDR und der Tschechoslowakei.

20. November 1983, Nara

Die Familie eines Mitsui-Angestellten nimmt mich gastfreundlich in ihrem Haus auf und gibt mir Gelegenheit, die wichtigsten Plätze und Sehenswürdigkeiten von Nara kennenzulernen. Die ländliche Umgebung ist ein besonders angenehmer Kontrast zum Leben in Tokio. Ich werde gebeten, deutsche Lieder auf dem Klavier zu spielen. Azuma-san erklärt, dass die japanische Wirtschaft zu neunzig Prozent aus kapitalarmen und unproduktiven Firmen bestehe, die oft nur zu sechzig Prozent ausgelastet seien. Die versteckte Arbeitslosigkeit führe dazu, dass die Löhne nicht mit der Inflation mitstiegen.

In Nara beeindruckt mich vor allem der Hōryū-ji-Tempel, 607 von Prinz Shotoku erbaut, die älteste hölzerne Tempelanlage Ostasiens. Nicht weniger imponierend sind der mächtige Tōdai-ji-Tempel, das größte Holzgebäude der Welt mit dem größten Buddha der Welt im Inneren: Die Buddha-Statue ist 16 m hoch und zwischen 745 bis 749 aus reinem Gold erbaut worden. Im Kōfuku-ji-Tempel und am Kasuga-Schrein fallen mir die fünf, sieben und drei Jahre alten Kinder auf: in hübschen Kimonos drapiert, denn sie sind heute zu dem ihnen gewidmeten Gedenktag mit ihren Eltern erschienen. Schließlich streife ich noch durch die Anlagen des Tōshōdai-Tempel und des Yakushi-ji-Tempel. Von 710 bis 784 war Nara die erste Hauptstadt eines geeinten Japans.

20.–23. November 1983, Kyoto

Drei imponierende Tage in der alten japanischen Kaiserstadt. Unter den Großstädten des Landes sticht Kyoto positiv hervor: breite, weithin übersichtliche Straßenzüge geben der Millionenstadt eine gewisse Ordnung. Die die Stadt umsäumenden Bergketten leuchten im bunten Herbstlaub. Die ehemalige Hauptstadt des Landes, von 784 bis 1868, hinterlässt nachhaltige Erinnerungen an ein klassisches Japan, das heute einzig als historische Größe weiterzuleben scheint. Die kaiserlichen Anlagen sind leer, der Tenno nach Tokio verzogen. Die buddhistischen Tempel und Shintō-Schreine sind weithin zu Touristenorten denaturiert und nur noch in zweiter Linie Kultstätten. Hoch imponierend sind vor allem das Nijō-Schloss, der Sanjūsangen-dō mit seinen eintausend Kannon-Standbildern, der Goldpavillon Kinkaku-ji, von dessen Brandstiftung das gleichnamige Buch des exzentrischen und nationalistischen Schriftstellers Mishimas Yukio handelt (2019). Ich durchstreife die Anlage des Alten Kaiserpalastes mit ihren weitflächigen Parkanlagen und den herrlichen Kiyomizu-dera-Tempel, an dessen Fuß sich zahlreiche pittoreske Antiquitätenläden befinden. Im Ryoan-ji-Tempel mit seinem großartigen Landschaftsgarten, sticht mir der der Zen-Meditation angepasste Steingarten ins Auge, der „nothingness" repräsentiert. Auch die Stadttempel Nishi Hongan-ji und Higashi Hongan-ji stehen auf meinem Programm. Das Nationalmuseum beherbergt eine großartige Sammlung japanischer Kunstwerke aller Epochen. Besonders nachhaltig bleibt mir der Eindruck des Heian-Schreines, der als farbenfrohester Shintō-Schrein des Landes gilt. Während im Inneren der Anlage eine Beerdigungsfeier abgehalten wird, sammeln sich auch im Hof dieses Schreines Shichi-go-san (7-, 5-, 3-Jahre-alte) Kinder in ihren hübschen Kimonos zu dem ihnen gewidmeten Fest. Teile der 1855 errichteten Schreinanlage erinnern an chinesische Architektur des 9. Jahrhunderts (Tang-Dynastie).

Ich sehe den Chion-in-Tempel mit seinem prachtvollen 24 m hohen Tor und dem dahinterliegenden Maruyama-Park sowie die Grabanlage des Toyotomi Hideyoshi, des Begründers des Tokugawa-Shogunats. Neben Tokugawa Ieasu und Oda Nobunaga gehört er zu den wichtigsten und prägendsten Figuren bei der Ausformung der vierhundertjährigen japanischen Feudalzeit. Sie brachte erstmals eine effektive nationale Einheit und lebt trotz Meiji-Revolution und der Nachkriegs-Umerziehung durch General MacArthur bis heute intuitiv weiter.

24. November 1983, Toba
In der pastoralen Ruhe eines weitläufigen Waldgebietes am Rande von mehreren Bergen liegt Japans allerwichtigstes Nationalheiligtum, der der Sonnengöttin Amaterasu-ō-mi-kami geweihte Ise-Schrein. Auf sie gründen die japanischen Herrscher ihre Abkunft, den gläubigen Shintoisten gilt sie als Zentralgöttin. Neben dem Inneren Schrein *(Naikū)* suche ich auch den in der Stadt gelegenen Äußeren Schrein *(Gekū)* auf. Die schlichten Holzschreine symbolisieren reinsten Shintoismus ohne irgendwelche buddhistischen Einflüsse, wie dies ansonsten in den meisten Schreinanlagen des Landes der Fall ist.

Meine Fahrt geht durch den gebirgigen Ise-Shima-Park zur Pazifikküste. Vor der Hafenstadt Toba liegt die Mikimoto-Perleninsel, auf der 1893 Mikimoto Kōkichi die erste künstliche Züchtung einer Perle in einer Austernmuschel gelang. Ich erlebe Tauchvorführungen der Amu, junger Taucherinnen. Von ihnen gibt es Tausende auf den Perlenfarmen im Küstengebiet. Fachkundig wird mir der Entstehungsprozess von der Befruchtung der Austernlarve bis zum Verkauf hochkarätiger Perlenketten erläutert. Die Fahrt zurück nach Tokio – vorbei am weithin wolkenverhangenen Fudschijama – führt erneut durch das graue Häusermeer, das sich fast ohne Unterbrechung von Tokio bis Hiroshima zu ziehen scheint. Einladend und inspirierend ist die japanische Landschaft nicht wirklich.

2.–5. Dezember 1983, Delhi
Nach harten Mühen habe ich doch die Drehgenehmigung für den Dokumentarfilm zum hinduistisch-christlichen Dialog in Indien im Rahmen einer *WDR*-Fernsehserie über die Zukunft des Christentums erhalten (Kühnhardt 1984d). Während im Zimmerradio des Maurya-Sheraton wohlbekannte Töne indischer Musik an mein Ohr dringen, lese ich in der *Times of India,* dass die Bevölkerungszuwachsrate für dieses Jahr bei 1,9 % liege. Auch lese ich, dass alleine in den Monaten August bis Oktober in Delhi 134 verheiratete Frauen durch Gewalt in der Familie – Mord, Selbstmord, Verbrennung – umgekommen seien. Dies sei ein Todesrekord, so die Zeitung über diese barbarische Facette indischer Wirklichkeit.

Von Thomas Matussek, Presseattaché in der Deutschen Botschaft und Bruder meines Freundes und Kollegen aus der Deutschen Journalistenschule, Matthias Matussek, erfahre ich, dass Botschafter Ramisch den Fall meines Filmprojektes sogar in einem Gespräch mit Außenminister Narasimha Rao zur Sprache gebracht hat. S. Kumar, zuständiger Beamter in der External Publicity Division des Außenministeriums und früher unter anderem auf Posten in Bonn, empfängt mich freundlich im Shastri Bhavan und bietet alle erdenkliche Hilfe an. Ich erwähne den Zwischenfall in Kalkutta vom Juni 1983 nicht und auch Mr. Kumar spielt darauf nicht an. Ob er es wirklich nicht weiß? Aus einer Akte auf seinem Schreibtisch, die, mit Bindfaden verschnürt, Dutzende schmuddeliger Papiere zu meinem Filmprojekt enthält, ersehe ich, dass die Regierung von Westbengalen am 8. Juli 1983 in einer *Note of High Priority* ans Außenministerium mitgeteilt hat, keinerlei Einwände gegen das Filmprojekt zu haben. Kumar erwähnt, dass Landesregierungen und auch Abteilungen der Zentralregierung Einwände gehabt hätten. Einzelheiten könne er leider nicht nennen. Er selbst aber sei von Anfang an nach Durchsicht meines Exposés überzeugt gewesen, dass die Intention des Filmes keineswegs negativ für Indien sei. Er weist mich allerdings sehr deutlich darauf hin, dass ich ein sehr sensibles Thema mit erheblichen politischen Implikationen aufgegriffen hätte und äußerste Vorsicht walten lassen sollte, um nicht die religiösen Gefühle einzelner Gruppen zu verletzen. Die Warnung, diplomatisch fein verpackt, vor christlich-westlichem Überheblichkeitsdenken verbindet er mit dem knappen Hinweis, dass der Film vor der Ausstrahlung von der indischen Botschaft in Bonn abgenommen werden müsse. Das werden weder ich noch der *WDR* akzeptieren, denke ich mir, ohne es jedoch auszusprechen. Schließlich erhalte ich von Mr. Kumar die notwendigen Papiere für die Dreharbeiten. Statt eines permanenten Begleiters werden mein Filmteam und ich an die Behörden der verschiedenen Landesregierungen verwiesen, die jeweils einen Liaison Officer beistellen werden.

Die Welt der Bücher: In einem unscheinbaren, fast düsteren Winkel von Old Delhi suche ich einen der berühmtesten indologischen Verlage auf. Motilal Banarsidass bietet in einem großzügig ausgestatteten, verwinkelten Buchladen alle nur denkbare Literatur zu Religion und Kultur Indiens an. Zwei Publikationen haben es mir angetan: Die vom in Indien hochverehrten, in Deutschland weithin unbekannten Indologen Max Müller initiierte Sammlung der Heiligen Schriften der asiatischen Religionen, die unterdessen zu der fünfzigbändigen Reihe *The Sacred Books of the East* angewachsen ist (Müller 1981). Und: Kautilyas Werk *Arthashastra* aus dem vierten vorchristlichen Jahrhundert. Chanakya gilt als Buch eines indischen Machiavelli, das möchte ich genauer wissen (Kautilya 1980). Ich bin überrascht, dass meine von Tokio aus ergangene Bestellung schon auf dem Schiffsweg nach Deutschland ist. Bar begleiche ich die fällige Rechnung.[9]

Sumit Mitra von *India Today* berichtet von den Plänen der Border Security Force, die 4000 km lange Grenze um Bangladesch mit Stacheldraht zu versperren, um die illegale Einwanderung zu beenden. Er hält diese Maßnahme, die in diesen Tagen beginnt, für gerechtfertigt, da jährlich zehntausende von illegalen Bangladeschis nach Indien drängen, um sich als Saisonarbeiter zu verdingen. Was ich wohl sagen würde, wenn alle jobsuchenden Inder nach Deutschland kämen?

---

[9]Wenige Jahre später setze ich Kautilya ein kleines wissenschaftliches Denkmal (Kühnhardt 1988).

6.–8. Dezember 1983, Madras

Dann geht alles seinen Gang. Der zuständige Beamte des Directorate of Information and Public Relations der Landesregierung von Tamil Nadu, K. Natarajan, der im Innenhof des Fort George residiert, neben seinem Büro die älteste anglikanische Kirche Indiens aus dem Jahr 1680, in der Hastings und andere Gouverneure des British Raj gebetet haben, erweist sich als sehr entgegenkommend: Wir benötigen keinen Liaison Officer an unserer Seite und können sogleich mit den Dreharbeiten beginnen. Die beschauliche Atmosphäre von Madras mit ihrer Universität, einer Mischung aus viktorianischer und islamischer Architektur, Straßenszenen in der Mount Road, dann das interreligiöse Dialogzentrum Aikya Alayam. Besonders suggestiv ist der Altarraum mit der Weltkugel als Umschließung einer Monstranz, das von Pater Ignatius Hirudayam entworfene Symbol der Einheit der Religionen: „Come together, speak together. Let your minds become one. Let your hearts become one." Unter diesem Motto aus den *Rigveda* (10. Mandala, 191 Kapitel) steht die Arbeit des Dialogzentrums Aikya Alayam.

Um fünf Uhr in der Früh filmen wir eine Sonnenaufgangsmeditation, zu der Hirudayam eine größere Gruppe von Menschen an den Strand des Golfs von Bengalen führt. Über der beständig rauschenden Bay of Bengal erhebt sich der glühendrote Sonnenball zu den im Gezwitscher der Vögel verschwimmenden Rezitationsgesängen der Meditationsgruppe. Abends feiern Christen und Hindus gemeinsam Diwali, das Lichterfest der Hindus, und die Geburt Christi. Der Presseattaché des deutschen Generalkonsulats beklagt die Ärgernisse, die europäische Hippies immer wieder dem Konsulat bereiteten. Das alte Lied auf allen Stationen der europäisch-indischen Rauschgiftstraße.

9.–10. Dezember 1983, Kulithalai

Im Shantivanam, dem „Wald des Friedens" genannten christlichen Ashram Saccidananda, fünfzig Kilometer außerhalb von Tiruchirappalli, beeindruckt mich erneut das mystische Charisma des unterdessen 77-jährigen Bede Griffith und die heilige Stimmung, die von den Meditationen und Gebeten in der indisierten Kapelle des Benediktinerklosters ausgeht: *being, knowledge, bliss*. Ein wahrhaftiger Ort der Gottesbegegnung. Vermählung von Intuition und Verstand, wie Pater Bede formuliert, als Mystiker ein tief blickender Mensch. Der kontemplative, stille und meditative Charakter des Ashrams ist ein Gegenpol in einer hektischen und materialistischen Welt, die im Westen mit exorbitanter Säkularisation häufig nur Ängste und Neurosen produziert hat. Die Verknüpfung von Ost und West, anders als für Rudyard Kipling, ist für Bede Griffith möglich. Aber nur, so fügt er sogleich hinzu, in der Wiederentdeckung des Absoluten, Gottes oder wie immer wir es stammelnd nennen wollen, in der Erfahrung des Mysteriums von Glauben und Wahrheit. Verbindungen zwischen dem Vedanta-Hinduismus und dem in den semitischen Religionen existierenden „Heiligen" (Otto 1970) werden im Saccidananda Ashram lebendig. Noch nie hatte ich eine solche Gotteserfahrung. Ich versuche, diese ungeheuer tiefe Erfahrung mit den Bildern, die mein Filmteam dreht, so gut wie möglich einzufangen (Abb. 3.8).

Abb. 3.8 Im Shantivanam Ashram mit Jesuitenpater Bede Griffiths und meinem Kameramann Jürgen Grundmann (1983). (© Ludger Kühnhardt)

11. Dezember 1983, Bangalore
Im katholischen Dharmaram College drehen wir eine Indische Messe, zu der der Vize-Rektor Father Francis Vineeth eigens aus Nordindien angereist ist. Ein touristischer Abstecher führt uns zur glamourhaften Pracht des Maharadscha-Palastes von Mysore, Amba Vilas. In dem um die Jahrhundertwende errichteten Palast lebt das untergegangene Traum-Indien bis heute vor sich hin. Ein Teil der Familie der Maharadscha-Nachfahren lebt noch immer in dem weitläufigen, verspielt gebauten Palast. Mit Eintrittsgeldern der Besucher muss ein Teil der enormen Unterhaltungskosten eingefahren werden.

Die Gesellschaft, die sich in indischen Flugzeugen trifft, so auch auf dem Flug von Bangalore nach Kalkutta, vermittelt das Bild des gesetzten, in sich ruhenden, nach eigenen Maßstäben modernen Indien. Unter uns ziehen Tausende von Dörfern vorbei, in denen Wasser und gesunde Nahrung Mangelware sind. Dort sind die Zukunftschancen der Menschen von den Widrigkeiten der Natur, den Hemmnissen der Kastenordnung und den Zerrbildern einer Gesellschaft abhängig, deren Widersprüchlichkeit Armut nicht wahrhaben will und moralisches Verantwortungsgefühl oft in Determinismus, Heuchelei oder Überheblichkeitsgefühl abzuwälzen versucht.

16.–18. Dezember 1983, Kalkutta
Dies war nun wieder eine widersinnige bengalische Farce. Unter willkürlichen Vorwänden hält das Innenministerium von Westbengalen die Drehgenehmigung zunächst zurück und verschafft mir noch einmal vier Tage nutzloser Rennereien, Aufregungen, überflüssiger und übler Gespräche, unterbrochen von stundenlangen Versuchen, im ständig völlig überbelasteten Telefonnetz Kalkuttas eine Telefonleitung zu finden. Wie eine Mischung aus Kriminellen („You are not ordinary TV", sagt der Special Secretary des Departement of Home Affairs, Dutta), Agenten (die Beamten der Sicherheitspolizei dringen erneut in unsere Hotelräume ein) und dahergelaufenem Dandy (die Behörden spielen einen durchsichtigen Schabernack, als hätten sie kleine Kinder vor sich, die den Machenschaften abgebrühter Politprofis nicht gewachsen seien) behandelt zu werden, wird zur unangenehmsten Erfahrung meiner journalistischen Aktivitäten in Indien. Am 8. Juli 1983 hatte die Regierung von Westbengalen, wie ich in Delhi gesehen hatte, in einer High Priority Note dem Außenministerium in Delhi mitgeteilt, dass „no objections" gegenüber dem avisierten Filmprojekt bestünden. Nun wird uns aber vom Assistant Secretary Home Affairs, Bhattarcharya, und später erneut vom Special Secretary, Dutta, eröffnet, wir könnten erst drehen und einen Liaison Officer beigestellt bekommen, wenn der Regierung von Westbengalen eine Genehmigung der Zentralregierung vorläge. Das Telegramm aus Delhi, das unsere Ankunft mitteilt und die Beistellung eines Liaison Officers erbittet, wird als unzulänglich verworfen. Der Sabotageakt ist offenkundig. Wir werden vertröstet, von Schwätzern mit falschen Informationen und Hoffnungen vollgepumpt und immer wieder im Kreise herumgeschickt.

Dies alles findet in der höchst kafkaesken Atmosphäre des Writer's Building statt, der noch immer imperial anmutenden einstigen Schreibstube für das British Raj. Hunderte von ineffizient herumlungernden Beamten verwalten im Dämmerlicht von flackernden Schreibtischlampen und matt durch die Fenster hereinfallenden Sonnenstrahlen staubbedeckte Aktenberge, deren kleine Bündel durch Bindfäden zusammengehalten werden. Irgendwann finden sich in diesem Wust immer wieder die notwendigen Papiere – und wenn es flugs Tage dauert. Von hier aus werden neunzig Millionen Westbengalen verwaltet. Genau wissend, dass am 16. Dezember um 6 Uhr 30 Uhr unser Abflug terminiert ist, teilt man mir mit – und parallel dem deutschen Generalkonsulat –, dass ans Außenministerium Delhi eine Teleprinter-Message abgesandt sei, um die Drehgenehmigung von dort zu erhalten. Wir telefonieren parallel über die Botschaft mit dem indischen Innenministerium im Shastri Bhavan von New Delhi. Mr. Kumar sendet sofort ein Kabel, das angeblich auch nach zwei Tagen noch immer nicht in Kalkutta eingetroffen ist. Schon sitzen mein Filmteam und ich im Generalkonsulat, um die dort sicherheitshalber eingeschlossenen belichteten Filme der vorherigen Drehtage abzuholen und uns zu verabschieden. Da ertönt plötzlich am späten Donnerstagabend das Telefon und Mr. Bhattacharya eröffnet mir, wir könnten drehen. Er habe die entsprechende Nachricht an einen untergeordneten Beamten weitergeleitet. Ich eile ins Writer's Building, wo mir eine Staubwolke von Angestellten auf den Treppen entgegendrängt. Sie haben Dienstschluss oder nehmen ihn sich schon einmal. Der zuständige Beamte war die letzten Tage über, wie viele andere, nicht an seinem Platz, sondern im Kricketstadion East Garden, wo Indien gegen die Mannschaft der Westindies gespielt hat. Er lässt sich auch jetzt nicht finden. Glücklicherweise hat sich der Fall auf der Etage aber herumgesprochen. Irgendjemand kramt freundlicherweise die Akte „Kühnhardt" heraus. Obenauf liegt die Drehgenehmigung der westbengalischen Regierung, die nie notwendig gewesen wäre und schon gar nicht auf diesem Wege. Man versichert, je eine Kopie sei schon auf dem Weg in unser Hotel und ins deutsche Konsulat. Ab morgen früh stünde ein Liaison Officer zur Verfügung, und wir könnten mit unserem Dreh beginnen. Im Hotel: keine Nachricht. Um 21 Uhr flattert die Drehgenehmigung doch noch per Bote ins Hotel. Überstürzt ändern wir bis Mitternacht die Abreisepläne. Welche Farce für fünf Minuten Filmsequenz.

Am Ende siegt unsere Standhaftigkeit. Liaison Officer Bakhchi gibt sich leutselig: Er verstehe die Schwierigkeiten, die man uns bereitet habe, auch nicht. Die Mehrheit der Beamten im Writer's Building würde ohnehin eine Congress-Regierung favorisieren. Wir bringen die wenigen Kalkutta-Bilder auf den Film: Einige Straßenaufnahmen von den sich dahinwälzenden Menschenmassen, die Sozialarbeit im Hospital der Seva Sangh Samiti im Slum Pilkhana und die Tempelanlage Belur Math der Ramakrishna-Mission. Mit der inneren Befriedigung, dieser Stadt, die wie ein Zusammenprall aller Naturgewalten zweimal in diesem Jahr auf uns eingeschlagen hat, widerstanden zu haben, beenden mein Filmteam und ich unseren tückischen Indien-Dreh. Kalkutta hat uns nicht in die Knie gezwungen.

Der menschliche Selbstbehauptungswille, der auch in Kalkutta schlummert, hat gesiegt. Wie eine sich immer weiter zusammenziehende Schlinge legt sich die niedergehende einstige Größe der zweiten Stadt des British Empire um die in Kalkutta lebende Menschenschar. Verfallende Häuser, die ihre frühere Pracht noch immer anzudeuten vermögen, über und über verdreckte Straßenzüge, verwinkelte Slumunterkünfte, zwischen denen sich die stinkende Brache menschlicher Exkremente und aller Art von Abfällen staut. Hinter hohen Mauern gelegene Luxusvillen, ein gepflegtes Gartenrestaurant wie das Astor, demonstrativ zur Schau getragener Luxus, von Menschenhand gezogene Rikschas und schwerst beladene Karren in holprigen und engen Straßenzügen. Der monotone Sound wild um ihre Vorfahrt kämpfender Taxis und Privatwagen. Ein von den Düften, Gerüchen und dem Gestank Indiens, jener undefinierbaren Luft, zusammengehaltenes Leben. In seiner Vitalität, seiner Rigorosität, Radikalität und kämpferischen Ansammlung aufgestauter Aggressivität sucht das Leben in Kalkutta seinesgleichen. Die vielen interessanten, ausdrucksstarken Gesichter verraten Abhärtung, Verzweiflung und Ignoranz. Kalkuttas Gesichter bündeln, was die Natur aus dem menschlichen Leben auf diesem Globus nur zu schnitzen vermag. Und dann gibt es da noch die künstlerische Komponente der Bengalen. Dazu gehört auch die Geschichte der Namensgebung für Kalkutta, die mir ein Taxifahrer, bewandert in acht indischen Sprachen neben dem blumigen Englisch, das gerne in Indien gesprochen wird, erzählt. Der erste Engländer, der am Ufer des Hugli auftauchte, kaum besiedelt und weithin von kleinen Dörfern bestimmt, erkundigt sich bei einem Gras schneidendem Bauern nach dem Namen des Ortes. Dieser, des Englischen nicht kundig, versteht, der weiße Sahib wolle wissen, ob und wann er das Gras geschnitten habe – eine Arbeit, bei welcher eben dieser Sahib ihn antraf. „Kaal katta", antwortete er darauf in Bengali: „gestern geschnitten". In meinem Kopf bleibt das Bild der Kinder, die aus der Asche von verbranntem Abfall im Slum Pilkhana die noch verwertbaren Überreste heraussuchen, um im brutalen Kampf ums Dasein die nächsten vierundzwanzig Stunden zu bestehen.

14. Januar–12. März 1984, Tokio
Ich nehme meine Sprachstudien an der International Christian University wieder auf und besuche zugleich einige Seminare zur ostasiatischen Geschichte und Philosophie sowie zu den Internationalen Beziehungen auf dem englischsprachigen Campus der Sophia-Universität.

Merry Christmas, Mr. Lawrence, ein bewegender Film über das brutale Verhalten der Japaner in einem Kriegsgefangenenlager auf Java gegenüber ihren englischen Gefangenen – und der am Ende sichtbaren Einsicht, dass auch der Sieger falsch handelt, wenn er die Besiegten aufs Schafott führt. „After all, you are a human being", sagt Lawrence, von David Bowie eindrücklich gespielt, als der besoffene japanische Captain Hara, ein brutaler Widerling, ihm „merry Christmas", wenn auch zynisch, entgegenruft.

Sie fährt langsam durch das offene Garagentor. In einem Automaten wird Geld eingeworfen wie beim Bezahlen des Parktickets. Eine Code-Karte zum Öffnen einer Zimmertür fällt heraus. Nebenan öffnet sich die Tür zum Aufzug in den dritten Stock. Der Flur ist leer. Die Tür öffnet sich wie von Geisterhand zu einem Zimmer, das mit Spiegeln ausstaffiert ist, wo immer das Auge hinblickt. Die Dusche hat Platz für zwei Personen. Nebenan warten ein Bett und zwei Kimonos. Der Verführungszauber in einem japanischen „Love Hotel" findet ab dem Moment der geheimnisvollen Anonymität beim Eintritt statt, um in die Sinnlichkeit eines Augenblicks einzutreten.

In seinem Buch *Japan. The intellectual Foundations of Modern Japanese Politics* führt Tetsuo Najita aus, das japanische politische Denken konzentriere sich um einen pragmatischen, von bürokratischen Werten und einem „sense of achievement" gezeichneten Pol und einem idealistischen, aus der shintoistischen, konfuzianischen und Tennō-Kulttradition, der Loyalitätsauffassung und einer historischen Mission herrührenden Politik. Beide auszusöhnen sei Aufgabe des modernen Japans, das mit diesem Dilemma zurechtkommen müsse (Najita 1980).

Schlusstag des Sumō-Nationalturniers. Neben den Zeremonien bleibt der sportliche Charakter doch blass und banal. Die Zeremonien auf der Reismatte unter dem stilisierten Dach eines Shintō-Schreins machen anschaulich, wessen Geistes Kind der Sumō-Ringerkampf ist: Es ist Ausdruck der Gewaltverehrung in Samurai-Zeiten unter dem Banner des shintoistischen Nationalkultes. Die zähen Bewegungen der Kämpfer, Sinnbild ihrer eiskalten Kriegsführung, haben etwas Ekstatisches. Sie ähneln dem Nō-Theater mit seinem getragenen Ritual. Dann plötzlich aber kommt es zum schnellen Vorstoß, mit dem Ziel, den Gegner rasch auf die Matte zu legen oder aus dem Kreis zu drängen. Ich bin überrascht, als Sumō-Kämpfer meiner Körpergröße neben mir stehen. Es sind seit Kindertagen in besonderen Sportinternaten geradezu aufgezüchtete Giganten.

Mit André Ruppli, einem Kommilitonen aus Basel, bei Agathe und Dieter Chenaux-Repond. Wir diskutieren lebhaft das potenzielle chinesisch-japanische Verhältnis im 21. Jahrhundert. Wohl bewegen wir uns auf das Glatteis der Spekulation, doch glaube ich, dass man die dieser Frage zugrunde liegende ostasiatische Gemeinsamkeit in kultureller und in gewisser Weise auch in rassischer Hinsicht politisch nicht übersehen darf. Ein eher wieder auf sich selbst gestelltes Japan, bedroht von der UdSSR, mag wieder Zuflucht bei China suchen. Der konfuzianische Pragmatismus der beiden Bürokraten, die sprachliche Wurzel, der chinesische Markt, die chinesische Pufferfunktion via Moskau und das ewige Identitätsproblem der Japaner könnten Japan eines Tages wieder in den Schoß der großen Mutter China treiben. Dieter Chenaux-Repond bemäkelt zu Recht den Pessimismus der Europäer, die Selbstzweifel und die Lethargie auch im Blick auf Japans Märkte. „Europa könnte zugrunde gehen und hinterher wird man bedauernd sagen, dass dies nicht hätte sein müssen. Nur *Le Monde* wird schreiben, dies hätte man schon immer voraussehen können. In jedem Falle wäre es zu schade für Europa", analysiert Chenaux-Repond in seiner spöttelnden und unprätentiösen Art. Der Westen habe eine echte politische Aufgabe, Japan von seinem missionarischen Trieb abzubringen und deutlich zu machen, dass man in der Weltgemeinschaft noch immer nach westlichen Vorgaben – sprachlich, Völkerrecht – agiere.

„Zeig' mir einen Punkt, auf dem wir stehen können und ich zeige Dir Japans Möglichkeiten als Mittler und Mediater zwischen den pazifischen Blöcken USA-China-UdSSR", entwirft Takaaki Yasuoka vom Institute for the Study of Social Justice der Sophia-Universität sein Konzept einer außenpolitischen Strategie für ein Japan, das weder unter sowjetischer Drohung steht noch amerikanische Basen akzeptiert, sondern aus dem Geist eines pazifischen Pazifismus Mittler im pazifischen Geflecht der Weltpolitik sein soll. Japans Militärhaushalt erreicht in diesem Jahr 0,99 % des Bruttosozialprodukts. Die entwicklungspolitischen Ausgaben Japans liegen bei 0,29 % (USA: 0,27 %) des Bruttosozialprodukts.

Thilo Graf Brockdorff, der erste politische Sekretär der Deutschen Botschaft, und Volker Stanzel, der zweite politische Sekretär, diskutieren mit mir ausführlich Japans Modernisierung. Die politische Analyse in der Botschaft läuft darauf hin, dass die Liberal Democratic Party (LPD) und der New Liberal Club auf Dauer verschmelzen und sich damit gemeinsam auf lange Zeit die Machtoption erhalten werden. Brockdorff sieht, wie ich, die japanisch-chinesische Beziehung in historischen und kulturgeschichtlichen Dimensionen, denen größere Aufmerksamkeit geschenkt werden müsse. Bei einem Blick durch die heutige Welt, vor allem durch die problemgeschüttelte Dritte Welt, wird mir wieder einmal die Dringlichkeit der europäischen Einigung deutlich. Dies ist unsere einzige Überlebenschance als potenter Faktor in Weltpolitik und Weltwirtschaft. Dies ist aber auch zugleich unsere Verpflichtung gegenüber einer unsicheren Welt, die noch immer gen Europa blickt, um Fragen politischer Entwicklung und Stabilität zufriedenstellend zu klären. Europa stiehlt sich aus seiner Weltverantwortung, wenn es im Inneren erbärmlich versagen sollte. Das Ziel kann nur die Einigung Europas sein.

Ich treffe mit Gebhard Hielscher zusammen, dem sehr umgänglichen Korrespondenten der *Süddeutschen Zeitung*. Seit siebzehn Jahren lebt und arbeitet er in Japan. „Um die Menschwerdung zu vollziehen", sagt er gleich zu Beginn und reicht mir sein *meiji,* die obligatorische Visitenkarte. Mit ihrem Austausch beginnt in Japan jedes Gespräch. Sogleich können sich die Gegenüber hierarchisch einordnen. Wer sich als höherstehend wähnt, darf sich als Erster wieder aus der tiefen Verbeugung, die zum *meiji*-Austausch gehört, erheben.

Bei den Parlamentswahlen am 26. Juni 1983 hat die LDP Stimmen verloren, bei nur 69 % Wahlbeteiligung. Sie kann aber weiterhin die Regierung bilden. Der aus der LDP abgespaltene New Liberal Club wird zur stabilen Mehrheit verhelfen, so wie es vorausgesagt worden war. Zu den neuen *shooting stars* der japanischen Politik gehört Koji Kakizawa. Seine Schwester, Keiko Ishikawa, eine Bekannte meines Münchner Verlegerehepaars Olzog, hat mir Zugang zu ihrem Bruder verschafft. Mit Keiko hatte ich schon eine seiner Wahlkampfveranstaltungen besucht. Koji Kakizawa ist unterdessen parteilos, aus dem New Liberal Club ausgetreten, und ins neue Parlament gewählt. Wenige Tage vor den Wahlen nahm Ministerpräsident Hirofumi Nakasone ihn persönlich in die LDP auf und ernannte ihn nach dem erfolgreichen Abschneiden in seinem Tokioter Wahlkreis überraschend zum Vizeminister für Umweltfragen. Kakizawa, 49 Jahre alt, war nach seinem wirtschaftswissenschaftlichen Studium an der Tokyo Universität lange Jahre Beamter im Finanzministerium. Mit diesem beruflichen Hintergrund ist er im nächsten Parlament nicht allein. Dem neugewählten japanischen Repräsentantenhaus gehören dreißig ehemalige Beamte des Finanzministeriums an. Kakizawa beschreibt eher, als dass er Positionen bezieht. Nur in einem Punkt macht er eine gewichtige Aussage: Die Ein-Prozent-Grenze für Verteidigungsausgaben gemessen am Bruttosozialprodukt sei lange Zeit in Japan tabu gewesen. Durch den inflationsbedingten Lohnausgleich werde das Verteidigungsbudget schon bald automatisch über diese Marke steigen, die bisher immer als absolute rote Linie galt.

Unter die denkbaren Kandidaten für eine spätere Nakasone-Nachfolge rechnet Kakizawa vor allem Außenminister Abe Shintarō. Für Kakizawa ist mit Nakasone ein sichtlich anderer und klarerer Stil in die japanische Politik eingezogen, der sich schrittweise durchsetzen werde. Auch er selbst repräsentiere in gewisser Weise diese politischere Haltung, die bisher in Japans Politik eher ungewöhnlich gewesen sei. Der Unterschied zu den westlichen Demokratien liege im Pragmatismus und im Familiencharakter der Parteien, erklärt er mir. Der offenere Politikstil Nakasones werde in Japan Wurzeln stärken. Kakizawa gibt zu, dass Interessenkonflikte zwischen Politik und Industrie – die engstens miteinander verflochten sind –, aber auch gegenüber Atomkraftgegnern bestünden. Japan beziehe derzeit Strom aus zwölf Atomkraftwerken. Zwanzig weitere seien geplant. Wasser- und Luftqualität in den Ballungszentren hätte sich merklich verbessert, auch im Vergleich zu anderen Industriestaaten. Japan werde im Umweltschutz weitere Anstrengungen machen und dabei auf entsprechende Investitionen der Industrie drängen. Letztlich müsse die Lebensqualität in den Städten verbessert werden. Kakizawa führt als Beispiel die Errichtung künstlicher Flüsse durch Stadtgebiete an.

Europa, so Kakizawa, sehe Japan immer unter exotischen Gesichtspunkten oder als Robotergesellschaft, nehme aber das wahre Leben in der Gesellschaft nur unzureichend zur Kenntnis. Der politische Dialog mit Europa nehme langsam zu. Japan sei kein westliches Land im klassischen Sinne. Doch je nachdem, von wo aus man schaue, liege Japan im Westen oder im Osten. Wenn die Japaner die besten Elemente ausländischer Lebensart und ihrer eigenen Traditionen vertieft verbänden, könne eine für die ganze Welt großartige Symbiose entstehen.[10]

Pädagogikprofessor Klaus Luhmer lebt schon seit 47 Jahren in Japan. Er kam an zur Zeit des Achsenvertrages, als Hitler hier hoch im Kurs stand und die Deutschen allgemein noch mehr als heute geschätzt wurden. Der Professor der Sophia-Universität sieht viele Entwicklungen in der seitherigen Persönlichkeitsentwicklung der Japaner. Luhmer zitiert Statistiken, wonach die jungen Japaner ab zehn Jahren am meisten ihre Mutter fürchteten.

Bei den drei Seminaren zu internationalen Beziehungen und zur ostasiatischen Geschichte und Philosophie, die ich in diesem Semester an der Sophia-Universität besuche, ist auffällig, dass die Meinungsäußerungen zu einem überwältigenden Anteil von Nicht-Japanern stammen.

11. Februar 1984: Juri Andropow ist gestorben. Zum zweiten Mal erlebe ich den Tod eines sowjetischen Partei- und Staatschefs im Fernen Osten. Vor fünfzehn Monaten fuhr ich durch die Straßen von Masan in Südkorea, als das Radio die Nachricht vom Ableben Leonid Breschnews brachte. Heute prangt eine riesengroße Schlagzeile auf der *Japan Times*. Es ist zu hoffen, dass eine neue Kreml-Führung den Abrüstungsdialog mit dem Westen wieder aufzunehmen bereit ist. Die Sowjets können sich doch auf Dauer nicht bloß in den hochgerüsteten Iglu ihres Riesenimperiums zurückziehen. Am Ende fallen die Würfel für Konstantin Tschernenko. Die Gerontokratie in Moskau geht weiter.

Das kalte Wetter, der schneeverhangene Himmel und die magere Beheizung des Sechs-Tatami-Zimmers mit einem winzigen Öfchen lässt meine Wohnbedingungen in Tanaka's Heaven noch ungemütlicher erscheinen. Am pinkfarbenen Schreibtisch oder unter einer dicken Decke im Futonbett auf dem Fußboden lässt es sich leidlich aushalten. Ansonsten aber ist das kleine Holzhaus hinten und vorne zu unterkühlt, zu beengt, zu weit vom Stadtkern entfernt – und das für 400 D-Mark (35.000 Yen) Monatsmiete für jeden von uns drei Bewohnern, Nebenkosten zuzüglich. Toaster und Waschmaschine kompensieren die Unzulänglichkeiten nicht.

Einmal wöchentlich versuche ich, ins Goethe-Institut zu gehen, um durch die Lektüre deutscher Zeitungen und wissenschaftlicher Zeitschriften ein wenig am heimischen Ball zu bleiben. Zufällig finde ich eine schon halb vergilbte *Frankfurter Allgemeine Zeitung* vom 26. Januar 1983. René Wagner hatte damals über Japans Haltung gegenüber der Dritten Welt geschrieben:

---

[10] 2004 wird Koji Kakizawa kurzzeitig Aussenminister von Japan.

3 Aufbrüche zu Freiheit und Globalisierung (1980–1989)   255

> „Durch großzügigere Unterstützung armer Länder könnte die drittstärkste Industrienation ein globales Verantwortungsbewusstsein demonstrieren und die Advokaten größerer japanischer Militärausgaben in die Schranken verweisen. Aber vielleicht ist das zu viel verlangt von den Bewohnern jener fernen Inseln, die so sehr auf die Bewahrung ihrer eigenen Wohlfahrt bedacht sind."

Professorin Yoshida, meine Lehrerin in chinesischer Philosophie und eine sehr agile, von ihrem USA-Aufenthalt geprägte und zum Katholizismus konvertierte Japanerin, zeigt sich für einmal echt japanisch: Der Buddhismus, explizit Buddha, verwerfe eigentlich den Selbstmord, da dieser Weg nicht zum Seelenheil und ergo ins Nirwana führe. Auf meine Frage aber, warum denn gerade der Seppuku-Ritualselbstmord so hohe Attraktivität besitze, kann sie nur entgegenhalten, Japan sei eben anders.

Lunch mit Professor Saadollah Ghaussy. Er kam 1976 als Botschafter von Afghanistan nach Tokio. Die sowjetische Invasion Ende 1979 in seinem Heimatland veranlasste ihn, den diplomatischen Dienst zu quittieren. Im April 1983 wurde er zum Professor für Internationale Politik auf Lebenszeit an der Sophia-Universität ernannt. Sein Seminar über die Internationalen Beziehungen mit Blick auf die Dritte Welt ist ein highlight meiner Studienzeit in Japan. Ghaussy, der zehn Jahre in Paris und Genf studiert hat, ist eine charismatische und sehr erfahrungsreiche Persönlichkeit. Seine bezaubernde Frau Benazir und er sind äußerst charmante Afghanen aus alter Aristokratie. Zugleich sind sie tragische Figuren: Er war einmal Protokollchef von König Zahir Shah. Sie ist die Tochter von dessen Generalstabschef. Die spätfeudale Elite in Kabul hat die Zeichen der Zeit nicht gehört. Nun sitzt der Kommunist Babrak Karmal an der Macht, gestützt von der Sowjetunion, und die Ghaussys führen mit ihren beiden Söhnen ein melancholisches Exilantenleben in Tokio. Zusammen mit Chan Boum Lee, einem koreanischen Studenten, mit dem ich mich anfreunde und der seinerseits als Diplomatensohn in Bonn Abitur gemacht hat, diskutieren wir über China, die UdSSR, Afghanistan und die Zukunft der Grünen in Deutschland. Ghaussy und ich sind einer relativ pessimistischen Meinung über die sowjetische Präsenz in Afghanistan. Ghaussy hält die westliche Berichterstattung über die islamische Bewegung im Süden der UdSSR für aufgebauscht.

Die Ballade von Narayama (Narayama Bushi ko), die 1983 filmisch glänzend inszenierte Legende von Narayama, einem japanischen Dorf um 1880, dessen Bewohner zum Sterben in ein Tal des Berggebietes ziehen. Basierend auf dem gleichnamigen Roman von Shichiro Fukazawa (2021) ist der Film für die Goldene Rose von Cannes vorgeschlagen.

Ich treffe ein echtes japanisches Original: Professor Yūjirō Shinoda. Shinoda ist ein seltener Vogel im so stromlinienförmigen Japan. Mit einer oberbayerischen „Haubitze" schießt er sich Schnupftabak in die Nase. In seinem Büro stehen wertvollste Möbelstücke aller europäischen Kulturstile wie in einer Rumpelkammer durcheinander. Shinoda sagt, er werde Mitte Februar eine Position im Verkehrsministerium im politischen Range eines Ministers als Halbtagsjob annehmen. Eine neue Spinnerei? An der Wand hängt eine Kollektion von Pistolen, die er mir für den Fall von Selbstmordabsichten anbietet. Eine skurrile Erscheinung im japanischen Einerlei. Mit Shinoda, Heinz Toni Hamm, Frau Dr. Gunhild Niggestich, Dozentin für deutsche Sprache an der Tokio Universität, und einigen sehr gut Deutsch sprechenden Mitarbeitern von Professor Shinoda werde ich für drei Tage in das Fujiya Hotel in Hakone eingeladen. Das einhundert Jahre alte Hotel ist eines der ältesten im westlichen Stil erbauten Hotels Japans. Es bietet uns den angenehmen Rahmen für die gewissenhafte Korrekturarbeit an der Übersetzung des Katalogs für eine im November 1984 in München geplante Ausstellung über die Shogun-Ära (Haus der Kunst 1984). Wir genießen die herrliche Ruhe des Hotels, das stilvolle Ambiente nebst dem typischen *ofuro*-Bad, anregenden intellektuellen Austausch und die kulinarischen Genüsse, bei deren Präsentation sich einige Geishas in perfekter Manier unserer annehmen. Bei einem Ausflug um Hakone herum kann ich zum ersten Mal während meines Japanaufenthaltes den Fudschijama in seiner vollen majestätischen Pracht bewundern, ehe er sich wieder in Wolkenmeeren verhüllt. Bei einer kostbaren Flasche Lafitte Rotschild enthüllt Shinoda seine ungebrochene Kaisertreue und seine Verachtung für Amerika: „Ich fahre da nie hin, wir sind ja noch im Kriegszustand."

Tokios Bevölkerung hat im Januar 1984 mit 11.754.000 einen neuen Höchststand erreicht, schreibt die *Japan Times*.

Großartige Aufführung von Giacomo Puccinis *Madama Butterfly* im Tōkyō Bunka Kaikan. Ein prächtiges Bühnenbild führt ein in die Atmosphäre Nagasakis im 19. Jahrhundert. Die zum Scheitern bestimmte Beziehung zwischen Madama Butterfly (Cio-Cio-San) und Benjamin Franklin Pinkterton, dem feschen amerikanischen Marineoffizier, endet in einem melodramatischen Ausdruck japanischer Ausweglosigkeit: dem Suizid Madama Butterflys. Prächtige Stimmen, ein gutes Orchester in guter Akustik; vor allem aber sind Kostümierung und das stilvolle Bühnenbild eine wahre Augenweide.

In der S-Bahn erlebe ich eine handfeste Schlägerei. Reaktion der meisten eng auf eng aneinanderklebenden Passanten: Vom Ort des Geschehens wegrücken und der Keilerei bloß zusehen. Alles begann damit, dass ein Betrunkener einer Frau an die Brüste griff, wofür sich diese auch noch entschuldigte, anstatt ihm eine Ohrfeige zu geben. Plötzlich übernehmen einige Männer das Kommando und eine Schlägerei bricht aus.

José Luis Perez Montez, ein spanischer Kommilitone, analysiert die Kanji des japanischen Wortes für „Witz/Humor": *joran* übersetzt mit „überflüssige Worte". Dies verwundert mich kaum, habe ich doch Japaner selten humorvoll oder geistvoll witzig erlebt.

Im Imperial Hotel finde ich zufällig die *Frankfurter Allgemeine Zeitung* vom 28. Februar 1984 mit meinem Aufsatz zum Weltflüchtlingsproblem (Kühnhardt 1984a).

Stimulierender Abend mit klassischer japanischer Musik bei Familie von Braun. Nach einführenden Lichtbildern eines Japanologen führen zwei junge japanische Künstler Biwa- und Shakuhachi-Stücke auf, die in glänzender Weise diese beiden klassischen Instrumente japanischer Musik zur Geltung bringen. Abschließend eine Improvisation zu dritt, der sich ein Shakuhachi-blasender junger Amerikaner anschließt. Musik als sprachlose Kommunikation verbindet immer wieder, wenn auch die Japaner selbst nicht allzu viel über ihre klassische Musik wissen. In den Schulen vermittelt man eher westliche Musik. „Ich spiele Klavier wie alle Japaner", ist die typische Bemerkung einer Japanerin auf meine Frage, ob sie Biwa oder Shakuhachi spielen könne.

Die letzten Tage in Tokio verstreichen im gewohnten Rhythmus mit Studien, Gesprächen, stundenlangem Pendelverkehr und kaltem Wohnstall. Dem Volk hinter der Maske nähere ich mich nur mühsam an.

13.–14. März 1984, Melbourne
Flug über Singapur nach Melbourne. Das viktorianische Ambiente der 1835 gegründeten und nach Premierminister Lord Melbourne benannten Stadt wird überlagert durch das Hochhausgesicht des modern-australischen Stadtbildes. Das grüne Stadtbild prägen breite Einkaufsstraßen, die geradlinig angelegt sind. Die neugotischen Kirchen der Stadt, das sehr eindrucksvolle Parlament von Victoria – im Westminsterstil mit Ober- und Unterhaus, die ich beide besuche –, die malerische Flinders Street Station – benannt nach dem ersten Umsegler Australiens – und der großflächige Park mit Cooks aus England hierher verlegten Geburtshütte, verleihen Melbourne ein ansprechendes Gesicht. Welch ein Kontrast zum Moloch Tokio.

Am Rande von Ballarat, 110 km von Melbourne entfernt, liegt die naturgetreu wiedererrichtete Goldgräbersiedlung Sovereign Hill. Der Besucher fühlt sich in die Zeit des Goldrausches zurückversetzt (1841 bis 1851), als Tausende Menschen aus aller Herren Länder hierher strömten. Der chinesische Tempel erinnert an die recht große chinesische Gemeinde, die erst viel später im Zuge der White-Australia-Politik zurückgedrängt wurde. Menschen in traditionellen Kostümen bevölkern Sovereign Hills Häuser (Kolonialwarenladen, Post, Bäckerei, Bar, Schmiede, Druckerei) und Kinder erfreuen sich an der „Goldsuche" an gleicher Stelle wie einst vielleicht ihre Vorfahren.

Die Australier sind naturverbunden und treten eher deftig auf. Ein offenherziges und sympathisches Siedlervolk begegnet mir. Schrittweise, so wird mir gesagt, beginnt ein Verfeinerungsprozess, wie er für die bürgerliche Gesellschaftsentwicklung überall typisch sei. Die erste Fernsehnachricht, die ich in Australien höre: Ein Lastwagenfahrer ist aus Wut in einen Pub gefahren. So direkt musste es nun auch nicht gleich sein.

15.–16. März 1984, Canberra
Die zwölfstündige Zugfahrt nach Canberra vermittelt mir mit der Weite des Raumes, den bis in die Wolken am Horizont hineinragenden Weiden, auf denen nur ab und an Schafe, Kühe oder Pferde vom Leben zeugen, einen überwältigenden Eindruck von der Unberührtheit des Landes. Die Kuhställe prächtig geordneter Farmen, an denen die Fahrt vorbeiführt, scheinen größer als viele der mir aus Japan bekannten menschlichen Unterkünfte – inklusive meiner eigenen. Kleine Dörfer und stets viktorianisch geprägte Orte wie Wagga Wagga oder Albury – Grenzort zwischen Victoria und North South Wales, wo früher die Lokomotive gewechselt werden musste – umrahmen die Stimmung.

Australien könnte der Kontinent der Zukunft werden. Die enormen natürlichen Ressourcen des Kontinents, seine räumliche Weite und jungfräuliche Unerschlossenheit lassen die Möglichkeiten weiterer Kolonialisierung grenzenlos erscheinen. Ein junger Australier drückt die Frontiermentalität aus, die diesen Staat schon bisher zu dem gemacht hat, was er ist: „Wo immer die Notwendigkeit für eine Stadtgründung ist, entsteht eine Stadt. In jedem Platz der australischen Wüste ist dies denkbar." Die weltwirtschaftlichen Möglichkeiten Australiens sind im Beziehungsgeflecht Nord- und Südamerika, Japan, ASEAN und Neuseeland mehr als chancenreich.

War in Melbourne das viktorianische Antlitz vorherrschend, so dominiert in Canberra der Charakter des Neuen, Beginnenden, Unfertigen, hoffnungsvoll dem Morgen Entgegensehenden. Der Amerikaner Griffin gewann 1911 einen Architektenwettbewerb um die Anlage einer neuen Hauptstadt. Was bisher entstand – inmitten weiter Grünflächen und um den künstlich angelegten Lake Burley Griffin herum – ist eine beschauliche, im Gegensatz zu anderen künstlichen Hauptstädten angenehme Kapitale, deren Mittelpunkt der zum Zweihundertjahrfeier 1988 fertig werdende Parlamentsbau auf dem Capitol Hill sein wird. Von dort führt eine vier Kilometer lange gerade Strecke zum Australia War Memorial. Eindrucksvoll die National Gallery, der High Court und das heutige Parlamentsgebäude. Voller Ehrfurcht betrachte ich in der King's Hall eines der drei Originale der *Magna Carta* von 1215, die die menschenrechtliche Grundlage der angelsächsischen Demokratietradition bildet.

Hiroko Quackenbush, Dozentin für Japanisch an der Australian National University, zeigt mir von einem Aussichtsturm den großartigen Blick über die Hauptstadt, die aus der Luft fast im Grün unterzugehen droht. Der Campus des Australian National University fällt durch eine sehr entspannte Atmosphäre angenehm auf.

Michael Wilcock der Human Rights Commission der australischen Regierung erzählt, dass Australien 70.000 vietnamesischen *boat people* eine neue Bleibe gewährt habe. Die Einwanderungspolitik und vor allem das Bewusstsein vieler Australier bleibe jedoch dem Grundsatz „White Australia" verpflichtet. Die von der konservativen Regierung Fraser 1975 initiierte Human Rights Commission sieht sich vielfältigen Einzelbeschwerden gegenüberstehend, die aus dem komplexen australischen Föderalismus erwachsen ist. Die Human Rights Commission kann ein Zertifikat ausstellen, das einem Bürger eine Verletzung seiner Freiheitsrechte durch eine staatliche Autorität attestiert, um damit vor Gericht zu ziehen. Dann aber kann es sehr teuer und langwierig werden, ehe eine Klage durchgesetzt werden kann.

17.–21. März 1984, Sydney
Überlandfahrt von Canberra in die geschäftigste und am stärksten zur Welt hin ausgerichtete australische Metropole Sydney. Wunderbar ist eine Bootstour im großartigen natürlichen Hafen, der sich in fjordähnlicher Weise hinzieht. Sydney war der erste Stützpunkt der englischen Strafgefangenen, die am 26. Januar 1788 unter dem von einem Frankfurter Vater abstammenden Kapitän Arthur Phillip hier landeten. Philips Denkmal steht in dem prachtvollen Botanischen Garten unweit der weltberühmten austernförmigen Oper.

Der deutsche Generalkonsul Gottfried Pagenstert hat zu einem Lunch im Union Club geladen. Die rotbackigen älteren Herren, die um mich herum versammelt sind, könnten direkt aus einem britischen Bilderbuch des 19. Jahrhunderts herausgefallen sein. Pagenstert spricht von einer nach Europa hin orientierten Melancholie vieler Australier. Das Parlament von New South Wales (NSW) ist eine sehr ansprechende Mischung aus dem traditionsreichen Teil mit den beiden Kammern, den ersten parlamentarischen Einrichtungen in der Kolonie Australien, und dem soeben erstellten Neubau mit besten Ausstattungen für die Abgeordneten.

Australien nennt sich wohl nicht zu Unrecht *lucky country*. Ob auf Dauer die Bindung an die britische Monarchie erhalten bleibt, wird immer wieder diskutiert. Noch ist die Queen Staatsoberhaupt. Ein Viertel der Australier hat unterdessen keine familiäre Bindung an Großbritannien. Über die innere Entwicklung der multikulturellen Gesellschaft steht Australien in den kommenden Jahrzehnten vor einer Beantwortung der Frage nach seinem Verhältnis zu Asien und zur asiatischen Einwanderung. Dies mag nicht ohne ethnisch-rassische Konflikte – vor allem ökonomisch bedingt – vonstattengehen. Ministerpräsident Bob Hawke hat Australien bereits als Teil Asiens und vor allem des pazifischen Raumes definiert.

22.–24. März 1984, Auckland
Die Begrüßung in Auckland, der in ihrer flächenmäßigen Ausdehnung zweitgrößten Stadt der Welt, ist durch und durch Britisch. Bhaady Miller und Peter Keily haben einige Freunde zu einer Gartenparty in einem 1856 erbauten landhausähnlichen Anwesen eingeladen, das nicht englischer sein könnte. Sofort wird über die Landwirtschaftspolitik der Europäischen Wirtschaftsgemeinschaft diskutiert, die Neuseeland beunruhigt.

Der zweite Tag bringt eine unfreundliche Überraschung. Der Unternehmer John Spencer („Mr. Toilet Paper") hat eines seiner Motorboote für eine Hafenrundfahrt zur Verfügung gestellt. Schon beim Auftanken hat der Bootsführer Tony Mason Probleme mit der Zündung. Unweit der großen Hafenbrücke, einem Wahrzeichen Aucklands, bricht plötzlich ein Feuer im Motorteil aus. Von der Wucht der gleichzeitigen Explosion werde ich über Bord geschleudert und erleide leichte Verbrennungen am Rücken. Während mein erster Gedanke bei der Landung im Wasser möglichen Haifischen gilt, versuchen der Bootsführer und ein Bekannter das Feuer unter Kontrolle zu bekommen – vergeblich. Ich bin über die Möglichkeit einer noch weit größeren Explosion an Bord besorgt und rufe ihnen zu, das Boot zu verlassen. Als wenige Minuten später die Wasserpolizei eintrifft und mich auffischt – ich hatte nicht versäumt, einige im Wasser herumschwimmende Kleidungsstücke zu bergen –, geht auch der Rest der Begleitung von Bord. Auch der Wasserpolizei ist es unmöglich, das Boot zu löschen. Binnen einer Stunde brennt es vollständig aus, ein Schaden von gut 100.000 D-Mark. Am Ufer warten schon das neuseeländische Fernsehen und Reporter von Rundfunk und Tageszeitungen. Im Royal Yacht Club werden wir mit einem kräftigen Brandy wieder aufgewärmt. In der Geschichte des ehrenwerten Clubs bin ich wohl der erste, der dort barfuß und halbnackt in die Bar Eingang findet. „You see, we are still fighting the Germans wherever they may come from", sagt der Barkeeper scherzend. Die Zeitungen übertreiben gewaltig in ihrer Berichterstattung mit dicken Schlagzeilen und dramatischen Fotos. *The Evening Post:* „Superboat explodes – German visitors burned, man blasted overboard"; *New Zealand Herald:* „Overseas visitors escape boat fire"; *The Auckland Star:* „3 burnt in explosion on launch".

25.–28. März 1984, Hamilton
Mit Simon Upton, 26-jähriger angehender neuseeländischer Politiker der National Party, Farmer und Schöngeist mit großem Sinn für Oper und Literatur, und seiner Verlobten Bhaady Miller, erkunde ich die Nordinsel und ihre unendliche Weite. Besuch beim Farmer-Ehepaar Peggy und Peter Bull, Aufenthalt in Simons altem, halbfertigem Farmhaus auf einem Hügel in Ngāruawāhia, nahe Hamilton. Der Tongariro-Nationalpark mit dem einem Schweizer Chalet nachempfunden Hotel The Chateau. Eine Floßfahrt auf dem wilden Rangitaiki-Gebirgsfluss. Eine siebenstündige Wanderung auf den aktiven Vulkan Mt. Ngauruahoe und eine Übernachtung in einer Hütte am Fuß des Vulkans.

29.–30. März 1984, Gisborne
Neuseeland ist Landschaft, Weite, Unberührtheit. Die satten grünen Weiden, nur dünn besiedelt von Schafen und Kühen, die teilweise bizarren, oftmals vulkanischen Felsformationen, die langen Küstenlinien und die urwaldartigen Wälder prägen das Bild des Landes. Seit Captain Cook am 8. Oktober 1769 in Gisborne erstmals neuseeländischen Boden betrat, hat sich die Siedlerkolonie beeindruckend entwickelt. Die Māori, polynesische Seefahrer, waren mehrere hundert Jahre früher in Neuseeland gelandet. Mit dem „Vertrag von Waitangi" beendeten Maori und Briten 1840 ihre anfänglichen Feindseligkeiten und legten die Grundlage zum gemeinsamen Aufbau des Landes. Weite Flächen des Landes wurden den Māori „abgenommen" und zu Kronland erklärt. Bis heute besitzen Englands Krone und die Māoris große Flächen des Landes. In Restaurants ist es eine neue Erfahrung, wenn es an der Tür heißt „BYO" – *bring your own*. Alkohol muss mitgebracht werden, wird im Kühlschrank gelagert und während des Essens ausgeschenkt.

31. März–3. April 1984, Wellington
Die neuseeländische Hauptstadt erstreckt sich in hügeliger Lage am Ufer der Cookstraße, die die Nord- von der Südinsel trennt. Der deutsche Botschafter Hans Alfred Steger zeigt mir von einem der Aussichtspunkte oberhalb der Stadt das prächtige Panorama. Steger ist betrübt darüber, dass Außenminister Genscher den asiatisch-pazifischen Raum weithin negiere und selbst der Staatengemeinschaft ASEAN zu wenig Beachtung schenke. Die raumpolitischen Dimensionen des Pazifik sollten als rückwärtiges Bollwerk für ASEAN in Europa nicht länger unterschätzt werden. Steger hält es für wichtig, Fidschi stärker mit deutscher Entwicklungshilfe zu bedenken und dies nicht allein auf Samoa und Tonga zu konzentrieren.

3   Aufbrüche zu Freiheit und Globalisierung (1980–1989)

Simon Upton führt mich ins Parteihauptquartier seiner National Party, die mit 200.000 Mitgliedern seit 1949 mit sechs Jahren Unterbrechung stets Regierungspartei Neuseelands gewesen ist. Die Diskussionen kreisen um die Perspektiven des pazifischen Raums. Könnte Hawaii das neue Technologiezentrum der Region werden? Könnte es für Neuseeland Handelspartner in Südamerika geben, die die europäischen Exportmärkte ersetzen könnten? Seitdem Großbritannien in die EWG eingetreten ist, hadert Neuseeland erkennbar mit Europa, das als protektionistisch und schädlich für die eigene Landwirtschaft angesehen wird. In den letzten fünfzehn Jahren hat eine dramatische Verschiebung der Handelsströme Neuseelands stattgefunden. Während der Exportanteil nach England um 53 % auf 12,8 % sank, nahm der Handel mit Asien um 2,0 auf 14 % zu, zuzüglich zum Anteil mit Japan von 13,8 %. Indonesien könnte, so Barry Kay, der Director General der National Party, ein potenzieller Markt von mindestens 15 Mio. kaufkräftigen Kunden sein. Der bienenstockartige Parlamentsbau beeindruckt nicht. Zu einer Gesprächsrunde über die EWG und Fragen der Weltpolitik hat Simon Upton einige seiner wichtigsten Parteigranden zusammengeführt, darunter Sue Wood, die Präsidentin der National Party, Geoffrey Thompson, Unter-Staatssekretär im Innenministerium, und Dough Kidd, Vorsitzender des Parlamentsausschusses für Abrüstungsfragen. Der deutsche Wald, der Opfer von Umweltveränderungen werden könnte, ist ebenso ein Thema wie die protektionistische EWG-Landwirtschaftspolitik.

Im exklusiven Wellington Club zeichnet der ehemalige Außenminister und Vizepremier Brian Talboys ein Zukunftsbild des Pazifik, das Mittel- und Südamerika mit umgreift und einen überdimensionierten Freihandelsraum unter Einschluss Japans, der USA und Kanadas, Australiens und Neuseelands bilden könnte.

4. April 1984, Christchurch
Christchurch mit seinen 300.000 Einwohnern, gut die Hälfte der Bevölkerung der neuseeländischen Südinsel, mutet noch englischer an als andere Orte des Landes, vor allem im Kern der Stadt um die anglikanische Kathedrale und das Christ College. Hinter Christchurch beginnt sogleich unberührte Natur. Schaffarmer Stewart Bough erzählt aus seinem Alltag: Er verdient 3,20 US$ pro Kilogramm Schafwolle auf den Auktionen, die regelmäßig in Christchurch stattfinden. Der junge Farmer fährt mich über seine in weiter, welliger Hügellandschaft gelegene Farm, ein Familienbetrieb, den er mit seinem Vater und seiner Frau bearbeitet. Steward besitzt etwa 3000 Schafe, eine notwendige Stückzahl, um profitabel zu arbeiten. Die Kapitalkosten sind nicht allzu hoch, doch erfordert die Führung einer Schaffarm stete Wartungsarbeiten. In Hanmer Springs bieten Stewart Master und seine Gattin ihr reizvoll gelegenes, 1915 erbautes St. Helen's Homestead nicht nur als Unterkunft, sondern auch als Kulisse für einen Kaminabend bei Lammfleisch und britischem Humor an. Entlang der Gletscher, wilden Bergbäche, verwegenen Gebirgszüge und eindrucksvoll rauen Küstenpartien geht es nach Queenstown, ein verschlafenes Örtchen, das sich selbst als touristische Perle der Südinsel preist. Von Te Anau unternehme ich einen wagemutigen Rundflug über die grandiosen

Landschaftsformationen des neuseeländischen Fjordlandes. Pilot Brian Horell steuert die kleine Propellermaschine über den Te Anau Lake hinaus bis nach Milford Sound, die Bergketten und -spitzen entlang, die teilweise mit ewigem Eis bedeckt sind. Ich glaube zuweilen, die Berge mit der Hand berühren zu können. und habe bei besonders gewagten Manövern Sorge, ob der Pilot des Wasserjets nicht zu große Risiken eingehen könnte. Brian versichert mir, es bestehe immer noch eine Distanz von mindestens 500 Fuß zwischen dem Spielzeugflugzeug und der nahegelegensten Bergkuppe, also knapp 150 m. Wir streifen die Küstenlinie der Tasmanischen See, nehmen wieder Kurs über Fjorde, Wasserfälle und bizarre Bergformationen bis zur Landung in Te Anau. Ein unvergessliches Naturerlebnis.

96 % aller neuseeländischen weiterführenden Schulen sind mit Computern ausgestattet, erfahre ich von einer Dorflehrerin in Te Anau. Davon können wir im technikfremden Europa nur träumen.

6.–7. April 1984, Invercargill

Am südlichsten Ort Neuseelands sind es noch immer gut 4000 km bis zum Südpol. Die Weite des Raumes färbt auf die Menschen dieser Weltgegend und ihre Mentalität ab. Drei Millionen Menschen und siebzig Millionen Schafe – in England sind die Verhältnisse bei etwa gleicher Größe genau umgekehrt.

8. April 1984, Singapur

Die Orchard Road hat sich seit meinem letzten Aufenthalt 1981 drastisch gewandelt. Allerorten sind binnen kürzester Zeit neue Hotelkomplexe und Shopping-Center, eines größer und luxuriöser als das andere, aus dem Boden geschossen. Selbst Chinatown ist kaum noch wiederzuerkennen, rollt doch auch hier die Walze der Bulldozer unaufhaltsam alte Häuserzeilen nieder. Geschichte und Atmosphäre versinken. Am Rande des Stadtzentrums hat das weltweit gelobte staatliche Hausbauprogramm tiefe Spuren hinterlassen. Appartementwohnungen in einem der Hochhäuser kosten bis zu 700.000 Singapore US-Dollar (fast eine Million D-Mark), die Mieten liegen bei mindestens 5000 US$ pro Monat. Sein Gesicht über alle Modernisierungen im blitzblanken Modellstaat von Saubermann Lee Kuan Yew hinaus, der unterdessen auch im Bereich Kabelfernsehen und Teletext der behäbig-provinziellen deutschen Szene um Längen voraus ist, hat der koloniale Stadtkern am Singapur River zwischen Parlament, St. Andrew's Cathedral, Cricket Club, Clifford Pier und Raffles Hotel bewahrt. Wenn ein Land mit Zuversicht in die Zukunft schaut, dann ist es wohl Singapur.

Der Abbau von Handels- und Einfuhrbarrieren in der ASEAN-Gruppe ähnelt manchen merkwürdigen Erfahrungen in der Europäischen Gemeinschaft – soeben haben die Philippinen die Einfuhrzölle für Schneepflüge aufgehoben. Die Integration der Region wird gleichwohl anhalten. Politisches Sorgenkind bleiben die Philippinen, auch wenn die anderen ASEAN-Partner zu diesem Thema eher betreten schweigen.

14. April 1984, Legazpi

Schon beim Anflug auf den Süden von Luzon erhebt sich majestätisch die klar konturierte Schönheit des Mayon, eines 2711 m hohen aktiven Vulkans, eines der landschaftlichen Symbole der Philippinen. Lachende und winkende Kinder stehen unter Bananenstauden und Palmen am Rande des Rollfeldes. Ihre fröhlichen Gesichter zeigen nur die Oberfläche des philippinischen Lebensgefühls. Die Holz- und Bambushütten in der Nähe, oft ohne Strom, fast immer ohne direkten Wasseranschluss, lassen unausweichlich den harten Alltag dieser Menschen sichtbar werden. Gleichwohl: Legazpi ist eine beschauliche Kleinstadt inmitten tropischer Felder und Wälder. Der bunte Gemüsemarkt, die Jeepneys und dreirädrigen Scooter, die vor den Kinotüren herumlungernden Jugendlichen und die vor ihren Holzhütten in den slumartigen Wohnsiedlungen hinter der steinernen Fassade der Hauptstraßen hockenden Menschen vermitteln das Bild philippinischen Provinzlebens: beschaulich, aber arm. Zwölf Pesos, weniger als ein US-Dollar, beträgt der Tagesverdienst vieler Landarbeiter auf den Zuckerplantagen Luzons. Im Hotelrestaurant ertönen westliche Pop-Töne, von einer charmanten Sängerin und ihrer Band dargeboten, von den zumeist jugendlichen Restaurantbesuchern aufgesaugt. Draußen, in den hügeligen Regionen Luzons, rekrutiert die New People's Army (NPA) weitere Kader, bildet sie im Verborgenen als Nachwuchsguerilleros aus. Ob der heimliche Bürgerkrieg weitere Kreise ziehen kann, weiß heute noch niemand mit Sicherheit zu sagen. Am 14. Mai lässt Präsident Marcos erst einmal wählen. Die Oppositionspartei UNIDO ist gespalten: Wahlbeteiligung fordern die einen, um Senator Salvador Laurel, Boykott die anderen, um Agapito „Butz" Aquino, den jüngeren Bruder des ermordeten Oppositionsführers Ninoy Aquino. Die Busfahrt nach Manila führt entlang von Palmenhainen, ländlichen Dörfern und Kleinstädten, wo ich mehrfach Hahnenkämpfe erlebe, das Sonntagsvergnügen der kleinen Leute auf den Philippinen.

16. April 1984, Manila

Das Gehupe der Jeepneys, die von Abgasen erfüllte, stechend-schwüle Luft, Verkehrsgewühl und Menschenknäuel. Manilas Innenstadt gehört zu den weniger angenehmen Seiten der Philippinen. Mein kleines Hotel im Stadtteil Ermita ist umschwärmt von den vielen Etablissements des Vergnügungsviertels, in denen sich zierliche Mädchen als Go-go-Tänzerinnen im engen Bikini auf dem Laufsteg räkeln oder an der Bar um einen Drink und ihre nächsten Freier wetteifern. Eine Go-go-Tänzerin schenkt mir einen Rosenkranz: Auch das ist das Nachtleben in den Philippinen, immerhin befinden wir uns in der Karwoche. In einem Buchladen liegen regierungsfeindliche Broschüren neben der von Präsident Marcos verfassten Geschichte des philippinischen Volkes. Im von Menschen nur so wabernden Viertel Quiapo mit seiner gleichnamigen Kirche erstrecken sich endlose Geschäfte und die Auslagen fliegender Händler. Eng auf eng geht es zu zwischen Menschen, Pferdekarren, Jeepneys und Straßenauslagen, zu denen auch christlicher Kitsch in Form von Madonnenstatuen und Jesusbildern gehört. Ein Hotelangestellter, der nun auf eine Anstellung in Saudi-Arabien hofft – 200.000 Filipinos verdingen sich dort – erzählt von seinen Lebensverhältnissen: 1300 Pesos Monatsgehalt, gut

100 US$. 300 Pesos davon gehen für Miete weg, 30 Pesos am Tag für zwei Mahlzeiten, aber nur manchmal mit Fleisch. Frau und zwei kleine Kinder leben in der Provinz im elterlichen Haus. In Jiddah wird er zwei Jahre lang 500 US$ pro Monat verdienen. Er macht sich schon Sorge, was wohl aus seiner Familie werde, wenn er sie zwei Jahre lang nicht wird sehen können. Auch weiß er bestens über die streng islamischen Lebensverhältnisse in Dschidda Bescheid. Das Geld aber lockt, um seinen Kindern eine bessere Zukunft zu ermöglichen.

10. April 1984, Zamboanga City
Zamboanga City, auf der von einer permanenten Rebellion muslimischer Radikaler erschütterten Insel Mindanao, wirkt weniger unsicher, als es immer wieder beschworen wird. Aber irgendwie liegt doch der Geruch von Gewalt und Schießpulver in der Luft. An allen Ecken und Enden stehen Wachen mit durchgeladenen Maschinengewehren, allzumal vor Banken und öffentlichen Geschäften. Straßenkontrollen der Armee und der Zivilen Selbstverteidigungskräfte, zumeist sind sie selbst noch im Teenageralter, bilden ein dichtes Netz im Straßenfluss. Ein Depot der Zivilen Anti-Terror-Einheit wimmelt von jugendlichen Soldaten. „Peace is the key to development and stability", heißt es auf einem Poster. Ein junger Anti-Terror-Kämpfer begrüßt mich freudig und stellt sich als „Charles Bronson" vor. Wildwestatmosphäre im Pazifik. Diese Knaben sind zweifellos schnell bei der Hand, wenn es darum geht, die Waffe zu nutzen. Auf der dem idyllisch gelegenen Lantaka Hotel vorgelagerten Santa Cruz Island sind Soldaten stationiert, die sofort eingreifen könnten. Nicht wenige Fischer in Zamboanga laufen mit einem M16-Maschinengewehr herum. Von einer Überlandfahrt nach Davao wird mir von allen Seiten eindringlich abgeraten. Ein in der Muslimbewegung tätiger Mann versichert mir, die Moro Liberation Front nehme an Stärke zu. Der Bürgermeister Zamboangas gehört der nationalen Opposition an und scheint sich großer Popularität zu erfreuen.

Das Straßenbild hier – mit mehrheitlich muslimischer Bevölkerung – ist einnehmend bunt und lebendig. Im Hafen wimmelt es auf dem Markt von einem unübersehbaren Menschenknäuel, aus dem heraus um die exotischsten Fische in den buntesten Farben und ausgelegtes frisches Gemüse gefeilscht wird. Ein Fischer weiß die Namen aller Sorten aufzuzählen. Die Menschen sind arm, ein, zwei karge Mahlzeiten aus Fisch, Reis und etwas Gemüse bestimmen den Speiseplan. Zamboangas sehr kenntnisreicher Imam, den ich aufsuche, hält den Dreifaltigkeitsgedanken für die Trennwand zwischen den beiden Gottesreligionen, von denen das Christentum die Schwesterreligion des Islam sei. Er hofft, auch ich werde bald zum Islam bekehrt. Der größere Jihad sei hingegen der Heilige Krieg gegen die inneren Bedürfnisse und Triebe. Dieser Jihad sei von der Marcos-Regierung vernachlässigt worden, deshalb müsse es jetzt die Rebellion der Muslime im Süden der Philippinen geben. Allahs Anhänger sind teilweise bereit, ihre Weltsicht mit dem Gewehr um ihrer politischen Ziele willen zu verfechten. Religiöse Überzeugungen und politisches Eiferertum vermengen sich. Zwischen dem Muslim-Dorf und dem Lantaka Hotel liegt Fort Pilar, die alte spanische Zitadelle, die 1635 von einem Jesuitenpater und Ingenieur gegen Seeräuber und Piraten errichtet wurde. Am 1734 auf einer erhöhten Stelle errichteten Marienschrein zu Ehren der Nuestra Señora del Pilar de Zaragoza beten noch immer gläubige Katholiken und entzünden ihre Kerzen. Wie lange dies in Zamboanga noch möglich ist, weiß derzeit niemand zu sagen.

Bei Einbruch der Dunkelheit tuckern die Fischerboote zu den Sulu-Inseln heraus. Die Bajau, sogenannte Seezigeuner,[11] bieten ihre Korallen und Handarbeiten auf Booten im Wasser vor dem Hotel feil, während die Combo die Gäste zum Dinner mit gepflegter amerikanischer Musik unterhält. Den amerikanischen Familien im Restaurant, offenbar von der US-Basis zu einem verlängerten Osterwochenende in Mindanao, scheint es zu gefallen. Noch kann man unbeschwert in Zamboanga Station machen.

Ein junger Filipino stellt sich mir als „Rommel" vor. Sein Vater habe den deutschen Weltkriegsgeneral Erwin Rommel verehrt. Nun muss sein Sohn dieses ein Leben lang seine Umwelt wissen lassen. Rommel führt mich in eine Revue-Bar. Wie im katholischen Manila spielt sich im muslimischen Zamboanga das Nachtleben in abgedunkelten Lokalen und ziemlich freizügig ab. Die Verrenkungen der halbnackten Mädchen auf der Bühne und die lasziven Bewegungen der reiferen Damen zwischen den Besuchertischen lassen nicht vermuten, dass ich mich in einer streng muslimischen Gesellschaft befinde. Die Moro Liberation Front, so weiß Rommel in den Pausen von Musik und Striptease zu erzählen, erhalte viel arabisches, vorwiegend libysches Geld. Islamisierung ist in Mindanao wohl weniger ein sittenstrenges Religionsmodell, sondern in erster Linie ein machtpolitisches Projekt.

20. April 1984, San Pablo City
Karfreitag in San Pablo City, eineinhalb Autostunden von Manila entfernt. Schon beim Aufbruch in Manila war deutlich, dass und wie das Karfreitagsgedenken auf den Philippinen präsent ist: Die Straßen sind leergefegt, nur ein einsamer Flagellant prozessiert schon in aller Frühe durch Ermita, einem Distrikt Manilas. Er hat einen schwarzen Strumpf über den Kopf gezogen und diesen mit einer Dornenkrone eingefasst. Er schlägt sich mit einer Eisenkette auf den schon blutroten nackten Oberkörper.

Eine geradezu hemmungslose Hingabe an Freude und Leid erfahre ich in San Pedro. Die Szenerie könnte pittoresker nicht sein: Die barocke Kathedralkirche aus der spanischen Kolonialzeit – für den zweiten Turm reichte offenkundig das Geld nicht mehr – erhebt sich über der Hauptstraße. Sie mündet in einen Platz vor der Kirche, der von zuweilen recht ansehnlichen Holzhäusern und kleinen Geschäften umsäumt wird. Während in der großen, hochschiffigen Kirche ab 12 Uhr mittags die Karfreitagsgebete gesprochen werden, findet auf dem kleinen Platz vor dem Kirchhof, der angefüllt ist mit Kerzenverkäufern, Süßwaren- und Getränkehändlern, Luftballonanbietern und

---

[11] Dieser Begriff wurde von mir 1984 in keiner Weise in herabwürdigender oder sogar rassistischer Weise verwendet. Er entsprach dem damaligen Sprachgebrauch. Insofern ist seine Wiedergabe an dieser Stelle eine Quelle über historische Zuschreibungen, die in späterer Zeit anders formuliert werden.

Snack-Garküchen, eine Feier ganz eigener Art statt: Hier wird der am Kreuz hängende Christus, umrahmt von seiner Mutter und den Aposteln Petrus und Johannes, alle in lebensgroßen Gestalten aus Holz geformt, angebetet. In der überfüllten Kirche ist die Luft inzwischen zum Schneiden dick. Während die Karfreitagsliturgie wie in der ganzen katholischen Welt um 15 Uhr beginnt, wird die Christusstatue vor der Kirche vom Kreuz abgenommen, umrahmt vom fast melodramatischen Gesang einer offenkundig eigens zu diesem Zweck herbeichauffierten Opernsängerin. Zum *marche funèbre,* dem Wechselgesang von Nonnen, blechernen Choralsequenzen und Vorbeterrezitationen zieht die bis in die spanische Kolonialzeit zurückdatierende Prozession durch die Straßen San Pablos. Im Vorjahr sollen eine Million Menschen das Schauspiel miterlebt haben. Die Wagen mit Christusdarstellungen entsprechend der Kreuzwegstationen werden zum Teil von in schwarz gehüllten alten Frauen begleitet, deren Haube eine stilisierte Dornenkrone ziert. Die Menschen in den Straßen unterhalten sich, freuen sich, Kinder schlecken Zuckerwatte und kommen mit Luftballons aus der Kathedralkirche ins Freie. Eine Frau fällt in der Menschenmenge auf. Sie trägt ein T-Shirt – auf der Brust ein Portrait Benito Aquinos, auf der Rückseite die Aufschrift: „Ninoy lives in my heart".

22. April 1984, Bontoc
Eine denkbar holprige und ermüdende Fahrt führt über Baguio City in die Bergwelt Nordluzons. Nach sieben Stunden im engen Bus, vorbei an Straßenkontrollen der Armee (die jungen Gendarmen durchsuchen zuweilen den gesamten Bus nach Waffen für die NPA), auf schmalsten Bergserpentinen mit Steinauflage und vielen Löchern, gerade breit genug für den ohnehin altersschwach dröhnenden und ächzenden Bus, geht es erst nach Bontoc. Eindrucksvoll sind das Bergpanorama und die Reisterrassen. Die Stammesangehörigen der Ifugao haben schon vor zweitausend Jahren damit begonnen, diese Meisterwerke agrarischer Kunst in die bizarre Berglandschaft einzufügen und damit zugleich eine praktische Vorrichtung für ständige natürliche Bewässerung zu ermöglichen. Die markant geschnittenen Gesichter der Ifugao, über die eine sehnige, verschrumpelte Haut gezogen scheint, sitzen auf zierlichen Körpern, selten größer als 140 cm groß. Die Arme sind bei Frauen wie bei Männern oft stark tätowiert. Die Frauen tragen bunte Röcke und Blusen, darüber ein Poncho-ähnliches Deckgewand. Ihre Köpfe zieren bunte Ketten, die zuweilen aus Schlangen gefertigt wurden und mit einer geflochtenen Wollkordel zusammengehalten werden. Die Männer sind nur mit einem Lendenschurz bekleidet, der, ähnlich wie der indische Dhoti, ums Gesäß geschlungen wird und durch einen Lederriemen an der Taille festgehalten wird. Darüber tragen sie entweder ein Hemd oder auf nackter Haut einen schalähnlichen Umwurf.

Ostervigil in der katholischen Pfarrkirche von Bontoc. Wenn auch die Zeremonie schleppend, von Seiten des Geistlichen nahezu unbeholfen abläuft, ist es eine würdige Osternacht inmitten dieser philippinischen Gebirgsgemeinde. Die meisten Gottesdienstbesucher sind Jugendliche und Kinder. Beim Entzünden der Osterkerze, zu der sich die gesamte Gemeinde vor das Portal begibt, brummelt ein alter Bergbauer irgendetwas in seinen Bart, alle lachen. Um einen Scherz sind die Filipinos nie verlegen. Mit dem

Halleluja-Gesang im Ohr verlasse ich nach Ende der Feier die Kirche und eile durch das nachtschlafende Bontoc in meine spärliche Herberge. „Happy Easter" tönt mir von vielen Seiten entgegen.

23. April 1984, Manila
35 % der Filipinos leiden an Fehl- und Unterernährung, berichtet das *Bulletin Today*. Besonders auf dem Lande, so habe ich immer wieder sehen können, aber auch in den urbanen Shantytowns sind Armut, Mangel und Not überall präsent. Nie weit entfernt sind aufgestylte Damen der Oberschicht und Männer in opulenten schweren Geländewagen, die es sich auch in Manila gut gehen lassen. Die Auslandsabhängigkeit der Philippinen ist unumstritten, die hohe Verschuldung bei Weltbank und westlichen Ländern ein die Entwicklungsperspektiven niederdrückendes Faktum. Nur: Innere Reformen müssen am Anfang einer Besserung der Situation stehen. Mein letzter Blick in Baguio schweift über die Kriegerfriedhöfe philippinischer und amerikanischer Soldaten, die bei der Schlacht von Baguio mit der japanischen Okkupationsarmee zwischen Februar und April 1945 gefallen waren. Am 3. September 1945 erklärten die japanischen Militärbefehlshaber in den Philippinen ihre endgültige Kapitulation in Baguio, einen Tag nach der kaiserlichen Kapitulation in der Tokio Bay. Angesichts der heutigen ökonomischen Präsenz der Söhne Nippons sprechen kritische Filipino-Autoren von der „second invasion".

29. April–28. Mai 1984, Tokio
Zum diesjährigen Tennō Tanjōbi, dem 83. Geburtstag Kaiser Hirohitos, defilieren am 29. April 76.000 Menschen geduldig in langen Reihen in den Innenhof des kaiserlichen Palastes, um dem auf einer mit kugelsicherem Glas geschützten Balustrade stehenden Kaiser zu huldigen. Ich reihe mich in die Fähnchen schwingende Menge ein, die in gerührte Begeisterung ausbricht, als der alternde Hirohito, seine Gattin und Kronprinz Akihito mit Gattin zur Begrüßung seines Volkes sich für wenige Minuten zeigt. Er dankt dem Volk und wünscht den Menschen alles Gute. Die Symbolkraft, die vom Kaiser als nationale Einigungsfigur ausgeht, scheint unter diesen Menschen aller Altersklassen ungebrochen. Ob unter jungen Japanern dies noch die Regel ist, wollen viele bezweifeln. Was für einen Weg hat Hirohito, hat Japan zurückgelegt seit der Thronbesteigung des 124. Tennō im Jahr 1926. Seine Ära stand von Anfang unter dem Zeichen von Shōwa, sollte eine Zeit des Friedens sein. Schon damals aber hatte Japan einige Länder Ostasiens besetzt. Der Angriff auf die USA in Pearl Harbour am 8. Dezember 1941 markierte Höhepunkt und zugleich Umschlag des Expansionsnationalismus. Die Verbindung von Hitler-Deutschland und Mussolini-Italien mit Japan zur Allianz der Achsenmächte zerstörte erst viele andere. Schließlich war die Achsenverbindung für alle drei beteiligten Länder selbstzerstörerisch. Die Atombombenabwürfe von Hiroshima und Nagasaki waren der Tiefpunkt des japanischen Niedergangs und doch zeigten die USA sich enorm weitsichtig. Sie ließen nach der Kapitulation Japans Kaiser Hirohito im Amt. Er musste allerdings seinem Anspruch auf Gottheit in der direkten Nachfolge der Sonnenkönigin

Amaterasu-ō-mi-kami abschwören. Die Besetzung führte zu einer neuen japanischen Verfassung und dem bis heute stabilen konstitutionellen Kaisertum.

Anlässlich des Kaisergeburtstages findet im Zeichen der erneuerten Freundschaft ein deutsch-japanisches Festkonzert in der NHK Hall statt. In einer glänzenden Aufführung dirigiert Wolfgang Sawallisch das Tokio Symphonic Orchestra. Anne-Sophie Mutter spielt Max Bruchs Violinsonate. Sie fetzt förmlich auf der Geige herum. Hermann Prey und Lucia Popp singen Carl Orffs *Carmina Burana*. Das Publikum ist zu wahren Begeisterungsstürmen aufgelegt. Das Konzert wird live in Japan und – per Satellit – in Deutschland übertragen.

Recht inspirierend verläuft das Seminar „Chinese History" mit der amerikanischen Dozentin Mrs. Grove am Ichigaya Campus der Sophia-Universität. Ich begreife die Bedeutung der *warlord*-Zeit für den weiteren Desintegrationsweg Chinas und den Aufstieg der Kommunisten, aber auch die Unfähigkeit der Kuomintang-Regierung de facto nationale Einheit und Stabilität herzustellen. Es ist eine Schande, zu sehen, dass es immer wieder das Versagen der Bürgerlichen ist, das politischen Zerfall und den Aufstieg des Extremismus beschleunigt.

Besuch der Peking Oper mit den Kommilitonen Pauline Spoon und Chan Boum Lee im National Theatre. Zum ersten Mal präsentiert sich diese herausragendste Darbietung des chinesischen Kulturlebens, bei der Tanz, Gesang, Schauspiel und Akrobatik ineinanderfließen, in Japan. Die prachtvollen Kostüme und Gewänder gehören zum Besten und Verspieltesten, was die Ming-Dynastie hervorgebracht hat. Es ist erstaunlich, solche Ästhetik als Ausdruck eines neuen, anderen China schon wenige Jahre nach Ende der Kulturrevolution wieder gezeigt zu bekommen.

Im Fernsehen *(NHK 3)* versucht ein 45-minütiger Beitrag deutlich zu machen, dass Deutschland ökonomisch auf dem absteigenden Ast sitze. Stichworte: Arbeitszeit pro Mann pro Jahr, Produktionskosten, Anzahl der Roboter in der Fertigung, Urlaubszeitbeanspruchung, interne Wettbewerbsfähigkeit, Jugendprobleme, 35-h-Woche. Im Grunde müsse Deutschland von Japan lernen. Deutschland sei immerhin zweitgrößtes Exportland der Welt. Claus Correns, ein seit mehr als fünfunddreißig Jahren im Fernen Osten tätiger Geschäftsmann mit einem Import–Export-Umsatzvolumen von rund 80 Mio. D-Mark pro Jahr, empfiehlt eine differenzierte Sicht auf beide Volkswirtschaften. Am Kamin im großzügigen Haus der Correns' in Nishi-Azabu mit seinem prachtvollen Garten kann man fast vergessen, dass sich dieses Anwesen, das Correns 1948 erwarb, tatsächlich mitten in dem Moloch Tokio befindet. Bei der Abendgesellschaft ist auch Prinzessin Takako Shimazu dabei, die jüngere Schwester von Kronprinz Akihito. Sie schweigt zumeist und lächelt freundlich.

Asahi Shimbun und *Le Monde* haben eine interessante Umfrage unter jungen Japanern und Franzosen durchgeführt, über deren Ergebnisse *Le Monde* am 4. Mai 1984 berichtet: Nur 23 % der befragten Japaner äußerten Sympathie für Frankreich. Die Schweiz und Österreich stünden an der Spitze der europäischen Länder, die junge Japaner am liebsten besuchen würden, gefolgt von Frankreich, Großbritannien und Deutschland. Nur 60 % der befragten jugendlichen Japaner seien mit ihrem Leben zufrieden, während 31 %

unzufrieden seien. In Frankreich seien 89 % zufrieden und nur elf Prozent unzufrieden. Ruhiger zu leben, ohne ständig daran denken zu müssen, wie man erfolgreich werde, wünschten sich 81 % der jungen Japaner, aber nur 19 % der jungen Franzosen.

Zu den Opfern der Politik in China gehören die Tibeter, die unter Anführung des Dalai Lama 1959 nach Indien fliehen mussten, als die chinesische Armee Lhasa bombardierte und besetzte. In einer öffentlichen Vorlesung, eher eine aus seinem meditativen Spirit erwachsene Reflexion, erlebe ich den Dalai Lama im Institute for Oriental Religions der Sophia-Universität. Der Dalai Lama, im weinroten Gewand, ist ein schlichter, humorvoller Mann, dessen schlechtes Englisch erstaunt. Er spricht über das Leben, das Leiden ist, solange nicht Mitleid und Liebe zu den prägenden Elementen gemacht werden. Er legt den Unterschied zwischen dem wahren Ich und dem illusionären, egoistisch-materialistischen Ich aus. Selbstvervollkommnung sei das Ziel des inneren Menschen. Die Polizei und die Gesetze des Zusammenlebens müssten im Kopf, in der Seele brennen, der Mensch solle selbst sein Verhalten regeln können, moralisch reif werden. Nationalismus könne gut sein, wie der tibetische, dürfe aber nicht gegen andere gerichtet werden. Am Ende müsse eine internationalistische Toleranz der Menschen und Völker stehen. In einer klein gewordenen Welt müsse Dialog und gegenseitiges Lernen voneinander die Regel werden.

„Koromogae" nennen die Japaner den regelmäßigen Austausch der Winter- durch die Sommerkleidung. Die Reinigungen füllen sich mit Wäsche. Wie eine alte Haut streift man die abgelaufene Jahreszeit ab.

Ich bin eingeladen zur Eröffnung der prachtvollen Ausstellung der Thyssen-Bornemisza-Collektion in Anwesenheit von Prinz Takamatsu, dem jüngeren Bruder des Kaisers, Baron Heinrich Thyssen-Bornemisza und dem Schweizer Botschafter-Ehepaar Agathe und Dieter Chenaux-Repond.

Im Jahr 1983 begingen 25.202 Japaner Selbstmord, gegenüber dem Vorjahr ein Anstieg um 18,7 %; in Tokio lag die Rate mit 1860 Toten um 26,5 % über dem Vorjahr, berichtet die *Japan Times* am 6. Mai 1984.

Immer wieder stoßen mich die grässlichen Pachinko-Spielhallen in Shibuya ab. Wie können normal empfindende Menschen, die womöglich den ganzen Tag am Computer gesessen haben, in diesem Lärm und von Menschengewühl getrieben, auch noch ihre Freizeit vor solchen Verblödungsmaschinen verbringen?

Während am 23. Mai 1985, zeitgleich mit dem 35. Jahrstag der Verkündung des Grundgesetzes der Bundesrepublik Deutschland, in Bonn Richard von Weizsäcker zum neuen Bundespräsidenten gewählt wird, lädt Botschafter Blech zum Empfang in die Residenz ein. Ende des Monats wird er als beamteter Staatssekretär im Auswärtigen Amt nach Bonn gehen, wohl die Spitzenposition im Leben eines Karrierediplomaten. Graf Brockdorff stellt mich Professor Robert Schinzinger vor, dessen neues Buch *Das japanische Denken* ich in den *Stimmen der Zeit* rezensieren will (Schinzinger 1983; Kühnhardt 1984e). Schinzinger, seit 62 Jahren in Japan, wirkt gebrechlich und wie eine lebende Mumie. Den Blick starr ins Nichts gerichtet, merkt man, wie sehr Japan ihn geprägt haben muss.

Einladung von meinem Rotary-Betreuer Kawamoto. Zunächst besuchen wir einen buddhistischen Tempel, dessen Priester Takanashi und dessen Frau Kawamoto mich vorstellen möchte. Nach dem Tempelbesuch, in Japan sind Gegensätze keine Gegensätze, führt die Männergesellschaft mich in die Karaoke-Bar von Kawamotos Rotary-Freund Soga. Reichlich fließt Whiskey und die Hostessen animieren alle Männer zum Vorsingen. Ich muss mit „Kein schöner Land in dieser Zeit" meinen Beitrag zu diesem Männervergnügen leisten, das an Infantilität und Naivität kaum zu überbieten ist. Nach Mitternacht nehme ich ausnahmsweise einmal ein Taxi quer durch Tokio nach Hause. Eine Stunde durch den scheußlichen Beton- und Häuser-, Straßen- und Autobahn -Moloch Tokio für 13.000 Yen, umgerechnet 150 D-Mark.

29.–30. Mai 1984, Sapporo
Hokkaidos Hauptstadt Sapporo ist architektonisch ebenso charakterlos wie alle anderen japanischen Städte, wirkt mit seinen gut 1,5 Mio. Menschen aber geruhsamer als das mir so leidige Tokio. Der Ōdōri-Boulevard im Stadtzentrum ist von Blumenanlagen und Springbrunnen durchzogen. Schon wenige Minuten nach Verlassen des Hauptbahnhofs Sapporos führt die Fahrt in die grüne Landschaft. Wohl sind auch hier alle Häuser und Siedlungen im typischen japanischen Blueprint-Verfahren weithin einheitlich und dicht an dicht erbaut, doch kommt alsbald die Natur zu ihrem Recht. Durch die Berglandschaften Zentral-Hokkaidos führt mich eine fünfstündige Busfahrt an die Südostküste nach Kushiro-shi. Von dort geht es weiter in den Akan-Mashū-Nationalpark. Große Bauerngehöfte sind zu sehen, deren Tierställe und Getreidesilos größer sind als viele Wohnhäuser Tokios. Bei der Ankunft im Akan Kokan Spa warten ein Ofuro (Dampfbad) und ein genüssliches japanisches Shokuji (Dinner).

31. Mai 1984, Shiraoi
Ich begegne Ainu, den japanischen Ureinwohnern, die äußerst europäische Gesichtszüge tragen. Eine melancholische Stimmung breitet sich aus beim Betreten des Poroto Kotan, eines folkloristisch umfunktionierten Dorfes der Ainu-Ureinwohner. Der Weg führt zunächst durch eine große Halle, in der Ainu-Schnitzarbeiten und andere touristische Souvenirs von eher schlechter Qualität feilgeboten werden. Man muss ein Eintrittsgeld bezahlen, um die überlebenden Ureinwohner Hokkaidos wie im Zoo zu besuchen. Interessant ist das sehr moderne gestaltete Museum schon, das die Ainu und ihre Lebensweise in Zusammenhang mit den Lappen in Samland stellt. Lebensweise, Traditionen und Sozialformen dieser Menschengruppen im äußersten Norden der bewohnten Welt werden in anschaulicher Art präsentiert. Alles sei irgendwann aber einfach untergegangen „in the course of rapid changes in the Meiji period". So schlicht fasst eine Schautafel den Ausrottungsvorgang im 19. Jahrhundert zusammen: „They had been assimilated into the other Japanese people." In einer Holz-Schilf-Hütte zupfen überlebende Ainu-Frauen in ihren blau-weißen Trachten an Mundharfen aus Bambus. Sie sitzen um ein offenes Feuer. In einer anderen Hütte haben sich einige Ainu-Frauen um ihren weißbärtigen Häuptling geschart. Der alte Mann ist, in seinem Holzstuhl fast

liegend, eine mitleiderregende Figur. Er scheint Alkoholiker zu sein. Seine getrübten Augen drücken die ganze Trauer und Melancholie über das Aussterben seines Volkes aus. Über die Sachalin-Insel sollen die Ainu vor rund zwanzigtausend Jahren nach Hokkaido eingewandert sein. Nun existieren sie nur noch als Teil der Folklore. Während der alte Mann in das offene Feuer vor ihm starrt, führt er ein sehr gebrochenes Gespräch mit mir. Das Reden liegt ihm nicht.

Nur zwanzig Kilometer südlich von Shiraoi liegt Noboribetsu Spa, eines der bekanntesten Thermalbäder Japans. Es regnet in Strömen. In der Abgeschiedenheit und klaren Luft dieser ruhigen Berggegend führt mich dennoch ein Spaziergang zum Tal der Hölle *(Jigokudani)*. Das Gestein dieses Kraters von 100 m Tiefe und 1,6 km Umfang spiegelt die bunte Farbenvielfalt der chemischen Auswürfe von Schwefeldämpfen wider. Der Kraterrand ist wie mit einem grünen Lorbeerkranz bewachsen. Ein Shintō-Mini-Schrein und viele kleine Buddha-Figuren laden zum Meditieren ein. Auch zwei gefüllte Sake-Flaschen liegen als Opfergaben vor einer der Buddha-Figuren. Die Menschen sind freundlich und gehen weithin natürlich mit dem fremden *gaijin* um, wie ich es in dieser Gegend kaum erwartet hätte. Nur Schulkinder machen sich zuweilen lustig, betrachten mich erstaunt oder bitten um ein gemeinsames Foto.

1.–23. Juni 1984, Tokio
Über Hakodate führt mein Weg mit der Fähre nach Aomori, dann über Morioka mit dem Shinkansen zurück nach Tokio. Am Horizont hinter Morioka leuchten die schneebedeckten Gipfel der Japanischen Alpen. Ab Sendai umhüllt eine graue, die Regenzeit ankündende Wolkensuppe den Zug. Tsuyu hajimemasu: Die Regenzeit, hat begonnen und die ganze Nation erfasst. Regen und Schwüle künden den Wechsel der Jahreszeiten an: In Japan ist dies ein regelmäßiger rhythmischer, und meteorologisch exakt terminierter Vorgang, der die Volksstimmung stets neu ergreift. Japaner leben in einer der hochtechnisiertesten Gesellschaften der Welt und sind doch zugleich bestimmt vom Rhythmus der Jahreszeiten, wie es eigentlich für vorindustrielle Agrargesellschaften üblich ist.

Ich bringe meine Studien zur Geschichte Japans und Chinas zu Ende. Einstündige Unterhaltung mit Professor Sadako Ogata, Professorin für Internationale Beziehungen an der Sophia-Universität und Delegierte Japans in der UN-Menschenrechtskommission.[12] Sie hält den naturrechtlichen Ansatz in der Menschenrechtsdiskussion, wie er der jüdisch-christlichen Tradition entspricht, für kaum aufrechtzuerhalten in der multikulturellen Welt von heute. Menschenrechte seien zuvorderst ein politisches Thema und kein humanitäres. Es wird der eher etatistische Politikbegriff der Japaner deutlich: Weltordnungsfragen sind für sie vor allem Probleme zwischen souveränen Regierungen. Sie hält den staatlichen Souveränitätsgedanken aufrecht. Anders als ich sieht Frau Ogata

---

[12] Von 1991 bis 2000 wird Sadako Ogata Generalsekretärin des Flüchtlingshilfswerks der Vereinten Nationen, UNHCR.

die Fixierung auf die nationale Souveränität nicht als eine gravierende Hemmschwelle auf dem Weg zur Förderung der Stellung des Individuums in der Welt von heute an. Obgleich sie, wie sie erzählt, stark an westlichem Denken geschult worden sei, sind viele ihrer Positionen in Einklang mit der Kritik aus der Dritten Welt am universalistischen Menschenrechtsansatz, wie auch ich ihn vertrete. Ich bin überrascht, wie dezidiert Frau Ogata den kulturellen Relativismus befürwortet und ihn „Autochthonismus" nennt: Jeder Region stehe ihr je eigenes Völkerrecht zu.

Vor dem Rotary Club meines Betreuers Kawamoto halte ich eine fünfzehnminütige Tischrede im Ueno Station Hotel (Abb. 3.9). Masako Okada hat mir zuvor geholfen, meinen Text in korrektes Japanisch zu übertragen. Ich spreche über deutsch-japanische Beziehungen, die noch enger werden könnten, indem wir uns füreinander und unsere unterschiedlichen Lebensweisen öffnen. Ich appelliere an unsere gemeinsame Verantwortung als Demokratien, auch und gerade im Blick auf die Bewältigung von Hunger und Elend in der Dritten Welt.

In seinem Buch *Japan. Past and Present* widmet sich der Japanologe Edwin O. Reischauer den Buraku, einer Art kastenlosen Gruppe von de-privilegierten Unterschichtsmenschen vorwiegend im Raum Osaka, genau eine Seite (1970). In der japanischen Übersetzung von Reischauers Werk ist diese eine Seite entfallen, erfahre

Abb. 3.9 Vortrag in japanischer Sprache vor dem Rotary Club Tokio-Ueno (1984). (© Ludger Kühnhardt)

ich. An Zensur mag ich im Falle Japans kaum denken. Es ist wohl vielmehr der berühmt-berüchtigte Verdrängungsmechanismus, dem shintoistischen *o-harai* verwandt, der hier gewirkt hat. Man muss wohl eher von Selbstzensur bei dem Verlag sprechen, der die japanische Ausgabe von Reischauers Buch verlegt hat.

Wie schon 1979 von Delhi aus, kann ich an der Wahl zum Europäischen Parlament per Briefwahl mitwirken, diesmal von Tokio aus. Die Wahlergebnisse sind aus meiner Sicht bedauerlich: Die Wahlbeteiligung lag mit knapp sechzig Prozent unter derjenigen vor fünf Jahren. Dies wiegt noch schwerer als die Verluste für die CDU und der Einzug der Grünen ins Straßburger Parlament. Die Menschen sehen offenkundig immer noch nicht so recht ein, dass Europa und nur ein vollständig demokratisiertes, parlamentarisches Europa unsere Zukunft sein kann.

Abschiedstreffen mit den Rotary-Studenten meiner Gruppe und mit Kawamotos Rotary-Club im Imperial Hotel auf der Ginza. Soga-san (Mr. Soga) ist der unterhaltsamste Kopf der Rotarier. Der fließend Englisch sprechende Nachtclubbesitzer zeigt mir sein Foto als achtzehnjähriger Soldat in der Pilotenausbildung nahe Kyoto. Der Krieg sei, so sagt er zu meiner großen Verblüffung, „leider" drei Monate zu früh beendet gewesen. Sonst wäre er als Kamikaze-Pilot eingesetzt worden: „Ich wäre dann heute nicht hier. Ich war damals bereit, für meine Familie, mein Land und den Kaiser zu sterben." Er würde es auch heute noch wollen, fügt er dann noch hinzu. Was für eine Botschaft zur Verabschiedung aus einem Land hinter Masken.

Chan Boum Lee: „In Deutschland empfand ich, dass das Nationalgefühl durch Bach und Goethe geschaffen und vermittelt ist. Ich empfand diese kulturellen Aspekte immer als Stärke gegenüber dem staatlich-politischen Nationalismus, den die Regierung in Korea täglich zu verkünden versucht."

Heinz Hamm verabschiede ich auf dem Weg zur Betreuung eines selbstmordgefährdeten Studenten: Drogen, Diebstahl, Autounfall, Gas, Tabletten, Strick. Der japanische Vater ist Spitzenmanager in Düsseldorf, die Mutter Deutsche. Madama Butterfly funktioniert offenbar auch umgekehrt nicht.

Abschiedsgespräch bei Schweizer Raclette mit Agathe und Dieter Chenaux-Repond:

> „Ihr Deutschen lebt in einer wichtigen und gefährlichen Lage. Deutschland in einem wiedervereinigten Zustand wird Weltmachtansprüche erheben, In der Einigung Europas die Überwindung des Nationalismus zu suchen, wäre wünschenswert, aber auch von deutschem Boden aus unwahrscheinlich. Deutschland sucht an die tragische Zeit nach 1871 anzuknüpfen. Die bessere Zeit lag für Deutschland aber vor 1871."

Ich übernachte ein letztes Mal in Japan, und dann noch im Furgler-Zimmer der Schweizer Residenz, benannt nach dem früheren Präsidenten der Schweiz, Kurt Furgler. Am nächsten Morgen werde ich mit Botschaftersohn Lorenz Chenaux-Repond nach China aufbrechen.

24.–25. Juni 1984, Shanghai
In Shanghai erwartet mich eine andere Welt: Die grünberockten, streng dreinblickenden Grenzschutzsoldaten, eine Gruppe Japaner an der Gepäckausgabe, unverwechselbar wie immer. Fahrt im klapprigen Taxi in die Elf-Millionen-Einwohner-Stadt. Zunächst finde ich Unterkunft im Da Hua Guesthouse, muss dann aber ins Overseas Chinese Guesthouse (Hua Qiao Hotel) an der Nanjing Road umziehen. Muffige, abgelebte alte Pracht in bombastisch-nüchternem Sowjetstil. Ein Gang über die Nanjing Road, die längste Einkaufsstraße Chinas, wird zur Begegnung mit den chinesischen Massen auf Tuchfühlung. Ich werde förmlich von der Menge aufgesaugt, die sich wie ein unaufhörliches Band über die Bürgersteige wälzt. Zuweilen ist von der Straße an beiden Seiten je ein Viertel abgetrennt worden, um den Fußgängern mehr Bewegungsraum zu geben. Im größten Kaufhaus auf der Nanjing Road sind Hausratsgegenstände und Kleider in leidlicher Qualität erhältlich. Langsam scheint das Grau in Grau der angebotenen Kleider zu weichen. Auf allen Etagen herrscht Hochbetrieb. Die Menschen in Shanghai sind ordentlich gekleidet. Die Männer tragen in der Regel noch immer einheitlich graue Hosen und helle Hemden. Frauen zeigen sich jedoch schon öfter in bunten Blusen oder Kleidern. An den Straßenrändern bieten private Händler Obst, Gemüse oder Körbe feil. Unweit der Nanjing Road besuche ich die große, an norddeutsche Backsteingotik erinnernde protestantische Kirche. Ich spreche mit Pfarrer She, der in der Kulturrevolution in einer Werkstatt arbeiten musste. Die Jahre der Kulturrevolution seien nicht nur für religiöse Menschen, sondern für alle Chinesen eine Tragödie gewesen. An Sonntagen sei unterdessen die Kirche so voll, dass der Gottesdienst per Lautsprecher in Nebenräume übertragen werden müsse. Es herrsche ein Mangel an religiösen Texten und vor allem an Priesternachwuchs. Mit seinen fünfundfünfzig Jahren gehört Pfarrer She zur jüngeren Generation in der protestantischen Kirche Chinas.

Shanghai gibt sich weit lebendiger, ja lässiger als die chinesischen Städte, die ich im vorigen Jahr kennenlernen konnte. Mir fallen Menschen der unterschiedlichen Regionen Chinas mit ihrer jeweils unverwechselbaren Physiognomie auf. Die Stadtbezirke lassen sich durch ihre Baustile, die Qualität der Häuser und die immer wieder verblüffend unterschiedliche Atmosphäre auseinanderhalten. Nördlich einer Industriezone stehen fein angeordnet hunderte von Fahrrädern mit einem Sicherheitsschloss versehen. In der Nähe besuche ich die prachtvolle, bemerkenswert erhaltene Anlage des Jadebuddha Tempels. Die ockergelbe Außenmauer setzt sich ab von den grauen Kulissen der Umgebung. Der Haupttempel wird gerade restauriert. Gläubige Touristen verneigen sich vor der fein gearbeiteten Jadebuddha-Figur, die innere Ruhe ausstrahlt. Viele Menschen reichen Weihrauchstäbchen dar, um ihre Bitten zu bekräftigen.

Im Gebiet der früheren französischen Konzession besuche ich das Haus, in dem im Juli 1921 die Kommunistische Partei Chinas von dreizehn Männern begründet wurde. Inmitten der dürftigen Wohnverhältnisse der Umgebung sticht das zum Museum erkorene Haus durch seine gute Restauration hervor. Aus einem konspirativen Treffen wurde die größte politische Partei der Welt mit nahezu vierzig Millionen Mitgliedern.

Die Chinesen lieben das Familienleben und halten sich gerne im Freien auf. Auf den Bürgersteigen vor ihren kleinen Behausungen sitzen sie auf niedrigen Hockern, schwatzen, spielen Karten oder amüsieren sich mit ihren Kindern. Im Gebiet von Old Shanghai herrscht ein besonders stimmungsvolles Flair. Inmitten des regen, aber ruhigdisziplinierten Treibens, erhebt sich auf einem kleinen See ein hübsches Teehaus *(Huxinting)* vor dem Eingang zum Yu-Yuan-Garten. Umgeben von kleinen Geschäften und privaten fliegenden Händlern am Seeufer strahlt das älteste Teehaus Shanghais gastfreundliche Ruhe aus. Mir gefällt dieser Ort besser als alles, was ich bisher vom alten China gesehen habe.

Am „Bund", der Uferstraße, die am Huangpu-Fluss entlangführt, erheben sich sowjetisch-pompöse, grau-hässliche Häuserklötze. Mein Blick schweift über den Huangpu, der einige Kilometer weiter in den Jangtsekiang mündet. Am anderen Flussufer arbeiten Bauern in Reisfeldern, die zwischen kleinen, geduckten Häuschen zu sehen sind.[13] Vor dem berühmten „Peace"-Hotel, das in den 20er- und 30er-Jahren glänzende Zeiten erlebt hat, sprechen mich ein zweiundzwanzigjähriger Chinese und seine gleichaltrige Kommilitonin an. Xa studiert Elektronik und ist Sohn eines kommunistischen Parteiführers in Shanghai. Wang Shu, für hiesige Verhältnisse extravagant gekleidet, stammt auch aus der Nomenklatura, der neuen ersten Klasse des „egalitären" Systems. Beide lassen sich nicht wirklich in die Karten schauen. Sie führen mich in den Jinjiang Club, in den eigentlich nur Ausländer gelassen werden. Wir schwimmen im 75 m langen Pool des Clubs, der einst das französische Konsulat beherbergte. An der Bar plaudern wir zur Musik von Michael Jackson. Im Eingang des Clubs wird auf einem Schild darauf hingewiesen, dass Chinesen hier nicht allein Einlass finden dürfen und dass betrunkene oder mental ungeordnete Gäste hinauskomplimentiert würden. Die Gäste sind mehrheitlich japanische Geschäftsleute. Einer von ihnen sagt mir: „Japaner haben kein Köpfchen, aber können organisieren. Chinesen können nicht organisieren, aber haben Köpfchen." Ich bin überrascht darüber, nicht wenige Chinesen im Jinjiang Club zu sehen. Es gibt offensichtlich eine lokale Hautevolee, die es sich wie meine beiden zur Jeunesse dorée gehörenden neuen Freunde in einem durch und durch kapitalistischen Ambiente gut gehen lässt.

26. Juni 1984, Suzhou

Den Wecker ersetzt das ununterbrochene Geklingel der Fahrräder. Die Hupen der wenigen Autos ergänzen den Geräuschpegel, der vom frühesten Morgen bis späten Abend die Nanjing Road erfüllt. Durch das intensiv landwirtschaftlich genutzte Yangtse-Bassin führt mich eine kurze Zugfahrt nach Suzhou, in die „Gartenstadt Chinas".

---

[13] Kein anderer Ort der Welt hat sich seit meinem ersten Besuch so grundlegend geändert wie die dem „Bund" gegenüberliegende Seite Shanghais. 1990 wird mit der Entwicklung des Stadtteils Pudong begonnen. Unterdessen symbolisiert dessen Hochhauskulisse und in ihrer Mitte der Fernsehturm „Perle des Ostens" das neue China.

Wo immer möglich, wird Reis angebaut. Die Felder stehen in Blüte. Wie viel mehr noch könnte hier reifen, wenn privatwirtschaftliche Organisationsformen existieren würden? Am Bahnhof Suzhou treffe ich Xa und Wang wieder. Sie führen mich durch Suzhous Gärten. Wir sehen die North Pagoda aus dem 6. Jahrhundert, den Garten des bescheidenen, demütigen Beamten, das Löwenfort, einen Stein- beziehungsweise Felsengarten des 13. Jahrhunderts, den Ruinenbau der Ruiguang-Pagode, den taoistischen, sehr bemerkenswerten Temple of Mystery (Xuanmiao Guao) im Stadtzentrum, den Lingering Garden. Alles wirkt ein wenig naturnäher, authentischer als in Japan. Die Teehäuser, in denen alte, knorrige Männer zusammensitzen, die Seen, auf denen Wasserrosen treiben, die teilweise prachtvoll ausgestatteten klassischen Gebäude, die Rasen- und Blumenflächen und die teilweise bizarren Felsformationen erzeugen eine erhabene und beruhigende Stimmung.

Die Menschen in den Straßen und vor ihren zumeist winzigen, ärmlichen und dunklen Häusern sind freundlich, grüßen und lachen. Viele der Wohngebiete Suzhous wirken gepflegter als Shanghais. Zuweilen fließen Kanäle durch die weißgetünchten Häuserzeilen, die ein beschauliches Flair schaffen. Die Stadt mit ihren 500.000 Einwohnern, wirkt provinziell und fast dörflich. Im Stadtkern, um Renmin Lu und Guan Qiang Lu, wimmelt es von Fahrradfahrern und einem dichten Menschenknäuel. Vor dem taoistischen Tempel hocken verrunzelte, gegerbte alte Männer und Frauen, die in innerer Ruhe ihren Lebensabend verbringen und sich mit Fächern kühle Luft in der Mittagssonne zuführen. Der Service in einem gerade heute eröffneten Restaurant lässt noch zu wünschen übrig. Dagegen zeigt sich besonders dynamisch, aufgeschlossen und zufrieden der Privatbesitzer eines kleinen Lädchens mit Getränken. Seit Mai diesen Jahres besitzt er eine Lizenz im Rahmen des von Deng Xiaoping geförderten „new responsibility system", das privaten Kleinhandel in eng umgrenztem Rahmen postuliert. Der Mann ist zufrieden mit seinem neuen Leben, in dem er seine Persönlichkeit besser entfalten kann als im grauen Einerlei der nationalisierten Wirtschaft, die noch immer vorherrscht. Ein Taxi zu finden, erweist sich als anstrengende Schwerstarbeit. Wo kein Verdienst zu erwarten ist, fehlen der persönliche Antrieb und Eifer.

Am Abend, wieder in Shanghai, versetze ich mich in die dreißiger Jahre zurück: Im Coffee Shop des Peace Hotel spielt, wie auch während aller Jahre der Kulturrevolution, eine Jazzband Rhythmen verflossener Zeiten. Zugelassen als Gäste sind nur Ausländer und Überseechinesen. Wie es in der Eisenbahn zwei Klassen gibt, so herrscht auch hier ein fester Grundsatz kommunistischer Ideologie: Für die eigene Bevölkerung sollen persönliche Berührungen mit den Klassenfeinden möglichst unterbunden werden. Doppelmoral ist vorprogrammiert, wie ich am Vortag im Jinjiang Club erlebt habe.

27. Juni 1984, Shanghai
Um sechs Uhr in der Früh füllt sich der Renmin(Volks)-Park gegenüber dem Hotel mit tausenden Chinesen. Wo sich früher die Pferderennbahn Shanghais befand, haben sich die Menschen zum Schattenboxen oder zu gekonnt praktizierten Atemübungen eingefunden. Die den Chinesen eigene Disziplin drückt sich in den grazilen Bewegungen

des Schattenboxens aus. Die Atemübungen unterstützen die bessere Durchblutung des Körpers. Jahrhundertealte chinesische Gesundheitstraditionen leben fort. Dass die Übungen in Form von Massenaufläufen stattfinden, zeigt nur, wie sehr dieses frühmorgendliche Schattenboxen Teil des Lebensvollzuges vieler Chinesen ist. Ein Chemiker spricht mich in lebhaftem Englisch an. Die offene und aufgeklärte Art des Mannes und die innere Ruhe, die er ausstrahlt, sind erstaunlich. Unweit vom Renmin-Platz beeindruckt mich das moderne Shanghai-Museum of Art and History, das als bestes chinesisches Museum gilt.

Shanghai ist ein graues Häusermeer mit wenigen Autos. Dadurch erscheint mir die Stadt viel ruhiger als Tokio. Die Häuser wirken häufig verfallen, aber überall sind die Menschen bei aller Nüchternheit und Tristesse auf Sauberkeit bedacht. Shanghai ist ein nicht enden wollendes Menschenmeer. Allein die Versorgung dieser Massen mit Grundnahrungsmitteln sicherzustellen, ist eine enorme Leistung. Achtzig Prozent der Nahrungsmittel für Shanghai stammen aus dem Abflussgebiets des Jangtsekiang. Auf dem Flugplatz treffe ich per Zufall meinen Bonner Kommilitonen Friedbert Pflüger, der alsbald Pressesprecher von Bundespräsident Richard von Weizsäcker werden wird. Wie klein kann die Welt sein.

28.–29. Juni 1984, Xian
Als ich schließlich um zwei Uhr nachts in Xian im überdimensionalen Renmin dasha (People's Hotel) aus sowjetischen Zeiten ins Bett falle, befinde ich mich über 1500 km westlich von Shanghai und doch immer noch im Osten Chinas. Diese frühere Hauptstadt Chinas diente als architektonisches Modell für das japanische Kyoto. Die breiten, schachbrettartig angelegten Straßen Xians werden gesäumt von endlos dahinfließenden Radfahrern und unübersehbaren Menschenmassen. Die Häuser sind grau und eher ärmlich. Vor ihren Haustüren hocken Chinesen beim Kartenspiel oder tummeln sich mit ihren Kindern. Die Auslagen der Geschäfte sind nüchtern. Am eindrucksvollsten ist die Moschee aus dem 8. Jahrhundert. Xian, am östlichen Ende der Seidenstraße gelegen, besaß schon früh eine islamische Gemeinde. Das Gebäude der Moschee wurde nach der Kulturrevolution wieder restauriert und zum Gebet geöffnet. Es ist eine sehr beeindruckende Mischung aus islamischer Architektur der Frühzeit und chinesischer Gartenarchitektur. Die Worte des Propheten ranken auch hier, fern von Mekka und unter roten Vorzeichen, über dem Eingang zur Gebetshalle. Um die Moschee herum leben muslimische Familien.

50 km außerhalb Xians überwältigt mich der Blick auf die Terracotta-Armee des ersten Kaisers Qin aus dem 3. Jahrhundert vor Christus. Die unlängst ausgegrabenen Figuren, stolze, mit individuellen Gesichtszügen versehene Grabwächter, gehören unterdessen zu den größten archäologischen Funden der Menschheit. Unübertrefflich in seinen Proportionen ist der vor wenigen Jahren gefundene Bronzewagen mit vier Pferden. Er erinnert an die Pferde auf San Marco in Venedig. Doch das chinesische Kunstwerk erscheint mir noch besser proportioniert zu sein, leichter und ästhetischer. Wenige Kilometer von der Terracotta-Armee entfernt liegt am Fuße des Mount Li das

Tumulus-Grab des Qin Shi Huang. Lebende Wächter wurden mit dem Kaiser eingemauert. Aus Furcht, selbstzerstörerische Kräfte könnten bei einer Öffnung der Grabanlage freigesetzt werden, ist eine Ausgrabung bisher unterblieben. 700.000 Arbeiter stellten allein die Terracotta-Armee her. Ein imponierender Ausdruck der Macht und Würde des ersten chinesischen Zentralstaates.

Eine zwanzigstündige Eisenbahnfahrt führt mich entlang dem prachtvollen Lössplateau der Shaanxi-Provinz und durch das ländliche China nach Yanzhou. Die Menschen in der Eisenbahn sind freundlich, bodenständig und neugierig. Einige in Japan gelernte Kanji lassen das Eis schmelzen, auch wenn keine tiefere Konversation aufkommen kann. Ein Mitreisender liest die chinesische Übersetzung eines amerikanischen Buches über Hitlers letzte Tage im Berliner Bunker. Vom Zugfenster wirkt das ländliche China idyllisch, doch sind Armut und einfachste, bedürftigste Lebensverhältnisse der Landbewohner und Bauern nicht zu übersehen. Was haben fünfunddreißig Jahre Kommunismus wirklich verbessern können? Erst dort, wo heute die private Initiative zugelassen wird, blühen die Menschen auf, geht es ihnen rasch besser. Auch in China ist das privatwirtschaftliche System überlegen.

Mit einem klapprigen dreirädrigen Vehikel gelange ich von Yanzhou nach Qufu, zum Geburts- und Sterbeort des Konfuzius. Andächtig pilgern viele Chinesen heute wieder in den grünen Hain mit den Grabstelen des Kong-Clans. Im Zentrum des Hains ragt die Grabstelle des Konfuzius heraus, des größten chinesischen Denkers. Der Konfuzius-Tempel in Qufu, erstmals 481 vor Christus erbaut und in seiner heutigen Form aus dem 17. Jahrhundert stammend, ist eines der eindrucksvollsten Beispiele chinesischer Palastarchitektur. In der friedvollen, fast andächtigen Stimmung dieses Nachmittags sinniere ich über Konfuzius und die Bedeutung seiner Ethik für das heutige China. Während der Kulturrevolution wurden viele Konfuzius-Bildnisse vernichtet. Seine Schriften waren verpönt, ja verboten. So langsam aber beginnt China, sich mit seiner Geschichte auszusöhnen und den eigenen Traditionslinien wieder den gebührenden Respekt zu erweisen.

1. Juli 1984, Tài Shān
Bei drückender Schwüle ersteige ich den Tài Shān, den heiligsten der Berge Chinas. Die letzte Etappe ist fast eine Tortur. Freundliche Chinesen nehmen mich schließlich mit dem Auto zurück nach Tai'an mit, wo ich übernachte. Auch hier wird ein großer Tempelbezirk restauriert. Welche Zerstörungen musste dieses Land in der Kulturrevolution durchmachen – eine traurige Schande. Die *China Daily* berichtet, dass in Peking das erste private Taxiunternehmen seine Arbeit aufgenommen habe. Allerorten sprießt privater Kleinhandel aus dem Boden: Gemüseverkäufer fallen auch in Tai'an ins Auge. Es herrscht nirgendwo das grauenhafte Elend Indiens, doch auch in China müssen Menschen Lasten ziehen. Der graue Alltag des Kommunismus kann einerseits volle Kornkammern auf seiner Habenseite verbuchen, andererseits lähmt er allerorten Initiative, Einsatzfreude, Effizienz.

Zwischen den subtropischen Breiten Indiens und dem gemäßigt-tropischen Chinas muss auch der klimatische Unterschied berücksichtigt werden bei der Beurteilung der unterschiedlichen Mentalitäten: Die Chinesen sind disziplinierter, organisierter, sozialisierter. China mag günstigere Entwicklungsvoraussetzungen und -potenziale besitzen als Südostasien, doch bleibt auf Dauer die Überwindung der ideologischen Barrieren als Schlüssel zu einer konsequenten Modernisierung. Im Kleinen bewegt sich unterdessen vieles in China. Erstaunlich ist immer wieder die Gesprächsbereitschaft mit guten Englisch- und zuweilen sogar Deutschkenntnissen bei einer guten Zahl von Chinesen, denen ich begegne.

2.–3. Juli 1984, Tsingtau
Zehnstündige Zugfahrt auf hölzernen Sitzbänken von Tai'an an die Küste nach Tsingtau. Es ist eine Zeitreise in die deutsche Kolonialvergangenheit. Auf der Suche nach einem Militärstützpunkt in Ostasien erzwang das Deutsche Kaiserreich 1898 von China, das Gebiet Kiautschou zu verpachten. Tsingtau wurde zur Hauptstadt. Bald nach Beginn des Ersten Weltkrieges wurde sie von Japan besetzt. Das Stadtzentrum erweckt eher den Eindruck einer spießbürgerlichen, etwas muffigen und dem Verfall drohenden Kleinstadtidylle in der heutigen DDR als den einer ostchinesischen Hafenmetropole: Architektur im zutiefst an Mittel- und Nordostdeutschland erinnernden Stil, eine protestantische Backsteinkapelle mit Uhrwerk aus dem Harz. Die 1910 eingeweihte Kirche ist seit 1980 wieder geöffnet. Der Pfarrer erzählt, dass nicht wenige Deutsche zu Besuch kommen. Der Bahnhof mutet ebenfalls deutsch an, ebenso die auf einem Hügel die Hauptgeschäftsstraße mit verfallenen Gründerzeithäusern überblickende Hauptpost. Ich sehe aber auch ärmlichere Wohnviertel, die an Berliner Arbeiterviertel erinnern und an denen bloß noch Schilder wie „Schmitz und Söhne, Kohlenhändler" zu fehlen scheinen, um die kolonialzeitliche Atmosphäre zu vervollständigen. So jedenfalls stellte sich Deutschland um die Jahrhundertwende in Fernost dar. Geblieben ist eine perfekte Filmkulisse ausgefüllt mit dem vitalen chinesischen Leben des Jahres 1984. Der graue Schleier, der infolge der nahegelegenen Kohleindustrie über Qingdao liegt, belasten Augen und Schleimhäute. Am Strand vor dem Hotel erzählt ein selbstbewusster chinesischer Arbeiter stolz von seinen fortgeschrittenen Englischkenntnissen, den regelmäßigen Sendungen der *Voice of America,* die er höre, und der Wichtigkeit des Besuches von US-Präsident Ronald Reagan, der im April stattgefunden hatte.

4.–8. Juli 1984, Peking
Nach siebzehnstündiger Weiterfahrt in der zur deutschen Kolonialpräsenz erbauten Eisenbahn sticht mir sogleich nach der Ankunft in Peking der unweit des Hauptbahnhofs gelegene Himmelstempel ins Auge. Mir imponiert seine majestätische, aber doch so leichte, zum Himmel aufstrebende Architektur. Der Wandel vollzieht sich mit Höchstgeschwindigkeit. Gegenüber dem Vorjahr macht Peking einen lebendigeren, städtischeren Eindruck. In den Wohnquartieren, die noch immer grau, wenn auch sauber erscheinen, werden Waren im Straßenverkauf angeboten. Das Leben im Zentrum, um den Tian'anmen-Platz und die eindrucksvolle Verbotene Stadt gibt sich bunter, regsamer, fast freundlich. Dennoch enthüllt auch Peking die Strukturen und Defizite des

kommunistisch-bürokratischen Regimes: Wohnhausblocks des Modernisierungsprogrammes sehen schon im Rohbau verfallsbedroht aus oder werden nicht recht weitergebaut. Eine schöne Stadt ist Peking nicht gerade. Das Leben der Menschen erscheint ein wenig wohlhabender als selbst in Shanghai. Ich sehe weniger unzumutbare Wohnanlagen. Mit bunten Fahnen am Tian'anmen-Platz wird Senegals Präsident Abdou Diouf willkommen geheißen, den ich später ein zweites Mal an den Ming-Gräbern zu sehen bekomme. Dritte-Welt-Solidarität, vor allem gegenüber den Staaten Afrikas, ist der Volksrepublik China wichtig seit Tschou En Lais erster große Afrikareise 1964.

Die Große Mauer hinterlässt auch beim zweiten Besuch einen kolossalen Eindruck von Größe, Macht und Absolutismus des alten China. Von den modernen Umwälzungen zeugt das Museum of the Chinese Revolution. Die Sammlung klassischer chinesischer Kultur im Nebengebäude vermittelt einen gefälligeren, weniger propagandistischen Eindruck. Eine ganz neue Attraktion im Peking der sozialistischen Modernisierung ist das Maxim's im stilechten Pariser Ambiente. Natürlich steht französischer Champagner auf der Speisekarte. Vor der Tür rollt die ununterbrochene Kolonne der Fahrräder. Großartig restauriert präsentiert sich der tibetische Yonghe-Tempel. Im Hauptbahnhof verlässt der Zug Nr. 19 auf die Sekunde genau um 20 Uhr 07 seine Position. Ich bin ausgerüstet mit einem Zugticket von Peking nach Moskau.

11. Juli 1984, Irkutsk
Drei Tage und drei Nächte Eisenbahn. Mehr als 4000 km lege ich bis zum ersten Zwischenstopp im sibirischen Irkutsk zurück. Zunächst fahre ich durch die Weite der 1931 von Japan besetzten Mandschurei mit ihren endlosen Feldern. Ich beobachte chinesische Bauern mit ihren Pferden bei der Arbeit. Andere Menschen sind auf dem Weg zu ihren kleinen Häusern aus Backstein oder stolpern durch rußig-graue Industriestädte wie Shenyang und Harbin. Irgendwann ist der Grenzort Manjur erreicht. Plötzlich sind Birken zu sehen und sowjetische Verhaltensweisen zu beobachten. Mit einem freundlichen Gesicht setzten junge chinesische Zöllnerinnen die Ausreisestempel in die Pässe der Zugreisenden. Auf dem großen Bahnsteig kreischt eine verzerrte Lautsprecherstimme auf Chinesisch, Russisch und Englisch und bittet die Reisenden in den Warteraum. Das verbliebene chinesische Renminbi-Bargeld, die Chinesen nennen es „funny money", kann gewechselt werden. Dann wird der chinesische Speisewagen abgehängt. Wir rollen durchs Niemandsland. Es folgen ein in doppelter Höhe errichteter Stacheldrahtzaun sowie riesige Scheinwerferlampen und Wachtürme. Das Sowjetreich präsentiert sich am Amur wie an der Elbe: gesichert gegen den Rest der Welt. Aber eigentlich werden nur die eigenen Bürger eingesperrt.

Der Zug stoppt im Bahnhof Sabaikalsk. Die strohblonden jungen Grenzsoldaten blicken streng. Die Gepäckkontrolle auf russischer Seite ist intensiv. Vor allem jedes mit Buchstaben beschriebene Blatt wird genau geprüft. Die Zeitschrift *Newsweek* mit einer kritischen Titelgeschichte über China wird konfisziert: „This magazine is prohibited in the Soviet Union", sagt der Zöllner mit deutlichem Tonfall. Der Kontrast könnte abrupter und überraschender nicht sein: Stäbchen und Chow mein werden durch Messer, Gabel und Beefsteak ersetzt. Der neue Speisewagen ist im VEB Ammendorf in der DDR hergestellt worden. Die Achsen der Waggons waren an der Grenze auf die breiteren russischen Schienen angepasst worden. In der grauen Bahnstation von Sabaikalsk warten sibirische Russen. Ihre gedrungenen, dicklich-runden Körper heben sich in ältlich-ärmlichen, doch immerhin bunten Kleidern drastisch ab von der Physiognomie der Chinesen. Die robusten, an raues sibirisches Landleben und harte körperliche Arbeit gewohnten Russen, Nachfahren der seit dem 17. Jahrhundert nach Sibirien gelangten Siedler, verändern schlagartig das Gefühl von Raum und Kultur. Es ist ein plötzlicher Sprung von China in ein russifiziertes Sibirien mit windschiefen Holzhütten und grauen Betongebäuden, bewohnt von blonden Russen mit stählernen blauen Augen.

Auf einer der Bahnstationen unterhalte ich mich mit einem erstaunlich gut Englisch sprechenden Nordkoreaner. Er ist für eine Import–Export-Firma in Pjöngjang auf dem Weg nach Warschau und liest, so erzählt er, am liebsten englische Literatur. In mein Abteil gesellt sich eine russische Mutter mit Sohn auf dem Weg nach Moskau. Der melodische, aber auch harte Klang des Russischen löst das tonale Auf und Ab des Chinesischen ab. Wodka ersetzt Bier und Maotai. Mitgebrachter Speck und graues Brot, *klep,* erzeugen neue Düfte. Aus dem Zugradio ertönt plötzlich auf Deutsch eine Propagandasendung zur sowjetischen Friedenspolitik. Toilette und Waschraum sehen bald arg strapaziert aus. Die korpulenten Russen sind nicht unsympathisch. Ein pfiffiger kleiner Bub flitzt im Waggon umher. Vor dem Fenster ziehen die dichten Birkenwälder Sibiriens vorbei. Pünktlich zum Frühstück am dritten Tag taucht die weite Küste des Baikalsees vor den Zugfenstern auf. Die Zeitdifferenz zwischen Moskau und Irkutsk beträgt fünf Stunden. Zudem ist es in Irkutsk weit länger hell als im südlicher gelegenen China. Dennoch verkünden die Bahnhofsuhren in Sibirien und an den öffentlichen Plätzen in Irkutsk nur die Moskauer Zeit: Zentralismus auch in dieser Hinsicht. Um 14 Uhr 36 bleibt der Zug im Bahnhof Irkutsk auf die Minute genau wie angekündigt stehen. Im Intourist-Hotel am Ufer des Angara-Flusses werden die wenigen westlichen Besucher freundlich empfangen.

Der Spaziergang durch Irkutsk wird zum Wiedersehen mit dem Abendland in sibirischer Version. Großzügig gebaute Villen im neoklassizistischen Stil des 19. Jahrhunderts, ein Theater aus dem Jahr 1904, schokoladenbraune oder grün gestrichene sibirische Holzhäuser mit teilweise schön verzierten Fenstern, moderne, unansehnliche Wohnblocks, graue Läden ohne Auslagen oder Reklameschilder, ein stark frequentierter Eisstand auf dem Bürgersteig, mehrere russisch-orthodoxe Kirchen in strahlendem Weiß und mit dem Abbild Christi auf dem Schweißtuch an der Außenwand. In Irkutsk, im 17. Jahrhundert gegründet, fühlt sich China weit weg an. Die eintönig-kommunistische Art der Hauptgeschäftsstraße, die melancholisch-traurig, oft unfrei dreinblickenden, abgearbeitet wirkenden Menschen in bunten, aber kitschig-farbigen Kleidern, uniformierte Soldaten, sehr selten Menschen mit asiatisch-mongolischen Gesichtszügen. Abends erzählt ein junger Russe, er habe versucht, in Irkutsk eine Diskothek zu eröffnen. Jedoch habe es Probleme gegeben und er hätte wieder schließen müssen. In die Hotelbar darf er nicht hinein. Sie ist Ausländern vorbehalten. An den Nachbartischen sitzen

Ostdeutsche: Diese Bürger des ersten deutschen Arbeiter- und Bauernstaates haben immerhin ostwärts Bewegungsfreiheit bis Sibirien. Ausflug von Irkutsk durch die Taiga an den Baikalsee, der mit 1620 m der tiefste und mit 25 Mio. Jahren der älteste See der Welt ist und überdies das sechstgrößte Frischwasserreservoir der Welt. Der Baikalsee ist so groß wie die Schweiz. Auf dem Weg zum See besuche ich als Teil einer kleinen Gruppe von Individualreisenden unter Führung einer charmanten und hübschen Russin ein sibirisches Dorf. Bei genauerer Betrachtung erweist es sich als die Kopie eines der Dörfer aus der Gründerzeit Sibiriens im 17. Jahrhunderts. Bizarr und eindringlich wird der Rundgang durch das Dorf Listwjanka am Ufer des Baikalsees. Jetzt befinde ich mich in einem sibirischen Dorf des späten 20. Jahrhunderts.

Die windschiefen Holzhütten, nach besten Möglichkeiten in Schuss gehalten, ziert zuweilen eine Antenne. Ansonsten aber fühle ich mich in vergangene Jahrhunderte zurückversetzt, obwohl dies tatsächlich das heutige Sibirien ist: die stoppeligen Wiesen vor den Hütten, auf denen Kühe grasen, die gut erhaltene Holzkirche mit ihren russisch-orthodoxen Ikonen, die sandigen Wege des Dorfes. Die ärmlich gekleideten Menschen wirken verschroben und verschlossen. Sie sind eher mit Alkohol und möglicherweise sogar mit Inzesterfahrungen in Berührung gekommen als mit moderner städtischer Zivilisation. Auch die gloriosen Errungenschaften der größten Militärmacht der Welt sind weit entrückt von diesem Dorf. Strohblonde, urig-naturverbundene Kinder fragen mich nach Kaugummi. In der Holzkirche treffe ich eine Reisegruppe aus Wien. Westeuropäer fallen sofort auf, merkwürdig und kaum rational zu erklären. Die Kleidung, der Gang, die Stimmführung.

Um 18 Uhr 25, das heißt um 13 Uhr 25 Moskauer Zeit, fährt der Irkutsk-Moskau-Expresszug Nr. 9 ab. Der zweite Teil meiner Transsibirien-Fahrt beginnt. Die gepflegten Erste-Klasse-Abteile und eine sehr zuvorkommende Zugbegleitung werden in den nächsten drei Tagen und vier Nächten unser Zuhause sein. Lorenz Chenaux-Repond, Andrew aus Kanada, der jungenhafte Student Sanuichi aus Kyoto und ich sind die einzigen Nichtrussen an Bord.

14. Juli 1984, in der Transsibirischen Eisenbahn

Die Weite dieses Imperiums will schier grenzenlos erscheinen. Zwei Tage nach dem Start in Irkutsk befinden wir uns noch immer auf der Höhe Afghanistans. China haben wir im Südosten endgültig hinter uns gelassen. Die in den Horizont hineinreichenden Felder und Birkenwälder der Taiga werden eins ums andere Mal unterbrochen von armen Dörfern. Auf den Feldern sind so gut wie keine Landmaschinen zu sehen. Die Bauern, verhältnismäßig viele von ihnen sind Frauen, arbeiten mit bloßen Händen und bereiten das Heu vor. Es ist eine Kulisse wie in Pasternaks *Doktor Schiwago*. Auf viktorianisch anmutenden Bahnhöfen können wir Passagiere uns zuweilen für einige Minuten die Füße vertreten und frische Luft schnappen (Abb. 3.10). Die rauen Gesichtszüge der sibirischen Russen spiegeln die Härte der Naturbedingungen, unter denen diese Menschen leben und arbeiten. Wie viele politische Gefangene müssen in sibirischen

3 Aufbrüche zu Freiheit und Globalisierung (1980–1989)

Abb. 3.10 Zwischen Peking und Moskau: Während der Fahrt mit der Transsibirischen Eisenbahn (1984). (© Ludger Kühnhardt)

Gulags darben, frage ich mich? Sibirien – der Name alleine lässt widersprüchliche Gefühle aufkommen: die unendliche Ausdehnung des Raumes, die Stimmung von Birkenwäldern und weiten Feldern, die entsetzlich rauen und kalten Winter, Armut der Lebensverhältnisse, enorme Naturreserven, aber auch die dunklen Züge des Sowjet-Totalitarismus. Nebeneinander liegen Kraft und imperialistischer Ausdehnungswille der Russen. Ich beobachte hässliche Industriekombinate und Holzfällerfabriken. Immer wieder überquert der Zug breite Flüsse. In der dritten Nacht passieren wir hinter Swerdlowsk das Uralgebirge, die natürliche Grenze zwischen Europa und Asien. Ab Perm wirkt plötzlich alles kleinteiliger, fast lieblicher: hügeligere Landschaften, kleinere Landwirtschaftsflächen. Ich erspähe Dörfer, die erste Erinnerungen an Mitteleuropa wachwerden lassen. Die Menschen wirken feiner, je mehr wir uns Moskau nähern. Vor den Hütten der Dörfer sehe ich die sauber gepflegten kleinen Gemüsefelder, die privat bewirtschaftet werden dürfen. Auf drei Prozent der agrarisch genutzten Fläche dieses Riesenlandes werden fünfundsiebzig Prozent der Gemüseproduktion der UdSSR erwirtschaftet. Das zentrale Problem dieser Ökonomie ist nicht die technologische Rückständigkeit, sondern das System, das Eigeninitiative abtötet. Es produziert Ineffizienz, Schluderwirtschaft, Korruption und Verantwortungslosigkeit ohne Ende.

Unter den Mitreisenden meines Wagons befindet sich ein freundliches Ehepaar mit drei kleinen Kindern. Sie sind auf dem Weg von Irkutsk zu den Schwiegereltern nach Kiew. Sergei ist Direktor einer Wurstfabrik mit 150 Beschäftigten. Der Mindestlohn seiner Arbeiter liegt bei 300 Rubel im Monat. Wir radebrechen mithilfe eines russischen Wörterbuches und seiner wenigen Französischkenntnisse. Wir spielen Scrabble und legen dabei französische Worte, die wir beide nur schlecht aussprechen können. Abends lernen wir die ungestüme und kernige Herzlichkeit der Russen kennen: Sergei lädt zu Wodka und Brandy ein. Um den hochgradigen Alkoholgehalt ein wenig zu neutralisieren, serviert er köstlichen geräucherten Fisch aus dem Baikalsee und vorzügliche selbstgemachte Salami, die seine Frau mit den besten Rohstoffen aus seiner Fabrik gefertigt hat. Dagegen schmeckt die für den Export bestimmte Salami langweilig, denn ihr wurden die besten Gewürze vorenthalten. Es wird Kaviar, Gemüse und kräftiges Graubrot gereicht. Der Alkoholkonsum der Russen scheint grenzenlos. Unterdessen ist die durchschnittliche Lebenserwartung für Männer von 66 Jahren im Jahr 1965 auf heute 62 Jahre zurückgegangen. Der Höhepunkt der feucht-fröhlichen Bekanntschaft mit Sergei ist erst erreicht, als er uns morgens um kurz nach vier Uhr einen Abschiedswodka aufnötigt. Die komplette Flasche hundertprozentigen Alkohols wird vor unseren Augen im Dämmerlicht des anbrechenden Morgens mit Wasser verdünnt. Dann stürzen wir sie gemeinsam in unsere Kehlen. Um 5 Uhr 35 bleibt Zug Nr. 9 pünktlich auf die Minute im Hauptbahnhof Moskau stehen. Auf der zehntausend Kilometer langen Strecke war viel Zeit, um einige der umfangreichen russischen Romane in Ruhe zu lesen: Michael Scholochows *„Der stille Don"* (1975), Leo Tolstois *„Krieg und Frieden"* (1970) und Fjodor Dostojewskis *„Die Dämonen"* (1948).

15.–18.Juli 1984, Moskau
Auf dem Moskauer Bahnhof empfängt mich ein Intourist-Führer und führt mich in schwarzer Limousine durch die noch schlafende Acht-Millionen-Stadt. Im Intourist-Hotel auf der Uliza Gorki, einer der beiden Prachtstraßen Moskaus, beziehe ich mein Zimmer. Das Hotel ist eher drittklassig, doch gilt es als absolute Spitze in der Stadt. Das Personal ist maximal unfreundlich und rüde. Nur einen Steinwurf vom Hotel entfernt, gleich hinter dem Staatlichen Historischen Museum liegt auf einem leichten Hügel gelegen der Rote Platz. Rechts schaue ich ehrfurchtsvoll und irgendwie ängstlich hoch zum Kreml, dem Zentrum des Weltkommunismus und der totalitären Sowjetmacht. So eindrucksvoll und machtvoll die Gesamtanlage auch ist, alles wirkt auf mich eher kalt und menschenunfreundlich. Links blicke ich auf das dem Pariser Rathaus nachempfundene GUM-Warenhaus. Der Moskwa zugewandt liegt die Basilius-Kathedrale mit ihren wunderschönen Ikonen und Wandmalereien aus dem 15. Jahrhundert. Ihre Zwiebeltürme wirken verspielt. Vor der Kremlmauer mit den dahinterliegenden Staats- und Parteizentren und goldbedachten Kathedralen steht das Lenin-Mausoleum wie ein trotziger Fels in der Brandung. Um Lenins Mausoleum sind die Grabstätten von Sowjetgrößen in die Wand eingelassen. Der Innenraum des Roten Platzes ist abgesperrt. Auf der einen Seite bewegt sich der Strom der ins Lenin-Mausoleum defilierenden

Menschen. Auf der anderen Seite flanieren Touristen aus allen Teilen der Sowjetunion und aus aller Herren Länder. Die Atmosphäre mutet an wie bei einer Beerdigung: gedrungen, leise, irgendwie traurig. Ob der ausstaffierte Leichnam Leninn überhaupt authentisch ist und nicht durch eine Wachsfigur ersetzt wurde, ist seit einigen Jahren Gegenstand von Spekulationen. Das Mausoleum gehört zu den pseudoreligiösen Symbolen, die sich die kommunistische Weltbewegung geschaffen hat. Der Kommunismus hat in Moskau das Christentum des Dritten Rom als Universalideologie abgelöst. Was für die Christenheit das Grab Christi oder für die Muslime die Kaaba in Mekka ist für treue Kommunisten das Mausoleum Lenins. Der ersatzreligiöse Charakter des Kommunismus hat sich seine Heiligen geschaffen. Einen Götterolymp der Antike ähnlich sind sie neben Lenin an der Kremlmauer eingeschreint.

Stadtrundfahrt, vorbei an der Dreifaltigkeitskirche, am Bolschoi-Theater, dem KGB-Hauptsitz, der amerikanischen Botschaft, dem im Stil des stalinistischen Realismus erbauten Außenministerium. Vorbei an Heldenbüsten, Gedächtnisstätten und Wirkstätten russischer Dichter und an der hübsch auf dem Lenin-Hügel gelegenen Lomonossow-Universität. Die Stadt ist großzügig angelegt, besitzt erfrischend viele Grünflächen. Die Hauptgeschäftsstraßen sind vom Treiben der Menschen erfüllt, aber ansonsten grau wie allerorts die Städte zwischen Ostberlin und Peking. Überwältigend ist der Besuch der drei Kreml-Kathedralen. Die prachtvollen Ikonen zumeist von Andrei Rubljow, dem größten Ikonenmaler der Russen aus dem 14./15. Jahrhundert, die meisterhafte Architektur, die Särge so vieler russischer Zaren, die reiche und große Geschichte der Russen, die sich im Zentrum des alten Moskowiter-Reiches widerspiegelt, sind der majestätische Ausdruck einer ganz eigenen Variante abendländischer Kultur. Gegenüber den Kathedralen liegen, streng bewacht und trotzig dreinblickend, die Gebäude des Ministerrates der UdSSR und anderer Partei- und Staatszentralen. Weht auf der einen Seite des Kremls die rote Fahne, ihr unbeständiges Flattern zeigt ihre Vergänglichkeit an, so strahlt von den Dächern der Kathedralen erhaben das ewige Kreuz der Christenheit über die Stadt.

Den nachhaltigsten Eindruck macht auf mich die Begegnung mit dem 21-jährigen Yuri, der an der Schule für Fremdsprachen studiert. Er ist ein aufgeklärter, überraschend gut informierter, mit dem System absolut unzufriedener und im Bewusstsein der derzeitigen Hoffnungslosigkeit seiner Lage deprimierter, fast gebrochener junger Mensch. Seine eher bissigen Bemerkungen über den schlechten und unfreundlichen Service im Hotel waren noch wenig unorthodox, ebenso sein Klagen über den Alkoholismus. Beim Rundgang durch die Kreml-Kathedralen, im Angesicht der Gräber vieler russischer Zaren, aber wird er erstaunlich deutlich: „Russia had a great history until the revolution." Die systematische Bespitzelung und das allseitige Misstrauen sei ein noch grässlicheres Element des hiesigen Systems als die wirtschaftlichen Misserfolge. Am Ende des Alexander-Parks nähern wir uns dem Grabmal des Unbekannten Soldaten. Yuri bleibt stehen und sagt voller Verbitterung: „Ich kann diese dauernde Berieselung und dramatische Darstellung des Krieges vor allem im Fernsehen nicht mehr ausstehen. Man muss den Krieg endlich vergessen. Zwanzig Millionen Russen starben im Krieg, fünfzehn Millionen wurden aber auch von Stalin umgebracht. Darüber spricht hier niemand." Erstaunt über diese Offenheit Yuris entwickelt sich spontan ein Gespräch über Krieg und Frieden, über die politischen Systeme in den USA und der UdSSR, über den sowjetischen Totalitarismus. Yuri: „Ein US-Soldat in Vietnam konnte seine Auszeichnungen vor dem Weißen Haus fortwerfen. Hier geht das nicht für den Soldaten, der in Afghanistan kämpfen musste. Warum soll dort überhaupt ein Russe kämpfen? Wir haben da nichts zu suchen." Yuri: „Dieses ist ein unfreies Land. Die Sowjetunion ist ein totalitärer Staat. Dieses System ist genauso schlimm wie früher der Faschismus." Wie es in der Sowjetunion weitergehen wird, kann niemand prognostizieren. Noch einmal ist Yuri entwaffnend offen: „Only God knows." Der Abend endet im Tanzlokal des Intourist-Hotels, zu dem Russen im Prinzip keinen Zutritt haben. Ich will meinen Augen und Ohren kaum trauen: Die Musik ist total westlich, auf der Tanzfläche bewegen sich fast nur jüngere Russen. Die Hälfte der weiblichen Anwesenden geht offenbar dem horizontalen Gewerbe nach. Yuri ist erstaunt und ungläubig: „This system is completely corrupt. They enjoy life – Russians in disguise – and in the villages nothing has changed for 200 years."

Ich fahre durch die Vororte mit ihren endlosen grauen Hochhäusern und Grünanlagen. 75 % der Gebäude Moskaus entstanden nach dem Zweiten Weltkrieg. Um 23 Uhr ist Sperrstunde. Vor einem Restaurant bereiten sich Polizisten mit einem riesigen Schäferhund schon am frühen Abend darauf vor, dass zu fortgeschrittener Stunde der gesteigerte Alkoholkonsum einiger ohnehin schon angetrunkener Gäste nicht in körperliche Tätlichkeiten umschlägt. Andreas Oplatka, Korrespondent der *Neuen Zürcher Zeitung,* hält eine Fortführung der stalinistischen Linie Gromykos für nicht ausgeschlossen. Die Armeeführung stehe hinter diesem Kurs, der ihr ein hohes Budget sichere, erzählt er mir. Das totalitäre System in der Sowjetunion sei im Unterschied zum Hitler-Faschismus keine historische Abirrung, sondern liege in der Traditionslinie und den Mentalitäten dieses Landes begründet.

Auf dem zentralen Markt können Kolchosenbauern ihre Überschussproduktionen verkaufen. Am Bahnhofsplatz steht ein leidlich gefüllter Supermarkt, der modernste der Sowjetunion. Dichte Menschenmengen stehen wie ungläubige Kinder vor dem bunten Weihnachtsbaum und staunen. Ein Farbfernsehgerät, ein arg altmodischer Kasten, kostet 750 Rubel (2000 D-Mark). Dafür wird man in Moskau als Normalsterblicher wohl zehn Jahre sparen müssen. Der zweitgrößten Industrie- und größten Militärmacht der Welt hingegen ist egal, wie ihre Untertanen zu leben haben. Ein Hundeleben für den Kommunismus. Das Regiment ist stark genug, daran nicht rütteln zu lassen. Ich bewundere die eindrucksvolle Bildersammlung des Pushkin State Museum of Fine Art – Canaletto, Rembrandt, Jordaens, Tiepolo, Picasso, Matisse, Léger. Hinter dem Puschkin-Museum liegt in einer prachtvollen und gut restaurierten Vorrevolutionsvilla das Marx-Engels-Museum, ein standesgemäßer Rahmen für die großbürgerlichen Vorfahren der Revolution. Inmitten von Dokumenten und Büchern lausche ich per Zufall einem Vortrag vor westdeutschen Besuchern durch einen der Institutspropagandisten:

„Wer Ihnen Angst macht, dass wir morgen bei Ihnen in Westdeutschland zu Mittag essen wollen, hat völlig unrecht. Wir wollen nicht mehr Land, wir haben genug. Wir brauchen nur Zeit und Geld für die Lösung unserer eigenen Probleme. Wir werden jetzt keine Raketen abschießen, weil wir wissen, dass uns nach sechs Minuten der Gegenschlag aus dem Westen tödlich treffen würde. Also, der Einmarsch in Afghanistan ist eine komplizierte Geschichte. Die Erklärung dauert sechs Stunden. Damit möchte ich jetzt nicht beginnen. Wir werden sofort unsere Truppen abziehen, wenn der Westen die militärische Unterstützung Pakistans aufgibt."

Ursache und Wirkung werden in diesem Spontan-Vortrag gekonnt verdreht. Hoffentlich schlucken die zahmen Lämmer aus Deutschland die verabreichte Ideologiedosis nicht widerstandslos. Einige der Deutschen sehe ich zustimmend nicken, nachdem der Führer seinen Vortrag beendet hat.

Eine wundervoll inszenierte Aufführung des *Nussknacker*-Balletts im Palast des Kongresses. Das kunstliebende Publikum ist wirklich begeisterungsfähig. Es gibt vielfachen Szenenapplaus für die großartige Leistung von Tänzern und Orchester sowie für das Bühnenarrangement. Tschaikowskys *Nussknacker*-Märchen ist eine perfekte traumähnliche Entrückung aus dem Grau der Alltagsrealität.

Zoll- und Passkontrolle: Die Zöllner mustern mich wie einen steckbrieflich gesuchten Schwerverbrecher. Neben mir steht ein Offizier der Nationalen Volksarmee der DDR. Wenige Minuten vor meinem Start nach Frankfurt geht eine Maschine der „Freundschaftslinie Interflug" nach Berlin-Schönefeld. Was gäbe wohl mancher, auch gerade der jüngeren Ostdeutschen neben mir darum, im Besitz meines grünen, anstelle ihres blauen Reisepasses zu sein? Die hohnspottende Heuchelei des Sowjetstaates war eine weit bedrückendere Erfahrung als die doch eher asiatisch-unverkrampftere Art des chinesischen Systems. Beide kommunistischen Revolutionen sind im Grunde gescheitert. Würde ich nach einer Prognose gefragt werden, würde ich China bessere Chancen als der Sowjetunion geben, sich noch zu meiner Lebzeit systematisch zu verändern.

7.–15. August 1984, Los Angeles

Im Memorial Coliseum erlebe ich einige der Top-Sportveranstaltungen der XXIII. Olympischen Spiele der Neuzeit. Höhepunkt aller Leichtathletik ist der Zehnkampf. Am Ende siegt der Brite Daley Thompson vor zwei Deutschen, Jürgen Hingsen und Siegfried Wentz. Die Stimmung im Stadion ist fröhlich, aber weit weniger international als 1972 in München. Die Amerikaner feiern sich irgendwie selbst, auch dann, wenn ihre Athleten einmal nicht auf dem Siegertreppchen stehen. Ist es nur ein Zufall, dass ich mich den Vereinigten Staaten von Amerika so ganz anders annähere als für Europäer üblich? Erst Alaska, jetzt die pazifische Westküste. Die üblicherweise gleich zu Beginn angesteuerte Ostküste steht erst am Ende meiner ersten Entdeckung Amerikas. Das Gefühl für die Dimensionen der Weltmacht zwischen zwei Ozeanen überkommt mich direkt und unmittelbar, ohne dass ich auf die Wahrnehmung der Weiten des „wilden Westens" warten müsste. Nach vierzehnstündigem Flug hat mich Los Angeles mit seinem bunten

Völkergemisch aus Weißen, Indern, Schwarzen und Asiaten aller Couleur aufgenommen. Breite, endlose Straßenzüge. Der Taxifahrer hat nur fünf US-Dollar Wechselgeld dabei. Möglichen Überfällen will er vorbeugen. Die Leuchtreklame der Fast-Food-Restaurants, die breiten amerikanischen Straßenkreuzer, eine aufgelockerte Bauweise bei neun Millionen Einwohnern, welch ein Kontrast zu Tokio. In meinen Vorurteilen hätte alles viel plastikhafter sein sollen. Ich empfinde eine dynamische und frische Atmosphäre. Vor dem Olympiastadion erste Begegnung mit amerikanischen Besuchern, die von ihrer Zeit als Soldatenfamilie erzählen, die in Deutschland stationiert war.

Der Leichtigkeit der kalifornischen Lebensweise kann ich mich nicht entziehen. Die endlosen Boulevards von L.A., die im Leihwagen unter mir dahinrauschen. In der Ferne der berühmte Schriftzug „Hollywood". In Venice Beach tauchen auf einmal nicht die Rialto-Brücke und Barockmalerei auf, sondern Gaukler, Exhibitionisten, Selbstverwirklichungs-Bodybuilder und Beachboys. Die Ausgeflippten und Gestrandeten sind nie fern, aber sie provozieren weder Angst noch Ablehnung. Um mich herum lebt ganz entspannt eine einzigartige Mischung menschlicher Rassen.[14] Ich erlebe, was in der Soziologie unter dem Stichwort Einwanderungsgesellschaft „melting pot" heißt, mit allen Stärken und Schwächen. Ich schlendere über den gepflegten Rodeo Drive mit seinen eleganten Geschäften und fahre durch Beverly Hills entlang den eher heruntergekommenen Sunset- und Hollywood-Boulevards. Vor dem Mann's Chinese Theatre pilgere auch ich zu den in Stein eingelassenen Fußabdrücken der Filmprominenz. Los Angeles spricht mich nicht an. Das Umland aber und die Küstenregionen im Süden bis Laguna Beach und im Norden gen San Francisco sind traumhaft. Geprägt von Orangenhainen, wüstenähnlichen Hügeln, Bergen und Tälern ist Kalifornien aus einem reichen Agrarland zu einer Projektionsfläche menschlicher Träume geworden.

16.–17. August 1984, Yosemite-Nationalpark
Auf 1800 m über der Pazifikküste liegt der Sequoia-Nationalpark im östlichen Kalifornien. Der dichte Waldbestand in herrlicher, rauer Bergwelt. Sequoia-Riesenbäume, die bis zu 3000 Jahre alt sind und ihre Vorfahren auf über 100 Mio. Jahre zurückführen können. Ein imposanter Ausblick vom Moro Rock und eine Reittour durch den südlichen Teil der Sierra Nevada. Landschaftlich noch eindrucksvoller ist der Yosemite-Nationalpark mit bis zu fünfhundert Metern steil ansteigenden, urtümlichen Felswänden. An einer Stelle purzeln drei Wasserfälle nebeneinander herunter in den Merced River. Ein arg alternativ auftretender Ranger will sogleich über die anstehenden Präsidentschaftswahlen sprechen. Gary Hart, Jessy Jackson, Walter Mondale – die Namen der demokratischen Kandidaten sind zu hören, aber nicht diejenigen von Exzentrikern

---

[14] Dieser Begriff wurde von mir 1979 in keiner Weise in herabwürdigender Weise verwendet. Er entsprach dem damaligen Sprachgebrauch. Insofern ist seine Wiedergabe an dieser Stelle eine Quelle über historische Zuschreibungen, die in späterer Zeit kontrovers diskutiert wurden.

außerhalb des politischen Mainstreams. Ich empfinde das Gespräch als ein erstaunliches Beispiel für die Integrationsfähigkeit des amerikanischen politischen Systems. In Deutschland hätte man von so einem Mann wohl eher flammende Bekenntnisse zu den radikalsten Flügelleuten der Grünen gehört.

18.–19. August 1984, San Francisco
The City, das stilvolle, in fantastischer Buchtlage situierte San Francisco. Die Hafenrundfahrt von Fisherman's Wharf unter der großartigen Golden Gate Bridge hindurch und entlang der ehemaligen Gefangeneninsel Alcatraz bietet mir Gelegenheit, das Panorama der Stadt vom Wasser aus zu verinnerlichen. Die Hochhaussilhouette des Finanzviertels am Embarcadero überragt die niedrigstöckigen Wohngegenden im viktorianischen oder Jugendstil, durch die sich die berühmten langen, geradlinig steilen Straßen mit den lustigen Cable Cars ziehen. Die Stadt wirkt europäischer als Los Angeles. Am Union Square steht eine Säule zur Erinnerung an die amerikanische Eroberung Manilas von den Spaniern am 1. Mai 1898, nicht die einzige Episode des amerikanischen Imperialismus im 19. Jahrhundert. Gepflegte Geschäfte, von einer bunten Völkermischung aufgesucht. Chinatown, die größte Ansammlung von Chinesen außerhalb Chinas. San Francisco verfügt über einen großen hispanischen Bevölkerungsanteil und viele Japanern, die ihr ureigenstes „nihonmachi" pflegen. In North Beach, dem Italienerviertel der Stadt, lassen sich die kulinarischen Qualitäten des Bella Itala in mediterran-stimmungsvollem Ambiente genießen. Gleich nebenan am Broadway beginnt das Nacht- und Vergnügungsviertel, das vom kommerzialisierten Sex bis zu den angesagten Kneipen der Schwulen ein breites Spektrum zu bieten hat. Den Exhibitionismus der Homosexuellenszene, der in den öffentlichen Raum drängt, empfinde ich als aufdringlich, bei aller Toleranz für jeden einzelnen Menschen und die Vielfalt der Lebensentwürfe, die mir erstmals in solcher Vielfalt begegnen. Es befremdet mich, als ich erstmals sehe, wie ein Männerpaar sich mit einem Zungenkuss öffentlich verabschiedet. So viel öffentlich präsente Homosexualität ist mir aus Europa völlig unbekannt.

20.–23. August 1984, Dallas
Die National Convention der Republikanischen Partei, der Grand Old Party Abraham Lincolns, ist angetreten zur Krönung Ronald Reagans als ihrem nochmaligen Präsidentschaftskandidaten. Auf Einladung des American Council on Germany besuche ich mit einer deutschen Delegation – zu der auch Matthias Wissmann (CDU), mit dem ich die USA-Rundreise durchführe, Rudolf Scharping (SPD) und Christoph Walther (FDP) gehören – den Parteikongress. Ein glänzend arrangiertes Spektakel. Am Rande werden wir zu Gesprächen und Empfängen eingeladen. Wir lernen „Big D" als die boomende, aufstrebende Stadt des Südens kennen. Die Skyline von Dallas wurde erst in den letzten Jahren des Reaganschen Wirtschaftsbooms hochgezogen. Am Erscheinungsbild der Innenstadt zeigt sich aber auch, dass bis vor Kurzem Verfall und Langeweile den Ton angegeben haben. Der Finanz- und Wirtschaftsboom hat sich erstaunlich rasch vollzogen. Ich besuche einen Sonntagsgottesdienst der First Baptist Church, deren

charismatischer Pastor Wallie Amos Criswell eine bizarre Mischung aus Religiosität, Messianismus und US-Patriotismus repräsentiert: „God is with America", heißt es in seiner Predigt wie selbstverständlich. Der Chor singt „Glory, glory Halleluja" und ein patriotisches Lied. Was bei uns undenkbar wäre – die Staatsflagge hinter dem Altar, das Deutschlandlied zum Abschluss des Gottesdienstes – ist hier unverschnörkelter Bestandteil der konservativen, südstaatlichen Tradition. Im dicht gefüllten Gottesraum sehe ich nur einen einzigen Schwarzen. Mr. und Mrs. Jacks zeigen stolz ihre imposante private Ikonensammlung, in der ihr Kapital aus dem Ölgeschäft angelegt wurde. Mit seiner Frau engagiert sich Richard Fisher, Mitglied der höchsten Finanzkreise in Texas, besonders stark für die deutsch-amerikanischen Beziehungen. Bürgermeisters Taylor gibt Hintergrundinformationen zum Dallas Museum of Art.

Ich suche die Elm Street auf, an der John F. Kennedy am 22. November 1963 ermordet wurde. Das JFK-Memorial am traditionsreichsten Platz der Stadt, etwas nördlich der Elm Street und dem früheren Texas Book Deposit, aus dessen sechstem Stock Lee Harvey Oswald die tödlichen Schüsse abgegeben hatte, wirkt eher monströs als würdig. Passend indessen die Gedenktafel: „… as a permanent tribute to the joy and excitement of one man's life." Die Paralyse Amerikas, die mit der Ermordung Präsident Kennedys ihren Anfang nahm – Vietnam-Niederlage, Watergate, Selbstzweifel und Zukunftspessimismus –, scheint unterdessen weithin überwunden zu sein. Was auch immer kritisch zu Präsident Reagan gesagt wird – sein rechter Politikkurs, problematische außenpolitische Positionen und Aktionen, mangelnde Kompetenz in wichtigen Fragen –, so eindeutig ist der ökonomische Aufwärtstrend der amerikanischen Wirtschaft. Die Inflationsrate ist auf 4,7 % gesunken. Sieben Millionen neue Arbeitsplätze wurden allein in den letzten anderthalb Jahren geschaffen. Die psychologische Verfassung der Nation zeigt sich in einem neuen Selbstvertrauen, bis hin zu nationalistischen Tönen. Fort Worth, nahe Dallas, beeindruckt mich mit der Carswell Air Force Base, auf der B-52-Bomber stationiert sind. Auch dies, die militärische Überlegenheit, erklärt den amerikanischen Patriotismus.

Die Krönungsmesse für Ronald Reagan: Über 2200 Delegierte und 10.000 Journalisten sind präsent, um Ronald Reagan wieder zu nominieren und seinen Vizepräsidentschaftskandidaten George H. W. Bush zu initiieren. Auf der Besuchertribüne für ausländische Gäste erlebe ich ein Dauerspektakel. Zu Beginn jeder Session ertönt die Nationalhymne. Die Abende schließen mit einem Nachtgebet. Die „Moral Majority" des Jerry Fallwell ist deutlich präsent. Ich höre Gerald Ford, Bob und Elizabeth Dole, dann George Bush und schließlich Präsident Ronald Reagan. Ray Charles voluminöse Stimme bringt mit dem herzerwärmenden Kult-Song „America the Beautiful" die Halle noch einmal zum Beben. Der Parteitag endet, nachdem Reagan und Bush mit ihren Frauen in einem wahren Luftballonregen untergegangen sind. Die Rede des Präsidenten war stilistisch und in der Vortragsart exzellent. Seine warme Stimme erzeugt eine Verbundenheit zu jedem einzelnen Anwesenden. Inhaltlich war wenig Substanz zu hören, obgleich er nicht zu Unrecht auf die Gesundung der Wirtschaft und das wiedergewonnene Selbstbewusstsein der USA nach der Demütigung durch die Geiselaffäre im Iran am Ende der

Carter-Jahre verweisen kann. Derzeit gibt der rechte Flügel in der Republikanischen Partei den Ton an. Im Hotelaufzug begegne ich einem seiner profiliertesten und polarisierendsten Vertreter, Barry Goldwater, der die Rechtsorientierung 1964 in seinem damals gescheiterten Präsidentschaftswahlkampf gegen Lyndon B. Johnson begonnen hatte. Für die Zeit nach Ronald Reagan ist bei den Republikanern alles wieder offen: George Bush, liegt ebenso im Rennen wie Howard Baker, Jack Kemp oder Bob Dole. Auch bei den Demokraten wird nach einer zu erwartenden Niederlage Walter Mondales am 6. November 1984 das Karussell der Personen und Positionen neu ins Rollen kommen. Hier sind noch keine wirklich elektrisierenden Namen zu hören.

24.–25. August 1984, Niagarafälle
Hoch in den Norden der USA, nach Chicago. Die Drei-Millionen-Stadt liegt selbstbewusst am Ufer des Michigansees. Die Hochhauskulisse mit dem Sears Tower als dem höchsten Gebäude der Welt, die Promenade entlang des Segelhafens, die Museumsinsel am Ende des Segelhafens, die Hauptgeschäftsstraße Michigan Mile vermitteln ein weit urbaneres Bild als Dallas oder L.A. Über den Michigansee und den Eriesee geht es nach Buffalo, mit 400.000 Einwohnern fast ein totes Provinznest. Entlang der kanadischen Seite des Ufers folgen bald nach Fort Erie die imposanten Niagarafälle. Das gigantische Naturerlebnis ist zugleich ein Erlebnis des Massentourismus mit seiner ihm eigenen, sterilen Konsumindustrie. Ein kanadischer Stempel, den ich bei der Passkontrolle auf der Peace Bridge erhalte, erinnert an den Ausflug auf die kanadische, die noch spektakulärere Seite der Wasserfälle.

26.–31. August 1984, Vinalhaven
Im Norden von Maine, dem „Misty Kingdom", wie die *New York Times* gerade heute schreibt, öffnet Guido Goldman, der umtriebige wie umgängliche Direktor des Center for European Studies der Harvard-Universität, sein 1813 errichtetes großzügigen Ferienhaus. Es steht auf einem Hügel mit Blick auf das Meer auf drei Seiten und inmitten einer unübersehbaren Waldfläche. Vier Kilometer in jede Richtung erstreckt sich das Grundstück. Herrliche Wildheit der unberührten Natur, klarste Seeluft – obwohl gelegentlich dichte Nebel die Sonne verdunkeln – ein eigener Tennisplatz, und Bootsfahrten auf einer Yacht aus den zwanziger Jahren. Für zwei Tage schaut Gabriele Henkel, Düsseldorfs Society Lady, mit ihrem Sohn Christoph vorbei. Bei einer Bootsfahrt dümpeln wir in dichtestem Nebel plötzlich ohne Orientierung ziemlich unwirklich im Nordatlantik. Der größte Anteil des amerikanischen Hummers wird vor der Küste Maines gefischt.

Guido Goldman kann stundenlang von Adenauer, Kiesinger oder Kissinger erzählen, dessen Assistent er während seines eigenen Studiums in Harvard war, und von vielen anderen Großen der Welt. Der Sohn des früheren Präsidenten des World Jewish Council, Nahum Goldman, offenbart seine für einen liberalen, aufgeklärten Demokraten überraschend dezidierten Standpunkte zum Thema Europa und Deutschland: Ein amerikanischer Truppenrückzug aus Deutschland werde früher kommen, als dies den Deutschen recht sein mag. Abrüstung mit den Russen sei eher unwahrscheinlich. Von der

Einigung Europas hält er nicht viel, glaubt nicht daran, dass sie irgendwie funktionieren könne. Selbst bei einem so differenzierten Kenner und wohlwollendem Beobachter Europas hat der Alte Kontinent erheblich an Gewicht eingebüßt. Wir Europäer, so geht es mir beständig durch den Kopf, haben schleunigst selbst die Konsequenzen zu ziehen: Wenn die Einheit Europas im Verband mit der transatlantischen Allianz nicht bald Wirklichkeit wird, sinken wir noch weiter zu weltpolitischer Bedeutungslosigkeit ab. Gleichzeitig gilt es, die Amerikaner angesichts ihrer oft erkennbaren Ignoranz über komplexe Verhältnisse außerhalb ihres Landes von Arroganz und Isolationismus abzuhalten durch eine möglichst enge Verflechtung mit Europa.

2. September–4. Dezember 1984, Cambridge, MA

Harvard: Aufbaustudium auf den „oldest, richest, and most famous of American seats of learning", wie es mein *Baedeker* über die USA im Jahr 1899 formulierte (1899, S. 94). Ein Jahrhundert, zwei Weltkriege und die deutsche Katastrophe später, wird man sagen dürfen: Harvard ist die berühmteste Universität der Welt. Die ehrwürdigen Gebäude aus rotem Backstein, häufig mit eleganten architektonischen Stilelementen verziert, atmen stolzes Geschichts- und Traditionsbewusstsein. Die sprudelnde Stimmung, die die Studenten verbreiten, verhindern, dass der Ort behäbig oder gar verstaubt wirkt. Harvard begeistert mich auf Anhieb. Der Harvard Square ist der Kreuzungspunkt eines ständigen Kommens und Gehens. Beschaulicher ist der Harvard Yard, an dessen einem Ende die ehrwürdige Widener Library liegt, ein Tempel für das wissenschaftliche Arbeiten. In der Mitte des Harvard Yard steht die liebliche Memorial Church. Eine Statue des Universitätsgründers John Harvard erinnert an die Ursprünge des 1636 gegründeten Colleges: Als Harvard 1638 seine ungefähr vierhundert Bücher und einen großen Teil seines Vermögens dem College spendete, erhielt es seinen Namen (Abb. 3.11). Harvard University, welch ein Klang. Vom Memorial Drive am Charles River, wo die Business School liegt, ziehen sich heute die verschiedenen Universitätsinstitute durch Cambridge hindurch. Über Harvard Square und Harvard Yard geht es weiter hinein in den Ort. Bald folgen die Law School, naturwissenschaftliche Institute, der wuchtige Bau des Busch-Reisinger-Museums für germanische Kunst. Zentrum meines neuen Wirkungskreises ist das Center for European Studies, 5 Bryant Street. In unmittelbarer Nähe von der School of Divinity, der American Academy of Science and Arts und der pinkfarbenen Holzvilla des berühmten Ökonomen Kenneth Galbraith herrscht im Center for European Studies stets eine angenehme Atmosphäre. Das Center ist in einem größeren Einfamilienhaus untergebracht, mit knarrenden Holzböden und engen Räumen. Anna Popiel, die Rezeptionistin mit stark polnischem Akzent, Abby Collins, die Verwaltungschefin, und die beiden Direktoren des CES, Guido Goldman und Stanley Hoffmann, machen es jedem einfach, der dieses Haus betritt. Lese- und Begegnungsmöglichkeiten, Vorträge und Workshops sowie einmal in der Woche ein informelles gemeinsames Mittagessen der Wissenschaftler sorgen für eine perfekte Mischung aus geistiger Nahrung und persönlicher Begegnung. Das Seminar- und Vorlesungsangebot an der Harvard-Universität ist so immens, dass ich mich kaum durch den dicken Katalog für das neue Semester

Abb. 3.11 Im Harvard Yard mit meinem neuseeländischen Freund Simon Upton vor Universitätsgründer John Harvard (1984). (© Ludger Kühnhardt)

und die vielen Einzelveranstaltungen, aber auch kulturellen Angebote durcharbeiten kann. Ich lerne rasch, eine Balance zu finden, zwischen den vielen Anregungen, die inspirieren, und meinen eigenen Studien, die ich voranbringen will.

Ich lerne rasch unendlich viele interessante Menschen kennen. Unschlagbar ist Guido Goldmans Fähigkeit, Menschen zusammenzubringen und immer daran zu denken, die jungen und neuen Besucher des Center for European Studies einzubeziehen. Die Einladung zu einem Abendessen mit interessanten Gästen in sein Haus in Concord, wundervoll ruhig an einem stattlichen Teich auf einem Waldgelände, führt mich zur North Bridge. Am 19. April 1775 fielen dort die Schüsse, die den Krieg der Siedler gegen die englische Armee und damit den Weg in die Unabhängigkeit der Neuenglandstaaten auslösten. Außerhalb von Portland, Maine, laden mich Whitney und Nate Rich, Studienfreunde aus Tokio, in das Ferienhaus ihrer Eltern am Meer ein. Die beiden sind in Berlin geboren, wo ihr Vater zur Zeit des Mauerbaus Korrespondent für den Fernsehsender *NBC* war. Ich erlebe das süße Leben der Ostküstengesellschaft mit Motorbootausflügen, Hummergenuss und Kajakfahrten. Es entstehen Freundschaften fürs Leben: Mit Nina Gardner, die in New York studiert, besuche ich die Ruderregatta in Harvard, ein Kultereignis. Sie stellt mich ihrem Bruder Tony vor, der zeitgleich mit mir in Harvard studiert. Immer wieder treffen wir uns zu langen Schachpartien im Café Pamplona.[15] Shuji Saito, der zur mathematischen Zahlentheorie forscht, eine mir völlig fremde Welt, wird mein Tennispartner.[16] Manchmal erschließt sich mir die jüngere Zeitgeschichte ganz überraschend: Bei einem Ausflug in die unterdessen prachtvoll laubverfärbten White Mountains im Norden von New Hampshire taucht plötzlich wie aus dem Nichts eine schlossähnliche Hotelanlage auf: Ich stehe vor dem Mount Washington Hotel in Bretton Woods. Dort fand 1944 jene berühmte Konferenz statt, die die Weltfinanzarchitektur für die Nachkriegszeit entwickelte. Vom Bretton-Woods-System sprechen viele. Wer aber wüsste Weltbank, Weltwährungsfonds und die bis 1972 geltenden US-Dollar-Gold-Parität mit diesem weltentrückten Skiresort in Verbindung zu bringen?

Irmgard Leinen und Hans Vorländer sind zeitgleich mit mir German Kennedy Memorial Fellows. Guido Goldman und Jim Cooney, Guidos Assistent, führen uns in den stilvollen Harvard Faculty Club ein. Dort treffe ich Karl W. Deutsch, einen der großen alten Männer der Politikwissenschaften, Emigrant aus Nazi-Europa. Mit deutschen McCloy-Stipendiaten der Kennedy School of Government besuche ich in

---

[15] Tony Gardner arbeitet nach dem Studium in der Europäischen Kommission und für die Berliner Treuhandanstalt, im Weißen Haus und im National Security Council, in der Privatwirtschaft und von 2014 bis 2017 als Botschafter der USA bei der EU. Sein Bericht über diese Zeit ist ein gewichtiges Dokument über eine besonders kritische Phase in den transatlantischen Beziehungen (Gardner 2020).

[16] Noch drei Jahrzehnte später arbeitet Shuji Saito, unterdessen Forschungsprofessor am Tokyo Institute of Technology, an seinem Lebensziel: der Fields-Medaille, der höchsten Auszeichnung für einen Mathematiker.

Newfame, einem Landstrich im Süden Vermonts, Shephard Stone, den unterdessen 76-jährigen ehemaligen Leiter des Aspen-Instituts Berlin, neben Zar Nikolaus I. und Lucius D. Clay einzigen ausländischen Ehrenbürger Berlins. Shep Stone führt uns durch den laubverfärbten Wald seines Anwesens und regt an, wir könnten zum Holzfällen wiederkommen, das müsse er sonst immer allein machen. Nach 1945 war er Assistent von John McCloy. Dessen wichtigsten Rat an Bundeskanzler Adenauer gibt er auch uns jungen Deutschen mit auf den Weg: „Vergessen Sie nie die Wichtigkeit der deutsch-französischen Freundschaft."

Vorstellung der neuen Fellows des Center for European Studies. Anschließend kommt Stanley Hoffmann auf mich zu, Ko-Direktor mit Guido Goldman und international renommierter Politikwissenschaftler: „Sie forschen also zum Thema Menschenrecht zu einer Zeit, wo niemand mehr davon spricht. Ein wichtiges Thema. Lassen Sie uns darüber bei einem Lunch miteinander sprechen."

Selbst im Blodgett Swimming Pool der Harvard University hängt über den hinteren Bahnen eine übergroße amerikanische Fahne. Patriotismus ist an allen Ecken dieses Landes und damit auch auf dem Campus seiner weltoffensten Universität eine zelebrierte Selbstverständlichkeit.

Seminar über Nationale Sicherheit in der Kennedy School of Government mit Robert Blackwell und Bob Murray. Es wird nicht abstrakt, sondern anhand eines konkreten Szenarios diskutiert: neue Berlinkrise. Das State Department empfiehlt ein Ultimatum, um die Sowjets zur Öffnung des Luftkorridors nach Berlin zu zwingen. Die Studenten schlagen entweder abgestufte Gegenmaßnahmen vor oder sind bereit, auf die sowjetische Forderung (Austausch von ostdeutschen Agenten durch die Bundesrepublik gegen Öffnung des Luftkorridors) einzugehen. Kontrovers werden mögliche militärische Gegenmaßnahmen als Ultima Ratio diskutiert. Ich werde gebeten, den deutschen Standpunkt in diesem Planspiel darzustellen. Ich weise darauf hin, dass die „hijacker" deutsche Staatsbürger seien und nicht ausgeliefert werden könnten, dass Lufthoheit der Alliierten über Berlin zu konzertierten Aktionen der Westalliierten (in Berlin auf Basis der Agreements, in Bonn auf Außenministerebene) führen müsse, dass abgestufte Gegenmaßnahmen (Sperrung der Landerechte für Ostflieger im Westen) sinnvoll wären, dass die Sowjets wissen sollten, dass à la longue eine Luftblockade durch die USA herausgefordert werden würde (Abschreckungsgedanke), dass aber die Freiheit und Sicherheit Berlins, das heißt die Wiedereröffnung des Luftkorridors, nicht mit der Frage nach einer militärischen Eskalation, sprich: Krieg, verbunden werden dürfe. In diese Richtung wolle die UdSSR den Westen nur drängen. Ein interessantes Planspiel, dass viel „concern", „committment" und „responsibility" auf Seiten der amerikanischen Studenten zeigt.

Erste Sitzung von JOSPOD, dem Joint Seminar on Development Harvard/MIT unter Leitung von Samuel Huntington und Myron Weiner. Thema: Die Rolle der Ökonomen in der Entwicklung Perus, Pakistans, Indonesiens und Malaysias. Ein bunter Kreis von Aufbaustudenten und Gastforschern aus Theorie und Praxis kommt zusammen. Ich bin voller Respekt vor Professor Huntington, dessen Buch *Political order in changing societies* zu den besten Erlebnissen meines politikwissenschaftlichen Studiums in Bonn gehört hatte (1968). Wichtige Erkenntnisse über das politische System der USA und die Art, wie in Amerika Politik betrieben wird, hat mir seine Studie *American Politics: The Promise of Disharmony* gebracht. Ich habe sie sogleich in den ersten Tagen in Harvard förmlich verschlungen (Huntington 1981). Nun als Postdoc in seinem Seminar zu sitzen, ist eine besondere Ehre. Ich lerne Samuel Huntington als einen ungemein gebildeten, differenzierten *egg head* kennen, wie man hier scherzhaft und zugleich anerkennend einen Intellektuellen nennt. Ich habe noch keinen Wissenschaftler mit einem so weiten Horizont über das internationale Geschehen getroffen. Zugleich ist er menschlich nahbar und beherrscht die amerikanische Kunst des Netzwerkens.

Alfred Rubin und Leo Gross, Professoren an der Fletcher School for Law and Diplomacy, sind Menschenrechtsexperten mit klaren Standpunkten im Hinblick auf die internationale Politik. Rubins Meinung ist eindeutig: Die Menschenrechte seien die entscheidende moralische und juristische Unterscheidungslinie zwischen dem Westen und der Einflusssphäre der Sowjetunion. Auch im Süden derWelt sei die Menschenrechtsidee das wichtigste Unterscheidungsmerkmal gegenüber allen möglichen Varianten eines kulturellen Relativismus, der gerne bemüht werde, um neue Formen von Autokratie und Unfreiheit zu legitimieren. Leo Gross teilt diese Sicht der Dinge. Dann erzählt er, wie schwer es für ihn war, 1930 als erster Jude an der Tufts University zu studieren. Die USA seien keineswegs und immer ein Land der Toleranz gewesen. Auch Präsident Roosevelt sei Rassist gewesen. Dann enthüllt er plötzlich seine Einstellung zu Asiaten wie Indonesiern und Malaien: „I don't talk to them. It stinks", sagt er naserümpfend. Ich bin sprachlos.

Gregory Treverton, Professor an der Kennedy School of Government, versteht die Aufregungen über eine amerikanische Orientierung zum Pazifik unter Präsident Reagan überhaupt nicht. Reagan sei immerhin schon der vierte kalifornische Präsident.

John Kenneth Galbraith, der berühmte Ökonom, referiert vor dem Democratic Student Club in ausgesprochen witziger Weise über die Wirtschaftspolitik der Reagan-Administration, ihre Ansprüche und Ankündigungen sowie ihr Versagen beziehungsweise Scheitern. Der berühmte Ökonom und Botschafter der USA in Indien während der Kennedy-Administration ist gegen die „supply side economy". Dieser Ansatz der Reagan-Regierung bedeute nichts anderes als eine Umverteilung zugunsten der Reichen.

Ami de Chapeaurouge, ein etwas exzentrischer Harvard-Doktorand aus Deutschland im Fachbereich Völkerrecht, sucht von einem rechtsphilosophischen Standpunkt aus eine Neubegründung der Menschenrechte. Wir beginnen eine regelmäßige Diskussion zu Fragen des kulturellen Relativismus. Dieses Thema treibt mich im Rahmen meiner Forschungen zur Universalität der Menschenrechte um.

Vortrag von Saul Friedländer zur Historiografie der nationalsozialistischen Judenpolitik: Er unterscheidet den institutionalistischen Ansatz meines Bonner akademischen Lehrers. Karl Dietrich Bracher und den funktionalistischen Ansatz, wie ihn Martin Broszat und Hans Mommsen in der Forschung vertreten. Für mich überraschend, favorisiert er den Terminus „Hitlerismus" des Bonner Historikers Klaus Hildebrand zur Beschreibung der nationalsozialistischen Diktatur in Deutschland. Friedländer trägt eloquent neueste Forschungsergebnisse vor, die Hitlers Wissen um die Judenvernichtung bestätigen und seinen diesbezüglichen „Führerbefehl" von 1941 klar erkennen lassen, auch wenn bis heute kein schriftlicher Führerbefehl gefunden worden sei.

Simon Upton, der Freund aus Neuseeland, kommt zu Besuch. Besonders ablehnend ist er gegenüber dem bigotten, selbstgerechten und tendenziell antipluralistisch-intoleranten Ansatz, wie ihn die „Moral Majority" in den amerikanischen öffentlichen Debatten verficht. Abtreibung und Geschlechterfragen werden in den USA besonders polemisch und konfrontativ diskutiert.

Im Fernsehen läuft die zweite „Presidential Debate on Foreign Policy". Präsident Reagan wirkt merkwürdig schwach.

Vortrag von Walther Leisler Kiep, dem Vorsitzenden der Atlantik-Brücke, am Center for International Affairs. Er analysiert die Prinzipien der Deutschland-Politik und ist eindeutig: „Die transatlantischen Beziehungen sind das zweite Grundgesetz der Bundesrepublik Deutschland." Ich frage nach dem Potenzial für neutralistische Tendenzen auf Grund der Diskussionen in der SPD und bei den Grünen. Richard „Rix" Löwenthal, streitbarer Chefdenker der SPD und derzeit Gastforscher in Harvard, weist die Verbindung der SPD mit neutralistischen Gedanken entrüstet zurück. Die Pro-Allianz-Linie dominiere bei den deutschen Sozialdemokraten. Die Grünen würden schon auf Dauer integriert werden. Anna Hallensleben, eine der McCloy-Fellows, mit der ich mich anfreunde und in 8, Quincy Street zusammenwohne, ist begeistert vom Aufstieg der Grünen. Von Anna lerne ich die neue Partei, der ich bisher sehr kritisch gegenübergestanden hatte, besser zu schätzen als einen Beitrag zur Dialektik des deutschen politischen Systems: Stabilisierung durch Veränderung.

Zbigniew Brzeziński, Jimmy Carters National Security Adviser, postuliert eine „bipartisan foreign policy". In nüchterner, klarer und teilweise sehr lehrerhafter Weise erläutert er in einem Vortrag, dass die Unterschiede zwischen Republikanern und Demokraten so fundamental nicht seien, wie es zuweilen den Anschein habe.

Stanley Hoffmann reagiert ablehnend auf akademische oder politische Bemühungen, den Menschenrechtskatalog zu erweitern. Eine ausschließlich an Menschenrechtskriterien orientierte Außenpolitik sei undenkbar. Der Realist Hoffmann kritisiert, dass Amerikas gegenwärtige Außenpolitik die Menschenrechtsdimension weithin ausklammere beziehungsweise auf die Ost-West-Beziehungen reduziere. Ein kombinierter Ansatz, der das Recht auf Leben und Freiheit mit dem Recht auf Nahrung und Gesundheit verbinde, sei notwendig. Sehr kritisch äußert er sich über Brzeziński, den Hoffmann als „kalten Krieger" abtut. Stanley Hoffmann ist ein introvertierter Intellektueller durch und durch. In einem Augenblick erscheint er schüchtern oder gar abwesend und desinteressiert. Dann beherrscht er wieder messerscharf, gestochen und ohne ein Wort zu viel das Gespräch. Eine pointierte gewissermaßen weltentrückte Weltzugewandtheit zeichnet die kühle Rationalität dieses Intellektuellen par excellence aus.

Debatte der beiden Senatorenkandidaten für Massachusetts, Ray Shamie, Republikaner, und John Kerry, Demokrat, in der Kennedy School of Government. Shamie vertritt Reagans Kurs der Stärke, Aufrüstung und verifizierbaren Rüstungskontrolle. Kerry tritt eloquenter auf und favorisiert das Nuclear Freeze Movement.

Letzterem sagen sie in der Kennedy School die besseren Chancen und eine große politische Karriere voraus.[17]

Am 31. Oktober 1984 wird Indira Gandhi im fernen Delhi ermordet. Ich denke an die Folgen des feigen und brutalen Mordes durch Sikhs ihrer Leibgarde aus Rache gegen den Sturm des Goldenen Tempels, der von Sikh-Terroristen besetzt gehalten war. In meiner Erinnerung wird das Bild von Indira Gandhi wieder wach, die ich 1979 getroffen habe. Es ist das Bild einer sehr machtbewussten und charismatischen, aber auch charmanten Dame. Ihre melancholischen Augen und ihre Verlassenheit haben sich in mich eingebrannt. Das Gespräch damals fand in ihrem Besucherzimmer in Delhi statt. Ich saß auf einer kleinen Couch, Indira mir gegenüber im Sessel, stolz, den Rücken durchgedrückt, eine Königin. Tee wurde gereicht. Indira Gandhi fragte nett nach meinen Indien-Eindrücken. Nach dem Gespräch standen wir noch auf der Veranda vor dem Besucherzimmer etwas beieinander. Dutzende Bittsteller drängten an sie heran. Ein wenig abseits stand ihr Sohn Sanjay mit Freunden. In ihrem Garten wurde Indira Gandhi nun von einem ihrer Sikh-Leibwächter ermordet.

Politische Entwicklungen in Deutschland kommen in den amerikanischen Medien vor allem vor, wenn es Skandale gibt: Parlamentspräsident Rainer Barzel muss wegen seiner Verstrickung in die Flick-Affäre zurücktreten. Das Ansehen der Kohl-Regierung sinkt. Die Grünen nutzen die Selbstgefälligkeit der alten Parteien und erzielen hohe Erfolge bei Kommunalwahlen, rund zwanzig Prozent in Tübingen und Heidelberg. Die Grünen werden Deutschland wohl auf lange Zeit erhalten bleiben. Es sollte Ziel der CDU sein, auf sie zuzugehen, um eine Koalition der Grünen mit der SPD zu verhindern. Kohls Regierung wirkt zu technokratisch und selbstgefällig.

Ein Exemplar meines per Post eingetroffenen Buches *Die Flüchtlingsfrage als Weltordnungsproblem* kann ich dem Hochkommissar der UN für Flüchtlingsfragen, Paul Hartling, am Rande eines Vortrages überreichen (Kühnhardt 1984b).

Dave Brubeck, der große Jazz-Pianist („Take five"), ein musikalischer Zauberer, begeistert Anna und mich bei einem Konzert in der Boston Symphony Hall.

Auf dem Boston Common tritt der Präsidentschaftskandidat der Demokraten, Walter Mondale, bei einer Wahlveranstaltung vor 60.000 Menschen auf. Er wird begleitet von „Tip" O'Neill, dem Sprecher des amerikanischen Repräsentantenhauses, und von Edward Kennedy, dem langjährigen Senator von Massachusetts. Die Masse ist begeistert von der Wahlkampfrhetorik und geht eifrig mit den Rednern mit. Mondale wirkt siegesbewusst und kämpferisch. In Boston ist er sich einer Mehrheit für die Demokraten gewiss. In den nächsten Tagen geht der Wahlkampf in der Kennedy School von Harvard weiter. Ich erlebe Jeane Kirkpatrick, strikt antikommunistische Botschafterin der USA bei den Vereinten Nationen, Jack Kemp, Abgeordneter der Republikaner im

---

[17] Von 2013 bis 2017 wird John Kerry Außenminister der USA unter Präsident Barack Obama. 2021 ernennt ihn Präsident Joe Biden zum Sondergesandten für den Klimaschutz.

Repräsentantenhaus und früherer Football-Profi, Sam Nunn, demokratischer Senator, und den demokratischen Gouverneur von Massachusetts, Michael Dukakis. Die meisten Umfragen erwarten einen Wahlsieg Ronald Reagans.

Gespräch mit Samuel Huntington. Er wirkt wie ein Boxer und introvertierter Intellektueller zugleich. Zurückgezogen im Sessel, lauernd, schräg von der Seite auf mich einblickend und dann in professoraler Manier intellektuell „zurückschlagend". Wir diskutieren die Menschenrechtsfrage. Die inhaltliche Unbestimmtheit, die aufgrund der vielen internationalen Pakte aufgekommen ist, verhindert nach seiner Auffassung die stärkere Verwirklichung der Menschenrechte. Außenpolitik könne natürlich nicht nur von Menschenrechtsaspekten getragen sein, denn nationale Interessen deckten viele Aspekte ab. Seit zehn Jahren aber komme keine amerikanische Regierung mehr umhin, Menschenrechtsfragen in ihre Strategie einzubeziehen. Präsident Carter habe als Erster den Dissidenten Wladimir Bukowski getroffen und an Andrei Sacharow geschrieben. Präsident Reagan dürfe man nicht nur auf die „evil empire"-Rhetorik gegenüber der Sowjetunion reduzieren. Der südkoreanische Menschenrechtsaktivist Kim Dae-jung sei aufgrund Reagans Einsatz aus einem koreanischen Gefängnis freigelassen worden. Die Situation in Uganda sei permanenter Gegenstand von Reagans Aufmerksamkeit. Wichtig sei es, sich auf konkrete Menschenrechtsverletzungen zu konzentrieren, wie die Frage von Folter oder die Lage politischer Häftlinge. Wenn der Begriff der Menschenrechte auf Gruppenrechte ausgedehnt werde, so Huntington, würden unweigerlich Zielkonflikte auftreten. In Afrika sei nur ein Politikprinzip klar: Keine Grenze dürfe verändert werden. Pressefreiheit sei allerdings auch in den dortigen Ländern relevant, weil gerade die zwanzig Prozent, die lesen könnten, das politische Leben beeinflussen können. Dann spricht er über die Ambivalenz der Entwicklungspolitik. Der immer stärker anwachsende Entwicklungspessimismus müsse differenziert gesehen werden. Es gebe durchaus Länder mit acht Prozent Wachstumsraten und sozialen Erfolgen, etwa im ASEAN-Raum und in Südkorea. Andererseits gebe es Länder ohne Entwicklung trotz enormer ausländischer Hilfe wie Tansania. Politische Partizipation sei auch in autoritären Ländern bei ökonomischen Fortschritten angestiegen. Die Alternative „Brot oder Freiheit" sei falsch gestellt. Huntington wirkt zuweilen zerstreut und fahrig. Plötzlich ist er dann wieder hellwach und argumentiert enorm präzise und weltläufig. Wir sollten das Gespräch an anderer Stelle fortsetzen, sagt er beim Verabschieden.

Michael Sandel, Professor für Political Thought, empfiehlt mir die Lektüre von Leo Strauss' *„Natural Right and History"* (1953). Sandel zieht einen direkten Bogen vom Naturrecht der Stoa zum säkularen Naturrecht des 17./18. Jahrhunderts bei Locke, Kant und Rousseau. Er verabschiedet mich mit einer tiefgreifenden Frage: Gibt es eine ideengeschichtliche Begründung der Menschenrechte aus der abendländischen Tradition heraus, die universell Gültigkeit besitzen kann?

4. November 1984: „Landslide victory" für Präsident Ronald Reagan. In 49 Staaten ist Reagan über Mondale erfolgreich. Er fährt einen der größten Präsidentschaftssiege in der amerikanischen Geschichte ein. In Massachusetts gewinnt der Demokrat John Kerry die Senatswahl. Die Stimmung am Center for European Studies, wo eine gemeinsame

Fernsehübertragung stattfindet, ist eingetrübt. Die meisten Wissenschaftler um mich herum sind Demokraten und zugleich gerne spöttelnde Intellektuelle.

Von der „German Study Group" des Center for European Studies spreche ich über „Conflict or Cooperation: Germany and the Third World". Lebhafte Diskussion nach meinem mehr als einstündigen Referat, meinem Debüt auf diesem Feld in Harvard.

Am 12. November 1988 habe ich Gelegenheit, an der Jahrestagung der Mid-Atlantic Region der Association for Asian Studies in der Woodrow Wilson School, Princeton, teilzunehmen. Vielerlei anregende Begegnungen und vertiefende Gedanken zu asiatischen Fragen. Ich nutze die Gelegenheit zu einem Kurzbesuch bei meinem Freund Andreas Schüler in Philadelphia. Der Rundgang durch die so schlichte Independence Hall beeindruckt mich: Der Ort ist ein großes Zeugnis vom Geist der Gründerväter und der Entstehung der Unabhängigkeitserklärung der USA. Gegenüber steht die Liberty Bell, die aus Anlass der Unabhängigkeit am 4. Juli 1776 geläutet hatte. Ich fahre durch Manhattan zurück nach Boston, meine erste flüchtige Tuchfühlung mit New York.

Harvard ist ohne jeden Zweifel der intellektuell anregendste Ort, an dem ich mich je befunden habe. Das hohe Maß an geistigen Anregungen wird vor allem herausgefordert durch die nur begrenzte menschliche Absorptionsfähigkeit.

Das JOSPOD-Meeting debattiert die Rolle der technischen Elite in China, eingeführt von Professor Merle Goldman. Claude Lefort, Studiendirektor des Centre des Sciences Sociales Paris, spricht über Tocqueville. Dean Burnham über die religiöse Dimension der amerikanischen Politik.

Dinner mit dem ehemaligen deutschen Botschafter Bernd von Staden, zu dem Guido Goldman mich zusammen mit Professor William Griffith, dem deutschen Generalkonsul Jürgen Kalkbrenner und Richard Hunt, dem Präsidenten des American Council on Germany, eingeladen hat. Recht harte Diskussion zu den deutsch-amerikanischen Beziehungen. Guido Goldman hält es für kontraproduktiv, wenn Kanzler Kohl bei seinem Besuch in Washington Ende November die USA zu Abrüstungsverhandlungen drängen sollte. Die besonderen deutschen Interessen würden unterdessen doch weniger in der amerikanischen Politik geschätzt wie früher. Ein solches Auftreten von Kohl könnte den Willensbildungsprozess in der neuen Reagan-Administration ungewollt negativ beeinflussen, sagt Guido. Sollte Kohl die USA zu sehr zu Abrüstungsverhandlungen mit der Sowjetunion drängen, könnte dies den Abrüstungsgegnern um Reagan Zündstoff liefern, die sich gerade von der deutschen Regierung nicht in ihren Handlungserwägungen beeinträchtigen lassen wollen. Von Staden, einer der erfahrensten deutschen Diplomaten, beschreibt die deutsche Politik als konsistent, auch in Sachen Abrüstung. Kohl sieht er als einen ehrlichen, dem Westen eindeutig verpflichteten Mann. Kohl dränge mit Recht auf Abrüstungsgespräche, nicht nur aus deutschem Sonderinteresse heraus, sondern auch aus weltpolitischer Verantwortung. Von Staden beschreibt ein Protestpotenzial von zehn Prozent in einer modernen Demokratie für nicht außergewöhnlich und stuft die Grünen als einen „ordentlichen" Bestandteil des parlamentarischen Systems ein, der die deutsche Demokratie und die Westbindung des Landes nicht gefährde.

Judith Shklar, Professorin für Politische Ideengeschichte, empfiehlt mir, die Menschenrechtsfrage „in proportion" zu sehen. Der Einsatz des Westens für universale Menschenrechte halte nicht stand mit der eigenen Geschichte und deren brutalen Rückfällen. Die Periode 1807 bis 1910 sei allerdings friedvoller und im politischen Sinne weniger freiheitsverletzend gewesen als das noch immer anhaltende Zeitalter des Totalitarismus. Auch die heutige Sowjetunion sei Produkt der westlichen Denktraditionen.

Takeshi Watanabe, Enkel des Finanzministers Itō Hirobumis, ehemaliger Gründungspräsident der Asian Development Bank und heute Mitglied der Trilateral Commission, zeigt sich vorsichtig bezüglich der Gründung einer Pazifischen Wirtschaftsgemeinschaft. Man müsse sehr die Japan-kritischen Sentiments der anderen Anrainerstaaten in Rechnung stellen und deren Streben nach unabhängiger nationaler Identität. Japan werde immer rasch vorgeworfen, ökonomische Präponderanz anzustreben.

Peter L. Berger, Soziologieprofessor an der Boston University, hält die Untersuchung der Frage für interessant, was die Weltreligionen zur Menschenrechtsproblematik einbrächten und wo die gemeinsame geistige Basis sein könne. Politisch müsse man in Bezug auf die Menschenreche desillusioniert sein angesichts der begrenzten Möglichkeiten der UNO. Die meisten Diskussionen in der UNO seien ideologisch überfrachtet oder mystifiziert. Berger hat sich in den letzten Jahren in seinen Forschungen Ostasien zugewandt und dessen Entwicklung unter kultursoziologischer Perspektive betrachtet. Die Bedeutung des Konfuzianismus als Grundlage einer konsequenten Modernisierungsstrategie müsse noch näher untersucht werden, sagt er, Max Webers Kategorien aufgreifend. Er sei angesichts der ungelösten Dritte-Welt-Probleme immer mehr von der Wichtigkeit des Kapitalismus in den Entwicklungsregionen überzeugt. So hatte vor einigen Jahren auch Sohel Amitabh in Dakka gesprochen.

Am 22. November 1984 werde ich von Tony Gardner zu seiner Familie eingeladen, um „Thanksgiving" mitzufeiern, den gewiss bedeutendsten Feiertag der Amerikaner (Abb. 3.12). Erstmals wurde der Erntedank 1619 in Virginia begangen. Im Jahr 1803 wurde das Fest per Dekret von Präsident Lincoln auf den 22. November festgelegt. Tony und Ninas Vater, Richard Gardner, stellvertretender Außenminister unter John F. Kennedy, ehemaliger Botschafter der USA in Italien und Jura-Professor an der Columbia University New York, und seine aus der vornehmen venezianischen Rabbiner-Familie Luzatto stammende Ehefrau Danielle, öffnen ihr uriges Landhaus in Wilton, Connecticut. Zum Thanksgiving Dinner, das traditionell mit Truthahn, Preiselbeersauce und Kürbiskuchen begangen wird, sind auch Yozo Yokota und seine Familie anwesend. Yokota ist Völkerrechtler an der mir wohlbekannten International Christian University Tokio. Er sieht eine spezifische Fortsetzung der traditionellen Erkenntnisse der Industriesoziologie in Japan. Die japanische Jugend werde in den Prozess der Industriegesellschaft integriert ohne die in Westeuropa und den USA anzufindenden Verweigerungs- oder Protestströmungen. Richard Gardner merkt beim morgendlichen Jogging am Strand des Atlantik nahe Bridgeport an, dass die Zielsetzung der Trilateral

Abb. 3.12 Thanksgiving in Wilton, Connecticut, bei Danielle, Richard und ihrem Sohn Tony Gardner (1984). (© Ludger Kühnhardt)

Commission, Japan in den Kreis der westlichen Demokratien stärker zu integrieren, unbedingt bestehen bleiben sollte.

Eva Estrada Kalaw, Ex-Senatorin und Abgeordnete des philippinischen Parlaments Batasan, zeigt sich beim Vortrag in Harvard besorgt über die Gefahr einer wachsenden Militarisierung der philippinischen Politik. Präsident Ferdinand Marcos könne jeden Tag sterben und die entscheidende Frage sei, ob der Speaker des Parlaments stark genug sein werde, die konstitutionell geforderten Präsidentschaftswahlen innerhalb von sechzig Tagen durchzuführen. Die USA solle die Marcos-Regierung zur Pensionierung längst überfälliger Generäle drängen. Reagans Wahlkampfrhetorik „Marcos oder die Kommunisten" habe die demokratische Opposition, hinter der achtzig Prozent der schweigenden Bevölkerung stünden, sehr demoralisiert. Hinter Mrs. Kalaw hängt das Portrait des lachenden Benigno „Ninoy" Aquino, der vor seiner tragischen Ermordung 1983 zwei Jahre Fellow am Center for International Affairs in Harvard gewesen war.

In der ältesten Bostoner Kirche, der 1723 erbauten Old North Church der First Episcopal Church, lausche ich in der Familienbox von Thomas Gage, einem ehemaligen Gouverneur von Massachusetts, dem Anruf des Predigers. Unter Bezug auf Markus 25 appelliert er an die Gemeinde, gottgefällig sein Leben für den Herrn hinzugeben, ihm zu dienen und so der Strafe Gottes zu entkommen. Die streng puritanische Atmosphäre spiegelt noch immer die amerikanische Gründungszeit der Pilgerväter. Sie wird eingerahmt durch das schlohweiß gekalkte, bilderlose Kirchenschiff. Nur in der Apsis ist ein nüchternes Gemälde von Jesus Christus erlaubt. Unter der prachtvollen Orgel hängt der obligatorische Sternenbanner. Johann Sebastian Bachs Choral „Jesus, meine Freude" ertönt. Nach der Doxologie singt die Gemeinde „America" nach den Klängen der britischen Nationalhymne. Im Gesangsbuch der Episcopal Church steht dieser Hymnus gleich neben der amerikanischen Nationalhymne.

Unweit der Old North Church lebte Paul Revere von 1770 bis 1800 mit seiner Frau und ihren sechzehn Kindern. Revere, „a leading revolutionary activist", wie ich dort lesen kann, wurde berühmt durch seinen Ritt nach Lexington und Concord am 18. April 1775. Dort warnte er die Kolonialsoldaten vor den anrückenden Engländern. In der Symphony Hall von Boston schließt ein faszinierendes Pianokonzert mit Rudolf Serkin den Tag ab. Serkins Programm besteht ausschließlich aus Beethoven-Kompositionen (Sonate F-Dur, Sonate E-Moll (op. 78/81) und den 33 Variationen über einen Walzer von Anton Diabelli.

Lucian Pye, Politikprofessor am Massachusetts Institute of Technology (MIT), ist überzeugt, dass westliche, reine Demokratiekonzeptionen in der Dritten Welt nur bedingte Anwendung finden können. Er erzählt von Benigno „Ninoy" Aquino, dem ermordeten philippinischen Oppositionsführer, den eine Mischung von begeisterungsfähiger Demokratieverbundenheit und Naivität getrieben habe. Mrs. Marcos habe Ninoy kurz vor seiner fatalen Rückkehr den Job des Premierministers angeboten. Als er dieses Angebot abgelehnt hatte, habe sie versucht, ihn mithilfe einer Direktzahlung von einer Millionen US-Dollar zu bestechen, in den USA zu bleiben. Er ließ sich nicht von der Rückkehr aus Harvard in die Philippinen abhalten. Noch auf dem Flughafen Manila wurde er am 21. August 1983 ermordet.

In der Boston Symphony Hall erlebe ich ein weiteres außergewöhnliches Konzert mit den großartigen Boston Symphonikern unter dem brillanten Dirigenten Seiji Ozawa. Haydns *Zweite Symphonie* eröffnet den Abend, gefolgt von einer amerikanischen Uraufführung des Japaners Tōku Takemitsu mit Gitarrenbegleitung. Schließlich ertönt Tschaikowskis *Zweite Symphonie* „Little Russian", nicht zu oft dargeboten, sehr klangvoll.

Der französische Ideenhistoriker Louis Dumont spricht eher stereotyp über die „Deutsche Ideologie", das heißt die Geistestraditionen des Romantizismus, des verinnerlichten Protestantismus und des philosophischen Idealismus, die den Nationalsozialismus ermöglicht hätten. Anschließend führe ich eine lebhafte Diskussion mit Chantal Mouffe über den Kausalitätsgedanken. Chantal, französische Gastforscherin am Center for European Studies, wirft mir Empirismus vor. Anders als sie sehe ich den Begriff des Empirischen keineswegs negativ, um das Aufkommen des Nationalsozialismus aus seiner spezifischen historischen Konstellation heraus zu verstehen und nicht ideengeschichtlich zu arg zu überhöhen.

Richard Löwenthal rechnet für 1987 mit der Möglichkeit einer Großen Koalition in Bonn. Er schließt eine Koalition der SPD mit den Grünen aus Gründen staatspolitischer

Verantwortung aus. Ich prognostiziere, dass die bestehende CDU-FDP-Regierungskoalition 1987 wiedergewählt werden würde, trotz vieler fataler Fehler der letzten Zeit. Mit dieser Prognose bin ich im Center for European Studies ziemlich allein.

George Romoser, Professor an der University of Southern Maine in Portland, hat mit dem dortigen World Affairs Council of Maine, zu einer Podiumsdiskussion zur deutschen Außen- und Innenpolitik gebeten. Ich mache deutlich, dass die Bundesrepublik ein unzweifelhafter Partner in der westlichen Allianz sei. Eine von Schmidt zu Kohl sich fortsetzende Kontinuität bestehe indessen darin, die amerikanische Administration zu ernsthaften Abrüstungsverhandlungen mit der Sowjetunion zu bewegen. Dieses sei seit der Pershing-Diskussion immer Grundlinie der deutschen Politik gewesen. Während der Diskussion in Portland sitzt Bundeskanzler Kohl in Washington mit Präsident Reagan zusammen. Jede deutsche Regierung, so argumentiere ich vor einem durchaus skeptischen Publikum, werde angesichts der Umstände der deutschen Lage in Europa unterhalb des Anspruchs, eine Großmacht sein zu wollen, für den Abbau von Spannungen im Ost-West-Verhältnis eintreten.

Wenige Tage später lädt Guido Goldman mich zu einem seiner legendären Dinner ein, bei dem Walter Kohl, des Kanzlers jüngster Sohn, Ehrengast ist. Er unterzieht sich momentan den Aufnahmeprüfungen an der Harvard Universität. Walter Kohl ist unbefangen und humorvoll. Gerade einen zweijährigen Bundeswehrdienst hinter sich, schwärmt er ohne Ende von den USA. Ich verstehe ihn.

Herz und Gefühl spricht das Isabella Stewart Gardner Museum in Boston an, dessen Innenhof im Stil eines spanischen Klosters schwelgerische und träumerische Gedanken über eine mediterrane Lebensweise aufkommen lässt. Die großartige Bildersammlung, darunter Gemälde von Raffael, Fra Angelico, Bellini, Rembrandt und Dürer sind ein erstklassiger Kunstgenuss und mehr noch: eine Lehrstunde in westlicher Malerei.

Professor He Zhaowu von der Akademie der Sozialwissenschaften in Peking spricht am Center for International Affairs über „Natural Rights in China": Diese gebe es nicht, so sagt er rundweg, die Idee sei ein Produkt westlicher Denktradition und China stets fremd geblieben. Nicht die Entfesselung des Individuums, sondern der Gedanke der „social obligation" sei relevant im chinesischen Staatsdenken. Mengzi würdige die Menschenwürde. Diesen Gedanken empfiehlt He als einen guten gemeinsamen Grund aller Kulturen.

Bischof Desmond Tutu, ein kleingewachsener Mann mit funkelnden und Wärme ausstrahlenden Augen, diesjähriger Friedensnobelpreisträger, besucht Harvard und zelebriert einen protestantischen Gottesdienst in der überfüllten Memorial Church. Die Radikalisierung und Eskalation des Apartheid-Skandals scheint kaum aufzuhalten, wenn die Moderaten beider Seiten nicht endlich eine Lösung finden. Zu hoffen ist daher, dass des Bischofs Stimme in Südafrika gehört werde und zu einer friedlichen Lösung der unerträglichen, aber außerordentlich komplizierten Lage beitragen könne.

Im JOSPOD-Seminar referieren Brian Smith, MIT, und Harvey Cox, Divinity School, über die lateinamerikanische Befreiungstheologie. Cox zeichnet eine Wirkung der Befreiungstheologie auf die amerikanische Kirche und das jüngste Papier der

US-Bischöfe zur wirtschaftlichen und sozialen Lage („preferential option for the poor") nach. Er spricht von der Dynamik des Zweiten Vatikanischen Konzils, das die Befreiungstheologie erst ins Rollen gebracht habe. „Vielleicht wird auf Dauer die katholische Kirche Europas und Nordamerikas Kirche der Dritten Welt, unterentwickelte Kirche," sinniert er. Smith geht den Defiziten und Problemen der Befreiungstheologie kenntnisreich auf den Grund: unreflektierte Übernahme marxistischer Denkströme, ohne die neueren Entwicklungen im Marxismus nachzuvollziehen, simplifizierende Übernahme der Dependencia-Theorien, ohne deren Modifikationen zu erkennen, Gefahr eines neuen Sektierertums durch die Vernachlässigung konservativer Katholiken.

5.–6.Dezember 1984, Québec

Eine kleine Spritztour führt mich nach Montréal und Québec, ins frankophon geprägte Kanada. Was in Europa so einfach ist, mal eben in ein Nachbarland zu fahren, ist von jedem beliebigen Ort der USA schon eine Aktion. Montréal, die behäbige Metropole, an der ich die McGill-Universität aufsuche, und Québec, das herbe Gegenstück zur französischen Bretagne, zeigen mir ein anderes Gesicht Nordamerikas. Für meinen *Baedeker* galt Québec zumindest im Jahr 1907 als die pittoreskste Stadt Nordamerikas (1907, S. 146). Und das obgleich damals neun Zehntel der Bevölkerung französischen Ursprungs und katholisch waren. Tatsächlich ist die Lage der Stadt am Zusammenfluss von Sankt-Lorenz-Strom und Charles River beeindruckend. *Baedeker* sprach von dem Kontrast zwischen einem Erscheinungsbild der alten Welt und der neuen Welt um dieses Erscheinungsbild herum. Seit den Tagen der ersten französischen Siedler 1535 hat sich auch die neue Welt vielfach um ihre Achse gedreht und ist gar nicht mehr so neu. Aber die originäre Identität Québecs ist geblieben, auch als ständiger Zankapfel bezüglich der möglichen Ambition auf Loslösung aus dem kanadischen Staatsverbund.

7.–11. Dezember 1984, New York

Düstere Macht. Anonymität und Wohlstandskulisse machen irgendwie frei und reißen doch viele Menschen in einen harten Strudel des psychischen und materiellen Existenzkampfes. Viele einsame und neurotische Menschen ziehen durch New York, geplagt von der Nichterfüllung ihrer Illusionen in dieser Glanzkulisse. Daneben sehe ich die herumlungernden Jugendlichen, Schwarze zumal, rund um den heruntergekommenen Times Square, und immer wieder Bettler. Zur Premiere eines Filmes am Broadway schieben sich ganze Kolonnen von pechschwarzen Straßenkreuzern vor den Kinoeingang: Hier will man sehen und vor allem gesehen werden. Die Wagen samt Chauffeure scheinen gemietet. Das Bedürfnis nach Exhibitionismus findet auf vielerlei Weise Befriedigung. Und seine Kehrseite ist der Voyeurismus: die Peep-Show für die einen, der Blick über das Polizeigitter auf die mondäne Filmhalbwelt am Broadway oder in die Auslagen des neuesten architektonischen Meisterwerkes der Stadt, des Trump Tower, für die anderen. Beklemmend, fast beängstigend die U-Bahn: völlig zugeschmiert mit Graffitis und Farbklecksen die Wagen, dreckig und verklebt der Fußboden. Heruntergekommene Gestalten aller Rassen, abgearbeitete alte Mütterchen, die in der Regenbogenpresse von der jüngsten brutalen Ermordung einer Studentin und der Verhaftung ihres Mörders nahe der Columbia University lesen. Die Haltestellen düster, knisternd, angestrengt die Atmosphäre. Der Blick geht unruhig nach links und rechts, es könnte sich jederzeit eine jugendliche Gang zusammenrotten. Taxifahrer in dieser Stadt zu sein, ist bestimmt nicht amüsant. Die mondäne Eleganz der Fifth Avenue, stilvoll auf amerikanische Weise, mit luxuriösen Markengeschäften, die Standard und Aufmachung ihrer europäischen Protogonisten übertreffen oder zumindest gleichkommen. Linear dahinrauschendes Geschäftsleben in den schachbrettartigen Straßen von Upper Manhattan, keine Gemütlichkeit. Auch um den großen Christbaum vor dem kalten, majestätisch in den Himmel ragenden Rockefeller Center, vor dessen Eiskunstlaufbahn John D. Rockefellers Credo über die unüberbietbare Größe des Einzelnen und über den amerikanischen Traum des „Jeder hat seine Chance" in Metall gegossen ist, will Weihnachtsstimmung nicht so recht aufkommen. Alles rauscht intensiv und schnelllebig dahin. Immerhin: Der Adventsgottesdienst in der neugotischen St. Patrick's Cathedral ist überfüllt, Passanten suchen nach einem Ruhepunkt in der Flüchtigkeit und Äußerlichkeit der Fifth Avenue. Doch es fehlt die überwältigende Würde und Gottesfurcht in dieser Kirche, wie sie mir unvergessen aus Reims, Laon oder Köln im Sinn ist.

Das andere, unschöne und erniedrigende Amerika: fast ein Buddha-Erlebnis. Im Süden Harlems, nahe dem Nordrand des Central Parks und nur wenige Blocks von der Fifth Avenue entfernt, sehe ich im Halbdunkel des matten Neonlichts Schwarze, daneben einige Hispanics und Weiße, beim Empfang von Essensmarken in einer kleinen Ausgabestelle. Demütigend muss das Gefühl sein, im reichsten Land der Welt zum Überleben auf die Generosität der Sozialinstitutionen angewiesen zu sein. Ich denke an Afrika oder Haiti. Es will mir nicht in den Sinn, dass wenige hundert Meter entfernt der schiere Luxus herrscht. In dieser Ecke der Stadt, wo Amerikaner Nahrungshilfe erhalten müssen, sind die Bürgersteige und Hinterhöfe verfallen, stehen vergammelte geschrottete Autos herum, wird in den kleinen Lebensmittelgeschäften und Eckkneipen ein mir fast unverständlicher Slang gesprochen. Hier leben die Randfiguren des amerikanischen Traumes, die Abfallprodukte der gesellschaftlichen Rushhour-Mentalität. Abgedrängt an den Rand, eingebunden in ein Sozialnetz, das zu dünn ist, und in ein Ghetto, dessen Isolation und Absonderung dem vorbeispazierenden Besucher fast Angstschweiß auf die Stirn treibt. Aggressiv ist die Atmosphäre, undurchdringlich die Barriere zur Welt der Straßenkreuzer und Geschäftsauslagen. Und doch, vermutlich glauben auch die Außenseiter New Yorks noch immer: „one day, we will make ist".

Von „Window on the World" auf dem World Trade Center – wie zuvor bei Nacht von der Spitze des Empire State Building – schweift mein Blick über die auf Spielzeugformat reduzierten Straßenzüge, Autos, Brücken, Häuser und auf den Hafen, dorthin, wo früher die in Amerika Zukunft Suchenden eintrafen. In den Straßen drückt die gleichzeitig Dunkelheit und Protz vermittelnde Häuserkulisse die Sonnenstrahlen förmlich an die Wand. Hoch über der Stadt, im „Window of the World" dieses spektakulären World Trade Centers, atme ich frei und ausgeglichen. Langsam versucht die Sonne am Horizont hinter der zu Restaurationszwecken verhüllten Freiheitsstatue, dem Geschenk der revolutionären Franzosen aus dem Jahr 1889, unterzugehen. In Manhattan gehen die Lichterketten nun horizontal und vertikal an. Zur Happy Hour treffen sich gepflegte Geschäftsleute hoch oben im „Window of the World". Fast kann man die tiefliegenden Helikopter und zur Landung ansetzenden Flugzeugen anfassen. Weltstadtluft. Auf der Brooklyn Bridge, einem technischen Meisterwerk, das 1883 von dem deutschen Ingenieur Johann Augustus Roebling fertiggestellt wurde, schweift mein Blick über die imposante und zugleich abwehrende Wolkenkratzerkulisse Manhattans. Das Rippenmuster des Straßenbelags erzeugt einen konstanten Lärmpegel zu beiden Seiten der Fußgängerpassage. Der dahinbrausende Lärm wirkt dadurch härter und kämpferischer als in den schnurgeraden Avenues Manhattans.

A Chorus Line ist das meistgespielte und populärste Musical Off-Broadway. Broadway und Times Square wirken eher enttäuschend. Ich erlebe diese Traumorte angekränkelt von architektonischem Zerfall und übersät mit menschlichen Randexistenzen und Realitätsflüchtlingen, die in der Neonwelt Wärme und kurzweilige Zufriedenheit suchen. *A Chorus Line* ist nicht viel besser: weitschweifig und exhibitionistisch, das Abziehbild dieser Gesellschaft – und gerade deswegen wohl Broadways bester Renner.

Gefälliger und menschlicher erlebe ich die Stimmung im Jazzlokal Duplex in Greenwich Village, dem Bohème-Viertel am Washington Square mit seinem kleinen Triumphbogen und den viktorianischen Hauseingängen. Mein Bonner Studienfreund Ulrich Guntram, auf USA-Tour, begleitet mich. Mit „Auf Wiedersehen" verabschiedet uns die quirlige Kellnerin, die zwischendurch einige gute Show- und Gesangseinlagen zur Erheiterung der zumeist studentischen Gäste eingelegt hatte.

Besonders begeistert bin ich von den Museumsbesuchen: Metropolitan Museum mit einer beeindruckenden Māori-Ausstellung. Über ihr steht das schöne Sprichwort der Māori: „Where there is artistic excellence, there is human dignity". Ich streife durch die Frick Collection, das Solomon Guggenheim Museum und die faszinierende Ausstellung „Primitivism in Modern Art" im Museum of Modern Art. Die Aufnahme von Urformen und Archetypen aus den sogenannten Primitivkulturen durch moderne Künstler zeigt, dass Kunst auf einen einfachen und doch so vielsagenden universellen Nenner reduziert werden kann. Die Skulpturen von Constantin Brâncusi faszinieren mich in besonderer Weise.

Louis Henkin, Professor für internationales Recht an der Columbia University, befrage ich zu meinen Forschungen. Er meint, zur Universalisierung von Menschenrechten gehöre nicht die Notwendigkeit einer Anerkennung von Naturrechtsideen als ihrer Voraussetzung – wichtiger sei eine verfassungsrechtliche Bindung von Menschenrechten als Grundrechten.

David Klein, Executive Director des American Council on Germany, betont die nationale Interessenlage der USA, die die Europäer nicht immer wahrhaben wollten. Seine Sorge: Die Beziehungen würden auf beiden Seiten des Atlantiks wachsend negativ definiert und begründet.

Rundgang im UNO-Gebäude am East River. Was hat die Weltorganisation seit ihrer Gründung 1945 geleistet? Die Illusion der einen Welt, frei von Konflikten und Spannungen, ist zerstoben. Die Politisierung und rhetorische Ritualisierung vieler UNO-Debatten veranlasste den damaligen amerikanischen Botschafter bei den Vereinten Nationen, Daniel Patrick Moynihan, schon vor Jahren dazu, von einem „absurden Theater" zu sprechen. Die Blockpolitik mit der Dominanz der beiden Weltmächte drängt die UNO oftmals in ein Schattendasein. Die Machtergreifung der Dritten Welt innerhalb der UNO hat die rhetorischen Gewichte gegen das Rechts- und Politikverständnis des Westens gewendet. Dennoch: Es ist ein großer Fortschritt in der Menschheitsgeschichte, dass alle Völker und Nationalstaaten in einer Institution zusammengeführt sind, dass interkontinentale Gespräche und Diskussionen alltäglich geworden sind und dass die Weltverantwortung aller Menschen, Nationen und Systeme zumindest in Form einer universalen Organisation Niederschlag gefunden hat.

14. Dezember 1984–15. Februar 1985, Cambridge, MA
Weihnachtsfeier im Center for European Studies. Nahezu feierlich ist die Atmosphäre. Die Milieu-Stimmung ist einer angenehmen Kerzenlicht-Sentimentalität und allseitig guter Laune gewichen. Gepflegt und gelassen treten die Wissenschaftler auf und genießen das vorzügliche Essen, die belebenden Weine und die ungezwungenen Gespräche. Ich bin dankbar, so viele neue Menschen in so kurzer Zeit kennengelernt zu haben, ihre Forschungsinteressen und Sicht auf die Welt. Mein Studienaufenthalt in Harvard ist ein täglich neues Lernwunder. Vom ersten Moment an habe ich das freundliche Klima genossen und die vielen neuen Gedanken als befruchtend erfahren. Natürlich dominiert eine linksliberale bis sozialistische Grundmelodie die Ausrichtung vieler, denen ich begegne. So ist wohl die institutionalisierte akademische Welt, auch in den USA. Ich bin einfach nur dankbar, dass ich an dieser Universität meine Forschungen vertiefen kann. Harvard heißt, jeden Tag besser zu verstehen, was Pluralismus bedeutet und welche Kraft in dieser Idee des Westens steckt.

Winterzeit in Cambridge. Ruhe liegt über dem Ort, eine weiße Schneepracht und klirrende Kälte, bei strahlendem Sonnenschein. In einem Baum vor meinem Fenster tummeln sich Eichhörnchen. Ich richte mich zum Lesen und Forschen über die universale Menschenrechtsproblematik in langen Stunden in der Widener Library, Carel 327 mit Blick auf die Massachusetts Avenue ein.

UNO-Generalsekretär Javier Pérez de Cuéllar spricht im Harvard-Yenching Institute zur Rolle der Vereinten Nationen im heutigen Weltsystem. Samuel Huntington führt ihn auf die ihm eigene schnurrende Weise ein. Der peruanische Diplomat wirkt eher blass, sich offenkundig seiner Grenzen und auch der in den USA wachsenden Kritik am UNO-System bewusst. Als Erstes erwähnt er die positiven Aspekte der UNO-Spezialorganisationen in den vergangenen vierzig Jahren: Abbau von Analphabetentum, Kampf gegen Kindersterblichkeit, Ausmerzung der Pocken. Dann geht er auf die politische Rolle der UNO ein. Es sei notwendig, den Graben zu verringern zwischen den Ambitionen und Möglichkeiten der Weltorganisation. Dieser Realismus gelte hingegen nicht für den Einsatz um Frieden und gegen Krieg. De Cuéllar entwirft Grundzüge eines präventiven Sicherheitssystems („early warning to settle disputes"). Die Supermächte ruft de Cuéllar auf, ihre Nuklearpotenziale wenigstens derart zu verringern, dass ihr potenzieller Einsatz keine Drittländer betreffen würde. Die UNO müsse ihre Vertrauenswürdigkeit insgesamt wiederherstellen, sagt der Generalsekretär recht selbstkritisch. Zum Veränderungsbedarf bei der UNESCO nach dem kürzlichen Austritt der USA äußert er sich nur diplomatisch nichtssagend. Das Prinzip des „one country, one vote" könne nicht infrage gestellt werden. Es gehöre zu den goldenen Regeln des Völkerrechts und sei doch schließlich auch Grundlage der nationalen Struktur des amerikanischen Regierungssystems.

Gespräch mit der China-Wissenschaftlerin Merle Goldman vom Fairbanks Center. China sei kulturell weniger totalitär als Japan, behauptet sie, kenne aber ebenfalls nicht den Gedanken individueller Rechte. Der moderne chinesische Menschenrechtsbegriff (*renmin chuang,* eine Zusammensetzung von „Volk" und „Macht kontrollieren") sei in den 1890er-Jahren über Japan aus dem Westen aufgenommen worden. Der Begriff stoße sich mit konfuzianischen Verpflichtungstraditionen und der heutigen leninistischen Ideologie. China habe keine Menschenrechte verwirklicht, auch wenn die chinesischen Verfassungen dies seit 1911 kontinuierlich postulieren.

Der Dekan der Kennedy School for Government, Graham Allison, diskutiert mit den deutschen McCloy Scholars, zu denen ich mich dazugesellen darf, sein Projekt „Preventing Nuclear War". Ich lerne über Falken, Tauben und Eulen (Allison et al. 1985). Die Fragen sind politisch, strategisch, praktisch und komplex. Bedauerlicherweise klammert Allison die Frage der Proliferation in die Dritte Welt aus. Sind nicht längst regionale Nuklearkriege in der Dritten Welt im kommenden Jahrhundert wahrscheinlicher als militärische Konflikte zwischen den heutigen Supermächten? Allison vergleicht die Herausforderungen, vor denen die Sowjetunion steht, mit der Aufgabe, die England unterdessen gelöst habe: decay in style.

20. Januar 1985: Second Inauguration des 50. US-Präsidenten Ronald Wilson Reagan. In einer würdigen, schlichten und zugleich doch das demokratische Pathos des Landes befriedigenden Zeremonie wird Reagan vom Chief Justice Warren Burger auf sein verantwortungsvolles Amt eingeschworen. Zuvor hatte in der National Cathedral zu Washington ein Gottesdienst stattgefunden, in der der politische Messianismus und religiös unterlegte Idealismus der USA kraftvoll zum Ausdruck kamen. Prediger Billy Graham zelebriert den Gottesdienst. Er endet mit der Nationalhymne. Unter dem Kreuz wird das Sternenbanner aus dem Altarraum getragen. Die TV-Berichterstattung an beiden Tagen der Inaugurations-Feiern ist umfangreich und der Würde des Ereignisses angemessen. Der wiedergewählte Präsident appelliert an die Einheit der Nation. Reagan stellt das Bemühen um Abrüstung in den Mittelpunkt der Aufgaben, vor denen er in seiner zweiten Amtszeit stehe.

Komiker präsentieren sich bei Upstairs Nick's in Boston. Nicht wenige sind simpel und obszön, doch einer kann gut politisch witzeln: „Recently I was in Europe, a nice country …" (Lachen) „… Oh, I told this story in Georgia for three months and nobody laughed. You see, you are a more sophisticated audience." Nicht fehlen kann offenbar der beißende antideutsche Ton eines der jüdischen Komiker: „I got a Christmas gift. ‚Christmas' is no holiday for me, but an antisemitic German shep dog."

Skifahren mit Anna und Shuji in den Wachusett Mountains im Westen von Massachusetts. Stopp auf dem Rückweg im Colonial Inn, Concord. Amerika sei nicht fähig, das Übel zu erkennen, schreibt die *New York Times*. Eher ist es wohl so, dass die Grundeinstellung derartig zukunftsorientiert, lebensbejahend, einfach, optimistisch, naiv und selbstbezogen ist, dass Amerikaner die negativen, unschönen und vor allem komplexen Seiten des Lebens leicht zu übersehen oder zu verdrängen neigen. Ein freies, zufriedenes Leben ist die Folge, eine gewisse Naivität und Selbstbezogenheit der Mangel.

Lunch mit Samuel Huntington, der soeben von einem Kurzbesuch in Europa zurückgekehrt ist. Er ist aufgeräumt und geradezu gelassen. Er trägt ein Armkettchen mit einer Nummer, die aus seinen Zeiten in der Armee stammt. Huntington hält die Strategic Defence Initiative (SDI) für richtig und erklärt, er verstehe die Vorbehalte der Europäer nicht. Die popularisiert als *Star Wars*-Initiative firmierende Initiative solle vor Interkontinentalraketen schützen und werde ebenso Europa vor sowjetischen SS-20-Mittelstreckenraketen schützen. SDI sei ein sinnvoller *bargaining chip* für die Abrüstungsverhandlungen mit den Sowjets in Genf. Ein Problem sei, dass Präsident Reagan sich so eindeutig auf einen erfolgreichen Abschluss mit den Sowjets festgelegt habe. Damit habe er seinen Verhandlungsspielraum gegenüber den Sowjets eingeschränkt. Huntington glaubt, dass Reagan die gesamte Amtszeit regieren und sich nicht in der Nachfolgefrage bei den Republikanern festlegen wolle. Bei einer schlechten ökonomischen Lage sie nicht ausgeschlossen, dass ein für amerikanische Verhältnisse linker Demokrat die nächsten Wahlen gewinnen könnte. Er ist verwundert, dass Europa nicht mehr Nutzen aus dem hohen US-Dollarkurs ziehe und mehr in die USA importiere. Großbritannien sieht er als Land in fataler Stagnation. Dessen Probleme, die Wirtschaft an neue Weltgegebenheiten anzupassen, werde eine neuerliche Ideologisierung der britischen Innenpolitik hervorrufen.

Das Fernsehen zeigt eine Serie über Robert F. Kennedy, der am 5. Juni 1968 in Los Angeles erschossen wurde. Dies war eines der ersten politischen Ereignisse, die ich am Fernseher meiner Großeltern verfolgen konnte. Kennedy wird als Gestalter von Politik und Geschichte mit Vision, Patriotismus, Moral und Führungsfähigkeit gezeichnet, daneben als Clan-bewusster, sorgender Familienvater.

Dinner mit Nasir Tamara, einem indonesischen Journalisten, Frédéric Bozo, einem Pariser ENA-Studenten, und einer amerikanisch-französischen Kommilitonin, Isabel de Lacoste. Wir diskutieren mit Leidenschaft die Zukunft Europas, das sich endlich vereinen sollte.

Guter Jazz im Ryles mit einigen meiner hiesigen Freunde. Den schwarzen Musikern stecken Musik und Rhythmus einfach unübertrefflich in den Genen.

Gary Hart ruft in der traditionsreichen Faneuil Hall zu einem neuen Kurs der Demokratischen Partei auf. Unter Healeys Gemälde von George Healy „Daniel Webster speaks before the senate", das die Stirnseite der traditionsreichen, 1742 erbauten Halle ziert, entwickelt der Senator aus Colorado eine neue Vision für die Demokraten. Unter dem Motto „A New Patriotism" greift Hart nur wenige Monate nach der für seine Partei verheerenden Wahlniederlage die republikanische Rhetorik auf und versucht sie mit neuem, alten Inhalt zu füllen.

Jacques Le Goff, französischer „Annales"-Historiker, referiert über das Fegefeuer. Es habe im 12./13. Jahrhundert eine wichtige Funktion bei der Ausbildung des modernen Individualismus und damit des Frühkapitalismus gehabt, lautet seine zentrale These.

An seinem 74. Geburtstag hält Präsident Reagan 1985 seine „State of the Union Address" vor beiden Häusern des Kongresses. Er ruft eine „Second American Revolution" aus, eine „revolution of faith and opportunity". Mit „Happy Birthday, Mr. President" wird der Great Communicator verabschiedet. Die Erinnerung an Marilyn Monroes Liedchen für John F. Kennedy wird wach. Zum Abschluss seines Auftritts hatte Reagan eine junge Vietnamesin vorgestellt, die unterdessen US-Bürgerin geworden sei und in Westpoint ihre Kadettenausbildung mache. Es ist ein Moment der symbolischen Aussöhnung von Militär, Frauen und der Hypothek Vietnamkrieg. Als Europäer bin ich fasziniert und angesteckt von dem Zukunftsidealismus dieses Landes und doch auch skeptisch, ob in der komplexen Welt und bei allen auch vorhandenen Problemen der USA, die Reagansche Revolutionsrhetorik dauerhafte Marksteine setzen kann. Jeder Amerikaner wird als Held gesehen und die Reagan Revolution hilft allen Amerikanern, daran zu glauben.

16.–21. Februar 1985, Washington D.C
Mein Bild der Vereinigten Staaten gewinnt eine erhebliche und eindrucksvolle Bereicherung durch den Aufenthalt in der Bundeshauptstadt Washington. Besichtigung der Library of Congress, deren große Rotunde einen feierlichen Mittelpunkt für die größte Büchersammlung der Welt schafft. Auf den Balustraden stehen Statuen großer Geister aller Epochen der westlichen Welt. Der der Renaissance nachempfundene Stil der Bibliothek und ihrer Eingangshalle wirkt ein wenig kitschig, aber zugleich sehr inspirierend. Die ungeheuren Bestände der Library of Congress sind in Computern gespeichert und lassen sich ausdrucken. Ich bin beeindruckt, ja, ich muss es gestehen, in meiner Autoreneitelkeit befriedigt: Wie von Zauberhand ist meine in Wien erschienene Flüchtlingsstudie ausgerechnet einen Tag vor meinem Besuch in den Bibliothekskatalog aufgenommen worden. Auch mein kleines Büchlein über das indische Dorfleben hat auf wundersame Weise den Weg aus Trichur in die Library of Congress gefunden. Goethe hat recht: Wer schreibt, der bleibt.

Gegenüber der Library of Congress und des an sie anschließenden Supreme Court erhebt sich das Kapitol der Vereinigten Staaten, der stolze Marmorbau mit seiner imposanten Kuppel, der beide Häuser des amerikanischen Kongresses beherbergt. Es ist das Herzstück der amerikanischen Demokratie.

In der Rotunde zieren große Gemälde mit wichtigsten Szenen aus den Tagen der Unabhängigkeitszeit die Wände, neben Schlachtszenen und der Niederlage von General

Cornwallis (1781), Bilder der verfassunggebenden Versammlung in Philadelphia. Besonders interessant ist die Ansammlung von Statuen großer Amerikaner aus allen Bundesstaaten im Nebenraum, eine Art säkulare Heiligengalerie (Abb. 3.13). Die beiden Häuser des Kongresses wirken vergleichsweise klein in diesem imposanten Gebäude. „In God we trust" und „E pluribus unum" steht über den Sitzen des Speakers im Senat beziehungsweise im Repräsentantenhaus. Das Kapitol nebst der sich vor ihm hinziehenden Mall mit Museen zu beiden Seiten, in der Mitte das Washington Monument mit der übergroßen, sehr lebendig wirkenden Statue des Sklavenbefreiers, verkörpert, wie die ganze Anlage der 1800 begonnenen Stadt, die imperiale Würde Amerikas und den Geist dieses offenen, demokratischen und zukunftsweisenden Modells einer freien Gesellschaft. Umgeben von klotzigen Ministeriumsbauten und der Weite der Mall wirkt das Weiße Haus eher bescheiden und fast unscheinbar. Vom Grabmal des Unbekannten Soldaten auf dem Arlington Friedhof schweift der Blick über die Stadtkulisse, ein Rundumblick vom Pentagon bis Georgetown. Wer könnte hier nicht Ehrfurcht und Dankbarkeit für die Väter der Freiheit empfinden? Die durch schlichte Würde bewegenden Gräber John F. und Robert Kennedys erinnern daran, wie sehr ein junges Volk es nötig hat, durch nationale Symbole und Helden Tradition und Einheit zu schaffen. Vor JFK.s Grab, auf dem die ewige Flamme zündelt, sind seine berühmtesten Zitate in Marmor gemeißelt: „My dear citizens of the world, don't ask what American can do for you, but ask what together we can do for the freedom of man."

In der Dunkelheit des späten Abends ein Besuch im hell erleuchteten Jefferson Memorial. Es ziert eine übergroße Statue dieses vorbildlichen und mutigen, die Menschheit in die Richtung der Menschenrechte führenden Mannes. An den Wänden sind pathetische Auszüge aus seinen berühmten Reden und der Menschenrechtserklärung von Virginia zu lesen. Stilvoll und bohèmehaft präsentiert sich Georgetown mit guten Restaurants, eleganten Boutiquen und grandiosem Jazz im Blues Alley sowie seinen Wohnstraßen mit schmucken Backsteinhäusern in georgianisch-viktorianischem Stil.

Ausflug nach Fredericksburg in Virginia, den größten der dreizehn ursprünglichen Staaten der USA. Neben dem Freimaurerfriedhof steht James Monroes ehemaliges Law Office mit dem Schreibtisch, an dem er 1823 im Weißen Haus die nach ihm benannte Doktrin unterzeichnet hat: Amerika den Amerikanern; Angriff gegen europäische Einflussnahme in der neuen Welt und Ansprüche der USA auf Schutz und Beherrschung beider Teile des Kontinents. Williamsburg, wo 1983 der Weltwirtschaftsgipfel stattfand, ist einer der geschichtsträchtigsten Orte der USA. Im Kapitol wurden die erste Menschenrechtserklärung auf amerikanischem Boden, diejenige von Virginia vom 12. Juni 1776, und die erste freiheitliche Verfassung der USA vom 27. Juni 1776 unterzeichnet und verkündet. Ein malerischer, musealer Ort und doch ein integraler Teil dieses Landes, das seine Traditionen kennt und pflegt. „Amerikas historische Puppenstube", formulierte Leo Wieland unlängst in der *Frankfurter Allgemeinen Zeitung* treffend, aber auch ein wenig herablassend.

Frank Loy, der Präsident des German Marshall Fund (GMF), erinnert an die Gründungstage der Organisation, der 1972 auf Initiative von Guido Goldman und dem

Abb. 3.13 Im US Capitol in Washington D.C. vor einem Standbild George Washingtons (1984). (© Ludger Kühnhardt)

damaligen Finanzminister Alex Möller initiiert wurde. Der GMF wurde ausgestattet mit Rücklagen des Marshall-Planes, um jungen Wissenschaftlern, Politikern und Journalisten in beide Richtungen die Möglichkeit des transatlantischen Austausches zu eröffnen. Bei meinem Vortrag an der American University, zu dem mich Astri Suhrke, Professorin für Politische Wissenschaften, eingeladen hatte, werde ich mit überraschend heftiger Kapitalismuskritik, verpackt in Migrationsidealismus, konfrontiert. Neben linken Studenten peitscht Dessima Williams, die charmante ehemalige UN-Botschafterin des revolutionären Grenada, die noch immer revolutionäre Rhetorik pflegt, ein. Allseits wird gefordert, den Flüchtlingsbegriff auf alle Migranten auszuweiten und damit zugleich im Sinne radikaler Kapitalismuskritik umzudeuten. Ich beharre auf einer liberal-bürgerlichen Menschenrechtsposition und einem auf tatsächlich persönlich politisch verfolgte Menschen konzentrierten Flüchtlingsbegriff.

Allan E. Goodman, der Assistant Dean der School of Foreign Service der Georgetown University, umgeben vom architektonisch sehr ansprechenden Intercultural Center, ist pessimistisch in Bezug auf die Fähigkeit und Bereitschaft der Amerikaner, größeres Verständnis für die Komplexität der Welt zu entwickeln. Es werde mühsam bleiben, von Amerika eine Anpassung der Politik entsprechend der Realitäten einer gewandelten, multipolareren Welt und dem aufkommenden Regionalismus zu erwarten. Amerika bleibe eine Insel und könne daher nur global und zugleich hegemonial denken. Robert Gerald Livingston, Direktor des American Institute for Contemporary German Studies (AICGS), ist skeptisch, ob das ideologische Zeitalter wirklich beendet sei und die bisherige westeuropäische Einigung als Erfolg bezeichnet werden könne. Gebhardt von Moltke, Leiter der politischen Abteilung in der Deutschen Botschaft, sieht keine Chancen auf einen Defizitabbau im amerikanischen Staatshaushalt. Um Steuererhöhungen werde das Land auf Dauer nicht herumkommen. Ab 1986 sieht er große wirtschaftspolitische Probleme auf Reagan zukommen. Eine republikanische Kontinuität über 1988 hinaus sei daher völlig ungewiss, die Senatswahlrunde 1986 noch völlig offen. Die Europäer müssten offen ihre Interessen in den USA vertreten. Mit Blick auf die SDI seien zehn verschiedene Forschungsvorhaben am Laufen, da wisse die Administration doch offenbar selbst kaum, wohin sie mit der SDI ziele. Von Moltke hält es für problematisch, dass Europäer immerfort glaubten, Europäer und Amerikaner seien identisch. Tatsächlich sei es sinnvoller, sich die Unterschiede in Mentalität, Kultur und Interessen bewusst zu machen.

Im Shrine of the Immaculate Conception, der größten katholischen Kirche der USA und einem doch eher steril wirkenden neo-byzantinischen Gotteshaus, besuche ich den Aschermittwochsgottesdienst.

Frank Lavin, Public Liaison Office des Präsidenten, macht es Hubertus Hoffmann, meinem Bonner Studienfreund, der derzeit in Washington an seiner Dissertation zu Nuklearfragen arbeitet, und mir möglich, das Weiße Haus, inklusive den Rosengarten und das Oval Office zu besuchen. Auf seinen Schreibtisch aus braunem afrikanischen Eichenholz hat Präsident Reagan den programmatischen Spruch gestellt, mit dem er seine Amtszeit definiert wissen will: „It can be done". Daneben steht ein Glaskrug mit

Jelly Beans. Es ist 17 Uhr, der Präsident hat sein Tagwerk getan und sich in den privaten Teil des Weißen Hauses zurückgezogen. Im East Wing geht man ehrfurchtsvoll an den Bürotüren des Vizepräsidenten, des National Security Advisers und der beiden Chief of Staff des Weißen Hauses vorbei. Resümierendes Gespräch beim abendlichen Dinner im Offiziersclub von Fort Myer mit einem Colonel der amerikanischen Armee und der charmanten Barbara Heep, einer Deutsch-Amerikanerin, die an der Georgetown School of Foreign Service studiert. Richard Hofstadters Aperçu „Amerika hat keine Ideologie, es ist eine" wirkt in Washington wie in Stein gemeißelt (1974).

22. Februar–20. März 1985, Cambridge, MA
Frühmorgendlicher Flug von Washington nach Boston. Das Gefühl zu fliegen ist in diesem Land nicht sehr stark unterschieden von dem Gefühl, sich mit der Straßenbahn von einem in den anderen Teil einer Stadt zu bewegen. Immerhin aber lege ich über achthundert Kilometer zurück.

Gespräch mit Richard Löwenthal, der bis 1974 Professor für Politikwissenschaft an der Freien Universität Berlin war und einer der Theoretiker der deutschen Sozialdemokratie ist. Der alte Herr ist auf seine eigene Weise faszinierend. Seine Diktion ist unverwechselbar, prägnant, scharf, analytisch. Gegen die SDI führt er das unwesentlichste, am wenigsten starke Argument an: Es sei einfach nicht machbar. Ansonsten gebe es viele gute Gründe dafür, sagt Löwenthal dann doch noch zu meinem großen Erstaunen.

Abendeinladung bei Marcell von Donat, Abteilungsleiter im Generalsekretariat der Europäischen Kommission und derzeit Fellow am Center for International Affairs. Kamalesh Sharma, der als Gesandter an der Indischen Botschaft in Bonn gearbeitet hat, ist am proeuropäischsten in der Runde: „Wir Inder blicken sehr neugierig auf die europäische Einigung, weil sie ein Vorbild für die Welt sein kann."

Filmabend: *Gaslight* mit Ingrid Bergmann im Brattle Theatre. Harvard bietet Bildungserlebnisse, wo immer man auch nur hinschaut. Kurz darauf: *Civil Wars* von Heiner Müller und Robert Wilson im American Repertory Theater. Drei Stunden gähnende Langeweile, absurd und pejorativ im Blick auf Friedrich II. von Preußen: „Und dann folgte Hitler." So einfach sollte selbst Theater nicht sein.

JOSPOD-Seminar mit drei Kurzreferaten zur „Rolle sozialistischer Intellektueller in Indien, der Türkei und in Afrika". Dabei lautet die allgemeine Erkenntnis unter den Experten: Sozialistische Ideen nehmen an Bedeutung ab, da sie allerorten in der Dritten Welt gescheitert seien. Als rhetorische Parole wird der Sozialismus so lange angerufen werden, bis andere geistige Perspektiven das Vakuum füllen können.

Régis Debray, einstiger Kampfgefährte Che Guevaras und Präsidentenberater im Élysée-Palast unter François Mitterrand, plädiert für eine gemeinsame europäische Sicherheitspolitik. Er zeichnet die Notwendigkeit einer deutsch-französischen Verteidigungsachse. Ein starkes Europa sei gut für Frankreich und ein starkes Frankreich gut für Europa. Zur strategischen Verteidigungsinitiative SDI äußert er sich ablehnend. Er scheint keine Sorge vor einer Abkopplung der USA von Europa zu haben. Debray weist darauf hin, dass Friedensbewegungen in den Ländern am stärksten seien, die am atlantischsten orientiert seien. Die Antwort kann doch nicht „europäische Verteidigung oder atlantische Allianz" heißen, sondern nur intensivere europäische Kooperation im transatlantischen Bündnis, das an erster Stelle eine Wertegemeinschaft sei.

Ein glänzender Abend mit dem Pantomimen Marcel Marceau im Colonial Theater am Boston Common. Ein ungeheuer ausdrucksstarker, fantasievoller Künstler mit einer Mimik und Darstellungskraft, die keine Minute Leerlauf oder Spannungslosigkeit aufkommen lässt, während er Gestalten und Szenen in Pantomime meisterhaft umsetzt.

Ausflug nach Lowell, in die erste Industriestadt der USA im Norden von Massachusetts. Danach, Weiterfahrt nach Salem – welch ein Kontrast. Ich stehe vor Nathaniel Hawthornes Geburtshaus, suche nach Ähnlichkeiten mit dem *House of the Seven Gables* in seinem Klassiker der amerikanischen Romantik (Hawthorne 1981) und sinniere über eine spektakuläre Hexenverbrennung, die 1692 in diesem „the witch city" genannten Ort stattfand.

Gespräch mit Mahdi Abdul Hadi, einem moderaten Palästinenserführer und Leiter eines Forschungsinstituts in der Westbank, über das nahöstliche Flüchtlingsproblem. Er versucht zu erklären, wie gegen alle derzeitigen Tendenzen doch ein funktionsfähiger Palästinenserstaat konzipiert sein könnte, der Seite an Seite mit Israel existieren könne.

Akio Morita, Sony-Chef, spricht über amerikanisch-japanische Handelsprobleme. Der weißhaarige Gentleman-Manager verkörpert die Unschuld selbst und zeigt doch zugleich das neue japanische Selbstbewusstsein. Unfair seien einzig die USA, die Japaner würden nur zu Sündenböcken gestempelt. Wenn die Amerikaner japanische Waren kaufen wollten, könne dies doch nicht den Japanern angelastet werden.

Gespräch mit Raúl S. Manglapus, früherer philippinischer Präsidentschaftskandidat, Senator und SEATO-Generalsekretär. Nachdem ich schon früher sein Manuskript *Human Rights Are not a Western discovery* (Manglapus 1978) studiert hatte, ist es eine angenehme Überraschung, ihn in Harvard kennenzulernen. Manglapus ist besorgt, dass die unflexible US-Haltung die Diktatur in den Philippinen weiter verlängern werde und die Gefahr einer kommunistischen Machtübernahme weiterwachse. Er schlägt vor, die amerikanischen Militärbasen auf den Philippinen zu Basen aller SEATO-Partner zu machen, um die anderen Länder der Region einzubinden, den Druck auf die USA zu verringern und Marcos ein Mittel abzunehmen, die Basen als Erpressungsinstrument zur Unterstützung seiner Diktatur zu nutzen. Carters Druck auf die Redemokratisierung Lateinamerikas habe Effekt gehabt, weil keine Sicherheitsinteressen der USA berührt gewesen seien. Die Fortsetzung der Militärhilfe an Marcos durch Carter aber habe hier alle Menschenrechtsrhetorik zunichtegemacht und die Diktatur gestützt.

Dinner bei Caroline Budde, Deutsches Generalkonsulat. Dabei ist auch Bing Hua, der Richard Wagners Opern verehrende Sohn des ehemaligen chinesischen Außenministers Huang Hua, derzeit stellvertretender Vorsitzender des Nationalen Volkskongresses. Bing wurde in Ghana geboren und sein Name stammt vom Swahili-Wort „Kobingo" (Freitag) ab. Mit seinen 23 Jahren ist er schon in der politischen Elite Chinas zu Hause. Was wird wohl auf Dauer der Einfluss Bings und ähnlicher Studenten sein, die derzeit in den USA in aller Intensität westliche Lebensweisen, das demokratische System und die Marktwirtschaft kennenlernen? Wie wird Bing, wenn er wieder in China leben wird, als Mitglied des kommunistischen Jugendbundes oder später in führender Partei- oder Staatsstellung, die Welt sehen und sein Land formen wollen? Heute hinterlässt er den Eindruck, am Reformkurs Dengs zu hängen und doch klar Kommunist sein und bleiben zu wollen. Er weiß, dass die Zukunftsweichen in China gestellt, aber noch nicht eindeutig gesichert seien.

Stephen Kalberg arbeitet an einer Studie zum Thema „Citizenship and civic culture". Der Soziologe ist ein brillanter Kenner Max Webers. Er gibt mir ein Privatissimum mit seiner akademisch sehr fundierten Weber-Interpretation. Es werde noch einige Zeit dauern, bis die Ergebnisse seiner Forschung druckreif seien, sagt er (Kalberg 1994).

In der First Parish Church von Quincy nahe Boston sind mit John Adams und John Quincy Adams zwei amerikanische Präsidenten bestattet, Vater und Sohn. Das Kapitel über Adams in John F. Kennedys Buch *Profile in Courage* ist besonders fesselnd (1964).

Im Agassiz Theater des Radcliffe College erlebe ich eine sehr spritzig-humorvolle und geistreiche Studententheateraufführung. Titel: *The Devil always wins.* Autor: Julian Lowenfeld. Ironische Einblicke in das soziale Leben in Harvard.

11. März 1985: Machtwechsel in Moskau. Auf den eine Nacht zuvor verstorbenen Konstantin Tschernenko folgt ein fundamentaler Generationenwechsel mit der Wahl des 54-jährigen Michail Gorbatschow zum neuen Generalsekretär der KPdSU. Die kollektive Führung, die die Sowjetunion seit den Tagen des Ablebens von Breschnew gekennzeichnet hat, wird zunächst fortgeführt. Kommentatoren glauben, dass Gorbatschow, mit dem eine neue Generation und mindestens ein neuer Stil in den Kreml einkehren, mehrere Jahre benötigen wird, um seine Position zu konsolidieren. In einem ersten Statement tritt er für Detente mit den USA ein und zeigt doch die Zähne der UdSSR, die bereit ist, jeden Angreifer abzuwehren. Es ist ein positives Zeichen, dass die Genfer Abrüstungsverhandlungen am Tag nach Gorbatschows Wahl unverändert aufgenommen werden. Man kann wohl Hoffnungen auf den smarten Kommunisten setzen, der sicher eine bessere Figur abgeben wird als seine alternden Vorgänger, eine reformerische Linie im Inneren des Sowjetimperiums und moderates Sich-Arrangieren nach außen vertreten dürfte. In den USA geht alles seinen gewohnten Gang. Dass der Machtwechsel im Kreml dieses Land unberührt lässt, zeigt auch, dass die Beziehungen zwischen den beiden Supermächten wohl doch nicht so angespannt sind, wie zuweilen glauben gemacht wird.

Robert Bellah, Soziologe an der Berkeley Universität, spricht über Amerika: Der Sinn für öffentliche Güter sei stärker als oftmals angenommen und solle bei allem Gerede über amerikanischen Individualismus nicht unterschätzt werden. Religion und religiöse Vereinigungen seien für Amerikaner neben den Familien die wichtigste Bezugsgruppe und nähmen gesellschaftlich die Stellung ein, die in Europa politischen Parteien zukomme. Vor dreißig Jahren sei es eindeutig normal gewesen, zu heiraten, heute neige die Mehrheit der US-Bürger zur Indifferenz in dieser Frage. Die moralische Entwicklung tendiere dazu, Moralfragen auszuklammern, indem unterschiedliche Lebensstile anerkannt würden, gerade um moralischen Werturteilen zu entgegen.

Theodor White *(The Making of the President)* schlägt in einem witzigen Vortrag an der Kennedy School vor, die Vorwahlen gemäß den Zeitzonen zusammenzulegen. Er betrachtet die demografische Verschiebung aufgrund des Anwachsens der Hispanics als zentrale innenpolitische Zukunftsfrage der USA (White 1960).

Podiumsdiskussion am Center for European Studies zum Thema „What has the Peace Movement accomplished in Europe?" mit Dan Smith, Vice-Chair des Committee on Nuclear Disarmament, Robert Borosage, Director Center for Policy Studies unter der Leitung von Suzanne Gordon. Ich versuche mich an differenzierter Kritik und stelle die Friedensbewegung in den größeren Kontext des ideologischen Ost-West-Konflikts, die weltweiten Friedensdemonstrationen wie „Peace Now" in Israel sowie die Realitäten der Ost-West-, Entspannungs- und (Ab-)Rüstungspolitik.

Gespräch mit Professor Joseph Nye, Kennedy School of Government, der mir hilfsbereit und umgänglich mit neuesten Literaturhinweisen zu Carters Menschenrechtspolitik hilft. Amerikanische Professoren dozieren gerne, auch jenseits ihrer offiziellen Verpflichtungen.

Party bei Nasir Tamara, einem sehr lebhaften indonesischen Journalisten, mit Frédéric Bozo, dem sympathischen Bücherwurmsozialisten aus Paris. Eine Malaysierin und Ashutosh Varshney aus Delhi stimmen zu, als ich mit dem Mitterrand-Verehrer Bozo sowie dem französischen Diplomaten Gérard Dumont über die Zukunft Europas plaudere. Nur in Einheit kann Europa noch ein Faktor der Weltpolitik sein, werfe ich in die Runde. Es ist bemerkenswert, dass die Anwesenden aus der Dritten Welt besonders stark diese Position unterstützen.

Vortrag von Shirley Williams, der Führerin der leidlich neuen britischen Social Democratic Party. In dem hochpolarisierten politischen Klima Großbritanniens wäre eine moderierende politische Kraft sicher wünschenswert, doch bei allem Respekt sehe ich auf absehbare Zeit keine überzeugende Chance für die britische SPD. Das Wahlrecht in Großbritannien favorisiert das bestehende Parteiensystem.

Lunch mit Richard Hunt, dem Präsidenten des American Council on Germany. Der zurückhaltende, freundliche Herr befragt mich interessiert zu meinen Einschätzungen der politischen Verhältnisse in Deutschland. Wir divergieren in unseren Meinungen über den UNESCO-Austritt der USA.

Ernst Benda, im Sturmjahr 1968/1969 Bundesinnenminister und von 1971 bis 1983 Präsident des Bundesverfassungsgerichts, spricht am Center for International Affairs (CFIA) zur Rolle des Bundesverfassungsgerichts im politischen Leben der Bundesrepublik. Anschließend Dinner auf Einladung Guido Goldmans mit einer lebhaften Debatte über den politischen Stellenwert und die Objektivitätsansprüche des obersten deutschen Gerichts. Richard Löwenthal lehnt in faszinierender Diktion Rousseau'sche Demokratiekonzeptionen ab. Löwenthal, Benda, mein Co-Fellow am Center for European Studies Daniel Goldhagen und ich diskutieren Fragen der philosophischen Anthropologie. Dass der Mensch imperfekt und lernfähig sei, darauf können wir uns einigen, auch wenn Löwenthal bewusst seine a-religiöse Position markiert. Benda gesteht, dass die Tutzinger Debatte 1977 mit Bundespräsident Scheel, Bundeskanzler

Schmidt und Parlamentspräsident Carstens, an der ich ehrfurchtsvoll als Zuhörer teilgenommen hatte, weitgehend ein Show-off-Act gewesen sei. Alles war wohl weit weniger dramatisch, als es mir erschien, der ich damals erstmals die vier höchsten Repräsentanten Deutschlands gleichzeitig in einer Debatte erleben konnte. Mir schien die Tonlage damals eher schroff und polarisierend zu sein.

21.–22. März 1985, Tallahassee
Im Autoradio findet sich kaum noch klassische Musik. Vorherrschend sind Strand-, Sonne-, Sand-Popmusik der Saison, darunter auch der Hit „We are the world", den viele Popstars zugunsten der Hungeropfer in der Sahelzone produziert haben. Fahrt durch die sumpfartigen Marschlandschaften Nordfloridas, der erste Stopp ist Little Oak, ein völlig verschlafenes Südstädtchen, das sich eher nach der philippinischen Provinz anfühlt als nach einem Ort der global mächtigsten Macht. Die soziale und kulturelle Infrastruktur der europäischen Klein- und Mittelstädte ist besser entwickelt als auch in Tallahassee, der ebenso verschlafenen wie pionierhaften Hauptstadt Floridas. Im Zentrum des Ortes überstrahlt das alte State House im blütenweißen Kolonialstil den Wolkenkratzer des neuen Civic Center und die Shopping Areas in den Suburbs. Bei Panama City stoße ich an den Golf von Mexiko. Die Küstenorte ähneln einerseits den typischen Ausfallstraßen amerikanischer Städte – Fast-Food-Restaurants, Motels, Tankstellen, Reparaturwerkstätten und Parkplätze werden „zusammengehalten" durch ein Spinnennetz von Kabeln und Leitungen, die sich in der Luft kreuzen. Andererseits finden sich hier die makabersten und vielfältigsten Vergnügungsparks, die sich denken lassen. Überdimensionierte Rhinozeros-, Drachen-, Sphinx- und Ritternachbildungen in grellen Farben zieren Kinderspielplätze oder die Eingänge zu Spielhallen. Dazu Minigolfplätze für die Florida-Rentner, Wasserrutschen für Kinder, Strände und Ferienwohnungen am Highway No. 90.

23.–24. März 1985, New Orleans
Destin, die Lagune vor Navarre, Mobile, Fort Coulie. Man kann sich lebhaft vorstellen, wie die diversen europäischen Kolonisatoren, Spanier, Engländer, Franzosen, aber auch Mexikaner und dann gegen sie alle gerichtet die Siedler um die Unterwerfung und Urbarmachung des Küstenstreifens am mexikanischen Golf gerungen haben. Nahe Biloxi, mit seinem schön restaurierten Hafen-Altstadtviertel, liegt direkt am Meer Beauvoir, die letzte Residenz von Jefferson Davis, der von 1861 bis 1865 der abtrünnigen Confederation of America als Präsident vorgestanden hatte. Ein großartiger, weitläufiger Park, eine kitschig eingerichtete Villa, ein beschauliches *study house* im Garten mit Blick über den Golf von Mexiko. im Park das Grabmal des Unbekannten Soldaten der Konföderation. Im kleinen Museum unter Davis' Villa eine Sammlung von Erinnerungsstücken, darunter die Geldscheine der Konföderation und die Urkunde des Washingtoner Kongressbeschlusses von 1978, der Davis' amerikanische Staatsbürgerschaft posthum wiederhergestellt hat. An diesem Ort wird noch immer President"

Jefferson Davis verehrt, der Sezessionist, Sklavenhalter und Verlierer des blutigen Bürgerkrieges von 1863–1865.

Abrupter Wechsel von verschlafenen Orten und menschenleeren Landschaften in die quirlige Atmosphäre von New Orleans. Die vorwiegend von Schwarzen bewohnten Stadtteile führen direkt zur Canal Street, der Haupteinkaufsstraße. Sie ist die Grenze zu einem der prickelndsten Viertel der USA: Das French Quarter wartet auf mit einem mediterranen und karibisch-kreolischen Ambiente. Die schmiedeeisernen Balkone vor den Wohnhäusern im französisch-kreolischem Kolonialstil sind eine kunsthandwerkliche Zierde. Hier laden Boutiquen, Galerien oder Cafés zum Bummeln, Wühlen und Verweilen ein. Straßenmusikanten, Clowns und Pantomimen, Bouquinisten und Portraitmaler verleihen der Stadt, vor allem in der Bourbon Street und um den Jackson Square, einen französisch-mediterranen Charme. French Quarter, das sind aber auch Peep-Shows, billige Nachtclubs und Massagesalons. Den Jackson Square ziert ein bunter gartenähnlicher Park, der zwischen dem Hafen des Mississippi und der St. Louis Cathedral liegt, der ältesten katholischen Kirche der USA. Der Gottesdienst wird zwar nach dem katholischen Messritus der USA praktiziert, besitzt aber doch einen distinktiv südlichen, ja südländischen Charakter: Die Gläubigen umarmen sich zum Friedensgruß. Der Pfarrer schreitet nach dem Ende der Messe zum Ausgangsportal, ruft „Have a good time" in die Bankreihen und verabschiedet sich vor der Tür von seinen Schäflein.

Am bedeutendsten in dieser Hauptstadt des Jazz ist noch immer die berühmte Preservation Hall in der St. Peter Street. Das von außen fast verfallene Haus wird durch einen Seiteneingang betreten. Für jeweils eine halbe Stunde reißen die wechselnden Musiker, neben Maison Bourbon wohl die Besten von New Orleans, ihr auf dem Boden rund um die Bühne hockendes Publikum zu wahren Beifallsstürmen hin. Ich lasse mich mitreißen.

Fünfstündige Bootsfahrt auf dem Mississippi. Im Hafen von New Orleans liegen nicht nur einige romantisch-idyllische Raddampfer, sondern unzählige Schiffe aus aller Herren Länder. Das Mündungsdelta des Mississippi zieht sich von mit vielen kleinen Nebenarmen – *Bayous* genannt – und Kanälen bis in den Golf von Mexiko. Die Ufer sind zuweilen sumpfig und mit subtropischem Bewuchs versehen, meistenteils aber mit verschrotteten alten Schiffen und Fabrikhallen. Symptomatisch scheint eine stillgelegte Schiffswerft zu sein, die vor sich hin rottet. Die Konkurrenz aus Ostasien ist zu mächtig geworden. Welcher Kontrast zu den boomenden, funkelnagelneuen Werften im Süden der koreanischen Halbinsel. Jazz, Architektur, Flair des schwarzen Südens. Doch zwei Straßenzüge weiter stößt man sogleich wieder auf den für die USA so symptomatischen Verfall ganzer Innenstadtviertel und Straßenzeilen.

25. März 1985, Montgomery
Eine 24 Meilen lange Brücke, die längste der Welt, durchschneidet den Lake Pontcharlain nördlich von New Orleans. Durch die Wald- und Hügellandschaften Ostlouisianas, der einstigen spanischen Besitzung bis zur käuflichen Abtretung an die USA 1803, Mississippis und Alabamas geht es nach Montgomery. Die Hauptstadt

Alabamas macht einen deprimierenden Eindruck. Capitol Hill, wie alle Kapitole der amerikanischen Bundesstaaten, ist dem Washingtoner Kapitol nachempfunden. Bei näherem Hinsehen sehe ich sofort, dass selbst die Gartenanlagen um das Kapitol nur notdürftig erneuert sind. Von außen und erst recht von innen schreit es nach einer Restauration. Das Treppenhaus bedarf dringend eines neuen Anstrichs. In den Fluren stehen abgelebte und ausrangierte Möbelstücke und Schreibmaschinen. Beide Kammern des Parlaments – der Senat und das Abgeordnetenhaus von Alabama, dessen umstrittener Gouverneur George C. Wallace seit einem Attentatsversuch 1972 im Rollstuhl leben muss – wirken fast ärmlich. An dieser Stelle wurde im Februar 1861 für die Abtrennung Alabamas aus der Union votiert. Noch heute weist eine Plakette hinter dem Sitz des Speakers mit südlichem Stolz darauf hin. Gegenüber dem Capitol steht das White House of the Confederacy, in dem Jefferson Davis als Präsident der sezessionistischen Südstaaten gelebt hat. Es ist ein bescheidenes Holzgebäude im Vergleich zu George Washingtons Weißem Haus, innen allerdings ähnlich kitschig wie Davis' Beauvoir-Villa. Die Sezession scheiterte, der Bürgerkrieg ging für den Süden negativ aus. Montgomery wurde kein Äquivalent zu Washington, sondern eine gescheiterte Hauptstadt. Bei seiner Inauguration mochte Davis ein lebendigeres, ansprechenderes Bild vor sich gehabt haben, als es sich heute bietet. Zur linken Hand der Dexter Avenue die Baptist Church, an der Martin Luther King von 1954 bis 1960 gewirkt hat. Von diesem Ort nahmen die ersten größeren Aktionen der Civil Rights-Bewegung ihren Ausgang. Ich denke zurück an meine erste Lektüre der Gedanken dieses großen Mannes, die auch mich berührt haben (King 1974). Die Dexter Avenue, Hauptstraße der Stadt, zeigt fünfklassige Geschäfte mit Ladenhütern ersten Grades, Supermärkte mit billigen Waren und Lebensmitteln, halbleere Schaufenster, zugezimmerte, seit Jahren vielleicht leerstehende Geschäfte, fast nur schwarze Passanten, die rasch ihre Einkäufe tätigen oder auf einen Bus warten, dazwischen wenige Weiße, die nach Farmland und schlichtem Leben riechen. Eine deprimierende Begegnung mit dem armen, doch sehr charakterstarken Süden der reichen USA.

26. März 1985, Plains
Durch die hügelige Agrarlandschaft Georgias und den vielzitierten roten, eisenhaltigen Boden der Gegend, führt die Fahrt auf Landstraßen nach Plains, den Wohnort Präsident Jimmy Carters. Mein Versuch, den 39. Präsidenten der USA zu einem Interview zur Menschenrechtspolitik aufzusuchen, war leider fehlgeschlagen. Ich möchte aber doch den Wurzeln dieses Mannes nachgehen und stoße dabei auf ein typisches Südstaatendorf mit 550 Seelen, in dem die Welt noch in Ordnung scheint. Gleich am Ortsrand befindet sich das Farmhaus des Präsidenten, von einem Palisadenzaun und zwei Sicherheitstürmen umgeben. Das Einfahrtstor ist abgesperrt und durch Kameras überwacht. Auf der Wiese neben dem Einfahrtstor weht eine amerikanische Flagge, am anderen Ende des Anwesens des Erdnussfarmers steht eine Pressetribüne vor dem Hubschrauberlandeplatz, teilweise schon von Unkraut eingewachsen. Der Ort ist still, sauber, beschaulich. Hübsche Farmhäuser im Südstaaten-Stil, mit Veranden vor dem weißen Holzgebälk,

und kleine Gärten künden von Solidität, Verwurzelung, einem gediegenen Lebensstil. Hier lebt man in festen Wertgefügen, die weiße Baptistenkirche, an der Carter schon als junger Mann predigte, ist geistiger und architektonischer Ortsmittelpunkt. In den sechziger Jahren waren noch keine Schwarzen zum Gottesdienst zugelassen, ein mutiger Versuch des jungen Carter, dies zu ändern, schlug fehl.

Im Mai feiert Plains seinen hundertsten Geburtstag, wie ein Schild vor dem kleinen Bahnhof, der als Carters Wahlkampfhauptquartier diente, stolz verkündet. Gegenüber der kleinen Bahnstation steht eine Reihe von Geschäftshäusern im amerikanischen Baustil, flach und eckig. Der erste Laden gehört Hugh Carter, dem Cousin des Präsidenten, der dort einen urigen „Antiquitäten"-Shop eingerichtet hat. Neben Möbeln und Hausrat finden sich Andenken neben Andenken an die Präsidentenfamilie: Kugelschreiber mit Carters Konterfei, Erdnüsse der Familienplantage, Bücher von Rosalynn und Jimmy, Fotos, alte Zeitungen, Poster. In der gleichen Reihe der kleinen Läden steht verlassen Carter's Warehouse, den Laden, den Jimmys Vater bis zur großen Depression führte und der offenkundig seither leer steht, geziert von einem übergroßen Eingangsposter, welches darauf hinweist, wer der berühmteste Sohn dieses Dorfes ist. Neben den roten Backsteingeschäften beginnen die Anlagen der Erdnussfabriken. Hier werden die Erdnüsse geschält, geröstet, verpackt und in Eisenbahncontainer verladen, die auf Zubringerschienen stehen und auf der Wiese zwischen dem Bahnhofsgelände und der baulich zu groß geratenen Dorfschule, in der Jimmy Carter elf Jahre verbrachte, In *Why not the best?* hat der Präsident seine Jugend, das Leben und die Leute von Plains beschrieben (1975). Den kleinen, beschaulichen Ort gesehen zu haben, heißt, die Herkunft dieses Mannes gut begreifen zu können, das Lebensgefühl, Wertgefüge und Weltbild, in dem er aufgewachsen ist und welches einen wichtigen Strom amerikanischer Wirklichkeit widerspiegelt.

27. März 1985, Cape Canaveral
St. Augustine, wo 1568 die ersten, spanischen Siedler landeten und eine Missionsstation errichteten, kündet von den religiösen Anfängen dieses Landes. Eine ganze Generation, bevor die Mayflower 1620 in Plymonth landete, setzten katholische Europäer ihren Fuß auf amerikanischen Boden. Hübsch restauriert ist die Altstadt aus spanischer Zeit mit ansehnlichen Häusern und einem gemütlichen Marktplatz, der zur Zeit des Sklavenhandels bösere Zeiten erleben sollte als am Ende des 16. Jahrhunderts: Damals war dies der erste von Europäern geschaffene Marktplatz in Nordamerika.

Cape Canaveral: Die Modelle der Weltraumraketen sind imponierend, einen Astronautenanzug, der schwerer ist als vermutet, berühren zu können, Filme und gut aufbereitete Ausstellungsstücke zu betrachten und in einem landschaftlich urtümlichen Vogelschutzreservat das NASA-Vehicle-Gebäude neben den Abschussrampen zu sehen, ist ein Erlebnis. Die große menschliche Leistung, die Mauern des Weltalls zu durchbrechen und den Mond zu erreichen, diese sehr amerikanische Antwort auf die Herausforderungen und Grenzen, die die Natur dem Menschen setzt, wird nur getrübt dadurch, dass die zweite Aufgabe, die John F. Kennedy seinem Land für die sechziger Jahre setzte (seine Stimme ertönt im NASA-Museum wieder und wieder: „to reach the moon and to return safely") bis heute unerfüllt blieb: den Hunger weltweit auszurotten. Leistung und Versagen des Menschen liegen eng beieinander.

Nur wenige Meilen entfernt eine andere amerikanische Illusion: Disneyland. „Showcase of the World" mit Attrappen, die verschiedene Länder, darunter Deutschland, repräsentieren und durch Souvenirläden, Restaurants, Filme oder Tanzvorführungen nahezubringen versuchen. Das Deutschlandbild in den USA wird durch die Attrappe von Heidelberg und einen bayerischen Biergarten mit Schuhplattler wahrscheinlich mehr geprägt als durch alle Medienberichterstattungen und jede noch so gute Schulbildung.

30. März 1985, Key West
Durch überbevölkerte subtropische Landschaften, vorbei an Binnenseen, Sümpfen, Erdbeerfeldern, in denen schwarze Arbeiterinnen fleißig die roten Früchte pflücken, in das Reservat der Seminole(„wild man")-lndianer. Das Big Cypress Seminole Indian-Reservat, tief in den Everglades, ist ein trauriger Fleck Erde. Vor einer verfallenen Holzhütte ragt ein Totem angsterregend aus dem Boden. Männer arbeiten an ausgeschlachteten Autowracks. Die Gegend zeugt von Viehhaltung und etwas Ackerbau. In einem Handicraft-Zentrum, hübsch angemalt mit einem bunten Totem vor der Tür, verkaufen eine alte Ureinwohnerin und ihre Tochter selbstgebastelten Perlenschmuck wie ihn auch die Massai in Ostafrikas tragen. Trommeln und bestickte Jacken werden feilgeboten. Das Leben im Reservat ist arm und trostlos, keineswegs exotisch oder romantisch. Geblieben ist den Seminolen die Isolation und ein Leben am bittern Rande dieser Gesellschaft. Traurig wirken die Blicke der alten Frau und ihrer Tochter, abwehrend und verschreckt die Männer der Autowerkstatt. Das Gelände um die erste Baptistenkirche der Seminolen mit einer Sonntagsschule unter dem höchsten Baum ist ausgestorben.

Bei Key Largo hört das Festland auf. Es beginnt eine der malerischsten Landschaften der USA. Die 100 Meilen langen Keys erstrecken sich bis Key West in die Karibische See, kleine Inseln, die durch Brücken zusammengehalten werden. Auf beiden Seiten der Straße strahlt das blaue Meer und schafft ein befreiendes Gefühl. Das Auto wird zum Boot, mit dem diese idyllische Inselkette abgefahren wird. Am Ende der Keys und nur 90 Meilen von Kuba entfernt, liegt Key West, der südlichste Punkt der USA. Es ist einer der verträumtesten Orte, die ich bisher in den USA gesehen habe. Key West ist erst seit Mitte des 19. Jahrhunderts besiedelt, alte prächtige Holzhäuser, teilweise hübsch restauriert, zieren mit tropenbewachsenen Gärten die Straßen des Ortes. Stilbewusst reihen sich in der Duval Street Boutiquen, Galerien, geschmackvolle Restaurants und kleine Andenkenläden aneinander, ein Künstlerort, dessen berühmtester Einwohner Ernest Hemingway war (1899–1961). Sein weiträumiges Wohnhaus in der Whitehead Street, mit den Arbeitshäuschen im Garten, den eine bunte tropische Welt der Blumen und Bäume sowie das erste Schwimmbecken von Key West ziert, erinnern an den Literaturnobelpreisträger von 1954 (Abb. 3.14). *Der alte Mann und das Meer* wird in

Abb. 3.14 Im Haus von Ernest Hemingway in Key West (1984). (© Ludger Kühnhardt)

seiner großartig-schlichten Beschreibung der Auseinandersetzung zwischen Mensch und Natur noch anschaulicher vor dem Hintergrund dieser malerischen Landschaft, die immer wieder von rauen und gefahrenvollen Hurricanes heimgesucht wird. Hier lebt Hemingways Lebensanschauung: „,Man is not made for defeat', he said. ,A man can be destroyed but not defeated'" (1952). Das Karibische Meer rauscht in der Nähe.

Das Fernsehen trägt die Nachricht um die Welt: Marc Chagall stirbt im biblischen Alter von 97 Jahren in Südfrankreich. Einer der begnadetsten und von mir am meisten verehrten Künstler des 20. Jahrhunderts lebt in seinen Werken zeitlos weiter.

31. März–1. April 1985, Washington D.C
Gespräch mit Elliott Abrams, Assistant Secretary of State for Humanitarian Affairs, im machtvollen und mit endlosen Fluren versehenen State Department. Ein entspannter, jugendlich wirkender und diskussionsfreudiger Mann Ende dreißig, führt Abrams bedenkenswerte Punkte zu Menschenrechtsfragen an: Anstelle von Gruppenrechten solle von Autonomie gesprochen werden. Das zentrale aktuelle Problem im Zusammenhang mit kulturellen Differenzen sei die Frage der Religionsfreiheit in islamischen Ländern. Zielkonflikte bestünden nicht nur zwischen nationalen Interessen und Menschenrechtsprinzipien, sondern auch zwischen verschiedenen Menschenrechtsprinzipien.

2.–17. April 1985, Cambridge, MA
Lord Peter Carrington, NATO-Generalsekretär, stellt auf klare Weise die voneinander abweichenden Bündnisperzeptionen und Weltbilder der Amerikaner und Europäer dar. Er zeigt sich pessimistisch über die europäische Einigung, stellt übertrieben die Unterschiede in Europa dar, glaubt nicht an eine europäische Union. Da spricht der Brite.

Ich erlebe eine Debatte zur Todesstrafen-Wiedereinführung im Justizkomitee des Senats von Massachusetts. Gouverneur Michael Dukakis spricht engagiert gegen die Wiedereinführung der Todesstrafe. Im Zuschauerraum ein Straßenkehrer neben Anti-Todesstrafen-Bürgergruppen. Das Parlamentsgebäude am Beacon Hill macht einen recht erhabenen Eindruck: die beiden Kammern sind würdevoll eingerichtet. Eine Fahnenhalle im Rund der Rotunde drückt pseudoreligiöse Emotionen aus: *Bitte den Hut abnehmen und beim Durchschreiten die Fahnen ehren,* steht auf einer Tafel. Als wenn hier die Papstgräber liegen würden. Unangenehme Zahlen: In den letzten zehn Jahren ist die Zahl der Mordopfer in den USA von 12.000 auf 22.000 gestiegen. In dieser schockierenden Statistik findet die Bürgerfurcht ihren Auslöser, die nach Todesstrafe ruft. Dukakis würde jedes Todesurteil durch Veto zunichtemachen. Ich bin auf seiner Seite.

Gespräch mit Professor Lincoln Palmer Bloomfield, MIT, der in Präsident Carters National Security Council für Menschenrechtsfragen zuständig war. Er spricht von Normen statt von Rechten, um eine tiefere und unumstrittenere Begründung zu finden, die die weltweiten Kontroversen über die Menschenrechte einhegen kann. Menschenrechtspolitik sei immer interventionistisch und könne nie konsistent sein, sagt Bloomfield.

Vortrag von Volker Rühe, dem außenpolitischen Sprecher der CDU. Wir tauschen uns über die Chancen aus, stärkere europäische Achsen in der Sicherheitspolitik zu bilden.

Über Ostern eine neuerliche Einladung nach Vinalhaven in Guido Goldmans Inselparadies, zusammen mit Jim Cooney und Cornelius Prittwitz, einem Kommilitonen, sowie Charles Bronfman, dem Sohn Edgar Bronfmans, dem Präsidenten des Jüdischen Weltkongresses, und seiner Freundin. Schneefall, Tennis, eine Bootsfahrt durch prächtige Buchten, ausgedehnte Spaziergänge, kulinarische Genüsse, Trivial-Pursuit-Spiele und Siestas zwischen ausgedehnten Gesprächen.

Die regelmäßigen Vorlesungen von John Rawls und Stanley Hoffmann bleiben spannend und lehrreich für mich. John Rawls inszeniert seine Theorie der Gerechtigkeit mit länglichen Erläuterungen über den „veil of ignorance", hinter dem er uns Menschen im Naturzustand ansiedelt (1971). Stanley Hoffmann modelliert die Welt als Wechselspiel von Krieg und Frieden, ein Tolstoi der Politikgeschichte. Immer wieder tauschen wir uns nach seiner Vorlesung über seinen Begriff von Ethik in der internationalen Politik aus (1981). Vortrag von Richard Pipes, Harvards bestem Russland-Kenner, über das Ende der Romanows. Er präsentiert eine minutiöse Schilderung der Ermordung der Zarenfamilie in der Nacht vom 16. auf den 17. Juli 1919. Harvard-Präsident Derek Bok, spricht über die Chancen und Grenzen des Einsatzes von Computern im Bildungswesen. Neben der Frage nach der Nützlichkeit sei es noch wichtiger, nach den Effekten für das Lernen zu fragen.

Vortrag von Benazir Bhutto, der scharfzüngigen, schnell redenden und rasch eifernden Tochter Zulfikar Ali Bhuttos, in der Longfellow Hall. Im halbfeudalen Kontext Pakistans konnte die 31-jährige Tochter des hingerichteten Autokraten an die Spitze der größten Oppositionspartei. Unter ihren aufmerksamen Zuhörern sind der Ökonom John Kenneth Galbraith und Annemarie Schimmel, die auch in Bonn dozierende

Islamwissenschaftlerin. Zweifellos sei eine Zivilregierung den Militärverhältnissen des Generals Zia vorzuziehen, doch stellten Benazir und die PPP heute keine ernste Gefahr für das Regime mehr dar. Ihr eigentliches Thema ist „Women and Islam". Sie bekennt sich als gläubige Muslimin, unterscheidet zwischen fortschrittlichem und reaktionärem Islam, und fordert eine strikte Trennung von Staat und Religion. Kämpferisch ruft sie in die Arena, es sei der Mann, nicht der Islam, der die Frauen der muslimischen Welt unterdrücke. Proteste aus dem Publikum von Radikalen, denen das nicht weit genug geht. Innermuslimische Debatten gibt es in der liberalen Welt Harvards. In der islamischen Welt wächst der Fundamentalismus der einen oder anderen Couleur.

Treffe in seinem japanisch eingerichteten Haus inmitten einer parkähnlichen Gartenanlage in Belmont Professor Edwin O. Reischauer, von 1961 bis 1966 US-Botschafter in Japan und Professor Emeritus in Harvard, den besten Japan-Kenner der Welt. Japan habe in der Meiji-Zeit rasch die Menschenrechtskonzeption übernommen, da viele Wurzeln demokratischen und menschenrechtlichen Denkens vorhanden gewesen seien. Der Feudalismus habe eine pluralistische und rechtsbewusste Gesellschaft geschaffen. Feudale Gruppenrechte seien eine gute Vorbedingung gewesen, um die Menschenrechtsgedanken zu popularisieren. Von Meiji bis Taishō habe sich die Menschenrechtsidee rasch verbreiten können. „Jinken" sei mit „Menschenrechten" zu übersetzen. Die Sonnengottheit des Kaisers sei kein Problem, da sie selbst ebenfalls ein Produkt der Meiji-Ara, das heißt neueren Datums, sei und es doch früher auch im Westen trotz wohlfeilen Menschenrechtskatalogen das Gottesgnadentum gegeben habe. Reischauer hält für die Zeit nach 1945 die ökonomischen Erfolge für noch beachtlicher und erstaunlicher als die politischen Umwälzungen. Japan sei modern, nicht aber westlich. Ein universales Menschenrechtsverständnis sei in der Tat nicht so recht vorhanden.

JOSPOD-Seminar zum Thema Libanon mit Samir Khalaf, einem eloquenten Professor der American University Beirut, der ein deprimierendes Bild der Lage im Libanon zeichnet. Das Land befinde sich im Zerfall, das einzige und letzte Zentrum des Pluralismus und der offenen Gesellschaft im Nahen Osten. Am Vorabend hätten schiitische Milizen Westbeirut okkupiert. Der islamische Fundamentalismus sei dabei, ein neues Etappenziel zu erreichen. Uns allen stünden problematische Jahre bevor, wenn dieser Trend anhalte.

Nightline im Sender *ABC* ist meine Lieblingssendung im amerikanischen Fernsehen. Ted Koppel diskutiert die Rolle und Verantwortlichkeiten des Journalisten: „Are they patriotic enough?" Eine sehr amerikanische Ausgangsfrage, die dann reduziert wird auf die Auseinandersetzung darüber, ob die Medien ausgewogen genug seien oder ob nicht eine liberale Medienmehrheit die Regierungspolitik übermäßig beeinflusse. Eine mir auch aus Deutschland bekannte Debatte.

18.–21. April 1985, Long Beach

Die *New York Times* ist voller Berichte zu Präsident Reagans bevorstehendem Deutschland-Besuch. Großer Aufruhr, dass auch nach der Ankündigung, ein Konzentrationslager zu besuchen, der Soldatenfriedhof in Bitburg auf der Agenda bleiben solle, auf dem SS-Leute beerdigt sind. Offenbar ist der Besuch des amerikanischen Präsidenten schlampig vorbereitet worden. Ein KZ-Besuch war von Anfang an von Kohl vorgeschlagen gewesen oder der Besuch eines Friedhofes, auf dem Deutsche und Amerikaner liegen. Eine Verharmlosung der SS hat Kohl gewiss nicht im Sinn gehabt.

Fünfeinhalb Stunden Flug von *coast to coast*. Die Struktur des Landes erinnert mich auf eigenartige Weise an China: Jeder Quadratmeter ist landwirtschaftlich erschlossen. Fein parzellierte Felder huschen unter mir vorbei. Die meisten sind zu dieser Jahreszeit grau und unbearbeitet: Waldstreifen, Flüsse, Straßen. Das Leben in weiten Teilen der USA muss langweilig sein. Rocky Mountains, steil abfallende Täler – im Wechselspiel mit Bergspitzen und Wolkenformationen ergeben sie ein machtvolles Bild wilder Natur. Über die Kontinentale Wasserscheide erreichen wir die nackten Wüstenlandschaften, die erst an der Pazifikküste durch grünen Küstenbewuchs und eine dichte Besiedelung im Großraum des Molochs Los Angeles abgelöst werden.

Long Beach ist ein beschaulicher Segelhafen und Austragungsort des „Second Pacific Workshop on German Affairs", organisiert von Christian Soe auf dem Campus der California State University. Etwa siebzig Teilnehmer diskutieren eine große Palette von deutschen Fragen. Nicht ein einziges Mal ist die Rede von der bevorstehenden Reise des Präsidenten nach Deutschland und von der Kontroverse um den Besuch eines deutschen Soldatenfriedhofs. Ausführlich kommen die ideologischen Präferenzen und Frustrationen der Sozialwissenschaftler zum Ausdruck. Ich diskutiere auf einem Panel zum Thema „Youth and Politics", bei dem der CDU-Bundestagsabgeordnete Norbert Lammert ein sehr differenziertes und doch von links kritisiertes Einführungsreferat hält. Die Tendenz der Debatte konzentriert sich auf Angst, die „German Neurosis". Nur wenige der anwesenden Wissenschaftler möchten zur Kenntnis nehmen, dass sie unproportional einem Teil der deutschen Gesellschaft ihr Augenmerk schenken, die Mehrheit aber nahezu ausklammern.

Der Tag beginnt mit einem Bombardement von Fernseh-Predigern, die mit unübertrefflicher Intensität gegen Alkohol und für Jesus predigen: Wer Gott folge und keinen Alkohol berühre, sei gerecht und auserwählt. Der Geist des religiös-moralisierenden Amerika präsentiert sich mit aller Wucht. Glaube und Selbstgerechtigkeit, Religion und Moralismus liegen eng beieinander, immer wieder erstaunlich.

In San Diego, dessen Bucht in großartig geschützter Weise vom Pazifischen Ozean abgetrennt ist, besuche ich zur Tea Time das berühmte Hotel Coronado. Das fast hundert Jahre alte Hotel erinnert mich an die asiatischen Kolonialhotels. In den stilvollen, gelegentlich amerikanisch-kitschig überladenen Räumen wurden Staatsbankette abgehalten und Filme gedreht. *Some like it hot* machte Marilyn Monroe zur Film-Ikone.

22.–23. April 1985, Las Vegas
„Just to be here is a show", sagt der Taxifahrer, eher zu sich selbst. Las Vegas Boulevard, „The Strip", wie es hier heißt. Umgeben von Wüstenlandschaften und geologisch bizarren Felsformationen liegt das weltberühmteste Spielerparadies. Las Vegas ist mitten in eine Gegend gesetzt, deren Unwirtlichkeit in schrillem Kontrast zu der artifiziellen,

illusionären, künstlich-bauernfängerischen Atmosphäre in den Casino-Tempeln steht. Die Casinos sind rund um die Uhr geöffnet. An Spielautomaten, Baccara- und Roulette-Tischen wird ohne Unterbrechung gespielt. Schlichte, kleinbürgerliche Amerikaner und Ausländer, die sich vom Spiel gefangen nehmen lassen. Ich finde alles langweilig, gigantisch, ohne Atmosphäre: *think big, play big.* Zwischen Caesar's Palace und Circus Circus reihen sich die Traumfabriken aneinander. Ich wohne im Stardust, einer der hiesigen Sternschnuppen. „Eat as much es you can" – für nur einige US-Dollars in diesem vermassten, schlecht schmeckenden und doch auf die Schnelle die Gesellschaft abfütternden Fast-Food-Restaurants. Welcher Kontrast zu der Wüstenlandschaft Nevadas und dem angrenzenden Arizona, in dem eines der Weltwunder der Natur liegt: der Grand Canyon.

Ich fliege mit einer zehnsitzigen Maschine der Air Nevada aus dem sandig-trockenen Talkessel hinaus, in dem Las Vegas in der *Frontier*-Zeit des späten 19. Jahrhunderts angelegt worden ist. Wir überqueren den Hoover-Damm, das größte Wasserreservoir der USA. Die bizarren Formationen des Faltengebirges und die öden Geröllhalden erinnern an Mondlandschaften. Der Colorado River schlängelt sich über mehrere hundert Meilen durch diese Wildnis. Plötzlich bricht die Erde förmlich auf und gibt Raum frei für den Grand Canyon, dessen bizarre, zerklüftete und tief in die Erde einschneidende Form sich eindrucksvoll abhebt von der angrenzenden Bodenoberfläche. Wilde Felsrisse bilden die beiden Seitenwände des Canyons, der bis zu 16 km tief abfällt und zum Zentrum hin immer breiter wird. Ein wenig gerüttelt von zeitweiligen Turbulenzen kreist die zweimotorige Maschine über den Rand des Canyons. Die zerklüfteten Felsen und Steinformationen sind zum Greifen nahe. Die Erde hat sich hier über hunderttausende von Jahren auseinander bewegt, beschleunigt durch vulkanische Eruptionen. Der tiefe Einschnitt des Grand Canyons fasziniert durch seine Vielfalt und wilde, gewaltige Naturkraft symbolisierende Art. Einzelne Felsen stehen wie Kegel in der Landschaft, tief unten strömt der Colorado River dahin, der sich durch dieses Felsental gearbeitet hat. Die Erdoberfläche, am Ufer des Canyons, wirkt schon fast lieblich mit ihren Wäldern oder Geröllflächen gegenüber den Zacken und Einrissen, die die Felsenlandschaft bestimmen. Im Canyon leben noch immer einige Indianerstämme, die ältesten lassen sich auf viertausend Jahre zurückdatieren.

Von der Black Eagle Lodge am Südrand des Grand Canyons unternehme ich einen mehrstündigen Abstieg in die den Menschen aufsaugende Wucht dieses Naturwunders. Ich werde mir bewusst, dass der Mensch die Natur zähmen, nicht aber beherrschen kann, dass der Mensch ein winziger Punkt in Natur und Kosmos bleibt, wenn auch der intelligenteste und fantasievollste unter allen Lebewesen, das einzige Geistwesen. Die untersten Steinschichten des Grand Canyons sind glutrot, verbrannt. Moosähnliches Grün überspannt weite flache Flächen und geht doch rasch wieder über in die braungraue Steinwand, die sich – immer gelblicher und sandsteinartiger werdend – zum Rand des Canyons hochzieht; dort bricht sich der Canyon in scharfem Knick und geht über in das Grün der angrenzenden und den Canyon begrenzenden Wälder. Fast versäume ich die Rückkehr nach Las Vegas, nicht wissend, dass zwischen Nevada und Arizona ein einstündiger Zeitzonenunterschied besteht. Die Flugliniencrew sucht mich allerorten und hält den Rückflug dankenswerterweise um eine Stunde an, um mich wieder nach Las Vegas zu bringen. So sind die Amerikaner: Ungemein hilfsbereit und dabei immer freundlich, auch wenn etwas schiefgeht.

24. April 1985, Salt Lake City
Eingerahmt von der prachtvollen Wasatchkette liegt Salt Lake City in schöner, erhabener Lage. Im Juli 1847, man mag es kaum noch glauben, gelangten die ersten Pioniere in dieses Tal und gründeten Salt Lake City. In 140 Jahren hat sich eine Stadt von 166.000 Einwohnern etabliert, deren Infrastruktur weit geregelter und solider, situierter wirkt als Las Vegas. Keiner redet mehr von *Frontier,* doch kommt der Gedanke daran aus historischer Perspektive unweigerlich hoch, als ich das Pionier Memorial Museum und das 1914 erbaute Utah Stete Capitol besuche. Mittelpunkt Salt Lake Citys ist der Tempelkomplex der Mormonen, zu denen sich über die Hälfte der 1,5 Mio. Einwohner Utahs bekennt. Joseph Smith, der Gründer der Sekte, gilt als neuer Prophet der Kirche der letzten Heiligen, einer Sekte, für die die Auserwähltheit des amerikanischen Volkes durch Gott völlig unzweifelhaft ist. Im nüchternen Salt Lake City, auch im aus der Pionierzeit stammenden Utah Hotel werden nur alkoholfreie Getränke serviert. Der Tabernakel ist der Haupttempel der Mormonen. Im Mittelpunkt ihrer Lehre steht das *Book of Mormon,* demzufolge schon 600 vor Christus das amerikanische Urvolk von Gott auserwählt worden sei. Eine Offenbarung habe Joseph Smith dies in den 1880er-Jahren im Staate New York enthüllt. Wer die USA, die Mentalität ihrer Menschen und ihr Weltbild – Religiosität, Frontiergeist, Auserwähltheit, Selbstzentriertheit und dynamische Zukunftsorientiertheit – verstehen will, findet in Salt Lake City ein überzeugendes Anschauungsobjekt. Heuchelei ist nie fern bei allzu starkem Moralismus: Das Fernsehen berichtet von einem Gerichtsfall um einen Schwarzen, dem der Zugang zu einem Nachtclub verweigert wurde. Ohnehin sind in dieser Gegend der USA nur wenige Nichtweiße sichtbar, eher übrigens Vietnamesen als Schwarze.

Stundenlang halte ich mich in der genealogischen Bibliothek auf. Voller Faszination finde ich auf Mikrofiche gespeicherte Dokumente mit Daten zur Familie Kusznierz aus Neudorf (heute Nowa Wies), meinen schlesisch-polnischen Vorfahren.

25.–26. April 1985, Denver
Denver, die Hauptstadt Colorados, ist eine nüchterne, mit den Geschäften in ihrer, in Amerika seltenen Fußgängerzonen an Nordeuropa erinnernde Stadt. In den 1850er-Jahren wurde Colorado in die USA aufgenommen, die Skyline der Innenstadt mit dem etwas kitschigen State Capitol und dem bunkerartigen, doch mit einer recht guten Ausstellung versehenen Kunstmuseum lässt daran kaum denken. Alles ist heute hier in die amerikanische Zivilisation eingegliedert – von normierten Fast-Food-Restaurants, Autoverleihdiensten, Rush Hours sowie den lokalen Fernseh- und TV-Stationen. Während mich in Denver Schneeregen überrascht und noch stärker skandinavisch-norddeutsche Reminiszenzen wachruft, scheint hoch bei 12.000 Fuß in den Rocky Mountains teilweise

die Sonne. Die herbe Schönheit der Bergwelt mit dem Grand Lake, an dessen Ufer 1879 die Minensucher ihr Glück versuchten und 1881 der erste Schulunterricht erteilt wurde, mit weitauslaufenden Ranchen, auf denen Pferde und Kühe grasen, mit Tannenwäldern und schneebedeckten Bergketten gehört zu den großen Naturereignissen der USA. Beim Abstieg aus den Rockys gerate ich im plötzlich aufgekommenen Schneegestöber auf glatter Straße gefährlich ins Rutschen.

Präsident Reagan erleidet eine herbe Niederlage: das Repräsentantenhaus lehnt sein 14-Mio.-US-$-Hilfsprogramm für die Contras in Nicaragua ab. Zugleich versucht er, mit einer Fernsehansprache die Stimmung für sein Budgetkürzungsprogramm von 52 Mio. US-$ zu retten, das ebenfalls zu scheitern droht.

27. April–2. Mai 1985, Cambridge, MA
Mein chinesischer Kommilitone Bing Hua zeigt Mitleid gegenüber Puyi, dem zwölften und letzten Kaiser der Qing-Dynastie. Dieser sei von seiner eigenen Entourage betrogen und von den Japanern als Puppe behandelt worden. Kein Anflug von ideologischer Sichtweise auf das untergegangene Kaisertum. Wenn Bing, Sohn des früheren chinesischen Außenministers Huang Hua, und Leute seines Kalibers in zehn, fünfzehn Jahren China regieren werden, darf man optimistisch sein.

Nantucket. Die Weltmetropole des Walfangs vom 17. bis 19. Jahrhundert. Unsterblich verewigt wurde nicht nur der Ort, sondern ein genuines amerikanisches Lebensgefühl in Hermann Melvilles *Moby Dick*. Ich verstehe den Geist des Werkes erst bei der Neulektüre am Meer (Melville 1985). Nantucket ist heute ein pittoresker Ort Neuenglands mit Kopfsteinpflastern, grauen Holzhäusern und schönen Stränden. Eine bunte Oldtimer-Parade versetzt den malerischen Ort in die zwanziger Jahre zurück. Das Leben der Seeleute und Walfänger war abenteuerlich, doch auch von einer Härte gegenüber sich selbst und der eigenen Familie geprägt, wie es heute kaum einer noch nachempfinden kann.

Im JOSPOD-Seminar analysiert János Kornai, renommierter ungarischer Wirtschaftswissenschaftler die Lage in seiner Heimat. Als einer der ersten Wissenschaftler hat er ungeniert die Defizite der Zentralverwaltungswirtschaft kritisierte *(Economics of Shortage)*. Ohne klare politische Reformen müsste alle Arbeit der Intellektuellen unerfüllt bleiben, sagt er. Aber derzeit müsse man doch anerkennen, dass Politiker in Eigenregie Privatisierungen voranbrächten, die die Ökonomen in den meisten Fällen nicht einmal zu denken gewagt hätten. Ungarn werde kein isolierter Einzelfall bleiben. Alle zentralverwaltungswirtschaftlich organisierten Systeme müssten sich kurz oder lang ändern, sagt Kornai (1980).

Kulturdifferenz: Die Amerikaner geben sich zur Begrüßung nur selten und eher zögernd die Hand. Das Händeschütteln, in Deutschland manchmal arg übertrieben, das indische Namaste, die an die Stirn erhobene Hand zum muslimischen Salaam aleikum, die devote japanische Verbeugung und die herzliche südländisch-latinische Umarmung sind unterschiedliche Zeichen einer bewusst gesuchten und gewollten menschlichen Verbindung. Das saloppe „How are you?" ist die amerikanische Version, direkt und unverschnörkelt.

3.–6. Mai 1985, New York

Zwischenstation in New Haven und Besuch der Yale University, deren Gebäude zumeist aus gelblichem Sandstein erbaut sind. Gelegentlich erinnert mich die rote Backsteinbauweise in Harvard an Frühindustrialisierung und Kinderarbeit. Gespräche mit Professor Barnett Rubin über Indien und die Menschenrechte sowie mit Professor Miles Kahler über Japan und Malaysia. In New York besuche ich Nina Gardner. Im Fernsehen laufen in diesen Tagen pausenlos Sendungen über Präsident Reagans anstehenden Besuch mit Bundeskanzler Kohl auf dem Soldatenfriedhof in Bitburg. Die deutsch-amerikanische Aussöhnungsgeste rückt aufgrund der bestatteten SS-Mitglieder auf einmal in ein trübes Licht. Nina ist vergleichsweise entspannt angesichts des Medien-Hypes.

Ausstellungen in der Morgan Library mit Dürer-Stichen aus der Albertina in Wien, im IBM-Building zum Werk von Henri Matisse, in den Cloisters am Nordrande Manhattans die großartige Sammlung mittelalterlicher Kunst. Ein grandioses Konzert des Chicago Symphony Orchestra mit Claudio Abbado in der Carnegie Hall. Ich lausche Alban Berg und Pjotr Tschaikowskys *Fünfter Symphonie*.

Ich treffe meinen Bonner Kommilitonen Gregor Boventer wieder, der unterdessen als politischer Beamter im UNO-Generalsekretariat arbeitet. Seine Frau Ming hat er im philippinischen Flüchtlingslager Puerto Princesa kennengelernt. Dank meiner Vermittlung hatte Gregor dort 1981 Deutsch für Vietnamesen unterrichtet, die später als Kontingentflüchtlinge von Deutschland aufgenommen wurden.

Hans Wiesmann, stellvertretender Direktor des German Information Center, ist elektrisiert von der massiven Medienberichterstattung dieser Tage über den Deutschland-Besuch Präsident Reagans, vor allem die Besuche in Bergen-Belsen und Bitburg. Einige der kritischen Töne der jüdischen Vertreter seien gewiss übertrieben. Wäre nicht, so denke ich, die symbolische Aussöhnungszeremonie ohnehin überflüssig gewesen? Kein Deutscher vergisst die KZ-Gräuel, kein SS-Mörder kann posthum entschuldigt werden. Adenauer hätte gebührend gewürdigt werden sollen und mit ihm das neue demokratische Deutschland. Alles andere hat nur nutzlosen Unmut ausgelöst und den nicht sehr erfolgreichen Weltwirtschaftsgipfel überschattet, den formalen Anlass des Deutschland-Besuches Präsident Reagans. Die deutsch-amerikanischen Beziehungen hat dieser Staatsbesuch nicht verbessert. Wir werden als Deutsche wohl noch Jahrzehnte, wenn nicht Generationen mit der Bürde des Dritten Reiches leben müssen, ob wir wollen oder nicht und gleichgültig wie wir uns geben oder nicht.

7.–19. Mai 1985, Cambridge, MA

Ludwig Mertes, der Sohn des Staatsministers im Auswärtigen Amt, Alois Mertes, erzählt bei einem Abendessen Guido Goldmans von der schweren Reise seines Vaters nach New York in den letzten Tagen. In intensiven Gesprächen mit den wichtigen jüdischen Organisationen hatte Alois Mertes versucht, die Medienhysterie im Zusammenhang mit dem Bitburg-Besuch von Präsident Reagan und Kanzler Kohl durch redliche Aufklärung zu besänftigen. Sohn Ludwig, der stets an der Seite seines Vaters war, ist nicht sicher, ob der intensive Einsatz tatsächlich wirksam gewesen sei.

Präsident Reagan spricht am 8. Mai vor dem Europäischen Parlament. Er lobt das freie, demokratische und wohlhabende Europa, dessen Werte stabil und dessen Zukunft optimistisch sei. Europa ist unsere Zukunft, unser Schicksal, unsere Aufgabe. In Bonn hält Bundespräsident Richard von Weizsäcker eine sehr nachdenkliche Rede im Bundestag, in der er konzediert, dass die Deutschen vom Holocaust gewusst haben müssen. Wir haben aus der Geschichte gelernt, indem wir uns ihrer erinnern und sie als Teil unserer Geschichte anerkennen. Versöhnung setzt Kenntnis und Annahme der Taten voraus, Vergebung kann nur geschehen, wo nicht vergessen wird. Der 8. Mai 1945 sei ein Tag der Niederlage und der Befreiung gewesen. Die amerikanischen Medien berichten wohlwollend, von Weizsäcker habe einen überzeugenden Kontrapunkt zu Bitburg gesetzt.

Marcell von Donat, Gastforscher wie ich am Center for European Studies, hat ein Paper zum Thema Neutralismus verfasst. Er plädiert für mehr Souveränität und außenpolitischen Handlungsspielraum für die Deutschen sowie raschere Fortschritte bei der Einigung Europas. Nur so könne der Furor teutonicus gebändigt werden. Die Deutschen seien ein Volk der Täuscher, zitiert er Nietzsche, ohne sich komplett seine Sicht anzueignen. Nun kehrt er zur Europäischen Kommission zurück.

Nasir Tamara spricht über Islam und Politik in Indonesien. Wird das 21. Jahrhundert ein friedliches Zusammenleben mit der muslimischen Welt bringen? Nasir hofft, aber ist sich auch nicht sicher (Tamara 1986).

In den letzten Tagen in Harvard zieht es mich in mehrere künstlerisch und inhaltlich eindrucksvolle Filme des indischen Regisseurs Satyajit Ray: *Apus Weg ins Leben: Auf der Straße, Apus Weg ins Leben: Der Unbesiegbare, Das Musikzimmer, Drei Töchter*. Ein begnadeter bengalischer Meister des Films.

Kein Ort der Welt hätte mir so viel Inspiration in kürzester Zeit schenken können wie Harvard. Die Begegnungen mit brillanten Intellektuellen aus aller Welt haben mir die Augen für die unterschiedlichsten Sichtweisen auf diese Welt geöffnet.

3. Juni 1985, Vatikan

Aufenthalt im Vatikan-Staat. Wiedersehen mit dem äthiopischen Bischof Abuna Paulos Tzadua im Collegio Etiopico. Mit einem von der Schweizergarde handschriftlich ausgefüllten Passierschein streife ich durch die weitläufigen Gartenanlagen um den Petersdom herum, der so wuchtig, kalt und abweisend wirkt (Abb. 3.15). Der Bischof erzählt mir, dass sich die Verhältnisse in Äthiopien noch immer nicht wirklich gebessert hätten seit unseren Begegnungen und Gesprächen 1980. Auf Dauer aber habe der Kommunismus keine Zukunft, denn er gehe von einem falschen Bild des Menschen aus.

12. Juni 1985, Barcelona

Ich erlebe am Fernsehgerät in der Familie meines Studienfreundes José Luis Perez Montez die feierliche Unterzeichnung der Beitrittsverträge von Spanien und Portugal zur Europäischen Gemeinschaft, die aus Madrid übertragen wird. Auch in Barcelona, dieser magischen Hauptstadt der Katalanen, ist Begeisterung über die 1986 endlich vollzogene Verknüpfung mit der EG zu spüren.

Abb. 3.15 Passierschein in den Vatikan-Staat (1985). (© Ludger Kühnhardt)

15. Juni–20. August 1985, Madrid

Ich entdecke die reizende Rosa und mit ihr, parallel zu meinen Sprachstudien in Madrid, die Größe und Vielfalt der Iberischen Halbinsel. Das industrialisierte Saragossa, das jüdische Toledo, das katholische Avila, das königliche Aranjuez, das maurische Andalusien mit Granada, Sevilla, Cordoba, Afrika zum Greifen nah in Tarifa, das galizisch-herbe Oviedo, Santiago de Compostela mit dem Grab des Apostel Jakobus, schliesslich Menorca, die unbekannte Perle der Balearen, mit ihrem Hauptort Maó. Immer wieder aber Madrid, die imperiale und weltoffene Stadt. Eine wunderbare Stärkung der europäischen Identität steht mit der EU-Mitgliedschaft Spaniens und Portugals bald bevor, verbunden mit neuen Orientierungen in die Welt außerhalb Europas – nach Lateinamerika, nach Afrika. Aber auch in Spanien lastet ein Schatten der Vergangenheit über dem europäischen Neubeginn.

Im Valle de los Caídos stehe ich etwas unbeholfen vor dem Grab Francisco Francos. Theoretisch sind mir alle Unterschiede zwischen totalitären Nationalsozialismus und faschistischem Franquismus vertraut. Aber muss man dem Generalissimo, der bis zu seinem Tod 1975 Diktator dieses wunderbaren Landes war, deshalb gleich so eine monumentale Grablege geben? Es beruhigt mich, wenig später im nahegelegenen El Escorial an den Gräbern der spanischen Könige seit Karl V. und ihrer Angehörigen zu stehen. Der monumentale Klosterpalast und die Vielzahl der Sarkophage königlicher Familienmitglieder festigen meinen Eindruck: Das große und stolze Spanien braucht nicht den Franquismus und seine etwas präpotente Inszenierung, um sich in Antithese dazu zu definieren. In El Escorial stapelt sich Sarkophag über Sarkophag, schließt sich

Grabkapelle an Grabkapelle an. Das Land hat Sinn für Geschichte und steht in den Startlöchern für eine neue, europäische Zukunft. Seine Sprache, eine Weltsprache, sprechen zu können, sollte europäische Selbstverständlichkeit sein.

22. August 1985, Genf
Gedankenaustausch mit dem Hochkommissar der Vereinten Nationen für Flüchtlinge, Poul Hartling. Er besteht auf dem absolut unpolitischen Charakter der UN-Flüchtlingshilfe und weiß doch, wie stark das Thema politisch ist. Nur wenn der UNHCR unpolitisch bleibe, könne er humanitäre Hilfe leisten, sagt Hartling. Das Bemühen, Flüchtlingsströme vorausschauend zu verhindern, sei nur begrenzt möglich. Das Recht auf Flucht neben das Recht auf Asyl hochzuhalten, sei für die UNHCR die einzige Linie, die von der Staatengemeinschaft akzeptiert werde, in der alle Länder auf volle Souveränität ihrer inneren Angelegenheiten setzten. Es bleibe wohl der Wissenschaft vorbehalten, Konflikte zu thematisieren, die sich aus dem menschenrechtswidrigen Gebrauch staatlicher Souveränität ergäben, konzediert Hartling fast defätistisch. Mir behagt es nicht, dass die Souveränität staatlicher Machtausübung auch innerhalb des UN-Systems so unkritisch absolut gesetzt wird. Solange dies so ist, wird es kaum zu einer seriösen Auseinandersetzung mit den politischen Fluchtursachen kommen können, wo auch immer in der Welt. Diese Durchdringung der Ursachen wird aber umso notwendiger, je mehr sich die Folgen politisch motivierter Flucht mit wirtschaftlich begründeter Migration vermischen.

24. Juli 1986, Casablanca
Wiederaufnahme des afrikanischen Fadens. Marokko, die Brücke zwischen der iberisch-arabischen und den westafrikanischen Welten, gleichwohl auch Teil jener Dritten Welt der Gleichzeitigkeit des Ungleichzeitigen. Nachdenken über Europa, die Welt des Mittelmeeres, Rolle, Zukunft und Charakter der arabischen Welt, Entwicklungs- und Fortschrittsbegriff, kulturelle Toleranz und geistige Selbstvergewisserung. Ich empfinde mich als Teil eines vagabundierenden Europäertums auf der Suche nach den anderen und ihrer Lebenswelt. Über Lissabon der Gegenküste Europas entgegen. Wo liegt die geschichtliche Mission der modernen arabischen Welt, wo ihr konstruktiver Beitrag zum Fortschritt einer Welt, die nach menschlichem Antlitz strebt und dem technischen Durchdringungserleben die moralische Fundierung zum Wohle des personalen Einzelnen zu geben sich sehnt? Liegt auch im Islam Wahrheit für alle oder bietet seine Zivilisation der Welt heute nur die Heftigkeit eines fanatischen Unterwerfungskonzeptes an?

24.–25. Juli 1986, Rabat
Der graugelbe Himmel flimmert bei der Busfahrt von Casablanca nach Rabat in jener Mischung aus atlantischen Wolkendecken und Sandverwehungen aus der Sahara, die der Landschaft grelle und tote Töne aufdrängt. Gepflegte Bauernhöfe, spielende Kinder am Straßenrand, arbeitslose Männer in den Parks der Vorstädte, ein weißes Casablanca mit blauen Kacheleinlagen an den besseren Bürgerhäusern, das Portal zu

3 Aufbrüche zu Freiheit und Globalisierung (1980–1989)

Rick's Bar, wohlbekannt aus Humphrey Bogarts *Casablanca,* vor dem Hyatt Regency, vollbesetzte Straßencafés, freundliche Busfahrer und eine außerordentlich herzliche Aufnahme im Hause meines Studienfreundes Belkassem Gremny nebst Frau, Sohn und Eltern in Rabat. Während meiner Freundin Núria Puig Raposo und mir Kaffee gereicht wird, erscheint auf dem Fernsehbildschirm König Hassan II. mit einer einstündigen Rede, um den durchaus spektakulären Besuch Schimon Peres' zu erklären, des israelischen Außenministers. Der König ruft die arabische Einheit an und erinnert an die gemeinsamen Positionen der arabischen Länder zum Nahostkonflikt, um sodann den Besuch von Schimon Peres zu rechtfertigen. Der Weg des Friedens im Nahen Osten müsse beständig gegangen werden. Ein mutiger Schritt des Monarchen, der ihm auch im eigenen Land nicht nur Zustimmung verheißt, auch daher der demonstrative Fernsehauftritt. Mit Belkassem und seinen Freunden aus der Rechtswissenschaftlichen Fakultät der Universität Rabat kommt das Gespräch rasch auf Israel und die Gefahren des Terrorismus. Ein junger Soziologieprofessor stellt eine wachsende Tendenz zum Konservativen unter den Studenten fest, einschließlich einer emotionalen Entdeckung von Religion und Familie. Wohin die Tendenz führe, sei nicht abzusehen, die ökonomische Krise sei unverändert hoch, vor allem auch die Jugendarbeitslosigkeit. Ich werde nach den Bedingungen der Aufnahme als Flüchtling in Deutschland ausgefragt. Freundinnen des Gastgebers umschwirren in Haremsmanier schüchtern im Hintergrund ihren Herrn, bleiben aber im Hintergrund, nachdem sie uns ein opulentes Mahl aufgetischt hatten.

Nobelviertel von Rabat, die Villa des amtierenden Premierministers, weite Grundstücke mit Parkanlagen im Besitz von Geschäftsleuten. Neben uns hält an einer Ampel der Wagen des Außenministers Abdellatif Filali, mit Fahrer, ohne Sicherheitspolizei. Die verwestlichte Oberschicht lebt opulenter als die meisten im Westen. Belkassem und sein Vater beschreiben Marokko als bewegungsloses Land, in dem nichts geschehe. Marokko sei ein schlafender Löwe, der wild reagieren könne, wenn er geweckt und geärgert werde. Der König habe nach zwei Putschversuchen die potenzielle Opposition in das Regierungssystem integriert. Das Parlament – es wirkt von außen wie eine Miniausgabe der Großen Halle des Volkes in Peking, wobei die Chinesen eine große Botschaft im chinesischen Baustil unterhalten – sei lahmgelegt. Die eigentliche Macht im Land übe Innenminister Driss Basri aus. In den Dörfern herrschen die vom Innenministerium eingesetzten Beamten neben und teilweise über den Dorfältesten. Die politische Elite rekrutiert sich aus einer kleinen Oberschicht. Filali beispielsweise stammt aus einer Scherif-Familie und ist mit dem König verwandt. Die Universitäten, einstiger Hort politischer Debatte und eigenwilliger Denkweisen, werden immer regierungskonformer. Was aus diesen Beschreibungen erwachsen könnte, entzieht sich der oberflächlichen Beobachtung.

Rabat: eine saubere, gepflegte, weißgekalkte Stadt, die nicht ohne den herben Charme arabisch-atlantischer Einflüsse ist. Kolonialarchitektur ist kaum zu finden. Die Buchläden sind angefüllt mit gut gebundenen Werken. Unter den Titeln aus Frankreich befindet sich auch einer der Klassiker meines eigenen Studiums, Jean-François Revels *La tentation totalitaire* (1976). Die Zeitungen *Le Matin* und *L'Opinion* zeigen sich dem personalen Stil des Königs angepasst und bringen heute auf den ersten und den folgenden Seiten den Diskurs zum Peres-Besuch, *L'Opinion* mit einem stark Israel-kritischen Kommentar („Est-ce qu'ils veulent la paix?"). In allen Blättern wird darauf verwiesen, dass der König schon Emissäre zwecks Unterrichtung der Glaubensbrüder in die arabischen Länder gesandt habe. Ich passiere die von einer endlos scheinenden Mauer umgebenen Anlage des königlichen Palastes, der erst 1864 errichtet wurde und eine gewisse schlichte, ja abweisende Würde ausstrahlt, die an eine Berberburg im Hohen Atlas erinnert. Rabats Straßen lassen mich nicht selten an französische Mittelmeerstädte denken, mit ihren vielen Parks und Grünanlagen. Ich fahre am machtvollen Stadttor vorbei und suche zur Mittagsstunde, der Muezzin ruft gerade zum Freitagsgebet, den Hassanturm mit dem danebenliegenden imposanten Mausoleum für den 1961 verstorbenen König Mohammed V., den Vater des jetzigen Königs Hassan II., auf. Vor dem Sarg des ersten Königs des seit 1956 wieder vollständig unabhängigen Marokko rezitiert Tag und Nacht ein Mullah den Koran. Den Sarkophag aus weißem Carrara-Marmor flankieren marokkanische Fahnen den Raum. Auch vor dem Mausoleum flattert das rote Fahnentuch mit dem fünfzackigen Stern, dem Symbol der fünf religiösen Grundregeln des gottesfürchtigen Muslims, im Wind. Die Menschen sind andächtig, die Frauen fast immer bunt gekleidet.

In der Kasbah, in deren Gassen die weißgetünchten Häuser eng aneinanderkleben. Mit Blick auf die Mündung des Bou-Regreg in den Atlantik und die Festung von Sala lässt sich bei hereinbrechender Abenddämmerung und einem Glas grünen Tee mit Pfefferminzblättern über die tausendjährige Geschichte Marokkos meditieren, die dieses Land vom restlichen Afrika unterscheidet und vor Jahrhunderten zur Wegbereiterin des andalusisch-maurischen Spaniens hat aufsteigen sehen. In der Nekropolenruine Chellah werden die Gräber einiger Könige des 14. Jahrhunderts gezeigt. Prallvolles Leben kehrt erst nach Einbruch der Dunkelheit in den Basar von Rabat zurück. Im Gewühl zwischen kleinen Händlerständen, zum Weg hin offenen Geschäften jeder Art, umhüllt von den bunten Farben synthetischer Billigkleider und in die Nase steigender Wohlgerüche der orientalischen Gewürze und Früchte, aber auch zwischen Blinden, die neben einer kleinen Moschee wie dem Leben entrückt auf ihren Zakat warten, achtjährigen Kindern, die schon mit allen Wassern des Handelns und Feilschens gewaschen sind, auf dem Boden sitzenden Kleinkindern und apathisch blickenden Alten. Dies ist die Welt der Kleinhändler, deren Konservatismus die natürliche Barriere gegen die überrollende Woge der Moderne und doch zugleich Mitte einer zerrissenen Welt ist. Das Gejohle der westlichen Musik, die sich mit arabisch polyphonen Klängen und dem sonoren Lärm der Stimmen zu einem dichten Knäuel verwebt, die fliegenden Händler und seit Jahrzehnten nicht entstaubten Innenräume, die in ihrer halbverfallenen Funktionalität zugleich als Wohn-, Schlaf-, Lebens- und Arbeitsraum genutzt werden, die wohlgeordneten Regale der Händler, die wohlhabend anmutenden Auslagen frischen Fisches und Fleisches, die Friseure und Schneider, Bettler und Kunden, die ganze Welt des orientalischen Lebens dringt in die Sinne und Gedanken. Bei einer guten Gemüsesuppe in einem populären, aber winzigen Restaurant am Rande der Basarstraße reflektiere ich weiter: Wohin geht der Weg dieser so jungen Gesellschaft? Was ist ihr Entwicklungsideal? Wie lange bleiben diese brodelnden Unruheherde intakt und uns im Westen gewogen?

26. Juli 1986, El Jadida
Hinein in das Marokko der einfachen Massen. Wie leben, denken und fühlen all jene Menschen, die sich wie ich auf den harten, engen Bänken des überfüllten Busses eingerichtet haben? Manche hocken im Gang und versuchen im Halbschlaf, die langen Stunden hinter sich zu bringen, die wir durch das Land schaukeln. Das Rattern und Dröhnen des Dieselmotors übertönt alle anderen Geräusche, die von außen an uns herandringen könnten. Die Felder sind schon teilweise bestellt. Nach sieben harten schlechten Jahren soll es in diesem Jahr endlich wieder eine gute Ernte geben. In El Jadida bietet das charmante Hotel Al-Andalus Unterkunft im maurischen Stil mit einem pittoresken Innenhof, an den sich arabische Zimmer mit reich verzierten Decken anschließen. Das Gewölbe einer unweit gelegenen Zisterne haben Portugiesen zu Beginn ihrer großen Weltumsegelungen im frühen 16. Jahrhundert errichtet.

Die Cité Portugaise ist ärmlich, aber sauber mit ihren Häuserfassaden im weißen Stil mediterran-atlantischer Bauweise, Portale, oftmals verfallen und einstiger Pracht nachtrauernd, mit Familienwappen über manchem Torbogen. Heute ist das Viertel bewohnt von den ärmeren Schichten des Ortes. Kinder spielen vor den Türen in den schmalen Gassen, deren Namen oftmals noch an die Portugiesen oder an die jüdische Minderheit in Marokko (Rue d'Abraham Zemory) erinnern. Offen zur Hafenbucht gelegen erinnert das schneeweiße Gebäude der Polizei an die französische Protektoratszeit. Von 1912 bis 1956 beugte sich Marokko dem französischen Druck und akzeptierte vertraglich die Errichtung eines Protektorats. Spanien behielt seine Kolonie Westsahara im marokkanischen Süden und erhielt ebenfalls ein Protektoratsgebiet im marokkanischen Norden. Dort brach 1921 der Aufstand der Ryfkabylen aus. Trotz militärischer Niederschlagung durch die Protektoratsmächte beruhigte Marokko sich nicht mehr. Die vollständige Unabhängigkeit wurde 1956 ertrotzt. Aus Sultan Mohammed V. wurde König Mohammed V. Spaniens Souveränität verblieb über die mittelmeerischen Küstenstädte Ceuta und Melilla. Als Spanien sich 1975 aus der Westsahara zurückzog, besetzte Marokko den langen Küstenstreifen, bis heute ein ungelöster internationaler Streit, den die Frente Polisario der Sahraouis mit der Etablierung staatlicher Unabhängigkeit auflösen möchte.

27.–29. Juli 1986, Marrakesch
Das Gebirge des Hohen Atlas schiebt sich mit seinen kargen braunen Geröllausläufern immer dichter heran. Gelegentliche Hinweisschilder auf Phosphatabbaustätten. Die wenigen winzigen Oasen wirken wie grüne Flicken in einem gräulich getönten braunen Teppich; am Horizont will es stets scheinen, als ginge die Staubwolke der Wüste in den graublauen Himmel über. Ich lese Driss Chraïbis *Le passé simple,* einen Roman, der zur Zeit der Unabhängigkeitswerdung spielt (1954). Plötzlich ist die größte aller Oasen erreicht, umgeben von Tausenden von Dattelpalmen: Marrakesch. Außerhalb der

Stadtmauer liegen sehr modern und geordnet anmutende Neubauviertel inmitten breiter und gut ausgebauter Straßen. Ein Café de Paris und diverse Patisserie-Läden künden vom Einbruch des Westens in dieser Wohngegend. Vom Hotel Les Almoravides fällt der Blick auf das Minarett der Koutoubia-Moschee, jenes prachtvolle Wahrzeichen der Stadt aus dem 12. Jahrhundert, das als das vollendetste seiner Art gilt.

Marrakesch, das ist vor allem das lebhafte Treiben in den Labyrinthen der Souks und auf der Djemaa el Fna, dem gewaltigen, stets mit Menschenmassen angefüllten Platz im Herzen der Altstadt. Die majestätisch erscheinende Koranschule (Madrasa) Ben Youssef – im 16. Jahrhundert die bedeutendste des Maghreb – strahlt den untergehenden Glanz ihrer einstigen Bedeutung zwar nicht mehr spirituell, aber durch ihre einmalige Architektur aus. Wohin man schaut, sind Koranverse in die Marmorverzierungen eingraviert. Die hohen Wände, die den mit bunten Arabesken verzierten Innenhof mit seinem obligatorischen Wasserbecken und der reich verzierten Gebetswand hinter einigen Portalverbindungen umgeben, schützen die im ersten Stockwerk liegenden kleinen, stets geometrisch angeordneten Kammern der einstigen Theologiestudenten und ihrer Lehrer. In dem verwinkelten Labyrinth der Altstadt mit ihren Gilden und Gebräuchen staune ich über das lebendige, im Westen zumeist unbekannte oder untergegangen geglaubte orientalische Treiben. In einem Viertel werden Eisen- und Metallwaren geschmiedet, zwischen den Verkaufsständen finden sich die späteisenzeitlich anmutenden winzigen Schmieden, in denen alte Männer am offenen Feuer ihre Platten schlagen, dort werden bunte Stoffe feilgeboten, hier Teppiche. Dort reihen sich fein säuberlich geordnet unzählige Heilkräuter und Naturmedizinen aneinander, aber auch ein Angebot massenweise ausgestopfter Tiere für Zwecke der schwarzen Magie, hier wird dem Besucher marokkanische Lederarbeit aufzudrängen versucht, dort arbeiten mehrere Generationen unter einem Dach an Holzschnitzarbeiten und Tischlerarbeiten aus Sandelholz. Hier werden Fleisch, Gemüse, Obst oder Brot feilgeboten, dort umlagern Jugendliche eine Schachpartie an der Ecke, hier sitzt ein bärtiger Alter in Dschallabija und Turban im Halbschlaf vor seinen Kurzwaren, dort bindet ein asketischer Intellektueller mit Brille Bücher und verkauft Schulhefte, hier rauchen alte Männer hockend im Halbdunkel des Schuhladens ihre Pfeife, dort wird geschneidert – und stets ertönt fünfmal am Tag der Ruf des Iman zum Gebet, dem viele Gläubige in eine der kleinen Moscheen des Souk folgen. Anschließend gehen sie, noch mit abweisenden, inbrünstigen Augen Korantexte murmelnd und die Schuhe nach dem Reinigungsakt wieder anziehend, in die Gassen und verschwinden in der Menge.

Wer einmal den Zentralplatz Djemaa el Fna gesehen und gefühlt hat, jenen einzigartigen Jahrmarkt, der wohl auch im Orient und Afrika seinesgleichen sucht, vergisst ihn nie wieder. Hier sammeln sich Gaukler und Kartenleser, Schlangenbeschwörer und selbsternannte Propheten, Geschichtenerzähler und Naturheiler, Koranschreiber und fliegende Händler, eingerahmt von Obstständen und Garküchen. Die Steingebäude um den Platz bilden die Attrappenkulisse zu einem Spektakel sondergleichen. Zum Sonnenuntergang geht die Inszenierung ihrem Höhepunkt entgegen, wenn sich der Platz immer dichter füllt, die angrenzenden Dachterrassencafés als Aussichtspunkt dienen und das natürliche Licht durch Dutzende funkelnder Gaslampen abgelöst wird, die die Menschenmassen Schatten werfen lassen. Mit den *„Stimmen von Marrakesch"* hat Elias Canetti der Stadt ein großartiges literarisches Denkmal errichtet (1980).

1.–2. August 1986, Zagora
Auf der Straße der Kasbahs von Marrakesch über Ouarzazate nach Zagora (Abb. 3.16). Ein suggestives Schaubild am Ortsrand Zagoras: „52 Tage nach Timbuktu". Die aufgemalten Kamele wecken Träume über die mythenerfüllte Stadt am Südrand der Sahara. Anreisen sollte man auf diesem Weg wohl eher nicht mehr. Die Dattelpalmenhaine sind halbvertrocknet, über alles zieht sich eine feine Schicht graugelben Sandes, ein Staub, der Worte, Bewegungen und den Alltag überzieht, abdämpft, integriert in das majestätisch-gespenstige Leben der Wüste. Die Menschen scheinen in einem tranceartigen Halbschlaf ihr Schicksal zu meistern, manifestieren mit ihrem schieren Lebenswillen die Anpassungsfähigkeit des Menschen und seine Größe vor jeder Natur. Der Turban eines alten Mannes strahlt wie ein Heiligenschein inmitten der rotbraunen Wüstenfelsen über seinen stolzen, tief gegerbten Gesichtszügen. Felswüsten, Wadis, Kasbahs, die wie ein unendliches Meer flimmernden, in den Horizont einziehenden Urlandschaften – dem Leben entfernt wie der Tod selbst. Sie werden umarmt von jener

Abb. 3.16 Unter Beduinen in Ouarzazate im äußersten Süden Marokkos (1986). (© Ludger Kühnhardt)

leidenden polyphon-monotonen Musik, die in knarrenden Tönen aus dem Kassettendeck des Sammeltaxis dringt und die Augen des Fahrers und der anderen Mitreisenden noch um einen Tenor melancholischer erscheinen lässt.

Tinghir, jene wohlhabende Oase an der Straße der Kasbahs, in der das Grün der Datteln grüner als anderenorts ist, die Gemüsefelder wassergesättigter wirken und die vielen neuen Häuser vom Erfolg vieler Auswanderern in Frankreich künden. Der 24-jährige Sohn eines Tuareg-Stammeshäuptlings, Alaoui Lamrani Hachem, der stolz und würdig einen Teppichhandel betreibt, beklagt, dass sein Nomadenleben bis nach Timbuktu ob der politischen Entwicklungen und der Dürre in der Sahara nicht mehr möglich ist. Siebensprachig (Arabisch, Tuareg, Berber, Französisch, Englisch, Deutsch, Spanisch), ohne je außer der Koranschule eine Schule von innen gesehen zu haben, leuchten seine melancholischen Augen, als er erzählt, wie er als Kind mit dem Clan noch wochenlang mit dem Kamel durch die Wüste gezogen war, in Zelten auf Teppichen lebend, der Vater Handel betreibend. Jetzt sei er zum Geschäftsmann einer nach außen orientierten Welt geworden, die sein Lebensgefühl zutiefst zerrüttet zu haben scheint. Es fehlt ihm die Stille der Wüste, jene unsagbare Dominanz des Monotonen, fast Leblosen, in welcher der Mensch auf sich selbst und seine Kleinheit verwiesen wird und doch zugleich über sich hinaustritt im steten Ringen den Naturgewalten nahe. Antoine de Saint-Exupérys *Kleiner Prinz* erzählt wie kein anderer von dieser Welt (1950).

Stöhnend stampft der vollbesetzte Bus bei Errachidia in die monströse, bizarre Bergwelt des Hohen Atlas. In den tiefen Schluchten fällt mein Blick auf breite, ausgetrocknete Flussbecken, vereinzelte Ziegen- oder Kamelherden, verfallene Wachtürme aus der Zeit mittelalterlicher Stammesfehden. Zwei Stunden später, bei Midelt, empfängt mich wieder die liebliche Vegetation des Mittelmeerraumes.

3.–4. August 1986, Fès
Noch immer sind die Tageszeitungen voll der Gruß- und Gratulationsadressen an König Hassan II. anlässlich seines Treffens mit Peres in Ifrane. Während *Newsweek* zwar sehr wohlmeinend, aber doch journalistisch distanziert berichtet, gefallen sich die marokkanischen Tageszeitungen in einer Kaskade von Elogen auf Seine Majestät. In einem Gedicht der Woche wird der König auf schlichte, naiv-kindliche Weise gepriesen.

Eine leblose Nekropole zu Füßen der Meriniden-Gräber, Ruinen selbst einer verfallenen Dynastie, Symbol selbst der Vergänglichkeit des Ewigen. Beengt, beängstigend jenes Labyrinth eines Fegefeuers, in dem die Handwerker den würdigsten, die Händler den imposantesten und die Handlanger in den Produktionsstätten der Metallverarbeitung und der Färbereien den miserabelsten, unmenschlichsten, geknechtetsten Eindruck erwecken. Zwischen Sonnenaufgang und später Nacht dreht sich das Rad des Lebens, ein Kreuz für viele, zusammengehalten durch den Fünffachen Appell des Betrufers, der dem Existenzkampf der Vielen, der Verzweifelten und Abgestumpften, der Chancenlosen und Feilschenden, derjenigen, die nie zur Größe und Würde eines eigentlichen Menschseins aufsteigen können, einen Halt, ein Korsett, einen Rahmen und eine Illusion anbietet.

Le Matin erinnert mit einer Titelgeschichte – unter der Datumszeile 04.08.86/28. Dou el Kaada 1406/1428 Tamouz 5746 – an den 408. Jahrestag der Schlacht von Oued el Makhazine von König Moulay Abdelmalik gegen den portugiesischen König Sebastian. Ein Leitartikel mahnt, dass die Moral der siegreichen Schlacht erhalten bleiben müsse. Marokkaner sollten auch heute gegen Verräter im Inneren der Nation und Feinde von außen auf der Hut sein. In Europa würde bei ähnlichem Anlass der Jahrestag der Türkenschlacht vor Wien 1981 zur Gelegenheit genommen, Toleranzappelle auszurufen, so reagiert der Westen auf den andrängenden Islam.

Volubilis. Wie können 1700 Jahre alte Ruinen lebendiger erscheinen als existente Städte? Die ehemalige Hauptstadt der römischen Provinz Mauretania Tingitana – seit 45 vor Christus von den Römern besetzt, Hochblüte im zweiten und dritten Jahrhundert, nach dem Zerfall des Imperiums noch bis zum achten Jahrhundert von christianisierten Berbern bewohnt – stellt den unwiderstehlichen Beweis dar. Die Ruinenanlage fügt sich in ästhetisch-rationaler Weise in die Landschaft. Auf einem Hochplateau vor der schützenden Wand des Berges gelegen, der den islamischen Pilgerort Moulay Idris umschließt, öffnet sich der Blick in die Weite jener gelbgrünen Landschaft, in der vereinzelte Zedern majestätisch den hohen Grad an Imposanz, Wärme und Lebensfreude zu symbolisieren scheinen. Die Ruinenanlage, ihre großartigen Mosaike – im Hause Oripides, das Mosaik der Diana im Bade im Hause Venus, das Museum des Hundes –, der machtvoll, aber leichte Triumphbogen, von dem sich die gerade Straße zum schwebenden Tanger-Tor zieht, das feierliche Kapitol, die Thermen und verfallenen Häuser – alles strahlt erhabene Leichtigkeit aus.

5. August 1986, Meknès

Ein provinziell anmutender Ort, die vierte der marokkanischen Königsstädte, deren Ambiente weit weniger freundlich und sympathisch erscheint als in den vorher besuchten Städten. Souks ohne Ende. Déjà-vu macht sich bemerkbar, wenngleich die Medina von Meknès, mit jenem eindrucksvollen Bab Mansour, einen fast modernen Flair atmet: weniger Menschen, weniger Enge, alles heller, weniger „Vertierung" des ausgebeuteten Arbeiters, dazwischen die sehr liebliche, feine Madrasa Bū ʿInānīya mit ihren kunstvollen Fenstern, Arabesken, Wänden und Pfeilern.

6. August 1986, Lixus

In den Ruinen von Lixus, die Wellen spülen neues Dasein ans Land. Wo einst Menschen dem Tier zum Fraß geworfen, weiden im Circus harmlose Schafe. Stumm und stumpf missachten sie Poseidon. Jede Zeit lebt ihrer Überwindung entgegen. In den belebten Ruinen der Jetztzeit ziehen die vielen Massen beschwert ihre Kreise. Zerrissen ist das Band zu den eigenen Urvätern, Geschichte fließt dahin als träger Strom.

L'Opinion berichtet von einer Statistik des Internationalen Arbeitsamtes: Von zwei Milliarden arbeitsfähigen Menschen weltweit sind vierzig Prozent unterbeschäftigt oder arbeitslos. 77 % aller Beschäftigten in der Dritten Welt sind ohne jeden sozialen Schutz.

Eine EG-Mitgliedschaft Marokkos wird es auch vor diesem Hintergrund natürlich niemals geben.

Nahe der phönizischen Siedlung Lixus liegt mit Larache und seinen weißgetünchten Häusern mit blauen Fenstern, sauberen Straßen ein kleines Stück spanischer Kolonialpräsenz in Nordafrika. Das Leben wirkt in seinem Rhythmus Europa näher, wohlhabender, kräftiger. Der Souk, auch er erst von den Spaniern erbaut, schließt um 23 Uhr.

7.–17. August 1986, Lissabon
Die letzten Töne arabischer Musik dringen in Tanger ans Ohr. Auf Marokko folgen Tage am portugiesischen Südzipfel des heimischen Kontinents. Rückweg in die innere und äußere Europäisierung. Das melancholische Lissabon mit stalinistischen Graffiti im Hafenviertel und seiner imposanten Silhouette vom Berg über der Altstadt. Ich sehe, wie Ministerpräsident Mário Soares einen Kranz am Denkmal der Seefahrer am Torre de Belém niederlegt. Sines, der beschauliche Küstenort, der Vasco da Gama hervorbrachte, das mystisch-faszinierende, zu Träumen über die See anstiftende Sagres mit dem mächtigen Cabo de São Vincente, von dem aus Kronprinz Heinrich, „el infante", die Welt entdecken ließ, die touristisch zerfressene Algarve, das pittoreske weiße Èvora mit der bizarr-pietätlosen Capilla de los huesos und der beschaulich-menschlichen Totenwache zu dunkler Stunde in der Kathedrale und südlich davon das beschauliche Alentejo, das seine überschüssigen Menschen in früheren Jahrhunderten dem Hungertod oder der Emigration preisgab, die wohl besterhaltene Azulejo-Kirche in Castro Verde. Das geschäftig-verfallene Coimbra, dessen einstiger universitärer Glanz nunmehr in der Bibliothek erstrahlt, während die Stadt in das Elend einer Dritten Welt zu versumpfen droht, die in Figueira da Foz und in Nazaré volkstümlich-gefällige Atlantikküste. Die beiden majestätischen Nationaldenkmäler in Batalha und Alcobaça. Schließlich in Mafra das portugiesische Escorial, ein inquisitiv-selbstgewisses Schloss, das von seinen Architekten wenigstens äußerliche Leichtigkeit verordnet bekam. Auf den Straßen rollen Autos mit marokkanischen Kennzeichen wie selbstverständlich zwischen Belgien, Frankreich und den Herkunftsorten der Migranten hin und her. Für sie ist die kulturelle Differenz vor allem von ökonomischem Nutzen.

2.–22. August 1987, Florenz
Die Toskana verzaubert. Ihre Kunstschätze sind legendär und mehr als ein Leben ist nötig, um sie zu erfassen. Zwischen den Grabmälern von Michelangelo, Niccolò Machiavelli und Galileo Galilei in Santa Croce zu schlendern, vor Lorenzo Ghibertis Bronzeportalen am Baptisterium von San Giovanni in Ehrfurcht zu stehen, die Medici-Gräber zu bestaunen und Michelangelos David, es gibt keinen Anfang und kein Ende für den, der sich auf die Kunst einlässt, die unser Leben kultiviert. San Gimignano, Volterra und Siena, die Orte der Toskana klingen wie die Perlen an einer Kette unserer Zivilisation. Es gibt an diesen Orten keine bessere Reisebegleitung als Giorgio Vasari (1923) und Jacob Burckhardt (1924). Auf der Rückfahrt klettere ich durch die Ruine der

Burg von Canossa. Dass die Begegnung 1077 zwischen Kaiser Heinrich IV. und Papst Gregor VII. Weltgeschichte gemacht hat, lag nicht an dem Ort. Aber die Symbolik ist geblieben und damit die Bedeutung des Wortes. Einen Canosa-Gang tritt der an, der etwas zu büßen hat.

27. Februar 1988, Shavei Zion
„Sabath Shalom", sagt um 17 Uhr der Radiosprecher und berichtet, dass ein Toter in der Westbank zu vermelden sei, dass die Regierung gegenüber dem amerikanischen Außenminister George Shultz die Verhandlungsthese „Land für Frieden" abgelehnt habe, dass Shultz nach Syrien weitergereist ist, dass das Wetter bewölkt bleibt. Sabath Shalom. Fahrt von Tel Aviv, ausgestorbene Innenstadtstraßen, geschlossene Läden und Büros. Fast gespenstische Ruhe. Grau, leicht abgewetzt, osteuropäisch die Häuser, Straßenzüge mediterran, aber farblos. „Wie in der DDR," kommentiert Stephan Richter, ehemaliger Kommilitone und Direktor des Politikberatungsunternehmens Trans-Atlantic Futures in Washington. Die Lager im Gaza-Streifen sind unter intensivster Militärkontrolle. Die Israelis machen es ihren Freunden im Westen immer schwerer, unterstützende Argumente zu finden, je mehr sie die Besatzungsprobleme herunterspielen und ihre Soldaten in den besetzten Gebieten brutal auftreten lassen.

Haifa im Dunkeln, ein prachtvoll angeleuchteter Schrein des Bab. Weiter nach Norden die Küstenstraße in den Moshav Shavei Zion, direkt am Meer. Auf die Studiengruppe der Bundeszentrale für Politische Bildung, der ich angehöre, wartet hier ein gepflegtes neues Gästehaus. Beim Abendspaziergang am Meer erscheinen plötzlich zwei schwer bewaffnete Soldaten. Belagert Israel sich unterdessen selbst? Wird es zum Gefangenen seiner bisherigen Siege? Wurde 1982 in Beirut die PLO besiegt, nur um den Weg für einen qualitativ neuen Ausbruch palästinensischen Selbstverständnisses in den besetzten Gebieten zu eröffnen?

In meinem *Baedeker* über Palästina und Syrien aus dem Jahr 1912 lese ich, dass der europäische Einfluss in Palästina beständig wachse. Die erste deutsche Siedlerkolonie wurde 1868 gegründet. Bis 1912 war die Zahl der Kolonien auf sieben angestiegen, mit insgesamt 1700 Bewohnern. Im Jahr 1878, fuhr der *Baedeker* fort, begann die jüdische Kolonisation. Bis 1912 war ihre Zahl auf zweiunddreißig angestiegen, mit insgesamt 8000 Einwohnern. In Syrien, womit der Libanon gemeint war, sei der französische Einfluss in gleichem Masse gestiegen. Die Hohe Pforte, der Sultan in Konstantinopel, erinnerte mein *Baedeker,* übe weiterhin die politische Oberhoheit über Palästina aus (1912, S. xxxvf.). Großbritannien übernahm 1917 die Stellung des Osmanischen Reiches. Noch im gleichen Jahr versprach die Balfour-Deklaration den Juden eine „nationale Heimstätte" im Gelobten Land. Der Holocaust wendete das Schicksal erneut: Verfolgt und ermordet in Europa, erreichten die Juden endlich ihr Ziel in Palästina. Am 14. Mai 1948 wurde der Staat Israel gegründet. Europas Einfluss in Palästina war verschwunden.

28. Februar 1988, Haifa
Die Geschichte wird weitergegeben, die Juden fühlen sich als Glied einer nie aufbrechenden Kette. Zweifel kommen auf, Fragen drängen an die Oberfläche. Wird die Erinnerung an den Holocaust weiter das Bild von Israel definieren oder wird es zum Ritual, das die Lösung der Gegenwartsprobleme hemmt? Nava Semel, eine junge Autorin, setzt auf Betroffenheit und Trauer (1985). Sie schreibt über die zweite Generation nach dem Holocaust.

Aber wie geht Israel mit Kritik an seinem heutigen Verhalten um? Die aktuellen Auseinandersetzungen mit sieben Toten in der Westbank an einem Wochenende, treffen die israelische Demokratie an ihrer schwächsten Stelle, dem Gewissen, sagt Yohanan Samuel, ein Wirtschaftsberater der Cherut-Partei. Die Unlösbarkeit des Palästinenserproblems liege daran, dass Israel eine pluralistische Demokratie sei. Er spricht davon, dass die Kommandanten der in der Westbank agierenden Soldaten heute den Film vorgesetzt bekämen, der vor drei Tagen das weltweite Fernsehpublikum schockierte: Soldaten brechen einem jungen Palästinenser die Knochen. Kommandanten werden jetzt angewiesen, sich mit Anstand und Respekt aufzuführen. Wird das ausreichen? Maßgeblich bei den neuesten Ausschreitungen waren weder die PLO noch Dorfälteste, sondern verbitterte und verzweifelte Jugendliche zwischen 20 und 30 Jahren beteiligt, verbittert auch über die Araber. Jordanien bleibt bei seinen drei Neins: keine Anerkennung Israels, keine Verhandlungen ohne Landaufgabe Israels, keine Teilung der Palästinenser.

Alex Carmel, Professor für Geschichte an der Universität Haifa, sitzt im 29. Stockwerk mit weitem Blick auf das Mittelmeer: Er unterscheidet Groß-Israel von Klein-Israel, wie einstmals zwischen Groß- und Kleindeutschland unterschieden wurde. Ist auch Israel eine „kleine" Lösung möglich, nötig, sinnvoll? Carmel würde die besetzten Gebiete am liebsten sofort aufgeben, um den jüdischen, zionistischen Charakter von Israel zu wahren.

Der Galerist Herbert Goldman, geboren 1915 in Deutschland, erzählt von der modernen israelischen Malerei. Er redet stets Englisch und ist doch sentimental. Zum Abschied erzählt er einen Witz, wie ihn nur Juden erzählen können: Ein im Holocaust geretteter, reichgewordener Jude lädt seinen Cousin aus der Bukowina in sein Zehn-Zimmer-Haus. Im letzten Zimmer hängt ein riesiges Hitler-Porträt. „Du bist wohl verrückt. Warum denn das?", fragt der Cousin entsetzt. Die knappe Antwort: „Wegen des Heimwehs."

29. Februar 1988, Schefar'am
Auf der ersten Seite der *Jerusalem Post* wird berichtet: nach den Fernsehbildern von den Prügelaktionen der israelischen Soldaten in der Westbank habe man in Holland, Belgien und der Schweiz Boykottmaßnahmen für Austauschprogramme mit Israel beschlossen. Die *Jerusalem Post* spekuliert, dass dahinter die Planung neuer systematischer Boykottmaßnahmen der Europäischen Gemeinschaft stehen könnten. In Schefar'am, einem arabischen Dorf, berichten zwei arabische Verwaltungsmitarbeiter: Es

fehlten 1400 Schulräume in den arabischen Städten Israels. Die Entwässerungsprobleme seien größer als anderenorts, weil die Juden den israelischen Arabern zu wenig Gelder zukommen ließen.

1. März 1988, Tabgha
An den Heiligen Stätten des Neuen Testaments: See Genezareth, Tabgha mit der würdevollen Benediktinerkirche mit dem berühmten Fisch-Mosaik, dem Zeichen der ersten Christen, Kafarnaum, der Berg der Seligpreisungen („Selig die Friedfertigen, denn sie werden das Land erben"). Wie sehr könnte dieser Satz über die heutigen politischen Auseinandersetzungen gestellt werden? Welcher Geist und welches Charisma muss den Prediger Jesu beflügelt haben, der an diesem Ort, in dieser Synagoge den Kern zu seiner weltumspannenden Glaubenslehre gelegt hat? Der dem Gesetzesglauben der Juden mit der Ethik der universellen Nächstenliebe entgegentrat, der reduktionistischen Perspektive des „Der Mensch auf dem Weg zu Gott" die holistisch-dialektische Ergänzung „Gott auf dem Weg zum Menschen" zur Seite stellte.

Nazareth: *Hic verbum caro factum est.* Wie kam es wohl zum Wunder der Menschwerdung in diesem Gebirgsnest ohne tiefer verwurzelte geistige oder religiöse Traditionen? Und wenn es auch nichts gewesen wäre außer dem Respekt vor einer unehelich schwangeren Frau und ihrem Kind, dann wäre es bis heute eine Botschaft der Toleranz, die dieser Ort der Welt verkündet. Es ist ruhig im Basar des arabischen Nazareth.

Die Golanhöhen: Westlich liegt der Jordangraben zu Füßen des 1982 von Israel annektierten, strategisch so wichtigen Ortes. Von der Position einer ehemals syrischen Artilleriestellung schweift mein Blick in ein offenes Tal, rechter Hand liegt Kirjat Schmona. Jeder Bergzug, jede Straßenkurve und jede Serpentine hat militärischstrategische Bedeutung. Unter heftigen Kämpfen und schweren beiderseitigen Verlusten nahmen die Israelis 1973 den Golan ein. Ich durchfahre die Höhen, an Wehrdörfern entlang, die sich selbst verteidigen. Entmilitarisierte Zone, der Blick vom schneebedeckten Heman über das ruinenreiche und verlassene, von Syrien in seinem Verfall noch kultivierte Kuneitra, die UN-Peace-Corps-Siedlung, ein israelischer Kibbuz. Was macht die UN hier, frage ich jemanden? „Schauen Sie auf die Abkürzung: United Nothing", flüstert mir der Mann zu. Gelangweilte österreichische Blauhelm-Soldaten, die Friedensdienst tun, um die nahöstlichen Raubkatzen auseinanderzuhalten. Heute liegen die Zeitbomben in der Westbank und im Gaza-Streifen, geht es mir bei der Übernachtung im Kibbuz Ginnossar durch den Kopf. Dort wird auch weiterhin die Wehrdorf-Idee lebendig gehalten.

2. März 1988, Caesarea Philippi
„Der Orientale ist nicht Mitglied der demokratischen Denkweise," sagt die israelische Begleiterin unserer Studienreisegruppe schroff. Ich bin verwirrt. Auch mit solchen Sprüchen wird es einem Israel-Freund. der ich bin und bleibe, arg leichtgemacht, unfreiwillig ein überkritisches Israel-Bild zu entwickeln.

Am Mittelmeer das idyllisch-weltabgeschiedene Caesarea Philippi („Du bist Petrus der Fels, auf dem ich meine Kirche bauen will"). War der Bau des römischen Amphitheaters eine Art kulturpolitische Entwicklungsmaßnahme für das östliche Mittelmeer? Die Ruinen der Herodes-Stadt lassen die Vergänglichkeit aller menschlichen Anstrengungen spürbar werden.

Im Seminarzentrum der israelischen Kibbuz-Bewegung in Ramat Efal, nahe Tel Aviv. Zurück zum Filzpantoffel-Israel. Die Sprecher erläutern „die Bewegung" und deren Ziele. Wie weit tragen die sozialistischen Ideale heute noch? „Die Kibbuzim machen nicht erst seit heute den Eindruck eines noch immer idealistischen, aber mit den Wandlungen der Welt nicht mehr ganz zurechtkommenden, älter werdenden Auslaufmodells." Zwei linke Künstler, im Kibbuz aufgewachsen, geben dem Modell keine Zukunft. Caroline Rochlitz, Architektin, träumt von New York. Modi Kreitman, im Filmgeschäft, hat seine große Liebe für Berlin entdeckt, woher sein Vater stammt.

Nachts bis 3 Uhr Purim-Party in einer Katakomben-artigen Diskothek von Jaffa. Welches Gemisch von Gerüchten, Physiognomien, lebensfroher Heiterkeit einer hübschen Jugend. Bunte Papageien im Purim-Kostüm, Striptease auf der Bühne: *Jewish hedonism* inklusive anwesender sephardischer Araber. In den Diskotheken von Jaffa tanzt die Jeunesse dorée durch die Nacht. Die Teenager drängen an die levantinischen Balzplätze, drapiert mit den Selbstdarstellungsmasken jugendlicher Schönheit und einem stark erotisierenden Effektbewusstsein. Modi und Caroline erzählen mir, sie seien noch nie in der Westbank gewesen. Warum auch, fügen sie hinzu?

3. März 1988, Tel Aviv
Die vielen Gesichter des Purims. Natürliche Heiterkeit, Fröhlichkeit, Freude, keine Effekte, keine Exzesse, kein Gegröle. In der Innenstadt feiert das buntgesichtige Israel den im Buch Esther beschriebenen Sieg. Ein Völkergemisch, eine Gesichtervielfalt, der gegenüber die USA fast provinziell anmuten könnte. Hier aber lebt alles und pulsiert auf dichtestem Raum. Da sitzt das alte, verbitterte Ehepaar, wie einem Wiener Caféhaus-Stillbild entsprungen, da tanzen marokkanische Juden ausgelassen zum orientalischen Lebensrhythmus. In der Maskerade wird viel karikiert, was zur Geschichte dieses Erdenfleckchens gehört: Nonnen und Mönche, Jeckes und Orthodoxe, Türken und Amerikaner. Eine Araber-Kefiyya aber fehlt beim Purim 1988. Bei diesem Thema ist das Lachen und Selbstironisieren manchem im Halse steckengeblieben.

Deutschlands Botschafter Wilhelm Haas, smart, sprachregelbewusst, diplomatisch. Bestenfalls bejaht er Fragen, eigentlich antwortet er nie. Der Chief of Staff der israelischen Armee, Dan Shomron, sei hoch angesehen, aber durch entscheidungsschwache Politiker in eine schwierige Situation gedrängt worden. Der Botschafter verweist auf ein relevantes Faktum: Jordaniens Budget wird zu sechzig Prozent aus den USA finanziert. Israels Budget zu fünfundzwanzig bis dreißig Prozent. Die wundersame Überlebensfähigkeit in dieser Weltgegend hat viele Namen.

Das israelische Durchschnittseinkommen liegt bei 1600 D-Mark. Die Straßen voller Autos, nicht wenige der Marken BMW und Mercedes. Die Marke aus München ist beliebter, allein schon deshalb, weil Araber die Marke aus Stuttgart vorziehen.

Grusinische Juden, die durch Vermittlungsarbeit von US-Außenminister Henry Kissinger aus der Sowjetunion ausreisen durften, feiern Purim. Folkloretänze und die Stimmung eines georgischen Volksfestes. Das dörfliche Publikum wird durch flotte Tänze der ausgelassenen Damen angeheizt. Ich bin umgeben von georgischen Bauernjungs, manche durchaus mit martialischen Gesichtszügen, und Mädchen, die aus einem mittelalterlichen Epos entstiegen sein könnten. Neben mir sitzt ein kleinwüchsiger General, der stolz berichtet, unter seinem Kommando habe Israel 1967 die Altstadt von Jerusalem erobert.

„Waren Sie schon mal in Deutschland?" Der Taxifahrer: „Ja, mein Vater. In Auschwitz 1941 bis 1945." Beklommenheit, eine ungeschickte Frage. Dann: „Ich selbst komme aus Jugoslawien und gehe jedes Jahr einen Monat nach Hause zurück."

Amnon Neustadt, zeitweilig Bracher-Schüler an der Universität Bonn und unterdessen Mitarbeiter von Histadrut, dem allgemeinen Verband der Arbeiter in Israel, Autor des Buches *Israels zweite Generation: Auschwitz als Vermächtnis* (1987). Wir diskutieren zögerlich, wer denn nun zur zweiten Generation nach dem Holocaust gehört und wer sich nicht zu den Kindern der Opfer rechnen sollte. Die sephardischen Juden werden immer zahlreicher, haben jetzt schon mehr als fünfzig Prozent der Bevölkerung erreicht. Ist Auschwitz auch ein Vermächtnis für sie oder nur für die Erben derer, die direkt betroffen waren?

Chaim Haberfeld, von der Gewerkschaft Histadrut: „Wir können nach vierzig Jahren nicht alles erreicht haben." Und nicht alles machen.

Zwanzig Kilogramm Sprengstoff wurden heute früh kurz vor Jerusalem auf der Straße nach Tel Aviv rechtzeitig entschärft. So wie Mäuse in ihre Falle rennen, hätte es für die Autofahrer ausgehen können. Sicherheit hängt in Israel oft an einem seidenen Faden.

Jaffa, Yafo. Eingequetscht zwischen der Hochhauskulisse an der Marine und dem schicken restaurierten Old Jaffa liegt das muslimische Wohngebiet. Das alte jemenitische Viertel vor dem Stadttor, besser: der Polizeifestung rechter Hand von dem Stadtsymbol Uhrturm, ist schon weithin zur Filmkulisse entkernt, die alte Moschee wird gerade restauriert. Verwinkelte Bauweise, Einsprengsel der diversen italienischen und osmanischen Stile, Müllberge, kleine Kneipen, Juden mit Gewehren, als wären sie gerade von einer Jagd zurückgekommen; arabische Jugendliche, die warten, ohne zu wissen, worauf.

Der Zeitbegriff des mittleren Ostens ist anders. Sollten die Araber Israel als einen modernen Kreuzfahrerstaat empfinden, der nach zwei Jahrhunderten wieder verschwinden wird, so müssten sie schlecht beraten sein, überhaupt eine aktuelle, zeitgenössische Lösung der Probleme zu suchen.

Ex-Präsident Jitzchak Navon heute in der *Jerusalem Post:* Große Entscheidungen sind in Israel immer von kleinen Mehrheiten mit großen Führern geleistet worden.

5. März 1988, Jerusalem

Marc Chagall: immer wieder der Göttliche, Gottnahe, mit seinen durchdringenden Farben. Gouachen, die das Stetl variieren und doch jeweils einzigartig sind. Zeit und Raum transzendierende Werke, zum Sublimsten gehörend, was die zerrissene Kunst des 20. Jahrhunderts hervorgebracht hat. Bewegend die Chagall-Fenster in der Knesset. Die zwölf Stämme Israels als Kraftquelle der künstlerischen Inspiration, als Ausdruck jüdischer Erinnerungsstärke. Das Tel Aviv Museum of Art: lichtdurchflutet, weitläufig, einladend. Eine Traumfabrik, Inspiration für den Alltag.

Gideon Sagee, Histadrut-Sekretär, schildert, wie sehr das Land gewerkschaftlich geprägt ist – bis zur Bank Hapoalim und der Haganah-Armee der Gründerjahre. Linksnationalistischer Zionismus war eine der Triebfedern der Eretz-Israel-Philosophie, aber auch Benito Mussolinis faschistisches Konzept des „Tutto nello Stato" fand Freunde unter einigen Zionisten.

Politik in Israel ist in einem steten Wandel. Die inneren Entwicklungen in den Parteien sind nur mit seismografischer Gewissenhaftigkeit zu erkunden. Manchesmal gibt es Zirkelbewegungen und Pirouetten wie beim Eiskunstlauf: Vom Ben-Gurionismus kann es einen Abgeordneten schon einmal über die nationalliberale Likud-Mitgliedschaft zur Arbeiterpartei verschlagen. Jeder Israeli ist sein eigener Parteivorsitzender.

Die „Operation Moses" hat rund 10.000 äthiopische Juden nach Israel gebracht. Sie wurden brüderlich empfangen, doch bleiben viele Integrationsprobleme ungelöst. Von Selbstmorden ist zu hören. Abessinische Melancholie und Gram über die ungelöste Zukunft der Heimat.

Aviva Schächner, 1955 in Argentinien geboren, 1963 mit den Eltern nach Israel ausgewandert. Ein Jahr hat sie als Hostess in Akasaka, einem Vergnügungsviertel von Tokyo gearbeitet, heute ist die Englischlehrerin. Mit rauem Charme sagt sie: „You are nice. The Germans must be nice. I did not know this."

6. März 1988, Arad

Israel schließt die Westbank für die Presse. Ein neues, besonders fahrlässiges Eigentor. So provoziert man nur neue Kritik, Polarisierung, Radikalisierung, Gewalt. Oder ist wirklich alles nur Wahlkampftaktik? Der Shultz-Plan ist ein Brief, auf den die israelische Regierung bis zum 16. März zum Antworten gebeten worden ist. Das Pokerspiel in Israel und mit der Welt geht weiter und verschärft sich. Wie lange, zum Beispiel, soll die Interimslösung in Bezug auf die Gesamtverhandlungen, die vorgesehen sind, dauern? Israel hat jetzt wohl ein Jahr herausgehandelt. Shultz' umfassender Friedensplan lässt die Jerusalem-Frage außen vor. Es ist also eine unvollständige Initiative.

Durchs Land der Philister. Um 900 vor Christus gab es sie nicht mehr und doch wurde ihr Name in der Römerzeit geschichtsträchtig. Die Erinnerungen sind langlebig in Palästina. Hatte nicht Samson einst den Philistern aufs Haupt geschlagen? Das ist ebenso wenig vergessen wie seine Liebe zu Delilah. Das Persönliche und das Politische, Liebe und Macht – die beiden Grundfigurationen menschlicher Sozialität verschwimmen in Israels Weltbild.

Shlomo Avani, Jahrgang 1958, Veteran des Libanonkrieges, hat Angst, im Mai zur Reserveübung als Fallschirmspringer in den Gaza-Streifen geschickt zu werden. Der Mann, dessen Eltern aus Fès nach Sderot ausgewandert sind, sagt: „Wir müssen kampfbereit sein, aber wir wollen es nicht." Schweißgebadet vor Angst sei er 1982 auf Patrouillengang in Sidon und durch die südlibanesischen Wälder gegangen. Immer diese Furcht im Nacken, jederzeit getötet werden zu können. Hat er selbst getötet? Er hat geschossen, weiß aber nicht genau, was daraus wurde. Auch Shlomo hat keinen arabischen Freund.

Sderot, an der Grenze zum Gaza-Streifen. Kontrolle, die keine ist. Zonenrandtourismus, wo keine Zonengrenze ist. Falsche Bilder überdramatisieren unverstandene Wirklichkeiten. In der Westbank wurden wieder Steine geworfen, Kot, Kartoffeln mit Nägeln. Wer unter diesen Umständen grenzenlose Selbstdisziplin erwartet, überschätzt die Geduld und Leidensfähigkeit der jungen israelischen jungen Soldaten, die wissen, wofür sie stehen, aber nicht, warum sie dort stehen. Abends referiert Professor Yehuda Bauer in Arad darüber, wie Israelis den Holocaust sehen. Schweigen.

7. März 1988, Masada

Der 6-Uhr-Linienbus nach Tel Aviv ist auf der Straße nach Be'er Scheva, die wir gestern befahren hatten, gekidnappt worden. Keiner kann sagen, wer genau an Bord ist. Totale Nachrichtensperre. Die 9-Uhr-Nachrichten beginnen mit dem Iran-Irak-Krieg, der nun schon acht Jahre dauert. Die Menschen, die von dem Busüberfall hören, sind betroffen, aber nicht aufgeregt. Sie sind plötzliche Eruptionen gewohnt. Fünf Jagdflugzeuge über Arad. Eine Warnung an die Terroristen? Was spielt sich jetzt in der Wüste ab?

Der lebhafte Mann wurde 1916 im Sudetenland nahe Karlsbad geboren. Im Jahr 1938 ging er in die Rote Armee, weil die Engländer ihn nicht nach Palästina ließen. Bis 1945 war er sowjetischer Soldat, kehrte unter Beneš in die ČSSR zurück und verließ das Land 1948 – die kommunistische Machtübernahme in Prag und die Gründung Israels überschnitten sich. Zweiundzwanzig Jahre arbeitete er am Toten Meer in einer Fabrik für Pottasche, jetzt lebt er als zufriedener Pensionär mit 1100 Schekel pro Monat in Arad. Ein Sohn ist El-Al-Pilot.

Unsere Route wird geändert. Masada erreichen wir mit Händel-Musik aus dem Buslautsprecher. Abwiegeln auf deutsche Art. 11.30 Uhr Ankunft in Masada. Es geht wie ein Lauffeuer um, dass der Bus befreit worden ist. Die palästinensischen Entführer seien tot, auch der Busfahrer soll getötet worden sein. So stehen sich die Palästinenser immer wieder selbst im Wege.

Zelotentum, Okkupationsgeist, Glaubenserweiterungssehnsucht, Zivilisationskampf ums Überleben, Wind, Sonne, die Mystik der Steinwüste; aus diesem Geist ist die Geschichte von Masada. Wiedersehen mit einem suggestiven Ort, der Gefühle von Einsamkeit und Ewigkeit nährt. Herodes der Große, Flavius Josephus, der Selbstmord der Zeloten – alles ist gegenwärtig. Junge Israelis lassen sich ergreifen von der geheimnisvollen Fülle des Ortes. Das Tote Meer, die Unvergänglichkeit der Einsamkeit und gottsuchenden Größe des Menschen. Leben wir Menschen alle unser Masada, auf beiden

Seiten der Rampe? Die Kinder des Jom Kippur, zwischen zwölf und fünfzehn, fröhlich, heiter, selbstbewusst, auf der Suche nach den Stützen des eigenen wie des nationalen Sinn- und Lebensgefühls. So schlendern Jugendgruppen durch die Ruinen von Masada. Mit ihnen stets ein bewaffneter Führer, der konkreten Wahrheit des Alltags Kontur und Form gebend. Die Haare dieser Kinder und Jugendlichen werden immer schwärzer: das orientalische Judentum kehrt heim, in das Land, das die Aschkenasim durch ihren Opfertod erwirkt haben.

Gespräch mit einem jungen Soldaten, zwei Jahre, sieben Monate im Dienst. Er habe natürlich Angst, er wolle nur Ruhe und Frieden, das schlimmste sei der Einsatz vor einem Monat in den Flüchtlingscamps im Gaza-Streifen gewesen. Wenn er dort leben müsste, würde er auch Steine werfen. So aber hätten die Araber ihre Lektion lernen müssen: Wer Steine wirft, läuft Gefahr, getötet zu werden: „This is no game here, it's hard reality."

Qumran, die heilige Stille der Wüstenbibliothek, die den Geist beruhigt und beflügelt. Die Essener-Schriften haben die Traditionen der Bibelüberlieferung auf erhabene Weise bestätigt. Der Ort lädt ein zum Sinnieren über den Wert des Wortes.

8.–12. März 1988, Jerusalem
Jamil Hamad, angesehener palästinensischer Journalist im Büro der *Time* sagt, die Araber hätten eine „shame culture": Immer heißt es „nein, nein, nein", nie aber sagt einmal jemand einfach „ja". So fahren viele Züge vorbei. Am Ende könnte keiner mehr kommen, auf den die Palästinenser aufsteigen könnten. Es gebe einfach zu viel Geschichte im Nahen Osten. Jeder Stein werde durch Gebietsansprüche angefochten. In den nächsten Jahren sei daher keine Lösung der grundlegenden Probleme zu erwarten. Der Aufbau einer soliden palästinensischen Repräsentation sei langwierig und kaum beeinflussbar. Es sei eben alles nicht mit europäischen Maßstäben zu beurteilen. Jeder Einzelne im Nahen Osten habe außerdem seine eigene Lösungsidee. Opfer seien die Menschen, die von einem neuen Staat mit Flagge, Dienstwagen, Präsidentenpalast nichts hätten. Man müsse endlich in der Gestaltung des Alltags der Palästinenser ansetzen. Die UNO spreche von 10 Mrd. US-$ Minimalkosten, um die palästinensischen Territorien human zu gestalten.

Michael Eitan, Knesset-Abgeordneter der Cherut, verficht den Autonomieplan von 1978. Er sei auch für den Shultz-Plan, doch würden die Araber ihn wieder ablehnen. Sie seien die dauerhaften Neinsager. Das israelische Autonomiekonzept sei durchdacht, moderat, differenziert. Premiere: Eitan spricht zum ersten Mal zu einer deutschen Gruppe.

Nach israelischem Kalender ist der 18. Adat 5748. Menschen leben nach unterschiedlichen Kalendern. Die Uhren gehen ebenfalls anders. Ein alter Rabbiner sagte einmal: „Die Juden beten Geschichte". Und doch zwingt die Moderne uns zu einem toleranten, respektvollen Umgang und Zusammenleben miteinander. Die israelische Verfassung beschreibt das Land als „Felsen Israel", ein dialektischer Minimalkonsens zwischen religiösen und säkularen Juden. Die Klammer unter ihnen allen ist die Eheschliessung. Sie kann nur von einem Rabbiner vorgenommen werden, um gültig zu sein.

Sechsunddreißigmal verweist das Alte Testament darauf, mit den Fremden gerecht umzugehen, stets mit der Begründung: „denn auch wir waren Fremde in Ägypten." Israel ist wieder in die Weltpolitik eingetreten und muss sich selbst an seinen Idealen messen, mit ihrer angemessenen Interpretation ringen.

Schalom Ben-Chorin, der große Schriftsteller und Vordenker des jüdisch-christlichen Dialogs: kleingewachsen, listig aus lebhaften Augen schauend, spricht pointiert von der „verhängnisvollen Substitutionstheologie", die mit Paulus Einzug gehalten habe. In allen Bibeln der Erde müsste stehen: „Copyright by Israel". Ich habe mit großem Gewinn seine Jesus-Christus-Biografie aus jüdischer Sicht gelesen (Ben-Chorin 1987). Es ist faszinierend, diesem Mann persönlich zu begegnen. Schalom Ben-Chorin ist eine schillernde Erscheinung. Vor sich ein Fläschchen Wein, eine einzigartige Hornbrille über dem weißen Bärtchen. Bis zur Renaissance, so referiert er, wurde die Bibel nur nach der Vulgata gelesen, nicht in hebräischer Sprache. So wurde im Christentum aus der *alma,* der jungen Frau, eine *virgo,* eine Jungfrau. Davon gab es wohl auch schon vor zweitausend Jahren nicht all zu viele. In seinem Text *Von den Juden und ihren Lügen* habe Luther die Verbrennung der Talmude und Betbüchlein empfohlen. Am 10. Mai 1934 wurde daraus bittere Realität.

Ben-Ami Shillony, Hebrew University, Japanologe und Direktor des Truman Center for the Advancement of Peace, sieht sephardische Juden und israelische Araber als Brücke zu einem friedlichen Zusammenleben. Ich frage ihn, ob nicht ein der KSZE nachempfundener Ansatz den Nahen Osten weiterbringen könnte. Unsere Blicke schweifen aus dem Fenster des Büros von Shillony. Alles wirkt milchig-gelb vom Staub der Wüste. Israels Landkarte wirkt wie der Strassenplan einer weit ausgedehnten Großstadt. Wie kann friedliche Koexistenz zwischen unterschiedlichen Lebensentwürfen und Wahrheitsvorstellungen auf so engem Raum gelingen? Nicht wenige fürchten, dass alle wohlmeinenden Vorstellungen von einer Zwei-Staaten-Lösung kurz vor dem Scheitern stehen. Die Angst nimmt zu, dass die jüdischen Siedler in den besetzten Gebieten ihre Sache in die eigene Hand nehmen und ein fürchterliches Blutbad anrichten könnten.

Im Antiquariat Stein erwerbe ich eine *Geschichte des jüdischen Volkes.* Das Buch war 1894 in Frankfurt am Main von einem Rabbiner aus Lissa in der Provinz Posen veröffentlicht worden. Gekauft wurde das Exemplar offensichtlich in Buenos Aires. Von dort gelangte es nach Jerusalem. Nun werde ich es nach Frankfurt am Main re-exportieren. Das Buch hat eine lange Reise hinter sich. Wie die Menschen, von denen es handelt.

Vital und eigensinnig lebt das Ostjudentum in Mea Shearim. Das triste Schwarz der Gewänder und Hüte, die wohlgeformten Löckchen, die verfilzten Mäntel, die verfallenen Hinterhöfe, blasse, ja aschfahle Kindergesichter, nicht unfröhlich, Reinheit vor Sauberkeit, die jiddische Sprache und die verwitterten Gesichter der Alten, das Obskure und Rätselhafte, die Thora-Schule. Die Szene erinnert mich an ein Gemälde von Spitzweg.

Acht Stunden Thora-Gesetzeskunde erhalten die Kinder an diesem Ort. Täglich, bis zum siebzehnten Lebensjahr. Nur eines der Kinder spricht Englisch. Der Junge ist aus New York für einen Kurzaufenthalt in Israel.

Frustration, Unklarheit, Hilflosigkeit, Wut, Emotionen, Aggressionen, keine Perspektiven, fehlende Gemeinsamkeiten: Stimmung und Stimmen bei einem Seminar der Palestine Academic Society for the Study of International Affairs (PASSIA) in Ostjerusalem. Mahdi Abdul Hadi, sein Direktor, begrüßt mich als „Bruder" aus Harvard, wo wir uns 1983 kennengelernt hatten. Im Ton aber ist er erstaunlich nationalistisch und abgrenzend geworden: „We are under occupation." Mubarak Awad ist dabei, palästinensischer Christ und Psychologe. Awad ist Anhänger des Konzepts des gewaltlosen Widerstands, wie es Jesus und Mahatma Gandhi propagiert hätten, sagt er. Wird ihr Geist hier obsiegen können? Jamil Hamad, verteidigt das palästinensisch-jordanische Abkommen. Er ist gegen den monopolistischen Anspruch der PLO, alle Palästinenser zu vertreten.

Monumental und überwältigend: Yad Vashem zwingt unbarmherzig zur Auseinandersetzung mit der Frage, wozu der Mensch wann und mit welcher Form von Perversion fähig sei. Die Juden helfen uns, uns der Kontinuität der Geschichte des Menschseins unbarmherzig zu stellen und durch die Erinnerung Erlösung zu suchen. Behutsame Worte des Yad Vashem-Direktors: Die Gnade der späten Geburt, das bedeute geboren zu sein, ohne unter dem Zwang zu stehen, das eigene Menschsein existenziell bewähren zu müssen. Peitschender Regen: Das angemessene Wetter zur Kranzniederlegung in Yad Vashem.

Der monotone Rhythmus des Vorbeters und die repetitiven Antworten der Gläubigen verdichten sich zu einem tranceartigen Zustand: erlöste Augen, wippende Körper. Schabbat an der Klagemauer (Abb. 3.17). In der nahegelegenen Synagoge einer Yeshiva sind junge orthodoxe Juden beim Schabbatgebet. Die schwarzgekleideten, Hut tragenden, oftmals bärtigen jungen Männer folgen den Gesängen und Vorgebeten des alten, wohlbeleibten Rabbi. Das stereotype Wippen der Körper, zur Klagemauer hin oder von ihr weg, bleibt für den Besucher, den *Goi*, ungewohnt.

In der Grabeskirche: Die Franziskanermönche rezitieren ihre Nachtvigil, während die griechisch-orthodoxen Mönche ihren Gottesdienst in der Kapelle der Haupthalle vorbereiten. Die verschlungene Grabeskirche, das mysteriöse Heiligtum so unterschiedlicher christlicher Konfessionen ist leer. Es ist 23 Uhr 30. Mir ist es gelungen, über die Schließungszeit der großen Eingangspforte hinaus in dem einzigartigen Heiligtum zu bleiben. Ich bete am Grab Christi eine Viertelstunde lang allein, mit mir nur ein schwarzgekleidetes, kleines griechisches Mütterchen. Kerzen und Lichter knistern in den wenigen Leuchten, das goldgelbe Marmor der Grabesplatte glänzt und zieht die Konzentration des Gebetes an. In unbestimmbare Ferne entrücken die Gesänge der Franziskaner. Ab und zu betritt ein orthodoxer Mönch die Grabesstille, verneigt sich neben mir, küsst den Stein, geht rückwärtsgewandt zurück. Mit den Franziskanern umkreise ich in einer kleinen Prozession die Grabeskapelle. Die Kerzen in unseren Händen fackeln und zittern. Auf dem Kalvarienberg hat unterdessen eine geheimnisvolle,

Abb. 3.17 An der Klagemauer in Jerusalem (1988). (© Ludger Kühnhardt)

weihevolle, würdige Messfeier der griechisch-orthodoxen Pilger begonnen. Die Kreuzesstelle ist verhangen. Mit schrillen, pfeifenden Stimmen erwidern die Frauen den Gesang des wohlbeleibten jungen Vorsängers. Mittelalterliche Klosterspiritualität. Einige äthiopische Kopten, der armenische Patriarch, der um 1 Uhr 30 die Grabesvigil übernimmt. Inzwischen ist es 2 Uhr. Eine alte Frau, eine Matrone, verlässt die Grabesstille. Ich folge ihr. Allein zieht sie über den leergefegten Vorhof, hinter sich die Stimmen des Chores, vor sich die Ewigkeit. An der Klagemauer erbeten zwei orthodoxe Juden die Errettung, die Erlösung, den Aufstieg zu Gott. In der völlig leergefegten Altstadt huschen zwei Katzen vorbei. Plötzlich ein Trupp von fünf, sechs Soldaten. Streife um 2 Uhr 30, mitten in der Nacht. Der Frieden ist immer fragil im Heiligen Land.

Der Psychologe Martin Wang zitiert ein chinesisches Sprichwort: „Wo es keine Lösung gibt, gibt es auch kein Problem."

26.–27. Mai 1988, Gorizia
Auf dem Weg zu einem Vortrag an der Universität Trieste. Vorbei an Schloss Duino, wo 1911/1912 Rainer Maria Rilkes *Duineser Elegien* während eines Aufenthaltes entstanden sind, den Rilke der Prinzessin Marie von Thurn und Taxis zu verdanken hatte. Erschienen sind die *Duineser Elegien* erstmals 1923. Auch 1988 sind sie noch taufrisch

und eindrücklich. „Denn Bleiben ist nirgends" – wie wahr. Diesen Satz werde ich mir merken.

Ich lerne die neben Berlin andere geteilte Stadt Europas kennen: Gorizia und Nova Goricia, getrennt vom Isonzo, dem Schicksalsfluss seit der Antike. Die Italiener eroberten 1916 Gorizia, Österreich-Ungarn eroberte die Stadt 1917 blutig zurück. Mit Istrien ging laut Vertrag von St. Germain das gesamte Gebiet an Italien. Am Ende des Zweiten Weltkrieges besetzten jugoslawische Partisanen einen Teil der Stadt, im Frieden von Paris 1946 wurde die Teilung amtlich. Es ist eigentümlich, an einem Stacheldraht mitten in Europa zu stehen, der am Ufer des Isonzo die beiden Stadtteile voneinander trennt. Nichts könnte mehr zeigen als dieser Stacheldraht, wie sehr sie zusammengehören.

2.–9. Juni 1988, Budapest
In Ungarn haben Reformprozesse in Wirtschaft und Politik begonnen, die weit über das hinausgehen könnten, was Gorbatschow in der Sowjetunion begonnen hat. Der Gulaschkommunismus könnte schon bald einer Gulaschdemokratie weichen. Wo Menschen sich im Dialog begegnen, werden sie immer stärker auf das ihnen Gemeinsame hingeführt. Das Ende des Eisernen Vorhangs beginnt im Kopf. In Ungarn hat das Ende des Eisernen Vorhangs längst begonnen. So empfinde ich es während eines Besuchs bei meiner Schwester Dorothee, die an der Franz-Liszt-Musikakademie Cello studiert.

24. Juli 1988, Istanbul
Gedrungen die Menschen, harte Gesichtszüge, wettergegerbt, von harter Arbeit gezeichnet, nichts vom verfeinerten Zivilisationsgesicht des gestylten Mitteleuropäers, kleiner als wir, breiter die Frauen, viele unter Kopftüchern, nicht eigentlich reizlos, aber in grauen Farbtönen gekleidet, die Männer in rauer, wetterbeständiger, einfachster Kleidung. Skyline, wohnungslos, Arbeiterviertel, das Marmarameer, die Reste der alten Stadtmauern, ein wenig ungepflegt, restaurationsbedürftig, Schiffe vor Anker, der Blick in die Ägäis deutet sich an. Auf den Straßen fliegende Händler, orientalische Klänge, alte byzantinische Kirchen, die zu Moscheen geworden sind, ihr Oktogon durch ein Minarett ergänzt. Das Erscheinungsbild der Straßen überwiegend männlich, vor der Universität bieten sie feil, was das Herz des kleinen Mannes begehrt. Der große Basar, lautes, orientalisches Treiben, teuer, aber sauber, geordnet, geschäftsmäßig. Ein Hauch von Ladenpassage, dann der Vorbeter, aus der Ferne herangetragen: „Allahu akbar." Realitäten eines laizistischen, aber doch sehr islamischen Landes. Ein Ansturm auf die Boote am Hafen der Galatabrücke, als ob eine ausgehungerte Menge nach Monaten erstmals Wasser erlangen würde.

Im ältesten Bad der Stadt. Holzgetäfelte Vorhallen aus dem 19., ein marmoriertes Dampfbad aus dem 17. Jahrhundert. Gesundschwitzen.

Hagia Sophia und Topkapi-Palast: angestrahlt zu späterer Stunde – eine Einheit in freundlichem Kunstlicht. Der Muezzin ruft zum Nachtgebet, Dunkelheit umgreift die

Stadt, die fein geschmiedet Bosporus, Goldenes Horn und Marmarameer zu umfassen scheint.

Das Archäologische Museum mit seinen imposanten Sarkophagen: der Alexander-Sarkophag an der Spitze.

Eine Großstadt, eine Weltstadt und doch wieder ein Dorf: Urinstellen am Straßenrand, Kühe in den Vorhöfen, Schuhputzer, Hintergrundmusik, bäuerliche Typen, Kneipen, in denen munter Karten gespielt werden.

Bayram – einer der höchsten türkischen Feiertage. Blutopfer werden gebracht. In den dörflichen Vierteln des alten Istanbuls spielen sich alttestamentarische Szenen ab. Gelegentlich steht in einer Gasse ein Mercedes mit Berliner Kennziffer, Gastarbeiterreichtum aus harten Kreuzberger Jahren. An ihm vorbei aber rinnt die immer breiter werdende Blutlache. Ziegen werden geschlachtet. Die Eingeweide werden ausgenommen, die Felle abgezogen. Ein buntes, rotes, blutiges Spektakel. Alt und Jung haben ihre Freude am Blutopfer. Mir ist dieses islamische Ritual gewöhnungsbedürftig. Blutopfer sind mir aus dem Christentum völlig fremd. Sollen wir Christen uns an den Anblick, der mir hier gewährt wird, gewöhnen müssen? Werden Blutopfer eines Tages zum Erscheinungsbild der Europäischen Gemeinschaft gehören? Ich bin jedenfalls gründlich verwirrt. Erhaben und erhebend die Blaue Moschee, in der das Sprachengewirr der *tourist guides* ablenkt vom meditativen Versenken in die Ornamentik zur Ehre des Höchsten, den sie hier Allah nennen. Topkapi-Serail, der alte Sultanspalast mit Goldthron und Silberschmuck, Haremsräumen und Mohammed-Reliquien. Der einstige Herrscherpalast der Sultane öffnet den Blick in die Märchenwelt aus *Tausendundeiner Nacht*. Es ist nicht so farbenfroh wie einst ausgemalt, aber auch im Überwuchs der vergangenen Jahrzehnte majestätisch. Machtvoll schwebt der Topkapi-Palast über der Landspitze, die in den Bosporus ragt, von Marmarameer und Goldenem Horn umarmt.

Überwältigend mystisch die byzantinischen Mosaike der Chora-Kirche im Nordwesten der Altstadt. Die im 12./13. Jahrhundert in Stein und Fresko geronnene Religiosität, nur zu vergleichen mit den großen Meistern Italiens, mit Giotto, Fra Angelico, Piero della Francesca. Die griechisch-türkischen, byzantinisch-islamischen Irrungen haben diese große Kunst und ihr Innengefühl, das Sehnen des Menschen nach Wahrheit, weithin schadlos überstanden. Galataturm, ein eher muffiges Wahrzeichen auf der Pera-Seite, in einer abgestandenen, miefigen, zerbröselnden Gegend mit fünf- bis siebenstöckigen Häusern, denen der Lack abgefallen ist wie einer aufgedunsenen Matrone der Putz der Jugend. Eine Synagoge und gleich um die Ecke ein überfülltes Bordellviertel: Die prüde wirkenden Männer flanieren vor ausgestellten und halbausgezogenen Damen einfachster Qualität. Nach Siechtum riecht es in dieser Straße der ältesten Zunft der Welt wie in dem ganzen Quartier.

Bootsfahrt auf die asiatische Seite der Stadt zum Shish-Kebab-Dinner. Europa versinkt im Abendrot.

25. Juli 1988, Troja

Da saß nun also vor 118 Jahren Heinrich Schliemann in seiner provisorischen Hütte aus Holz, die für Fernsehzwecke 1981 rekonstruiert wurde, ohne seine an Nervenüberbelastung zusammengebrochene Frau Sophia, ohne TV mit Schlagersternchen aus Istanbul, ohne italienische Touristen am Nachbartisch, ohne Pudding und warme Dusche im Resthouse Helena, ohne Tuborg-Bier und Telefonleitung, aber mit einem großen Jugendtraum, den er mit acht Jahren in Mecklenburg gehabt und formuliert hatte: Troja zu finden, das Troja Homers, das Troja Priamos, des Hektor, des Achilleus, des Laokoon, das Troja des Odysseus und vor allem der Helena, dem Stein des Anstoßes. Die Spuren jedenfalls wiesen in die Richtung, nach Hisarlik, am Südrand des Hellesponts. Im Minibus, *dombush,* war ich bis ins Dorf Trova gelangt. Schokoladenpudding für mitteleuropäische Geschmäcker, Frank-Sinatra-Schnulzen im Fernsehen. Himmlische, selige, antike Ruhe über dem umgewühlten, umgewälzten, zerfurchten, von Touristenströmen zertretenen Ruinenfeld von Troja. Ein winzig kleines Marmorstück klebt an meinem Schuh fest. Geblieben ist in Troja eine Ahnung des Mythos, den Heinrich Schliemann zur Geschichte erhoben hat. Am Schliemann-Brunnen graben heute Archäologen aus Tübingen, um wiederherzustellen, was Wind und Sand seit 1870 angerichtet haben, aber auch, um zu bereinigen, was der eifrige Kaufmann selbst zerstört hat. Um 19 Uhr hatten die Tore geschlossen, doch wo kann es Tore geben gegen die Geschichte, dort, wo Raum zu Zeit und Zeit zu Raum wird? Rechts vom nachgebauten Hölzernen Pferd gibt es einen kleinen Durchgang, ein modernes Skäisches Tor, ein Loch im Stacheldraht, das mir das Ruinenfeld bis in die Nacht hinein schenkt. Allein mit der pastoralen Ruhe der Natur, den weiten Feldern, die hin zu den Dardanellen führen, ein silbernes Band im Abenddunst, allein fernab von den Geräuschen einiger Traktoren, die Bauern der Jetzt-Zeit verbreiten. Allein mit den Gedanken an vergangene Zeiten, an jenes Troja 1, Troja Vila, Troja XI, in dem hier lebendige Völker gewohnt, geliebt und gelitten haben. Troja, das sind wir, das ist die Wiege des literarischen Europas, das ist, was uns nicht unverwandelt den Weg unserer weiteren Geschichte, Kultur, Zivilisation hat gehen lassen. Allein mit einer Zeit, die noch nicht vorbei ist.

26. Juli 1988, Burhaniye

Nach Assos, am Südzipfel der Troas, zu einer imposanten, wenngleich im Verfall befindlichen Ruinenakropolis mit faszinierendem Ausblick auf Lesbos und entlang der türkischen Küste. Von 347 bis 344 vor Christus lebten hier Aristoteles und Theophrast. Wie oft mag der Philosoph im Apollontempel, von dem Reste und Säulenrudimente noch an der höchsten Stelle der Landzunge stehen, gesessen haben, nachdenkend über sein Griechenland, die Naturwissenschaften, die er hier konstituierte, die Metaphysik, die Bedingungen der *eudaimonia.*

In Burhanyie, bei Ören, treffe ich Ehepaar Holzhausen wieder. Walter Holzhausen ist unterdessen UNDP-Repräsentant in der Türkei. Alles ist in der Türkei natürlich weit entwickelter als in Bangladesch, wo wir uns vor einigen Jahren kennengelernt hatten und wohin zurück unsere Gespräche immer wieder führen. Aber so rundum zufrieden mit den politischen Verhältnissen in der Türkei ist Walter Holzhausen auch nicht. Vor allem lamentiert er über den Nationalkult in der Türkei. Politisch sei es der bisher schwerste Posten für ihn, sagt Walter Holzhausen. Es gebe eine Militärdiktatur und einen Atatürk-Kult, aber zugleich einen unwiderlegbaren Druck, nach Europa hineingelassen zu werden. Die Türkei werde für die Europäische Gemeinschaft nicht aufzuhalten sein, die Frage sei nur, ob in zwanzig oder dreißig Jahren. Ökonomisch habe es beachtliche Fortschritte unter Ministerpräsident Özal gegeben. Im Osten aber sei die Türkei ein völliges Entwicklungsland geblieben, Asien eben. Das Militär habe zu starken Einfluss, die kleine Oberschicht sei antireligiös, nicht nur bloß säkular. Das UN-Entwicklungsprogramm UNDP habe hier so gut wie keine durchschlagende Aufgabe. Es gehe unterdessen um die Standardisierung von Normen und Verhaltensweisen, von Flugsicherheit bis zu Brillenverschreibungen, auch ein Beitrag, die Türkei für Europa reif zu machen. Mein Studienfreund Hüseyin Bağcı ist dazugekommen. Nach einer Weile des Zuhörens wird er apodiktisch: „Ihr habt keine andere Chance, als die Türkei in die EG zu nehmen." Türkische Soldaten könnten doch eines Tages die demografische Lücke in der Bundeswehr schließen.

Zufallsbegegnung mit dem Regisseur Hark Bohm und ein Gespräch bis tief in die Nacht. Ein nachdenklicher, ruhiger, angenehmer, etwas introvertierter, zugleich egozentrischer Mann. Die Türkei, so sagt er leicht entschuldigend, lebe eben noch in der scholastischen Welt. Das müsse man begreifen, um die Komplexität dieser Gesellschaft zu erfassen. Vor fünfzehn Jahren hätte er sich noch als Neo-Marxisten bezeichnet, sagt er. Heute findet er, dass alle Begriffe und festen Bezugspunkte, fixen Ideen und Codices früherer Jahrzehnte nicht mehr gelten. Alles Denken sei entideologisiert, sagt mir Hark Bohm. Hoffentlich ist diese Weltsicht nicht eine neue Ideologie des Westens.

27. Juli 1988, Pergamon
Pergamon, einer der geheimnisvollen Namen an der Küste Kleinasiens. Die imposante Ruinenlandschaft auf der Bergspitze inmitten einer monumentalen, majestätischen, asiatisch weiten Landschaft. Der berühmte Altar wird von deutschen Archäologen rekonstruiert, zumindest so weit, um die Fantasie der historisch Interessierten wieder gebührlich anzuregen. Die Bibliothek, von der Eigenstützen für Regale im Steingrund geblieben sind, besaß einmal 200.000 Schriftrollen, alle aus Pergament aus Pergamon – neben Alexandria die größte Bibliothek der griechischen Antike. Im Ort die imposanten Ruinen der Johannes-Basilika, in der schon den ägyptischen Göttern gehuldigt wurde, später dann dem trinitarischen, mit humanem Gesicht versehenen Gott der Christen, ehe die Araber im 7. und endgültig im 8. Jahrhundert zur Zerstörung ansetzten. Das Schicksal der ehemaligen Hauptstadt des römischen Asia minor war besiegelt.

28.–29. Juli 1988, Selçuk
Selçuk, am Rande von Ephesos. Eine einzigartige imponierende antike Anlage umgreift die Seele des Betrachters, der sich der griechisch-römischen Welt zugehörig fühlt und von ihr eingenommen wird. Weitläufig breitet sich Ephesos, einst mit 250.000

Einwohnern ein Großzentrum des Orbis Romanus in der Ebene aus. Mäander haben das Wasser um Kilometer zurückgedrängt, wo der Hafen die Arkadius-Straße abschloss, beginnen heute die Felder der anatolischen Bauern. Das 25.000 Menschen umfassende Amphitheater ragt in einzigartiger Dramatik aus der Landschaft hervor. Hier stand Paulus im Jahre 54, predigte die Botschaft Jesu, gewann die ersten begeisterten Christen und verfasste bleibende Briefe an sie, wovon die Apostelgeschichte in Kapitel 18 berichtet. Die Marmorstraße, die durch österreichische Archäologen einzigartig rekonstruierte Celsus-Bibliothek, die Geschäfte, die Wohnhäuser der reichen Händler, der Hadrianstempel, das Odeon, die Versammlungshalle, die Brunnen: hochkultivierte Urbanität, überwuchert vom Sand und Gewächs der Geschichte. Nach Pergamon wurde Ephesos im Jahre 4 nach Christus Hauptstadt von Asia minor, heute ist es archäologische Hauptstadt der Türkei. Ephesos nahegelegen das Artemision, heute unscheinbarer Ruinenhaufen, der einstige Zentralort der Frauen- und Fruchtbarkeitsverehrung von Kybele über Artemis bis Maria, deren angebliches Wohnhaus in einem bukolischen, beruhigenden Waldgelände oberhalb von Ephesos ich mit Hüseyin ergriffen betrete. Marienwallfahrer aller katholischer Herren Länder zieht es an diesen Ort, an dem, so hat Schalom Ben-Chorin es meisterhaft gedeutet, Maria zur christlichen Zentralfigur wurde.

Die Fahrt durch Ionien wird zur Fahrt durch den ruhmreichsten Teil der kleinasiatischen Antike. Priene, so imposant auf einem Felsvorsprung an der Wand eines mächtigen, schroffen Felsens gelegen, war ebenso Mitglied des ionischen Städtebundes wie das etwas südlichere Milet, der einst mächtigste Hafen- und Handelsplatz der Region. Versandet sind das Wasser, der Hafen, die Stadt und ihre Ruinen. Lebendig aber der Geist, der hier erwuchs, zwischen Theater, Prozessionsstraße und Hafenviertel, und der zum ersten Beweger der abendländischen Philosophie wurde. Thales von Milet, Anaximander, Anaximenes, Leukipp, der Atomphilosoph – die ionische, vorsokratische Naturphilosophie hat ihre Heimat an diesem geheimnisvoll-ruinenhaften Ort. Die Wurzel und Heimat des rationalen Denkens über die Einheit des Seins im Wasser, in der Luft, dem Feuer, der Erde, dem Atom – in Milet kam der Geist der abendländischen Philosophie zur Welt. Weniger melancholisch, ja im rechten Sinne erhebend und die Seele mit Stolz erfüllend, ist der Apollontempel in Didyma. Beim Abendessen neben dem Tempel, im bunten familiären Treiben der lokalen Türken, der Blick auf die sich im Vollmond verwandelnde Tempelkulisse, kann man die Antike zu uns kommen, uns anrühren lassen.

„Gründerzeit" der modernen Türkei im nahegelegenen Küstenort Altınkum, belebt von fröhlichen Urlauber-Türken inmitten weißer Ferienhäuser, bunter, noch im Ausbau begriffener Urlaubssiedlungen, Hotels, Strandcafés, Straßenverkaufsständen. Die Jugend könnte nebst ihrer Musik auch an jedem Strandort Italiens anzutreffen sein. Die mittlere Generation genießt die Ruhetage mit den Kindern. Was wohl die Alten denken mögen über den zivilisatorisch eingepferchten Strand, den sie noch roh und leer kannten, wissen die Götter.

30. Juli 1988, Bodrum
Entlang der ionischen Küste, dem meergleichen Bafasee, der sich an die Felswände des Latmos-Gebirges schlägt, über den fabelhaft gut erhaltenen Zeus-Tempel in Euromos mit seinen sechzehn korinthischen Säulen nach Halikarnassos, von wo Herodot, der Vater der Geschichte, aufbrach, um die Welt seiner Oikumene zu sehen und der Nachwelt ihre Taten als erster Geschichtsschreiber unseres Kulturraumes zu bewahren. Das Mausoleum von Halikarnassos gehörte zu den sieben Weltwundern der Antike, diese solenne Grabstätte des Königs Maussolos, von seiner Schwester Artemis errichtet. Geblieben ist in aller Welt der Name „Mausoleum" und am Ort die Ruinenlandschaft des Fundamentes. Die meisten Steine sind im Laufe der Jahrhunderte abgetragen und unter anderem für den Bau des machtvollen St. Peter Kastells der Johanniter verwendet worden, das sich als eine der wichtigsten Frankenburgen der Levante über dem malerischen Hafenstädtchen, dem türkischen Monte Carlo, mit seinen eleganten Yachten, weißen Häuser und Läden, Cafés und Hotels erhebt.

1. August 1988, Ölüdeniz
Die Bucht von Ölüdeniz gehört nach einhelliger Meinung zu den schönsten der Türkei. Wie wird dieser Ort in fünf Jahren aussehen? Wird er übertouristisiert, sogar verkommen sein? Heute noch steht der Eisverkäufer in einem offenen Holzstand. Wird er in fünf Jahren ein festes Haus haben? Heute noch befinden sich die Reklamehinweise für Bootsfahrten in die Ägäis hinein auf notdürftig gezimmerten Pappwänden, nebst 9-mal-13-cm-Fotos der Boote. Wird es in fünf Jahren Neckermann-Büros in Ölüdeniz geben? Hüseyin Bağci berichtet, vor fünf Jahren sei noch kein einziges Hotel hier gewesen, nicht einmal ein einziger Eisverkäufer.

2. August 1988, Antalya
Orientalisches Dorfleben, eine herbe, aber fest, gewachsene Bauernkultur, in der der Traktor zum Modernitätsausweis geworden ist. Männer sitzen schon um 10 Uhr 30 im Teeshop, plaudernd, lachend, Tee schlürfend, doch ohne geregelte Arbeit, wohl auch ohne geregeltes Einkommen. Die osmanischen Häuser, aus Holz, lehmverputzt, oft mit kleinen Erkerfenstern. Treppen führen von außen in den ersten Stock, das Untergeschoss ist oft eine Werkstatt. Die Bebauung, die Straßenzüge, das Marktleben, die Bauern und noch häufiger die Bäuerinnen bei der harten Feldarbeit, das letzte Heu einholend: Es sind Bilder einer osmanischen Zwischenwelt, einer noch immer landwirtschaftlichen Kultur, die sich aber rapide industrialisiert und soziologisch wandelt. Karge, baumlose Felsen des Taurusgebirges, leblos, hier beginnt das Asien der entflohenen Humanität, des Grausamen neben aller Gastlichkeit. Der Widerspruch erklärt sich beim Anblick des Raumes: Wer in abweisender, brutaler Natur lebt, nimmt den Gast gerne auf, weil er sich mit ihm in zutiefst menschlicher Hinsicht verbunden fühlt. Jede Busfahrt wird in der Türkei zu einer freundlichen, wiewohl oft sprachlosen Begegnung. Die Menschen sind gut, einfach, menschlich mitfühlend.

Antalya, die herrlich gelegene, immer rascher sich dem Tourismus öffnenden 300.000-Einwohner-Stadt – in der Türkei steht die Einwohnerzahl immer am Schild des Ortes, den man soeben erreicht hat – mit ihren unendlich vielen sechs- und auch siebenstöckigen Gebäuden, mit ihren Boulevards am Meer, dem prachtvollen Hadrianstor, den Eisdielen und bummelnden Touristen, schwarzgelockten Türken neben blonden Amazonen aus den Ländern nördlich der Alpen. Bald folgen Perge, Aspendos und Side, dreifacher römischer Glanz an der Küste Pamphyliens, dreimal Vergänglichkeit. Heraussticht das einzigartig erhaltene Theater von Aspendos, im Sonnenuntergang postkartenreif. Einfaches Idyll am Strand von Side. Eine Gruppe von Frauen, junger Mädchen und Kleinkinder, alle in ihre bunten Kleider gehüllt, springt in die warmen, klaren Wasser des *mare nostrum.* Sie kühlen sich von der Schwere des zu Ende gehenden Tages.

3. August 1988, Ankara
Fast sechshundert Kilometer mit dem Bus durch die raue Weite des anatolischen Hochlandes nach Ankara. Der beherrschende Eindruck der Türkei: Bauboom, Gründerjahre. Viele Dörfer scheinen neue Häuser, alte Häuser mindestens neue Schindeln bekommen zu haben. Die verfallenden osmanischen Dörfer, sie sind die immer weniger werdende Ausnahme. Die Türkei ist zweifellos im Aufbruch, inmitten großer Entwicklung.

Abrupt nimmt die Bauernkultur ein Ende, wird der Autoverkehr dichter, steigt die Höhe der Wohnsilos, beginnen Anlagen mit Fabriken und Workshops. Einfahrt in Ankara, der Hauptstadt der kemalistischen Bewegung. Von der Zitadelle mit ihren idyllischen, sauberen, aber verfallenden osmanischen Häusern sind die unterschiedlichen Teile der Stadt gut unterscheidbar: Galata, das Ankyra der Römer, des Paulus und spätere Angora der Wolle gleichen Namens, mit Tempelresten und niedrigen Häusern, das Ankara des Kemal Pascha mit Ministerien teilweise in Nazi-Architektur, von Nazi-Flüchtlingen erbaut, und das zeitgenössische Ankara mit seinen Boulevards, Geschäftshäusern, Ladenpassagen, den vornehmen Apartmenthäusern um den Präsidentenpalast. Über allem liegt Smog, der Preis aller urbanen Moderne.

Die Türken lesen Zeitung. Vorwiegend Boulevardblätter mit ihren Fotos mit Blut und Busen und übergroßen Schlagzeilen. Buchläden sehe ich wenige.

Ein einprägsamer Besuch im Museum für Anatolische Kulturen, einer Perle Ankaras nahe der Zitadelle mit den ungezählten kleinen Häusern einer sich immer schneller verflüchtigenden osmanischen Epoche. Besonders sehenswert die Orthostaten-Reliefs aus der Hethiterzeit, übergroße figürliche Darstellungen ihrer Gottheiten und Könige, die an den Stadtmauern und Palästen angebracht, eingraviert waren. Prachtvoll die Kleinkunst und die rituellen Hirsch- und Büffelfiguren, von denen einige an spätere indische Shiva-Darstellungen erinnern.

Am Ende seiner Zeit wurde das Osmanische Reich geführt von Armeniern, Juden, Griechen. Sie starben oder wurden getötet. Die erste Generation der Jungtürken, Kemalisten, baute das Fundament der türkischen Republik, die zweite besuchte das *lisesi,* das Gymnasium, die dritte regiert heute.

4. August 1988, Hattuscha

Boğazköy, Yazilikaza, Alaca Höyük: 3500 bis 5000 alte hethitische Hochkultur zweihundert Kilometer östlich von Ankara. Durch ungefurchtes, beackertes, altes Siedlungsland, gelb-grau nach getaner Ernte, in die Ruinenanlagen der großen Hethiterkultur. Eine unendliche Ruinenwelt eröffnet sich inmitten der Felstäler. Gigantische Tempel, Sphinxen, Löwenskulpturen, die Burganlage, der Naturtempel mit den berühmten Götterbildern: spitze Hüte, prächtige Gewänder. Löwenfiguren, der Doppeladler im Eingang zu Alaca Höyük, ein ewiges Symbol imperialer, nobler Macht, die fantastische Ingenieurskunst reflektierende Stadtmauer von Boğazköy. Hattuscha, die Wohnhäuser in ihren erkennbaren Umrissen, die unendliche, von Zivilisationsströmen durchwühlte Weite des Landes, die archäologischen Arbeiter mit zerfurchten Gesichtern und Spitzhacken wie vor dreitausend Jahren. Kamen die Hethiter aus dem Kaukasus? Waren sie Indoeuropäer? Wo sind sie geblieben als die Phryger ihnen im 9. Jahrhundert vor Christus aufs Haupt schlugen? Wie haben sie ihre große Hauptstadt erbaut, entwickelt, administriert, vor deren berühmtester Überlieferung, dem Friedensvertrag von Kadesch, die Wissenschaft bis heute Ehrfurcht zeigt?

5.–6. August 1988, Istanbul

Eine Kultur im psychologischen Übergang: Monotone Koran-Repetition in der Medersa nahe der Hacı-Bayram-Moschee. Kecke Miniröcke und hohe Scheidungsraten unter den weiblichen UNO-Mitarbeiterinnen. Wallende Bärte und Turbane im Teeshop an der Ecke der Altstadt. Nadelstreifen und Krawatte unter Geschäftsleuten am Flughafen. Die Inflationsrate in der Türkei liegt bei über sechzig Prozent. Das ist der Preis des Wirtschaftsbooms, durch den besonders der kleine Mann getroffen wird. Stolz aber ist der Internationale Währungsfonds, der die Türkei als eine der Erfolgsstorys seiner „Politik der Anpassungsstrategie" bezeichnet.

Kein mir bekanntes Gebäude kann es mit dem Raumgefühl aufnehmen, das die Hagia Sophia ausstrahlt. Fast wird man ohnmächtig, stockt das Blut in den Adern beim Eintritt in den Innenraum dieser Kirche, dieser Moschee, dieses Museums, dieses ersten und genialsten Kuppelbaus aus dem 6. Jahrhundert. Wo heute halbnackte Westtouristen neben tiefverschleierten arabischen Frauen einträchtig nebeneinander ergriffen die Marmorsäulen aus Delphi, aus Ägypten, aus Baalbek, die wundervoll strahlenden Mosaike der Maria, des Jesus, der byzantinischen Kaiser, der frühen Kirchenlehrer, die großflächigen Holzschilde mit den Namen Allahs, Mohammeds und der ersten Koransure bestaunen, brodelte über Jahrhunderte religiöses Leben im feurigsten Sinne des Wortes. Hier wurden die Kaiser Ostroms, von Byzanz, gekrönt. Durch die Seitenrampen bis hoch zur kaiserlichen Empore ritten die Krieger Mehmeds II. am 26. Mai 1453 und islamisierten den Ort, beendeten das Weltreich Byzanz, gaben welthistorischen Stoff, den der Historiker Steven Runciman einzigartig packend zu schildern gewusst hat.

Zufallsbegegnung mit der türkischen „upper five". Im Garten des Hilton, im Hintergrund als Kulisse das erleuchtete Bosporus-Ufer, feiern die Reichen und die Schönen eine Superhochzeit. Die Fotografen und Fernsehkameras bilden ab, wer Rang und

Namen hat. Aus *Anatevka* wird gespielt „If I were a rich man". Vor dem Hotel gibt nur ein kleiner Mann der alten Bettlerin einen Obolus.

Per Boot den Bosporus hinauf, unter den beiden genialen Hängebrücken mit ihrer schlanken Eleganz, wahrhaftigen Meisterwerken der modernen Ingenieurskunst, vorbei an malerischen Holzhäusern mit zum Teil hübsch verzierten Fassaden aus der osmanischen Zeit. Villen wohlhabender Türken, mittelalterlichen Burgen, entlang einem grünen, welligen Band, das die Natur an beiden Ufern zog. Frachtschiffe passierend, gelange ich in den lebhaften Fischerort Sarıyer und dann zum süßen, wellenbewegten Wasser des Schwarzen Meeres zum Badestrand Kilyos. Griechenland klingt nicht mehr weit.

Ein Kebab-Verkäufer, zwanzig Jahre alt, hat davon fünfzehn Jahre in Lörrach gelebt. Nach der Rückkehr mit seinen Eltern musste er erst einmal einen Türkischkurs besuchen, um sich halbwegs in Istanbul einleben zu können. „Second generation"-Schicksal der Kinder von zurückgekehrten Gastarbeitern, die in der Türkei als Almanji allgegenwärtig sind. Und ausgesucht deutschfreundlich.

21.–26. August 1988, Indianapolis

Anflug mit der Bundeswehr über Neufundland, Zwischenstopp in Washington DC. Young Leaders Conference des American Council on Germany und der Atlantik-Brücke im Mittleren Westen. Vor Beginn der Arbeitssitzungen besuche ich mit Beate Lindemann und Cornelius Prittwitz die Agricultural Show des Mittleren Westens (Abb. 3.18). Hier erlebe ich ein gänzlich anderes Amerika als das der Ostküste. Mastschweine, Popcorn und geröstete Maiskolben. Die Stimmung erinnert mich an eine Kirmes.

Nachdenkliche geostrategische Ausblicke gibt uns US-Senator Richard Lugar, der angesehene Vorsitzende des Senatsausschusses für Außenpolitik. Er verficht eine energische Abrüstung, vor allem von biologischen, chemischen und nuklearen Waffen. Er appelliert dafür, die Chancen des Wandels im Ostblock zu nutzen, um den Frieden weltweit mit weniger Waffen sicherer zu machen.

5.–6. Juni 1989, London

Große internationale Tagung zur Zukunft Deutschlands anlässlich des 40. Jahrestages des Grundgesetzes im Royal Institute of International Affairs (Chatham House). Von einer grundlegenden Veränderung der deutschen Frage spricht kaum jemand. Aber es ist den anwesenden Politikern, Wissenschaftlern, Journalisten und Managern klar, dass die weiteren Entwicklungen in der DDR entscheidend sein werden für das, was in den nächsten Jahren kommen könnte in Europa. Meine Sicht auf die Dinge in Deutschland und Europa gilt als die eines Vertreters der jungen Generation. In Bonn habe ich das große Glück, als Mitarbeiter des Bundespräsidenten Richard von Weizsäcker immer wieder führenden Politikern zu begegnen (Abb. 3.19). Das hilft mir, meine eigene Sicht auf die deutschen Dinge zu überprüfen und einzuordnen (Kühnhardt 2020).

Abb. 3.18 Atlantik-Brücke: Mit Beate Lindemann und Cornelius Prittwitz vor Mastschweinen auf der Indianapolis Agricultural Show (1988). (© Ludger Kühnhardt)

5. August–4. September 1989, Einsiedeln
Es liegt etwas in der Luft in Europa. Die große Veränderung, keiner kann sie so recht benennen. Allgegenwärtig ist ihre Unausweichlichkeit. Überall wird sie gespürt. Sie weht heran, doch befindet sich Europa, befinden wir Europäer uns nicht längst mitten in den Veränderungen, die tektonische und historische Auswirkungen haben werden? Während eines geistlichen Monats im Kloster Einsiedeln in der Innerschweiz lebe ich die Regeln des mönchischen Daseins und arbeite im Kloster-Garten mit, ganz im Sinne des benediktinischen *Ora et labora*. Eine Alm-Wallfahrt ist eine willkommene Unterbrechung. Zwei Gesprächspartner dieser Tage führen mich hinein in die Revolution, die Europa verändern dürfte: Damian Zimoń, Bischof von Katowice, und Kazimir Domagalski, katholischer Journalist aus Warschau, dessen Eltern im KZ umgebracht wurden, weil sie polnische Patrioten waren. Die Begegnungen mit den beiden Polen geben mir Anlass und Inspiration, in meiner Einsiedler Mönchszelle über die dringend notwendige deutsch-polnische Verbrüderung nachzudenken.

Am 1. September 1989 jährt sich zum fünfzigsten Mal der Beginn des Ausbruchs des Zweiten Weltkrieges, von Deutschland ohne Not brutal vom Zaun gebrochen. Die Polen litten zuerst und neben den Russen am meisten. Am Ende litten alle Völker Europas, schließlich auch die Deutschen selbst. Es ist das Privileg der Geschichte, dass sie weitergeht mit der Zeit. Und so sind neue Zweige an ihrem Baum gewachsen. Eine neue

Abb. 3.19 Mit Bundespräsident Richard von Weizsäcker und Altkanzler Willy Brandt in Bonn (1989). (© Ludger Kühnhardt)

Generation lebt, in Polen und in Deutschland. Polen und Deutsche sind zwei Teilaspekte des gemeinsamen europäischen Kulturraumes, sie gehören in ihren Unterschiedlichkeiten zusammen, denn sie können nicht ohne den anderen leben. Die Existenz der DDR zwischen Polen und der Bundesrepublik Deutschland ist ein kompliziertes Phänomen, aber der Grundsachverhalt bleibt: Polen und Deutsche stehen nebeneinander, denn sie sind geboren und geworden aus dem Geist Europas, der Einheit in Vielfalt ist. Im schlesischen Kreisau befindet sich das ehemalige Gut der deutschen Familie von Moltke. Während der Diktatur des Nationalsozialismus traf sich hier ein Kreis von Freunden, der verbunden war im Widerstand gegen das Unrechtsregime. Es waren Protestanten und Katholiken, Liberale, Sozialdemokraten und Konservative, vor allem waren es Demokraten und Europäer. Sie wollten ein neues, ein anderes, ein offenes, ein demokratisches und friedliches Europa. Der „Kreisauer Kreis" scheiterte im Widerstand gegen Hitler, aber er ist Symbol für ein besseres Deutschland, das mit Polen brüderlich-enge Beziehungen unterhalten will. Wäre es nicht ein weitsichtiges Projekt, das der Jugend beider Völker dienen würde, so geht es mir durch den Kopf, das ehemalige Gut Kreisau, das vom Zerfall bedroht ist, neu aufzubauen als eine deutsch-polnische Begegnungsstätte, als Akademie, Jugendzentrum und Jugendherberge, als Tagungs-, Begegnungs- und Meditationsstätte, als „Polnisch-Deutsches Zentrum"?

13.–15. September 1989, Berlin
Ich nehme in Berlin an einer internationalen wissenschaftlichen Konferenz des American Council of Learned Societies teil. Wir diskutieren Probleme des Konstitutionalismus. Für mich ist es ehrenvoll, an einer so hochrangigen internationalen wissenschaftlichen Konferenz mitwirken zu dürfen (Kühnhardt 1993a). Bei der Gelegenheit lerne ich unter anderem Wilhelm Hennis kennen, Freiburger Politikwissenschaftler, ein Feuerkopf. Beeindruckend die rechtsstaatlichen Ausführungen des ungarischen Justizministers aus den Reihen der Reformkommunisten, die marktwirtschaftlichen Loblieder des vietnamesischen Justizministers, aber in ganz anderem Sinne auch die Intransigenz eines chinesischen Professors, der die Massaker auf dem Tian'anmen-Platz vom 4. Juni 1989 verteidigt. Kluge Ausführungen von Gerhard Casper, Dean der Law School in Chicago mit deutschen Wurzeln. Ich dränge darauf, dass wir Konferenzteilnehmer aus aller Welt bei einer gemeinsamen Busfahrt an die Mauer beim Brandenburger Tor geführt werden. Für viele wird es zur ersten Begegnung mit diesem Schandmal. Hoffentlich wird man bald sagen dürfen, dass es für alle die letzte Begegnung gewesen ist.

30. September 1989, Salzburg
Schon aus der Ferne sehe ich lodernde Flammen. Ganz lapidar konstatiert der Taxifahrer, dass der Hof halte brenne, wohin er im Begriff ist, mich zu fahren. Ein angenehmes Abendessen mit dem langjährigen bayerischen Kultusminister Hans Maier, dem Passauer Politikwissenschaftler Heinrich Oberreuter und einigen anderen Teilnehmern der Jahrestagung der Görres-Gesellschaft am kommenden Tag in der Salzburger Universität endet dramatisch. Das kleine Gastzimmer, in dem ich mich am Spätnachmittag einquartiert hatte, liegt im ersten Stock. Um mich herum krachen bereits große Holzbalken herunter, als ich mich nach oben wälze. In letzter Minute rette ich meinen Koffer mit dem Manuskript für meinen Vortrag. Die Feuerwehr kriegt Zustände, als ich im dunklen Anzug aus dem brennenden Hof komme, in der Hand meinen kleinen Koffer mit dem wertvollen Manuskript. In einer Pension in der Nähe finde ich schließlich spät in der Nacht ein sicheres Bett. Unbeirrt von der aufgewühlten Nacht und ebenso von den offenkundig anhaltenden Umwälzungen in Europa behandele ich am kommenden Vormittag pünktlich um 9 Uhr das Thema des politischen Denkens in der südlichen Hemisphäre (Kühnhardt 1993b). Mehr denn je bin ich überzeugt: Die Nord-Süd-Fragen werden uns länger beschäftigen als der Ost-West-Konflikt, von dessen Bedrückung im neutralen Österreich ohnehin herzlich wenig zu spüren gewesen ist. Als Fellow des St. Antony's College habe ich in Oxford unlängst damit begonnen, das Thema des politischen Denkens in der südlichen Hemisphäre systematisch aufzuarbeiten. Cool und ohne an die Feuersbrunst der letzten Nacht zu denken, präsentiere ich erste Erkenntnisse meiner Forschung.

5. November 1989, Delhi

Natürlich besuche ich auch bei diesem Indien-Aufenthalt Neeru und Rajiv Vora (Abb. 3.20). Vorher aber zieht es mich noch einmal an den Fuß des Himalaya. Ich fahre nach Rishikesh und Haridwar, in die beiden berühmten hinduistischen Pilgerorte, wo der Ganges in die weite Ebene Nordindiens einfließt. Das stahlblaue Wasser des Ganges hier steht in so erstaunlichem Kontrast zu seinen schlammig-dreckigen Passagen, die ich an anderen Orten Indiens gesehen habe. Die beiden Städtchen quellen über von safrangekleideten Bettelmönchen, die von einem Ashram zum nächsten ziehen. Ein Kommen und Gehen, Werden und Vergehen, kein Land inszeniert diese Tiefendimensionen des Daseins besser als Indien.

Am Abend des letzten Tages einer Konferenz des India International Center und der Atlantik-Brücke sitze ich mit Botschafter Konrad Seitz, dem Vorsitzenden der Atlantik-Brücke, Walther Leisler Kiep, seiner Geschäftsführerin Beate Lindemann und einigen anderen der deutschen Teilnehmer in kleiner Runde im Garten der großzügigen Botschafterresidenz an Neu Delhis Janpath. Das Gespräch dreht sich mit aller Intensität um die Vorgänge in Deutschland, die sich immer mehr zuspitzen. Kiep war am Nachmittag vom Botschafter der DDR in Indien zu einem Gespräch gebeten worden. Jetzt erzählt er von seinen Begegnungen mit Erich Honecker auf der Leipziger Messe und

Abb. 3.20 Mit meinen Freunden Neeru und Rajiv Vora sowie ihrem Sohn Aman in Delhi (1989). (© Ludger Kühnhardt)

von der Notwendigkeit, die Umbrüche in Europa ruhig und besonnen zu gestalten. Die Spekulationen drehen sich um die Frage, wie lange Honecker sich wohl als Staats- und Parteichef der DDR wird halten könne und welchen Kurs die DDR unter einem Nachfolger nehmen werde.

7. November 1989, Wolfenbüttel
Die Regierung Stoph tritt in Ostberlin vollständig zurück. Der Zerfallsprozess des kommunistischen Systems beschleunigt sich nun auch in Deutschland. Welche Wirkungen wird der Wind der Freiheit auf die Entwicklung des Verhältnisses der zwei Staaten der einen Nation haben? Bei einem wissenschaftlichen Symposium über Menschenrechte in der Herzog August Bibliothek in Wolfenbüttel freunde ich mich mit dem nur unwesentlich älteren Zoran Đinđić an. Er ist Philosoph und Mitglied der „Praxis-Gruppe" jugoslawischer Reformkommunisten. Dennoch hat Zoran unter Tito im Gefängnis gesessen. Zoran meint, alsbald werde die Berliner Mauer wegbrechen, dann zerfalle, was der Kommunismus künstlich am Leben gehalten habe. Die DDR werde zerfallen, ebenso die Sowjetunion und auch sein Heimatland Jugoslawien, dessen Existenzberechtigung allein in der Idee des kommunistischen Universalismus gelegen habe, werde untergehen. Dann werde es überall in Europa zu Gewalt kommen können, am schlimmsten wohl in Jugoslawien. Die Jugoslawen aller dortigen Völker seien die „unmoralischsten Menschen" Europas. Auf meine erstaunte Nachfrage erklärt Zoran, dies liege daran, dass keine der Kulturen und Staaten, die die südslawischen Völker im Laufe der Geschichte unterworfen oder geeint hätten, eine wirklich durchgreifend prägende kolonialistische Wirkung gehabt hätten. So würden Elemente aller möglichen Kultureinflüsse bestehen, die sich nur allzu rasch in Krisenzeiten instrumentalisieren ließen. Wer mit dem Feuer spielen wolle, könne in seinem Heimatland leichter als irgendwo sonst in Europa Menschen gegeneinander aufhetzen, die soeben noch friedlich miteinander gelebt hätten. Ich solle nur warten: Eltern würde ihre Kinder und Ehepartner sich gegenseitig umbringen, wenn es so käme, wie er befürchte. Bis tief in der Nacht unterhalten wir uns in der Kellerbar der Herzog August Bibliothek in Wolfenbüttel. Vorfreude kann sehr düster sein.

Ich hatte zuvor über das Universalismus-Problem gesprochen, das in diesen Stunden eine verschärfte Dimension in der allernächsten Nähe, inmitten der eigenen Nation erhalten hat. Der große polnische Philosoph Leszek Kołakowski rechnet in seinem Vortrag mit den marxistischen Menschenrechtsvorstellungen ab. Was bislang immer als eine eher akademische Übung gegolten hatte oder sogar als Dissidentenradikalismus bespöttelt wurde, hat plötzlich höchste Aktualität und politische Konsequenz gewonnen.

9. November 1989, Bonn
Das Fernsehprogramm war noch nie so spannend und bewegend wie am heutigen Abend, den ich eher zufällig in Bonn verbringe. Nachdem gestern das Zentralkomitee der SED geschlossen zurückgetreten war, erscheinen in den *Tagesthemen* plötzlich Bilder aus dem nur wenige hundert Meter von meinem Bildschirm entfernten Deutschen Bundestag. Die

Abgeordneten haben sich spontan von ihren Stühlen erhoben, um die Nationalhymne zu singen. Was ist passiert? Rasch wird deutlich: Die Mauer ist gefallen, oder zumindest geöffnet worden. Die Nacht und der folgende Tag sind ausgefüllt mit pausenlosen Fernsehübertragungen und der faszinierenden Zeugenschaft mittels des Mediums Fernsehen. Beim Anblick der Menschen, die fassungslos die Grenzbefestigungen stürmen und die Grenzhäuschen in Berlin und mitten in Deutschland überqueren, kommen mir Freudentränen. Was werden die Menschen im Osten, in der DDR, entscheiden, was werden sie wollen, welchen Weg werden sie wählen? Das ist der Kern der deutschen Frage in diesem Augenblick der neuen Freiheit.

15.–17. November 1989, Princeton
Eine weitere Tagung des American Council of Learned Societies zu Menschenrechten und Rechtsstaatlichkeit in der Woodrow Wilson School of Public and International Affairs der Princeton University. Einige der mir seit der Konferenz im September in Berlin bekannten Teilnehmer aus aller Welt sagen mir, wie dankbar sie seien, damals die Mauer mit eigenen Augen gesehen zu haben. Jetzt verstünden sie die Symbolik des Mauerfalls. Lebhaft diskutieren wir den Gang der Dinge in Europa. Menschenrechte und Rechtsstaatlichkeit sind wie nie zuvor aus dem akademischen Elfenbein ins Zentrum gesellschaftlicher Veränderung gedrungen. Auf dem Weg besuche ich in New York Agathe und Dieter Chenaux-Repond, der unterdessen Schweizer Vertreter bei den Vereinten Nationen geworden ist. Er residiert dort als Beobachter, denn die Schweiz ist bisher nicht Mitglied der UNO. Die Schweizer Freunde formulieren eindeutig: Deutschland werde bald wieder ein geeintes Land sein, aber müsse europäisch verankert bleiben, um seiner selbst und um aller seiner Nachbarn willen. Ebenso müsse das geeinte Deutschland transatlantisch bleiben, wenn es nicht wieder zu einem strategischen Problem für alle anderen und am Ende dann auch für sich selbst werden wolle. Der Größte sei allein nicht groß genug, zitiert Dieter Friedrich Schiller, wie stets mit einem sorgenvollen Unterton über mögliche deutsche Großmachtträume.

8. Dezember 1989, Cambridge
Podiumsdiskussion im Magdalene College Cambridge. Neben mir sitzt der stellvertretende Botschafter der DDR in Großbritannien, auf der anderen Seite des Moderators zwei britische Kollegen. Es herrscht eine gewisse Verwunderung über die Geschwindigkeit, die Bundeskanzler Kohl mit seinem Zehn-Punkte-Plan vom 28. November vorgelegt habe. Ich weise darauf hin, dass die Perspektive einer deutsch-deutschen Konföderation im europäischen Zusammenhang keine Neuauflage des deutschen Nationalismus bedeute und in Bezug auf ihre zeitliche Realisierbarkeit ohnehin noch unscharf sei. Deutschland suche die Freiheit der Selbstbestimmung wie alle anderen Völker auch, die unter dem Kommunismus gelitten hätten. Mein Schweizer Cousin Tobias Heyden, der zufällig anwesend ist, stößt ins Horn derer, die eher deutschlandskeptische Töne verbreiten: Ob denn künftig die Deutschen in Ost und West gemeinsam nicht zu mächtig für Europa würden? Der DDR-Diplomat neben mir hält eine Eloge

auf SED-Generalsekretär Egon Krenz, dessen Reformsozialismus er große Chancen im Sinne einer DDR-Perestroika einräumt. Plötzlich, kurz nach 18 Uhr berichtet ein Besucher der Veranstaltung aus den letzten Reihen, er habe gerade in den Nachrichten vom Rücktritt Egon Krenz' als SED-Chef gehört, was dies denn für die Perspektive des Reformsozialismus bedeute? Der Diplomat neben mir wird unverbindlich. Dann beugt er sich zu mir und meint leise, dass dies dann wohl das Ende der SED bedeute. Ehe ich ihm beipflichten kann, beugt er sich ein zweites Mal zu mir und meint verschärfend, nein, dies sei der Anfang vom Ende der DDR. Und, als würde ihm plötzlich alles dämmern, fragt er während des anschließenden Abendessens im altehrwürdigen Speisesaal des Colleges allen Ernstes, ob ich einen Einblick in die Frage hätte, inwieweit das westdeutsche Außenministerium DDR-Sachverstand über Großbritannien gebrauchen könne. Er habe sich da einiges angeeignet und würde bestimmt ein guter Diener Deutschlands sein. Das genau ist die Beschreibung eines „Wendehalses", den die Engländer „turncoat" nennen.

Nach der Veranstaltung begeben sich Tobias und zwei englische Freunde, Söhne des Philosophen Alfons Riederer, und ich in den Studentenclub des Magdalene College. Hier regiert noch der Kommunismus: Lenin- und Marx-Plakate schmücken die Wände. Hammer und Sichel hängen wie Karnevalsschmuck im Raum. Auf die akademische Jugend ist doch eben immer noch Verlass in ihrer unerschütterlichen und radikalen Verneinung von Realitäten.

Literatur

Allison, Graham et al. 1985. *Hawks, Doves, & Owls: An Agenda for Avoiding Nuclear War.* New York: Norton.
Baedeker, Karl. 1899. *The United States. Handbook for Travellers.* Leipzig: Karl Baedeker.
Baedeker, Karl. 1907. *The Dominion of Canada with Newfoundland and an Excursion to Alaska. Handbook for Travellers.* Leipzig: Karl Baedeker.
Baedeker, Karl. 1912. *Palestine and Syria with Routes through Mesopotamia and Babylonia and the Island of Cyprus. Handbook for Travellers.* Leipzig: Karl Baedeker.
Ben-Chorin, Schalom. 1987 [1967]. *Bruder Jesus. Der Nazarener in jüdischer Sicht.* München: Deutscher Taschenbuchverlag
Burckhardt, Jacob. 1924 [1855]. *Der Cicerone. Eine Anleitung zum Genuss der Kunstwerke Italiens.* Leipzig: Alfred Kröner.
Canetti, Elias. 1980 [1954]. *Die Stimmen von Marrakesch. Aufzeichnungen einer Reise.* Frankfurt: S. Fischer.
Carter, Jimmy. 1975. *Why not the Best?.* New York: Bantam.
Chraïbi, Driss. 1954. *Le passé simple.* Paris: Denoël.
Dostojewski, Fjodor. 1948 [1873]. *Die Dämonen.* Zürich: Artemis.
Eliade, Mircea. 1964. *Shamanism: Archaic Techniques of Ecstasy.* Princeton: Princeton University Press.
Fukazawa, Shichiro. 2021 [1956]. *Die Narayama-Lieder.* Mit einem Nachwort von Eduard Klopfenstein. Übers. v. Thomas Eggenberg. Zürich: Unionsverlag.

Gardner, Anthony Luzzatto. 2020. *Stars with Stripes. The Essential Partnership between the European Union and the United States*. Cham: Palgrave Macmillan.
Griffith, Bede. 1976. *Return to the Center.* Springfield: Templegate.
Griffith, Bede. 1980 [1954]. *The Golden String: An Autobiography.* Springfield: Templegate.
Haus der Kunst. 1984. *Shogun. Kunstschätze und Lebensstil eines japanischen Fürsten der Shogun-Zeit*. Tokio: The Shogun Age Exhibition Executive Committee.
Hawthorne, Nathaniel. 1981 [1851]. *The House of the Seven Gables*. New York: Bantham.
Hemingway, Ernst. 1952. *The old man and the sea*. New York: Scribner.
Hoffmann, Stanley. 1981. *Duties beyond Borders: On the Limits and Possibilities of Ethical International Politics*. Syracuse, N.Y.: Syracuse University Press.
Hofstadter, Richard. 1974. *The American Political Tradition & the Men Who Made It*. New York: Vintage.
Huntington, Samuel P. 1968. *Political Order in Changing Societies.* New Haven: Yale University Press.
Huntington, Samuel P. 1981. *American Politics: The Promise of Disharmony*. Cambridge, Mass.: Harvard University Press.
Kalberg, Stephen. 1994. *Max Weber's Comparative-Historical Sociology*. Chicago: University of Chicago Press.
Kämpchen, Martin. 1980. *Christliche Exerzitien im Dialog mit dem Hinduismus*. Kevelaer: Butzon & Bercker.
Kautilya/Chanakya. 1980. *Arthashastra*. Delhi: Motilal Banarsidass.
Kennedy, John. F. 1964. *Profile in Courage*. New York: F. Watts.
King, Martin Luther. 1974. *Kraft zum Leben. Betrachtungen und Reden des Friedensnobelpreisträgers*. Konstanz: Christliche Verlagsanstalt.
Kornai, János. 1980. *Economics of shortage*. Vol. 1–2. Amsterdam: North-Holland.
Kühnhardt, Gerhard. 2008. *Salus aegroti suprema lex – Dem Heil des Kranken verpflichtet. Lebenserinnerungen eines Arztes*. Ibbenbüren: Privatdruck.
Kühnhardt, Ludger. 1980a. Durch Gelobte Land nach Kairo: Die schmale Fährte des Friedens. 18. April 1980. *Rheinischer Merkur/Christ und Welt, 16*.
Kühnhardt, Ludger. 1980b. Im Kibbuz sind noch Zimmer frei. 30. Mai 1980. *Rheinischer Merkur/Christ und Welt, 22*.
Kühnhardt, Ludger. 1980c. *Prahlad – ein Junge in Indien* [Schulfilm]. Grünwald: Institut für Film und Bild in Wissenschaft und Unterricht.
Kühnhardt, Ludger. 1981. *Kinder des Wohlstands. Auf der Suche nach dem verlorenen Sinn*. München: Olzog.
Kühnhardt, Ludger. 1982. *The land of 500,000 villages. Stories from rural India*. Trichur: St. Joseph's I.S. Press/Jyothi Book Centre.
Kühnhardt, Ludger. 1983. Muktapur im Wandel [Fernsehsendung]. 20. November 1983. *Westdeutsches Fernsehen (WDR 3)*.
Kühnhardt, Ludger. 1984a. Flüchtlingslager sind schwelende Zündsätze der Weltpolitik. 28. Februar 1984. *Frankfurter Allgemeine Zeitung, 50*, 9.
Kühnhardt, Ludger. 1984b. *Die Flüchtlingsfrage als Weltordnungsproblem. Massenzwangswanderungen in Geschichte und Politik*. Wien: Braumüller.
Kühnhardt, Ludger. 1984c. 2021 – Kirche auf dem Weg ins dritte Jahrtausend. Folge 1: Schlange, Rad, Kreuz und Halbmond [Fernsehsendung]. 14. Oktober 1984. *Westdeutsches Fernsehen (WDR 3)*.
Kühnhardt, Ludger. 1984d. 2021 – Kirche auf dem Weg ins dritte Jahrtausend. Folge 2: Ein Lied für die Freiheit [Fernsehsendung]. 21. Oktober 1984. *Westdeutsches Fernsehen (WDR 3)*.

Kühnhardt, Ludger. 1984e. Buchrezension: Robert Schinzinger: Das japanische Denken, Berlin 1983. *Stimmen der Zeit, 4*, 287ff.
Kühnhardt, Ludger. 1988. Staatsordnung und Macht in indischer Perspektive. Chanakya Kautilya als Klassiker der politischen Ideengeschichte. *Historische Zeitschrift, 247*, 333ff.
Kühnhardt, Ludger. 1993a. European Courts and Human Rights. In *Constitutionalism and Democracy. Transitions in the Contemporary World. The American Council of Learned Societies Comparative Constitutionalism Papers*, Hrsg. Douglas Greenberg et al., S. 126ff. New York, Oxford: Oxford University Press.
Kühnhardt, Ludger. 1993b. Staatsphilosophie und Ideologiebildungsprozesse in den Nord-Süd-Beziehungen. In *Der politische Islam. Intentionen und Wirkungen,* Hrsg. Jürgen Schwarz, S. 37ff. Paderborn: Schöningh.
Kühnhardt, Ludger. 2020. *Richard von Weizsäcker (1920–2015). Momentaufnahmen und Denkwege eines europäischen Staatsmannes.* ZEI Discussion Paper C 257. Bonn: Zentrum für Europäische Integrationsforschung.
Kühnhardt, Ludger, und Hans-Gert Pöttering. 1991. *Europas vereinigte Staaten. Annäherungen an Werte und Ziele.* Zürich: Edition Interfrom.
Kühnhardt, Ludger, und Hans-Gert Pöttering. 1994. *Weltpartner Europäische Union.* Zürich: Edition Interfrom.
Kühnhardt, Ludger, und Hans-Gert Pöttering. 1998. *Kontinent Europa. Kern, Übergänge, Grenzen.* Zürich: Edition Interfrom. [Tschechisch als: *Kontinent Evropa. Jadro, Prechodny, Hranice.* Prag 2000.]
Manglapus, Raúl S. 1978. Human Rights Are not a Western Discover. *Worldview, 21*(10), 4–6. doi: https://doi.org/10.1017/S0084255900034811.
Melville, Herman. 1985 [1851]. *Moby Dick.* London: Penguin.
Moorehead, Alan. 1962. *The Blue Nile.* London: Hamish Hamilton.
Moorehead, Alan. 1973. *The White Nile.* London: Penguin.
Müller, Max. 1981 [1900]. *The Sacred Books of the East. In 50 Volumes,* ed. Delhi: Motilal Banarsidass.
Murakami, Hyoe. 1983. *Japan: The years of trial. 1919–1952.* Tokio: Kodansha.
Najita, Tetsuo. 1980. *Japan. The intellectual Foundations of Modern Japanese Politics.* Chicago: University of Chicago Press.
Neustadt, Amnon. 1987. *Israels zweite Generation: Auschwitz als Vermächtnis.* Berlin, Bonn: Dietz.
Nishida, Kintarō. 1960 [1911]. *A Study of Good.* Tokio: Printing Bureau Japanese Government.
Otto, Rudolf. 1970 [1917]. *Das Heilige. Über das Irrationale in der Idee des Göttlichen und seinem Verhältnis zur Rationalität.* München: C.H. Beck.
Rawls, John. 1971. *A Theory of Justice.* Cambridge, MA: Harvard University Press.
Revel, Jean-François. 1976. *La tentation totalitaire.* Paris: Robert Laffont.
Reischauer, Edwin O. 1970. *Japan. Past and Present.* London: Gerald Duckworth.
Saint-Exupéry, Antoine de. 1950. *Der Kleine Prinz.* Bad Salzig: Rauch.
Schinzinger, Robert. 1983. *Das japanische Denken. Der weltanschauliche Hintergrund des heutigen Japan.* Berlin: E. Schmidt.
Scholochow, Michail. 1975 [1940]. *Der stille Don.* Ost-Berlin: Volk & Welt.
Strauss, Leo. 1953. *Natural Right and History.* Chicago: Chicago University Press.
Tagore, Rabindranath. 1971 [1910]. *Gitanjali.* London: Penguin.
Tamara, Nasir. 1986. *Indonesia in the Wake of Islam, 1965–1985.* Kuala Lumpur: Institut für Security and International Studies.
Tolstoi, Leo. 1970 [1865–67]. *Krieg und Frieden.* München: List.

Vasari, Giorgio. 1923 [1568]. *Lebensbeschreibungen der ausgezeichnetsten Maler, Bildhauer und Architekten der Renaissance*. Berlin: J. Bard.

White, Theodor H. 1960. *The Making of the President*. New York: Atheneum. Yukio, Mishima. 2019 [1956]. *Der Goldene Pavillon*. Übers. v. Ursula Gräfe. Zürich: Kein & Aber.

Kein Ende der Weltgeschichte und Europas Europäisierung (1990–1999)

4

In den 1990er-Jahren gewinnt die europäische Integration beispiellos an Fahrt. Vage Hoffnungen bestehen für eine Friedensordnung von Vancouver bis Wladiwostok. Neben der Wiedervereinigung Europas kehrt aber auch der Krieg nach Europa zurück. Jugoslawien löst sich auf und mit diesem Staat manche Illusion über den ewigen Frieden. Die Europäische Union sucht Identität als Rechtsgemeinschaft und Währungsunion. An anderen Orten der Erde brechen sich alt-neue Konflikte blutige Bahn. Entwicklungen in der südlichen Hemisphäre folgen immer mehr einer eigenen Logik. Die Weltgeschichte ist nicht beendet, aber die Konturen einer neuen Weltordnung bleiben undeutlich. Ludger Kühnhardts Eindrücke zwischen 1990 und 1999 in West- und Osteuropa, in Südafrika und im Nahen Osten, in den USA und in Ozeanien, in Südostasien und in Zentralasien, im Kaukasus und in Südamerika beleuchten eine Welt auf der Suche dem Eigenwert selbstbewusster Völker, deren Lebensweise sich umso mehr ausdifferenziert, je mehr sie miteinander in Verbindung treten.

1990   *Schengener Abkommen wird unterzeichnet – Pariser Charta (KSZE) für ein neues Europa*

1991   *Auflösung der Sowjetunion – Unabhängigkeit der baltischen Staaten – Beginn der Kriege in Jugoslawien*

1992   *Vertrag von Maastricht wird unterzeichnet – Umwelt- und Klimakonferenz der Vereinten Nationen in Rio de Janeiro*

1993   *Erklärung über Zusammenarbeit der EU mit Russland – größte Handelsliberalisierung aller Zeiten im Rahmen des GATT, dem Allgemeine Zoll- und Handelsabkommen, vereinbart*

1994   *Völkermord in Ruanda – KSZE-Folgekonferenz in Budapest – EU-Grünbuch zur Telefonliberalisierung*

1995   *Schengener Abkommen tritt in Kraft – Massaker von Srebrenica – Erstes EU-USA-Gipfeltreffen in Madrid*

1996 *Selbstmordattentate in Sri Lanka – EU-Zollunion mit der Türkei – letzter französischer Atombombentest in Mururoa – EU-Asien-Gipfel in Bangkok*
1997 *Großbritannien übergibt Hongkong an China – EU-Vertrag von Amsterdam – Kyoto-Protokoll der UNO zum Klimaschutz*
1998 *Friedensabkommen für Nordirland – Terroranschläge auf US-Botschaften in Tansania und Kenia*
1999 *Libyen nimmt erstmals an Europa-Mittelmeer-Konferenz teil – Kosovokrieg und NATO-Luftangriffe auf Serbien*

14. Januar 1990, Oxford/London

In Oxford befinde ich mich seit Wochen täglich in lebhaften Debatten über die Folgen des Falls der Mauer für Deutschland und Europa. Mit Ralf Dahrendorf, dem Warden des St. Antony's College, meinem Freund Timothy Garton Ash und dem unlängst pensionierten britischen Botschafter in Bonn, Julian Bullard, werde ich von Podiumsdiskussion zu Podiumsdiskussion herumgereicht. Meine Studien zur Dritten Welt geraten in den Hintergrund. Europa formt sich neu und damit auch meine Perspektive. Zugleich ergeben sich neue Verbindungen und Verknüpfungen. Ich werde von Professor Brian Griffiths zum Gespräch gebeten, dem Planungschef (Head Policy Unit) von Premierministerin Margaret Thatcher in 10 Downing Street. Durch die berühmte Tür einzutreten, ist ebenso ein Erlebnis, wie gleich dahinter auf knarrenden Holzbalken zu laufen und eine enge Treppe hochzusteigen. In seinem Büro befragt mich Brian Griffiths nach dem Sinn und den Zielen der deutschen Europapolitik. Ich versuche, so gut es geht, zu antworten. Immer wieder kommt er, wie viele Briten, auf die Frage nach dem Sinn des von Deutschland postulierten europäischen Föderalismus. Der Verdacht ist enorm, dies sei ein Masterplan zur Verwirklichung eines zentralisierten Europas. Ich gewinne erst sein Vertrauen, als ich ihm die katholische Soziallehre erläutere, aus der heraus das Subsidiaritätsprinzip entstand. Subsidiarität ist eben kein Machtbegriff, sondern ein Ordnungsbegriff, der kleinere Einheiten in ihrem Eigenrecht schützt und gerade nicht der Zentralisierung zustrebt, vor der die Briten Angst haben.

18. März 1990, Bonn

Das Wahlergebnis zur ersten frei gewählten Volkskammer der DDR hätte wohl niemand vorhersagen können, der noch vor Wochen befragt worden wäre. Die Allianz für Deutschland, das bürgerliche Wahlbündnis, hat 47,7 % der Stimmen errungen, davon allein die CDU 40,5 %. Die SPD erhielt nur 21,7 %, die Kommunisten in der umgestylten PDS (der früheren SED) 16,3 %. Mit Hans Reckers, den ich seit den Aufbautagen der Schüler Union 1972 kenne und der als Büroleiter einer der engsten Berater von Bundesfinanzminister Gerhard Stoltenberg ist, bin ich mir einig, dass diese Sensation in den einstigen Stammlanden der deutschen Sozialdemokratie das Mandat zum baldigen Vollzug der deutschen Einheit bedeute. Gebannt starren Hans und ich bei einer Wahlparty auf die Bildschirme und saugen jedes Einzelergebnis in uns auf.

29. März 1990, Cambridge
Erstmals seit dem Fall der Mauer erlebe ich Bundeskanzler Helmut Kohl persönlich: Zusammen mit Premierministerin Margaret Thatcher nimmt er am Abendessen der Königswinter-Konferenz im St. Catherine's College in Cambridge teil anlässlich des 40-jährigen Jubiläums dieses so wertvollen deutsch-britischen Forums. Vor der Tür sind wütende Demonstranten versammelt, die Frau Thatchers Kopf wegen der von ihr geplanten „poll tax" fordern. Auf einem Plakat konnte ich beim Eintreffen lesen: „Yesterday Ceaușescu, Zhivkov, Honecker. Tomorrow Thatcher". Drinnen im Saal des ehrwürdigen Colleges wird viel über die Folgen des Mauerfalls diskutiert. Höhepunkt der Veranstaltung ist der Auftritt der beiden Regierungschefs, deren wechselseitige Distanz zueinander jedermann im Saal bekannt ist. Umso überraschender ist es, eine ausnehmend charmante Madame Prime Minister zu erleben, der auch ich beim Aperitif vorgestellt werde und die den Bundeskanzler äußerst herzlich willkommen heißt. Der Toast-Master kündigt mit einem Gongschlag die Ansprachen der beiden Staatslenker an. Zuerst erhebt Helmut Kohl sein Glas auf die Königin. Er erinnert die Versammlung an seine unvergessene Begegnung mit der Eisernen Lady bei einem Truppenbesuch in der Lüneburger Heide. Beide hätten sich mühsam in einen Leopard-Panzer gezwängt, dann habe Margaret – selbstverständlich habe er nie anderes von ihr erwartet – als erste geschossen. Selbst wenn es anders gewesen wäre, hätte er dies zum Staatsgeheimnis erklärt. Neben mit sitzt der Europaabgeordnete Elmar Brok, der damals mit von der Landpartie war. Er weiß zu berichten, dass Kohl bei seinem zweiten Schuss die Mechanik für ein Mehrfachfeuer ausgelöst und damit Mrs. Thatcher erst eigentlich provoziert habe. Darüber schweigen die beiden Regierungschefs sich wohlweislich aus. Die Lacher sind ohnehin auf ihrer Seite. Das Ambiente tut sein Übriges, um die derzeit nicht unbelasteten Beziehungen zwischen Bonn und London zu verbessern. Die britische Regierung hadert weiterhin mit der Idee der deutschen Wiedervereinigung und ihren Folgen für Europa.

12.–14. März 1990, Bologna
Ich verspüre große Zurückhaltung bezüglich der weiteren Entwicklungen in Deutschland bei einem Vortrag an der School for Advanced International Studies (SAIS) der Johns Hopkins University in Bologna: Was wohl wird aus der strategischen Begründung für die künftige Präsenz Amerikas in Europa? Könnte Deutschland übermütig werden? Wie wird sich das Denken der Ostdeutschen auf die strategische Ausrichtung des Landes auswirken, die doch jahrzehntelang getreueste Gefolgsleute der Sowjetunion waren?

24. Juli 1990, Stettin
Die Grenze hat ihren Biss verloren, aber sie ist noch keineswegs eingeäschert zu einem Stück vollendeter Vergangenheit. Zwischen Helmstedt und Marienborn verläuft noch immer jener Stacheldrahtzaun, der gespickt und aufgerüstet mit Selbstschussanlagen über Jahrzehnte der Eiserne Vorhang war. Ein Todesstreifen in und durch Deutschland.

Noch steht ein Wachturm, am Horizont zieht sich der Stacheldraht hin. Eine russische Fahne hängt schlaff am Mast. Aber es gibt keine Personenkontrollen mehr, und der Interregiozug hat in der DDR neue Haltestellen bekommen: Magdeburg, Brandenburg, Potsdam. Ich bin im Trabbiland, doch auf den Straßen mischt sich dieses Verkehrssymbol des gescheiterten Arbeiter- und Bauernstaates mehr und mehr mit westdeutschen Gebrauchtwagen. Bis zur holländischen Grenze tief im Westen sind die Gebrauchtwagen unterdessen knapp geworden.

Im ersten Dorf nach Magdeburg prangt es bunt an einer Häuserfront, die inmitten des grauen Einerleis nicht eigentlich aufgefallen wäre: „Videothek. Enterprise Nr. 2". Hoffentlich war Enterprise Nr. 1 im Dorf ein Nahrungsgeschäft oder ähnlich Lebenswichtiges. An einem Reichsbahnzug hängt ein Reklameschild des *Handelsblatt – Deutschlands führende Wirtschafts- und Finanzzeitung*. An einer Bahnstation prangt eine Werbetafel „Rechtzeitig vorsorgen. Versichern". Nach der bevormundenden Versicherung des freiheitsraubenden Sozialismus meldet sich schon jene Schutzutopie des Kapitalismus, die dem Menschen in seinem stets angefochtenen, unsteten, ungewissen, unkalkulierbaren Leben Gewissheitsgefühle geben soll. Besser, da zeitgemäßer das große „Go West"-Plakat von Marlboro neben der grauen Fassade von „VEB Kombinat Gebrauchsartikel" in Potsdam.

Die gestürzte Mauer ist in Berlin ein Pilgerort der Freude geworden. Die DDR hat das Brandenburger Tor zur Generalinventur eingerüstet und großflächig umzäunt mit Holzverschlägen. Die Ströme der Touristen aus aller Welt verbreiten Jahrmarktstimmung. Auf dem Potsdamer Platz, einem Ruinenfeld der Kriegszeit, liegen die Abfälle des großen Rock-Spektakels *The Wall* der Gruppe Pink Floyd vom vergangenen Wochenende. Im Hintergrund erhebt sich der Reichstag. Er bleibt für mich doch eher Erinnerung an den gescheiterten Nationalstaat. Die breiten Straßen Ostberlins. Riesige Wohnkomplexe, ein Grau-in-Grau, das erst Schritt um Schritt verschwinden wird.

Der Ost-Berliner Bahnhof Lichtenberg füllt sich mit Polen, das Stimmengewirr lässt mich inmitten Berlins in die Minderheit geraten. Der Zug geht nach Olsztyn (Allenstein) im einstigen Ostpreußen der Deutschen. Mein Ziel ist Szczecin, Stettin. Im Acht-Personen-Wagen nur Polen, die Jungen des Deutschen unkundig, eine 60-jährige Frau, noch fünfzehn Jahre habe sie unter den Deutschen gelebt, ist besonders freundlich zu mir. Die Kommunisten hätten stets vorgelogen, die Deutschen seien nach wie vor kriegslüstern und unangenehm. In Wirklichkeit sei alles ganz anders, wie sie gerade in Berlin erlebt habe. Deswegen wolle sie nett zu den Deutschen sein. Entlang der Oder, die so sehr Deutsche und Polen zerrissen hat und künftig hoffentlich zusammenführt. Angenehm, freundlich geradezu die DDR-Zöllner, auch für die polnische Dame ein überraschendes Novum, denn die Ostdeutschen seien „doch irgendwie Faschisten geblieben, oder?", fragt sie und gibt in ihrem Tonfall die Antwort. Über Stettin erhebt sich das Schloss der Pommernherzöge, leicht platareske Gotik, mächtig über der Oder und ihren Hafenanlagen, die friedlich dem Abend entgegenfließt. Wuchtig liegt die Kathedrale der Stadt auf einem Hügel. Von außen ist sie befleckt durch die Kriegseinwirkungen und ihre Restaurationen. Die Grünanlagen sind verwildert. Im Innern ist alles prächtig, sauber, glänzend. Abendmesse. Hinter dem Altar Erntedankgaben, darunter ein polnischer Adler aus Weizen mit der rot-weißen Flagge Polens bekränzt. Polen, das ist Religion und Nationalismus. Das Hotel in der Innenstadt trägt den beziehungsreichen Namen Piast. Im Satellitenfernsehen laufen Programme auf Englisch. An manchem Tisch des Restaurants warten Damen eines unzweifelhaften Gewerbes auf eine neue Spielart des Eindringens aus dem Westen.

25. Juli 1990, Danzig
Schönes Pommern: breite, baumbestandene Alleen, dünn besiedelt, dicht bewaldet, kriegszerstörte Orte, deren grässliche Satellitensiedlungen Kriegsnarben sind. Graue Dörfer, wenige Blumengärten. Storchennester, wann habe ich sie zum letzten Mal gesehen? Die mächtige Hafenanlage von Gdynia, Sommerfrischler in Zoppot, Gdansk Hauptbahnhof im Stil der neogotischen Zuckerbäckerarchitektur des 19. Jahrhundert. Im Radio ein Englischsprachkurs, im Fernsehen eine ruhige Debatte aus dem Sejm. In der Stadt der Freiheit, der Stadt von Solidarność. Nachmittags in der Ulica Polanki 54 vor dem weißgetünchten Haus von Nobelpreisträger Lech Wałęsa. Der Arbeiterführer ist vor zwei Jahren hierhergezogen. Ein schöner Garten für seine große Kinderschar, eine Satellitenschüssel auf dem Dach, die Welt kommt ins Haus des charismatischen Führers, der sie in Bewegung gebracht hat. „Wałęsa" steht einfach an der Haustür. Wird der Mann Polens nächster Präsident sein? Bemerkenswert: Nur wenige hundert Meter entfernt in der gleichen Straße befindet sich eine Moschee. Besuch der Gedenkstätte Westerplatte, wo zwischen dem 1. und 7. September 1939 die Polen einem ersten Angriff der Wehrmacht ausgesetzt waren. Ein Ort der Mahnung, heute der Ruhe, der Erinnerung und des Auftrages: Das Denkmal mit eingravierten Schlachtorten, wo Polen fielen, ist ein in den Boden gestecktes Bajonett. Die architektonisch eigenwillige, sehr edel wirkende Kathedrale von Oliwa, wo 1660 Frieden geschlossen wurde zwischen Brandenburg, Polen und Schweden. In ruhiger Parklage, schlanke Türme aus Backstein, ein barock verspieltes Innenstück in der Portalwand, eine eigenwillige Grazilität. Zoppot, einst Nobelbadeort der Ostdeutschen, heute der Polen: ein weiter Blick in die sattblaue Danziger Bucht. Es herrscht die stets leicht feierliche, irgendwie abwartende Ruhe der Ostsee. Überwältigend die wieder errichtete Altstadt von Gdansk. Die Gesichter der Menschen sind gelöst, heiter die Jugend.

26. Juli 1990, Thorn
Eine Bahnstunde südlich von Gdansk, idyllisch an der Nogat gelegen, erhebt sich die machtvolle Kulisse der Marienburg (Marlbork), die größte Burganlage des Mittelalters in Europa. Der warme rote Backstein nimmt sogleich ein, nicht weniger die gelungene Restauration, die die Handschrift der besten Kräfte Polens trägt. Hier residierte der Hochmeister des Deutschen Ordens, umhüllt von filigraner Gotik der Fensterbögen und Kreuzgewölbe, behütet von einer machtvollen Fassade nach außen, aufgebrochen um die Pruzzen, Wenden und andere zu christianisieren und seinen eigenen Staat auf dem weißen, weichen Grund des Nordostens zu etablieren. Danzig wird fast in den Schatten

gestellt von Thorn an der Weichsel, einem breiten, offenen Strom. Im 14. Jahrhundert hat es westfälische Händler und Siedler hierhergebracht. Geblieben sind machtvolle Backsteinbauten: das Rathaus, die Johanneskirche. Häuser der Gründerzeit, des Barocks und des Rokokos, der Backsteinrenaissance: allerorten wird restauriert, entstehen neue Geschäftsauslagen, Cafés, modernes Design. Ein Reisebüro wirbt mit Korea. Die Läden sind gefüllt, das Leben in den Geschäftszeilen prall und froh. Elektronische Geräte werden zu US-Dollar-Preisen feilgeboten. Polen im Auf- und Umbruch zur Marktwirtschaft, weg vom Grau-in-Grau der Kommandowirtschaft. „Nicolaus Copernicus Thorunensis, terrae motor, solis caelique stator", heißt es unverfänglich in lateinischer Sprache auf dem Denkmal für den größten Sohn der Stadt vor dem Rathaus. Im Jahr 1546 erschien sein Werk *De revolutionibus orbium coelestium.* Ein Aufbruch in der Naturwissenschaft zur Erklärung der Wiederkehr der Sterne, mit tiefen Wirkungen in die Sprache der Politik. Findet nicht heute im Osten Europas die Rückkehr der Menschen zu ihrer natürlichen Freiheit statt, eine wahre Revolution im Sinne des „Nicolaus Copernicus Thorunensis, des Bewegers der Erde und Anhalters der Sonne und der Sterne"?

27.–28. Juli 1990, Warschau
Wer eine völlig verwüstete Stadt so wunderbar wiederaufbauen konnte, der müsste eigentlich auch ein ganzes Land wieder in beste Ordnung bringen können. Die Nazi-Kriegsmaschine der Deutschen hat Polen, Warschau zumal, schwerstens leiden, bluten, zerfallen lassen. Aus dem Geist der Freiheit, des Lebenswillens, der Traditionskraft entstand Warschau neu. Eine wahre Kapitale: stolz in seinen breiten Alleen und Repräsentationsbauten, barock-verspielt in Parks, kalt in den Steinplätzen wie hinter dem Nationaltheater nahe dem Grabmal des Unbekannten Soldaten, vor allem aber heiter, farben- und sinnenfroh in der vollständig wieder errichteten Altstadt, Stare Miasto, über der Weichsel. Volles Leben mit Fiakern, Straßencafés, Bilderhändlern, viel Jugend. Der Alte Marktplatz, eine Wiege, ein Herz der Stadt wie überall, wo es Marktplätze gibt in Europa.

In der Johanneskathedrale, Swiat Jana, vor dem Gedenkbild des in Auschwitz ermordeten Pater Maximilian Kolbe habe ich eine denkwürdige Zufallsbegegnung mit Kambodschas altem Mann Son Sann, der gerade in Warschau weilt. Die USA haben soeben ihre Khmer Rouge-Unterstützung beendet und suchen Ausgleich mit Vietnam. Geraten die weißen Khmer wieder einmal zwischen die Räder, zudem im Angesicht der Händel des Prinzen Sihanouk? Der alte Herr, fragil, leise, soigniert, wie vor zehn Jahren bei einer ersten Begegnung in Bonn. Son Sann war für mich stets Symbol des tragischen Leidens der Kambodschaner. Ihn ausgerechnet hier zu treffen, unter dem Bild Kolbes, rührt mich zutiefst. Nie wieder Auschwitz, nie wieder Kambodschas *killing fields.* Son Sann verschwindet in der Menge, dunkelblau gekleidet, aufgesaugt von den bunten Sommerkleidern um ihn herum.

Ein Tag in Warschau mit Kazimir Domagalski, dem mir aus Kloster Einsiedeln bekannten Publizisten. Er zeigt mir den nüchternen Bau des Sejm, in dem es hoch hergeht, das Warschauer Ghetto, wo kein Stein auf dem anderen blieb, das klassizistische Belvedere, das zu dem so streng dreinblickenden General Jaruzelski passt, den Walesa nächstes Jahr ablösen will, den Łazienki-Palast mit seiner verspielten Idylle und barocken Ausflugsstimmung, den Basar in Prag in der Ulica Targowa: Klein-Russland mit Hunderten fliegenden Händlern, die ihre in Berlin gekauften Waren feilbieten (ALDI-Kakao für elf D-Mark). Auch Rubel werden zum Kauf angeboten. Gesichter und Stimmen des Ostens: gedrungene, korpulente Menschen, einfache Gesichtszüge, abgewetzte Kleider, Alkoholgeruch, sowjetische Personenwagen, deren Kühlerhauben als Ausstellungsfläche der Kleinhändler dient. Von Zahnpasta bis Kinderwagen, Konservendosen bis Batterien – alles ist zu haben. Im Hintergrund dudelt „Lambada", der brasilianische Ohrwurm, in Warschau ein Symbol der Handelsfreiheit.

Kazimir Domagalski, Jahrgang 1925, Partisan im Warschauer Aufstand. Der Vater, ein Organist, wurde in Auschwitz ermordet, und doch hat er keinen Hass auf die Deutschen: zu verzeihen, das sei die größte Gabe des Christentums. Als Redakteur verdient er 800.000 Złoty im Monat, 150 D-Mark. Es reicht für die kleine, ordentliche Wohnung. Wie alle Polen ist er leidensbereit, um dem Balcerowicz-Plan für die Wirtschaftsreform zu realisieren, der bereits höhere Preise, aber volle Läden produziert hat. Domagalski, der Solidarność-Aktivist, glaubt, dass Polen die Demokratie nur langsam wird lernen können. Der Westen müsse Geduld aufbringen mit dem neuen Polen.

29. Juli 1990, Żelazowa Wola
„Czym chata, bogata", allen Reichtum teilen, den es in der Hütte gibt – ein schönes Sprichwort der Polen. Żelazowa Wola, 50 km westlich von Warschau: Das Geburtshaus Frédéric Chopins, in einem hübschen Waldgebiet. Das eher bescheidene Landhaus galt im 18. Jahrhundert gewiss als stattliches Anwesen. Ein Konzert am Sonntagmittag: Träumereien. Chopin ist das Geschenk der Polen an die Welt.

30.–31. Juli 1990, Krakau
Über Krakau liegt noch immer ein Hauch Österreich. Straßenmusikanten, Geigenschnulzen in der Nähe eines Cafés unter den Tuchhallen am großen Marktplatz. Kellner, die zwischen Galanterie und Eitelkeit der Selbststilisierung schwanken. Rokokobürgerhäuser, von denen nicht wenige derzeit einer Restauration unterzogen werden. Galerien und Studentenatmosphäre, buntes Geschäftstreiben in der lebendigen Altstadt. Das geheimnisvolle Halbdunkel in der Marienkirche, in deren Chor der Marienaltar von Veit Stoß glänzt und mich wie jeden Besucher gefangen nimmt. Ein großartiges Stück europäischer Kultur des 15. Jahrhunderts mit seinem spätmittelalterlichen Universalismus. Das Collegium Maius der Jagiellonen-Universität, dessen Gebäude gut nach Oxford passen würden, bis zu dem Senatssitzungsraum, an dem ein prächtiger High Table verloren gegangen ist. Professor Stanisław Waltoś, Professor für Kriminalrecht, lädt zum Abendessen bei seiner Familie. Die spießig eingerichtete Dreizimmerwohnung mit Bechstein-Flügel, ein bunter Gästekreis: eine Engländerin, ein amerikanischer Maler, eine polnische Kollegin aus der Stadt. „Wir Polen sind die eigentlichen Verlierer

des Zweiten Weltkrieges", sagt Waltoś. Aber nach den guten Ergebnissen der „2+4-Verhandlungen" habe er keine Sorgen mehr wegen der deutschen Einheit.

Romantisch wäre das alte Krakau, wenn über der Stadt nicht ein brennender, in den Augen beißender Grauschleier läge, der vom östlich gelegenen Nowa Huta, aus der DDR und selbst über die Berge der Hohen Tatra aus der Tschechoslowakei herübergetragen würde. Braunkohleverbrennung und Autoabgase. Die UNESCO hat Krakau nicht nur auf die Liste der schönsten, sondern auch der am meisten bedrohten Städte gesetzt. Schon frühmorgens dieser furchtbare Grauschleier, der alles eintrübt. Die ökologische Krise ist zutiefst eine Bedrohung Osteuropas und des ganzen Kontinents. Der Wawel, Polens heiligster Schrein, die Grabstätte vieler Könige und Großen, der nationale Pathos hat hier seinen politischen Mittelpunkt. Polen, so hatte Professor Waltoś gesagt, war groß, solange seine Hauptstadt nicht die größte Stadt war. Beherzigenswert auch für die Deutschen.

Grau in grau, viele zerstörte Häuser, deren tote Fenster den Sehschlitzen marokkanischer Felsenburgen ähneln: das Judenviertel Kazimierz. Neu errichtet die Synagoge und der bis 1530 zurückreichende Friedhof mit einer Klagemauer aus zertrümmerten Steinen aus der Nazizeit. Von den ursprünglich 65.000 Juden Krakaus leben noch 200. Der jüngste von ihnen, sechzigjährig, zeigt mir den Friedhof. In der nahen, ebenfalls wieder errichteten gotischen Synagoge rezitiert ein amerikanischer Chor Psalmen. Rudimente eines untergegangenen, brutal vernichteten Stückes Europas.

1. August 1990, Tschenstochau
Tschenstochau, Jasna Góra. Der Mauerring um den Gnadenkapellenkomplex wirkt wie ein trutziges, trotziges Zeichen des Schutzes der Seele Polens. Hierher pilgern jährlich 1,5 Mio. Polen. Bittstelle und seelische Aufrüstungskammer. Verehrt, angerufen und bewundert wird die Schwarze Madonna, jene Ikone des 14. Jahrhundert, die eingefasst in Gold im Altarraum der Gnadenkapelle hinter einem Lettner aus Eisen schon starke Anklänge an die ostkirchliche Weltentrückung zeigt. Die Gläubigen knien in Ehrfurcht, auch die Männer. Einfache, gehärtete Bauerngesichter, von Wind und Wetter und den Untiefen des Lebens zerfurchte slawische Gesichter in innerer Erhabenheit vor der Gottesmutter. Erhebende liturgische Gesänge, fast flehentliches Schluchzen beim Abendsegen um 21 Uhr, zu dem sich gut 2000 Menschen eingefunden haben. Begrüßt in ihren Sprachen werden Pilger aus Italien und Ungarn.

2.–3. August 1990, Oppeln
Gen Oppeln zu, in den sandigen Oderniederungen mit ihren Birkenwäldern, steigert sich die Fruchtbarkeit der Landwirtschaft und offenbar auch ihre Produktivität. Erstmals seit Kriegsende ist Polen 1989 wieder agrarischer Selbstversorger. Die Weizenernte steht in vollem Schwung, Bauern sind überall auf dem Feld bei der Arbeit. Gen Oppeln zu werden auf einmal die Häuser der Dörfer und Kleinstädte ansehnlicher, häufiger geweißt, mancher Neubau. Nett, geradezu liebevoll restauriert ist Oppelns Hauptbahnhof nebst

einer computergestützten Informationsdatenbank. Das dem Florentiner Palazzo Vecchio abgekupferte Oppelner Rathaus überragt die Stadt.

„Oberschlesien ist mein liebes Heimatland, wo vom Annaberg man schaut ins weite Land, wo die Menschen bleiben treu in schwerster Zeit … wo die Häuser grau und hell die Herzen sind. … Oberschlesiens Menschen sind als treu bekannt." So singen sie, die Oberschlesier, und auch meine Verwandten in Niewodnik, früher Fischbach, und in Polska Nowa Wies, früher Polnisch-Neudorf, singen so. Seit einem halben Jahr ist die „Kulturell-soziale Gesellschaft der deutschen Minderheit im Oppelner Schlesien" registriert und drückt das deutsche Empfinden dieser Menschen nach Jahrzehnten der Angst und der Verneinung ihrer Existenz aus. Paradox: Die Alten können noch Deutsch, haben aber trotz allen Wandels Skepsis und Zweifel. Der letzte lebende Bruder meines Großvaters: „Die Polen hassen uns, wir haben noch immer Angst, dass sie uns die Kehle durchschneiden." Gleichwohl hängt aber auch im Haus des Großonkels ein Bild des polnischen Papstes. Die Jungen sind voller Hoffnung und Aufbruchsstimmung. Meine Cousine Brigit sagt: „Es wird jeden Monat besser." Sie spricht – wie viele junge schlesische Menschen – nur polnisch. Ab dem neuen Schuljahr kann Deutsch an Schlesiens Schulen unterrichtet werden. Außerhalb Schlesiens war dies allerorten in Polen bereits seit Jahrzehnten möglich, nur eben nicht unter den als unsichere Kantonisten geltenden Schlesiern.

Kilometer 164 des Oderlaufes: Die Schleuse von Döbern (Dobrzen), gegenüber von Niewodnik, wo Reinhold Sosnik, ein Cousin meines Vaters, den Familienhof führt. Als Sołtys ist er eine Art Dorfvorsteher für die vierhundert Einwohner. Er hat die Steuern der Bauern einzuziehen und ist Kummerkasten für alle, die etwas auf dem Herzen haben. Mit seinen sechs Kindern und seiner Frau aus einer polnischen Familie ohne Deutschkenntnisse lebt er sehr einfach vom Ertrag seines sechzehn Hektar großen Hofes. Maschinen, Kleider, alles ist alt, heruntergekommen, wenn nicht an der Grenze zur Verwahrlosung. Zu Kriegsende war das Haus heruntergebrannt worden. Es hat schwerste Kämpfe bei Niewodnik am 26. Januar 1945 zwischen Russen und Deutschen gegeben. Seither hat man wiederaufgebaut. Bis zu ihrem Tod 1955 half auch noch meine Urgroßmutter Victoria Brenny mit. Reinhold weiß, dass es trotz der guten Ernte aufgrund des Kapitalmangels wirtschaftlich schwieriger wird, erst recht, wenn infolge der Annäherung an die Europäische Gemeinschaft Privatisierungen dazu zwingen, größere Landwirtschaftsflächen zu bebauen oder als Nebenerwerbslandwirt unterzugehen. Für die Kommunisten war Reinhold schon fast ein „Kulak". Heute steht er vor dem technisch-finanziellen Zusammenbruch.

In der Diözese Oppeln, so Generalvikar Wieczorek, leben 1.800.000 Menschen, davon sind rund 700.000 der deutschen Minderheit. Auf dem Annaberg, wo seit dem 4. Juni 1989 wieder Messen in Deutsch gelesen werden, witzelt der Pfarrer, ob Steffie Nalewaja, die mich begleitende Cousine meines Vaters, wohl in den polnischen oder den deutschen Himmel kommen werde. In Żelazno sieht die Vorsitzende der deutschen Kulturvereinigung keine Zukunft für die Schlesier in Polen und ringt doch für die

Anerkennung als Minderheit. Darüber wird im Herbst noch der Sejm in Warschau entscheiden.

4. August 1990, Kattowitz
Zwischen Kosel und Heydebreck führt der Weg über die Oder nach Gleiwitz und über Zabrze (früher Hindenburg) durch ein trostlos veraltetes, graues, stöhnendes Industrierevier nach Kattowitz. Die Öfen glühen, die Ökologie ist hochgradig gefährdet oder schon tot. Schornsteine fauchen wild Gifte in die Luft. Oberschlesiens Revier ist eine Super-Öko-Katastrophe, und in Kattowitz schlägt es dem Besucher schon nach Minuten auf die Atemwege. Bischof Damian Zimoń lebt fürstlich. „Es geht immer weiter", ist sein Lieblingssatz, alles verändere sich rapide. Bei „Brathering", ein polonisiertes Wort, umgeben von der Pracht seines Bischofspalais, erzählt er von seiner Zeit als Student bei Karol Wojtyla in Krakau. Helmut Kohl hat einen guten Namen beim Bischof, der besorgt darüber ist, dass allein im Vorjahr 100.000 der besten jungen Leute nach Deutschland gegangen seien, wo sie doch gerade jetzt hier gebraucht würden. 5,2 % Arbeitslosigkeit in Polen, und es wird mehr werden: 7000 Firmen kündigen Entlassungen an. Das sei unvermeidlich, um die bösen Geister von fünf Jahrzehnten Planwirtschaft auszutreiben. Die Preise rasen weiter hoch. Die Notenpresse kommt nicht mit. Es gibt wohl schon Noten von 500.000 Złoty, aber auch noch die alten 100 Złotyscheine mit dem Aufruf „Proletarier aller Länder, vereinigt Euch".

Spaziergang über den Zentralfriedhof von Kattowitz mit Bischof Damian Zimoń, vor dem die Menschen sich verbeugen. Männer wie Frauen küssen ihm den Ring. Der Diener Gottes als Halbgott. Auf dem Friedhof liegen sie einträchtig beieinander: Katholiken und Protestanten. Deutsche, die Namen häufig aus den Grabsteinen herausgeschlagen, wie es in der Stalinzeit geschehen konnte. Polen, darunter Wojciech Korfanty, der Anführer der Aufstände, die nach dem Ersten Weltkrieg den Anschluss ganz Schlesiens an Polen zum Ziel hatten. Ein früherer Parteisekretär der Kommunisten mit einem Gruß der Genossen aus Frankreich und ohne Kreuz auf dem Grabstein. Einer der in der Kriegsrechtszeit in Wujek erschossenen Bergarbeiter. Priester und Hausfrauen. Professoren und Arbeiter. Im Tod sind alle vereint. Fast alle. Bischof Zimoń weiß für sich einen Platz in der Kathedrale reserviert.

5. August 1990, Pécs
Die Grenzabwicklung in jener Zone, das Hultschiner Ländchen, in der sich früher preußische, österreichische und russische Interessen berührt haben, hat sich am Vortag ohne jede Komplikation vollzogen. Keine Kofferkontrolle, keine Visumspflicht für die Tschechoslowakische Föderative Republik (CSFR). In der Grenzstation steht noch „CSSR", die äußeren Verwandlungen in Prag gingen rascher über die Bühne als ihr Nachvollzug in der Provinz. Agrarland in Böhmen und Mähren, im Osten ahnt man die Karpaten. Der Portier im Traditionshotel Carlton von Bratislava fragt, ob ich mit ihm Geld tauschen möchte, er mache einen guten Preis. Das ging in Polen bei festen, angepassten Wechselkursen doch schon moderner, legaler vonstatten. Zu hören ist, es

herrsche ein leiser Bürgerkrieg mit den alten Kommunisten, die sich zum Teil in die neuen demokratischen Gruppen einschleichen würden. Die alten Industrieanlagen in der CSFR sind verheerend, abbruchreif, aber es fehlt das Geld auch hier.

Bratislava: der Name klingt schön, die Lage an der Donau und am Fuß der Kleinen Tatra ist es, das Stadtbild ist verschandelt: nur noch vereinzelte Barockhäuser, mitten durch das Viertel von Martinsdom, der früheren ungarischen Krönungskirche, und Burgberg schneidet sich eine breite Ausfallstraße, die auf die Gegenseite der Donau führt. Dort, in den furchtbaren Betonsilos sollte der neue Mensch geschaffen werden. Hammer und Sichel sind in der Stadt Alexander Dubčeks längst verschwunden. Wien liegt 55 km entfernt, aber es ist noch immer eine andere Welt. Schwechater Pils aus Dosen wird angeboten. Warum serviert man nicht das eigene gute Pivo, oder ist es schon wieder ausgegangen?

Eine Vietnamesin, nach dem Musikstudium in Weimar nun in Pécs mit einem Ungarn verheiratet, reist mit mir von Bratislava nach Pécs: ein Ort, dessen Zentrum, wunderschön restauriert ist oder gerade wird, so als wollte es in einiger Zeit zum Wettbewerb um die schönste Stadt des neuen Mitteleuropas antreten. Pécs, Fünfkirchen, das seinen Traditionen einer alten habsburgischen Provinzstadt inmitten Pannoniens, wie schon die Römer dieses Gebiet nannten, alle Ehre macht. Ungarns erste Universität war 1367 hier gegründet worden. In der Stadtmitte steht das wuchtige Gebäude der 1580 errichteten Ghazi Kasim Pascha Moschee, Ungarns ältestem Gebäude aus der türkischen Zeit (1543 bis 1696), heute Stadtkirche. Über der Mihrab mit arabischen Schriftzeichen hängt seit dreihundert Jahren wieder ein Kreuz. Die jesuitischen Reconquistadoren haben in offenkundigem Respekt vor den Türken gute Restauration und keinen Bildersturm betrieben. Bestens restaurierte Barockkirchen, der viertürmige romanische Dom im italienischromanischem Stil, ein steinernes Mysterium wie in Ravenna, eine heitere Atmosphäre in einer straßenfestartigen Budenwelt unterhalb des Domes mit Würstchen, Bier und Kunsthandwerk.

In den Zeitungen wird berichtet, dass die Besetzung Kuwaits durch den Irak anhalte. Wie wird es auf Dauer weitergehen zwischen Europa und dem Islam? Die UNO rafft sich auf, gegen die irakische Aggression für einmal resolut vorzugehen. Ausländer werden im Irak quasi als Geiseln gehalten.

6. August 1990, Novi Sad

Durch Mohács, wo die Türken 1526 ihren entscheidenden Sieg feierten, nach Szeged. Vereinzelt Pferdewagen, hölzerne Ziehbrunnen, die fruchtbare Tiefebene Pannoniens. Rast in einer Csárda, Straßenschilder nach Bukarest, weithin gepflegte Höfe und einfache, aber ansehnliche Dörfer, im Vergleich zu dem allgemeinen Bild von Grau und Verfall, ja Verfäulnis in Polen und der Slowakei. Auch in Szeged wird gewerkelt. An der Theiß gelegen, die in der Mitte des 19. Jahrhundert mit Fluten wütete und die Stadt weithin zerstörte. Am Domplatz das Pantheon großer Ungarn: Corvinus, Bartók, Semmelweis, Kodály, Liszt, Petőfi. Volle Supermärkte, von Kleidern und Mikrowellenherden bis zu Sex-Videofilmen.

Ganz locker europäisch die Zöllner, ganz europäisch die EG-Busaufkleber („EG – echt gut") von Szeged nach Subotica. Beschämend, wie polnische Mitreisende gefilzt werden. In Szeged waren aber auch russische und jugoslawische „Handels"-Besucher zu sehen und Zigeuner[1] nahe an der rumänischen Grenze. Ich tauche ein in das Vielvölkergemisch Jugoslawiens. Hier in der Wojwodina siedelten die Habsburger nach der Zurückschlagung der Türken Menschen aus allen Ländern Europas und den verschiedenen Stämmen der Südslawen an. Es riecht nach Knoblauch, die Qualität der Häuser wird besser, der Menschentypus rustikaler, ruppiger als in Ungarn. Die Musik präsentiert erste orientalische Einsprengsel. Ihr melancholischer Ton ist bestens dazu geeignet, in die Industriezone um Novi Sad hineinzuführen. Schon 20 km vor der Stadt ist der Himmel bleigrau, die Luft wird dick und drückend, der Mond ist nur verhüllt zu erahnen, Fabrikschlote stoßen tödliche Gase in die Luft. Eine der ökologischen Höllen Osteuropas. Titos Modernisierungskommunismus beutete auch die Natur skrupellos aus.

7. August 1990, Sarajevo
Irgendwo in der Bergwelt Bosniens beginnt man damit, den Kaffee auf türkische Weise zuzubereiten. Ich bin im rauen Bosnien-Herzegowina. Eine ebenso pittoreske wie erinnerungsschwere Überraschung ist seine Hauptstadt Sarajevo. Am 28. Juni 1914 wurde hier Habsburgs Thronfolger Franz Ferdinand ermordet, Tage darauf brach der Erste Weltkrieg aus und der brodelnde Hexenkessel des Vielvölkertums auf dem Balkan kochte auf. Was für eine herrlich gelegene Stadt ist Sarajevo, in einem weiten Gebirgstal, von hohen Bergen schützend umgeben. Europa mit Moscheen statt Kirchtürmen. Die Altstadt, Baščaršija, in deren gedrungenen, einstöckigen Holzhäusern alles verkauft wird, was Einheimische und Touristen begehren, plaudert eine Gruppe Arbeiter nach Feierabend in der typisch-männlichen Posiergeste des Südens am hübschen, holzverzierten Brunnen. Geschäftig eilt ein Herr in Anzug und mit Aktenkoffer über den Platz. Ein punkig aufgedonnertes Mädchen zieht ihre Kreise. Touristen aus den USA mit Bayernhut, aus Österreich mit Birkenstock-Sandalen, aus Frankreich mit Videokamera und aus der arabischen Welt mit hennagefärbtem Bart, gehüllt in eine Dschallabija und mit der Gebetskappe (Takke) auf dem Kopf. Das Rattern der Straßenbahn mischt sich mit orientalisierter bosnischer Kassettenmusik. Von den Hängen hallt der Gebetsruf des Muezzins in die Stadt hinein.

Das Museum Mlada Bosna, Junges Bosnien, am Ufer der Miljacka, liegt genau an der Stelle, wo beim Überqueren der Brücke, die bis heute blumengeschmückt und nach Gavrilo Princip benannt ist, am 28. Juni 1914 Erzherzog Franz Ferdinand und seine Frau Sophie von Hohenberg von eben jenem Gavrilo Princip mit drei Schüssen getötet

---

[1] Dieser Begriff wurde von mir 1990 in keiner Weise in herabwürdigender oder sogar rassistischer Weise verwendet. Er entsprach dem damaligen Sprachgebrauch. Insofern ist seine Wiedergabe an dieser Stelle eine Quelle über historische Zuschreibungen, die in späterer Zeit anders formuliert werden.

wurden. Drei Schüsse, die den Ersten Weltkrieg auslösten. Princip wird hier heute als nationaler Befreiungsheld verehrt. Selbst die Kleider seiner Mutter, einer armen bosnischen Bauersfrau, werden gezeigt. Es fehlt nicht das Votum seines österreichischen Verteidigers („auch nach den Gesetzen Österreich-Ungarns nicht schuldig"), Bilder aus der Haft in Theresienstadt, wo er 1918 angeblich an Knochentuberkulose starb. Kein Wort vom Ersten Weltkrieg, nur das Reiseitinerar Franz Ferdinands bis zur tödlichen Stunde in Sarajevo um 11 Uhr 30 ist ausgestellt.

Durchs gebirgig-schroffe Bosnien. In Mostar überwiegen noch einmal die Moscheen, dann kehren sich, abfallend zur kroatischen Küste, die Verhältnisse zu Gunsten der Kirchen um. Die Musik im Bus wechselt von orientalischen Tönen zum Oberkrainer Akkordeonklang. Am Ende prachtvolle Blicke auf ein wolkenverhangenes Mittelmeer bis Dubrovnik. Im November wird es Wahlen in Jugoslawien geben. Wird man in Kroatien für die Unabhängigkeit und ein Zusammengehen mit Kroatien und Slowenien zu einem nach Westeuropa orientierten Staat votieren? „Hier brach der Erste Weltkrieg aus", räsoniert ein Kroate beim gemeinsamen Blick auf die Adria, „hier kann auch der Dritte Weltkrieg ausbrechen." Nach einer Pause schiebt er nach, zögerlich, ängstlich: „Hoffentlich nicht." Jedenfalls habe er mit den kyrillisch schreibenden, das Land künstlich dominierenden Serben nichts gemeinsam. Jugoslawien müsse verfallen, so sein Verdikt.

15.–17. August 1990, Tirana
Zwei Tage in einem der am strengsten isolationistischen und verschlossenen Länder der Welt. Zwei Tag im Land der Skipetaren. Zwei Tage unter den drei Millionen Skipetaren, die sich als Erben der Illyrer sehen. Zwei Tage in einer trostlosen Gegenwart, inmitten einer vom Staat Albanien zu verantwortenden düsteren Lebenswirklichkeit. Albanien, das ist der letzte Ort Europas, in dem Stalin-Statuen stolz in den Himmel ragen. Mittelalterliche Landwirtschaftsmethoden werden praktiziert. Raue, freundliche, aber höchst einfache Menschen, die total isoliert von der Welt um sie herum, eingegrenzt von der Adria und von steilen Bergen, unter der Knute des rigiden Geheimdienstes Sigurimi leben. Sie werden beherrscht von einer kleinen Nomenklatura, deren Heuchelei und Arroganz sich nicht von der in anderen kommunistischen Staaten unterscheidet. Aber was überhaupt ist vergleichbar mit Albanien? Nie sah ich solche Rückständigkeit, ja geradezu Primitivität in Europa wie auf der Rundreise. Ich bin Teil einer jugoslawischen Reisegruppe der Agentur Atlas, die seit drei Monaten als erste die hermetisch abgeriegelte Grenze nach Albanien überqueren darf. Es herrscht große Tristesse. Das Regime um Ramiz Alia, dem Generalsekretär der Partei der Arbeit, will weiterhin seine Festung bewahren. Je länger das Aufwachen dauert, desto härter werden die Albaner vom Leben bestraft werden.

Die weite, karge Berglandschaft Montenegros hatte sich südlich der gesichtslosen Hauptstadt Titograd in das weite Tal des Shkodari-Sees geöffnet, durch den sich die Grenze zwischen Jugoslawien und Albanien zieht. Kaum Grenzverkehr. Einige Personenwagen mit italienischem Nummernschild werden von den Jugoslawen durchgelassen, hundert Meter weiter von den albanischen Grenzsoldaten abgewiesen: Private Visa werden von Albanien nicht erteilt. Zwei, drei Lieferwagen warten auf eine Abfertigung, zwei Männer gehen zu Fuß über die Grenze. Die Reisegruppe, der ich mich angeschlossen habe, wird einzeln aufgerufen, das Gepäck kontrolliert, der Pass gestempelt. Formulare über Warenbesitz und Devisen müssen ausgefüllt werden. In den pinkfarbenen Zollgebäuden stehen die gesammelten Werke Enver Hoxhas. Seit Kurzem liegt der 68. Band vor, wie ich später in einer Buchhandlung in Tirana sehen kann. Zwei junge Reiseführer steigen zu, politische Fragen werden abgewimmelt. Evas Vater ist Diplomat, sie lernte Französisch, wie ihr Kollege ist sie auf fast prätentiöse Weise selbstbewusst. Gleich hinter der Grenze öffnet sich eine weite Talebene. Karger Boden, bald sind die ersten Bunker zu sehen, die wie Stahlhelme aus dem Boden ragen. Es scheint davon mehr zu geben als Menschen, auch in den Städten sind sie allgegenwärtig. Eine permanente Bedrohungs- und Verteidigungspsychose hat ihren die gesamte Gesellschaft erfassenden architektonischen Ausdruck gefunden.

Kinder, auf klapprigen chinesischen Fahrrädern, winken freundlich, starren die Ausländer wie Mondmenschen an, ebenso die in weiße, zum Teil hübsche Tracht gekleidete Bäuerinnen. Pferde- und Eselskarren, die Tiere sind eher mager, ziehen klapprigstes Gestell. Die Bauern arbeiten hart, aber die Erträge sind minimal, die Felder sind verkommen, ungepflegt, sozialisiert. Baumwolle, Tabak, Wein, Mais – alles in schlechter Qualität. Verkümmerte Tomaten sind zu sehen, welcher Kontrast gegenüber den prachtvollen Exemplaren, die unter der gleichen Sonne nebenan in Jugoslawien wachsen. Primitive Bewässerungskanäle, Menschen liegen zum Mittagsschlaf am Wegesrand, die Straße, in der Landkarte als die beste Albaniens ausgewiesen, ist ein besserer eineinhalbspuriger Weg, geteert zwar, aber holprig. Es gibt kaum Traktoren, und wenn, dann uralte chinesische Modelle. Lastwagen und Militärfahrzeuge sind halb zerfallen, alles ist zutiefst rückständig; die meisten Bäuerinnen und Bauern arbeiten mit Spitzhacken. Stolz verkünden die Führer – beide waren nie im Ausland –, die Häuser auf dem Lande seien privat. Es sind verfallene Hütten, alles ist erbärmlich veraltet. Umrahmt wird die Kulisse von der machtvollen Bergwelt Albaniens. Shkodër, Skutari, eine Stadt ohne Privatwagen, nur wenige Fahrräder. Breite Straßen, verrottete Appartementhochhäuser, keine Gärten, um die Häuser herum sieht es aus, als sei der Bau noch unvollendet, dabei zerfallen Häuser, Balkons, Eingänge schon. Spärlich ausgestattete Lebensmittelgeschäfte, primitive Kleinsthandelsgeschäfte. Eine Bäckerei, ein Friseur, eine Bar, ein Schneider, ein Uhrmacher, ein Gemüseladen. Überall stehen Männer herum, meistens eher jünger und arbeitslos. Die Kinder wirken teilweise unterernährt, die Frauen pummelig. Ausländer sind eine Sensation, Neugier, Skepsis, Befremden, Interesse an einem heiteren Annäherungswillen, von allem etwas steht den Menschen ins Gesicht geschrieben.

In Lezhë steht das Grabmal von Skanderbeg, dem Nationalhelden des 15. Jahrhunderts. Um eine Kirchenruine ist ein stalinistischer Pseudotempel errichtet. Der Führer spricht von „Genosse Skanderbeg". Überall im Lande stehen triumphale Denkmäler mit Sturmszenen, Albanien im stalinistischen Marschschritt. Propagandaplakate, lang lebe der Marxismus-Leninismus, ökonomische Erfolgsbilanzen, Parteiappelle. Im Jahr 1912, nach dem Ersten Balkankrieg, war Albanien als Königreich vom Osmanischen Reich unabhängig geworden, dem es mehr als vierhundert Jahre angehört hatte. Nachkriegswirren und die Besatzung des fragilen Landes durch Italien zwischen 1939 und 1944 mündeten in die kommunistische Diktatur. Es kam 1961 zum Bruch mit der Sowjetunion und der Hinwendung zur Volksrepublik China.

Durrës, am Meer, Ort eines verfallenen Amphitheaters der Römerzeit, per Zufall 1964 wiederentdeckt. Eine trostlose Hauptgeschäftsstraße, keine Autos außer Regierungswagen, ein heruntergekommener kleiner Hafen, ein verwahrloster, liebloser Strand mit Wohnsiedlungen, um die sich linientreue Albaner für den zweiwöchigen Sommerurlaub bewerben dürfen. Einige „Luxushotels" mit grauen, schäbigen Interieurs und breiten Fluren für die Nomenklatura. Es riecht nach China. Zu Mittag hatten wir in Lezha gegessen, in einem ehemaligen Jagdhaus, das Mussolini für seine Tochter Edda hatte bauen lassen, aus Holz und istrischem Stein, karges Interieur, schlechtes Essen, nicht einmal Mineralwasser.

Die Einfahrt nach Tirana ist wie die Einfahrt in den Hinterhof einer verarmten Kleinstadt: billigste, heruntergekommene Wohnsiedlungen, schäbige, uralte Fabriken sind zu sehen, eine für Textilien, eine für Nahrungsmittel. Ein Holzlager für Brennholz, keine Autos, ein großes Dorf von 300.000 Einwohnern. Alle schäbigen Wege führen auf den Hauptplatz mit vergoldeter Enver-Hoxha-Skulptur, die Ministerien, das Nationalmuseum mit dem Supermosaik einer am Maschinengewehr stürmenden Frau, gefolgt von ihrem Volk, das Hotel Tirana, das einzige Hochhaus am Ort. Ich muss das Zimmer wechseln, bevor ich kam, hat jemand alle Badezimmerarmaturen im 9. Stock abmontiert. Alle Güter sind knapp in Albanien. Gespenstisch sind die abends entvölkerten, überbreiten Boulevards. In ganz Albanien sehe ich weder eine Kirche noch eine Moschee. Das bestens bewachte Gebäude des Zentralkomitees, das Hoxha-Gedenkmuseum, ein Marmorbau, das Parlament mit Stalin- und Leninstatuen vor dem Eingang: Es mutet an wie die Kulisse für einen schlechten Film. Zu „Lambada" amüsiert sich in einem Restaurant eine Bonzen-Gesellschaft, die Damen gut gekleidet. Nordkoreanische Gäste sind zu sehen, eine Sängerin sorgt für Stimmung. Ich werde sofort abgewiesen, muss auf der Straße weitergehen, bitte nicht auf dem Bürgersteig, so nahe an den Villen, die hinter hohen Mauern zu sehen sind. Allgegenwärtig sind Spitzeltypen im Stadtzentrum, wo die Nomenklatura gut gesichert vom eigenen Volk lebt.

Frühmorgens füllt sich der Zentralplatz mit Menschen, die wenigen Busse bringen Arbeiter und Angestellte zur Arbeit. Kindergarten Nr. 7, Block Nr. 2, Demokratische Front, Ambulanz Nr. 5. Zwischen Ministerien, deren Fensterläden zum Teil verfallen sind, der Universität, Mittelschulen, der Radio- und Fernsehstation, Botschaften und der Klinik der Stadt grasen Ziegen und Schafe. Die Welt der Bauern lebt auch in Tirana. Vor der italienischen, der französischen und der türkischen Botschaft stehen Sonderkommandos der Polizei mit Schlagstöcken. Sperrarbeiten sind zu sehen am Anfang der Straße, die zur deutschen Botschaft führt. Kein Regimerebell soll mehr Zuflucht bei den Imperialisten finden, so wie allein dreitausend Menschen, die im vorigen Juni in die deutsche Botschaft geflüchtet waren. Das Regime richtet sich offenbar darauf ein, noch ein paar Jahre durchzuhalten. Ein Wandel ist trotz des derzeitigen Besuches von UNO-Generalsekretär Pérez de Cuéllar und allgemeinen Reformankündigungen offenbar nicht in Sicht. Die versprochene Reisefreiheit wird faktisch nicht gewährt. Wer würde auch wiederkommen?

Auf der Märtyrergedenkstätte mit Blick über die Stadt, die pastoral-bukolisch anmutet, wären da nicht hässlich schwarze Rauchausgüsse einiger Schornsteine, liegt neben Gefallenen des Partisanenkrieges gegen Deutsche und Italiener auch Enver Hoxha begraben: sein Name, die Lebensdaten 1908 und 1985. Das ist alles, was die rötliche Grabsteinplatte ziert, hinter der zwei Soldaten Wache halten. Daneben steht überdimensioniert im stalinistischen Stil die Statue von Mutter Albanien, die alle schützt, in ihrem martialisch-männlichen Pathos aber eher abschreckend wirkt. Links vom Märtyrerfriedhof, auf halben Weg aus der Stadt heraus, der ehemalige Palast von König Zogu, heute Gästehaus der Regierung. In der Stadt selbst ist nur die Botschaft von Kuba leidlich gepflegt. Wo die Abgesandten Nordkoreas und Chinas logieren, lässt sich nicht ausmachen.

Der Regimedruck lässt kaum Spielraum für die Entstehung oder gar Entfaltung einer Opposition. Das müsste wohl schon eher von der Armee oder aus den Parteikadern heraus erwachsen. Wie viele Jahre haben sie wohl noch, die alten Stalinisten von Tirana? Die übergroße, neue, saubere Ausstellungshalle mit *Albanien heute,* die einzige Propaganda, der wir ausgesetzt werden: Selbstbewusst lacht, ja stürmt Ramiz Alia dem Besucher auf einem Riesenporträt entgegen. Parteisprüche umrahmen ihn. Toiletten und Sportschuhe, Brautkleider und Landmaschinen, technologisch um Jahrzehnte zurück, Zahnarztstühle und Schulbücher, Kinderspielzeug und ein Modell des Hafens von Durrës. Dem Besucher strahlt die geballte Kraft der autonomen, allein auf die eigenen Kräfte gestützten Wirtschaft des Landes an. Bis zu den Lebensmittelkonserven: Alles wirkt muffig, abgestanden. Einige Stunden später: Jemand schiebt den Gitterzaun mit dem albanischen Adler zur Seite, die Grenzabwicklung ist freundlich, ohne jede Kontrolle diesmal, wir sollten wiederkommen und dann für länger in sein schönes Land, in dem es noch so viel zu sehen gäbe, sagt unser Begleiter zur Verabschiedung. Ein Händedruck, ein Dankeschön, Aufatmen, wir sind wieder in Jugoslawien, irgendwie im Westen.

18.–19. August 1990, Ljubljana
In Slowenien, der am weitesten entwickelten der Sozialistischen Föderativen Republiken Jugoslawiens. Nach ersten freien Wahlen im März 1990 wurde die Teilrepublik in Republik Slowenien umbenannt. Nicht ausgeschlossen ist die baldige Erklärung der Unabhängigkeit von Jugoslawien, wie auch immer die anderen Teilrepubliken sich entwickeln werden. Ljubljana, Maribor, schöne Bergwelt. Alles macht einen guten, sich dem EG-Europa wahrhaft annähernden Eindruck. Laibach, Ljubljana: Sezessionsstilbauten. Wenn die Stadt nur ein wenig aufgeputzt würde, könnte sie mit Salzburg wetteifern. Die Dreifachbrücke über die Ljubljanica ist einfach fabelhaft.

31. August–1. September 1990, Rostock
Abschiedsbesuch in der DDR mit Gray MacCalley, einem befreundeten amerikanischen Diplomaten. Schwerin, Güstrow, Stralsund, Rügen, Rostock, ein letzter Blick in einen gescheiterten deutschen Staat, ein erster Blick auf Mecklenburg-Vorpommern. Wir treffen auf junge Leute, für die die Begegnung mit Gray die erste mit einem Amerikaner ist. Die Lichter an der Grenze zwischen Schleswig–Holstein und Mecklenburg werden bald ganz abgeschaltet, die Wachanlagen werden bereits jetzt abgebaut. Das Zusammenwachsen der zwei deutschen Staaten hat begonnen. Wie werden sich die beiden Gesellschaften entwickeln?

6.–9. September 1990, Balatonföldvár
In ein ehemaliges Parteierholungsheim der ungarischen Kommunisten, das soeben zu einem Clubhotel umgewandelt wurde, hat mich Ludger Eling im Namen der Konrad-Adenauer-Stiftung zu einem Gesprächskreis über die weitere Gestaltung der Europäischen Gemeinschaft eingeladen. Seitdem József Antall, Vorsitzender des Magyar Democratic Forum (MDF), im April 1990 zum ersten nichtkommunistischen Ministerpräsidenten Ungarns gewählt worden ist, dreht sich das europäische Rad auch in Ungarn schneller. Ich spreche über die Bedeutung von Föderalismus und Subsidiarität und über die verschiedenen Europakonzepte, die derzeit allerorten diskutiert werden. Ich plädiere vor dem Kreis von Politikberatern aus Ungarn, Deutschland und Großbritannien für eine zügige Assoziierung Ungarns mit der Europäischen Gemeinschaft bei einer klaren Perspektive der vollen Mitgliedschaft. NATO und KSZE seien nur komplementär zur EG, aber kein Ersatz. Meine Freunde Stephan Eisel aus dem Bundeskanzleramt und Johannes von Thadden vom Deutschen Industrie- und Handelstag sind dabei, Jacqueline Hénard von der *Frankfurter Allgemeinen Zeitung,* Brendan Donnelly und Andrew Tyrie, die bei den britischen Konservativen Karriere machen wollen, Jonathan Eyal vom Royal United Service Institute for Defense Studies, Isabel Hilton vom *Independent,* aber auch Patrick Robertson, der Anfang 1989 als Student in Oxford die Bruges Group gegründet hat, die so gar nichts von der Europäischen Gemeinschaft hält und das Verhältnis Großbritanniens zu Europa grundsätzlich revidieren möchte.

Mit Gábor Erdödy, Historiker an der Eötvös-Loránd-Universität Budapest verstehe ich mich auf Anhieb blendend. Er wird bald auf Bitten von Ministerpräsident József Antall als Gesandter an die ungarische Botschaft in Bonn gehen. István Forrai und Imre Oravecz aus dem Büro von Ministerpräsident Antall, György Granasztói vom Büro für auswärtige Angelegenheiten des Magyar Democratic Forum (MDF), Péter Farkas, der Parteivorsitzende der Christlich-Demokratischen Volkspartei (KDNP), Judit Horvath aus dem Finanzministerium und Gabriella Lőcsey, Journalistin des ungarischen Rundfunks, sind kluge Gesprächspartner. Am eindrucksvollsten ist Ungarns Handelsminister Péter Ákos Bod, der eine schonungslose Analyse der Schwierigkeiten vorlegt, denen Ungarn bei einer raschen vollständigen Öffnung als Marktwirtschaft gegenüberstehen wird. Kádár, so sagt Frau Horvath, habe die beste Baracke im kommunistischen Lager hinterlassen. Aber ist der Westen nun bereit, Ungarn als Teil der atlantischen Werteordnung aufzufassen und Schritt für Schritt zu integrieren? Wie wolle Ungarn die Wiedergewinnung nationaler Souveränität und strukturierte, geteilte europäische Souveränität miteinander verbinden, lautet die Gegenfrage einiger skeptischer deutscher Gesprächsteilnehmer.

14.–16. September 1990, San Francisco
Der Atlantic Council of the United States hat mich zu einer zweiwöchigen Rednerreise eingeladen. Am Flughafen steht ein Leihwagen bereit, dann muss ich mich in der großen Freiheit Kaliforniens zurechtfinden. An der Berkeley University, dem Epizentrum der 1968er-Hippie-Bewegung, treffe ich den renommierten Soziologen Reinhard Bendix, dessen Buch *Könige oder Volk* mir tiefgreifende Maßstäbe für kultursoziologische Vergleiche auch in der gegenwärtigen Welt eröffnet hat (1980). Der Historiker Gordon Craig, der große alte Mann der Deutschlandforschung, gibt mir später an der Stanford University eine ermutigende Einschätzung der künftigen Rolle Deutschlands in Europa mit auf den Weg. Ich frage ihn nach seinem Portrait über die Deutschen, das mich sehr belehrt hat. Er müsse nun, angesichts der Wiedervereinigung der Deutschen nichts ändern. Das könne wahrscheinlich nicht jeder sagen, der in den letzten Jahrzehnten über die Deutschen geschrieben habe, schmunzelt Gordon Craig (1982).

17. September 1990, Santa Rosa
Im Weingebiet nördlich von San Francisco, beim World Affairs Council of Sonoma County und an der Sonoma State University, werden mir freundliche Löcher in den Bauch gefragt, was in Deutschland vor sich gehe, wie das vereinigte Deutschland sich in Europa einfüge, welche Rolle die USA künftig in Europa spielen könne. Die für mich außergewöhnlichste Erfahrung: Die Leute haben Eintritt bezahlt, um beim World Affairs Council of Sonoma County mein Update zur unmittelbar bevorstehenden deutschen Vereinigung zu hören. Fünf US-Dollar für Mitglieder, zehn US-Dollar für Nichtmitglieder, zwei US-Dollar für Studenten. Ich erhalte kein Honorar, aber zumindest ein ordentliches Dinner und ein schönes Hotelbett für die Übernachtung.

18.–20. September 1990, Chico
Unterdessen bin ich vom Leihwagen aufs Flugzeug umgestiegen. California State University, Rotary Club, International Forum in Chico, dann California State University in Sacramento und der dortige World Affairs Council, schließlich California State University Fresno: ein eng durchgetaktetes Programm, das mich trotzdem die Weite Kaliforniens genießen lässt.

21.–23. September 1990, Chicago
Craig Kennedy, der Präsident der Joyce Foundation, und seine Frau Karen führen mit mir die intensivsten Gespräche, die ich jemals mit Amerikanern über Indien, Kultur und Dritte-Welt-Fragen geführt habe. Sehr anregende Stunden vergehen im Fluge. Das Vorortleben der Familie Kennedy lerne ich kennen, ebenso Chicagos eher grau-wuchtige

Innenstadt mit ihren vielen Hochhäusern von Stararchitekten. An der University of Chicago die gleiche frohe Neugier wie im kalifornischen Westen. Wiedersehen mit David Ghaussy, dem Sohn meines afghanischen Professors in Tokio. David stößt zum Lunch-Gespräch in der Joyce Foundation zu den Geschäftsleuten und Journalisten, die Craig Kennedy zusammengetrommelt hat, um mit mir über Deutschland und Europa zu diskutieren.

24.–25. September 1990, Washington D.C
Desmond Dinan, George Mason University in Washington D.C., der beste Experte für Fragen der Europäischen Gemeinschaft in den USA, wirft einen klugen Blick auf die vor der EG liegenden Widersprüche. Er warnt vor zu komplizierten Widersprüchen, in die sich die EG begeben könnte, wenn sie sich gleichzeitig erweitern und den Grad der Integration vertiefen wolle. Gleichzeitig ist er neugierig, aktuelle Einschätzungen von mir aus der sich noch immer fast täglich entwickelnden Lage in Europa zu hören. Ronald Calinger von der Catholic University of America und Kathleen McGinnis vom Trinity College, im Mount St. Mary's College in Emmitsburg, Maryland, vor allem aber die Studenten sind es, die mich mit scharfsinnigen und durchweg von Sympathie für Europa geprägten Kommentaren bereichern.

26.–27. September 1990, Baltimore
Ich bin beeindruckt vom Inner Harbour Baltimores – die Stadt, in der deutsche Wissenschaftstradition ihren ersten Ankerplatz gefunden hatte. Ich besuche aber nicht die Johns Hopkins University, die sich nach dem Vorbild der Universität Heidelberg die Einheit von Forschung und Lehre auf die Fahnen schrieb, als sie 1876 gegründet wurde. Stattdessen halte ich an der besten schwarzen Universität von Maryland, der Morgan State University, mehrere Vorträge. Gelbe Ankündigungsplakate empfangen mich auf dem Campus: „The New European Community", „A United Germany in a United Europe" und „The End of Communism: A new agenda for history". Zum Ausklang der Vortragsreise geht es zur University of Maryland in College Park. Die akademischen Ressourcen der USA sind einfach unschlagbar und *never ending*. Auch hier bilanziere ich: Ohne die transatlantische Partnerschaft werden weder Deutschland noch Europa eine gute Zukunft haben.

29.–30. September 1990, Oxford
Zwei Skepsis-beladene Tage in Oxford. Bei einer Tagung im St. Antony's College dominieren massive Zweifel vieler Kollegen am guten Ausgang der deutschen Vereinigung. Welche Kontraste der Mentalität zwischen den USA und Großbritannien. Zuweilen scheint es, als würden Deutsche, die in Großbritannien leben, noch mehr Skepsis kultivieren als die Briten selbst. Meinem Plädoyer für ein föderales Europa als machtpolitische Antwort auf die *incertitudes allemandes* widerspricht Ralf Dahrendorf mit dem Hinweis, schon das Wort „federal" habe in Großbritannien eine völlig andere

Konnotation als in Deutschland. Daher sei föderales Denken ganz gewiss als europapolitische Perspektive untauglich.

3. Oktober 1990, Bonn
In Frieden und Freiheit Einheit für alle Deutschen. Versöhnt mit den Nachbarn, ein Ende der dunklen DDR-Diktatur und ihres Staates, ein Fortgang der Bundesrepublik Deutschland unter leicht geänderten Bedingungen und doch so viel Neues. Glockenläuten, Wunderkerzen. Mahnende Worte eines Rabbi im Bonner Münster, der von der immer wiederkehrenden „Versuchung der Macht" spricht und alle christlichen Konfessionen auffordert, für alle Deutschen zu beten. In die Freude mischten sich Nachdenklichkeit, auch Ängste. Volksfest auf dem Bonner Rathausplatz. Deutsche Fahnen – nicht zu viele – schwingen zum Rhythmus amerikanischer Musik („We are the world"). Die Nationalhymne wird textlich eingeblendet. Nur wenige singen mit. Mehr Begeisterung löst das schöne Feuerwerk aus. Ohne jeden Hauch Nationalismus ist das Land der Deutschen seit diesem Tag vereint. Der Zweite Weltkrieg ist wahrhaft beendet. Der Triumph der Freiheit tritt in seine eigentliche Bewährungsprobe.

29. Oktober–3. November 1990, Tunis
Das angesehene Centre d'études et de recherches économiques et sociales (CERES) in Tunis bittet mich um einen Vortrag zur Menschenrechtsthematik unter dem Titel „Entre universalisme éthique et relativisme culturel". Schirmherren der Veranstaltung sind der Staatssekretär für die Höhere Bildung und Forschung von Tunesien, Sadok Chaabane, und Mona Makram-Ebeid, angesehene Politikwissenschaftlerin an der American University in Kairo, und Hassib Ben Ammar, Direktor des Institut Arabe des Droits de l'Homme, vormaliger Minister und Kritiker von Präsident Ben Ali. Am 2. August 1990 hatte Irak Kuwait besetzt. In der Luft liegt weiterhin die Möglichkeit einer gewaltsamen Befreiung Kuwaits durch amerikanische Truppen und deren Alliierte. Ich empfinde die Besetzung Kuwaits als einen maximalen Schlag gegen die Menschenrechte und das internationale Recht. Unter den tunesischen und ägyptischen Intellektuellen und Politikern vermute ich mich unter Gleichgesinnten, da die Position geteilt wird, dass Invasionen völkerrechtswidrig seien. Schon die Diskussionen über meinen universalen Ansatz der Menschenrechte stoßen auf Widerspruch. In arabischen Staaten bestünden eben andere Traditionen, höre ich, da könne nicht das gleiche Rechtsverständnis gelten wie in Europa. Ich reagiere überrascht. Am Ende der Diskussion fasst CERES-Präsident Abdelwahab Bouhdiba, Soziologe und Autor eines offenbar spektakulären Buches über Sexualität im Islam, die Diskussion zusammen: Uns allen sollte doch klar sein, dass dies eine akademische Diskussion gewesen sei, auch über die Unabhängigkeit Kuwaits. Es sei heute von Irak besetzt und das werde so bleiben. Als unabhängiger Staat sei Kuwait nurmehr Geschichte. Ich bin sprachlos. Das freundliche Abendessen im Restaurant Les Cyprès des Hotels El Mechtel kann kaum versöhnen. Am nächsten Tag tröste ich mich mit einer Besichtigung des beeindruckenden römischen Amphitheaters in El Djem.

15.–17. Februar 1991, Prag
Mitteleuropa in Frost und Eis. Mit den neuseeländischen Freunden Simon und Bhaady Upton sowie Peter Kiely fahre ich von München über Landshut, Passau und Písek nach Marienbad. Wir vertiefen unsere Gespräche über die Zukunft der Weltordnung. Simon hat vor einigen Jahren dezidierte Thesen über das Verschwinden des neuzeitlichen Staates veröffentlicht. Seinen Begriff von ökonomischer Freiheit als Referenzkategorie für die Entwicklungsperspektive des Staates haben wir immer wieder diskutiert und finden auch jetzt neue Aspekte im Angesicht der Transformation in Mitteleuropa (Upton 1987). In Marienbad erinnert uns das Ambiente im ausgemachten Jugendstil an Habsburgs Glorie, ein urig-böhmischer Abend mit Egerländer Musik zugleich an die Bodenständigkeit der Gegend. Karlstein, die machtvolle, von Bergen geschützte Burg, die die böhmischen Kleinodien bewahrte, dann Prag. Die Moldau strömt nur dünn. Der unsagbar eindrucksvolle jüdische Friedhofsberg macht uns sprachlos. Wir sehen Dvořáks *Rusalka,* glänzend inszeniert im Nationaltheater. Wiedersehen mit Zdeněk Rerych nach 18 Jahren. Viel mitteleuropäisches Ambiente, aber auch viel isolationistisches Eis, das hinter aller schönen und teilweise modern akzeptablen Fassade gebrochen werden muss. Zum Ausklang, grau, bedrückend, leichennah: das Konzentrationslager Theresienstadt. Einer der Namen, hinter denen sich für immer unaussprechliches Unrecht verbirgt. Hüglig, im Schnee versinkt das Sudetenland mit seinen eigentümlichen Fachwerkhäusern. Es bleibt die Erschütterung und manche Unsicherheit über die Richtung des Neubeginns.

12. Juli 1991, Johannesburg
Die Skyline einer amerikanischen Stadt täuscht. Robert von Lucius, Studienfreund und Korrespondent der *Frankfurter Allgemeinen Zeitung,* erzählt von wachsender Kriminalität und von der Freude, dass seit zwei Tagen der internationale Sportboykott aufgehoben worden sei. Robert ist eine ebenso unerschöpfliche wie sympathische Fundgrube des Wissens über Afrika (Lucius 2021). Er kennt sich auch in der Kunst- und Kulturszene des Landes gut aus. Wir besuchen die bemerkenswerte Ausstellung des vor einigen Jahren verstorbenen namibischen Blockdruck- und Radierarbeiten-Künstlers John Muafangejo: schwarz-weiße Szenen, einfach, lebensnah, Abbilder von Wirklichkeiten und Hoffnungen.

Südafrika tritt wieder in die internationale Staatenwelt ein, seitdem im Juni die letzten großen Apartheidgesetze gefallen sind. Jetzt rücken die soziale Frage und die Verfassungsproblematik in den Vordergrund und die Verfassungsproblematik. In der Innenstadt herrscht reges Leben. Die höchsten Häuser des Kontinents, aber auch obdachlose Schwarze und Sozialküchen für Weiße. Gepflegte Geschäfte und Pionierbudenatmosphäre, Banken und Schnellimbiss, ab und an eine freundliche Begrüßung zwischen einem Schwarzen und einem Weißen, vor einigen Jahren sei das noch undenkbar gewesen. Forschungsdirektorin Mrs. Wentzel im renommierten Institut for Race Relations verweist darauf, dass die Apartheid seit den siebziger Jahren Schritt um Schritt angefochten und aufgehoben worden sei. Die jüngsten Entscheidungen von Präsident

Frederik Willem de Klerk seien zwar in aller Welt als reichlich spektakulär wahrgenommen worden, für sie aber seien dies keine Überraschungen gewesen. Apartheid versickere seit Jahren, sagt sie.

„Hoffnung ist ein gefährliches Tier im Herzen eines Schwarzen", heißt es in dem machtvollen, bewegenden Theaterstück *My children! My Africa!* Athol Fugards, das mich mit Vehemenz in die politischen Realitäten und ihren durchaus zur Tragödie hin offenen Weg einführt (1989). Im Market Theatre, dem einladend umgebauten Komplex alter Markthallen, und Mittelpunkt des hiesigen Kulturlebens, ist das schwarze Publikum in der Mehrheit. Die sehr ausdrucksstarken Schauspieler, allen voran John Kani, mit Tränen in den Augen bei den bewegendsten Momenten, inszenieren die Begegnung von einem schwarzen Schüler, Thami, und einer weißen Schülerin, Isabel. Mr. M., der gute Lehrer, vermittelt die Freundschaft im Glauben an die Rationalität des Verstandes. Aber alles scheitert, „the cause" übertrifft die Menschlichkeit. Mr. M. wird verbrannt. Thamis und Isabels Freundschaft zerbricht. Tragik, Dramatik, Hoffnung und Verzweiflung: „Das schlimmste Wort unserer Sprache ist ‚too late'." Der Theaterabend endet mit den Schauspielern bei fröhlichem Jazz, dargeboten von Alan Kwela, im „Kippies".

13.–14. Juli 1991, Pretoria
Ben Vosloo, Managing Director der Small Business Development Corporation, sagt, Südafrika werde fünf Jahre benötigen, um nach dem Ende der Apartheid und Sanktionen ökonomisch wieder stabil zu werden und das Wachstum zu gewinnen, um die verlorene Generation zu integrieren. Das ist wohl sehr optimistisch gedacht. Er schwärmt von Kooperationsmöglichkeiten mit Ungarn.

Deutschlands Botschafter Immo Stabreit und seine Frau Barbara laden mich in ihre wunderschöne, weitläufige Residenz ein. Die Gespräche kreisen um Jugoslawien, deutsch-französische Dissonanzen, die Sowjetunion. Stabreit ist besorgt über das kommunistische Eindringen in den African National Congress (ANC) und Libyens Versuche, radikale Strömungen in Südafrika zu finanzieren. Der Botschafter klagt über Schönwetterreden in der deutschen Außenpolitik und zitiert kritisch seinen Außenminister Genscher: „Apartheid ist nicht reformierbar." Das Gegenteil sehe man doch jetzt in Südafrika.

Feier des französischen Nationalfeiertags mit Ehepaar Stabreit bei der französischen Botschafterin. Kitschig-bizarr wirkt der Kinderchor, der die „Marseillaise" trillert: „Aux armes! Oh citoyens", was sagt das wohl den anwesenden Südafrikanern? Wie wird die Wirtschaft zum Laufen gebracht und: wann kommt der ANC mit eigenen politisch-ökonomischen Konzepten? Das sind die Gesprächsthemen des Tages.

Ausflug durch das burisch-koloniale Pretoria zum Union Building, dem wuchtigen Regierungskomplex. Ich sehe Ohm Krügers Wohnhaus mit dem Dokument der Ergebenheitsadresse des deutschen Kaisers, aber auch aus Frankreich und von Juden. Es folgt der Weg zum Voortrekkerdenkmal, dem martialischen Kultplatz der Buren über den Dächern von Pretoria in den weiten Hügeln Transvaals. Grauer Himmel, dämmriges Licht, graugelbbraune Landschaftsbilder. In der ruhigen, fast geräuschtoten Weite und

Unergründlichkeit des Ortes lasse ich mir noch einmal die Kerndaten der jüngeren Geschichte und dieses Zentralkonfliktes der Gegenwart durch den Kopf gehen: Dominante Bantubesiedlung von Hirten und Bauern seit 500 nach Christus. Niederländische Kolonisation im 17. Jahrhundert, wodurch Sklaven aus Indonesien, Malaysia und Indien ins Land kamen. Britische Kapkolonie seit 1806, Voortrekker und Gründung von Burenrepubliken nördlich des Oranje-Flusses, die zwei Burenkriege, Entdeckung von Diamanten und Gold, Gründung der Südafrikanischen Union 1910, Führung des Landes nach dem Zweiten Weltkrieg durch die National Party, schrittweise Einrichtung des Apartheidsystems, Soweto-Aufstand 1976 und weltweiter Protest, internationale Sanktionen, Einführung de Klerks als Staatspräsident am 20. September 1989, Aufhebung des Verbots des ANC am 2. Februar 1990, Freilassung Nelson Mandelas am 11. Februar 1990, erste Gespräche zwischen de Klerk und Mandela im Mai 1990.

15. Juli 1991, Alexandra
Im *Star*, der führenden Zeitung, endlose Geschichten über Kriminalität, Morde vor allem, aber auch über Kleinkriminalität gegen die Weißen. Die Zeitung spricht von „kleiner Gewalt", Wohl um sie abzuheben gegenüber der „großen Gewalt" der Apartheid. Südafrika empfängt eine erste Handelsmission aus der Sowjetunion. Der Londoner G7-Gipfel wird Afrika wieder einmal vernachlässigen, das Weltkapital ist knapp. 70.000 neue Klein- und Mittelbetriebe wurden in den 1980er-Jahren in Südafrika geschaffen, Schwarze haben die Gelegenheit zu Investitionen in weißen Gebieten erst seit einem Monat.

Ein trostloses Bild bietet sich in der Alexandra Township. Der Ort wuchs allein 1990 um dreißig Prozent auf 320.000 Menschen. Fünfzig Prozent sind unbeschäftigt, überall lungern arbeitsfähige junge Männer herum, Frauen warten vor einer Tagesklinik. Nur ein Fünftel der Kinder geht zur Schule, viele fallen in die Kriminalität. Dreck, Abfall, verfallene Häuser aus den zwanziger Jahren, Metallboxhütten, streunende Hunde, Elend. An der Wand eines mehrstöckigen, ordentlich aussehenden Gebäudekomplexes von Alexandra: „One settler, one bullet. PAC". Gestern wurde ein verbrannter Mann gefunden. Der wievielte? An der Brücke, die zum entgegengesetzten Hügel führt: „I will rather die for an idea that lives than live for an idea that is dead. Viva PAC". Professor Charles Simkins von der University of Witwatersrand, und der Editor der *Financial Mail*, Peter Bruce, meinen, PAC-Radikalität habe keine Zukunft. Auch der Buren-Extremismus sei kein Machtfaktor mehr. Auf dem Hügel von Alexandra sind neue, ordentliche Einfamilienhäuser entstanden, mit Garten, gepflegt, mit Wasser und Strom, vor einem parkt ein Mercedes. Die meisten Menschen sind freundlich, im Tal gibt es aber auch abweisende Blicke. Die Revolution der wachsenden Erwartungen hat begonnen.

Der Direktor der South Africa Foundation, Lewis, ist optimistisch über den eingeleiteten politischen Prozess, der in viereinhalb Jahren zum Machtwandel führen soll. Die Einmischung Sambias in den ANC sei undurchschaubar. Die Armee pflege eine unpolitisch-britische Tradition. In den mittleren Rängen der Polizei gebe es viele „Apartheid-Fundis", dort könnte es eine „third force" geben, die mitmordet. Cyril

Ramaphosa sei der effizienteste Organisator des ANC, der Politik präsentieren und machen kann.

16. Juli 1991, Soweto
Soweto, ein endloses Meer eng aneinandergebauter flacher Häuser, viele durchaus in ordentlichem Zustand, die neuen Viertel mit Strom und Wasser Telefon und Garten, aber auch furchtbare *squatters*. Neue Supermärkte, saubere Straßen, neu ausgelegte Bauflächen – man rechnet mit weiterem Zuwachs. Schwer barrikadierte Polizeistation, Hotels der Zulu-Gastarbeiter, an denen zu Jahresbeginn furchtbare Grausamkeiten begangen wurden. Nelson Mandelas Wohnhaus, ein kleiner Palast im Reich der Armen, es wäre ein ansehnliches Mittelklassehaus, stünde es im weißen Parktown.

Danach ein maximaler Kontrast in Krugersdorp: In gepflegter, britisch anmutender Atmosphäre erläutert der rechtskonservative Abgeordnete Clive Derby-Lewis sein gespenstisches Konzept eines weißen Homelands. Er schließt die Anwendung von Gewalt nicht aus, will die Schwarzen auf dem Niveau einer Agrargesellschaft halten und verweigert für seine Partei, die Conservative Party (CP), die Teilnahme am Projekt der Mehrparteien-Konferenz, das die Apartheid überwinden helfen soll.[2]

Pierre Coetzee, Fraktionsvorsitzender der National Party für den Bezirk Springs, ist zuversichtlich über de Klerks weiteren Weg. Sein Ziel: Die National Party („Nats") zu einer unter Schwarzen mehrheitsfähigen Partei zu machen und anschliessend mit ANC und Inkatha eine Übergangsregierung zu bilden. Extremistische Gewalt müsse man ernst nehmen, „it can be destructive". Brian Pottinger, stellvertretender Chefredakteur der *Sunday Times,* ist optimistisch über die Integrationschancen im Lande. Mandelas Integrationskraft sei aber nur begrenzt. Im ANC sei vieles nicht ausgegoren. Er setzt auf liberale Presse, freie Wirtschaft, Rechtsstaat. Das Credo eines guten angelsächsischen Liberalen.

17. Juli 1991, Westonia
Ich fahre in die Kloof Gold Mine in Westonia ein, die als goldreichste des Landes gilt. In 2575 m unter dem Meeresspiegel erlebe ich die harte, heiße, düstere Arbeit der Minenarbeiter mit ihren Bohrern direkt am Reef, der goldhaltigen Schicht des Gesteins. Aus einer Tonne Stein können bis zu 20 g Gold extrahiert werden, die in beeindruckenden Maschinen überirdisch zu Barren gegossen werden. Gold bringt derzeit 370 US$ pro Kilo. Niedriger als ein Meter schiebt sich der Schacht am Reef schräg in die Tiefe. Die Männer tragen Atemschutz und einen Lendenschurz. Ansonsten sind sie nackt. Die kleine Lampe an ihrem Helm flackert an den Wänden entlang. Loses Gestein rollt in die

---

[2] 1993 wird Derby-Lewis wegen eines Mordauftrages (Vorwurf: Verschwörung) zur Todesstrafe verurteilt. Da die Todesstrafe in Südafrika 1995 nach Ende des Apartheid-Regimes abgeschafft wird, bleibt Derby-Lewis bis kurz vor seinem Tod 2016 in Haft.

Tiefe. In der Ferne rattern Züge ins dunkle Nichts. Schärfste Sicherheitsvorkehrungen herrschen in dieser Stadt der Unterwelt. Die ungelernten Arbeiter erhalten 1200 Rand Monatslohn für Sklavenarbeit und ein kurzes Leben.

18. Juli 1991, Johannesburg
Jährlich müssen 800.000 bis 900.000 neue Jobs geschaffen werden. Bald werden es eine Million pro Jahr sein. Eine soziale Zeitbombe. 615.000 weiße Siedler scheinen zu allem bereit. Das Gefahrenpotenzial von SACO und PAC ist auch unkalkulierbar. Attentate gegen Nelson Mandela und/oder Frederik Willem de Klerk gelten derzeit als die größte politische Gefahr.

Human Rights Commissioner Max Coleman behauptet, alle Gewalt gehe von Inkatha aus. Er vertritt einseitige ANC-Positionen, zum Teil härter, als der ANC selbst. Vor Gewalt schreckt er nicht zurück. Die Professoren Westhuizen und Wiechers von der University of Pretoria sind differenziert argumentierende Verfassungs- und Menschenrechtsexperten, idealistische Realisten der Hoffnung auf Versöhnung. Hoffentlich behalten sie recht.

Im Hauptquartier des African National Congress (ANC), 51 Plein Street. Das vormalige Shell Building wurde vom ANC für 22 Mio. Rand (16 Mio. D-Mark) gekauft. Wer mag das gezahlt haben? Der Portier begrüßt mich mit „Comrade". Im Ambiente wirkt noch der multinationale Konzern nach. Im 21. Stock treffe ich Max Sisulu, ANCs wichtigsten Wirtschaftsberater. Er ist der Sohn von Walter Sisulu, ANC-Kämpfer der ersten Stunde, der mit Mandela 25 Jahre lang bis 1989 auf Robben Island im Gefängnis saß. Max Sisulu hat zwei Kollegen mitgebracht: Julius Nyalunga hat an der Lomonossow-Universität seinen Ph.D. gemacht. Papi Moloto engagiert sich für Berufsausbildung und hat offenbar in Ostdeutschland studiert. Der außenpolitische Sprecher Thabo Mbeki musste kurzfristig für unser Gespräch absagen. Max Sisulu leitet die Wirtschaftsabteilung des ANC pragmatisch und kompetent. Seine Analyse ist auf westliche Besucher eingestimmt („nationalisation must be a policy option", „democratisation of the economy"). Er ist interessiert am deutschen Modell der Sozialen Marktwirtschaft, dessen Ausgleich von freier Initiative und sozialer Verantwortung. Er habe erfahren, dass Bundeskanzler Kohl ein ANC-Wirtschaftsforschungsinstitut unterstützen wolle, erzählt Sisulu erfreut.

19.–23. Juli 1991, Durban
Zuluhütten, weiße Farmen, in Natal, dem Land Shakas. Hindutempel in der Stadt mit herrlichen Blicken über den Indischen Ozean. Dinner im British Middle East/Indian Sporting and Dining Club: Queen Victoria überlebensgroß an der Wand. Indische, fein drapierte Kellner mit Kopfschmuck. Die Welt der Zeit des Horatio Herbert Kitchener und des jungen Winston Spencer-Churchill, die hier schon gespeist haben. Die Karte reflektiert die kulinarische Weite des Empire. Der Ventilator in der Raummitte des viktorianischen Establishments erinnert an heißere und weniger massentouristische Tage. Der Kellner reagiert bereits auf ein Heben der rechten Augenbraue.

Hübsche Hügellandschaft im Valley of Thousand Hills, Besuch einer Zuckerplantage, Hüttendörfer, Landwirtschaft, beste Infrastruktur im Hinterland von Durban. Phezulu, Zuludorf: Stammestänze in Kriegsbekleidung, die unverheirateten Frauen mit bloßen Brüsten. Ein Hauch des Vitalismus ist zu spüren, der bei den Township-Massakern ausgebrochen sein muss, wenn die jungen Krieger sich in Trance singen, um tanzen zu können. Pietermaritzburg, Natals gepflegte Hauptstadt mit ihrem viktorianischen Rathaus.

Durban, ein friedliches Völkergemisch, eine multikulturelle Gesellschaft. Die große Moschee in der Grey Street blickt direkt auf die katholische Kathedrale mit ihren teilverfallenen Grabsteinen des kolonialen 19. Jahrhunderts. Vor allem Iren sind dort beerdigt. In der Madrasa wird Koranunterricht erteilt. Die Geschäfte der Inder sind nicht nur gut gefüllt, sondern auch schwer vergittert. Werbung an einem Hochhaus für „Al Quaran – The last testament". Aggressives muslimisches Ringen um die Seelen der Menschen. Im Fernsehen ein Afrikaaner-Gottesdienst. Im schönen Hafen, dem größten Afrikas, liegt ein Militärtransportschiff der Islamic Relief Agency – Goods from the people of South Africa mit Hilfsgütern für Bangladesch. Gepflegte Standpromenade, bestens bebaut mit netten Sitzgelegenheiten, Lampen, Palmen. Sauberes, warmes Badewasser des Indischen Ozean.

Josh Mazubuka, Inkatha-Sprecher von Durban, verteidigt Chief Mangosuthu Buthelezi gegen ANC-Vorwürfe, die Township-Gewalt gehe auf das Konto von Inkatha. Zugleich erhebt er im Namen von Buthelezi, der von einem Zulukönig abstammt und die Inkatha Partei führt, einen landesweiten Anspruch für die Inkatha-Bewegung. Die Professoren Maasdorp und Frost von der University of Natal geben der 1980 gegründeten ersten Regionalgemeinschaft des südlichen Afrikas, der Entwicklungskonferenz des südlichen Afrikas (SADCC), keine Chance. Zu dominant sei Südafrika.

27. Juli–6. August 1991, Kapstadt
University of Cape Town (UCT), fantastisch gelegen am Fuße des Tafelberges. Harry Stephan, Lecturer, wohlhabender Farmersohn und Geschäftsmann, ehemaliger Georgetown-Student und kumpelhafter Lederjackentyp, begrüßt mich zu einer Gastprofessur am Political Science Department, ebenso der Leiter der Abteilung für Politikwissenschaft, Hermann Giliomee. Ein aufmerksames Seminar, eine gut besuchte Vorlesung. Ich spreche über den moralischen Zusammenbruch des Kommunismus, über die Perspektiven der Demokratie in Osteuropa und die Zusammenhänge der Veränderungen in Europa mit der Zukunft der Dritten Welt. Der Standard der Studenten entspreche nicht Oxford oder Bonn, war mir gesagt worden. Etwas anderes ist wesentlicher: die Ideologisierung der Studenten. Der Schwarze Studentenführer Molana hält mir das Modell Kuba entgegen, das sei auch die Zukunft für Südafrika. Ich bin in der Glen Residence im fußläufig entfernten Rosebank untergebracht, einem schlichten Studentenwohnheim mit mehrheitlich schwarzen Studenten. Für eine Abendeinladung ins berühmte Mount Nelson Hotel leiht mir einer von ihnen seinen Smoking, der in angelsächsischen Ländern einfach zur Studentenausrüstung gehört. Im Speisesaal des Wohnheims sitzen Schwarze

und Weiße wie selbstverständlich an getrennten Tischen. Ich wechsle jeden Tag meinen Tisch, um mit möglichst vielen Studenten aller Hautfarben ins Gespräch zu kommen.

Glenda Souter, die charmante Vertreterin der South Africa Foundation, die mich zum Ball ins Mount Nelson Hotel gebeten hat, sagt, die liberalen englisch-orientierten Südafrikaner würden es wohl in der Zukunft am schwersten haben. Sie seien in Südafrika nicht wahrhaft eingewurzelt. Die Afrikaner seien adaptierbarer. Sie schwärmt von einem früheren Leben im liberalen Teheran. Lang, lang ist auch dies vorüber.

Atemberaubende Bootstour mit Harry Stephan und Bert Gruber, einem mit ihm befreundeten Motorbootbesitzer, zum Cape Point, dem Kap der Guten Hoffnung. Was für ein Gefühl muss es für Bartholomeus Dias 1488 und für Vasco da Gama 1497 gewesen sein, dieses unbewohnte Land umschifft zu haben, wo die kalten Wasser des Atlantiks sich mit den warmen des Indischen Ozeans mischen? Lustige Seelöwen, tolle Farbspiele, ein Wunder der Natur. Ausklang auf Harry Stephans 70 Hektar-Obstplantage mit Plaudereien über Gott und die Welt.

Weinprobe auf der Meerlust-Farm im Weinland. Ein paradiesisches Landleben, beruhigend das Weiß der Kap-Dutch-Häuser mit ihrem luxuriösen, gepflegten Innern. Auf dem Rückweg in die Innenstadt die Slums von Khayelitsha, die düstere, untermenschliche Seite Südafrikas. Blech- und Papphütten kleben aneinander. Mit 160 Stundenkilometern rauscht Glendas BMW auf der Autobahn an ihnen vorbei.

Verteidigungsminister Magnus Malan wurde zum Wald- und Naturschutzminister degradiert, Law-and-Order-Minister Adriaan Vlok zum Rehabilitationsminister. „Axed", schreibt die *Capetown Times,* Präsident de Klerk scheint seine Position zu stärken, ohne die rechten Minister, die in zweifelhafte finanzielle Transaktionen an Inkatha involviert waren („Inkathagate"), vollständig aus dem Kabinett zu werfen. Seine abendliche Pressekonferenz zeigt einen selbstbewussten, gelassenen de Klerk, der sich eine Woche Zeit nahm, um nun seinen Weg zu einer Allparteienkonferenz mit Volldampf fortzusetzen.

Besuch der Groote Kerk, der ältesten Kirche der calvinistischen Gereformeerde Kerken, die bis 1989 die Apartheid theologisch gerechtfertigt hatte und das System unterdessen als „Sünde" kritisiert. Der alte Priester steht wie eine Eiche auf der riesengroßen, hocherhobenen Kanzel und predigt im Stil einer Vorlesung zu der konservativ gekleideten Gemeinde. Einige wenige Psalmgesänge, ansonsten kahler, kalter Calvinismus.

Großes Fernsehspektakel: Wahl der Miss South Africa. Nur weiße Kandidatinnen, eine Superblondine gewinnt. In der folgenden Nachrichtensendung wird die Wahl der Miss Soweto gezeigt, eine Parallelwelt. Es wird ein weiter Weg sein zum Multirassismus. Die Schönheitsideale in Kleidung und Verhalten setzen auch beim Soweto-Concours die weißen Girls.

Besuch der Townships und *squatters* von Cap Town. Oftmals ist die Infrastruktur mit breiten Straßen, auf denen rasch Polizei und Armee auffahren können. Viele informelle Geschäfte, erstaunlich viele Taxistände, lange Schlangen vor Telefonboxen. Frauen tragen Feuerholz auf dem Kopf zu den Hütten, Männer hocken vor der Tür, spielende

Kinder. Bei der jetzigen nächtlichen Kälte hohe Sterberaten. Einige Supermärkte, ein bizarres Bild der südafrikanischen Slummoderne.

Lebhafte Debatte in meinem Seminar über Wohlstand, Verteilungsgerechtigkeit, Fortschritt, die deutsche soziale Marktwirtschaft, die tödlichen Fehler des Sozialismus, die Vergleichbarkeiten der europäischen Entwicklung mit der südafrikanischen Transition. Nach meiner Vorlesung vor vierhundert Studenten spricht mich eine Jurastudentin aus Soweto an, sie wage erstmals in ihrem Leben mit einem weißen Professor zu reden, sagt sie schüchtern.

7. August 1991, Windhoek
Sandwüsten mit ihren bizarren Brüchen und Formationen, dazwischen endlos die gerade Straße nach Norden. Fruchtbar die Siedlung Maltahöhe. Kein Geldwechsel, Namibia zahlt mit dem südafrikanischen Rand. Plötzlich tauchen Straßenschilder auf: Kirchenbuschstraße, Talstraße, Bülowstraße, Kaiserstraße. Der schwarze und der weiße Kellner im Hotellift sprechen deutsch miteinander. Altmodische Jagdzeichnungen mit deutscher Försterliesel in der Bar des Hotel Fürstenhof, Gespräche in deutscher Sprache. Bier *bottled by* Hansa Brewery Swakop und die *Allgemeine Zeitung* in altertümlichem Pressedeutsch. Offenbar funktioniert Namibia ganz gut ein Jahr nach der Unabhängigkeit von Südafrika. Drei Millionen Namibier leben in unendlicher Weite, vor allem im Norden. Eine ruhige Stimmung, ein stilles, weites Land. Allerorten dieser Hausbaustil Mitteldeutschlands mit Fachwerk und der schweren, preußischen Variante des Viktorianismus. Für „Buschmann-Kunst" und „Schmuck im Stile Afrikas" wird noch auf Deutsch geworben.

Nahe dem Tintenpalast, dem künftigen Parlamentsgebäude Namibias und früheren Gouverneurspalast mit herrlichem Blumengarten, steht ein Kriegerdenkmal „für die tapferen Helden des Kaisers" gegen Hottentotten, Hereros und Owambos 1907 bis 1909. Deutsche Koloniallegende wird präseriviert, einstweilen noch. Ich erinnere mich der Eckdaten der mit Deutschland verbundenen Geschichte Namibias: Die Bremer Kaufleute Adolf Lüderitz und Heinrich Vogelsang hatten 1883 den Anfang gemacht. Ihnen folgten weitere deutsche Händler, bald auch Siedler. Auf der Berliner Konferenz 1884/1885, bei der Aufteilung Afrikas unter den europäischen Großmächten, wurde „Deutsch-Südwest" unter den Schutz des Deutschen Reiches gestellt. Ab 1889 sichern deutsche Schutztruppen die Siedlungsexpansion der Deutschen Gesellschaft für Südwestafrika militärisch ab. Es kommt immer stärker zu Spannungen mit den einheimischen Stämmen. Von 1904 bis 1907 tobt ein regelrechter Krieg der Deutschen gegen die Hereros, von denen über 60.000 sterben. Bald nach Ausbruch des Ersten Weltkrieges kapituliert die Deutsche Schutztruppe vor den einmarschierenden Südafrikanern. Im Vertrag von Versailles werden Deutschland alle Kolonien aberkannt, Südafrika wird vom Völkerbund als Mandatsmacht über Südwestafrika eingesetzt. Nach Gründung der Vereinten Nationen ignoriert Südafrika einen Beschluss nach dem anderen, Südwestafrika in die volle Unabhängigkeit zu entlassen. Der Bürgerkrieg wird immer härter, auf Seiten der Schwarzen von der Südwestafrikanischen Volksorganisation (SWAPO) angeführt.

Ab 1983 regiert eine von der weißen Minderheit durch die Demokratische Turnhallenallianz (DTA) geführte Regierung das Land ohne Souveränität. Nach den ersten freien Wahlen wird Namibia am 21. September 1990 vollständig unabhängig. Seither regiert die SWAPO unter Ministerpräsident Sam Nujoma.

Offenbar trägt das Vertrauen in die neue Ordnung unter SWAPO-Herrschaft. 40.000 deutsche Farmer sind geblieben. Windhoeks Straßenbild präsentiert sich gemischt-rassig. Am prachtvollsten treten die in weite viktorianische Kleider mit Kopfschmuck gepackten Hererofrauen auf. Was für ein Anblick: Die Matronen schaukeln wie ein Familienschlachtross durch die Straßen, unbezwingbar und stolz. Neue Einkaufsviertel und Fußgängerbereiche, gepflegte Geschäfte neben dem üblichen Siedlerbild von Möbeln bis Autoersatzteilen. Die Christuskirche lädt in deutscher Sprache zum Sonntagsgottesdienst. *Namibia Broadcasting* sendet auch in Deutsch.

8. August 1991, Okaukuejo
Grasland, Termitenhügel, Farmschilder wie „Lindenhof", aber ebenso englische und afrikaanse Namen. Gepflegte, weitläufige, aber verschlafen-langweilige Kleinstädte wie Okahandja. 440 km nördlich von Windhoek, vorgelagert dem Ovamboland, der Heimatbasis von Präsident Sam Nujoma, und den Grenzgebieten zum unruhigen Angola, liegt die einzigartig einsame, platte Etosha-Pfanne. Damaraland und Hereroland, wiewohl weite Savannen, waren noch ab und an durch Hügel aufgelockert. Nun aber, hinter dem Okaukuejo Camp: platte Endlosigkeit, nur einzelne Bäume, kaum Bodenbewuchs. Farblich an das Gelbgrau des Landes und den flimmernden, silbrigen Fernblick angepasst die Tiere: Springbockherden, lustige Erdhörnchen, hoch aus ihren Löchern herauskrabbelnd, Giraffen, ab und zu Büffel, Zebras, Antilopen und Kudus, stolz und majestätisch ihren Platz gegen die flinken Springböcke verteidigend, am Wasserloch des Camps. Sein Name klingt afrikanisch musikalisch und geheimnisvoll wie der Ruf der Trommel. Ein wahrhaftes Schauspiel in der Nacht: Im Schein eines Flutlichts bewegt sich ein Schakal am Wasserloch hin und her. Bald kommen zwei Rhinozerosse zur Tränke. Aufgeregtes Vogelgeschrei aus den Bäumen, das taucht schon mit der schwerelosen Gewichtigkeit seiner Erscheinung ein Riesenelefant auf der Bühne auf. Er beginnt sich zu putzen, zu trinken, den Rüssel wieder zu leeren. Bald erscheint eine ganze Herde zumeist junger Elefanten. Welche majestätische Größe der Natur. Im Hintergrund schweigt die Wüste in tiefer Nacht.

Bei Alan Patons *Cry, the beloved country* lese ich einen tiefgründigen, vor fünfundvierzig Jahren geschriebenen Satz, der nichts von seiner Dramatik und Aktualität verloren hat: „I have one great fear in my heart, that one day when they are turned to loving, they will find we are turned to hating" (Paton 1970).

9.–10. August 1991, Swakopmund
Die ersten Tiere weiden am Wasserloch. Ich fahre 75 km hinein in die Etosha-Pfanne nach Halali, nebst Posthorn eine deutsche Niederlassung aus den Zeiten der Südwestscharmützel. Schotterstraße, Savanne und weites Land, mal Baumbestand, nordwärts

der Blick in die silbrig-glänzende Weite der Etosha-Pfanne. Ergreifende Begegnungen mit Giraffen, die wegen ihres stolzen, unabhängigen, souveränen Ganges mich am tiefsten beeindrucken. Riesige Springbock- und Büffelherden, Kudus, Strauße, Schakale, Antilopen, Zebras. Viereinhalbstündige Autofahrt nach Swakopmund. Idyllisch Outjo, der erste Ort nach der Etosha-Pfanne. Hererofrauen in ihren groß ausstaffierten Kleidern vor der „Bäckerei", ruhige friedvolle Dorfatmosphäre, schwarz-weiß entspanntes Nebeneinander.

Bei der Durchfahrt durch endloses weites Savannenland. Deutschsprachige Berichte im Radio: Asyldebatte in Bonn, Kroatienkonflikt ungelöst und eher eskalierend. Lokale Nachrichten: mehrere neue Krankenhausprojekte sind geplant. Die karge, monoton harte Savanne mit Felsen und Farmen öffnet sich zur Namib-Wüste, die wiederum zur Atlantikküste hinunterrollt, ein ewiges Sand-Schotter-Meer. In Höhe des Uran-Tagebau Rössing, gut dreißig Kilometer vor Swakopmund, verdunkelt sich plötzlich der Himmel: die kalten Winde des Benguelastromes ziehen wieder einmal aus den antarktischen Gewässern nach Norden. In der alten Hafenstadt von Südwest ist Winterzeit. Es ist kalt und feucht, und man feiert heute Abend den Karnevalsprinzenball im Hotel Grüner Hof. Ein melancholisches Stück stehengebliebenes Deutschland am Südwestzipfel Afrikas. 28.000 Einwohner hat Swakopmund, die Geschäfte sind weiterhin vor allem in deutschen Händen. An der Bar des Hotels Europa Hof hocken Deutsche. Die einfacheren Handwerker knobeln. Das Establishment amüsiert sich lautstark am Tresen. Einer erzählt stolz, dass er wegen Goldschmuggels im Gefängnis gesessen habe. Zwei seiner Kumpel sind irgendwie Millionäre geworden, einer ist Mitglied im Stadtrat. Nächstes Jahr sollen Neuwahlen stattfinden in Namibia. Es sind ebenso viele Plakate der DTA zu sehen wie der SWAPO. Es gibt freie Meinungsäußerung in Namibia und politische Vielfalt. Am Tresen komme ich mit einem sechzigjährigen Westfalen ins Gespräch. Er stammt aus Freden bei Stadtlohn. Seine Eltern waren in den letzten Kriegstagen im Bombenmeer umgekommen. Schon von Ratten angefressen hat er sie, in Papier gehüllt, beerdigt. Seit siebenundzwanzig Jahren ist der Mann in Afrika. Erst Rhodesien, dann Transvaal, nun Deutsch-Südwest. Die Einsamkeit des Südwestlers ist geblieben, ein Thema seit den Tagen von Lüderitz und Woermann. Man redet hier von den „Kaffern", die nun einmal nicht so gut seien wie deutsche Handwerker. Dennoch kommt man irgendwie miteinander ordentlich zurecht. Am Tresen wird auf Außenminister Genscher geschimpft, der Südwest schon vor Jahren preisgegeben habe. Deutsche Pieds-noir, an der Wand ein Bonn-Kussmund-Aufkleber, das Kölner Wappen. Werbung für Warsteiner Pils. Gutbürgerliche Küche serviert von deutschsprechenden schwarzen Namibiern. Eine eigenwillige Atmosphäre: friedlich, provinziell, stehengeblieben. Draußen Soldatendenkmäler für die Gefallenen „mit Gott für Kaiser und Reich" – 1914 bis 1918, 1939 bis 1945. Erstaunlich, dass und wie alles dies die südafrikanischen Jahrzehnte und die Unabhängigkeit Namibias überstanden hat.

Swakopmund, morgendlicher feuchter Nebel beim Strandspaziergang. Man kommt ins Sinnieren: Was muss es wohl für ein Gefühl gewesen sein, an dieser Stelle der Erde vor einhundert Jahren eine europäische Siedlung zu beginnen? Grenzzäune zur südafrikanischen-Enklave Walvis Bay, von der man annimmt, dass sie bald an Namibia zurückgegeben wird. Pulsierendes Einkaufsleben bis 13 Uhr, dann stirbt die Stadt aus. Viele Weiße, aber doch auch merklich viele einkaufende Schwarze. Überall wird deutsch gesprochen – deutscher Buchladen mit Ullstein-Belletristik, eine *Spiegel*-Ausgabe vom Vormonat, Café, Bücherei mit deutscher Chefin und Kassiererin, Kleiderladen, Supermärkte, an den Autos deutsche Aufkleber. Ecke Kaiser Wilhelm/Breite Straße: „Woermann & Co." – bis heute. „100 Jahre Südwest" prangt an einem Haus, davor eine viktorianisch zurechtgemachte Hererofrau. Die Farmer fahren Land Rover. Ein Polizist flaniert in hellblauer Namibia-Uniform.

11. August 1991, Windhoek
Die Sonntagszeitungen berichten von massiven, sechzigprozentigen Verkaufs- und Förderrückgängen im Tagebau Rössing. Bis zu neunhundert Arbeitslose seien zu erwarten. Der Weltmarktpreis für Uran sei gefallen, Auftragseingänge seien nach der Unabhängigkeit Namibias ausgeblieben. Sehe ich doch ein Land vor seinem Schrumpfungs- und Verarmungsprozess?

Deutschsprachiger Sonntagsgottesdienst in Windhoek, vereinzelt Schwarze in der Kirche, der Pfarrer muss aus dem Sauerland stammen. Deutscher Kriegerfriedhof aus der Zeit des Hereroaufstands am Stadtrand. Wo sind die toten Hereros wohl beerdigt worden? Im deutschen Rundfunkprogramm Originaltöne von Bundespräsident Heinrich Lübke aus dem Jahr 1960 und von SED-Chef Walter Ulbricht aus dem Jahr 1969 zur nationalen Hauptstadt Berlin und ihrer Zukunft. Sie haben beide recht behalten. Hoffentlich bleibt die Westbindung Deutschlands unzweifelhaft und der moderate Politikstil erhalten. Deutsche Frühlingslieder und Dresden-Geschichten umrahmen die Berichterstattung über das wiedervereinte Deutschland.

12.–13. August 1991, Kapstadt
Die Zahl der AWB-Toten in Vredersdorp ist auf drei angestiegen. Einige Rechtsradikale sagen bereits, dies sei der Beginn des dritten Burenkrieges.

Mit einer Studentengruppe auf dem Tafelberg. Fantastische Auffahrt und Aussicht in alle Richtungen, auch nach Robben Island, der Gefängnisinsel des Apartheid-Regimes.

Immer wieder heftige Debatten mit schwarzen Studenten an der UCT über die Hoffnung auf Sozialismus, der anthropologisch doch lebensunfähig sei, Kapitalismus, der als System nicht existiere, und der Marktwirtschaft, die sie klassenspezifisch analysieren. Viele tiefe Ressentiments sitzen hier und das ökonomische Niveau ist sehr begrenzt. Cyril Ramaphosa ist unter den schwarzen Studenten am populärsten.

14. August 1991, Stellenbosch
Vortrag an der renommierten Universität Stellenbosch auf Einladung des Politikwissenschaftlers Philip Nel. Eine vornehme Enklave. Ich werde gebeten, über Sicherheit in Europa zu sprechen, über das Krisenmanagement in Sachen Jugoslawien, über die deutsche Frage, über die Zukunft von NATO und Sowjetunion. Könnte Neutralität

zu einem absterbenden Konzept werden, fragt jemand und verweist darauf, wie stark die Hoffnungen in Belarus und der Ukraine auf eine volle Integration in die westlichen Strukturen seien. In Bezug auf die Ukraine und Belarus bleibe ich zweifelnd angesichts der Unberechenbarkeiten der russischen Haltung. Sicher aber bin ich, dass die transatlantischen Beziehungen für Europa weiterhin existenziell sein werden. Die anwesenden Professoren scheinen zu hoffen, eine Kooptation einzelner ANC-Mitglieder in ihre Reihen, das heißt in die Reihen der Weißen in allen Bereichen des gesellschaftlichen Lebens, könnte die Strukturänderung bedeuten, die alles beruhigt, was derzeit aufgewühlt ist in Südafrika. Jan Lodewikus Sadie, ein skurriler Ökonom mit schlohweißem Haar und Schnauzbart, Nadelstreifenanzug und Hornbrille, spricht sehr überzeugend von einer „culture of development" als Basis jedes Entwicklungserfolges. Ein weiter Weg liege in dieser Hinsicht noch vor den Schwarzen Südafrikas. Sie würden, beispielsweise, nichts von einem Rentensystem halten, weil das abstrakte, auf lange Zeiträume bezogene Vorsorgedenken ihnen fremd sei. Professor Willi Breytenbach warnt, die weiße Radikalität sei nicht zu unterschätzen, vor allem in Transvaal. Ein politischer Wechsel sei nur im Konsens möglich.

15.–20. August 1991, Kapstadt
Dinner mit Nelson Mandela. Es ist chic geworden für die jungen *high flyer* der Wirtschaft, bei besten Speisen und Weinen zum Symbol des schwarzen Freiheitskampfes aufzublicken und sich von ihm über den „Kampf", die „Genossen", Fidel Castro und die Revolution unterrichten zu lassen. Ich bin vom Cape Town Chapter der Young Presidents' Organization ins Day Hotel eingeladen. Wir sind gut sechzig Gäste. Nelson Mandela betritt den Saal, ein alternder Herr mit der würdigen Aura eines Staatsmannes (Abb. 4.1). Ein weicher, schwacher Händedruck. Wie viele Hände muss Nelson Mandela an diesem Tag schon geschüttelt haben? Er ist erstaunt über meine Körpergröße, die der seinen entspricht. Ob denn alle Deutschen so groß seien, will er wissen. Ja, Chancellor Kohl sei ja auch so groß, ein guter Mann, den er kürzlich getroffen habe. Präsident von Weizsäcker habe er auch in guter Erinnerung, ein großer Mann. Blitzlicht, ein Foto, die nächsten Hände. Verhalten geht er zum Podium, fast schleichend, ermüdend im Laufe der Frage-Antwort-Partie. Ob Nelson Mandela rein physisch die Bürde tragen könne, die das Amt eines Staatspräsidenten mit sich bringen würde, tuscheln manche an meinem Tisch.

„My people, your people", beginnt er dichotomisch: Er könne noch immer nicht wählen und diese grundlegende Ungerechtigkeit müsse verschwinden, sagt Mandela sanft. Ein neues Südafrika aller Südafrikaner müsse entstehen, in dem auch die Geschäftswelt ihre Qualitäten einbringen müsse, statt das Land zu verlassen. Es werde Einschränkungen des Wohlstands geben, aber nur vorübergehend, damit danach alle besser leben können. Nationalisierung bleibe eine Option, vor allem der großen Monopole. Nach schweren Erschütterungen komme dem Staat überall eine größere Rolle zu, er verweist auf Deutschland, Japan, Korea nach dem Zweiten Weltkrieg.

4 Kein Ende der Weltgeschichte und Europas Europäisierung …

Abb. 4.1 Mit Nelson Mandela, Südafrikas Anti-Apartheid-Ikone, in Kapstadt (1991). (© Ludger Kühnhardt)

Grundsätzlich wolle der ANC aber nicht die Grundlagen freier Unternehmerexistenz in Zweifel ziehen. Es gehe um die Herstellung von Gerechtigkeit. Er verstehe die Furcht der Weißen, auch wenn sie unbegründet sein möge. Staatsmännische Töne, versöhnend, zum patriotischen Miteinander der einstmals sprachlos nebeneinander existierenden Gruppen aufrufend. Miteinander reden löse schon fünfundzwanzig Prozent der Probleme, sagt Mandela. Seine Aussagen zu „mixed economy" bleiben vage. Dann wird es im Tonfall dunkel. Er habe de Klerk getraut und dabei viel riskiert. Nun aber – langatmig referiert er über die Vorgänge des letzten Jahres und die Inkatha-Krise – habe de Klerk das Vertrauen gebrochen. Der ANC, der den Friedensprozess imitiert habe, bleibe dem Verhandlungsweg verbunden, aber man müsse die Regierung nun zu grundlegenden Handlungen zwingen. Eine ANC-Kooperation in einer Interim-Regierung sei inakzeptabel. Die jetzige Regierung sei legal, aber nicht legitim. De Klerk habe die Macht, in zwei Tagen das Township-Töten zu beenden, er habe es nicht getan und nicht einmal den Familien der Toten kondoliert. Ihm sei schwarzes Leben eben billiges Leben. Ist dies Rhetorik oder meint Mandela es so bitter, wie er es sagt? Fast kindlich-naiv meint Mandela, dass er selbstverständlich Castro gedankt habe, weil der schließlich schon 1961 den Kampf der Schwarzen unterstützt habe. Die Kritik aus dem Westen, der ANC-Vertreter damals als Terroristen einstufte und deshalb nicht empfangen wollte, sei heute nicht weniger heuchlerisch. Er gehe jeden Abend erschöpft zu seiner geliebten Frau nach Soweto zurück, wo viele Menschen Angst vor neuer Gewalt hätten. Diese Gewalt müsse die Regierung beenden, und nur sie könne es. Das zu erzwingen, sei das oberste Ziel seines Einsatzes. Applaus, Nelson Mandela verlässt die vornehme Gesellschaft.

Liberal sein heißt in Südafrika auch: sich schuldig fühlen oder so zu tun, als ob. Ein bezeichnendes Dinner bei Glenda Souter, wenige Tage nach der Begegnung mit Nelson Mandela. Sechs gut betuchte jüngere Weiße stürzen sich geradezu auf den Pullover-tragenden schwarzen Ehrengast. Der charismatische Meeresbiologe, Ende dreißig, ist einer der Anführer der Azanian People's Organisation (AZAPO). Er schlägt sogleich sehr harte, konzessionslose Töne an und löst wieder einmal eine heftige Kuba-Diskussion aus. Die Kapstädter am Tisch wollen nett, liberal und offen sein. Kein einziger Widerspruch zu seinen Argumenten kommt aus ihrem Mund. Am nächsten Tag wird man etwas zu erzählen haben. Kaum ist der Mann gegangen, werden die Krawatten gelöst, jetzt beginnt die entspannte Dinner-Konversation. Man ist wieder unter sich und muss nicht länger heucheln.

Dr. Mamphela Ramphele, die stellvertretende Kanzlerin der University of Cape Town und Ex-Geliebte des radikalen Bürgerrechtlers Steve Biko, führt ein sehr pragmatisches Gespräch mit mir. Sie fragt nach Möglichkeiten des akademischen Austausches mit Deutschland. Hermann Giliomee, der Direktor des Political Science Department, hofft ebenfalls auf mehr wissenschaftliche Besucher aus Deutschland.

Franschhoek, ein atemberaubend schönes Tal. „Dull would he be of soul to pass by a place like this, so touching in its majesty", wird der Dichter William Wordsworth in dem wunderbaren Restaurant zitiert, das das Tal der ursprünglichen Hugenottensiedlung überblickt. Seit über drei Jahrhunderten ist in vierzehn, fünfzehn Generationen auch ein weißes Afrika entstanden. Was wird auf Dauer aus ihm werden?

In der Township Gugulethu. Gottesdienst in der St. Gabriel-Kirche mit Pater Basil von Rendsburg. Die weiße UCT-Studentin, die mich begleitet, ist zum ersten Mal in ihrem Leben in einem Township. Welche Rhythmik und Klangkraft im Gesang der über tausend Gottesdienstbesucher. Herzlichkeit, Friedlichkeit und ein lebendiges Gemeindeleben. Die Älteren in Krawatte und Kleid, europäisiert. Am 14. September soll eine nationale Friedenskonferenz unter Beteiligung der Regierung, des ANC und der Inkatha-Partei beginnen, der erste Schritt zum Machtwandel. Für die Menschen in Gugulethu wird das Leben noch lange Zeit beschwerlich sein.

Am 19. August meldet die *BBC,* dass Michael Gorbatschow als Staatspräsident der Sowjetunion gestürzt worden sei. Ein militärisches Notstandskomitee habe die Macht übernommen. Neue Katastrophen seien nicht auszuschließen. Was wird aus Europa? Die Geschichte ist jedenfalls nicht zu Ende. Vermutlich fängt sie gerade erst wieder an. Auf dem Rückflug nach Europa in der Nacht vom 20. auf den 21. August vermeldet der Kapitän, dass der Coup gegen Gorbatschow gescheitert sei. So eine ungewöhnliche politische Ansage im Flugzeug habe ich noch nie gehört. Die Passagiere können den Rest der Nacht vor dem Eintreffen in Europa ruhig verbringen.

23.–31. August 1991, Richmond
Young Leaders Conference der Atlantik-Brücke und des American Council on Germany in Richmond, Virginia. Southern Comfort, weiter Raum, Hitze, die träge „easy-goingness" des Südens, weite Plantagen, große Herrenhäuser, das Erbe des Bürgerkrieges, eine fantastische Exkursion nach Monticello zu Thomas Jeffersons Neuerfindung von Palladios La Rotonda, simulierte Stamp Act-Debatte im ersten Virginia Parlament in Williamsburg, Empfang bei Gouverneur Lawrence Douglas Wilder, seit 1990 der erste farbige Gouverneur der USA. Alex Wise hat ein fabelhaftes Programm in seinem Heimatstaat zusammengestellt. Aber im Angesicht der historischen Umwälzungen dieser Tage in der Sowjetunion sind die Gedanken der deutschen Teilnehmer eher auf der anderen Seite des Atlantiks. Wir Deutschen, darunter Martin Ney, Beatrice von Weizsäcker, Stephan Eisel, Oskar Prinz von Preußen, Matthias Mosler und Hubertus Hoffmann, sind erfreut, als der Staatsminister des Auswärtigen Amtes, Helmut Schäfer, uns am 27. August mitteilt, soeben habe die Bundesrepublik die baltischen Staaten anerkannt, am darauffolgenden Tag werde dies öffentlich gemacht. Die Amerikaner, darunter Gray MacCalley, Catherine Barr, Craig Kennedy und Jennifer Hershel, sind leidenschaftsloser, irgendwie cooler, entfernter als ich es bisher von ihnen gewohnt war. Ist nach dem gewonnenen Kalten Krieg für sie die Geschichte zu Ende? Ich habe einen Disput mit John Kornblum, dem neuen KSZE-Botschafter der USA, über die Frage künftiger gemeinsamer Unterstützung für die Reformprozesse in Russland. Er sieht dafür keinen Spielraum auf Seiten der USA. Erkalten die transatlantischen Bande in der Stunde ihrer eigentlich historischen Bewährung, gerade jetzt, wo es um die Integration der Osteuropäer und Russen in die westliche Zivilisation geht? Wie reagieren wir auf die Konsequenzen des Endes des Kommunismus und der Sowjetunion? Unterdessen wurde in der Sowjetunion die Kommunistische Partei verboten, das KPdSU-Politbüro aufgelöst („Communism kaput", schreibt eine US-Tageszeitung), die Balten von Europa anerkannt, in Jugoslawien aber wird weiter gemordet, die Sowjetunion zerfällt. Was geschieht mit den Atomwaffen in den Sowjetrepubliken? Was ist das Potenzial für Migration gen Westen? Wie steht es mit den Gefahren eines rechtsautoritären Rückschlages in Russland? Was sind die weltwährungspolitischen Folgen, wenn alle fünfzehn Sowjetrepubliken ihre eigene Währung anstreben? Ich moderiere eine Session zum Thema „Stresses and strains in the emerging global community". Zum Mittagessen am vorletzten Tag der Konferenz kommt Hagen Graf Lambsdorff, Wirtschaftsattaché der deutschen Botschaft in Washington. Wir diskutieren vor allem über das Baltikum. Anschließend fahren wir zu einer Besichtigungstour ins koloniale Williamsburg. Graf

Lambsdorff fliegt am nächsten Tag zurück nach Europa, um zwei Tage später in Riga sein Agreement als erster deutscher Botschafter im unabhängigen Lettland zu überreichen.

9.–12. September 1991, Teheran
Eine internationale Menschenrechtskonferenz in der Islamischen Republik Iran, an sich ein gutes Zeichen der Öffnung, aber gewiss auch ein Versuch, das Regime zu salvieren und mit internationalen Besuchern zu garnieren. Khomeini- und Rafsanjani-Bilder im Flughafen, die schwarzgewandeten Frauen irritieren, Massen von ihnen stehen Schlange, um Reisende abzuholen. Nette, gut gekleidete, smarte Foreign Office-Beamte fahren mich ins Azadi-Hotel im Norden Teherans, zusammen mit dem 86-jährigen Professor John Humphrey und seiner Gattin. Humphrey war Eleonore Roosevelts Büroleiter zur Zeit der Abfassung der *Allgemeinen Erklärung der Menschenrechte* 1948 und später lange Jahre Rechtsprofessor an der McGill University in Montreal. Im Hotel, einem heruntergekommenen ehemaligen Hotel der Hyatt-Kette, prangt ein Spruchband in der Lobby: „Down with the U.S.A." Zu viel überflüssiges Hotelpersonal. Ein Koranzitat als Wandschmuck im Zimmer. Blick auf das massive Elburs-Gebirge, an seinem Fuße liegt das berüchtigte Evin-Gefängnis, gerne für politische Gefangene verwendet. Im Hotelrestaurant serviert man alkoholfreies Bier. Im Fernsehen läuft ein religiöses Programm nach dem anderen.

Das mit dem Außenministerium verbundene Institut for Political and International Studies ist Organisator der Konferenz im ehemaligen Tagungszentrum der Kaiserin Farah Diba, die mit einer Koranrezitation beginnt. Unter einem übergroßen Chomeini-Bild und dem Banner „Seminar on human rights and fundamentals" wird die Tagung geleitet von Mohammad Ali Hosseini, einem sehr smarten Mann Ende dreißig, aus der Menschenrechtsabteilung des Außenministeriums, und Ayatollah Hossein Ali Montazeri, einem der einflussreichsten Männer der Islamischen Republik Iran, Mitglied des Revolutionsrates und des Expertenrates, der 1979 eine neue Verfassung für die Islamische Republik Iran ausarbeitete. Im Jahre 1985 wurde Ayatollah Montazeri zum Nachfolger von Revolutionsführer Chomeini bestimmt. Chomeini selbst soll ihn dann wenige Tage vor seinem Tod am 3. Juni 1989 wieder abgesetzt haben. Montazeri sei wohl doch zu liberal geworden, ist zu hören, nachdem er Massenhinrichtungen 1988 und andere Missstände im Iran kritisiert hatte. Das verlesene Grußwort von Staatspräsident Ali Akbar Hāschemi Rafsandschāni ist abends die Top-Nachricht in den Fernsehnachrichten: Menschenrechte sind demnach Teil der Friedensordnung. Außenminister Ali Akbar Velayati spricht mit diplomatischen Worten zu uns Teilnehmern, gefolgt vom Direktor des 1983 als einem der ersten Thinktanks nach der Islamischen Revolution gegründeten Institute for Political and International Studies (IPIS), Saeed Ghaderi. Er konstatiert das Scheitern aller weltlichen Ideologien. Dann spricht Ayatollah Ali Montazeri, der den eigentlichen Ton der Tagung setzt: Für ihn gibt es keine internationale Rechtsquellenverbindlichkeit wegen der Vielfalt der Kulturen. Nur der Koran sei eine letzte, verbindliche Rechtsquelle, der zu folgen sei. Offenbartes islamisches

Recht sei das oberste Menschenrecht. Der Gottesstaat als Sonderfall des geschlossenen Denkens. Mit dreifachem „Allahu akbar" werden die Reden der Iraner und anderen Muslime quittiert, die „im Namen Gottes" begonnen werden. Für die gut ein Dutzend Sprecher aus westlichen Ländern gibt es Höflichkeitsapplaus, immerhin hat man uns ja eingeladen. Klatschen die schwarzgewandeten Frauen, von denen kaum die tiefen Augen zu sehen sind, lauter, intensiver als andere, wenn die Reden radikaler werden? Wo ist das kritische Potenzial im Saal? Wo beginnen Bespitzelung und Apologie des Gottesstaates?

Professor John Humphrey engagiert sich unverbogen für den Sinn des UN-Menschenrechtssystems. Ein neuseeländischer Professor spricht aufrecht vom „right to be wrong". Diskussionen sind nicht vorgesehen. Gewöhnungsbedürftig sind die vielen Ayatollahs und die schwarz-düster gekleideten Studentinnen, die in ihren obligatorischen Tschadors wie Nonnen anmuten und undurchdringbaren Blickes alle in einer Ecke des Konferenzsaales sitzen. Harte, geradezu demütigende und beleidigende antiwestliche Ausfälle kehren immer wieder. In einer Kaffeepause führe ich eine heftige Debatte mit Scheich Mohammed Al-Majeer, Al-Azhar-Universität Kairo, der Nietzsches „Übermenschen" als „westliche Philosophie" schlechthin bezeichnet und damit beweisen will, dass wir eine gottlose hedonistisch-nihilistische Kultur seien, in der selbst der Inzest nicht mehr als böse angesehen werde. Ein malaysischer Minister ruft zur Islamisierung auf: erst Russland, dann die USA. Uns stehen ungemütliche Jahrzehnte bevor, wenn die Iraner den Modellfall der Interpretation des Islam auch für Länder des sunnitischen Islam abgeben sollten.

Ein Professor meint, nirgendwo außer im Iran seien die Rechte der Frauen verwirklicht. Die westliche Frau liebe ihre Kinder nicht einmal, sei im Kern eine Hure. Dann werde ich ans Rednerpult gerufen (Abb. 4.2). Extemporierend verbitte ich mir die soeben gehörten Beleidigungen, die auch meine Mutter träfen, und appelliere für eine differenziertere Betrachtung des Westens. Man könne den Westen zu Recht wegen Waffenexporten und der europäischen Agrarpolitik kritisieren, aber uns als eine polytheistische, gottlose Kultur zu sehen, hedonistisch, ohne Wertbewusstsein und mit Frauen, die ihre Kinder nicht liebten, das gehe zu weit. Die UN-Menschenrechtserklärung sei nicht westlich, sondern universell, von religiösen Menschen aller Kulturkreise erarbeitet. Der Begriff der Säkularisation sei nicht a priori anti-religiös und wenn dies im Iran so verstanden werde, so könne man dies zwar verstehen unter Rückgriff auf die Debatten in der Französischen Revolution von 1789. Unterdessen habe das Wort Säkularisierung eine andere Wendung erfahren, die Religion sei „in die Welt geworfen". Ich bitte darum, dass ein wahrer Dialog solche Differenzierungen zur Kenntnis nehmen möge und auch Kritikern wie Salman Rushdie das Lebensrecht nicht abspreche möge. Auch erwähne ich das Existenzrecht Israels, wohl die schärfste Provokation. Am Ende der übliche brave Applaus. Dann hebt Ayatollah Montazeri zu einer deutlichen Erwiderung an. Erstens sei er nicht mit meiner Intervention zur Toleranz mit den Juden und Israel einverstanden, solange dort Zionismus herrsche. Zweitens seien unsere Positionen zur Todesstrafe unvereinbar. Ich möge noch drei Tage im Land bleiben und

Abb. 4.2 Unter dem Porträt des Ayatollah Khomeini: Streitbarer Vortrag zur Universalität der Menschenrechte in Teheran (1991). (© Ludger Kühnhardt)

mit der iranischen Frauenliga reden, um zu erfahren, wie gut die Lage der Frauen sei. Ich sei wohl Opfer der westlichen Medien geworden.

Kaffeepause. Eine Iranerin, tief verschleiert, dankt mir, für mich überraschend direkt, für die ihrer Meinung nach bisher beste Rede der Konferenz. Ein Mann gibt sich zögernd und ängstlich als Bahai zu erkennen und bittet um meine Hilfe. Eine junge Iranerin flüstert mir zu, sie sei froh zu hören, dass und wie wir im Westen sorgenvoll die Menschenrechtslage im Iran sähen. Es sei für sie wichtig, zu wissen, dass ihr Land im Ausland kritisch beobachtet werde. Meine Kritik, auch an der Rolle der Frauen im Iran, sei sehr richtig gewesen. Die Kleiderordnung im Iran sei „stupid". Sie hat Tränen in den Augen. John Humphrey gratuliert mir zu meinem Mut. Mein fundamentalistischer Scheich-Freund aus Kairo sucht das kritische Gespräch mit mir, ebenso Konferenzteilnehmer aus Katar. Offenbar habe ich angemessen bestimmt gesprochen, um nicht überhört worden zu sein.

Nachmittags provoziert ein demagogischer türkischer Fundamentalist den Auszug aller westlichen Teilnehmer. Die Juden, so hatte er gesagt, seien selbst schuld am Holocaust gewesen, da sie Zionisten seien. Als Hitler gegen sie vorgegangen sei, hätten sie in den USA den geborenen Juden Roosevelt gewählt. Tumultartiger Beifall der Iraner für den türkischen Redner. Wir westlichen Konferenzteilnehmer ziehen unter Protest über den gehörten Rassismus geschlossen aus dem Saal. Mohammad Ali Hosseini aus dem Außenministerium und einige seiner smarten Diplomatenkollegen besänftigen uns. Nach zwanzig Minuten kehren wir wieder in den Saal zurück. Ayatollah Montazeri ergreift sofort das Wort, sucht zu dämpfen, er ruft zu Toleranz auf. Man habe vormittags meiner kritischen Rede gelauscht, auch wenn man nicht einverstanden gewesen sei. Jetzt sollten wir Westler bitte sehr dem Türken lauschen. Plötzlich zieht der Ayatollah die Lage ins Lächerliche. So wie wir Westler uns verhalten hätten, sagt er, würden Kriege ausbrechen. Und wenn wir einen Krieg wollten, könnten wir ihn auf der Stelle haben. Fünfhundert Menschen springen urplötzlich im Konferenzsaal auf und brüllen „Allahu akbar". Ich kann nicht umhin, an den Volkspalast zu denken. Vor allem aber bin ich besorgt um unsere aktuelle Sicherheit.

Ein schwerer Pfad zum Dialog, aber trotz des Erlebten möchte ich an den Sinn des Seminars an sich glauben. Einige Fernseh- und Rundfunkprogramme interviewen mich immerhin. Abendnachrichten im Fernsehen am 12. September: Das Menschenrechtsseminar endete demzufolge mit der Einschätzung der Teilnehmer, dass die UN-Menschenrechtserklärung unvollständig und nur die islamische Menschenrechtsauffassung komplett und überzeugend sei. Die Abendzeitung *Abrar* berichtet von den „Tumulten" und kritisiert die westlichen Intellektuellen, die ihr eigenes Prinzip der Meinungsfreiheit nicht toleriert hätten. Am Schlusstag appelliert Außenminister Velayati noch einmal, das Ethos der UN-Menschenrechtserklärung zu respektieren. Ich bekomme nach einem allgemeinen Toleranzappell des Ayatollah Montazeri überraschend das letzte Wort. Ich versuche mich in Diplomatie, danke im Namen der ausländischen Teilnehmer, zeige Freude über den Dialog, lade den Ayatollah zur Fortsetzung des Gesprächs nach Deutschland ein, sage, ich sei der erste, um unwahre und demütigende, vorurteilsvolle Äußerungen im Westen gegen den Islam zurückzuweisen, wiederhole meine Gegnerschaft der Todesstrafe, denn wenn sie gelten würde, sei ein Dialog nicht mehr möglich, zeige mich dankbar für die Belehrungen zur islamischen Rechtslehre und sei durch nichts erfreuter, als wenn ich zurückkehren könnte in der Gewissheit, die Schere zwischen Theorie und Praxis schließe sich im Iran und das Lebensrecht jedes Menschen werde dort auch faktisch toleriert. Versöhnlicher Händedruck mit Ayatollah Montazeri. Einige Teilnehmer danken mir für die Klarheit meiner nicht vergessenen harten Worte zur iranischen Menschenrechtslage.

Nachmittägliches Sightseeing im alten Schah-Palast: schöner Garten, spießige Möbel, großartige Teppiche. Die Basare sind voll guter Waren, einschließlich aller Art Nahrungsmittel. Die schwarz gekleideten Frauen, sie deprimieren. Grotesk ist es, schön dekorierte Geschäfte mit Frauenkleidern zu sehen, in Nord-Teheran sogar einen lasziven Dessous-Laden. Viele neuere Autos in den mehr als überfüllten breiten Straßen, vor allem japanische und deutsche Modelle. Es wird viel gebaut in Teheran. Slums soll es nicht geben. Abends in der westlichen Wohnung der Familie von Mr. Hosseini, einem Deutschlehrer, der früher im geschlossenen Goethe-Institut gearbeitet hat: Die Damen sind nett, auch beim Abendessen legen sie ihre Kopftücher nicht ab, außer der alten

Mutter des Gastgebers, die sich wenig um die herrschenden Zwänge zu stören scheint. Die persische Küche ist exzellent und die Gastfreundschaft authentisch.

13.–14. September 1991, Isfahan

Mit Laurence Deonna, Journalistin des *Journal de Genève* und Buchautorin, und Andrew Whitley, Direktor des Menschenrechtsinstituts Middle East Watch in Washington, quartiere ich mich im Abbasi Hotel ein, einem Traum aus Tausendundeiner Nacht: Eine im Kern dreihundert Jahre alte Karawanserei mit schönen Mosaikarbeiten in der Halle und einem prachtvollen Innenhof mit Springbrunnen, wo wir abends vom Sightseeing ausruhen und die Konferenztage rekapitulieren. Das großartige Panorama der Moscheen um den Meydan-e Imam, wo das Polospiel erfunden wurde. Einzigartige Moscheen aus dem 17. Jahrhundert – die eine mit einem weiten Innenhof (Masjid-i Iman), die andere überdacht (Scheich Lotfollah Moschee) und geradezu intim. Alle Mosaike sind in türkisfarbigen hellblauen, grünen und gelben Farben gehalten, eine warme Pracht, anfangs- und endlos wie die islamische Rhetorik. Prachtvolle Türme und die Intimität der Kapelle wechseln sich ab und geben ein harmonisches Ganzes. Ein ruhiges, gelassenes Bild, eine freie Stimmung – wenn nicht auf der einen Querseite des Meydan-e Imams der von Schah Abbas I. errichtete Ali Qapu-Palast stehen würde, an dessen Stirnseite übergroße Porträts von Chomeini und Chamenei wie in kommunistischen Ländern ähnliche Riesenporträts von Marx und Engels auf das eingeschüchterte und streng geführte Volk blicken. Italienische Arbeiter erzählen uns von fünf Hinrichtungen vor wenigen Wochen in der Mitte des Meydan-e Imam. Ein Antiquitätenhändler am Platz bestätigt diese Horrortat zögerlich, ängstlich.

Der offizialisierte Schwarzmarktpreis für einen US-Dollar: 1393 Rial. Ein Kaffee kostet 300 Rial, ein gutes Abendessen 7000 Rial, ein hoch subventionierter Rundflug Teheran-Isfahan-Shiraz-Teheran sage und schreibe nicht mehr als acht US-Dollar. Bei aller Opulenz des Warenangebotes muss etwas grundfalsch sein mit der Wirtschaftsordnung: privatwirtschaftlich im Kern, aber supersubventioniert, um den unteren Mittelstand, der die islamische Revolution getragen hat und weiterhin trägt, zufriedenzustellen. Offenbar ist man an die Grenze dieses Subventionsislams gestoßen. Das prachtvolle Abbasi Hotel kostet immerhin 83 US$, zu zahlen in Bargeld.

Ein sauberer, verträumter Basar im Norden des Moscheeplatzes. Keine Touristen, billige Antiquitäten, große Khomeini-Bilder inmitten der Metallhandarbeiten, Stoffe, Teppiche, Goldarbeiten. Ein wohlhabendes Händlerleben und ein sattes Käuferverhalten zwischen vielen kleinen Geschäften, mal eine Koranschule, mal eine Moschee, mal ein beschaulicher, geradezu mediterraner Innenhof. Ausgedehnte Basarbummel mit der Journalistin Tira Shubart, im tief verschlossenen hellblauen Mantel und mit tief ins Gesicht gezogenem Kopftuch, und John Simpson, einem der bekanntesten Reporter von *BBC Word News*. Die beiden planen ein gemeinsames Buch. Sie wollen hinter den Schleier der islamischen Revolution schauen und die Wirkungen auf die iranische Gesellschaft beschreiben (Simpson und Shubart 1995).

Der Vater von Schah Reza Pahlavi hatte die Frauen zwangsweise vom Tschador getrennt. Der heutige islamistische Rückschlag ist auch eine Trotzreaktion auf die Modernisierung früherer Jahre. Präsident Rafsandschāni hat neuerdings offenbar grünes Licht für Vielfarbigkeit der Kopftücher gegeben, in Isfahan sehe ich jedenfalls weit mehr bunte Mäntel, bunte Kopftücher, Haarsträhnen und Lippenstift als in Teheran. Besonders eindrucksvoll ist der Besuch in den beiden armenischen Kirchen im Stadtteil Julfa. Schah Abbas hatte Armenier im 17. Jahrhundert als Handwerker nach Isfahan geholt. Heute leben gut zehntausend Armenier in Isfahan, unterdessen leidlich unverfolgt nach harten ersten Revolutionsjahren. Die Einheit der Buchreligionen, so möchte ich glauben, wirkte sich doch zu ihrer Rettung aus. Hellere Gesichtsfarbe, eigene Geschäfte mit armenisch-kyrillischen Graffiti an den Wänden. Im Innenhof der Kirche sehe ich Frauen ohne Schleier, ein erstmaliger Anblick für mich nach einer Woche im Iran. Fantastische Wandmalereien in den armenischen Kirchen, die von außen an eine Moschee erinnern, wären da nicht ein armenisches Kreuz auf der Kuppel und ein kleiner Turm, ebenso erdfarben kahl wie die Kuppel im Gegensatz zur türkis glänzenden Bauweise der hiesigen Moscheen. Überwältigend die Vielfalt und Art der Wandmalereien. Unter einem orientalisch-ornamentalischen Dom befinden sich ungezählte biblische Szenen, mit koptischen Schriftzeichen und einer überraschenden Ausdrucksvielfalt. Christus Pantokrator mit langgezogenen armenischen Gesichtszügen. Auffallend sind die vielen Folterszenen Christi, Reflex des kollektiven Erinnerungsbewusstseins eines Volkes, das als Erstes das Christentum als Staatsreligion eingeführt hatte, aber über eintausend Jahre zu leiden hatte, mal unter diesen, mal unter jenen Despoten.

Was für Augen haben die iranischen Frauen. Glühender, tiefer geht es kaum. Tschador und Kopftuch unterstreichen diese Intensität nur noch. Verdunkelte Schönheit, die sich nicht enträtseln lässt. Die einzige Ausdrucksform des Hedonismus sind die Postkarten, die ausgerechnet vor der Scheich Lotfollah Moschee feilgeboten werden: pure Orgien in Form altpersischer Miniaturen.

15. September 1991, Persepolis
Die Iraner erscheinen mir nicht ohne Sinn für Disziplin und ehrenhaft zumal im Geldverdienen. Der Eindruck der öffentlichen Anlagen ist sauber und weithin gepflegt. Die Revolutionswächter Pasdaran seien allerorten verschwunden und in die normale Gesellschaft integriert, höre ich. Einige Nomaden fahren per Toyota-Truck in den Süden, während im Sommer der Herbst Einzug hält in Polizei und Armee. Zur Hochblüte der iranischen Wirtschaftskraft war die Rate US-Dollar–Rial 1:70. Heute liegt sie 1:1400. Das Huhn kostete schon einmal einen US-Dollar. Heute muss man dafür drei US-Dollar bezahlen. Bei allem natürlichen Reichtum erleidet das Land eine tiefe Rezession. Angesichts des unterdessen seit acht Jahren anhaltenden Krieges mit dem Irak um Gebiete am Shatt al-Arab ist diese Rezension auch, aber nicht nur kriegsbedingt. Der Führer in Schiras meint, es werde Tag um Tag liberaler. Er erzählt mir, dass es offiziell erlaubt sei, eine Konkubine für rund sechs Monate zu haben, vom Mullah genehmigt, als Frau

auf Zeit. Mehr als zwei Ehefrauen auf Dauer seien aber aus ökonomischen Gründen im heutigen Iran für Menschen wie ihn nicht mehr finanzierbar.

Fahrt nach Pasargad, ans Grab von König Kyros II., dem ersten großen Perserkönig, an die sehr imponierenden Felsengräber von Darius, Xerxes, Arthaxerxes in Naqsch-e Rostam und dann nach Persepolis, das die Griechen so nannten (Stadt der Perser), um es unter Alexander des Großen um 330 vor Christus in Brand zu setzen. Ein eindrucksvoll majestätisches Ruinenfeld mit den zoroastrischen, sassanidischen, vor allem aber elamitischen und altpersischen Zeichen, Skulpturen, Säulen, Räumen beziehungsweise Hallen, ein machtvolles Symbol des alten Persiens, 2500 Jahre alt und doch ewig. Ein Menschheitseigentum und der Stolz der Iraner, zu Recht. Hora, der Vogel, sphinxartig, ein Symbol der Kraft des Darius und des Xerxes-Reiches. Auf dem Grabstein des Dichters und Goethe-Freundes Hafis wird der Wein gepriesen, der zu trinken sei zum Tanze, um den Toten eine Freude zu machen. Derzeit wird Schiras-Wein nur in Südafrika angeboten.

Nach einer Woche verlasse ich das Land mit gemischten Gefühlen. Offenbar sind die rigidesten Revolutionsjahre vorüber, und es gibt gewisse Liberalisierungen bei gleichzeitig wachsenden ökonomischen Problemen. Anderseits haben die Mullahs ein strenges Sittenregime errichtet, das durch bestimmte Sharia-Gesetzesakte mittelalterlich, jedenfalls antimenschenrechtlich orientiert ist. Auf einem Graffiti in Schiras war zu lesen: „Die islamische Revolution wird leben und dauern wie ein Vulkan." Schon so mancher Vulkan ist erloschen, aber auch schon so mancher unerwarteter neuer Ausbruch ist gefolgt.

14. Februar 1992, Jena
Jena, Lutherplatz, 23 Uhr, plötzlich wird noch einmal die DDR lebendig und stirbt sogleich wieder. Im Dunkel der Nacht rattern russische Panzer mit den Insignien der Roten Armee an mir und dem Universitätshauptgebäude, am Karl-Marx-Denkmal und der Burschenschaftsskulptur vorbei zum Bahnhof. Die Russen kamen in der Nacht zum 1. Juli 1945, sie gehen in der Nacht. Besetzer, deren Präsenz die Deutschen provoziert hatten, angetrieben von einer fehlgeleiteten Anthropologie. In der Universitätsbuchhandlung steht, angeleuchtet, der Szene unmittelbar gegenüber, mein Buch „*Wege in die Demokratie*" im Schaufenster (Kühnhardt 1992).

6. März 1992, Riga
„Immer da durch Tränen, sehe ich der Sonne liebes Licht", singt mit bebender Stimme ein junger Mann drei Tage später im Konservatorium Wilna ein Händel-Lied. Die Ostsee, die wieder zum Mare Nostrum zu werden beginnt. Lettlands Oberster Sowjet hatte am 4. April 1990 erklärt, die Unabhängigkeit des Landes, 1918 erstmals erworben und infolge des deutsch-sowjetischen Nichtangriffspaktes 1939 wieder verloren, sei wiederhergestellt. Die „singende Revolution" hatte in Lettland, Litauen und Estland möglich gemacht, woran im Nachkriegseuropa kaum noch jemand geglaubt hatte. Routinemäßige Passkontrolle auf dem kleinen Provinzflughafen Riga, keine roten Fahnen mehr, doch

noch immer Aeroflot-Maschinen. Lettland, die flache, ruhige Weite der endlosen Wälder. Dicke Rubelbündel: Eine D-Mark entspricht 60 Rubel. 60 Rubel, damit kann man einen Blumenstrauß kaufen, 60 Rubel entsprechen einem durchschnittlichen Tagesverdienst. Galoppierende Inflation, trotzdem erste Mercedes-Wagen neureicher Geschäftemacher, ordentliches Warenangebot im sowjetischen Stil, aber auch Schlangen von Käufern für Fleisch und Obst. Viele Verkäufer mit halborientalisierten Gesichtszügen stammen aus den Südgebieten der Gemeinschaft der Unabhängigen Staaten (GUS). Riga, altes Hansegefühl wird geweckt, die Altstadt wird restauriert, über einhundert Jugendstilhäuser, die meisten neben Wien, soll es in Riga geben. Ein schwedisches Luxushotel, auf einer Etage des Riga Hotel: 136 US$ pro Nacht. Daneben: Abendessen für 120 Rubel, zwei D-Mark. Alter sowjetischer Schlendrian: zu viele Kellnerinnen, unfreundlich, wenig hilfswillig, schwerfällige Bedienung, deftige Portionen. Irgendwie, so denke ich insgeheim gegen alle politische Korrektheit, irritiert mich das Modebewusstsein nicht weniger Russinnen und ihrer baltischen Schwestern. Die Kleider erscheinen nicht selten viel zu eng und aus billigem Stoff mit schrillen, fast vulgären Farben gefertigt. Immer wieder kontrastieren hochhackige Schuhe mit korpulenten Körpern oder billige, deftige Winterstiefel mit schrill geschminkten Gesichtern. Schönheit liegt im Auge des Betrachters.

Getragener baltischer Kirchenchoral in der ehrwürdigen Petrikirche, norddeutsche Backsteingotik: auf Deutsch erinnert eine Plakette des deutschen Gustav-Adolf-Vereins an den Besuch des Wasa-Königs 1632. Im Kabelfernsehen des Hotels ist seit kurzer Zeit *RTL* zu empfangen.

7.–9. März 1992, Vilnius
Fahrt mit Leihwagen und Fahrer durch Lettland und Litauen: 300 D-Mark, ein westlicher Preis. Zwei Stunden durch weithin menschenleeres Land, zuweilen vorbei an hölzernen Höfen, zumeist alleinstehend oder vorbei an Kolchosen nach Ventspils: ein baufälliger Hafen, versandet, verdreckt, überalterte Schiffe, die Ruine des sehr einfachen Gründungsschlosses von 1290 der deutschen Ritter. Venstpils feierte kürzlich seinen 700. Geburtstag. Windau, wie der Ort im Deutschen genannt wird, weist Bezüge zu den Vorfahren meiner Mutter auf. In der protestantischen, an Neuenglands Sakralbauten erinnernden Kirche, ein schlichter, weiß gestrichener Holzbau, wird Orgel gespielt. Gewühl auf dem Markt und in engen, halbdunklen Geschäften: Bauern als Händler, kleine Geschäftsleute, Kapitaldefizite allerorten. Großer Ansturm auf Fleisch, Fett und Speck. Und auf ältliche, gebrauchte Kleider.

Liepāja, Liebau, heruntergekommen. Weit auseinanderstehende Bürgerhäuser und schrumpelige russische Holzhütten. Dann wieder eine lebhafte Marktszene. Die Grenze zwischen Lettland und Litauen: Die Fahnen beider Neuländer flattern im Wind, freundliche, harmlose Kontrollen der Pässe. Mein Fahrer fährt mit einem Reisepass der UdSSR. In Westeuropa werden die Grenzpfosten abgebaut, hier entstehen neue Grenzhäuschen. Schlechte Straßen in Lettland. Eine gute Autobahn von Kleipėda nach Wilna. Kleipėda, das alte Memel, schwerst kriegszerstört. Ein neuer Aufbau von Teilen der

Altstadt hat begonnen. Die Litauer wirken gepflegter, besser gekleidet als die Letten, die sich ihr Land mit einer zahlenstarken russischen Bevölkerung teilen. Ihre Gesichtszüge weisen nach Polen hinüber. Die Dritte Teilung Polens hatte 1795 Litauen dem russischen Zarenreich zugeschlagen. Erst 1918 konnte Litauen das russische Joch abschütteln und als südlichster der baltischen Staaten seine Unabhängigkeit erwirken. Die deutsch-russische Großmachtpolitik zerstörte wie in Lettland und Estland die Freiheit bald wieder. Von 1940 bis 1990 dauerte die russische Besatzung und Annexion, dann erklärte Litauen sich als erste Republik der Sowjetunion wieder zum unabhängigen Staat.

Vilnius, auf deutsch: Wilna, mit seiner polnischen Atmosphäre. Die durch und durch barocke Altstadt ist ein großes Kloster. Allerorts Gottesdienste, in Litauisch und in Polnisch, katholisch oder russisch-orthodox. Feierlichkeit, volle Kirchen, kniende, innig betende Gläubige. Voll die Kathedrale St. Stanislaus, seit zwei Jahren wieder als Gotteshaus aktiv. Bäuerlich-deftige, einfache Dorfgesichter, die ein oder andere alte Dame des verfallenen Bürgertums, einige Männer mit herrischen, imposanten Zügen, die noch in der Ferne mongolische Erinnerungen wachrufen. Kniende alte Mütterchen auf den Stufen zum berühmten Marienaltar Ostra Brama, das Tor der Morgenröte: Bettler, Krüppel und Devotionalienhändler vor den Türen.

Die französische Botschaft hat sich im alten Schloss der Erzherzöge etabliert, in dem Gebäudeteil, der von General Michail Kutusow beim Moskaufeldzug bewohnt worden war. Geschichte kehrt wieder. Hoffentlich nicht das Denken in Allianzen, dann hätte Europa keinen Sprung nach vorne getan. Gediminas-Prospekt, benannt nach Prinz Gediminas, dem sagenumwobenen Stadtgründerprinzen des 13. Jahrhundert: elegante anmutende Häuserfassaden, in der zweiten Reihe einfacherer bis einfachster Baustil, potemkinscher Touch, auf der Straße abends eine Demonstration mehrerer hundert Menschen zur „Desowjetisierung" unter dem Banner des neu entstandenen Litauen. Das Land lebt weiter durch eine Revolution, in der noch vieles möglich sein mag. Ergreifend ist der Seimas, das Parlament mit seinen Schutzwallanlagen und der Gedenkstätte mit Marienstatue und Kreuz für die elf am 19. Januar 1991 von den Sowjets Ermordeten (Abb. 4.3). Damals: langes Zittern vor sowjetischen Panzern. Heute residiert die alt-neue Nomenklatura im Parlament, die russischen Panzer sind noch nicht abgezogen. Ein machtpolitischer Unsicherheitsfaktor ist geblieben.

Ramūnas Bogdanas, außenpolitischer Berater von Staatspräsident Vytautas Landsbergis, mit Sandsäcken vor der Bürotür im Sejmas, dem Parlamentsgebäude Litauens: Die Kernfrage der Innenpolitik sei, ob Litauen ein Präsidial- oder ein Parlamentssystem werden solle. In einer Woche werde ein erster Verfassungsentwurf erwartet. Alle sind im Tagesgeschäft gefangen, Zeit zum strategischen Denken bleibt wenig. Ramūnas Bogdanas: Der Weg nach Europa gehe für Litauen über Skandinavien. Alle Augen sind auf die EG gerichtet, in Form ihrer Einzelstaaten. Wenig spontane Bejahung, dass man den eigenen Weg europakompatibel gehen müsse. Die Nation sei doch das Normale, Alte, Einzige, nicht eine abstrakte Konstruktion wie die EG, in die man aber dennoch wolle. Der Abgeordnete Antanas Račas, Vorsitzender der deutsch-litauischen Parlamentariergruppe: die Stimmung auf dem Lande sei gut für „Sajūdis".

4 Kein Ende der Weltgeschichte und Europas Europäisierung ...

Abb. 4.3 Vor den Betonblöcken am Parlament in Vilnius mit Ramūnas Bogdanas, Berater von Litauens Staatschef Vytautas Landsbergis (1992). (© Ludger Kühnhardt)

Im Parlament gibt es bei knapp 150 Abgeordneten unterdessen elf Gruppierungen. Der deutsche Botschafter Albrecht: Der Baltikums-Begriff sei oberflächlich und ungenau. Ein Hansestaat sei Litauen nur bedingt gewesen. Der Machtkampf halte in Litauen an. Landsbergis sei der Mann der Stunde, eine autoritär-populistische Tendenz könne aber nicht ausgeschlossen werden. Offen sei auch die Entwicklung des Verhaltens der Litauer gegenüber der russischen Minderheit. Egidijus Kūris, Universität Wilna, sucht Kontakte zu westeuropäischen Universitäten.

Drei Übernachtungen in Vilnius im Hotel Vilnius, Gediminas-Prospekt für insgesamt 11 D-Mark (687 Rubel). So ist auch die Qualität: karge sowjetische Zimmer, Duschen und Toiletten auf dem Flur ohne Papier, Schlüssel bei der Concierge. Spärliches Bauernfrühstück, genau rationierte Portionen von Käse und Aufschnitt.

10. März 1992, Tallinn
Die Wirtschaftskrise ist total: 10 US$ (1000 Rubel) verdient die junge Frau im Monat, die im klapprigen Zug Tee serviert und den Wagen betreut. Wir radebrechen, irgendjemand spricht ein paar Brocken Deutsch und Englisch. Sie hat zwei Kinder zu ernähren, ist über die Demokratie frustriert – sie lasse nur Banditen zu, Gorbatschow, Jelzin, das sei alles eins. Eine andere Russin, die „Dolmetscherin", hat Angst vor ihrem Rechtsverlust in Tallinn, wo sie seit zehn Jahren lebt. Und doch: Das estnische

Staatsbürgerschaftsgesetz ist sehr liberal. In zwei Jahren, nach den ersten Wahlen, können die Russen die estnische Staatsangehörigkeit beantragen, vorausgesetzt, sie können die Landessprache sprechen.

Der Zug, gebaut in der DDR, ist klapprig, abgelebt. Sowjetqualität mit viel Kohlenstaub. Mit Kohle fährt die Lok, Kohle heizt jedes Abteil. Dürftige Speisekarte im Restaurant. Das Mittagessen für eine D-Mark ist aber schon zu teuer für fast alle Reisenden: Das Restaurant ist leer. Ein polnischer Kaufmann in meinem Abteil meint, Polen sei doch ein Paradies im Vergleich zu Russland und auch den baltischen Staaten. Noch steht „SSSR" am Zug. Noch umgreifen Hammer und Sichel den Metallglobus des Eisenbahnemblems. Die Karte von Wilna nach Tallinn kostet 1,50 D-Mark. Zehn Stunden Fahrtzeit, an der estnischen Grenze freundliche Esten in blauer Uniform. *Terviste,* willkommen. Aus dem zerfallenden Zarenreich heraus hatte sich Estland 1918 erstmals seine Eigenstaatlichkeit ertrotzt. Die sowjetische Okkupation 1940 führte zugleich zu einer massiven Schwächung der estnischen Bevölkerung gegenüber der immer größer werdenden Gruppe der Russen. Die Wiederausrufung des souveränen Estland am 30. März 1990 war auch ein Akt ethnischer Selbstrettung. Von stabiler Eigenstaatlichkeit aber konnte noch längst keine Rede sein. Nicht nur in Moskau, auch in Tallinn waren die Befürworter einer weiteren Verbindung mit der Sowjetunion stark.

11. März 1992, Tartu
Tartu, Dorpat, seit 1632 auf der Landkarte der europäischen Universitätsstädte. Im April wird Schwedenkönig Carl Gustav die Büste des Gründers Gustav Adolf neben dem schön restaurierten Hauptgebäude im Stil nordischer Klassizistik neu inthronisieren. Der Sockel steht schon. Die Restauration anderer Gebäude ist stehengeblieben, weil die Polen nicht mehr in Hartwährung bezahlt werden können. Schwerste Kriegszerstörungen, ganze Stadtteile sind nicht wiederaufgebaut. Russische Holzhäuser und deutsche Villen wechseln ab, die russischen Offiziere haben sich ein ehemaliges gutes Hotel einverleibt. Leute kaufen Lose. Es herrscht Pressevielfalt. Im Supermarkt stehen die Menschen in langen Schlangen, um sich mit Lebensmitteln zu überhöhten Preisen zu versorgen. Ein Kilogramm Fleisch kostet 80 Rubel. Universitätsdozent Tamul verdient 4.500 Rubel im Monat und gehört zu den Besserverdienenden. Weißbrot gibt es nur auf Bezugsschein, ein trostloses Leben. Daneben: ein Devisenladen mit Schokolade und Elektrowaren, auch hier wird eingekauft. Der Frühkapitalismus differenziert die Gesellschaft, mancher will die schnelle Mark machen und wird auch kriminell. Schlangen vor der Bank am Rathausplatz, wo Geld ausgegeben wird. Eindrucksvoll die Domruine auf dem Domberg, in der Reformationszeit abgebrannt, die Apsis sehr schön mehrstöckig als Museum und historisches Institut wieder aufgebaut.

Gespräch mit Professor Helmut Piirimäe. Der renommierte estnische Historiker war nie Mitglied der KPdSU. Einige seiner Studenten machen jetzt Politik oder sind Teilzeitdiplomaten geworden. Auch Tunne Kelam und Edgar Savisaar gehören dazu. Estland müsse ganz von vorne anfangen, um seine Staatlichkeit zu finden, erklärt er mir. Ich referiere vor einer kleinen Studentengruppe über europäische Politik. Die Fragen an mich betreffen überhaupt nicht die Perspektive der EG-Mitgliedschaft. Stattdessen: Wie steht es um die Türkengefahr? Gehört Russland zu Europa? Verliert Europa seine Identität? Wäre es nicht umso besser, je mehr Nationen es gäbe, warum solle es keinen baskischen Staat geben? Neue kulturelle Hinorientierung zu Deutschland ist feststellbar, ich spreche englisch, einige können deutsch. Beschämend: Professor Pirimäe insistiert, mir das übliche Vorlesungsgeld von 126 Rubel (2 D-Mark) auszuzahlen. Das sei für ihn ein Prinzip beim Besuch auswärtiger Wissenschaftler.

12. März 1992, Tallinn
Ich erwache im Hotel Viru von Tallinn, einem faden sowjetischen Schuppen mit kahlen Räumen, desinteressiertem Personal und nicht unbedingt sympathieerweckenden Goldgräberbesuchern aus Skandinavien und Deutschland. Zufallswiedersehen mit Günter Müchler und Henning von Löwis of Menar vom *Deutschlandfunk*. Das Medieninteresse an Estland hält an. Mein Blick geht über das Hafengebiet und die wohlgeformte, trutzig an den Domberg geschmiegte Altstadt. In meinem *Baedeker Russland* von 1914 firmiert Tallinn unter seinem alten Namen als Hansestadt Reval, die ein Teil des Zarenreiches war. Von der alle anderen Kirchtürme überragenden St. Olaikirche wurde berichtet, sie verfüge über den höchsten Kirchturm in Russland (Baedeker 1914a, S. 78). Nun ist Tallinn nicht länger Teil der russischen Provinz. Die Esten sind zurückhaltend, mit feineren, disziplinierteren Körper- und Umgangsformen als die Russen. Rundgang in der mittelalterlichen holprigen Altstadt. Blick über die Ostsee, Hanseempfindungen, Alteuropa, eine stehengebliebene Zeit. Was unter der Eisdecke aufbricht, sind zunächst Unsicherheit und Chaos.

Sitzung des Eesti Komitee, dem entscheidenden Motor auf dem Weg zur Unabhängigkeit. Engagierte Esten hatten 1989 damit begonnen, Unterschriften für die Wiederherstellung der Unabhängigkeit zu sammeln. Aus den Estnischen Bürgerkomitees erwuchs die Etablierung eines rein estnischen Parlaments: des Eeesti Kongress. 499 Delegierte von 31 verschiedenen politischen Parteien errichteten dieses einzigartige Mehrparteienparlament, das sich als pluralistischer Widersacher zum Obersten Sowjet in der Sowjetrepublik Estland verstand. Im September 1990 arrangierten sich beide Parlamente und errichteten einen gemeinsamen Ausschuss mit dem Ziel, eine neue Verfassung für ein wieder unabhängiges Estland auszuarbeiten.

Ich treffe Tunne Kelam wieder, den Sprecher des Eesti Kongress. Tunne ist ein eindrucksvoller Mann, wie ich schon bei einer früheren Begegnung in Deutschland erfahren hatte. Der studierte Historiker, 1936 als Sohn eines protestantischen Pastors geboren, engagierte sich seit den frühen siebziger Jahren in Untergrundgruppen, die unter Bezug auf universale Menschenrechte gegen das kommunistische Regime rebellierten. Kelam verlor seine Anstellung als Mitarbeiter einer Enzyklopädie, geriet ins Fadenkreuz des kommunistischen Geheimdienstes und musste fast zehn Jahre als Nachtwächter auf einer Hühnerfarm arbeiten. Er trainierte sich eiserne Disziplin an, studierte Gandhis Methoden des gewaltfreien Widerstandes und konvertierte zum Katholizismus, da die lutherische Kirche in Estland zu sehr durch Kollaboration mit dem kommunistischen Sowjetregime diskreditiert war. 1988 gründete Tunne die Estnische Nationale Unabhängigkeitspartei, die erste nichtkommunistische Partei der Sowjetunion. Er wurde Sprecher des Eesti Kongress und hatte einen entscheidenden Anteil an dem friedlichen Arrangement mit den Führern des Obersten Sowjets von Estland im Sommer 1991 über einen konstitutionellen Weg zur Wiederherstellung der staatlichen Unabhängigkeit Estlands. Jetzt hofft er auf wirklich freie und pluralistische Wahlen für ein komplett neues estnisches Parlament, den Riigikoku, noch in diesem Jahr. So lange wird das Land wohl von der Regierung der Volksfront unter Edgar Savisaar regiert, der zunächst Mitglied des Ministerrats in der Sowjetrepublik Estland war und seit Ausrufung der staatlichen Unabhängigkeit am 20. August 1991 erster Ministerpräsident Estlands ist.

Der russische Kolonialismus sei der einzige gewesen, in dem die Kolonialmacht den kolonialisierten Gebieten kulturell unterlegen gewesen sei und nicht von ihren profitiert habe, stellt Tunne Kelam trocken fest. Die Savisaar-Regierung habe den Eesti Kongress zu diskreditieren versucht. Jetzt suchten beide Seiten neuen Grund für eine rationale Kooperation hinein in eine stabile Unabhängigkeit. Ich bin geehrt, ein Grußwort vor dem Eesti Kongress zu halten, der die mächtigen sowjetfreundlichen Kreise des Landes so eindrucksvoll zu einem kompletten Bruch mit Moskau gezwungen hatte. In der deutschen Botschaft ist die Blickrichtung wie eh und je auf Russland gerichtet. Der Eesti Kongress sei eine Ansammlung unverbesserlicher Nationalradikaler, die ihre überkritische Russland-Politik ändern müssten. Tunne Kelam kümmert solche Kritik nicht, auch hat er keine Berührungsängste. Selbst Arnold Rüütel, der Vorsitzende des Präsidiums des Obersten Sowjet der Sowjetrepublik Estland und der derzeit faktische Staatspräsident, werde ja immer noch vom KGB abgehört. Deshalb führe er, Tunne Kelam, Gespräche mit Rüütel auf dem Flur. Tunne Kelam meint, der Eesti Kongress sei heute stärker als vor einem Jahr, die Diskreditierung durch die Kommunisten und Freunde der Sowjetunion sei misslungen. Er befürchtet keine Übergriffe auf hier lebende Russen: „Wir sind keine Armenier." Ausbeutbar ist die Lage aber sehr wohl, auch durch konstruierte Übergriffe. Mein Eindruck, dass sich das Land noch immer in einem stillen, waffenlosen Bürgerkrieg und Unabhängigkeitskampf befindet, bleibt.

Standhaft wie eine Eiche ist der 34-jährige katholische Priester Rein Õunapuu, der mich in seiner kleinen Wohnung empfängt. Von vier sei die Zahl der Katholiken in Estland in den letzten zehn Jahren auf über eintausend gewachsen, erzählt er in fließendem Deutsch. Mit 21 Jahren ließ sich der ohne jedweden Religionsbezug aufgewachsene Rein taufen und trat 1981 ins Priesterseminar in Riga ein, der damals einzigen Ausbildungsstätte der Sowjetunion für katholische Theologen. Er wurde 1986 Kaplan in Tallinn, seiner Heimatstadt, der einzige katholische Priester weit und breit. Er baute mit eindrucksvoller pastoraler Arbeit die kleine katholische Gemeinde auf. Im Jahr 1991 sprach er auf einer europäischen Bischofssynode, wo vor ihm noch niemals ein katholischer Priester aus Estland anwesend gewesen war. Õunapuu spricht von einem „Aberglaubensbedürfnis" der meisten Menschen in Estland, das im Kern heidnisch sein. Die lutherische Kirche sei durch ihre Nähe zum Sowjetkommunismus diskreditiert. Erst die dritte Ehe sei in Estland im Prinzip die stabile, auch bei den Neukatholiken. Rein Õunapuu meint, alle politischen Führungen würden derzeit manipuliert und diskreditiert, man lebe von einer Welle zur nächsten, die Instabilität bleibe noch lange erhalten, inmitten einer Revolution sei das eben so.

13.–15. März 1992, Riga
Gespräche als Mitglied der Studiengruppe Hanseregion Baltikum mit Vertretern der lettischen „Volksfront" im Reitern-Haus, Riga. Anwesend sind Valdis Birkavs, der stellvertretende Präsident des Obersten Rates Lettlands, sowie Abgeordnete des Verteidigungsausschusses und des Verfassungsausschusses Lettlands. Gemischte politische Gefühle: Die Volksfront Lettlands ist naiv unorganisiert. Unsicherheiten, man sucht und saugt alles auf. Die Diskussionen mit mit den „Volksfront"-Vertretern und anschliessend mit dem stellvertretenden Außenminister Mārtiņš Virsis werden dominiert von der Frage des russischen Truppenabzugs. Das andere große Thema: Die Wirtschaftsreformen gehen in Lettland zu schleppend voran. Noch fehlen selbst erste symbolische Investitionen aus Westeuropa.

Wir besuchen ein schönes Orgelkonzert im Dom von Riga. Auf dem Programm stehen Werke von Bach, César Franck und Olivier Messiaen. Kulturell ist Europa noch am ehesten zu einen. Der Tenor kommt aus Kiew. Abendessen im Restaurant Ridzene. Plötzlich taucht NATO-Generalsekretär Manfred Wörner auf, begleitet von seiner Frau Elfie und dem Pressesprecher Gerd Westdickenberg. Es ist der erste Besuch eines NATO-Generalsekretärs in einem baltischen Staat. Wörner setzt auf Boris Jelzin, der habe Mut bewiesen. Einen Besseren gebe es nicht, die Deutschen seien noch immer „Gorbikrank". Wir diskutieren die Möglichkeiten einer Internationalisierung des russischen Truppenabzuges aus dem Baltikum. Man müsse die Balten mäßigen, auch wenn ihre Position verständlich sei, wohin sollten denn die russischen Soldaten gehen, ohne in Russland neue Probleme zu provozieren? Und wer sollte dafür zahlen? Verhandlungen zwischen Russen und Balten müssten in ruhigen Fahrwassern bleiben. Noch besorgniserregender sei, wenn Ukraines Präsident Leonid Krawtschuk einen weiteren Rückzug taktischer Atomwaffen aus der Ukraine nach Russland vorantreiben würde. Die Krisen im Zerfallsprozess eines Imperiums könnten erst begonnen haben.

Am nächsten Tag, wieder im Reitern-Haus: Wir stellen unsere „Hansestudie" vor mit vielen Anregungen für eine Erneuerung der baltischen Region und ihrer Verbindungen über die Ostsee. Lebhaftes Medieninteresse an westlichen Ideen und Gesichtern. Eine dralle Journalistin lädt mich spontan zu sich nach Hause ein auf einen vieldeutig gemütlichen Abend: Ost-West-Intimität, da sei doch wohl nichts dabei, jetzt, wo die Freiheit herrsche, meint sie neckisch.

Der deutsche Botschafter Hagen Graf Lambsdorff, den ich von einer Young Leaders Conference der Atlantik-Brücke in den USA kenne, lädt zum Abschlussgespräch ins „Jever Bistro". Man zahlt in D-Mark. Statt Moskau ist Brüssel jetzt der Ort der künftig gewünschten Orientierung Lettlands. Die innere und äußere Reise zur Europäisierung ist lang. Aber mit allen Schmerzen, die nicht zu übersehen sind, hat sie begonnen. Vor der imponierenden Freiheitsstatue im Herzen Rigas, erinnernd an die Unabhängigkeit der ersten Republik, die die Sowjetherrschaft als „Kunstwerk" überlebt hat und wo heute Kränze für die Toten des Januar 1991, als sowjetischen Soldaten in Riga verschiedene Demonstranten im Stadtpark töteten, liegen, demonstrieren nationaldemokratische Gruppen für die volle Entsowjetisierung. Eine Gruppe heißt „Der Weg Amerikas". Auf einem Plakat steht „Lettland in Gefahr". Hoffentlich empfindet der Westen die Balten nicht wieder als zu unwichtig und lässt sie auch dieses Mal mit ihrer wirtschaftlichen und geistigen Krise allein.

25.–26. Juni 1992, Coppet
Gedankenspiele im Geiste von Madame Germaine de Staël am Genfer See. Auf ihrem herrlichen Wohnsitz über dem Genfer See schrieb sie 1810 nach mehreren Reisen durch Deutschland ihre Reflexionen nieder, die das Deutschlandbild zumal der romanischen Länder geprägt hat. Ihr fiel auf, dass die Deutschen lieber Bücher als Menschen studierten, an Titeln sich begeisterten und eher im Hause als in der Natur seien: „Sie sind einstweilen verschlossen gegenüber Menschen und lassen sich Zeit, ehe sich ihr Herz für etwas erwärmt. Die Musik hat es ihnen besonders angetan." Idealtypische Stereotypen hat Madame de Staël formuliert, aber auch Grundlagen für das gelegt, was wir heute Kultursoziologie nennen. Was aber ist zum heutigen Deutschland zu sagen? Jenseits der Landesgrenzen spricht es sich offener und redlicher, auch zwischen Intellektuellen unterschiedlichster Prägung. Stephen Graubard, Chefredakteur der *Daedalus,* der Zeitschrift der American Academy of Sciences, hat ein Meisterwerk der politischen Kommunikationskultur zuwege gebracht. Zwanzig deutsche Intellektuelle aus Ost und West brüten ehrlich und tiefgründig über l'Allemagne heute. Es bleibt Zeit für frische Luft am Genfer See.

4.–5. August 1992, Kaliningrad
Flug mit einer privaten Chartermaschine vom Flughafen Berlin-Tegel über ein polnisch-pommerisches Wolkenmeer nach Kaliningrad. Wie zuvor schon die Arbeit der Studiengruppe Hanseregion Baltikum ist nun die Präsentation unserer Ergebnisse in Kaliningrad bestens organisiert von meinem Studienfreund Hubertus Hoffmann, der unterdessen als Medienmanager tätig ist (Abb. 4.4). Zu den Teilnehmern der Studiengruppe gehören neben mir und meinen beiden Freunden aus der Zeit im Mitarbeiterstab von Bundespräsident Richard von Weizsäcker, Reinhard Stuth und Friedbert Pflüger, inzwischen Bundestagsabgeordneter, sowie seinem Bundestagskollegen Wilfried Böhm und dem estnischen Unabhängigkeitskämpfer Tunne Kelam die beiden Abgeordneten des Europäischen Parlaments Friedrich Merz und Hans-Gert Pöttering, der Göttinger Völkerrechtler Dietrich Rauschning sowie mit Oskar Prinz von Preußen das erste Mitglied der früheren deutschen Kaiserfamilie, das nach Jahrzehnten diesen Ort wieder besuchen kann. In Königsberg war 1701 der erste preußische König gekrönt worden.

4 Kein Ende der Weltgeschichte und Europas Europäisierung …

Abb. 4.4 Präsentation der „Hansestudie" in der Oblastverwaltung Kaliningrad durch Hubertus Hoffmann (rechts Mitte). Ich sitze am Ende des Tisches zwischen Friedbert Pflüger und Oskar Prinz von Preußen (1992). (© Ludger Kühnhardt)

Weite ostpreußische Landschaften. Wälder lösen großflächig angelegte bebaute Äcker ab. Chausseen mit Baumbestand. Die Traktoren sind rückständig. Bauernkaten sehen eher ärmlich aus. In der Stadt bietet sich ein bedrückend-grausames Bild. Aus der Großstadt Königsberg ist eine Dorfsiedlung mit Massenwohnsilos in Plattenbauweise geworden. Die Innenstadt war bei Kriegsende von britischen Bomben und sowjetischen Panzern vernichtet worden. Bis heute ist die Innenstadt von Kaliningrad weithin häuserleer. Wo einst das Schloss, die Universität, das alte Königsberg stand, hat die Natur ihr Recht und ihre Stärke wieder eingefordert. Mein *Baedeker Nordost-Deutschland* aus dem Jahr 1908 enthält einen perfekten Stadtplan von Königsberg (1908, S. 152 f.). Man muss weder die Hohenzollern noch ihre Usurpation Preußens und schließlich des ganzen Deutschlands mögen. Aber als historischer Faktor sollte schon identifizierbar bleiben, was untergegangen ist. Mein *Baedeker*-Stadtplan hilft mir leider überhaupt nicht, mich in Kaliningrad zurechtzufinden. Das Hohenzollern-Schloss ist längst abgerissen. An seine Stelle ist ein unfertiges Monstrum von Gebäude gestellt worden. Das nie fertiggestellte, mega-klobige Haus der Räte ähnelt einer futuristischen Müllverbrennungsanlage. Die Fensternischen starren leer, wie tote Augen, in die Gegend. Der graue Beton macht noch trostloser, was ohnehin nicht schön sein soll, sondern sowjetische Ideologie repräsentiert – bombastischer Realismus.³ Überall fallen mir Wohnschließfächer in billigster Plattenbauweise auf. Aus der Pregel ist ein fast schwarzes, stinkendes Gewässer geworden. Im Stadtkern gibt es nur noch wenige alte Häuser und kaum noch identifizierbare alte Straßenführungen. Immerhin sind Wiesen und Grünanlagen zu sehen. Unter den Mahnmälern ist die ebenso erhabene wie in ihrer Zerstörung erbärmliche Domruine am bedeutendsten. Direkt am Dom befindet sich das ordentlich gepflegte Grab Immanuel Kants. Ein kleiner Tempel für einen großen Geist. Sein Name in lateinischen Buchstaben. Darunter die Lebensdaten 1724–1804. Vor der rötlichen Wand liegen bunte Blumen, fast verwelkt, aber wohl gut gemeint. Ein Kant als Dialektiker gewogener leninistischer Politkommissar hat das Grabmal während der Einnahme Königsbergs durch die Rote Armee 1945 vor der Zerstörung verschont. Und sie dreht sich doch, die Welt: Erst vor wenigen Wochen wurde die imposante Statue Kants vor dem in der Sowjetzeit neugebauten Hauptgebäude der Universität aufgerichtet. Ansonsten, ein trostloses Kaliningrad. Kaum Geschäfte. Schlangen vor leeren Regalen und zu vielen Wodkaflaschen. Erbarmungswürdige, trostlose Bilder, die an die Tiefe und komturenlose Weite Russlands erinnern.

Hotel Hansa, Treffen mit dem ersten stellvertretenden Leiter der Oblastverwaltung Chmykow: ein gut genährter jüngerer Mann, umgeben von baltischen Typen, erläutert, eher hilflos, die Perspektiven des Oblast Kaliningrad. Kein Konzept, kein klarer Eigentums-, Investitions- und Rechtsbegriff. Er ist wohlmeinend unkundig. Ein „Ja" zu einem deutschen Generalkonsulat, Ausweichen zur Frage der Ansiedlung von Russlanddeutschen interessiert an Transportwegefragen. Yuri Bedenko, Vorsitzender der Freihandelszone Janta, berichtet, dass mit dem Bau einer Autobahn Richtung Westen begonnen worden sei. Grenzabfertigungen sollten somit leichter werden. Er ist überzeugt von der Einheit des baltischen Raumes. Am schwächsten seien in Kaliningrad das Steuer-, Finanzierungs- und Bankensystem. Kaliningrad solle in eine allgemeine Transportachse Polen–Baltikum integriert werden. In Russland sei man offenbar noch nicht ganz sicher, ob eine weitere Öffnung von Kaliningrad zum Westen gut oder schlecht sei. Eine Hanseautobahn, wie sie unsere „Hansestudie" vorschlägt, präjudiziere natürlich eine Westorientierung.

Eindrucksvolle Präsentation der „Hansestudie" im Auditorium des Stadttheaters. Bedenko begrüßt 150 Zuhörer. Auf dem Tisch die Fahne der Europäischen Union. Hinter uns an der Wand die russische Fahne. Estland sitzt in Gestalt von Tunne Kelam als freies, souveränes Land mit am Tisch inmitten einer Gruppe Deutscher, die sich um die Westorientierung Kaliningrads bemühen. Ziel der „Hansestudie" sei es, sop referieren wir, ein europäisches Baltikum zu befördern, unter Einschluss des Oblast Kaliningrad. Es geht um moralische Schützenhilfe für den Selbstbehauptungswillen der baltischen Republiken in der guten Absicht, gleichzeitig Königsberg als russische Sonderzone

---

³ 2020 wird berichtet, dass das nie vollendete Haus der Räte endlich abgerissen wird.

durch eine erfolgreiche Europäisierung aus der Stagnation der Periode des jahrzehntelangen Totalverfalls herauszuhelfen. Ich spreche von der Kraft der Küstenregionen. Bemerkenswert sei, so führe ich aus, dass alle dynamischen Kulturen Wasserkulturen waren, die großen Städte der Welt bis heute am Hafen oder an Flüssen mit Meerzugang lägen, von Karthago bis Shanghai, von Amsterdam bis Sydney. Einzige Ausnahme sei die eurasische Steppenkultur der Russen, die sich immer mehr in die Tiefe des Raumes zurückgezogen habe. Aus dieser Rückzugstiefe entwickelte sich, aus einer eigentümlichen Mischung von Minderwertigkeits- und Überlegenheitsgefühlen gespeist, der russische Imperialismus. Es sei aber auch mit der Gründung von St. Petersburg ein Versuch entstanden, Anschluss an die Küstenkulturen zu finden. Kaliningrad habe nun die Chance, an diesen Geist der Küstenkultur wieder anzuknüpfen. Unter uns ist auch Frau Tamara Poluektova, Jelzins Vertreterin im Oblast Kaliningrad. Der KGB-Vertreter Michael S. Boroden fragt nach militärischen Implikationen und nach dem Wahlrecht der Russen in Estland. Unsere Antwort ist eindeutig: Auch das russische Militär werde vom Aufschwung in einer Freihandelszone profitieren. In Estland, so schlägt Tunne Kelam vor, sollten sich die dort lebenden Russen einem Einbürgerungsverfahren unterziehen und die estnische Sprache lernen. Dann könnten sie vollwertige Bürger Estlands werden. Auf dem Hotelschiff Hansa besiegeln wir nach der Veranstaltung beim Abendessen den Europäischen Club Königsberg. Die Stimmung ist gut, die Hoffnung, die der Westen verspricht, real.

Am nächsten Morgen tauschen wir uns ausführlich mit Tamara Poluektova aus. Sie ist enttäuscht, dass der Kongress der Volksdeputierten in Moskau noch keine klare Haltung zu Kaliningrad entwickelt habe. Träume für die Entwicklung eines „Hongkong an der Ostsee" seien zu früh. Der stellvertretende Bürgermeister Igor Koschemjakin stellt die Probleme mit der Abwasserversorgung und dem Umweltschutz in der Stadt dar. Der Sprecher der Stadtgesellschaft der Russlanddeutschen, Viktor Hoffmann, berichtet von Plänen der Ansiedlung von Russlanddeutschen aus Kasachstan. Derzeit leben 12.000 deutschstämmige Menschen in Kaliningrad bei 900.000 Gesamteinwohnern. Bilanz des Aufenthaltes: Die Idee einer Freihandelszone Kaliningrad hat keine Chance, wenn die russische Entwicklung weiterhin so schleppend verläuft und Moskau sich nicht festlegt. Es fehlen Anreize für Investitionen in ganz Russland. Kaliningrad hat keine Zukunft als Fortsetzung des großen Russlands, sondern nur Entwicklungschancen als Teil des Baltikums, als Sonderwirtschaftszone, ohne die sensible Souveränitätsfrage auch nur zu denken.

5.–6. August 1992, St. Petersburg

Hans-Gert Pöttering, Reinhard Stuth und ich ziehen von Kaliningrad aus weiter nach Osten. Wir haben uns vorgenommen, im Laufe der nächsten Jahre alle Nachfolgerepubliken der Sowjetunion kennenzulernen. Wir beginnen in St. Petersburg. Eine erhabene Kulisse, wie angelegt für einen großen Film. Machtwillen, Autoritätsanspruch und Selbstachtung, aber auch Fenster nach Europa. Aber alles ist Fassade in St. Petersburg, seitdem die Zaren ermordet worden sind. Kulisse, hinter der sich russische Lethargie und Unbeweglichkeit enthüllen. Russland ist auf dem Wege, nach Jahrhunderten kolonialer Expansion – nach Wladiwostok, nach Zentralasien, in den Kaukasus, bis nach Magdeburg – selbst Kolonie zu werden. Der Westen gibt Geldhilfe, an den Internationalen Währungsfonds (IMF) sind faktisch die Schürfrechte der Ressourcen abgetreten, westliche Geldgeber stehen kurz davor, auch die Konzepte und Programme der russischen Wirtschaftsreform zu machen. Die Ungeduld ist groß, die Zeit knapp, das Chaos weitgehend, die Stabilisatoren gering, das Vakuum durch keine einheimische Instanz zu füllen. In der Straßenbahn, inmitten dicht gedrängter dumpfer, ermatteter Menschen kann man förmlich spüren, warum eines nicht zu fernen Tages eine rechtsautoritäre, wirtschaftsliberale neue Führung kommen könnte, ein Chile an der Nawa. Die Gebetsgesänge der alten Frauen in dem Alexander-Newski-Kloster klingen wie die leidende, weltentrückte Sehnsucht Russlands. Die Popen schwenken gelangweilt Weihrauch. Die alten Frauen sind die Sowjetunion: Geboren an deren Anfang, haben sie ihr Leben durchlitten, heute stehen sie im Abend ihres Lebens vor einem neuen, unklaren Anfang des Landes, das sie hervorgebracht hat. Dostojewski, Tschaikowsky, Mussorgsky, Rimski-Korsakow liegen auf dem Tichwiner Friedhof begraben. Russlands kulturelle Größen sind Menschheitsbereicherungen.

Gesichter auf dem Newski-Prospekt, auf dem nur sehr langsam Farbe und Sanierung, Reklame und Bilder der westlichen Zivilisation einkehren. Ausgemergelte, erschöpfte Frauen mit tiefen Ringen unter den Augen, junge, chic, aber auch ernst dreinblickende Frauen, dumpfe Gesichter des Dorfes aller Altersklassen. Es fehlt das Bürgertum, die Mittelklasse, die die Zukunft des Landes tragen könnte. Gut die U-Bahn, edel die renovierten Hotels Astoria und Europa, geschichtsträchtig der Winterpalast, die Kadettenschule, der Finnische Bahnhof, noch immer mit großer Leninstatue. Wladimir Iljitsch war hier im April 1917 im verplombten Eisenbahnwaggon aus der Schweiz angekommen, um die Revolution zur Tat zu führen. In der Kathedrale in der Peter-und-Paul-Festung die schlichten, würdig-nüchternen Marmorgräber aller Zaren. Nur einer fehlt, Peter II., und natürlich die letzten Romanows, vermutlich wie Hunde im Wald begraben. Vor wenigen Wochen wurde der im amerikanischen Exil gestorbene Thronfolger mit großem Zeremoniell bestattet. Katharina II., Alexander I., Alexander II. große Namen der russischen Hagiografie. In der kommunistischen Zeit war die Grablege geschlossen. Mit dem Jetfoil durch die Finnische Bucht zum schönen, verspielten Peterhof. Vor der großen Parkfläche die ruhige, weiche Ostsee und Kronstadt, wo die Kadetten ihren Aufstand begannen.

Eberhard und Karin von Puttkamer, deutscher Generalkonsul und seine Frau, sind eher frustriert, trotz der stilvollen Residenz, in die sie einladen. Das politische Chaos, die ständigen Wechsel von Köpfen und Konzepten, das Lethargische und Unzuverlässige sind ein Ärgernis. Ebenso wie der Delegierte der deutschen Wirtschaft, Mankowski, zeichnet von Puttkamer, der vor 1917 besser an diesen Ort gepasst hätte, ein düsteres Bild der Wirtschaftslage und, noch schlimmer, der Wirtschaftsstruktur. Es fehlt an Rechtssicherheit, an jeglichem Bewusstsein für die Bedeutung von privaten Investitionen und Kapitalbildung. Privateigentum ist noch immer nicht garantiert, erst langsam zieht die Willkür aus den Entscheidungen der Verwaltung heraus. Korruption wird allerorten beklagt, ebenso wie die Unklarheit über Konzepte, die politische Fragmentierung, eine Dauerimprovisation ohne einheitliche Linie. Aber zu hören ist auch Jammern über die unklare Ausrichtung der Außenpolitik der Europäischen Gemeinschaft gegenüber Russland. Der kluge stellvertretende Bürgermeister Kraysanow – es gibt derer mehrere um Bürgermeister Anatoli Sobtschak, der wohl ambitionierteste, so sagt man, heißt Wladimir Putin, er könne deutsch – den wir im City Council, einer der Perestroika-Institutionen, aufsuchen, hat Sorge vor einem geballten Zusammenleben aus Europa zurückkehrender Soldaten. Sie müssten geschickt über ganz Russland verteilt und vermischt werden, sonst gebe es soziale und politische Probleme. In St. Petersburg müsse Sobtschak, der als intellektuell, aber unzuverlässig gilt, immer wieder den Staatsanwalt anrufen, weil der Stadtrat seine Beschlüsse torpediere. Die demokratische Mentalität, so gibt der Stadtvertreter zu verstehen, ist in Russland nur sehr schwach entwickelt. Kraysanow zitiert Montesquieu, der geschrieben hat, dass Diktaturen ohne viele Gesetze auskämen, Demokratien aber vielerlei klarer, die Rechtssicherheit herstellender Gesetze benötigten.

7.–8. August 1992, Alma-Ata
Nachtflug über das weite, schwerfällige, trostloshoffnungslos europäische Russland hinein in die weite kasachische Steppe. Zwischenlandung in Karaganda, dem Raketenbahnhof, in der Mitte eines weiten, weiten Landes, ein großes Kohlerevier, bekannt geworden durch Streiks 1990. Seit weniger als einem Jahr entsteht der UNO-Mitgliedsstaat Kasachstan. Er ist voller Atomwaffen und unterliegt in seiner westlichsten, vor dem Ural gelegenen Zone dem KSZE-Abkommen über konventionelle Rüstungsbegrenzung. Die weite Steppe wird von kargen Mondlandschaften und weitem, braunem Ödland abgelöst. Ein großes Stauseeprojekt, ödes, verkarstetes Land, das Ufer des Baikalsees. Seit Karaganda hat die Mehrheit der Mitreisenden mongolisch-turkestanische Gesichter, schwarzhaarige, feingliedrige, ansehnlichere Menschen als die oft arg bulligen Russen.

Im Flugzeug ist ein Mitarbeiter des technischen Aufbaustabes der deutschen Botschaft Alma-Atas dabei. Die Botschaft wird mit Großbritannien gemeinsam aufgebaut, ein Novum in der Europäischen Gemeinschaft. Der Mann war direkt aus Tel Aviv gekommen. Im Flughafen von St. Petersburg traf er den Schreiner der dortigen deutschen Botschaft. Ein alter Herr, eine jüdische Geschichte des 20. Jahrhunderts: Der Schreiner und seine Begleiter waren auf dem Weg nach Königsberg, das ihnen vor 1933 Heimat war. In der Familie in Tel Aviv wird nur Jiddisch gesprochen. Mit der Reisegruppe auf dem Weg in die alte Heimat Königsberg wechselt der Mann in die deutsche Sprache. Anflug auf Alma-Ata. Die Stadt wirkt, als wäre sie an die schneebedeckte Bergkette des Tienschan-Gebirges geklebt. Dicker Smog liegt über grauen, gesichtslosen Wohn- und Industrievierteln. Erstmals in der Geschichte ist Kasachstan seit dem 16. Dezember 1991 ein unabhängiger Staat. Sattgrüne Äcker säumen den Stadtrand. Militärs heißen uns freundlich willkommen. Ein Oberst schwärmt, die besten Jahre seines Lebens habe er in Sachsen verbracht. Sofort geht es zum Gespräch mit Verteidigungsminister

Generaloberst S. K. Nurmagambetow. Die Krawatten legen wir eilig im Auto zum Verteidigungsministerium an.

Der Weg zum Generaloberst führt im Treppenhaus an Ikonen der Sowjetunion vorbei. Auf einem überdimensionierten Foto sind Lenin und andere Revolutionäre mit wehenden Mänteln auf dem Weg zur Tat zu bestaunen. Der Minister doziert arrogant und wirkt abwesend. Wie die meisten gehört er zum alten kommunistischen Kader. Er habe am Kampf um die Reichskanzlei 1945 in Berlin teilgenommen, erzählt er. Nun beschreibt er Ludwig Erhard als Vorbild für Kasachstan. Er lobt die Deutschen in Kasachstan, von denen fünfzehn Parlamentsabgeordnete sind. Man respektiere die Deutschen in Kasachstan und wünsche ausdrücklich, dass sie im Land blieben. Er ist widersprüchlich in der Frage der Verfügungsgewalt über die kasachischen Atomsprengköpfe. Alles Material werde nach Russland geschafft, aber Kasachstan müsse eine Beteiligung an der künftigen Kommandostruktur behalten. Er schmunzelt in sich hinein bei der Frage nach der Proliferation von Atomtechnologie in den Nahen Osten, um dann mit treuem Augenaufschlag zu verkünden, dies finde selbstverständlich nicht statt. Deutschland, so geht er zum Gegenangriff über, solle alle strategischen und taktischen Atomwaffen der USA von seinem ganzen Territorium abziehen beziehungsweise volle Mitverfügung beanspruchen. Mit Verachtung in der Stimme verneint der Minister die Möglichkeit einer militärischen Machtübernahme in den GUS-Republiken. Kasachstan sei eine der stabilsten Republiken, in der keinerlei Gefahr einer Islamisierung bestehe. In Kasachstan spiele „Genosse Nasarbajew" eine stabilisierende, hervorragende Rolle, auch in den guten Beziehungen zu Russland: Jährlich tausche man 16 Mio. t Rohöl aus. Mit dem GUS-Vertrag von Taschkent bestehe inzwischen ein gutes zentralasiatisches Sicherheitssystem.

Dolmetscher Major Wladimir Frankiewich ist Russe, 36 Jahre alt, hat 1984/1985 in Afghanistan als Sanitäter gedient, „ich habe keine Menschen getötet", sagt er. Der Einmarsch in Afghanistan sei der größte Fehler in der sowjetischen Geschichte gewesen, es sei für ihn grauenhaft gewesen, die Krüppel der eigenen Kameraden zu sehen. Jetzt sei die Armee total demoralisiert, es gebe viele Reintegrationsprobleme. Der ganze Zerfall der Sowjetunion sei für das ehemalige KPdSU-Mitglied sehr „schmerzhaft". Russland werde nicht von Leuten wie Jelzin regiert, sondern von der „Mafia", alten KP-Seilschaften und KGB-Leuten. Der KGB, so behauptet er, sei stets eine Verbrecherorganisation gewesen und habe unter anderem Zia-ul-Haq ermordet. Hinter vorgehaltener Hand bezeichnet er den Verteidigungsminister als „Auslaufmodell". Am Ende überreicht er mir eine Erinnerungsmedaille von der Verschrottung der SS-20-Raketen in Kasachstan vor wenigen Wochen.

Der stellvertretende Außenminister Vyacheslav Gizzatov, ein Halbkasache vermutlich, ein Apparatschik gewiss, der bis vor Kurzem in der Westeuropaabteilung des Moskauer Außenministerium tätig war, ein Betonkopf, der erst vor Tagen nach Alma-Ata ernannt wurde. Er sagt wenig Konkretes zur KSZE und zum NATO-Kooperationsrat. Im Regal steht die Lenin-Gesamtausgabe. Das Institut für Strategische Studien ist überreichlich mit Leninbüsten, Leninbildern und Lenininkunabeln geschmückt. Direktor

Kasenov, ehemals Mitglied des KPdSU-Politbüro der kasachischen Sowjetrepublik, meint, das sei eben der kasachische Weg, die Dinge nicht überhastet zu verrichten. Er redet auffallend viel über den Islam als politischen „non-factor" in Kasachstan, um dann auf die entstehende Staatlichkeit und die Idee der Demokratie sowie die Beziehungen zu Zentralasien zu sprechen zu kommen. Auf die Frage nach der künftigen Ordnungs-, wenn nicht Führungsrolle der Türkei in Zentralasien, die nicht wenige in Europa im Entstehen sehen, reagiert Kasenov unruhig. Beim Abendessen in einem koreanischen Restaurant wird die Diskussion fortgesetzt mit Dr. Bulat Sultanow, einem exzellent deutschsprechenden Experten für neue Geschichte und internationale Beziehungen des Instituts für strategische Studien, dem einzigen Kasachen des Treffens. Niedliche Mädchen unterhalten mit kecken Tänzen und sanften Tönen. Sultanow doziert über die Weltsicht Zentralasiens, die Turkvölker, die Geschichte der früher nomadisiert lebenden Kasachen, die ab dem 16. Jahrhundert Schritt um Schritt ein Eigenbewusstsein entwickelt hätten. Er ist ein großer Sympathisant Deutschlands, seitdem er in der Kindheit in einem Sienkiewicz-Roman gelesen habe. Die Deutschen seien dort immer die bösen Ritter. Das hätte er dann doch genauer wissen wollen.

Ich durchfahre die schachbrettartig angelegten Straßen von Alma-Ata, „Apfelhain", das als Werny in den 1850er-Jahren nach der russischen Eroberung gegründet worden war. Eine geruhsame Stadt mit sehr viel Baumbestand auf den Bürgersteigen, mit einem friedlich wirkenden Zusammenleben von Russen und Kasachen, den fast gleichstarken Bevölkerungsgruppen von Kasachstan. Ein Denkmal zur Erinnerung an die Toten im Großen Vaterländischen Krieg, heute Kulisse für Hochzeitspaare, die zum Fototermin gekommen sind. Die Anmut der asiatischen Frauen, ihrer geschmeidigen Körper und bunteren Stoffe, und die straffen Züge der asiatischen Männer fallen auf im Kontrast zu vielen Russen. Ein Ausflug ins Bergland, das unmittelbar vor den Toren Alma-Atas beginnt und ins Tienschan-Gebirge, ins Pamir-Gebirge und in den Himalaya führt. Schneebedeckte Gipfel von über viertausend Meter Höhe umgeben uns. An den Ufern eines kalten, sauberen Gebirgsbaches leben nomadisierende Kasachen vor ihrer Jurte mit ihrem Vieh.

9. August 1992, Samarkand
Asien total. Weite Baumwollfelder, Ausdruck des Baumwollkolonialismus, noch immer mehrheitlich Kolchosen, Industrieanlagen, intensiv ausgebaute Bewässerungssysteme am Straßenrand. Die Überwässerung der Baumwollfelder hat in den achtziger Jahren den Aralsee entleert und eine große Ökokatastrophe hinterlassen. Ich überquere den Syrdarja und ziehe gen Westen, in umgekehrte Richtung als einstmals Alexander der Große. Der großartige Registan-Platz in Samarkand öffnet sich in seiner majestätischen Pracht. Erhaben liegen die drei Medresen an dem Platz. Hinter den grandiosen, hellblau gekachelten Fassaden liegen Innenhöfe und Innenräume der Moscheen. Serene Feierlichkeit, die mit der langsamen Wiederkehr der Religion wieder Teil des Lebensvollzuges in Zentralasien werden wird. Unvermittelt stehe ich am Grab von Timur Lenk, sehe Ulug Begs Sternwarte mit dem Sextanten, der im indischen Jaipur Nachahmung

fand. Ich sehe das Ensemble Schahi-Sinda und bummele über den farbenfrohen Markt mit seiner großartigen, köstlichen Fruchtfülle. Der Begleiter von der Stadtverwaltung, ein kleiner Potentat, greift kräftig zu, um Probierobst ohne Anfrage bei den Verkäufern anzubieten. Fast nur asiatische Gesichter, ein buntes Völkergemisch von mongolischen bis türkisch-kaukasischen Varianten. Zuweilen sind Koreaner zu sehen, die unter Stalin von Chabarowsk hierher verschleppt worden sind. Frau Melli, die Dolmetscherin, ist Kind solch koreanischer Eltern. Sie sagt, viele hätten heute Sorge um die Zukunft. Ein koreanisches Kulturzentrum in Taschkent sei nicht genug der Autonomieversicherung. Ihr neunjähriger Sohn gehe wohl einer schweren Zukunft entgegen.

Die Wüstenoasen Zentralasiens sind eine Herzkammer des Orients. Samarkand – welcher Klang, welche Vergangenheit, der Islam mit seinen märchenhaften Moscheen und Mausoleen der Selbsthistorisierung, gibt sich in Zentralasien weltzugewandt. So hat es jedenfalls den Anschein. Von Taschkent sind es zweieinhalb Flugstunden nach Delhi, vier nach Moskau, viereinhalb nach Istanbul, eineinhalb nach Kabul, drei nach Urumtschi, fünf nach Peking. Kein Wunder, dass Samarkand sich als Nabel der Seidenstraße sieht. Die Sowjetmacht mit ihren gesichtslosen Gebäuden ist an den Stadtrand zurückgedrängt worden. Seit der Antike bestehen Identitäts- und Orientierungsfragen in Baktrien und Turkestan. Seit dem 1. September 1990 besteht nun erstmals ein souveräner Staat Usbekistan. Abends im Hotel in Taschkent tönt aus der Jukebox der Disco-Hit „Dschinghis Khan" und Boney M.s Ohrwurm „Rivers of Babylon". Wild tanzen die Usbeken zur homogenisierten internationalen Musik. Verknüpfte Welten.

10.–11. August 1992, Taschkent
Der deutsche Botschafter Karl Heinz Kuhna erzählt vertraulich, dass Staatspräsident Islam Karimov noch im August per Dekret die lateinische Schrift einführen wolle. Das wäre eine kulturgeschichtlich weitreichende Entscheidung, die das Land stark an die Türkei binden und von islamisch-arabischem Einfluss freihalten würde. Im südlichen Berggebiet Tadschikistans toben wegen dieser Frage schon blutige Auseinandersetzungen. Botschafter Kuhna „residiert" noch in einem Hotelzimmer, ein zupackender Mann mit dem gebotenen Schuss Pioniergeist. Präsident Karimov sei mit einer Russin verheiratet und daher gezwungen, 150-prozentiger usbekischer Nationalist zu sein. Die Russen seien auch auf dem Absprung, sind ohnehin in Usbekistan eine Minderheit.

Gespräch mit Außenminister Ubaidullah Abdurazakov. Ein alter Parteimann, schon Minister zur Zeit der Sowjetunion, gemütlich, aber ein Luchs. Hinter seinem rollenden Blick der Augen beobachtet er genau die Reaktionen seiner Gesprächspartner. Der Mann ist freundlich und freimütig, aber auch gekonnt nichtssagend, wo immer nötig. Der Vertrag von Taschkent habe ein gutes zentralasiatisches Sicherheitssystem geschaffen, wichtig sei dies vor allem im Blick auf die zentralasiatischen Nachbarn. Der Minister zeichnet ein tristes, sorgenvolles Bild Russlands: ökonomisch, sozial, politisch. Der nächste Winter werde wieder dramatisch. Er malt Probleme mit Turkmenistan und Kirgisien aus. Dort radikalisiere sich die Lage aufgrund einer Zunahme islamischer Fundamentalisten. Aus Afghanistan nehme der Waffenimport nach Usbekistan zu, „es kommt Blut auf die Erde." Siebzig Jahre habe das Zentralkomitee für das Volk gedacht, jetzt seien die Verhältnisse komplizierter geworden.

Am 1. September 1992 jährt sich der erste Jahrestag der Unabhängigkeit Usbekistans. Alles ist im Aufbruch, Umbruch, Zerfall und Neuentstehen. Auf einem Denkmal mit der usbekischen Fahne, grün-weiß-blau mit Sternen, erheben sich noch Hammer und Sichel. Am Zentralplatz der russischen Neustadt, die nach dem Erdbeben von 1966 ihr steriles Gesicht erhielt – mit funktionalen Hochhäusern, breiten, baumbestandenen Boulevards, vereinzelte imperiale Erinnerungsfetzen an gelb gemalten russischen Holzhäusern – steht nur noch der Sockel des Lenin-Denkmals, auf das ein Unabhängigkeitssymbol kommen soll.

Der Vorsitzende des Parlamentsausschusses für Verteidigung, Nijazmatov, ein sehr afghanisch anmutender, durchaus jovialer Typ, und der Parlamentsausschussvorsitzende für Parlamentsbeziehungen, Ramiz Habibullajew, ein etwas grimmiger Mann der alten Garde, erläutern den Umbau der Armee. Usbekistan wolle nur eine Armee von 70.000 Soldaten, weniger als nach internationalen Abrüstungsregeln genehmigt. Wichtiger als Militärbeziehungen und neue Bündnisüberlegungen seien Wirtschaftsallianzen. In der Militärausbildung orientiere man sich an der Türkei: Schwierig sei durchaus die Repatriierung von 300.000 Soldaten der Roten Armee. Sorgen machten die Grenzübertritte aus Tadschikistan.

Eine fast unwirkliche Begegnung mit der Geschichte in der ehemaligen Parteikaderschule, jetzt das Institut für Politikwissenschaft und Führungsfragen. Direktor Iskandarov und einige seiner älteren Kollegen: Betonköpfe, die mit Vehemenz die Lehren Karl Marx' verteidigen. Typen wie aus einem schlechten alten Film, die ihren jüngeren Kollegen am Tisch sofort ins Wort fallen, wenn diese zu liberal oder selbstkritisch werden wollen. Agandaev Zahir, erster Professor in Zentralasien für Umweltfragen, gelingt es dennoch, von der Zerstörung des Aralsees infolge der Wasserabfuhr zur Steigerung der Baumwollproduktion in Usbekistan in den achtziger Jahren zu berichten. Jetzt ziehe das Restwasser sogar unterirdisch in das Kaspische Meer. Vielleicht komme ja aus der Ökologiebewegung eine neue, der Zukunft gewandte Elite, die nicht mehr auf Marx fixiert ist. Unter seinem Porträt ein Abschlussfoto, nachdem die alten Herren das Hohe Lied der großen deutschen Kultur – Goethe, Hegel, Kant – gesungen hatten. Einer der Jüngeren studiert jetzt immerhin Karl Jaspers.

Bedrückend sind die Erzählungen des Mediziners Theodor Jekel und von Pfarrer Krenz, zwei Vertretern der deutschen Gemeinschaft Wiedergeburt über die Grauen der Sowjetzeit. Sie wollen erreichen, dass die deutsche Minderheit nach Deutschland ausreisen kann. Kulturelle Spannungen, die sie dort erleben könnten, lassen sie nicht gelten. Stattdessen sollten die Türken aus Deutschland entfernt werden, damit für die Deutschen aus Zentralasien Arbeitsplätze verfügbar werden, sagen sie mit eigentümlich nationalistischer Härte. Jekel will auf seine alten Tage ausreisen, auch wenn der deutsche Einreiseantrag 55 Seiten umfasse gegenüber dem dreiseitigen Einreiseantrag, den Israel verlange. Krenz will eher bei seinen Schafen in Taschkent bleiben.

Abb. 4.5 In einer Fabrik für Mikrochips in Taschkent (1992). (© Ludger Kühnhardt)

Besuch der Mikroprozessoren- und Mikrochipproduktion der Firma Zenit inmitten einer in den frühen achtziger Jahren entstandenen Silostadt am Rande Taschkents (Abb. 4.5). Früher ein Ort der Militärproduktion, jetzt Konversionsfirma: schlechte Qualität gegenüber dem Weltmarktstandard, der russische Markt und Technologiekontakte zur DDR seien weggebrochen. Trotz guter technischer Ausbildungsstandards bestehen wenig Grundkenntnisse über markt- und weltwirtschaftlicher Grundtatbestände.

In der Altstadt Taschkents, inmitten geduckter kleiner grauer Häuser und staubiger, verwinkelter Straßen, Pferdekarren und spielender Kinder mit Plastikfahrrädern, liegt die Hauptmoschee gegenüber der Koranschule. Ernste Feierlichkeit, rote Rosenbeete im Innenhof. Der stellvertretende Großmufti für Zentralasien, Sochir, ein junger Mann, beginnt das Gespräch mit einer überraschenden Eloge auf die gute Behandlung der Türken in Deutschland. Er habe deren Religionsfreiheit mit eigenen Augen gesehen und sei dafür dankbar. An der Bürowand hängt ein Kalender von Hamburg. Imam Sochir redet im Geist eines toleranten, weltzugewandten Islam, beschreibt die moralische Zerrüttung infolge der zurückliegenden siebzig kommunistischen, im Kern also atheistischen Jahre und zeichnet das Bild eines zukünftigen Islams, nicht losgelöst von der Politik, aber auch nicht übermäßig politisiert. Die Türkei sei mit der Säkularisierung zu weit gegangen, der Iran mit der Politisierung. Höchstens in Aserbeidschan bestehe die Gefahr eines radikalisierten politischen Islam. Für Usbekistan würde er eher die pakistanische Variante vorziehen, aber jeder müsse seinen eigenen Weg finden. Die Einführung des lateinischen Alphabets sei unangemessen. Erstens habe man andere Sorgen als für alle Umschriftungen viel Geld auszugeben. Zweitens sei es auch möglich, in der arabischen Sprache eine moderne Zivilisation zu organisieren. Der Islam sei wegen seines späten Entstehungsdatums die neueste, frischeste Religion, fasst er dann doch Ausgangslage und missionarische Zielbestimmung seiner Arbeit zusammen.

In dem Serail-artigen Gartenrestaurant Istanbul mit bunten Lampen und Wasserspielen an eine kleine Moschee geklebt, bieten fesche junge Tänzerinnen in malerischen orientalischen Kostümen, danach aber auch in knackigem schwarzem Leder, das bis zum Bikini stripteaseähnlich, andeutend und vielsagend abgeworfen wird, bei gutem Krimsekt und fettigem Schaschlik ein kulturelles Statement ganz eigener Art. Die orientalischen Töne verschmelzen mit dem Schwermütigen der russischen Musik und den süßlichen Klängen indischer Tempeltänzerinnen. Dann ertönt plötzlich westliche Rockmusik.

12. August 1992, Kiew
Kiew, der milchige Himmel über der Stadt vermischt sich mit den weiten Wassern des Dnjepr und dem Weiß von Sophienkathedrale und Lavra-Klosterkirche. Majestätische Bauten einer innigen Gottesverehrung. An den Wänden des Refektoriums im Lavra-Kloster Fresken wehklagender Männer, Mönche, Priester, Bauern, die zum Himmel schauen. Wehklagende Streichmusik von Studenten im Klosterhof: Ausdruck und Untermalung der russischen Seele. Großartige byzantinische Fresken in der Sophienkathedrale. Am 24. August 1991 hatte die Ukraine ihre Unabhängigkeit erklärt. Stolz steht der Präsidentenpalast in der Innenstadt. Leonid Krawtschuk ist ein alter, erfahrener Partei-Apparatschik der Sowjetära. Jetzt soll er sein Land demokratisieren. Von den Marktkräften sieht man bisher nur die trüben: fliegende Händler, Schwarzmarkt, Mafia. Wird sich die Ukraine mit dem Gesicht gen Westen wenden? In den Klöstern und Kirchen dieser ersten Wiege russischer Kultur spürt man, dass es ein Stich ins Herz Russlands sein muss, die Ukraine und vor allem Kiew zu verlieren.

Volles europäisches Leben in den Straßen, Jugendstilbauten lassen an Wien denken, Gründerzeitgebäude an gemeineuropäische Traditionen. Wird die Ukraine künftig zu „Europa" gehören oder zusammen mit Belarus bessere Dienste als *cordon sanitaire* zu Russland leisten? Ökonomisch ist das Land wegen großer Rohstoffvorkommen dank einer fortgeschrittenen Industrialisierung zukunftsträchtig. Das Alte existiert noch allerorten, aber der Geist der Freiheit hat begonnen, Einzug zu halten. Aufgescheuchte Seelen, eine tiefe Orientierungskrise, größte Zweifel über die nächsten Jahre, den nächsten Winter, aber auch weltweite Erleichterung über das Ende der sowjetischen Gefahr.

13.–14. August 1992, Washington D.C
Zwischenstopp in Goose Bay: Wie Pickel stehen Eisflecken aus dem Meer, Sumpfland umschließt Wassermassen, wird zu Festland mit breiten Flüssen, Baumbewuchs ersetzt die kahle Tundra. Flinke und teure Kampfflugzeuge erheben sich in Windeseile in

Goose Bay in die menschenleere Welt Labradors, einen ruhigen, von Wolken bespielten Himmel. Nach dem Kalten Krieg wird weitergeübt.

In Buchladen Crown's in Washington liegt eine Neuerscheinung mit prägnantem Titel: Jeffrey E. Gartens *A Cold Peace* über die USA, Japan, Deutschland in der neuen Weltordnung (1992). Vorzeichen neuer Entwicklungen? Stephan Richter, Bonner Kommilitone und unterdessen Chefredakteur des *Globalist,* meint, der *American decline* sei überwunden, die USA nähmen Anlauf zu neuer innerer und damit äußerer Kraft. Europa merke dies wie stets nur viel zu langsam. Man habe hier schon gewaltige innere Anpassungsprozesse in der Industrie vollzogen und starte wieder durch. „The Clinton/Gore spirit" herrsche vor. James Baker könnte bald als Außenminister zurücktreten und wieder Stabschef von Präsident Bush werden, wird im spekulationssüchtigen Washington gemutmaßt werde.

Im Weißen Haus treffe ich mich mit John Gardner, Präsident Bushs Redenschreiber. Bakers Nominierung, so sagt John, zeige die Fähigkeit, Wahlen gewinnen zu können. Dan Quayle sei gut als Vizepräsident. James Baker werde die innenpolitische Botschaft der neunziger Jahre formulieren. Defensiv, ohne fundamentale Zukunftsplattform. An John Gardners Tür hängt ein Schild „I'm fed up with Quayle basking." Die Republikaner sind zum Gefangenen ihrer eigenen Erfolge geworden.

15.–20. August 1992, Nashville
The Grand Ole Opry – eine nostalgische, Country and Folk Music Show in einer gigantischen Halle am Rande Nashvilles. Mehrere tausend Menschen aller Art und Physiognomie, fast nur Weiße, lauschen den Musikhelden von einst. Die Mehrheit des Publikums und der Musiker ist im Rentenalter. Seit 1925 läuft die *Grand Ole Opry.* Welche Physiognomien gibt es in *middle America*! Witzig ist es, Elvis Presleys Superauto und Goldklavier in der Music Hall of Fame zu sehen. Inkunabeln einer der vielen amerikanischen Identitätsstiftungen. Folk Music auf höchstem Kommerz- und Weltniveau. 600.000 Menschen pilgern jährlich zu Elvis Presleys Grab im Memphis. Auf der Young Leaders Conference der Atlantik-Brücke und des American Council on Gemany kritisiert der Vorsitzende des Freedom Forum, John Seigenthaler, die „slick campaign" der Presse zum Thema „private conduct of public figures". Das Thema „Pressediktatur" wird langsam zum Thema amerikanischer Systemkritik. In den Buchläden entdecke ich neue Titel, die die amerikanische Übernahme der Führung der Weltwirtschaft in den 1940er-Jahren rekonstruieren. Amerikas Führungsfähigkeit erwacht offenbar erneut und ist der Wahrnehmung in allen einschlägigen europäischen Analysen schon wieder weit voraus.

In Hamburg diskutierte ich 1985 mit Francis Fukuyama auf meiner erster Young Leaders Conference die Gefahren des Kalten Krieges. In Indianapolis ging es 1988 um den europäischen Binnenmarkt und die Rolle Japans. In Hamburg waren wir 1989 westwärts gerichtet, nervös und wurden an der innerdeutschen Grenze von DDR-Wächtern fotografiert. Im Jahr 1990 machten wir von Hamburg aus einen Abstecher nach Salzwedel im neuentstehenden Sachsen-Anhalt. In Richmond war 1991 die Osteuphorie hoch und in den Tagen nach dem Coupversuch in Moskau blickten alle auf das Baltikum. In diesem Jahr nun diskutieren wir auf der Young Leaders Conference die inneren Anpassungsprobleme unserer Gesellschaften. Eine Lehre ist unausweichlich: Man unterschätze niemals die USA.

Schlechthin amerikanisch: „Think big"-Architekt Earl Swensson führt uns durch das gigantische Opryland Hotel mit seiner Indoor-Regenwald-Atmosphäre. Historisch: The Hermitage, Präsident Andrew Jacksons Anwesen, gefolgt von rustikaler *down-town* Livemusik in dem Honky-tonky-Musikclub Flint. Ein Bier mit einigen Typen aus dem Stereotype-Bilderbuch des mittleren Westens. Dazu ertönt fabelhafter Blues. Thomas Alan „Tom" Schwartz, ein Freund seit meiner Zeit in Harvard und unterdessen Professor für Geschichte an der Vanderbilt University, erklärt den Jacksonschen Populismus. Diese amerikanische Denkart müsse man verstehen, wenn man wissen wolle, wohin die amerikanische Gesellschaft sich derzeit offenkundig entwickele. Ein neuer Jackson-Typ als Präsident werde eines Tages erscheinen können, prognostiziert Tom.

Am Fernsehgerät verfolgen wir, wie Ronald Reagan auf dem Parteitag der Republikaner in Houston, der Präsident George Bush für die Wahlen im November 1992 wiedernominiert, eine Art politisches Testament präsentiert. Er hält wohl seine letzte ganz große öffentliche Rede mit der ihm so unverwechselbar eigenen Theatralik: „When I will be gone … good-bye America." Die Zukunft hat schon begonnen. Auf unserer Tagung spricht Senator Jim Sasser, demokratischer US-Senator aus Tennessee, auch nicht mehr der Jüngste, aber doch ein Mann der neuen Generation von Demokraten, die in Washington an die Macht drängen. Im Juli wurde ihr Spitzenkandidat für die Präsidentschaftswahl nominiert: William „Bill" Clinton, der Gouverneur von Arkansas.

Derzeit ist das präsidentielle Rennen knapp: Meinungsumfragen sehen Präsident Bush in einer Aufholjagd gegen Gouverneur Bill Clinton. Die Wandlungen und Wendungen des Zeitgeistes in den USA sind immer unberechenbar schnell. Clinton wirkt eher verschlagen im Vergleich zu Bush, der aber hat keine Vision und kann kein Konzept eines neuen Amerika entwerfen. Überraschend befinde ich mich in einem Disput mit dem Jim Sasser über die Todesstrafe in Tennessee, die er als Element des Rechtsstaates verteidigt. Ich opponiere, wie in Teheran vor einem Jahr.

25. August 1992, San Marino
Europas Identität ist ein unendliches Puzzle. San Marino gehört zu den Steinen dieses Puzzles, eines der kleinsten Gemeinwesen, das aus dem Mittelalter in die Gegenwart gefunden hat und Europa bereichert. La Serenissima, die Allerdurchlauchteste, rühmt sich, die älteste Republik der Welt zu sein. Benannt nach dem Mönch Marinus, der sich im dritten Jahrhundert vor den Christenverfolgungen auf den Berg Titano zurückzog. Das Jahr 366 gilt als Gründungsdatum der Republik weiterer verfolgter Christen, die sich in San Marino niedergelassen hatten. Bis heute gilt im Kern die 1600 niedergeschriebene Verfassung, in der sich San Marino zur Neutralität verpflichtet. Zwei Capitani Reggenti werden immer gleichzeitig zum Staatsoberhaupt gewählt. Wüsste man

nicht, wo man sich befindet, würde man keinen Unterschied zur italienischen Umgebung sehen, die San Marino auf allen Seiten umgibt.

Der Kleinstaat gehört nicht der Europäischen Union an, aber ist doch so ungemein europäisch in seiner kulturellen und politischen Tradition wie nur irgendeiner der anderen Staaten Europas. Ein Stein im Puzzle eben, ohne den das Ganze nicht wäre, was es werden will. Vom Vorplatz der Basilika San Marino und der Piazza della Libertà vor dem Palazzo Pubblico schweift mein Blick bis zur Adria. Die Dörfer von San Marino liegen friedlich um den höchsten Ort des Landes herum, das in aller Welt anerkannt ist. Mit zurückhaltendem Stolz leben die 25.000 Einwohner San Marinos ihre Freiheit, die ihren Sauerstoff aus der Geschichte bezieht.

26. August–12. September 1992, Portoferraio
Ich war nicht auf der Flucht wie Napoleon Bonaparte, sondern auf den Spuren des kulturellen Erbes im Süden Italiens. In Urbino hatte ich einen Blick auf die prächtige mittelalterliche Stadt geworfen. Der von Piero della Francesco im 15. Jahrhundert porträtierte Herzog Federico de Montefeltro und seine Frau Battista Sforza ist mindestens so bekannt wie sein Herzogtum. Überhaupt die Malerei. Der große Raffael wurde in Urbino geboren. Sein Geburtshaus lässt spätere Größe noch nicht erahnen. Ich dringe tiefer in den italienischen Stiefel vor. Castel del Monte, die wuchtige Burg des Stauferkaisers Friedrich II. aus dem 13. Jahrhundert. Die Reliquien von Bischof Nikolaus von Myra in der Basilika San Nicola in Bari. Die griechischen Stadtgründungen Gallipoli und Tarent im Stiefelabsatz, eher karge apulische Hafenstädte. Paestum, auch eine griechische Gründung. Mit dem imposanten Poseidontempel aus dem 5. und dem Heratempel aus dem 6. Jahrhundert vor Christus unter den lebendigen Ruinen der Antike einer der prächtigsten Orte. Pompeji ist hingegen als Gesamtkunstwerk ebenso im Tode präserviert. In Salerno treffe ich wieder auf Papst Gregor VII., den Sieger des Investiturstreits von Canossa. Hier nun liegt er seit 1085 begraben, „morior in exilio" steht auf der Platte über seinem letzten Ruheplatz, gestorben im Exil. Montecassino, die Klostergründung des Heiligen Benedikt von Nursia, erhebt sich seit dem Jahr 529 auf dem mehr als fünfhundert Meter hohen Felsen, der dem Kloster seinen Namen gab. Ihre heutige Gestalt ist eine Replika, die nach der Totalzerstörung durch die amerikanische Luftwaffe 1944 nach den alten Plänen neu erbaut wurde. Elba ist mir nach so viel Geschichte und Kultur für einmal nur noch eine Insel der Segelbuchten. Napoleon, der 1814/1815 für zehn Monate in Portoferraio auf Elba als Kaiser ohne Land ausharren musste, blieb auch dort, was er schon immer war: ein Parvenü, der abstürzte und doch in dicken Buchstaben in den Geschichtsbüchern steht.

23.–25. Oktober 1992, Cadenabbia
Bei einem europapolitischen Roundtable der Konrad-Adenauer-Stiftung im idyllischen Cadenabbia, dem einstigen Urlaubsort Konrad Adenauers, konstatiert der Europaabgeordnete der CDU, Friedrich Merz, mit dem ich seit den Tagen des Engagements in

der Schüler-Union Anfang der 1970er-Jahre gut bekannt bin, dass die Debatte um den Maastricht-Vertrag beendet sei. Unklar bleibe weiterhin der mögliche Parlamentsvorbehalt im Deutschen Bundestag über den Eintritt in die für 1999 vorgesehene dritte Stufe der Wirtschafts- und Währungsunion. Merz thematisiert die Möglichkeit einer Teilnahme Italiens in der Währungsunion angesichts eines Staatsdefizits von 110 %. Er hofft, dass die Europäische Politische Zusammenarbeit den Einstieg in den Ausstieg aus dem Einstimmigkeitsprinzip finde. Schließlich berichtet er von Überlegungen im Europäischen Parlament, in die nächsten Wahlen 1994 mit Spitzenkandidaten der verschiedenen politischen Fraktionen zu gehen. Am Horizont scheint die Idee einer europäischen Verfassung auf.

Die britischen Teilnehmer des Roundtable mögen solche Visionen kaum. Patrick Robinson, der Begründer der Bruges Group und der Chief Whip der Parlamentsfraktion der Tories, David Davis, sind die lautstärksten Skeptiker einer weiteren Vertiefung der Europäischen Union. Davis ist zwar immer wieder als engagierter Befürworter des am 7. Februar 1992 unterzeichneten Maastricht-Vertrages aufgetreten. Aber das müsse unbedingt der Endpunkt der Integration bleiben, sagt er.[4] Die Briten reiben sich vor allem an der Rolle des Europäischen Gerichtshofs und lehnen vehement eine europäische Sozialcharta ab. Beides stehe gegen alle britischen Traditionen. Die Briten Brendan Donnelly, ihre Westminster-Abgeordneten Quentin Davies, Robert Hughes, David Lidington, Timothy Kirkhope und der Europaabgeordnete John Stevens, die Dänin Anne Mau Pedersen, Urban Karlström aus Schweden, Andreas Schockenhoff, CDU-Bundestagsabgeordneter, und der sehr proeuropäische Diplomat im Auswärtigen Amt, Martin Hanz, liefern sich manch frischen Schlagabtausch guter Argumente. Gäbe es die Briten mit ihren subtilen Sichtweisen nicht, man müsste sie erfinden, um die europäische Einigung interessant zu machen.

4.–6. Dezember 1992, Windsor
Alan Alfred Coldwells, der Canon von Windsor Castle, lädt mich zur St. George's House Conference hinter die Mauern Windsors ein. Das St. George's House ist Teil der St. George's Chapel. Ein St. George's College wurde 1348 von Edward III. gegründet, daraus erwuchs eine kirchliche Stiftung, die er parallel zum Hosenbandorden stiftete. Königin Elisabeth II. errichtete 1966 St. George's House zum Zweck der Reflexion von Leuten mit Einfluss. Ich lerne führende Vertreter der Kirchen in Großbritannien kennen wie Marcus Braybrooke vom World Congress of Faiths, Father Peter Knott, den katholischen Kaplan von Eton College, und Patrick Mitchell, den anglikanischen Dean of Windsor, aber auch Politiker wie die Europaabgeordnete Christine Oddy und Sir David Mitchell, vormaligen Junior-Minister in Margaret Thatchers Regierung.

---

[4] Von 2016 bis 2018 organisiert David Davis in Theresa Mays Regierung den britischen Austritt aus der Europäischen Union.

Nachdem der Deutsche Bundestag am 2. Dezember 1992 den Maastricht-Vertrag ratifiziert hat, fragen die Briten mich, wie es nun möglich werde, von Vorurteilen zur praktischen Anwendung des Vertrages zu gelangen. Eine genuin pragmatisch-britische Sicht, die Europa guttut. Ich zitiere Lord Algernon, dass ein Optimist derjenige sei, der glaube, die Zukunft sei unsicher. Die Liste der praktischen Aufgaben für die EU in den neunziger Jahren ist lang: Euro-Einführung, Vollendung des Gemeinsamen Marktes, Aufbau einer gemeinsamen Außenpolitik. Als ich grundsätzlicher werde und vom Fehlen einer europäischen Gesellschaft spreche, von exklusiven versus geteilten Kompetenzen, und von den Grenzen der britischen *Opting-out*-Vorbehalte, spüre ich, wie der Glaube im Raum erkaltet. Erst als ich für die baldige Mitgliedschaft auch von Kroatien, Slowenien und der drei baltischen Staaten plädiere, wird die Temperatur im Raum wieder höher. Erhebend wird es, als ich mit allen Tagungsteilnehmern zum ergreifenden Evensong in den Bänken des Hosenbandordens in der St. George's Chapel Platz nehme. Was wäre Europa ohne die britischen Traditionen?

15.–22. Februar 1993, Cambridge, MA
Bei Vorträgen, die ich an der Harvard Universität halte, kehren drei Fragen immer wieder, die meine amerikanischen Kollegen und die anwesenden Studenten vor allem bewegen: Was folgt aus den Umwälzungen in Europa für die deutsche Außenpolitik? Was wird aus den westlichen Bündnisstrukturen? Passt die offenkundige Stärkung der EU zur strategischen Rolle der USA in Europa?

1.–31. März 1993, Wien
Dass und warum Wien einer der großen europäischen Gewinner des Endes des Eisernen Vorhangs ist, lässt sich geradezu sinnlich erleben. Während in Deutschland der Fall der Berliner Mauer eine geteilte Nation zueinander geführt hat, rekonstruiert sich um Wien herum die Welt der Verknüpfungen, die das Österreich-Ungarische Kaiserreich markieren. Meine Forschungen zur Demokratietheorie im anhaltenden Zeitalter europäischer Revolutionswirrren im Institut für die Wissenschaften vom Menschen in Wien verbinde ich, erstmals gemeinsam mit meiner in Großwardein am Westrand Siebenbürgens geborenen ungarischen Frau Enikö, mit einer Erkundigung in den nordöstlichen Grenzmarken. Bratislava, die alte ungarische Krönungsstadt und seit dem 1. Januar 1993 Hauptstadt der Republik der unabhängig gewordenen Slowaken, einen Steinwurf nur von Wien entfernt. Košice, wo immer noch viel Ungarisch gesprochen und im gotischen Dom gebetet wird, nach einer stimmungsvollen Durchfahrt durch die Slowakei mit ihren markanten Bergregionen im Zipser Ländchen. Debrecen, nach der Überquerung der Staatsgrenzen von heute, die vor 1918 zwischen Oberungarn und dem ungarischen Kernland undenkbar gewesen wären, das nüchterne Herz der ungarischen Calvinisten. Budapest, die Fröhliche an der Donau. Fertöd, das beschauliche Rokokoschloss des Fürsten Ersterházy, dessen Hofkapelle Joseph Haydn 1761 bis 1790 leitete. Šopron, der Grenzort, der keiner mehr ist. Der Ort ist nur noch Zwischenstopp auf dem Weg zum nahegelegenen Eisenstadt, wo die Familie Esterházy in ihrem dortigen Schloss

abwechselnd mit Fertöd und Wien Hof hielt und mit ihr für die besagte Zeit Joseph Haydn. Österreich spricht zur Welt durch die Musik, damals wie heute. Mitteleuropa sortiert sich politisch weiterhin neu. Westeuropa schaut noch immer eher zu, entdeckt wieder neu, was doch immer ein Teil des gemeinsamen Europas war.

11.–13. Mai 1993, Prag
Beim Blick über die Dächer der Stadt Prag sinniert Jiří Gruša, Schriftstellerfreund von Václav Havel, Dissident der ersten Stunde und seit 1990 Botschafter der postkommunistischen Tschechoslowakei in Bonn, eher melancholisch als drohend: Nichts wird bleiben, wie es war, wenn der Westen nicht bald die Chancen der Öffnung zum Osten be- und ergreift. Wir Autoren des *Daedalus*-Sonderheftes zum vereinten Deutschland zücken ungeniert die Rotstifte, um in unseren Manuskripten zu streichen, kürzen, verbessern. Wie beim ersten Treffen im Schloss Coppet tut die außerdeutsche Atmosphäre der deutschen Selbstreflexion sehr gut (Kühnhardt 1994a).

27. Mai 1993, Washington D.C
Wie berechenbar und verantwortungsbereit ist Deutschland? Kann es Interessen und Werte miteinander verbinden? Wie verhalten sich Deutschlands Interessen zu denen seiner alten Partner und neuen Nachbarn? Um diese Fragen kreisen die Diskussionen im Anschluss an die *Alois Mertes Lecture,* die ich im Deutschen Historischen Institut Washington halte (Kühnhardt 1993).

15.–16. August 1993, Bukarest
Man hätte sich die Stadt schlimmer vorstellen können nach allem, was so über das Ceaușescu-Regime zu lesen und zu hören war. Zwar ist Bukarest karg, aber nicht unfreundlich. Ceaușescus Monsterarchitektur und die Relikte eines Möchtegern-Paris mit großzügigen Boulevards sind zu sehen. Eine künstlich hochgezogene Großstadt, unfertig, inmitten einer halbabgerissenen Balkan-Altstadt. Orthodoxe Kirchen, in denen Mariä Himmelfahrt gefeiert wird. Die Menschen: einfach, bäuerlich, in einer unurbanen Großstadt. Rumänien hat ein Imageproblem, aber eben nicht nur. Der Staatssekretär im Außenministerium, Marcel Dinu, war bis Ende 1989 Botschafter in Bonn, er treuer Ceaușescu-Apologet, hat im Ministerium überwintert. Dinosaurier. Jetzt strebe Rumänien natürlich in die Europäische Gemeinschaft. Er fordert Nichtdiskriminierung erst beim Weg in den Europarat und dann in die EG. Die ungarischen Extremisten in Rumänien hätten Territorialansprüche, er fordert einen Verzichtsvertrag von Ungarns Ministerpräsidenten Jószef Antall. In der Eingangshalle des Ministeriums: Skulpturen von Constantin Brâncuși.

Bei einer Einladung der deutschen Gesandtin Christiane Geißler-Kuß gibt sich Silviu Brucan, der Top-Politologe Rumäniens, sentimental: Karl Marx habe die beste Klassenanalyse geliefert. Gorbatschow habe leider mit Glasnost begonnen und erst dann Perestroika folgen lassen statt umgekehrt. Dann wären die Sowjetunion und der Kommunismus zu retten gewesen. Beeindruckender ist da schon der 77-jährige Senator

Valentin Gabrielescu von der Christlich-Nationalen Bauernpartei: Er war Artillerieoffizier in der Wehrmacht, zehn Jahre in kommunistischen Gefängnissen, jetzt plädiert er für eine konstitutionelle Monarchie. Die neue Verfassung sei ein Trick der gewendeten Alt-Nomenklatura, um an der Macht zu bleiben. Die Opposition setze auf vorgezogene Neuwahlen. Es läge nicht zuletzt am zu großen Entgegenkommen des Westens gegenüber den Ungarn, dass viele rumänische Wähler Iliescus „Heilspartei" unterstützten. Gabrielescu ist für die Gewährung aller Minderheitenrechte, auch für die ungarischsprachige Universität in Cluj-Napoca, aber gegen jede Autonomie für die ungarische Minderheit.

17. August 1993, Dobreta Turnu Severin
Walachei: Pferdewagen, furchtbar arme Bauerndörfer, Häuser zum Teil mit orientalisierenden Holzintarsien, Sonnenblumenfelder, Tabakpflanzen, weite, endlose Kolchosen, graue Industriestädte, wo Bauern unter dem kommunistischen Banner zur Zwangsmodernisierung zusammengepfercht worden waren (Abb. 4.6). Primitive Strukturen, aber vor allem ein mentaler Zustand der Rückständigkeit. Wo Ungarn schon Blumen in sauberer Weise gesetzt hätten, ist bei Rumänen noch Dreck und Bauschutt vor der Tür. Viele Zigeunergesichter, manche bukolische Szene erinnert mich eher an Indien. Besuch bei der Mission der Westeuropäischen Union (WEU) in Calafat und bei der UN-Sanktionsüberwachung am Eisernen Tor in Dobreta Turnu Severin. Um Serbien

Abb. 4.6 Unter Schafhirten in der rumänischen Walachei (1993). (© Ludger Kühnhardt)

einzudämmen, sind erstmals Deutsche bei „Out of area"-Einsätzen dabei. Der faktische Einfluss auf die Kriegszone Serbiens und Bosniens ist wohl begrenzt. Aber die multilaterale WEU-Grenzschutztruppe in Calafat ist gleichwohl eine richtungsweisende europäische Aktion. Eisernes Tor: ein großartiges Donaubild vor dem Superstausee. Übernachtung in einer der vielen Ceaușescu-Villen über dem Donautal, ein Paradies im Vergleich zum rumänischen Durchschnitt, aber doch strahlt die Villa die spießigkleinbürgerliche Atmosphäre des untergegangenen Regimes aus.

Ein junger Rumäne ist pessimistisch: Er glaube nicht, dass Rumänien in seiner Lebenszeit in die Europäische Gemeinschaft aufgenommen werde. Noch immer ist eine Behördengenehmigung notwendig, um den Wohnort wechseln zu können. Europa wirkt weit entfernt. Nach Orșova biegt die Straße stark nach Norden ab zum Grenzposten. Nur wenige Minuten später erblicke ich die erste Zwiebelturmkirche, den äußersten Außenposten der „K. u. k."-Kultur. In Herkulesbad zeigt man stolz das Schwefelbad, das Kaiserin Sissi benutzt hat. Die Weite der Hochgebiete des Banats und Siebenbürgens, bessere Bauweise, reichere Agrarkultur. In der Ferne die raue Schönheit der Transsilvanischen Alpen. Am Straßenrand winken Kinder und alte Frauen, die gutes Obst feilbieten.

Ungarischer Baustil, alte, etwas zerfallene Gutshöfe, deutsch-gotische Gebäude. In Reußmarkt (rumänisch: Miercurea Sibiului), im Hochland, kurz vor Hermannstadt, eine einzigartige evangelische Wehrkirche. Die Kirche ist von einer „Festung" umgeben, die an den weiten Marktplatz angegliedert ist. Die Streusiedlungen der Walachei sind längst von den Reihendörfern ungarisch-deutscher Art abgelöst worden. Das alte Küsterehepaar erzählt, es gebe noch 180 deutsche Seelen. Viele junge Menschen sind nach Deutschland abgewandert. Die Alten wollten nicht mehr auswandern. Immerhin sei der Geheimdienst Securitate verschwunden, der den Alltag so quälend gemacht hatte.

18.–19. August 1993, Hermannstadt
Eine beeindruckende Überraschung. „K. u. k."-Architektur vom Feinsten. Noch fehlen Investoren, aber die Deutschen wirken in ihrer siebenbürgischen Hauptstadt als Miniminderheit nach wie vor, und wieder, kulturprägend. 150.000 Deutsche sind in Siebenbürgen geblieben. Sie stehen zwischen Ungarn und Rumänien, versuchen zu taktieren. Paul Philippi, Vorsitzender des Demokratischen Rates der Deutschen, vormals Professor für evangelische Theologie in Heidelberg, befürchtet beim Gespräch im Hotel Deutscher Kaiser weitere Radikalisierungen zwischen den Bevölkerungsgruppen. Kaisergelb die Häuser um den Ring. In Hermannstadt gibt es selbst lutherische Zigeuner, wie Philippi erzählt. Stolz zeigt er Hermannstadt, die katholische Kirche, die protestantische Kirche, in der seine Nichte die Orgel spielt, den Buchladen und das kleine Denkmal zur Erinnerung an die Revolution gegen Ceaușescu, die keine Revolution war. Hermannstadt heißt offiziell natürlich Sibiu, der ganze Stolz Rumäniens.

In der Walachei holt mich die zweite rumänische Realität wieder ein: Schmuddel, Verwahrlosung, Armut unter dem Kamm der Transsilvanischen Alpen. Einfachste

Häuschen mit Brunnen in jedem Garten, Pferdekarren, Gemüse, Schafhirten, schlecht bestellte Maisfelder, aus manchem Bauernhäuschen laufen Schweine in den sumpfigen Hof heraus. Respektgebietend ist Curtea de Argeş, im 14. Jahrhundert walachischer Fürstensitz des Basarab. Die byzantinische Kirche mit großartigen Ausmalungen, der orientalische Einfluss kommt nicht weniger zur Geltung wie am unweit gelegenen Grab für die aus Deutschland stammenden Könige Carol I. und Ferdinand, die ab 1866 die deutschstämmige rumänische Monarchie prägten. Islamisch anmutende Ornamentik vermischt sich eigentümlich mit neogotisch-germanischen Farbkombinationen.

20.–21. August 1993, Skopje
Nachtzug nach Sofia. Die rumänische Zoll- und Passabfertigung in Giurgiu-Nord ist chaotisch und unorganisiert. Keiner der Zöllner scheint zu wissen, was er darf und was nicht. Wir überfahren die weite Donau nach Russe, das bis 1912 Rustschuk hieß und osmanisch war. Effizient und freundlich die bulgarischen Zöllner, so als wollten sie dem Spitznamen ihres Landes gleich einmal alle Ehre machen, die Preußen des Balkans zu sein. Ein „intelligentes, energisches, betriebsames Volk" seien die Bulgaren, und „besonders fleißige Landwirte", schrieb der *Baedeker* im Jahr 1914 (1914b, S. XXIX). Alles ist gepflegter, zivilisierter als in Rumänien. Ich fühle mich instinktiv wohler in Bulgarien. Ein multikulturelles Flair: Volksmusik aus der Rosenölgegend, Gebetsrufe des Muezzins, eine etwas würdelose Popen-Inszenierung bei einer Beerdigungsfeier, Jugendrock, weit modernere, urbanere Gesichter als in Rumänien.

Es geht direkt weiter nach Skopje, wo rauere, ruppigere Gesichter inmitten einer kargen, dünn besiedelten agrarisch-gebirgigen Gegend warten. Das islamisch-orientalische Skopje, die Hauptstadt der neuen Republik Mazedonien, stellt sich mit einer islamischen Gebetsfeier vor. Streng asketisch reihen sich die Männer in der Moschee aneinander und folgen dem Gebetsruf gen Mekka. Vor der Tür predigt ein sendungsbewusster Palästinenser die Botschaft Allahs. Was wohl erzählt er den mazedonischen Brüdern sonst noch über den Westen, die Welt? Albanische Mazedonier berichten freundlich von ihrer Arbeit in Deutschland. Auf dem Basar in Skopje verkaufen sie Hosen aus türkischer Produktion. An der Grenze Mazedoniens zu Amselfeld in Serbiens umfochtener Provinz Kosovo funktioniert das Embargo der UNO natürlich nicht. Nur UN-Toiletten sind dort zu sehen, aber kein einziger internationaler Grenzwächter.

21. August 1993, Sofia
Die bulgarischen Gesprächspartner sind nüchterner und offener als in Rumänien. Von einer Schwarzmeerkooperation will niemand so recht reden; alle wollen „nach Europa". Innenpolitisch ist man weithin mit sich selbst beschäftigt, nur eine Wahlrechtsreform könnte die Parteienzersplitterung bremsen und ein parlamentarisches System verhindern, das in einen Präsidialautoritarismus rutschen würde. Bei einem Abendessen der deutschen Botschafterin sitze ich neben der Frau des Vorsitzenden des Kulturrates. Am Ring trägt sie einen Siegelring mit den Insignien von Ferdinand aus dem Geschlecht

Sachsen-Coburg-Koháry, der zunächst Fürst und von 1908 bis 1918 Zar von Bulgarien war. Die Dame will Bulgarien wieder als Monarchie unter König Simeon sehen.

22. August 1993, Rila-Kloster
In der Hochgebirgsatmosphäre entrückt das imposante Rila-Kloster in die Welt der orthodoxen Mystik. Im 10. Jahrhundert wurde das Rila-Kloster gegründet, hier schlägt die Seele Bulgariens. In einem Gebirgstal auf über eintausend Metern gelegen, etwas mehr als hundert Kilometer südlich von Sofia entfernt, war das Rila-Kloster Zentrum der bulgarischen Orthodoxie, aber auch der Aufklärung und des Widerstandes gegen die lange osmanische Besetzung der Balkanregion. Die eindrucksvolle Architektur, die suggestiven Ausmalungen der Klosterkirchen und die stille Andacht strahlen Ruhe und Beständigkeit aus, eine Kraftquelle, wie sie nur von einem Kloster dieser Bedeutung ausgehen kann.

2.–4. September 1993, Nuku'alofa
An der Datumsgrenze. Ein kleines Königreich für einen großen Ozean. Tonga, einfach, aber freundlich, vom ersten Betreten des pazifischen Inselstaates bis zum letzten Augenblick auf Tongatapu, der Hauptinsel. Im Jahr 1845 waren die Inseln Tongas zum ersten polynesischen Königreich zusammengeschlossen worden. Im Samoa-Vertrag von 1899 verzichtete das Deutsche Reich auf alle Rechte in Tonga, die Berlin sich mithilfe eines Vertrages 1876 erworben hatte. Kriegsschiffe beider Länder erhielten das Recht, in den Häfen des jeweiligen anderen Landes zu landen. Die Briten witterten natürlich und nicht zu Unrecht deutsche Kolonialisierungsabsichten. Tonga wurde 1900 britisches Protektorat und 1970 unabhängig als einzige parlamentarische Erbmonarchie im Pazifik. Enikö und ich erreichen Tonga nach einem Zwischenstopp in Honolulu, der amerikanisierten und doch schon so sehr polynesischen Hauptstadt des Bundesstaates Hawaii. Auf dem Flug lernen wir eine fidschianische Prinzessin und ihren in Harvard studierten Mann kennen. Sie laden uns umgehend zum Abendessen ein. Das Haus ist auf Stelzen gebaut, wie die meisten Häuser der besser situierten Leute. Es gibt Fisch, angereichert mit Koskosnusssauce. An den Zimmerwänden hängen Mitbringsel des anthropologisch interessierten Paares, vor allem *brain piercer* aus Papua-Neuguinea, nicht wirklich einladend. Zum Nachtisch wird klassische Musik geboten: Mozarts *Requiem,* vielleicht nicht das ganz Richtige in diesem Tropenambiente. Der stolze Königspalast in der Mitte von Nuku'alofa, die Residenz des seit 1965 regierenden König Taufa'ahau Tupou IV. Um den Palastkomplex das Handelsleben mit dem Charakter eines kleinen Fischerortes mit Markttreiben. Per Fahrrad lässt sich die Insel am besten erschließen. In den kleinen Dörfern und Siedlungen fallen die großen Gräber auf, zumeist auf dem eigenen Gelände der Familie angelegt. Gelegentlich stellt man den Toten Bierflaschen aufs Grab, die Reise ins Jenseits kann durstig sein, man weiß ja nie. Schweine ziehen des Weges, aber natürlich auch Handwerker und Händler. Einfache Holzhäuser, der Natur, den Stürmen und Winden ausgesetzt. Fledermäuse, riesengroß,

hängen in den Bäumen. „Leaned back" sagen die Amerikaner zu einer solchen Lebensart an der Datumsgrenze.

4.–6. September 1993, Ngāruawāhia
In Ngāruawāhia, nahe Hamilton, führen uns Bhaady und Simon Upton ein in das Leben auf ihrer Farm Weeley. Ihr Holzhaus war zerlegt und über eine weite Strecke an den Ort geschafft worden, von wo sich heute ein weiter Rundblick eröffnet. Eine große Fläche der Farm ist mit allen nur denkbaren Bäumen und Sträuchern des pazifischen Raumes bestellt, eine andere Fläche mit allen nur denkbaren Bäumen und Sträuchern Europas. Simon werkelt an seinem Monticello, auch im Innern des Hauses. Weeley wird umarmt vom Waikato River und vom Waipa River. An diesem Ort wurde 1859 der erste Māori-König ernannt, Pōtatau Te Wherowhero. Nach dem Vertrag von Waitangi von 1840 und dem Waikatokrieg war dies eine Geste der Befriedung durch die britischen Siedler, die die einheimischen Māori natürlich als Eroberer empfanden und ablehnten. Das neuseeländische Landleben ist so weit entrückt von aller Welt, so scheint es. Doch unsere Gespräche kreisen um Europa, um Musik und Politik, Kultur und Geschichte, so als gehöre Neuseeland wie selbstverständlich dazu. Keine andere Siedlerkolonie fühlt sich bis heute so europäisch an wie Neuseeland. Peter Kiely ist mit dabei, als wir Erinnerungen an meinen ersten Aufenthalt in Neuseeland 1984 auffrischen. Simon ist unterdessen in der Hierarchie seiner Partei aufgestiegen und seit 1990 Minister für Gesundheit, Umweltschutz und Forschung. Peter ist ein arrivierter internationaler Rechtsanwalt in Auckland. Bhaady erwartet ihr erstes Kind.

7. September 1993, Christchurch
Die Campaign for Better Government möchte das in Neuseeland bestehende Mehrheitswahlrecht bewahren. Der Druck der Befürworter eines personalisierten Verhältniswahlrechts, das sie hier *Mixed-Member-Proportional*-System (MMP) nennen, ist enorm. Ich werde durchs Land gereicht, um über die Stärken und Schwächen des deutschen Wahlrechts zu referieren. Der Gesamteindruck, den ich von Neuseeland gewinne nach bald einem Jahrzehnt: Das Land ruht weiter in sich, ist sich selbst genug, durch die straffen Wirtschaftsreformen der Labour-Regierung in den 1980er-Jahren auf erstaunlich geradlinigem Kurs, um die Wildwüchse des Wohlfahrtsstaates zu beschneiden und das zu erreichen, wozu der konservativ-liberalen National Party erstaunlicherweise in ihrer Regierungszeit die Kraft gefehlt hat: Reformen, um die Wettbewerbsfähigkeit wieder zu stärken. An der Canterbury University in Christchurch erfreue ich mich an dem weitläufigen Faculty Club an der Ilam Road, wo Keith Jackson, der Direktor der Abteilung für Politische Wissenschaft und engagierte Medienkommentator, mir erläutert, warum die Beibehaltung des britischen „First past the post"-System vorteilhaft für die Sicherstellung öffentlicher Güter ist, obgleich die neuseeländische Gesellschaft sich natürlich wie alle westlichen Länder in den vergangenen Jahrzehnten enorm pluralisiert und gewandelt hat. Nur einen Steinwurf von der ehrwürdigen Anglikanischen Kathedrale werde ich auf den Latimer Square vor das moderne, bunte Gebäude des TV-Senders

zu einem Interview mit *Canterbury Television* gebeten. Das CTV-Building gilt als besonders erdbebengesichert. Margo und Denis Dutton, Philosophieprofessor an der Canterbury University und engagierter Verfechter eines mit öffentlichen Mitteln finanzierten Qualitätsrundfunks, laden zum Dinner im beschaulichen, irgendwie weltentrückten Stadtteil Upper Riccarton.

8. September 1993, Dunedin
An der Otago University führt mich Gilbert Antony Wood beim klassischen *Morning Tea* in die Strukturen und Schwächen des neuseeländischen politischen Systems ein. Er leitet das New Zealand Institute for Public Administration und war Präsident der nationalen Vereinigung von Politikwissenschaftlern. Vor seinem Rotary Club in dieser von Schotten gegründeten Stadt, deren Name die gälische Version Edinburghs ist, referiere ich über die Stärken und Schwächen des deutschen politischen Systems. Ingrid Kamstra von *Radio 4ZB,* wie die meisten Fragesteller, interessiert sich besonders für die Nachbeben der deutschen Wiedervereinigung. Dunedin verbindet altenglische Atmosphäre und robuste Siedlerstimmung. Edwardische und Viktorianische Architektur so tief im Süden der Welt, wo könnte man eine bessere Sammlung finden als im Carré des im flämischen Stil erbauten Bahnhofs, dem ehrwürdigen Gebäude der University of Otago, der St. Paul's Cathedral und dem Rathaus der Stadt. Davor sitzt Robert Burns, in Stein gemeißelt. Der große schottische Poet wird in Dunedin mit einer prachtvollen Statue geehrt.

9. September 1993, Wellington
Seit 1966 gehört der sozialdemokratische Jonathan Hunt ununterbrochen dem neuseeländischen Parlament an. In dem ultramodernen Bowen House neben dem Bienenstock, *beehive,* dem eigentümlichen Parlamentsgebäude Neuseelands, treffe ich ihn, den ehemaligen Minister für Wohnungsbau und Transport. Naturgemäß präferiert er eine Fortsetzung des Mehrheitswahlrechts in seinem Land. Peter Shirtcliffe, der Vorstandsvorsitzende von Telecom New Zealand, dem größten börsennotierten Unternehmen des Landes, sieht dies genauso: Stabilität sei das wichtigste für Business, sagt er beim Blick über den Queens Wharf im Hafen von Wellington. Shirtcliffe führt die Campaign for Better Government, um die Einführung eines Mehrheitswahlsystems zu verhindern. Im Seminar von Nigel Roberts, Politologe an der Victoria University und offizieller Berater des Electoral Referendum Panels und der Wahlrechtskommission der neuseeländischen Regierung, konfrontieren mich Studenten naturgemäß mit ihren Präferenzen eines Mehrheitswahlrechts. Nur so könnten neue Parteien und gesellschaftliche Bewegungen ins Parlament gelangen und die Welt des Establishments aufbrechen, werde ich belehrt. Mike Munro, versierter Journalist des *Dominion,* versteht sich darauf, die öffentliche Meinung mit angesagten Argumenten zu füttern. Der Blick vom BayPlaza Hotel über den gelassenen Hafen von Wellington versöhnt mit der Schärfe, mit der die Neuseeländer den Streit um das Wahlrecht führen.

10.–12. September 1993, Rotorua

Neuseeland, das ist Landschaft pur: fünf Stunden Zugfahrt von Wellington in den Nationalpark. Bhaady und Simon Upton sind kenntnisreiche Reiseführer. The Chateau, das Hotel im Stil eines Schweizer Alpenhotels, ist der Aussichtsposten par excellence, um die Orte der Māori zu bestaunen. Das Māori-Tamatekapua-Haus nahe Rotorua wird zum Ort einer besonders beeindruckenden Begegnung mit den Māori, ihrem Stolz und ihrer Lebensart. In ihre traditionellen Baströcke gekleidet, reiben die Māori zur Begrüßung die Nase mit den Gästen. Der Mount Ngauruhoe und die wilde Schönheit der Nordinsel sind überwältigend. Rotorua mit seinen heißen Quellen und aus dem Boden herausdrängenden schwefelgeschwängerten Wasserstrahlen, zischend, blubbernd, nie verstummend, von der Tiefe und den Geheimnissen der Erde kündend, verzaubert ganz besonders.

13. September 1993, Hamilton

Professor John Jensen begleitet mich zu einer ausführlichen Diskussion mit Studenten an der University of Waikato. Anschließend warten Suzanne Carty, Chefredakteurin der *Waikato Times,* ihre peppige Reporterin Susan Pepperell von der *Waikato Times,* Tony Steel, National-Party-Abgeordneter und früherer All-Black-Rugby-Nationalspieler, Lindsay Tisch, Vorsitzender der National Party in der Waikato-Region, und Phil White, der Vorsitzende der Waikato Federated Farmers. Sie haben sich zusammengesetzt, um alle Argumente pro und kontra Mehrheitswahlrecht mit mir durchzubuchstabieren. Bürgermeisterin Margaret Evans empfängt mich anschließend zum *Afternoon Tea.* Very British.

14. September 1993, Auckland

Im Sails-Restaurant im Westhafen Aucklands treffe ich Roger Douglas, den sozialdemokratischen Wunderheiler für wohlfahrtsstaatliche Reformen in Neuseeland. Nach einer langen politischen Karriere wurde er 1984 Finanzminister des sozialdemokratischen Regierungschefs David Lange. Die hohe Staatsverschuldung beantwortete er mit einer gewichtigen Abwertung des neuseeländischen US-Dollars. Staatsunternehmen wurden privatisiert, Subventionen wurden abgebaut und die Steuern massiv gekürzt. Douglas führte eine Mehrwertsteuer ein, ein altes europäisches Instrument zur Kompensation von Steuerausfällen bei Reduzierungen der direkten Steuer. „Rogernomics" wurde zum Schlagwort, das bewusst an „Reaganomics" erinnern sollte. Die Politik Roger Douglas' wirkte fast ein Wunder. Aber der linke Flügel der neuseeländischen Labour Party konnte nie seinen Frieden mit Roger Douglas machen. Nach dem eher unfreiwilligen Ende seiner politischen Laufbahn erfand er sich als Geschäftsmann neu und plaudert unterhaltsam über Mut und Kabale in der Politik. Seine Kumpels, die mega-erfolgreichen Geschäftsleute Michael Friedlander und Geoff Ricketts, der Präsident der neuseeländischen Farmer, Owen Jennings und Brian Nicolle lauschen andächtig.

Der Tag war prallgefüllt mit Terminen: 7 Uhr 10 *BBC*-Interview mit Lindsay Perigo, einem scharfen Hund. 7 Uhr 15 Geschäftsfrühstück in der Chamber of Commerce, eingeführt vom Executive Director Michael Barnett. Peter Scherer, Chefredakteur des *New Zealand Herald,* und Adelia Ferguson, die mich für den *New Zealand Herald* interviewt. Vortrag im Seminar Peter Aimers an der University of Auckland, der ankündigt, bald eine politikwissenschaftliche Analyse über die Wahlen dieses Jahres zu publizieren. Interview mit Graeme Hunt, renommierter Publizist, der für den *National Business Review* schreibt, und schließlich in der *Pierre Beautrais Show* des *Radio Pacific.* Am 6. November wird Neuseeland wählen gehen und neben der Entscheidung, ob die National-Party-Regierung von Jim Bolger an der Macht bleibt, auch bindend über das künftige Wahlrecht entscheiden. Bis dahin dürfte der Wahlkampf noch intensiver werden, als ich es in den letzten Tagen erleben konnte.

16.–21. September 1993, Nadi
Fidschi wurde 1970 ein unabhängiger Staat. Die Bevölkerungsstruktur ist nach wie vor stark durch die Wirtschaftsentwicklung während der langen Zeit als britische Kronkolonie geprägt, die 1874 begann. Seit 1879 wurden indische Arbeiter nach Fidschi abgeholt, um Zuckerrohrplantagen aufzubauen, was der einheimischen melanesischen Bevölkerung nicht recht zugetraut wurde. Unterdessen haben sich die Mehrheitsverhältnisse zwischen beiden Bevölkerungsgruppen zugunsten der Inder umgedreht. Farbenfrohe Hindutempel, die wir vor allem in der Hauptstadt Suva bestaunen, zeigen nur die freundliche Seite dieser Kulturbegegnung. Nachdem 1987 indische Parteien die Wahlen gewannen, stellten die Melanesier mittels zweier Militärputsche die Machtverhältnisse zu ihren Gunsten wieder her. Aus der konstitutionellen Monarchie mit Königin Elisabeth II. als Staatsoberhaupt wurde eine Republik. Rasch wurde Fidschi aus dem Commonwealth ausgeschlossen. Unruhen halten an, gepaart mit Misswirtschaft und einer stetigen Auswanderung wirtschaftsstarker Inder. Die melanesischen Männer tragen häufig Wickelröcke, vor allem diejenigen der führenden Schichten, die in Suva im Regierungsviertel um den Palast des Staatspräsidenten zu sehen sind. Staatschef Penaia Kanatabatu Ganilau, der das Amt seit dem Verfassungsbruch 1987 innehat, sei krank, so hört man. Die Amtsgeschäfte habe er weitgehend an seinen Vize, Kamisese Mara, übergeben. Der gilt als der kommende starke Mann.

Das Folklore-Museum, in dem *brain piercer* gezeigt werden, dient hoffentlich wirklich nurmehr der Überlieferung abgeschaffter Traditionen. Bei Stammeskämpfen in früheren Zeiten wurde das Gehirn besiegter Gegner mit dem *brain piercer* einfach gespalten. Eine sehr ungnädige Markierung des eigenen Triumphes. Heute sucht Fidschi nach einem komplett neuen Image. Am Rande Nadis, im Westen der Hauptinsel Viti Levu, die stark von Indern geprägt ist, ist ein Touristenmagnet entstanden, wie es im Südpazifik wohl nur wenige gibt. Seit 1969 wurde damit begonnen, die kleine Insel Denarau mit dem Festland zu verbinden und zugleich touristisch auf hohem Niveau zu erschließen. Das Westin Hotel war 1972 fertiggestellt, 1987 das Sheraton, eine exklusive Oase am herrlichen weißen, weiten Stand von Denarau. Nicht länger will Fidschi nur von Zuckerrohr leben und über schlechte Nachrichten der Welt bekannt werden.

22.–24. September 1993, Avarua
Die Cookinseln, auf deren südliche Atolle James Cook zwischen 1773 und 1779 als erster Europäer stieß, befinden sich seit 1965 als selbstständiger Staat in freigewählter Assoziation mit Neuseeland. Neuseeland ist für die Auswärtigen Beziehungen und die Sicherheitspolitik zuständig, ansonsten verwalten sich die Cookinseln selbst. Die meisten der knapp zehntausend Menschen wohnen am Saum des Ufers der Vulkaninsel Rarotonga, vor allem in und um die kleine Inselhauptstadt Avarua. Wir umqueren Rarotongas 31 km lange Ringstraße mit dem Fahrrad, eine Vulkaninsel, in deren Mitte Berge bis zu 600 m aus dem Wasser des Pazifischen Ozeans ragen. Dabei sehen wir den Tinomana-Palast der früheren Königin aus dem Puaikura-Stamm, das kleine Inselparlament, die Kirche mit dem kleinen Friedhof, auf dem der erste Inselpremier Sir Arthur Henry beerdigt ist. Jugendliche sammeln mit Schwung und guter Laune Unrat und Müll am „Save the Earth day". Alles macht einen beschaulichen Eindruck. Touristen werden vor allem aus Neuseeland angelockt. In der Lagune, die fast die gesamte Insel Rarotonga umgibt, bestaunen wir bei Ebbe die reichen Korallenbänke. Abends ertönt sanfte polynesische Musik.

25.–29. September 1993, Papeete
Papeete möchte man schnell wieder verlassen, ein stickiges Städtchen mit zu vielen Autos und einer unspezifischen Stimmung, eine Mischung von französischem Mittelmeer und Südpazifik. Königin Pomaré IV. hatte 1830 Papeete zu ihrer Hauptstadt erkoren. Ihr Sohn Pomaré V. trat 1880 ab, der Weg war frei für Frankreich, das eine Kolonie errichtete. Deutsche Kreuzer des Ostasiengeschwaders beschossen 1914 den Hafen von Papeete. Bis heute firmiert Französisch-Polynesien als *pays d'outremer* (POM) und insofern wird von Frankreich als integraler Bestandteil der Republik gesehen.

Tahiti, das zur Gruppe der Gesellschaftsinseln gehört, wird beschaulich erst jenseits des Stadtrandes von Papeete mit seinen eher ärmlichen Wohnvierteln der Polynesier. Die steilen schroffen Vulkanberge, in tiefgrünen Bewuchs gehüllt, fallen meist steil zum Meer hin ab. Strände gibt es nur wenige. Den Mythos Tahiti schuf vor allem Paul Gauguin, der von 1891 bis 1893 in Tahiti und danach bis zu seinem Tod 1903 in Hiva Oa auf den Marquesas-Inseln das süßlich-erotisch-friedliche Polynesienbild auf die Leinwand brachte. Bis heute ist Gauguin durch wenige seiner Bilder so berühmt wie durch die Szenen aus Tahiti. Tahiti wurde zu einer Ikone des Paradieses auf Erden. Das Museum Gauguin, das wir bei der Umrundung von Tahiti aufsuchen, macht den Mythos lebendig, lebendiger wohl auch, als es jemals der Wirklichkeit entsprach. Die ausgestellten Bilder sind Nachdrucke. Schön ist die Lage des Museum Gauguin direkt am sanften Ufer des Pazifischen Ozean.

Als ultimativer Südseetraum gilt die Insel Bora-Bora, so sagt man. Dass dieser Mythos eine Frucht des Zweiten Weltkrieges ist, ist weit weniger bekannt. Nach dem japanischen Angriff auf Pearl Harbour wurden über 4000 amerikanische Soldaten auf Bora-Bora stationiert. Sie unterhielten eine Versorgungsbasis. Nach deren Beendigung

1946 zog es manche ehemaligen US-Soldaten zurück nach Bora-Bora. Langsam entwickelte sich eines der exklusivsten Touristenziele der Welt. Ein Tageshüpfer mit dem Flugzeug von Papeete nach Bora-Bora erlaubt es mir, die Insel mit ihren markanten Felszacken von Mont Otemanu und Mont Pahia in Augenschein zu nehmen. Im Hauptort Vaitape starten wir zu einer Rundfahrt um die Insel. Der fast geschlossene Lagunen-Ring umsäumt Bora-Bora mit einigen der schönsten Farbspiele, die die Wasser der Südsee nur bieten können.

12.–17. Februar 1994, Delhi
Im India International Center halte ich einen Vortrag im Rahmen eines deutsch-französisch-indischen Kolloquiums über die veränderte Rolle Deutschlands in Europa und über vergleichende Aspekte der Ausbildung regionaler Integrationsmodelle. Intensiv werden die Europäische Union, ASEAN und der südasiatische Staatenverbund SAARC, der nun mühsam an Konturen gewinnt, vergleichenden Untersuchungen unterzogen. SAARC-Generalsekretär Kant Kishore Bhargava hofft geradezu naiv und fortschrittsgläubig (bei dem Vornamen vielleicht kein Wunder) auf eine Übernahme der EU-Integrationsansätze auf dem Subkontinent. Schwester Mary Rose besucht meine Frau und mich. Ich bin gerührt, dass die tatsächlich den beschwerlichen Weg von Manikpur auf sich genommen hat. Wir tauschen lebhaft Erinnerungen an meinen Aufenthalt im Dorf Manikpur 1979 und 1980 aus. Karan Singh, der Maharadscha von Kaschmir, den wir bei einer Abendeinladung treffen, repräsentiert ein völlig anderes Indien: das Indien des vornehmen und weltläufigen Typus, wie sich die indische Oberschicht gerne am liebsten sieht. Das Taj Mahal in Agra beeindruckt immer wieder neu als das indischste und vielleicht schönste Bauwerk der Welt. Besonders schön: Diesmal kann ich das, wie mein *Badeker* schreibt, „vortrefflich" erhaltene Taj Mahal Enikö zeigen (1914c, S. 167).

16. Juli–13. August 1994, Roncole Verdi
Wenn es eine Sehnsuchtstour gibt, dann ist sie durch Goethe vorgezeichnet: Eine italienische Reise. Goethe war von 1786 bis 1788 unterwegs und veröffentlichte seinen Bericht erstmals 1816 (1998). Intelligenter als Joachim Fest kann man seine Route nicht de- und rekonstruieren: Fest fuhr in umgekehrte Richtung von Sizilien bis an die Alpen (1988). Mit beiden Büchern im Gepäck machen Enikö und ich uns auf die Reise. Der Zufall will, dass wir in Weimar beginnen können. Der Rest ist Strecke. Ihre Stationen: Magliaso im Schweizer Tessin. Rom, fast für uns allein, noch ist nicht Ferragosto, aber doch schon recht heiß. Tivoli mit der Villa Adriana. Subiaco mit dem fast surreal beeindruckenden Höhlenkloster des Heiligen Benedikt. Pompeji und Sorrent, Positano und Amalfi. Was mehr kann man sich von dieser Welt wünschen? Pompeji. Die Straße Messinas, zwischen Skylla und Charybdis. Palermo. Am Grab des Stauferkaisers im Dom liegt ein Kranz des deutschen Botschafters. Die byzantinische Farbenpracht inmitten normannischer und arabischer Architektur in Monreale. Segesta und Selinunt, Ruinen, die leben. Noch mehr gilt dies für Agrigent. Unwiderstehlich. Donnafugata, die Schlossruine, die Tomasi de Lampedusa verewigt hat (1959). Villa Romana del

Casale in Piazza Armerina mit den ersten römischen Mosaiken von Bikini-Mädchen, luxuriöse Hinterlassenschaft der Römerzeit wie auch die Mosaiken der Wildtiere Afrikas. Taormina, sein Amphitheater, unübertrefflich. Ein Hüpfer nach Malta und Gozo: unerreichbar für Goethe, vergessen von Fest. Messina, noch einmal, nun im Gegenlicht. Reggio Calabria, albanische Dörfer in Kalabrien. Bussento, wo der Westgotenkönig Alarich I. im gleichnamigen Fluss den Tod fand. Benevento, der Endpunkt der antiken Via Appia mit ihrem imposanten Trajansbogen. Wir überqueren den Rubicon, von Süd nach Nord, entgegengesetzt Caesar, dem, als er dort stand, der Sinn nach Bürgerkrieg und Macht stand. Dennoch, auch für uns ist der Rubikon ein Sprung in Raum und Zeit. Ravenna, im 5. Jahrhundert die Hauptresidenz des weströmischen Reiches. Der Gotenkönig Theoderich der Große folgte, die Byzantiner, die Langobarden und viele andere. Geblieben sind die fantastischen Mosaiken und beeindruckenden Bauwerke. Byzanz *at its best:* San Vitale, das Mausoleum der Kaiserin Galla Placidia, Sant'Apollinare Nuovo. Das Baptisterium der Arianer und die Neonische Taufkaplle. Das Mausoleum des Theoderich und noch einmal Mosaike in Sant'Apollinare in Classe. Die Dorfatmosphäre von Roncole Verdi, südlich Cremona, tut richtig gut. Hier wurde Giuseppe Verdi geboren. Musik, nur noch Musik, zur Schonung der Augen nach dem magischen Licht und Gegenlicht Italiens.

18.–21. August 1994, Minsk
Belarus: Noch immer, im vierten Jahr nach der Unabhängigkeit, richten sich die Blicke eher nach Moskau als nach Europa. Hier liegt die geografische Mitte Europas und zugleich eine kulturell-zivilisatorische Grenze. Die strategische Frage, wohin das Land sich wenden wird, vermischt sich mit Erbschaft und Bürde des sowjetischen Systems. Hier dauere alles etwas länger, sagt der Abgeordnete des Obersten Sowjet, Andrei Zavadski. Im vorigen Monat wurde mit überwältigender Mehrheit ein hoffnungsvoller junger Präsident gewählt, Alexander Lukaschenko. Der knapp vierzigjährige Mann hat versprochen, die Korruption in Belarus zu bekämpfen.

Das Parlament von Belarus heißt tatsächlich noch immer Oberster Sowjet, überdies liegt es an der Karl-Marx-Straße von Minsk neben einer übergroßen Statue Lenins und, fast schlimmer, Felix Dzerzinskis vor dem KGB-Gebäude. In einem kleinen Park sitzen entspannte, aber ärmlich wirkende Menschen. Die Belarussen wirken physiognomisch schwächer, kleiner, dürrer, schmächtiger als Russen. Sie waren Hitlers „Untermenschen", ein furchtbares Wort, und noch immer haben sie sich nicht wirklich vom Trauma der Vernichtungen, Verführungen und Erschütterungen erholt, die ihnen das 20. Jahrhundert aufgebürdet hat. Fünfundzwanzig Prozent aller Belarussen sind im Zweiten Weltkrieg gestorben, 2,3 Mio. Menschen. Nichts kann eindrucksvoller und bewegender sein als die endlos große, würdige Erinnerungsstätte in Chatyn östlich von Minsk. Am 20. März 1943 hatten deutsche Barbaren die Menschen an diesem Ort in ihren Häusern angezündet und 186 von ihnen getötet. Über 200 weißrussische Dörfer wurden auf diese Weise zerstört. Jede 35 s schlägt eine Glocke, ein suggestiver, unter die Haut gehender Flehruf der Sterbenden. Dichter Frühherbstnebel zieht auf, es ist gegen

20 Uhr als ich Chatyn besuche, eine surrealistische, metaphysische Stimmung, als werde ein Seidentuch über die verbrannte, und heute so friedlich anmutende Erde gezogen.

Die sowjetischen und russischen Mentalitäten sind allerorten geblieben: Der Kellner darf die Suppe nicht auf den Tisch stellen, ohne den Administrator zu fragen, die Geschäfte sind voll, aber teuer, alte Bettlerinnen sitzen vor den Kirchen, allgegenwärtig sind „Sowjetunion"-Zeichen und Lenin-Statuen. Igor, der 26-jährige Fahrer, erklärt dies mit der fortwirkenden Präsenz alter Kommunisten, die man nicht völlig entfremden dürfe. Die Jugend, so auch er als ehemaliges KPdSU-Mitglied, sei nicht mehr kommunistisch.

Saslawl, 30 km nördlich von Minsk, seit 992 die älteste Siedlung der Weißrussen und der erste Ort der Christianisierung mit einer barockartigen Wehrkirche. Erst war sie lutherisch, dann calvinistisch, dann polnisch-katholisch, dann russisch-orthodox, dann ein Geräteschuppen. Seit drei Jahren ist der Ort wieder Kirche mit einer neuen Holzikonostase. Der russisch-orthodoxe Patriarch Pimen I., Oberopportunist zur Zeit des Sowjetstaates, lächelt freundlich von der Wand. Die Weißrussen wurden den Tataren im 13. Jahrhundert nicht tributpflichtig, blieben freie Menschen. Nach der Sowjetzeit müssen sie Freiheit erst wieder lernen. Beim Abendessen im Restaurant Drosdy, vermittelt durch meinen Studienfreund Johannes Regenbrecht, dem ersten Sekretär der Botschaft der Bundesrepublik Deutschland, lerne ich Anatoli Mikhailov kennen, Fichte-Kenner seit Studienzeiten in Jena, DDR. Der Philosophieprofessor hat die European Humanities University gegründet, die erste pluralistische geisteswissenschaftliche Ausbildungseinrichtung in Belarus. Seine Begeisterung für Freiheit und die *artes liberales* ist ansteckend.

Nach Witebsk, nahe der russischen Grenze, durch weitflächiges Kolchosenland, über die Beresina, von wo Napoleon nach Elba floh, dünne Besiedlung, zumeist russische Dörfer mit Holzhäusern, gelegentlich Neubaudörfer: Neunzig Prozent der Bevölkerung von Belarus wurde nach der Tschernobyl-Katastrophe 1986 umgesiedelt. Bis heute gibt es starke Folgewirkungen für die Gesundheit, vor allem Schilddrüsenkrankheiten. Witebsk, weithin kriegszerstörte, seelenverlorene, ungefügte Stadtteile, alte Fetzen wie das Rathaus, neue Sowjetbauten, eher monströs. Das Chagall-Gedächtnismuseum eher karg, wenngleich kreativ eingerichtet. Nur eine Original-Lithografie des größten aller Söhne von Witebsk ist ausgestellt, ein Geschenk der Bürger von Nienburg an der Weser. Marc Chagall ist nie wieder in sein Shtetl zurückgekehrt, dem er aber so viele Bilder gewidmet hat. Die wenigen Angehörigen der jüdischen Gemeinde von Witebsk spielen mit dem Gedanken der Ausreise. Eine junge Malerin stellt in Deutschland aus. Sie ist begeistert vom Interesse der Deutschen an jüdischer Kultur, die sie selbst auch zum Teil erst wiederentdecken muss. Das Interesse am Thora-Unterricht steigt wieder, aber wird Witebsk je wieder ein vitales jüdisches Leben haben? Der Rabbi betet an diesem Sabbat aus den Thoratexten des Tages. Er spricht etwas Jiddisch, die Welt von gestern deutet sich an. Die Synagoge ist karg, die Menschen herzlich. Der 71-jährige Lew Manewitsch erzählt von zweieinhalb Jahren Zwangsarbeit in Hagen während des Zweiten Weltkrieges. Er habe nur überlebt, weil man ihn nicht für einen Juden gehalten habe. Alle

Verwandten seien tot, seine Eltern wurden nur 40 Jahre alt. Er liebe die deutsche Sprache, sei dreißig Jahre Deutschlehrer gewesen. Stolz und herzlich lädt der Mann in sein Holzhaus ein, das er mit eigenen Händen erbaut hat. Ein schöner Obstgarten, das Haus mit einem Kohleofen, ein ungestimmtes Klavier, ein Bild des Tempelbergs, ein kleines Schlafzimmer, Fernsehen, Strom, eine kleine Büchersammlung. Voll Freude drückt er mir zum Abschied Hefte über Lenin und Ernst Thälmann in die Hand. Mithilfe dieser Bücher habe er seinen Kindern Deutsch beigebracht, jetzt solle ich die Werke über den Kommunisten mit nach Hause fortnehmen und niemals den Großen Vaterländischen Krieg vergessen. Einen „guten Weg" wünscht Lew Manewitsch und drückt mir einen Apfel aus seinem Garten in die Hand.

Zavadski und Popov, zwei Abgeordnete des Obersten Sowjet, wissen noch nicht so recht, welcher Partei sie sich anschließen sollen. Von Sozialdemokratie ist viel die Rede, aber was ist das? Die beiden Abgeordneten drängen auf den Abschluss eines Partnerschaftsabkommens mit der EU während der deutschen EU-Präsidentschaft in der zweiten Jahreshälfte 1994. Sie wollen von der EU vor allem Handelspräferenzen, nachdem US-Präsident Clinton bei seinem Besuch im Frühsommer die Meistbegünstigung akzeptiert und damit Standards gesetzt hat. Ein großes Drängen gen „Europa" beziehungsweise in die EU ist indessen nicht zu spüren. Außenpolitisch lassen die Abgeordneten die Idee einer „Zwischenzone" von der Ostsee bis zum Schwarzen Meer anklingen, offenbar in Anlehnung an das polnisch-litauische Großreich. Aber Polen und Litauen wollen in die NATO und die EU.

Im Verteidigungsministerium zeigt sich Generalmajor Andrij Portnow besonders kritisch zu einer möglichen polnischen NATO-Mitgliedschaft. Warum wolle Deutschland eine Pufferzone schaffen? Die NATO-Ausweitung bedeute für Belarus eine Bedrohung. Kritische Fragen zur hegemonialen Absicht der neuen russischen Doktrin des „Nahen Ausland" wimmelt er entschieden ab. Ganz entspannt zur NATO-Frage gibt sich der 28-jährige Vizeaußenminister Waleryj Zepkala, der als Vertrauter des neuen Präsidenten Lukaschenko gilt. Persönlich und politisch habe er mit der NATO-Erweiterung ebenso wenig Probleme wie mit einem EU-Beitritt Polens und Litauens. Es gebe aber ein Problem in der psychologischen Wahrnehmung dieser Frage in der belarussischen Bevölkerung. Zur Frage nach den russischen Absichten beim GUS-Vertrag über kollektive Sicherheit, den Belarus unterzeichnet hat, äußert sich Zepkala nicht: Da müsse ich die Russen selbst fragen.[5]

Noch ein Ausflug: Polen entgegen, zum backsteingotischen Schloss Mir, auf halbem Weg nach Brest. Im Jahr 1490 wurde das Schloss erbaut, es gehörte den Radziwiłłs, erlebte Russen, Franzosen, Deutsche, denen es als jüdisches Ghetto und Hinrichtungsstätte diente,

---

[5] Im Jahr 2020 tritt Zepkala als einer der Präsidentschaftskandidaten in Erscheinung, die den Langzeitpräsidenten und Diktator Lukaschenko, für den er lange gearbeitet hatte, ablösen wollen. In den anschließenden Wirren muss Zepkala nach Russland fliehen.

dann die Sowjets. Derzeit wird es grundsaniert. Alle Nationen sind in Mir gewesen, es wurde gebaut und zerstört, gerungen und neuer Ausgleich gesucht, nur zu oft über den Köpfen der Weißrussen hinweg. In Neswisch, in der Nähe von Schloss Mir, existiert eine Stadt des alten Ostpolens: die Gebäude, die Straßenzüge, der große barocke Kirchenbau, wo zweisprachige katholische Gottesdienste abgehalten werden, das barocke Schloss, heute ein Sanatorium. Auch wenn immer noch Lenin vor dem Rathaus steht: In Neswisch spürt man Polen, bis zum Ribbentrop-Molotow-Pakt. Mikhail Volodin, Chefredakteur der *Minsk Economic News* ist begeistert von meiner Idee, das Schloss Mir zu einem nationalen Europasymbol aufzubauen und eine internationale Begegnungsstätte einzurichten. Johannes Regenbrecht, der erste Sekretär der deutschen Botschaft und ehemaliger Bonner Kommilitone, will bei dem Thema am Ball bleiben. Aber erst einmal müssen sich die staatlichen Strukturen konsolidieren. Noch agiert die Staatsspitze in den vormaligen Sowjetstrukturen.

22.–23. August 1994, Vilnius
Vilnius: Aus dem Bahnhof von Minsk war der Zug auf die Minute pünktlich abgefahren, bummelte durch die jahrhundertelang polnisch-litauisch geprägten Grenzlande, und fährt ebenso pünktlich in Vilnius ein, seit August 1991 wieder Hauptstadt des unabhängigen Litauen. Der Leiter der außenpolitischen Abteilung im Verteidigungsministerium, Dr. Povilas Malakauskas, legt mir als Zeichen der neuen Lage und der freundschaftlichen Offenheit als Erstes einen Organisationsplan des Ministeriums vor und erläutert die Armeestruktur. Er drängt auf NATO-Mitgliedschaft, weil den Russen und ihrer neuen Doktrin nicht getraut werden könne. Sie könnten blitzschnell vitale Interessen geltend machen, um eventuell in Litauen zu intervenieren, Stichwort: Transit nach Kaliningrad. Alle drei baltischen Staaten brauchen eine neue Radaranlage, die zugleich ihren technischen Weg in die NATO einleiten würde. Ein guter Start sei das NATO-Programm Partnership for Peace: Litauen plant Manöver mit Holland, unterstützt durch Schweden. In der deutschen Botschaft liegt ein Kondolenzbuch für den am 13. August verstorbenen NATO-Generalsekretär Manfred Wörner, der so bedeutende Verdienste um die Annäherung des Baltikums an die NATO hat.

Am Morgen des 23. August wehen überall die Nationalflaggen mit Trauerflor an öffentlichen Gebäuden auf Halbmast, aber auch an vielen privaten Wohnhäusern. Es ist der 55. Jahrestag des Hitler-Stalin-Paktes, der Grauen und den Verlust eines halben Jahrhunderts über Litauen brachte. Die Sowjets besetzten das Baltikum, erst zu spät reagierte die Gesellschaft. Partisanen kämpften vergeblich bis in die 1950er-Jahre. Die Leichen von zehntausenden Litauern wurden bis in die 1990er-Jahre hinein in den Wäldern gefunden. Endlich konnten sie mit priesterlichem Segen ehrenvoll bestattet werden. Von diesen Grauen seines Volkes erzählt mir Algirdas Saudargas, der erste nachkommunistische Außenminister Litauens. Er führt in den Parlamentssaal, wo das Staatssymbol, der litauische Reiter, stolz an der Frontseite hängt. Im Januar 1990 stand alles Spitz auf Knopf. Saudargas und die anderen Abgeordneten hatten Angst, von marodierenden, undisziplinierten Soldaten der UdSSR erschossen zu werden. Jetzt reden wir über transeuropäische Netze, die mögliche Anpassung der litauischen Eisenbahnlinienbreite an die westeuropäische Spurbreite. Vor dem Parlament zeigt Saudargas mir das Ehrendenkmal Litauisches Herz. Am Gediminas-Prospekt steht neben dem KGB-Gebäude ein schlichtes Steindenkmal mit Kreuz zur Ehre der Toten, Verschleppten und Folteropfer. Eine Frau betet, ein Franzose und ein Schotte beobachten mit mir die Szene.

Vytautas Landsbergis, der Vater der litauischen Unabhängigkeit und heutige Vorsitzende der Nationaldemokratischen Partei, ist noch immer apodiktisch: „Die Russen müssen erzogen werden, aber das können wir nicht alleine." Dann ist er bekümmert: „Warum ist der Westen so russlandvertraulich und glaubt uns unsere anhaltende Angst vor den Russen nicht?" Der stellvertretende LDDP-Vorsitzende Gediminas Kirkilas, ein klug auftretender Linker: Die PDS-Programmatik lehne seine Partei ab, er verstehe sie auch gar nicht. Wegen der Verhältnisse in Litauen müsse er als Linker eine eher „rechte" Wirtschaftspolitik betreiben. Man kooperiere mit Gyula Horn und orientiere sich an den ungarischen Sozialdemokraten. Der Parlamentspräsident Česlovas Juršėnas, LDDP, meint, es dauere noch Jahre, bis die Allergie gegen den Kommunismus so abgeschwächt sei, dass ein entspanntes Verhältnis zu den Russen entstehen könne.

Frau Dr. Dalia Grybauskaitė, Abteilungsleiterin für Wirtschaft im Außenministerium, tritt sehr kompetent und dynamisch auf. In ihrem kleinen, düsteren Büro, eingepackt von Papierbergen, arbeitet sie unermüdlich an allen notwendigen Details des Assoziierungsabkommens mit der Europäischen Union. Von allen Seiten wird sie als beste EU-Kennerin Litauens gerühmt. Ihr werde gewiss eine große Karriere bevorstehen, wenn sie so weitermache.[6] Litauen, so sagt sie, habe rund zwei Millionen Tonnen Getreideüberschüsse und müsse die Landwirtschaft diversifizieren. Das werde nicht einfach, aber man gehe die notwendigen Dinge jetzt an. Dalia Grybauskaitė steht auch auf der Gästeliste des Mittagessens beim deutschen Botschafter Reinhart Kraus. Ihr wird eine lange Karriere vorhergesagt. Ich lerne auch den EU-Referenten des Außenministeriums, Rytis Martikonis, kennen, Verteidigungsminister Linas Linkevičius und Parlamentspräsident Česlovas Juršėnas.

In Litauen wie in Belarus ist der Handkuss üblich, aber ansonsten laufen die zwei Länder offenbar immer mehr und immer schneller auseinander. Auf Dauer ist kaum anzunehmen, dass selbst die gebeutelten Bauern und die jüngeren Exkommunisten in Minsk „nach Moskau" zurückwollen. Offen ist, ob in Belarus mit Alexander Lukaschenko an der Spitze eine prinzipienlose, aber, so sagt man in Vilnius, eher westlich-pragmatische Gruppe die Macht übernommen hat und konsolidieren wird. Wenn dies nicht die neue Richtung des Landes werde, müsse man befürchten, dass dort das alte, erstarrte Sowjetsystem fortbestehen werde. In Litauen aber ist eindeutig: Die

---

[6] Von 2004 bis 2009 wird Dalia Grybauskaitė EU-Kommissarin für Haushalt und Finanzplanung, von 2009 bis 2019 Staatspräsidentin Litauens. Wir treffen uns bei verschiedenen Gelegenheiten wieder.

Menschen haben einen aufrechten Gang. Sie sind stolz und gehen selbstbewusst Europa entgegen, zu dem sie stets gehört haben.

24. August 1994, Tallinn
Vor wenigen Tagen hat der letzte russische Panzer Estland verlassen. Heute vor fünf Jahren öffnete Ungarn die Grenzpfähle für DDR-Flüchtlinge. Parlamentsvizepräsident Tunne Kelam meint, der Truppenabzug 55 Jahre nach dem Hitler-Stalin-Pakt sei kein Grund zur vollen Freude, weil die Waffen gegangen sind, viele Soldaten aber noch im Land verbleiben. Angesichts der großen Minderheit von 35 % Russen könne dies Gefahren mit sich bringen. Das Leben im durch und durch hansischen Tallinn blüht: Autos, Dynamik, Farbe, Geschäfte, Restaurants, ein finnisch umverwandeltes Viru-Hotel. Neue Sauberkeit und lebhafte Springbrunnen. Tunne und seine Frau Mari-Ann, Sprecherin im Außenministerium, nehmen mich mit zu einem Empfang des ukrainischen Botschafters zum dritten Jahrestag der Unabhängigkeit des Landes im wunderschönen Nationalmuseum (Abb. 4.7). An der Wand hängen Karl von Kügelgens Reval-Gemälde. Ich schüttele die Hand von Arnold Rüütel, dem letzten Vorsitzenden der Kommunisten Estlands zur Sowjetzeit und ersten Staatschef des wieder unabhängigen Estland, plaudere mit dem aus Kanada zurückgekehrten Wirtschaftsminister, dem aus den USA

Abb. 4.7 Mit Estlands Ministerpräsident Mart Laar, Unabhängigkeitsführer Tunne Kelam und Verteidigungsminister Jüri Luik in Tallinn (1994). (© Ludger Kühnhardt)

stammenden Generalstabschef und ausführlich mit dem 34-jährigen Ministerpräsidenten Mart Laar. Laar, mit dem ich mich vom ersten Moment an besonders gut verstehe, ist sich bewusst, dass es nötig ist, in West- und Südwesteuropa über Deutschland hinaus für Estlands Westbindung zu werben. Sein Verteidigungsminiser Jüri Luik, den der Ministerpräsident mir vorstellt, ist beständig unterwegs, um die NATO-Mitgliedschaft für Estland zu erreichen.

Die Alexander-Newski-Kathedrale, neben dem Nationalmuseum, im 19. Jahrhundert zur Feier der zweihundertjährigen russischen Dominanz nach den Nordischen Kriegen errichtet, bleibt ein klobig-kitschiger Fremdkörper ohne kunsthistorischen Wert. Versuche, sie in die USA zu verkaufen, sind bisher gescheitert. Mari-Ann und Tunne Kelam fahren mit mir an einem Denkmal der „Befreiung 1945" vorbei an die Küste zur Sängerhalle, dem Symbol der singenden Revolution. Seit 1869 finden Sängerfestivals der Esten statt, die der nationalen Identität enorme Kraft gegeben haben, und besuchen das Grab von Konstantin Päts, dem ersten Ministerpräsidenten des unabhängigen Estland, der mit einem autoritären Regime ab 1934 den äußeren totalitären Druck nicht abwenden konnte. Er starb 1956 im Ural, wohin er verschleppt worden war, vor zwei Jahren wurden seine Gebeine nach Tallinn überführt. Ich sehe den Friedhof inmitten eines offenen Waldes mit verstreut liegenden Gräbern.

25.–26. August 1994, Helsinki
Helsinki: Ein schneller Sprung übers Wasser mit dem Hydrofoil, dann: ein Hauch von USA, ferne Erahnung Russlands. Bald wird das Referendum wohl mit großer Mehrheit den Weg in die EU freimachen. Helsinki zeigt sich im warmen Spätsommergewand. Die 1880 errichtete Kathedrale des Architekten Engel, Dokument der deutschen Traditionen. Man knüpft wieder an sie an. Der Direktor des Finnischen Instituts für Außenpolitische Fragen, Tapani Vaahtoranta, fragt mich, ob seine Kinder Deutsch oder Französisch lernen sollten. Er ist persönlich für EU- und NATO-Mitgliedschaft, wobei das eine nicht logisch aus dem anderen folgen muss. Die Finnen bleiben vorsichtig, haben aber psychologisch seit den Tagen von Urho Kekkonen einen weiten Weg zurückgelegt. Risto Pirimäa, im Thinktank des Verteidigungsministeriums, sieht dies so ähnlich. Auch wenn man auf Russlands geopolitische Interessen Rücksicht nehmen müsse, im Nordwesten habe Finnland ein Interesse an klaren Grenzverhältnissen, an Stabilität und Klarheit. Die Finnen haben vorzügliche Erfahrungen mit einer klugen Außenpolitik seit ihrer Unabhängigkeit 1917. Glänzend eingefügt in die Ostseeumgebung ist die neue vom finnischen Architekten Juha Leiviskä konzipierte Deutsche Botschaft auf einer Insel am Westrand Helsinkis. Nordisch kühl und klar, aber lichtdurchflutet. Ein guter Kontrapunkt zu anderen, weit schlechteren Leistungen der Bundesbaudirektion. Botschafter Bernhard von der Planitz, ein alter Bekannter aus meiner Zeit im Bundespräsidialamt, serviert frischen Lachs.

28.–30. Oktober 1994, Cadenabbia
Die europapolitischen Tagungen der Konrad-Adenauer-Stiftung, zu denen ich immer wieder einmal in die Villa La Collina oberhalb des Comer Sees eingeladen werde, erinnern ebenso an Konrad Adenauers Leidenschaften wie an die ungeklärte Agenda der europäischen Einigung. Die Briten treten deutlich auf die europapolitische Bremse, diesmal besonders der früher so viel EU-freundlichere Chief Whip der Tories im Parlament von Westminster, David Davis. Die deutschen Teilnehmer, darunter Friedrich Merz, der seit der Bundestagswahl vom 16. Oktober 1994 vom Europäischen Parlament in den Deutschen Bundestag gewechselt ist, wollen vorankommen mit Binnenmarkt und gemeinsamer Währung.

19.–20. Februar 1995, Almaty
Unterdessen studiert die erste Gruppe kasachischer Studenten Jura, Ökonomie und Politikwissenschaft auf meine Initiative in Freiburg. Ihre Heimatuniversität, die Al-Farabi-Nationaluniversität von Kasachstan (Kasgu), hat mich nach Zentralasien gebeten. Beim Anflug auf die Stadt am Fuße des Altai-Tan, des nördlichen Ausläufers des Tian-Shan-Gebirges, kündet der Flugkapitän eine Fernsicht von viereinhalb Kilometer und einer Temperatur von minus 16 °C an. Bulat Sultanow ist unterdessen Leiter der Westeuropa-Abteilung des kasachischen Außenministeriums. Bei holpriger Fahrt in die noch schlafende Stadt erzählt Sultanow, die Beziehungen zwischen Russen und Kasachen hätten sich im Alltag nicht verschlechtert. Schon Ende 1993 habe er, Sultanow, mich vor Boris Jelzin gewarnt, wegen dessen undemokratischem Verhalten in der Frage der Auflösung der Sowjetunion.

Vom Zimmer im 25. Stockwerk des Hotels Kasachstan überblicke ich die weitläufige Stadt mit ihrem schachbrettartigen Straßennetz und den vielen Bäumen. Alles liegt in festem, sauberem Schnee. Ein Novum ist zu besichtigen: die gemeinsame Botschaft Frankreichs, Deutschland und Großbritanniens mit friedlich nebeneinander prangenden Wappen über dem Eingang, einer gemeinsamen Konsularabteilung, einer dreifachen Rezeption hinter Glas, einem französischen diensthabenden Wachbeamten und gemeinsam genutzten Fluren bei getrennter Arbeit. Das Goethe-Institut hat sich dem Wunsch der Briten und Peter Sonnenhols, des rührigen Kulturattachés der deutschen Botschaft, versperrt, auch ein gemeinsames Kulturinstitut zu organisieren. Im Land der hundert Nationalitäten wäre dies eine gute Geste gewesen. Peter Sonnenhol und seine kasachische Verlobte Karlygash führen mich in einen Brotladen: neue deutsche Backtechnologie, unklare Besitzverhältnisse, konsumartige, brav gegliederte Regale mit unmotiviertem Verkaufspersonal. Der Monatsverdienst beläuft sich derzeit auf rund 30 D-Mark. Ein Universitätsdekan verdient 100 D-Mark.

Die kasachische Al-Farabi-Nationaluniversität. Der Namensgeber steht überlebensgroß vor der monumentalen Bergkulisse. Graue, karge Betongebäude, über fünfzig Studenten warten auf die erste meiner Vorlesungen vor der kasachischen Nationalflagge an der Wand, aber auch vor dem Foto des letzten KPdSU-Potentaten Dinmukhamed Kunajew. Professor Zharas Ibraschew, der Chef der Abteilung Internationale Politik, Typ alter

Apparatschik, unterbricht mich später bei meiner Vorlesung vor neugierigen Studenten, als ich ihm offenkundig zu lange über NATO und deren neue Strategie spreche. Die perfekt Deutsch sprechende Dozentin Mara Gubaidullina ist, ganz im Gegensatz zu Ibraschew, stets freundlich und aufgeschlossen. Die sympathische Frau verkörpert und lebt ein offenes Denken. Einige interessierte, wache Studentengesichter. Viele unter ihnen tragen aber noch immer den eher bedrückt und eingeschüchtert wirkenden Schülerblick der alten Elitenausbildung in der Sowjetunion. Boris Shiriaev, mein Dolmetscher-Student, klagt über subtile Mechanismen der Diskriminierung der Russen im heutigen Kasachstan. Opulentes, wodkadurchzogenes Mittagessen mit Prorektor Zulkhair Aimukhametovich Mansurov, einem Chemiker, wach, locker, gesprächsoffen. Plötzlich ist er aber doch wieder in alten Denkmustern: Indien benötige wohl eine totalitäre Regierung bei der Art von Elend und Feudalismus dort. Marx habe davon doch schon zu Recht gesprochen. Trinksprüche schaffen eine Jurten-Gastlichkeit im weiten Rund des riesengroßen Speisesaales, in dessen Mitte wir zu sechst eher verloren wirken. Wodka wird gereicht und getrunken wie Mineralwasser. Auch zur Mittagszeit.

Gespräch mit Chefdenker Murat Laumulin im Kasachischen Institut für strategische Studien, der alten Parteihochschule. Er analysiert die kasachische Außenpolitik der Vorsicht und äußert Sorgen wegen China. Er glaubt, dass die kulturellen Bande der Kasachen zu Ostturkestan (Xinjiang) dünner als jene zwischen Ost- und Westdeutschland vor 1989. Es gebe eine allgemeine Migration in Zentralasien, 300.000 Russen hätten Kasachstan verlassen, andere kämen aber auch wieder. Laumulin entwirft das Modell einer Asiatischen Sicherheitskonferenz. Das sei das große Thema der nächsten Jahre für Kasachstans Außenpolitik.

Der stellvertretende Bildungsminister Kanybek Isakov bespricht mit mir den Fortgang des Stipendienprogramms des Staatspräsidenten Nasarbajew, „Bolaschak" genannt. Gerne höre ich, dass die Studenten in Freiburg vom kasachischen Staat weiterfinanziert würden. Er schenkt mir die Biografie Kunajews, dem letzten großen KPdSU-Regionalfürsten. Ich danke, was sonst soll ich auch machen? Vorbei am Gebäude des Obersten Sowjet, vor dem eine große Lenin-Statue steht, an kleinen offenen Karren, die sich als Minigarküchen entpuppen, an Kiosken, die der *Nouveau-riche*-Mafia gehören. Die Kioske sind prall gefüllt mit Alkohol, Lebensmitteln, Zigaretten, Toilettenartikeln. Ich sehe ein Geschäft mit Luxusartikeln, „Almaty Harrods" genannt. Vorbei ziehen Kolonialhäuser und Plattenbausilos. Seit einem Jahr ist die großzügig gebaute Residenz von Deutschlands Botschafter Eike-Edzard Bracklo am Stadtrand Almatys fertiggestellt. Der Geschäftsführer der Baufirma wurde unterdessen ermordet, die Landfrage ist weiterhin unklar. Auch andere Botschafter leben in der gleichen Gegend. Der Botschafter und seine Frau verwickeln mich in ein Gespräch über eine strategische Achse Mongolei-Kasachstan-Türkei-Deutschland. Der Leiter der außenpolitischen Abteilung des Präsidialamtes, Nurlan Baimoldauly Onschanow, gesellt sich freudig zu diesem geopolitischen Exkurs dazu. Onschanow meint, früher hätten mongolisch-kasachische Urgroßväter gemeinsam gekämpft, heute lebten noch 300.000 Kasachen in der Mongolei. Es gebe einige Probleme ihretwegen. Den Sinn für eine strategische Verbindung müsse man neu fördern.

21. Februar 1995, Bischkek
Durch das verschneite Steppenland im Vorfeld des Tian Shan-Gebirgszuges geht die Tagesfahrt nach Kirgisistan, mit vier Millionen Einwohnern zwischen Kasachstan und Usbekistan gelegen. In den Schneefeldern laufen Pferde frei herum, in Jurten befinden sich Garküchen, kleine russische Dörfer säumen vereinzelt den Weg durch weithin unbewohntes, weites Land. Kaum Menschen, wenige Fahrzeuge auf einer erträglich guten Straße aus Asphalt. Klare Luft, vereinzelte islamische Beerdigungsplätze in den Hügeln mit ihren Grabhäusern, die der Halbmond ziert. Vor der kirgisischen Grenze überquere ich einen Pass, dann öffnet sich das Tschüi-Tal, dessen Mitte Bischkek säumt. Mit rund 600.000 Einwohner ist Bischkek die größte Stadt Kirgisistans. Sie macht einen verschlafeneren, eher bäuerlichen und vernachlässigten Eindruck als Almaty. Auf dem Weg nach Bischkek gab es keine Grenzkontrollen. An dem Schlagbaum konnte ich vorbeifahren, ohne im Geringsten die Aufmerksamkeit von Grenzpolizisten zu erregen. Offenbar besteht hier eine Art „zentralasiatisches Schengen-Grenzregime". Einzelne Lastwagen werden vom Zoll, der von den Mannschaftsgraden bis zur Spitze weiter aus Russen besteht, durchaus kontrolliert. Die Gesichter der Menschen, ihre Physiognomien ändern sich schlagartig: runder, mongolischer, viele Männer mit dürren Oberlippenbärtchen. Kirgisen sind viel kleiner als Kasachen. Sie sind ausgestattet mit entschlossenen, rauen Blicken, die verraten, dass man sich stolz fühlt und nicht zur Aggressivität provoziert werden möchte.

Präsident Askar Akajew, der im Weißen Haus hinter einer Lenin-Statue residiert, bleibt populär. Auf dem Dach weht die kirgisische Fahne, das Gebäude ist aus dem Retortenprogramm der Hauptstadtzentralen in den Ex-Sowjetrepubliken. Hinter dem Präsidenten steht der Clan des Nordens, dem wichtigsten der sechs Clans in Kirgisien. Der deutsche Geschäftsträger Jürgen Scheller, der als einziger in Bischkek ein europäisches Land vertritt und in schlichtem Ambiente zwischen russischer und iranischer Botschaft seinen Dienst versieht, sieht einen potenziellen Nord-Süd-Konflikt zwischen den Clans. Die gestern zu Ende gegangene Parlamentswahl sei von OSZE-Beobachtern, vornehmlich aus der Schweiz und aus den Niederlanden, als friedlich und leidlich fair bewertet worden. Gewählt wurde auf Papier, das aus Dänemark eingeflogen worden war. Ein benevolenter Präsidialautoritarismus scheint sich für Kirgisistan abzuzeichnen, dessen Gebiet zu zwei Dritteln unwirtliches, karges Gebirgsland ist. Die nächsten Präsidentenwahlen werden 1996 stattfinden.

Im größeren Stile werden von Chinesen Land und Häuser in der Grenzregion gekauft, die China beansprucht. Der Iran, so Scheller, gehe den langen religiös ambitionierten Weg über die Frauen und Kinder, die Türkei sei zu arg paternalistisch aufgetreten und habe einige Erwartungen enttäuscht. Der Politologe Dononbajev von der Akademie der Wissenschaften gehört zur alten, im Stolz nicht gebrochenen Garde. Der kleine Mann mit Mafiahut und dunkler Sonnenbrille tritt stämmig auf und doziert über die

Degeneration des Kapitalismus, den Internationalismus und darüber, dass Kirgisistan mit seinem Epos *Manas* nicht nur ein Werk der kirgisischen Nationalidee, sondern ein Werk für die Welt aufzuweisen habe. Wir philosophieren über Platons Ideenlehre.

Der russische Sozialdemokrat Marischew wurde soeben ins neue Parlament von Kirgisistan gewählt. Er lässt mich von einem kräftigen Leibwächter abholen und vor eine deutsche Tischflagge setzen, die seine hyperblonde Sekretärin aufgestellt hat. Die Szene wirkt ein wenig wie in einem Film über das Chicago der dreißiger Jahre. Der schnauzbärtige Assistent im dunklen Anzug über schwarzem Hemd erläutert, dass man den Präsidenten Akajew unterstütze, aber auch Umstände eintreten könnten, wo er untragbar würde. Marischew führt sein und alle Wahlergebnisse des Wochenendes auf das Persönlichkeitsprinzip zurück. Die Demokratie wachse Schritt um Schritt, aber sie erfordere „gesunde Gesellschaftsbedingungen".

Noch tragen die kirgisischen Soldaten die Uniformen der Roten Armee. Bald werden sie in Uniformen der ehemaligen Nationalen Volksarmee der DDR herumlaufen, deren Bekleidungsbestände die Bonner Hardthöhe in die GUS verschenkt hat. Bald stehen also 14.000 Kirgisen mit deutschen Uniformen an der chinesischen Grenze.

22.–24. Februar 1995, Almaty
Nach meiner Vorlesung: Presseinterviews zur Eurasischen Union, die Präsident Nursultan Nasarbajew für Kasachstan, Russland und weitere zentralasiatische Staaten vorgeschlagen hat. Mittags ausgiebige Gastfreundschaft bei der Familie einer der Studentinnen, die derzeit in Freiburg ist. Der herzkranke Großvater wurde für zwei Stunden aus dem Hospital geholt. Der jüngere Sohn spielt zum Tee auf der Dombra, ein kasachisches Zupfinstrument. Beethovens „Für Elise" ertönt. Der Vater, ein Staatsanwalt, erzählt von den Sorgen des Plutoniumabfall-Diebstahls in kasachischen Atomlagern. Die Balken biegen sich mit Speisen und Wodka, schmackhaften Tomaten von der eigenen Datscha, Pferdefleisch, Hühnchen, Salaten aller Art, mit Trinksprüchen auf Freundschaft und Völkerverständigung. Das Wohn-Esszimmer: ein Esstisch, an der einen Wand ein Teppich vor einer Couch, an den anderen Wänden Schränke mit Büchern und ein Stellplatz für Fernseh- und Videogeräte. Ein düsterer, winziger Flur, eine Dreizimmerwohnung für eine sechsköpfige Familie, die Mutter spricht lebhaft und gutes Deutsch. Herzlichkeit und Freude über den Weg der Tochter in Deutschland, die eifrig Briefe nach Hause schreibt.

Die erste Siedlungswelle von Deutschen, vorwiegend Mennoniten, fand zur Zeit Katharinas der Großen auf dem Gebiet des heutigen Kasachstans statt. Dann folgte die Welle der von Stalin Deportierten. Schließlich kamen in den 1950er- und 1960er-Jahren die „Neulandbauern". Heute wollen alle Deutschstämmigen weg aus Kasachstan.

Ein erster Pressebericht über meine Vorlesungsserie erscheint in den *Hauptstädtischen Nachrichten*. Lehrstuhlleiter Ibraschew gibt mir einen Abschiedsempfang mit viel Wodka und reichhaltigem Essen am früheren sowjetischen „Tag der Kriegshelden". Ibraschews Vater ist im Zweiten Weltkrieg gefallen. Die Kriegszeit ist bei unseren Gesprächen physisch zu spüren. Abends bei Boris Sultanow und seiner russischen Frau mit dem

Vizepräsidenten des Verfassungsgerichts, Igor Rogov, und Erlan Dosmuchamedov, Chefberater des kasachischen Vizepräsidenten, ein fortschrittsbegeisterter, leiser Mann. Beide haben ihre Frauen mitgebracht. Dosmuchamedow sieht die Menschheit in einem Prozess des ständigen Voranschreitens. Karl Marx habe eben hundert, zweihundert Jahre zu früh gelebt. Plötzlich tauchen inmitten aller herzlichen Freundschaftsbekundungen merkwürdig herrische Untertöne auf. Sultanow lehnt sich zu einer Dame am Tisch und meint, er und ich seien die besten Exemplare unserer Rassen. Als ich meinen deutsch-chinesischen Kollegen Xuewu Gu als Referenten für Vorträge in Almaty ins Spiel bringe, wird der so sanfte, charmante Freund auf einmal eiskalt und meint, für Freunde, aber nur für Freunde tue er alles. Chinesen seien aber Chinesen. Ich verstehe. Dann erzählt er von seinem Hobby, dem Sammeln von martialischen Messern, „kalten Waffen", wie er sie nennt. Darunter sind chinesische Modelle, NATO-Modelle, kasachische Strafgefangenenmodelle und deutsche Klingen. Der Herr der Steppe zeigt skurrile Schichten seiner Persönlichkeit, wenngleich er sanft wie ein Lamm bleibt. Offenbar hasst Sultanow die Chinesen. Nachts unter dem Hotelfenster plötzlich laute Stimmen, Schüsse, eine Schlägerei, jemand wird von einer Meute ins Casino im Erdgeschoss des Hotel Kasachstan zurückverfrachtet. Früher war Kriminalität aller Art per bolschewistischer Moral abgeschafft.

Die deutschen Zeitungen berichten, Belarus habe wegen der Entwicklung hin zur NATO-Osterweiterung seine weitere, konventionelle Abrüstung entgegen den Vereinbarungen des KSZE-Vertrages eingestellt. Der neue Präsident Lukaschenko ist offensichtlich doch nicht so pro-westlich wie vermutet. Russland hingegen strebe, so gehen die Nachrichten weiter, eine strategische Partnerschaft mit der NATO an.

4. März 1995, Ankara
Stolz zeigt Hüseyin Bağci mir sein Department an der Middle East Technical University, auf dessen Campus ich im schwer bewachten Gästehaus wohne. In Hüseyins Familie werde ich von Ehefrau Ayten, Sohn Atay und der Schwiegermutter gastlich willkommen geheißen. Wir essen natürlich gemeinsam, die Frauen und der Sohn sind mit am Tisch. An einem Kiosk spricht uns später ein älterer Mann an, den die Polizei in Köln abgeschoben habe, wo er, wie er sagt, „nur einmal so" als Wirtschaftsflüchtling grundgesetzwidrig sein Glück auf Asylmissbrauch versucht hatte.

5. März 1995, Konya
In der ehemaligen Hauptstadt des Seldschuken-Reiches. Fahrt durch das menschenleere anatolische Hochlandbecken, die Weizenkammer der Türkei. Überall sehe ich neue Wohnhäuser und aufstrebende Industriezonen. Auch am Rande Ankaras weichen die alten Häuschen neuer Wohnblockmodernität, aber mit welchen sozialen Folgen? Konya wird seit 1994 von der islamischen Heilspartei Refah Partisi regiert, wie andere türkische Großstädte auch. Hüseyin Bağci meint, die Islamisten würden so langsam Volkspartei und damit entfanatisiert. Zugleich, so erklärt er mir, zeigen sie sich allerorten als inkompetent. Ein zweites Iran werde es daher in der Türkei ganz gewiss nie

geben. Vereinzelt zeigen sich Frauen in Konya im tiefschwarzen iranischen Tschador mit Sehschlitz. Aber ebenso oft sehe junge Liebespaare, die sich öffentlich küssen. Die zwei Gesichter der Türkei und es scheint, beide Seiten werden extremer, der Islamismus, der sich etwa im islamischen Unternehmerverband artikuliert, und der Liberalismus, der sich in der Fernsehunterhaltung mit eng beschürzten Mädchen zeigt.

Menschenmassen drängen mit uns in die Mevlana Tekke, das Mausoleum des persischstämmigen Mystikers des Mystikers Dschalāl ad-Dīn al-Rūmī (1207–1273) (Abb. 4.8). Er begründete den Orden der Mevlevi-Derwisch-Bruderschaft. Von Kemal Atatürk zunächst verboten worden, ist der Orden längst wieder rehabilitiert. Ehrfurchtsvoll beten Pilger vor dem Grab des hochgeehrten Mystikers. Es ist schade, dass keine Tänze der Derwische mehr aufgeführt werden. Was denken die vielen kleinen Leute, die heute am Bayram-Fest hierherkommen? Was denkt der Gouverneur, den wir in der Mevlana Tekke sehen und den viele für korrupt halten? Wohin geht die Türkei? Die Frage sei wieder offen, meint auch Hüseyin Bağci. Besuch im Dorf Sille am Fuße des Nordtaurus-Gebirge. An beiden Seiten des Tales lagen sich bis 1923 ein türkischer und ein griechischer Dorfteil gegenüber. Heute gibt es nur noch Schutt, wo die Griechen lebten, teilweise mehrstöckige Felswohnungen, einen großen Friedhof und davor die Helena-Kirche im byzantinischen Kreuzstil. Langsam zerfällt sie und hält mit dem Kreuz am Portal doch noch immer den Zeiten stand. Im Inneren ein verblichener Christos-Pantokrator, ein verfaulender Holzlettner, ein brüchiger Predigerstuhl.

6.–8. März 1995, Ankara
Ein großer türkisch-europäischer Tag. Endlich wird in Brüssel das Abkommen über die Zollunion der Türkei mit der EU unterzeichnet, nachdem die Griechen ihren irrationalen Widerstand aufgegeben haben. Ein strategisch sehr erfreulicher Tag. Im Planungsstab des türkischen Außenministeriums spreche ich mit Irfan Acar und in der Europaabteilung mit Semür Tanjul, danach mit dem Ministerpräsidenten-Mitarbeiter Farsin, mit Seyfi Tashan, dem weisen Direktor des Foreign Policy Institute, und Ali Karaosmanoglu, Professor für International Relations an der Bilkent University. Nach meinem Vortrag vor einhundert Zuhörern im Goethe-Institut schließt ein Abendessen auf der Zitadelle mit einer bunten Runde von Wissenschaftlern und Diplomaten den Gesprächsreigen ab. Alle Gespräche drehen sich um die Folgen des Zollabkommens.

Viel ist vom Zypern-Problem die Rede, ich empfehle eine mutige Initiative der Türkei bis zum Sommer, zum Beispiel einen Stufenplan zur föderativen Inselvereinigung bei einseitigem Truppenabzug und Umwandlung des UN-Peacekeepers in ein NATO-Peace Keeping mit türkischer, griechischer, deutscher und französischer Beteiligung. Die Türkei muss das Momentum nutzen, sonst gibt es neuen Druck, unter anderem, weil die Forderungen des Europäischen Parlaments nach Verfassungsverbesserungen im Menschenrechtsbereich wohl nicht ausreichen werden. Seyfi Tashan meint, in zehn bis fünfzehn Jahren werde die Türkei aus objektiven Gründen die industrielle Urbanisierung bei gleichzeitiger sozialer Integration geschafft haben. Der Anteil der Stadtbevölkerung

4 Kein Ende der Weltgeschichte und Europas Europäisierung …   463

Abb. 4.8 Mit meinem Freund Hüseyin Bağci in der Mevlana Tekke in Konya (1995). (© Ludger Kühnhardt)

liegt heute schon bei 68 %. Ein islamischer Rückschritt ins Mittelalter sei strukturell ausgeschlossen. Allseits herrschen Europafreunde und Forschrittszuversicht. Die Tür nach Europa wurde geöffnet. Aber noch ist das Abkommen nicht vom Europäischen Parlament ratifiziert, und noch muss es mit Leben erfüllt werden. In der türkischen Innenpolitik ist einer radikal-islamischen, antieuropäischen Tendenz – jedenfalls vorerst – der

Wind aus den Segeln genommen. Die Zollunion, wenn sie denn zum 1. Januar 1996 in Kraft treten kann, ist die eigentlich positive Antwort auf den EU-Mitgliedschaftsantrag der Türkei von 1987, der 1989 negativ beschieden worden war. Ministerpräsidentin Tansu Çiller wird bei ihrer abendlichen Rückkehr aus Brüssel enthusiastisch willkommen geheißen. In einer Fernsehansprache erläutert sie die historische Anbindung an Europa.

Eine stimulierende Diskussion im Parlament mit dem Abgeordneten der Mutterlandspartei ANAP, Vihbu Dinceler, dem stellvertretenden Vorsitzenden des Bosnien-Ausschusses und des Ausschusses für konstitutionelle Fragen. Man erarbeite derzeit sehr intensiv ein Gesetzespaket mit Verfassungsänderungen, das im Parteienkonsens schon in vierzehn Tagen stehen könne, verheißt er. Wahrscheinlich werde es die EU-Parlamentarier wieder nicht befriedigen. Aber es sei ein weiterer guter Schritt nach vorne. Wir diskutieren ausführlich die Grenzen der Idee kollektiver beziehungsweise nationaler und gemeinschaftlicher Rechte, die manche bei der Kurdenfrage vor die Idee individueller Rechte schieben wollen. Ein unabhängiges Kurdistan würde zweihundert Jahre lang mehr Probleme bereiten als alle anderen Konstellationen, meint Dinceler. Ein Herr der alten Schule, der noch unter Atatürk-Mitarbeitern studiert hatte. Unter der Oberfläche brodelt es weiter in der Türkei.

14.–21. März 1995, Santo Domingo
Das Haus des Diego Kolumbus liegt stolz in der Mitte der Altstadt Santo Domingos. Hier hat der Sohn von Christoph Kolumbus gelebt, nachdem ihn Spaniens König Ferdinand II. 1509 zum Gouverneur der ältesten von Europäern in der Neuen Welt erbauten Stadt eingesetzt hatte. Während dieser Zeit erbaute er den Alcázar de Colón, sechs Jahrzehnte lang der Sitz der spanischen Kolonialverwaltung in der Neuen Welt. Die ersten spanischen Siedler hatten an der Nordküste der Insel Hispaniola ihre Zelte aufgeschlagen, waren dort aber nach einem Streit mit den einheimischen Taíno ermordet worden, was Christoph Kolumbus bei seinem zweiten Aufenthalt auf Hispaniola im Dezember 1493 schockiert feststellen musste. Die Gier nach Gold hatte die Seefahrer offenbar blind gemacht. Kolumbus arrangierte sich klugerweise mit dem Kaziken-Häuptling Caonabo und errichtete mit seiner Einwilligung eine neue Siedlung im Süden Hispaniolas. Von dort aus wurde die Eroberung Kubas und Jamaikas organisiert. Viel Streit, manches Blutvergießen, ein harter Alltag, bis das heutige Santo Domingo aus dem Boden gestampft war. Reste der Fortaleza Ozama, der ältesten Festung von Europäern in der Neuen Welt, sind ebenfalls zu besichtigen. Seit 1944 ist die Dominikanische Republik ein unabhängiger Staat. Die Gebäude der Kolonialzeit sind unterdessen in restauriertem Zustand Teil des nationalen Narrativs geworden, die stolz gezeigt werden.

Das pralle Leben der Hauptstadt ist gleichwohl weniger von der Geschichte als vom heutigen Ringen um einen würdigen Alltag geprägt. Jenseits von Santo Domingo wird die Dominikanische Republik weitgehend von Landwirtschaft geprägt. Im Hochland und in Richtung der Nordküste wird das Leben karg und kärger, die Dörfer und

Landstädtchen einfach und einfacher. Viele der Touristen, die inzwischen an den langen, weißen Stränden der Nordküste bei Puerto Plata oder Punta Cana anlanden, erfahren von Geschichte und Lebenswirklichkeit oft sehr wenig. Die gut sieben Millionen Menschen in der Dominikanischen Republik gehen ihrem Alltagsleben ohne großen Sinn für die Geschichte nach. Das Leben ist einfach und hart, trotz karibischer Nonchalance. Aber deutlich angenehmer als im benachbarten Haiti.

24.–25. März 1995, Budapest
Tagung auf Einladung der Friedrich-Naumann-Stiftung. Fünf Jahre Jahre Wende, fünf Jahre Demokratie. Kulturhaus, Corvinus ter. Gergely Pröhle, ungarischer Vertreter der Stiftung, eröffnet. György Antall ist anwesend, mit stolzem Zwirbelbart, Sohn des im Dezember 1993 viel zu früh verstorbenen ersten nichtkommunistischen Ministerpräsidenten Ungarns, József Antall. Géza Jeszenszky ist anwesend, von 1990 bis 1994 Ungarns Außenminister, mit dem ich mich auf Anhieb gut verstehe. János Martonyi ist anwesend, er war Vizeaußenminister in der Transitionszeit und ist heute Fidesz-Mitglied, Viktor Orbán, Fidesz-Vorsitzender, Miklos Vasarhelyi, Abgeordneter der Liberaldemokraten, Péter Tölgyessy vom Bund Freier Demokraten (SZDSZ), Andreas Oplatka *(Neue Zürcher Zeitung)*, der Soziologe Elemér Hankiss, der Bonner Politikwissenschaftler Hans-Peter Schwarz, der Schweizer Ökonom Robert Nef. Ich spreche über Adenauer und Antall im demokratietheoretischen Vergleich. Viele junge Menschen sind anwesend, Mitteleuropäer, die klagen, es gehe mit dem Wohlstand nicht schnell genug. Alle sollten doch bitte schön sehen, welche Mühe hinter der Entwicklung des westlichen Wohlstands gestanden habe, mahnt EU-Kommissar Martin Bangemann: viel Aufbauarbeit, Geduld und rasche Privatisierung. Außerdem benötige die EU eine gründliche Strukturreform vor einer Aufnahme beitrittswilliger Länder aus Mitteleuropa. Endlich müsse die Wettbewerbsfähigkeit der ungarischen Wirtschaft gestärkt werden, die derzeitige Regierung unter Gyula Horn gehe im Prinzip richtig vor. Die Hilfsleistungen der EU träfen heutzutage auf viel kompliziertere Realitäten, als dies in der Zeit des Marshall-Plans nach 1945 der Fall war, sagt Bangemann.

Viktor Orbán, dem Vorsitzenden des Bundes der Jungdemokraten (FIDESZ), ist dies nicht genug. Er sagt, über die Bedingungen des EU-Beitritts herrsche Verwirrung. Keiner wisse, wie viel es Ungarn kosten werde. Bei Agrarfragen werde Ungarn nur vertröstet, da das Gesamtsystem in der EU sowieso schlecht sei und geändert werden müsse. Orbán führt aus, der Westen habe 1990/91 eine große Chance verpasst, die Osterweiterung rasch durchzuziehen, die Russen hätten kaum Widerstand leisten können. Seither werde die Unsicherheit im Westen über den weiteren Gang der Beziehungen zu Russland auf Ungarn übertragen, sagt Orbán, ein kleiner Mann, misstrauisch dreinschauend, im persönlichen Gespräch eher verschlossen. Er gilt als einer der *shooting stars* der ungarischen Politikwende.

Der Soziologe Rudolf Andorka sagt, die Ungarn stünden an der Spitze der Weltstatistiken zu Alkoholismus und Verhaltensstörungen. Neunzig Prozent der Ungarn glaubten nicht an den Erfolg der Transformation. Dreißig Prozent der Menschen würden

Parteien und Parlament am liebsten abschaffen. Man müsse optimistisch bleiben: Immerhin gehe die Selbstmordrate in den letzten Jahren zurück, das sei doch ein schönes Zeichen. Abends spielt Zigeunermusik für uns in einem Traditionslokal auf.[7]

28. März 1995, Majdanek
Zwischen Vorträgen im so beschaulichen Krakau und an der Katholischen Universität Lublin sehe ich Majdanek, eines der Horror-Konzentrations- und Vernichtungslager, das auf immer mit den schwersten Verbrechen verbunden bleiben wird, die Deutsche begangen haben. Ich bin dankbar, wie zuvorkommend ich von Kollegen in Krakau, in Lublin und schließlich in Warschau von meinem Freund Marek Siemek, Philosophieprofessor an der Universität Warschau, willkommen geheißen werde. Selbstverständlich ist das nicht, wenn man Majdanek gesehen hat und um dessen grauenhafte Geschichte der Jahre 1941 bis 1944 weiß.

10. Mai 1995, Warschau
Ein zweites Mal bin ich in kürzester Zeit in Warschau und bewundere das wiederaufgebaute Schloss von Warschau. Der Bergedorfer Gesprächskreis hat zu einem Gespräch über Fragen der Neuausrichtung Europas eingeladen. Für mich ist es gar keine Frage: Polen gehört dazu, muss alsbald in die NATO und in die EU aufgenommen werden.

5. Juni 1995, Andorra la Vella
Ehe man den Ort richtig wahrgenommen hat, ist er schon wieder vorbei. Eine lange, gesichtslose Straße mit unscheinbaren Zigaretten- und Alkoholdepots, für den zollfreien Einkauf inmitten der schroffen Berge der Pyrenäen-Kette präpariert, gedacht für die schnell durchfahrenden Transitreisenden. Die Bankkonten mit ihren Geheimnissen sind ohnehin nicht zu sehen, auch kaum zu spüren. Fiktive Wohnsitze wohlhabender Spanier, so ist zu hören, seien wohlbekannt. Schlimmer noch sind die Geldwäscheabsichten dubioser Kunden aus Russland oder Venezuela. Bei 80.000 Einwohnern sind fünf Banken mit ihren enormen Vermögenseinlagen auch für den Laien eine überraschend üppige Ausstattung. Von Skiliften zerfressene Berghänge erinnern auch im Sommer an das zweite Standbein Andorras: Tourismus. Stolz und von der Geschichte vergessen lebt Andorra vor sich hin. Im Versailler Frieden nach dem ersten Weltkrieg blieb Andorra unerwähnt. Der irre Versuch eines russischen Exil-Adligen, sich zum König Andorras zu küren, scheiterte 1934. *Andorra,* das Antisemitismus-Drama Max Frischs, das es in den Lehrplan der meisten deutschsprachigen Schulen brachte, etablierte Andorra

---

[7] Mir wird ein Artikel aus *Der neue Pester Lloyd* vom 29. März 1995 über die Tagung nachgeschickt, der konstatiert, dass es in Ungarn immer schwieriger werde, Menschen unterschiedlicher „Parteien und Ideologien" an einen Tisch zu holen. Bei der Konferenz, über die berichtet wird, habe es keine Hässlichkeiten über die Geschichtsdeutung und die neuen Probleme, die „tragischeren Sorgen des Landes", gegeben.

als Ort fiktiver Geschichte jenseits seiner selbst. Erst im spanischen La Seu d'Urgell, dessen Bischof zusammen mit dem französischen Präsidenten Staatsoberhaupt Andorras ist, spüre ich die Fortschreibung der feudalen und nachfeudalen Geschichte dieser Gegend Europas. *Montaillou,* Emmanuel Le Roy Laduries großes Geschichtswerk über Inquisitionsprozesse unter den Albingensern im frühen 14. Jahrhundert, ist der passende Reiseführer und lässt auferstehen, was unter den schweigenden Steinwüsten der Pyrenäen verborgen liegt (1975).

23.–24. Juli 1995, Odessa
Odessa: Der wohl heiterste, entspannteste Ort des ehemaligen sowjetischen Imperiums, den ich bisher gesehen habe. Erwärmt und ruhig am Schwarzen Meer gelegen: so empfängt, umfängt mich Odessa mit seinen vielen Bäumen. Die unmittelbare Altstadt, Ende des 18. Jahrhunderts von Katharina der Großen initiiert, strahlt eine beschauliche südländischklassizistische Atmosphäre aus. Im Hintergrund der Sonntagsflanierer spielt ein Blasorchester. Im Hotel Londonskaja logiere ich in einem Palast der Gründerzeit, die Stuckarbeiten im Gartenrestaurant lassen die Nähe zur Türkei erkennen. So auch das multikulturelle Menschengemisch, behäbige Russen, viel Chic, dunkle, glutäugige Turkmenschen, flanellgewandet, alles irgendwie entspannt und heiter. Das Strenge, Schwere, Düstere und Dumpfe der Weiten Russlands oder auch Weißrusslands und Kiews fehlt. Wassergeplätscher am Straßenrand, intensiv begrünte Straßen, aber nur wenig Zeichen einer neuen marktwirtschaftlichen Aufbruchzeit.

20 D-Mark Monatslohn schaffen bisher die Wenigsten, und doch bäumt sich Kulturwille gegen alles Grau der Wirklichkeit auf. Nicht nur ist der Kontrast zwischen Realleben und Flanieren an der Hafenaltstadtstraße weniger bedrückend als in Petersburg. Auch das sonntägliche Publikum von Tschaikowskys *Schwanensee* zeigt antiproletarischen Stil und genießt eine brillante, ästhetisch vollendete, weiße, wahrhafte klassische Aufführung des Balletts in einem so prachtvollen Opernhaus, das zu den ersten seiner Art in Europa in Sachen Architektur zählen darf. Vor dem Theater komme ich mit einem indischen Schiffsingenieur aus Madras ins Gespräch: Er fühle Mitleid mit den hiesigen Menschen in ihrer sozialen Not. Was für ein Wort eines Inders, vor dieser Kulisse, in dieser Weltgegend.

Der stellvertretende Bürgermeister Prokopenko doziert über Marktwirtschaft und darüber, dass Odessa eine liberale Stadt sei, die von Kiews Neulinken malträtiert und gehindert werde, eine Bodenprivatisierung vorzunehmen. Aber auch er kann nicht sagen, wie die stillstehenden Fabriken am Stadtrand wieder laufen sollen. Hinter der heiteren Seeatmosphäre lässt sich die Trostlosigkeit nur erahnen.

Fahrt in den Norden, in die Nähe von Berezanska: Für 30 Mio. D-Mark baut die GTZ ein Dorf für Russlanddeutsche aus Zentralasien. In Kudriawka, so heißt das Containerdorf, leben sie in Mini-Containern neben ukrainischen Dörflern. Eine Frau berichtet, in Dschambul, Taras, habe ihre Familie nicht mehr unbehelligt über die Straße gehen können. Bald erhalten alle die fertiggestellten „Villen" geschenkt. Ob sie sie pflegen werden? Für Deutschland ist der Einsatz wohl noch billiger als eine Sozialintegration im eigenen Land. Ex-Präsident Leonid Krawtschuk hatte alle 450.000 ehemaligen Schwarzmeer-Deutschen zur Rückkehr eingeladen. Faktisch wäre das unrealistisch. Die Kolchose-Landwirtschaft leidet stets unter Geldmangel und arbeitet ineffizient. Viele Männer haben ein Alkoholproblem. In der Weite der ukrainischen Weizenlandschaft sollen sie nochmals neu beginnen, ob das gelingt, ohne je freie Menschen und Marktwirtschaftler gewesen zu sein?

Das Land wird seine Unabhängigkeit wahren wollen. Es gibt einen unverkennbaren Selbstbehauptungswillen. Konteradmiral Ukrainitz von der Schwarzmeerflotte lobt das „Partnership for Peace" (PFP)-Programm der NATO. Derzeit läuft das erste Manöver mit den USA, auf den Straßen schlendern ungeniert schwarze GIs. Der Admiral erläutert Probleme mit Russland wegen der Territorialkompetenzen der Schwarzmeerflotte und erinnert sich freudig an einen deutschen Flottenbesuch vor wenigen Monaten. Zur NATO-Frage: Er wisse, dass die NATO heute Friedenspolitik betreibe, eine Erweiterung um Polen und andere sei kein Problem für ihn, und Russland bleibe eben Russland. Locker daher gesagte Worte und als Gastgeschenk ein Aufkleber vom PFP-Manöver. Warme Worte überdies zur Türkei: Der Generalstabschef ist hier wohlgelitten, Istanbul liegt zwanzig Stunden per Boot entfernt. Der junge Adlatus, aufrecht, unbefangen, nicht mehr unterwürfig, beginnt doch auch hier der freie Mensch? Zum Thema „Bürger in Uniform" und Wehrerziehung fällt dem Konteradmiral ein, er befürworte Armeepriester. Bei so viel Offenheit für Neues fällt kaum noch ins Gewicht, dass wir uns ausgerechnet auf dem Hotelschiff V. I. Lenin im Hafen von Odessa begegnen. Vor der Tür wehen die ukrainische und die amerikanische Fahne. Im Land sehe ich verschiedentlich Lenin-Statuen. Die Dolmetscherin versteht nicht, dass ich Lenin als totalitären Verbrecher qualifiziere. Gleichzeitig erklärt sie sich als Christin, die bedauere, dass ihr Mann keine kirchliche Hochzeit gewollt habe. Dieser Wunsch wachse und mit ihm die christliche Orientierung der Sinnsuche junger Menschen, denen nach dem Atheismus nichts geblieben sei, woran sie sich orientieren könnten.

25.–26. Juli 1995, Chișinău
Nach Chișinău. Der Weg in die Hauptstadt der Republik Moldau, seit September 1991 ein unabhängiger, freier Staat, seit wenigen Wochen jüngstes Mitglied des Europarates, führt zunächst durch ukrainisches Agrargebiet. Zuweilen durchbrechen Dörfer die weite landwirtschaftliche Nutzfläche, gelegentlich entstehen neue Dorfteile mit beachtlich großen Häusern. Vorherrschend aber sind die kleinen Kemenaten der Bauernsiedlungen. An der moldawisch-ukrainischen Grenze wird Herleshausen nachgebaut, eine Grenzstation wie einst zwischen den beiden deutschen Staaten. Nach ukrainischer Kontrolle tauchen die Mauerplatten und der Grenzabfertigungsbereich auf, plötzlich aber auch Grenzsoldaten der Russischen Föderation.

Transnistriens Fahne, rot-grün-rot, flattert auf dem Grenzposten. Die Sezessionsregion im östlichen Moldawien wird von den verbliebenen fünf- bis siebentausend Soldaten der seit zweihundert Jahren hier als südwestlicher Vorposten stationierten 14. Armee Russlands okkupiert. Die Soldaten tragen russische Abzeichen beziehungsweise solche der UdSSR. Mehrfache Straßensperren. In der Hauptstadt Tiraspol erinnert ein überdimensionierter, dynamisch in Stein voranschreitender Lenin vor dem Parteigebäude an die alte Zeit. Wenigstens keine Soldaten auf den Straßen, ein ruhiges Hauptquartier der 14. Armee. Bis vor Kurzem stand ihr General Lebed vor, der meinte, als einziger in Russland nie besoffen zu sein. Die Menschen sind ärmer, einfacher gekleidet als in Odessa. Am Ortsrand signalisieren Straßenschilder, dass wir in der „UdSSR" seien. Ich überquere den Dnjestr, auf den Brückenköpfen weht die Fahne des von keinem Land, auch nicht von Russland, anerkannten Transnistrien. Zwei weitere russische Straßenposten. Unter Netzen steht ein Panzer als Sperrbrecher, ein Denkmal wird neben einem alten Kampfpanzer errichtet. Ein Hauch von Operette liegt über der Situation.

Bender, ein Industrieort sozialistischer Prägung, unscheinbar mit austauschbarer Hochhauskulisse. Die Dörfer werden gepflegter mit besseren Häusern als in der Ukraine, so will es scheinen; kleinflächigere Landwirtschaft, Hügel rollen vor unseren Augen daher, da und dort ein orthodoxes Straßenkreuz in einer metallenen Fassung, daneben ein hübsch dekorierter Brunnen, ebenfalls unter einem metallenen Baldachin. Die Dorfszenarien erinnern an die Walachei. Ich durchstreife Bessarabien, ab Anfang des 19. Jahrhunderts unter zarischer Herrschaft, von 1918 bis 1940 rumänisch, dann Willkürgegenstand des Hitler-Stalin-Paktes, dann Sowjetrepublik, seit drei Jahren als Moldawien auf der Suche nach eigener Identität. Als letzte ehemalige Sowjetrepublik trat das Ländchen der GUS 1993 bei, 1994 folgte der Vertrag über den Truppenabzug, der bis 1997 vollendet sein soll, 1995 wurde Moldawien in den Europarat aufgenommen. Die Bindungen an Russland sollen rein ökonomischer Natur bleiben. 85 % der Menschen sind rumänischsprachige Moldawier. In Transnistrien leben je dreißig Prozent Moldawier, Russen und Ukrainer.

Chișinău: ein ruhiges Provinznest, nicht unsympathisch, lebhaft, aber ruhig, auf gleichem Breitengrad wie Bern – mit der Schweiz vergleicht man sich wegen Größe und Lage gerne, noch hebt die Marktwirtschaft langsam an, vor allem blüht der Straßenhandel auf. Kleine Wohnhäuschen, ab und an mächtige Verwaltungsgebäude, alles sauber, aber ohne Profil, zwischendurch Parkanlagen und ein Triumphbogen, immerhin eine rumänische Stadt und kein russischer Moloch.

Deutschlands Geschäftsträger Johannes Giffels erzählt, dass Präsident Mircea Snegur im Herbst erstmals zum Staatsbesuch nach Deutschland kommen werde. Das Deutschlandbild sei gut, auch wenn die Abwehrfront 1943/1944 mitten durch Bessarabien gegangen war und sechzig Prozent von Chișinău zerstört worden sei. Das wird aber den Russen angerechnet, deren „Faschismus" der nachfolgenden Jahrzehnte in bitterer Erinnerung ist als deutsche Gräuel. Die Lage: Innenpolitik ist stabil, Außenpolitik ist eher neutral-orientiert, Absage an Bindungen an Russland, außer in der Wirtschaft, wo dies unvermeidlich, alternativlos ist. Wirtschaftlich: desolat, aber wegen hoher Subsistenzwirtschaft auf dem Lande nicht dramatisch. Moldawien ist als Entwicklungsland klassifiziert. Während Ungarn und die USA in schönen Botschaftsvillen residieren, arbeitet die deutsche Minibotschaft von einem Hotel-Business Center aus: Pionierarbeit in problemloser, aber auch nur bedingt interessierender Umgebung.

Ich begegne Monsignore Anton Coşa, Jahrgang 1961. Ein frommer, barocker Mann, im rumänischen Iaşi zum Priester ausgebildet, noch zu jung, um Bischof zu sein (das kanonische Recht verlangt, das 35. Lebensjahr erreicht zu haben), tätig als apostolischer Administrator und Bischof in spe der römisch-katholischen Kirche. Es gibt siebentausend Katholiken, neun Priester, vorwiegend Polen sind hier katholisch. Coşa schildert das Bemühen um Ökumene mit den Orthodoxen, die eine autokephale Kirche anstreben, losgelöst von Moskaus Patriarchen. Monsignore Coşa lebt in einem kleinen Häuschen auf dem Friedhof neben einem armenischen Kirchlein. Das Haus ist frisch renoviert, technisch ausgestattet mit einem gespendeten Faxgerät, er pflegt enge Verbindungen nach Deutschland. In der Kirche beten wir gemeinsam das Gebet aller Christen, das „Vaterunser". Der Monsignore führt über den kleinen Friedhof. Ein vorbildhafter Mann im neuen Europa, das geistig-spirituell erwachen will. Wo endet Europa für ihn? Seine Antwort: „Je weiter ich nach Westen fahre, desto mehr Europa gibt es, je weiter ich nach Osten fahre, desto weniger Europa gibt es." Europa, das sei ein Lebensstil, ein Bild vom Menschen, seiner inneren Bestimmung und verantwortungsgeleiteten Fähigkeit zum Freiheitsgebrauch.

Die moldawischen Gesprächspartner in der Regierung: selbstbewusst, kompetent, offen, ohne den präpotenten, imperialen Habitus vieler Rumänen. Vizeparlamentspräsident Ion Diacov: „In Tiraspol steht nicht nur der Lenin vor dem Administrationsgebäude, sein Geist lebt dort auch noch. Tiraspol ist ein Museum der Sowjetunion." Vizeaußenminister Ion Capatina: Wenn Rumänien die Moldau anschließen wolle, bekäme das Land noch weitere riesige Minderheitenprobleme, dabei könne es nicht einmal die bestehenden lösen. Die Republik Moldau sei intensiv im Prozess, seine Gesetzesstandards zu europäisieren. Das Parlament habe circa 200 Gesetze in diesem Sinne passieren lassen. Moldau wolle sich weiter und konsequent den europäischen Strukturen einfügen. Wo ende Europa? Moldau liege jedenfalls in seiner geografischen Mitte! Nein, gegen eine NATO-Mitgliedschaft Polens habe man hier nichts, jedes Land müsse seine Mitgliedschaften frei entscheiden. Moldau möchte nur keine Rückkehr zu konfrontativen Grenzziehungen in Europa, befürworte gesamteuropäische Ansätze. Die Mitgliedschaft in der Gemeinschaft Unabhängiger Staaten (GUS) sei aus ökonomischen Gründen unumgänglich. Nicht in der GUS zu sein, sei selbstmörderisch, denn dann fehlten alle Marktzugänge zu Russland. Politisch und militärisch lehne Moldau aber eine GUS-Integration ab. Die GUS-Entscheidungsmechanismen seien so, dass Russland 51 Stimmen und alle anderen zusammen 49 Stimmen hätten.

Der Präsident der Staatsuniversität, Gregori Rusnak, ein Mann der alten Zeit, nennt sich Politologe, hat früher marxistische Politökonomie gelehrt. Doziert fast eine Stunde über die Unistruktur, lässt vom persönlichen Kameramann Videoaufnahmen unseres Gespräches machen. Immerhin: Auf 6000 Studenten entfallen 600 Lehrende, es gibt eine Eingangsprüfung nach zwölf Schuljahren und ein leistungsabhängiges Stipendiensystem, nebst einer sozialen Stipendienkomponente. Beschauliches Leben in den Straßen von Chişinău. Das satte Grün der vielen Bäume überspielt den schlechten Zustand vieler Gebäude. Aber immerhin besteht ein gefügtes, geradezu mitteleuropäisches Stadtbild.

Schön und gepflegt ein großer Park mit Brunnen und Dichterstatuen; plaudernd entspannen sich die Menschen auf den Bänken und unter Bäumen – eine fast alteuropäisch-mondäne Stimmung. Lichtpunkte, Blitze eines schönen Lebens inmitten schwerster Wirtschaftskrise. Aber doch auch Zeichen eines europäischen Lebens, selbstbehauptet gegen den Totalitarismus der Bolschewisten.

27.–29. Juli 1995, Lemberg
Zwölfstündige Autofahrt nach Lwiw/Lemberg, Ukraine. Im nördlichen Moldau wird das Land welliger. Einfache, aber gepflegte, bunt angestrichene Holzhäuser mit fein eingezäunten Gärten säumen den Weg. Vor vielen, bunt beschlagenen Toren steht ein intensiv silbrig-beschlagener, eingefasster Brunnen, wo die Menschen ihr Trinkwasser schöpfen, und ein schönes Wegekreuz, wo sich zum Teil die Menschen fromm zum Beten niederknien. Noch nie habe ich so viele Wegekreuze gesehen. Die Äcker werden kleingliedriger, alles wird überschaubarer, enorm viele neue Privathäuser, geradezu Villen, entstehen. Wo immer wir uns als Deutsche zu erkennen geben, werden wir freundlich begrüßt. In Criva, der letzten moldawischen Ortschaft vor der Grenze zur Ukraine, im Dreiländereck am Pruth (Ukraine, Rumänien, Moldau) erlebe ich beim Aprikosenkauf am Straßenrand, wie ein Toter im offenen Sarg unter intensivster Anteilnahme des Dorfes auf einem Traktor aufgebahrt zum Friedhof gefahren wird. Klageweiber sind im Einsatz. Jemand filmt den Leichenzug mit der Videokamera. Der Tod ist hier noch auf natürliche Weise in das Leben integriert. Die Fahrt geht am Pruth entlang. Die Grenzsperren wirken martialisch. Die Abfertigung ist dann eher harmlos. Nach reibungslosem Grenzdurchgang umgeben mich wieder kyrillische Schriftzeichen. Weiterhin ziehen Pferdekarren ihres Weges.

Czernowitz, welches Wort, welcher Klang. Die Kulturmetropole der Bukowina, ein Hauch des Gestern. Kulisse ohne die Menschen, die früher Czernowitz zum Klingen gebracht haben. Kein Paul Celan, keine Rose Ausländer, kein Manès Sperber, keine chassidischen Juden leben mehr hier. Vom Bürgertum sind bestenfalls melancholische Reste verblieben. Am Theaterplatz, vor glänzender Kulisse der östlichsten Hauptstadt der „K. u. k."-Monarchie immerhin für den langen Zeitraum von 1775 bis 1918. Neben der alten Handelskammer mit ihren Zunftzeichen und einer „K. u. k."-Eingravierung im Dachfirst wartet ein kleines Kaffeehaus. Die Melancholie lässt sich stilvoll heruntertrinken. Die schöne Architektur erinnert an Wien, aber es fehlt das alte Leben, auch wenn heute überall neu gewerkelt wird und der Kellnerjunge sich bemüht, Englisch zu sprechen.

Joseph Roth wird wieder gelesen in der österreichischen Bibliothek von Lemberg, in der mich der junge Bibliothekar Ivan Harassym einführt. Er hat soeben ein Germanistikseminar über den *Radetzkymarsch* absolviert, weiß von den vier Generationen der Trotta aus Sipolje zu berichten, der erste Alkoholiker und Schlossgärtner, der zweite Offizier und geadelt, der dritte Bezirkshauptmann und Lebemann, der vierte Leutnant in Brody bei Lemberg, an der alten russisch-„k. u. k."-Grenze, wo auch der Graf Wojciech Chojnicky lebte (Roth 1932). Joseph Roth hat diese und andere Figuren zu Leben erweckt. Er, der „heilige Trinker" – wie Géza von Cziffra ihn genannt hat, dessen Buch in der österreichischen Bibliothek natürlich nicht fehlen darf –, symbolisiert am eindrucksvollsten das literarische Galizien der „K. u. k."-Zeit. Auf dem Linden-Friedhof vor den Stadttoren haben Spinnen ihre Netze vor die Grufteingänge gespannt. Polnische Familiengräber umfangen mich in diesem Hain der Ruhe, der Geschichte, der Toten. Von einer Familie Schlögl erfahre ich, deren ältestes Familienmitglied 1898 als „K. u. k."-Reservehauptmann im Ruhestand verstorben ist. Seine Tochter, so ist auf dem Grabstein auch noch vermerkt, starb unter dem Familiennamen Schlogolowa als Russin.

Der polnische Generalkonsul Tomasz Marek Leoniuk ist hypernervös, aber klug und präzise in der Analyse. Es wäre nicht überraschend, wenn er auch in Lauschdiensten für sein Vaterland tätig wäre. Er weiß Interessantes über die Bemühungen um eine Europaregion zu erzählen. Manches Projekt laufe anständig ab. Auch Minoritätenfragen scheinen weniger dramatisch zu sein als einst zwischen Polen und Deutschen in Schlesien und Pommern, wohin die von Stalin ausgetriebenen Ukrainer nach 1945 verfrachtet wurden. Der Konsul, in seinem Büro von schönem historischem Mobiliar drapiert, erzählt von dem Bemühen, die Spurbreite der Eisenbahn an der polnisch-ukrainischen Grenze zu ändern. Polen wolle gute Beziehungen zur Ukraine und bejahe entschieden deren Einbindung in die westlichen europäischen Strukturen. Könnte es noch einmal Territorialverschiebungen in diesem Teil Europas geben? „Nicht in diesem Jahrhundert." Er redet als Magnet, als Teil einer kritischen Masse, die in und um Lemberg die Ukraine nach Westen zu wenden sucht, was im Angesicht der starken Sowjetisierung und Russifizierung der Ostukraine schwer bleibt. Polen ist an einer unabhängigen, integrierten, souveränen Ukraine interessiert. So sieht es auch die Germanistin Tatjana Komaruyzka, eine lebendige, gern redende Dame. Sie, die bald als Präsidentin des ukrainischen Deutschlehrerverbandes die Freiburger Germanisten besuchen wird, spricht von der Sehnsucht nach Habsburg, die überall wieder aufgebrochen sei. Im International Center of Education, Science and Culture geht Frau Direktorin Oksana V. Kondratiuk mit charmanter Frauenpower auf Europa zu. Um 17 Uhr bietet die Dame Kognak an. Sie wird bald irgendeine Emanzipationskonferenz in der EU besuchen, erzählt sie. Auch so kommt der Westen näher. Aber es gilt zugleich, was Frau Kondratiuk erstaunlicherweise beiläufig erwähnt: Das Weibliche droht, so sagt sie, wie andere Werte auch, verloren zu gehen mit der neuen Freiheit, den neuen Optionen, die aus dem Westen kommen.

Was für eine schöne Stadt ist Lemberg, nach der ersten polnischen Teilung 1772 bis 1918 lange Jahre österreichisch. Was wäre es schön, wenn Geld käme und die fantastische Bausubstanz saniert und neu verlebendigt werden würde. So ist es die stimmungsvolle Welt von gestern: quietschende, überfüllte Straßenbahnen, die übers Kopfsteinpflaster donnern, herrliche 19.-Jahrhundert-Bauten, prachtvoll die Oper, faszinierend die lateinisch-gotische Kirche, die armenische Kirche. Davor ein netter, etwas alkoholisierter Journalist, gut fünfzig Jahre alt, die Flasche um 18 Uhr in der Hand: aus Frustration, wie er in gebrochenem Deutsch sagt, Sehnsucht nach Habsburg. Gottesdienst in der lateinischen, das heißt römisch-katholischen Domkirche, auf

Polnisch. Mir kommt in den Sinn, dass mir vor Jahren ein polnischer Rechtswissenschaftler in Oxford sagte, Lemberg, die Stadt des Löwen, habe die schönste polnische Kathedrale.

In der Ulica Kopernika treffe ich mit der örtlichen Führung von Ruch zusammen, der Unabhängigkeitsbewegung der nun seit dem 24. August 1991 unabhängigen Ukraine. Vorsitzende ist Frau Oleksa Hudyma. Besonders klug und anregend präsentiert sich Yuri Kuscheljuk, der auch in der Ruch-Landesführung ist. Einige der Herren haben gewiss tatarische oder kossakische Vorfahren. Zentrales Anliegen aller Gesprächsteilnehmer: Warum nimmt uns der Europarat noch nicht auf? Wir waren dreihundert Jahre unter russischer Herrschaft, haben weiterhin Angst, wollen nach Europa, als ungeteiltes Land.

Monsignore Iwan Dacko, der Generalvikar der Griechisch-Katholischen Kirche, der rund fünf Millionen Mitglieder in der Westukraine angehören, mit Rom uniert, im Kommunismus verfolgt und zwangsvereint mit den Orthodoxen, meint, die meisten Menschen hätten noch immer Angst, einfach zu lachen. Alle Lebensfreude sei ihnen ausgetrieben worden. Gegenüber dem Mitmenschen sei ihnen nur Misstrauen eingeimpft worden. Eine eindrucksvolle einstündige Begegnung mit dem Metropoliten der Griechisch-Katholischen Kirche, Myroslaw Iwan Kardinal Ljubatschiwskyj. Wir sitzen uns gegenüber im Palais des Metropoliten, einem prachtvollen Rokokogebäude neben dem ebenso prachtvollen Rokokokirchenbau am Rande Lembergs. Kardinal Ljubatschiwskyj wurde am 24. Juni (Johannistag, Iwanstag) 1914 geboren, begann das Studium in Innsbruck, floh in die USA, wo er 33 Jahre lebte und zum Bischof der Ukrainer in Philadelphia aufstieg. Er wurde 1979 zum Bischof geweiht, kehrte 1992 nach Lemberg zurück. Der Kardinal sieht die neue Freiheit als Wunder Gottes; er ist alt, hat das nutzlose Jahrhundert erlebt und überlebt und weiß, dass sein Volk Gott sucht, auch wenn auf allen Ebenen das Leben schwer bleibt.

Mit „Wie geht's?" hatte er mich nett begrüßt, ein alter Mann, eine große Autorität des über den Atheismus triumphierenden Christentums, des Willens zur geistlichen Erneuerung, zur Re-Evangelisation Europas. Der Generalvikar führt das analytische Gespräch, der alte Herr erzählt immer wieder, so etwa von Kaiserin Zita, die sich stets sehr um Lembergs griechische Katholiken gekümmert habe und mehrfach am Ort gewesen sei. Heute gehe es um neue Orientierung in neuer Freiheit. Über 3000 Kirchen seien zurückgegeben worden, es gebe freundliche, korrekte Beziehungen zum Staat, aber nur wenig ökumenischen Geist in der heutigen Ukraine. Die Orthodoxie habe noch schlechter ausgebildete Priester als die Katholiken. Die griechisch-katholische Kirche der Ukraine ist mit der römisch-katholischen Kirche uniert. An der Wand hängt folgerichtig das Bild von Johannes Paul II., des Papstes aus Polen. Der kleine, zierliche, freundliche Kardinal mit seinem so einfachen Bischofsring, seinem einfachen Rock, seinen etwas zu bunten Socken, seinem schütteren weißen Bart – er repräsentiert das 20. Jahrhundert, wie nurmehr wenige der Lebenden. Die geistige Erneuerung der Westukraine müsse und werde in den Osten des Landes ausstrahlen, auch wenn die Angst vor den Russen groß bleibe. Es ist eine Angst, die Paralyse und Antrieb zugleich bewirkt.

Gut dreißig Prozent der Gläubigen besuchen die Gottesdienste am Sonntag in der Stadt. Auf dem Land sind es bis zu neunzig Prozent. In der Metropolitankirche findet gerade eine Hochzeit statt. Der Brautvater reicht Brot und Salz, die Hände des Brautpaares sind durch ein folkloristisches Tuch umschlungen, die Gesänge gemahnen an die Orthodoxie. Der Generalvikar führt in die Krypta an das Grab des 1993 hierher aus Rom überführten Kardinal Jossyf Slipyj, einer der großen Symbolpersönlichkeiten des ukrainischen Glaubens im totalitären Jahrhundert. Der 1892 geborene Bischof wurde 1946 nach Workuta und später in andere sibirische Lager verbannt. Anfang der sechziger Jahre kam er auf Drängen des amerikanischen Präsidenten John F. Kennedys frei, lebte im Exil in Rom, während seine ukrainische Kirche mit der Orthodoxie zwangsvereint wurde. Im Jahr 1984 starb Slipyj. Niemand konnte damals glauben, dass der Leichnam, so wie es der letzte Wille dieses großen Kirchenmannes gewesen war, unter Anteilnahme von über einer Millionen Menschen und dem ersten ukrainischen Präsidenten Krawtschuk in Lemberg beigesetzt werden würde.

Vor dem Aufbruch aus Lemberg lasse ich mich von den Sabbatgesängen in der bunt mit Illusionsmalerei ausstaffierten Synagoge der Stadt in eine fremd gewordene, Europa entrückte Welt von gestern davontragen. Vorwiegend alte Männer sind zusammengekommen. Der Rabbi, knapp vierzig Jahre alt, könnte aus Brooklyn stammen. Das ukrainische Judentum ist weitgehend nach Palästina ausgewandert. Vor dem Wüten der Deutschen war jüdisches Leben ein natürlicher und starker Teil des Lebens in dieser Gegend Europas. Geblieben sind fremde Gebete, Laute, Riten, Gepflogenheiten, Gesänge. Und doch lebt auch hier ein alter Keim weiter.

Dies gilt auch für die Gemeinschaft der Deutschen, die sich in der Organisation Wiedergeburt zusammengefunden haben. Deutsche, die bei Nachfrage nicht selten Österreich, k. u. k., als ihre Herkunftskultur angeben. Der Vorsitzende Waldemar Schmidt und ein Kreis von zehn seiner Mitglieder empfangen im Deutschen Haus, einem Hinterzimmer am schönen Markt Lembergs. Sie freuen sich über das Gespräch, schenken mir eine Ausgabe ihrer seit einigen Jahren wieder regelmäßig erscheinenden Zeitung. Sie fragen nach den Perspektiven einer Kriegsgräberpflege. Lemberg war zwar nicht direkt Teil der Front. In den Krankenhäusern seien aber viele verwundete deutsche Soldaten gestorben und in den Krankenhausgärten bestattet worden. Jetzt sei Zeit für ein ehrenvolles Begräbnis, eine würdige Ruhestätte. Mit ihren Überresten erheben sich die Schatten mancher anderen Facetten der Geschichte. Die Welt von gestern, in Lemberg ist sie jedenfalls nicht vergangen, nicht vergessen.

Zwischenstopp in Warschau, Gebet am Grab von Kardinal Stefan Wyszyński, einem anderen großen Kirchenfürsten dieses traumatischen Jahrhunderts. An der Wand der Kathedrale eine Plakette: „Leonibus sempe fidelis – immer treu den Lembergern." Wo könnte man solches in Deutschland finden, im Kölner Dom etwa für Breslau?

13. August 1995, Skagen
Von der äußersten Nordspitze Dänemarks, über die Landzunge Grenen hinweg, richtet sich der Blick heraus aus Jütland nach Nordwesten zum Skagerrak im Länderdreieick

zwischen Dänemark, Norwegen und Schweden. Nach Südosten blickt man in die Richtung des Kattegats, das weiter südlich in die Ostsee übergeht. Der Blick in die Weite der Meere geht zugleich in die Tiefen der Geschichte: Die verlustreichste Seeschlacht des Ersten Weltkrieges zwischen der deutschen und der britischen Flotte fand 1916 am westlichen Ausgang des Skagerrak statt. Es gab fast neuntausend Tote. Die Schlacht war nicht kriegsentscheidend, aber hat einen der vielen düsteren Erinnerungsorte Europas hinterlassen. Glücklicherweise erhellt Skagen mit seiner Atmosphäre von Kunst und Seebad die Sinne. Ende des 19. Jahrhunderts verwandelten skandinavische Maler Skagen, das kleine Fischerdörfchen, in ihr Sommerdomizil. So entstand eine verträumte, malerische Stimmung, die die Zeiten der Kriege in Europa in tiefe Ferne versenkt.

23. Augusst–3. September 1995, Lake Tahoe
4200 Automeilen im Leihwagen durch acht amerikanische Staaten und das kanadische British Columbia. Rundreise von San Francisco nach San Francisco. Auf dem Hinweg die Bay Bridge im Abendglitzer, von einem urigen Fischrestaurant im Hafen von Sausalito aus bestaunt, auf dem Rückweg die Bay Bridge von der dreizehn Kilometer langen San Mateo Bridge, die Enikö und mich im rauschenden Abendverkehr aus den Weiten des Westens vom Lake Tahoe zurück nach Palo Alto führt.

Erste Eindrücke: Ein sonnenanbetender amerikanischer *beach boy* auf einem geparkten Motorboot auf dem Notfallstreifen der Autobahn. Wohnmobile en masse, die teilweise ihre Personenwagen ziehen. Endlose Weiten, erst durch die Redwoods und entlang der Pazifikküste mit Stopp in Mendocino. Dort wurde 1955 *Jenseits von Eden* mit James Dean gedreht, ein Kultfilm der frühen Jugendrevolte. Unproblematischer, kaum gefühlter Grenzübertritt nach Kanada. Freundliche Stimmung in Vancouver. Beeindruckend der Besuch im Stanley Park mit den gewaltigen indianischen Totem-Pfählen (Abb. 4.9). Besuche bei Eniköss Tante und später, in Skookumchuck, tief in den Rocky Mountains von British Columbia, bei ihrer Cousine Cathy Nagy, die dort ein Motel betreibt. Der Indianerhäuptling Skookumchuck schmückt das Fünf-Häuser-Dorf mit seiner überlebensgroßen Statue. Die Gegend ist beliebt wegen ihrer heißen Quellen, die gerne auch Bären anlocken. Vor denen muss man nun wirklich sehr auf der Hut sein.

Durch die agrarischen Weiten von Idaho. Wildeste Goldgräbererinnerungen in Wallace, Idaho, mit seinem nicht alltäglichen Bordellmuseum. Eine durch und durch unvergessliche Szenerie in Melrose, Montana: Nachdem das „Pferd" Auto getränkt wurde, fragt mich der Verkäufer vertrauensvoll, wie viel ich zu bezahlen habe, ohne selbst auf die Anzeige zu schauen. Danach lassen wir uns in untrüglicher Cowboy-Atmosphäre Steak und Bier schmecken. Die Einheimischen starren uns wortlos an. Ein Elch-Dinner in Jackson Hole's 1 Mio. US$ Cowboy Bar. Teton Village, Yellowstone Park, ein Muss, wenngleich weniger spektakulär als erhofft, trotz des Old Faithful-Geysirs. Durch die Große Salzwürste in die Mormonenhauptstadt Salt Lake City.

Am 1. September 1995, genau 56 Jahre nach Hitlers Einfall in Polen, beteiligen sich Deutsche Militärflugzeuge am ersten Einsatz im Kampf über den serbisch okkupierten Zonen Bosniens. Die *Salt Lake Tribune* notiert: „Déjà-vu." Zur gleichen Stunde ist

Abb. 4.9 Mit meiner Frau Enikö vor indianischen Totem-Pfählen in Vancouver (1995). (© Ludger Kühnhardt)

Präsident Clinton in Honolulu. Fünfzig Jahre nach dem D-Day erinnert er an die große, mutige, kraftvolle Generation der Kriegsmärtyrer und Nachkriegsbaumeister.

Durch die Mondlandschaften Nevadas. Rodeoumzug in Winnemucca, Nevada, 5112 Meilen östlich von Tokio, wie ein witziges Schild in der Nevada-Wüste vermeldet. Nie sah ich bisher so viele Mexikaner und Native Americans an einem Ort. Umgekehrt:

Nirgendwo im Nordosten der USA sehe ich auch nur einen einzigen Schwarzen. In Nevada besteht noch die Todesstrafe per Vergasung, eine Widerwärtigkeit fünfzig Jahre nach Auschwitz. Ein Autolabel in Nevada: „Impeach Billary". Seine Ehefrau ist bei manchen Amerikanern offenbar unbeliebter als der Präsident. Die First Lady, Hillary Clinton, gilt ihren Kritikern als extrem ehrgeizig, ja skrupellos. Ein noch drastischerer Aufkleber fällt mir auf: „If you make gun sale illegal, who will chase the liberals?" Während die politische Kultur der USA von liberalem Denken dominiert scheint, brodelt unter der Oberfläche offenkundig böses konservatives Blut, dem das Establishment verhasst ist.

Im Sonntagsgottesdienst in Reno singt der Chor anlässlich des Labor Day wie selbstverständlich „America, the beautiful". Am Ende ertönt „The Battle Hymn of the Rrepublic" und „Glory, glory, halleluja". Predigtthema vor fünfhundert Gemeindemitgliedern ist die Notwendigkeit von Demut und Bescheidenheit. Die Menschen halten auch mal ein Schwätzchen während des Gottesdiensts. Zum Friedensgruß küssen sich Ehepaare, was ich in Europa noch nie zuvor gesehen habe. Inszenierte Goldgräberromantik in Virginia City, der einstmals reichsten Goldgräberstadt nahe dem unsäglichen Reno. In Renos Glitzercasinomilieu verspielen die kleinen Leute ihre kargen US-Dollar in den Geld-Aufsauge-Anlagen der Spielautomaten. Manch einer schiebt kalt lächelnd fünfzig-US-Dollar-Noten in die Spielautomaten. 1000 US$ beträgt die Obergrenze für den Einsatz beim Roulette. Nach Reno kann jeder fahren. In Reno kann jeder ausgenommen werden. Wir verspielen 35 US$. Besuch in der Illusionsarchitektur der Ponderosa Ranch über dem Lake Tahoe: Wiedersehen mit meiner frühesten Fernsehjugend, den Erlebnissen mit *Bonanza,* das hier 432-mal gedreht wurde.

Bill Clintons Amerika ist so dynamisch wie eh und je, voller materieller Kraft und sozialer Integrationsleistung. Zugleich wächst die soziale Ausdifferenzierung, die Mittelklasse zerfällt in jene, die ihren Status des „American way of life" halten können, und jene, die in die soziale Unterschicht fallen. Ab 200.000 US$ Jahreseinkommen pro Ehepaar gelten Menschen in Kalifornien als „wealthy". 580 US$ beträgt das Mindesteinkommen pro Monat für ungelernte Arbeiter. Vornehmste Autos fahren in Palo Alto herum, daneben lungern Obdachlose in schäbigen Straßenzügen, das gewohnte Bild der USA. Eine Million Amerikaner verlassen jedes Jahr die Schule, ohne anständig lesen und schreiben zu können. Auf ganz undefinierbare Weise wirken die Widersprüche dieses Landes an der sonnigen Westküste noch schroffer als an der Ostküste.

Schon seit bald einem Jahr läuft der O. J. Simpson-Mordprozess als großes nationales Medienspektakel mit fast täglich neuer Folge. Inzwischen verläuft die Frontlinie dieser amerikanischen Pseudo-Superserie „Rechtsstaat live, der zur Karikatur zu werden droht" wie folgt: Mord versus Rassismusverdacht. Der Ex-Super-Football-Star O. J. Simpson ist angeklagt, seine Ehefrau und deren Liebhaber brutal ermordet zu haben. Nun soll der Polizist Mark Fuhrman nach dem Willen der O. J.-Verteidiger als Rassist und damit als unverlässlicher Zeuge überführt werden. In Europa wäre es undenkbar, einen Kriminalfall dieser Dimension als Medienspektakel abzufeiern. Wie viele Menschen verdienen daran? Und Simpsons Gesicht ist eine nationale Skulptur geworden. Selbst in TV-Humorshows kommt er vor.

4. September–26. Oktober 1995, Palo Alto
In 1120, Welch Road, am Rande des wunderbaren Campus der Stanford-Universität, haben Enikö und ich uns für mein Forschungssemester eingerichtet. Die Möbel haben wir angemietet. Mein Notebook ist an das amerikanische System angeschlossen, das Telefon funktioniert, ein Supermarkt ist bald gefunden. Safeway hat 24 h am Tag geöffnet. Kalifornien, das sind auch die bequemen Wiedererkennungseffekte der Zivilisation: Jeder Safeway an jedem Ort ist identisch aufgebaut. Jeder Ort hat seine Ansammlung von McDonald's, Best Western Hotels, Autohändlern, Driveways, Wohngebieten. Alles ist vielfach überdimensioniert und amerikanisch, aber immer bequem und praktisch. Wir freunden uns mit unseren Nachbarn an, Amy und Tony Oro, ein Mediziner-Ehepaar. Amy stammt aus Los Alamos, wo der Vater, gebürtiger Slowake, im Zweiten Weltkrieg am Atombombenprogramm, dem Manhattan-Projekt, mitgewirkt hat. Tony ist angehender Professor für Dermatologie, Sohn eines Einwanderers aus den Philippinen mit einer Großmutter, die die philippinische Frauenbewegung gegründet hat. Wir führen lange Debatten über die ethischen Implikationen und Grenzen der Biogenetik. Meine politisch-philosophischen Studien führen mich in die Hoover Institution on War, Revolution and Peace und in die Green Library der Stanford-Universität. Eine großartige neue geistige Welt eröffnet sich mir.

Wiedersehen mit Stanford-Präsident Gerhard Casper beim Empfang für ausländische Studenten und Forscher im Bechtel International Center, einer wunderbaren Stanford-Einrichtung. Seine nette Begrüßung der ausländischen Gemeinschaft führt er mit einem selbstironischen Witz ein. Der erste Stanford-Präsident David Starr Jordan habe ein deutsches Motto für die Universität gewählt. Acht frühere Präsidenten hätten es nicht richtig aussprechen können, und so sei dies seine eigentliche Qualifikation, die ihn als gebürtigen Hamburger zum Stanford-Präsidenten befähigt habe. Pflichtgemäß zitiert er in sauberem Hochdeutsch: „Die Luft der Freiheit weht." Ironisch hatte Casper sich vorgestellt, man erkenne ihn als Präsidenten, da er der Einzige im dunklen Anzug sei. Dies erwarte man wohl von ihm zur Begrüßung. Bald aber legt er sein Sakko bei einer Temperatur von über 90 °F, 32 °C, ab.

In George Shultz' Memoiren aus seiner Zeit als US-Außenminister, *Turmoil and Triumph,* nimmt die Bitburg Kontroverse vom Mai 1985 erstaunlich viel Raum ein (Shultz 1993). Bundeskanzler Kohl schneidet nicht gut ab. Er wird als jemand beschrieben, der Reagan unangemessen maßlos zu dem Besuch auf dem Soldatenfriedhof gedrängt habe. Heute ist George Shultz, in dessen Buch ich eigenartigerweise keinerlei Kommentar zu Präsident Reagans „Mr. Gorbachov, tear down this wall"-Rede vom Juni 1987 finde, Senior Fellow an der Hoover Institution. Dort begegne ich ihm bei einer der täglichen Happy Hours zu einem *coffee talk*.

Ausflüge und Kultur: Santa Cruz am Pazifik, wo langsam der Herbst einsetzt. In San Francisco ist es gut zehn Grad kühler. Abends ziehen harte Winde und Nebel auf. Fantastisch, wenn die Golden Gate Bridge in Wolken verschwindet. Die Spitze sticht hervor und sieht aus der Ferne wie ein großes Segelschiff aus. Schöne Stunden am Fisherman's Wharf und am Union Square. Lustig und atemberaubend: Der Autoaufstieg durch die steilen Straßen San Franciscos, vor allem in der kurvenreichen Lombard Street. Seelöwen wälzen sich genüsslich und fett in der Sonne am Pier 39. Gelegentlich lassen sie sich zu einem Abkühlungsbad ins Wasser fallen. Grandiose Pelikane ziehen in der wunderschönen Bucht vor San Francisco ihre Bahnen. *Ruslan und Ljudmila,* Michail Glinkas Märchenoper im San Francisco War Memorial Opera House ist eine der eindrucksvollsten Inszenierungen, die Enikö und ich je gesehen haben. Die Musik, die Sänger, zumeist Russen, die Kostüme und das Bühnenbild: einfach spektakulär.

Im sonnendurchfluteten Quad vor der Stanford University Chapel findet die Eröffnungsfeier des akademischen Jahres mit der Begrüßung der „Class of 1999" statt. Der Chor singt das Stanford-Lied „Hail thee Stanford". Die Dekane im Talar. Die neuen Studenten mit ihren Familien, schon umarmt vom Geist der bevorstehenden Jahre. Präsident Casper spricht über Goldene Zeitalter, die nicht hinter den jungen Leuten, sondern vor ihnen lägen. Er erinnert an Hesiod, der den Abstieg der Zeiten beschrieb und ermuntert die Neuen, die Freshmen, darin, dass das Goldene Zeitalter der Erziehung noch vor ihnen läge. Dann spricht er vom Stanford-Geist, den Verpflichtungen der Alumni und von Vorbildern. Der Begriff Person komme aus der römischen Schauspielzunft und bedeute, dass jemand die Rolle einer Figur übernehme. Daher sei es auch im Leben nicht so wichtig, Modell für irgendetwas zu sein, sondern die einem jedem Menschen zugewiesene Rolle gut auszufüllen.

Der *Campus Report* berichtet von den politischen Loyalitäten der Fakultäten: Wirtschaft: 21 Demokraten, 7 Republikaner. Politikwissenschaften: 14 zu 4. Psychologie: 20 zu 0. Geschichte: 22 zu 2. Englisch: 31 zu 2. Jura: 23 zu 4. BWL: 20 zu 17. Der *San Francisco Chronicle* berichtet, dass die Geburtenrate bei Teenagern ab 14 Jahren von 1991 bis 1995 von 62,1 pro tausend Geburten auf 59,6 gesunken sei. Jährlich werden 500.000 Kinder von minderjährigen Müttern, die selbst erst zwischen vierzehn und achtzehn Jahren alt seien, geboren. Zehn Prozent aller Mädchen zwischen fünfzehn und neunzehn Jahren würden jährlich schwanger. Über die Verteilung der Ethnien an dieser Zahl schweigt die Zeitung taktvoll.

Die stellvertretende Verteidigungsministerin Liz Sherwood hält einen Vortrag in der Hoover Institution. Stichworte: Russland sei erste Priorität für die USA, nur die Nuklearthemen seien relevant, die baltischen Ländern seien nachgeordnet, unilaterale Aktionen seien immer wieder unvermeidlich, die neuen Partnerschaften müssten gepflegt werden. Mir reicht dieser Ansatz nicht. Ich vertiefe die Vortragsdiskussion mit einigen jungen Diplomaten aus Polen und der Slowakei und mit Larry Diamond, einem Kollegen und Hoover Fellow, mit dem ich mich angefreundet habe. Wir befürchten beide, dass während der Clinton-Administration wohl leider nicht mit einem neuen Akzent in der

NATO-Erweiterungsfrage zu rechnen sei. Der Präsident und sein Außenminister Warren Christopher sind noch immer zu sehr auf Russland fixiert.

Gemütliches Kennenlernen des kalifornischen Weinlandes. Ein eher bäuerlich-angenehmes Sonoma Country. Ein eher poliertes, touristisches und teures Napa Valley. Eine Übernachtung im verwunschenen Madrona Manor in Healdsburg, Alexander Valley. Am nächsten Abend *Anna Boleyn* von Gaetano Donizetti in der War Memorial Oper in San Francisco – welche Bühnenbilder, welche Stimmen, welche Dramatik des Themas, die sich langsam aufbaut! Ein Henry VIII.-Typus bleibt sich wohl immer treu. Aber warum strebt Anne Boleyn überhaupt in eine solche Höhle des Löwen?

Ganz Amerika hält am 27. September 1995 um 10 Uhr morgens den Atem an, alle Arbeit steht still: Das Urteil im O. J. Simpson-Fall wird gesprochen. *NBCs Nightline* vergleicht abends dieses Ereignis mit Neil Armstrongs Gang auf den Mond. Die Spannung steigt, die Kameras, die diesen Mordfall seit Juli 1994 zum nationalen Seifenopern-Event stilisiert hatten, sind auf O. J. gerichtet, den ehemaligen Super-Football-Star. Er ist angestrengt, seine Anwälte, die mit emotionaler Verve aus dem Mordfall einen Rassenkampf-Fall gemacht hatten, sehen deprimiert aus. Nach nur vierstündigen Beratungen hat die Jury gestern ihr Urteil gesprochen. Dann kommt es, wie ein Hammer des Unglaubens für die allermeisten: „Not guilty". Simpson braucht Sekunden, um es zu begreifen, dann verlässt die Anstrengung seine Mundwinkel. Leben kehrt in seine Augen zurück. Dann baut sich Lachen in den Wangen auf. Erlöst, aber ungläubig umarmt er seine Verteidiger, dankt der Jury, zwölf Männern und Frauen, davon neun Schwarze. Die Angehörigen der beiden Opfer des Doppelmordes brechen in schmerzhaftes Weinen aus oder erstarren in ungläubigem Schock. Simpson, der schon während des Verfahrens mehr Geld verdiente, als er für seine Anwälte zahlen musste, erhält jetzt wohl, so sagen es die Medien, ein 20-Mio.-US$-Angebot für ein Fernsehinterview über die Wahrheit, die doch nur seine ist. 92 % aller Fernseh-Abonnenten sahen die Urteilsverkündigung, mehr als Kennedys Todesnachricht oder Armstrongs erste Schritte auf dem Mond. Das ist das eigentlich Beängstigende: die Medienbeherrschung des Doppelmordes, die Unterwerfung des Justizsystems unter die Mediengesetze. Es folgte die Entzauberung der Polizeiautorität, auch der Staatsanwaltschaft. Am schlimmsten: die Rassenfrage kehrt wieder verstärkt und polarisierend in das öffentliche Leben der USA zurück. John Raisian, der Direktor der Hoover Institution: „O. J.s schwarzer Anwalt Johnnie Cochran ist Rassist und das Urteil wird irgendwann zu einer Gegenreaktion führen." Im Fernsehen wird ein Graffiti aus Los Angeles gezeigt: „The Nigger must die". Amerika ist ratlos. Die Toten aber fragen nicht nach der Rasse ihres Mörders. An diesem denkwürdigen Abend erleben Enikö und ich eine fantastische *Madama Butterfly*-Aufführung in San Francisco. Eigentlich ist ja auch diese Oper eine Geschichte des Rassismus.

Der *Stanford Report* druckt die Zahlen der Freshmen-Herkunft, ausgerechnet am Tag des O. J. Simpson-Urteils: 52 % Weiße, 12 % Mexican-Americans, 8 % African-Americans, 22 % Asian-Americans, 2 % Native Americans, 4 % Ausländer.

Colin Powell, der ehemalige Joint Chief of Staff der amerikanischen Streitkräfte, hat eine Wirbelwindtour unternommen, um zu testen, ob die Zeit reif sei für einen schwarzen

US-Präsidenten. Offenbar hat er es doch schwerer als gedacht, die Debatte über seine mögliche Präsidentschaftskandidatur zu steuern.

Gespräch mit Gabriel Almond, dem Begründer des wirkungsmächtigen Behaviorismus in der Politischen Wissenschaft. Seinen Klassiker *Civic Culture* habe ich mit großem Gewinn studiert (Almond und Verba 1963). Gemessen an vielerlei Theoriekleckserei der Gegenwart ist Almond einer der Klassiker der Demokratietheorie geworden. Ich bin geehrt, ihn treffen zu können. 84 Jahre alt, immer noch ein frisches, gebräuntes Gesicht, hinter der dicken Brille freundliche, entspannte Augen. Er erzählt von seiner Hochzeitsreise 1937 nach Deutschland. Seine Frau ist eine Bankdirektorstochter aus Aachen. Ihr Vater hat zeitweilig in Konstantinopel die Deutsche Bank vertreten. Die USA seien damals noch nicht im Krieg mit Deutschland gewesen, deswegen war es kein Problem, auf legalem Wege eine Einreisegenehmigung zu erhalten. Man habe eine Autoreise unternommen: Hannover, dann Bayern. Er habe Max Webers Werke gekauft, die er bis heute hochschätze. Weber sei der größte Sozialwissenschaftler aller Zeiten. Almond ist pessimistisch über die Demokratisierungspotenziale in der ehemaligen Sowjetunion. In Zentralasien sieht er nur Chancen auf dem Wege über autoritäre Erziehungsdiktaturen. In Russland seien die liberalen Modernisierer leider auf dem Rückmarsch, aber man dürfe Russland nicht ein für alle Mal aufgeben. Deutschland habe 1945 auch eine zweite Chance erhalten.

Alexis de Tocqueville schrieb in seinen Notizen über seine Amerikareise 1831, der größte Unterschied zu England liege darin, wie in den USA die Geschworenen ausgewählt würden. Als Institution seien sie per definitionem feindlich gegenüber einer aristokratischen Gesellschaft. Zugleich aber seien sie der Inbegriff der Volkssouveränität, der Tatsache also, dass jeder Bürger öffentliche Dienste verrichten müsse und könne. Eine eigentlich englische Institution wurde in Amerika verwandelt. Er sei sicher, meinte Tocqueville, dass in England, anders als in den USA, die Geschworenen nicht aus allen Gesellschaftsschichten ausgewählt würden (1987). Heute enthüllen die Zeitungen, der Richter Ito habe die Geschworenen im Simpson-Fall auch danach empfohlen, ob sie über längere Zeit nicht in Buchläden gewesen seien. Auch seien regelmäßige Zeitungsleser ausgeschlossen worden. Kein Wunder: Neun der zwölf, so heißt es heute in *Newsweek,* hätten schon von Anbeginn an geglaubt, Simpson sei unschuldig. O. J. soll in der Dominikanischen Republik schon wieder geheiratet haben, und zwar das Fotomodell, das er noch in der Mordnacht 1994 getroffen hatte.

Die Würde der Weite verbindet sich mit der Kraft des Neuen, dem Unfertig-Imperialen, das zugleich ungeordnet und voller Aufbruch ist. So fühlen sich die Lebensverhältnisse in Kalifornien an, so als sei „manifest destiny" noch immer aktuell. Zugleich dreht sich manches und mancher im Kreise, so als sei alles um die eigene Achse herumgebaut. Stanford nimmt mich von Tag zu Tag mehr ein mit seiner Sonne, bester Luft, Weite, Freiheit und großartigen Bibliotheksbeständen. Ohne Auto findet man seine Wege im Wirrnis von El Camino Real nicht. Schlechte Straßen führen durch Gegenden, in denen vor hundert Jahren noch eher Kojoten heimisch waren als menschliche Zivilisation. Manche sind laut, viele heiter, alle entspannt, ein schönes, ruhiges

Gefühl durchströmt den enorm multikulturellen Campus. Ich vertiefe mich in Hannah-Arendt-Studien. Im Senior Commons Room der Hoover Institution wird nachmittags Kaffee ausgeschenkt, da trifft man den einen oder anderen Fellow. Ansonsten das Beste des Forschungssemesters: die ungestörte Ruhe der Tage, geistiges und körperliches Refreshment mit Büchern und abendlichem Tennisspiel.

Steven Zipperstein, Professor for the History of Jewish Studies, erzählt, er habe früher Antikommunisten gehasst. Solche nehme ein guter Liberaler sich nicht zu Freunden, habe er gedacht. Jetzt sei er mehrfach in Russland und Polen gewesen und habe erst dort verstanden, dass er die falschen Punkte und Menschen gehasst habe: Der Kommunismus sei Gift für die menschliche Seele gewesen. Überall habe er eine Atmosphäre menschlicher Berechnung erlebt, wo es in Amerika ein freundliches Miteinander, auch unter Fremden, gebe. So war es eben im Kommunismus und wirkt noch immer nach. Zipperstein hat die Geschichte der Juden in Odessa geschrieben, ohne dort bis vor drei Jahren jemals gewesen zu sein.

Gordon Craig, 82 Jahre alt, mit Spazierstock, klein, der weiße Backenbart klar geschnitten, die weißen Haare gepflegt, im tadellosen marineblauen Anzug, klassisch inszeniert mit Fliege und im French-Cuff-Hemd. Blitzend wache Augen hinter den Brillengläsern, aufrecht trotz der Mittagshitze. Er wünscht, er wäre jünger, um in diesen faszinierenden Zeiten mitzuwirken. Die leichte Kühle der schottischen Herkunft hat sich längst mit einer kalifornischen *easy goingness* verwoben, Gordon Craig personifiziert die Abgeklärtheit und Weltgewandtheit des großen Gelehrten. Gerade sei er bei der Sitzung des Orden Pour le mérite in Wiesbaden gewesen, berichtet er. Schon plant er einen Vortrag im Juni 1996 in Deutschland zum Thema „Historische Perspektiven auf die Umbruchzeit". Er fragt nach meinen Thesen zu dem mir nicht unbekannten Thema (Kühnhardt 1994b, 1995). Dann er erzählt von seiner Arbeit im State Department in den dreißiger Jahren, als er Korrespondenzen mit Reichsaußenminister Joachim von Ribbentrop führen musste und mit der Kongo-Frage befasst war. Aber, so sagt er, damals wollte keiner nach Afrika gehen, wenn er nicht tagsüber dort hinüberfahren konnte. Er habe dann doch nicht für eine Karriere in der internationalen Politik optiert, sondern sei Historiker geworden, um den Menschen zu helfen, ihre Herkunft zu verstehen. Heute ist er einer der Größten seines Faches, einer der bedeutendsten Deutschlandkenner. Er ist optimistisch in Bezug auf die Lage Deutschlands und ist fasziniert vom guten Wandel in Ostdeutschland zwischen 1990 und heute. Bundeskanzler Kohl sei der Inbegriff eines unterschätzten Führers und als solcher eine historische Studie wert. Er wundere sich, wenn Deutsche noch immer jammerten, aber das sei wohl mentalitätsbedingt. Stets wehrt Gordon Craig sich gegen apodiktische Aussagen über die Deutschen. Er erzählt mir in allen Details, wie er Premierministerin Margaret Thatcher in Chequers, gemeinsam mit meinem Freund Tim Garton Ash, zu überzeugen versucht habe, dass die Deutschen sich wirklich geändert hätten. Sie, eine starke Persönlichkeit, sei uneinnehmbar geworden, obwohl sie in der Runde stolz erzählt habe, sein Buch *Über die Deutschen* (1982) zweimal gelesen zu haben. Wenn das so gewesen sei, so sagt er mir lachend, hätte sie anders reden müssen. Tim habe nach ihren Ausführungen immer zu ordnen versucht

(„Mrs. Prime Minister, if I may ..."), aber sie schien schon vor dem Treffen in ihren Vorstellungen festgelegt gewesen zu sein. Gordon Craig hat später für die *Vierteljahreshefte für Zeitgeschichte* einen Beitrag verfasst über die Medieninstrumentalisierung des Chequers-Treffen.

Besuch in Berkeley: noch immer ein Hippie-Mekka. Die Hauptstadt des Exzentrischen, Provokatorischen, der Minderheiten. Leicht düster, schmuddelig, gerade im Kontrast zu Stanford. Gerry Feldman, der Direktor des Center for German and European Studies, ein drollig-alternder, guter, solider Linker. Norman Naimark, Stanford-Historiker, mit dem ich mich angefreundet habe, berichtet über methodologische Fragen zu seinem Buch *The Russians in Germany* (1995). Er hat eine imponierende historiografische Abrechnung mit dem normativlosen Ansatz der westdeutschen DDR-Forschung vor und nach dem Ende der Mauer vorgelegt, unbestechlich, lehrreich. Ich helfe ihm, einen Verlag zu finden, der die deutsche Ausgabe publizieren kann.

27.–29. Oktober 1995, Santa Monica
Eine Rundreise durch den Südwesten der USA beginnt mit der herrlichen Küstenfahrt am Highway Nr. 1 (Big Sur), gefolgt von einem Vortrag in der RAND-Cooperation in Santa Monica. Ron Asmus, seit Studientagen ein guter Freund und gleichdenkender Geostratege, führt mich ein. RAND-Chef Jim Thomson, Europa-Abteilungs-Chef Dick Gombert, früher Mitarbeiter Präsident Bushs, Stephen Larrabee, Ron und die anderen sind gespalten: Muss Europa noch „gefixt" werden, repariert werden, wie man hier sagt, oder ist es schon fit für globale Verantwortungen aller Art? Ich argumentiere stets, dies sei kein Widerspruch. Die innere, institutionelle Arbeit an der europäischen Ordnung sei Bedingung für dauerhaftes weltpolitisches Engagement der Europäer, deren Mentalitäten und Geschichtsbilder lebendig blieben. Es herrscht Skepsis über eine baldige NATO-Erweiterung, für die vor allem Ron energisch plädiert. Auch herrscht Skepsis bei den Zuhörern meines Vortrages über die Friedensmission der NATO in Bosnien. Wenn die Soldaten nach einem Jahr abgezogen werden sollten, was Clinton angedeutet hatte, und die Kämpfe würden wieder aufbrechen, wäre dies für lange Zeit das blamable Ende der NATO-Zuverlässigkeit und damit der NATO-Osterweiterung. Mit Ron Asmus und seiner wunderbaren Frau Barbara verbringen Enikö und ich den Abend im exzentrisch-exhibitionistischen Venice Beach.

Nach La Jolla, dem Juwel an der kalifornischen Südküste. Wenige Stunden verbringen wir in der historisch-rekonstruierten Altstadt San Diegos, mit mexikanischem und Wild-West-Ambiente, am Del Coronado Hotel, seit 1888 das älteste Luxushotel an der Westküste mit seiner Zufahrt über die gigantische Brücke über die San Diego Bay. Endlos lang wird die Fahrt durch Felsbrocken und karge Sandbodenwüste nach Phoenix. Gigantisch: die Kakteen dieser Region und die endlosen Weiten, in denen schon die Azteken ihre Spuren hinterließen (Casa Grande). In Yuma Crossing am Colorado River, nahe Baja California, wird uns im Quartermaster Depot die verzwickte Geschichte der Saskatchewan, der Spanier, die ab 1590 hier waren, der Mexikaner und der Yankee-Siedler erzählt. Inmitten der Wüstenweite erhitzten sich die Gemüter zu blutigen Fehden über Landressourcen und die Ansprüche der miteinander streitenden Rassegruppen. Wir sehen Dattelpalmen, Baumwollpflanzungen und einen Kojoten.

30. Oktober 1995, Phoenix
Vortrag an der Arizona State University. Gerald Kleinfeld, Präsident der German Studies Association of North America, führt mich ein. Ich lerne den Senior Judge des District Court von Arizona Charles Andrew Muecke kennen. Er erzählt mir, wie er 1945 in Göriach im Salzburger Land Wehrmachtsgeneral Ferdinand Schörner, den Oberbefehlshaber der Heeresgruppe A, gefangengenommen hatte. Zu Schörners Truppe hatte damals auch mein Vater gehört, der südlich von Prag in russische Kriegsgefangenschaft geraten war. Schörner hatte bei Kriegsende seine Truppe in Stich gelassen und sich in Zivilkleidung versteckt. Die Amerikaner lieferten ihn an die Russen aus, erzählt Muecke, noch immer mit einer gewissen Genugtuung in der Stimme.

31. Oktober 1995, Santa Fe
Das war knapp und gewiss kein Ende des Problems: Mit nur 55.000 Stimmen Differenz votiert die Bevölkerung von Québec gegen eine Sezession von Kanada. Die Debatte um „la France libre" geht weiter.

Die ehrfurchtsgebietenden Sedona Oak Creek Canyon-Berge, Sedona Village, die Reservate der Apachen, Comanchen und Navajo (Abb. 4.10). Wir übernachten zwischen Albuquerque und Santa Fe in der Hacienda Vargas, einem urig-ländlichen Bed-and-Breakfast-Hotel im mexikanischen Stil. Paul Vargas, in zweiter Generation Amerikaner, hat als High-School-Schüler ein Jahr in Innsbruck zugebracht. Wir unterhalten uns über die Habsburger und ihr bis Mexiko reichendes Imperium. Die Landschaft gen Norden wird waldiger, bergiger, weniger spektakulär.

Santa Fe: Hippie-Stimmung neben Luxusgalerien, verarmten Indianern und *Senior Citizen*-Touristen. Außergewöhnlich: das Hotel La Fonda, geschichtsbewusste Herberge am Ende des San Louis-Santa Fe-Trails, wo die Wege der Yankees sich mit denen der Indianer und der Mexikaner gekreuzt haben. Einst war Santa Fe Hauptstadt der nördlichen spanischen Kolonialregion Nueva España. Die Plaza-Anlage erinnert daran. Heute ist sie wohl eher ein Rauschgifttreffpunkt.

1.–2. November 1995, Los Alamos
Aufgewühlt von den Wogen der Geschichte des zwanzigsten Jahrhunderts stehen wir in Los Alamos vor den Museumsattrappen von „Little Boy" und „The fat man", den 1945 über Hiroshima und Nagasaki abgeworfenen Atombomben, die im Zuge des Manhattan-Projektes hier entwickelt wurden. Es gibt eine Oppenheimer Street. Auf einem Nebenplateau in dieser Canyon-Gegend sind die bis heute aktiven Physiklabors zu besichtigen, die die Welt verändert, wahrlich revolutioniert haben. Was mögen die Forscher in Los Alamos über die Wirkungen ihrer Arbeit gedacht haben? Sie waren gespalten wie ihr Werk.

Abb. 4.10 Mit Enikö in Sedona, in den Weiten von Arizona (1995). (© Ludger Kühnhardt)

Nach Übernachtung in Durango am Südostfuß der Rocky Mountains – wir gerieten des nachts in erste Schneeregen und pausierten in Cuba, New Mexico, bei kraftvoller kubanisch-cowboyesker Küche und Atmosphäre – zog es uns zu den Canyon-Höhlenwohnungen der Indianer in Mesa Verde. Zwischen 700 und 1300 wurden diese Pueblos auf imponierende Weise von den Anasazi, den ältesten der hiesigen sesshaften Indianer, in die Canyon-Wände geschlagen. Heute sehen sie vor der braun-gelben und durch dichten Baumbewuchs grünen Kulisse eher wie Spielzeugdörfer aus. Sie künden vom Übergang von den Jäger- und Sammlersitten der Nomaden zu ihrer ersten Sesshaftigkeit. Angehörige der Navajo und Hopi, wo immer wir ihnen begegnen, machen eher einen armen, melancholischen, nicht unfreundlichen, aber verschlossenen Eindruck. Viele, auch die Kinder, wirken übergewichtig und fehlernährt, so wie dies auch unter armen Weißen und Schwarzen in den USA auffällt. Nur einige ältere Native Americans zeigen Zeichen der heroischen Würde, die den Menschen seit alters her nachgesagt wurde, die früher ebenso idealisierend wie abschätzig als „Rothäute" bezeichnet wurden.

3.–4. November 1995, Las Vegas
Überwältigend: Die mehrstündige Fahrt durch die roterdigen Mondlandschaften und gigantisch-einzigartigen bizarren Felskompositionen von Monument Valley. Noch faszinierender am nächsten Tag: Grand Canyon. South und North Rim: spektakuläre Weiten, der Mensch ist ein Minimum in dieser Ewigkeit, Einzigkeit der Natur. Die Navajo und Hopi, denen wir begegnen, wirken sehr melancholisch. Sie sind Angehörige einer gebrochenen Kultur. Wortlos, auch wir.

In der Wüste: „Correction Center" für Strafgefangene. Der Kontrast, der Gegensatz und Widerspruch in Las Vegas könnte nicht dramatischer sein. Obszön, aber schön, welche Welt der Illusionen, der falschen Versprechungen für die Kleinen und die Großen. Auf der Fahrt durch die Mojave-Wüste erreicht uns per Autoradio die Nachricht von der Ermordung des israelischen Premierministers Jitzchak Rabin. Jetzt sind alle hinter ihm und seinen Friedenszielen vereint. Die Welt aber ist seit 1989 nicht sicherer geworden. Es gibt kein Ende der Geschichte. In Lenwood, am Ende der Welt, in der Mojave-Wüste, besuchen wir den Sonntagsgottesdienst und werden mit Applaus als Gäste begrüßt. Hier herrscht wahrhaft der Gemeinschaftsgeist, von dem de Tocqueville als Grundlage der amerikanischen Demokratie gesprochen hatte.

Ein Abenteuer am Wegesrand: Ausgerechnet am denkbar unbesiedeltesten Stück der Straße vom Gran Canyon nach Las Vegas, auf der Road 93 zwischen Kingman und Boulder/Hoover-Talsperre, platzt ein Reifen unseres klapprigen Chevrolet Cavalier, Jahrgang 1984. Nach zwanzig Meilen, es dämmert unterdessen, erreichen wir eine Shell-Station. Die bis zu 1600 m hohen Berge verdunkeln sich bereits. Harry, ein irgendwie schräger Mechaniker, verkauft uns für fünfzehn US-Dollar einen Ersatzreifen, den er fachmännisch anbringt. Mitten in der Wüste von Westnevada verlässt uns die Zivilisation der Kunststoffe nicht. Auf Amerika ist eben Verlass.

1.–16. Dezember 1995, Palo Alto
Gespräch mit Edward Teller (Abb. 4.11). Zu Beginn fragt mich der Erfinder der Wasserstoffbombe, ob wir Deutsch oder Englisch reden sollten. Als ich ihm sage, mithilfe meiner Frau könnten wir Ungarisch reden, lacht er und meint, dann bräuchten wir uns

Abb. 4.11 Mit Enikö bei Edward Teller, dem Erfinder der Wasserstoffbombe, an der Stanford University (1996). (© Ludger Kühnhardt)

nicht einer der untergeordneten Sprachen bedienen. Teller hält seinen fragil gewordenen Körper an einem robusten, überkörpergroßen Stock. Er geht gebeugt, der 87 Jahre alte Körper versinkt im Stuhl. Der große Kopf mit den aufgedunsenen, zuweilen fast blind erscheinenden Augen ragt aus dem Körper im blauen Anzug heraus. Ein klarer Kopf mit präzisen Argumenten. An den Füßen trägt Teller schwarze, eher scheußliche Stiefel. Offenbar leidet er an Kreislaufproblemen in den Beinen. Auf dem Schreibtisch stehen Büsten von Präsident Lincoln und Präsident Truman sowie ein Foto der Wasserstoffbombe. Hinter dem Schreibtisch hängen herausragende wissenschaftliche Auszeichnungen und ein Gratulationsbrief zum Geburtstag von „Ron" (das heißt: von Präsident Reagan). Eine Schreibtafel ist gefüllt mit physikalischen Formeln. Im Regal stehen auch allerneueste Fachbücher. Teller zeigt mir Sohei Kondos Buch *Health-Effects of Low-Level Radiation*. Die These des Buches: Hiroshima und Tschernobyl waren nicht schlimmer als natürliche Krebsraten und Radioaktivitätserscheinungen (Kondo 1993). Ich schweige höflich.

Teller ist klar in seinen Ansagen:

> „Ich bin gegen Krieg, aber für die Nuklearwaffen. Ohne die von mir erfundene Wasserstoffbombe wäre Russland heute noch kommunistisch. In sechzig Kriegsmonaten 1939 bis 1945 starben sechzig Millionen Menschen. In Hiroshima starben zwar 125.000 auf einen Schlag, aber dann war der Pazifische Krieg sofort zu Ende. Es kommt darauf an, alle zivilen und militärischen Atomforschungen offenzulegen. Man kann sie nicht verbieten oder bauen,

aber man kann klarer kalkulieren, wenn alle geheimen Forschungen auf der Welt ein Ende haben. Mehr ist sowieso nicht realistisch. Wissen ist besser als Ignoranz oder geheime Wissensverbreitung."

Noch einmal hebt er an:

„Nicht Terroristen sind meine Sorge, sondern die Staaten, die sie versorgen. Dagegen hilft nur eine Offenlegung aller Forschungen. Ob auch Deutschland an der militärischen Forschung partizipieren soll, dazu habe ich keine starke Meinung. Es ist naheliegend, dass Deutschland sich beteiligen sollte. Gegen unberechenbare Regime gibt es nur ein Mittel: eine solide Raketenabwehr. Ich habe SDI erfunden und in wenigen Jahren wird weiter daran gearbeitet werden. Wir müssen Luftabwehrsysteme entwickeln. Und wir benötigen kleinere, präzisere, effektivere Nuklearwaffen, die Panzer zerstören. Dann werden Panzer überflüssig, die auch in Europa so viel Unheil angerichtet haben."

Schließlich nimmt er Anlauf zu einer grundsätzlichen Betrachtung:

„Auch wenn ich Clinton nie wählen würde und gegen seine Argumentation bin, so begrüße ich doch, dass er endlich Truppen auf den Balkan schickt. Amerika ist natürlicherweise isolationistisch. Deutschland, ich habe dies als Kind in Budapest erlebt, machte im Ersten Weltkrieg die Dummheit, amerikanische U-Boote anzugreifen. Japan wiederholte diese Dummheit in Pearl Harbour. Seitdem muss die USA Weltpolitik betreiben und globale Interessen vertreten. Ich bin felsenfest für die NATO. Ungarn und andere Länder müssen dazukommen."

Nachdem wir uns verabschiedet haben, ruft er mich noch einmal zurück und erzählt mir einen makabren Judenwitz: Ein Gespräch zwischen Hitler und Hjalmar Schacht über Linkshändertassen, von denen es nur noch zwölf gebe. Da aber nur Juden sie benutzten, sei es nicht mehr nötig, neue herzustellen, meinte Schacht. Ich kann darüber nicht wirklich lachen und erzähle ihm lieber vom neu entstandenen jüdischen Leben in Deutschland. Anschließend lese ich Tellers neuestes Buch über die dunklen Seiten der Physik (Teller 1987). Seine ärgsten Kritiker haben ihn zur Gestalt des Dr. Seltsam, der die Bombe lieben gelernt hat, gemacht. Der Mann ist noch tiefgründiger als der Film, für den er unfreiwillig Modell gestanden hat.

Vizepräsident Al Gore verteidigt staatsmännisch in *ABC-Nightline* die geplante und angekündigte NATO-Friedensmission in Bosnien, die Präsident Clinton am 27. November angeordnet hatte. Hoffentlich wird sie nicht als Waffenstillstandsmission enden. NATO-Truppenpräsenz könnte dort über viele Jahre nötig sein, es ist daher idiotisch, dass Clinton die Mission von 20.000 Soldaten auf ein Jahr begrenzen will. Gut: Der Bundestag hat am 8. Dezember zugestimmt, dass Deutschland sich mit 4000 Soldaten beteilige. Wer aber bremst den Hass in Bosnien nach vier Kriegsjahren wirklich? Ob es einen geheimen Deal gab, die Kriegsverbrecher nicht wirklich ernsthaft zu ahnden und dafür von ihnen die Konzession zu gewinnen, sich an die papiernen Abmachungen zu halten, die am 10. November in Dayton, Ohio, vereinbart worden sind? Schon der Ort dieser Friedenskonferenz war bezeichnend für die Künstlichkeit des neu entdeckten Clinton'schen Leadership-Willens. Ob die Bosnienmission erfolgreich sein wird, bleibt abzuwarten. Die Nebeneffekte sind bemerkenswert: Frankreich kehrt in die militärische NATO-Integration zurück, erste US-Soldaten werden in Ungarn stationiert, eine Art indirekte NATO-Mitgliedschaft. Russland akzeptiert die NATO-Führung und beteiligt sich doch in Bosnien.

17.–19. Dezember 1995, Acapulco
Nicht, dass die Menschen unfreundlich wären, im Gegenteil. Sie sind verbindlich, wirken eher ehrlich, aber auch etwas antriebslos. Mexikaner sind „mañana"-erfahren, farblos in ihren leicht rundlichen, eher pummeligen Körpern, weich in Körper, Sprache und Naturell. Es geht aber auch anders: Der Kellner erhält sein Trinkgeld und meint darauf, das sei nicht genug, es müsse höher ausfallen. Auch in jedem Taxi steht: „Tips welcome". Aber amerikanischen Service, schnell, freundlich, zuverlässig, diskret, gibt es dafür nicht. Acapulco: herrlich die Bucht, berühmt wie kaum ein Ort in der Luxusferienwelt dieser Welt. Alles erinnert ans Mittelmeer, die Farben, die Vegetation, der Zuschnitt der Bucht. Ob deshalb Hollywood vor fünfzig, sechzig Jahren diesen Ort entdeckt hat? Für diese Inszenierung ist wohl die Zeit abgelaufen. Zwischen den Küsten des Pazifiks und des Atlantiks ragt das karge Hochland lang gestreckt empor. Erhaben der ästhetisch imponierende Popocatépetl mit seinen über 5400 m. Dünn besiedelte Bergwelten, einfache Städte, klangvoller die Namen als die Wirklichkeiten, selten verarmte Hütten in der freien Bergwelt zwischen Acapulco und Mexiko-Stadt. Im Deluxe-Bus mit amerikanischer Videofilmunterhaltung vergehen die Stunden wie im Fluge. Monumentale Brückenkonstruktionen, modernistisch und mutig, zeigen, was den Ingenieuren möglich ist. Gauchos mit Sombreros auf ihren kleinen Pferden zeigen, wie der ländliche Lebensrhythmus in Mexiko noch immer ist.

20.–23. Dezember 1995, Mexico-Stadt
Mexiko, ein eigentümlich trauriges, lethargisch-saftloses Land. Der Klang heiterer Musik, frohen Lachens und die bunten Farben, das wohl erwartet der Besucher. Aber alles ist still in Mexiko, melancholisch. Die Mariachi, die per Knopfdruck Stimmungsmusik erzeugen sollen, wirken eher bedauernswert, wenn sie sich vor Sonnenuntergang auf der Plaza Garibaldi in Mexiko-Stadt im wahrsten Sinne des Wortes auf den Arbeitsmarkt stellen. Sie warten darauf, zum Aufspielen abgeholt zu werden oder auf offener Bühne jemandem für einen kleinen Obolus vorspielen zu dürfen. Fröhlichkeit ist kaum zu spüren, eher karge Nüchternheit inmitten einer kolonialspanischen Architektur. Ein ältlicher Bohème-Maler fängt die Szene ein. Hinter dem Schild eines Club Tropical scheint sich ein Bordell zu verbergen. Die Szenerie hat fast immer etwas Dörflich-Einfaches. Und doch ist Mexico-Stadt ein Moloch – mit zweiundzwanzig Millionen (oder schon mehr?) Einwohnern die größte Stadt der Welt.

Dass der Torre Latinoamericana in Mexico-Stadt hält und sein Aufzug ins 42. Stockwerk funktioniert, ist schon erstaunlich. Der Lohn im Aussichtscafé mit seiner tristen Verschlafenheit: der Blick auf ein Häusermeer bis zum Horizont des Smog. Unten, am Fuße des Hochhauses, sitzen Schreiber, die Formulare für analphabetische Mitbürger

Abb. 4.12 Mit einem Erben Moctezumas in Mexico-Stadt (1995). (© Ludger Kühnhardt)

ausfüllen. Die von den Spaniern auf den Trümmern von Moctezumas Aztekenhauptstadt Tlatelolco erbaute Kolonialmetropole Mexiko-Stadt ist dabei, immer mehr zu verdörflichen, zu verarmen. Im einstmals schönen Altstadtviertel um Zócalo wälzen sich eher einfach gekleidete Menschen über den überdimensionierten Zentralplatz, den die stolze Kathedrale, der solide Präsidentenpalast und die halbwegs restaurierten Ruinen des Aztekentempels abschließen. Die Krippe aus geflochtenem Reisig vor der Kathedrale wirkt hölzern, fast unkenntlich. Lebendig, aber auch melancholisch sind die tanzenden, kostümierten Akzteken-Nachfahren, die direkt daneben die Zuschauer unterhalten und auf eine Spende hoffen (Abb. 4.12). Vor dem schönen Museum des Palacio de Bellas Artes sammelt jemand Unterschriften für einen Prozess gegen Raúl Salinas, Bruder des letzten Staatspräsidenten. Der Mann soll einhundert Millionen US-Dollar aus der Staatskasse ins Ausland geleitet haben. Derzeit sitzt er wegen des Vorwurfs, den Mord an einem politischen Opponenten organisiert zu haben, im Gefängnis. Seine Frau wurde in der Schweiz beim Geldabheben von einem Nummernkonto unlängst verhaftet. Von seinen Gespielinnen erschienen Fotos in der Klatschpresse. Sein Bruder Carlos Salinas, der ehemalige Präsident Mexikos, soll mit unbekannter Adresse ins Ausland geflohen sein. Nach Kuba ausgerechnet habe es ihn verschlagen, so spekuliert die Presse. Staatspräsident Ernesto Zedillo verpflichtet sich in der Weihnachtsansprache an die Nation zum Prinzip der sauberen Regierung und des konsequenten Rechtsstaates. Ein Land mit einer Achterbahnfahrt als politische Geschichte – vom kurzlebigen Kaiserreich über die erste Republik und das zweite Kaiserreich, zu neuer Republikgründung und institutionalisierter Dauerrevolution. Nach 85 Jahren des Oligarchenregimes unter der Partido Revolucionario Institucional (PRI) ist Korruption zur zweiten Haut dieses Landes geworden. So nah an den USA und doch so fern in seiner Lebensart. So arm für viele, reich nur für wenige. „Drittweltlich" und doch Schwellenland. Stets überschuldet, allerorten überreguliert, von den Taxisyndikaten bis zur Kassiererin hinter der Glasboxwand in jeder Hotelbar, von Staatsbetrieben im Petroleumgeschäft bis zu einer fast sozialistischen Mentalität in allen Dienstleistungen. Nicht unbedingt jeder ist bestechlich, aber kaum einer ist motiviert. So ganz anders ist die Mentalität in den „service industries" der USA.

Wie alle Besucher bin ich zu Recht beeindruckt vom Anthropologischen Nationalmuseum in Mexiko-Stadt. Die Übersicht der prähispanischen Kulturen ist klug und einprägsam aufbereitet. Die besten Exponate aller Ausgrabungen in Mexiko sind hier versammelt. Das Museum ist eine wunderbare Vorbereitung auf den Besuch der Pyramide von Teotihuacán, die alte Kultstätte der Azteken. Meine Frau und ich besteigen die siebzig Meter hohe Sonnenpyramide. Machtvoll das Gesamtpanorama über die Berge des Hochlands Mexikos. Sie wirken fast wie Vorbilder der Pyramide. Die Zeugnisse der Azteken, die den Menschen bei lebendigem Leibe das Herz herausrissen und deren Seele von den spanischen Konquistadoren herausgerissen wurde, schweigen. Richtig anstrengend ist der Abstieg der Pyramide. Teilweise geht es nur auf allen Vieren weiter, den Körper dicht an die schmalen, aber hohen Stufen gepresst. Unten wartet eine Präsentation der Agaven, die alles enthalten, was die Azteken benötigen, vom Saft bis zum Papyruspapier, vom Bast bis zu Wurzelkräften.

Ein modernes Echo auf die präkolumbianische Kunst der Azteken und der Maya vibriert in den Gemälden Frida Kahlos. Schmerz und Leiden dringen immer wieder durch die bunten Farben ihrer Bilder hindurch. Feministinnen ist sie eine Ikone geworden. Mexiko hat die Bilder der Malerin mit deutschem Vater und mexikanischer Mischlingsmutter zum nationalen Kulturgut erklärt. Die Bilder Frida Kahlos sind im tiefsten Sinne ernst. Die hellen Farben können darüber nicht hinwegsehen lassen. Für mich sind sie ein Abbild Mexikos und seines eigentümlichen Lebensgefühls. Mexiko-Stadt ist der verdichtete Inbegriff dieser Traurigkeit. Immer mehr Menschen zieht es in das Hochland und in den Smog dieser Stadt, der die stets schneebedeckten Berge fast bis zur Unkenntlichkeit verhüllt. Dennoch ziehen sie die dünne Luft vor, die das Atmen ermüdender macht als an den feucht-schwülen Küsten. Eine gebrochene, vielschichtig erschütterte Kultur, so enthüllt sich mir Mexiko. Zerschlagen sind die präkolumbianischen Hochkulturen der Azteken und der Mayas, auch wenn die Anrufung der großen Zeiten identitätsbildend wirken soll. Wo Geschäftsinteressen ihren Stempel aufgedrückt haben, profitieren die USA von Mexiko – von Lohnveredelungen vor allem im Norden Mexikos bis zum Tourismusgeschäft an den Küsten des Landes. Jene im 19. Jahrhundert von Altmexiko abgekämpften Gebiete – Texas, Arizona, Colorado, Utah, Kalifornien, New Mexiko – wurden umgekrempelt, amerikanisiert. Nach Süden hin ist der träge Rio Grande die Kulturgrenze geblieben.

Mexiko ist ein Land sozialer Härten und hilfloser Identitätssuche. Natürlich gibt es genug Tomaten, ein Maya-Wort übrigens wie auch die Worte Hurrikan, Kojote und Kakao. Es gibt Supermärkte und Luxusboutiquen in der „Zone Rosa" von Mexiko-Stadt. Aber Millionen Mexikaner darben. Der Peso ist im Vorjahr inflationsbedingt um einhundert Prozent abgewertet worden. Die Arbeitslosigkeit ist weitergewachsen. Die Aussichten bleiben trübe, auch wenn Präsident Ernesto Zedillo in der Weihnachtsansprache seinen Landsleuten Mut macht. Natürlich ist Mexiko kein Staatsgefängnis, aber auch nicht viel mehr als eine gelenkte Präsidialdemokratie mit einem Pseudo-Mehrparteiensystem. Es ist formal eine Marktwirtschaft, gelähmt von einem alles durchdringenden Staatsinterventionismus. In den Hotellobbys ziehen viel zu viele Sicherheitsbeamte ihre Kreise. Allerorts gibt es zu viel Personal, zu wenig Einkommen und zu viele Kinder. Manche Fünfzehnjährige ist schon Mutter. Die Autos sind japanisch oder, ältere Modelle, amerikanisch. Ein lustiger Farbtupfer sind die grün-weiß bemalten Taxen des Modells VW-Käfer. Die Häuserfassaden sind mal kolonial, mal vornehm, mal langweilig wie in „Middle America". Bei allem Gewusel wirkt Mexiko eigenartig antriebslos.

24. Dezember 1995–1. Januar 1996, Cancún
Chichén Itzá – die einstige Hauptstadt der Mayas auf der Halbinsel Yucatán. Die klaren Proportionen der zentralen Pyramide beeindrucken ungemein. Der Abstieg ist noch steiler und schwieriger als in Teotihuacán. Fast römisch-griechisch sind die Formen des Tempels mit den tausend Säulen davor, den Resten von Markthallen. Die astronomische Pyramide weckt Respekt vor den Fähigkeiten der Mayas, die Rhythmen der Natur so präzise wie nur irgend möglich zu bestimmen. Ihre größte Leistung: der Kalender, der 3112 vor Christus anfing, linear mit einer komplexen Addition von Aspekten fortgesetzt wurde und im August 2013 zum Ende der Welt führen soll. Tulum an der Karibischen See, die idyllischste Maya-Ruinenstadt. Prachtvoll die Lage am Meer, wiederum griechisch die Proportionen. Warum nur entwickelte sich die Maya-Kultur nach dem 9. Jahrhundert nicht weiter?

Selbst die Gesänge im Weihnachtsgottesdienst in Cancún könnte man sich mit etwas böser Fantasie auch bei einer Trauerfeier vorstellen.

Spannende Lektüre von Michael Coes Buch *Breaking the Maya Code* im Strandparadies von Cancún. Der Sprach-Code ist geknackt (Coe 1992). Der Russe Juri Knorosow hatte recht: Die Zeichen haben sowohl Silbenbedeutung als auch eine logografische Funktion. Das Volk der Maya lebt in den heutigen Indios der Region fort. Oft sind sie Subsistenzbauern, die in niedrig geduckten Hütten leben. Verschwand die Maya-Kultur durch innere Degeneration? Eine unbefriedigende Antwort ist es jedenfalls, wenn nur von Revolutionen geschrieben wird, von eingeschleppten Epidemien oder äußeren Angriffen.

2. Januar 1996, Tikal

Mysteriös, friedlich, atemberaubend: Tikal in Nordguatemala. Vorbei an dörflichen Siedlungen in Bambus- oder Holzbauweise, Hängematten im Hof. Schweine laufen herum und Kinder, zumeist in unzählbarer Größenordnung, und immer ohne Schuhwerk. Strom scheint es nur an größeren Häusern, der „Estación de Salud", dem Postamt, zu geben. Allüberall ragen neue evangelikale Kirchen aus dem trüben, trostlosen Bild des armen Landlebens hervor. Manche politische Werbung an Hauswänden, auch an Schulen, erinnert an Ríos Montt, den Rechtsdiktator in den 1970er-Jahren. Wir erreichen den Regenwald hinter Flores mit seinen acht Palmen- und zwei Affenarten. Ein dichtes, hellgrünes, beruhigend-geheimnisvolles Wirrnis von Bäumen, Sträuchern, Schlingpflanzen, Blumen, Ästen. Der guatemaltekische Truthahn zeigt sich in seiner ganzen Farbenpracht, tiefer im Dschungel die auf den Baumkronen herumspringenden Gibbon-Affen. Im Sandboden stöbern Ameisenbären und ganze Armeen von Ameisen, die sich daranmachen, Bäume zu zernagen. Die Aufgabe mag viele Jahre in Anspruch nehmen, aber sie wird konsequent und zielsicher durchgeführt. Gigantische tropische Bäume, Lianen und Palmen aller Art. In der Ferne ertönt immer wieder der beruhigend entrückte Dauerton von Vögeln und Heuschrecken.

Plötzlich öffnet sich der Regenwald und gibt den Blick frei auf die Anlagen von Tikal. Britische Forscher entdeckten 1848 diese Ruinen und entrissen winzige Teile der Stadt aus der Vergessenheit. Gut erhalten geblieben ist der zentrale heilige Bezirk, umbaut von Priesterwohnungen. In der Mitte zieht der prächtige Hauptplatz an mit dem Jaguartempel und ihm gegenüberliegend dem Frauentempel. Es gilt hinaufzuklettern, trotz aller Luftfeuchtigkeit des Dschungels. Von oben eröffnet sich ein unvergesslicher Blick über die Gesamtanlage, in der 136 Adels- oder Priestergräber gefunden wurden und Stelen der Maya-Götter, vor allem solche des allpräsenten Schlangengottes Quetzalcoatl und des Wasser- beziehungsweise Fruchtbarkeitsgottes Tlaloc. Erst höchstens zehn Prozent von Tikal sind archäologisch erschlossen und dem machtvollen Regenwald wieder abgerungen worden. Der Führer durch diese Dschungelwelt ist ein durch Kinderlähmung, die leider in Guatemala weit verbreitet ist, gehbehinderter „Mini-Naphta". Er könnte direkt Thomas Manns *Zauberberg* entschlüpft sein, ist belesen, kenntnisreich und leicht verbittert. Am Urwaldrand führt er uns zu einer Raststätte. Zu essen gibt es Truthahn. Es ergibt sich eine Gelegenheit zum Plausch mit einer guatemaltekischen Familie, deren fünfzehnjährige Tochter am Goethe-Institut Deutsch lernt. Der Vater ruft uns ein scherzhaft-merkwürdiges, freundlich gemeintes „Delegación Hitler con capelli neri" nach. Bei stramm Konservativen scheinen in diesem Land, das einen dreißigjährigen Krieg des Militärs gegen die Indios hinter sich hat, die falschen Vorbilder zu existieren. Den Tikal-Besuch lasse ich mir dadurch nicht eintrüben.

4. Januar–20. März 1996, Palo Alto
Gespräch mit Peter Richardson, einem ehemaligen Redenschreiber Präsident Reagans. Er schrieb 1987 die große „Mr. Gorbachov, tear down the wall"-Rede. Richardson hatte zur Vorbereitung der Rede Berlin besucht. Die US-Botschaft, inklusive ihrem Leiter John Kornblum, habe ihn beruhigen wollen: Alle hätten sich mit der Mauer akkommodiert. Bei einem Abendessen im Hause eines pensionierten Bankers traf Richardson Berliner aller Altersgruppen. Alle jonglierten um die Frage herum, was von Gorbatschow erwartet werden könnte und was der amerikanische Präsident sinnvollerweise sagen solle. Das Eis brach erst, als Richardson das Offensichtliche auszusprechen wagte und nach der Mauer fragte, dem auffälligsten Phänomen für jeden Besucher. Die Frau des Gastgebers meinte, wenn Präsident Reagan irgendetwas Sinnvolles gen Osten sagen wolle, dann doch wohl: Wann werde die Mauer endlich fallen? Richardson kämpfte seinen Redeentwurf gegen massive Widerstände im Weißen Haus, vor allem aber im State Department durch. Präsident Reagan war von dem „common sense"-Ansatz angetan. Selbst noch Versuche in den letzten Minuten auf dem Flug nach Berlin, ihm einen anderen, konzilianteren Redeentwurf unterzuschieben, scheiterten. Reagan sagte, was nun alle Welt kennt. Jetzt wird der berühmte Reagan-Satz stets zitiert, wenn die Geschichte, die zum Fall der Mauer führte, geschildert wird. Zufällig lese ich einen Beitrag von Günter Gaus in einer 1989-Ausgabe der *Merian*-Hefte über Berlin. Gaus notierte, die Mauer dürfte wohl noch sehr lange stehen bleiben. Dumme und gedankenlose „tear down the wall"-Reden würden niemandem helfen.

Der Postbote bringt Karten- und Textmaterial über Deutschland aus dem Generalkonsulat für Enikös Deutschkurs im Bechtel International Center. Er fragt, wer von uns beiden denn nun der Professor sei.

Gespräch mit Condoleezza Rice, Stanford-Provost und enge Mitarbeiterin Präsident George Bushs zur Zeit der deutschen Wiedervereinigung. Sie meint, der Kongress hätte auch eine längere Bosnien-Friedensmission genehmigt, wenn er gefragt worden wäre. Präsident Clinton sei zu vorsichtig gewesen. Sie befürwortet die NATO-Friedensmission und ist für eine NATO-Osterweiterung, je früher desto besser. David Holloway, irischer Experte für Sicherheitspolitik, ist verhalten für die NATO-Osterweiterung, gegebenenfalls solle sie graduell über den Weg der EU-Mitgliedschaft der infrage kommenden Länder erfolgen. Für die Balten sieht er einstweilen nur die EU-Mitgliedschaft. Michael McFaul, führender Russlandexperte unter den Politologen Stanfords, ist gegen jede NATO-Erweiterung. Man dürfe Russland nicht entfremden, zugleich aber ist er pessimistisch in Bezug auf die demokratischen Potenziale Russlands.[8] Eine Vetokapazität rot-brauner, autoritärer Tendenzen zeichne sich im neuen Parlament ab, der Reformblock sei massiv zersplittert und komme offenbar nicht über knapp zwanzig Prozent hinaus.

Martin Anderson, ehemaliger Mitarbeiter Präsident Nixons und Präsident Reagans, analysiert die Hintergründe der Clinton-Skandale im Weißen Hause. Der Gipfel der Skandale: Der Selbstmord von Weißen-Haus-Mitarbeiter Vincent Forster, einem Uralt-Jugendfreund Bill Clintons und ehemaligem Kollegen Hillary Clintons in der Rose Law Firm, Little Rock. Sein angeblicher Selbstmord 1983 wird von kaum jemandem geglaubt. Zu offensichtlich sind die Widersprüche am angeblichen Tatort. Bestehen Zusammenhänge zu Forsters Arbeit im Weißen Haus? Welche Akten verschwanden nach seinem Tod aus seinem Büro? Warum tauchten Hillarys seit zwei Jahren verloren geglaubte Papiere plötzlich im Lesezimmer der Präsidentenwohnung im Weißen Haus auf? Hillary ist die erste Präsidentenfrau, die vor einer Grand Jury zu diesen Papieren und ihrer Verbindung zu obskuren Immobiliengeschäften in Little Rock aussagen muss. Die damaligen Immobiliengeschäfte hatten den amerikanischen Steuerzahler in den achtziger Jahren sechzig Millionen US-Dollar gekostet. Einer ihrer ehemaligen Kollegen, den Bill Clinton nach seinem Amtsantritt 1992 in eine führende Position in der Bundesstaatsanwaltschaft geholt hatte, sitzt unterdessen seine Gefängnisstrafe wegen Erpressung ab. Das, so Anderson, seien nur Facetten der Charakterproblematik, die viele Amerikaner mit Präsident Clinton und fast mehr noch mit seiner Frau haben. Die Stärke des Präsidenten bleibe seine Intelligenz und sein gewinnendes Wesen im persönlichen Umgang. Manche Frau habe dies in besonderer Weise erlebt. Dennoch sieht Anderson nur geringe Chancen für einen republikanischen Sieg bei den nächsten Präsidentschaftswahlen im November 1996.

Ich höre Arthur Schlesinger Jr. zu, den über achtzigjährigen ehemaligen Redenschreiber von John F. Kennedy und „grand old man" der liberalen amerikanischen Historiografie (Schlesinger 1965, 1973). Er spricht maßvoll kritisch gegen den ideologisierten Multikulturalismus-Trend, den er in seinem Vortrag eine neue Variante der gefährlichen Rückkehr zu einer Politik der Identitäten nennt. Am Ende dieser Tendenz könnte eine Politik der Ethnien oder sogar ethnischen Säuberungen stehen wie im Balkan. Im Inland müssten, so Schlesinger, die USA durch die Werte, Symbole und Verpflichtungen der Verfassung zusammengehalten werden. Nur dieser Ansatz sei integrierend. Jede Politik der Identitäten, ob politisch, rassisch oder sexuell, treibe die Gesellschaft auseinander. Der Gipfel politischer Korrektheit, empört sich Schlesinger,

---

[8]Von 2012 bis 2014 wird Michael McFaul Botschafter der USA in Russland. Noch immer existieren vereinzelt im Westen Illusionen über die Chancen einer baldigen erfolgreichen demokratischen Transformation Russlands. Der Realismus im Umgang mit Russland aber hat sich endlich durchzusetzen begonnen.

sei der Versuch, im Namen des Kampfes gegen „hate speech" (ein Wort, das in keinem Rechtslexikon anzufinden ist) eine Einschränkung der Redefreiheit zu fordern.

Erste Vorwahl in Iowa. Bill Clinton tritt ohne Gegenkandidaten an. Bob Dole gewinnt bei den Republikanern mit 28 % vor Pat Buchanan (26 %) und dem blassen Lamar Alexander (15 %).

Caucus – das Wort stammt aus der Sprache der Algonkin und meint „Rat der Älteren". Heute ist damit die eigenartige und einzigartige Auswahlprozedur amerikanischer Präsidentschaftskandidaten gemeint. Superteuer, mit Werbungsschlachten, für manche Wähler allemal überflüssig: Wählen kann man nur als „registered voter" einer der Parteien. Die Vorwahlen sind also eine Art Mitgliederbefragung.

Bei Temperaturen am 13. Februar von 25 °C führt uns eine Bootsfahrt auf die ehemalige Gefangeneninsel Alcatraz und ein Ausflug nach Sausalito, dem malerischsten Flecken an der Bucht von San Francisco. Die Stadt erleuchtet, die beiden Brücken funkelnd, die Seelöwen quietschen in ihrem kleinen Glück.

Ein wunderschöner „Viennese Ball" im Roble Gym. Die Studenten haben die alte, gute Wiener Welt mit viel Freude und Formensinn an die amerikanische Westküste verpflanzt. Wir walzern bis 1 Uhr 30 in der Nacht.

Eine furchtbare Debatte mit einigen Russen, darunter einem Mitarbeiter von Kommunistenchef Gennadi Sjuganow im Center for International Security and Arms Control. Sie reden wie in alten Zeiten von „friedlicher Ko-Existenz", von der Künstlichkeit des souveränen Turkmenistans, von der Möglichkeit, die Ukraine zu teilen, um das russische Imperium wiederherzustellen, von der bösen NATO, deren Ostausdehnung zur Konfrontation zurückführe, von der nationalen Ehre, die hochgehalten werden müsse, von der Korruption der Markterfahrungen und über die guten Seiten Stalins. Düstere Zeiten kehren zurück. Völkerrechtskollege Gerhard Hafner aus Wien flüstert mir zu: „Wir brauchen die alten Bücher über das Verhalten der Sowjetunion wohl doch nicht vernichten."

Abendnachricht: Schießerei in einer Schule im Bay Area mit Todesfolge. Seit 1978 besteht in Kalifornien wieder die Todesstrafe. Seit der Staatsgründung im 19. Jahrhundert wurde sie rund fünfhundert Mal angewendet.

Botschafter Bob Blackwill, 1989 von Präsident Bush als Sonderberater für Nationale Sicherheitsfragen und Hauptverantwortlicher für Europäische und Sowjetische Fragen ernannt, doziert wieder in Harvard, wo ich ihn 1984 erstmals traf. Im Vortrag analysiert er kristallklar die Lage der NATO. Diese sei in tiefer Identitätskrise und bedarf einer Revitalisierung. Sein Vorschlag: von der Verteidigung zur Machtprojektion übergehen, „from defense to power projection". Das schließe die Sicherung der Ölressourcen am Persischen Golf und die Kontrolle der Verbreitung von Massenvernichtungswaffen mit ein. Die Europäer müssten zu einem „out of area"-Denken bewegt werden. In der Zeit des Wiedervereinigungsprozesses Deutschlands in der Bush/Baker-Administration habe er gelernt, eine Zielsetzung durch viele Mikroentscheidungen voranzubringen. Das müsse wiederholt werden in Bezug auf die NATO-Vitalisierung, sonst kehrten die USA zu Unilateralismus zurück und Europa beginne zu trudeln.

Mit dem Kollegen Christian Hacke von der Bundeswehrhochschule Hamburg besuche ich auf Edward Tellers Vermittlung hin die enorm weitläufigen Lawrence Livermore Laboratories im East Bay-Gebiet, die dieser 1958 mitbegründet hatte. Von Klimaforschung über Genforschung, bis zu jener im Zusammenhang mit unverbesserlichen Delinquenten, von Waffentechnologien bis zu Supercomputern und Energieforschungen reicht die Bandbreite faszinierender Grundlagenforschung. Wir sehen den größten Laser der Welt, Nova, ohne irgendetwas zu verstehen, aber doch um zu begreifen: Amerika hat das Potenzial, um auch das 21. Jahrhundert der Menschheit zu prägen, vorausgesetzt der politische Wille ist vorhanden. Auch die Lasertechnologie für raketengestützte Waffenabwehrsysteme, Edward Tellers Kopfgeburt, geht in diesem von ihm in den fünfziger Jahren begonnenen Labors an Supercomputern weiter. Über 6000 Menschen entwerfen in Livermore die Zukunft.

Bob Dole gewinnt den „Super Tuesday" und steuert auf die republikanische Präsidentschaftskandidatur zu. Pat Buchanan aber wird ihn bis zur Convention in San Diego mit seiner Agenda von Lebensrechtsbewegung, Protektionismus und Populismus jagen. Dies wird den Eindruck einer zerstrittenen Republikanischen Partei vermitteln, die Bill Clinton den Wiedereinzug ins Weiße Haus erleichtern dürfte.

Keine Abendnachrichten ohne eine oder zwei Gewalttaten: Mord, Raub, Ganggewalt, Kidnapping. Die düstere Seite der USA. Immer und immer wieder ist „gun violence" im Spiel.

Sonoma Valley. Besuch in Jack Londons Refugium, der mit seinem Stück *Valley of the moon* dem Ort ein literarisches Denkmal gesetzt hat. Ausklang des Tages mit unterhaltsamer Frivolität in San Francisco: *Finnochio*, die älteste Travestie-Show der Stadt (Abb. 4.13).

David Packard stirbt 83-jährig. Er hatte 1938 mit David Hewlett in einer Garage in Palo Alto den ersten persönlichen Computer gebastelt und damit den Grundstein für das Silicon Valley gelegt. 350 Mrd. US-Dollar hat Packard in seinem Leben an die Stanford University gespendet. Der Boom dieser Universität ist ein kalifornisches Wunder und nicht ohne die enge Bindung an die High-Tech-Kultur denkbar.

7.–9. Juni 1996, Visby

Nichts ist stabil, solange nicht eindeutige Mitgliedschaftsverhältnisse zugunsten der baltischen Staaten in NATO und EU bestehen. Volker Rühe, Deutschlands Verteidigungsminister, und mein Freund Ron Asmus, von der RAND Corporation, treiben die Diskussion in diese Richtung stärker voran als jeder andere im westlichen Bündnis. Beide diskutieren mit mir und einem vielseitigen Kreis von Wissenschaftlern und Politikern. Die Jarl Hjalmarson Foundation und die Konrad-Adenauer-Stiftung haben uns auf der herrlichen schwedischen Insel Gotland zusammengeführt.

15.–16. August 1996, Baku

Mit dem Ende der Sowjetunion hat auch Aserbaidschan staatliche Unabhängigkeit erlangt, erstmals in einer mehrere tausend Jahre zurückreichenden Kulturgeschichte der

Abb. 4.13 Spaß muss sein: In der Travestie-Show *Finocchio* in San Francisco (1995). (© Ludger Kühnhardt)

Aseris, von den dürren zwei Jahren 1918 bis 1920 abgesehen. Ich taste mich ans antike Kolchis heran, das Georgien von heute: Bei Noworossijsk beginnt die Kaukasus-Bergkette. Bis hierher war 1942 Hitlers Wehrmacht gekommen und dann aufgerieben worden. Sotschi, Sochumi, das sezessionistische Abchasien, wo Russlands Soldaten heute stehen, auch wenn die UNO die Souveränität Georgiens anerkennt. Der Elbrus mit 5629 m die Spitze der im weißen Schneekleid schnurgerade wie eine Perlenkette von Bergen vorbeiziehenden Kaukasuswand. Dahinter erahnt man Tschetschenien, wo Blut fließt, auch in diesen Stunden. Die imperialen Wunden sind in Russland längst wieder aufgerissen.

Plötzlich ragen die dreieckigen Erdölbohrtürme aus dem dunklen Kaspischen Meer, ein Lichterband zieht sich an der Küstenbucht entlang. Baku. Der deutsche Geschäftsträger Jasper Wieck, Schüler des Bonner Historikers Klaus Hildebrand, führt auf einen Aussichtspunkt oberhalb der Altstadt. In der Nähe des jetzigen Präsidentenpalastes und früheren Obersten Sowjets hat die Türkei eine neue Moschee erbaut, die stolz angestrahlt über ein schiitisch-säkularisiertes, agnostisch gewordenes Land leuchtet. Die Stadt macht eher einen lahmen, sich ruhig dahinschleppenden Eindruck. Der Straßenverkehr ist undiszipliniert. Wieck erzählt von der autoritär-präsidialen Struktur der Regierung und einem starken Druck auf die diversen, indessen immerhin vorhandenen Oppositionsgruppen durch das „Neue Aserbeidschan" des Präsidenten Heydər Əliyev. Der ehemalige KP-Chef Aserbeidschans ist einer jener alten Kommunistenführer, deren Karriere bis in die Breschnew-Zeit zurückreicht. Sein Porträtfoto steht wie auf einem Altar in der Eingangshalle des Hotels.

Rege Geschäftigkeit. Türken, Iraner, Araber, einige Weiße, ziehen ihre Kreise, auch ein Chinese. Das Thema ist in den meisten Fällen wohl Öl, durch dessen Reserven Aserbaidschan hofft, in den nächsten Jahren 180 Mrd. US-Dollar verdienen zu können. Noch sind die Planungen aller Konsortien Theorie. Nur wenige Russen sind noch zu sehen. An einigen Häusern, vor allem in den Geschäftszeilen, wird etwas gewerkelt und erneuert, auch die Farbeimer stammen aus der Türkei, so wie ein großer Supermarkt, Arbeiter, Ingenieure und das Baumaterial für die Umbauarbeiten an der Deutschen Botschaft nahe dem Kaspischen Meer. Der aserische Stern leuchtet am Hafenpark. Am oberen Ende steht der Palast der Schirwanschahs aus dem 16. Jahrhundert, der bemerkenswerteste Baukomplex der Stadt. Die Menschen begrüßen sich mit „Salaam" in Baku.

17.–18. August 1996, Tbilissi
Mit einer zehnsitzigen Beechcraft des World Food Programs und einem Piloten aus Oklahoma fliege ich in eineinhalb Stunden nach Tbilissi, der Hauptstadt Georgiens. Ölfelder um Baku, häufig abgefackelt und zur Umweltruine geworden, die wie eine Vogelschnauze lang und spitz ins Kaspische Meer gezogene Halbinsel Abşeron. In der Ferne tauchen die schneebedeckten Kuppen der Kaukasus-Höhenzüge auf: die natürliche Grenze zwischen Transkaukasien und Ciskaukasien. Durch ihre kolonialen Eroberungszüge haben die Russen bis zum Anfang des 19. Jahrhunderts die Perspektive beider Begriffe verkehrt. Kulturgeschichtlich war der Südkaukasus älteres Siedlungs- und Kulturgebiet, der Norden als Transkaukasus Terra incognita. Heute suchen die südkaukasischen Republiken eine verhaltene Unabhängigkeit von Russland und werden dennoch aus ihrer Geografie nicht entfliehen können. Wichtig für sie (und für den Westen) ist es, ihre Unabhängigkeit im geostrategischen Kräftedreieck Russland-Türkei-Iran zu stärken. Für Russland, dem neuen kranken Mann Europas, wird die Erbschaft des Kaukasus-Kolonialismus eine offene Wunde bleiben, auf lange Jahre, denn

Tschetschenien mit dem Erdölleitungsstandort Grosny können sie nicht preisgeben, die Tschetschenen werden sich wie das Haupt der Medusa immer wieder neu erheben, eine Generation um die andere. Einzig die Osseten sind gute Alliierte der Russen – und damit Teil des ethnopolitischen Zündstoffes in Georgien, seitdem dieses Land, mit Armenien seit dem 4. Jahrhundert der älteste christliche Staat der Welt, 1991 unabhängig wurde und um Unabhängigkeit ringt.

Tbilissi, in alter deutscher Form: Tiflis, liegt hingemalt an die Hänge des Gebirges, vom Fluss Kura durchzogen. Die Stadt hat eine Million Einwohner, daneben 250.000 Flüchtlinge aus Abchasien, das Land mit der Größe Österreichs gut 5,5 Mio. Die Sprache ist mit knackenden Lauten versehen, undurchdringlich. Eine Dame vom Protokoll des Parlaments erzählt, seit drei Wintern habe es kein heißes Wasser und keine Heizung gegeben. Wenn der Strom ausfalle, wie gestern, fehle es auch an kaltem Wasser. Der Krieg des nationalistischen, ersten in der georgischen Geschichte frei gewählten Präsidenten Swiad Gamsachurdia, hat die Position der Russen wieder gestärkt. Sie stehen mit 25.000 Soldaten im Land, bewachen die Grenzen gen Türkei mit eigener russischer Fahne, haben Georgien für zwei Jahre in einen Bürgerkrieg gestürzt, indem Gamsachurdia zunächst von kriminellen Waffentragenden, den Sakartwelos Mchedrioni, gestürzt wurde, ehe diese den früheren sowjetischen Außenminister Eduard Schewardnadse riefen. Dieser konnte sich als Staatsoberhaupt etablieren, überlebte ein Bombenattentat im August 1995 und entwaffnete die Mchedrioni. Nun muss Schewardnadse das Wirtschaftsleben in legale Bahnen lenken. Siebzig Prozent der Wirtschaft Georgiens sind Schwarzhandel, kein Wunder bei siebzig Prozent Einkommenssteuer. Mit Schewardnadse wurde Ende 1995 aber auch ein neues, dem Kampf gegen die Korruption und der Europaorientierung verbundeneres Parlament gewählt. Im Juni 1996 war Bundespräsident Roman Herzog zu Besuch.

Tbilissi grüßt mit seinen christlichen Rundkuppelkirchen, deren älteste bis ins sechste Jahrhundert zurückgehen. Die Straßen sind baumbestanden, das Leben wirkt vitaler, die Menschen froher, lockerer, auch attraktiver als in Baku. Die Szenerie auf dem Rustaweli-Prospekt könnte einen flüchtigen Passanten an Budapest oder Aix-en-Provence denken lassen. Die graue Rückseite: 20 US$ Durchschnittseinkommen, unsere Dolmetscherin verdient 65 US$, ein Abgeordneter 130 US$. Die Preise, so hören wir, haben westeuropäisches Niveau erreicht, auch für Lebensmittel und Bekleidung.

In einer deckenverzierten, von außen schön restaurierten Villa im Nomenklatura-Viertel (Villa Nr. 2) berichtet OSZE-Botschafter Dietrich Boden, Georgien habe einen großen Sprung nach vorn unternommen in Bezug auf Demokratisierung und die Stärkung der Institutionen. Vor einem Jahr sei geschossen worden, vor vier Jahren noch keine rechte Unabhängigkeit erzielt gewesen. Jetzt müsste man Georgien auf dem Weg in den Europarat unterstützen. Mit dabei: Adrien Meisch, jetzt Botschafter Luxemburgs in Moskau und lange Jahre ein Teil der Bonner Szene. In der Villa Nr. 1 hatte schon Lawrenti Beria, Stalins späterer Geheimdienstchef, als KP-Vorsitzender Georgiens opulent gehaust. Schewardnadse wohnt in Villa Nr. 5.

Der Fraktionsvorsitzende der Nationaldemokratischen Partei, der größten Oppositionspartei zu Schewardnadses „Bürgerunion", Mahmuda Giorgadse, empfängt im Parlamentsgebäude, von Beria erbaut. Die Menschenrechtslage lasse zu wünschen übrig, aber verbessere sich. Georgien blicke nach Westen, die Demokratisierung gehe voran, man wolle Teil Europas werden. Gespräch mit Kacha Tschitaia, dem Vorsitzenden des außenpolitischen Parlamentsausschusses. Georgien müsse mit den Widersprüchen zu Russland leben. Einerseits sei es gut, dass die russischen Truppen in Abchasien Ruhe hielten, andererseits sei Russland unberechenbar, imperial und gefährlich für Georgiens Sicherheit. Revaz Adamia war als Molekularbiologe am 9. November 1989 in Ostberlin, sein erster Auslandsaufenthalt überhaupt, und stand noch vor Mitternacht von der östlichen Seite auf der Mauer. Er erzählt, dass nur kurz nach dem fehlgeschlagenen Attentat gegen Schewardnadse im August 1995 Russlands Ministerpräsident Wiktor Tschernomyrdin in Tbilissi gewesen sei. Dabei habe er ultimativ die Unterschrift Schewardnadses unter das Truppenstationierungsabkommen gefordert, das auf fünfundzwanzig Jahre Russlands Militärpräsenz in Georgien sanktionierte. Als Schewardnadse sich weigern wollte, eine so lange Zeitspanne zu akzeptieren, habe Tschernomyrdin gesagt, dann werde wohl ein anderer das Abkommen im Namen Georgiens unterzeichnen. Der stellvertretende Parlamentspräsident Wachtang Kolbaia, ein Abchase, meint, der Konflikt in seiner Heimatregion sei ein künstliches politisches Spiel, von den Russen zum Zwecke der Destabilisierung und Gefügigmachung Georgiens initiiert, jedenfalls inszeniert. Ob Georgien eines Tages die GUS wieder verlassen könnte, verneint er. Wichtig sei erst einmal eine Stärkung der Verbindungen mit Europa.

Ausflug nach Gori in Mittelgeorgien. Die Fahrt führt durch den breiten Teil des Kura, entlang majestätischer Gebirgszüge und einer agrarischen, immer wieder an Bulgarien und mediterrane Bilder erinnernde Landschaft. Erstaunlich viele BMW und Mercedes inmitten der Lada und Pferdewagen. Eher ärmliche Orte, aber gepflegte Menschen, einfache Landbevölkerung, die zuweilen Melonen, Tomaten und andere Agrarerzeugnisse am Wegesrand feilbieten. In Gori wurde Josef Dschugaschwili Stalin geboren, einer der Massenmörder des 20. Jahrhunderts. Sein kleines Geburtshaus wurde als ein „Anti-Bethlehem" (Reiseführer) zum nationalen Schrein. Das eigentliche Geburtshaus wird von einem Tempelbaldachin eingefasst und wie ein Heiligtum verehrt. Dahinter erhebt sich das wuchtige Museum über den prominentesten Sohn des Ortes im Stil eines venezianischen Palazzo. Daneben steht Stalins Salonwaggon, mit dem er 1943 zur Konferenz von Teheran fuhr. Eine Biene sticht mich böse in den Arm, während ich über den Heldenkult verärgert lästere. Stalin-Beleidigung gehöre sich eben nicht, sagt die Dolmetscherin trocken. Die Zeit für ein Denkmal der Stalin-Opfer sei in Gori noch nicht reif, so ist zu hören. Zu viele, nicht nur ältere Leute, verehren den Schurken noch wegen des Kriegsglückes und aus patriotischen Gründen. Reso Adamia, ein örtlicher Abgeordneter, erzählt, dass sein Urgroßvater mit Stalin im Priesterseminar in Tbilissi gewesen sei. Dennoch sei auch er, wie fast alle, die den Revolutionär in der Jugend gekannt hatten, ermordet worden. Die überdimensionierte Stalin-Statue vor dem Rathaus wird nur dadurch etwas ironisiert, das am gegenüberliegenden Haus eine Coca-Cola-Reklame von neuen Zeiten und Hoffnungen kündet.

Am Ortsrand wartet General Buludse, einer der modernsten, offensten Generäle der jungen georgischen Armee. Er stellt das Training der Soldaten mit T-72-Panzern mit scharfen Kanonen in ein Ziel am Berghang hinein vor. Die Panzersoldaten sind kaum älter als sechzehn Jahre. Es besteht eine zweijährige Wehrpflicht. Der General meint, technisch sei Georgien auf Modernisierungshilfe durch Russland angewiesen. Seine Mutter war Deutsche, eine Frau von Dumler, die ihn aufzog und von der er das Abendgebet gelernt hat, das er noch immer sprechen kann: „Ich bin so klein, mein Herz ist rein, soll niemand drin wohnen als Jesus allein." Als Kind habe auch ich dieses Gebet täglich gesprochen, mehrere tausend Kilometer entfernt in einer anderen, damals gegnerischen Welt. Die Militärs laden zu einem opulenten georgischen Mittagsmahl in ein Restaurant ein, das unterdessen privat geführt wird. Schier endlos werden Speisen und Getränke aufgetragen. Die Kunst der Trinksprüche wird in Georgien hoch kultiviert: auf die Gäste, auf das Zusammensein, auf die Daheimgebliebenen, auf die politischen Führer, auf den Frieden. Alle fünf Minuten hebt der Tischvorsteher zu einem bewegten Wort an. Manchmal erbitten auch die Gäste das Wort.

Mzcheta ist das Herz Georgiens. Nur unweit vom heutigen Tbilissi entfernt, errichtete die später heiliggesprochene Königin Nino, aus Kappadokien stammend, im vierten Jahrhundert das erste christliche Kreuz und schon bald, noch vor dem entsprechenden Akt Kaiser Konstantins, wurde das Christentum zur Staatsreligion erhoben. Die georgisch-apostolische Kirche ist Rückgrat des Selbstverständnisses und der kulturellen Kraft des kleinen Volkes geblieben. Das Nationalheiligtum Swetizchoweli-Kathedrale („lebende Säule") wird von Gläubigen aller Altersgruppen besucht: alte Frauen, junge Paare, Männer, die erhebende Choralmusik mit tiefer Inbrunst anlässlich einer kleinen Samstagnachmittags-Gebetsstunde anstimmen. Schön ausgestaltet ist der sakrale Raum, dessen perfekte romanische Architektur, ein harmonischer Kreuzkuppelbau, ins fünfte Jahrhundert zurückverfolgt werden kann. Damit ist die Kirche älter als fast alle christlichen Sakralbauten Westeuropas. Staatsreligion war das Christentum in Georgien im Jahr 391 geworden. Auf dem Weg nach Mzcheta liegt in einem steil ansteigenden, engen, mit Weinbau kultiviertem Tal Ateni Sioni, eine der eindrucksvollen frühen georgischen Kirchen aus dem 7. Jahrhundert. Junge Mädchen und Frauen beten in dem so sakral erhebenden Kirchenraum, an dessen Wänden Freskenreste mit biblischen Szenen zu bestaunen sind, die seit über tausend Jahren alle Wechselfälle überstanden haben. Die Russen haben bei ihrer kolonialen Besitzergreifung im 19. Jahrhundert im Regelfall alle georgischen Fresken weiß übertüncht. In der trockenen Bergluft konnten sich in Ateni Sioni Teile der hoch entwickelten Freskenkunst glücklicherweise erhalten.

18.–21. August 1996, Eriwan
Siebenstündige Autofahrt im russischen Kleinwagen Lada auf furchtbar schlechten Straßen durch die kaukasische Bergwelt mit ihren schmalen Schluchten und breiten Tälern, ihren Wäldern und Feldern, nach Eriwan, der Hauptstadt Armeniens. Lockerer

Grenzübergang, zweimal Rauschgift-Polizei-Kontrolle. Am Straßenrand fragen wir einen Mann nach dem Weg. Bald stellt sich heraus, dass er bei Magdeburg stationiert gewesen ist und offenbar einen guten Eindruck von den Deutschen gewonnen hatte. Er ruft uns ein „Auf Wiedersehen" nach. In Eriwan wiederholt sich die Szene. Ein Polizeiauto führt uns durch die halbe Stadt zum Hotel Armenia, nachdem unser Fahrer, selbst Fremder, nach dem Weg gefragt hatte. Vor dem Hotel bedanken wir uns bei den beiden Polizisten. Einer war, wie der Mann am Wegesrand, in Zerbst, dem Geburtsort der Kaiserin Katharina, stationiert gewesen. Neben dem Hotel Armenia, zwar etwas saniert, doch noch nicht ganz frei vom Intourist-Sowjetcharme, liegen die Trümmer des früheren Lenin-Denkmals. Die Weite des Platzes wird von monumentalen Regierungsgebäuden und dem Nationalmuseum gesäumt, vor dessen Portal Kinder heiter in einem großen Brunnen plantschen. Die Armenier sind kleiner als die Georgier, adrett gekleidet, ihre Dörfer zum Teil weniger heruntergekommen. Welch ein Wunder, dass dieses kleine Volk – nicht mehr als drei Millionen Menschen leben hier – die furchtbaren Bedrängnisse seiner Geschichte überlebt hat und sich auch im 20. Jahrhundert nach dem Genozid durch die radikalnationalistischen Jungtürken (1919 sagte der türkische Innenminister Talant Bey: „La question armenienne n'existe plus") und nach siebzigjähriger Sowjetisierung behaupten konnte. Es sind gut vierzig Kilometer Luftlinie bis zur türkischen Grenze.

Der Putschversuch gegen Gorbatschow in Moskau fand genau vor fünf Jahren statt. Die Armenier gelten als geschäftstüchtig, heute lebt gut die Hälfte im Exil, ohne allzu große Ambitionen für das Heimatland zu empfinden, sagt der französische Botschafter in Eriwan. Die große Vision, so ergänzt der britische Geschäftsträger MacMahon, ein junger Schotte, sei es, ein Finanzdrehplatz in der Region zu werden. Angesichts der noch kaum vorangeschrittenen Privatisierung im Lande ist dies einstweilen nur ein Traum. Stabilität beginne zu greifen. Ein kürzlich erschienener amerikanischer Menschenrechtsbericht habe Armenien allerdings keine guten Noten ausgestellt und beschwere den Weg in den Europarat, dessen Mitgliedschaft die Regierung beantragt hat. Frau Delfs, die deutsche Geschäftsträgerin, hat zu einem wie stets opulenten Mahl auf der Terrasse eines Restaurants eingeladen. Die Stadt mit ihrem Lichtermeer liegt uns zu Füßen. In der Ferne kann man den Berg Ararat erahnen, den biblischen Ankergrund der Arche Noah. Geschichte und Mythen, Religion und Kulturvielfalt sind wuchtiger und präsenter als in Westeuropa. Eriwan liegt näher an Bagdad als an Kiew, näher an Damaskus als an Lemberg.

Auch der nur flüchtige, erstmalige Besucher empfindet schon bald, dass auch Armeniens Seele durch die Bedingungen der Geografie bestimmt wird. War in Georgien eine spontane Seelenbindung an Europa zu spüren, so sind in Eriwan die Schwingungen des Nahen Ostens zu spüren. Vizeaußenminister Wartan Oskanjan erinnert an eine intellektuelle Debatte nach der Unabhängigkeit 1991 darüber, ob Armenien mittelöstlich oder europäisch sei. Im Sinne der *Radio Eriwan*-Witze antwortet er bis heute: im Prinzip ja. Armenien sehe seine Sicherheit durch vier Faktoren garantiert: besondere Beziehungen zu Russland, gute Beziehungen zur OSZE, zur NATO und zu den europäischen Institutionen. Im April 1996 sei ein Abkommen über Partnerschaft und Kooperation mit der EU abgeschlossen worden, Armenien hat einen Mitgliedsantrag im Europarat gestellt. Man wünsche normale nachbarschaftliche Beziehungen zur Türkei und hoffe, dass der türkische Boykott binnen eines Jahres ende, die Grenze durch die Türken wieder geöffnet werde und der Handel florieren könne. Die Russen seien als Sicherheitsgarant in Armenien mit etwa 4000 Soldaten, inklusive den GUS-Grenzschützern. Oskanjan meint, die Aserbaidschaner würden vielleicht doch vernünftig: nach siebzehn Bombenanschlägen auf die Gasleitung, die Gas von Turkmenistan liefert, in der Gegend südlich von Tbilissi auf georgischem Grund sei seit über einem Jahr Ruhe eingekehrt, in Nagorno-Karabach herrsche seit zwei Jahren Waffenstillstand. Oskanjan, dessen Englisch einen unverkennbar amerikanischen Akzent aufweist, erzählt seine Geschichte: Geboren ist er in Aleppo, Syrien, 1980 in die Sowjetunion eingewandert, 1984 für acht Studienjahre in den USA an der Fletcher School of Law and Diplomacy und in Harvard. Nun besitzt er drei Staatsangehörigkeiten.

Ich schlendere über den Basar von Eriwan, der, jahreszeitgemäß, von frischem, buntem Obst und Gemüse funkelt. Die Lebensbedingungen der Mehrheit der Menschen sind karg, wobei die ersten zwei, drei Jahre der Unabhängigkeit mit den massiven Produktionseinbrüchen und Energiedefiziten am schlimmsten gewesen sein müssen. Der finnische Vertreter der EU-Hilfsprogramme TACIS berichtet von Koordinierungsproblemen seiner Entwicklungsarbeit. Das Land sei zu fast hundert Prozent privatisiert, der private Hausbau habe stark angezogen, die meisten Firmen seien nominell, aber faktisch kaum privatisiert, da sie von den Staatsbanken und den alten Kadern abhängig geblieben seien, die unproduktiven Großbetriebe seien die schwierigsten Privatisierungsbrocken. Der armenische TACIS-Mitarbeiter spricht beständig von „ihr Europäer" ohne auch bei mehrfachem Nachfragen genau erklären zu können, zu welcher Region der Welt er sich denn rechne. In der Schule habe er jedenfalls gelernt, er gehöre eher zu Asien.

Ich besuche die arg verfallene, aber noch ihre alte Pracht erahnen lassende, 1747 erbaute Gök Jami, die Blaue Moschee. Schon mein 1914 gedruckter *Baedeker*, der vermerkte, dass Eriwan stets Streitpunkt zwischen Türken und Persern gewesen sei, nun aber seit 1827 Russland gehöre, nennt die Moschee „in ruins" (1914a, S. 494). Die Spitze des Minaretts und des Gebetsraumdaches weisen noch schöne Fayencen-Reste auf, die im Sonnenlicht glänzen. Die Koranzitate an der Gebäudewand sind unbeschädigt. Seit einigen Monaten haben Iraner mit der Restaurierung der Moschee begonnen. In einer Straße von Eriwan sind nur iranische Geschäfte zu sehen. Vor dem berühmten Handschriftenmuseum in der Innenstadt erhebt sich überdimensioniert die Figur des Mönches Mesrop Maschtoz, der im vierten Jahrhundert das armenische Alphabet erfunden hatte. Mit seiner Hilfe entstand und behauptete sich eine der bemerkenswertesten Kulturen der Alten Welt. Neben der Gedenkfigur sind einige der bekannten, so charakteristisch-armenischen Kreuzsteine *(Chatschkar)* ausgestellt. Sie künden von der Kraft und dem Glauben dieses bemerkenswerten Volkes, wie stark auch immer der Glaube an die Religion der Väter nach siebzig Jahren des Sowjet-Atheismus noch sein mag.

4 Kein Ende der Weltgeschichte und Europas Europäisierung …

Abb. 4.14 Mit Hans-Gert Pöttering und Reinhard Stuth bei Katholikos Karekin I. in Etschmiadsin (1996). (© Ludger Kühnhardt)

Vorbei am Heiligen Berg Ararat, dort, wo Noah nach biblischer Erzählung mit seiner Arche landete und einen neuen Lebensbeginn setzte. Trotz seiner bloß fünfundzwanzig Kilometer Luftlinie liegt der Ararat seit den Schrecknissen der türkischen Armenienpolitik in den Jahren 1915 bis 1922 für Armenier unerreichbar auf türkischem Territorium. Wir nähern uns Etschmiadsin. Am Heiligen Ort des Landes, wo im Jahre 301 das Christentum nach der Christianisierung des römischen Vasallenkönigs Trdat III. von Armenien zur Staatsreligion erhoben wurde, der ersten Staatskirche nach Jesu Tod, begegnen wir dem geistlichen Oberhaupt der armenisch-apostolischen Kirche, dem 131. Katholikos von Etschmiadsin, Karekin I (Abb. 4.14).

Die wuchtige Kathedrale von Etschmiadsin, eine Kreuzkuppelkirche aus dem fünften Jahrhundert, erinnert an die besten Kirchen der französischen Romantik, aber auch an die frühen christlichen Kirchen in Ravenna. Im Inneren ist es heller als in den gewöhnlichen orthodoxen beziehungsweise byzantinischen Kirchenräumen. Es fehlt die Ikonostase. Gelegentlich wird während der Liturgie ein samtener Vorhang vor den erhabeneren Altar gezogen. In der Kirchenmitte steht ein zweiter Altar, um den Weg Gottes zu den Menschen, seinen Herabstieg, zu symbolisieren. Einige Menschen entzünden Kerzen, eine Brautgesellschaft hat soeben die Kathedralkirche verlassen. Ein Kirchendiener zeigt uns den Kirchenschatz mit reichen Geschenken der armenischen

Diaspora: aus Iran, Indien, China, dem Nahen Osten, aber auch Geschenke des Vatikans, mit dem die armenische Kirche gute Kontakte unterhält.

Die Bedeutung der Armenier ist größer als ihre Zahl. Sie sind eine weltweit verbundene Gemeinde, der Katholikos kam vor wenigen Tagen von Visiten in Uruguay, Argentinien und Brasilien zurück. Das Herz dieses Volkes (1,5 Mio. leben in Armenien, 1,5 Mio. außerhalb) schlägt in Etschmiadsin. Die Einheit von Kirche und Volk ist selten so spürbar, vielleicht nur bei den Juden. Heute herrscht wieder volle Religionsfreiheit, wie Erzbischof Husip Samturian berichtet. Er führt uns in die prachtvolle alte, drei Jahrhunderte genutzte Residenz der Katholikoi. Unter dem Hauptaltar in der Kathedrale werfe ich noch einen flüchtigen Blick auf die Urmauern des heidnischen Tempels, auf dessen Ruinen ab 303 von Gregor dem Erleuchteten das christliche Gotteshaus errichtet worden ist.

Katholikos Karekin I. empfängt in seinem Arbeitszimmer, einer Empfangshalle mit Riesenschreibtisch, deren Tür er eigenhändig aufschließt. Ein zu komisches Bild: Per Handy bestellt er Kaffee für seine Besucher. Seine Heiligkeit, etwa über sechzig Jahre alt, hat im Libanon und in den USA gelebt, ehe er 1995 von Delegierten aller armenischen Kirchen in der Welt zum Nachfolger des verstorbenen Vasgen I. gewählt worden war. Der Katholikos personifiziert die ungebrochene Kontinuität von fast 1700 Jahren armenischer Glaubenstreue, dem Kraftkern dieses kleinen, kulturstarken Volkes. Erste Priorität des Katholikos ist es, den Klerus neu aufzubauen. Das Gemeindeleben in Armenien liegt brach, aber siebzig junge Männer sind neu ins Priesterseminar eingetreten, vor einigen Monaten konnten zwölf Priester ordiniert werden. Den längsten Teil unseres Gesprächs nimmt die Isolation Armeniens durch die Türkei ein. Wenn doch, so klagt Seine Heiligkeit, die Türkei nur ein Hundertstel der Wiedergutmachungsgesinnung hätte, wie Deutschland sie gegenüber den Juden und Israel nach dem Zweiten Weltkrieg gezeigt hat. Es sei endlich Zeit, die Zukunft anzugehen und die „Vergangenheitsbewältigung" ad acta zu legen, schließlich liege nicht nur ein Jahrhundert des Genozids hinter den Armeniern; 1700 Jahre der Geschichte waren beschwert von Bedrängnissen und Leiden. Die Türken seien eben Muslime, gleichgültig wie säkular sie sich gäben, und daher in ihrer Lebensweise unversöhnlich anders. Der Katholikos erzählt von den praktischen Beschwernissen, die das Fehlen einer offenen Grenze mit der Türkei mit sich bringe. Jede Opferkerze, jede Spende müsse eingeflogen werden, trotz finanzieller Unterstützung durch die armenische Diaspora, aber auch weltweiter Spenden, auch aus Deutschland. Die Lage ist beschwerlich für dieses „landlocked country". In Leninakan leben nach einem furchtbaren Erdbeben vor sieben Jahren noch fast 30.000 Familien ohne Wohnung. Das verlange viel humanitäre Hilfe. Vor einigen Monaten habe er mit Präsident Clinton gesprochen und gesagt, das ganze Reden des Westens über Menschenrechte bleibe hohl, wenn es nicht einmal gelinge, die Türkei zur Öffnung einer einzigen Grenzstation mit Armenien zu bewegen.

Kurz vor den Toren Eriwans streife ich in den Ruinen von Swartnoz, der im siebten Jahrhundert erbauten monumentalsten armenischen Kirche, zu dessen Einweihung der byzantinische Kaiser Konstantin II. gekommen war. Heute können nur noch Bücher eine Ahnung von der einstigen Pracht geben. Unweit von Swartnoz besuche ich das Dorf Moussaler, Mosesdorf. Dort wurden Überlebende jenes Armenier-Massakers am Musa Dağı, dem in der Südtürkei gelegenen Mosesberg, angesiedelt, dem Franz Werfel mit seinem packenden Roman *Die vierzig Tage des Musa Dagh* ein würdiges Denkmal gesetzt hat (1969). In Moussaler erinnert ein Steinquader stumm an die Toten vom Musa Dağı. Zurück ins Stadtzentrum Eriwans führt der Weg über die Siegesbrücke, die nach 1945 von deutschen Kriegsgefangenen gebaut worden war – gebaut werden musste. Auch sie gehören zu den Leidenden, den Verdammten dieser Welt.

Zu den *Radio Eriwan*-Witzen gehörte jener, der die Frage aufwarf, ob es gut sei, in Armenien den Kommunismus zuerst vollständig zu realisieren. Antwort: Im Prinzip ja, aber warum versuchen Sie es nicht erst in Georgien?

22.–23. August 1996, Baku

„Man fühlt", schrieb Ernst Jünger am 6. Dezember 1942 im nordkaukasischen Frontort Woroschilowsk in sein Tagebuch, „was diesem Boden durch Abstraktion entzogen wurde und wie er aufblühen würde unter der Sonne einer wohlwollenden und väterlichen Macht." Das galt auch für den Transkaukasus unter dem Sowjetreich. Ein anderer Gedanke Jüngers, notiert am 11. Dezember 1942 in Beloretschensk, „dass, wo alles erlaubt ist, erst Anarchie, dann strengere Ordnung sich ergibt" (1995). Das könnte auch für den heutigen Westen gelten.

Eine Entscheidung des Kaukasusbüros der Bolschewiken unter Stalin hatte am 5. Juli 1921 Bergkarabach trotz 95 % armenischer Bevölkerung an Aserbeidschan geschlagen. Niemand weiß eine Auflösung dieses Knotens, eines Knotens mehr, den die Sowjetunion hinterlassen hat mit ihrer Politik des *divide et impera*.

Die Ausgestaltung der neuen geoökonomischen Orientierungen in Gestalt der Trassenführungen der geplanten Pipelines, der eventuellen Sanierung der bestehenden Pipelines und der Zusammensetzung der internationalen Ölkonsortien, findet unter dem Dach des AIOC statt, des „Aserbeidschan International Oil Consortium". Dessen Chairman, der Brite Terry Adams, erteilt mir eine Lektion in Geopolitik. Die kaspischen Ölvorräte betrogen das vier- bis fünffache Volumen des Nordseeöls. Das wichtigste Konsortium wurde im August 1994 abgeschlossen, der Jahrhundertvertrag von Baku, durch den sich Aserbeidschan Golfstaaten-artigen Aufschwung verspricht, wenn ab 1997 das erste „early oil", dann ab 2003/2005 das große Öl und mit Turkmenistans Vorräten verbundene Gas fließen werde. Das AIOC-Hauptquartier, ein altes Theater, ist in Rekordbauzeit von schottischen Arbeitern prachtvoll mit repräsentativen Sälen und funktionalen Büros saniert worden. Ähnlich geschwind haben die Sanierung und Modernisierung der ersten Bohrtürme und Hafenanlagen begonnen. Die amerikanischen Ölriesen sind mit knapp vierzig Prozent Kapitalanteil in dem Konsortium vertreten, Großbritannien mit knapp zwanzig Prozent, Norwegen, die Türkei und Lukoil aus Russland mit je rund zehn Prozent Kapitalanteilen. Frankreich und Japan laufen unter „ferner liefen". Der Iran hält kleine Anteile. Deutsche Firmen sind beschämend und bezeichnend gering vertreten. Trotz der Konflikte in Grosny, wo die Russen gerade am Tag des Gesprächs mit Terry Adams nach 48-stündigem Ultimatum und inmitten einer absolut undurchschaubaren Kommunikations- und Befehlsstruktur neue brutale Attacken gegen die Tschetschenen gestartet haben, wurde die an der Stadt vorbeiführende große Ölpipeline nach Noworossijsk bisher kein einziges Mal beschädigt. Adams erzählt stolz, dass Premierminister John Major ihm mehrfach geholfen habe und er in seinem jetzigen Job erstmals Gelegenheit gehabt habe, unmittelbar mit dem amerikanischen Präsidenten zu telefonieren. Das Buch Peter Hopkirks über die Spionageaktivitäten von Briten und Russen im östlichen Osmanischen Reich und bis tief hinein nach Afghanistan hat Adams begeistert (Hopkirk 1992). Nichts habe sich, so meint er verschmitzt, seit den Tagen des „Great Game" wirklich geändert. Wieder werde ein großes, vielschichtiges geopolitisches Spiel gespielt. Vor den Karten mit den verschiedenen Pipeline-Varianten sieht Adams aus wie ein moderner General. Dezidiert plädiert er dafür, den Iran wieder in das politische und ökonomische Netz dieser Weltregion zu integrieren. Die Aseris bezeichnet er als „reborn capitalists".

Im Gartenrestaurant Schuscha, benannt nach einem der von Armeniern derzeit besetzten Gebiete des aserbeidschanischen Staatsgebietes, führt Jasper Wieck uns mit maßgeblichen Vertretern der politischen Opposition Aserbeidschans zusammen. Sie waren als Führer der Nationalen Front Motoren der Unabhängigkeit, gingen aber bald im Strudel innerer Konflikte, äußerer, altkommunistisch gesteuerter Taktiereien und einer massiven Instabilität in den Jahren 1991 bis 1993 den Weg der Desintegration. İsa Qəmbər, Parlamentspräsident zur Zeit des entschieden pro-türkischen Staatspräsidenten Əbülfəz Elçibəy (1992/1993), meint, heute könnte die Opposition wohl kaum für die gebührende nationale Stabilität sorgen. Asim Mollazade, Vize-Präsident der Azerbaijan Foundation for the Development of Democracy, Ali Kerimov, stellvertretender Vorsitzender der Azerbaijan Popular Front Party, und Etibar Salidar Oglu, Vorsitzender der National Independence Party of Azerbaijan haben schon lange nicht mehr so vertrauensvoll an einem Tisch gesessen. Im Halbrund um die Gartenfläche, auf der unser opulentes Mahl aufgefahren wurde, stehen Sicherheitsbeamte dezent im Schatten der Bäume. Wen sie vor wem schützen müssen, blieb auch für Jasper Wieck ein Gegenstand der Spekulation. Die Oppositionspolitiker sind sich als Patrioten einig in der Empörung über die armenische Besetzung von Bergkarabach und weiterem aserbeidschanischem Staatsgebiet. Sie wünschen eine politische Westorientierung ihres Landes und sie beklagen diverse Mängel der Rechtsstaatsentwicklung.

Lageeinschätzung durch den türkischen Botschafter. An der Wand seines imposanten Büros hängt selbstverständlich das Portrait Kemal Atatürks. Der Mann ist elegant westlich orientiert, repräsentiert in Baku die NATO im Zusammenhang mit dem Partnership for Peace-Programm. Seiner Einschätzung nach könnte der Bergkarabachkonflikt binnen zwei Wochen gelöst werden, wenn Amerikaner und Russen dies wünschten. Auch glaubt er, dass die unmittelbar am Konflikt Beteiligten derzeit kein wirkliches Interesse an einer Lösung hätten. Die Türkei sei inzwischen der erste Handelspartner Aserbeidschans. Darauf sei sein Land besonders stolz. Die Gefahr eines Fundamentalismus sehe er nicht, solange die innere Entwicklung in Aserbaidschan stabil verlaufe und die soziale Entwicklung ausgewogen sein werde. Ich befrage ihn zum Gasgeschäft der Türkei mit dem Iran und dem Kontext des kürzlichen Besuches seines neuen Ministerpräsidenten Necmettin Erbakan von der islamischen Wohlfahrtspartei REFAH in Teheran. Seit drei Jahrhunderten, so seine auf Beruhigung setzende Antwort, sei die Grenze zwischen der Türkei und Persien, beides Mächte aus eigenem Recht, unverändert. Dies sei einzigartig in der Region, wenngleich die Beziehungen immer kompliziert gewesen seien.

Verteidigungsminister Safar Abiyev überrascht mit einer sehr NATO-offenen Grundhaltung. Er sehe die NATO nicht als aggressiv an und verstehe, dass ihre Erweiterung in Mittelosteuropa stabilitätsfördernd sei. Aserbaidschan arbeite jetzt an der Konkretisierung der Partnership for Peace. Abiyev erzählt von einem kürzlichen Treffen der GUS-Verteidigungsminister. Die Russen hätten eine Deklaration gegen die NATO-Erweiterung durchsetzen wollen, er habe dagegen argumentiert. Schließlich sei die russische Initiative mit sechs zu drei bei drei Enthaltungen abgelehnt worden. Die strategischen Analysen des Verteidigungsministers aber bezeugten den großen Veränderungsprozess der letzten Jahre, der nicht nur die Unabhängigkeit Aserbaidschans, sondern, trotz GUS-Mitgliedschaft, eine strategisch vor wenigen Jahren noch unvorstellbare Westorientierung eingeleitet habe. Russland aber erlebt den größten strategischen Verlust seit zweihundert Jahren. Im Kaukasus entstehen langsam neue Formationen und Allianzen.

Bei den Kämpfen der Jahre 1991 bis 1994 verlor Armenien 7000, Aserbeidschan 10.000 Menschen. Neben dem Parlament liegen auf dem Heldenfriedhof Aserbeidschans die ersten Gefallenen des Bergkarabachkonfliktes. Gedacht wird aber auch der 120 Gefallenen des Jahres 1990, als russische Truppen in Baku gewaltsam die aufkommende aserbeidschanische Unabhängigkeitsbewegung zu unterdrücken suchten. Die Gräber schmückt eine Steingravur der Bilder der Opfer. Die neueren Steine sind mit lateinischen Buchstaben versehen, die älteren noch mit kyrillischen. In der Altstadt von Baku besuche ich die zum Musiksaal umverwandelte Lutherische Kirche des späten 19. Jahrhunderts. Anfang des 19. Jahrhunderts war ein Deutscher, Heinrich von der Nonne, zeitweilig Bakus Bürgermeister. In der aserbaidschanischen und der gerade in Restauration befindlichen georgischen Synagoge spreche ich mit Juden der Stadt.

Begegnung mit Scheich-ul-Islam Allahschükür Paschazade Hummat Oglu, dem imposanten Haupt der Geistlichen Verwaltung der Moslems Kaukasiens. Die Visitenkarte des in wallende Gewänder gehüllten Scheichs, dessen Vollbart und tiefliegende Augen durch den majestätischen, kronenhaften Turban noch unterstrichen werden, weist ihn zugleich noch als „Chairman of the Supreme Religious Council of People of Caucasus" aus. In dieser Eigenschaft saß er einige Jahre im Obersten Sowjet der UdSSR zwischen zwei Generälen, die in brutaler Sprache gegen Gorbatschows Reformziele gewettert und ihm mit dem Tode gedroht hätten. Wie habe sich die Welt geändert. Nun brauche sein Volk nichts dringlicher als neue religiöse Wurzeln, denn ohne diese Basis des Glaubens könnten auch die Werte nicht wachsen, die die Gesellschaft benötige. Der Scheich empfängt in seinem Büro, hinter dem Schreibtisch Koranrezitationen, über dem Bücherschrank die gemalten Porträts seiner Vorgänger. Nach der russischen Eroberung des Kaukasus wurde Mitte des 19. Jahrhunderts ein zentrales Patriarchat der kaukasischen Muslime aufgebaut, zunächst in Tbilissi, später in Baku. Unter Stalin war ein Verbot verhängt. Später ging es den Muslimen der Sowjetunion wieder besser. Aber richtige Freiheit hätten sie erst heute. Scheich-ul-Islam befürwortet die Trennung von Religion und Staat. Er hoffe auf mehr Stabilität für Aserbaidschan. Es sei ihm schon etwas peinlich gewesen, in so kurzer Zeit drei Präsidenten auf den Koran vereidigen zu müssen. Stolz zeigt er das Foto, das ihn zeigt, wie er Präsident Heydər Əliyev vereidigt. Wie religiös dieser sein mag, steht wohl auf einem sehr anderen Blatt.

Es werden opulente Obstschalen und Tee gereicht. Die Erscheinung des Scheichs erinnert an persische Miniaturen des 16. Jahrhunderts. Im Büro rattert mehrfach das Telefaxgerät des späten 20. Jahrhunderts. Der Scheich erzählt verschmitzt, dass sein Freund, der russische Patriarch Alexei aus einer deutschstämmigen Familie Reisinger stamme. Er sei mit dem orthodoxen Patriarchen 1994 bei Jelzin gewesen, um zu warnen, dass Tschetschenien zum „zweiten Afghanistan" der Russen werden könne. Die beiden religiösen Führer hätten sich seither verständigt, sich nicht mehr zum Tschetschenienkonflikt zu äußern. Stolz zeigt er uns eine Fotografie seiner Begegnung mit dem später umgekommenen tschetschenische Präsidenten Dschochar Dudajew. Er kenne die Tschetschenen, sie würden bis zum letzten Mann der letzten Generation sterben, denn Allah sage ihnen, dass es ehrenvoll sei, für Tschetscheniens Freiheit zu sterben. Mit dem armenischen Katholikos Karekin I. habe er sich schon ebenso getroffen wie mit dessen Vorgänger Vazgen I. Man müsse für den Frieden unter den wohlmeinenden Menschen wirken, es gebe gute Christen und gute Muslime. Es wird gemunkelt, der Scheich habe ein besonderes Interesse am Diamantengeschäft.

Zur skurrilen Begegnung mit der sowjetischen Zeit wird die Zusammenkunft mit Aserbaidschans Staatspräsidenten Heydər Əliyev. Um den ovalen Tisch, an dem unsere Delegation auf der einen Seite, Präsident Əliyev, seine zwei außenpolitischen Berater und der Dolmetscher Rauf N. Huseynov, der bald als erster Aserbaidschaner sein Studium in Harvard aufnehmen wird, auf der anderen Seite Platz nehmen, haben sich ehrfurchtsvoll Journalisten postiert. In den Abendnachrichten wird es einen intensiven Bericht der Begegnung geben, die Əliyev in alter Sowjetmanier zunächst in eine Rede an die Heimat umfunktioniert. Əliyev hält eine über dreißigminütige Eloge auf seine Erfolge, das Land zu stabilisieren wider mehrere Putschversuche und eine mit kriminellen Elementen durchsetzte Opposition. Das Land sei unter seiner Führung auf unwiderruflichem Wege zur Demokratie, auch wenn dies ein Prozess sei, der dauere. Aserbaidschan wolle sich weiter an Europa binden und wünsche die EU-Mitgliedschaft.

In Heydər Əliyev begegne ich einem führenden Kopf der sowjetischen Zeitgeschichte. KGB-Chef Aserbaidschans, KP-Chef von 1969 bis 1982 in Aserbaidschan, Breschnews „Young Man", 1982 Mitglied als KPdSU-Politbüro, wo er Gegenspieler Gorbatschows wurde, auch einmal als „papabile" behandelt und wegen Reformunwilligkeit Ende der achtziger Jahre in die Wüste geschickt wurde. Wüste, das war seine Heimat Nachitschewan, von wo aus er bis 1993 ein glänzendes Comeback mit allerlei Mitteln zu organisieren vermochte. Əliyev kam im selben Jahr ins KPdSU-Politbüro, als Helmut Kohl deutscher Kanzler wurde. Was denkt er jetzt wirklich? Diese Frage beschäftigt mich, während ich den siebzigjährigen Mann beobachte: feine Hände, stets ruhig aufeinanderliegend. Im braunen Anzug mit dezenter Krawatte gekleidet. Gut erhalten mit leicht ergrautem und dünner werdendem Haar. Falten um die Augen, die auch, wenn er scheinbar gütig lächelt, in eine kalte, mit allen Wassern der Macht gewachsene Seele blicken lassen. Als Hans-Gert Pöttering mutig mehr und schnellere Demokratie, Menschenrechtsschutz und ein Ende der Zensur fordert, damit Aserbaidschan, was wir wünschen, dem Europarat beitreten könne, verzieht Əliyev keine Miene. Als er aber zu hören bekommt, Stabilität setze Demokratie voraus und daher sei zwischen Ost und West früher auch keine Stabilität gegeben gewesen, da es im Osten keine Demokratie gegeben habe, verziehen sich seine Augen zu engen, kalten Schlitzen: Das sei kein Thema in Aserbaidschan, belehrt er, der als Vater der Nation gelten möchte. Nun werden die hinter uns sitzenden Journalisten mit einer Bewegung der Augenbrauen ihres Staatschefs aus dem Raum komplimentiert. Ich bin froh, als diese inszenierte Selbstdarstellung vorbei ist, eine lehrreiche Brücke zwischen der alten und der neuen Zeit.

Gespräch mit dem aserbaidschanischen Außenminister Hassan Hassanow, einem früheren Ministerpräsidenten der kommunistischen Zeit. Unflätig gähnt er vor sich hin, seine gestikulierenden Bewegungen sind amüsant. Er schildert das GUS-Problem: Russland sei „sooooooo" groß und mächtig, er breitet die Arme aus und haut auf die Tischplatte, Belarus mache Männchen, er zieht die Arme wie Hasenpfoten hoch, Aserbaidschan sei selbstbewusst und unabhängig, er stemmt die dicken kleinen Arme in die Hüften. Hassanows zentrales Thema bleibt Bergkarabach. Er legt uns Landkarten vor mit den Gebieten, die Armenien wieder abtreten müsse. Die Verhandlungen gingen Schritt um Schritt gut weiter, am Ende werde es hoffentlich einen Kompromiss geben, der Autonomierechte für die Armenier in Bergkarabach einschließe, aber Aserbaidschans territoriale Integrität sicherstellen müsse. Keine aserbaidschanische Regierung, so hatte der türkische Botschafter gesagt, könne einen Gebietsabtritt akzeptieren und im Lande vertreten.

3.–5. Oktober 1996, Reims
Begegnung mit Jacques Delors, von 1985 bis 1995 Präsident der Europäischen Kommission, bei der Herbstakademie der Europäischen Bischofskonferenz in Reims. Der klein gewachsene Franzose tritt fast unscheinbar und angenehm bescheiden auf. Konzentriert und engagiert verteidigt er das „Projekt Europa" vor der pauschalen Kritik, die EU sei verantwortlich für die gegenwärtigen sozialen Probleme Europas. Delors ist argumentationsstark, kennt die Zahlen zur sozialpolitischen Unterstützung der EU – sie beträgt unterdessen ein Drittel des EU-Budgets. Er begründet den Ansatz des Binnenmarktes als Methode der sozialen Integration gegen einige anwesende Franzosen und Belgier, die eine Systemdebatte über das Wesen des Liberalismus und des liberalen Kapitalismus lostreten wollen. Delors rechtfertigt die Währungsunion und fordert endlich eine klare gemeinsame Außen- und Sicherheitspolitik der EU. Dabei kann er den

obligaten französischen Seitenhieb gegen die Amerikaner nicht lassen, die zwar in Bosnien 1995 endlich die Führung übernommen hätten, aber eben in der ihnen eigenen „certain arrogance". Der sozialistische Katholik ist ein willkommener Gast des Erzbischofs von Reims, Gérard Defois. Gemeinsam nehmen alle Tagungsteilnehmer am Abendgottesdienst teil. Neben mir sitzt Reinhard Marx aus Paderborn, seit zehn Tagen der jüngste deutsche Bischof. Er ist weltoffen, direkt und lebensvoll, hat Ausstrahlung und argumentiert klug und klar. Er habe mal Politiker werden wollen, erzählt er mir. Dann aber habe er doch das Höchste angestrebt, was es auf Erden gebe. Scherzhaft antworte ich ihm, das Bischofsamt sei ja auch sicherer als ein kurzfristiges politisches Amt. Soeben hat er zustimmend mein Buch über den Gemeinsinn gelesen (Kühnhardt 1994c). Delors rüffelt, dass wir beide so unbefangen und offenbar zu laut in der Kirchenbank tuscheln. Später tausche ich mit Delors den Friedensgruß. Zum Abendessen à la française werden alle Teilnehmer der kirchlichen Akademieveranstaltung in die Champagner-Keller der Veuve Clicquot geladen. Der älteste Champagner, den wir vekosten, stammt aus dem Jahr 1911.

Am Grab Charles de Gaulles in Colombey-les-Deux-Églises an der Aube. In der kargen Weite Lothringens ragt das lothringische Kreuz schon Kilometer vor der Ankunft wie ein Mahnmal der Ewigkeit auf den Besucher herab. „A General de Gaulle" steht an seinem Fuße und der pathetische, historisch nicht ganz klare Satz, dass Frankreichs Größe und die Freiheit der Welt seit zwanzig Jahrhunderten eine unverbrüchliche Einheit bilden. Im kleinen Museum ist de Gaulles Wagen aus den fünfziger Jahren zu sehen. Am Rande des Dorfes, nahe de Gaulles Landsitz La Boisserie, liegt die kleine, gedrungene Kirche mit dem Friedhof. Zwei französische Soldaten schützen das Grab mit der schlichten hellen Grabplatte: „Charles de Gaulle 1890–1970" in Goldbuchstaben, darunter „Yvonne de Gaulle 1900–1979"; zur Linken liegt die Tochter Anne (1928–1948) beerdigt. Im September 1958 hatte de Gaulle Konrad Adenauer an diesem Ort empfangen, es begann die geschichtswendende Aussöhnung der beiden Völker, vermittelt durch die Freundschaft ihrer großen Staatsmänner. Als de Gaulle hier im November 1970 bestattet wurde, nahm Deutschland lebhaften Anteil. Ich erinnere mich an eine Live-Fernsehsendung aus Colombey-les-Deux-Églises.

30. Oktober 1996, Berlin
Gespräch mit Henry Kissinger auf einer Tagung des Bundesverbandes Deutscher Banken in Niederschönhausen, dem ehemaligen Gästeschloss der DDR: „Ich glaube an Europas Einheit", sagt mir der frühere Außenminister der USA (1973–1977). Sogleich fährt er fort: „Die USA stehen in der Gefahr des Unilateralismus, fast könnte man sagen, eines Neo-Imperialismus. Die USA brauchen ein starkes Europa. Nur so lassen sich die USA von einer unilateralen Politik, die auf Dauer nicht gut gehen kann, abhalten." Er ist besorgt, dass das Interesse an Europa in den USA schwinde. Kissinger ist überzeugt, Deutschland werde weiterhin einen guten Kurs steuern und bestimmen, solange Kohl Kanzler sei.

Jean François-Poncet, Frankreichs früherer Außenminister, hält eine Eloge auf die europäische Integration bei gleichzeitiger Fortführung der Allianz mit den USA. Richard von Weizsäcker sagt, Europa brauche, wie die USA auch, nicht nur Integrations- und Kooperationsprojekte, sondern eine Vitalisierung des Staatsbürgerbewusstseins. Er plädiert für Estlands baldige EU-Mitgliedschaft, gerade wenn die NATO-Mitgliedschaft derzeit nicht infrage komme. Auf Dauer hält er die transatlantischen Allianzverbindungen für unersetzbar und vitalisierungsbedürftig. Ich überbringe Bundespräsident von Weizsäcker die Grüße des armenischen Katholikos: Ja, dorthin sollte er auch reisen, sagt er, und erinnert mich an die vielen Einladungen, die ihn seit dem Ende seiner Amtszeit gewiss mehr als ausfüllen.

Niederschönhausen war einst von König Friedrich II. von Preußen für seine Ehefrau ausgebaut worden, die wohl in dieses Schloss abgeschoben wurde. Der DDR diente Niederschönhausen lange Jahre als Gästehaus. Im Saal tagte 1990 der „Runde Tisch" der untergehenden DDR. Noch immer fühle ich mich irgendwie in einer Grauzone zwischen Preußen und der DDR. Das Mittagessen wird auf Meißener Porzellan serviert, etwas kitschig-grob der Goldrand. Auf der Unterseite ist zu lesen: „Made in the German Democratic Republic".

14.–15. November 1996, London
Überraschungsgast zu Beginn der Sitzung des Steering Committee der Königswinter Konferenz in der Residenz des deutschen Botschafters Jürgen Oesterhelt am Belgrave Square in London: Richard von Weizsäcker. Soeben hatte Jürgen Ruhfus, der deutsche Vorsitzende der Konferenz, mir das Wort erteilt zu einer Tour d'Horizon, um die anschließende Debatte zu initiieren. Da taucht unvermittelt von Weizsäcker auf, der später einen Universitätsvortrag in London halten wird. Auf Englisch fahre ich spaßeshalber fort, dass es mir leidtue, wenn er diesmal mir lauschen müsse. In das allseitige Gelächter hinein ruft Robert Leicht, Chefredakteur der *Zeit,* der zwischen meinem ehemaligen Chef und mir sitzt: „Auf diesen Moment hat Herr Kühnhardt seit Jahren gewartet!" Von Weizsäcker führt nach meinem Statement sehr eigenartige Punkte aus, zur Verwunderung der meisten, die es später auch offen sagen: Der Kapitalismus werde in Ostdeutschland von vielen mit Skepsis gesehen, da er genauso ökonomistisch sei wie der frühere Marxismus. Er sei so etwas wie der einzig verbliebene Marxismus. Auch Ralf Dahrendorf schüttelt den Kopf: Von Kapitalismus könne in Deutschland keine Rede sein, alles sei doch überreguliert. Die Gründer der Sozialen Marktwirtschaft seien durch die Vertreter der katholischen Soziallehre doch hinlänglich ethisch beeinflusst gewesen, verteidigt der liberale Agnostiker das Wirtschaftssystem des vereinigten Deutschlands.

Dinner mit dem Lordkanzler und Justizminister Lord Mackay of Clashfern im Lancaster House, wo 1979 die große Rhodesien-Konferenz stattgefunden hatte. Tischgebet vor Beginn des Essens, Toasts auf die Königin und den Bundespräsidenten vor dem Dessert. Großbritannien bleibt der klassische Fall europäischer Gediegenheit. Wenn man morgens nahe dem Kaufhaus Harrods Reiter durch den Hyde Park ziehen sieht, umgeben vom großstädtischen Autolärm, merkt man instinktiv, wie sehr dieses Land in sich ruht. Mit David Marsh, dem früherem *Times*-Korrespondenten in Bonn, schließe ich am Ende der Steering Committee-Sitzung im Chatham House eine Wette ab: Die Europäische Währungsunion wird 1999 zeitgerecht und verabredungsgemäß kommen. Er sagt „nein". Ich sage „ja". Zeuge ist der SPD-Bundestagsabgeordnete Siegmar Mosdorf. Es geht um eine gute Kiste Wein.[9]

6.–7. Februar 1997, Rom

Hat der Hegelianismus Italien erreicht? Im Goethe-Institut diskutiert ein Professoren- und Politikerkreis die Frage, ob und wie der Föderalismus auf Italien übertragbar sei, und ob und wie Italien eine Verfassungsreform im Spannungsfeld von Präsidialismus oder Kanzlerdemokratie bewerkstelligen solle. Mancher Teilnehmer der Runde wundert sich, warum ausgerechnet jetzt wieder einmal das deutsche System südlich der Alpen Modellcharakter entfalten solle. Joachim Fest, Herausgeber der *Frankfurter Allgemeinen Zeitung* erinnert daran, dass es schon einmal vor Jahrzehnten eine Philosophenschule in Neapel gegeben habe *„i begriffi"*, die den deutschen Theoriewahn zu kopieren angetreten war. Graf Luigi Ferraris, Senator auf Lebenszeit der noch immer nicht wirklich untergegangenen Ersten Italienischen Republik, fasst sich kurz und bündig: „Alles ist eine Quatschdebatte." Im Kern ist die italienische Staatsproblematik eine Parteienkrise, keine Verfassungstextkrise. Eine Föderalismus-Perestroika von oben mag eine Art offensiver Gegenstrategie gegen die Sezessionsträume der Lega Nord sein, ob sie nötig oder gar sinnvoll ist, steht auf einem anderen Blatt.

Jeder Blick auf die Ewige Stadt, die immer wieder Einzigartige, bestätigt, dass diese Gesellschaft stärker in sich ruht, als alle Theoretiker meinen. Wenn man die Via Condotti hoch schlendert und die Via Corso herunter bis zur Fontana di Trevi, spürt man von Wirtschaftskrise nicht viel. Im Kern, sagt der Juwelier Sanasi, sei die Krise eine moralische und religiöse. Die etwa Zwanzigjährigen seien Opfer ihrer Eltern, die versagt hätten. Sie hätten ihren Kindern zu häufig keinen Kompass mit ins Leben gegeben. Leben aber sei Verzicht und harte Arbeit. Italien sei noch nicht reif für den Euro. Zur gleichen Stunde versucht Ministerpräsident Romano Prodi in Bonn Bundeskanzler Helmut Kohl vom Gegenteil zu überzeugen. Die beiden Regierungschefs einigen sich, dass erst 1998 entschieden werde, wer die Maastricht-Kriterien erfüllt habe und Euro-fähig sei. Deutschland hat wenig Grund zum erhobenen Zeigefinger. Gestern kam von der Bundesanstalt für Arbeit aus Nürnberg die Hiobsbotschaft von 4,66 Mio. Arbeitslosen, 12,2 % aller Beschäftigungsfähigen in Deutschland. Der kranke Mann Europas lebt nördlich der Alpen.

19.–20. Februar 1997, Reykjavík

Die Zeitung *Morgunblaðið* kündigt meinen von der „Europabewegung" organisierten Vortrag an. „Pyzkaland" heißt Deutschland auf Isländisch, wobei das „P" als „Th"

---

[9] Ganz der Gentleman löst David Marsh später die für ihn verlorene Wette natürlich ein.

gesprochen wird, „professor i stjonmálafraedi vid kásko lann" bezieht sich auf meinen Beruf. Mein ehemaliger Student Auðunn Arnórsson, unterdessen Redakteur des *Morgunblaðið,* hat ein vorzügliches Programm zusammengestellt, um mir Gelegenheit zu geben, das nordwestlichste Land Europas und seine Weltsicht kennenzulernen. Island, das „Thule" der Antike. „Wir sind ein Gemeinwesen, dessen einziger Zweck es ist, auf das nächste Naturwunder, den nächsten Vulkanausbruch zu warten", sagt Ágúst Þór Árnason, Direktor des Isländischen Human Rights Center, selbstironisierend. Nach der Ablehnung der EU-Mitgliedschaft in Norwegen 1995 ist auch in Island der Atlantik wieder nach beiden Seiten hin gleichweit geworden.

In Reykjavík liegt Schnee, sonnenbeschienen breitet sich die Gletscherwelt des Vatnajökull aus, des größten Gletschers Europas. An der Straßenkreuzung fährt der Wagen des Ministerpräsidenten Davíð Oddsson vorbei, auf einer Seite führt er die tschechische Standarte. Der tschechische Ministerpräsident Václav Klaus ist zu Besuch in Island. Hoffentlich übernehmen die Isländer nicht die Klaus'sche EU-Philosophie, die die britische Schaukelpolitik noch überhöht. Im geradezu gemütlich-feinen Althing, dem isländischen Parlament, werfe ich einen Blick in die Deputiertenkammer. Ein sozialdemokratischer Abgeordneter spricht vor fast leeren Bänken. Bei den Präsidentenwahlen im Vorjahr wurde Vigdís Finnbogadóttir, Europas erste Staatspräsidentin, nach drei Wahlperioden abgewählt. Im Parlament hat eine Koalition von Unabhängigkeitspartei und nationalkonservativer Fortschrittspartei die Mehrheit. Ministerpräsident Oddsson hat das EU-Thema zum Tabu erklärt. „Wir bejahen stärkere europäische Kooperation", sagt Tómas Ingi Olrich, Abgeordneter der Unabhängigkeitspartei und stellvertretender Vorsitzender des Auswärtigen Ausschusses des Althings. Die EU habe sich seit einigen Jahren in eine Politik der Widersprüche begeben, sodass Island sehr skeptisch geworden sei. Er nennt die Idee einer gemeinsamen Währung und das Verhältnis zur NATO. Albert Jónsson, der außenpolitische Berater des isländischen Premierministers, führt in die isländische Walfischpolitik ein, die noch wichtiger ist als abstrakte politische Debatten. Es sei eine Sache des Prinzips, dass Island sich nicht dem Druck von Greenpeace und einer falsch informierten Öffentlichkeit in der Welt beuge. Es gebe keine wissenschaftlichen Beweise, dass der Walfang der Isländer die Walbestände dezimiere.

Im Traditionsrestaurant Naustid wird, wie vielerorts, Haifisch angeboten, in kleinen Stücken als Appetizer. Haifisch schmeckt scheußlich, wenn ich ehrlich bin. Der stinkende Fisch ist nur mit einem klaren Schnaps genießbar. Der gefangene Haifisch wird über mehrere Monate in einem Erdhügel fermentiert, bis er fast modrig ist. Dann wird er zerlegt und gegessen. Entgegen der offiziellen Fangpolitik ist stets auch frischer Walfisch in den hiesigen Fischgeschäften zu kaufen. Gunnar Schram, Jurist und ehemaliger Parlamentarier, meint, Island könne seine geostrategische Position fundamental verbessern, wenn es mit Grönland und den Färöer-Inseln eine Handelszone bilden würde. Die Politikwissenschaftler an der Universität Reykjavík sind hinsichtlich einer möglichen isländischen EU-Mitgliedschaft gespalten: Gunnar Helgi Kristinsson ist dafür, Hannes Gissurarson ist dagegen.

Islands Außenminister Halldór Ásgrímsson weist den Gedanken zurück, dass Island aus der WEU austreten wolle, wenn diese sich in die EU integriere. Er habe mit einer so verstandenen Bemerkung in der *Neuen Zürcher Zeitung* vom 8. Februar 1997 („Island erwägt WEU-Austritt") nur gemeint, dass dann die Frage virulent werde, welchen Sinn eine Mitgliedschaft für Länder habe, die nicht in der EU mitentscheiden könnten. Ásgrímsson strahlt Gelassenheit und provinzielle Bauernschläue aus. Für Island gebe es zwei zentrale Anliegen: 1) Die NATO müsse Kern des westlichen Institutionensystems bleiben; 2) die Fischereipolitik der EU sei inakzeptabel und verhindere, dass Island einen EU-Mitgliedschaftsantrag auch nur erwäge. Im Außenministerium wird mit großer Neugierde nach der zukünftigen Ausgestaltung der westlichen Beziehungen zu Türkei gefragt. Das Thema beschäftigt hier offenbar allerorten. Es scheint die Einschätzung der Amerikaner vorzuherrschen, aus strategischen Gründen enge Beziehungen zur Türkei zu pflegen, wenngleich die Sorge um Menschenrechte und die Kurdenproblematik geteilt werden.

21. Februar 1997, Akureyri
Zwischen dichten Wolken tauchen immer wieder die schneebedeckten Berge und das Gletschergebiet des Langjökull auf, ehe es bei aufgeklartem Himmel nach einem dreiviertelstündigen Flug hinein in den schönsten Fjord Islands geht. Akureyri liegt am inneren Ende des Fjords, vierzig Kilometer vom offenen Meer entfernt. Trawler lagern im Hafen des 15.000-Seelen-Ortes, der zweitgrößten Stadt Islands. Neue Autos, gepflegte Häuser, saubere Luft, bei maximal geothermischer Wärmenutzung gibt es keine Kohle- oder Gasemissionen in Island. Einige moderne Geschäfte in der Fußgängerzone unterhalb der etwa fünfzig Jahre alten Kirche künden von guter Lebensqualität am Rande des Polarkreises. Die Jugend wandere nicht ab, sagt Guðmundur Heiðar Frímannsson, Philosophieprofessor und Dekan der Erziehungswissenschaftlichen Fakultät. Kleine Dörfer würden in Island oft verlassen, aber Akureyri sei lebensfähig. Die neue Welle der Globalisierung sei gleichwohl eine Bedrohung für die Arbeitsplätze in Island. Um das Land vor zu starken Folgen der Globalisierung zu schützen, favorisiert er eine EU-Mitgliedschaft.

Akureyri wurde vor gut zweihundert Jahren zur Zeit der Zugehörigkeit Islands zum dänischen Königreich gegründet. Noch heute lernt jeder Isländer Dänisch als erste Fremdsprache. Island wurde 1904 „Home Rule" gewährt unter dem ersten Island-Minister Jóhann Hafstein, der in Reykjavík seinen Dienstsitz nahm. Im Jahr 1911 folgte die Souveränität unter der dänischen Krone, 1944 die volle Unabhängigkeit auf der Basis der dänischen Verfassung von 1859. Die erst so kurz bestehende Unabhängigkeit nicht wieder aufgeben zu wollen, ist noch immer das stärkste Argument der Gegner einer EU-Mitgliedschaft.

In Belgrad wird mein guter Bekannter Zoran Đinđić der erste nichtkommunistische Bürgermeister seit fünfzig Jahren. Ein erster, schöner Etappensieg für die Demokratie in Serbien. Mehr leider noch nicht.

22. Februar 1997, Þingvellir
Nevada im Schnee. Endlose Weiten in der Lavawüste Islands mit Vulkanbergen an Horizonten, die bis zu zweihundert Kilometer weit zu sehen sind. Alles ist in Schnee und Eis gehüllt. In der Ferne geht beides in den grauweißen Schaum des Uferrandes des Atlantischen Ozeans über. Im landwirtschaftlich nutzbaren Südwesten Islands werden in Treibhäusern Gemüse, Blumen und sogar Bananen angebaut. Überall hoppeln die putzigen Islandpferde, von denen es circa 80.000 gibt, mit ihren fünf Gangarten die ältesten nicht gekreuzten Pferde des europäischen Mittelalters. Gleißender Sonnenschein, fast wolkenfreier, hellblauer Himmel. Ich besuche Skálholt, den Sitz des ersten isländischen Bischofs. Island wurde im Jahre 1000 christianisiert unter Beibehaltung des Rechts, ad privatim die heidnischen Kulte zu praktizieren, die in den Sagas der Wikinger überliefert waren. Formell glauben nach einer Selbsteinschätzung mehr Isländer an Gott als in praktisch allen westlichen Ländern. Bei Nachfragen aber, so ist zu hören, stoße man darauf, dass der Individualismus, der Glaube an sich selbst, doch die zentrale Norm in Island sei. Die Götter der Wikinger hätten versagt. Deshalb habe man sich dem christlichen Gott anvertraut. Am meisten Vertrauen aber habe jeder Isländer zu sich selbst.

Am Wasserfall Gullfoss heben Eiskaskaden das rauschende Wasser in eine weltentrückte Sphäre (Abb. 4.15). Unweit davon der nicht mehr Wasser speiende Geysir, der der ganzen Gattung weltweit den Namen gegeben hat. Am Horizont der schneebedeckten Landschaft erstreckt sich der Langjökull-Gletscher. Bei stimmungsvollem Nachmittagslicht erreiche ich Þingvellir („Thingvellir" gesprochen), den mythischen ältesten Tagungsort der Isländer aus dem 10. Jahrhundert, an der windgeschützten Bergwand des Gesetzesberges gelegen, wie Pastor Heimir Steinsson die aufragende Spalte des amerikanisch-europäischen Grabenbruchs nennt, der an dieser Stelle beide atlantischen Kontinentalplatten verbindet. Der Pastor mit kleinem weißem Spitzbart und fülliger Figur wirkt wie ein Methusalem der Lavawüste, streng-freundlich und stolz auf das Nationalheiligtum seines Volkes. Nationale Identität und importierter christlicher Glaube sind hier in Þingvellir verschmolzen zu einer isländischen Symbiose. Die kleine Kapelle nahe dem Thingplatz mit ihren bäuerlichen Malereien des Abendmahls und der Kanzelbemalung aus dem 19. Jahrhundert, schmückt ein Turm aus dem Jahr 1907, ein Geschenk des Dänenkönigs Christian IX. Im Inneren der Kapelle befindet sich ein Bildnis Jesu, predigend mit Palmen im Hintergrund, auf dessen Erwerb in Dänemark mit in Island gesammeltem Geld Steinsson stolz hinweist. In Þingvellir trat das erste Althing („Jedermanns Thing") ab dem 10. Jahrhundert zusammen. Hier, am „Mountain of the Law" – wieder und wieder verwendet Pastor Steinsson das Wort, das den Berg Sinai und die Gesetzestafeln des Moses wachrufen soll – wurde im Jahr 1000 der christliche Glaube angenommen, 1944 Islands Unabhängigkeit ausgerufen, 1994 deren 50. Jahrestag gefeiert. Im Jahr 2000 werden Zehntausende der 269.000 Isländer zur 1000-jährigen Feier der Christianisierung erwartet.

Im Jahr 1914, so unterweist mich der *Baedeker*, dauerte die Schifffahrt von Kopenhagen nach Reykjavík acht bis dreizehn Tage (1914d, S. 477). Im Land der Geysire

Abb. 4.15 Vor einem Geysir nahe dem Gullfoss-Gletscher auf Island (1997). (© Ludger Kühnhardt)

("Strudel") konnte man sich nur auf den zähen Pferdchen fortbewegen. Auf Pferderücken dauerte die Inseldurchquerung siebzehn lange Tage. Ab Mitternacht, so sagt man mir, gehen die Leute erst so richtig aus, in Cafés, Kneipen, Bars. Morgens könne es, vor allem am Wochenende, schon einmal vier oder fünf Uhr in der Früh werden, wenn man wieder zu Hause sei.

25.–26. Februar 1997, Mailand
Bei einer Vorlesung in der Alta Scuola di Economia e Relazioni Internazionali (ASERI) der Katholischen Universität Mailand schlägt mir eine fast naive Europabegeisterung entgegen. Man will den Euro um jeden Preis, selbst dann, wenn er eine deutsche Hegemonie in Europa bewirken sollte. Deutschland könne eine solche Rolle in letzter Konsequenz überhaupt nicht ausfüllen, wende ich ein, wolle es aber auch gar nicht, weil das Land auf Partner angewiesen bliebe, vor allem auf die USA und auf Frankreich. Bloß einer der Studenten outet sich als massiver Anhänger von Padanien und der Autonomie der Lombardei knapp unterhalb der Eigenstaatlichkeit.

17.–20. April 1997, Richmond
Im historischen Jefferson Hotel, auf dessen imposanter Treppe Szenen aus *Vom Winde verweht* gedreht wurden, tagen die Atlantik-Brücke und der American Council on Germany mit ihren rund einhundert Gästen. Ich bin gebeten worden, in den Arbeitskreis einzuführen, der sich mit der Frage „Revising the Social Contract" befasst. Es wird fast bekenntnishaft über Werte, Religion, Ethik und Vorbilder gesprochen. Ich fühle mich in meiner These bestätigt, dass Deutschland ein theologisches, die USA ein religiöses Land sind. Deutsche „Hobbytheologen" wie Robert Leicht „outen" sich als solche. Amerikaner betonen den spirituellen Grundkonsens in ihrer Gesellschaft. Die zentrale Frage lautet: Wie gehen unsere beiden Länder mit dem Phänomen des Wandels, der Veränderung um? Die mentalen Unterschiede sind ebenso enorm wie die strukturellen. In den USA wird von der Freiheit, in Deutschland nur allzu rasch von der Gleichheit her gedacht. Richard Fisher, Investmentbanker aus Dallas, meint provozierend, wir Deutsche seien nicht optimistisch genug, immerfort unentschieden und zögerlich. Was aber ist mit den revolutionären Veränderungen, die den Ostdeutschen seit der Wiedervereinigung abverlangt würden? Das sei unvergleichlich gegenüber der Dynamik und der *Can-do*-Mentalität in den USA, erwidert man mir.

Ron Asmus hat seine Arbeit als Deputy Assistant Secretary of State aufgenommen und ist entschlossen, seinen Beitrag zu leisten, damit auch die Balten in die NATO kommen werden. Auf ihn ist gewiss mehr Verlass als auf die rhetorische deutsche Debatte, die zwischen großen Tönen der Solidarität und Defätismus wegen der Russen schwankt.

Die Tage in Richmond führen uns zurück in die Zeit der Southern Confederacy. Alex Wise will uns Deutschen mit seinem Sinn für die amerikanische Geschichte Impulse für die *reconciliation* geben, die doch auch im gegenwärtigen Europa ein Thema sei. Bei der Busfahrt durch die Monument Street hören wir viel von den „heroes" der Sezessionszeit. Ich wende mich an den neben mir sitzenden Freund Jack Janes: „Are not these men all traitors?" In den Südstaaten hört man solche Worte noch immer bestenfalls mit Widerwillen. Der Gouverneur von Virginia, George Allen, hält einen auch von den skeptischen Deutschen wohlbeachteten Vortrag, in dem er ausführt, der Sieg des Westens im Kalten Krieg sei erst komplett, wenn Russland als Demokratie integrierter Bestandteil der freien Welt geworden sei. General John Galvin, von 1987 bis 1992 Supreme

Allied Commander Europe (SACEUR), stimmt dem Gouverneur zu. Ich äußere meine altbekannte Skepsis über die Lethargie des Wandels in Russland. Im Gespräch mit Galvin, J. D. Bindenagel, dem *chargé d'affaires* der US-Botschaft in Bonn, und Dan Hamilton aus dem Planungsstab des State Department, höre ich erstmals das Wort von der „Berliner Republik" (Hamilton 1994). Joachim Gauck, der Bundesbeauftragte für die Stasi-Unterlagen-Dokumentation, vertraut mir seinen Frust über viele seiner linksliberalen westdeutschen Intellektuellenfreunde an, die mit der friedlichen Revolution in der DDR so wenig anfangen könnten. Er habe den Westen erst begriffen, nachdem er in Amerika gewesen sei. Westdeutschlands Selbstbild sei für einen freiheitssehnenden Ostdeutschen, selbst einen linksevangelischen Pastor wie ihn, äußerst befremdlich gewesen und geblieben.

Alex Wise und seine Frau Carrington nehmen einige Konferenzteilnehmer mit in ihre Episkopalische Gemeinde Glory and Holy Trinity. Carrington steht dem Kinderchor vor, in dem auch die vier Kinder der Familie Wise singen. Nach dem Gottesdienst gibt es ein Frühstück der Gemeinde, während die Kinder in der Bibelstunde sind. In seinen Kirchengemeinden lebt das beste Amerika.

23.–24. Mai 1997, Istanbul
Welch ein großartiges Bild bieten die Hagia Sophia, das bedeutendste Gebäude des byzantinischen Mittelalters, und die Sultan-Ahmed-Moschee, die überwältigend schöne „Blaue Moschee" der osmanischen Hochzeit. Mit Hüseyin Bağci stehe ich wieder einmal staunend vor den Wunderwerken Istanbuls. Wir durchstreifen das Gebäude des alten byzantinischen Hippodromes, stehen am Kaiser-Wilhelm-Brunnen, dem im Herbst 1898 errichteten Denkmal deutsch-türkischer Freundschaft (in Anerkennung der Konzession, die Bagdadbahn zu bauen), vor der Theodosius-Säule, faktisch eine altägyptische Säule aus der Zeit von Tutmosis III, und steigen hinein in die Jere Batan Serai-Zisterne, die vor einigen Jahren hervorragend saniert worden ist: ein fantastisches unterirdisches Wasserspeichersystem aus dem 6. Jahrhundert, eine Kathedrale großartiger Säulen. Vor acht Jahren machte die Altstadt noch einen heruntergekommenen Eindruck. Davon ist nichts mehr zu spüren. Um Mitternacht geben Hüseyin Bağci und ich ein Live-Interview im Fernsehsender *TRT Avrasya*, den ein Millionenpublikum von Westeuropa bis tief nach Zentralasien schaut. Der Moderator Atil Ashar befragt uns zum Stand und den Perspektiven der deutsch/europäisch-türkischen Beziehungen, die in der Tat in der letzten Zeit belastet waren. Hüseyin übersetzt für mich die Frage des Reporters und meine Antworten für ein Millionenpublikum.

In einer Welt aus *Tausendundeiner Nacht,* dem Çırağan Palast Hotel am Ufer des Bosporus mit einem fantastischen Blick auf die asiatische Seite der Stadt und auf die Altstadt mit Topkapı-Palast und Süleymaniye-Moschee, tagt der Bergedorfer Gesprächskreis, auf eine Anregung von mir nach den Grenzen Europas fragend. Im *Baedeker* zu Konstantinopel und Kleinasien von 1914 heißt es: „… folgt die Ruine des von Abdul Asis 1863–67 erbauten und mit verschwenderischstem Luxus eingerichteten Tschiragan

Serai, den der Sultan Murad V. von seiner Absetzung (1878) bis zu seinem Tod (1904) bewohnte; er diente im Winter 1909/10 als Parlamentsgebäude" (1914b, S. 150 f.). Der Palast brannte 1910 ab, weil Löschfahrzeuge fehlten. Neben dem Dolmabahçe-Palast gelegen, dem letzten Sultanspalast und Sterbeort Atatürks, wurde der Çırağan Serail in den achtziger Jahren prächtig restauriert und durch einen großartigen Hotelbau erweitert.

Beim Frühstück im herrlichen Garten des Çırağan-Palasts setzt sich der ehemalige Bundespräsident Richard von Weizsäcker, der den Bergedorfer Gesprächskreis leitet, zu Hüseyin Bağci und mir. Wir plaudern lebhaft über Atatürks Verdienste und seine eigenen Türkeierfahrungen. Gut gelaunt meinte er, Politiker seien eben immer nur zu kurzfristigem Denken fähig, „glauben Sie mir, ich habe da gewisse Erfahrungen." Er erzählt von einem Besuch in Lemberg in der Vorwoche. Alles sei dort deprimierend gewesen und zugleich sehr „k. u. k."-ähnlich. Als ich ihm von meinem Besuch bei Kardinal Ljubatschiwskyj vor einiger Zeit erzähle, meint er: „Na ja, Ihr Katholischen habt die Griechisch-Unierten ja gleich vereint, um Proselyten zu machen."

Während des Abendempfangs im Generalkonsulat sitzen wir unter einem Schinken von Bild, das Kaiser Wilhelm II. in der Uniform eines Paschas zeigt: Fes, Reitstiefel, leichte Pluderhosen, Säbel, hochdekoriert. Lothar Rühl, Publizist und ehemaliger Staatssekretär im Bundesverteidigungsministerium, wundert sich über das Eiserne Kreuz an seiner Brust. Eine solche Auszeichnung habe der letzte Kaiser der Deutschen doch nie erhalten. Nicht frei von karnevalistischen Zügen ist diese Karikatur eines Kaisers. Von Weizsäcker lacht spöttisch beim Anblick des Porträts: „Sultan Wilhelm II." Der Reichsadler ziert im Ballsaal noch immer das Fensterglas, ebenso das schmiedeeiserne Eingangstor. Vor der Tür beginnt aber sogleich das türkische Leben, geschäftig, keine schönen Häuser, etwas grau, aber solide. Eine Gesellschaft auf dem Weg von der Agrar- zur Industriegesellschaft, auf der Suche nach einer neuen Balance von Authentizität und Modernität, von Laizismus und Religion, ohne Alternative nach Europa hin orientiert. Die Türkei ist ein Schlüsselpartner Europas in einer sich verändernden Geopolitik.

Vor der Hagia Sophia hatte ich wenige Stunden zuvor eine „Pro-Demokratie-Demonstration" der sozialistischen Partei der Freiheit und Solidarität (ÖDP) erlebt, Plakate der linksgerichteten, 1994 gegründeten Kurden-Partei HADEP gesehen und fast so viele Polizisten mit Schlagstock wie Demonstranten, aber auch deutsche Panzerspähwagen. Eine friedliche Demonstration der türkischen Demokratie, die sich selbstbehaupten kann und nicht von Europa immerfort in ein „fundamentalistisches Abseits" hineingeredet werden darf. Die deutschen „alten Hasen" beim Bergedorfer Gesprächskreis waren positiv überrascht von der offenen, selbstkritischen Art, wie die Türken über die Kurdenfrage debattiert haben. Die Perspektive bleibt schwierig. Im Verlauf der Tagung verliert in Ankara die Regierung Erbakan ihre Parlamentsmehrheit durch weitere Austritte von Abgeordneten aus der umstrittenen Koalition von Refah Partisi (Erbakan) und DYP (Partei des Rechten Weges, Tansu Çiller). Innenpolitisch stehen der Türkei wieder einmal unkalkulierbare Zeiten bevor. Dies ändert nichts an der außenpolitischen Bedeutung des Landes am Bosporus.

18. Mai 1997, Antwerpen
Dirk Rochtus, Bonner Kommilitone und heute Direktor des Centrum voor Duitslandstudies der Handelshochschule Antwerpen, schildert Belgien als Land des „magischen Realismus". Die Verfassungsprobleme dieses europäischen Kunststaates, so Dirk, seien gravierend. Das Thema der möglichen Sezession Flanderns hat zugenommen, auch in moderaten Kreisen. In Antwerpen besitzt der radikalseparatistische Vlaams Blok die Mehrheit im Gemeinderat. Die Europabegeisterung hat allerorten abgenommen. Die holländischen Investitionen in Flandern nehmen zu, ohne dass ein mental-kulturelles Gemeinsamkeitsgefühl wachsen würde. Dafür ist die konfessionelle Grenzziehung zwischen dem katholischen Flandern und den protestantischen Niederlanden immer noch zu stark.

7.–8. Juni 1997, Visby
Nachdem die NATO und Russland am 26. Mai 1997 mit der „Grundakte" eine neue Basis ihrer Zusammenarbeit beschlossen haben, gewinnt die Frage nach dem künftigen Platz der baltischen Republiken und Polens in Europas Architektur eine neue Dynamik. Polen wird zu den ersten neuen NATO-Mitgliedern gehören. Für die baltischen Staaten bleiben NATO- und EU-Mitgliedschaft einstweilen unentschieden. Seit über einem Jahr, so ist zu hören, verwendet selbst Bundeskanzler Kohl nicht mehr die Formel „Deutschland ist Anwalt der Balten". Aber wir sollten es sein. Estlands Außenminister Toomas Ilves, den ich noch aus seiner Zeit als estnischen Botschafter in Washington kenne, präsentiert bei dem wiederum von der Jarl Hjalmarson Foundation und der Konrad-Adenauer-Stiftung organisierten Gesprächskreis ein klar strukturiertes Konzept: Polen werde wieder eine regionale Führungsmacht, wodurch die historischen Ungerechtigkeiten korrigiert würden und die wirtschaftliche Dynamik Estlands, Lettlands und Litauens werde ein unübersehbarer Tatbestand der Region werden. Eine baltische Mitgliedschaft in der EU bringe dieser Nutzen: Beiträge zu einer dynamischen Wirtschaft, ein stabiles Grenzregime zu Russland, Kontrolle grenzüberschreitender Kriminalität, Mithilfe in Krisenregionen, so wie bei der Balkan-Implementationstruppe IFOR, mit Polizisten in Albanien. Die europäische Sicherheitssphäre werde durch die Mitwirkung der Balten ausgedehnt.

Bundesverteidigungsminister Volker Rühe stellt in seiner klugen und unaufgeregten Art die großen Erfolgslinien dar, die die NATO seit 1989/1990 gezogen habe. Es werde viel zu viel über drittrangige Fragen gestritten, dabei aber würden die historischen Erfolge der letzten Jahre vernachlässigt. Er argumentiert, dass Fortschritte bei der europäischen Verteidigungsidentität notwendig seien, um die Amerikaner in Europa zu halten. Das Gleiche sei ein Hauptmotiv für die Beibehaltung der deutschen Wehrpflicht. Die Osterweiterung der NATO wäre ohne seine konsistente Politik von Anfang an wohl kaum zur bevorstehenden Wirklichkeit geworden. Im Jugoslawienkrieg habe es schlicht und einfach massive Meinungsunterschiede unter den westeuropäischen Mächten gegeben. Der Glaube an eine EU mit Staatscharakter, Währung und Armee sei „ein Märchen". Er wird deutlich in Richtung der Balten im Saal: „Auf die EU würde ich an

Ihrer Stelle nicht vertrauen." Dauerhafte Stabilität in Nordeuropa setze die baltische Mitgliedschaft in der NATO voraus.

Carl Bildt, von 1991 bis 1994 schwedischer Ministerpräsident und derzeit Hoher Repräsentant der EU für Bosnien und Herzegowina, erinnert daran, dass vor dreihundert Jahren im Ostseeraum „ethnische Säuberungen" nicht weniger üblich gewesen seien als heute auf dem Balkan, wo er höchst engagierte Aufbauarbeit leiste. Dennoch: Europa sei wieder einmal nicht der vorrangige Akteur, klagt Bildt, obgleich die EU vordergründig im „driver seat" sitze. In Bosnien herrsche immer noch höchstens ein Waffenstillstand. Auf Zypern sollte die EU aufgrund des Antrags der Insel auf Mitgliedschaft klare Konturen für eine gemeinsame Lösungsstrategie von Griechen und Türken zeigen.

28.–31. Juli 1997, Aşgabat
Die Karakum-Wüste ist nur zu erahnen. In der Hauptstadt Turkmenistans („Stadt der Liebe") steht die Luft zur Mittagszeit bei 31°. Am nächsten Mittag sind es 50° im Schatten. Aşgabat ist nicht viel mehr als eine gut hundert Jahre alte Siedlung in einer Oase am Rande des mit seinem blaugrauen Gestein südlich der Stadt schroff ansteigenden Kopet-Dag-Gebirge, der Grenze Turkmenistans zum Iran. Im Zuge der Südexpansion in der zweiten Hälfte des 19. Jahrhunderts wurde diese Gegend als letztes Teilstück des alten Turkestans von den zaristischen Truppen eingenommen. Die Durchquerung der Wüsten des alten Khanats nach China hatte sich für die Russen zur Zeit des „Great Game" als ebenso schwierig erweisen wie für die Engländer die Durchdringung der massiven Berge aus Indien kommend. Die Russen waren 1881 schließlich bis Aşgabat vorgedrungen. Die Grenze zwischen Persien und Afghanistan war stets die Grenze von Einflusszonen. Erst ging es um Russen und Briten, im Kalten Krieg zunächst um die Sowjetunion und die westlichen Verbündeten des Sicherheitssystems CENTO, dann um den Schutz vor der Ausweitung von Chomeinis Fundamentalismus, heute um die Kontrolle der Drogenbarone Afghanistans.

Fünfundsiebzig Prozent der Fläche des heutigen Turkmenistans, das am 27. Oktober 1991 seine Unabhängigkeit erklärte, sind Wüste. Nur in wenigen Oasen am Kaspischen Meer und am Kopet-Dag-Gebirge ist menschliche Siedlung möglich. Doch auch hier pflegt die 4,6 Mio. starke Bevölkerung Traditionen des Nomaden- und vor allem des Clanlebens aus alter Zeit. Die Bodenschätze – für 1995 werden sie mit fünf Millionen Tonnen Rohöl und 35 Kubikmeter Erdgas angegeben – haben dieses Gebiet neben der bewässerungsintensiven Baumwollproduktion zu einer begehrten Sowjetkolonie gemacht. Während unterdessen die ökologischen Schäden der massiven Wasserentnahme aus dem Amudarja zur Existenzfrage all jener Länder geworden sind, die von der Versalzung des Aralsees betroffen sind, versprechen Öl und Gas künftigen Wirtschaftsboom. Anders als in Aserbaidschan aber ist dies in Turkmenistan einstweilen noch Traum. Vor wenigen Tagen hat der US-Kongress seine Reserve gegen das Erdgasprojekt aufgegeben, das Gas von Turkmenistan über den Iran und durch die Türkei ans Mittelmeer bringen soll. Jetzt kann die Konkretisierungsphase im Sinne der Zusammenstellung eines Konsortiums beginnen.

Vizeaußenminister Yolbars Kepbanow erläutert den Standpunkt Turkmenistans zur Aufteilung der Anrainerrechte am Kaspischen Meer. Turkmenistan neigt grundsätzlich zur Kondominiumstheorie wie Russland und Iran: Jedem Anrainerstaat solle ein fünfundvierzig Meilen breiter Küstenstreifen zugesprochen werden bei gleichberechtigter Aufteilung der Mitte des Kaspischen Meeres. Aserbaidschan ist für eine sektorale Aufteilung des Meeresgrundes und betrachtet die Meeresoberfläche und den Luftraum als internationale Gebiete.

Botschafter Hans-Jürgen Keilholz, der als letzter Deutscher 1991 unter dramatischen Umständen in Somalia evakuiert worden war, ist überzeugt, dass die starken, durch die Sowjetzeit zusätzlich liberalisierten Frauen der wichtigste Faktor seien, um in Turkmenistan die Ausbreitung eines radikalen Islam zu verhindern. Staatspräsident Saparmurat Nijasow, der sich „Türkmenbaschi", Vater aller Turkmenen, nennt, hat die Einheit der Nation als oberste Priorität im schwierigen Entwicklungs- und Transformationsprozess des seit 1991 unabhängigen Landes ausgegeben. Ende August wird er zum Staatsbesuch nach Deutschland kommen. Um Türkmenbaschi hat sich ein veritabler Personenkult etabliert: „You should glorify your motherland", steht in englischer und turkmenischer Sprache neben einem überdimensionierten Präsidentenporträt. Türkmenbaschi *all over:* auf Plakaten, an Häusern, in Büros, sogar auf dem Zifferblatt der Uhr des Botschafters. Der Parlamentspräsident Sakhat Muradow beginnt das Gespräch mit einer Eloge auf Türkmenbaschi. Er selbst war vierzig Jahre lang KPdSU-Mitglied, ist jetzt parteilos. In der Medschlis mit ihren fünfzig Mitgliedern, der er vorsteht, gibt es nur eine Partei, die sich ausgerechnet Demokratische Volkspartei nennt. Ein Parteien- und Fraktionswesen, so Muradow, sei überflüssig. In Turkmenistan regierten die Gesetze. Turkmenen seien an und für sich Philosophen und würden keine polarisierten Debatten polarisierter Art mögen. Viel eher schätze man den Ältestenrat, den Rat der Weißbärte, *Aksakal.*

Turkmenistan erinnert eher an die hintere Türkei als an die Sowjetunion. Die grüne, etwas gesichtslose, aber saubere Oasenstadt mit ihren Obst-, Gemüse- und Hammelfleischmärkten. Die Frauen in ihren farbenfrohen langen Kleidern, ohne Schleier und nur selten mit einem Kopftuch. Die Männer, häufig mit einem kleinen Bärtchen, oft im modernen Anzug und gleichzeitig mit einer bestickten islamischen Gebetskappe auf dem Kopf. Die kleinen Häuser, um die herum schlechte, fast abbruchreife Plattenbauten stehen. Neue Hochhäuser sowie das halbfertige Luxushotelviertel Berzengi, um das herum ein Diplomatenviertel im Entstehen ist. Alles wirkt etwas langweilig und verschlafen. Fahrt an die iranische Grenze, durch mächtige, karge Schluchten, vorbei an Nomaden und einigen Feriensiedlungen in einer archaischen Bergwelt, hinter der sich der Iran machtvoll ankündigt. Wir passieren ein Kurdendorf, die im Zuge des zweiten Weltkrieges aus dem Iran geflohen sind. Wir sehen Nissa, die Ruinen der Parther-Hauptstadt, die bis zum dritten Jahrhundert als hellenistisches Zeugnis am Rande des heutigen Aşgabat existierte. Ich fahre zum Karakum-Kanal, der das Wasser des Aralsees und des Amudarja zu Bewässerungszwecken abführt und bald schon bis zum Kaspischen Meer führen wird. Die Menschen sind bodenständig, eher verhalten als verschlossen, ruhig und beobachtend. Sowjetischer Mief schlägt mir nur beim letzten Gespräch entgegen: Beim Geschäftsträger der Russischen Föderation, Borsilo, dessen Protokollführer Alexander Kolesnikow ohne jede Not aus einer KGB-Abteilung stammen könnte. Es ist schon ein eigentümliches Gefühl, in Aşgabat in die russische Botschaft zu gehen. Wo vor sieben Jahren noch Hammer und Sichel der Sowjetunion hingen, schmückt jetzt das russische Staatswappen mit Zarenkrone den Eingang. Der russische Botschafter jammert über die schlechte Behandlung seiner Landsleute, die immerhin 37 % der Bevölkerung Turkmenistans ausmachten.

Der Mufti von Turkmenistan, formell der Vorsitzende des Religionsrates beim Präsidenten von Turkmenistan, Yagsymyrat Atamyradow, mit Schafpelzmütze, wallendem Bart, in einem weißgrauen Kittel gekleidet, empfängt im schönen neuen Gebäude des staatlichen Religionsrates, neben dem mit türkischer Hilfe eine Riesenmoschee nach dem Muster der Hagia Sophia entsteht: Jeder habe jetzt seine Religionsfreiheit. Es gebe heute 240 Moscheen und 10 russisch-orthodoxe Kirchen in Turkmenistan gegenüber vier Kirchen vor 1990. Am Gespräch nimmt auch der russisch-orthodoxe Pater Andreij teil. Sein größter Wunsch an Gott sei, dass er das Leben von Türkmenbaschi lang werden lasse. Der stellvertretende Mufti hat keine formelle Ausbildung. Unterdessen erhalten angehende Imame religiöse Unterweisung in Kairo und in der Türkei. Der Iran mische sich nicht in Turkmenistans Angelegenheiten ein. Hier sei es undenkbar, dass Frauen einen Schleier trügen, versichert Imam Yagsymyrat Atamyradow.

Der Vorsitzende des ebenfalls dem Staatspräsidenten unterstellten Menschenrechtsinstituts, Wladimir Kadyrow, berichtet, dass die Arbeit am Zivilgesetzbuch bald abgeschlossen sei, mithilfe eines deutschen Professors. Ein Artikel in der *Frankfurter Allgemeinen Zeitung* vom 22. Juli sei falsch: Es gebe keine politischen Häftlinge in Turkmenistan. Er habe sich erkundigt, die Leute, von denen dort die Rede sei, seien verurteilt wegen Rowdytum während der „Brotdemonstration" 1995. Amnesty International sei Gerüchten aufgesessen. Das sieht Amnesty International natürlich sehr anders.

Generalmajor Mulkamamedov, Generalstabschef Turkmenistans, Ende vierzig, ein lockerer, offener Mann, schildert die Schwierigkeiten des Umbaus der Armee nach dem Ende der Sowjetunion. Es habe kaum turkmenische Kader gegeben. Fünfhundert Offiziere seien seit der Unabhängigkeit in der Ukraine ausgebildet worden, auch Pakistan und die Türkei halfen bei der Ausbildung der neuen Armee. Turkmenistan akzeptiere keinerlei „kollektive Sicherheitskonzepte" im Rahmen der GUS. Seit 1994 beteilige Turkmenistan sich aktiv am NATO-Programm Partnership for Peace. Zur Frage der Rolle der Türkei in Zentralasien verweigert der Generalstabschef die Antwort: Das sei eine politische Frage, auf die er nicht antworten wolle. Mit Russland gebe es eine Zusammenarbeit bei der Luftverteidigung. Das Gespräch endet mit heiteren Worten über bayerisches Bier.

Die deutschen Diplomaten führen das Nummernschild 4, die Russen die Nummer 2, als erstes Land, das nach der Unabhängigkeit akkreditiert wurde, führen die Türken die Nr. 1. Der türkische Botschafter Yiğit Alpogan gehört gewiss zu den Top-Diplomaten seines Landes. Die Beziehungen der Türkei seien zu allererst emotional, die Turkmenen seien Brüder, die anderen Völker Zentralasiens Neffen. Die wirtschaftliche Präsenz der Türkei sei entsprechend hoch: 2,8 Mrd. US$ Investitionen in Turkmenistan allein. Die politische Besuchsdiplomatie ist intensiv. Botschafter Alpogan malt die Perspektiven der Wohlstandsgewinnung aus, wenn die Gaspipeline via Iran in die Türkei zustande kommen sollte. Alpogan zeigt sich sehr beglückt über den amerikanischen Meinungswechsel. Er berichtet von turkmenisch-türkisch-israelischen Projektideen hinsichtlich einer Gas- oder Ölpipeline zugunsten aller drei Länder. Der turkmenische Staatspräsident soll übrigens, so munkelt man, mit einer Jüdin verheiratet sein.

1. August 1997, Chodschand
Keine Grenzkontrolle zwischen Usbekistan und Tadschikistan gemäß den Absprachen in der GUS. Plötzlich steigen die kargen Berge des Pamir-Vorgebirges aus dem Nichts von Sonne, Staub und Feldern auf. Die Lehmhütten machen teilweise einen noch kargeren Eindruck als in Usbekistan, ebenso die Qualität der Straßen und Autos. Chodschand ist eine lebhafte orientalische Stadt mit einem quirligen Basarleben, Frauen in hübschen bunten Kleidern, herzige Kinder, freundlichen Begegnungen. Gegenüber dem Basar wird die große Moschee gerade erweitert. Der Deutschdozent, der mich begleitet, sieht erstmals in seinem Leben eine Moschee von innen. Von den rund 70.000 Russen haben die meisten unterdessen Tadschikistan verlassen. Das Land orientalisiert sich wieder. Am Syr Daria blicke ich auf die Hochhäuser der sowjetischen Neustadt, in deren Mitte weiterhin eine Lenin-Statue thront. An diesem Ort stand schon Alexander der Große, den sie hier den „von Mazedonien" nennen und der die Stadt als Alexandria Eschata 329 von Christus begründet hat. Er kam erobernd, die Russen später ebenso. Von ihm blieben die Reste seiner Festung auf einem Lehmhügel. Von den Russen blieben Elektrizität, Alphabetisierung, Säkularismus. Der Rektor der Universität Chodschand, Saidullo Abdullaew, beklagt, dass die Russen eine imperialistische Kolonialpolitik betrieben und Tadschikistans Rohstoffe ausgebeutet hätten. Die Veränderung vom kyrillischen auf das arabische Alphabet dauere eine Weile, sei aber aus Gründen der Wiederentdeckung der reichen kulturellen Traditionen nötig. Islamischer Fundamentalismus sei keine Gefahr für Tadschikistan. Wissenschaftliche Kontakte pflegt die Universität, an deren Hauptportal noch immer Lenin funkelt, auch nach Großbritannien – in der Fledermausforschung.

Abends lädt die Oblastverwaltung in ein privatisiertes Restaurant. Neben Trinksprüchen lauschen wir gemeinsam dem Fernsehbericht über die Sitzung des tadschikischen Parlaments, in dessen Verlauf mit großer Mehrheit von der einzigen dort vertretenen Partei das Amnestiegesetz angenommen wurde. Dies gilt als ein wichtiger Baustein im Friedensprozess, der durch Russland, den Iran und die UNO vermittelt wurde und am 27. Juni 1997 in der Unterzeichnung des Friedensvertrages in Moskau durch Präsident Emomalij Rahmon und den Führer der vereinigten Opposition, Said Nuri, seinen ersten bedeutenden Durchbruch nach dem fünfjährigen Bürgerkrieg erfuhr. Präsident Rahmon, sonst immer ein undurchschaubares Pokerface, hält eine engagierte, emotionale Rede an seine Abgeordneten, um die Skeptiker davon zu überzeugen, dass die Amnestie der Bürgerkriegsgegenpartei der einzige Weg zum Frieden in Tadschikistan sei. Immerhin wird er durch 50.000 russische Soldaten garantiert, ohne die Rahmon, ein früherer Kolchosechef, und die alte kommunistische Nomenklatura um ihn herum wohl kaum noch an der Macht wären. Das Stadttheater von Chodschand ist eine Pilgerstätte, seitdem Rahmon vor dessen Türen im Mai nur knapp einem Attentat entgangen ist. Deutschlands Botschafter Matthias Meyer, dem ich erstmals im Januar 1979 in Bombay bei einer Veranstaltung der Deutsch-Indischen Handelskammer zu Ehren von Hermann Josef Abs begegnet bin, meint, Nuri sei kein fundamentalistischer Islamist, trotz seines Bartes, sondern eher gemäßigt, habe aber auch radikale Kräfte in seinem Lager zu bändigen. Turkmenistan befindet sich in einer Gemengelage von Machtkampf, kommunistisch-islamischer Konfrontation, Clan- und Regionalauseinandersetzung und dem immer wieder frischen Streit um Personen. Über 50.000 Menschen haben seit dem Höhepunkt des Bürgerkrieges 1992/1993 ihr Leben verloren. Jetzt leuchtet ein neuer Silberstreif des Friedens am Pamirgebirge.

2.–3. August 1997, Duschanbe
Aus der einigermaßen klapprigen Propellermaschine heraus kann man die bis zu 5500 m hohen Bergspitzen der immer karger werdenden Turkestankette förmlich anfassen. Vereinzelte Oasendörfer unter mir, in den Nebeln der Ferne, über denen immer wieder schneebedeckte Bergspitzen hervorscheinen, ahnt man Pamir und Hindukusch mit ihren gewaltigen Bergmassiven. Mondartige Schluchten. Der Landweg ist nur in wenigen Sommermonaten offen und auch dann ist die knapp vierhundert Kilometer lange Autofahrt über Pässe und durch wilde Schluchten beschwerlich. Nur noch wenige Kilometer Luftlinie trennen Duschanbe von Afghanistan. Der Amudarja markiert die Landesgrenze, die im Osten, an China heranreichend, in den Wakhan-Zipfel übergeht, ein eigenartiges Produkt des „Great Game" zwischen Briten und Russen im 19. Jahrhundert.

Während ein Brot dreizehn Cent kostet, erhält ein Rentner weniger als einen US-Dollar pro Monat. Ein durchschnittlicher Regierungsbeamter verdient vierzig US-Dollar im Monat, ein Professor fünf US-Dollar. Duschanbe ist durchaus gefällig, sauber, mit seinen breiten Straßen, vor allem dem platanenbestandenen Hauptboulevard Rudaki-Prospekt, nach dem Nationaldichter benannt. Wir werden nahe dem Präsidentenpalast in einer „Regierungsdatscha" auf dem Gelände des großzügigen Geländes der Nomenklatura-Siedlung in parkähnlicher Umgebung untergebracht, direkt neben den Residenzen von Premierminister Asimov und Staatspräsident Rahmon. Das Haus atmet den spießig-kommunistischen Duft von Berlin-Wandlitz: Plastik- und Billiggardinen, Teppiche als Klobedeckung, billigst furnierte Schränke, schlechte Armaturen und Elektroinstallationen, Billiglüster, schwere alte Filmvorführgeräte und unangeschlossene Fernsehgeräte. Vor der Tür haben sich die Leibwächter des Präsidenten eingerichtet. Im Park sind immer wieder schwerbewaffnete Sicherheitskräfte zu sehen.

In seinem Zuckerbäckerstil-Büro mit spießig-kommunistischer, plastikartiger Buchwand empfängt vor laufender Fernsehkamera der stellvertretende Parlamentspräsident, Abdulmadschid Dostijew. In Personalunion ist der Mann stellvertretender Vorsitzender

der Nationalen Versöhnungskommission und Vorsitzender der Volksdemokratischen Partei. Ein etwas melancholischer Apparatschik, Anfang fünfzig, arg schwitzend. An dem Tisch, an dem wir sitzen, wurde unter seinem Vorsitz die Verfassung ausgearbeitet, die seit 1994 Tadschikistan von einem parlamentarischen zu einem präsidentiellen Regierungssystem geführt hat. Das Volk, so Dostijew, ist der gewaltsamen Kataklysmen der letzten Jahre müde. Auch nach dem Amnestiegesetz bleibe es schwer, Versöhnung in Dörfern zu fördern, wo sich soeben noch Nachbarn getötet hätten. Der außenpolitische Berater von Staatspräsident Rahmon, Karimdschon Juldaschew, ist rhetorisch versiert: „Der Frieden ist auf tadschikischen Boden zurückgekehrt." Das Volk sei kriegsmüde, erstmals sei eine muslimische Partei zugelassen. Russland sei immer hier gewesen und werde hierbleiben, denn der Friede in Tadschikistan bleibe zerbrechlich. Am Ende wird er pathetisch: „Das 21. Jahrhundert wird das Jahrhundert Chinas und Deutschlands." Wie auch Turkmenistans Vizeaußenminister Kepbalow verliert er wenig gute Worte über die Europäische Union.

Premierminister Jachjo Asimov, Anfang fünfzig, locker, kompetenter Wirtschaftsreformer, erklärt seine Wirtschaftsreformpläne und bedauert, wie schwer es sei, da es keine akademischen Umbaupläne vom Kommunismus zur Marktwirtschaft gebe. Ein solches Buch hätten Marx und Engels leider nicht geschrieben. Die kleine Privatisierung sei abgeschlossen, das Planungsministerium unlängst nach Freigabe der Preise und des Außenhandels liberalisiert worden, was immer das heißen mag. In der ersten Hälfte 1997 habe es schon sechs Prozent Wirtschaftswachstum gegeben, man erwarte eine Verdoppelung der Getreideproduktion. Baumwolle bleibe das Hauptexportgut, vom Ziel einer Million Tonnen pro Jahr wurden 1997 bisher schon 600.000 t Export erreicht. Der Premierminister erwähnt Gold, Erze und Arzneiprodukte.

Der UNO-Vertreter Gerd-Ullrich Merrem weiß zu berichten, dass in Afghanistan rund 2500 t Rohopium angebaut und zu rund 170 t Heroin verarbeitet würden. Der Preis dafür in Moskau oder in New York liege bei 100.000 US$ pro Kilo. Die Antwort könne nur heißen: Ende des Krieges in Afghanistan, friedliche Entwicklung und Entzug der Waffengeschäfte. Merrem hat den Waffenstillstand vermittelt, der am 27. Juni in Moskau von Rahmon und Oppositionschef Nuri in Anwesenheit von Russlands Ministerpräsident Jelzin und Irans Außenminister Velayati unterzeichnet worden ist. Entscheidender außenpolitischer Faktor war Irans Schwenk zugunsten einer Verhandlungslösung. Jetzt sei der UNO-Auftrag erfüllt, die Rolle der OSZE werde wichtiger.

Aus Chorugh, unweit der afghanischen Grenze, stammt Vizeparlamentspräsident Abdulmadschid Dostijew, der zu einem opulenten Mittagessen in ein Regierungsrestaurant südlich von Duschanbe am Wachsch-Fluss lädt, der über die afghanische Grenze bis Masar-e Scharif führt. Der Mann ist ein stämmiges Schlitzohr mit Schnauzbart, der nur zu gerne darum bittet, Europa möge mit viel Geld die Infrastruktur für die Bekämpfung des Rauschgifthandels finanzieren. Er werde dabei nur zu gerne mitwirken. Am Ende der Diskussion erzählt er ganz lakonisch, dass in seiner Berggegend, in der bei 4500 m Höhe die Menschen Yaks züchteten, Rauschgift regelmäßig als Medikation für Kinder mit Durchfall oder an alte Menschen gegeben werde. Selbstverständlich sei Rauschgift Medizin.

Das Gespräch mit dem militärischen Führer der islamischen Partei Wiedergeburt, Dawlat Usmon, und seinem Deutsch sprechenden Mitstreiter Yussuf wird zur großen Überraschung. Die eigenartige Begegnung findet in einer der Regierungsdatschen statt, einen Steinwurf von unserer eigenen und der des Staatspräsidenten im gleichen Park entfernt. Ob er an diesem Ort bewacht werde oder schon eine Art Halbkoalitionspartner sei, frage ich den gut vierzigjährigen Usmon. Man könne beides sagen, antwortet er sibyllinisch. Er doziert über einen gemäßigten politischen Islam, erzählt, dass fast alle islamischen Führer, die er in der Welt getroffen habe, unsicher seien, ob der Westen nicht doch einen politischen Islam akzeptieren könne. Die islamische Partei Wiedergeburt hat ihren Weg im Untergrund 1975 begonnen. Usmon gibt zu Protokoll, seine Partei bestehe nicht aus Terroristen, Extremisten, Fanatikern. Man sei eine moderate Befreiungsbewegung. Seine Ziele definiert Usmon einerseits klar: Jeder Mensch müsse frei sein, islamische und demokratische Prinzipien seien natürlich und kompatibel. Andererseits bleibt er im Ungefähren: „Jetzt" sei Tadschikistan noch nicht reif für einen islamischen Staat. Das Gespräch ist beendet. Mit einem Botschaftsmitarbeiter fahre ich in die Warsob-Schlucht, nördlich von Duschanbe. Wilder kann Zentralasien kaum sein.

4.–7. August 1997, Bischkek

Mit einer Jak 40 mit ihrem typischen Einstieg durch eine Luke am Schwanz des Flugzeuges fliege ich in die Hauptstadt Kirgisiens. Die Stewardess begrüßte die Reisenden auf Usbekisch, mit „Salam aleikum" beginnend. Dann folgt die englische Begrüßung, schließlich folgt russisch. Vor Bischkek nimmt die Zahl der bewässerten Felder und der kirgisischen Bauernhöfe, entlang der von den Russen im 19. Jahrhundert durch die Wüste gebauten Eisenbahnlinie, zu. Zumeist gibt es zweimal im Jahr Ernten auf vielen der Felder Zentralasiens. Die Kirgisen, die erstmals 201 vor Christus erwähnt wurden, unterstellten sich 1862 der russischen Oberhoheit. Seit 1991 sind die heute 4,5 Mio. Kirgisen unabhängig. Der Anteil der Russen beträgt in Bischkek noch immer knapp fünfzig Prozent, im ganzen Land um die dreißig Prozent. Im Stadtbild gehören die Russen dazu wie die gewaltige Lenin-Statue vor dem Nationalmuseum, aber auch Werbung für Coca-Cola, Mercedes-Benz und BMW.

Bei einem Seminar der Konrad-Adenauer-Stiftung über „Medien als vierte Gewalt", das gut dreißig Journalisten in die Akademie der Wissenschaften gelockt hat, finden durchaus engagierte Dispute von Kirgisen untereinander über den demokratischen Charakter ihres Staates statt. Mehrfach werden Einschränkungen der Pressefreiheit angesprochen und inhaftierte Journalisten erwähnt. Der Regierungsberater für Presseanalysen, Talant K. Narbaev, wird arg unter Druck gesetzt. Ausschweifende Zitate Lenins dürfen nicht fehlen. Gegenüber dem übergroßen Lenin-Denkmal vor dem Nationalmuseum – mit wehendem Schritt stürmt Uljanow ins Nichts – versucht der Apparatschik-Vorsitzende im Staatlichen Rat für Religionsangelegenheiten zu erklären, dass die Sowjetunion gut für die Kirgisen als Volk gewesen sei, weil sie so vor dem Ausrotten gerettet worden seien, und dass die Wiederkehr der Religion – mithilfe von Saudi-Arabien ist die Zahl der Moscheen von vierzig auf 1500 seit der Unabhängigkeit gestiegen – kompatibel sei mit dem Lenin-Erbe.

Askar Aitmatov, Sohn des berühmten Schriftstellers, ehemaliger Student in Moskau und Ex-Botschafter Kirgisiens in Washington, außen- und sicherheitspolitischer Berater von Staatspräsident Askar Akajew, Ende dreißig, breitschultrig, leise, blumig und differenziert sprechend: Tadschikistan und Afghanistan seien ein Problem. Der Drogenhandel müsse gemeinsam bekämpft werden. Korruption sei ein unvermeidliches Element der Transformation. Russland sei der erste strategische Partner für sein Land, auch er persönlich habe ein gutes Russlandbild. Die Konzeption „Nahes Ausland" sei unproblematisch, gelte doch nur ökonomisch und kulturell. Sind die Lenin-Statuen in Bischkek ein Problem? Es gebe doch auch Robespierre- und Napoleon-Statuen in Frankreich. Timur Lenk in Usbekistan zu sehen, sei für ihn auch befremdlich.

Russlands Botschafter Georgij Alexejewitsch Rudow, ein Anfang sechzigjähriger Imperialrusse, bullig, herzlich, superclever. An einer Wand der Botschaft hängt ein Gemälde, das Katharina die Große zeigt, der die Kirgisen und andere Zentralasiaten huldigen. Rudow wirft Nebelkerzen zu Russlands Absichten in Zentralasien, verliert kein Wort über China und die Türkei. Neun Millionen Menschen sind seit 1991 in der GUS entwurzelt worden. Das Gespräch mit Nurmuhammed Kenji, dem Direktor des zentralasiatischen Kulturzentrums der Uiguren, sensibilisiert mich für die Minderheitenschutzproblematik in China. Entsteht dort eines Tages ein neues Flüchtlingsproblem? Der Volkskammervorsitzende Almambet Matubraimow hält lange Monologe über die Wirtschaftsreform. Er meint, Kirgisistan sollte stärker sein Wasser und Wasserkraft verkaufen. Drei Millionen Hektar in Kasachstan und fünf Millionen Hektar in Usbekistan wären nicht bebaubar ohne Wasser aus den kirgisischen Bergen. Braut sich hier ein neuer Konfliktherd des 21. Jahrhunderts auf? Der Vorsitzende des Volksrates der Deutschen, der Abgeordnete Valerij Dill, sitzt schweigend neben mir.

Ein einstündiger Hubschrauberflug, begleitet von der charmant-strengen Irina Pissarenko, führt an den Songköl-See auf einem 3000 m hohen Plateau genau in der Mitte Kirgisistans. Vorbei an Gletscherfeldern auf 4500 m Höhe, kargen Berggipfeln und schroffen Felswänden landen wir in der Weite des Nomadenlandes (Abb. 4.16). Für zwei Tage erlebe ich das Leben der Nomaden und ihrer Familien mit Übernachtung in einer Jurte. Wir reiten auf kirgisischen Pferden und begegnen Nomaden. Noch werden die Mädchen entführt, um verheiratet zu werden, doch schon stehen Autos vor der Jurte und im Winterhalbjahr, wenn einhundert Kilometer Luftlinie von China entfernt, hoher Schnee liegt, ziehen die Menschen in feste Siedlungen nahe den Quellflüssen des Syrdarja und in die Täler des Tienschan, Gebirge Gottes. Ein einmaliger Sternenhimmel mit perfekt sichtbarer Milchstraße wölbt sich über uns, während uns die Helikopterbesatzung, ehemalige sowjetische Frontkämpfer aus Vietnam, Afghanistan und in den Diensten des KGB, gut betreuen. Unter sternenklarem Himmel auf dem Dach der Welt

Abb. 4.16 Ausritt am Songköl-See im kirgisischen Altai-Gebirge (1997). (© Ludger Kühnhardt)

gehen mir die ersten langfristigen Tendenzen durch den Kopf, seitdem am 21. Dezember 1991 in Almaty die Auflösung der Sowjetunion beschlossen und der Weg zur GUS eröffnet wurde. Keine sechs Jahre später lässt sich sagen, dass die fünf neuen Staaten Zentralasiens stabilisiert sind und trotz unterschiedlich intensiver russischer Präsenz ihre eigenen Wege gehen werden. Turkmenistan und Usbekistan haben aktiv mit der Einführung des lateinischen Alphabets begonnen. Zumindest Turkmenistan wird sich schrittweise zum „erweiterten Nahen Osten" orientieren. In den labilen Grenzländern Kirgisistan und Tadschikistan hat Russland als Stabilitätsmacht einen sehr schlechten Ruf, ist am wenigsten kulturell attraktiv und ausstrahlungsfähig.

15.–29. August 1997, Tocqueville
Ich hätte keinen besseren Reiseführer finden können, der mich in die Geschichte Frankreichs hineingezogen hätte als Alexis de Tocqueville. Seine Analyse über den alten Staat und die Revolution hat mir die Augen geöffnet für die Ursachen und Folgen der Französischen Revolution, aber auch für fortwirkende Grundlagen, Brüche und Sterotypen in der heutigen fünften Französischen Republik (Tocqueville 1978). Alexis de Tocqueville (1805–1859) gilt zu Recht als Vordenker einer modernen vergleichenden Politikwissenschaft. Ich freue mich, in dem winzigen Dorf in der äußersten Normandie im Herkunftsort seiner Vorfahren vor der Büste dieses anregenden Historikers zu stehen. Damit schließt sich für mich in gewisser Weise ein Kreis von Entdeckungsreisen durch Frankreich. In den letzten Jahren haben Enikö und ich Region um Region bereist. Am Französischesten haben wir uns im Périgord gefühlt. Sarlat-la-Canéda wäre es, wenn es

denn einen Ort gäbe, der pars pro toto für Frankreich und sein unnachahmliches Lebensgefühl stehe.

Ob Vézelay oder Vichy, Puy de Dôme oder Mont-Saint-Michel, Bordeaux oder Lyon, Perpignan oder Laon, Chenonceaux oder Rocamadour, Toulouse oder Nîmes, Biarritz oder Albi, die Grotte von Lourdes oder die Champagnerkeller von Èpernay, der Eisenbahnwagen in Compiègne, wo die Kapitulation des Deutschen Reiches 1919 unterzeichnet wurde oder das Schloss Amboise, wo Leonardo da Vinci seine letzte Ruhe gefunden hat: Frankreich ist Kultur ist Geschichte ist lebendige Vielfalt. So nah und doch so anders als Deutschland oder Großbritannien. Von dessen Kanalinseln Guernsey mit seiner Hafenfestung St. Peter Port und Jersey mit seiner verträumten Atmosphäre in St. Brélade und auf den engen Dorfstraßen mit ihren Steinhecken kann man bei guter Sicht einen Blick auf das französische Festland werfen. Dorthin, woher diejenigen kamen, die eine Insel zum Weltreich führten. Die Nachfahren der britischen Weltmacht haben sich immer noch nicht richtig entschieden, ob ihnen die Welt gehört oder ob sie zu Europa gehören. Alexis de Tocqueville war da schon weiter: Er suchte den Vergleich und nicht nur das Exzeptionelle, das so wenig anschlussfähig ist.

21.–27. September 1997, Antalya
Haluk Bayülken, von 1971 bis 1974 Außenminister der Türkei und nach dem Militärputsch von 1980 bis 1983 Verteidigungsminister, hat mich zur Antalya Conference on Security and Cooperation eingeladen, der er als Präsident des türkischen Atlantic Council vorsteht. Viel Rhetorik des Generalstabschefs İsmail Hakkı Karada, des Verteidigungsministers İsmet Sezgin, des stellvertretenden NATO-Generalsekretärs Sergio Balanzino, des stellvertretenden türkischen Außenminister Sina Gürel und ausländischen Gästen. Die Türkei sucht weiterhin nach ihrer Rolle als „global state", der von allen Seiten bedroht ist. Die Verankerung in der NATO wird als selbstverständlich hingenommen, aber die Rolle in der NATO nicht wirklich systematisch reflektiert. Die Gebetsmühle „Wir haben das Recht auf EU-Mitgliedschaft" wird regelmäßig gemahlen. Der Vorsitzende des außenpolitischen Ausschusses des Deutschen Bundestages, Hans-Ulrich Klose (SPD), benennt praktische Gründe, warum für die Türkei derzeit eine Mitgliedschaft ausgeschlossen sei. Die Argumente werden als „excuse", als Vorwand zurückgewiesen. Der Hinweis auf die angebliche Radikalisierung der türkischen Jugend in Deutschland treffe die Gefühle der Türken empfindlich. Zypern bleibt ein Zankapfel. General Sabri Yirmibeşoğlu, ein früherer Generalsekretär des türkischen Nationalen Sicherheitsrates, provoziert den anwesenden griechischen Botschafter Dimitrios Nezeritis mit der Bemerkung: „Zypern ist eine türkische Insel."

Vahit Melih Halefoğlu, türkischer Außenminister unter Ministerpräsident Turgut Özal von 1983 bis 1987, ein besonnener Gentleman, zieht mich zur Seite. Russland, so sagt er mir, sei das eigentliche Problem in Zypern, da Russland den Griechen Waffen liefere und sich damit auf Seiten Griechenlands als neuer Faktor in dem Konflikt aufbaue. Halefoğlu erzählt mit viel Nostalgie aus seinem Leben. Er hat Stalins Sowjetunion erlebt, die kommunistische Machtübernahme in Prag 1948 und das damit verbundene Ende seiner Freunde, der Schwarzenbergs. Er erzählt von Wiener Opernbesuchen für einen US-Dollar und davon, dass der Türkei die Turbulenzen der letzten Jahre erspart worden wären, wenn er Präsident geworden wäre. Lothar Rühl, von 1982 bis 1989 Staatssekretär im deutschen Verteidigungsministerium, ist ein weitgereister Publizist mit reichem zeithistorischem Wissen. Er erzählt von den Tagen des Ausbruchs des Zypernkonfliktes nach den Weihnachtsmassakern 1963: Makarios III. habe die Massaker nicht verhindert, eventuell sogar akzeptiert. Wenige Tage danach habe er selbst, erinnert sich Rühl, die Insel besucht und Szenen erlebt wie nach dem Kriegsende 1945 in der Mark Brandenburg.

7.–8. Oktober 1997, Athen
Die majestätische Kulisse der Akropolis, eine sanierte, touristierte Plaka einen lebendigen, wenngleich noch immer etwas dorfartigen Syntagma-Platz, Inneneinrichtungsgeschäfte und Kinderläden, U-Bahn-Bau und saubere Straßencafés, ein modernisiertes Athen mit Hinweisschildern „Renovierungshilfen durch die EU". Im Athens Club (Athinaiki Leshi) in der Odos Panepistimiou erwartet mich Botschafter Byron (what a name!) Theodoropoulos, der ehemalige Chefunterhändler der griechischen EG-Beitrittsverhandlungen, ehemaliger Konsul in Istanbul in den fünfziger Jahren und danach Botschafter in Ankara. Ein kleiner Herr, Ende siebzig, mit Ziegenbart, verschlagen, leise, aber sehr eindeutig sprechend. Drei Faktoren hätten den Zypernkonflikt „gemacht": Die Briten seien zu spät zur Dekolonialisierung bereit gewesen und hätten die Saat der Zwietracht gelegt; die Türken hätten 1955 Massaker an den Griechen in Istanbul „organisiert". Heute leben nur noch 2000 Griechen in der Türkei, aber 100.000 Muslime in Griechenland. Erzbischof Makarios sei zu resolut mit der Idee einer griechischen Identität für Zypern gewesen. Heute gebe es nur eine realpolitische Perspektive: Die faktische Teilung der Insel müsse akzeptiert werden, wobei dies durchaus eine häretische Position in Griechenland sei. In bestem Deutsch analysiert Byron Theodoropoulos die Identitätsproblematik der Türkei. Kemal Atatürk habe dazu aufgerufen, nach Westen zu gehen, aber der Weg sei noch weit. Daher bleibe die Türkei zerrissen, sie sei kein Pol der Stabilität. Es könne nur psychologisch gedeutet werden, warum sie Griechenland als erstes Problem sehe, wohl, so meint er, um zu verhindern, dass die türkischen Probleme mit Syrien und Irak nicht eskalierten. Diese seien auf Dauer für „Anatolien", wie er sich ausdrückt, entscheidender. Am Ende des Gespräches frage ich Byron Theodoropoulos, warum Griechenland trotz negativer Empfehlung der Europäischen Kommission die EU-Aufnahme gelungen sei. Er blinzelt in den Augenwinkeln: Ministerpräsident Konstantinos Karamanlis habe einfach zum Telefon gegriffen, Schmidt, Giscard und andere angerufen. Dann sei aus politischem Willen und mit politischen Erwägungen die Entscheidung getroffen worden. Mir fallen scharfzüngige Bemerkungen von Johann Gustav Droysen *(Geschichte des Hellenismus)* ein: Die Griechen seien ein levantinisches Hirtenvolk, clevere Händler, bauernschlau,

mit allen Wassern gewaschen. Hunde auf den Straßen, Katzen in den Hauptstadtrestaurants. Athen hat sich in seinem Äußeren in den vergangenen zwei Dekaden durchaus europäisiert, ohne eine schöne Stadt geworden zu sein.

Im Labyrinth des etwas verwinkelten Verteidigungsministeriums dauert es eine Weile, bis ich Thanos Dokos treffe, den Direktor der Strategic Studies Division. Er ist ein Mann mit unkonventionellen Denkansätzen: Der Vertrag Zyperns zum Kauf russischer S300-Raketen sei falsch gewesen. Er gehe davon aus, dass der Vertrag noch storniert werde, es gebe solche Signale aus Zypern. Eine Anerkennung der Teilung der Insel in zwei Staaten sei ihm die sympathischste Ausgangsprämisse. Dokos favorisiert ein NATO-Peacekeeping an einer dann zu schaffenden internationalen Grenze unter Einbeziehung eines Teils der heutigen türkischen Truppen. Die meisten Türken müssten aber wohl abziehen. Das sei ebenso schmerzhaft wie für den Süden Zyperns die Anerkennung des Territorialverlustes im Norden. Die seit 1996 amtierende sozialistische Regierung unter Ministerpräsident Kostas Simitis wisse um das schlechte Image des Landes im Rest der EU und werde sich beim Erweiterungsverfahren bezüglich Zyperns konstruktiv verhalten. Dokos sieht die Bedeutung der Türkei für Europa und ist für eine türkische WEU-Mitgliedschaft. In der Hellenic Foundation for European and Foreign Policy führe ich die Diskussion mit dessen kosmopolitischem Präsidenten Thanos Veremis weiter, der mich zu einem Vortrag über die Rolle Deutschlands in Europa eingeladen hat. Auch Veremis geht von der anhaltenden Realität der Teilung Zyperns aus. Die Zypriotische Republik müsse die EU-Perspektive erhalten. Man dürfe allerdings die Türkei „nicht verlieren".

9.–12. Oktober 1997, Nikosia
Beklemmend, ja surrealistisch ist der Weg entlang der Green Line in Nikosia, der einzigen noch immer geteilten Hauptstadt der Welt. Die Altstadt Nikosias ist im griechischen Teil wieder zu gewissem Leben erwacht. Neben den eher ärmlichen Handwerkerbetrieben, die sich gewöhnlich nicht um die Bausubstanz der teilweise alten, schönen Häuser kümmern, neben einer Reihe von mit Staatshilfe nett sanierten und bunt bemalten Wohnhäusern, neben dem prunkvollen Ikonenmuseum beim Bischofspalais mit der benachbarten Bischofskirche und dem früheren Erzbischof-Palais aus Osmanischer Zeit, das an die Zeit der Karawansereien erinnert ergänzt um eine sechs Meter hohe Makarios-Statue im Vorgarten – neben mehreren Fußgängerzonen und all den vielen kleineren Geschäften wirkt es bizarr, wenn an den griechischen Grenzposten Snackbars in den bunten Farben von Coca-Cola und Plastikstühlen leuchten und mit deutschen und englischen Speisekarten die knapp bekleideten Sonnenanbeter aus Europas Norden anlocken. Café Berlin, dahinter Stacheldraht. Ein griechischer Soldat, streng blickend. Verlassene Häuser und Geschäfte, verfallenes Niemandsland in der toten Zone. Im Hintergrund wehen die türkische und türkisch-zyprische Flagge, kein Mensch ist in der Nähe der Flaggenmäste zu sehen. Mein Blick geht auf die große türkische Moschee hinüber, die frühere Agia Sophia, eine langschiffige venezianisch-katholische Kirche, jetzt mit stolzen Minaretten versehen. Auf dem Dach weht die türkische Fahne.

Nikosia bemüht sich, wieder Leben in die Altstadt zu bringen, auch nahe der Grenze, wo das neue Rathaus entsteht, um die Mitte weiterzudenken, einer gemeinsamen Zukunft entgegen. Plötzlich wieder Ölfässer, Barrikaden, Stacheldraht. Die alte Lebenslinie, die Hermes-Straße ist durchtrennt, tot auf der türkischen Seite. Der Neurologe Andreas Fantis, ein linker Stadtrat, erklärt, was ich sonst nur gesehen hätte. Wir steigen auf die Dachterrasse im Haus seines Bruders direkt an der Grenze. Mein Blick geht über diese Wunde Europas bis an die Berghänge, hinter denen Kyrenia und die Nordküste liegen. Zwanzig Minuten sei es früher für ihn ans Meer gewesen, sagt Fantis. An den Berghängen ist übergroß die türkische Flagge eingemeißelt, wie in Anatolien, an das die Weite der Hochebene um Nikosia gewisse Erinnerungen aufkommen ließen.

Gespräche mit dem stellvertretenden Bürgermeister, dem Sonderberater der UN for Peace Keeping, mit Universitätsrektor Chaolidis, dem französischen Leiter der EU-Delegation, Gilles Anouil, der deutschen Botschafterin Marie-Gabriele von Malsen-Tilborch: Die Beitrittsverhandlungen Zyperns mit der EU werden Anfang April 1998 beginnen. Ungeklärt ist die Frage einer türkisch-zypriotischen Beteiligung. Völlig offen bleibt das Resultat der Verhandlungen. Aus EU-Sicht gibt es zwei Schulen: Die einen plädieren für eine Aufnahme der Republik Zypern ohne Rücksicht auf die Teilung. Die anderen wollen den „Schwarzen Peter" der Republik Zypern zuspielen, um den Aufnahmeantrag hinauszuzögern und wenn möglich ins Leere laufen zu lassen. Die griechischen Zyprioten machen einen zupackenderen, direkteren Eindruck als die Griechen im Mutterland, aber auch sie sind Levantiner mit allem Sinn für Emotionen und Dramatik. Sie sehen sich als Opfer der Teilung, wie die Türken im Norden sich als Opfer der Griechen sehen. Doppelter Chauvinismus und doppeltes Opfergefühl.

Die beklemmend enge Grenzpassage am Ledra Palace Hotel, dem heutigen Hauptquartier des britischen Peace Keeping-Kontingents. Der griechische Posten, dann das leerstehende Goethe-Institut, das Ledra Palace Hotel, Stacheldraht. Niemandsland für einhundert Meter, bei den Türken wie bei den Griechen Plakate und Bilder mit anklagenden Erinnerungen an die Grausamkeiten der jeweils anderen Seite, der türkische Grenzposten. Danach geht es sofort mit Geschäften und Wohnhäusern weiter. Viele Soldaten, anatolische Bauerntypen, türkische Atmosphäre, ärmere Verhältnisse. Fahrt durch eine karge Landschaft nach Osten. Im Park Hotel nahe der alten Ruinenstadt Salamis, lieblos, aber sehenswert, treffe ich Professor Mehmet Tahiroğlu und seinen iranischen Kollegen Cyrus Manzoor von der Eastern Mediterranean University. Mein Vortrag abends in der griechischen University of Cyprus wäre aufgrund einer eigenartigen Intervention des zyprischen Außenministeriums abgesagt worden, wenn ich mich in der vom Süden als illegal bezeichneten Universität des Nordens mit den Kollegen getroffen hätte. Erst Misstrauen, schleppender Gesprächsbeginn. Nur langsam taut das Eis. Eine Annexion von Nordzypern durch die Türkei werde es unter keinen Umständen geben. Die EU-Verhandlungen drängten die Nordzyprioten, so sagen die Kollegen, allerdings immer mehr in die Arme der Türken, obwohl die Jugend der Siedler aus Anatolien eine Inselmentalität annehme, sichtbar bei Hochzeitsriten und in der Sprachfärbung. Später erzählt Botschafterin Malsen-Tilborch von ihrem heutigen Antrittsbesuch beim Präsidenten der

Türkisch-Zyprioten, Rauf Denktaş. Er habe ihr große Vorhaltungen gemacht wegen der EU-Entscheidung, mit Zypern Beitrittsverhandlungen aufnehmen zu wollen. Er sei strikt dagegen. Meine Kollegen hatten erklärt, dass und warum dies aus türkischer Sicht gegen den Rechtsinhalt des Londoner-Abkommens von 1960 sei, das den Status Zyperns unter Einschluss der Garantiemächte festgelegt habe. Die EU, so hat es den Eindruck, wird sich davon nicht abhalten lassen, sucht aber zugleich, eine Eskalation in den Beziehungen zur Türkei zu verhindern.

Famagusta, einstige Kreuzfahrerstadt, Krönungsstadt des „Königreichs Jerusalem" nach dem Rauswurf der Kreuzfahrer aus Akko. Nachwirkend der Eindruck der mächtigen gotischen Langhaus-Kathedrale St. Nikolaus aus dem 13. Jahrhundert, die seit den ersten Tagen der Osmanischen Zeit 1571 zur Moschee verwandelt worden ist – und doch ihren schönen gotischen Stil in einem warmen Sandstein mit herrlichen Spitzengewölben und Bogenfenstern bewahrt hat. Die Innenstadt, in der Shakespeare seinen *Othello* angesiedelt hat, weist eine Reihe von großartigen Ruinen aus der Kreuzfahrerzeit auf, aber keinerlei Altstadthäuser, die diesen Namen verdienen würden. Neben der Kathedralen-Moschee wirkt eine Statue des Jung-Osmanen Namık Kemal wie eine blasse Kopie einer Karl-Marx-Statue. Allerorten überwiegen in Nordzypern die Atatürk-Büsten und -Denkmäler, bevorzugt an Straßenrondellen und vor Kasernen.

Die türkische Altstadt von Nikosia: Basarleben, die bizarren Grenzanlagen am Ledra Palace Hotel, Besuch der ehemaligen Sophien-Kathedrale, der imposanten gotischen Kreuzfahrerkathedrale, die seit 1570 als Moschee existiert. Vor der Moschee komme ich mit einem jungen Gefreiten ins Gespräch, dessen blaues Käppi ihn als Angehörigen einer Eliteeinheit ausweist. In Berlin ist er als Sohn eines Türken und einer Griechin geboren worden. Mit achtzehn Jahren kam er nach Istanbul. Als Alemanji blieb er immer ein wenig Außenseiter. Jetzt, auf Zypern im zweijährigen Wehrdienst, muss er „Zuhälter", „Hurensohn" und andere Nettigkeiten skandieren, wenn er mit seiner Einheit dicht an den Häusern der Griechen Patrouille läuft. Aber niemals rufe er „Tod den Griechen", beeilt er sich hinzuzufügen. Die türkische Bevölkerung behandele die insgesamt 35.000 Soldaten der Türkei, die in Nordzypern stationiert seien, nicht sehr respektvoll, obwohl man sie schütze. Weiterfahrt durch das Kyrenia-Gebirge mit vielen Militäranlagen hoch in die Berge an den Fuß der Ruinen der St.-Hilarion-Festung. 725 m über der Küste, die steil unter dem Bergmassiv liegt, wurde diese Wehrburg im 11. Jahrhundert unter den Byzantinern errichtet. Ihre Reste geben heute einen prachtvollen Blick über die Nordküste mit den türkischen Landungsplätzen des Jahres 1974, und in der Gegenrichtung bis zu den Südufern Zyperns frei. Malerisch der kleine Hafen von Kyrena, eine Mittelmeeridylle mit Straßencafés, Motor- und Segelbooten vor dem venezianischen Kastell, aber auch etwas heruntergekommene Hotels aus der englischen Zeit. Gespräch mit einem im Ruhrgebiet lebenden türkisch-zypriotischen Arzt und seiner hiesigen Familie. Wie immer dreht sich alles um den Willen nach Eigenständigkeit und die Vorwürfe an die EU, die griechischen Zyprioten zu bevorzugen – von den fehlenden Landerechten direktfliegender Flugzeuge bis zum Boykott von Zitrusfrüchten und Januar-Gemüse in die EU. Der im nordzyprischen Landwirtschaftsministerium tätige Schwager erzählt von der immer mehr zunehmenden Computerisierung und Mechanisierung der Landwirtschaft und von der Eigenidentität der türkischen Zyprioten auch gegenüber der Türkei.

Vor der romantischen Kulisse der Ruine des Prämonstratenserklosters Bellapais esse ich zu Abend mit Ergün Olgun, dem außenpolitischen Berater des türkisch-zypriotischen Präsidenten Denktaş. Ein rationaler, klarer, wenn nötig auch harter Mann. Ziel aller Politik der Nordzyprioten bleibe die Sicherung ihrer Existenz. Es komme einer Selbstverleugnung gleich, wenn diese infrage gestellt werde. Olgun erzählt von den Zeiten des friedlichen Miteinander, als in seiner Schule griechische Mitschüler in den Gottesdienst, die türkischen in die Moschee geschickt wurden. Er habe früher als Muslime im christlichen Weihnachtschor mitgesungen. Nur die Wiederherstellung eines gleichberechtigten Miteinander müsse und könne das einzige Ziel der türkischen Zyprioten sein. Solange dies nicht realisiert sei, würden die türkischen Truppen nicht abziehen können. Der Süden sei ökonomisch und politisch überlegen, der Norden militärisch. Er habe allerlei Konflikte und Konfliktlösungsmuster studiert. Eine Konfliktlösung könne es nur geben, wenn der Gewinn für alle beteiligten Seiten gleich groß und der Rückgang der Konfliktschmerzen gleich verteilt sei. Gespenstisch ist meine nächtliche Rückfahrt ins griechische Nikosia durch die menschenleere Grenzanlage am Ledra Palace Hotel. Das Flutlicht wirft helle Schatten auf die zerschossenen Häuser und auf die Stacheldrähte, schlimme Anachronismen in Europa am Ende des 20. Jahrhunderts.

23.–24. Oktober 1997, Washington
Ein Workshop am American Institute for Contemporary German Studies (AICGS) in Washington über „Parameters of Partnership: USA – Germany – Turkey", den ich mit meinem Freund und Kollegen Jack Janes, Direktor des AICGS, konzipiert habe. Sehr dichte, aber auch die unterschiedlichen Interessen der USA, der Europäer und der Türken aufzeigende Diskussionen. Fortsetzung der Diskussionen am Abend mit Hüseyin Bağci und RAND-Corporation-Mitarbeiter Bob Nurick bei Barbara und Ron Asmus. Ron, seit diesem Jahr Assistant Deputy Secretary of State for European Affairs mit dem Verantwortungsgebiet NATO-Erweiterung, ist zuversichtlich, dass der Senat den Erweiterungsvorschlag für die NATO-Osterweiterung ratifiziert. Bei den jetzt begonnenen Anhörungen gehe es in härtester Weise um die Konditionen, nicht mehr um die Sache selbst. Ohne Volker und Ron Asmus würde es kaum zu der anstehenden NATO-Erweiterung kommen.

5.–6. Dezember 1997, Warschau
Hochrangige Konferenz des Warschauer Institutes für Außenpolitik, zu der Janusz Reiter, mit dem ich seit seiner Zeit als Botschafter des postkommunistischen Polens 1990 in Bonn befreundet bin, Henry Kissinger, Zbigniew Brzeziński, Volker Rühe, Tadeusz Mazowiecki, Bronisław Geremek, Janusz Onyszkiewicz, Lothar Rühl, Friedbert Pflüger und einhundert weitere Teilnehmer im neuen Sheraton Nobelhotel nahe dem Sejm zusammengeführt hat. Erstmals wird nach deutsch-amerikanisch-polnischen Perspektiven für die Sicherheit in Europa und für Europa gesucht. Noch tun sich die

Polen schwer, sich als NATO-Mitglied zu sehen. In einem Jahr aber wird es ernst. Die Polen neigen dazu, die transatlantische Bindung, die offensichtlich stark ist, in einem gewissen Gegensatz zu ihrer europäischen Integrationsperspektive zu sehen. Die NATO rede über Werte und eine euro-atlantische Zivilisation, die EU über Milchpreise und Fleischeinfuhrrestriktionen.

Polens neuer Premierminister Jerzy Buzek, sozialisiert in der Solidarnosc-Bewegung, empfängt die Konferenzteilnehmer im Schloss Belvedere, seinem schönen Amtssitz. Was für ein Gefühl, mit vielen der Großen der Solidarnocs-Bewegung sprechen zu können, darunter dem Premierminister und seinem dynamischen Europa-Staatssekretär Piotr Nowina-Konopka. Wir reflektieren die gemeinsamen Aufgaben von Amerikanern, Polen und Deutschen im Blick auf den globalen Süden. Aber die Nord-Süd-Fragen bleiben in diesem Milieu zweitrangig. Zbigniew Brzeziński, amerikanischer Top-Geostratege und von 1977 bis 1981 Sicherheitsberater von US-Präsident Jimmy Carter, hatte uns ins Stammbuch geschrieben: „Der Mega-Kontinent Eurasien braucht ein transkontinentales Sicherheitssystem." Tadeusz Mazowiecki, von August 1989 bis Dezember 1990 der erste nichtkommunistische Ministerpräsident Polens nach dem Zweiten Weltkrieg, sagt mir, wie maßlos enttäuscht er sei, dass wir auf der Konferenz nicht einen Moment über Bosnien geredet hätten.

Beim Heraustreten aus dem Schloss Belvedere stehe ich inmitten einiger erster Schneeflocken. Unwillkürlich denke ich an die extrem kalten Tage um den 10. Dezember 1981 herum, als General Jaruzelski das Kriegsrecht ausrief und die „Solidarnosc" in die Internierungslager sandte. Mit vielen Jugendlichen betete ich damals für Polen im Kölner Dom in einer eisigkalten Messe mit Kardinal Höffner, der Dom voller polnischer Fahnen und Lieder. Heute Abend habe ich den zweiten aus der „Solidarnosc" kommenden polnischen Premierminister kennengelernt und wie selbstverständlich bei Tisch gesessen mit Mazowiecki, dem zugleich ersten nichtkommunistischen Ministerpräsidenten Osteuropas. In Polen geht es, von niedrigerem Niveau beginnend als in Prag und Budapest, mit Tempo voran gen Europa. Am nächsten Tag schlendere ich vom Sejm zum Marktplatz, vorbei am Schloss, mit kurzem Gebet am Grab von Kardinal Wyschinski in der Kathedrale, und über die Nowy Swiat-Geschäftsstraße mit ihren dichten Auslagen und gepflegten Geschäften. 1990 gab es in dieser Straße nicht einmal ein Mineralwasser zu kaufen.

16. Dezember 1997, Brüssel
Gespräche mit dem stellvertretenden Generalsekretär der Europäischen Kommission, Bernhard Zepter, mit Jérôme Vignon, Jacques Delors' ehemaligem Kabinettschef, und Thomas Jansen, ehemaliger Generalsekretär der Europäischen Volkspartei (EVP), in der „Cellule Prospective" der EU. Ich lerne, in den Brüsseler Institutionen der EU die aktuellen Entwicklungen regelmäßig zu sondieren. Die europäische Integration ist zu komplex geworden, um sie allein aus der Zeitungslektüre und akademisch-theoretischen Einordnung zu verstehen und an meine Studenten zu vermitteln. Alle sechs bis acht Wochen werde ich künftig für einen Tag intensiver Gespräche nach Brüssel fahren.

18. Februar 1998, Kuala Lumpur

Kuala Lumpur, Malaysias Hauptstadt, ist nach siebzehn Jahren kaum wiederzuerkennen. Bauwut, Ausdruck einer Dekade fast zweistelliger Wachstumsraten, hat die Stadt umgekrempelt. Sinnfälligster Ausdruck sind die beiden, durch einen Fußgängerübergang in Höhe der Mitte zusammengehaltenen Petronas Tower, die höchsten Gebäude der Welt. Ihre erleuchtete Silhouette lässt des Nachts die gesamte und imposant angewachsene Wolkenkratzerskyline von KL auf Spielzeugniveau schrumpfen. Tagsüber und aus der Nähe zeigen sich die Petronas Towers in ihrem kalten Stahl-Glas-Konstrukt fast wie eine orientalisierte und schlanke Superkopie der Moskauer Zuckerbäcker-Hochhäuser der Stalinzeit. Noch wird im Eingangsbereich gebaut, die Büros und Wohnungen in den beiden Türmen sind gewiss noch nicht vollständig ausgebucht, seitdem auch Malaysia im letzten Jahr von einer schweren Finanzkrise erfasst wurde. In diesen Tagen halten selbst die Malaysier den Atem an bei den täglich noch düsterer werdenden Nachrichten aus Indonesien, wo sich die Wirtschaftskrise zu einer politischen Krise ausgeweitet hat: Präsident Suhartos Abgang könnte eingeläutet sein. Malaysias Premierminister Mahathir bin Mohamad scheint auch nach sechzehn Regierungsjahren – er ist ein Jahr länger im Amt als Helmut Kohl – beliebt geblieben zu sein. Seinem Volk hat er jedenfalls ein starkes Selbstbewusstsein gegeben. „I am proud to be Malaysian", heißt es auf der Rückseite eines der vielen Autos, die ohne Ende über das großzügig ausgelegte Straßennetz huschen, dazwischen immer noch Kaskaden von Motorradfahrern, die plötzlich von irgendwo aus dem Regenwald zu kommen scheinen. KL ist eine Mischung aus Regenwald und Hochhäusern, zusammengehalten durch das spinnenartige Straßennetz. Die vereinzelten alten, heruntergekommenen zweistöckigen Geschäftshäuser häufig mit chinesischen Schriftzügen wirken veraltet, ebenso schon manches Hochhaus, auf dessen Balkons die Wäsche beengt lebender Familien weht. Hochhäuser verdrängen jedes Stück Bauland und Altbaugebiet. Der koloniale Bahnhof, neben der modernen, eher sterilen Nationalen Moschee, und dem Gebäude des Obersten Gerichtshofes aus den 1880er-Jahren, sind kaum noch aus dem Zusammenhang der Altstadtstraßenzüge zu erkennen. Klongs oder Straßenverkäufer sind nicht mehr zu sehen, abgelöst durch Highways und Hochhäuser. Über sie huscht eine Magnetbahn hinweg, der viele Bäume zum Opfer gefallen sein müssen. Plötzlich taucht aus dem Meer von Straßen die alte Kolonialkirche auf, dann wieder ein weites Gelände mit Gräbern, einzelne christliche Kreuze zwischen den endlos vielen kleinen Steinen der Muslime. Der koloniale westliche Ursprung dieser Stadt, die zur Metropole geworden ist, wird überwölbt durch den schwer in der extremen Schwüle wuchernden Regenwald. An den Hängen im Westen von Kuala Lumpur, hinter Nationalmuseum und dem Parlament, das im Stil der malayischen Langhäuser erbaut wurde, kleben Luxusvillen an den Hängen. Immer wieder werden sie unterbrochen von durchaus attraktiv anmutenden Reihenhäusern und funktionalen, modern Wohnhochhäusern.

Die Straßen wimmeln von jungen Menschen. Die Frauen, die jüngeren zumal, so scheint es mir, tragen häufiger ein Kopftuch als die älteren. Völlig verschleierte Frauen sehe ich nur sehr vereinzelt. Ob es dabei bleibt? Ein Volk im Aufbruch, auch zu einer islamischen Renaissance und neuen Orthodoxie? Die Sozialmoral – Stichwort Scheidungsraten, Rauschgiftkonsum – hat sich eher verschlechtert, wenngleich immer noch günstigere Statistiken vorliegen als für westliche Staaten. Zahlen auch die dynamischen Neuindustrieländer Südostasiens den moralischen Preis der Globalisierung? Die Finanzkrise von 1997 scheint wie weggefegt zu sein. Die Fülle der Departement-Stores mit ihren monumentalen Auslagen sind aber offenbar nicht der ausschlaggebende Indikator, um die sozialen und kulturellen Folgen der Finanzkrise in Malaysia zu ermessen. Der Bauboom und der Endlosfluss der Autos, darunter immer wieder große Mercedes-Modelle, halten an. Frau Hayatudin, Journalistin der *New Straits Times,* meint, es hatte zur Krise des Booms kommen müssen, das sei doch inhärent nach so vielen Boom-Jahren. Kamal Jawhar, der Generaldirektor des herrlich über der Stadt im Grünen gelegenen Institute for Strategic and International Studies ist sogar davon überzeugt, es werde und müsse im Verlauf von 1998 noch schlimmer kommen: Firmenzusammenbrüche, soziale Unruhen. Das werde der erste richtige Testfall für die Kohäsionskraft des multiethnischen und multireligiösen Malaysias, das 1969 immerhin schon einmal gravierende ethnische Unruhen erlitten hat. Wird aus der Wirtschaftskrise eine religiöse Neuausrichtung erwachsen und der Islam erstarken?

Im Institute for Islamic Understanding, untergebracht in einer der Alhambra nachempfundenen Anlage, wird mit besonderer Energie an der rationalen Verknüpfung von islamischem Glauben und den modernen Wissenschaften gearbeitet. Generaldirektor Dato Dr. Ibrahim, und Dr. Abu Bakar, einer seiner leitenden Wissenschaftler und promovierter Pharmazeut, lassen sich auf einen wirklich in die Tiefe gehenden Austausch nicht ein, nicht bei einem ersten Gespräch, das in dieser Kultur lediglich dem Kennenlernen gilt.

19. Februar 1998, Bandar Seri Begawan
Erstmals erlebe ich, dass auf dem Bildschirm im Flugzeug der Royal Brunei Air ein Gebetstext, mit einer Sequenz von Himmelsbildern unterlegt, gezeigt wird und nach der Bitte um gebührliche Aufmerksamkeit, rezitiert wird, in Arabisch, mitlesbar in Englisch und Malay. Es wird alkoholfreier Wein aus Deutschland angeboten, schrecklicher Geschmack. Mit Botschafter Ingmar Brentle fahre ich vor dem schier endlos erscheinenden Palast des Sultans von Brunei vor und hinein in die Tiefgarage, ein Erlebnis eigener Art: Endlose Reihen von Superklasseautos stehen dicht an dicht, Rover, Mercedes, Ferrari, Krümel des persönlichen Reichtums von Sultan Hassanal Bolkiah, der als reichster Mann der Welt gilt. In einem Empfangszimmer sitzen wir auf Möbeln eines deutschen Herstellers mit vergoldeten Holzeinfassungen hinter einer Bilderreihe des Sultans und seiner beiden Frauen. Gespräch mit Pehin Dato Haji Badaruddin Othman, Permanent Secretary des Premierministers von Brunei. „Pehin" ist ein Ehrentitel analog zum Lord, „Dato" ein Ehrentitel analog zum Sir. Pehin Badaruddin schildert mir die Kraft der Toleranz des Islam in Brunei. Er versteht sich als Religionsminister und meint, es bedürfe für ihn der steten, nicht immer leichten Balance zwischen der Aufgabe, den islamischen Glauben im Lande zu fördern und nach außen hin eine Sprache

der Toleranz zu sprechen, die allein Ausdruck eines wahrhaft gläubigen Muslims sei. Die Ulemas, die Schriftgelehrten, werden gewöhnlich an der Al-Azhar Universität in Kairo ausgebildet, auch sind religiöse Lehrer aus Ägypten in Brunei tätig. Pehin Badaruddin äußert sich ablehnend zu der Möglichkeit eines militärischen Schlages der USA gegen den Irak. Selbst wenn man ihm Glauben machen wolle, dass das religiöse, das heißt antiislamische Element nicht Antrieb der Amerikaner sei, müsse angezweifelt werden, ob eine solche Mission gerechtfertigt werden könne, denn die gefährlichen chemischen Waffen, die Irak gegen andere einsetzen könne, würden auch Leben im Irak zerstören, wenn sie per Luftbombardement unschädlich gemacht würden. Leben zu sichern, sei aber der Kernauftrag aller Religionen.

Pehin Badaruddin gibt sich uninformiert über das gestrige Gespräch des Sultans mit Malaysias Ministerpräsidenten Mahathir Mohamad, der vor Kurzem die Idee einer südostasiatischen Währungsunion zur Lösung der Finanzkrise vorgeschlagen habe. Interessiert ist er schon, wie der Weg zum Euro in der EU verlaufe. Vom Bruder des Sultans erzählt man sich hinter vorgehaltener Hand, er unterhalte Bordelle in London. Die Wartung des Palastes hat Sultan Bolkiah der Hyatt-Kette anvertraut, es soll auch eine deutsche Concierge geben. Pehin Badaruddin erlaubt zum Abschied einen Blick in den Innenhof des Sultanpalastes, der mehr Zimmer als der Buckingham Palast hat. Die Anlage mit dem goldenen Kuppeldach in der Mitte und den im südostasiatischen Stil geschwungenen Dächern der Seitenflügel ist zweifellos eleganter und ästhetischer als alles, was derzeit in Berlin zusammengebaut wird. Vor dem Haupteingang des Palastes von Sultan Hassanal Bolkiah steht der weiße Mercedes 600 S seines Außenministers.

Gespräch mit Hauptabteilungsleiter Noor im Außenministerium. Noor, ein junger Mann, zeigt sich entschieden abweisend gegenüber der Idee einer stärkeren Institutionalisierung von ASEAN. Der südostasiatische Zusammenschluss, dem Brunei seit 1984 angehört, verfügt bisher nur über ein spärliches Sekretariat in Jakarta, das nicht einmal die Papiere für Ministertreffen eigenständig vorbereiten kann. Am Brunei-Fluss sehe ich das Wasserdorf Kampong Ayer, zu dem Wassertaxen die Bewohner bringen. Die imposanten Moscheen der Stadt, das Stadion, in dem zivile Gruppen, Schulklassen und Militär für die in wenigen Tagen stattfindende Parade am Nationalfeiertag üben, Nationalmuseen und eine Reihe von Gebäuden künden vom Aufbruch des seit 1989 unabhängigen Brunei. Inmitten der geschäftigen, aber sehr entspannten, kleinstädtischen Innenstadt steht ein chinesischer Tempel. Gut zwanzig Prozent der 300.000 Einwohner sind Chinesen. Viele respektabel aussehende mehrstöckige Wohnhäuser am Rande der Innenstadt stehen bewusst leer. Es sind Abschreibeprojekte, gebaut mit Regierungsgeld, um dort demnächst 2000 Teilnehmer des APEC-Gipfels unterzubringen und dann die Wohnungen an Brunei-Bürger zu vergeben. Ich treffe im Kulturministerium, am träge dahinfließenden Brunei-Fluss, Dato Mattussi, der mir die „nationale Ideologie", wie er sanft sagt, erklärt: die Melayu Islam Beraja. Sie werde der Jugend gelehrt. Doch selbst im frommen, stress-, alkohol-, fast kino-, weithin medien- und angeblich sicher pornofreien Brunei ist die Scheidungsrate unter Muslimen gestiegen: von 190 Fällen 1989 auf 329 Fälle 1996.

20.–21. Februar 1998, Singapur
Jedes Jahr müsse man kommen, um mit den architektonischen Veränderungen Schritt zu halten, sagt der Taxifahrer, der mich von der Luxusoase des Shangri-La-Hotels durch die mit luxuriösen Shops und Shopping Malls überquellende, opulenten tropischen Bäumen in goldgrünes Licht getauchte Orchard Road führt. In Little India zeigt er mir die Baustelle des U-Bahnhofs und neue Einkaufszentren inmitten der von Tamilen und zunehmend Bengalen bewohnten Häusern. Indische Geschäfte und Handwerkerläden im Erdgeschoss, gewiss ärmliche Wohnungen im ersten und zweiten Stock, viele Häuser eher sanierungsbedürftig, dreckige Flecken an den Wänden und auf den Bürgersteigen. Little India eben ohne die Massen und den Dreck Indiens. Der Fahrer schimpft über die Unmengen bengalischer Gastarbeiter: Was die alle hier wollten? Er zeigt mir die kalte Pracht der endlos in den Himmel wachsenden Wolkenkratzer des Bankenviertels um den Raffles Place und übergibt mich in Chinatown der Straße: In den wenigen verbliebenen Altstadtstraßen sehe ich in den die zur Straße hin oft offenstehenden Wohnungen manche alte Chinesin vor Tee und Reis sitzen. Vor der Tür stehen Mercedes, BMW und Jaguar neben kleinen privaten Tempeln mit brennenden Weihrauchstäbchen. Clark Quay ist eine Art Touristenecke mit Stopps und Outdoor-Restaurants geworden, ebenfalls Riverside, wo sanierte Altstadthäuser neben Wolkenkratzern stehen und der Weg über die schöne alte Cavenagh-Brücke zum kolonialen Singapur mit Victoria Hall, Parlament, Cricket-Club, Supreme Court, St. Andrew's Church und zum hinter der neuen wuchtigen Raffles City-Shopping Mall imposant-heimelig umgebauten Raffles Hotel führt. Ein Singapore Sling in der Long Bar mit ihren Erdnussschalen auf dem Fußboden muss sein. Die Zimmerpreise dieses einstigen Top-Hotels East of Eden beginnen unterdessen bei 600 D-Mark. 33° und sehr feuchte Luft. Vom Dschunkenhafen und Blick ins offene Meer ist nichts geblieben. Die kleine, saubere Marina wird von aufgeschüttetem Neuland mit Hochhäusern umrandet.

Das Forum Asia-Europe des Institute for Policy Studies der Euro-Asia Foundation und der Quandt-Stiftung beginnt mit einer ökonomischen Bestandsaufnahme: Gemeinsames Interesse von ASEAN und EU an einer Einbeziehung Chinas in den WTO-Prozess und daran, dass Japan sich stärker an der Überwindung der asiatischen Finanzkrise beteiligt. Konsens, dass die Finanz- und Währungswertverlustkrise Folge von zu starker Auslandsverschuldung infolge eines zu exzessiven „consumerism" sei, ein unvermeidbarer Teil der Industrialisierung der Region offenbar und nicht als Abbruch oder gar Ende der asiatischen Industrialisierung zu missinterpretieren.

General Klaus Naumann, Vorsitzender des NATO-Militärausschusses und vormaliger Generalinspekteur der Bundeswehr, befürchtet, es werde für die USA fast unausweichlich, im Irak militärisch vorzugehen, ohne dass dies eine Lösung bedeuten könne. Das Problem der biologischen Waffen sei durchaus elementar, wie die heutige Verhaftung von amerikanischen Herstellern biologischer und chemischer Waffen in Las Vegas zeige. Man könne, so sagt er mir entwaffnend, solche Waffen in der Garage bestellen. Staatsminister Werner Hoyer vom Auswärtigen Amt fordert Überwachungs- und Präventionssysteme anstatt Militärschläge. Er äußert sich kritisch über Indonesiens Abbrennen des

Regenwaldes mit üblen ökologischen Folgen für die Nachbarschaft. Eine Chaotisierung Indonesiens könne eine massive Flüchtlingskrise bewirken. Singapurs stellvertretender Ministerpräsident Lee sagt, die ersten Flüchtlingswellen seien schon in Singapur, zwanzig Kilometer von Sumatra entfernt, und in Malaysia eingetroffen. Es entstehe derzeit eine zunehmende politische Unübersichtlichkeit und Unberechenbarkeit in der ASEAN-Region, raunt er mir zu.

Senior Minister Lee Kuan Yew, von 1965 bis 1990 erster Premierminister Singapurs, „the creator of Singapore", wie Horst Teltschik, der außenpolitische Berater Bundeskanzler Kohls, ihn einführt, spricht während eines Dinners zu den Konferenzteilnehmern. Nüchtern und präzise, „to the point", analysiert er die gegenwärtige Finanzkrise Südostasiens. Bevor Lee den Ballsaal betritt, werden alle Anwesenden durch eine Lautsprecherstimme gebeten, sich zu erheben. Das gleiche Ritual wiederholt sich am Schluss seiner Rede. Offenherzig kritisiert Lee, dass die Dinge in Indonesien offenbar zu sehr „out of control" geraten seien. Zentral für die asiatische Krise sei ein Mangel an politischer Integrität. Selbstkritische Töne des Mannes, der so lange Zeit starker Verfechter der These der Überlegenheit „asiatischer Werte" war. Jetzt kritisiert er den „Crony capitalism" Singapurs und meint, eine der Schwächen des Konfuzianismus sei die Tendenz zum Nepotismus. Neue Töne aus einer alles in allem fantastisch erfolgreichen Weltgegend.

Lord Douglas Hurd, der frühere britische Außenminister, stimmt uns darauf ein, alle Weltpolitik des 21. Jahrhunderts müsse von der Existenz der USA als einziger Weltmacht ausgehen. Es sei nötig, die USA in Europa und in Asien engagiert zu halten, dazu bedürfen sie in beiden Regionen starker Partner. Tommy Koh, der langjährige Botschafter Singapurs in den USA und einer der brillantesten Köpfe Singapurs, neben dem zu sitzen ich die Freude habe, ist enttäuscht über das aus seiner Sicht unzureichende Interesse Europas an Asien. Er schimpft über „Fortress Europe" und überlegt, Europas Sitz im Asian Regional Forum (ARF), dem einzigen asiatischen Sicherheitsforum, streichen zu lassen. Der Blick aus dem 70. Stockwerk des Westin Stanford Tower über die Stadt, inklusive der neugewonnenen Landflächen, bleibt hängen im „haze", den dichten Dunstwolken, die aufgrund der Abholzung der Regenwälder in Borneo nach Singapur herübergeweht sind. Noch einmal beeindrucken die Singaporeaner ihre europäischen Gäste: Night Safari im offenen Golfwagen durch den Dschungelzoo vorbei an malaysischen Tigern, Rhinozerossen, indischen Löwen, Schakalen, Giraffen und Wasserbüffeln. Perfekte Inszenierung der neuesten Attraktion Singapurs.

26.–28. März 1998, Edinburgh
Königswinter Konferenz im George-Hotel in Edinburgh, der prachtvollen und dynamischen Hauptstadt Schottlands. Die Briten selbstbewusst, die Deutschen jammernd, ausweichend, verschüchtert in Bezug auf ihre Vorstellungen von der künftigen Richtung der EU. In meiner „winding-up address" entwickele ich die Visionen einer europäischen Armee und einer europäischen Verfassung. Verteidigungsminister Volker Rühe definiert Deutschland

als Mittelmeermacht: Das größte Land Europas trage auch Verantwortung für den Süden des Kontinents, inklusive möglicher größerer Truppenstationierungen.

2.–3. April 1998, Budapest
Besuch in der Central European University und im Collegium Budapest, bedeutende Innovationen der mitteleuropäischen Wissenschaftsszene nach 1989. Gespräche mit meinen Freunden Csilla, der agilen Direktorin des Petöfi-Literaturmuseums, und Gábor Erdödy, der sich wieder an der Eötvös-Loránd-Universität eingerichtet hat. Ich tausche mich aus mit Györgi Granaztoi, dem Leiter des Lehrstuhls für vergleichende europäische Geschichte an der Eötvös-Loránd-Universität und früherem Botschafter bei der EU, István Stumpf, Szábedvég-Institut, und Péter Györkös, der im Außenministerium am Bem tér die Koordination der EU-Beitrittsverhandlungen unter Staatssekretär Ferenc Somogyi übernommen hat. Györkös weist mich auf den dringenden Bedarf hin, Projekte an der künftigen EU-Außengrenze zur Ukraine und zu Serbien zu entwickeln.[10]

Allseits herrscht der Eindruck, die Wahlen am 6. Mai könnten von der Fidesz-Partei gewonnen werden. Gleichwohl hält die Fragmentation des bürgerlichen Lagers an, unvermeidliche Folge nach Antalls unerwartet frühem Tod 1993 und der seitherigen Fragmentierung des Magyar Demokrata Fórum (MDF). Die regierenden Sozialisten haben sich geschickt als Motor des neoliberalen Aufbruchs in die Konsumgesellschaft empfohlen. Budapest boomt, wenngleich eine breite Kluft zwischen den Luxusläden der Váci utca und den vielen dringend sanierungsbedürftigen Häusern bestehen bleibt. Am schönen Donaukorso mit herrlichem Blick auf Schloss, Fischerbastei, Kettenbrücke und Matthiaskirche lungern Fänger in einem der unzähligen Nachtclubs und Billigprostituierte im Teenageralter herum.

13.–17. Mai 1998, Moskau
Die Russische Akademie der Wissenschaften und das Zentrum für Europäische Integrationsforschung (ZEI) haben auf meine Initiative hin zu einer Tagung über die Perspektiven des antitotalitären Konsensus in Europa geladen. Die deutschen Gäste steigen im Hotel Arbat ab, dem ordentlich renovierten früheren Hotel des Zentralkomitees der KP. Lebendiger Straßenverkehr, gefüllte Geschäfte, McDonald's, Nobelmöbelgeschäfte, breite Straßen und Plätze, Puschkin-Statuen, klassizistische Gebäude, Palais und Fassaden. Abendausflug durch die erleuchtete Stadt, herunter von den Hügeln, auf denen die deutsche Botschaft als Festungsbau mit Restaurationsbetrieb liegt und wo Botschafter Ernst-Jörg von Studnitz ein Abendbüfett gibt, entlang der Lomonossow-Universität und den Boulevards, dem Weißen Haus und der soeben neu errichteten, von Stalin zerstörten Christ-Erlöser-Kathedrale, die zwischendurch als Schwimmbad genutzt

---

[10] Im Jahr 2015 wird Péter Györkös Botschafter Ungarns in Deutschland.

wurde, zum Kreml-Platz. Er hat, vom Ufer der Moskwa hinaufsteigend, seinen heiligen Charakter etwas zurückerlangt, wirkt erhaben, aber auch undurchdringlich.

Die Konferenz im Haus der Völkerfreundschaft, einem ehemaligen Großbürgerpalais nahe dem Kreml, ist von Offenheit und Unbefangenheit geprägt, die vor fünfzehn Jahren undenkbar gewesen wären. Noch herrscht das Zellen-Prinzip und die Kollegen der Russischen Akademie der Wissenschaft (Alexander Tschubais, Jakow Drabkin, Frau Katschagina) tun sich schwer, sich gegenüber anderen Institutionen des durch schwere innere Krisen gehenden Russlands zu öffnen. Doch sind Tamara Mortschakowa, Vizepräsidentin des Verfassungsgerichtes, Roy Medwedew, dissidenter politischer Schriftsteller, Igor Tschubais, Bruder des Wirtschaftsreformers und Journalist, ein Vertreter des Opfer-Aufarbeitungsverbandes Memorial und Journalisten, darunter Peter Gujer *(Neue Zürcher Zeitung)* und Markus Wehner *(Frankfurter Allgemeine Zeitung)* sowie die Historikerin Jutta Scherrer anwesend. Karl Dietrich Bracher hält einen brillanten Vortrag mit dem Titel „Anläufe der ‚Vergangenheitsbewältigung': 1918 (gescheitert), 1945, 1989". Es wird in Ansätzen, auch kontrovers, diskutiert. Kein Wort aber fällt zu Lenin.

Am zweiten Tag der Konferenz beteiligen sich vierzig Studenten an den Diskussionen. Die Fragen und Kommentare dieser jungen Menschen, geboren zwischen 1975 und 1980, reflektieren die Ratlosigkeit des Landes: Was war am deutschen Totalitarismus gut? Warum soll die Demokratie gut sein, wenn sie hier in Russland oligarchisch ist und im Westen Clintons Sex-Affäre alle Medienberichte dominiert? Warum kommt ihr überhaupt nach Moskau, wenn es doch keine gute Demokratie in Russland gibt? Wir wollen gleichberechtigte Zusammenarbeit, keine Hilfe. Ehe es Russland gut geht, **werden zwei** Generationen vergangen sein. Die stellvertretende Präsidentin des Verfassungsgerichts, Tamara Mortschakowa, ist gerecht mit der Jugend ihres Landes: Es seien noch unfertige, unsichere Persönlichkeiten, man müsse eben Geduld haben. In meiner Einführungsrede zur Forumsdiskussion hatte ich Lenin und Marx verurteilt und an Dostojewski erinnert: Wo Gott nicht mehr ist, ist alles möglich (Kühnhardt und Tschubarjan 1999).

Abendbummel über den Arbat, lebendig, Straßencafés, Musikanten, viel Jugend, ein großer Supermarkt (ein Häagen-Dazs-Eis kostet 10 D-Mark), Yuppies, nicht wenige Menschen im Jogginganzug, manche Zuhälter-Typen: So scheint der neue Mittelstand durch neue Verwirrspiele, Machtkämpfe und Kapriolen zu entstehen. In keinem Falle können alle diese Menschen in den Kollektivismus wollen. Was aber wollen diese Leute positiv? Blank geputzt die repräsentative Metrostation, unter der Decke der Eingangshalle natürlich noch Hammer und Sichel. Wie selbstverständlich steht auch noch „SSSR" am Portal der Lenin-Bibliothek. Viel Autoverkehr, sanierte oder neue Häuserfassaden, aber auch heruntergekommene Hinterhöfe und Seitenstraßen, abgelebte Fassaden- und Häuserzeilen, bäuerliche Gesichter neben Urbanität, Reste des Winterdrecks: eine Großstadt von Weltnahmen ohne Weltruf, eine Weltmachtzentrale ohne Anziehungskraft. Die prachtvolle Christ-Erlöser-Kirche mit ihren goldenen Kuppeln, auf denen die Kreuze der Orthodoxie selbstbewusst in den endlich beginnenden Sommerhimmel leuchten, steht wieder. Stalin hatte die Kirche abreißen lassen und bis vor wenigen

Abb. 4.17 Mit meinem akademischen Lehrer Karl Dietrich Bracher in Sergijew Possad (1998). (© Ludger Kühnhardt)

Jahren stand an ihrer Stelle, oberhalb der Moskwa, das größte städtische Freibad. Hochhäuser neben Holzhäusern, Palais neben Stalins Zuckerbäcker-Wolkenkratzer, Hinterhofhandwerksbetriebe neben neuen Bankautomaten. Wer bestimmt das Tempo, wer hält mit, wer fängt die Schwachen auf, wer die Frustrierten, wer rehabilitiert die alten Opfer und wer instrumentalisiert die neuen? Die politische Autoritätsfrage ist im Kern noch immer unentschieden zwischen Präsident, Parlament, Armee und Wirtschaftsleuten. Wie stark kann das Verfassungsgericht sein, der Prozess des Institutionenaufbaus insgesamt? Karl Dietrich Bracher nickt zustimmend, als ich zusammenfasse: Weimar an der Moskwa.

Nach einem Bericht des UN-Entwicklungsprogramms UNDP ist Russland aus dem Kreis der Industrieländer herausgefallen. Lebenserwartung für Männer: 57,5 Jahre, für Frauen 71,2 Jahre. Gegenüber 1990 haben die Russen heute noch siebzig Prozent ihres Pro-Kopf-Einkommens. Allein die flächendeckende Alphabetisierungsrate verhindert einen noch gefährlicheren Grad an Instabilität. Heute streiken wieder Arbeiter in Südsibirien, seit Monaten haben sie keine Löhne mehr erhalten. Was nutzen die unendlichen Ressourcen des Landes? Muss man weitere siebzig Jahre warten, ehe Russland einen neuen Sozialvertrag und eine neue Gesellschaftskonstellation erreichen wird?

Dorothee und Karl Dietrich Bracher fahren mit mir durch die Dörfer am Stadtrand mit Holzhäusern, vor denen Landfrüchte feilgeboten werden, und den teilweise recht prächtig anmutenden Datschen, nach Sergijew Possad, dem ehemaligen Sagosk, der heiligsten, ehrwürdigen Klosteranlage Russlands (Abb. 4.17). Das Gesamtensemble ist ergreifend, die Gebetsgesänge in den Kirchen, die prachtvolle Ausmalung der Kirchen und Kapellen, das Grab von Zar Boris Godunow, der Glockenturm, im italienischen Rokoko, der Brunnen mit heiligem Wasser, der mit seinen leuchtend bunten Farben und Formen ebenso wie die dahinterliegende Kapelle stark orientalische Einflüsse aufweist, das Refektorium, das sowohl an Rokoko als auch an indonesische Tempel erinnert und im Innern eine überfrachtet vergoldete Ikonostase enthält, die konzentrierte Wucht der Kirchentürme mit ihren leuchtend blauen und goldenen Farben auf den Zwiebelspitzen, die von stolzen Kreuzen gekrönt werden. Rund zweihundert Mönche leben und wirken wieder in Sergijew Possad, in ihren braunen Kitteln und langen Bärten und Haaren. Figuren einer ewigen Zeitlosigkeit. Die hierhergeführten Kindergruppen gehören der ersten postsowjetischen Generation an. Was werden sie glauben, denken, tun in den nächsten siebzig Jahren? Vor dem Klosterkomplex steht eine eher kümmerlich wirkende Lenin-Statue.

Besuch im und am Kreml, mit dem Grabmal des Unbekannten Soldaten an der Kreml-Mauer neben dem Alexandergarten, der bis zum Manege-Platz und herüber zur Duma neugestaltet worden ist und etwas von seiner martialischen Kälte zugunsten eines europäischen Stadtgefühls verloren hat. Am starren Reiterstanddenkmal von Marschall Georgi Konstantinowitsch Schukow vorbei, dessen Pferd den Reichsadler von Nazi-Deutschland zertritt. Dahinter liegen die erhebende Kapelle der Iberischen Jungfrau und die 1993 neu errichtete Kasaner Kathedrale auf dem endlosen und endlos machtausstrahlenden, kalt-herrschaftlichen Roten Platz. Der Kaufhauskomplex GUM mit seiner schönen Bausubstanz des späten 19. Jahrhunderts ist grundsaniert. Christian-Dior- und Jeans-Läden sind dort anzutreffen, wo ich 1984 kaum Mineralwasser und Obst bekam und Radiogeräte der Vorkriegszeit in kümmerlichen Geschäften verkauft wurden. Die Basilius-Kathedrale ringt mit den an das alte Ägypten anmutenden Quadern des Lenin-Monuments um die geistige Vorherrschaft auf dem Platz. Lenins Grabmal ist geschlossen und auch das pseudoidyllische Wäldchen hinter dem Mausoleum mit den Gräbern der Sowjet-Größen muss von schlendernden Soldaten geschützt werden.

Ich blicke hoch zu den Regierungsgebäuden des neuen Zaren Boris Jelzin, dem ich bei einem Staatsbesuch in Bonn 1994 die Hand schütteln konnte. Der Gebäudekomplex mit dem neuen Staatswappen inklusive der Zarenkrone ist das höchste Symbol der alten innersten Machteinheit von Zarentum und Orthodoxie. Eindrucksvoll die Kirchen, das Ensemble insgesamt und Details wie die 47 Gräber der Zaren bis zu Peter dem Großen in der prachtvoll ausgemalten Erzengel-Michael-Kathedrale und die herrlichen Fresken des 16. Jahrhunderts in der gegenüberliegenden Mariä-Verkündigungs-Kathedrale. Dass die Gläubigen beständig ihr wehmütiges „Herr erbarme Dich" („gospodi pomilui") anstimmen, klingt wie der Klageruf gegen die Roheit ihrer eigenen Welt.

21.–23. Mai 1998, Bratislava
Etappen einer Kurzreise durch das Herz Mitteleuropas.
Wien: lohnenswerte Begegnung mit dem Institut für Mitteleuropa und den Donauraum.
Brünn: nüchterne Arbeitsatmosphäre bei einem guten, aber eher trockenen Gespräch

mit dem Historiker-Kollegen Petr Fiala an der Masaryk-Universität. Fiala hat sich in den letzten Jahren ungemein engagiert, um mit historischer Methode ein Fach Politikwissenschaft in seinem Land zu etablieren. Unterdessen ist er promovierter Historiker und promovierter Politikwissenschaftler. Die Zeit der Freiheit eröffnet ihm ungeahnte Möglichkeiten, die gewiss noch nicht ihren Zenith erreicht haben.[11] Bratislava: überraschend weit gediehene Stadterneuerung, lebhafte Atmosphäre, aber katastrophale autoritäre, diktatorische Zustände unter Ministerpräsident Vladimír Mečiar. Ich treffe Oppositionsführer Mikuláš Dzurinda, der sich Hoffnung macht, Mečiar im September zu stürzen, wenn die Wahlen mit rechten Dingen ablaufen. Rektor Juraj Stern von der Wirtschaftsuniversität erzählt von Abhörgeräten und Anschlägen auf Autos. Ein düsterer Wissenschaftler meint, die nächsten 10 bis 20 Jahre könne der Westen die Slowakei vergessen. Ján Figeľ und das von ihm geleitete Zentrum für Europapolitik sind optimistischer. Sie tun alles in ihren Kräften stehende, damit die Slowakei alsbald der EU angehören wird.[12] Ein Dreisprung an Städten. Mitteleuropa im Werden.

5.–6. Juni 1998, Visby
Der Druck der Vorjahre ist aus dem Round Table in Visby gewichen. Nüchternheit ist auf allen Seiten eingekehrt. Die Balten wissen, dass eine NATO-Mitgliedschaft in überschaubarer Zeit nicht ansteht. Mit Estland ist wenigstens einer von ihnen EU-Kandidat der ersten Runde, Litauen und Lettland haben gute Chancen, im nächsten Jahr nachzuziehen. Das Schöne an den Seminaren der Jarl Hjalmarson Foundation und der Konrad-Adenauer-Stiftung sind die vielen Begegnungen, so mit Carl Bildt, Litauens Präsident Valdas Adamkus, Jüri Luik, Estlands Verteidigungsminister, Mart Laar, Valdis Birkavs, dem ich 1992 erstmals in Riga begegnet bin, Lothar Rühl, Hans-Henning Horstmann und Bob Nurick. Konsul Sjöberg empfängt uns herzlich in seinem schönen Haus im Herzen der Hansestadt. Visby hat seinen alten Charakter als Zentrum der Ostsee wieder eingenommen.

29.–31. Juli 1998, Jekaterinburg
Eine breite schnurgerade Straße, so als ginge sie direkt von Berlin nach Wladiwostock – oder, der Fairness halber sei es gesagt: umgekehrt – durch den westsibirischen Birkenwald. Jekaterinburg, mit seinen zwei Millionen Menschen, liegt dreißig Kilometer östlich des Ural. Überall verschönern Handwerker die drittgrößte Regional-Hauptstadt Russlands. Vor sieben Jahren noch war die Stadt, als Swerdlowsk benannt nach dem Parlamentspräsidenten der Sowjetzeit unter Lenin, eine verschlossene Stadt, für Ausländer verboten, ein Zentrum der sowjetischen Rüstungsindustrie, in der Boris Jelzin,

---

[11] Petr Fiala wird der erste habilitierte Politikwissenschaftler der Tschechoslowakei. Später wird er Rektor der Masaryk-Universität, 2012/2013 tschechischer Bildungsminister und 2021 Ministerpräsident der Tschechischen Republik.

[12] Von 2004 bis 2009 wird Ján Figeľ EU-Kommissar für allgemeine und berufliche Bildung und Kultur.

4 Kein Ende der Weltgeschichte und Europas Europäisierung ...

gebürtiger Swerdlowsker, bis 1990 KPdSU-Regionalvorsitzender war. Das Hotel Ural ist sauber, um Modernisierung bemüht, inklusive Schwartau-Marmelade und „Yellow-Label"-Tee zum Frühstück. Helfende Hände, ein neues Servicegefühl entsteht offenbar langsam. Als Alexander von Humboldt 1829 nach Jekaterinburg kam, musste er eine Matratze zum Schlafen kaufen. Der Fortschritt ist erkennbar. Hühnergeschrei am frühen Morgen. Dorfstimmung in der Großstadt, in der die Hitze des Sommers schon frühmorgens einsetzt. Im Restaurant Astoria wird stolz ein Foto von Hillary Clinton gezeigt, die einmal in diesem art nouveau-Restaurant mit Frau Jelzin gespeist hat.

Das Gebiet Swerdlowsk unterhält vor allem Handelskontakte zu den USA und in die Niederlande, wo sogar eine Handelsrepräsentanz unterhalten wird. Im Jahr 1993 hatte Swerdlowsk als erste russische Region versucht, eine Art von Staatsverfassung zu verabschieden. In der regionalen Duma wirken nach wie vor stark föderalistische bis autonomistische Tendenzen. Der Vorsitzende des Wirtschaftsausschusses und Parteivertreter von Umgestaltung des Ural, Veniamin Maxowich Golubitsky, der mich an Boris Nemzow erinnert, beklagt sich bitter, dass die Region Swerdlowsk, die anders als die umbenannte Stadt weiterhin nach dem Revolutionär benannt ist, zu viel Geld an die Zentrale in Moskau leiten müsse. Kaum etwas könnte den Wandel und die Brüche der vergangenen Jahre besser veranschaulichen als die Begegnung mit Vizebürgermeister Kobernitschenko. Vor dem Rathaus, 1949 im Stalin'schen „Empire-Stil" gebaut, steht Lenin mit Stolz erhobener Hand. Im Büro von Kobernitschenko hängen die russische und amerikanische Flagge einträchtig nebeneinander. Er ist Ehrenbürger von San José im Silicon Valley, hinter seinem Schreibtisch hängt ein Foto des amerikanischen Flugzeugträgers Nimitz. Im Kalten Krieg, so erzählt er, habe er die Raketen gewartet und betreut, die auf die Nimitz gerichtet waren und diese in fünfunddreißig Minuten hätten versenken können. Kobernitschenko, Ende vierzig, träumt heute von einem zweiten Silicon Valley in Jekaterinburg. Das Lenin-Denkmal vor dem Rathaus? „Es ist Teil unserer Geschichte und sollte dortbleiben. Wir wollen keine Bilderstürmerei." Was würde er zu Hitler-Denkmäler in Deutschland sagen? „Das wäre Sache der Deutschen." Hat er eine Meinung zum Verhältnis von Europa und Asien? „Wir können von China lernen; ihre Zivilisation ist älter als Europas."

Sehr bewegend das Geschichtsmuseum, das uns Wladimir Bykodorow engagiert zeigt, der mutige Begründer und örtliche Mitarbeiter der Friedrich-Naumann-Stiftung. Im Jahr 1984 von Parteisekretär Jelzin als Kunstmuseum der Avantgarde begründet, wurde das Gebäude 1988 zum Antitotalitarismus-Museum erweitert. Der Rundgang beginnt mit der Rekonstruktion der Erschießung der Zarenfamilie am 17. Juli 1918. Damit, so Bykorodow, begann alles – Elend, Terror, Kriege, Armut, Orientierungslosigkeit. Am Ende des Museums steht Afghanistan, dort, wo die Sowjetunion zerbrach. Unweit des Museums befindet sich der leere Platz des Ipatjew-Hauses, wo Zar Nikolaus II. und seine Familie am 17. Juli 1918 ermordet wurden. Parteisekretär Jelzin hatte das Haus 1977 abreißen lassen. Jetzt stehen dort ein schlichtes weißes Holzkreuz und eine kleine Holzrekonstruktion des Hauses. Die Bäume stehen noch, die die Zarenfamilie vielleicht als Letztes vor ihrer Erschießung durch Bolschewisten gesehen haben mag. Auf dem Nachbargebäude vor der kleinen Holzkapelle steht seit gut einer Woche ein neues Kreuz: „Russland, knie Dich zur Erinnerung an den Zaren". Davor liegen frische Blumen. Spannendes Gespräch mit Dr. Alexander Awdonin und Vertretern der Initiative Obreteniye, die sich um die Rehabilitation der vorrevolutionären Geschichte bemüht. Awdonin hatte nach jahrelangen Recherchen 1991 die Gebeine der Zarenfamilie in einer Grube nahe der Stadt Jekaterinburg gefunden. Jahrelange Untersuchungen über ihre Authentizität schlossen sich an. Am 17. Juni 1998 wurden die Gebeine von Nikolaus II., seiner Familie und den mit ihnen ermordeten Bediensteten in der Peter-und-Paul-Kathedrale in St. Petersburg endlich zur letzten Ruhe gebettet. Präsident Jelzin verneigte sich, in Anwesenheit einiger Romanows, und sprach von der Schuld Russlands.

Die Lebenserwartung der russischen Männer ist unterdessen auf 57 Jahre gesunken. Wird Russland Partner oder Kolonie Europas oder Satellit Chinas? Ist das die eigentliche Frage des 21. Jahrhunderts mit geopolitischen Implikationen?

Der Vizebürgermeister hatte Churchill zitiert, um Stalin zu erklären: „Er hat Russland in Bauernkleidern übernommen und als Nuklearmacht abgegeben." Der britische Generalkonsul Stephen Harrison knüpft an alte Bande an. Vor 1918 hatte das Vereinigte Königreich ein Konsulat in Jekaterinburg. Heute steht er der einzigen europäischen diplomatischen Mission hier vor. Begegnung der musealen Art im Weißen Haus, dem Turm der Swerdlowsker Gebietsverwaltung, mit einigen Dinosauriern der Kommunistischen Partei, grobschlächtigen und bürokratisch-blassen Abgeordneten der Gebietsduma. Stalin? Verteidigungswert. Russland? In katastrophaler Lage wegen der Verräter Gorbatschow und, vor allem, Jelzin, mit dem unsere Gesprächspartner zusammengearbeitet haben, als dieser noch Kommunist war. Jelzin ein Demokrat? Lachen – er wollte immer nur Macht. Das neue Lieblingsurlaubsziel der Menschen, die es sich leisten können: Spanien.

1. August 1998, Shaitanka
Ausflugsfahrt nach Shaitanka im Mittleren Ural, einem Dorf am See in den Birken- und Auenwäldern des Ural, der bestenfalls an dieser Stelle der Tendenz nach ein Mittelgebirge ist, knapp vierhundert Meter über dem Meeresspiegel. Kurz hinter Jekaterinburg besuche ich eine Gedenkstätte, direkt an der Autobahn: 80.000 Opfer des Stalinismus, alle ermordet von 1937 bis 1938, waren hier in Massengräbern zugeschüttet gewesen. Erst in den letzten Jahren begannen Exhumierungen und Identifikationen. Um das große Kreuz und einen sargartigen Stein mit den Symbolen aller Weltreligionen, die unter Stalin gelitten hatten, sind Wände mit Namen und Lebensdaten lange verschollener Menschen errichtet worden. Einige Blumen wurden erst kürzlich angebracht. Dort, wo die Birken stehen und die Erde etwas aufgeschüttet ist, liegen die Toten des grausamen Russlands. Dass unsere russischen Begleiter uns zu dieser Gedenkstätte des totalitären Schreckens geführt haben, ist an sich schon ein Zeichen der Hoffnung auf Selbstreinigung und Selbsterneuerung. Bei der Industriestadt Perwouralsk, wo ein Denkmal mit ewigem Licht an die Opfer 1941 bis 1945 erinnert, stehe ich an einem der Grenzsteine, der den Übergang von Asien nach Europa symbolisiert (Abb. 4.18). Die Art und die Inschriften des Steins wirken fast wie ein hinduistisches Monument. Russische Geografen haben 1837 den kontinentalen Grenzverlauf festgelegt, dem Willkür anhaftet,

Abb. 4.18 Auf der Grenze zwischen Asien und Europa im Ural bei Jekaterinburg (1998). (© Ludger Kühnhardt)

denn die Eigentümlichkeit der russischen Zivilisation ist nun einmal eurasiatisch, westlich wie östlich vom Ural identisch. Ein Brautpaar kommt zum Ausflug an den Grenzstein. Mir bieten die russischen Begleiter sogleich ein Glas Wodka an.

Wladimir Bykodorow bringt mich mit Sascha, einem Maler, und seiner Frau zusammen, die uns in ihrer Datscha in Shaitanka herzlich bewirten. Frische Kartoffeln werden im Garten gezogen und sogleich gekocht. Brot, Wurst, Obst, Wein, Wodka, Wasser und Gemüse hatten wir aus Jekaterinburg mitgebracht. Im Garten, neben der Sauna, sitzen, essen, parlieren wir. Kurze, heiße Sommer, lange kalte Winter, bis zu neun Monate lang kann es hier schneien. Kein Weg ist begradigt oder gar geteert, wie nirgendwo in Russland. Spaziergang zu einem Fluss. Gespräch mit einem mit Sascha und seiner Frau befreundeten ehemaligen Jelzin-Mitarbeiter, heute Geschäftsmann in den Vereinigten Arabischen Emiraten. Boris Sergeijewitsch Petrov, geboren 1954, erzählt, wie er den sowjetischen Einmarsch in Afghanistan 1979 für „verrückt" gehalten habe und dennoch im gleichen Jahr in die KPdSU eingetreten sei, weil es der einzige Weg zum beruflichen Aufstieg gewesen sei. Bald habe er davon zu reden begonnen, dass die Partei „business" zulassen müsse, wenn sie überleben und Russland modernisieren wolle. Wir trinken ein Bier im Garten der Datscha. Die Holz-Plumpsklos verbreiten eine unhygienische Erinnerung an das bäuerlich-einfache 19. Jahrhundert.

2.–3.August 1998, Kasan
Die vierzehnstündige Fahrt im Zug von Jekaterinburg nach Kasan ist angenehm. „Verkehrsbetrieb VEB Ammendorf, Deutsche Demokratische Republik" vermerkt ein Schild an der Zugtür die Produktionsstätte. Ich schaukele durchs europäische Russland, durch Wälder und Felder, vorbei an Dörfern mit ihren einigen Holzhäusern, Industriestädtchen, größeren Flüssen und Stauseen. Die öffentliche Infrastruktur ist in einem trostlosen Zustand, der Zug in seiner ersten Klasse aber nett, etwas plüschig-spießig, mit frischen Gardinen, Tischdecke und guter Teeversorgung. Die Liegewagenbänke sind mit Tagesdecken versehen, im Gang hängen der Fahrplan und ein Moskauer U-Bahnplan. Aus dem Lautsprecher ertönt hin und wieder Popmusik. Im sauberen Speisewagen läuft ein Fernseher mit langweiliger Unterhaltungsmusik. US-Dollar werden nicht gewechselt. Auf dem Bahnsteig erwerbe ich bei einem Halt für einige US-Dollar „hot dogs", die von Frauen verkauft wurden. Kleinhandel als russischer Beginn der Marktwirtschaft auf dem Lande. Herbe Gesichter des ländlichen Russlands umgeben mich.

Kasan, die an der enorm breiten Wolga gelegene Hauptstadt der Republik Tatarstan wirkt ärmer, weniger dynamisch, mit schäbigeren Häuserzeilen als Jekaterinburg und doch zugleich städtischer, gewachsener, zusammenhängender. Im von Türken gebauten Hotel Safar auf dem der Stadt gegenüberliegenden Ufer der Wolga empfängt mich westlicher Hotelstandard. Sauna und kleiner Pool nehmen russische Elemente auf. Kebab steht neben Bortsch auf der Speisekarte. Viele Häuser in der Altstadt haben noch keine Zentralheizung. Sie verfügen über minimale Toilettenausstattung und zerfallendes Gemäuer. Es gibt Pläne, die gesamte russische Altstadt von Menschen freizuräumen und durch die Ansiedlung von Geschäften und Büros die Sanierung guter Bausubstanz zu ermöglichen. In der tartarischen Unterstadt mit ihren Moscheen, vielen Holzhäusern und einfachen mehrstöckigen Gebäuden ist der Sanierungsbedarf noch größer.

In der Karl-Marx-Straße liegt die Evangelisch-Lutherische Gemeinde, die seit zwei Jahren dabei ist, sich auch ohne Pastor wiederzufinden und ihr Kirchengebäude, das 1927 konfisziert worden war und am Ende der Sowjetunion als Basketballhalle genutzt wurde, wieder zu sanieren und als Gotteshaus neu zu gestalten. Auf dem ehemaligen Kirchtürmchen hängt noch immer der rote Stern. Beeindruckend die Glaubenskraft einiger Laien, denen ich begegne. Sie wollen wieder eine lebendige Kirchengemeinde schaffen. Ich höre von absoluter Glaubensfreiheit, die sich seit Beginn der Perestroika auch hier entwickelt und stabilisiert hat. Diesen Eindruck bestätigt auch der Erzbischof Kasans und Tatarstans, Archimandrit Anastasij, seit 1988 gewähltes Oberhaupt der russisch-orthodoxen Diözese. Nach einem Besuch der eigenwillig mit russisch-italienischen Barockelementen geschmückten, 1756 erbauten Peter-und-Paul-Kathedrale erzählt er von einer neuen Glaubensneugier unter jungen Menschen. Die Kirche müsse jetzt konservativ sein und alte russische Traditionen erneuern, dürfe sich nicht zu arg dem Westen öffnen. Eine Art II. Vatikanisches Konzil sei nicht vorstellbar. Eine Heilige Synode werde 2001 stattfinden, um über eine Kanonisierung der Zarenfamilie zu beraten. Er ist zurückhaltend bis ablehnend, ob dies richtig sei. Russland benötige Geduld bei den derzeitigen Veränderungen, einschließlich der Verbringung von Lenin weg vom Roten Platz. Zwei etwas eigenartige junge Männer mit dicken Hornbrillen sitzen in Zivil hinter dem Erzbischof. Ich muss unwillkürlich an den KGB denken. Der Erzbischof zeigt stolz das wiederhergestellte Johanneskloster, in Sichtweite des Kremls von Kasan, mit seinen neuen Ikonen und alten Frauen, die vor dem Archimandristen, einem eher gütigen Mann, sogleich ehrfurchtsvoll in die Knie gehen und seinen Ring küssen. Dann steigt der Erzbischof in einen schwarzen BMW ein. Die Organisation Kirche in Not helfe ihm, hatte er gesagt.

Im Tatarenviertel besuche ich die älteste steinerne Moschee der Stadt, die Katharina die Große bei ihrem Besuch 1767 ebenso wie das hohe Minarett im russischen Barockstil genehmigt hatte. Im Jahr 1988 gab es noch siebzehn Moscheen im Gebiet von Tatarstan, heute sind es über 800. Ich begegne dem Mufti Kasans und Oberhaupt des Muslimischen Rates von Tatarstan, Gousman Iskhakov (Abb. 4.19). Ein offener, gesprächiger, freundlicher Mann Ende dreißig. Er erzählt, dass er als Soldat der Roten Armee in Wismar (DDR) stationiert gewesen sei. Im Lenin-Zimmer der Kaserne, unter einem Breschnew-Bild haben er und einige andere Tataren erstmals, zunächst wohl noch heimlich, zu beten begonnen. Nach unserem Gespräch machte er sich mit einer Delegation, die teilweise mit um den Tisch im Büro des Muftis mit Telefon und Faxgerät gesessen hatte, zu einer Islamkonferenz in Washington auf den Weg. Religionsfreiheit, sagt der Mann im grünen, reich mit Goldbrokat bestickten Ornat und unter einem weißen, fein gebundenen Turban, gebe es heute in Russland „absolut". Zwischen den religiösen Gemeinschaften herrsche eine gute Atmosphäre. In Tschetschenien gelte, so erklärt er überraschend, das Wort Mohammeds, demzufolge Täter und Opfer den Tod verdient hätten, denn die Schuld des einen sei nur der Schuld des anderen zuvorgekommen. Das Blut aller Menschen habe die gleiche Farbe, Gewalt sei immer schlecht.

Am Stadtrand von Kasan ein Hinweisschild: Moskau 783 km. Verdammte Weite Russlands, ohne Form, ohne Maße, ohne Anfang und Ende, wenn Kräfte von außen keine Grenzen aufzeigen.

Abb. 4.19 Mit dem Großmufti von Tatarstan, Gousman Iskhakov, in Kasan (1998). (© Ludger Kühnhardt)

Im Kreml-Bezirk, oberhalb des weiten Flusses Kazenka, der unweit in den breiten Strom der Wolga, des längsten europäischen Flusses fließt, entsteht eine Moschee. Der Rohbau nimmt deutliche Konturen an. Neben dem ehemaligen Gouverneurspalast, dem Amtssitz des heutigen tatarischen Staatspräsidenten Mintimer Scharipowitsch Schaimijew, steht der altehrwürdige Sujumbike-Turm, ein Symbol der tatarischen Geschichte. Weitere Regierungsgebäude schließen sich an, eine orthodoxe Kirche wird renoviert. Im Präsidentenpalais, dem „Präsidialapparat", reflektiert Raphael Khakimov, politischer Berater des Staatschefs von Tatarstan, über den Föderalismus in der Russischen Föderation. Tatarstan hat 1993 mit Russland einen Staatsvertrag unterzeichnet, das früheste und weitestgehende Dokument dieser Art in Russland. Es bildet bis heute die Grundlage der föderalen Beziehungen. Khakimov weist auf staatsrechtliche Inkohärenz hin, die aus den Asymmetrien zwischen der Föderation und einem ihrer Subjekte erwuchsen, während die Föderation selbst eines der Subjekte sei. In Moskau verbleiben nach dem in seiner Interpretation immer wieder umfochtenen Vertrag nurmehr Residualrechte: Landesverteidigung, Außenpolitik. Tatarstan habe in Artikel 8 erklärt, keine Massenvernichtungswaffen zu produzieren oder zu stationieren. Von einigen unvermeidlichen Ausnahmen abgesehen, haben keine tatarischen Soldaten an ethnischen Konflikten teilgenommen und werden dies auch künftig nicht tun, schon gar nicht in Tschetschenien. Derzeit gibt es vierzehn tatarische Auslandsvertretungen. Khakimov definiert „Souveränität" als „Festlegung von Kompetenzen". Ein vollständiger Austritt aus der Russischen Föderation komme für Tatarstan nicht in Frage.

Frau Rezidä Waleeva, die stellvertretende Staatsvorsitzende von Tatarstan, empfängt im mit vergoldeten Tapeten und golddurchwirkten Gardinen ausgestatteten Besprechungsraum unter dem Staatswappen der Republik. Sie äußert viel Sympathie für den deutschen Föderalismus, bei dem sie und ihr Land ins Fitnesstraining gegangen seien. Wir diskutieren die anstehende Staatsbürgerschaftsgesetzgebung, die dezidiert nicht ethnisch sein solle und für die Frau Waleeva und der ebenfalls anwesende Abgeordnete Barimov Beratung erbeten. Ich warne entschieden vor ethnischen oder religiösen Rechtszuschreibungen. Der stellvertretende Ministerpräsident I. K. Haijrullin, ein grauer, bebrillter Bürokrat, wird erst in dem Augenblick interessant, als er die Sprachen- und Schriftfrage anspricht. Man diskutiere weiterhin die Einführung der lateinischen Schrift für die tatarische Sprache nach den Mustern Aserbeidschans, Turkmenistan und Usbekistans, sagt er.

Im Jahr 1804 wurde die in einem schönen klassischen Gebäude beheimatete Kasaner Universität gegründet. Von hier aus startete die erste russische Südpol-Expedition, hier wurde das erste EKG Russlands entwickelt. Alexander von Humboldt und der heutige DAAD-Präsident Theodor Berchem sind Ehrendoktoren, aber auch Wladimir Iljitsch Lenin, der als Student in Kasan immatrikuliert war und im Festsaal die erste revolutionäre Veranstaltung durchgeführt hatte. Heute diskutiert der Rektor die Möglichkeit, ein europawissenschaftliches Studienzentrum zu entwickeln. Vor dem Gebäude steht noch eine pompöse Lenin-Statue als bereits willensstarker Student, über dem Portal hängt Lenin in Staatspose neben dem Siegel der UdSSR. Im Innern werde das ihm vorbehaltene Museum erneuert und seine Ausstellungsstücke gänzlich verändert. Künftig soll es vor allem an den Mathematiker Nikolai Iwanowitsch Lobatschewski erinnern, der die nichteuklidische Mathematik erfunden hat.

Am Wolgahafen von Kasan legen neue Passagierschiffe an, die im weitesten Fall Touristen von Moskau bis Astrachan am Kaspischen Meer fahren. Die Reisegesellschaften sind bunt gekleidet, heiter, in Urlaubsstimmung. In der Innenstadt Kasans ist eine nette Fußgängerzone entstanden, mit Pizzeria, neugestrichenen Fassaden, Straßencafés, Brunnen, Reebok-Laden, Boutiquen, Blumenständen. Im Kaufhaus ist alles zu haben, was zu einem Kaufhaus gehört, bis zum Pelzmantel für 10.000 D-Mark. Neues wirtschaftliches Leben wird erkennbar, es gibt ganz Reiche und eine breitere Schicht eines unteren Mittelstandes im westlichen Sinne – jedenfalls bezüglich der Konsumgewohnheiten.

8.–22. August 1998, Knossos
Um den Mythos zu verstehen, der von Europas Ursprüngen erzählt, muss man Kreta gesehen haben. Die Insel ist die Trennzone zwischen den gelb-sandigen Wüsten und schroffen Gebirgen Asiens und der kleinteiligen, grünen Topografie Europas. Hier treffen beide Welten geomorphologisch aufeinander. Die Entführung der schönen Prinzessin Europa von der phönikischen Küste auf diese Insel, hinein in eine Welt der Übersicht und Geborgenheit, sie wird lebendig, wer Kreta sieht. Dass König Minos, dessen Palastruine in Knossos am Rande des unscheinbaren Inselhauptortes Iraklio, sich des Göttervaters Zeus sicher sein konnte, wagt niemand zu bezweifeln, wer Kreta gesehen hat. Das Ida-Gebirge, das die Griechen Psiloritis-Massiv nennen, wird als eine der Geburtsstätten Zeus' verehrt.

Homer schrieb in der *Odyssee* von einem „Land im dunkelwogenden Meere". Kreta ist aber mehr als nur Tauchort, um sich in die griechische Mythologie zu versenken. Eleftherios Venizelos wurde 1864 bei Chania geboren und dort nach seinem Tod 1936 begraben. Das monumentale Grab ehrt einen Mann, der von allen Seiten als der größte Staatsmann des modernen Griechenlands gewürdigt wird. Der schlimmste Staatsmann des modernen Deutschlands hat auch in Kreta Spuren seiner Schandtaten hinterlassen. Beim irrwitzigen größten Luftlandeangriff der Wehrmacht im Mai/Juni 1941 kamen in wenigen Tagen über 3000 deutsche Soldaten ums Leben. Die Briten verloren über 2000 Soldaten. Der würdige deutsche Soldatenfriedhof in dem Dorf Maleme, westlich von Chania, ehrt die, die als Feinde kamen und im Tod in der Erde Kretas blieben. Wann findet Europa endlich zu einem gemeinsamen Totengedenktag für alle Opfer der sinnlosen Kriege und Gewalttaten?

27. September 1998, Bonn
Nach den sechzehn besten Jahren des Jahrhunderts für Deutschland ist das Ende der Ära Kohl gekommen. Ein Erdrutschsieg für Rot-Grün und Gerhard Schröder. Antitotalitärer Konsens? Die PDS steht vor der Regierungsbeteiligung in Mecklenburg, dank der SPD, die eine Grundfeste deutscher Erfahrung offenbar in Zweifel zieht. Mit Bundeskanzler Helmut Kohl tritt ein Großer ab. Für Deutschland ist das 20. Jahrhundert beendet. Die CDU muss den Preis der Einigung zahlen. Vor Deutschland liegen epigonale Zeiten. In Giuseppe Tomasi di Lampedusas gewaltigem Roman *Il Gattopardo* heißt es, nach dem Ende der Leoparden folgen die Schafe und die Hyänen (1959). In Verbindung mit Berlin-Umzug und der nun anstehenden Veränderung des politischen Bodenpersonals: Ist Deutschland auf dem Weg zu einer linken Republik?

4.–6. Oktober 1998, Limerick

Historiker aus den neun Ländern, die erst nach der EWG-Gründung 1957 den europäischen Integrationszug bestiegen haben, beraten am Center for European Studies der herrlich am Shannon gelegenen University of Limerick über die geänderten Voraussetzungen und Erwartungen von neuen Mitgliedsstaaten und den Folgen für ihre Gesellschaften. Das akademisch anmutende Thema hat lebenspraktischen Wert angesichts der anstehenden Osterweiterung der EU, wann immer sie auch kommen wird.

Die im äußersten Westen Irlands gelegene Tagungsstätte erreiche ich per Auto von Dublin. Bei meiner Anfahrt nach Limerick berichtet das Radio, dass der Rechtsausschuss des US-Kongress ein Amtsenthebungsverfahren („impeachment") gegen Präsident Bill Clinton wegen beeidigter Falschaussage im Falle seines Ehebruchs eingeleitet hat. Ich hatte 1974 an gleicher Stelle eine ähnliche Nachricht gehört, die sich auf Präsident Nixon bezog. Vor dem Impeachment trat er zurück. Von politischer Kriminalität zu einer in den letzten Wochen unwirklich und unerträglich gewordenen Debatte um Sex, Libertinage, Macht und Heuchelei. Der Westen hat den Kalten Krieg in der Tat nur materiell und faktisch gewonnen, nicht geistig-moralisch.

Irland empfiehlt sich heute in Europa als „keltischer Tiger", mit der höchsten Wirtschaftswachstumsrate, einer rapide verbesserten Infrastruktur, neuen Häusern und kaum noch alten Autos, auch nicht irgendwo im Gestrüpp zwischen den Bäumen, die wie Hecken beide Seiten der Landstraße bedecken. Das Shannon-Freihandelsgebiet erinnert mich mehr an die USA als an den Rest Irlands. Die schöne Campus-Universität in Limerick dort mutet ebenfalls amerikanisch an.

Dublins Bruttosozialprodukt hat 129 % des EU-Durchschnitts erreicht, das von ganz Irland liegt bei über 75 %, der Grenze für die Berechtigung, Struktur- und Kohäsionsfonds zu erhalten. Veränderungen sind in Irland Europäisierungen. Wo mit EU-Hilfe gebaut und gefördert worden war, ragen stolz Schilder mit der europablauen Sternenfahne in die Gegend. Die Innenstädte haben an Werbung, Jugendkultur, Geschäften zugelegt, aber sind keineswegs ungeheuer anziehend, alles irgendwie „hinter London" trotz Government Building und Trinity College in Dublin. Cork eher rustikal, industriell, im Opernhaus steht *Turandot* auf dem Programm. Kinsale am Meer der Südküste gelegener gepflegter Sommerfrischeort. Limerick besticht durch sein karg-graues spätmittelalterliches King John's Castle und die St. Mary's Cathedrale, aus dem 12. Jahrhundert. Wuchtige, stumm und ruhig durch die Zeiten gegangene Monumente. Die schönen grauen irischen Rundkreuze auf dem Friedhof neben St. Mary's: Zeugen des Ewigen, des ewig Gleichen. Der Stein der von den englischen Protestanten im 18. Jahrhundert „verratenen Verträge" am Ufer der Themse steht dort etwas verlassen, ein fahles Denkmal. Amerikaner investieren besonders viel in Irland, von wo mehr Amerikaner stammen, als es heute noch in Irland Einwohner gibt (3,5 Mio.). Abends Folkmusik in einem Pub: Alte Mütterchen sitzen neben Yuppies und Ehepaaren. Improvisieren die Musiker etwa, sollte es sich um Amateure handeln, die sich hier „mal eben so" zusammenfinden mit Geige, Flöte, Mundharmonika, Stimmen? Ein Kollege berichtet erstaunt, der Taxifahrer habe ihn per Handschlag verabschiedet. Das habe er noch nie erlebt. Nett, freundlich und hilfsbereit sind sie geblieben, die Iren, von denen es in Heinrich Bölls Tagebuch von 1961 heißt, anders als in Deutschland gelte auf dieser Insel immer: Es hätte schlimmer kommen können (1961).

8.–10. Oktober 1998, Madrid
Im prachtvollen Palace Hotel in Madrid, in schirmherrschaftlicher Anwesenheit Seiner Königlichen Hoheit, Prinz Felipe von Asturien, findet das Seminar „Agenda 2010: Spanische und deutsche Perspektiven für Europa" statt. Veranstalter sind das Instituto de Cuestiones Internacionales y Politica Exterior (INCIPE), die Zeitschrift *Politico Exterior*, die Deutsche Botschaft Madrid und das Zentrum für Europäische Integrationsforschung (ZEI). Mit Vorträgen unter anderem von Spaniens EU-Kommissar Marcelino Oreja Aguirre, dem Regierenden Bürgermeister Berlins, Eberhard Diepgen, und von Jordi Pujol, dem Regional-Präsidenten Kataloniens, werden in Breite und Tiefe die europapolitischen Perspektiven unserer beiden Staaten diskutiert. Für Pujol sind die Franzosen wie besessen auf Deutschland fixiert. Sie seien eben Westfranken und nur mit halber Seele mediterran. Mediterran denke nur Spanien, erkenne daher klarer als andere in der EU die Bedeutung der Türkei und die Schädlichkeit einer möglichen EU-Mitgliedschaft Zyperns. Marcelino Oreja Aguirre hat die Grundfrage der EU auf den Punkt gebracht: Europa, das heißt, immer wieder neu eine Antwort auf die Frage zu finden, was wir gemeinsam machen wollen. Kronprinz Felipe, ein sehr unkomplizierter, sympathischer und außenpolitisch versierter Mann Anfang 30, der in Georgetown studiert hat, lädt zum Abendessen in die prachtvoll repräsentative „Case de Amerika" ein. Er erinnert an den Spaniern und Deutschen gemeinsamen Kaiser Karl V. vor fünf Jahrhunderten. Alle sind beeindruckt, vor allem die geschichtsentwöhnten Deutschen. Kronprinz Felipe und ich sitzen während der gesamten Tagung nebeneinander, Zeit für viele Gespräche über Gott, Jazz in Georgetown und die Welt (Abb. 4.20). Zum Kosovokonflikt, der sich in diesen Tagen zuspitzt, meint der Kronprinz, dass die EU mangels bisheriger Kompetenzen nicht zu arg kritisiert werden dürfe. Es werde aber immer beklagenswerter, dass Europa nicht mit einer Stimme spreche. Das müsse sich alsbald ändern (Kühnhardt und Valcarcel 1999).

Wiedersehen mit Madrid nach über zehn Jahren: gepflegt, im Kern elegant, sauber, restauriert um Puerto del Sol bis hinunter zum Palacio Real. Noch immer eine sympathische Mischung aus imperialer barocker Größe, besonders nachts um den erleuchteten Cibeles-Brunnen herum, und handwerklichem Kleinbürgertum im heimischen Barrio.

13.–14.Oktober 1998, Split
Am späten Vorabend hatte sich der Druck der NATO auf Serbiens Präsidenten Slobodan Milošević so zugespitzt, dass mit unmittelbaren Bombardierungen serbischer Stellungen im Kosovo gerechnet werden muss. Spätabends am 12.10. hatte Vermittler Richard Holbrooke mit NATO-Generalsekretär Javier Solana konferiert und kehrte in der Nacht zum 13. nochmals, ein allerletztes Mal, nach Belgrad zurück. Scheitert diese Mission

4 Kein Ende der Weltgeschichte und Europas Europäisierung ...   559

Abb. 4.20 Intensive Gespräche mit Kronprinz Felipe in Madrid (1998). (© Ludger Kühnhardt)

und beginnen am Abend des 13. die Bombardierungen, um weitere Vertreibungen und Tötungen von Albanern im Kosovo zu vermeiden, eine humanitäre Katastrophe durch Hunger- und Erfrierungstod Tausender Flüchtlinge in den Bergen und Wäldern des Kosovo zu vermeiden? Ausgeschlossen werden kann dies nicht mehr, wenngleich der Deutsche Bundestag erst am Freitag, dem 16. Oktober, seine Zustimmung zu einer deutschen Beteiligung, neben Tornados auch Bodentruppen von 500 Mann, geben will. Hunderte Flugzeuge sind im Mittelmeerraum einsatzbereit. Der gesamte Luftraum könnte plötzlich gesperrt sein, von serbischen Racheakten aller Art ganz zu schweigen.[13]

Split, das venezianische Spalato, besticht durch die Palastanlage des Soldatenkaisers Diokletian, des letzten Christenverfolgers, der um 240 nach Christus an diesem Ort geboren wurde und sich seinen unmittelbar ans Mittelmeerufer reichenden Palast als Alterssitz erbauen ließ. Die Grundmauern des Palastes funktionieren bis heute als Außenmauer der Altstadt, die sich unter Verwendung von Palastelementen in der Anlage ausgebreitet hat. Die kleinen Gässchen beherbergen Wohnungen und Geschäfte, ein

---

[13]Tatsächlich kommt es in den nächsten Tagen immer wieder zu neuen Verhandlungsversuchen, ehe am 24. März 1999 die ersten NATO-Bomben auf Belgrad fallen.

lebendiges Labyrinth, das sich in der Mitte zum Peristyl hin, dem alter Säulenhof öffnet. Der Dom St. Dujam (St. Domnius), das ehemalige Mausoleum des Kaisers Diokletian, wird vom Glockenturm überragt, der vom 13. bis zum 17. Jahrhundert erbaut wurde.

Ivo Babić, Französisch sprechender, etwas unentspannter Geist, Professor der Universität Split, ist deprimiert über Lage und Zukunft des Balkans. Er zitiert Václav Havel, wonach der Kommunismus schlimm, der Postkommunismus aber noch schlimmer sei. Allerorten findet eine radikale, irrationale Konversion des Denkens von einem Extrem ins andere statt. Antitheisten werden zu Klerikern, kommunistische Internationalisten zu radikalen Nationalisten. Gab es Fortschritte seit der Unabhängigkeit 1991? Er zögert, und ebenso der neben ihm sitzende Wirtschaftswissenschaftler und Stadtrat Ivo Šimunović. Wirtschaftlich habe die Lage sich entschieden verschlechtert. Die Wettbewerbsfähigkeit der Industrie sei im Kommunismus schlecht gewesen, jetzt sei sie nicht konkurrenzfähig. Der Tourismus sei stark zurückgegangen und sein Neuaufbau erfordere eine enorme Infrastruktur. Immerhin gebe es heute Meinungsfreiheiten ungenannter Art. Slobodan Milošević sei ein Irrer, meint Babić, und erinnert daran, dass dessen Vater serbisch-orthodoxer Priester war und durch Selbstmord aus dem Leben schied. Der Sohn Slobodan könnte ebenso enden. Von Aristoteles müsse man lernen, die Identität der Einzelvölker zu respektieren. Kroatien fehle es an einer Zivilgesellschaft. Diese zu bilden, erfordere mehr als eine Generation. Heute entdecke man vor allem das Mittelmeer wieder. Die Bücher von Fernand Braudel seien ein Renner in den intellektuellen Buchläden. Europa, die EU, vernachlässige den Mittelmeerraum in kultureller und strategischer Hinsicht sträflich. In der EU werde, wenn überhaupt, wie bei einer kürzlichen Konferenz in Split, zu 50 % über die Ökologie des Mittelmeeres gesprochen. Das sei doch wohl, raunen mir die Professoren zu, ein eigenartiges deutsches Thema, das sich schlecht exportieren ließe.

Am späten Vormittag, während meines Anfluges auf Split, hatten Präsident Clinton, Richard Holbrooke und Milošević – natürlich getrennt voneinander – das Verhandlungsergebnis der letzten Stunden angekündigt, das einen NATO-Bombenschlag erst einmal unwahrscheinlicher werden lässt: Ende der Gewaltanwendungen im Kosovo, Rückzug der serbischen Polizei und Soldaten, 2000 ausländische Überwacher („verifier") auf serbischem Boden, freie Wahlen innerhalb von zehn Monaten. Wird das reichen? Hat nicht Milošević doch wieder triumphal gesiegt? Die albanische Guerillaarmee UÇ kündigt sogleich an, die Vereinbarungen nicht zu respektieren.

15. Oktober 1998, Zagreb
Der grün-fruchtbare Küstenstreifen, die schroffen, unwirtlichen Berge, die pannonische Tiefebene, dann bin ich in Zagreb, in Mitteleuropa. Vor dem Stephansdom, einem der größten gotischen Gebäude Mittel- und Osteuropas, hängt noch die päpstliche Fahne. Vor etwas mehr als einer Woche war Papst Johannes Paul II., der für mich bedeutendste Mann des ausgehenden Jahrhunderts, hier, um Kardinal Alojzije Stepinac, den Widerständler gegen beide Totalitarismen, selig zu sprechen. Neben der St. Markuskirche in der Oberstadt hat sich eine gedämpfte Hauptstadtatmosphäre ausgebreitet. Am Dach der

Markuskirche kommen die in Schindeln eingefassten Wappen Kroatiens und Zagrebs zu neuem Recht. Neben der ehrwürdigen Kirche, auf dem Platz um sie herum, haben sich die zentralen Staatsgebäude etabliert: der Sabor, das Parlament, der oberste Gerichtshof, der Sitz des Ministerpräsidenten. In der Unterstadt liegt in einem alten Bankgebäude mit repräsentativer Eingangshalle das Außenministerium. Botschafter Vladimir Drobnjak, ist der für Europafragen zuständige stellvertretende Minister. Drobnjak gilt als der starke Mann im multilateralen Geschäft. Kroatien, so beginnt er ohne Umschweife, benötige ein neues Image im westlichen Europa und im Inneren eine Europastrategie, die die EU nicht auf das Thema „PHARE-Programm" reduziert, welches Kroatien bisher wegen der Kriegsgeschichte noch immer verweigert wird. Drobnjak ist böse über die EU-Doppelzüngigkeit: immer dann, wenn Kroatien einen Berg überstiegen habe, meine man in Brüssel, es liege noch ein weiterer Berg zwischen Kroatien und der EU. Ein Assoziationsabkommen ist noch in weiter Ferne.

Keine Spur von Müdigkeit beim Gespräch mit Ljubomir Cucic, dem etwas schroffen, aber energisch-dynamischen Begründer der kroatischen Europabewegung. Am Ban-Jelačić-Platz leitet er das „Europa-Haus" und klagt, die Regierung von Präsident Franjo Tuđman rede zwar von den strategischen Zielen EU/NATO, tue aber praktisch alles, um Kroatiens Beziehung zur EU schlecht zu halten. Man solle Kroatien vonseiten der EU weiter sehr streng behandeln, vor allem sei es um die Medienfreiheit schlecht bestellt. Das Regime sei nicht nur zu nationalistisch, sondern von zwei Flügeln geprägt, deren einer die Annexion der Herzegowina anstrebe.

Als ich am Abend Zagreb verlasse, hängen noch immer mögliche NATO-Bombardierungen über Serbien. Milošević hat zwar einstweilen eingelenkt. Aber sind damit spätere Bombardements ausgeschlossen? Am Flughafen Split sehe ich Flugzeuge der niederländischen und der britischen Luftwaffe, in Zagreb stehen norwegische und amerikanische SFOR-Soldaten am Flughafen. Die kroatische Wirtschaft hat durch die letzten Jahre gelitten, aber auch die Preise in enorme Höhen treiben lassen und Kriegsgewinnler erzeugt. Einer der jungen Mitarbeiter des neu eingerichteten Office of European Integration der kroatischen Regierung nimmt kein Blatt vor den Mund. Er weiß, dass nur eine konzise Balkan-Gesamtpolitik Perspektiven eröffnet, auch für Kroatiens Europaziele. Aber innerlich wehrt er sich dagegen, will den Balkan hinter sich lassen. Ein Punkt steht dabei fest für den Mann: „Die Albaner mag hier in der Region keiner. Sie sind so anders." Aber auch sie haben nun einmal in dieser Region Europas ihre Heimat.

25.–26. Oktober 1998, Boston
Ein verspäteter Sommertag in Boston. Die Menschen laufen in T-Shirts und kurzen Hosen durch die Newbury Street, auf dem Charles River ziehen Segelboote ihre Kreise. Vom 29. Stock des Marriott-Hotels schweift mein Blick über Harvard. Mit meinem Freund Jim Cooney, der am morgigen Tag einen neuen Job als Executive Director des Center for International Affairs der Harvard University beginnt, gehe ich zu einer Dinner Party bei meinem früheren Professor Samuel Huntington und dessen Frau in

ihrem gemütlichen, typisch neuenglischen Stadthaus auf dem Beacon Hill. Samuel Huntington meint, der Westen solle sich in Bosnien und Kosovo im Prinzip „heraushalten", solange die Menschen sich nicht für ein gewaltfreies Leben entschieden haben. Aus europäischer Sicht seien durch die zunehmenden Flüchtlingsströme schon direkte Interessen involviert, die ein reines „Zuschauen" nicht mehr erlaubten, entgegne ich ihm. Huntington hält die Ukraine für ein „torn country". Er zeigt sich interessiert an den psychologischen Effekten der PDS-Stärkung in Deutschland, die, von Boston aus gesehen, ganz entspannt und rational als unvermeidlicher Übergang zur demokratischen Integration gesehen wird.

Der Westen bleibt hilflos gegenüber Serbien. Umso stolzer ist die Reaktion in den USA auf Clintons „Verhandlungserfolg" mit Israelis und Palästinensern im Wye House. „Land for Peace", ein weiterer Schritt auf dem Weg zu einem Palästinenserstaat, ein vom Tode gezeichneter König Hussein als Zeuge der Versöhnung, Clintons bester Beitrag zu den Wahlen zum Repräsentantenhaus am 3. November 1998. Die Sex- und Lügen-Affäre scheint der schwer in seiner moralischen Autorität angeschlagene Präsident zu überstehen.

Es ist angenehm, wieder einmal durch Harvard Square und Harvard Yard zu schlendern, im Harvard Book Store und im Widener-Bibliothekskatalog zu stöbern. Zeitgleich beginnt in Bonn der Deutsche Bundestag seine 14. Legislaturperiode mit einem PDS-Alterspräsidenten, letztmalig am Rhein. In der American Academy for Arts and Sciences hat sich ein illustrer Kreis von Harvard- und MIT-Professoren versammelt, darunter zu meiner Freude und Überraschung Stanley Hoffmann, in dessen Vorlesungen ich vor gut fünfzehn Jahren andächtig gesessen habe. Trotz seines französisch-ironischen Untertons konnte er damals, als er über *Krieg und Frieden* dozierte, nie verhehlen, dass eigentlich er der bessere Kissinger gewesen wäre. Unter der Regie von Leslie Berlowitz diskutieren wir über Wahrnehmungen von und Reaktionen auf Veränderungen im amerikanisch-europäischen Vergleich. Erziehung, Arbeitsbedingungen, die Antwort von Regierungsinstitutionen auf die Globalisierung und die Folgerungen für Grundlagenforschung in den nächsten zwanzig Jahren stehen auf unserer Tagesordnung.

27. Oktober 1998, Amherst
Durch den Indian Summer nach Yale, New Haven. An der berühmten Universität ohne Flair, im Hinterland von Ozean und Slums, eingebettet in eine Industriestadt ohne anheimelndes geschlossenes Campusbild referiere ich im Center for International Affairs über „A European view on the former Soviet Union". Geringes Interesse und Klagen, dass auch in den USA kein verfeinerter Strategieansatz für den Umgang mit der Ukraine, Belarus und Moldawien existiere.

Mit Amtrak nach Springfield und weiter zum Vortrag im Amherst College: „Europe after the German election". Ein politischer Nachruf auf Helmut Kohl, eine skeptische Einschätzung, keine frohe Botschaft für linksliberale Akademiker. Ronald Tiersky, Frankreich-Experte und Raymond-Aron-Schüler, führt mich vor den gut sechzig anwesenden Studenten ein. Selbst der neue Bundeskanzler Gerhard Schröder hat Helmut Kohl schon für seine Verdienste gedankt, so ende ich meine Ausführungen, während in Bonn Bundeskanzler Gerhard Schröders erste Kabinettssitzung stattfindet. In den USA sind solche Respektsbezeugungen gegenüber dem Vorgänger viel selbstverständlicher als im polarisierten Deutschland. Der ruhige, herbstliche Amherst Common mit seinen roten Backsteingebäuden ist angenehm weltentrückt. Der Ort wurde 1759, das College 1821 gegründet, in dessen Schatten Robert Frost und Emily Dickinson gelebt haben.

28. Oktober 1998, Washington, D.C
Intensive Gesprächstermine, unterbrochen von einer Luncheon-Lecture im Center for German and European Studies der Georgetown University. Botschafter Jürgen Chrobog hat mich zum Frühstück in die schrecklich sterile neue deutsche Residenz im Bauhausstil gebeten. Eine kalte Mischung aus Speer und deutscher Unästhetik. Clinton bleibe ein Stehaufmännchen. Die Republikaner würden trotz der alle anderen Themen in den Hintergrund drängenden Lewinsky-Affäre kaum von der Situation profitieren, analysiert Chrobog für mich die Lage. Von einem politischen Stillstand könne aber nicht die Rede sein (Stichworte: Haushalts-Deal mit dem Kongress, in dem der Präsident allerdings keine hohe Kredibilität mehr habe; Wye-House-Übereinkunft mit Palästinensern und Israelis; der Kosovo-Deal durch Holbrooke). Wir diskutieren die EU-Themen im Kontext der fehlenden deutschen Klarheit, die bekannten Dilemmata (Stichworte: Haushaltssolidität, Reduzierung deutscher Nettozahlungen, Konzentration der Strukturfonds, Osterweiterung) aufzulösen. Botschafter Chrobog: Als der neue Bundeskanzler Schröder vor zehn Tagen in Washington war, habe er klar gesagt, dass die Osterweiterung verlangsamt werden müsse.

Ivo Daalder, zwischen 1995 und 1997 im Nationalen Sicherheitsrat (NSC) für Dayton mitzuständig und jetzt an der Brookings Institution tätig, kritisiert bitter den jüngsten Kosovo-Deal von Holbrooke mit Milošević. De facto sei Kosovo jetzt infolge der geplanten zweitausend OSZE-Beobachter zwar unabhängig, Milošević werde aber fälschlicherweise noch immer als Teil der Lösung angesehen, obwohl er Teil des Problems sei. Man hätte bombardieren sollen, aber dann hätten Bodentruppen folgen müssen, was in Washington niemand wolle. Es müsse eine zivile, regionalwirtschaftliche Gesamtperspektive entwickelt werden, um Zug und Zug die Region zu europäisieren. Ein Dauerprotektorat sei keine Lösung, obwohl die Soldaten des Westens wohl viele Jahre in Bosnien bleiben werden. Daalder ist pessimistisch: In Bosnien entwickele sich leider keine einheitliche und multiethnische Republik.

Hans-Ulrich Seidt, Kulturattaché an der deutschen Botschaft, Kommilitone aus Bracher-Seminaren, klagt, passend zur Stimmung im Watergate Hotel, wo wir uns treffen: Der Westen Deutschlands werde östlicher. Außenpolitisch sehen wir allerdings beide, Gott sei Dank, Kontinuität auf Basis starker Bindungen und gewachsener Wurzeln. Mein Freund Ron Asmus, Deputy Assistant Secretary for European Affairs/NATO im State Department, ist erstaunlich skeptisch gegenüber der neuen deutschen

Regierung. Was heiße schon „Kontinuität"? Er malt eine Kurve: Die USA wollen ein stärkeres Engagement Deutschlands, nicht eine statische Fortsetzung des unter Kohl/Rühe erreichten Zustands der blassen deutschen außenpolitischen Verantwortungsübernahme. Außer ihm kenne sich im State Department kaum noch jemand in Deutschland aus. Das Interesse sei wegen der überwundenen „deutschen Frage" gering geworden. Wer Karriere machen wolle, strebe zur Balkan-Thematik, obgleich es auch im State Department keine koordinierte und kompakte „Balkan-Abteilung" gebe, die eine langfristige Gesamtstrategie entwerfen könnte. Ad-hoc-Krisenmanagement sei angesagt. Der Abend klingt mit Ron und Barbara Asmus sowie ihren unterdessen nach Washington zugewanderten RAND-Freunden Ian Lesser, Bob Nurick und Stephen Larrabee im Café Atlantico aus. Ein passender Ort für unsere transatlantische Runde.

29.–30. Oktober 1998, Chicago
Amerika hat wieder einmal allen Grund, stolz auf sich selbst zu sein. Der 76-jährige Senator John Glenn hebt von Cape Canaveral zum zweiten Mal nach seinem Mercury-Flug vom Februar 1962 in den Weltraum ab, mit sechs weiteren Astronauten, darunter einem Spanier und einer Japanerin, an Bord des Shuttles Discovery. In der Hausfront des neogothischen *Chicago Tribune*-Gebäudes ist ein kleines Stück der Berliner Mauer eingebaut worden – neben Stückchen vom Taj Mahal, dem Kölner Dom, der Chinesischen Mauer, des Forts in Manila und Hamlets Schloss Kronborg in Dänemark. Der Sears Tower behauptet, mit 443 m weiterhin das höchste Gebäude der Welt zu sein, da Malaysias Petronas Tower ihre Höhe von 453 m einer längeren Antenne verdanken, nicht aber einer „echten" Konstruktion. Es wird Herbst, frisch, neblig und windig in der Michigan Avenue und im Loop, dem Shopping- und Kinoviertel mit seinen architektonischen Giganten, die seit den 1860er-Jahren hier gewachsen sind und den Kopf des Besuchers in die Luft zwingen. Ist es ein neuzeitliches Babylon, Türme hochzuschießen über alles Maß und Notwendige hinaus? „Alles Penissymbole, diese Hochhäuser", urteilt vernichtend Michael Engelhard, seit einem Jahr deutscher Generalkonsul in Chicago und einst mein Vorgänger als Redenschreiber bei Präsident von Weizsäcker, „aber fantastisch ist die Konstruktionsleistung, die Qualität und die Detailarbeit, Fantasie an jeder kleinsten Ecke." In der Eingangshalle zum Sears Tower strahlen Alexander Calders große Mobiles, die mechanisch angetrieben werden, Ruhe aus, geben Atmosphäre und Originalität. Jedes Detail ist Ausdruck höchster Kreativität, aber auch von Macht und Stolz Amerikas. Im Metropolitan Club, im Nebelmeer Chicagos, irgendwo im Gehäuse des Sears Tower, *on top of the world*, Abendessen mit einigen örtlichen Professoren. Charles Rudnick von der Loyola University ist gerade gestern Abend mit frischen Eindrücken aus Sarajewo und dem Kosovo zurückgekehrt. Es gibt sie doch, die Amerikaner, die sich weiterhin für Europa interessieren.

Vortrag am Kent College of Law in Downtown Chicago, gestylt wie eine Bank oder irgendein anderes Dienstleistungsunternehmen. Keine Graffiti, genuines Interesse an Europa. Mein Vortrag wird für das Internet aufgezeichnet, eine mir in Europa noch völlig unbekannte Form der Verbreitung. Interview mit dem Rundfunksender *WBZC*, erstaunlich, dass man dort so gut über die Schröder-Lafontaine-Unterschiede in der Programmatik informiert ist und natürlich nach Joschka Fischer fragt.

Wirklich packend ist die Lektüre von *A World Transformed,* dem soeben erschienenen Memoirenbericht von Präsident Bush, verfasst mit seinem Nationalen Sicherheitsberater Brent Scowcroft, über die Zeit von 1989 bis 1991 (1998). Die Jahre des Dramas. Doch auch in solchen Momenten würde die amerikanische Gesellschaft zweifellos in sich selbst ruhen. Keiner würde dann in den USA wohl auf die Idee kommen, die Hauptstadt zu verlagern, um in „sozialen Brennpunkten" die Politik „an die Realität" zu führen, wie man in Deutschland fälschlicherweise meint.

10.–12. Dezember 1998, Budapest
István Stumpf, jetzt Staatsminister im Ministerpräsidentenbüro, wirkt erschöpft. Der Job in der Staatskanzlei im Parlamentsgebäude an der Donau sei mörderisch von sieben bis dreiundzwanzig Uhr. Fatalistisch meint er achselzuckend, mit der EU-Mitgliedschaft Ungarns werde es wohl nichts vor 2006. Zu sehr trete die Regierung Schröder auf die Bremse. Die ungarische Regierungspartei Fidesz, seit den überraschend erfolgreichen Wahlen im Mai 1998, den dritten freien Wahlen in Ungarn nach der Wende, im Amt, wolle Schwung in die europäische Debatte darüber bringen, was die liberalkonservative Antwort auf die von Blair und Schröder ausgerufene „neue Mitte" der Linken sei. Wie genau, wisse er aber auch noch nicht. Es bleibe einfach zu wenig Zeit zum Nachdenken.

Gergely Pröhle ist nun Staatssekretär im Kultusministerium. Er will die ungarischen internationalen Kulturinstitute dazu bringen, ein modernes Ungarnbild zu exportieren, das Abschied nimmt von Paprika, Puszta und Piroschka. Wichtig sei der Gedanke, dass Ungarns Staat und Nation auseinanderfallen. Die nationale Identität ist ein zentrales Thema der Regierung Ministerpräsident Viktor Orbáns. Pröhle: „Aber im Kern ist dies eine *law and order*-Regierung." So wolle Ungarn seinen Beitrag zur Stabilität für Europa leisten. Konsequente Kriminalitätsbekämpfung sei doch für ganz Europa von Nutzen. Die neue Regierung, so will es mir scheinen, ist vor allem Ausdruck eines Generationen-, mehr aber noch eines Mentalitätswechsels. Sie ist vermutlich weltanschaulicher als alle bisherigen nachkommunistischen Regierungen. Nicht in einem traditionellen Sinne nationalistisch, aber klar auf Abgrenzung zu Sozialisten und Linksliberalen angelegt. Budapest, eleganter als Berlin, bestätigt mich in meiner These: Die Kandidatenländer für die EU hinter Deutschland sind der Osten des Westens. Russland und der Kaukasus aber sind der Westen des Ostens.

Péter Györkös, im Außenministerium Mitglied der EU-Taskforce, sieht für 1999 einen klaren Fahrplan für die EU, an dessen Ende beim Helsinki-Gipfel im Dezember 1999 Zeitpläne für die Osterweiterung genannt werden. Er vermutet ein Datum zwischen 2002 und 2004. Die härtesten Brocken der Verhandlungen seien die Themen Infrastruktur, Agrarpolitik und Rechtsangleichung. Györkös beklagt, dass derzeit alle EU-Diskussionen verengt unter Kosten-Nutzen-Gesichtspunkten geführt würden. Notwendig sei ein strategisches Denken bezüglich der Frage, wie es mit den Annäherungsprozessen an die EU für diejenigen Länder weitergehen könne, die noch nicht während der ersten Dekade des 21. Jahrhunderts zur EU stoßen könnten.

Im prachtvollen Opernhaus ein Konzert in memoriam József Antalls, der am 12. Dezember 1993 im Amt als erster nichtkommunistischer Ministerpräsident Ungarns seit fünf Jahrzehnten verstorben war. Wiedersehen mit Antalls Sohn György. Auf der Bühne, unter der Stephanskrone, dem Staatswappen Ungarns, erinnert der damalige Parlamentspräsident György Szabad an die historischen Verdienste von József Antalls und des von ihm geführten Ungarischen Demokratischen Forums (MDF). Die Russen haben unterdessen das Land verlassen, NATO und EU sind in greifbare Nähe gerückt, ein neues Rechtssystem wurde initiiert, ebenso Marktwirtschaft und Parlamentarismus, vor allem aber Anstand, Ehre und ein neuer Patriotismus. Dann erklingt Liszts *Fantasie über ungarische Volksmelodien,* mit Anklängen an die Nationalhymne der Magyaren, gefolgt von seiner *Ungarischen Rhapsodie* und, sehr erhebend, Beethovens *Messe in C-Dur,* vorgetragen vom Ungarischen Nationalchor und dem Opernhaus-Orchester.

Der Sonntagsgottesdienst in der Matthiaskirche wird auf Ungarisch und Lateinisch zelebriert, wie stets mit der ungarischen Nationalhymne endend. Im Kirchenmuseum wird die Stephanskrone ausgestellt. Neueste Forschungen datieren ihren Kern auf die Hunnenzeit (4./5. Jahrhundert), weisen auf die georgischen Inschriften hin und bestätigen die geschichtliche Überlieferung, dass der Papst sie im Jahre 1001 Stephan I., dem Fürsten Vajk, anlässlich seiner und Ungarns Christianisierung aufs Haupt gesetzt hat. Die nahegelegene Ungarische Nationalgalerie zeigt herrliche Triptychon-Altäre aus Siebenbürgen, sowie die Sammlungen von Mihály von Munkácsy und Pál Szineyi Merse, zum europäischen Kulturerbe gehörende Gemälde des 19. Jahrhunderts. Die Etage mit Bildern des sozialistischen Realismus wird kaum noch besucht. Im biedermeierlichen Café Ruszwurm meint man, die sozialen Umstände der Transformation vergessen zu können. Die Härte des Alltags in Ungarn aber ist nicht zu übersehen, sobald man auf die Straße tritt. Von 2000 D-Mark Umsatz bleiben einem Taxifahrer mit drei Kindern nach Steuern, Renten- und Krankenversicherung gut 700 D-Mark. Hinzu kommen gut 100 D-Mark Kinder- und 100 D-Mark Muttergeld. Eine Verkäuferin verdient etwa 500 D-Mark, ein Universitätsdozent 700 D-Mark, Staatssekretäre etwas mehr als 1000 D-Mark, Minister 2000 D-Mark. Im Kulturhaus Pesti Vigadó wird eine Komposition des „Stabat Mater"-Themas von Alexander Nagy, Cousin meiner Frau, mit dem Text der spätmittelalterlichen ungarischen Übersetzung eines französischen Originals, des ältesten Textes auf Ungarisch, vom Ungarischen Rundfunksymphonieorchester aufgeführt. Alexander nennt sich nun wieder in Tradition mit seinem Vorfahren, dem Revolutionsgeneral von 1848/1849, Nagy-Sándor. Im „Land des Lächelns" wird die eigene Identität wieder hochgeschätzt. Darum vor allem ging es den Ungarn und anderen Mitteleuropäern, als sie 1990 immerfort davon sprachen, „wieder nach Europa" zurückkehren zu wollen.

13. Dezember 1998, Pannonhalma

Schneeverwehter Ausflug durch Pannonien ins Kloster Pannonhalma, die erste benediktinische Klostergründung Ungarns aus dem Jahr 996. Erzabt Asztrik Várszegi führt stolz durch das prachtvoll restaurierte Kloster mit der schönen Bibliothek und die Klosterkirche des 13. Jahrhunderts, des besten Beispiels ungarischer Gotik. Der Erzabt konstatiert, am Ende des Kommunismus habe auch die Kirche die geistig-moralischen und seelischen Verwüstungen unterschätzt. Jetzt herrsche eine Epoche der Unruhe, der Ungeordnetheit und der Umorientierungen. Die einen seien neuen Freiheiten ausgeliefert, andere träumten von einer Vorkriegszeit, an die man aber auch nicht mehr anknüpfen könne. In der Kirche herrsche zu viel administratives Getue und zu wenig Sinn und Wille zum substanziellen Gespräch über die Bedingungen der neuen Grundlagen. Jede Befassung mit der deutschen Theologie, Karl Rahner einschließlich, stehe unter Liberalismusverdacht. Die Atmosphäre sei voller Ängste und Phobien – in Kirche wie Politik. Mit Gyula Horn sei leider zwischenzeitlich die Lüge zurückgekehrt. Die neue Mannschaft von Viktor Orbán sei keineswegs Ausdruck einer stabilen geistig-politischen Neuorientierung, sondern noch ein unreifes Unternehmen mit einem Hang zur Rechthaberei. Die ersten Witze über Viktor Orbán kursieren, in denen er mit der Ambition in Verbindung gebracht wird, Gott sein zu wollen. Selbstironie der spöttelnden Ungarn oder Warnsignal labiler Bürgerloyalität gegenüber einer neuen Mehrheit, die gerade einmal fünf Monate die Staatsgeschäfte leitet?

13. Januar 1999, Straßburg

Heller Trubel in Straßburg. In hektischen Sitzungen beraten die Abgeordneten des Europäischen Parlaments ihre Taktik für die Abstimmung über den Misstrauensantrag der Sozialisten gegen die gesamte Europäische Kommission unter Jacques Santer. Die EVP will den Rücktritt der beiden sozialistischen Kommissare Édith Cresson und Manuel Marín. Die Sozialisten wollen, dass der Kollektivantrag nicht die notwendige Zweidrittelmehrheit erhält, damit ihre eigenen Leute, denen vom Europäischen Rechnungshof korruptes Verhalten in ihren jeweiligen Behörden vorgeworfen wurde, gedeckt und zugleich der christdemokratische Kommissionspräsident Santer in Geiselhaft genommen wird. Der Skandal wäre eigentlich eine große Chance, um Parlamentarisierung und Demokratisierung systematisch voranzutreiben: Im Sinne einer exekutiven Regierung müsste die Kommission aus der Parlamentsmehrheit erwachsen, eventuell sogar aus ihren Reihen gestellt werden. Erst dann wäre jeder einzelne „EU-Minister" dem Parlament gegenüber verantwortlich. Als föderales Gegengewicht stünde der Ministerrat zur Verfügung, durch eine die nationalen Parlamente repräsentierende Staatenkammer unterstützt. Voraussetzung wäre eine echte Parteipolitisierung Europas.

Inmitten der Hektik des Parlamentstages stellen Hans-Gert Pöttering und ich unser Buch *Kontinent Europa* in Anwesenheit von EVP-Fraktionschef Wilfried Martens und dem EVP-Ehrenvorsitzendem Leo Tindemans sowie Abgeordneten, Mitarbeitern, Journalisten und Deutschlands Europarats-Botschafter Jürgen Domes vor (1998).

Europarat, Europäische Union – erst langsam beginnt sich der Nebel über das Wirrwarr der Namen und Institutionen zu legen.

14. Januar 1999, Den Haag
Bei einer Podiumsdiskussion im Clingendael Institut in Den Haag zur deutschen EU-Ratspräsidentschaft erfahre ich, dass alle Misstrauensanträge im Straßburger Parlament verworfen wurden. Der europapolitische Sprecher der Bundestagsfraktion der Grünen, Christian Sterzing, beruhigt die Niederländer: „Wir wollen den jungen Kohl fortsetzen und sind für die Politische Union." Das sind ermutigende Töne.

2. März 1999, Köln
Helmut Schmidt, achtzigjährig, am Stock gehend, setzt sich auf die große Bühne. Brillant und klar analysiert er die Weltpolitik und gibt Prognosen ab zur Rolle Europas im 21. Jahrhundert. Drei zentrale Probleme identifiziert der Altkanzler für die drei Generationen des 21. Jahrhunderts: die Klimabedingungen für das Leben der Menschheit; die Bevölkerungsexplosion von sechs auf neun Milliarden Menschen, wobei China und Indien mit jeweils 1,5 Mrd. Menschen 2020 jeweils größer sein würden als die Weltgesamtbevölkerung 1900; die rasante Beschleunigung des wissenschaftlich-technischen Fortschritts. Die Wettbewerbskraft neuer, aufstrebender Mächte (Indien, China) werde Europa zu schaffen machen, das eine stagnierende, alternde und prosperitätsorientierte, im Ergebnis risikoscheue Bevölkerung habe. Kriege, Konflikte, die Folgen von Waffenproliferation und Migration würden Europa in ihren Auswirkungen erreichen. Die Weltmächte des 21. Jahrhunderts sind für Schmidt die USA, China, Russland, eventuell Indien und Brasilien, eher nicht Japan und, wenn es selbst Weltmacht sein wolle, die Europäische Union. Der europäische Zusammenschluss sei die wichtigste Aufgabe der jetzt lebenden europäischen Generationen.

Sich selbst stilisiert Helmut Schmidt wie eh und je: Schnupftabak vor dem ersten Satz, ein Schluck Coca-Cola, gelehrte, erfahrungsreiche Weisheitsarroganz. Helmut Schmidts Vortrag beendet einen Kongress des Handelsverbands vor sechshundert Teilnehmern, für den ich eine Art Vorprogramm über „Europas Chancen in der Welt" beigesteuert hatte. Am Ende seines Vortrages werde ich Helmut Schmidt vorgestellt. Den stechenden, durchdringenden, aber auch glasklarwachen Blick der Augen in einem alt gewordenen Gesicht vergesse ich gewiss nicht mehr. Dann setzt Helmut Schmidt seine schwarze Schiffermütze auf, wirft einen weißen Schal um den Hals und über das halbe Gesicht. Klein, wie er ist, wirkt er wie ein Magier in einem Toulouse-Lautrec-Bild. Langsam entschwindet Helmut Schmidt meinen Blicken auf der Rolltreppe.

18.–20. März 1999, Königswinter
Die 49. Königswinter-Konferenz, letztmalig in Königswinter. Ein Hauch von Wehmut weht durch den biederen Tagungsort im Adam-Stegerwald-Haus am Rhein. Ein beeindruckend humorvoller, dezidiert pro-europäischer und, noch erstaunlicher, pro-atlantischer Außenminister Joschka Fischer. Gibt es in Großbritannien mit Tony Blairs

Mehrheit eine neue Offenheit für eine gemeinsame Währung, das beliebteste deutschbritische Dauerthema der letzten zehn, fünfzehn Jahre? Jedenfalls hat eine europäische Verfassungsdebatte begonnen, die vermutlich auch eine Generation dauen könnte.

24. März 1999, Bonn
Erstmals seit fünfzig Jahren wird in Europa wieder Krieg im eigentlichen Sinne des Wortes geführt: ein Krieg zur Wahrung der Menschenrechte. Die NATO beginnt ihre Bombardierung Jugoslawiens, um weitere Massaker an der albanischen Bevölkerung des Kosovo zu vermeiden. Viel zu lange wurde gewartet, gezögert, gedroht, Glaubwürdigkeit verloren, jetzt zeigt das westliche Bündnis endlich Entschlossenheit gegenüber Serbiens Diktator Slobodan Milošević, dem letzten Dinosaurier Europas. Im Namen der Menschlichkeit beginnen die Luftangriffe auf einen Staat, dessen Führung unversöhnlich ist, dessen Menschen Opfer des Diktators sind, dessen albanische Minderheit unmenschlich unterdrückt wird. Warum spricht niemand im Westen vom Tyrannenmord, hier wäre er angezeigt? Wie Zoran Đinđić mich vor einem Jahr belehrte: Milošević sei das Problem des Friedens und der Freiheit, er müsse verschwinden. Jetzt sterben Unschuldige, die NATO bombt, erstmals in ihrer fünfzigjährigen Geschichte, gegen einen souveränen Staat. Offen sind Eskalationsvarianten, inklusive die Gefahr des Terrorismus in Europa, über die ich mit Joschka Fischers Planungschef Georg Dick im Auswärtigen Amt spreche.

11. April 1999, Paris
An der Sorbonne erlebe ich eine Pro-Kosovo-Demonstration. Im Fernsehen äußern Intellektuelle Sympathie für Serbien und sprechen sich gegen die NATO-Bombardements aus. Botschafter Peter Hartmann, der Janusz Reiter, Henri Ménudier und mir im Palais Beauharnais, der eleganten Residenz des deutschen Botschafters, einen Salon zu unserer Reflexion über die Perspektiven des „Weimarer Dreiecks" überlässt (Kühnhardt et al. 2000), stimmt zu: Vor zwei Jahren hätte der Westen die serbische Demokratiebewegung intensiver und mit mehr Konsequenz unterstützen sollen. Jetzt weiß niemand so recht, wie der Verbrecher Milošević beseitigt werden kann. In den USA wächst der Druck auf Clinton, den Weg des ja durchaus gefährlichen und unberechenbaren Bodenkrieges zu gehen.

15.–18. April 1999, New York
Vor zehn Jahren, unmittelbar nach dem Fall der Mauer, erlebte ich in New York am Fernsehen die Bilder der Freude und des Taumels über die neue Freiheit in Europa. In diesen Tagen laufen ununterbrochen die Bilder der NATO-Bombardements in Jugoslawien und des schrecklichen Leids der vertriebenen Albaner des Kosovo über *CNN* und die anderen amerikanischen Sender. 1989, das *annus mirabilis*. 1999 der erste „out of area"-Krieg der NATO und damit Deutschlands gegen das letzte stalinistische Regime in Europa, das 1989 noch als das liberalste und westorientierteste der kommunistischen

Welt wahrgenommen worden war. Jetzt ist Jugoslawien unter dem Tyrannen Milošević zum Opfer der der kommunistischen Ideologie immanenten Dialektik geworden, selbstverschuldet durch die Verbrechen im dritten Krieg, den Milošević seit 1989 vom Zaun gebrochen hat: 1991 gegen Slowenien und Kroatien, 1993/1995 gegen Bosnien, 1998/1999 gegen den Kosovo. Wird der Krieg, den die NATO jetzt führen muss, der letzte Krieg in Europa sein, eine Art europäischer Einigungskrieg? Die Medienberichterstattung in den USA zeigt eindeutig, dass eine friedliche Zukunft des Balkans nur ohne Milošević und sein Regime möglich werden wird. In Deutschland wird dies immer noch nicht so unzweideutig und ungeniert gesehen. Rot-grüne Vorsicht vor den eigenen Parteiradikalen, bei den Grünen noch stärker als bei den Sozialdemokraten. Immer wieder wird die Suche nach diplomatischen Lösungen in den Vordergrund gerückt, vom Sturz Milošević ist nicht die Rede.

Die heitere Stimmung des hereinbrechenden Frühlings im Central Park, der Blick vom Empire State Building, ein Opernabend in der Metropolitan Opera (*Wozzeck* von Alban Berg, düster, Europa 1913 „von unten", eine exzellente Aufführung, Dirigent James Levine), die Kraft des ebenso frommen wie frohen Gottesdienstes mit Kardinal John Joseph O'Connor in der St. Patrick's Cathedral, Fifth Avenue, Times Square, Washington Square, Metropolitan Museum, umrahmen eine Konferenz zu den transatlantischen Wirtschaftsbeziehungen an der Columbia Law School, unter Beteiligung von EU-Außenhandelskommissar Sir Leon Brittan und dem stellvertretenden US-Außenhandelsminister David Aaron. Ich präsentiere ein vergleichendes Papier über regulatorisches Regieren in den USA und in der EU, und diskutiere auf einem Panel mit der Juristin Anne-Marie Slaughter von der Princeton-Universität (Kühnhardt 2001).

27. April 1999, Berlin
Bahnfahrt, Erfurt, im Aufblühen. Bitterfeld, noch immer Chemieruine, aber entschieden gesäubert seit 1990, teilweise erkennbar erneuert. Brandenburg, steril, Berlin, Baustelle der Superlative, laut, dreckig. Im Auswärtigen Amt eröffnet UN-Generalsekretär Kofi Annan, auf dem Weg zu Kosovo-Vermittlungsgesprächen in Moskau, mit Außenminister Joschka Fischer ein Forum zu globalen Fragen. Annan reflektiert über die noble Rolle von Nichtregierungsorganisationen. Außenminister Joschka Fischer postuliert menschenrechtlichen Universalismus und eine notwendige Weiterentwicklung des Völkerrechts.

7. Mai 1999, Bonn
Hans-Dietrich Genscher, von 1974 bis 1992 deutscher Außenminister, erzählt mir, dass heute vor 54 Jahren der beste Tag seines Lebens gewesen sei: er geriet in amerikanische Gefangenschaft, während tausend Meter östlich an der Elbe schon die Rote Armee stand. Genscher, gut gelaunt und voller Tatendrang, nennt Milošević einen Verbrecher, mit dem der Westen schon vor Jahren keine Beziehungen hätte eingehen sollen, die Verlässlichkeit erfordern. Auch er sieht den Kosovo-Krieg in eine fatale Richtung gehen.

11.–12. Mai 1999, Sofia
Ivan Krastev, Direktor des Center for Liberal Strategies, und ich haben eine Konferenz zur Zukunft des Balkans („Facing the future: Balkan 2010") entworfen, der durch den nun seit über sechs Wochen dauernden Kosovo-Krieg enorme Aktualität gewonnen hat. Bulgariens Staatspräsident Petar Stoyanow ist gekommen, Vertreter von Forschungsinstituten der gesamten Region, darunter Predrag Simić aus Belgrad und einige Kosovo-Albaner. Die Analyse Simić' ist differenziert, nicht ohne Selbstkritik: Zoran Đinđić sei die Hoffnung für viele Menschen gewesen, nach seiner Flucht nach Montenegro bleibe den Serben nurmehr Vuk Drašković. Milošević habe enormes Durchhaltevermögen, der Westen werde eher kapitulieren als er. Die EU sei zwar noch nicht vollends diskreditiert, Europa aber solle endlich klar sagen, welche Strategie man bezüglich des ehemaligen Jugoslawiens verfolge. Resümee der beeindruckenden Konferenz mit zweihundert Teilnehmern: Südosteuropa braucht dringend die Perspektive der europäischen Integration, um die Logik von Krisen und Konfliktmanagement endlich zu durchbrechen.

Von einem Hochhausrestaurant habe ich abends einen guten Überblick über Sofia, seit 1878 bulgarische Hauptstadt. Mit den noch immer teilweise schneebedeckten Bergen im Kranz um die Stadt erinnert sie mich an Sarajewo. Majestätisch überragt die nach der Unabhängigkeit Bulgariens gebaute Alexander-Newski-Kathedrale den ehemaligen Königspalast und alle anderen Gebäude. In der Nähe des luxuriösen Sheraton-Hotels liegt die einzige verbliebene Moschee von Sofia (Banja-Baschi-Moschee aus dem 16. Jahrhundert) und einen Steinwurf davon entfernt die Kathedrale Sweta Nedelja. Im Vergleich zu 1993 ist die Szene lebendiger geworden. Es gibt mehr Autos, besser gekleidete Menschen, aber noch immer keine erkennbare Verbesserung der Infrastruktur. Straßenschilder nach Belgrad, etwa sechs Stunden mit dem Auto entfernt, wo auch heute wieder Bombenalarm ausgelöst worden ist. Vor der US-Botschaft in Sofia steht nach einer lautstarken Anti-NATO-Demonstration schwere Bewachung. Bei den Kommunalwahlen im September werden die Kommunisten mit Anti-NATO-Parolen Punkte zu machen suchen. Am Stadtrand besuche ich in der ehemaligen kommunistischen Parteihochschule die New Bulgarian University, eines der besten wissenschaftlichen Reformprojekte Osteuropas nach 1989.

Rundreise durch Bulgarien über die Nordroute nach Weliko Tarnowo, in die alte bulgarische Königsstadt des 11. bis 13. Jahrhunderts. Gründungsort des modernen bulgarischen Staates 1878 mit der imposanten Burgruine oberhalb der Altstadt mit ihren pittoresken osmanischen Häusern, ihren Schluchten und Bergen und einer erstaunlich urbanen Atmosphäre mit schicken kleinen Geschäften, froh und entspannten, oft flott gekleideten Menschen. Weiterfahrt nach Warna am wahrhaft schwarzen, nicht sehr schönen Schwarzen Meer. Rückweg über die Südroute über Burgas, eher einfacher, ärmer, teilweise fast schäbiger als Warna, durch Rumeliens weite Agrargebiete und entlang der grünen Berge des kleinen und des großen Balkangebirges. Am Stadtrand von Sofia, vom Osten kommend, ein Straßenschild „Belgrad Transit", beschädigt, zerkratzt, an ferne Welten erinnernd.

19. Mai 1999, Wien
Der ÖVP-Parlamentsabgeordnete Walter Schwimmer führt mich in die historische Kammer des österreichischen Abgeordnetenhauses. Im Jahr 1855 gebaut, haben Thomáš Masaryk und Alcide De Gasperi, Ungarn, Polen, Kroaten, Galizier und Deutsche an diesem Ort die letzten Debatten des „K. u. k."-Imperiums inmitten eines griechisch-römischen Ambientes miteinander verbracht. Heute wird „k. u. k." wieder ob seiner Vielvölkerleistungen gerühmt, auch als Vorbild für den Balkan. Nachrichten über oppositionelle Demonstrationen in Serbien gegen Milošević, ein neuer Propagandatrick? Bundeskanzler Schröder erklärt bereits, jede Ausweitung des Krieges werde von Deutschland abgelehnt.

Jiří Gruša, Tschechiens Botschafter in Österreich, residiert in einem großzügigen Palais nahe Schloss Schönbrunn. Er klagt, dass seine Arbeit in Österreich besonders schwierig sei, da Österreich und Tschechien sich so ähnlich seien. Hinter jedem Streit, wie derzeit um das geplante tschechische Atomkraftwerk Temelín, stehe ein unausgesprochener Katalog österreichischer Vorurteile und Überheblichkeiten gegenüber den Tschechen, der von diesen nur allzu gerne mit einer Retourkutsche erwidert werde. Tschechien werde noch Mühe haben, um über die Hürde Österreich in die EU zu gelangen. Später sagt eine Wirtsfrau am Grenzübergang im Waldviertel: „A Böhm bleibt a Böhm." Fahrt durch den sanft gewellten Böhmerwald mit Rapsflecken neben böhmischen Dörfern, die hier „spanische" heißen, Wäldern und Wiesen, vorbei an Tábor, dem einstigen Hussitenzentrum.

20. Mai 1999, Bratislava
Mit Ján Figeľ, unterdessen Staatssekretär im Außenministerium der Slowakei, und Chris Donnelly, dem Sonderberater des NATO-Generalsekretärs, finde ich mich unvermittelt in einer über einstündigen Fernsehdiskussion zum Kosovo-Krieg wieder. Juraj Stern, Rektor der Wirtschaftsuniversität, ist besorgt, dass der soziale Sprengstoff auch in der Slowakei ethnischen Nationalismus zur Folge haben könnte. Pál Csáky, ungarischer Vizepremier für Regionalpolitik, Minderheiten und Menschenrechte, meint, dass die Slowakei nach der Wahl eines neuen Staatspräsidenten – in einer Woche findet der zweite Wahlgang statt, Rudolf Schuster liegt vor dem autoritären Vladimír Mečiar – eine Schocktherapie an Wirtschaftsreformen benötige, um die Wirtschaftskrise zu überwinden, die die Demokratisierung belaste.

21.–22. Mai 1999, Prag
Tschechien ist eine Enttäuschung. Was eigentlich hat sich hier in den letzten sechs Jahren verändert, verbessert? In Prag sind allein der Altstädter Rathausplatz mit seinen wunderschönen Gebäuden und die zur Karlsbrücke führende Gasse restauriert, zugleich aber wieder durch Billigpizzerien, T-Shirt-Läden, auflauernden Anmachern für Konzertticketverkauf, einem Folterinstrumentmuseum, Ramschläden und Kristallgeschäfte mit überteuerten Preisen verschandelt. Touristenmassen schieben aneinander

vorbei. Die Moldau fließt ungerührt unter ihnen. Schon die zweite Reihe der Altstadtgassen ist nicht mehr saniert, verfällt weiter vor sich hin, lieblos die breiten holprigen Straßen. In Teplice, Teplitz-Schönau, schockiert mich eine Nekropole von Stadt, von Zigeunern und abgerissenen Typen in Trainingsanzügen bewohnt, leere, in Todesstarre mich angrinsende Häuser, einstmals bürgerlich, jetzt subproletarisch. Trostlose Industriebaracken drumherum und dann bis zur sächsischen Grenze ein endloses Heer von grell maskierten Prostituierten am Rande der Landstraße, Kinder teilweise noch, von der Barbarei des Kommunismus und der Ehrlosigkeit seiner Zeitläufe ebenso zerfressen wie von den Illusionsperversionen des Neuen. Weiterfahrt nach Dresden. Matthias Rößler, seit 1994 sächsischer Staatsminister für Kultus, sieht Deutschlands Zukunft in einer exzessiven Stärkung der regionalen Entscheidungsspielräume und meint, der Nationalstaat werde der Verlierer der Kompetenzabgrenzung zwischen „Regionen-Bund-Europa" werden.

28.–30.Mai 1999, Jalta
In Kiew hatte Oleg Kokoshinsky, Geschäftsführer des Atlantic Council of the Ukraine, die deutschen und amerikanischen Teilnehmer begrüßt, die auf meine Initiative hin zu einer Tagung über die Westperspektive der Ukraine hierhergekommen sind. Besuch in den faszinierenden Lavra-Klöstern, den Höhlenklöstern am Dnepr, in Blickweite von der überdimensionierten Siegesgöttin zu Ehren des „Großen Vaterländischen Krieges" aus der Breschnew-Zeit und den modernen Industrievierteln mit weitgehend stillstehenden Industrieanlagen. Der Einsiedler Antonius hat sich 1013 in den Waräger-Höhlen niedergelassen und 1051 mit dem Mönch Theodosius ein orthodoxes Kloster gegründet. Im späten 11. Jahrhundert begann die lange und turbulente Baugeschichte der Mariä-Entschlafens-Kathedrale, auch Uspenski-Kathedrale genannt, lange Zeit der wichtigste Sakralbau des alten Russlands. Die Kathedrale, 1941 durch die deutschen Besatzer gesprengt, wird gerade neugebaut. Gläubige beten vor goldglänzenden schön restaurierten Ikonen und Ikonostasen in den anderen Sakralstätten des weitläufigen Klosterkomplexes. Ich sehe die Katakomben mit mumifizierten Mönchen, Malern und Gläubigen, das herrlich ausgemalte Refektorium neben der wieder im Aufbau befindlichen Uspenski-Kathedrale und neben dem Grab des 1911 in Kiew ermordeten zaristischen Ministerpräsidenten Pjotr Stolypin. Stadtrundfahrt. Parlament, Ministergebäude, Sophia-Kathedrale aus dem 11. Jahrhundert, Außenministerium, „Arsenal"-Untergrundbahnhof und ein Fabrikgelände, Straßenzüge mit belebten Geschäften, schönen Häusern und schäbigen Hinterhöfen. Plätze mit Springbrunnen und Unabhängigkeitsdenkmal. Gute westliche und japanische Autos. Im Prinzip gepflegte, zuweilen westlich, das heißt gerne schrill oder dandyhaft gekleidete Menschen. Das Opernhaus, das dunkelrote Universitätsgebäude, alles macht einen freundlicheren und gepflegteren Eindruck als 1993. Und doch zeigen alle Wirtschaftsdaten, dass es aufgrund ausbleibender Reformen in der Ukraine mit Lebensstandard und Bruttosozialprodukt abwärtsgeht.

Mit einer Chartermaschine nach Simferopol. Enorm lautes Triebwerk, eine alte Antonow, für fünfundvierzig Personen angemietet. Das „No smoking"-Zeichen ist in Rumänisch: *No fume, abrichon su cinturon*. Flug über weite Kornfelder-Kolchosen, kein Wunder, dass die Bauernpartei zum reformunwilligen linken Spektrum gehört. Der bis zu vierzig Kilometer breit ausgedehnte, durch Staustufen künstlich erweiterte Dnepr. Laute, aber sichere Landung auf der Halbinsel Krim. Zweistündige Busfahrt nach Jalta. Gepflegte Gegend, mediterrane Atmosphäre, Pinien, Zedern, Palmen, gepflegte größere Häuser, Villen, Verkaufsbuden, gepflegtere Geschäfte. Unterkunft im Livadia Hotel, direkt neben dem Liwadija-Palast, die 1910/1911 erbaute Sommerresidenz des letzten russischen Zaren Nikolaus II. Abgelebt, sowjetisch, kitschig, bunt und von spießigantiästhetischem Charme das Hotelzimmer, neu nur das Fernsehgerät. Ein weiter Weg bis zum EU-Europa. Ein wunderbarer Blick in das sonnendurchflutete Schwarze Meer. Pinien, Zedern, Palmen, eine weite Bucht, gleißende Sonne, mediterrane Stimmung, weites offenes Meer, das Pontus Euxinus der Griechen. Iphigenie auf Tauris war Priesterin im Tempel der Artemis. Griechen haben hier Kolonien gegründet, die Römer waren hier, Genua und Venedig haben um Handelsplätze auf der Krim konkurriert. Im Krim-Krieg bildeten Briten, Franzosen und Türken eine Allianz gegen die russischen Ambitionen auf den Dardanellen-Zugriff. Florence Nightingale und der Humanismus inmitten von Krieg und Elend. In der Ferne eine Ahnung vom Kaukasus.

Liwadija-Palast. Ganz in Weiß. Bombastische italienische Neorenaissance, im ersten Stock, mit prächtigem Blick über Jalta und die Jalta-Bucht, die Wohnräume des letzten Zaren und seiner Familie, die hier frohe letzte Sommer verbrachten. Möbel und Interieur eher großbürgerlich als royal. Ein ungestimmter Flügel, wie lange wohl nicht gespielt? Inmitten vieler Familienfotos ein Bild mit Königin Victoria in der Mitte, Nikolaus II., Edward, Wilhelm II. und alle Neffen, Nichten und Enkel der großen britischen Monarchin. *Royal picknick*. Im Erdgeschoss wurde so viel europäische Geschichte gemacht wie von allen auf dem Familienfoto verbundenen Royals zusammen. Vom 4. bis zum 11. Februar 1945 trafen Stalin, Churchill und Roosevelt im Liwadija-Palast zusammen. Die Welt wurde auf die UNO vorbereitet und zugleich geteilt, Deutschland in vier Besatzungszonen. Polens Exilregierung wurde in ein Nachkriegsarrangement einbezogen, um sofort wieder eliminiert zu werden. Die USA versicherten sich Russlands Unterstützung für die letzten Schlachten in Japan, ohne sie am Ende noch benötigen zu müssen. Während ich durch die Räume gehe, entlang der Bilderreihen, die einen zufriedenen Stalin, einen selbstsicheren Churchill und einen dem Tode geweihten Roosevelt zeigen, und gedankenverloren vor dem Tisch stehe, an dem die Beschlüsse von Jalta unterzeichnet wurden, resümiert John Kornblum der mit einer Ukrainerin verheiratete amerikanische Botschafter in Deutschland, Roosevelt sei wohl zu entgegenkommend gegenüber Stalin gewesen, „because he believed in common values".

Im großen Ballsaal des Palastes, umgeben von in hellem Weiß gestrichenen Säulen und unter einer Stuckdecke, sitzen rund fünfzig Ukrainer, Amerikaner, Deutsche, Schweizer, Türken und Russen sowie der Chef des EU-Planungsstabes für Außenbeziehungen, Helmut Steinel. In der Mitte unserer Tische steht der runde Tisch,

4 Kein Ende der Weltgeschichte und Europas Europäisierung … 575

Abb. 4.21 Am Tisch der Jalta-Konferenz (1945) im Liwadija-Palast mit Oleg Kokoshinsky, Atlantic Council of Ukraine, und Jack Janes, American Institute for Contemporary German Studies (1999). (© Ludger Kühnhardt)

an dem 1945 die großen Drei mit ihren allerengsten Mitarbeitern saßen (Abb. 4.21). Die drei Fähnchen der Sowjetunion, der USA und Großbritanniens sind unterdessen arg vergilbt. Vor uns stehen, glänzend neu, die Fahnen der Ukraine, der USA und der EU auf dem Tisch, als General Vadym Grechaninov, der Präsident des Atlantic Council der Ukraine, Jackson Janes, der Direktor der American Institute for Contemporary German Studies (AICGS), und ich die Konferenz eröffnen. Viele Frustrationen werden ausgetauscht über die Begrenztheit der wechselseitigen Beziehungen und die gegenseitigen Enttäuschungen über fehlende Reformen in der Ukraine von der einen, über fehlende Integrationsbereitschaft und Ehrlichkeit durch die EU auf der anderen Seite. Deutsche, Politiker zumal, neigen dazu, um den heißen Brei mit Hoffnungsnebel herumzureden („Einbindung" … „europäische Bestimmung"). Über allen und allem schwebt der Kosovo-Krieg, und es dämmert jedem im Saal, dass dieser Krieg alle Parameter in Europa ändern wird.

Es ist noch ein weiter Weg, bis die Ukraine Europa-kompatibel ist. Zum Frühstück gibt es strikt abgezählt zwei Scheiben Käse, Suppe, Salat, Fischpfannkuchen, eine Tasse Kaffee, die zweite muss extra bezahlt werden. Es herrscht der Eindruck, dass die Ukraine ökonomisch einen massiven Reformstau hat. Ob man raten soll, nach Polen und in die Türkei zu schauen, um die durchaus vorhandenen Potenziale im

Agrarsektor und im Energiebereich zum Wohle einer Aufwärtsentwicklung zu nutzen? In der neu sanierten Kapelle des Liwadija-Palastes, im typisch ukrainischen Stil mit ornamentalisierter Ikonostase, restaurierten und neuen Ikonen, findet ein Morgengottesdienst statt. Die fein gestickten, glänzenden Kopftücher der Frauen zeigen die Nähe zu Byzanz. Einige ältere Frauen zeigen bürgerlich-stolze Gesichtszüge. Sie sind Überlebende einer untergegangenen Zeit. Vizeaußenminister Jewgen Berscheda kündigt auf unserer Konferenz an, dass bald ein Gipfeltreffen der Schwarzmeer-Anrainerstaaten auf Präsidentenebene stattfinden werde. Anknüpfend an die alten Griechen definiert er die Schwarzmeerregion als Teil des Mittelmeerraumes und die Ukraine als ein transregionales Land, das zu Süd-, Mittel- und Osteuropa gehört. Anklänge an die Zeit des polnisch-litauischen Großreiches sind vielleicht unbeabsichtigt, aber tauchen doch aus dem Schleier der Geschichte wieder auf. Der Vizeminister spricht schließlich von einem Dreieck Ukraine-Türkei-Israel. Russland sei ein Magnet, aber Magneten ziehen an und stoßen ab. Eine Westbindung der Ukraine könne gute Impulse an Russland geben. Kiew habe schon in der Geschichte Russland Hilfe in seiner Entwicklung gegeben. Die Ukraine arbeite an allererster Stelle an dem Ziel, Mitglied der EU zu werden.

Die Krim, jedenfalls ihre Südküste, ist schön: herrlicher mediterraner Bewuchs, schroffe, steile, plötzlich ins ruhige Wasser rollende Felswände, Nomenklatura-Sanatorien der UdSSR-Zeit an den Ufern, darunter der Komplex in Foros, in dem Gorbatschow im August 1991 während der Coup-Tage gefangen gehalten wurde. Weinanbau. Die Schlachtfelder des Krim-Krieges im Tal von Inkerman. Die Bucht von Sebastopol. Ein klangvoller Name, ein trostloser Ort, vor allem bei der Anfahrt durch ärmlichste, zerfallene Wohngebiete, die in einer völlig zersiedelten Landschaft liegen; in der Innenstadt durchaus imposante klassizistische Gebäude, die sich vom Landeplatz am Hafen, Grafskaya Pristan, mit seinem Portikus von 1845 ins Land erstrecken und jenseits der Kathedrale in Plattenbauhochhäuser übergehen. Nach zwanzigjähriger Nutzung wirken sie abrissreif. Vor der Rundfahrt in der Hafenbucht, dem besten natürlichen Hafen des Schwarzen Meeres, erhalten wir die Erlaubnis zum Besuch des Flaggschiffs der ukrainischen Flotte. Im Jahr 1993 gebaut, beginnt es schon hier und da zu rosten. Das Schiff ist im Kern technologisch auf dem Stand von 1945. Die Kajüte des kommandierenden Admirals ist gänzlich ungenutzt. Aber schon wirkt das Interieur abgelebt wie in Intourist-Hotels oder in Staatsbüros nach jahrzehntelanger Nutzung. Was ist es wohl für ein Gefühl für die Marinesoldaten, die mir ihr Schiff erklären, auf der gegenüberliegenden Seite der tief ins Land hineinreichenden Bucht tagtäglich die russischen Kriegsschiffe zu sehen, deren Stationierung 1997 auf zwanzig Jahre vereinbart wurde? Wie das ganze ehemalige Weltreich rotten sie vor sich hin. Gefährlich könnte es bei den U-Booten sein, die wir sehen, denn niemand weiß, ob sich nicht radioaktive Munition oder gar Abfälle mit sich führen. Könnte Russland eines Tages über die Flottenstationierung hinaus seine Macht auf der Krim wieder durchsetzen, die der Ukraine von Chruschtschow geschenkt wurde, ein völkerrechtlich labiler Zustand? Könnte es die Krim gar zurückverlangen oder sich gewaltsam einverleiben? Auf unserer Tagung spricht niemand solche dramatischen Szenarien an, die mir beständig durch den Kopf gehen. Alle wollen an das Gute glauben und Optimismus zeigen. Die soziale Lage auf der Krim aber geht beständig noch weiter nach unten. Bei der Rückfahrt von Simferopol nach Jalta sehe ich ärmlichste Dörfer und einfachstes ukrainisches Bauernleben, daneben aber auch imposante, stattliche, teilweise fantasievolle Häuser, die von Tataren gebaut wurden. Nicht wenige Tataren sind aus der zentralasiatischen Verbannung zurückgekehrt. Sie praktizieren die „europäische Bauweise", wie man auf der Krim sagt. Das Minarett einer neuerbauten Moschee ragt selbstbewusst in den Himmel über der Krim.

Zum Ausklang ein opulentes Abendessen in dem Teil des Liwadija-Palastes, der seit den Reparaturen der Kriegsschäden schon jahrzehntelang als Staatssanatorium firmiert. Trinksprüche und kein Ende. Vizeminister Jewgen Berscheda erzählt mir, dass der Kosovo-Krieg die Stellung der prowestlichen Kräfte geschwächt habe. Die große Bevölkerungsmehrheit sehe jeden Abend nur russische Fernsehnachrichten. Eine nationale Tageszeitung gebe es nicht. Es existieren allein Zeitungen einzelner Parteiorientierungen mit begrenzter Reichweite. Ganz im Vertrauen, so sagt er dann noch resignativ, EU- oder NATO-Mitgliedschaft seien zwar schöne Sachen, über die wir zwei Tage lang frohgemut miteinander haben diskutieren können. Aber in seiner Lebenszeit werde er beides nicht erleben. Seinem Land, seiner Gesellschaft fehlten Reformwille, Kraft zum Aufbruch. Ist die junge Generation hoffnungsvoller? Ein hervorragend gebildeter junger Mann, 19 Jahre, 1980 geboren, erzählt von seinen Plänen, spricht von den Chancen, dem europäischen Willen. Der alternde General Vadim Grechaninov, einst General der ehemaligen Sowjetarmee, jetzt Präsident des Atlantic Council of Ukraine, beugt sich zu mir: „Die Weisheit des Alters und die Kraft der Jugend werden dieses Land stark machen."

4. Juni 1999, Lissabon
Heute vor zehn Jahren wurde die Demokratiebewegung auf dem Tian'anmen-Platz in Peking niedergeschossen. Am heutigen Tag verkünden die portugiesischen Tageszeitungen und alle Fernsehsender der Welt die Chance auf Frieden im Kosovo. Finnlands Präsident Martti Ahtisaari und Russlands Gesandter Wiktor Tschernomyrdin sollen Slobodan Milošević zur Annahme eines Friedensplanes bewogen haben, der den vollen Abzug der serbischen Soldaten aus dem Kosovo und die Stationierung einer internationalen Friedenstruppe vor Ort enthält. Wird es mehr werden können als ein Waffenstillstand, solange Milošević nicht von der politischen Bühne verschwindet? Er ist als Kriegsverbrecher in Den Haag angeklagt, einstweilen geht die NATO-Bombardierung weiter, Bundeskanzler Schröder lässt sich auf dem EU-Gipfel als Held der Vermittlung feiern, US-Präsident Clinton zeigt sich skeptisch, der britische Premier Blair sagt, der Diktator müsse gehen. Alles passt nach wie vor nicht zusammen. Zehn Jahre Umbruch, die breitesten Blutspuren sind in China und Jugoslawien hinterlassen worden.

Portugal, sanfte Schönheit, hervorragende Infrastruktur, Sauberkeit, Ordnung, Fortschritt, Dynamik. Eine EU-Erfolgsgeschichte von Braga über Porto nach Coimbra, dem Conímbriga mit seinen Römerfunden, Fátima, Sintra, Cabo San Roca und schließlich über Cascais und Estoril nach Lissabon. Ruhige, freundliche Menschen, dezenter Stolz, sanfte Atmosphäre, lusitanische Gelassenheit, Manuelinische Prachtbauten. Fado-Musik im Alfama-Viertel, Einheimische singen miteinander, füreinander, voreinander die melancholischen Weisen ihrer Heimat. Liebesbeweise an Lissabon, das Meer und die Seefahrt, traurige Würde vergangener Größe. Herrliche Panoramablicke vom Castelo de São Jorge über Altstadt und Tejo mit seiner weiten Bucht vor der Atlantikküste mit der grandiosen roten Brücke.

Álvaro de Vasconcelos, Direktor des Instituts für Internationale und Strategische Studien, hat zu einem Roundtable über die Bilanz der derzeitigen deutschen EU-Präsidentschaft gebeten. Überraschend höre ich, dass Deutschland naiv gewesen sein muss, die Idee der Kofinanzierung in der EU-Agrarpolitik fallengelassen zu haben und mehr für Portugal und Spanien durch die EU-Kohäsionsfonds zu zahlen bereit zu sein, ohne diese Konzessionen mit der Forderung nach institutionellen Reformen in der EU verknüpft zu haben. Sowohl Spaniens als auch Portugals Premierminister haben schon öffentlich wissen lassen, dass die deutsche EU-Präsidentschaft erfolgreich für ihre Länder war, wenngleich nicht so sehr für die EU – dank den deutschen Amateuren und Sprüchemachern. Der EU-Gipfel in Köln hat heute NATO-Generalsekretär Javier Solana zum ersten Hohen Repräsentanten der EU-Außen- und Sicherheitspolitik bestimmt. Ein gutes Zeichen, ein Schwergewicht wie Romano Prodi, der neue Kommissionspräsident. Institutionelle Reformen aber werden immer dringlicher, um Konsistenz zwischen und in den Organen der EU zu schaffen.

6.–7. Juni 1999, Ponta Delgada

Frau Melho, Mitarbeiterin im Kabinett des Präsidenten der Autonomen Region Azoren, lacht, als ich sie auf die Unruhen am 6. Juni 1975 anspreche. Damals wurde auf den Azoren für Unabhängigkeit und Kommunismus demonstriert, Dutzende der Rebellen landeten im Gefängnis. Schließlich kam es auf den Azoren zu den ersten freien und gleichen Wahlen im Post-Salazar Portugal. Heute erinnert zwar die linke *Diário de Notícias* ausführlich an die Unabhängigkeitsbewegung der Azoren, aber die junge Generation hält davon nichts mehr. Zu gut und stressfrei ist das Leben unterdessen. Alles auf São Miguel, der Hauptinsel der Azoren, ist proper, neu, sauber, gepflegt, wohlständig. Öffentliche Parks mit schönen alten Laternen, von der EU (Strukturfond) finanziert, gute Straßen, schöne, gepflegte Häuser. Selbst die einfachsten Häuser sind weiß gemalt, tragen Blumenkübel und Azulejos als Hausnummer. Milchfabriken, Fischverarbeitung in Ribeiro Grande, Thermalbäder und heiße Quellen in dampfender Erde beim Lagoa das Furnas, in einem Hochtalkessel gelegen. Zum Meer hin steil abfallende Felder und Wiesen in sattem, frischen Grün. Kühe, Bananenstauden, an der Nordküste die einzige Teeplantage Europas neben denen an der türkischen Schwarzmeerküste. Nett und gepflegt gekleidete, höfliche, sympathische und fleißige Menschen. Eine ruhige, in sich ruhende Atmosphäre in Ponta Delgada mit geschmackvollen Interieurläden und Boutiquen, Handwerkerläden, Kirchen und Banken. Im Sant'Ana-Palast, dem ehemaligen Gouverneurspalast, gefällt mir die regionaltypische Ausstattung mit frugalen Holzschnitzereien auf den Zedernholzmöbeln und Azulejos an den Wänden.

Punta Delgada, ein schmuckes Städtchen mit knapp 30.000 Einwohnern, feiert 1999 das fünfhundertjährige Stadtjubiläum. Fünf Jahrhunderte portugiesischer Ausgriff auf die Meere des Atlantiks. Auch hier sind Europas Grenzen löchrig und ziehen sich bis Kap Verde, Brasilien, Angola und Mosambik. Frau Melho bereitet eine Kooperation der Azoren mit Kap Verde vor, beide Inselgruppen hätten eine ähnliche Struktur. Madeira? Die südliche portugiesische Insel kümmere sich nur um den Tourismus, auf den Azoren erwache echte wirtschaftliche Entwicklung, mit allen sozialen Problemen. Am schwierigsten bleibe die finanzielle Abhängigkeit des Azorenbudgets – der „Ultraperipherie", wie es im Brüsseler EU-Jargon heißt – von der EU-Strukturhilfe. Ohne sie sei man hier dem Tode geweiht, sagt Frau Melho. So dramatisch würde es wohl nicht kommen. Von 2000 bis 2006 hat Portugal auf dem Berliner EU-Gipfel im März die Fortsetzung der Strukturhilfe garantiert bekommen. Diese für die östlichen Transformationsländer schlechte Nachricht wird naturgemäß in Portugal als guter Erfolg der deutschen EU-Präsidentschaft bewertet. Wo enden Europas Grenzen? Frau Melho ist dezidert: „Die Grenzen enden vor den Türen Russlands."

8.–9. Juni 1999, Madeira
Gemäß der EU-Statistik sind die Azoren und Madeira die ärmsten Regionen der Europäischen Union. Man glaubt es kaum, wenn man an Griechenland und an Ostdeutschland, an Teile von Süditalien oder selbst von Großbritannien denkt. Aber auf der Atlantik-Insel fehlt die Industrie und mit ihr die Fähigkeit zur Kapitalbildung. Trotz industriellen Potenzials liegt das Bruttosozialprodukt in den Kandidatenländern bei rund dreißig Prozent des EU-Durchschnitts. In Portugal sind es immerhin und überall rund doppelt so viel: sechzig Prozent. Die Inselhauptstadt Funchal zieht sich endlos entlang der Berge der Südküste von Madeira, die steil und schroff in den Atlantischen Ozean abfallen. Alles wirkt ungeordneter als in den Azoren, so als sei der Begriff der Raumordnung hier eher fremd. Ein Auf und Ab der Straßen. Alles wirkt etwas abgelebter als auf den Azoren, begründet wohl darin, dass die moderne Entwicklung hier schon eine Generation länger anhält als auf São Miguel. Jede Ecke der felsigen Küste ist landwirtschaftlich erschlossen. Auf engen, kleinen Terrassen ist überall landwirtschaftliche Aktivität zu sehen. Die Farben sind braun durchsetzt, der Sommer ist schon weiter als in den Azoren. In Madeira ist es gewöhnlich trockener, weniger feucht.

Frau Professor Ferreira, Direktorin für Angelegenheiten der Europäischen Union in der Regierung der Autonomen Region Madeira, klagt, dass der Ausschuss der Regionen der EU zu viele prozedurale und institutionelle Themen behandele und zu wenig über die großen Fragen Europas diskutiere. Auch sei ihr, einer Föderalistin, unverständlich, warum das Europäische Parlament kein einziges Mal über den Kosovo-Krieg diskutiert habe. Madeira als Teil der Ultraperipherie der EU bleibe von Strukturhilfsmitteln abhängig, da Tourismus und Fischfang keine ausreichende Basis für die lokale Entwicklung und das hiesige öffentliche Budget bilden könnten. Alle Infrastrukturprojekte, vor allem Straßen, Schulen, Krankenhäuser, Klein- und Mittelindustrieförderung in der Freihandelszone mit ihren zwanzig Betrieben, wären ohne EU-Hilfe undenkbar gewesen. Madeira bedürfte sicher auch über 2006 hinaus Strukturhilfsmittel, darum werde man mit der EU sehr intensiv verhandeln müssen. Einen Konflikt der Interessen mit den östlichen Kandidatenländern sieht Frau Ferreira nicht. Daher sei ja das Konzept der „Ultraperipherie" erfunden worden für die Azoren und die Kanarischen Inseln, für Guadeloupe, Reunion, Martinique und Guyana. Madeira überlege, sich ökonomisch zu Marokko hin zu öffnen. Seit dem Aufschwung Mitte der achtziger Jahre seien gewichtige Investitionen aus Übersee von Auswanderern Maderias, vor allem aus Südafrika, auf die Insel geflossen. Junge Menschen wandern heutzutage nicht mehr aus. In den ländlichen Gebieten gebe es aber weiterhin massive Unterbeschäftigung. Auf Porto Santo ist der Wassermangel ein enormes Problem und überall wird über die totale Abhängigkeit von Erdöleinfuhren geklagt. An Solarenergie scheint sich noch niemand versucht zu haben.

Auf der Höhe über Funchal mit seinen 120.000 Einwohnern liegt das Kirchlein del Monte mit dem Grab von Kaiser Karl, dem letzten österreichischen Kaiser und, ausweislich der Blumenkränze in magyarischen Farben, letzten König Ungarns. Wann wird der schlichte schwarze Eisensarg wohl in die Wiener Kapuzinergruft gelangen? Wenn es das Volk von Madeira wolle, soll Kaisersohn Otto von Habsburg gesagt haben, um auf die Gegenfrage, wer denn das Volk von Madeira sei zu antworten: „Der Bischof von Funchal und ich." Einmal sind Enikö und ich Otto von Habsburg begegnet, 1995 im Europäischen Parlament in Straßburg. Sofort plauderten meine Frau und er auf Ungarisch los.

Schroffe, wilde unwirtliche Berglandschaft führt auf 1400 m Höhe in Nebelwolken, durch Siedlungen, die wie Adlerhorste in jede kleinste bebaubare Felsritze geschlagen scheinen, jeder noch gerade von Menschen begehbare Meter der Steilhänge ist bearbeitet. Kartoffeln, Mais, Wein, Gemüse. Karge Bergagrarwirtschaft, keine Chance and Kapitalerträge, häufig Subsistenzwirtschaft. Dennoch häufig schöne, großzügige Häuser: Rückflüsse von Gastarbeitereinkommen. Thunfisch und Degenfisch, *peixe-espada-preto,* in den Gewässern um Madeira gefangen, wird im pittoresken Markt von Funchal gesäubert, ausgenommen, in Stücke geschlagen, die Haut abgeschabt. Vom schwarzen Degenfisch bleibt nur das gute weiße Fleisch.

Bringt dieser 9. Juni den Durchbruch im Kosovo? Die jugoslawische Armee akzeptiert die NATO-Bedingungen für den Abzug der serbischen Soldaten aus dem Kosovo. Sobald der Abzug beginnt, wird die NATO ihre Bombardierung einstellen. Die Kosovo-Friedenstruppe muss in den Kosovo einziehen, muss Minen räumen, vergiftete Brunnen säubern, vermutlich Massengräber ermordeter Albaner entdecken. Dann soll den Albanern die Heimkehr ermöglicht werden. Heimkehr wohin? In zerstörte Dörfer? Was wird aus dem Kriegsverbrecher Milošević nach seiner vierten Kriegsniederlage? Man kann es kaum noch ertragen, dass dieses Thema ebenso verschwunden ist wie die Frage, was aus den Albanern werden wird, einschließlich der racheerfüllten UÇK? Die Fernsehsprecher in Deutschland, auch in Madeira zu empfangen, jubeln, dass endlich die schlimmen Verwüstungen der NATO vorüber seien. Wer sagt noch etwas über die Ursachen, die eigentlichen Täter?

22. Juni 1999, Bonn

Begegnung mit einem in sich ruhenden, fröhliche Entspanntheit und historisches Selbstbewusstsein ausstrahlenden ehemaligen Bundeskanzler Helmut Kohl. Kohl beginnt das Gespräch damit, dass er über zu kleine Hotelbetten klagt und über zu klein gewachsene Männer, die dazu neigen, Minderwertigkeitskomplexe zu entwickeln. Kohl: „Wer groß ist, dominiert andere, auch wenn er es gar nicht will." Dann wendet er sich Europa zu. Kohl erzählt von den großartigen europäischen Entwicklungen in Südtirol, um mir zu verdeutlichen, worum es jetzt im ehemaligen Jugoslawien gehe. Als er Mitte der fünfziger Jahre erstmals in Südtirol gewesen sei, habe es dort Soldaten und Bombenattentate gegeben. Heute „ist Südtirol in Europa angekommen", Nordtirol, Steiermark und Kärnten seien eher zurückgefallen gegenüber dem großen Aufschwung in Südtirol, beim Wein einschließlich. Die örtliche Christdemokratie unter dem langjährigen Landeshauptmann Silvius Magnago habe kluge Politik gemacht, unter anderem dafür gesorgt, dass die Bauersfrauen neue Kühltruhen und Waschmaschinen erhielten und die Infrastruktur von Schulen und Kindergarten gut ausgebaut wurde. Das habe junge Menschen, vor allem junge Frauen, in der Gegend gehalten. Jetzt gehe es um ähnliche Prozesse auf dem Balkan. Auf meine Frage, ob nicht schon vor einigen Jahren mehr für die Demokratisierung und Europaorientierung Serbiens von außen, das heißt von uns, hätte getan werden können, erwidert Kohl, es habe zu seinen allerschwersten Aufgaben gehört, Mitterrand in der Anerkennungspolitik beim Zerfall Jugoslawiens auf einer gemeinsamen Linie zu halten. Die Amerikaner seien eher dagegen gewesen, mancher sei damals härter als Belgrad selbst gewesen. Ironisch lacht er, als wir darüber sprechen, dass Clinton sich gerade heute in Slowenien und Mazedonien feiern lasse, so als sei das alles nie gewesen. Gestern habe Clinton mit ihm fünfzehn Minuten lang telefoniert. Die letzten Sitzungstage des Deutschen Bundestages in Bonn sind angelaufen, Helmut Kohl wird nochmals das Wort ergreifen und das Bonner Erbe in Erinnerung rufen. Das Gerede von einer „Berliner Republik" hält er für Unsinn. Er gibt mir Recht in der Aufgabe, eine gelungene Balance zwischen Berlin und Brüssel zu schaffen. Sichergestellt ist der gute Ausgang dieses neuesten deutschen Experiments noch lange nicht. Ein Gefühl der Leere legt sich über das bisherige deutsche Regierungsviertel, verlassen ohne Not.

28. Juni 1999, London

Sitzung der International Commission for the Reform of the Institutions of the European Union (ICRI) unter Vorsitz des ehemaligen EU-Kommissars Frans Andriessen im ehrwürdigen Reform Club an der Pall Mall gegenüber dem Krimkriegs-Denkmal. Die Namen der großen Schlachtorte Alma, Inkerman, Sebastopol sind zu lesen. Florence Nightingale ist mit einer Statue verewigt. Die Welt bündelt sich in London, das doch zugleich langsam, aber sicher in seine neue europäische Stellung hineinwächst. Wir diskutieren im Reform Club unter anderem die europäische Verfassungsfrage, Andriessen benutzt das Wort „föderal", ohne von anwesenden Briten oder Finnen sogleich Widerspruch zu ernten. Auch das britische Imperium sei nicht an einem Tag erbaut worden. So gehe es jetzt der Europäischen Union.

1. Juli 1999, Bonn
Das Ende der fünfzigjährigen Bonner Politikzeit. Bundespräsident Roman Herzog geht, Johannes Rau wird Präsident. Altbundeskanzler Helmut Kohl hält eine volkspädagogische Rede, wie und warum in Bonn alles zum Wohle aller war und künftig in Berlin als kostbares Erbe fortgeführt werden sollte. Warum bleibt die deutsche Politik dann nicht in Bonn? Kohl redet von der „historisch gewachsenen Hauptstadt". In der Thüringischen Landesvertretung in der Simrockstraße begrüßt Bernhard Vogel, der einzige deutsche Politiker, der Ministerpräsident in einem westlichen (Rheinland-Pfalz) war und es nun in einem östlichen (Thüringen) ist, Helmut Kohl als Ehrengast eines kleinen Abendessens. Er sei lieber hier, sagt der Kanzler der Einheit, als auf einem der Plätze, wo heute Abend Leute zusammen seien, die in ihrer Mehrheit vor Kurzem noch gegen die deutsche Einheit gewesen seien. Kohl erzählt, dass er als Student für Frankfurt als deutsche Hauptstadt gewesen sei, dann habe er Bonn sehr schätzen gelernt: Bescheidenheit, Westbindung, Föderalismus, soziale Marktwirtschaft, rechtsstaatliche Demokratie seien von dort ausgegangen. Ein wehmütiges Loblied auf den Politikbetrieb Bonn. Kohl, deftig wie eh und je, bedauert, dass es keine Thüringer Würste gebe. Hans-Peter Schwarz, scharf-ironischer Zeithistoriker, raunt mir zu, es würden nur unredliche Krokodilstränen geweint, von Kohl vorneweg. Das Interieur der Landesvertretung erinnert an die späte DDR, spießige Schränke mit Bierseideln und Eichenkränzen, ein Hauch von Kultur, Einfachheit und kluger, asketischer Strenge. Der Geist des Abends: ernsthafter Frohsinn, vermengt mit Wehmut des Abschieds vom Rhein, dem Strom Europas. Kohl spricht von Dank an Gott für die guten Bonner Jahrzehnte und ihrem gesamtdeutschen Ausgang. Was solle aus seinem „europäischen Deutschland" werden, wo selbstgefällige Anmaßungen in der neuen Regierung der Linken schon eher die Regel als die Ausnahmen würden? Selbstgefälligkeit ist ansteckend unter den Epigonen in allen Parteien.

12. Juli 1999, Tallinn
Ministerpräsident Mart Laar, den ich im Parlament beim Geburtstagsumtrunk für Tunne Kelam, den stellvertretenden Parlamentssprecher, treffe, ehe wir das Gespräch in seinen würdevollen Empfangsräumen in der ehemaligen Ritterordens- beziehungsweise Gouverneursburg fortsetzen, lacht: Seitdem er wieder Ministerpräsident von Estland sei, scheine die Sonne wieder für Estland. Er äußert Sorge, dass der Prozess der EU-Erweiterung verlangsamt werden könne. Die Berliner „Agenda 2000"-Beschlüsse vom März bewirkten keine ausreichende Reform der EU. Die euroskeptischen Stimmen in Estland nähmen eher zu. Tunne Kelam ergänzt, dass selbst Benzinerhöhungen unterdessen „Brüssel" angekreidet würden. Mart Laar berichtet von dem enormen Sparbudget mit Einsparungen von sieben Prozent, schmerzhaft in allen Bereichen, das er unlängst durch das Parlament gebracht habe. Der wie stets joviale, gut gelaunte Mart Laar meint, es bliebe höchste Priorität, in Westeuropa für die Osterweiterung zu werben.

Die Esten haben ein eigenes Verkehrszeichen erfunden: ein Hinweisschild auf einen nahegelegenen Internetanschluss. Geschäfte, Cafés, Frohsinn, serene Würde im Domberg-Viertel (Toompea) mit der Domkirche des 13. Jahrhunderts, dem ehemaligen Haus der Ritterschaft und schönen Bürgerhäusern des 14. bis 19. Jahrhunderts, neben dem *in restauro* befindlichen Palais des Regierungschefs, dessen Sanierung Mart Laar als Symbol der derzeitigen Sparmaßnahmen einstweilen abrupt unterbrochen hat. Im Dezember 1999 wird der neue Flughafen fertiggestellt sein. Eine vertrauensbildende Maßnahme ganz eigener Art ist schon auf dem bisherigen Flugplatz zu sehen: eine mit der Aufschrift „Open Skies" versehene Maschine der USA. Es ist ein militärisches „Informationssystem". Ein solches Flugzeug wäre auf diesem Flugplatz, dessen altes Gebäude den Namen „Tallinn" noch in kyrillischen Buchstaben trägt, vor zehn Jahren absolut undenkbar gewesen.

13.–14. Juli 1999, Riga
Riga putzt sich heraus: 2001 wird der achthundertste Geburtstag der alten Hansestadt gefeiert. Imposant die bereits weit fortgeschrittene totale Rekonstruktion des Schwarzhäupterhauses, die goldenen Spitzen im Renaissancestil funkeln wieder, die Wappen aus gotischer Zeit von Hamburg, Bremen, Lübeck und Riga trotzen wieder den Winden der Ostsee. Gegenüber liegen das trostlose Sowjet-Rathaus und manche Schrottstelle. In der ganzen Altstadt wird gewerkelt und viele schon Häuser sind schon saniert. Feierliche Ruhe in der Domkirche, der St. Peter-und-Paul-Kirche, der Johanniskirche, gotische Hallenkirchen des 13. und 14. Jahrhunderts nach Mustern Rostocks und anderen deutschen Backsteingotikstädten. Wiedersehen mit dem imposanten Freiheitsdenkmal der Letten aus der Zeit der ersten Unabhängigkeit, das die Sowjet-Okkupationszeit unversehrt überstanden hat und derzeit von Grund auf instandgesetzt wird.

Guntars Krasts, stellvertretender Ministerpräsident Lettlands, empfängt mich im Ministerkabinett. Der neuen Regierung unter Andris Šķēle werde er mit seiner Partei Tēvzemei un Brīvībai (Vaterland und Freiheit) wohl nicht angehören. Er habe selbst für eine Verkleinerung des Kabinettes plädiert, jetzt werde er sich auf die Aufgabe als Vorsitzender des außenpolitischen Ausschusses konzentrieren. Er sieht den Ausbau der Verwaltungskapazitäten als größtes Problem für Lettland. Ich fahre nach Daugavgrīva, der älteste 1201 gegründete Ort in der Bucht von Riga. Geblieben sind überwachsene, verwilderte Reste einer Festung, ein noch halbwegs erhaltenes Tor, Ansätze von Pferdeställen, Kloaken von Seen neben Nebenflüssen der Düna, mit neuen Booten der lettischen Wasserschutzpolizei, unbewaffnet, am Ende eines verwilderten Geländes ehemaliger sowjetischer Kasernen, verfallen, leer, verwahrlost. Vom alten Kloster ist nicht einmal mehr ein Rest geblieben. Der Taxifahrer findet kaum die Festungsruine des Ritterordens. Durch Wälder erreiche ich Jūrmala, der beliebteste Badeort an der Rigaischen Küste. Noch um 21 Uhr steht die Sonne höher als am Mittelmeer um 17 Uhr. Lebhafter Ferientrubel am sauberen Strand. Sehr sanft, fast unmerklich abfallendes glänzendes Ostseewasser. Welche Schlachten fanden in dieser Gegend 1945 statt. Und jetzt: lettische Ferien. Mit dabei sind viele der hier friedlich lebenden Russen.

Rigas 800.000 Einwohner spürt man in der Innenstadt nicht. Fußweg über die Düna; auch die Brückenlaternen werden restauriert. Nachmittags habe ich vor dem Ritterordensschloss in Riga eine Demonstration von Russen erlebt, generalstabsmäßig von Politrucks organisiert, die lautstark gegen die angebliche Beschneidung ihrer Sprachrechte protestieren. „Sprachdiktatur führt zu Kosovo", heißt es auf einem Spruchband. Und wer hat die Letten vor der jahrzehntelangen Strategie von Unterdrückung und, wenn nötig, Eliminierung in den Sowjetjahrzehnten geschützt? Gespräch mit meinem unterdessen guten Bekannten Außenminister Valdis Birkavs. Auf der leeren Tischplatte steht die gepackte Aktentasche. Birkavs sagt, ich sei sein letzter auswärtiger Besucher in diesem Raum. Am Tag darauf, dem 15. Juli, soll er vom Parlament als Justizminister der neuen Regierung Šķēle ernannt werden. Mal abwarten, sagt er lachend. Im Flur von Birkavs Arbeitszimmer hängt die Ahnengalerie der Fotos aller lettischen Außenminister mit einer Lücke von fünfzig Jahren zwischen dem bis 1940 amtierenden Amtsinhaber und dem von 1990 bis 1992 amtierenden Jānis Jurkāns. Das neue Lettland hat alles in allem gute erste acht Jahre der Unabhängigkeit hinter sich. Die Prognosen sind günstig. Dazu gehört auch die Selbstverständlichkeit von Ministerwechseln und Mehrheitsveränderungen.

15. Juli 1999, Vilnius
Wilna leuchtet. Es macht regelrecht Freude, vom Parlament mit der Gedenkstätte der Opfer des 13. Januar 1991 (und der Opfer des Genozids in Tschetschenien) über den zur zwar provinziell-gemütlichen, aber konsumeuropäischen mutierten Gediminas-Prospekt, vorbei an der Kathedrale St. Sebastian, klassizistisch mit gotischem Glockenturm, am Präsidentenpalast durch die Altstadt zur Marienkirche Ostra Brama zu schlendern. Der Weg mutet länger an als früher, zu sehr ist Leben in die Stadt gekommen. Jassir Arafat ist zu Besuch bei Staatspräsident Adamkus. Polizeiaufgebot um die ehrwürdige Universität herum, die, im 17. Jahrhundert gegründet, einst als älteste Universität des Zarenreiches galt. Der Palästinenserführer geht. Dann bin ich an der Reihe.

Wiedersehen mit Staatspräsident Valdas Adamkus. Er äußert sich begeistert über die neue Generation, die in seinem Land erkennbar nachwachse und auch in Russland eines Tages zum Durchbruch kommen müsse, wenngleich noch immer zu viele Nomenklatura-Leute dort nach „alten Regeln" agierten. Er sehe das ökonomische Potenzial Russlands als elementar in seinen Auswirkungen auf den Westen an, eine ökonomische Katastrophe dort hätte verhängnisvolle Folgen für den Westen. Politisch bleibe Russland unberechenbar und eher chaotisch. Verhalten optimistisch, aber keineswegs uneingeschränkt erfolgsgewiss zeigt der Präsident sich hinsichtlich der Aufnahme von Beitrittsverhandlungen mit der EU nach dem Helsinki-Gipfel im Dezember 1999. Präsident Adamkus erwähnt den Disput um das Kernkraftwerk Ignalina, das die EU Litauen immer wieder vorhält, ohne zu sagen, wie die hiesige Energieversorgung und auch ein Teil jener von Königsberg ohne Ignalina gesichert werden könnte. Adamkus, der Umweltschützer aus dem Mittleren Westen der USA, weiß um den Wert der Ostsee als einer ökologischen Perle Europas. Leider gebe es dort teilweise schlimme Umweltgefährdungen. Es werde aber wohl noch eine Weile dauern, ehe Europa die Ostsee als gemeinsames Meer und gemeinsame Aufgabe sehe.

Im Europäischen Integrationskomitee mit Petras Auštrevičius und Klaudius Maniokas, im Außenministerium mit Egidijus Vareikis und Rytis Martikonis und im European Integration Studies Centre mit seinem Direktor Algirdas Grizius führe ich intensive Fachgespräche zum Stand der Vorbereitungen auf die EU-Mitgliedschaft.

25.–27. Juli 1999, Beirut
Eine Stadt, geprägt vom Mythos, die Schweiz des Nahen Ostens genannt worden zu sein. Eine Stadt im Neuentstehen aus Ruinen des Bürgerkrieges. Unspezifische Mittelmeerhäuser, Brache, Ruinen, das zerschossene Holiday Inn, Häuser mit Einschüssen, verfallen das Französische Archäologische Institut, das George Hotel, große Parkplatzflächen, auf denen früher dichte Bebauung stand. Straßenführungen mit Tunneln, Stadtautobahnen, sauberen Blumenrabatten, Bürgersteigen, Bauboom, Rekonstruktionen, fabelhaft wiederhergestellte Häuser, Moscheen, Kirchen aller nur denkbaren Denominationen. Seit 1998 wiederhergestellt: das Grand Serail, Sitz des Ministerpräsidenten des seit 1943 unabhängigen Libanons, früher Sitz des osmanischen Gouverneurs. Beeindruckend: die Landgewinnungsmaßnahmen vor dem Hafen Beiruts. Vor der Kulisse der Libanon-Berge wird dem Meer Land abgerungen, um schöne Parks anzulegen, Wohnviertel und Geschäfte im neuesten Supermarktstil. In der Informationszentrale der Firma Solidère erklärt der nationalliberale Manager Freddy Edde die Ambitionen des Projektes. Ein unbeabsichtigter „Kriegsgewinner": die Archäologie. Wesentliche Teile des römischen Iulia Augusta Felix Berytus wurden erstmals freigelegt. Inzwischen werden sie der staunenden Öffentlichkeit gezeigt.

Beirut ist wieder zur Ruhe gekommen und sucht nach der Vitalität des einstigen vibrierenden Lebens. Motorboote und Wasserskifahrer sind wieder im Mittelmeer zu sehen, McDonald's und das Hard Rock Café, das einem Bruder des Terroristen Bin Laden gehören soll. Ab und an Straßenposten der libanesischen Armee und der syrischen Protektoratsmacht, die den Libanon von Damaskus aus regiert, ohne auch nur eine Botschaft in Beirut zu unterhalten. Herrlich, die grüne Oase der American University mit schönen Gebäuden, einschließlich der Campuskirche. *Political Science*-Dekan Michel G. Nehme diskutiert die regionalpolitischen Perspektiven. Im traditionsreichen Orient-Institut der Deutschen Morgenländischen Gesellschaft, das mit seiner imposanten Bibliothek den Bürgerkrieg unbeschadet überstanden hat, sinnieren Direktorin Angelika Neuwirth und ihr Mitarbeiter Thomas Scheffler über die Potenziale des euro-mediterranen Dialogs der Zivilisationen. Ein Bonner Student meiner ersten Dozentenzeit im akademischen Jahr 1985/1986, Bernhard Hillenkamp, begrüßt mich als derzeit im Institut mitarbeitender Doktorand. Mein Gutachten für den DAAD-Auslandsaufenthalt im Nahen Osten habe ihn auf den akademischen Weg gesetzt.

Am Freitag, dem 24. Juli 1999 war Marokkos König Hassan II. gestorben, siebzigjährig an Herzschwäche. Nach dem Tod von König Hussein von Jordanien im Februar 1999. Zwei charismatische und weltweit geachtete Autokraten, die sich durch ihre religiöse Natur und ihre prowestliche Position hohen Respekt erworben hatten. Ein Generationenwechsel im Nahen Osten, dazu der politische Wechsel des Rhythmus der Politik in Israel mit der Wahl von Ehud Barak im Mai, der den nahöstlichen Friedensprozess reaktivieren will. Kann einem militärverwurzelten Labour-Vertreter Frieden mit den Palästinensern gelingen? Sogar im Libanon wird diese Frage unterdessen mit einem gewissen Unterton der Zuversicht gestellt.

Zwischen 1977 und 1990 ging der Libanon durch Höllenjahre. Die Geschichte des libanesischen Bürgerkrieges ist unendlich verschlungen. Sunniten gegen Schiiten gegen Maroniten gegen Drusen, und jeweils radikale gegen weniger radikale Gruppen und Milizen in jeder Gemeinschaft, jedem Clan. Die Totalzerstörung der Altstadt Beiruts wurde das Symbol der Wut und des Hasses innerhalb dieser Gesellschaft. Ihre Wurzel lag in der Außerkraftsetzung der demografischen Balance, die seit 1943 die Festlegung der Machtanteile von Sunniten, Schiiten und Maroniten bestimmt hatte, durch eine Zunahme der muslimischen Bevölkerung. Waffenzunahme und enormer äußerer Interventionsdruck ließen das Pulverfass explodieren, sodass es schien, jeder kämpfe gegen jeden, jeder fühle sich durch jeden in der Existenz bedroht. Jetzt kehrt Multikulturalität durch geordnetes Neben- und fragiles Miteinander zurück. Nach zehn Jahren Nachkriegszeit sind Staatlichkeit und Neubeginn noch immer fragil. Vergangenheitsbewältigungs- und Identitätsfragen führen auch zu erregten Debatten unter den Gästen, die Johannes Regenbrecht und seine belarusissche Verlobte Tatjana in ihre Wohnung im christlichen Viertel in den Bergen über der Innenstadt eingeladen haben. An diesem Abend sind nur Christen um den Tisch versammelt und dennoch geht es bald hoch her. Bei der Fahrt ins christliche Viertel in den Bergen ging mir durch den Kopf, ob das nächste Konfliktthema im Libanon nicht schon längst vor aller Augen angekommen ist: die soziale Balance angesichts der fortwährenden Anwesenheit von 350.000 palästinensischen Flüchtlingen und einer Million syrischer Gastarbeiter. Die Palästinenser wissen ohnehin nicht, wohin sie gehen sollen. Die Syrer würden zu Hause ein karges Leben im Spätsozialismus erwarten, wenn sie zurückgehen würden. Aber wie lange kann der Libanon eine so große Zahl von Ausländern verkraften, ohne an den sozialen Folgen zu zerreißen?

Mein Studienfreund Johannes Regenbrecht begleitet mich am nächsten Tag in den Süden Libanons. Zunächst rauscht Beirut an mir vorbei, eine sich ihrer selbst bewusste, lebendige Metropole. Hier leben zwei Millionen der 3,2 Mio. Libanesen. 13 Mio. Libanesen, so erzählt Johannes, die Nachfahren der Phönizier, lebten außerhalb des Libanon, die meisten in den USA und in Brasilien. Am 24. Juni hatten israelische Bomben die gesamte Stromversorgung in Beirut und fünf Brücken im Land zerstört. Eine der zerstörten Brücken, chirurgisch exakt getroffen mit gleichwohl einem Todesopfer, sehe ich am nördlichen Stadtrand Sidons. Vor der Behelfsbrücke ein syrischer Wachposten, demonstrativ mit syrischer Fahne und Assad-Portrait, dann zwei weitere libanesische Posten. Schließlich erreichen wir das Rathaus von Sidon. Sidon, Saida, eine alte phönizische Stadt. Bürger aus Saida gründeten Karthago. Hier lebte die Prinzessin Europa, die der Sage gemäß von Zeus nach Kreta entführt wurde.

Im Hafen sehe ich, geführt vom Bürgermeister, die Ruinen der Kreuzritterburg. Die Kreuzritter nahmen die Stadt 1111 ein und kontrollierten sie mit Unterbrechungen bis 1260, als Sidon von den Mongolen zerstört wurde. Später folgten die Araber. Heute sind die Palästinenser Sidons größtes Problem. Zwischen 1982 und 1985, während der israelischen Besetzung, wurde Sidon massiv zerstört und hat sich davon noch kaum erholt. Ansätze einer schönen Stadt- und Hafenerneuerung sind zu sehen, aber von Beirut trennen Sidon Lichtjahre. Die Altstadt, ein Labyrinth von jahrhundertealten Souks, ist arm, schmuddelig, ein sozialer Brennpunkt und Brutplatz islamischer Radikalität. Wir sehen Erinnerungsfotos an, gefallene junge Hisbollah-Kämpfer vor einem ihrer Elternhäuser. Fast fünfzig Prozent der Altstadtbewohner sind heute Palästinenser. Ein UNWRA-Büro gegenüber der Hauptmoschee zeigt, dass die Altstadt ein großes Flüchtlingslager geworden ist. Palästinenser, oft seit 1948 im Libanon, haben kaum echte Arbeitserlaubnisse, Ausbildungschancen, Lebenshoffnungen. Die Altstadt, vollständig orientalisch mit Pfeife rauchenden Männern, kleinen Geschäften, engsten, düsteren mehrstöckigen Häusern, aber auch allgegenwärtig offenliegenden Stromkabeln und zerrütteten Fußwegen, vermutlich in einem problematischen Hygienezustand. Eine Begegnung: Acht Jahre hatte der Mann im Maredo-Steakhaus am Berliner Kurfürstendamm gearbeitet, sein Neffe trägt ein „Germany"-T-Shirt, der älteste Sohn wurde dort geboren. Jetzt besitzt der Mann in der Altstadt von Sidon einen Krämerladen. Die Geschäfte würden gut laufen, so sagt er, „kommen Sie wieder, ich bin immer hier."

Trister Besuch in der Flüchtlingsstadt Schatila, wo, ebenso wie in Sabra, 1982 die Falangisten, von Israels Besatzern gedeckt, schreckliche Massaker anrichteten. Überall sind in den Wänden der Häuser, die seit 1948 von Zelten zu einer Armenstadt, einem gehobenen Slum, gewachsen sind, noch immer Kugeleinschüsse zu sehen. Ein Ort der Trostlosigkeit, voller Kinder und perspektivloser Jugendlicher, von einem syrischen Posten am Eingang zum Viertel bewacht. Immer wieder hat auch Syriens Armee in das Lager Raketen gefeuert. Entfaltung ist für keine Gruppe im Libanon richtig möglich. Jeder leidet an jedem.

In Dair al-Qamar („Konvent des Mondes") treffe ich Dory Chamoun, den Bürgermeister dieses christlich-maronitischen Dorfes in den Chouf-Bergen, umgeben von Drusen-Dörfern. Dory Chamoun, Sohn des libanesischen Präsidenten der Jahre 1952 bis 1958, Camille Chamoun, und Bruder des 1990 ermordeten Dany Chamoun, müht sich mit Drusenführer Walid Dschumblat um Aussöhnung, zeigt die Schönheiten des Dorfes, einschließlich die ehemalige Seidenfabrik und die altehrwürdige maronitische Kirche. Seine politischen Analysen sind klar und präzise: Die Christen im Libanon seien nur noch eine immer kleiner werdende Minderheit. Es werde für sie aufgrund der muslimischen Bevölkerungszunahme noch dramatischer werden. Am Ende könnte die Existenz einer christlichen Präsenz im Libanon auch ohne Krieg gefährdet sein. Der Friedensvertrag von Taif 1989 sei ein „Witz" gewesen, da er einzig dazu gedient habe, die syrische Militärpräsenz im Libanon zu rechtfertigen. Er gehe davon aus, dass Israels langfristiger Masterplan vorsehe, neben dem Judenstaat einen christlichen Staat in der Region zu wollen, um sich selbst besser zu rechtfertigen. Auf Israel ist er ebenso wenig gut zu sprechen wie auf die Palästinenser und die Syrer. Libanon sei zweifach besetzt, und das Überleben hänge immer an einem seidenen Faden für Libanons Christen. Chamoun, Vorsitzender der von seinem Vater gegründeten Parti National-Liberale Libanais, vermutet, längst habe ein Deal zwischen Israel und Syrien unter US-Beteiligung stattgefunden: Die Alawiten-Herrschaft in Syrien soll garantiert, das heißt ein Übergang von Präsident Hafiz al-Assad auf seinen Sohn Baschar möglich werden.[14] Israel müsse die Besetzung des Südlibanon beenden, dann könne über die Fortsetzung der Militärpräsenz Israels auf den Golanhöhen mit Syrien gesprochen werden. Schließlich könnte Syrien seine 30.000 Soldaten aus dem Libanon abziehen. Letzteres bliebe die schwierigste Aufgabe, sagt Chamoun, der eine aktive Politik der EU und Deutschlands wünscht.

Hinter Dair al-Qamar liegt Beit ed-Din, seit wenigen Monaten vom libanesischen Staatspräsidenten Émile Lahoud als Sommerresidenz auserkoren. Der einstige Sommerpalast des Emir Fakhreddin aus dem 17. Jahrhundert wurde von der Drusenfamilie Dschumblat saniert und mit einem Gedenkmuseum für den etwas bizarren Drusenführer Kamal J. Dschumblat, der bis zu seiner Ermordung 1987 Führer der Geheimsekte mit pantheistisch-spiritistischer Tendenz war, versehen. Die Drusendörfer des Chouf-Gebirges sind Heimat von Männern in schwarzen Pluderhosen und kleinem weißen Turban. Zum Besuch des schönen, mit feinen Intarsienarbeiten geschmückten Palastes kommen sowohl christliche Nonnen wie Männer mit mehreren verschleierten Frauen, so wie es die Lehre des Propheten erlaubt. Über den steilen, engen Tälern des Chouf-Gebirges, wo die sauberen, gepflegten Dörfer wie Bienenwaben in Schichten übereinander gebaut sind, herrscht friedliche Ruhe. Das heitere Leben mit Picknickszenen am Straßenrand lässt das Mittelmeer erahnen.

Gespräche: Im frisch sanierten Grand Serail, dem ehemaligen Sitz der Osmanen und des französischen Gouverneurs, jetzt des Ministerpräsidenten des Libanon, dann im Wirtschaftsministerium in Westbeirut. Diese Gegend liegt nahe der vitalen Geschäftsstraße Rue Hamra, deren Gebäude den Glanz der sechziger und siebziger Jahre sowie deren immer geschmackvoller werdenden Interieur- und Konsumgüterauslagen den Lebenswillen des 21. Jahrhunderts widerspiegeln. Schließlich betrete ich das Parlament des Libanon am Place de l'Étoile mit seinem schön restaurierten Uhrturm.

Premier- und Außenminister Selim al-Hoss, 69 Jahre alt, ein antriebsloser, leise und wenig sprechender Sunnit, äußerst sich zum Friedensprozess: „Ich bin skeptisch, Barak macht nur drastische Positionsänderungen. Der Prozess kann aber wieder vorangehen, auf zwei Ebenen: syrisch-israelische und libanesisch-israelische Gespräche in den USA, vielleicht schon bald." Zur Rolle Europas im Nahen Osten sagt er: „Europa muss eine

---

[14] Hafiz al-Assad stirbt am 10. Juni 2000. Sein Sohn Baschar al-Assad wird unmittelbar nach dem Tod seines Vaters Generalsekretär der regierenden Baath-Partei und nach einer Veränderung des Mindestalters des Staatspräsidenten in der syrischen Verfassung von 40 auf 34 Jahre infolge eines Referendums vom 18. Juli mit 97 % der Stimmen Staatspräsident Syriens.

stärkere Rolle spielen, komplementär zu den USA." Der Libanon wolle binnen eines Jahres mit der EU ein Assoziierungsabkommen abschließen: „Europa ist wichtig für uns. Wir haben jetzt beschlossen, ab 2001 die Mehrwertsteuer einzuführen, um binnen zehn Jahren die Einfuhrsteuern abzubauen, die uns sechzig Prozent des Staatsbudgets einbringen, aber bisher dem Assoziierungsabkommen entgegenstehen."

Wirtschaftsminister Dr. Nasser Saidi, ein intellektueller Schiit, blickt auf die äußeren Bedingungen libanesischer Politik: „Ich bin in der Vergangenheit zynisch geworden, leider. Aber es gab so viele Reden ohne Taten. Jetzt gibt es eine Chance, aber nur bis Ende des Jahres 1999, weil dann die amerikanischen Präsidentschaftswahlen beginnen. Es wird nur einen Gesprächsprozess geben: Israel vs. Syrien/Libanon." Er fährt fort: „Europa hat keinen operativen Plan der Mitwirkung. Europa muss definieren, was es will. Wir wollen eine stärkere Rolle Europas, mehr Investitionen, aber Europa hat nur bis Jahresende Zeit, um aus der passiven Rolle herauszukommen, in der sich die EU befindet. Bilateral ist Deutschland sehr wichtig für uns."

Parlamentssprecher Elie Frizli, ein maronitischer Christ, blickt eher verbittert nach Europa: „Europa wird wohl nie mit einer Stimme sprechen. Großbritannien wird sich niemals in ein integriertes Europakonzept einbeziehen lassen." Zum Thema Vergangenheitsbewältigung in Deutschland ist er provokativ und energisch: „Ihr Deutschen müsst den Geschichtskomplex ablegen und die angemessene Rolle eines Imperiums spielen. Es ist unter Eurer Würde, als Geisel der Geschichte missbraucht zu werden." Dann wendet er sich wieder dem Nahen Osten zu: „Wir wollen natürlich Frieden, aber die Lage ist nicht wirklich günstiger geworden. Israel sieht sich weiter durch die USA unterstützt und diese nehmen durch Israel Einfluss auf die Region." Deutschlands Botschafter Peter Wittig, der neben mir sitzt, flüstert mir zu: „Erste Lektion in nahöstlicher Konspirationstheorie." Von 1979 bis 1982 war Wittig Assistent meines Lehrstuhlvorgängers Wilhelm Hennis in Freiburg.

Eine amüsante Konstellation: Der griechische Botschafter in Libanon, in Aleppo geboren und Arabist, vertritt aufgrund des eigenartigen EU-Systems die derzeitige finnische EU-Ratspräsidentschaft. Er erzählt, dass er nun Arbeitsaufträge aus Finnland erhielte. Für mich ist eine Schlussfolgerung eindeutig: Die EU benötigt dringend eine gemeinsame Strategie für das Mittelmeer beziehungsweise für den Nahen Osten.

28.–29. Juli 1999, Damaskus

Von Beirut geht es zunächst durch das Libanon-Gebirge in die Bekaa-Ebene, die von der pro-iranischen Hisbollah kontrolliert wird. Gebannt erblicke ich Baalbek, ein Wunder der spätrömischen Antike. Erhabene Minuten im Bacchustempel, der nach Kaiser Wilhelms Visite 1898 freigelegt und restauriert wurde. Die Erinnerungstafel an den Kaiserbesuch, ein Geschenk des Sultan Abdülhamid II. hängt seit 1974 wieder an der Nordseite, nachdem General Edmund Allenby sie 1918 hatte abnehmen lassen. Heute hängt die Gedenktafel in gut zehn Metern Höhe, soweit reichte 1898 der Schutt auf dem Tempelgrund. Einzigartig schön das geschmackvolle Museum im Innern der

Abb. 4.22 Im Weingut Ksara am Rande der Bekaa-Ebene mit libanesischen Bodyguards, meinem Studienfreund Johannes Regenbrecht (Auswärtiges Amt), Reinhard Stuth und Hans-Gert Pöttering (1999). (© Ludger Kühnhardt)

Fundamente des Großen Hofes, den das Deutsche Archäologische Institut 1998 einrichten konnte. Allerschönste Propyläen, Säulen und Verzierungen, eine der prachtvollsten Anlagen der späten römischen Zeit, erbaut unter Antoninus Pius, der auch die Saalburg im Taunus errichten ließ. Die Arbeiter waren damals Idumäer, die in die Bekaa-Ebene gesiedelt hatten und ihr Werk auf den Fundamenten des Baal-Sonnengott-Kultplatzes aus frühphönizischer Zeit verrichteten. Die Erinnerung an die vorchristliche Zeit der Tempelprostitution im Jupitertempel ist weit entrückt. Nach der Erhebung des Christentums zur Staatsreligion 321 wurde der Tempelbezirk von Baalbek christlich, im siebten Jahrhundert wiederum muslimisch umgewidmet. Heute ziehen schwer verschleierte Schiitinnen ebenso durch die Anlage – und lassen sich von ihrem Mann fotografieren, ohne dass auch nur ein Körperteil sichtbar wäre – wie leicht bekleidete junge Mädchen. Westliche Touristen gibt es allerdings nur wenige in Baalbek. Die Gegenwart des fragilen Friedens hält alle in ihrem Bann. Im Libanon herrscht weniger als ein Waffenstillstand. Es ist eine militarisierte Normalität, die in so scharfem Kontrast wie nur denkbar gegenüber der serenen Ausstrahlung des Baalbek-Tempels steht. Das unterdessen morbide Hotel Palmyra schwelgt noch immer in der Nostalgie des Besuches Kaiser Wilhelms.

Im von griechischen Katholiken bewohnten Zahlé, nahe der Straße von Beirut nach Damaskus gelegen, besuchen wir das renommierte Weingut Ksara (Abb. 4.22).

Aufbauend auf Weinbautraditionen, die in die Römerzeit zurückreichen, haben Jesuiten das Weingut angelegt. Beim Abzug der Franzosen aus dem Libanon 1943 wurde ein Arrangement getroffen, wie es nur in dieser Weltgegend denkbar ist. Solange auch nur noch ein Mönch auf dem Gelände des Weingutes lebt, steht das Weingut Ksara unter Protektion des französischen Staates. Vermutlich wird in den unterirdischen Gewölben nicht nur Wein kultiviert, sondern auch geheimdienstlich gearbeitet. Eine Weinprobe unter dem Schutz von Scharfschützen in unmittelbarer Nähe zum Beginn der Bekaa-Ebene, in der die schiitische Terrormiliz Hisbollah das Sagen hat.

Das orientalische Dorfbild und die Landschaft Samarien werden auf der Ostseite des Antilibanon von Kilometer zu Kilometer karger. An der libanesisch-syrischen Grenze verabschieden wir uns von Johannes Regenbrecht und seinen bewaffneten Personenschützern. Ein Vertreter der deutschen Botschaft Damaskus und ein arg bürokratischer Vertreter der syrischen Regierung übernehmen unsere Begleitung. Gleich nach dem Grenzübergang fallen Hafiz-al-Assad-Plakate und -Büsten auf sowie eine immer karger, nüchterner, wüstenhafter werdende Landschaft. Geringe Besiedlung. Kurz vor Damaskus beginnen sozialistische Plattenbauten. Eine nüchterne Atmosphäre, leise, wüstenhaft. In Syrien herrscht seit zwanzig Jahren Friedhofsruhe, die alles öffentliche Leben hat verstummen lassen. Alle Politik ist auf den Nahostkonflikt fixiert, eine Zivilgesellschaft gibt es nicht einmal in minimalen Ansätzen, die Mischung aus Feudalismus und Sozialismus ist lähmend. Im Hotel Le Meridien fällt sogleich auf, wie viel stärker die Präsenz von Arabern ist, wie viel weniger verbreitet gute Englisch- und Französischkenntnisse in Syrien sind als erwartet. Ein säkularer Autoritarismus lähmt Syrien. Präsident Hafiz al-Assad trachtet danach, seinen Sohn Baschir, einen Augenarzt, als Nachfolger zu installieren. Sein angegriffener Gesundheitszustand führt dazu, dass die Nachfolgefrage mit Hoffnungen auf reformerische Öffnungen verbunden wird.

Seit Jahren war nicht mehr so viel die Rede von der DDR oder Honecker wie im Gespräch mit dem Präsidenten der Volksversammlung der Arabischen Republik Syrien, Abd al-Qadir Qaddura. Er schwärmt zwar von seinem ersten Besuch als Studentenführer 1964 in der Bundesrepublik. Er sei damals Ludwig Erhard begegnet. Später habe es ihn dann aber häufig und lieber in die DDR gezogen. Qaddura ist optimistisch zwecks der neuesten Tendenzen des nahöstlichen Friedensprozesses. Am Vorabend waren PLO-Chef Jassir Arafat und Israels neuer Ministerpräsident Ehud Barak zu einem sehr positiven Gespräch zusammengekommen und hatten vermeldet, sie strebten binnen fünfzehn Monaten einen „umfassenden Frieden" an. Qaddura hofft auf Frieden mit Israel auf Basis der Rückgabe der Golanhöhen. Was denkt der alternde Sozialist, ein Weggefährte des auf Bildern allgegenwärtigen Assad, wirklich? Er vergleicht den Honecker-Besuch 1987 in der Bundesrepublik – der Anfang vom Ende der DDR – mit Netanjahus Politik. Hofft er doch auf ein Ende des „zionistischen Projektes", wie er es nennt? Altes Denken, alter Stil, hölzern, phraseologisch: Man werde die Reformnotwendigkeiten in Syrien schon in den Griff bekommen und sich dabei nicht davon leiten lassen, was das Ausland denke. Perestroika ist hier erst in der Frühphase zu beobachten. Vor dem Arbeitszimmer des Parlamentspräsidenten hängt ein arg an die Sowjetunion gemahnendes Bild Assads im Kreis seiner glücklichen Untertanen. Der im orientalischen Stil gehaltene Plenarsaal ist sicher der schönste eines Scheinparlaments.

Die Neustadt von Damaskus: leicht ergraut, sozialistische Stagnation. Schäbigkeit übertüncht durch die Effekte der hellen Sonne und das Hell des Wüstensteins sowie die orientalische Umtriebigkeit, auch in den Geschäftsstraßen. Das Privateigentum von Bauern und Händlern ist in Syrien nie infrage gestellt gewesen. Beeindruckend die Altstadt, eine der ältesten Städte der Welt, seit dreitausend Jahren besiedelt. Orient mit Zuckerbäckereien, Dampfbädern, die Modell für die türkischen Bäder waren. Die überwältigend erhabene Umayyaden-Moschee mit ihrem eindrucksvollen Innenhof, den Gebäuden des 8. Jahrhunderts, dem Grab Johannes des Täufers, etwas vereinnahmend einbezogen, iranischen Pilgern und Imamen bei der Koran-Interpretation. Saladins Grab, leicht hin gestreute römische Säulenreste des Jupitertempels. Goldschmuckbasar, Gewürze der Welt, eine große, wuchtige Moschee der Schiiten, von Khomeinis Iran gebaut (87 % der Syrer sind Sunniten, zehn Prozent Christen, zwei Prozent Schiiten, ein Prozent Drusen), das Haus des Sankt Ananias im Kellergewölbe, die älteste Kirche der Welt, das Paulustor, wo der vom Saulus zum Paulus konvertierte Christenverfolger sich in Schutz bringen konnte, nachdem seine neue christliche Überzeugung den römischen Armeekollegen bekannt geworden war (Apostelgeschichte 9). Damaskus: ruhig, leise, die Menschen unaufdringlich, eher gelassen, einer Weltstadt würdig, eine Stadt des Handels und Wandels, mit vielen Besuchern und Pilgern zu den Stätten der ersten großen islamischen Dynastie, der ältesten steinernen Moschee, den ersten Minaretten. Unerwartet schön: die reich verzierten und klug durchdachten (von Brunnen über Sitzecken bis zu Pferdeställen und reich verzierten Holzdecken) alten Bürgerhäuser des 16. Jahrhunderts in der Altstadt von Damaskus. Völlig unscheinbar von außen, öffnet sich Innenhof nach Innenhof, eine Oase des selbstbewussten, alten Wohlstands an einem Ort imposanter Kultur.

Paradox dagegen der Baath-Partei-Sozialismus, ein in Dekadenz befindliches *nation-building*-Modell, das von Russland gewiss nichts mehr lernen kann. Strategisch richtig ist daher auch gegenüber Syrien die Perspektive der euro-mediterranen Partnerschaft, die das Land und Europa wieder zueinander führen und in zeitgemäßer Form aneinanderbinden soll. Der im belgischen Löwen ausgebildete syrische Verhandlungsführer der EU-Assoziierungsverhandlungen, der stellvertretende Planungsminister Dr. Tawfik Ismail, hofft, dass die Verhandlungen bis Ende 2000 erfolgreich und für beide Partner ergiebig abgeschlossen würden.

Aleppo, nach vierstündiger Autofahrt, eine besonders schöne orientalische Stadt mit über 350.000 Kurden und 200.000 Armeniern bei einer Gesamtbevölkerung von zwei Millionen Menschen. Deutsche Entwicklungshilfe hilft, die Altstadt zu sanieren. Beduinen kommen zum Handeln zusammen, Waren aller Art werden im, wie es heißt, größten Souk der Welt angeboten. Die Zitadelle, Symbol der altehrwürdigen Traditionen Aleppos. Waiel Sadaoui, umtriebiger Versicherungsagent und Repräsentant der deutsch-arabischen Handelskammer, erzählt von den energischen Plänen der syrischen Privatindustrie. Pläne für eine staatsunabhängige Versicherung lägen seit zehn Jahren in seinen Schubladen und warteten auf das grüne Licht der Behörden. Sadaoui, der nach Studien in England mehrere Jahre in Deutschland gelebt hatte, reist zwischen Hamburg und Bagdad („dort hungern die Leute wegen des Embargos") und heiratet bald. Vor dem Imam wird er mit dem Schwiegervater ohne Anwesenheit der Frau einen Ehevertrag unterzeichnen, dann werden 570 Personen diese religiöse Hochzeit feiern. „Die Frau hat sowieso bei uns nichts zu sagen", sagt er lachend. Eine sehr lebhafte Stadt voller Händler und ihrer Mentalität. Der Abgeordnete al-Mallah sagt, ein goldenes Zeitalter der euro-mediterranen Beziehungen stehe uns allen gemeinsam bevor. Reiches Weizengebiet um Aleppo. Italiens beste Pasta erhält den Weizen von hier. Schon die römischen Kaiser erhielten Pistazien aus der Aleppo-Gegend.

Karge, wüstenhafte, steinerne Umgebung. Hier lebt man nicht in natürlichem Überfluss, sondern weiß sich in Gottes Hand. In den herrlichen Ruinen des Simeonsklosters, mit Blick auf die türkische Grenze, einem Geruch des Mittelmeeres, frischem Wind, der von Antiochia hoch weht. Eines der ersten Klöster der Welt, Lebensmittelpunkt von Simeon dem Säulenheiligen, um dessen monastischen Gebetsplatz bis zum 5. Jahrhundert eine großartige, vierarmige Basilika errichtet wurde. In der Ferne sehen wir christliche Kirchenruinen inmitten der alttestamentarischen Landschaft und fahren durch kurdische Dörfer.

Maalula, das 1600 m hoch gelegene Dorf zwischen Homs und Damaskus, in dem bis heute aramäisch, die Sprache Jesu Christi, gesprochen wird. Im Kloster der Heiligen Thekla mit einigen der ältesten Altäre und Ikonen der Welt bitte ich den griechisch-unierten Mönch das „Vaterunser" in Aramäisch vorzubeten. Der weite Blick über das Oasendorf hinweg in die syrische Wüste weckt Gefühle der Kontinuität des Lebens seit den Zeiten des Alten Testament. Alles wirkt friedlich. Wenigstens diesen Eindruck hinterlässt das sozialistisch-graue Syrien in mir.

30.–31. Juli 1999, Amman
Etwas mehr als vier Millionen Einwohner, wohl mehr als die Hälfte Palästinenser, auch dreißig Jahre nach dem „Schwarzen September" 1970 und einige Monate nach dem Wechsel an der Spitze der Haschemiten-Dynastie (Tod König Husseins im März, Ablösung seines Bruders Hassan als Kronprinz und Inthronisierung von Abdallah II., der mit der Palästinenserin Rana verheiratet ist) ist das ungelöste Flüchtlingsproblem das zentrale Staatsstrukturproblem im Königreich der ostjordanischen Beduinensöhne. Der ehrenwerte, seit 1953 regierende Hussein ist, so hört man, schon fast vergessen. Das große, bleibende Nahostproblem: Demografie, Wasser-, Landknappheit. Wohin mit den Palästinensern, die verstreut um Palästina herum leben? Wie lässt sich die soziale Problematik im künftigen Palästina lösen? Wird das Haschemiten-Königreich eines Tages das Opfer einer israelisch-palästinensischen Aussöhnung, trotz des Friedens, der formell seit 1994 zwischen Israel und Jordanien besteht?

In Gerasa sehe ich nach einem reichlich umständlich anmutenden Grenzübertritt mit einer Steinmauer zwischen Syrien und Jordanien eine der altehrwürdigen Ruinenstädte der Dekapolis, einen der Außenposten des römischen Handelsnetzes. Im

2./3. Jahrhundert erlebte Gerasa seinen Höhepunkt mit Amphitheater, Kolonnenstraße und Agora. Im 5./6. Jahrhundert wurde der Ort mit herrlichen byzantinischen Kirchen verschönert und dann infolge eines Erdbebens zerstört und über lange Zeit zum „Pompeji des Nahen Ostens". Neuerdings arbeiten Archäologen verstärkt an den Ausgrabungen. Von Gerasa durch eine gut landwirtschaftlich genutzte Berggegend in das fruchtbare Jericho-Tal. Alttestamentarische Bilder von alten Männern in Dschallabija, von Schafherden und Olivenbäumen verbinden sich mit der Landschaft. Die kahlen Ausläufer der letzten Bergkette des Westjordanlandes, das Israel seit 1967 besetzt hält, nachdem das Land – neben Libanon der einzige Staat der Region mit einem demokratischen Verfassungsstaat, das den Namen verdient – von Syrien und Libanon angegriffen worden war. Fruchtbares Jordantal, umgeben von trockenen, abgeholzten Bergen, steil an beiden Seiten des Jordan-Landes hinaufsteigend. Seit Jahrtausenden ist dieser Flecken Erde umfochten, wann wird jemals Frieden zwischen den so unterschiedlichen Völkern und Religionen eintreten? Verträge allein bringen keinen Frieden. Es fehlt die politische Vermittlung zwischen einer enormen sozialen, kulturellen und geistigen Vielfalt auf engstem Raum und den großen regionalpolitischen Entwürfen.

Hochzeitsfeiern in Ammans Nobelhotels. Die Bräute in Weiß, Gäste in engsten westlichen Kleidchen oder streng mit Kopftuch und Schleier, Wüstensöhne in Dschallabija und Herren im Smoking. Wo auf der Welt gibt es solche Vielfalt wie in diesen nahöstlichen Breiten?

Die *Jordan Times* berichtet, dass König Abdullah, verkleidet mit einer weißen Perücke und begleitet von einem Fernsehteam, im Büro der Freihandelszone aufgetaucht ist und sich von Geschäftsleuten ihre Beschwerden über die Behördenarbeit erzählen ließ. Als der Kameramann von Behördenmitarbeitern unter Druck gesetzt wurde, enthüllte der König seine Identität. Jetzt sollen Reformen mit beschleunigter Geschwindigkeit folgen.

Oberhalb von Amman auf dem Gelände des Haschemitischen Königshauses: Neben den beiden Mausoleen von König Abdallah I. und König Talal ruht König Hussein in einem nur von weißen Steinen umgebenen Grab, überdacht von einem grünen Gartenzelt. Auch wenn dies wohl nur eine provisorische Grablege – noch ohne jeden Stein – ist, zeigt sie die Bescheidenheit, die Hussein nachgesagt wurde, über den Tod hinaus. In einer kühlen Gartenecke, auf Holzstühlen unter einem schönen großen Baum, sprechen wir mit Prinz Hassan, dem 1947 geborenen Bruder des verstorbenen Königs. Nur wenige Tage vor seinem Tod hatte König Hassan seinen Bruder als Thronfolger abgesetzt. Der kleine, gedrungene Prinz, Zigarrenraucher, ist jovial, konzentriert und voller Pläne hinsichtlich einer globalen Initiative für den Dialog der Zivilisationen. Zugleich schaut aus seinen Augen tiefste Melancholie, ja Depression. Zum Ende des Gesprächs vertraut er uns seine drei persönlichen Optionen für die Zukunft an: inneres Exil, äußeres Exil, Tod durch Selbstmord. Der Prinz muss es als demütigend empfinden, seinen jungen Neffen beziehungsweise die diesen steuernden zwei, drei mächtigsten Berater, darunter den Geheimdienstchef, neuerdings fragen zu müssen, ob er das Land verlassen dürfe oder diese und jene Aktivität durchführen könne. Gegenüber Fotos der jüngeren Zeit wirkt er enorm gealtert. Doch er ist voller Ideen über sinnvolle Initiativen für einen Dialog der Zivilisationen und die Vitalisierung des Aufklärungsdenkens für das interreligiöse Gespräch. Prinz Hassan klagt, dass die Kulturdialogdimension im Barcelona-Prozess sträflich vernachlässigt werde.

Gespräch mit Jordaniens Außenminister Abdul Ilah Khatib. Er definiert die Beziehungen Jordaniens zur EU als die zwischen Nachbarn. Die euro-mediterrane Partnerschaft könne und müsse ausgebaut werden. Khatib analysiert sehr nüchtern den Nahost-Friedensprozess. Nach ersten Hoffnungen sei man in Jordanien eher von Israels Premier Barak enttäuscht, da der Eindruck bestehe, dieser wolle doch den Wye-House-Akkord nachverhandeln, anstatt ihn zügig umzusetzen, vor allem in Bezug auf die Rückgabe palästinensischer Territorien. Alle Konzepte und Szenarien lägen seit Jahren auf allen Tischen. Jetzt gehe es nurmehr und allein um die raschmögliche Umsetzung. Die schwierigste Frage bleibe wohl das Palästinenserproblem, auch nach der Gründung eines Staates Palästina. Der soziale Sprengstoff in Gaza, wo nur dreißig Prozent einheimische Bevölkerung sei und siebzig Prozent Flüchtlinge, sei dramatisch. Der Gazastreifen müsse bald explodieren. Für das Problem der Palästinenser im Libanon schlägt er, wie es auch einige Gesprächspartner im Libanon getan hatten, vor, ihnen die palästinensische Staatsangehörigkeit zu geben, es ihnen aber vorerst zu gestatten, im Libanon zu verbleiben. Zweimal war Außenminister Khatib in der vergangenen Woche in Damaskus. Syriens Präsident Assad sei erratisch. Am Tag vor der Beerdigung König Hassans von Marokko habe er mit Khatib noch über die Beerdigung gesprochen. Er, Assad, habe keine Angst vor der Begegnung dort mit Israels Premier Barak, habe er dem Jordanier anvertraut. Am Tag darauf ist Assad dann doch nicht nach Marokko geflogen.

Parlamentspräsident Abdelsalam al-Majali, wie Khatib in einem geschmackvoll eingerichteten Büro residierend, schildert die neuen Diskussionen über einen Gemeinsamen Arabischen Markt. Die ältesten Ideen dazu zirkulieren seit 1956. Sie sind also älter als die EWG. Damals sei aber der falsche Ansatz gewählt worden mit dem Ziel, einen gemeinsamen arabischen Staat zu schaffen. Heute werde neu über die Perspektiven des Gemeinsamen Marktes nachgedacht, um den Barcelona-Prozess durch regionale Kooperation unter den Arabern zu ergänzen. Planungsministerin Dr. Rima Khalaf, 1953 in Kuwait geborene Palästinenserin – einige sagen: der einzige Mann im jordanischen Kabinett –, beklagt die methodologische Fehlkonstruktion im Verhältnis zwischen dem multilateralen Barcelona-Prozess und der EU-Assoziierungspolitik. Die mächtige EU ziele auf Assoziierungen mit einzelnen Staaten, was übertriebene Eingriffe in deren innere Angelegenheiten nach sich ziehen müsse. Es müsse der EU doch klar sein, dass dies nur Gegenreaktionen in den Staaten Nordafrikas nach sich ziehen werde. Als Beispiel inakzeptabler EU-Forderungen nennt Ministerin Khalaf die Bedingungen für eine Liberalisierung in der Industrie- und der Agrarpolitik. Die südlichen EU-Partnerländer würden durch den Politikansatz der EU zugleich untereinander zu Konkurrenten. Mit Syrien aber sei für Jordanien eine enge Wirtschaftskooperation unvorstellbar, solange es dort staatsinterventionistische Wirtschaftsstrukturen gibt.

In der „Altstadt" von Amman, der alten Kapitale der Ammoniter, sind erkennbar viele Iraker im Straßenbild zu sehen. Auch McDonald's ist da, der sein Fleisch gemäß Vereinbarungen unter amerikanischer Mithilfe aus Israel beziehen muss. Zu Jahrhundertbeginn hatte Amman 2000 Einwohner. Heute sind es zwei Millionen. Kein Souk, sondern dichte Geschäftsstraßen führen zum römischen Amphitheater und von dort hinauf zur Zitadelle. Seit einigen Jahren haben die Ausgrabungen hervorragende Schätze freigelegt, darunter eine byzantinische Basilika mit Säulen und Mauern aus dem 6. Jahrhundert. Eine supertrockene Stadt, kaum ein grüner Baum, endlos ausgedehnt das hellbraune Häusermeer, mit einer Staubschicht umgeben. Auf der Spitze der Zitadelle zwei herrliche römische Säulen des 2. Jahrhunderts mit schönen Kapitellen. Ruhe und Nachbarschaft, die aus der Tiefe der Zeit zu uns spricht. Langsam senkt sich die Sonne im Westen, dort wo seit 1948 unendliche Massen von Palästinenserflüchtlingen leben, unterdessen in festen, aber zumeist kargen Häusern. Unübersehbare Kinderscharen laufen umher, die soziodemografische Zeitbombe tickt im wasserknappen Nahen Osten. Junge Berber schauen verträumt den Drachen nach, die ein Familienvater weit in den Himmel über Amman geschickt hat und von der Zitadelle aus beobachtet.

Rückflug von Amman, der Ammoniterhauptstadt, über das alttestamentarische Land Gilead zum Jordantal, wo Jesus getauft wurde, vorbei am Toten Meer, über Jerusalem und durch das galiläische Hochland, entlang der Straße nach Emmaus, auf Tel Aviv zu und auf das Mittelmeer, die Badewanne Europas, das seine südliche Gegenküste als Nachbarschaft zu entdecken begonnen hat.

7. Oktober 1999, Buenos Aires
Argentinien mit seinem rund 33 Mio. Einwohner steht für die spanische und italienische Einwanderung nach Südamerika. Wenig überraschend ist daher der entschieden europäische, das heißt vor allem spanische Charakter der 15-Mio.-Stadt am Río de la Plata, der zehntgrößten Stadt der Welt. Lateinamerika wird wohl so lange keine weltpolitische Identität mit Strahlkraft entwickeln, wie seine sprachlich und kulturell so homogenen Teile nicht zu wirksamen Formen der wirtschaftlichen und politischen Integration zusammenfinden. Im Instituto para la Integración de América Latina y el Caribe (INTAL), von der Inter-Amerikanischen Entwicklungsbank getragen, das führende Institut seiner Art in Lateinamerika, bringt Direktor Juan José Taccone und mich mit renommierten Sozialwissenschaftlern aus Buenos Aires zusammen. Wir erörtern das Potenzial der Integrationsprozesse Europas, die Perspektiven der Integrationsideen im heutigen Lateinamerika, vor allem im Bereich des Mercosur, das Thema der wirtschaftlichen Wettbewerbsfähigkeit in Integrationsprozessen und die Thematik der Regionalbildung innerhalb der staatenübergreifenden Integration. Während meines Vortrags kann ich aus dem Fenster blicken über die Dächer der Innenstadt mit ihrem Kabelsalat hin zum Río de la Plata. Für die frühen Entdecker und Eroberer war der sie die Verheißung auf Silberfunde. Silber, *Argentum,* gab Argentinien seinen Namen und bestimmte die Wellen der Einwanderung seit der Unabhängigkeit des einstigen Vizekönigtums am Río de la Plata 1816. Seit Mitte des 20. Jahrhunderts

wurde Argentinien vom einstmals reichsten Land der Welt zu einem Entwicklungsland. Seit der konsequenten Liberalisierungspolitik von Präsident Carlos Menem während der neunziger Jahre hat sich die Atmosphäre offenbar sehr verbessert. Die Stadt macht einen vitalen, gepflegten Eindruck mit ihren unendlichen, gesichtslosen, von der hohen Luftfeuchtigkeit angegrauten Häusermeeren an den Rändern bis zu den durchaus vornehmen und eleganten Geschäften der Innenstadt. Die Architektur im Kern von Buenos Aires erinnert instinktiv an spanische Städte: Plaza de Mayo mit der Casa Rosada, dem Präsidentensitz, die Kathedrale und Cabildo, das Rathaus. In der Nähe die sanierten Docks am Rande von stolzen Hochhäusern aus den diversen Epochen des Jahrhunderts. Die Plaza de Congresso mit dem wuchtigen Parlament, die glänzend-weißen Obelisken in der Mitte der breiten Avenue, die an die Castellana in Madrid erinnert. Auf den Straßen fällt aber auch ein Männertyp des Stolzes, des Hahnenhaften, auf. Argentinien wählt Ende Oktober 1999 einen neuen Präsidenten. Beste Aussichten hat der besonnene Bürgermeister von Buenos Aires, Fernando de la Rúa. Seine Stadt hat er offenbar überzeugend verschönert und vitalisiert. Wofür er national steht, lässt sich beim Blick auf die sehr personalisierten Wahlplakate nicht entziffern.

Drei Millionen Einwohner in der engeren Stadt, elf Millionen im erweiterten Buenos Aires. Neben São Paulo ist die Stadt zweitgrößte Metropole Lateinamerikas. Americo Vespucci landete 1502 an den Küsten des heutigen Argentiniens, 1516 entdeckt Juan Díaz de Solís den Río de la Plata, wird aber von Ureinwohnern umgebracht, 1536 dann die eigentliche Stadtgründung durch Pedro de Mendoza auf dem Gebiet des heutigen Stadtteils San Telmo, dem Herz der Stadt. Dann 1580 die zweite Gründung durch Juan de Garay. Seit seinen Anfängen hing Buenos Aires von der Viehzucht im Hinterland ab. Der Zwang der Spanier, alle Waren, die für Europa bestimmt waren, erst nach Peru zu liefern, produzierte Unmut, Schmuggel und die Unabhängigkeitsambitionen im Süden des „Vizekönigreichs von Grenada", später „Vizekönigreich Peru". das Vizekönigreich Rio de la Plata wird 1776 aus dem Vizekönigreich Peru ausgegliedert, Buenos Aires wird zur Hauptstadt. Von 1778 bis 1815 Sklaveneinfuhr aus Afrika, 1816 Unabhängigkeit des heutigen Argentiniens durch den Kongress von Tucumán, als „Vereinigte Provinzen des Río de la Plata". Später lösen sich Uruguay, Paraguay und Bolivien ab. Deutschlands Botschafter Adolf Ritter von Wagner, der mich im vornehmen Botschaftsviertel empfängt, beklagt das zu geringe Interesse, vor allem in Deutschland, an Lateinamerika. Vor ihm steht ein kunstvoller Mate-Tee-Behälter. An der Wand hängt noch immer Bundespräsident Roman Herzog. Den Bilderaustausch zu Amtsnachfolger Johannes Rau habe er vergessen. Die zentralen Orientierungspunkte des Landes, das eine der größten jüdischen Populationen der Welt beheimatet, bleiben Europa und die USA. Wechselgeld wird in US-Dollar ausgegeben, so als sei dies das normalste auf der Welt. Die massive Inflation ist durch die Bindung des argentinischen Pesos an den US-Dollar zurückgegangen. Die Preise haben sich stabilisiert, aber die asiatische und russische Wirtschaftskrise haben Argentinien wieder massiv berührt, die Arbeitslosigkeit erhöht und die Wirtschaft erschüttert.

Bizarr: In den wohlhabenden Vierteln gibt es Hundeführer, die eine ganze Horde ausführen und sie anschließend wieder an den Türen ihrer Besitzer abliefern. Schrecklich viele deutsche Schäferhunde tummeln sich unter den Horden, die ich in solcher Menge noch nie gesehen habe. Auf den Straßen: eine gut gekleidete, durchaus bürgerliche Gesellschaft. Die Jugend wie überall in der westlichen Welt gekleidet in Jeans und T-Shirt. *La Movida* rund um die Uhr. Im ausverkauften Teatro Colón bereiten sich die Wiener Philharmoniker auf ein Konzert vor. Eine fröhliche und gepflegte Strimmung begrüsst mich im Recoleta Park: Straßenmusikanten, Tangotänzer und Pantomimekünstler inmitten einer bürgerlichen Sonntagsspaziergangs-Gesellschaft vor der schönen, 1732 erbauten Basílica del Pilar, eine spanische Atmosphäre im schönsten Sinne des Wortes. Neben der Basílica del Pilar befindet sich der einzigartige Friedhof Recoleta mit endlos aneinandergebauten, stolz geschmückten Mausoleen. Viele der wichtigen und reichen Familien Buenos Aires' haben sich hier verewigt und lassen die wertvollen Holzsärge ihrer Vorfahren durch Glasfenster betrachten, wie zum Gespräch, das im Tod nicht endet. Auch Domingo Faustino Sarmiento ist auf dem Friedhof Recoleta beerdigt, ein „Aufklärer, Erzieher und politischer Denker"-Präsident des 19. Jahrhunderts, dessen Schriften ich schon vor Jahren studiert habe. Und natürlich, nicht weit von ihm, hat Eva „Evita" Perón, der 1952 verstorbene Mythos des neuzeitlichen Argentiniens, ihre letzte Ruhestätte gefunden. Bescheiden ist sie im Mausoleum ihrer Familie Duarte bestattet worden.

8. Oktober 1999, Montevideo
Sprung in einer Zeitmaschine. Mit seinen 1,5 Mio. Einwohnern ist Montevideo nicht nur viel kleiner als Buenos Aires, sondern die Atmosphäre seiner Innenstadt ist eher abgestanden, etwas muffig-provinziell, ärmer, in Hinsicht der Geschäfte, der Technologien, der Autos, der schlechter gekleideten Menschen rückständiger. Arbeiteratmosphäre, billigster Straßenverkauf, oft fast schrottreife Autos inmitten der durchaus historisch homogenen Innenstadt um die Plaza Independencia mit dem Denkmal des Unabhängigkeitshelden José Gervasio Artigas und dem Teatro Solís. Das große Werbeschild „Aeroflot" in der Stadtmitte wirkt wie eine Zeitreise zurück in das Belgrad vor zwanzig Jahren. In der Kathedrale der Hauptstraße, die vom Parlament zum Meer führt, entlang kaputter Bürgersteige, billiger Läden, ärmlicher, wenig Fröhlichkeit ausstrahlender Menschen tagte 1830 die Nationalversammlung. República Oriental del Uruguay, wie das Land bis heute heißt, ist das Produkt der Suche nach einem Puffer zwischen Argentinien und Brasilien.

Gespräch mit Jorge Grandi, dem Direktor von CEFIR, dem Centro de Formación para la Integración Regional. Neben INTAL ist dies die wichtigste Einrichtung, die sich in Lateinamerika mit Integrationsfragen befasst. In ganz Lateinamerika führt CEFIR Schulungen für Verwaltungsbeamte und Diplomaten in Sachen Integration durch. Das Institutsgebäude im vornehmen Teil Montevideos, einen Steinwurf von der Residenz des Staatspräsidenten entfernt – auch Uruguay wählt Ende Oktober und die Traditionspartei der Colorados mit ihren roten Werbeplakaten will mit dem Traditionsnamen Jorge

Batlle den Nachfolger des Präsidenten Julio María Sanguinetti stellen – macht mit seiner Infrastruktur und seinem Personal einen professionellen Eindruck. Im Garten weht die Europafahne und Jorge Grandi weist auf die Blumenrabatten hin, die ebenfalls in blauen und gelben Farben gehalten sind.

9.–10. Oktober 1999, Ushuaia
Ein prachtvoller Sonnentag in der südlichsten Stadt der Welt. Großartige und unvergessliche Landschaftsbilder enthüllen sich am Südrand von Patagonien und auf Feuerland. Die schneebedeckten Gipfel der Cordillera de los Andes. Ein Schild in der Mitte des Ortes erklärt die Lage: Buenos Aires 2347 km, Südpol 3952 km, Rom 13.652 km, Nordpol 16.079 km, Tokio 17.042 km, Sydney 9500 km. Ein Siedlerort mit ärmeren Holz- und Wellblechhäusern am Straßenrand. Im Oktober 1884 wurde erstmals die argentinische Flagge gehisst. In der Folgezeit wurden die Yámana ausgerottet oder verdrängt. Selten kam es zu gemischten Beziehungen mit Einwanderern aus Europa. Noch vor fünfzehn Jahren kamen in Ushuaia sieben Männer auf eine Frau, bedingt durch die eher beschwerlichen Arbeiten fern der Sonne der Pampas. Argentinien betreibt seither eine engagierte Ansiedlungspolitik, um die Südspitze von Patagonien besser zu entwickeln. Eine mehrstündige Bootsfahrt auf dem Beagle-Kanal, benannt nach dem Schiff des ersten britischen Durchfahrers des Kanals, Fitz Roy (1830). Seit Magellans große Leistung von 1521 der direkten Passage vom Atlantischen in den Pazifischen Ozean, ist das oft dramatisch aufgewühlte Meer zwischen dem Kap Hoorn und der eintausend Kilometer entfernten Nordspitze Antarktikas vielen Seeleuten zur Todesfalle geworden. Zehn Tage dauert die Schiffsfahrt von Ushuaia, ein Yámana-Wort für „Stadt, die zum Westen schaut", zur Nordspitze von Antarktika. Kormorane, die auf ihren Füßen stehen wie Pinguine, tauchen erst im November, Dezember, also in den wärmsten Wochen des Jahres auf. Fett und selbstzufrieden sonnen sich Seelöwen. Die männlichen leben im Harem, die weiblichen stillen brav den Nachwuchs.

Hart muss das Leben der ersten Feuerland-Erforscher gewesen sein. Schon bald wurde am Sitz des Armeestützpunktes ein Gefängnis eingerichtet, das Strafgefangene aller Art, einschließlich sozialpolitischer Protestler aufnahm und unterdessen zu einem kleinen Museum umfunktioniert wurde. Bingo-Saal und Duty-free-Shop, Restaurants mit wohlschmeckendem Feuerland-Hummer und Handarbeitsläden. Eine überraschend junge, lebensfrohe Bevölkerung, ein endloser Strom von Familien mit kleinen Kindern und Jugendlichen. Vereinzelte Indios oder Meztiken, fast, so scheint es, sogar mehr als in Buenos Aires. Soldaten und die Marineflotte Feuerlands sind nicht zu übersehen. Ende der siebziger, Anfang der achtziger Jahre wäre es fast zu einem argentinisch-chilenischen Krieg um die Insel Navarino gekommen, wohl nicht zuletzt wegen des Effekts der Beagle-Kanal-Besitzungen auf die territorialen Rechte beider Länder in Antarktika. Erst in letzter Minute konnte der Papst vermitteln und die südamerikanischen Brüder 1984 zum Einlenken bringen. Zwischen Ushuaia und Buenos Aires fast 2000 km Grassteppe Patagoniens, ehe die fruchtbare Pampa der Fincas und Haciendas beginnt.

11.–12. Oktober 1999, Mendoza

Eine Oase am Rande der Pampa. Die Altstadt Mendozas am früheren Südrand des Inka-Reiches wurde 1871 durch ein Erdbeben vollständig zerstört. Knapp eine Million Einwohner haben sich wieder gut eingerichtet in einer weitläufigen Stadt voller schön gepflegter Parks. Im Senat der Provinz Mendoza halten Menschen Totenwache am Sarg eines verstorbenen Obersten Richters. Ramiro Vera-Fluixá, der in Deutschland zu promovieren versucht, hat beobachtet, dass seine Heimatstadt sich in den letzten Jahren, wie er sagt, „lateinamerikanisiert" habe. Die gutbürgerliche Atmosphäre weiche Jahr um Jahr mehr Indios und mehr Armen. Er spricht von einer zunehmenden Polarisierung der Sozialverhältnisse in Mendoza.

Eine lokale Zeitung berichtet, dass in Sarajewo der sechsmilliardenste Mensch geboren wurde, ein kleiner Junge, der weder etwas von der hoffnungslosen Geschichte des Balkans noch von den sozialen Konflikten infolge des Bevölkerungswachstums in weiten Teilen der Welt weiß. Seit 1960 hat die Weltbevölkerung sich verdoppelt.

Nach meinem Vortrag an der privaten Universidad de Congreso bedankt sich eine Professorin mit dem Hinweis, es sei ein besonderer Respektbeweis den Anwesenden gegenüber gewesen, dass ich Spanisch gesprochen habe. Bueno. Spanisch ist doch immerhin eine der Weltsprachen. In der Universidad de Cuyo zeigt man mir stolz den neuen Trakt für Videokonferenzen, „educación distante". Mendoza ist wirklich nicht hinter den Bergen der Moderne und seine Universitäten wirken technisch moderner als manche Uni in Deutschland. In einer Buchhandlung findet sich alles, was an europäischer Literatur, Belletristik und Sachbücher, denkbar ist – von Lech Wałęsas Autobiografie bis Elisabeth Kübler-Ross' Gedanken zur Sterbehilfe und Übersetzungen der In-Autoren der „postmodernen" Philosophie.

Während in Lateinamerika stolz von der mehr oder minder allgegenwärtigen Demokratiewelle geschwärmt wird, bleibt die Weltgeschichte weit entfernt von deterministischen Thesen eines linearen Fortschrittsdenkens: In Pakistan putscht das Militär und beseitigt die demokratisch legitimierte Regierung von Nawaz Sharif. Eskalieren wieder einmal die Beziehungen zu Indien?

13.–14. Oktober 1999, Santiago de Chile

Entlang dem imposanten Klotz des Aconcagua, des mit fast 7000 m höchsten Berges von Amerika. Mitten durch die Bergzacken stürzt das Flugzeug hinein in den feuchten, fruchtbaren Talkessel von Santiago de Chile. In der Universidad Católica de Chile zeigt Prorektor Ricardo Riesco stolz eine Büste Alexander von Humboldts und die schön eingerahmte Doktorurkunde der Universität Bonn. In der Innenstadt von Santiago herrscht ein durchaus wohlhabendes Treiben inmitten neuer Hochhäuser und eleganter Geschäfte. Eine blitzblanke U-Bahn. Der Wirtschaftsboom infolge der Liberalisierungspolitik seit 1985, begonnen noch unter Generalspräsident Pinochet, der bis 1989 herrschte, hat eine saubere, gepflegte Stadt mit einer stark ausgeprägten „white collar"-Bevölkerung generiert. La Moneda, den Präsidentenpalast, erinnert an die Kämpfe um die Macht in den siebziger Jahren, die zur Ermordung von Salvador Allende und der Diktatur

Augusto Pinochets führten. Fünfzig Prozent aller Kinder werden unehelich geboren. Dies sei so wegen der neben Irland einzigen Gesellschaft, in der Ehescheidungen verboten seien, sagt der Sozialreferent der Deutschen Botschaft, Dr. Jürgen Eckl, ein alter Gewerkschafter. Nostalgisch verklärt erzählt er, wie er 1973/1974 in La Moneda für den Sozialistenpräsidenten Salvador Allende Pressearbeit geleistet habe. Der Altachtundsechziger fühlt sich bis heute mehr als Chilene denn als Europäer, trotz allem, was politisch seit seinen wilden Tagen geschehen ist. Ein Taxifahrer: „Ich bin eigentlich unpolitisch, aber jeder Mensch, der Verbrechen begangen hat, muss bestraft werden, auch ein Staatschef. Herr Pinochet war schon eine harte Hand, zu hart."

Der Weg hinunter zum Pazifischen Ozean führt durch ein fruchtbares Tal mit Weinanbau um das Städtchen Casablanca. Schöner Ausblick an der Doppelbucht Valparaíso, Chiles größtem Hafen, und Viña del Mar, Acapulco-ähnlicher gepflegter Badeort. In Valparaísos Hafenatmosphäre, einem Mini-Chinatown, übervölkerte Straßen und Parks, kleinstädtischer Zuschnitt der Geschäfte, oberhalb der Innenstadt an den Hängen der Hügel die Armenviertel. Auf dem Cerro Alegre, dem entgegen seinem armen Gesicht mit kleinen engen Häuschen sogenannten „Hügel der Freude", finden wir uns plötzlich in einem in der Tat heiteren Umzug von Kindern und Jugendlichen mit lustigen Kostümen und lauten Liedern wieder. Eine Schule feiert ein Schulfest als Mini-Karneval. Am Abend habe er schon Angst, sagt der Taxifahrer, auf den Cerro Alegre zu kommen, dann sei es nicht freudlos, sondern gefährlich. Auf die Frage, wie alt das schöne Gebäude im Hafen von Valparaíso sei, antwortet der lustige Mann, dessen Vater aus Homs in Syrien eingewandert war: „Es muss nach 1492 gewesen sein."

22.–24. Oktober 1999, Warschau
Janusz Reiter hat zu einer Konferenz mit Stiftungen und Nichtregierungsorganisationen geladen, fünftausend von ihnen gibt es unterdessen in Polen. Die Vitalität der polnischen Zivilgesellschaft steht der Kulturnation in nichts nach. Begegnungen mit dem Schriftsteller Andrzej Szczypiorski und Karl Dedecius, dem rührigen Mittler zwischen Polen und Deutsche. Wirginia und Marek Siemek beklagen, dass in Polen die Zustimmung zur EU-Mitgliedschaft erstmals unter fünfzig Prozent gesunken sei. Kein Wunder, wenn man bedenkt, wie sehr der Westen unterdessen eine neue Art von Abschreckungspolitik betreibt, angeführt von dem pseudo-neuen „Westen" in Berlin.

Polnisches Straßenschild: Vorsicht vor Pferdewagen. „Nicht mehr im Osten – noch nicht im Westen": Dieses Diktum eines klugen Zeitgenossen findet sich im zehnten Jahr der postkommunistischen Transformation bestätigt. Überall sind enorme Verbesserungen der weltwirtschaftlichen Ordnung sichtbar, aber alles begann auf einem erbärmlich niedrigen Niveau. Daher ist das Abflachen der Entwicklungskurve kein gutes Zeichen, vom Kontrast zu den rasanten Veränderungen in Ostdeutschland ganz zu schweigen. In Masuren, dem jetzt polnischen Teil des ehemaligen Ostpreußens, begegnen dem französischen Kollegen Henri Ménudier und mir eigentümlich nostalgische Erinnerungen an den Deutschen Orden und das Deutsche Reich. Pferdekarren, Ziehbrunnen vor Häusern ohne fließendes Wasser, ärmliche Bauernschaften, wo die Landwirtschaft zu wenig abwirft, um zu leben, aber zu viel, um zu sterben. Nach einem EU-Beitritt wird der Wettbewerbsdruck noch mehr soziale und demografische Verwerfungen bringen. Diese besonders kriegszerstörte Gegend wurde im Kommunismus bewusst vernachlässigt und versucht, nun wieder ein wenig aufzuatmen, auch mit Pensionen am ostpreußischen Wegesrand, vor denen eindeutige Schilder aufgepflanzt sind: „deutscher Besitzer", „Seeblick", „schöne Preise".

Nahe Kętrzyn, Rastenburg, das erste Hinweisschild: Wolfsschanze. Mehrheitlich deutsche Nummernschilder auf dem Parkplatz am Eingang zum Bunkerkomplex im Walde, an dem am 20. Juli 1944 Claus Schenk Graf von Stauffenberg eintraf, um die Bombe zu detonieren, die Adolf Hitler dann doch nicht tötete. Ein zweisprachiges Hinweisschild erklärt die Ruinen des Besprechungsraumes dieses östlichsten Führerhauptquartiers. Kurz vor Kriegsende haben die nationalsozialistischen Deutschen ihr Führerhauptquartier Wolfschanze beim Rückzug selbst zerstört. Mit ihm zerstörten sie ihre Hybris.

25. Oktober 1999, Paris
Fortsetzung der Beratungen der International Commission for the Reform of the Institutions of the European Union (ICRI) unter Vorsitz von Frans Andriessen, dem ehemaligen stellvertretenden Präsidenten der EU-Kommission. Unser Abschlussbericht soll Ende November in Brüssel präsentiert werden. In der Kommissionsarbeit habe ich viel gelernt, sachlich und in Bezug auf die beste Methode, effektive Arbeit mit EU-weiter Wirkung zu organisieren. Im Fernsehen debattieren Frankreichs Europaminister Pierre Moscovici und die Präsidentin des Europäischen Parlaments, Nicole Fontaine, über die Chancen einer europäischen Verfassung.

26. Oktober 1999, Bonn
Premierminister Jean-Claude Juncker aus Luxemburg erzählt in seinem klugen, nachdenklich-humorvollen Vortrag am Zentrum für Europäische Integrationsforschung (ZEI), dass der Floh den Löwen mehr ärgern könne als umgekehrt. EU-Ratspräsidentschaften der kleinen Unionsländer seien deshalb so erfolgreich, weil diese „große Ohren" haben müssten und mehr über alle großen Länder wissen müssten als umgekehrt. Dann wird Juncker richtig lustig, um die Bedeutung von Luxemburg zu demonstrieren: Als ein chinesischer Ministerpräsident ihm gleich nach der Ankunft in Beijing einen Vortrag über die Gleichheit der Nationen gehalten habe, habe er nur trocken angemerkt, der Kollege Ministerpräsident habe nun drei Tage Zeit, diese Theorie zu beweisen. In seiner Delegation gebe es drei Chinesisch sprechende Mitglieder. Er hoffe, dass ihm während seines Aufenthaltes auch drei Letzeburgisch sprechende Chinesen vorgestellt werden können. Dann werde er ihm glauben, dass China alle Nationen als gleichwertig ansieht.

1. November 1999, Oxford
Zurück in meinem alten College St. Antony's, zurück im Jahr 1989. Nur zu genau erinnere ich mich der lebhaften Diskussionen, am High Table, in der Lounge, in

öffentlichen Panel-Diskussionen mit Timothy Garton Ash, Ralf Dahrendorf, Sir Julian Bullard, Tony Nicholls, Peter Pultzer und vielen anderen. In den November- und Dezembertagen 1989 waren wir elektrisiert vom Fall der Berliner Mauer und den daraus möglicherweise erwachsenden Folgen. Ich habe noch die skeptischen Fragen im Ohr: Bleibt Deutschland Teil des Westens? Wird die Demokratie stabil sein? Wird Deutschland überhaupt noch Europa, die EU benötigen? Der unterdessen sehr gebrechlich wirkende Sir Julian und der immer jugendfrische und sympathische Tim Garton Ash sind gekommen. Tony Nicholls begrüßt mich vor beachtlich starkem Publikum zum Vortrag im Seminarraum des Centre for European Studies. Als wäre es gestern gewesen, so knüpfen wir an die Diskussionen von 1989 an, gefiltert durch die Erfahrungen einer Dekade. Im Kern unserer gemeinsamen Erkenntnisse: Die deutsche Vereinigung kam durch die europäischen Umbrüche zustande, aber Europa ist noch immer nicht vereinigt. Die innerdeutsche Verfassungsfrage schien 1990 gut gelöst zu sein. Aufgrund der fortschreitenden europäischen Integration und der innerdeutschen Regionalisierung ist die europäische Verfassungsfrage weiterhin und stärker als je zuvor ungelöst. Die deutsche Föderalismusdebatte ist wieder offen. Die erwarteten sozialen Umbrüche hat Deutschland nicht erlebt, weder gab es Thatcher in Westdeutschland noch Thatcheristischen Reformradikalismus in Ostdeutschland. Das Land ist heidnischer und regionalistischer geworden und mental unentschieden zwischen sozialistischem Paternalismus (Staat als Teil der Lösung aller Probleme) und subsidiärer Eigenverantwortung (Staat als Teil der Probleme).

High Table im College. Mein Freund Tim Garton Ash erzählt mir, dass er am 9. November eine Diskussion mit Kohl, Gorbatschow und Bush in Berlin moderieren werde: Was soll er fragen? Ließ Kohl das Baltikum fallen? Hatte Gorbatschow einen Krisenplan, falls Honecker doch in Leipzig hätte schießen lassen? Was versprach Bush den Russen für die deutsche Einheit? Tims neues Buch *The History of the Present*, ein brillantes Kaleidoskop der neunziger Jahre von Maastricht bis Kosovo, ist in Deutsch unter dem schönen Titel *Zeit der Freiheit* erschienen (1999). Welche Zeit kommt danach? Wir debattieren kontrovers über seine These, die europäischen Führer hätten nach 1989 die falsche Priorität gesetzt: Euro statt Erweiterung. Seine Leidenschaft für die Erweiterung teile ich. Ich bin aber nicht seiner Meinung, dass die EMU (European Monetary Union), wie die Briten noch immer zum Euro sagen, eine falsche Priorität der EU gewesen ist.

2. Oktober 1999, Wilton Park

Beschauliches Südengland. Auf der Konferenz, die Regierungsvertreter aus allen EU-Staaten und einer Reihe von Kandidatenstaaten zusammenführt, wird deutlich, wie wichtig ein überzeugender politischer Wille ist, um substanzielle institutionelle Reformen der EU voranzubringen, die der Stärkung der Gemeinschaftspolitik dienen und nicht allein komplexen, für Normalsterbliche unverständlichen mathematischen Entscheidungsmodellen *(qualified majority voting, weighted votes)* folgen.

6.–8. Dezember 1999, Adana

31. Juli 1959: erste Antragsstellung der Türkei auf EU-Mitgliedschaft. Am 1. Dezember 1964 tritt das Assoziierungsabkommen mit der EU in Kraft, am 1. Januar 1973 folgt ein Zusatzprotokoll, das eine Zollunion binnen 22 Jahren vorsieht. 14. April 1987: neuer Antrag auf Vollmitgliedschaft, der abgelehnt wird. Am 13. Dezember 1995 wird der Zollunionsvertrag vom Europäischen Parlament ratifiziert, der am 6. März 1995 unterzeichnet worden war. Am 12./13. Dezember 1997 verneint der EU-Gipfel in Luxemburg der Türkei den Status eines EU-Kandidatenlandes und verliert sich in Arabesken und Pseudoalternativen. Am 10./11. Dezember 1999 wird der EU-Gipfel in Helsinki diesen Fehler korrigieren und die Türkei als EU-Kandidatenland anerkennen. Hüseyin Bağci, Nail Alkan und Kemal Ramoğlu, Kommilitonen aus Bonner Studienzeit, meinen übereinstimmend, es werde wohl fünfzehn bis zwanzig Jahre dauern, ehe die Türkei Mitglied der EU werden könne. Aber die Perspektive sei positiv und ermunternd für den weiteren Reformweg der Türkei. Sie hoffen, dass Präsident Süleyman Demirel im nächsten Jahr nach einer Verfassungsänderung wiedergewählt werde. Er sei auch ein Garant für die Begnadigung des PKK-Chefs Abdullah Öcalan.

Südostanatolien, vorbei am großen Salzsee Tuz Gölü, über den teilweise schneebedeckten Antitaurus, an den Flüssen Ceyhan, Seyhan und Euphrat nach Urfa, das das „tapfere Urfa", Şanlıurfa, genannt wird – wegen des Siegs der Türken in dieser Gegend über die Franzosen im Ersten Weltkrieg. Urfa wird von der Zitadelle überragt, die von Truppen Alexander des Großen im 4. Jahrhundert vor Christus gegründet und nach ihrer mazedonischen Herkunft Edessa benannt wurde. In der griechisch-byzantinischen Antike wurden hier wichtigste griechische philosophische Schriften ins Syrische übersetzt, in Syrien wiederum ins Arabische und später über Andalusien zurück ins Lateinische. In der Zeit des Ersten Kreuzzuges entstand hier mit der Grafschaft Edessa der erste Kreuzfahrersitz. Heute ist Urfa ein Begegnungspunkt der sich europäisierenden Türkei und der gen Süden angrenzenden arabischen Regionen. Ahmet Bahçivan, der charismatische kleine Kugelblitz, direkt gewählter Bürgermeister der Fazilet Partisi („Tugend-Partei") von Urfa, vor sechs Jahren aus Istanbul in den Südosten zurückgekehrt, Geschäftsmann und Motor für 130 Firmenneugründungen in einer Region, die mit Syrien, Irak und Iran einen Markt von 100 Mio. Menschen bildet, ist Kurde: „Ich bin Kurde, aber ich habe kein kurdisches Problem." Seine Mutter sei Araberin, der Vater Kurde, er aber sei Türke. Der Bürgermeister der kurdischen Stadt Van sei Türke, der Bürgermeister der türkischen Stadt Konya sei Kurde, im Parlament säßen Kurden, Türken und Araber friedlich nebeneinander. Die Lösung des Terrorismusproblems, der so viele Leben gekostet und Energien vergeudet hat, sei nur durch resolute Wirtschaftsentwicklung zu erzielen.

Mit Hüseyin Bağci, Jackson Janes und dem CDU-Bundestagsabgeordneten Andreas Schockenhoff besuche ich das strategisch zentrale Südostanatolische Entwicklungsprojekt, eine groß angelegte Entwicklungsstrategie für den Raum zwischen Euphrat und Tigris, die bis 2010 realisiert sein soll. Es geht um die Optimierung der Nutzung des Wassers der beiden großen Flüsse Mesopotamiens, die seit Jahrtausenden die großen Zivilisationen des Zweistromlands prägen. Der Direktor der Behörde gibt uns einen

Überblick über die strategischen Gesamtziele der Region, die etwa zehn Prozent der Türkei ausmacht, aber noch immer weniger als fünfzig Prozent des türkischen Einkommens pro Person generiert. Wir sehen den Atatürk-Staudamm am Euphrat, 60 km nördlich von Urfa. Tief in die historische Landschaft Kommagene hinein ist das Gebiet südlich des Nemrut Dağı geflutet – über 140 Dörfer. Aus acht riesigen Turbinen kann die Bewässerung der Region südlich des Euphrat einsetzen.

Harran, dicht an der syrischen Grenze, bewohnt von semisesshaften Arabern, die in selbstgebauten Lehmhäusern leben, eine der ältesten Städte Anatoliens. Laut dem ersten Buch Mose verbrachte Abraham, der Stammvater aller Stämme Israels, vor 4000 Jahren mit seiner Frau Sara einige Jahre in Harran auf dem Weg von Ur in Chaldäa ins Gelobte Land Kanaa. 217 nach Christus wurde Kaiser Caracalla in Harran ermordet. Im neuen Rathaus des 9000-Seelen-Ortes empfängt uns Bürgermeister Ibrahim (=Abraham) Özyanz. Özyanz, direkt gewählter Bürgermeister der Anavatan Partisi („Mutterlandspartei"; ANAP) ist Araber. Seine Vorfahren kamen vor gut siebenhundert Jahren aus dem heutigen Irak nach Harran. Er erzählt, dass sein Onkel einer anderen Partei, als er selbst angehört. Demokratischer Wettbewerb werde auch in dieser Gegend der Türkei immer wichtiger als tradierte Stammesloyalitäten. Stolz weist er darauf hin, 98 % der Bevölkerung von Harran seien Araber, der Rest Kurden. Dann überrascht Özyanz mit dem Bekenntnis, er sei Europäer, auch wenn er vielleicht nicht so aussehe. Aber was doch zähle, sei das Bewusstsein und Bekenntnis zu gemeinsamen Werten und Zielen. In der Altstadt von Harran, inmitten von einfachen Bauernhäusern, die alle mit Elektrizität und Fernsehantennen, manche sogar mit Satellitenschlüsseln ausgestattet sind, wenngleich fließendes Trinkwasser noch keineswegs Gemeingut ist, zeigt Bürgermeister Özyanz uns die eigenartigen und interessant konstruierten „Trulli"-Häuser: Ein jedes dieser zum Teil mehrere hundert Jahre alten Häuser besteht aus einer Gruppe von Lehmziegelbauten mit kuppelförmigen Dächern, die wie Bienenstöcke aussehen und eine Art von Sonnenenergie-Speicherfunktion aufweisen. Im Garten vor einem der Trulli-Häuser sitzen wir bei Tee und philosophieren über den Wert der friedlichen kulturellen Begegnung, die Özyanz mit klaren Worten schön auf den Punkt bringt: Sein Harran wolle auch in Zukunft ein offenes Fenster zur Welt haben, zu allen Kulturen und Religionen.

Eine elfstündige Fahrt durch Jahrtausende der Geschichte und unzählbare Schichten der Zivilisationen, Religionen, Traditionen und Völker. Die Provinz Hatay wird von Syrien beansprucht. Nach dem Zerfall des Osmanischen Reiches wurde die Provinz französisches Mandatsgebiet und nach einer Volksabstimmung 1939 Teil der türkischen Republik. Man riecht das Mittelmeer, Fruchtbarkeit und den Reichtum einer hochstehenden Agrarkultur. Im Süden der Region erreichen wir Antakya, als Antiocheia neben Rom, Konstantinopel und Alexandria mit 500.000 Einwohnern eine der größten und reichsten Städte der Antike. Heute ist Antakya eine lebendige, saubere, moderne Stadt im unmittelbaren Hinterland des Mittelmeeres. Im Vorort Daphne (heute der Stadtteil Harbiye) haben Kleopatra und Antonius geheiratet. Nach griechischer Sage hat sich hier die Nymphe Daphne aus Schutz vor Apollon in einen Lorbeerbaum verwandelt. In der Altstadt, unweit des Orontes, verlieren wir uns im ehemals griechischen Händlerviertel und besuchen eine der griechisch-orthodoxen Kirchen der Stadt. Der alte Kirchenwächter erzählt auf Französisch, bis 1938 habe er eine französische Schule besucht und dass es im heutigen Antakya zweihundert christliche Familien mit rund eintausend Angehörigen gebe. Sonntags und täglich wird die Messe gelesen, er zeigt die arabischen Gesangsbücher. Neben der Ikonostase steht der Sitz für den Patriarchen von Antiocheia, der seit mehreren Jahrhunderten in Damaskus residiert und jedes Jahr zum Peter-und-Paul-Fest nach Antakya kommt. Im Heiligen Jahr wird Papst Johannes Paul II. erwartet. Höhepunkt seiner wie unseres Besuches wird die Grotte am Stadtrand sein, in der die ersten Jünger Jesu Christi von den Einheimischen als „Christen" bezeichnet wurden. Von 47 bis 54 lebten Petrus und Paulus in Antiocheia und bildeten die erste Gemeinde von Neuchristen und Judenchristen, beteten und brachen das Brot. Ich stehe ergriffen in der 1950 Jahre alten Kirche oberhalb der Stadt am Orontes mit ihrem Vorbau aus der Kreuzritterzeit sowie dem geheimen Fluchtweg in die Berggipfel im hinteren Teil. Bewegend ist es für mich, in Anwesenheit meines muslimischen Freundes Hüseyin Bağci das „Vaterunser" zu sprechen, das vor 1950 Jahren von Petrus und dem Völkerapostel Paulus an dieser Stelle zum allerersten Mal gebetet wurde.

İskenderun, der alte, früher Alexandretta genannte Mittelmeerhafen in einer weit geschwungenen Bucht vor einem Felsmassiv, erinnert mit seinen westlich gekleideten Menschen an die Atmosphäre, die Franz Werfel in seinem großartigen Roman *Die vierzig Tage des Musa Dagh* rekonstruiert hat (1969). Es ist ein bewegender Roman über den Genozid an den Armeniern, bei dem sich dramatische Szenen auch oberhalb dieser wunderschönen Mittelmeerbucht ereignet haben. Heute empfängt İskenderum mit einem modernen und konsumorientierten Straßenbild. Weiter geht es durch die Ebene von Issos. Im Jahr 333 vor Christus – jedes Schulkind lernt es: „333 war bei Issos Keilerei" – besiegte Alexander der Große die Perser des Königs Dareios III. Ceyhan, der künftige Endpunkt der Gas- und Ölpipeline vom Kaspischen Meer, schon heute mit guter Infrastruktur. Adana, die reichste südtürkische Provinzstadt. Zum Abendausklang gerate ich in einen Freundeskreis von Aleviten. Es sind „linke", aufgeklärte Muslime, eine nicht so kleine Minderheit in der Türkei von bis zu zwanzig Millionen Menschen. Sie singen Lieder zum Beginn des Ramadans, heißen mich herzlich in ihrer Runde willkommen. Religiöse und humanistische Texte werden vorgetragen. Liebeslieder werden gesungen. Es fließen Rake und Bier.

9.–10. Dezember 1999, Ankara

An der Middle East Technical University diskutiere ich über die inneren Reformprozesse in der Türkei, einschließlich der Menschenrechtsfrage und der Kurdenfrage, sowie über die Lage der Türken in Deutschland. Über allen Diskussionen schwebt die Erwartung, dass das EU-Gipfeltreffen am 10. und 11. Dezember in Helsinki die Türkei als Kandidatenland der Europäischen Union anerkennen werde. Die Erwartung der Türken, aber auch der anwesenden deutschen Bundestagsabgeordneten Andreas Schockenhoff (CDU) und Christian Sterzing (Die Grünen) ist positiv. Skeptiker wie Seyfi Tashan, der immer weitblickende Direktor des Turkish Foreign Policy Institute, fürchten, dass die Anerkennung der Türkei als EU-Kandidat nur kosmetisch sein könnte. Das Ausbleiben konkreter Verhandlungen könnte bald zu neuen Frustrationen auf beiden Seiten führen. Der frühere Außenminister Hikmet Çetin, der derzeit der erste außenpolitische Berater von Staatspräsident Demirel ist, setzt auf die Fortsetzung der inneren Reformen in Richtung der Erfüllung der EU-Mitgliedschaftskriterien unabhängig von jedweden Beschlüssen der EU in Bezug auf die Türkei. Die EU-Mitgliedschaft werde die Erfüllung der großen Vision der Türkei von ihrer Westbindung sein, die das Land seit dem Sturz des Sultans verfolge, sagt mir der weltläufige Cetin.

Um 12 Uhr werde ich an diesem 10. Dezember vom türkischen Fernsehsender *CNN Türk* noch gefragt, was geschehen würde, wenn das EU-Gipfeltreffen in Helsinki die Türkei nicht als EU-Kandidatenland anerkennen würde. Um 14 Uhr berichten die Fernsehnachrichten dann per Live-Schaltung aus Helsinki, dass die Europäische Union der Türkei den Status eines EU-Kandidatenlandes angeboten habe. EU-Kommissionspräsident Romano Prodi spricht, dann der für Erweiterungsfragen zuständige Kommissar Günter Verheugen. Letzterer erläutert, dass ab sofort auch mit Litauen, Lettland, Slowakei, Rumänien und Bulgarien die Beitrittsverhandlungen beginnen werden. Unter den türkischen Teilnehmern unseres Workshops herrscht kein Jubel, sondern eher ein gewisses Zögern: Wird die EU es ernst meinen und nicht doch noch nachträglich inakzeptable Bedingungen präsentieren?

Literatur

Almond, Gabriel, und Sidney Verba. 1963. *The Civic Culture. Political Attitudes and Democracy in Five Nation*. Newsbury Park: Sage.
Baedeker, Karl. 1908. *Nordost-Deutschland. Handbuch für Reisende*. Leipzig: Karl Baedeker.
Baedeker, Karl. 1914a. *Baedeker's Russia 1914. Handbook for Travellers*. Leipzig: Karl Baedeker.
Baedeker, Karl. 1914b. *Konstantinopel, Balkanstaaten, Kleinasien Archipel, Cypern. Handbuch für Reisende*. Leipzig: Karl Baedeker.
Baedeker, Karl. 1914c. *Indien. Handbuch für Reisende*. Leipzig: Karl Baedeker.
Baedeker, Karl. 1914d. *Schweden, Norwegen. Die Reiserouten durch Dänemark nebst Island und Spitzbergen. Handbuch für Reisende*. Leipzig: Karl Baedeker.
Bendix, Reinhard. 1980. *Könige oder Volk*. Frankfurt am Main: Suhrkamp.
Böll, Heinrich. 1961. *Irisches Tagebuch*. München: dtv.
Bush, George H. W., und Brent Scowcroft. 1998. *A World Restored*. New York: Knopf.
Coe, Michael D. 1992. *Breaking the Maya Code*. London: Thames and Hudson.
Craig, Gordon. 1982. *Über die Deutschen. Ein historisches Portrait*. München: C.H. Beck.
Fest, Joachim. 1988. *Im Gegenlicht. Eine italienische Reise*. München: Siedler.
Fugard, Athol. 1989. *My children! My Africa!* New York: Theatre Communications Group.
Garten, Jeffrey E. 1992. *A Cold Peace: America, Japan, Germany and the Struggle for Supremacy*. New York: Crown.
Garton Ash, Timothy. 1999. *Zeit der Freiheit*. Übers. v. Susanne Hornfeck. München: Hanser.
Goethe, Johann Wolfgang von. 1998 [1816]. *Goethe Werkausgabe Bd. 7. Italienische Reise*. Köln: Könermann.

Hamilton, Dan. 1994. *Jenseits von Bonn. Amerika und die „Berliner Republik".* Berlin: Ullstein.
Hopkirk, Peter. 1992. *The Great Game: On Secret Service in High Asia.* London: John Murray.
Jünger, Ernst. 1995 [1949]. *Strahlungen I (Gärten und Straßen – Das erste Pariser Tagebuch – Kaukasische Aufzeichnungen).* München: dtv.
Kondo, Sohei. 1993. *Health Effects of Low Level Radiation.* Madison: Medical Physics Publications.
Kühnhardt, Ludger. 1992. *Wege in die Demokratie. Beiträge aus der Politischen Wissenschaft.* Jena: Universitätsverlag/Erlangen: Palm und Enke.
Kühnhardt, Ludger. 1993. *Ideals and interests in recent German foreign policy.* Occasional Paper No. 10: Third Alois Mertes Memorial Lecture. Washington D.C.: German Historical Institute.
Kühnhardt, Ludger. 1994a. Multi-German Germany. *Germany in Transition. DAEDALUS. Journal of the American Academy of Arts and Sciences, 123*(1), 193 ff.
Kühnhardt, Ludger. 1994b. *Revolutionszeiten. Das Umbruchjahr 1989 im geschichtlichen Zusammenhang.* München: Olzog Verlag. [Türkisch als: *Devrim Zamanlari.* Ankara: ASAM 2002.].
Kühnhardt, Ludger. 1994c. *Jeder für sich und alle gegen alle. Zustand und Zukunft des Gemeinsinns.* Freiburg: Herder.
Kühnhardt, Ludger. 1995. *Mitten im Umbruch. Historisch-politische Annäherungen an Zeitfragen.* Bonn: Bouvier.
Kühnhardt, Ludger. 2001. Globalisation, transatlantic cooperation, and democratic values. In *Transatlantic Regulatory Cooperation. Legal Problems and Political Prospects,* Hrsg. George A. Bermann et al., S. 481 ff. Oxford, New York: Oxford University Press.
Kühnhardt, Ludger, und Hans-Gert Pöttering. 1998. *Kontinent Europa. Kern, Übergänge, Grenzen.* Zürich: Edition Interfrom. [Tschechisch als: *Kontinent Evropa. Jadro, Prechodny, Hranice.* Prag 2000.].
Kühnhardt, Ludger, und Alexander Tschubarjan. Hrsg. 1999. *Russland und Deutschland auf dem Weg zum antitotalitären Konsens.* Baden-Baden: Nomos. [russische Ausgabe 2000.].
Kühnhardt, Ludger, und Dario Valcarcel. Hrsg. 1999. *Spanien und Deutschland als EU-Partner.* Baden-Baden: Nomos. [spanische Ausgabe 2000.].
Kühnhardt, Ludger et al. 2000. *Das Weimarer Dreieck. Die französisch-deutsch-polnischen Beziehungen als Motor der Europäischen Integration. Le Triangle de Weimar, Trójkat Weimarski.* ZEI Discussion Paper C72. Bonn: Zentrum für Europäische Integrationsforschung.
Le Roy Ladurie, Emmanuel. 1975. *Montaillou, village occitan de 1294 à 1324.* Paris: Gallimard.
Lucius, Robert von. 2021. *Spuren des Schreibens. Redakteur, Korrespondent, Autor.* Berlin: Wolff Verlag.
Naimark, Norman. 1995. *The Russians in Germany: A History of the Soviet Zone of Occupation, 1945–1949.* Cambridge, MA: Belknap Press of Harvard UP.
Paton, Alan. 1970 [1948]. *Cry, the beloved country.* London: Penguin.
Roth, Joseph. 1932. *Radetzkymarsch.* Berlin: Gustav Kiepenheuer.
Schlesinger, Arthur M. 1965. *A Thousand Days. John F. Kennedy in the White House.* Boston: Houghton Mifflin.
Schlesinger, Arthur M. 1973. *The Imperial Presidency.* Boston: Houghton Mifflin.
Shultz, George P. 1993. *Turmoil and Triumph: My Years as Secretary of State.* New York: Scribner.
Simpson, John, und Tira Shubart. 1995. *Lifting the Veil: Life in Revolutionary Iran.* London: Hodder & Stoughton.
Teller, Edward. 1987. *Better a Shield than a Sword: Perspectives on Defense and Technology.* New York: The Free Press.
Tocqueville, Alexis de. 1987 [1835]. *Über die Demokratie in Amerika.* München: dtv.
Tocqueville, Alexis de. 1978 [1867]. *Der alte Staat und die Demokratie.* München: dtv.
Tomasi di Lampedusa, Giuseppe. 1959. *Der Leopard.* München: Piper.
Upton, Simon. 1987. *The Withering of the State.* Sydney: Allen & Unwin.
Werfel, Franz. 1969 [1933]. *Die vierzig Tage des Musa Dagh.* Olten: Fackelverlag.

Verzeichnis der Ortsnamen

A
Aachen, Deutschland, 481
Aberdeen (Hongkong), China, 162
Abu Simbel, Ägypten, 95
Acapulco, Mexiko, 489, 601
Adana, Türkei, 604, 606
Addis Abeba, Äthiopien, 111, 113, 114
Afula, Israel, 92
Agra, Indien, 80, 149, 449
Agrigent, Italien, 449
Ahmedabad, Indien, 63
Akureyri, Island, 516
Alaca Höyük, Türkei, 361
Albi, Frankreich, 532
Aleppo, Syrien, 504, 589, 592, 593
Alexandra, Südafrika, 395
Ali Adde, Djibouti, 111
Ali Sabieh, Djibouti, 111
Allahabad, Indien, 80, 152
Alma-Ata (Almaty), Kasachstan, 427–429
Amalfi, Italien, 449
Amboise, Frankreich, 532
Amherst, USA, 562, 563
Amman, Jordanien, 593, 594, 596
Amritsar, Indien, 61
Amsterdam, Niederlande, 32, 425
Anchorage, USA, 216
Andorra la Vella, Andorra, 466
Ankara, Türkei, 360, 361, 461, 462, 521, 533, 606
Antakya, Türkei, 605, 606
Antalya, Türkei, 359, 360, 532
Antwerpen, Belgien, 522
Anuradhapura, Sri Lanka, 67
Arad, Israel, 348, 349
Aranjuez, Spanien, 333
Aranyaprathet, Thailand, 156, 158
Arusha, Tansania, 44–46, 138
Assos, Türkei, 356
Assuan, Ägypten, 95
Athen, Griechenland, 125, 533, 534
Auckland, Neuseeland, 259, 260, 444, 446, 447
Auschwitz (Oświęcim), Polen, 12, 17, 35, 347, 378, 379, 477
Avarua (Cook Inseln), in freier Asoziierung mit Neuseeland, 448
Avila, Spanien, 333
Ayutthaya, Thailand, 158, 159

B
Baalbek, Jordanien, 361, 589, 590
Bad Kudowa (Kudowa-Zdrój), Polen, 34
Bad Warmbrunn (Cieplice), Polen, 36
Bagamoyo, Tansania, 52
Baker Island, nichtinkorporiertes Territorium der USA, 16
Baku, Aserbeidschan, 499, 500, 507–510
Balaha, Malawi, 120
Balatonföldvár, Ungarn, 389
Balbala, Djibouti, 111
Balikpapan, Indonesien, 170, 173, 174
Ballarat, Australien, 257
Ballyarkan, Irland, 32
Baltimore, USA, 391
Bandar Seri Begawan, Brunei, 540
Bangalore, Indien, 208, 209, 248
Bangkok, Thailand, 154–159, 373, 374
Barcelona, Spanien, 332, 595
Bari, Italien, 436

Basel, Schweiz, 252
Beira, Mosambik, 127
Beirut, Libanon, 326, 343, 585–587, 589, 590
Belgrad, Serbien, 516, 558, 559, 571, 581, 598
Bellapais, Türkische Republik Nordzypern, 537
Belur Math, Indien, 215, 250
Benares, Indien, 78
Benevento, Italien, 450
Berg Sinai, Ägypten, 517
Bergen, Norwegen, 196
Berkeley, USA, 317, 390, 483
Berlin, Deutschland, 7, 27, 28, 36, 91, 92, 132, 154, 278, 279, 287, 294, 295, 315, 346, 354, 355, 365, 367, 368, 376, 379, 400, 403, 422, 428, 438, 443, 494, 512, 520, 527, 536, 541, 548, 556, 558, 564, 565, 570, 579, 581, 582, 587, 601, 603
Bethlehem, Palästinensische Autonomiegebiete, 501
Bhaktapur, Nepal, 76
Bhorletar, Nepal, 76
Biarritz, Frankreich, 532
Big Cypress Seminole Indian Reservation, USA, 323
Biloxi, USA, 319
Birkenau (Brzezinka), Polen, 35
Bitterfeld, Deutschland, 570
Blantyre, Malawi, 118, 120, 121
Bodrum (Halikarnassos), Türkei, 359
Bogra, Bangladesh, 195
Bologna, Italien, 375
Bombay (Mumbai), Indien, 62–65, 68, 69, 139, 140, 222, 527
Bonn, Deutschland, 62, 85, 91, 92, 106, 131, 171, 174, 190, 192, 196, 235, 239, 246, 255, 269, 277, 295, 296, 303, 307, 314, 315, 325, 331, 332, 347, 362, 364, 367, 374, 375, 378, 389, 392, 398, 402, 434, 439, 453, 460, 465, 499, 500, 513, 514, 520, 522, 537, 547, 556, 562, 563, 569, 570, 581, 582, 585, 600, 602, 604
Bontoc, Philippinen, 266, 267
Bordeaux, Frankreich, 532
Boston, USA, 298, 300–304, 309, 315–317, 561, 562
Boulder, USA, 486
Brandenburg, Deutschland, 376, 377, 533, 570
Bratislava, Slowakei, 382, 383, 438, 548, 572
Breslau (Wrocław), Polen, 36, 474

Bretton Woods, USA, 294
Brüssel, Belgien, 27, 91, 92, 131, 421, 462, 464, 538, 561, 579, 581, 582, 602
Budapest, Ungarn, 52, 354, 373, 389, 438, 465, 488, 500, 538, 544, 565
Buenos Aires, Argentinien, 351, 596–599
Buffalo, USA, 291
Bukarest, Rumänien, 383, 439
Bulawayo, Simbabwe, 128, 130, 131
Burgas, Bulgarien, 571
Burhaniye, Türkei, 356

C

Cabo de São Vincente, Portugal, 342
Cadenabbia, Italien, 436, 457
Caesarea Philippi, Israel, 346
Calafat, Rumänien, 440, 441
Cambridge, Großbritannien, 368, 375
Cambridge, USA, 292, 308, 315, 324, 330, 331, 438
Canberra, Australien, 257, 258
Cannes, Frankreich, 37, 255
Canossa, Italien, 343, 436
Canterbury, Großbritannien, 32, 444, 445
Cape Canaveral, USA, 322, 564
Casa Grande, USA, 483
Casablanca, Marokko, 334, 601
Castel del Monte, Italien, 436
Castro Verde, Portugal, 342
Ceuta, Spanien, 337
Ceyhan, Türkei, 604, 606
Chandigarh, Indien, 142, 143, 179, 180
Chania, Griechenland, 556
Chatyn, Belarus, 450, 451
Chenonceaux, Frankreich, 532
Chicago, USA, 291, 331, 365, 390, 460, 564
Chico, USA, 390
Chodschand, Tadschikistan, 526, 527
Christchurch, Neuseeland, 261, 444
Cluj-Napoca, Rumänien, 440
Cochin, Indien, 207
Coimbra, Portugal, 342, 577
Colombey-les-Deux-Églises, Frankreich, 512
Colombo, Sri Lanka, 67, 68, 176, 205
Colón, Panama, 464, 598
Compiègne, Frankreich, 532
Concord, USA, 294, 303, 310
Connemara, Irland, 33

Coppet, Schweiz, 422, 439
Cordoba, Spanien, 333
Cottbus, Deutschland, 36
Criva, Moldau, 471
Cuba, USA, 485
Curtea de Arges, Rumänien, 442
Czernowitz, Ukraine, 471

D
Dacca, Bangladesch, 190
Dallas, USA, 289–291, 519
Damaskus, Syrien, 503, 585, 589–593, 595, 606
Danzig, Polen, 377
Davao, Philippinen, 264
Debrecen, Ungarn, 438
Dedza, Malawi, 119
Delhi, Indien, 57, 61, 62, 80, 81, 83, 141, 142, 148, 153, 178, 206, 209, 220, 221, 245, 246, 249, 273, 298, 318, 366, 449
Denekamp, Niederlande, 28
Den Haag, Niederlande, 568, 577
Denver, USA, 329
Diego Garcia/Chagos Archipel (British Indian Ocean Territory), britisches Überseeterritorium, 16
Dien Bien Phou, Thailand, 158
Dingle, Irland, 32
Döbern (Dobrze), Polen, 381
Dodoma, Tansania, 47, 48
Donnafugata, Italien, 449
Dresden, Deutschland, 403, 573
Dublin, Irland, 32, 33, 557
Dubrovnik, Kroatien, 385
Dunedin, Neuseeland, 445
Durango, USA, 485
Durban, Südafrika, 398
Durrës, Albanien, 387, 388
Düsseldorf, Deutschland, 273, 291

E
Edinburgh, Großbritannien, 445, 543
Einsiedeln, Schweiz, 363, 378
El Djem, Tunesien, 392
El Escorial, Spanien, 333
El Jadida, Marokko, 337

El Kantara, Ägypten, 99
Emmitsburg, USA, 391
Èpernay, Frankreich, 532
Ephesos (Efes), Türkei, 357, 358
Erfurt, Deutschland, 570
Eriwan, Armenien, 502–504, 506, 507
Ernakulam, Indien, 66
Errachidia, Marokko, 340

F
Famagusta, Republik Nordzypern, 536
Fertöd, Ungarn, 438, 439
Fischbach (Niewodniki), Polen, 35, 381
Florenz, Italien, 52, 342
Fort Coulie, USA, 319
Fort Worth, USA, 290
Frankfurt (Main), Deutschland, 42, 101, 222, 258, 287, 351, 582
Franschhoek, Südafrika, 406
Fredericksburg, USA, 312
Funchal, Portugal, 579, 580

G
Gaborone, Botswana, 128–130
Gallipoli, Italien, 436
Galway, Irland, 33
Garba Harre, Somalia, 105, 106
Gaza, Palästinensische Autonomiegebiete, 95–97, 343, 345, 349, 350, 595
Gdynia, Polen, 377
Georgetown, Guyana, 65, 312, 314, 315, 398, 558, 563
Gleiwitz, Polen, 382
Goa, Indien, 65, 140
Goose Bay, Kanada, 433
Gori, Georgien, 501
Gorizia, Italien, 354
Granada, Spanien, 333
Granville, Jamaika, 86
Groschowitz (Groszowice), Polen, 35
Groß-Simbabwe, Simbabwe, 125, 126
Groß Strehlitz (Strzelce Opolskie), Polen, 35
Großwardein (Oradea), Rumänien, 438
Guantánamo-Bay, US-Pachtgebiet, 16
Güstrow, Deutschland, 389

H

Haifa, Israel, 343, 344
Hamilton (Bermuda), britisches Übersee-
   territorium, 444, 446
Hamilton, Neuseeland, 260
Hannover, Deutschland, 481
Hanoi, Vietnam, 155
Harare, Simbabwe, 126
Harbin, China, 280
Hargeisa, Somalia, 107, 108
Harran, Türkei, 605
Havanna, Kuba, 138
Heidelberg, Deutschland, 298, 323, 391, 441
Helmstedt, Deutschland, 36, 375
Helsinki, Finnland, 456, 565, 584, 604, 606, 607
Hiroshima, Japan, 241–243, 245, 267, 484, 487
Hirschberg (Jelenia Goria), Polen, 36
Hisarlik, Türkei, 356
Holyhead, Großbritannien, 32
Homs, Syrien, 593, 601
Hongkong, China, 161, 162, 219, 222, 229, 231, 425
Honolulu, USA, 443, 476
Houston, USA, 435

I

Ibbenbüren, Deutschland, 41
Ifakara, Tansania, 51
Indianapolis, USA, 362, 363, 434
Invercargill, Neuseeland, 262
Iraklio, Griechenland, 556
Isfahan, Iran, 412, 413
Islamabad, Pakistan, 57–59, 143
Ismailia, Ägypten, 99
Issos, Türkei, 606
Istanbul, Türkei, 354–356, 361, 362, 430, 433, 468, 520, 533, 536, 604

J

Jackson Hole, USA, 475
Jacmel, Haiti, 88
Jaffa (Yaffo), Israel, 346, 347
Jaipur, Indien, 140, 141, 429
Jakarta, Indonesien, 166, 169, 174, 176, 541
Jalalaqsi, Somalia, 102, 103
Jalta, Ukraine, 9, 573–575, 577
Jammu, Indien, 143, 144
Jarvis Island, nichtinkorporiertes Territorium
   der USA, 16
Jena, Deutschland, 11, 414, 451
Jericho, Israel, 97, 594
Jerusalem, Israel, 352, 536, 596
Jessore, Bangladesch, 74
Jijiga, Äthiopien, 107, 108
Johannesburg, Südafrika, 393, 397
Juba, Südsudan, 103–105

K

Kabul, Afghanistan, 55, 255, 430
Kabwe, Malawi, 132, 135
Kairo, Ägypten, 44, 95, 97, 122, 392, 409, 410, 525, 541
Kaliningrad (Königsberg), Russland, 422–425, 453
Kalkutta (Kolkata), Indien, 69–75, 142, 181, 182, 184, 209, 213, 215, 220, 221, 246, 248–250
Kamakura, Japan, 235
Kamiti, Kenia, 115
Kampala, Uganda, 99
Kandy, Sri Lanka, 67
Kaoma, Sambia, 133, 134
Kapiri Mposhi, Sambia, 132, 135
Kapstadt, Südafrika, 44, 398, 403, 404
Karachi, Pakistan, 53, 54, 68
Karaganda, Kasachstan, 427
Kariba, Simbabwe, 124, 127, 131
Karlsbad, Tschechische Republik, 349
Karlstein, Tschechische Republik, 393
Karnak, Ägypten, 95
Karpacz, Polen, 36
Karthago, Tunesien, 425, 586
Kasan, Russland, 552–555
Kathmandu, Nepal, 75–77, 144
Kattowitz, Polen, 35, 382
Keelung, Republik China, 233
Key Largo, USA, 323
Key West, USA, 323
Khajuraho, Indien, 150
Kibbuz Geva, Israel, 92
Kibosho, Tansania, 39, 41, 42, 50, 136–138
Kiew, Ukraine, 284, 421, 433, 503, 573
Kigoma, Tansania, 49, 50
Killarney, Irland, 32

Kilyos, Türkei, 362
Kingman, USA, 16, 486
Kingston, Jamaika, 84
Kisumu, Kenia, 116
Kitwe, Sambia, 131–133
Knossos, Griechenland, 556
Köln, Deutschland, 17, 166, 238, 461, 568, 578
Königswinter, Deutschland, 375, 513, 543, 568
Konya, Türkei, 461, 604
Kopenhagen, Dänemark, 10, 517
Korinth, Griechenland, 359
Kothamangalam, Indien, 66
Krakau, Polen, 379, 382, 466
Krummhübel (Karpacz), Polen, 36
Kuala Lumpur, Malaysia, 157, 175, 176, 539
Kulithalai, Indien, 206, 247
Kuneitra Syrien, 345
Kushiro, Japan, 270
Kyle, USA, 125
Kyoto, Japan, 244, 273, 277, 282

L
La Jolla, USA, 483
Lagos, Nigeria, 112
Laguna Beach, USA, 288
Lahore, Pakistan, 61
Lalibela, Äthiopien, 113
Landshut, Deutschland, 393
Laon, Frankreich, 306, 532
Las Vegas, USA, 327, 329, 486, 542
Leh, Indien, 145, 146
Lemberg, Ukraine, 471–474, 503, 521
Leninakan, Armenien, 506
Lesbos, Griechenland, 356
Lhasa, China, 269
Liepāja (Liebau) Lettland, 415
Likamba, Tansania, 46, 47
Lilongwe, Malawi, 119, 120
Limerick, Irland, 32, 557
Lissabon, Portugal, 334, 342, 577, 578
Little Oak, USA, 319
Little Rock, USA, 495
Livermore, USA, 17, 497
Lixus, Marokko, 341, 342
Ljubljana (Laibach), Slowenien, 388
Lomé, Togo, 27, 28, 127
London, Großbritannien, 32, 70, 123, 138, 162, 215, 362, 374, 375, 395, 513, 541, 581

Long Beach, USA, 327
Long Segar, Indonesien, 171, 172
Los Alamos, USA, 478, 484
Los Angeles, USA, 287, 289, 310, 327, 480
Lourdes, Frankreich, 532
Lowell, USA, 316
Lublin, Polen, 466
Lusaka, Sambia, 132–135, 178
Luxemburg, Luxemburg, 500, 602, 604
Luxor, Ägypten, 95
Lyon, Frankreich, 532

M
Maalula, Syrien, 593
Maastricht, Niederlande, 23, 373, 437, 438, 514, 603
Madras, Indien, 69, 176, 205, 247, 467
Madrid, Spanien, 332, 333, 373, 558, 597
Madurai, Indien, 67
Magdeburg, Deutschland, 376, 426, 503
Magliaso, Schweiz, 449
Mailand, Italien, VII, 519
Majdanek, Polen, 466
Makambako, Tansania, 50
Maleme, Griechenland, 556
Mangu, Tansania, 41
Manikpur, Indien, 66, 78, 80, 150, 151, 449
Manila, Philippinen, 162–165, 176, 263, 265, 267, 289, 303, 564
Maputo, Mosambik, 127
Maribor, Slowenien, 388
Marienborn, Deutschland, 375
Marienburg (Marlbork), Polen, 377
Masan, Korea, 199, 217, 254
Matlab, Bangladesh, 194
Meknès, Marokko, 341
Melbourne, Australien, 257, 258
Memphis, USA, 434
Mendocino, USA, 475
Mendoza, Argentinien, 600
Mesa Verde, USA, 485
Messina, Italien, 449, 450
Mexico-City, Mexiko, 489, 490
Midelt, Marokko, 340
Midway Islands, nichtinkorporiertes Territorium der USA, 16
Milet, Türkei, 358
Minsk, Belarus, 450, 453, 454

Mir, Belarus, 453
Mirpur, Bangladesh, 194
Miyajima, Japan, 242
Mobile, USA, 319
Mogadischu, Somalia, 100, 102, 103, 105, 109
Mombasa, Kenia, 117, 118
Mongu, Sambia, 133
Monte Carlo, Monaco, 37, 359
Montecassino, Italien, 436
Montego Bay, Jamaika, 84, 86
Montevideo, Uruguay, 598
Montgomery, USA, 320
Montreal, Kanada, 408
Mont-Saint-Michel, Frankreich, 532
Moshi, Tansania, 39, 41–43, 136
Moskau, Russland, 53, 73, 78, 112, 252, 254, 280, 281, 283–286, 317, 416, 418, 420, 425, 430, 435, 450, 454, 470, 500, 503, 526, 528, 530, 539, 544, 545, 549, 553, 570
Mostar, Bosnien und Herzegowina, 385
Moussaler, Armenien, 507
München, Deutschland, 5, 13, 30, 52, 151, 256, 287, 347, 393
Munshiganj, Bangladesh, 179, 181, 182, 184, 186–188, 191, 210, 235
Münster, Deutschland, 30, 63, 66, 78, 80, 203, 206, 392
Mururoa (Französisch-Polynesien), französisches Überseeterritorium, 373, 374
Mwanza, Tansania, 48
Mweka, Tansania, 42
Myra, Türkei, 436
Mysore, Indien, 248

N

Nadi, Fidschi, 447
Nagasaki, Japan, 241, 256, 267, 484
Nairobi, Kenia, 99–101, 115–117, 122
Nanjing, China, 274, 275
Nara, Japan, 244
Narayanganj, Bangladesh, 184, 212
Nashville, USA, 434
Navarre, USA, 319
Nazareth, Israel, 92, 345
Ndola, Sambia, 132, 135
Neapel, Italien, 52, 514

Neiße (Nysa), Polen, 34
Nelson, Kanada, 398
Neot Sinai, israelisch-ägyptischer Grenzübergang, 97, 98
New Haven, USA, 331, 562
New Orleans, USA, 320
New York, USA, 74, 128, 189, 294, 300, 305, 306, 329, 331, 346, 352, 368, 528, 569
Ngorongoro, Tansania, 47
Niewodnik, Polen, 35, 381
Nikosia (Lefkoşa), Zypern, 534–537
Noboribetsu Spa, Japan, 271
Nong Khai, Thailand, 159, 160
Nordhorn, Deutschland, 28
Novi Sad, Serbien, 384
Ntcheu, Malawi, 119
Nyengezi, Tansania, 48

O

Odessa, Ukraine, 467–469, 482
Okahandja, Namibia, 401
Okaukuejo, Namibia, 401
Oppeln (Opole), Polen, 35, 380, 381
Osaka, Japan, 272
Oslo, Norwegen, 70
Ottmachau (Otmuchów), Polen, 34
Outjo, Namibia, 402
Oviedo, Spanien, 333
Oxford, Großbritannien, 32, 365, 374, 379, 389, 391, 398, 473, 602

P

Paestum, Italien, 436
Palermo, Italien, 449
Palmyra, Syrien, 590
Palmyra-Atoll, nichtinkorporiertes Territorium der USA, 16
Palo Alto, USA, 475, 477, 478, 486, 494, 497
Panama City, USA, 319
Pannonhalma, Ungarn, 567
Papeete (Französisch-Polynesien), französisches Überseeterritorium, 448, 449
Paris, Frankreich, 32, 61, 177, 178, 204, 255, 280, 284, 300, 310, 318, 338, 354, 439, 569, 602

Peking, China, 78, 222, 224, 227, 229–232, 239, 268, 278–280, 283, 285, 304, 335, 430, 577
Pelzhimov, Tschechische Republik, 34
Pergamon, Türkei, 357, 358
Perm, Russland, 283
Perpignan, Frankreich, 532
Persepolis, Iran, 414
Peterhof, Russland, 426
Phnom Penh, Kambodscha, 156, 157, 161
Phoenix, USA, 483, 484
Piazza Armerina, Italien, 450
Pjöngjang, Nordkorea, 281
Plains, USA, 321, 322
Pokhara, Nepal, 76
Polesi, Tschechische Republik, 34
Polnisch Neudorf (Polska Nowa Wies), Polen, 35
Pondicherry, Indien, 69, 110
Ponta Delgada, Portugal, 578
Poona, Indien, 64
Port-au-Prince, Haiti, 87, 88
Portoferraio, Italien, 436
Positano, Italien, 449
Potsdam, Deutschland, 35, 376
Prag, Tschechische Republik, 34, 349, 379, 382, 393, 439, 484, 533, 538, 572
Pretoria, Südafrika, 394, 397
Pribram, Tschechische Republik, 34
Priene, Türkei, 358
Princeton, USA, 300, 368, 570
Puerto Plata, Dominikanische Republik, 465
Puerto Princesa, Philippinen, 165, 331
Punta Cana, Dominikanische Republik, 465
Pusan, Korea, 197, 198, 217
Puy de Dôme, Frankreich, 532

Q
Quezon City, Philippinen, 165
Qufu, China, 278
Qumran, Israel, 350

R
Rabat, Marokko, 334–336
Ramat Efal, Israel, 346
Rangun (Yangon), Burma (Myanmar), 72, 73, 175
Ravenna, Italien, 383, 450, 505
Rawalpindi, Pakistan, 54, 57–59, 61
Reims, Frankreich, 306, 511
Reno, USA, 477
Richmond, USA, 407, 434, 519
Riga, Lettland, 408, 414, 421, 548, 583
Rila-Kloster, Bulgarien, 443
Rio de Janeiro, Brasilien, 23
Rishikesh, Indien, 366
Rocamadour, Frankreich, 532
Rom, Italien, VII, 52, 114, 199, 230, 285, 449, 473, 474, 514, 599, 605
Roncole Verdi, Italien, 449, 450
Rostock, Deutschland, 389, 583
Rotorua, Neuseeland, 446
Rotterdam, Niederlande, 177

S
Sagres, Portugal, 342
Saint-Tropez, Frankreich, 37
Salamis, Republik Nordzypern, 535
Salem, USA, 316
Salerno, Italien, 436
Salima, Malawi, 119, 120
Salisbury (Harare), Simbabwe, 121, 122, 126, 130
Salt Lake City, USA, 329, 475
Salzburg, Österreich, 52, 365, 388, 484
Samarinda, Indonesien, 170, 171, 173
Samarkand, Usbekistan, 429
San Diego, USA, 327, 483, 497
San Francisco, USA, 288, 289, 390, 475, 479, 480, 496, 497
San Gimignano, Italien, 342
Sani, Tansania, 38
San José, USA, 549
San Marino, San Marino, 435
San Pablo, Philippinen, 265, 266
Santa Cruz, USA, 264, 479
Santa Fe, USA, 484
Santa Monica, USA, 483
Santa Rosa, USA, 390
Santiago de Chile, Chile, 600
Santiago de Compostela, Spanien, 333
Santiniketan, Indien, 213, 215
Santo Domingo, Dominikanische Republik, 464
São Paulo, Brasilien, 19, 597

Saragossa, Spanien, 333
Sarajewo, Bosnien und Herzegowina, 564, 571, 600
Sarlat-la-Canéda, Frankreich, 531
Sarnath, Indien, 78
Saslawl, Belarus, 451
Sausalito, USA, 475, 496
Schatila, Libanon, 587
Schwerin, Deutschland, 389
Sderot, Isarael, 349
Sebastopol, Ukraine, 576, 581
Segesta, Italien, 449
Selinunt, Italien, 449
Seoul, Korea, 197, 202, 204, 216, 218
Seu d'Urgell, Spanien, 467
Sevilla, Spanien, 333
Shanghai, China, 19, 274–277, 280, 425
Shavei Zion, Israel, 343
Shenyang, China, 280
Shiraoi, Japan, 270
Sidon, Libanon, 349, 586
Siena, Italien, 342
Sierra Nevada, Spanien, 288
Simferopol, Ukraine, 574, 577
Singapur, Singapur, 175, 176, 178, 187, 257, 262, 542, 543
Skagen, Dänemark, 475
Skellig Michael, Irland, 32
Skookumchuck, Kanada, 475
Skopje, Nordmazedonien, 70, 442
Sofia, Bulgarien, 442, 443, 571
Sonoma, USA, 390, 480, 497
Sorrent, Italien, 449
South Georgia and the Southern Sandwich Islands, britisches Überseeterritorium, 16
Soweto, Südafrika, 28, 395, 396, 400, 406
Springfield, USA, 562
Srinagar, Indien, 144, 146
St. Augustine, USA, 322
St. Louis, USA, 320
St. Peter Port (Guernsey), Großbritannien, 532
St. Petersburg, Russland, 425, 427, 550
Stanford, USA, 390, 478, 479, 481, 483, 494, 497
Stellenbosch, Südafrika, 403
Stettin (Szezin), Polen, 375, 376
Stralsund, Deutschland, 389
Straßburg, Frankreich, 273, 567, 568, 580
Subiaco, Italien, 449

Subotica, Serbien, 384
Surabaya, Indonesien, 169
Suva, Fidschi, 447
Swakopmund, Namibia, 402
Sydney, Australien, 258, 425, 599
Sylhet, Bangladesh, 193
Szeged, Ungarn, 383

T

Tabgha, Israel, 345
Tabora, Tansania, 49
Tai'an, China, 278, 279
Taipeh, Republik China, 231, 232
Talaimannar, Sri Lanka, 67
Tallahassee, USA, 319
Tallinn, Estand, 417, 419, 420, 455, 456, 582
Tanger, Marokko, 341, 342
Taormina, Italien, 450
Tarent, Italien, 436
Tartu (Dorpat), Estland, 418
Taschkent, Usbekistan, 428, 430–432
Taxila, Pakistan, 57
Teheran, Iran, 62, 399, 408, 411, 412, 435, 501, 509
Tel Aviv, Israel, 95–97, 343, 346, 347, 349, 427, 596
Terres Australes et Antarctique Françaises (TAAF), (TAAF), französisches Überseeterritorium, 16
Theresienstadt, Tschechische Republik, 385, 393
Thikse, Indien, 146
Thorn, Polen, 378
Tikal, Guatemala, 493
Timbuktu, Mali, VII, 15, 339, 340
Tirana, Albanien, 385–388
Tiraspol, Moldawien, 469, 470
Titograd (Podgorica), Montenegro, 385
Tivoli, Italien, 99, 449
Toba, Japan, 245
Tocqueville, Frankreich, 531
Tog Wajaale, Somalia, 108
Tokelau, in freier Assoziation mit Neuseeland, 16
Tokio, Japan, 216, 233–237, 239, 240, 244, 245, 251, 255–257, 267–271, 273, 288, 294, 301, 391, 476, 599
Toledo, Spanien, 333

Toulouse, Frankreich, 532
Trichur, Indien, 65, 66, 207, 311
Triest, Italien, 353
Trivandrum, Indien, 67, 207
Troja, Türkai, 356
Tsingtau, China, 279
Tulum, Mexiko, 492
Tunis, Tunesien, 392
Turnu Severin, Rumänien, 440

U
Udon Thani, Thailand, 160
Ujiji, Tansania, 50
Umtali, Simbabwe, 125
Urbino, Italien, 436
Urfa, Türkei, 604, 605
Ushuaia, Argentinien, 599

V
Vaduz, Liechtenstein, 32
Vaitape (Französisch-Polynesien), französisches Überseeterritorium, 449
Van, Türkei, 604
Vancouver, Kanada, 373, 475
Vatikan, Vatikanstaat, 208, 332
Venedig, Italien, 52, 144, 277, 574
Ventspils (Windau), Lettland, 415
Vichy, Frankreich, 532
Victoria, Australien, 257
Victoria (Hongkong), China, 161
Victoria Falls, Simbabwe, 124, 125, 134
Victoria, Seychellen, 138, 139
Vientiane, Laos, 160
Vilnius (Wilna), Litauen, 415–417, 453, 584
Vinalhaven, USA, 291, 325
Virginia City, USA, 477
Visby, Schweden, 497, 522, 548
Volterra, Italien, 342
Volubilis, Marokko, 341

W
Wagah, pakistanisch-indischer Grenzübergang, 61
Wallace, USA, 475
Wangerooge, Deutschland, 30

Warschau, Polen, 281, 363, 378, 379, 382, 466, 474, 537, 601
Washington D.C., USA, 157, 300, 304, 309, 311, 314, 315, 321, 324, 343, 362, 391, 407, 412, 434, 435, 439, 522, 530, 537, 553, 563, 564
Weimar, Deutschland, 383, 449, 546
Wellington, Neuseeland, 260, 445, 446
Westonia, Südafrika, 396
Wexford, Iröand, 32
Wien, Österreich, VII, 52, 198, 234, 282, 311, 331, 341, 383, 415, 433, 438, 471, 496, 547, 572
Wiesbaden, Deutschland, 482
Williamsburg, USA, 239, 312, 407
Wilton Park, Großbritannien, 603
Windhoek, Namibia, 400, 401, 403
Windsor, Großbritannien, 32, 437
Winnemucca, USA, 476
Witebsk, Belarus, 451
Wolfenbüttel, Deutschland, 367
Wroclaw (Breslau), Polen, 36, 474
Würzburg, Deutschland, 41, 235

X
Xian, China, 277

Y
Yangon (Rangun), Burma (Myanmar), 72, 73
Yanzhou, China, 278
Yazilikaza, Türkei, 361
Yogyakarta, Java, Indonesien, 167
Yuma Crossing, USA, 483

Z
Zabrze, (Hindenburg), Polen, 382
Zagora, Marokko, 339
Zagreb, Kroatien, 560, 561
Zahlé, Libanon, 590
Zamboanga, Philippinen, 264, 265
Zomba, Malawi, 119–121
Zoppot, Polen, 377
Zürich, Schweiz, 32

Verzeichnis der Personennamen

A

Aaron, David, 570
Abbado, Claudio, 331
Abbas, Schah, 412, 413
Abdallah, Kronprinz/König, 593, 594
Abde, Ebrahim, 108
Abdullaew, Saidullo, 526
Abdurazakov, Ubaidullah, 430
Abdur Rob, Hafeez Molana, 184
Abraham, 96, 605
Abrams, Elliott, 324
Abs, Hermann Josef, 64, 527
Acar, Irfan, 462
Acharya, Francis, 207
Adamia, Reso, 501
Adamkus, Valdas, 548, 584
Adams, John, 317
Adams, John Quincy, 317
Adams, Terry, 507, 508
Adenauer, Konrad, 81, 291, 295, 331, 389, 436, 457, 465, 497, 512, 522, 529, 548
Ahmed, Anis, 58
Ahmed, Saffudin, 182
Ahtisaari, Martti, 577
Aimer, Peter, 447
Aimukhametovich Mansurov, Zulkhair, 458
Aitmatov, Askar, 530
Akajew, Askar, 459, 460, 530
Akihito, Kronprinz/Kaiser, 267, 268
Al-Assad, Hafez, 588, 591
Al-Dawalibi, Marof, 59
Al-Majeer, Mohammed, 409
Al-Rūmī, Dschalāl ad-Dīn, 462
Alexander der Große, 429, 526, 606
Alexander I., Zar, 426
Alexander II., Zar, 426
Alexander, Lamar, 496
Alexei, Patriarch, 510
Algernon, Percy, Earl of Beverley, 438
Ali, Hashlunat, 179
Ali, Muhammed, 165
Allende, Salvador, 600
Allison, Graham, 309
Almond, Gabriel, 481
Alpogan, Yigit, 525, 526
Althammer, Walter, 157
Amirthalingam, Appapillai, 68
Amitabh, Sohel, 190, 301
Anastasij, Archimandrit, 553
Anaximander, 358
Anaximenes, 358
Anciella, Sister, 203
Anderson, Martin, 495
Andorka, Rudolf, 465
Andreij, Pater, 525
Andriessen, Frans, 581, 602
Andropow, Juri, 199, 254
Annan, Kofi, 570
Anouil, Gilles, 535
Antall, György, 389, 465, 566
Antall, József, 389, 439, 566
Antoninus Pius, Kaiser, 590
Antulay, Abdul Rahman, 140
Aptidon, Hasan Gouled, 110
Aquino, Benigno, 303
Arafat, Jassir, 97, 584, 591
Arendt, Hannah, 482
Aristoteles, 356, 560
Armstrong, Neil, 30, 480
Arrakal, Jose Prasad, 207

Arrupe, Pedro, 205
Artigas, José Gervasio, 598
Ásgrímsson, Halldór, 516
Ashar, Atil, 520
Asimov, Jachjo, 528
Atamyradow, Yagsymyrat, 525
Atatürk, Kemal, 462, 508, 533
Augustinus, Aurelius, 11
Aurobindo, Sri, 69
Ausländer, Rose, 471
Auštrevičius, Petras, 585
Avani, Shlomo, 349
Awad, Mubarak, 352
Awale, Hasan, 111
Awdonin, Dr., 550

B

Babu, Joseph, 41, 45
Badaruddin Othman, Pehin Dato Haji, 540
Bağci, Hüseyin, 461, 463
Bakar, Abu, 540
Baker, Howard, 291
Baker, James, 434
Balanzino, Sergio, 532
Balul, Abu Taher, 188, 189
Banana, Canaan Sidondo, 128, 130, 225
Banda, Hastings Kamuzu, 118, 119, 121
Bangemann, Martin, 465
Barak, Ehud, 586, 591
Barimov, Abgeordneter, 555
Barnett, Michael, 447
Barr, Catherine, 407
Barre, Siad, 100, 101, 105, 106
Barzel, Rainer, 298
Basu, Jyoti, 73
Batiar, Mr., 139
Bauer, Yehuda, 349
Bayülken, Haluk, 532
Bedenko, Yuri, 424
Beethoven, Ludwig van, 238, 303, 460, 566
Begaon, Rubia, 186
Beine, August, 65, 66, 208
Bellah, Robert, 317
Ben Ammar, Hassib, 392
Benda, Ernst, 318
Bendix, Reinhard, 390
Benedikt von Nursia, Heiliger, 436
Benila, Mrs., 181

Berchem, Theodor, 555
Berg, Alban, 331, 570
Bergmann, Ingrid, 315
Beria, Lawrenti, 500
Berlowitz, Leslie, 562
Bhagwan, Shree Rajneesh, 64
Bhargava, Kant Kishore, 449
Bhattarai, Krishna Prasad, 77
Bhattarcharya, Mr., 249
Bhavan, Shastri, 246, 249
Bhavsar, B.K., 140
Bhutto, Ali, 55
Bhutto, Benazir, 325
Bhutto, Zulfikar Ali, 54, 325
Bieberstein, Walther Marshall von, 192
Bikila, Abebe, 30
Biko, Steve, 406
Bildt, Carl, 523, 548
Bin Laden, Osama, 585
Bindenagel, James D., 520
Bir Bikram Shah Dev, Mahendra, 76
Birkavs, Valdis, 421, 548, 584
Blackwell, Robert, 226, 295
Blair, Tony, 565, 568, 577
Blech, Klaus, 235
Bloomfield, Lincoln, 325
Bobb, Dilip, 81
Bogart, Humprey, 335
Bogdanas, Ramunas, 416, 417
Bohm, Hark, 357
Böhm, Wilfried, 422
Böhnert, Joachim, 134
Bok, Derek, 325
Boleyn, Anna, 480
Bolger, Jim, 447
Bolkiah, Hassan, 540, 541
Bonaparte, Napoleon, Kaiser, 436
Boroden, Michael S., 425
Borosage, Robert, 318
Bösch, Frank, 7
Boss, Walter, 157
Bough, Stewart, 261
Bouhdiba, Abdelwahab, 392
Boventer, Gregor, 331
Boventer, Ming, 331
Bowie, David, 251
Bozo, Frédéric, 310, 318
Bracher, Dorothee, 546
Bracher, Karl Dietrich, 196, 296, 545, 546

Braudel, Fernand, 5, 560
Braun, Sigismund von, 238
Braybrooke, Marcus, 437
Brenny, Victoria, 381
Brentle, Ingmar, 540
Breschnew, Leonid, 199, 254, 317
Breytenbach, Willi, 404
Brittan, Sir Leon, 570
Brockdorff, Thilo Graf, 252, 269
Brok, Elmar, 375
Bronfman, Charles, 325
Bronfman, Edgar, 325
Bronson, Charles, 264
Broszat, Martin, 296
Brubeck, Dave, 298
Bruce, Peter, 395
Brzezinski, Zbigniew, 191
Buchanan, Pat, 496, 497
Budde, Caroline, 316
Bull, Peggy, 260
Bull, Peter, 260
Bullard, Julian, 374, 603
Buludse, General, 502
Burckhardt, Jakob, 6, 342
Burger, Warren, 309
Burnham, Dean, 300
Burns, Robert, 445
Bush, George Herbert Walker, 9, 290, 434, 435, 483, 494, 496, 565, 603
Buthelezi, Mangosuthu, 398
Buzek, Jerzy, 538
Bykodorow, Wladimir, 549, 551

C
Calder, Alexander, 564
Calinger, Ronald, 391
Canaletto (Bernardo Bellotto), 286
Canetti, Elias, 339
Capatina, Ion, 470
Carl Gustav, König, 418
Carmel, Alex, 344
Carol I., König, 442
Carrington, Edwin Wilberforce Carrington, Lord Peter, 324
Carstens, Karl, 319
Carter, Jimmy, 58, 201, 203, 297, 321, 322, 538
Carter, Rosalynn, 58
Carty, Suzanne, 446

Casper, Gerhard, 365, 478
Castro, Fidel, 404
Celan, Paul, 471
Chagall, Marc, 324, 348, 451
Chakaipa, Patrick Fani, 128
Chamoun, Camille, 587
Chamoun, Dory, 587
Chang, Joseph, 199
Chapeaurouge, Amy de, 296
Chaplin, Charlie, 142
Charles, Ray, 290
Ché Guevara, 315
Chenaux-Repond, Agathe, 236, 238, 252, 269, 273, 368
Chenaux-Repond, Dieter, 236, 238, 252, 269, 273, 368
Chenaux-Repond, Lorenz, 273, 282
Cheng, Simon, 197, 203
Chiang Kai-shek, 222, 232
Choi, Barry, 161
Chon, Pfarrer, 199
Chopin, Frédéric, 379
Chrobog, Jürgen, 563
Chruschtschow, Nikita Sergejewitsch, 576
Chun, Doo-hwan, 204
Churchill, Sir Winston Spencer, 397
Clay, Lucius, 295
Clinton, Hillary, 477, 495, 549
Clinton, William (Bill), 435, 452, 475, 477, 488, 494, 495, 497, 506, 557, 563, 569, 577, 581
Collingsworth, Arthur J., 239
Collins, Abby, 292
Conrad, Joseph, 49
Cook, James, 448
Cooney, Jim, 294, 325, 561
Coorey, Philipp, 69
Correns, Claus, 268
Cox, Harvey, 304
Craig, Gordon, 390, 482, 483
Cresson, Édith, 567
Criswell, Wallie Amos, 290
Csáky, Pal, 572

D
Daalder, Ivo, 563
Dabalus, Irene, 164

Dahrendorf, Lord Ralf, 374, 391, 513, 603
Dalai Lama, 146, 269
Das Gupta, Ashin, 214
Davies, Quentin, 437
Davis, David, 437, 457
Debray, Regis, 315
Dedecius, Karl, 601
Defois, Gerard, 512
Delors, Jacques, 511, 512, 538
Demirel, Süleyman, 604, 607
Deng, Xiaoping, 7, 178, 224, 229, 231, 276, 317
Deonna, Laurence, 412
Derby-Lewis, Clive, 396
Desai, Moraji, 62, 67, 82
Deutsch, Karl W., 190, 294
Diabelli, Anton, 303
Diacov, Ion, 470
Diamond, Larry, 479
Dick, Georg, 569
Dickinson, Emily, 563
Dien Dielle, General, 157
Diepgen, Eberhard, 558
Dietrich, Hans-Jürgen, 161
Dill, Valerij, 530
Dinan, Desmond, 391
Dinceler, Vihbu, 464
Đinđić, Zoran, 367, 516, 569, 571
Dinu, Marcel, 439
Diokletian, Kaiser, 559, 560
Diouf, Aboud, 280
Dokos, Thanos, 534
Dole, Bob, 291, 496, 497
Dole, Elisabeth, 290
Domagalski, Kazimir, 363, 378, 379
Domes, Jürgen, 567
Donat, Marcell von, 315, 332
Donizetti, Gaetano, 480
Donnelly, Brendan, 389, 437
Donnelly, Chris, 572
Dononbajev, M., 459
Dosmuchamedov, Erlan, 461
Dostijew, Abdumadschid, 527, 528
Dostojewski, Fjodor, 284, 426, 545
Douglas, Roger, 446
Drabkin, Jakow, 545
Drašković, Vuk, 571
Drobnjak, Vladimir, 561
Droysen, Johann Gustav, 533

Drunen, Jiggo van, 101
Dschingis Khan, 228
Dschumblat, Kemal J., 588
Dschumblat, Walid, 587
Dudajew, Dschochar Mussajewitsch, 510
Dufner, Wolfram, 178
Dukakis, Michael, 299, 325
Dumont, Gérard, 318
Dumont, Louis, 303
Dürer, Albrecht, 304
Dutta, S.K., 220, 249
Dutton, Dennis, 445
Dutton, Margo, 445
Duvalier, François, 87
Duvalier, Jean-Claude, 87
Dzerzinski, Felix, 450
Dzurinda, Mikuláš, 548

E

Ebeid-Makram, Mona, 392
Ebrahim, Asle, 104
Eckl, Jürgen, 601
Edde, Freddy, 585
Edward III., König, 437
Eger, Wolfgang, 219
Eisel, Stephan, 389, 407
Eitan, Michael, 350
Eley, J.B., 118
Eliade, Mircea, 241
Eling, Ludger, 389
Elisabeth II., Königin, 27, 28, 437, 447
Ellermann, Reinhard, 122, 123
Engelhard, Michael, 564
Erbakan, Necmettin, 509, 521
Erdödy, Csilla Csorba, 544
Erdödy, Gabor, 389, 544
Erhard, Ludwig, 428, 591
Erler, Oswald, 179, 181
Ershad, Hussain Muhammad, 180, 188, 189, 192
Evans, Margaret, 446
Exeler, Adolf, 206
Eyal, Jonathan, 389

F

Fantis, Andreas, 535
Farah Diba, Kaiserin, 408

Fariduddin, Dr., 181
Farkas, Peter, 389
Feldman, Gerry, 483
Felipe, Prinz von Asturien/König, 558, 559
Fen, Xinyiung, 230
Ferdinand II., König, 464
Ferguson, Adelia, 447
Fernandes, Chico, 65
Ferraris, Graf Luigi, 514
Ferreira, Mrs., 579, 580
Fest, Joachim, 449, 514
Fiala, Petr, 548
Fischer, Joschka, 565, 568–570
Fisher, Richard, 290, 519
Fiyauddin, Mr., 79
Flavius Josephus, 349
Fontaine, Nicole, 602
Ford, Gerald, 32, 290
Forrai, Istvan, 389
Forster, Georg, 11
Francesca, Piero della, 355
Franco, Francisco, 333
François-Poncet, Jean, 512
Frankiewich, Wladimir, 428
Franz Ferdinand, Prinz, 384, 385
Franz von Assisi, 213
Friedlander, Michael, 446
Friedländer, Saul, 296
Friedrich II., Kaiser, 315, 436
Friese, Jan, 81, 148
Frisch, Max, 466
Frost, Robert, 563
Fuhrman, Mark, 477
Fukuda, Takeo, 237
Fukuyama, Francis, 434

G
Gabrielescu, Valentin, 439, 440
Galbraith, John Kenneth, 292, 296, 325
Galilei, Galileo, 342
Gandhi, Indira, 82–84, 140, 141, 148, 179, 206, 214, 298
Gandhi, Mahatma, 61, 63, 82, 142, 149, 207, 214, 352
Gandhi, Sanjay, 143
Ganguly, Ajoy, 152
Ganilau, Penaia Kanatabatu, 447
Garay, Juan de, 597

Gardner, John, 434
Gardner, Nina, 294, 331
Gardner, Richard, 301
Gardner, Tony, 301, 302
Garten, Jeffrey E., 434
Garton Ash, Timothy, 374, 482, 603
Gascoyne-Cecil, Robert Arthur Talbot, 122
Gasperi, Alcide de, 572
Gauck, Joachim, 520
Gaulle, Charles de, 512
Gaulle, Yvonne, 512
Gaus, Günter, 494
Geißler-Kuß, Christiane, 439
Genscher, Hans-Dietrich, 260, 394, 402, 570
George, Mrs., 81, 148
Geremek, Bronislaw, 537
Ghalib, J. Mohammed, 105, 106
Ghaussy, David, 391
Ghaussy, Saadollah, 255
Ghiberti, Lorenzo, 342
Giffels, Johannes, 469
Giliomee, Hermann, 398, 406
Giorgadse, Mahmuda, 501
Giotto di Bondone, 355
Gizzatov, Vyacheslav, 428
Glenn, John, 564
Glinka, Michael, 479
Godunow, Boris, 547
Goethe, Johann Wolfgang von, 204, 273, 311, 449, 450
Goff, Jacques Le, 311
Goihl, Wolfgang, 133, 134
Goldman, Guido, 291
Goldwater, Barry, 291
Goodman, Allan E., 314
Gorbatschow, Michail Sergejewitsch, 9, 317, 354, 406, 407, 417, 439, 494, 503, 509, 510, 550, 576, 603
Gordon, Suzanne, 318
Goudsticker, Jean-Michel, 110
Gracia Patricia, Fürstin, 37
Graham, Billy, 309
Grandi, Jorge, 598, 599
Graubard, Stephen, 422
Grechaninov, Vadym, 575, 577
Greene, Graham, 88
Gregor VII., Papst, 343, 436
Gremny, Belkassem, 335
Griesbach, Jürgen, 115

Griffin, Walter Burley, 258
Griffith, Bede, 206, 247, 248
Griffith, Brian, 374
Griffith, William, 300
Grol, Anold, 115
Gross, Leo, 296
Grove, Mrs., 268
Gruber, Bert, 399
Grundmann, Jürgen, 152, 210, 217, 248
Gu, Xuewu, 2, 461
Gubaidullina, Mara, 458
Guggenheim, Solomon, 307
Gujer, Peter, 545
Guntram, Ulrich, 307
Gürel, Sina, 532
Gurion, Ben, 348
Gustav Adolf, König, 418
Györkös, Péter, 544, 565

H

Haas, Wilhelm, 346
Haberfeld, Chaim, 347
Habibullajew, Ramiz, 431
Habsburg, Otto von, 580
Hacke, Christian, 497
Hadi, Mahdi Abdul, 316, 352
Hafner, Gerhard, 496
Hafstein, Jóhann, 516
Haijrullin, I.K., 555
Haile Selassie, Kaiser, 84, 85, 113
Hallensleben, Anna, 297
Hamilton, Dan, 520
Hamm, Heinz Toni, 238, 241, 256
Hamm-Brücher, Hildegard, 210
Händel, Georg Friedrich, 349, 414
Handke, Werner, 73
Hankiss, Elemer, 465
Hanz, Martin, 437
Haq, Shamsul, 212
Haque, Nazmul, 179
Harassym, Ivan, 471
Harmenszoon van Rijn, Rembrandt, 286, 304
Harrison, George, 74
Harrison, Stephen, 550
Hart, Gary, 288, 310
Hartling, Poul, 17, 334
Hartmann, Peter, 569
Hashi, Abdilli, 102
Hassan II., König, 335, 336, 340, 585

Hassanow, Hassan, 511
Hassold, Herbert, 100, 102, 103
Hatta, Mohammad, 166
Havel, Vaclav, 439, 560
Hawthorne, Nathaniel, 316
Hayatudin, Mrs., 540
Haydn, Joseph, 303, 438, 439
Hayfa, Gisela, 179–181
He, Zhaowu, 304
Heath, Edward, 30
Heep, Barbara, 315
Hegel, Georg Friedrich Wilhelm, 431
Heim, Erwin Bernhard, 31
Heim, Margreth, 31
Heine, Heinrich, 212
Heinrich IV., Kaiser, 343
Heinrich, Prinz (el infante), 342
Heisenberg, Maria, 199
Hemingway, Ernest, 323, 324
Henkel, Gabriele, 291
Henkin, Louis, 307
Hennis, Wilhelm, 365, 589
Henry VIII., König, 480
Henry, Arthur, 448
Herodes, 346, 349
Herodot, 2, 12, 359
Hershel, Jennifer, 407
Herzog, Roman, 500, 582, 597
Heyden, Tobias, 368
Hielscher, Gebhard, 253
Hildebrand, Klaus, 296, 499
Hillenkamp, Bernhard, 585
Hilton, Isabel, 389
Hingsen, Jürgen, 287
Hirobumi, Ito, 301
Hirohito, Kaiser, 240, 241, 267
Hirudayam, Ignatius, 247
Hitler, Adolf, 36, 54, 254, 267, 278, 286, 296, 315, 344, 364, 410, 450, 453, 455, 469, 475, 488, 498, 549, 602
Hoffmann, Ernst T. A., 36
Hoffmann, Hubertus, 314, 407, 422, 423
Hoffmann, Stanley, 295, 297, 325, 562
Hoffmann, Viktor, 425
Hofstadter, Richard, 315
Hohenberg, Sophie von, 384
Höhrl, Manfred, 152
Holbrooke, Richard, 558, 560, 563
Holmes, Sherlock, 69

Holzhausen, Walter, 192–195, 212, 219, 356, 357
Homer, 356, 556
Honecker, Erich, 127, 366, 367, 375, 591, 603
Hopkins, John, 375, 391
Hopkirk, Peter, 508
Horn, Gyula, 454, 465, 567
Horstmann, Hans-Henning, 548
Horvath, Judit, 389
Hosseini, Mohammad-Ali, 408, 411
Hoxha, Enver, 386–388
Hoyer, Werner, 542
Hua, Bing, 316, 330
Hua, Huang, 316, 330
Hudyma, Oleksa, 473
Hüffer, Adelheid, 63
Hughes, Robert, 437
Humboldt, Alexander von, 2, 549, 555, 600
Hummat Oglu, Scheich-ul-Islam Pashazade Allahshukur, 509
Humphrey, John, 408–410
Hunt, Graeme, 447
Hunt, Jonathan, 445
Hunt, Richard, 300, 318
Huntington, Samuel, 295, 299, 308, 310, 562
Hurd, Lord Douglas, 543
Hussein, Ahmed, 108
Hussein, König, 562, 585, 593, 594
Hydmark, Ulf, 226

I

Ibn Battuta, Abu Abdallah Muhammad, 11
Ibrahim, Dato, 540
Ibraschew, Zharas, 457, 458, 460
Ihlau, Olaf, 149
Ilves, Toomas Henrik, 522
Immoos, Thomas, 237
Ishikawa, Keiko, 253
Iskandarov, Direktor, 431
Iskhakov, Gousman, 553, 554
Islam, Quamrul, 190
Ismail, Caldi, 108
Iwata, Sumiko, 238

J

Jacks, Mr. und Mrs., 290
Jackson, Andrew, 435
Jackson, Keith, 444
Jackson, Michael, 275
Jahan, Shah, 80, 150
Jain, Chandran Mohan, 64
Jakobus, 333
Jama, Staatsminister, 105
Janes, Jackson, 575, 604
Jansen, Thomas, 538
Jaspers, Karl, 431
Jawhar, Kamal, 540
Jayewardene, Junius Richard, 68, 205
Jefferson, Thomas, 407
Jekel, Theodor, 431
Jelzin, Boris Nikolajewitsch, 417, 421, 425, 428, 457, 510, 528, 547, 548, 550
Jennings, Owen, 446
Jensen, John, 446
Jesus Christus, 303
Jinnah, Muhammed Ali, 61, 182
Johannes Paul II., Papst Karol Woityla, 7, 163, 218, 243, 473, 560, 606
Johannes XXIII., Papst Angelo Guiseppe Roncalli, 36
Johnson, Lyndon B., 291
Jordaens, Jacob, 286
Jordan, David Starr, 478
Joshi, Chand, 81
Juldaschew, Karimdschon, 528
Juncker, Jean-Claude, 602
Jünger, Ernst, 507

K

Kadar, Janos, 52
Kadyrow, Wladimir, 525
Kahler, Miles, 331
Kahlo, Frida, 491
Kakizawa, Koji, 253, 254
Kalaw, Eva Estrada, 302
Kalberg, Stephen, 317
Kalkbrenner, Jürgen, 300
Kambudzi, Admore Mupoki Kämpchen, Martin, 213
Kamstra, Ingrid, 445
Kani, John, 394
Kant, Immanuel, 11, 299, 424, 431
Karamanlis, Konstantinos Karaosmanoğlu, Ali, 533
Karekin I., Katholikos, 505, 506, 510

Karimov, Islam, 430
Karl, Kaiser, 333, 558
Karlström, Urban, 437
Karmal, Babrak, 255
Kasenov, Direktor, 428, 429
Katharina II., Zarin, 426
Kaunda, Kenneth, 132, 134, 135
Kawamoto, Yasuhiro, 235, 270, 272, 273
Keilholz, Hans-Jürgen, 524
Kekkonen, Urho, 456
Kelam, Tunne, 418–420, 422, 424, 425, 455, 456, 582
Kemal, Namik, 536
Kemp, Jack, 291, 298
Kenji, Nurmuhhamed, 530
Kennedy, Craig, 390, 391, 407
Kennedy, Edward, 298
Kennedy, John F., 27, 36, 290, 301, 311, 312, 317, 322, 474, 495
Kennedy, Robert, 312
Kenyatta, Jomo, 99, 116
Kepbanow, Yolbars, 524
Kerimov, Ali, 508
Kerry, John, 297, 299
Khalaf, Rima, 595
Khalid, König, 59
Khama, Sir Seretse, 129
Khan, Daoud, 55
Khan, Louis I., 63
Khatib, Abdul Idah, 595
Khomeini, Ayatollah Ruhollah, 58
Kidd, Dough, 261
Kiely, Peter, 393, 444
Kiep, Walther Leisler, 297, 366
Kiesinger, Kurt Georg, 291
Kim, Andreas, 218
Kim, Sou-Hwan, 203
King, Martin Luther, 27, 28, 321
Kipling, Rudyard, 61, 247
Kirchner, Franz, 152
Kirkhope, Timothy, 437
Kirkilas, Gediminas, 454
Kirkpatrick, Jeane, 298
Kissinger, Henry, 74, 190, 225, 291, 347, 512, 537, 562
Kitbunchu, Michai, Erzbischof, 155
Kitchener, Horatio Herbert, 397
Klein, David, 307
Kleinfeld, Gerald, 484
Klerk, Frederik Willem de, 393, 397

Klose, Hans-Ulrich, 532
Knorosow, Juri, 493
Knott, Peter, 437
Koh, Tommy, 543
Kohl, Helmut, 197, 239, 240, 243, 298, 300, 304, 331, 368, 375, 382, 397, 478, 482, 511, 512, 514, 522, 539, 543, 556, 562, 563, 581, 582, 603
Kohl, Walter, 304
Köhler, Volkmar, 239
Koirala, Bishweshwa Prasad, 77
Kokoshinsky, Oleg, 573, 575
Kolbaia, Wachtang, 501
Kolbe, Maximilian, 378
Kolumbus, Christoph (Cristobal de Colón), 464
Kolumbus, Diego, 464
Komaruyzka, Tatjana, 472
Kondo, Sohei, 487
Kondratiuk, Oksana V., 472
Konfuzius, 216, 278
Konstantin II., Kaiser, 506
Konstantin, Kaiser, 502
Koppel, Ted, 326
Korfanty, Woijciech, 382
Kornai, Janos, 330
Kornblum, John, 407, 494, 574
Krabbe, Günter, 100
Krastev, Ivan, 571
Krasts, Guntas, 583
Kraus, Reinhart, 454
Krell, Gert, 2
Krenz, Egon, 369
Kristinsson, Gunnar, 515
Kübler-Ross, Elisabeth, 600
Kuhna, Karl-Heinz, 430
Kühnhardt, Enikö Noemi, 476, 485
Kumar, S., 245
Kunajew, Dinmukhamed, 457
Kuscheljuk, Yuri, 473
Kusnierz, Theo, 35
Kutusow, Michail Illarionowitsch, 416
Kwan, Mr., 198
Kwela, Alan, 394

L
Laar, Mart, 455, 456, 548, 582, 583
Lacoste, Isabel de, 310
Ladurie, Emmanuel le Roy, 241, 467
Lahoud, Émile, 588

Lambsdorff, Hagen Graf, 407, 421
Lammert, Norbert, 327
Lamrani Hachem, Alaoui, 340
Landsbergis, Vytautas, 416, 417, 454
Lange, David, 446
Larrabee, Stephen, 483, 564
Lastic, Alan de, 209
Laumulin, Murat, 458
Laurel, Senator, 263
Lavin, Frank, 314
Le Corbusier (Charles-Édouard Jeanneret), 142
Lee, Yong Ming, 204, 216
Lefort, Claude, 300
Léger, Fernand, 286
Leicht, Robert, 513, 519
Leinen, Irmgard, 294
Leiviskä, Juha, 456
Leoniuk, Tomasz Marek, 472
Lesser, Ian, 564
Leukipp, 358
Levine, James, 570
Li, Shude, 225
Lincoln, Abraham, 289, 301, 487
Lindemann, Beate, 362, 363, 366
Lindner, Franz, 210, 217
Linsser, Hans Ferdinand, 73, 175
Liszt, Franz, 354, 383, 566
Liu, Yandong, 223, 225
Livingston, Robert Gerald, 314
Livingstone, David, 50, 118, 120, 124
Lokeshwarananda, Swami, 213
London, Jack, 497
Lowenfeld, Julian, 317
Löwenthal, Richard, 297, 303, 315, 318
Loy, Frank, 312
Lübke, Heinrich, 403
Lucius, Robert von, 393
Lüderitz, Adolf von, 400, 402
Lugar, Richard, 362
Luhmer, Klaus, 254
Luik, Juri, 455, 456, 548
Lukaschenko, Alexander, 450, 452, 454, 461
Lutyens, Edwin, 62

M

MacArthur, Douglas, 241, 245
MacCalley, Gray, 389, 407
Macha, Josef, 43

Machado, Antonio, 5
Machiavelli, Niccòlo, 342
Mackay of Clashfern, Lord James, 513
Maes, Karl, 76
Magnago, Silvius, 581
Mahathir, Mohammad, 175, 541
Majid, Abdur, 153
Major, John, 508
Makarios, Erzbischof, 533
Malan, Magnus, 399
Malsen-Tilborch, Marie-Gabriele von, 535
Mammo, Ato Getato, 114
Mandela, Nelson, 395–397, 404–406
Manglapus, Raul S., 316
Maniokas, Klaudius, 585
Mann, Thomas, 493
Mansura, Mrs., 186
Manzoor, Cyrus, 535
Mara, Kamisese, 447
Marceau, Marcel, 316
Marcel, Gabriel, 202
Marcos, Ferdinand, 163, 263, 302, 316
Marcos, Imelda, 303
Mari, Ida, 43
Marín, Manuel, 567
Marley, Bob, 84, 85
Marsh, David, 513
Martens, Wilfried, 567
Martikonis, Rytis, 454, 585
Martonyi, Janos, 465
Marx, Karl, 189, 431, 439, 450, 461, 536, 552
Marx, Reinhard, 512
Mary Rose, Schwester, 78, 80, 150, 153, 449
Masaryk, Thomas, 572
Masire, Quett, 129
Mason, Tony, 259
Massawe, Adolfo, 41
Massawe, Thomas, 51
Master, Stewart, 261
Masur, Kurt, 238, 239
Mataix, Anselm, 238
Matisse, Henri, 286, 331
Mattussi, Dato, 541
Matubraimow, Mr., 530
Matussek, Matthias, 245
Matussek, Thomas, 245
Mazowiecki, Tadeusz, 537, 538
Mazubuka, Josh, 398
Mbeki, Thabo, 397

McCloy, John, 294, 295, 297
McFaul, Michael, 494
McGinnis, Kathleen, 391
Mebus, Gabriella, 140
Melho, Mrs., 578, 579
Melville, Herman, 330
Menem, Carlos, 597
Mengistu, Haile Mariam, 106, 111, 112
Ménudier, Henri, 569, 601
Merkel, Angela, 17
Merrem, Gerd-Ullrich, 528
Merse, Pál Szineyi, 566
Mertes, Alois, 331, 439
Mertes, Ludwig, 331
Merz, Friedrich, 422, 436, 437, 457
Mesrop Maschtoz, 504
Messiaen, Olivier, 421
Metternich, Cornelius, 101
Meyer, Matthias, 527
Meyfahrt, Ulrike, 30
Mikhailov, Anatoli, 451
Miller, Bhaady, 259, 260
Milne, Garry, 101
Milošević, Slobodan, 558, 560, 561, 563, 569–572, 577, 580
Minos, König, 556
Miranda, Mario, 63, 65, 140
Mishima, Yukio, 244
Mitchell, David, 437
Mitchell, Patrick, 437
Mitra, Sumit, 73, 142, 149, 178, 179, 246
Mitterrand, François, 315, 318, 581
Mohammed V., Sultan/König Mohammed VI., König, 336, 337
Moi, Daniel Arap, 99, 116
Moitra, Mr, 220
Möller, Alex, 314
Moloto, Papi, 397
Moltke, Gebhardt von, 314
Mondale, Walter, 288, 291, 298, 299
Monroe, James, 312
Monroe, Marilyn, 311, 327
Montazeri, Ayatollah Hossein-Ali, 408, 409, 411
Montefeltro, Battista Sforza, 436
Montefeltro, Federico de, 436
Montesquieu, Charles de Secondat, 427
Montt, Rios, 493
Moorehead, Alan, 112

Morita, Akio, 316
Mortada, Saad, 96
Mortschakowa, Tamara, 545
Moscovici, Pierre, 602
Mosdorf, Siegmar, 514
Moses, 348, 517
Mosler, Matthias, 407
Mouffe, Chantal, 303
Moulay Abdelmalik, König, 341
Moynihan, Daniel Patrick, 308
Mozart, Wolfgang Amadeus, 443
Müchler, Günter, 419
Muecke, Andrew, 484
Mugabe, Robert Gabriel, 122, 123, 127, 128, 130, 131
Mulkamamedov, General, 525
Müller, Heiner, 315
Müller, Max, 63, 65, 81, 142, 148, 246
Munro, Mike, 445
Muradow, Sakhat, 524
Murad V., Sultan, 521
Murakami, Hyoe, 237
Murizi, Botschafter, 127, 131
Murray, Bob, 295
Mushabaywa, Generalvikar, 127
Mussolini, Benito, 348, 387
Mussolini, Edda, 387
Mutter, Anne-Sophie, 268
Mutter Theresa (Agnes Bojaxhiu Gonxha), 70, 71, 191
Muzenda, Simon, 130

N

Nagy, Kathy, 475
Nagy-Sándor, Alexander, 566
Naimark, Norman, 483
Naipaul, V.S., 149
Najita, Tetsuo, 251
Nakasone, Yasuhiro, 234, 239
Nalewaja, Steffie, 381
Nan, Zhou, 226
Narain, Raj, 82
Narayan, R. K., 178
Narbaev, Talant K., 529
Natanjani, N., 142
Natarajan, K., 247
Naumann, Klaus, 542
Navon, Jiztchak, 347

Nef, Robert, 465
Nehme, Michael G., 585
Nehru, Jawaharlal, 80, 142, 214
Nehru, Motila, 80
Nel, Philip, 403
Nemzow, Boris, 549
Netanjahu, Benjamin, 591
Netelenbos, Anthony, 110
Neudeck, Rupert, 158
Neuwirth, Angelika, 585
Newski, Alexander, 426, 456, 571
Ney, Martin, 407
Nezeritis, Dimitris, 532
Nicholls, Tony, 603
Nicolle, Brian, 446
Nietzsche, Friedrich, 332, 409
Niggestich, Gunhild, 256
Nijasow, Saparmurat, 524
Nijazmatov, Mr., 431
Nikolaus I., Zar, 295
Nikolaus II., Zar, 550, 574
Nino, König, 502
Nishida, Kitarō, 237
Nkala, Enos, 131
Nkomo, Joshua, 122, 126, 128
Nobunaga, Oda, 245
Nolle, Wilfried, 225
Nonne, Heinrich von der, 509
Noor, Anod Ali, 103, 541
Norton Soares, Joao, 233
Nowina-Konopka, Piotr, 538
Nujoma, Sam, 401
Nurick, Bob, 537, 548, 564
Nurmagambetow, S.K., 428
Nyalunga, Julius, 397
Nye, Joseph, 318
Nyerere, Julius, 37, 40, 44, 46, 48, 49, 52, 135, 137, 138
Nyoka, Justin, 126

O

Obote, Milton, 99
Öcalan, Abdullah, 604
Oddsson, Davíð, 515
Odysseus, 356
Oesterhelt, Jürgen, 513
Ogata, Sadako, 271
Ohnesorge, Hendrik W., 21

Okada, Masako, 234, 272
Olav V., König, 196
Olgun, Ergün, 537
Olrich, Tomas Ingi, 515
Olzog, Günter, 77, 253
Olzog, Ruth, 77, 253
Onyszkiewicz, Janusz, 537
Oplatka, Andreas, 286, 465
Orbán, Viktor, 17, 465, 565, 567
Oreja, Marcelino, 558
Orff, Carl, 268
Oro, Amy, 478
Oro, Tony, 478
Oskar, Prinz von Preußen, 226, 407, 422, 423
Osterhammel, Jürgen, 2
Oswald, Lee Harvey, 290
Ovid, 1
Özal, Turgut, 532
Ozawa, Seiji, 303
Özyanz, Ibrahim, 605

P

Pachelbel, Rüdiger von, 112
Packard, Davis, 497
Pagenstert, Gottfried, 259
Pak, Josephina, 198
Palangyo, Peter K., 43
Pande, Mr., 80
Panjikaran, Pius, 66, 208
Paton, Alan, 401
Paulus, Apostel, 606
Pedersen, Anne Mau, 437
Pélisse, Marcel, 204
Pepperell, Susan, 446
Peres, Shimon, 335, 336, 340
Pérez de Cuéllar, Javier, 308, 388
Perez Montez, José Luis, 256, 332
Peter II., Zar, 426
Petöfi, Sándor, 544
Petrov, Boris Sergeijewitsch, 552
Petrus, Apostel, 266, 346, 606
Pfau, Ruth, 53
Pfeiffer, Ida, 11
Pflüger, Friedbert, 277, 422, 537
Philippi, Paul, 441
Phillip, Arthur, 258
Picachy, Lawrence Trevor, 71
Picasso, Pablo, 286

Pieroth, Elmar, 154
Pigafetta, Antonio, 11
Pilz, Christel, 155
Pimen I., Patriarch, 451
Pinkterton, Benjamin Franklin, 256
Pinochet, Augustus, 600, 601
Pipes, Richard, 325
Pirimäa, Risto, 456
Pissarenko, Irina, 530
Planitz, Bernhard von der, 456
Platon, 460
Polo, Marco, 11
Poluektova, Tamara, 425
Pomaré IV., Königin, 448
Pomaré V., König, 448
Popiel, Anna, 292
Popov, Abgeordneter, 452
Popp, Lucia, 268
Popper, Karl R., 190
Portnow, Andrij, Generalmajor, 452
Pōtatau Te Wherowhero, 444
Pöttering, Hans-Gert, 224, 226, 422, 425, 505, 511, 567, 590
Pottinger, Brian, 396
Powell, Colin, 480
Prahlad, 151, 153
Prakash, Ram, 152
Prasad, Shiw, 151
Presley, Elvis, 434
Prey, Hermann, 268
Priamos, 356
Princip, Gavrilo, 384
Pristan, Grafskaya, 576
Prittwitz, Cornelius, 325, 362, 363
Procharska, Johannes, 226
Prodi, Romano, 514, 578, 607
Pröhle, Gergely, 565
Ptolemäus, 33
Puccini, Giacomo, 242, 256
Puig Raposo, Núria, 335
Pujol, Jordi, 558
Pultzer, Peter, 603
Punnamparambil, Jose, 63
Purie, Aroon, 81
Puschkin, Alexander, 286, 544
Putin, Wladimir, 9, 427
Puttkamer, Eberhard von, 426
Puyi, Kaiser, 330
Pye, Lucian, 303

Q
Qaddura, Abd al-Qadir, 591
Qin, Shi Huang, Kaiser, 277
Quackenbush, Hiroko, 258

R
Rabin, Jitzchak, 486
Raffael, eigentlich Raffaelo Santi, 304, 436
Rafsandschāni, Ali-Akbar Hāschemi, 408, 413
Rahman, Lutfor, 179
Rahman, Mujibur, 74, 75
Rahman, Ziaur, 75, 166, 180
Rahner, Karl, 567
Rainier III., Fürst, 37
Raisian, John, 480
Ramaphosa, Cyril, 395, 403
Ramisch, Rolf, 144, 148, 245
Ransmayr, Christoph, 1
Rao, Narasimba, 245
Rau, Johannes, 582, 597
Rauschning, Dietrich, 422
Rawls, John, 325
Ray, Satyajit, 332
Reagan, Ronald, 7, 23, 201, 241, 279, 289, 290, 296, 299, 302, 309–311, 314, 326, 330, 331, 435, 478, 494
Reckers, Hans, 374
Reddy, Neelam Sanjiva, 62
Regenbrecht, Johannes, 451, 453, 586, 590, 591
Regenbrecht, Tatjana, 586
Regmi, Koshal Raj, 77
Reischauer, Edwin O., 272, 326
Reiter, Janusz, 537, 569, 601
Rembrandt Harmenszoon van Rijn, 286, 304
Rendsburg, Basil von, 406
René, France-Albert, 139
Rerych, Babuschka, 34
Rerych, Ludvíg, 34
Rerych, Michal, 34
Rerych, Zdenek, 34, 393
Revel, Jean-François, 335
Revere, Paul, 303
Rhodes, Cecil John, 128
Ribbentrop, Joachim von, 482
Rice, Condoleezza, 494
Rich, Nate, 294
Rich, Whitney, 294
Richardson, Peter, 494

Richter, Stephan, 343, 434
Ricketts, Geoff, 446
Riederer, Alfons, 369
Riesco, Ricardo, 600
Riethmüller, Werner, 46
Rilke, Rainer Maria, 353
Rimski-Korsakow, Nikolai Andrejewitsch, 426
Roberts, Nigel, 445
Robertson, Patrick, 389
Robinson, Patrick, 437
Rochlitz, Caroline, 346
Rochtus, Dirk, 522
Rockefeller, John D., 306
Rogov, Igor, 461
Rommel, Erwin, 265
Romoser, George, 304
Roosevelt, Eleonore, 408
Roosevelt, Franklin D., 296, 410, 574
Rosa, Hartmut, 11
Ross, Thomas, 81
Rößler, Matthias, 573
Roth, Joseph, 471
Rousseau, Jean-Jacques, 299, 318
Roy, Fitz, 599
Rubin, Alfred, 296
Rubin, Barnett, 331
Rudnick, Charles, 564
Rudow, Georgij Alexejewitsch, 530
Rühe, Volker, 325, 497, 537, 543, 564
Ruhfus, Jürgen, 513
Rühl, Lothar, 521, 533, 537, 548
Runciman, Steven, 361
Ruppli, André, 252
Rushdie, Salman, 409
Rusnak, Gregori, 470
Rüütel, Arnold, 420, 455

S

Sabine, George Holland, 190
Sacharow, Andrei, 299
Sadie, Jan Lodewikus, 404
Sagee, Gideon, 348
Saidi, Nasser, 589
Saint-Exupéry, Antoine de, 340
Saito, Shuji, 294
Saleem, Mohammad, 57, 60
Salinas, Carlos, 491
Salinas, Raúl, 491

Samphan, Khieu, 155
Samturian, Husip, 506
Samuel, Yohanan, 344
Sande, Aiwo, 108
Sandel, Michael, 299
Sanguinetti, Julio María, 599
Santer, Jacques, 567
Sasser, Jim, 435
Saudargas, Algirdas, 453
Sawallisch, Wolfgang, 268
Schächner, Aviva, 348
Schäfer, Helmut, 407
Scharping, Rudolf, 289
Scheel, Walter, 318
Scheffler, Thomas, 2, 585
Scheller, Jürgen, 459
Scherer, Peter, 447
Scherrer, Jutta, 545
Schewardnadse, Eduard, 500, 501
Schiller, Friedrich von, 368
Schinzinger, Robert, 269
Schlesinger, Arthur, 10, 495
Schliemann, Heinrich, 356
Schlögl, Franz, 472
Schlotter, Peter, 2
Schlund, Frau, 124
Schmale, Wolfgang, 10
Schmettau, Wolfgang von, 156
Schmidt, Helmut, 178, 304, 318, 533, 568
Schmidt, Waldemar, 474
Schockenhoff, Andreas, 437, 604, 606
Schoettle, Generalkonsulin, 64
Scholl-Latour, Peter, 7
Schörner, Ferdinand, 484
Schram, Gunnar, 515
Schreiner, Frank, 217
Schröder, Gerhard, 556, 563, 565, 572, 577
Schüler, Andreas, 53, 57, 60, 68, 72, 73, 80, 300
Schulte, Dolmetscher, 234
Schulz, Judith, 132
Schulz, Michael, 132, 134
Schuster, Rudolf, 572
Schwartz, Thomas Alan, 435
Schwarz, Hans-Peter, 465, 582
Schwimmer, Walter, 572
Scowcroft, Brent, 565
Sebastian I., König, 341
Seegers, Bernd, 45

Segera, Joe, 69
Seidenberg, Jürgen, 107
Seidt, Hans-Ulrich, 563
Seitz, Konrad, 366
Semel, Nava, 344
Sen, Aparna, 213
Serano, Nina, 11
Serkin, Rudolf, 303
Service, Christian, 161
Sezgin, İsmet, 532
Shah, Kamal, 116
Shah, Nutan, 116
Shaka, König, 397
Shakespeare, William, 536
Shamie, Ray, 297
Shampal, Rikschafahrer, 149
Shankar, Ravi, 74
Sharif, Nawaz, 600
Sharma, Kamalesh, 315
Sharma, Shiva-Kumar, 62
Sherwani, Informationsbeamter, 53
Sherwood, Liz, 479
Shillony, Ben-Ami, 351
Shinoda, Yūjirō, 255, 256
Shiriaev, Boris, 458
Shirtcliffe, Peter, 445
Shklar, Judith, 301
Shotoku, Prinz, 244
Shu, Wang, 275
Shubart, Tira, 412
Siddharta Gautama, Buddha, 57, 67, 147, 159, 235, 244, 255
Siemek, Marek, 466, 601
Siemek, Wirginia, 601
Sihanouk, Norodom, König, 155
Silberberg, Reinhard, 189
Silva, Rex de, 69
Silva, U. C. de, 69
Simeon, König, 443
Simitis, Kostas, 534
Simkins, Charles, 395
Simpson, John, 412
Simpson, O.J., 477, 480, 481
Sinatra, Frank, 356
Singh, Karan, 449
Singh, Pratap R., 140
Singh, Prem, 79
Singh, Ranvir, 143
Singh, Sawai Jai, 140

Sirikit, Königin, 156
Sissi, Kaiserin, 441
Sisulu, Max, 397
Sisulu, Walter, 397
Sjöberg, Konsul, 548
Skanderbeg, Georg Kastriota, 386
Šķēle, Andris, 583
Skookumchuck, Häuptling, 475
Slaughter, Anne-Marie, 570
Slipyj, Jossyf, 474
Smetanig, Pedro, 85
Smith, Brian, 304
Smith, Dan, 318
Smith, Ian, 122, 123
Smith, Joseph, 329
Snegur, Mircea, 469
Sobtschak, Anatoli, 427
Sochir, Imam, 432
Soe, Christian, 327
Soga-san, 270, 273
Solana, Javier, 558, 578
Sommer, Klaus, 141
Somogyi, Ferenc, 544
Soni, chinesischer Geschäftsmann, 170
Sonnenhol, Karlygash, 457
Sonnenhol, Peter, 457
Son Sann, 157, 378
Sonsiri, Prasong, 157
Souter, Glenda, 399, 406
Spencer, John, 259
Sperber, Manès, 471
Spoon, Pauline, 268
Stabreit, Barbara, 394
Stabreit, Immo, 394
Staden, Bernd von, 300
Stalin, Josef, 34, 286, 382, 385, 387, 430, 455, 460, 469, 472, 496, 501, 507, 510, 539, 544, 545, 550, 574
Stanley, Henry Morton, 50
Stanzel, Volker, 252
Stauffenberg, Claus Schenk Graf von, 602
Steel, Tony, 446
Steger, Hans Alfred, 260
Stegerwald, Adam, 568
Steinel, Helmut, 574
Steinsson, Heimir, 517
Stephan I., König, 566
Stephan, Harry, 398, 399
Stern, Juraj, 548, 572

Sterzing, Christian, 568, 606
Stevens, Cat, 153
Stevens, John, 437
Stoltenberg, Gerhard, 374
Stolypin, Pjotr, 573
Stone, Stephard, 295
Strauss, Leo, 299
Stumpf, Istvan, 544, 565
Stuth, Reinhard, 422, 425, 505, 590
Suharto, Haji Mohamed, 166, 168, 169
Suhrke, Astri, 314
Sukarno, Ahmed, 166
Sultanow, Bulat, 429, 457, 461
Sun, Yat-sen, 222, 229
Sweeney, Veronica, 85
Szabad, György, 566
Szczypiorski, Andrzeij, 601
Szepkouski, Brian, 233

T

Taccone, Jose, 596
Tagore, Rabindranath, 214, 215
Takamatsu, Prinz, 269
Takanashi, Priester, 270
Talal, König, 594
Talboy, Brian, 261
Talpur, Ali Ahmad, 59
Tamara, Nasir, 310, 318, 332
Tanjul, Semür, 462
Tashan, Seyfi, 462, 606
Tekere, Edgar, 123
Teller, Edward, 17, 486–488, 497
Teltschik, Horst, 543
Terlin, Jacques, 161
Thadden, Johannes von, 389
Thälmann, Ernst, 452
Thatcher, Margaret, 7, 375, 437, 482, 603
Theodoropoulos, Byron, 533
Theodosius, 520, 573
Thompson, Geoffrey, 261
Thomson, Jim, 483
Thukydides, 2
Thutmosis, Pharao, 97
Thyssen-Bornemisza, Baron Heinrich, 269
Tiepolo, Giovanni Battista, 286
Tiersky, Ronald, 562
Timur Lenk, 429, 530
Tindemans, Leo, 27, 28, 567

Tocqueville, Alexis de, 9, 300, 481, 486, 531, 532
Tokugawa, Shogun Ieyasu, 238, 245
Tolstoi, Leo, 284, 325
Toynbee, Arnold J., 84
Toyotomi, Hideyoshi, 238, 245
Trdat III., König, 505
Treverton, Gregory, 296
Tripati, Schreiner, 151
Truman, Harry S., 487
Trump, Donald, 9, 305
Tschaikowsky, Pjotr Iljitsch, 287, 331, 426, 467
Tschernenko, Konstantin, 254, 317
Tschernomyrdin, Viktor, 501, 577
Tschitaia, Kacha, 501
Tschou En Lai, 280
Tschubais, Alexander, 545
Tschubais, Igor, 545
Tschubarjan, Alexander, 545
Tutmosis III., Pharao, 520
Tutu, Desmond, 304
Tyrie, Andrew, 389
Tzadua, Abuna Paulos, 111, 332

U

Ul-Haq, Zia, 54, 55, 59, 61, 428
Ulbricht, Walter, 403
Upton, Simon, 260, 261, 293, 297, 444, 446
Usmon, Dawlat, 529

V

Vadakathala, Francis, 208
Valcarcel, Dario, 558
Valley, Alexander, 480
Vareikis, Egidius, 585
Vargas, Paul, 484
Varshney, Ashutosh, 318
Vasarhelyi, Miklos, 465
Vasari, Giorgio, 342
Vasconcelos, Alvaro, 578
Vasgen I., Patriarch, 506
Venizelos, Eleftherios, 556
Verdi, Giuseppe, 450
Veremis, Thanos, 534
Verghese, George, 81
Verheugen, Günter, 607
Vespucci, Amerigo, 597

Vetter, Heinz Oskar, 81
Victoria, Königin, 124, 397, 574
Vignon, Jerome, 538
Vinci, Leonardo da, 532
Vineeth, Francis, 248
Virén, Lasse, 30
Vivekananda, Swami, 209
Vogel, Bernhard, 582
Vogelsang, Heinrich, 400
Volodin, Michail, 453
Vora, Neeru, 149
Vora, Rajib, 149
Vorländer, Hans, 294
Vosloo, Ben, 394

W

Wagner, René, 237, 254
Wagner, Richard, 316
Waleeva, Rezidä, 555
Wałęsa, Lech, 202, 236, 377, 600
Wallace, George C., 321
Wallner, Vertreter der Europäischen Gemeinschaft, 135
Walls, Peter, 127
Walther, Christoph, 289
Wang, Martin, 353
Washington, George, 313, 321
Watanabe, Takeshi, 301
Watson, Neil, 101
Weber, Max, 301, 317, 481
Webster, Daniel, 310
Wehner, Markus, 545
Weiner, Myron, 295
Weizsäcker, Beatrice von, 407
Weizsäcker, Richard von, 269, 277, 332, 362, 364, 404, 422, 512, 513, 521
Wentz, Siegfried, 287
Wentzel, Mrs., 393
Wernecke, Jürgen, 37
Wessels, David, 238
Westdickenberg, Gerd, 421
White, Derrick, 86
White, Phil, 446
White, Theodor, 318

Whitley, Andrew, 412
Wieck, Jasper, 499, 508
Wieland, Leo, 312
Wiesmann, Hans, 331
Wilcock, Michael, 258
Wilder, Lawrence Douglas, 407
Wilhelm II., Kaiser, 521, 574
Williams, Dessima, 314
Williams, Shirley, 318
Wise, Alex, 407, 519, 520
Wise, Carrington, 520
Wissmann, Matthias, 154, 157, 226, 289
Wittig, Peter, 589
Wolfermann, Klaus, 30
Wood, Anthony, 445
Wood, Sue, 261
Wordsworth, William, 406
Wörner, Manfred, 421, 453
Wrede, Hans-Heinrich, 112

X

Xavier, Franciscus de, 65

Y

Yapa, Vijitha, 69
Yasuoka, Takaachi, 252
Yokota, Yoko, 301
Yoshida, Prof., 255
Youn, Victorinus Kong-hi, 201

Z

Zahir, Agandaev, 431
Zahir Schah, König, 55
Zavadski, Abgeordneter, 450, 452
Zedillo, Ernesto, 491, 492
Zepkala, Waleryj, 452
Zepter, Bernhard, 538
Zhao, Zhiang, 178
Zhivkov, Todor, 375
Zipperstein, Steven, 482
Zita, Kaiserin, 473

Printed by Printforce, the Netherlands